Coleção **NOVO CPC**
Doutrina Selecionada — 6

PROCESSO NOS TRIBUNAIS E MEIOS DE IMPUGNAÇÃO ÀS DECISÕES JUDICIAIS

Coordenador Geral
Fredie Didier Jr.

Organizadores
Lucas Buril de Macêdo
Ravi Peixoto
Alexandre Freire

Coleção **NOVO CPC**
Doutrina Selecionada

6

PROCESSO NOS TRIBUNAIS E MEIOS DE IMPUGNAÇÃO ÀS DECISÕES JUDICIAIS

2.ª edição, revista e atualizada

2016

www.editorajuspodivm.com.br

www.editorajuspodivm.com.br

Rua Mato Grosso, 175 – Pituba, CEP: 41830-151 – Salvador – Bahia
Tel: (71) 3363-8617 / Fax: (71) 3363-5050 • E-mail: fale@editorajuspodivm.com.br

Copyright: Edições JusPODIVM

Conselho Editorial: Dirley da Cunha Jr., Leonardo de Medeiros Garcia, Fredie Didier Jr., José Henrique Mouta, José Marcelo Vigliar, Marcos Ehrhardt Júnior, Nestor Távora, Robério Nunes Filho, Roberval Rocha Ferreira Filho, Rodolfo Pamplona Filho, Rodrigo Reis Mazzei e Rogério Sanches Cunha.

Capa: Marcelo S. Brandão (santibrando@gmail.com)

N935	Novo CPC doutrina selecionada, v. 6: processo nos tribunais e meios de impugnação às decisões judiciais / coordenador geral, Fredie Didier Jr. ; organizadores, Lucas Buril de Macêdo, Ravi Peixoto, Alexandre Freire. – Salvador : Juspodivm, 2016.
	1136 p.
	Vários autores.
	Bibliografia.
	ISBN 978-85-442-0746-8.
	1. Processo civil - Brasil. 2. Processo civil - Legislação - Brasil I. Didier Jr., Fredie. II. Macêdo, Lucas Buril de. III. Peixoto, Ravi. IV. Freire, Alexandre. V. Título. VI. Título : processo de conhecimento e disposições finais e transitórias.
	CDD 347.05

Todos os direitos desta edição reservados à Edições JusPODIVM.

É terminantemente proibida a reprodução total ou parcial desta obra, por qualquer meio ou processo, sem a expressa autorização do autor e da Edições JusPODIVM. A violação dos direitos autorais caracteriza crime descrito na legislação em vigor, sem prejuízo das sanções civis cabíveis.

*Dedicamos este volume ao
Professor José Carlos Barbosa Moreira,
que desempenhou um papel decisivo
para a compreensão e a evolução dos
recursos cíveis.*

APRESENTAÇÃO À 2ª EDIÇÃO

Inicialmente, agradecemos ao público pela rápida acolhida da *Coleção Novo CPC – Doutrina Selecionada*. Ficamos positivamente surpresos com o sucesso editorial da obra, que se esgotou em pouquíssimos meses.

Depois de esgotada a primeira edição, optamos, em vez de apenas soltar uma nova tiragem, por fazer, efetivamente, uma segunda edição da coleção *Doutrina Selecionada*, com a adição de novos textos e a revisão daqueles que já constavam, sobretudo diante da precoce alteração da Lei 13.105/2015.

Às vésperas da plena eficácia do novo Código de Processo Civil, esperamos que o *Doutrina Selecionada* cumpra sua função de fornecer aos estudantes e práticos uma visão ampla do novo sistema processual, com grande riqueza de perspectivas, auxilie na solução dos vários problemas interpretativos que se avizinham. Queremos crer que, nestes livros, reúne-se a mais recente produção da processualística brasileira.

Especificamente neste volume, que trata do Processo nos Tribunais, muitos artigos foram atualizados, levando em conta tanto a modificação recente do novo CPC quanto a grande produção doutrinária existente durante o ano de 2015.

Sobre as novidades, a coleção passa a contar com as importantes contribuições de Humberto Theodoro Júnior, que prestigia a coleção com seu trabalho acerca do regime das demandas repetitivas no novo CPC; Frederico Koehler, com trabalho enfrentando a aplicação do incidente de demandas repetitivas nos juizados especiais; Pedro Miranda de Oliveira, com estudo sobre a reclamação no novo CPC; Dierle Nunes, que trata das características da colegialidade no CPC/2015; Flávio Cheim Jorge e Thiago Ferreira Siqueira, que abordam a sanabilidade dos requisitos de admissibilidade dos recursos pelo relator; Gelson Amaro de Souza, com dois trabalhos, um intitulado "coisa julgada e o efeito extensivo do recurso no CPC/2015" e outro "o valor da causa e recurso no processo civil"; Luiz Dellore e Ricardo Maffeis, tratando da problemática da escolha do recurso a ser julgado pelo procedimento dos recursos repetitivos; Marco Antonio dos Santos Rodrigues, que avalia a impugnabilidade da decisão sobre o pedido de gratuidade da justiça; Rennan Faria Krüger Thamay e Vinícius Ferreira de Andrade, que abordam o tema da fungibilidade recursal; Marcelo Barbi Gonçalves, com interesse trabalho crítico acerca da ação rescisória e a uniformização jurisprudencial; Sandro Marcelo Kozikoski, com ensaio acerca da relativização da proibição de reforma para pior no CPC/2015; e, por fim, o trabalho do Vinicius Silva Lemos, tratando do princípio da primazia de mérito na fase recursal.

Recife, 2 de fevereiro de 2016.

Os Organizadores.

Sumário

PARTE I
PROCESSOS NOS TRIBUNAIS

Capítulo 1 ▶ Colegialidade corretiva e CPC-2015 33
Dierle Nunes

1. CONSIDERAÇÕES INICIAIS 33
2. COLEGIALIDADE, PRECEDENTES E NOVA FUNÇÃO PREPARATÓRIA DO RELATÓRIO 36
3. COLEGIALIDADE E VIESES COGNITIVOS 43
4. MODIFICAÇÃO DE VOTOS ATÉ O RESULTADO 48
5. INCIDENTE DE AMPLIAÇÃO DO COLEGIADO PARA JULGAMENTOS NÃO UNÂNIMES– ART. 942 49
6. CONSIDERAÇÕES FINAIS 54

Capítulo 2 ▶ Da Extirpação dos Embargos Infringentes no Novo Código de Processo Civil – um Retrocesso ou Avanço? 55
Giselle Santos Couy

1. DA EXTIRPAÇÃO DOS EMBARGOS INFRINGENTES NO NOVO CÓDIGO DE PROCESSO CIVIL – UM RETROCESSO OU AVANÇO? 55
2. DOS RECURSOS 64
3. A CELERIDADE E O PROCESSO CONSTITUCIONAL 66
4. CONCLUSÃO 73
5. REFERÊNCIAS 75

Capítulo 3 ▶ Técnica de Julgamento: Criação do Novo CPC (Substitutivo dos Embargos Infringentes) 79
Francisco Barros Dias

1. INTRODUÇÃO 79
2. OS EMBARGOS INFRINGENTES EM SEU FORMATO ATUAL NO CÓDIGO DE PROCESSO CIVIL VIGENTE 80
3. "TÉCNICA DE JULGAMENTO" NO NOVO CÓDIGO DE PROCESSO CIVIL EM SUBSTITUIÇÃO AOS EMBARGOS INFRINGENTES 82
4. ANÁLISE CRÍTICA DO NOVEL INSTITUTO DA "TECNICA DE JULGAMENTO" PREVISTO NO NOVO CPC. 86
5. CONCLUSÕES 89
6. BIBLIOGRAFIA 90

Capítulo 4 ▶ A Função Institucional das Cortes Superiores 91
Thiago Rodovalho

1. INTRODUÇÃO 91
2. A FUNÇÃO SOCIAL DO DIREITO E A SEGURANÇA JURÍDICA 94

3. A FUNÇÃO JURISDICIONAL E INSTITUCIONAL DAS CORTES CONSTITUCIONAL E FEDERAL – STF E STJ................... 96
4. CONCLUSÃO. 99

Capítulo 5 ▶ A Remessa Necessária e o Novo Código de Processo Civil.................. 101
Rogerio Mollica

1. INTRODUÇÃO... 101
2. A REMESSA NECESSÁRIA 102
3. A PROBLEMÁTICA NOVA REDAÇÃO DA REMESSA NECESSÁRIA NO ARTIGO 496 DO CPC................... 104
4. A SUCUMBÊNCIA RECURSAL E A REMESSA NECESSÁRIA 106
5. A AMPLIAÇÃO DA COLEGIALIDADE QUANDO HOUVER DIVERGÊNCIA DE JULGAMENTO E A REMESSA NECESSÁRIA 107
6. O JULGAMENTO ANTECIPADO E PARCIAL DO MÉRITO E A REMESSA NECESSÁRIA........................... 109
7. CONCLUSÃO 111
8. REFERÊNCIAS... 111

Capítulo 6 ▶ Incidente de Arguição de Inconstitucionalidade 113
George Salomão Leite
Rinaldo Mouzalas

1. CONSIDERAÇÕES INICIAIS 113
2. CONTROLE CONCENTRADO DE CONSTITUCIONALIDADE 114
3. CLÁUSULA DE RESERVA DE PLENÁRIO... 117
4. EFEITOS... 118
5. PROCEDIMENTO 120
6. CONCLUSÕES 125
7. REFERÊNCIAS... 126

Capítulo 7 ▶ A Formação Progressiva da Coisa Julgada Material e o Prazo para o Ajuizamento da Ação Rescisória: Contradição do Novo Código de Processo Civil... 129
Délio Mota de Oliveira Júnior

1. INTRODUÇÃO... 129
2. COISA JULGADA MATERIAL E AÇÃO RESCISÓRIA 130
3. A DIVERGÊNCIA DE ENTENDIMENTOS DO SUPERIOR TRIBUNAL DE JUSTIÇA E DO SUPREMO TRIBUNAL FEDERAL ACERCA DO TERMO INICIAL DO PRAZO DE RESCINDIBILIDADE DA COISA JULGADA MATERIAL FORMADA PROGRESSIVAMENTE 134
4. ADOÇÃO DA TEORIA DA FORMAÇÃO DA COISA JULGADA MATERIAL PROGRESSIVAMENTE FORMADA NO NOVO CÓDIGO DE PROCESSO CIVIL... 136
   4.1. A PARTIR DO CONCEITO DE SENTENÇA 136
   4.2. A PARTIR DO CONCEITO DE COISA JULGADA MATERIAL 137
   4.3. A PARTIR DA TEORIA DOS CAPÍTULOS DA SENTENÇA 138
   4.4. A PARTIR DO JULGAMENTO ANTECIPADO PARCIAL DO MÉRITO.. 141

4.5. A PARTIR DO PRINCÍPIO DO TANTUM DEVOLUTUM QUANTUM APPELLATUM	143
5. QUESTÕES PRÁTICAS ENVOLVENDO A FORMAÇÃO PROGRESSIVA DA COISA JULGADA MATERIAL	145
5.1. COMPETÊNCIA PARA O JULGAMENTO DA AÇÃO RESCISÓRIA	145
5.2. POSSIBILIDADE DO MANEJO DA AÇÃO RESCISÓRIA ENQUANTO ESTIVER TRAMITANDO O PROCESSO PRINCIPAL	147
5.3. POSSIBILIDADE DE DECLARAÇÃO DA NULIDADE DO PROCESSO, AO JULGAR A PARCELA RECORRIDA DO DECISUM	148
6. A AÇÃO RESCISÓRIA E O PRAZO PARA O SEU AJUIZAMENTO NO NOVO CÓDIGO DE PROCESSO CIVIL	150
7. CONSIDERAÇÕES FINAIS	152
8. REFERÊNCIAS BIBLIOGRÁFICAS	152

Capítulo 8 ▶ Ação Rescisória e uniformização jurisprudencial: considerações sobre a jihad nomofilática 157
Marcelo Barbi Gonçalves

1. A COISA JULGADA COMO *PONTE DE SAÍDA*	157
2. FIXANDO ALGUMAS PREMISSAS	159
3. O SENTIDO VETORIAL DE ESTABILIDADE DAS POSIÇÕES JURÍDICAS: *CERTEZA DA LEI, CERTEZA DA JURISPRUDÊNCIA E CERTEZA DO DIREITO*	161
4. AÇÃO RESCISÓRIA NO CASO DE LEI SUJEITA À INTERPRETAÇÃO CONTROVERTIDA	166
4.1. DESVENDANDO ALGUNS EQUÍVOCOS	169
4.2. TRIBUNAIS SUPERIORES E FUNÇÃO NOMOFILÁTICA	169
4.3. DA VOCAÇÃO DA AÇÃO RESCISÓRIA	173
4.4. DA INDEVIDA ASSIMILAÇÃO ENTRE OS ENUNCIADOS 343 E 400 DO STF	175
5. A DOUTRINA DA INTERPRETAÇÃO RAZOÁVEL E O PRINCÍPIO DA LEGALIDADE	177
6. EXISTEM CORTES SUPREMAS *DO A E DO B*?	184
7. EFEITOS PRÓ-FUTURO E A ISONOMIA	185
8. CONCLUSÃO	186
9. REFERÊNCIAS	187

Capítulo 9 ▶ Considerações Sobre o Prazo Rescisório no Novo CPC 193
Márcio Carvalho Faria

1. OS DIVERSOS MEIOS IMPUGNATIVOS, O DUPLO GRAU DE JURISDIÇÃO E AS ORIGENS COMUNS DO RECURSO E DA AÇÃO RESCISÓRIA.	193
2. A AÇÃO RESCISÓRIA NO PLS 166/10, NO PL 8046/10 E NA LEI FEDERAL 13.105/15, O NOVO CPC: SUAS PRINCIPAIS INOVAÇÕES	203
3. CONSIDERAÇÕES SOBRE O PRAZO RESCISÓRIO (ART. 975, NCPC)	205
3.1. O QUE FOI MANTIDO PELO NCPC	205
3.2. O QUE RESTOU MODIFICADO PELO NCPC: APRESENTAÇÕES E CRÍTICAS	205
4. CONCLUSÕES	218
5. REFERÊNCIAS	219

Capítulo 10 ▶ Ação Rescisória e capítulos de sentença: a análise de uma relação conturbada a partir do CPC/2015 223
Ravi Peixoto

1. INTRODUÇÃO 223
2. CAPÍTULOS DA DECISÃO JUDICIAL E AS RELAÇÕES DE DEPENDÊNCIA ENTRE ELES 224
3. SOBRE AS DECISÕES PARCIAIS DE MÉRITO E A FORMAÇÃO DA COISA JULGADA PROGRESSIVA 225
4. RECURSO PARCIAL, EFEITO DEVOLUTIVO E TRANSLATIVO 227
5. DA POSSIBILIDADE DE INTERPOSIÇÃO DE VÁRIAS AÇÕES RESCISÓRIAS 230
6. PROBLEMÁTICA DOS PRAZOS COM O TRÂNSITO EM JULGADO PROGRESSIVO 231
   6.1. A CONTAGEM ÚNICA DO PRAZO 231
   6.2. A CONTAGEM AUTÔNOMA DOS PRAZOS 233
7. COMPETÊNCIA DA AÇÃO RESCISÓRIA 236
8. COMPETÊNCIA DA AÇÃO RESCISÓRIA EM FACE DA COISA JULGADA PROGRESSIVA 238
   8.1. ANÁLISE DOS PRECEDENTES DO STJ E DO STF 240
9. CONCLUSÃO 242

Capítulo 11 ▶ Primeiras Linhas sobre a Disciplina da Ação Rescisória no CPC/15 244
Rodrigo Mazzei
Tiago Figueiredo Gonçalves

1. INTRODUÇÃO 244
2. DISPOSIÇÃO DA DISCIPLINA DA AÇÃO RESCISÓRIA NO CPC/15 244
3. ESPÉCIES DE PRONUNCIAMENTOS IMPUGNÁVEIS ATRAVÉS DE AÇÃO RESCISÓRIA 244
4. CONTEÚDO DOS PRONUNCIAMENTOS PASSÍVEIS DE RESCISÃO 245
   4.1. DECISÃO DE MÉRITO 245
   4.2. DECISÃO TERMINATIVA 246
   4.3. DECISÃO DE INADMISSIBILIDADE DE RECURSO 248
   4.4. COISA JULGADA SECUNDUM EVENTUM PROBATIONIS NO PROCESSO COLETIVO 249
5. RESCISÓRIA DE CAPÍTULO DA DECISÃO 250
6. CAUSAS DE RESCINDIBILIDADE 251
   6.1. PREVARICAÇÃO, CONCUSSÃO, OU CORRUPÇÃO DO JUIZ 251
   6.2. JUIZ IMPEDIDO OU JUÍZO ABSOLUTAMENTE INCOMPETENTE 251
   6.3. DOLO OU COAÇÃO 252
   6.4. SIMULAÇÃO OU COLUSÃO 252
   6.5. OFENSA À COISA JULGADA 252
   6.6. VIOLAÇÃO MANIFESTA DE NORMA JURÍDICA 253
   6.7. FALSIDADE DE PROVA 254
   6.8. PROVA NOVA 254
   6.9. ERRO DE FATO 255
7. LEGITIMIDADE 256
   7.1. TERCEIRO JURIDICAMENTE INTERESSADO 256

7.2. MINISTÉRIO PÚBLICO 256
7.3. AQUELE QUE NÃO FOI OUVIDO NO PROCESSO EM QUE OBRIGATÓRIA SUA INTERVENÇÃO 257
8. MINISTÉRIO PÚBLICO COMO FISCAL DA ORDEM JURÍDICA NA AÇÃO RESCISÓRIA 257
9. REQUISITOS DA PETIÇÃO INICIAL 257
    9.1. CITAÇÃO DO RÉU. PRAZO PARA RESPOSTA 258
10. DEPÓSITO DE 5% (CINCO POR CENTO) DO VALOR DA CAUSA 258
    10.1. LIMITAÇÃO DO VALOR DO DEPÓSITO 258
    10.2. DISPENSA DO DEPÓSITO PRÉVIO 259
11. CUMPRIMENTO DA DECISÃO RESCINDENDA E CONCESSÃO DE TUTELA PROVISÓRIA 259
    11.1. COMPETÊNCIA DO RELATOR PARA A APRECIAÇÃO DA TUTELA PROVISÓRIA 259
12. PROCEDIMENTO COMUM. REVELIA 259
13. ESCOLHA DO RELATOR 260
14. PRODUÇÃO DE PROVA 260
    14.1. *IUDICIUM RESCINDENS* E *IUDICIUM RESCISSORIUM* 260
    14.2. DELEGAÇÃO 260
15. APRESENTAÇÃO DE RAZÕES FINAIS ESCRITAS 261
    15.1. PRAZO PARA RAZÕES FINAIS 261
16. CUMULAÇÃO DE PEDIDOS 261
    16.1. JUÍZO RESCINDENTE POSITIVO 262
    16.2. JUÍZO RESCISÓRIO 262
    16.3. VALOR DO DEPÓSITO, INADMISSIBILIDADE DA AÇÃO E IMPROCEDÊNCIA DO PEDIDO 262
    16.4. CUMULAÇÃO DE PEDIDOS DE RESCISÃO (*IUDICIUM RESCINDENS*) E REVERSÃO DO VALOR DO DEPÓSITO 263
    16.5. VALOR DO DEPÓSITO E JULGAMENTO LIMINAR DE IMPROCEDÊNCIA 263
17. PRAZO PARA A PROPOSITURA DA RESCISÓRIA. NATUREZA 263
    17.1. PRORROGAÇÃO DO PRAZO 264
    17.2. PRAZO ÚNICO. TERMO INICIAL. MOMENTOS DISTINTOS 264

Capítulo 12 ▶ Reclamação constitucional fundada em precedentes obrigatórios no CPC/2015 269

Lucas Buril de Macêdo

1. ALGUMAS PALAVRAS SOBRE A GRANDE NOVIDADE DO CPC/2015 E UM ALERTA IMPORTANTE: OS PRECEDENTES JUDICIAIS OBRIGATÓRIOS E O RISCO DE SIMPLIFICAÇÃO 269
2. O CONCEITO DE PRECEDENTE JUDICIAL E A DISTINÇÃO (*DISTINGUISHING*) COMO SUA FORMA APLICATIVA 271
3. A RECLAMAÇÃO CONSTITUCIONAL 277
    3.1. ASPECTOS RELEVANTES 277
    3.2. A RECLAMAÇÃO CONSTITUCIONAL NO CPC/2015 E SUA FUNCIONALIZAÇÃO PARA FORÇAR A APLICAÇÃO DE PRECEDENTES OBRIGATÓRIOS 281
4. CRÍTICA À LIGAÇÃO ENTRE RECLAMAÇÃO E OBRIGATORIEDADE DOS PRECEDENTES 285
5. CONCLUSÃO 290

Capítulo 13 ▶ Reclamação no CPC/2015 (com as alterações introduzidas pela Lei 13.256/2016) 293
    Pedro Miranda de Oliveira

1. NATUREZA JURÍDICA 293
2. PREVISÃO LEGAL 295
3. HIPÓTESES DE CABIMENTO 295
    3.1. PRESERVAÇÃO DA COMPETÊNCIA DOS TRIBUNAIS (INCISO I) 296
    3.2. GARANTIA DA AUTORIDADE DAS DECISÕES DOS TRIBUNAIS (INCISO II) 299
    3.3. GARANTIA DA OBSERVÂNCIA DE ENUNCIADO DE SÚMULA VINCULANTE (INCISO III) – 299
    3.4. GARANTIA DA OBSERVÂNCIA DE DECISÃO DO STF EM SEDE DE CONTROLE CONCENTRADO DE CONSTITUCIONALIDADE (INCISO III) 301
    3.5. GARANTIA DA OBSERVÂNCIA DE ACÓRDÃO PROFERIDO EM JULGAMENTO DE INCIDENTE DE RESOLUÇÃO DE DEMANDAS REPETITIVAS OU DE INCIDENTE DE ASSUNÇÃO DE COMPETÊNCIA (INCISO IV) 301
    3.6. UNIFORMIZAÇÃO DE JURISPRUDÊNCIA NOS JUIZADOS ESPECIAIS ESTADUAIS? 303
4. COMPETÊNCIA 304
5. ALGUMAS REGRAS PROCEDIMENTAIS 304
6. PRAZO PARA PROPOSITURA DA RECLAMAÇÃO E INTERESSE DE AGIR 305
7. PREJUDICIALIDADE 306
8. PODERES DO RELATOR 307
    8.1. REQUISIÇÃO DE INFORMAÇÕES 307
    8.2. SUSPENSÃO DO PROCESSO OU DO ATO IMPUGNADO 308
    8.3. CITAÇÃO DO BENEFICIÁRIO DA DECISÃO IMPUGNADA 308
9. IMPUGNAÇÃO DO PEDIDO DO RECLAMANTE 309
10. INTERVENÇÃO DO MINISTÉRIO PÚBLICO 309
11. RESULTADO DO JULGAMENTO 310
12. IMEDIATO CUMPRIMENTO DA DECISÃO 311
13. APLICAÇÃO SUBSIDIÁRIA DO PROCEDIMENTO DO MANDADO DE SEGURANÇA 311
14. BIBLIOGRAFIA 311

Capítulo 14 ▶ O Incidente de Resolução de Demandas Repetitivas do Novo Código de Processo Civil 313
    Aluisio Gonçalves de Castro Mendes
    Sofia Temer

1. INTRODUÇÃO 313
2. BREVE CONTEXTUALIZAÇÃO: DEMANDAS REPETITIVAS E TÉCNICA PROCESSUAL DIFERENCIADA 314
3. ORIGENS DO INSTITUTO: A *GROUP LITIGATION ORDER* DO DIREITO INGLÊS, O *MUSTERVERFAHREN* DO DIREITO ALEMÃO E MECANISMOS ASSEMELHADOS DO DIREITO BRASILEIRO 315
4. O INCIDENTE DE RESOLUÇÃO DE DEMANDAS REPETITIVAS 317
    4.1. NATUREZA E CABIMENTO DO INCIDENTE 318
    4.2. INSTAURAÇÃO E FORMAÇÃO DO INCIDENTE 323

4.3. O JUÍZO DE ADMISSÃO DO INCIDENTE E SEUS EFEITOS 332
4.4. JULGAMENTO DO INCIDENTE 342
4.5. APLICAÇÃO DA TESE JURÍDICA 350
4.6. REVISÃO DA TESE FIRMADA NO INCIDENTE 353
5. CONSIDERAÇÕES FINAIS 354
6. REFERÊNCIAS BIBLIOGRÁFICAS 355

Capítulo 15 ▶ Incidente de Resolução de Demandas Repetitivas no Novo Código de Processo Civil 359

Eduardo Cambi
Mateus Vargas Fogaça

1. INTRODUÇÃO 359
2. A INEFICIÊNCIA DO ORDENAMENTO JURÍDICO VIGENTE PARA O TRATAMENTO DAS AÇÕES REPETITIVAS 360
3. A TENDÊNCIA UNIFORMIZADORA DA JURISPRUDÊNCIA NO NOVO CÓDIGO DE PROCESSO CIVIL 362
4. O INCIDENTE DE RESOLUÇÃO DE DEMANDAS REPETITIVAS 366
    4.1. NOÇÕES GERAIS 366
    4.2. LEGITIMIDADE 369
    4.3. CONTRADITÓRIO E AMICUS CURIAE 371
    4.4. COMPETÊNCIA E PROCEDIMENTO 377
    4.5. FORMA, CONTEÚDO, CONSEQUÊNCIAS E RECURSOS DO JULGAMENTO 379
5. CONSIDERAÇÕES FINAIS 383
6. REFERÊNCIAS BIBLIOGRÁFICAS 384

Capítulo 16 ▶ Os problemas e os desafios decorrentes da aplicação do incidente de resolução de demandas repetitivas nos juizados especiais 389

Frederico Augusto Leopoldino Koehler

1. INTRODUÇÃO 389
2. O INCIDENTE DE RESOLUÇÃO DE DEMANDAS REPETITIVAS VINCULA OS JUÍZES DOS JUIZADOS ESPECIAIS? 391
3. PROBLEMAS DECORRENTES DA APLICAÇÃO DO INCIDENTE DE RESOLUÇÃO DE DEMANDAS REPETITIVAS NOS JUIZADOS ESPECIAIS 392
4. CONCLUSÃO 398
5. REFERÊNCIAS 398

Capítulo 17 ▶ O Incidente de Resolução de Demandas Repetitivas e o Trato da Litigiosidade Coletiva 401

Gustavo Milaré Almeida

1. INTRODUÇÃO 401
2. INCIDENTE DE RESOLUÇÃO DE DEMANDAS REPETITIVAS 403
    2.1. A INSPIRAÇÃO ALEMÃ E SEU PROCEDIMENTO 403
    2.2. SISTEMÁTICA LEGAL NO NCPC 404

3. IRDR E A TUTELA COLETIVA 408
4. CONSIDERAÇÕES CONCLUSIVAS 412
5. BIBLIOGRAFIA 413

Capítulo 18 ▶ Regime das Demandas Repetitivas no Novo Código de Processo Civil 417
Humberto Theodoro Júnior

PARTE I - VALORIZAÇÃO DA JURISPRUDÊNCIA 417
1. INTRODUÇÃO 417
2. A VALORIZAÇÃO DA JURISPRUDÊNCIA E O SISTEMA DE SÚMULAS 418
3. JURISPRUDÊNCIA E NORMAS PRINCIPIOLÓGICAS E ENUNCIADORAS DE CLÁUSULAS GERAIS 420
4. CARACTERÍSTICAS DO SISTEMA SUMULAR 420
5. A POSIÇÃO DO NOVO CPC SOBRE A FORÇA NORMATIVA DA JURISPRUDÊNCIA 421
6. UNIFORMIZAÇÃO DA JURISPRUDÊNCIA E CAUSAS DE MASSA 423
PARTE II - INCIDENTE DE RESOLUÇÃO DE DEMANDAS REPETITIVAS 424
7. CONFLITOS INDIVIDUAIS E CONFLITOS COLETIVOS 424
8. NATUREZA JURÍDICA DO INCIDENTE 425
9. FORÇA DE COISA JULGADA E FORÇA EXECUTIVA 426
10. CABIMENTO DO INCIDENTE 427
11. OBJETIVOS DO INCIDENTE 428
12. LEGITIMIDADE PARA A PROMOÇÃO DO INCIDENTE 429
13. INCIDENTE INSTAURADO A PARTIR DE PROCESSO JÁ EM CURSO NO TRIBUNAL DE SEGUNDO GRAU 430
14. DESISTÊNCIA OU ABANDONO DO PROCESSO 430
15. PARTICIPAÇÃO DO MINISTÉRIO PÚBLICO 431
16. COMPETÊNCIA 431
17. DETALHES DO PROCEDIMENTO 432
18. FORÇA VINCULANTE DA DECISÃO DO INCIDENTE 436
19. PUBLICIDADE ESPECIAL 437
20. RECURSOS 438
21. RECLAMAÇÃO 440
22. REVISÃO DA TESE FIRMADA NO INCIDENTE 441
PARTE III - INCIDENTE DE ASSUNÇÃO DE COMPETÊNCIA 441
23. CONCEITO 441
24. PRESSUPOSTOS 443
25. PROCEDIMENTO 443
26. EFEITOS DA DECISÃO 444
27. DISTINÇÃO ENTRE INCIDENTE DE RESOLUÇÃO DE DEMANDAS REPETITIVAS E INCIDENTE DE ASSUNÇÃO DE COMPETÊNCIA 444

Capítulo 19 ▶ O Incidente de Resolução das Causas Repetitivas no Novo CPC e o Devido Processo Legal 447
José Henrique Mouta Araújo

1. DELIMITAÇÃO DO TEMA: A COLETIVIZAÇÃO DO CONFLITO E O INCIDENTE DE CAUSAS REPETITIVAS PREVISTO NO NCPC 447
2. O DEVIDO PROCESSO LEGAL E OS PROCESSOS REPETITIVOS 449
3. CONTEXTO HISTÓRICO, OBJETIVOS E REFLEXOS DO JULGAMENTO DO IRDR EM OUTROS INSTITUTOS 452
4. O QUE SIGNIFICA A EXPRESSÃO *MESMA QUESTÃO UNICAMENTE DE DIREITO*? 454
5. INSTRUMENTO DE COLETIVIZAÇÃO DE CONFLITOS, DEVIDO PROCESSO LEGAL E O PAPEL DO MINISTÉRIO PÚBLICO 456
6. PREPONDERÂNCIA DO RESP E RE – VINCULAÇÃO LOCAL / NACIONAL E DEVIDO PROCESSO LEGAL 459
7. MOMENTOS PROCEDIMENTAIS: 460
   7.1. ADMISSIBILIDADE E PROCESSAMENTO: *O PAPEL DO AMICUS CURIAE* 461
   7.2. JULGAMENTO E VINCULAÇÃO HORIZONTAL E VERTICAL 462
8. CONCLUSÃO 463
9. REFERÊNCIAS BIBLIOGRÁFICAS 464

Capítulo 20 ▶ A Falta de Controle Judicial da Adequação da Representatividade no Incidente de Resolução de Demandas Repetitivas (IRDR) 469
Marcos de Araújo Cavalcanti

1. O CONTROLE JUDICIAL DA ADEQUAÇÃO DA REPRESENTATIVIDADE NO DIREITO NORTE-AMERICANO 469
2. COMPATIBILIDADE COM O SISTEMA PROCESSUAL BRASILEIRO 474
3. A FALTA DE CONTROLE JUDICIAL DA ADEQUAÇÃO DA REPRESENTATIVIDADE NAS AÇÕES COLETIVAS BRASILEIRAS 477
4. A FALTA DE CONTROLE JUDICIAL DA ADEQUAÇÃO DA REPRESENTATIVIDADE NO INCIDENTE DE RESOLUÇÃO DE DEMANDAS REPETITIVAS (IRDR) 479
5. CONCLUSÕES 482

PARTE II
TEMAS GERAIS SOBRE RECURSOS NO CPC/2015

Capítulo 1 ▶ Breves comentários às principais inovações quanto aos meios de impugnação das decisões judiciais no novo CPC 487
Flávia Pereira Hill

1. INTRODUÇÃO 487
2. HONORÁRIOS ADVOCATÍCIOS RECURSAIS 489
3. MODULAÇÃO DE EFEITOS DA ALTERAÇÃO DE PRECEDENTE 489
4. CONSOLIDAÇÃO DOS PODERES DO RELATOR 490
5. INCLUSÃO DE TODOS OS RECURSOS EM PAUTA 491

6. UNIFICAÇÃO DO PRAZO RECURSAL	492
7. SUPRESSÃO DO EFEITO SUSPENSIVO	492
8. PRAZO PARA PUBLICAÇÃO DO ACÓRDÃO	493
9. POSSIBILIDADE DE ALTERAÇÃO DOS VOTOS ATÉ A PROCLAMAÇÃO DO RESULTADO	493
10. INTEGRAÇÃO DO VOTO VENCIDO AO ACÓRDÃO	494
11. AÇÃO RESCISÓRIA	494
12. INCIDENTE DE RESOLUÇÃO DE DEMANDAS REPETITIVAS	496
13. EXTINÇÃO DOS EMBARGOS INFRINGENTES	497
14. RECURSOS DE AGRAVO	497
15. EXTINÇÃO DO AGRAVO RETIDO. RECORRIBILIDADE DIFERIDA DAS DECISÕES INTERLOCUTÓRIAS	497
16. APELAÇÃO	498
17. AGRAVO DE INSTRUMENTO	499
18. AGRAVO INTERNO	501
19. EMBARGOS DE DECLARAÇÃO	501
20. RECURSOS ESPECIAL E EXTRAORDINÁRIO	504
21. RECURSOS REPETITIVOS	505
22. EMBARGOS DE DIVERGÊNCIA	507
23. CONCLUSÃO	509
24. REFERÊNCIAS BIBLIOGRÁFICAS	511

Capítulo 2 ▶ Os Recursos no Novo CPC e a "Jurisprudência Defensiva" 513
Hugo de Brito Machado Segundo

1. INTRODUÇÃO	513
2. PRINCIPAIS DEFICIÊNCIAS DA JURISPRUDÊNCIA DEFENSIVA	514
3. PROBLEMAS NO PREPARO	517
4. ADMISSIBILIDADE GERAL DE RECURSOS	520
5. MAIOR RACIONALIDADE NO TRATO DOS DECLARATÓRIOS	523
6. RECURSOS ESPECIAL E EXTRAORDINÁRIO E A INSEGURANÇA QUANTO À NATUREZA DA DISCUSSÃO	526
7. EMBARGOS DE DIVERGÊNCIA E A POSSIBILIDADE DE DISCUSSÃO DE ASPECTOS PROCESSUAIS	529
8. O RECURSO "PREMATURO"	533
9. CONCLUSÕES	534

Capítulo 3 ▶ Anotações sobre o Sistema Recursal no Novo Código de Processo Civil 537
Luiz Manoel Gomes Junior
Miriam Fecchio Chueiri

1. INTRODUÇÃO	537
2. A REMESSA OBRIGATÓRIA	538
3. DOS RECURSOS EM GERAL	540
4. A APELAÇÃO E A REFORMULAÇÃO DOS EMBARGOS INFRINGENTES	541

5. O AGRAVO DE INSTRUMENTO	543
6. O AGRAVO INTERNO	546
7. OS EMBARGOS DE DECLARAÇÃO	547
8. O RECURSO ORDINÁRIO	548
9. OS RECURSOS EXTRAORDINÁRIO E ESPECIAL	550
10. OS AGRAVOS EM RECURSO ESPECIAL E EM RECURSO EXTRAORDINÁRIO	551
11. OS EMBARGOS DE DIVERGÊNCIA	552
12. CONCLUSÕES	552
13. BIBLIOGRAFIA	553

Capítulo 4 ▶ A impugnabilidade da decisão sobre o pedido de gratuidade da Justiça no novo Código de Processo Civil 555
Marco Antonio dos Santos Rodrigues

1. A REGULAMENTAÇÃO DA GRATUIDADE DA JUSTIÇA NO CORPO DO CÓDIGO DE PROCESSO CIVIL	555
2. A IMPUGNAÇÃO À DECISÃO SOBRE O BENEFÍCIO DA JUSTIÇA GRATUITA NA VIGÊNCIA DO CPC DE 1973	556
3. O ATAQUE À DECISÃO QUE DEFERE O PEDIDO DE GRATUIDADE NO NOVO CPC	561
4. MEIOS DE IMPUGNAÇÃO AO PRONUNCIAMENTO QUE INDEFERE OU REVOGA O BENEFÍCIO	562
5. CONCLUSÕES	563
6. REFERÊNCIAS BIBLIOGRÁFICAS	564

Capítulo 5 ▶ O Novo Código de Processo Civil vs. a Jurisprudência Defensiva 567
Márcio Carvalho Faria

1. CONSIDERAÇÕES GERAIS: A EXPLOSÃO DA LITIGIOSIDADE, A JURISPRUDÊNCIA DEFENSIVA E A CRIAÇÃO DO NOVO CÓDIGO DE PROCESSO CIVIL (NCPC)	567
2. AS TENTATIVAS DO NCPC DE ENFRENTAR A JURISPRUDÊNCIA DEFENSIVA	574
2.1. O ABANDONO DO FORMALISMO-EXCESSIVO E A IMPERIOSIDADE DE BUSCAR A RESOLUÇÃO DO MÉRITO	574
2.2. O REGRAMENTO DA FORMA DE OBTENÇÃO DO PRÉ-QUESTIONAMENTO	583
2.3. A DISPENSA EXPRESSA DA *RATIFICAÇÃO RECURSAL*	586
2.4. O RIGORISMO NO PREENCHIMENTO DAS GUIAS DE PREPARO RECURSAL	589
2.5. FUNGIBILIDADE ENTRE RECURSO ESPECIAL E RECURSO EXTRAORDINÁRIO	590
3. CONSIDERAÇÕES FINAIS	595
4. BIBLIOGRAFIA	596

PARTE III
TEORIA GERAL DOS RECURSOS

Capítulo 1 ▶ Coisa julgada e o efeito extensivo do recurso CPC/2015 603
Gelson Amaro de Souza

1. INTRODUÇÃO	603
2. EFEITO EXTENSIVO	604

3. ESPÉCIE DE EFEITO EXTENSIVO 605
    3.1. EFEITO EXTENSIVO SUBJETIVO 605
    3.2. EFEITO EXTENSIVO OBJETIVO 606
4. MOMENTO EM QUE SURGE O EFEITO EXTENSIVO 607
5. EFEITO EXTENSIVO E O RECURSO DO TERCEIRO INTERESSADO 609
6. O EFEITO EXTENSIVO E O RECURSO DO ASSISTENTE 609
7. COISA JULGADA E O EFEITO EXTENSIVO 610
8. INCOMPATIBILIDADE DA COISA JULGADA FATIADA COM OS EFEITOS, TRANSLATIVO E EXTENSIVO. 611
9. CONCLUSÃO 612
10. REFERÊNCIAS 612

Capítulo 2 ▶ A sanabilidade dos requisitos de admissibilidade dos recursos: notas sobre o art. 932, parágrafo único, do CPC/15 .... **615**
Flávio Cheim Jorge
Thiago Ferreira Siqueira

1. INTRODUÇÃO 615
2. O JUÍZO DE ADMISSIBILIDADE DOS RECURSOS CÍVEIS 616
3. O ESTADO DA QUESTÃO NO CPC/73: A IMPOSSIBILIDADE DE CORREÇÃO DOS DEFEITOS DOS RECURSOS COMO REGRA GERAL 618
4. A MUDANÇA DE PARADIGMA OPERADA PELO ART. 932, PARÁGRAFO ÚNICO, DO CPC/15 622
5. ÂMBITO DE INCIDÊNCIA DO DISPOSITIVO: APLICAÇÃO ÀS DIVERSAS ESPÉCIES RECURSAIS 624
    5.1. A APLICABILIDADE DO ART. 932, PARÁGRAFO ÚNICO, DO CPC/15, AOS RECURSOS EXTRAORDINÁRIO E ESPECIAL: CONFRONTO COM O ART. 1029, § 3º 624
6. COMPETÊNCIA PARA APLICAÇÃO DO DISPOSITIVO 629
7. OBRIGATORIEDADE DE APLICAÇÃO DO DISPOSITIVO 630
8. O ART. 932, PARÁGRAFO ÚNICO E OS REQUISITOS DE ADMISSIBILIDADE DOS RECURSOS 631
    8.1. REQUISITOS INTRÍNSECOS DE ADMISSIBILIDADE 632
    8.2. REQUISITOS EXTRÍNSECOS DE ADMISSIBILIDADE 635
9. CONCLUSÃO 641
10. REFERÊNCIAS BIBLIOGRÁFICAS 642

Capítulo 3 ▶ O CPC 2015 e a Relativização do Princípio da Proibição da *reformatio in pejus* **645**
Sandro Marcelo Kozikoski

1. O PRINCÍPIO DA PROIBIÇÃO DA *REFORMATIO IN PEJUS* NO CPC 1973 645
2. A IMPOSIÇÃO DOS HONORÁRIOS RECURSAIS E O EVENTUAL AGRAVAMENTO DA SITUAÇÃO DO RECORRENTE ... 646
3. A IMPUGNAÇÃO DAS QUESTÕES INTERLOCUTÓRIAS NÃO PRECLUSAS (CPC, ART. 1.009, § 1º) 648
4. O JULGAMENTO DA CAUSA MADURA (CPC, ART. 1.013, § 3º) 648

5. CONCLUSÃO 649
6. BIBLIOGRAFIA 649

Capítulo 4 ▶ Teoria Geral dos Recursos: Análise e Atualizações à Luz do Novo Código de Processo Civil Brasileiro 651
Antônio Pereira Gaio Júnior

1. INTRODUÇÃO 651
2. RECURSOS 651
    2.1. BREVES CONSIDERAÇÕES PRELIMINARES 651
    2.2. ATOS SUJEITOS A RECURSO 654
    2.3. PRINCÍPIOS GERAIS DOS RECURSOS 655
    2.4. RECURSO ADESIVO 662
    2.5 REQUISITOS DE ADMISSIBILIDADE 663
3. JUÍZO DE ADMISSIBILIDADE 675
4. EFEITOS DOS RECURSOS 677
5. EXTINÇÃO ANORMAL DO RECURSO 679
6. CONSIDERAÇÕES FINAIS 680
7. REFERÊNCIAS BIBLIOGRÁFICAS 680

Capítulo 5 ▶ O Valor da Causa e Recurso no Processo Civil 683
Gelson Amaro de Souza

1. INTRODUÇÃO 683
2. CONCEITO DE VALOR DA CAUSA 685
3. COMPLEXIDADE DO VALOR DA CAUSA 686
4. INFLUÊNCIA DO VALOR DA CAUSA NO PROCESSO 687
5. MOMENTO DA FIXAÇÃO DO VALOR DA CAUSA 689
    5.1. ANTES DO JULGAMENTO 690
    5.2. DEPOIS DO JULGAMENTO 691
6. RECURSO NA IMPUGNAÇÃO AO VALOR DA CAUSA 693
    6.1. ADEQUAÇÃO RECURSAL NA IMPUGNAÇÃO AO VALOR DA CAUSA 695
    6.2. LEGITIMIDADE PARA RECORRER 697
    6.3. RECURSO ADESIVO 698
7. ADEQUAÇÃO RECURSAL GERAL 700
    7.1. VALOR DA CAUSA E OS RECURSOS EXCEPCIONAIS 702
    7.2. RECURSO RETIDO NA IMPUGNAÇÃO AO VALOR DA CAUSA 703
8. VALOR DA CAUSA E O PREPARO RECURSAL 704
9. CONCLUSÕES 706
10. REFERÊNCIAS 707

Capítulo 6 ▶ Algumas reflexões sobre o efeito translativo: entre o CPC/73 e o CPC/2015 . 709
    Rennan Faria Krüger Thamay
    Rafael Ribeiro Rodrigues

1. ASPECTOS INICIAIS: A GÊNESE DA PROBLEMÁTICA 709
    1.1. DO NECESSÁRIO RESPEITO AO PRINCÍPIO DO CONTRADITÓRIO 710
    1.2. POSSIBILIDADE DE O JUIZ APRECIAR DE OFÍCIO MATÉRIA DE ORDEM PÚBLICA 712
2. A QUESTÃO EM FASE RECURSAL 714
    2.1. PRINCÍPIOS DISPOSITIVO E INQUISITÓRIO 714
    2.2. PRINCÍPIO DA PROIBIÇÃO DA *REFORMATIO IN PEJUS*.. 715
    2.3. O EFEITO TRANSLATIVO 718
3. DECISÃO SURPRESA E O NOVO CÓDIGO DE PROCESSO CIVIL 719
4. ENCERRAMENTO VOLITIVO DA DEMANDA 721
    4.1. NA FASE COGNITIVA 721
    4.2. NA FASE RECURSAL 722
5. CONCLUSÃO 724
6. REFERÊNCIAS BIBLIOGRÁFICAS 725

Capítulo 7 ▶ Comentários sobre a fungibilidade recursal: do Código de 1939 ao novo Código de Processo Civil 727
    Rennan Faria Krüger Thamay
    Vinícius Ferreira de Andrade

1. INTRODUÇÃO 727
2. FUNGIBILIDADE NO CPC DE 1939 729
    2.1. NO SISTEMA RECURSAL DO CPC DE 1973 730
    2.2. NO SISTEMA RECURSAL DO CPC DE 2015 732
3. REQUISITO OU REQUISITOS PARA APLICAÇÃO DO PRINCÍPIO DA FUNGIBILIDADE? 734
    3.1. REQUISITO ÚNICO: DÚVIDA EXTRÍNSECA 736
4. CASUÍSTICA 741
5. ANOTAÇÕES CONCLUSIVAS 743
6. BIBLIOGRAFIA 744

Capítulo 8 ▶ O princípio da primazia de mérito na fase recursal de acordo com o Novo Código de Processo Civil 747
    Vinicius Silva Lemos

1. INTRODUÇÃO 747
2. PRINCÍPIO DA PRIMAZIA DE MÉRITO NO NOVO CÓDIGO DE PROCESSO CIVIL 748
    2.1. A PRIMAZIA DO JULGAMENTO DE MÉRITO E DA ATIVIDADE SATISFATIVA 750
3. O IMPACTO DA PRIMAZIA DE MÉRITO NA FASE RECURSAL 750

3.1. O COMBATE À JURISPRUDÊNCIA DEFENSIVA 751
4. HIPÓTESES DO PRINCÍPIO DA PRIMAZIA DE MÉRITO NA FASE RECURSAL 752
    4.1. A RELATIVIZAÇÃO DO CUMPRIMENTO DOS REQUISITOS DE ADMISSIBILIDADE 752
    4.2. FUNGIBILIDADE ENTRE OS RECURSOS: ESPECIAL E EXTRAORDINÁRIO 753
    4.3. FUNGIBILIDADE DOS EMBARGOS DE DECLARAÇÃO E O AGRAVO INTERNO 757
    4.4. A ESCOLHA PELO PREQUESTIONAMENTO FICTO 758
    4.5. AMPLIAÇÃO DA TEORIA DA CAUSA MADURA 760
5. BIBLIOGRAFIA 765

PARTE IV
RECURSOS EM ESPÉCIE

Capítulo 1 ▶ Apelação Contra Decisão Interlocutória não Agravável: a Apelação do Vencido e a Apelação Subordinada do Vencedor: Duas Novidades do CPC/2015 769
Leonardo Carneiro da Cunha
Fredie Didier Jr.

1. GENERALIDADES SOBRE A RECORRIBILIDADE DAS DECISÕES INTERLOCUTÓRIAS NO CPC/2015 769
2. PREMISSA GERAL PARA A COMPREENSÃO DO ART. 1.009, § 1º, DO CPC: A APELAÇÃO CONTRA DECISÃO INTERLOCUTÓRIA NÃO AGRAVÁVEL 771
3. IMPUGNAÇÃO DAS DECISÕES INTERLOCUTÓRIAS NÃO AGRAVÁVEIS PELA PARTE VENCIDA 772
4. IMPUGNAÇÃO DAS DECISÕES INTERLOCUTÓRIAS NÃO AGRAVÁVEIS PELA PARTE VENCEDORA 774
    4.1. GENERALIDADES: A APELAÇÃO DO VENCEDOR PREVISTA NO § 1º DO ART. 1.009 E A PRECLUSÃO DAS DECISÕES INTERLOCUTÓRIAS NÃO AGRAVÁVEIS A ELE DESFAVORÁVEIS 774
    4.2. A APELAÇÃO DO VENCEDOR COMO ESPÉCIE DE RECURSO SUBORDINADO 776
    4.3. A APELAÇÃO DO VENCEDOR COMO ESPÉCIE DE RECURSO CONDICIONADO 777
    4.4. INTERPOSIÇÃO DE APELAÇÃO AUTÔNOMA PELO VENCEDOR: APLICAÇÃO DA INSTRUMENTALIDADE DAS FORMAS 780

Capítulo 2 ▶ O Efeito Suspensivo e o Recurso de Apelação – do CPC/1973 ao Novo CPC.... 781
Gilberto Gomes Bruschi
Márcio Manoel Maidame

1. INTRODUÇÃO 781
2. AS HIPÓTESES EXCEPCIONAIS AO EFEITO SUSPENSIVO NO CPC/73 E CPC/2015 783
    2.1. SENTENÇA HOMOLOGATÓRIA DE DIVISÃO OU DE DEMARCAÇÃO 784
    2.2. SENTENÇA CONDENATÓRIA À PRESTAÇÃO DE ALIMENTOS 785
    2.3. SENTENÇA QUE EXTINGUE SEM RESOLUÇÃO DE MÉRITO OU JULGA IMPROCEDENTES OS EMBARGOS DO EXECUTADO 786
    2.4. SENTENÇA DE PROCEDÊNCIA DE PEDIDO DE INSTITUIÇÃO DE ARBITRAGEM 787
    2.5. SENTENÇA QUE CONFIRMA, CONCEDE OU REVOGA, TUTELA PROVISÓRIA 790

2.6. SENTENÇA QUE DECRETA INTERDIÇÃO 792
3. AS DECISÕES DE MÉRITO PARCIAIS (ART. 356 DO CPC/2015), O "AGRAVO SUBSTITUTIVO DA APELAÇÃO"
 E O EFEITO SUSPENSIVO 793
4. A OBTENÇÃO DO EFEITO SUSPENSIVO NAS HIPÓTESES EM QUE A LEI PREVÊ O RECEBIMENTO DA
 APELAÇÃO APENAS NO DEVOLUTIVO... 795

Capítulo 3 ▶ Majoração dos Honorários Sucumbenciais no Recurso de Apelação 801
Eduardo Cambi
Gustavo Pompílio

1. INTRODUÇÃO 801
2. A MAJORAÇÃO DOS HONORÁRIOS SUCUMBENCIAIS NO RECURSO DE APELAÇÃO COM BASE NA
 SISTEMÁTICA DO NCPC 802
3. O DUPLO GRAU DE JURISDIÇÃO E O ABUSO DO DIREITO DE RECORRER 806
4. A MAJORAÇÃO DOS HONORÁRIOS COMO UM INSTRUMENTO DE DESESTÍMULO AO ABUSO DO DIREITO
 DE RECORRER E SEUS REFLEXOS NO DIREITO PROCESSUAL BRASILEIRO 807
5. CONSIDERAÇÕES FINAIS 809
6. REFERÊNCIAS BIBLIOGRÁFICAS 810

Capítulo 4 ▶ Apelação 813
Rita Quartieri
Jorge Antonio dias Romero

1. CONCEITO DE SENTENÇA 813
2. JUÍZO DE ADMISSIBILIDADE 815
3. AMPLIAÇÃO DO EFEITO DEVOLUTIVO 819
4. CORREÇÃO DE VÍCIOS ANTES DO JULGAMENTO 822
5. JULGAMENTO DE MÉRITO DE "CAUSA MADURA" 823
6. SUBSISTÊNCIA DO EFEITO SUSPENSIVO 824
7. REFERÊNCIAS 825

Capítulo 5 ▶ O Efeito Devolutivo do Recurso de Apelação no CPC/2015 827
Rogério Rudiniki Neto

1. NOVO CÓDIGO DE PROCESSO CIVIL: NOTAS INTRODUTÓRIAS 827
2. EFEITO DEVOLUTIVO DO RECURSO DE APELAÇÃO: BREVES CONSIDERAÇÕES 828
3. A IMPORTÂNCIA DA TEORIA DOS CAPÍTULOS DA SENTENÇA NA COMPREENSÃO DOS LIMITES DO EFEITO
 DEVOLUTIVO 831
4. DEVOLUÇÃO DO CAPÍTULO DA SENTENÇA QUE CONCEDE A TUTELA PROVISÓRIA 835
5. DEVOLUÇÃO DAS QUESTÕES RESOLVIDAS POR DECISÕES INTERLOCUTÓRIAS NÃO AGRAVÁVEIS 836
6. DEVOLUÇÃO DAS QUESTÕES DE ORDEM PÚBLICA (EFEITO TRANSLATIVO) E O PROBLEMA DO CONTRADITÓRIO. 839
7. JULGAMENTO IMEDIATO DO MÉRITO PELO TRIBUNAL 843
8. REFERÊNCIAS BIBLIOGRÁFICAS 845

Capítulo 6 ▶ Duplo Grau de Jurisdição e "Teoria da Causa Madura" no Novo Código de Processo Civil.. 847
Thiago Ferreira Siqueira

1. INTRODUÇÃO... 847
2. DUPLO GRAU DE JURISDIÇÃO: CONFIGURAÇÃO, CONTROVÉRSIAS E INFLUÊNCIAS SOBRE ALGUNS ASPECTOS TÉCNICOS DO RECURSO DE APELAÇÃO 848
    2.1. DUPLO GRAU DE JURISDIÇÃO: ESPECIFICAMENTE, QUANTO AO PAPEL QUE OCUPA NA ORDEM CONSTITUCIONAL 853
3. O § 3º DO ART. 515 DO CÓDIGO DE PROCESSO CIVIL DE 1973... 856
4. A "TEORIA DA CAUSA MADURA" NO NOVO CÓDIGO DE PROCESSO CIVIL................................ 859
    4.1. REQUISITOS PARA A INCIDÊNCIA DO DISPOSITIVO: CAUSA EM CONDIÇÕES DE IMEDIATO JULGAMENTO 860
    4.2. HIPÓTESES DE APLICAÇÃO DO DISPOSITIVO.. 865
5. CONCLUSÃO 872
6. BIBLIOGRAFIA.. 872

Capítulo 7 ▶ Cabimento do Agravo de Instrumento em Matéria Probatória: Crítica ao Texto Final do Novo CPC (Lei Nº 13.105/2015, Art. 1015)..................... 875
Fernando Rubin

1. APRESENTAÇÃO.. 875
2. BREVE BALANÇO DO PERÍODO 2010-2015 DE DEBATES EM TORNO DO PROJETO PARA UM NOVO CPC............ 876
3. O RELATÓRIO BARRADAS E O RELATÓRIO PAULO TEIXEIRA EM MATÉRIA PROBATÓRIA 878
4. O DIREITO PRIORITÁRIO À PROVA E A PREVISÃO LEGAL DE UTILIZAÇÃO DO RECURSO DE AGRAVO DE INSTRUMENTO... 880
5. A DISPOSIÇÃO DO ART. 1028, XIX DO PROJETO PARA UM NOVO CPC APROVADO NA CÂMARA FEDERAL E A REDUÇÃO DAS HIPÓTESES NO DERRADEIRO ART. 1015 DA LEI Nº 13.105/2015................ 884
6. CONSIDERAÇÕES FINAIS 886
7. PESQUISA DOUTRINÁRIA... 888

Capítulo 8 ▶ A Disciplina dos Agravos no Novo Código de Processo Civil............................ 891
Marco Félix Jobim
Fabrício de Farias Carvalho

1. INTRODUÇÃO... 891
2. A EXTINÇÃO DO AGRAVO RETIDO... 893
    2.1 SISTEMA DE PRECLUSÕES 896
3. O NOVO AGRAVO DE INSTRUMENTO 899
    3.1. HIPÓTESES DE CABIMENTO 901
    3.2. FORMAÇÃO DO INSTRUMENTO.. 903
    3.3. PROCESSAMENTO... 904
4. O AGRAVO INTERNO 905

5. O AGRAVO EM RECURSO ESPECIAL E EM RECURSO EXTRAORDINÁRIO 908
   5.1. HIPÓTESES DE CABIMENTO 908
   5.2. PROCESSAMENTO 910
6. CONSIDERAÇÕES FINAIS 910
7. REFERÊNCIAS BIBLIOGRÁFICAS 911

Capítulo 9 ▶ Os Embargos de Declaração no Novo Código de Processo Civil 913
Humberto Dalla Bernardina de Pinho
Roberto de Aragão Ribeiro Rodrigues

1. INTRODUÇÃO 913
2. QUADRO COMPARATIVO ENTRE AS DISPOSIÇÕES DO NOVO CÓDIGO DE PROCESSO CIVIL E O CÓDIGO DE 1973 ... 915
3. ANÁLISE DA DISCIPLINA DOS EMBARGOS DE DECLARAÇÃO NO NOVO CÓDIGO DE PROCESSO CIVIL 917
4. CONSIDERAÇÕES FINAIS 923
5. REFERÊNCIAS 923

Capítulo 10 ▶ Os Embargos de Declaração no Novo Código de Processo Civil 925
Ticiano Alves e Silva

1. INTRODUÇÃO 925
2. ATOS JUDICIAIS EMBARGÁVEIS 926
3. HIPÓTESES DE CABIMENTO 928
4. ASPECTOS PROCEDIMENTAIS E OUTROS DE ADMISSIBILIDADE 933
5. EFEITOS 935
   5.1. EFEITO INTERRUPTIVO 935
   5.2. EFEITO SUSPENSIVO 937
6. (DES) NECESSIDADE DE RATIFICAÇÃO E COMPLEMENTAÇÃO DE OUTRO RECURSO 938
7. EMBARGOS DE DECLARAÇÃO MANIFESTAMENTE PROTELATÓRIOS 940
8. EMBARGOS DE DECLARAÇÃO E PREQUESTIONAMENTO 942
9. CONCLUSÃO 945
10. BIBLIOGRAFIA 946

Capítulo 11 ▶ O Recurso Ordinário em Mandado de Segurança e o Novo Código de Processo Civil 949
Cristiano Simão Miller

1. ESCLARECIMENTO INICIAL 949
2. BREVES CONSIDERAÇÕES SOBRE A EVOLUÇÃO DO RECURSO ORDINÁRIO NO DIREITO BRASILEIRO 950
3. O CENÁRIO ATUAL DO RECURSO ORDINÁRIO EM MANDADO DE SEGURANÇA 953
   3.1. O CABIMENTO DE RECURSO ORDINÁRIO EM MANDADO DE SEGURANÇA 953
   3.2. CONSIDERAÇÕES SOBRE A EXPRESSÃO "DECISÃO DENEGATÓRIA" 958

3.3. A DESNECESSIDADE DE PRÉ-QUESTIONAMENTO	959
3.4. O ESGOTAMENTO DA INSTÂNCIA	961
3.5. A IMPOSSIBILIDADE DE SE ADMITIR, COMO RECURSO ORDINÁRIO, O RECURSO EXTRAORDINÁRIO (OU ESPECIAL) EQUIVOCADAMENTE INTERPOSTO	963
3.6. COMPETÊNCIA PARA JULGAMENTO	966
3.7. O RECURSO ORDINÁRIO E O EFEITO SUSPENSIVO	970
3.8. A AMPLITUDE COGNITIVA DO RECURSO ORDINÁRIO	972
4. REFERÊNCIAS BIBLIOGRÁFICAS	981

Capítulo 12 ▶ Agravo em Recurso Extraordinário e Agravo em Recurso Especial: entre imposição de precedentes, distinção e superação 985

Diogo Bacha e Silva
Alexandre Melo Franco Bahia

1. INTRODUÇÃO	985
2. FORMAÇÃO DE PRECEDENTE NO CÓDIGO DE PROCESSO CIVIL DE 1973 E DE 2015	987
3. *COMMON LAW* E A DIFERENÇA DE PENSAMENTO SOBRE PRECEDENTES	992
4. AGRAVO EM RECURSO EXTRAORDINÁRIO E AGRAVO EM RECURSO ESPECIAL COMO RESISTÊNCIA AO FECHAMENTO ARGUMENTATIVO – RÉQUIEM PARA UM FIM PREMATURO	996
5. CONCLUSÃO	1003
6. REFERÊNCIAS	1004

Capítulo 13 ▶ A Profundidade do Efeito Devolutivo nos Recursos Extraordinário e Especial: o que Significa a Expressão "Julgará o Processo, Aplicando o Direito" (CPC/2015, Art. 1.034)? 1009

João Francisco Naves da Fonseca

1. INTRODUÇÃO	1009
2. O STF E O STJ COMO CORTES DE REVISÃO	1011
3. O JULGAMENTO DA CAUSA NOS RECURSOS EXTRAORDINÁRIO E ESPECIAL	1011
4. CONCLUSÃO	1016
5. BIBLIOGRAFIA	1016

Capítulo 14 ▶ O "novo" juízo de admissibilidade do recurso especial e extraordinário 1019

Sandro Marcelo Kozikoski

1. AS MUDANÇAS INTRODUZIDAS NO SISTEMA RECURSAL DURANTE O PERÍODO DE *VACATIO LEGIS* DO CPC 2015.	1019
2. COMPETÊNCIA RECURSAL EXTRAORDINÁRIA DO SUPREMO TRIBUNAL FEDERAL E COMPETÊNCIA RECURSAL ESPECIAL DO SUPERIOR TRIBUNAL DE JUSTIÇA	1020
3. O EXAME DOS REQUISITOS DE ADMISSIBILIDADE APLICÁVEIS À RECORRIBILIDADE EXCEPCIONAL	1022
4. INTERPOSIÇÃO CONJUNTA DE RECURSO ESPECIAL E EXTRAORDINÁRIO	1027
5. JULGAMENTO DO RECURSO ESPECIAL E EXTRAORDINÁRIO	1029

6. RECURSOS REPETITIVOS: PROCESSAMENTO 1032
7. O EXAME DA REPERCUSSÃO GERAL 1037
8. EFEITOS DO RECURSO ESPECIAL E EXTRAORDINÁRIO 1039
9. RECLAMAÇÃO 1039
10. CONCLUSÕES 1040
11. BIBLIOGRAFIA 1041

Capítulo 15 ▶ O Prequestionamento no Novo Código de Processo Civil 1045
Vinicius Silva Lemos

1. INTRODUÇÃO 1045
2. PREQUESTIONAMENTO 1046
    2.1. FORMAS DE PREQUESTIONAMENTO 1047
    2.2. PREQUESTIONAMENTO EXPLÍCITO E IMPLÍCITO 1049
3. DICOTOMIA ENTRE OS ENTENDIMENTOS DO STJ E O STF E A POSSÍVEL ADERÊNCIA DE ENTENDIMENTOS 1052
    3.1. SÚMULA 211 DO SUPERIOR TRIBUNAL DE JUSTIÇA E O SEU ENTENDIMENTO SOBRE PREQUESTIONAMENTO 1052
    3.2. DA SÚMULA 356 DO SUPREMO TRIBUNAL FEDERAL – RECONHECIMENTO DO CHAMADO PREQUESTIONAMENTO FICTO 1055
    3.3. A INSTABILIDADE DA APLICAÇÃO DA SÚMULA 356 NO SUPREMO TRIBUNAL FEDERAL E A ADERÊNCIA AO ENTENDIMENTO DO SUPERIOR TRIBUNAL DE JUSTIÇA 1057
    3.4. A RELATIVIZAÇÃO DO PREQUESTIONAMENTO COMO REQUISITO DE ADMISSIBILIDADE QUANDO PRESENTE A REPERCUSSÃO GERAL. 1058
4. O PREQUESTIONAMENTO NO NOVO CÓDIGO DE PROCESSO CIVIL 1061
    4.1. A ESCOLHA PELO PREQUESTIONAMENTO FICTO 1062
    4.2. PONTOS PROCESSUAIS FAVORÁVEIS AO PREQUESTIONAMENTO FICTO 1063
    4.3. O IMPACTO DA ESCOLHA DO NOVO CÓDIGO DE PROCESSO NA JURISPRUDÊNCIA DOS TRIBUNAIS SUPERIORES. 1064
    4.4. O APROVEITAMENTO PROCESSUAL DO ARTIGO 1029, § 3º E O PREQUESTIONAMENTO 1066
    4.5. O PREQUESTIONAMENTO MESMO QUANDO VENTILADO SOMENTE NO VOTO VENCIDO 1068
    4.6. O PREQUESTIONAMENTO NO NOVO CÓDIGO E A QUESTÃO DE ORDEM PÚBLICA 1069
    4.7. A OPÇÃO PELO JURISDICIONADO 1070
5. CONCLUSÃO 1071
6. REFERENCIAS BIBLIOGRÁFICAS 1072

Capítulo 16 ▶ Embargos Declaratórios: efeito integrativo (prequestionamento virtual) 1075
Zulmar Duarte de Oliveira Jr.

1. CONSIDERAÇÕES INICIAIS 1075
2. ESTADO DA ARTE DOS EMBARGOS DECLARATÓRIOS 1076
3. PREQUESTIONAMENTO 1082
4. EMBARGOS DECLARATÓRIOS, EFEITO INTEGRATIVO E O PREQUESTIONAMENTO VIRTUAL. 1086

Capítulo 17 ▶ A Fungibilidade de Mão Dupla entre Recursos Excepcionais no CPC/2015 1089
    Luiz Henrique Volpe Camargo

1. INTRODUÇÃO 1089
2. DO CONTEXTO HISTÓRICO E ATUAL. 1090
3. A SOLUÇÃO CONTIDA NO CPC/2015 PARA A QUESTÃO. 1099
4. REFLEXÕES SOBRE AS CONDIÇÕES DE APLICAÇÃO DA FUNGIBILIDADE DE MÃO DUPLA 1102
5. BIBLIOGRAFIA. 1104

Capítulo 18 ▶ Recurso Especial Repetitivo: escolha do recurso e (in)efetividade dos julgamentos 1099
    Luiz Dellore
    Ricardo Maffeis Martins

1. RECURSO ESPECIAL E RECURSO ESPECIAL REPETITIVO 1107
2. A ESCOLHA DO RECURSO ESPECIAL A SER JULGADO COMO REPETITIVO 1110
    2.1. QUESTÕES POLÊMICAS 1113
3. ANÁLISE DE SITUAÇÕES CONCRETAS (RECURSOS REPETITIVOS JULGADOS PELO STJ) 1121
    3.1. CASOS DE ÊXITO 1122
    3.2. CASOS EM QUE NÃO HOUVE ÊXITO 1125
4. CONCLUSÕES 1129
5. BIBLIOGRAFIA 1130

PARTE I

PROCESSOS NOS TRIBUNAIS

CAPÍTULO 1
Colegialidade corretiva e CPC-2015

Dierle Nunes[1]

SUMÁRIO: 1. CONSIDERAÇÕES INICIAIS; 2. COLEGIALIDADE, PRECEDENTES E NOVA FUNÇÃO PREPARATÓRIA DO RELATÓRIO; 3. COLEGIALIDADE E VIESES COGNITIVOS; 4. MODIFICAÇÃO DE VOTOS ATÉ O RESULTADO; 5. INCIDENTE DE AMPLIAÇÃO DO COLEGIADO PARA JULGAMENTOS NÃO UNÂNIMES– ART. 942; 6. CONSIDERAÇÕES FINAIS.

1. CONSIDERAÇÕES INICIAIS

Há bons anos[2] destacamos que a jurisprudência dos tribunais superiores (STF e, especialmente, STJ) vinha estruturando as bases de aplicação do *princípio constitucional da colegialidade dos tribunais*,[3] que, apesar de permitir a delegação legal de poderes monocráticos (unipessoais) ao relator[4] dos recursos (art. 932), garantiria o reexame de decisões derivadas do exercício desses poderes pelo Colegiado, juízo competente para o julgamento do recurso.

---

1. Doutor em direito processual (PUCMinas/Università degli Studi di Roma "La Sapienza"). Mestre em direito processual (PUCMinas). Professor permanente do PPGD da PUCMINAS. Professor adjunto na PUCMINAS e na UFMG. Secretário-Geral Adjunto do IBDP, Membro fundador do ABDPC, Membro do Instituto Panamericano de Derecho Procesal, Diretor do departamento de Processo Civil do IAMG. Membro da Comissão dos Juristas que assessorou no Novo Código de Processo Civil na Câmara dos Deputados. Advogado.
2. NUNES, Dierle. Colegialidade das decisões dos tribunais: sua visualização como princípio constitucional e do cabimento de interposição de agravo interno de todas as decisões monocráticas do relator. *Revista IOB de direito civil e processual civil*, Porto Alegre: Síntese, v.9, n. 50, (nov./dez. 2007), p. 61-50.
3. "Conforme reiterada jurisprudência do STJ, "é cabível a interposição de agravo regimental contra qualquer decisão monocrática de relator de tribunal", entendimento decorrente "do princípio constitucional da colegialidade dos tribunais e do art. 39 da Lei 8.039, de 1990" (AgRg no Ag 556.508/TO, 1ª Turma, Rel. Min. Luiz Fux, DJ de 30.5.2005; AgRg na MC 6.566/MT, 1ª Turma, Rel. Min. Teori Albino Zavascki, DJ de 1º.9.2003)." STJ, 1ª T, AgRg no REsp 701734 / SP, Min. Denise Arruda, j. 20/06/2006, DJ 10.08.2006 p. 195. No mesmo sentido: STJ, 2ª T, REsp 770620 / PA, Ministro CASTRO MEIRA, j. 01/09/2005, DJ 03.10.2005 p. 236. STJ, 1ª T, AgRg no AgRg no Ag 694108 / SP , Min. Denise Arruda, j. 07/02/2006, DJ 06.03.2006 p. 192. STJ, 1ª T, REsp 714794 / RS, Rel.Ministro LUIZ FUX, j. 23/08/2005, DJ 12.09.2005 p. 241. STJ, 1ª T, AgRg na MC 6566 / MT, Ministro TEORI ALBINO ZAVASCKI, j. 05/08/2003, DJ 01.09.2003 p. 217.
4. As decisões dos tribunais são normalmente realizadas por órgãos compostos de vários juízes, o Colegiado, ordinariamente três, aos quais se atribui o nome de relator (art. 932) e vogais, dependendo da função realizada no processamento do recurso.

Como há muito tempo se defende, o órgão jurisdicional competente para o julgamento dos recursos, seu juízo natural, seria o Colegiado, e não o juízo monocrático do relator e, em decorrência deste princípio, nas hipóteses de julgamentos unipessoais no CPC-2015 será permitido o cabimento, em 15 dias, de Agravo Interno contra decisão proferida pelo relator para o respectivo órgão colegiado (art. 1.021).[5]

Este entendimento jurisprudencial e doutrinário, além de buscar a adequação do sistema recursal ao princípio do juízo natural (art. 5º, LIII) previsto em nosso modelo constitucional de processo, viabilizava a correção de "defeitos normativos" que por vezes atribuíam poderes monocráticos ao relator sem viabilizar mecanismos hábeis de sua reanálise, como era (é), por exemplo, a hipótese normativa do art. 527, parágrafo único, CPC-1973, que não previa (prevê) meios recursais de impugnação da decisão liminar do relator, no recurso de agravo, que convertia seu processamento por instrumento em retido ou atribuía efeito suspensivo ou ativo.

Perceba-se que tal uso de poderes monocráticos encontra grande relevância no sistema processual atual.

A partir de uma simples análise de dados estatísticos referentes aos processos em trâmite no STJ no ano de 2014,[6] pode-se perceber a profusão de decisões monocráticas, em detrimento dos julgamentos colegiados, sendo certo que a maioria de tais decisões têm fulcro no art. 557 do CPC do 1973 Reformado[7],

---

5. Disciplinado nos seguintes termos: Art. 1.021. Contra decisão proferida pelo relator caberá agravo interno para o respectivo órgão colegiado, observadas, quanto ao processamento, as regras do regimento interno do tribunal. § 1º Na petição de agravo interno, o recorrente impugnará especificadamente os fundamentos da decisão agravada. § 2º O agravo será dirigido ao relator, que intimará o agravado para manifestar-se sobre o recurso no prazo de 15 (quinze) dias, ao final do qual, não havendo retratação, o relator levá-lo-á a julgamento pelo órgão colegiado, com inclusão em pauta. § 3º É vedado ao relator limitar-se à reprodução dos fundamentos da decisão agravada para julgar improcedente o agravo interno. § 4º Quando o agravo interno for declarado manifestamente inadmissível ou improcedente em votação unânime, o órgão colegiado, em decisão fundamentada, condenará o agravante a pagar ao agravado multa fixada entre um e cinco por cento do valor atualizado da causa. § 5º A interposição de qualquer outro recurso está condicionada ao depósito prévio do valor da multa prevista no § 4º, à exceção da Fazenda Pública e do beneficiário de gratuidade da justiça, que farão o pagamento ao final. Segundo enunciados do Fórum Permanente de Processualistas Civis (FPPC): Enunciado n.º 358 do FPPC: A aplicação da multa prevista no art. 1.021, § 4º, exige manifesta inadmissibilidade ou manifesta improcedência. (Grupo: Recursos) Enunciado n.º 359 do FPPC: A aplicação da multa prevista no art. 1.021, § 4º, exige que a manifesta inadmissibilidade seja declarada por unanimidade. (Grupo: Recursos)
6. Analiso estes dados para discussão da primazia do mérito, fungibilidade e *conexão normativa* entre os recursos extraordinários em: NUNES, Dierle; PIRES, Michel Hernane. A *conexão normativa* entre os recursos extraordinários dos arts. 1.032 e 1.033 do CPC-2015 e sua importância no campo tributário. CARNEIRO DA CUNHA, Leonardo; SOUZA, Antonio Carlos. *Novo CPC e o Processo Tributário*. São Paulo: Editora Foco Fiscal, 2015. p. 51-68.
7. Art. 557. O relator negará seguimento a recurso manifestamente inadmissível, improcedente, prejudicado ou em confronto com súmula ou com jurisprudência dominante do respectivo tribunal, do Supremo Tribunal Federal, ou de Tribunal Superior.

negando seguimento ao recurso. Vejamos a tabela abaixo retirada do Relatório Estatístico[8] do STJ no ano de 2014:

Distribuídos	Julgados (Incluindo AgRg e EDcl)		
	Sessão	Monocráticos	Total
386.426	81.647	308.405	390.052

O disparate entre o número de decisões monocráticas e decisões colegiadas é nítido. O cenário é evidente também quando comparamos o número de recursos especiais julgados em 2014 com o número de agravos em REsp e agravos internos (regimentais), os quais somam aproximadamente o triplo dos primeiros. É ver o gráfico extraído do mesmo relatório:

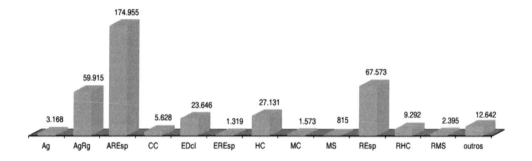

É cediço que os agravos internos ("regimentais") e agravos em recurso especial, em sua grande maioria, voltam-se contra decisões de inadmissão dos recursos.

Pontue-se, mais uma vez, que segundo a colegialidade não haveria embaraços normativos na adoção de julgamentos unipessoais (monocráticos), como nas ampliadas hipóteses do art. 932, CPC-2015, desde que se garanta sua impugnação (reexame) pelo colegiado, mas sua função num sistema que não respeita a primazia do mérito e adota uma "jurisprudência defensiva" se amplia enormemente.

O recurso seria cabível, por exemplo, da decisão monocrática do relator que concede ou nega o efeito suspensivo ao agravo de instrumento ou que concede, nega, modifica ou revoga, no todo ou em parte, a tutela jurisdicional nos casos de competência originária ou recursal.[9]

---

8. http://www.stj.jus.br/webstj/Processo/Boletim/verpagina.asp?vPag=0&vSeq=250
9. Vide Enunciado n.º 142 do FPPC.

Uma advertência se faz necessária antes que continuemos: a colegialidade aqui em comento não é a consolidada na cláusula de reserva de plenário (*full bench*), prescrita no art. 97 da CRFB/88, que se baseia na presunção de constitucionalidade da lei e impõe que a declaração de sua inconstitucionalidade ou de ato normativo do poder público somente pode ser obtida mediante seu acatamento pela maioria absoluta dos membros do pleno do tribunal competente.

O que aqui se estuda é o uso em geral da **colegialidade corretiva**, embasada num *processualismo constitucional democrático*,[10] para normativamente se obter uma correção decisória.

2. COLEGIALIDADE, PRECEDENTES E NOVA FUNÇÃO PREPARATÓRIA DO RELATÓRIO

A colegialidade ganha especial destaque no sistema brasileiro em decorrência da busca de efetiva formação de precedentes, que precisam ser extraídos da fundamentação das decisões, e que somente podem ser encontrados se cada julgador analisar os mesmos argumentos de modo colegiado. Por estas razões que o Novo CPC fornece fundamentos normativos para o sistema de precedentes brasileiro de modo que se busque o resgate:

> [...] da efetiva colegialidade na sua formação, para, com esta medida, evitar-se o retrabalho dos tribunais que analisam (com recorrência) mal e de modo superficial os casos, induzindo que tenham que desencadear reanálises mediante a utilização de argumentos negligenciados na primeira análise, pelo equívoco da motivação formal. Esse movimento merece muita atenção e cuidado quando se percebe que esse uso dos precedentes ainda desafia várias intempéries, como a da aqui nominada **"pseudocolegialidade"**: tal fenômeno, que vem sendo justificado pela quantidade de processos nos tribunais, ocorre quando as decisões, que deveriam ser efetivamente colegiadas, são proferidas monocraticamente pelo relator, sem que haja real pacificação de entendimentos sobre o caso julgado, ou mesmo, de modo mais perverso, quando a decisão fruto de uma turma é, de fato, a decisão monocrática do relator na qual os demais julgadores do colegiado simplesmente chancelam com um superficial "de acordo", que pode muitas vezes significar "não olhei, mas *acho* que concordo com o relator". E esse "não olhei, mas acho que concordo com o relator" (vulgo "de acordo") cai por terra quando se vislumbra, numa breve pesquisa das decisões

---

10. NUNES, Dierle. *Processo juridicional democrático*. Curitiba: Juruá, 2008. THEODORO JR, NUNES, BAHIA, PEDRON. *Novo CPC- fundamentos e sistematização*. Rio de Janeiro: GEN Forense, 2015.

anteriores daqueles "julgadores concordantes", que, em casos anteriores, relatores julgaram em sentido diametralmente contrário. Se a discussão em outros sistemas seria se o Tribunal respeita seus próprios entendimentos (vinculação horizontal) e se respeita os entendimentos dos Tribunais Superiores (vinculação vertical), aqui o desafio é o de perquirir até mesmo se o julgador respeita suas próprias decisões, uma vez que se torna cada vez mais recorrente que encontremos, em curto espaço de tempo, decisões de um mesmo juiz com posicionamentos claramente opostos sobre casos idênticos, sem que ocorra qualquer motivação ou peculiaridade que os distingam.[11] A situação também não é boa quando se analisa a técnica de julgamento monocrático pelo relator, mediante o uso da chamada "jurisprudência dominante" (art. 557, CPC/1973 Reformado).[12] Nessa hipótese, não é incomum o uso da técnica, em alguns tribunais, em juízos monocráticos do relator, em que se julga embasado em ementas ou acórdãos que em nenhuma medida representam o entendimento dominante do tribunal ao qual pertençam ou superior.[13] Aplicação deletéria, mecanicista e cada vez mais comum são os usos das listas de julgamentos,[14] que ferem não só a colegialidade, como qualquer noção de que a abertura para o diálogo processual é imprescindível na formação das decisões.[15]

Isto fica bastante evidente quando se percebe, com a tradição do *common law* americano (v.g.), que no julgamento dos casos se deva elaborar uma regra geral de decisão (universalizável), ou *ratio decidendi (fundamento determinante)*, que se aplique a casos futuros que envolvam questões semelhantes.[16]

---

11. Como já afirmamos em outra oportunidade: "em face da pressuposição brasileira de que os Ministros (e juízes) devem possuir liberdade decisória, cria-se um quadro de 'anarquia interpretativa' na qual nem mesmo se consegue respeitar a história institucional da solução de um caso dentro de um mesmo tribunal. Cada juiz e órgão do tribunal julgam a partir de um 'marco zero' interpretativo, sem respeito à integridade e ao passado de análise daquele caso; permitindo a geração de tantos entendimentos quantos sejam os juízes" (NUNES, Dierle; THEODORO JÚNIOR, Humberto; BAHIA, Alexandre. Breves considerações da politização do Judiciário e do panorama de aplicação no direito brasileiro: análise da convergência entre o *civil law* e o *common law* e dos problemas da padronização decisória. Revista de Processo, São Paulo: RT, ano 35, n. 189, p. 43, nov. 2010.
12. E que tem como correspondente o inciso III do art. 932 do Novo CPC, que, contudo, se vale de técnica muito mais aprimorada, ao dizer que incumbe ao Relator: "não conhecer de recurso inadmissível, prejudicado ou que não tenha impugnado especificamente os fundamentos da decisão recorrida" (cf. *supra*).
13. NUNES, Dierle; BAHIA, Alexandre Melo Franco. *Enunciados de súmulas*: falta aos tribunais formulação robusta sobre precedentes, cit.
14. Cf. LEAL, Saul Tourinho. Julgamentos em listas, com advogado silenciado, mostra que fracassamos. Fio da Meada. *Valor Econômico*, 3 de junho de 2014. Disponível em: <http://www.valor.com.br/legislacao/fio-da-meada/3573268/julgamentos-em-listas-com-advogado-silenciado-mostra-que-fracassamos>.
15. THEODORO JR., NUNES, BAHIA, PEDRON. *Novo CPC: fundamentos e sistematização*. cit.
16. HOCHSCHILD, Adam S.. The Modern Problem of Supreme Court Plurality Decision: Interpretation in Historical Perspective, 4 *Wash. U. Journal of Law & Policy*, 2000, p. 261.

E que só é possível a extração de fundamentos determinantes dos precedentes caso os mesmos resultem de sua análise colegiada. Tanto que nos moldes do enunciado 317 FPPC "o efeito vinculante do precedente decorre da adoção dos mesmos fundamentos determinantes pela maioria dos membros do colegiado, cujo entendimento tenha ou não sido sumulado." Os fundamentos que não tenham sido acatados pela maioria do colegiado inviabilizam sua aplicação como precedente obrigatório.

E, para mantença do dever de coerência (art. 926), conforme o enunciado 431 FPPC "o julgador, que aderir aos fundamentos do voto-vencedor do relator, há de seguir, por coerência, o precedente que ajudou a construir no julgamento da mesma questão em processos subsequentes, salvo se demonstrar a existência de distinção ou superação".

Em assim sendo, com Hübner Mendes se percebe que a colegialidade se apresenta como um projeto colaborativo (comparticipativo) embasado em uma cultura deliberativa em busca de uma unidade colegiada.[17]

Não é atoa que, no paradigma de direito democrático pensado por Dworkin, a atividade da decisão judicial é comparada a um empreendimento coletivo literário, no caso, romance escrito a várias mãos; de modo que cada integrante desse *chain in novel* assume responsabilidades para ler tudo aquilo que foi elaborado por seu antecessor, bem como para dar continuidade a fim de, preservando a virtude da integridade, criar a melhor proposta de compreensão coletiva acerca de um direito por meio de sua decisão.[18] Para que isso seja possível, a abertura hermenêutica para o diálogo é fundamental. Dworkin atenta-se em explicitar esse diálogo extamente em sua forma mais inusitada, com o passado e com o presente dos integrantes de uma determinada sociedade ao qual se reconhecer como partícipes livres e iguais (sua denominada comunidade de princípios), mas nada impede de pensarmos que o mesmo diálogo institucional interno ao

---

17. HÜBNER MENDES, Conrado. *Constitutional courts and deliberative democracy.* Oxford: Oxford University Press, 2014. p. 129-132
18. Dworkin (*Uma Questão de Princípio*. 2. ed. Tradução de Luís Carlos Borges. São Paulo: Martins Fontes, 2005. [Direito e Justiça].) compara essa tarefa a uma brincadeira infantil na qual cada participante é responsável por contar um única história. Na brincadeira, todos os participantes têm o mesmo tempo para participar e devem ouvir atentamente os antecessores para que uma linha coerência entre a história contada seja preservada. Não se trata de um *"telefone sem fio"*, pois o objetivo da brincadeira não é repetir o que foi transmitido, mas desenvolvê-lo (evoluí-lo) da melhor forma, preservando os elementos essenciais do que inicialmente foi definido. Ou seja, se o primeiro a conta a história teve o objetivo de narrar um suspense, o participante da sequência deve ter a capacidade hermenêutica de perceber que ele não poderá transformar agora aquilo em uma comédia. Ver também: PEDRON, Flávio. Sobre a semelhança entre interpretação jurídica e interpretação literária em Ronald Dworkin. *Revista da Faculdade Mineira de Direito*, Belo Horizonte, v. 8, n. 15, p. 15-139, 1.º sem. 2005.

Judiciário deva acontecer entre seus pares no momento da construção de uma decisão coletiva/colegiada.

E isto desafia o *habitus* brasileiro de, em julgamentos colegiados de recursos ordinários, extraordinários e ações originárias dos tribunais, se proferir **decisões plurais (plurality decision)**[19] nas quais cada juiz oferta sua própria opinião (decisão em separado), em vez de um único juiz escrever a opinião em nome de toda a corte, forjando uma decisão majoritária na conclusão (parte dispositiva) sem que nenhum fundamento, que lhe oferte sustentáculo, alcance a maioria.[20]

Perceba-se que o problema das decisões plurais no direito estrangeiro é debatido há muito tempo. Nos EUA, por exemplo, tal quebra deste modelo de apresentação de entendimentos separados (também conhecido como **modelo seriatim** – em série, um após o outro) sofreu um duro golpe ainda em 1801 com a assunção do cargo de Presidente (*Chief Justice*) da *US Supreme Court (USSC)* por Marshall (que impôs durante seu mandato até 1835) a adoção do modelo de decisão consolidada mediante a assunção da *opinião da corte* (*"opinion of the Court"*)[21] ou *per curiam*,[22] sem identificação individualizada das opiniões de cada julgador.[23]

No entanto, após a era Marshall (especialmente após o *New deal*)[24] e com o reforço do papel institucional da *Supreme Court* se tornou mais recorrente o uso de decisões plurais, o que fomentou severas dificuldades interpretativas, tornando a tarefa de extração dos fundamentos determinantes extremamente complexa.[25]

---

19. HOCHSCHILD, Adam S. The Modern Problem of Supreme Court Plurality Decision: Interpretation in Historical Perspective, p. 267
20. Sobre as decisões plurais no Brasil cf. MARINONI, Luiz Guilherme. *Julgamentos nas cortes supremas*. São Paulo: RT, 2015.
21. HOCHSCHILD, Adam S.. The Modern Problem of Supreme Court Plurality Decision: Interpretation in Historical Perspective, p. 267. Fenômeno análogo ocorreu na King's Bench inglesa em 1756 com a assunção como Chief Justice de William Murray, conhecido como "Lord Mansfield," ao adotar a opinião da Corte, buscando clareza para o Direito. HENDERSON, M. Todd. From 'Seriatim' to Consensus and Back Again: A Theory of Dissent. *University of Chicago Public Law & Legal Theory Working Paper*, No. 186, 2007. p. 8.
22. Como informa Robbins: "*Per Curiam* - literalmente traduzido do latim "pelo tribunal" - é definida pelo dicionário *Black Law* como "[a] n opinião proferida por um tribunal de apelação, sem identificar o juiz singular que escreveu a decisão." Assim, o autor de uma decisão *per curiam* pretende ser institucional e não individual, atribuível ao tribunal como uma entidade única e não a um juiz." (tradução livre). ROBBINS, Ira P. Hiding Behind the Cloak of Invisibility: The Supreme Court and Per Curiam Opinions. *Tulane Law Review*. Vol. 86, Jun. 2012, p. 1197.
23. Como em Bush v. Gore, 531, USSC 98 (2000).
24. ZOBELL, Karl M. Division of Opinion in the Supreme Court A History of Judicial Disintegration, *Cornell Law Rev.* v. 44, 1959. p. 205-206.
25. HOCHSCHILD, Adam S.. The Modern Problem of Supreme Court Plurality Decision: Interpretation in Historical Perspective, p. 271 *et seq.*

Esta questão é recorrente até os dias atuais, tanto que o atual Presidente da USSC (John Roberts) afirmou em 2006[26] que uma de suas prioridades seria a de reduzir o número de opiniões divergentes proferidas por membros da corte, uma vez que a dissidência enfraqueceria a força das decisões.[27]

No entanto, não existe garantia de que a supressão integral da dissidência torne o sistema mais adequado (democrático),[28] obviamente sem os extremos brasileiros nos quais a dissidência desprovida de adequada fundamentação se tornou a regra.

É evidente que a colegialidade é, assim, quando busque uma opinião majoritária na conclusão e fundamentação, um primeiro passo no uso adequado do direito jurisprudencial, aliado a outras medidas, como a colocação dos fundamentos determinantes da decisão (finalmente) nas ementas, eis que o profissional brasileiro, em média, as utiliza em suas pesquisas e arrazoados.

Isto não retira a necessidade de analogias e contra-analogias sérias, mas é essencial que se perceba a insuficiência do voto de apenas um dos membros integrantes do Órgão Colegiado para o adequado dimensionamento das razões que constituem os fundamentos determinantes das decisões dos Tribunais – ou, pelo menos, que há um aspecto qualitativo no colegiado que não pode ser ignorado na atribuição de força normativa a suas deliberações, na qualidade de precedentes.

Ainda há de se perceber que a diferença de resultado, unânime ou não, no colegiado impactará a obtenção de estabilidade e coerência das decisões (art. 926), uma vez que o dissenso influencia no grau de força a ser conferida às decisões- precedentes. Aliás, por ocasião da análise dos fatores que influenciam na força normativa dos precedentes, Aleksander Peczenik[29] afirma que a colegialidade e a eventual existência de divergência são importantes elementos a serem levados em consideração na interpretação dos precedentes, e isso pode ser decisivo na escolha entre dois precedentes antagônicos, prevalecendo aquele que for fruto de um debate processual mais democrático e amplo.

---

26. Cf. YEN, Hope. *Roberts SeeksGreater Consensus onCourt*, Washington Post. 21 de maio de 2006, *Disponível em:* http://www.washingtonpost.com/wp-dyn/content/article/2006/05/21/AR2006052100678.html.
27. HENDERSON, M. Todd. From 'Seriatim' to Consensus and Back Again: A TheoryofDissent. *Universityof Chicago Public Law & Legal TheoryWorkingPaper*, No. 186, 2007. p. 1.
28. HENDERSON, M. Todd. From 'Seriatim' to Consensus and Back Again: A Theory of Dissent. p. 3. Cf. ZOBELL, Karl M. Division of Opinion in the Supreme Court A History of Judicial Disintegration, *Cornell Law Rev.* v. 44, 1959. p. 186-214.
29. PECZENIK, Aleksander. The binding force of precedent. In *Interpreting precedents: acomparative study*. Edited by D. Neil MacCormick and Robert S. Summers, Aldershot:Ashgate, 1997, p. 477-478.

No sistema americano, no qual se adota com muito maior proficiência os precedentes, já se constatou que entre 1946 e 1992 sua *USSC* promoveu alterações de entendimento (superação – *overruling*) em pouquíssimas de suas decisões anteriores (154 vezes – número irrisório em comparação com nossa jurisprudência instável e lotérica), ocorreu a demonstração empírica que casos decididos com coligações vencedoras mínimas entre os decisores (votos) estão mais propensos de serem superados, enquanto casos decididos por coalizões unânimes têm um risco muito menor, tornando-se mais perenes.[30]

Perceba-se, ainda, que para este efetivo uso desta **colegialidade corretiva é absolutamente necessária a percepção de não ser mais possível julgamentos sem efetiva e prévia preparação.**

Isto fica muito evidente nos julgamentos de primeiro grau, nos quais é imperativo o cumprimento de todos os aspectos normativos do art. 357 (como fase preparatória) de modo a se facilitar a fundamentação das decisões, em conformidade com o art. 489, §1º, e tornar mais correto o emprego da filtragem das questões relevantes do processo (afastando-se, naquela etapa, as inúteis).

Igualmente a fase preparatória fica muito evidente nos recursos extraordinários repetitivos pelo teor da decisão de afetação (arts. 1.036 e 1.037) que criam um dever de correlação para com o acórdão.

Nos demais recursos, tal função preparatória deve ser cumprida pelo **relatório** nos moldes do art. 489, I. Como já explicado em outra sede:[31]

> No aludido dispositivo, em prol de uma nova racionalidade decisória, ganha destaque **as novas funções do relatório** (art. 489, I) para o novo sistema que leva a sério o direito jurisprudencial e o microssistema de litigiosidade repetitiva do CPC/2015. O referido inciso I estabelece como dever-poder para o juiz de se promover "a identificação do caso". Sabe-se que sob a égide do CPC/2015 na formação do precedente será imperativo o enfrentamento de todos os argumentos relevantes da causa (arts. 489, §1º, IV, 927 §1º, 984, §2º), inclusive poupando os juízes submetidos à sua força gravitacional da necessidade de enfrentamento dos mesmos argumentos já analisados e julgados, salvo quando a parte trouxer inovação relevante. Nesta hipótese, bastará ao magistrado, nos termos dos incs. V e VI, do §1º, art. 489, comparar os fatos operativos

---

30. SPRIGGS, James F.. HANSFORD, Thomas G. Explaining the Overruling of U.S. Supreme Court Precedent. *Journal of politics*. V. 63, August. 2001, p. 1091-1111.
31. NUNES, Dierle; HORTA, André. Doutrina do precedente judicial: Fatos operativos, argumentos de princípio e o novo Código de Processo Civil. In.: BUENO, Cássio Scarpinella (coord). *PRODIREITO Direito Processual Civil*. Porto Alegre: Artmed Panamericana Editora. 2015.

(materiais) do caso presente mediante analogias e contra-analogias a fim de se determinar se o mesmo deve ser tratado da forma como estabelecido no precedente, ou se deve receber tratamento diverso. No entanto, exatamente para definição dos fatos operativos e dos fundamentos a serem enfrentados na formação do precedente que se deve ofertar as novas e relevantes funções ao **relatório**. Diversamente do atual CPC/1973 (art. 458), no qual o relatório foi relegado a uma narrativa pouco importante da sequência de atos-fatos processuais, no CPC-2015 caberá ao tribunal, para identificação do caso, pontuar todos os argumentos fáticos e jurídicos que deverão ser analisados igualmente e sob os mesmos pressupostos pelos membros do colegiado, de maneira a se permitir a extração, pós-julgamento, dos fundamentos determinantes (*ratio decidendi*) objeto de discussão a ser utilizados como padrão decisório panorâmico para casos futuros. Do mesmo modo, nos juízos monocráticos caberá, na elaboração do relatório, indicar os fatos operativos a permitir, mediante analogias e contra-analogias, a aplicação adequada do precedente mediante exata identificação e aplicação de seus fundamentos determinantes (art. 489, §1º, inc. V) e **nunca** de modo mecânico, sem comparações, como hoje se mostra corriqueiro. Igualmente, a identificação no relatório dos fatos operativos do caso viabilizará a demonstração da existência de distinção no caso em julgamento ou a superação do entendimento (art. 489, §1º, inc. VI). Pontue-se, como já dito, que na hipótese de o precedente já ter enfrentado com amplitude, em sua formação, os argumentos relevantes suscitados no atual caso em julgamento, será despiciendo ao julgador enfrentar novamente os mesmos argumentos (suscitados pelas partes) no caso atual (como preceitua o art. 489, §1º, inc. IV), salvo quando a parte trouxer novos argumentos relevantes ou que permitam a distinção entre os casos, eis que o objetivo do **dever de consideração** (THEORORO JR *et al*, 2015) não é o de burocratizar o julgamento, mas aprimorar qualitativamente os julgamentos. Assevere-se que deve haver **integridade** (art. 926, *caput*) na reconstrução da história institucional de aplicação de decisões-modelo e de enunciados de súmula. Por isso, especialmente ao formar a decisão-modelo e editar o enunciado, o tribunal deverá levar em consideração todo o histórico de aplicação da matéria jurídica neles tratada, sendo inviável que se decida desconsiderando o passado de decisões acerca da temática.

Esta função preparatória do relatório deve tornar seu uso uma importante ferramenta em prol da colegialidade e da melhoria das decisões de modo a se viabilizar a extração de fundamentos determinantes.

Percebe-se, nestes termos, que no CPC-2015 não será mais possível a preservação do procedimento decisório corriqueiro no Brasil no qual os juízes decidem sem uma prévia preparação (e em decisões plurais), sob pena de mantença das atuais mazelas que ampliam a necessidade de emprego de recursos, com consequente manutenção das altas taxas de reformas, aumento do tempo processual e indução de uma litigância irresponsável decorrente da instabilidade decisória e potencialidade de êxito em pretensões desprovidas de fundamentos.

Não se olvide, ainda, que o atual procedimento decisório fomenta a diversidade de entendimentos nos tribunais, com descumprimento da integridade, coerência e estabilidade (art. 926), em face da ausência de **colegialidade corretiva** pelo fato de cada julgador isoladamente, sem balizas, analisar o caso seguindo pressupostos e concepções não problematizadas com os demais.

Este déficit torna ainda mais imperiosa a preparação efetiva de todos os julgamentos sob a égide do CPC-2015.

3. COLEGIALIDADE E VIESES COGNITIVOS

Precisamos sondar, ainda, se a colegialidade pode viabilizar uma correção normativa, ao lado da própria técnica recursal, e uma contramedida aos **vieses cognitivos (*cognitive biases*):**[32] deturpações de julgamento a que qualquer decisor está submetido por inúmeros fatores, como a incerteza ínsita ao julgamento e a exiguidade de tempo.

Como informado em outra sede "estudos empíricos (psicológicos e jurídicos), realizados com magistrados americanos, demonstram que o juiz sofre propensões cognitivas que o induzem a usar atalhos para ajudá-lo a lidar com a pressão da incerteza e do tempo inerentes ao processo judicial. É evidenciado que mesmo sendo experiente e bem treinado, sua vulnerabilidade a uma ilusão cognitiva no julgamento solitário influencia sua atuação. Um exemplo singelo encontrado nas pesquisas, que aclara esta situação, é a propensão do magistrado que indefere uma liminar, a julgar, ao final, improcedente o pedido. Por um efeito de bloqueio ficou demonstrado que o juiz fica menos propenso à mudança de sua decisão mesmo à luz de novas informações ou depois de mais tempo para a reflexão. Tal bloqueio cognitivo ocorre por causa da tendência a querer justificar a alocação inicial de recursos (fuga ao retrabalho), confirmando que a decisão inicial estava correta. Tal constatação deve induzir o fomento ao debate como ferramenta de quebra das ilusões e propensões cognitivas. E aqui poderíamos ampliar no caso brasileiro para o uso de ementas de julgados e súmulas sem reflexão e como

---

32. Para uma introdução sobre o tema: FONSECA COSTA, Eduardo José. Algumas considerações sobre as iniciativas judiciais probatórias. *Revista Brasileira de Direito Processual*, 90 (RBDPro 90). Belo Horizonte: Editora Fórum, 2015. p. 153-173.

âncoras facilitadoras dos julgamentos, com o único sentido privado de otimizar numericamente o número de decisões. Faz-se uso de súmulas e 'precedentes' sem a devida recuperação do(s) caso(s) paradigma(s), valendo-se apenas de ementas ou do pequeno texto das súmulas, como se uns e outros pudessem ter algum sentido sem aquilo (os casos) que lhes deram origem e se confundindo a *ratio decidendi (fundamento determinante)* com algum trecho da ementa ou do voto. Ademais, não podemos nos olvidar da denúncia empreendida por Carlos Maximiliano por mera observação, em 1925, de que os profissionais tendem à lei do menor esforço no uso do direito jurisprudencial. O jurista jamais imaginaria como este uso seria mais vocacionado ao que criticava e que estudos empíricos atuais informariam que isto decorreria inclusive da propensão de confirmação (*confirmation bias*) que induz o intérprete a um raciocínio distorcido, de uso e confirmação de todo material (v.g., provas, julgados) que atesta uma versão dos fatos (que acredita) e negligencia e despreza a tudo que a contradiz. Tal percepção de contaminação cognitiva e ausência de neutralidade em outros países induzem a promoção de estudos sérios com a finalidade de criação de contramedidas. O *National Center for State Courts* (NCSC), por exemplo, organizou um projeto piloto de três estados (Califórnia, Minnesota e Dakota do Norte) para ensinar juízes e funcionários do tribunal as propensões do magistrado ao julgar em matéria que envolva preconceito. Em verdade, foi necessário demonstrar cientificamente aos juízes as cognições sociais implícitas, os problemas destas propensões cognitivas (para tomada das apontadas e contramedidas técnico-processuais) e os riscos que elas trazem para o bom julgar, inclusive aumentando a importância do sistema recursal. Todas estas constatações que mostram a autenticidade de preocupações acadêmicas envolvendo a crítica ao solipsismo e protagonismo judiciais, de um lado, e com a busca estratégica de sucesso, inclusive de má-fé, além da atecnia, por parte dos advogados, de outro, demonstram empiricamente a existência do problema e a necessidade de dimensionamento de contramedidas processuais com a finalidade de esvaziar e controlar **os comportamentos não cooperativos** e contaminados de todos os sujeitos processuais."[33]

Levar a sério estes vieses não significa buscar e acatar necessariamente uma concepção de índole realista (realismo jurídico que de modo recorrente aposta na força decisória embasada no discurso positivista da autoridade do decisor para criar o direito), que aqui se rechaça, mas de mediante sua percepção se gerar constrangimentos racionais (embasados numa leitura forte dos princípios processuais constitucionais) para que o uso da linguagem, pelo decisor e partes, se estruture de modo que se desincumbam de seus ônus argumentativos e

---

33. THEODORO JR., NUNES, BAHIA, PEDRON. Novo CPC – Fundamentos e sistematização. Rio de Janeiro: GEN Forense, 2015, 1a ed. p. 64-65; 87-89, passim.

promova-se a formação dialógica das decisões, impedindo-se escolhas solitárias e exercícios discricionários do poder. [34]

E, perceba-se, este ônus argumentativo imposto aos juízes no art. 489, §1º, CPC-2015 **deve ser aplicado como um espelho para a atividade postulatória das partes** e advogados, ou seja, do mesmo modo que o juiz, por exemplo, não pode(rá) "se limitar à indicação, à reprodução ou à paráfrase de ato normativo, sem explicar sua relação com a questão" ou "empregar conceitos jurídicos indeterminados, sem explicar o motivo concreto de sua incidência no caso", pelos deveres normativos de cooperação e boa-fé objetiva o advogado deverá se levar a sério todos estes imperativos em sua postulação.

Exemplo disto é se, de um lado, existe uma previsão legal de omissão quando o juiz não analisa o conteúdo de julgados formados pelo microssistema de litigiosidade repetitiva (art. 1.022, parágrafo único), de outro, o advogado deve levar as mesmos pronunciamentos a sério ao elaborar a petição inicial, seja pelo risco de julgamento liminar de improcedência (art. 332), seja pela perda da oportunidade de obtenção de uma tutela provisória da evidência (art. 311, II).

Se no *common law* existem algumas **regras processuais de grande valor moral,** como esta que obriga a parte, sempre, a citar todos os precedentes contrários à sua pretensão, no CPC-2015 em face da tendência de uso estratégico de

---

34. Não se pode negligenciar que algumas correntes realistas denunciam os riscos do decisionismo e buscam criar constrangimentos materiais para os decisores. Just e Assis pontuam "a necessidade de legitimar a decisão interpretativa junto aos seus destinatários, assim como de persuadir os membros de um órgão colegiado, quando for o caso. Tal constituiria uma constrição objetiva que obrigaria a recorrer a argumentos extraídos da verdade do texto (sic), ou, mais genericamente, a fundamentar a decisão afirmando que ela decorre de uma norma. A melhor fundamentação, desse ponto de vista, consistiria em afirmar que não se poderia agir de outro modo, isto é, numa "dissimulação do poder de que deveras se dispõe. 2) O intérprete se veria obrigado, lado outro, a fim de preservar a sua posição relativa no sistema de competências, a levar em conta o modo como os demais atores poderiam exercer suas próprias competências. Num sistema de balanceamento de poderes as normas organizam as relações entre autoridades de tal forma que o poder discricionário de uns dissuade os outros de exercerem desmesuradamente o seu próprio poder discricionário. Por exemplo, uma corte constitucional pode ver-se constrangida a modular os efeitos de sua decisão de forma a não provocar o exercício do poder de reforma que pode ser de seu interesse evitar, de acordo com as circunstâncias. 3) Ao fim, o intérprete seria constrangido a ser coerente com os métodos e os conceitos que utiliza com vistas à manutenção de seu poder de dizer o direito. Poder este que é definido como a capacidade de influenciar o comportamento de outrem, para o que a sua manutenção depende do uso moderado, traduzindo-se pela estatuição de regras gerais e estáveis, uma vez que, se as jurisdições superiores viessem a atribuir qualquer significado a qualquer texto, as jurisdições inferiores e os próprios jurisdicionados não teriam como regular as suas próprias condutas. No exemplo do juiz constitucional, uma sequência de interpretações arbitrárias poderia conduzir a que se colocasse em questão a sua legitimidade, mas, sobretudo, ele não poderia continuar a determinar, como atualmente o faz, o conteúdo de toda a legislação futura" JUST DA COSTA E SILVA, Gustavo; ASSIS, Igor. A teoria dos constrangimentos do raciocínio jurídico e seu teste de verdade: uma análise retrodiva da arguição de descumpri- mento de preceito fundamental no 132/RJ. *Revista Caderno de Relações Internacionais*, vol. 5, no 8, jan-jun. 2014. p. 168. Os próprios autores constatam algumas incongruências no discurso realista e que o projeto estaria inacabado. Preferimos pontuar que o discurso positivista/realista está umbilicalmente ligado a concepções que aposta em virtudes que os decisores, por serem humanos, não conseguem atingir em termos de *fairness*.

julgados somente para confirmar sua linha de defesa (ou pré-compreensão no caso do decisor) **estes ônus** de explicitação dos entendimentos mediante o uso técnico da distinção ou superação **são normativos e contrafáticos** (corretivos do uso estratégico de julgados).

Pontue-se, ainda, no que tange a atividade decisória, que um Estado democrático de direito não tolera discursos solitários de poder de modo que **todo poder deva ser processualizado**, ou seja, exercido mediante o debate em contraditório substantivo e de modo que tal **diálogo genuíno** seja sempre visto como um pressuposto essencial dos pronunciamentos judiciais.

Mas, retornando mais precisamente às *cognitive biases*, um dos mais perigosos vieses que os decisores padecem certamente é o "de confirmação" (*confirmation bias*), ou seja, uma tendência para testar uma hipótese, procurando por casos que confirmem sua pré-compreensão[35] ao contrário de procurar a resposta correta do caso.[36] A mesma resulta de um procedimento cognitivo (heurística) baseado em expectativas e na tendência natural dos seres humanos para ver o que eles esperam ver.[37]

O uso de julgados (ou pior, de suas ementas) no Brasil com muito pouca recorrência são fruto de uma análise profunda de seus pressupostos (analogia integral do caso atual e passado), mas mediante uma escolha daquela decisão que ateste uma determinada linha de raciocínio.

Como combate a estas deturpações decisórias o processo (constitucionalizado, com garantias v.g. do contraditório e do devido processo constitucional) acaba viabilizando uma contramedida corretiva (contrafática) aos vieses (*debiasing*)[38] especialmente porque um "problema para muitas decisões é que as pessoas fazem julgamentos com base na informação limitada que vem à mente ou entregues pelo ambiente, que é muitas vezes incompleta ou tendenciosas - um fenômeno que Kahneman (2011) chama de 'o que você vê é tudo que existe'".[39]

Nestes termos **o processo constitucional acaba servindo de garantia dialógica de debiasing.**

---

35. RISINGER, D. Michael; SAKS, Michael J. *The Daubert/KumhoImplications of Observer Effects in Forensic Science: Hidden Problems of Expectation and Suggestion*, 90 Calif. Law Review. 1, p. 9, 2002.
36. NUNES, Dierle; PEDRON, Flávio; BAHIA, Alexandre.Precedentes no Novo CPC: é possível uma resposta correta? Revista Justificando. 2015. Acessível em: http://justificando.com/2015/07/08/precedentes-no-novo-cpc-e-possivel-uma-decisao-correta-/
37. RISINGER, D. Michael; SAKS, Michael J. *The Daubert/KumhoImplications of Observer Effects in Forensic Science: Hidden Problems of Expectation and Suggestion*. Cit.
38. Debiasing refers to any technique that is designed to prevent or mitigate cognitive bias. LARRICK, Richard P. Debiasing. Blackwell Handbook Of Judgment And Decision Making. Derek J. Koehler & Nigel Harvey eds., 2004. p. 326-327.
39. SOLL, Jack B.; MILKMAN, Katherine L.; PAYNE, John W.. A User's Guide To Debiasing. June 17, 2014). Wiley-Blackwell Handbook of Judgment and Decision Making, Gideon Keren and George Wu (Editors)

Os "números"[40] do sistema processual brasileiro favorecem evidentes deturpações cognitivas por inúmeros fatores, entre eles, o limitado tempo ofertado para o deslinde de cada caso.

E, neste contexto, há de se perceber que alguns esforços de *"debiasing"*, corretivos das distorções decisórias, somente terão sucesso se os vieses forem percebidos e os decisores (participantes) puderem ser persuadidos de que seus preconceitos resultam decisões ruins com consequências no seu trabalho e no seu mundo real,[41] como, por exemplo, em face da constatação do aumento das taxas de reforma decisórias, no decorrente retrabalho, aumento do tempo processual, sem olvidar, por óbvio, do evidente descumprimento ao devido processo constitucional, que busca viabilizar a obtenção da resposta correta para cada caso em apreciação do Poder Judiciário.

Para tanto, a colegialidade como método de controle deve ser submetida ao teste empírico para verificar se há melhoria dos julgamentos e se criar um sistema eficiente de verificação de erros, buscar sinergias por agregar conhecimentos complementares entre pessoas que interagem, sem olvidar na melhoria estatística, pelo aumento de experiência utilizados para tomar uma decisão.[42]

---

40. "Os aumentos com as despesas e com a força de trabalho foram acompanhados do aumento na quantidade de casos novos e do estoque, em 1,2% e 4,2% no último ano, respectivamente, o que impactou o crescimento da carga de trabalho por magistrado (1,8%), sendo que tramitaram, no ano de 2013, em média, 6.041 processos por magistrado. Em linhas gerais, há um crescimento da litigiosidade de forma mais acentuada que os recursos humanos e as despesas. Enquanto que, no último ano (2013), houve crescimento de 1,5% nos gastos totais, 1,8% no número de magistrados e 2% no de servidores, tramitaram cerca de 3,3% a mais de processos nesse período, sendo 1,2% a mais de casos novos e 4,2% de casos pendentes de anos anteriores. Já o total de processos baixados aumentou em apenas 0,1% em relação ao ano anterior, ou seja, o aumento na estrutura orçamentária, de pessoal e da demanda processual dos tribunais não resultou necessariamente em aumento, proporcional, da produtividade. Tramitaram aproximadamente 95,14 milhões de processos na Justiça, sendo que, dentre eles, 70%, ou seja, 66,8 milhões já estavam pendentes desde o início de 2013, com ingresso no decorrer do ano de 28,3 milhões de casos novos (30%). É preocupante constatar o progressivo e constante aumento do acervo processual, que tem crescido a cada ano, a um percentual médio de 3,4%. Some-se a isto o aumento gradual dos casos novos, e se tem como resultado que o total de processos em tramitação cresceu, em números absolutos, em quase 12 milhões em relação ao observado em 2009 (variação no quinquênio de 13,9%). Apenas para que se tenha uma dimensão desse incremento de processos, a cifra acrescida no último quinquênio equivale a soma do acervo total existente, no início do ano de 2013, em dois dos três maiores tribunais da Justiça Estadual, quais sejam: TJRJ e TJMG. O total de processos baixados, por sua vez, aumenta em proporções menores desde o ano de 2010, com crescimento de 0,1% no último ano e de 9,3% no quinquênio. Tal comportamento é semelhante ao apresentado pelos casos novos, conforme o Gráfico 9. Desde o ano de 2011 o quantitativo de processos baixados é inferior ao de casos novos, ou seja, o Poder Judiciário não consegue baixar nem o quantitativo de processos ingressados, aumentando ano a ano o número de casos pendentes. Este indicador do total de processos baixados divididos pelo número de casos novos é conhecido como o Índice de Atendimento à Demanda (IAD), que diminui desde o ano de 2009, passando de 103% nesse ano para 98% em 2013." CNJ, Relatório Justiça em Números, 2014. p. 34 e 35. Acessível em: http://migre.me/m4Pls
41. LILIENFELD, Scott O.; AMMIRATI, Rachel; LANDFIELD, Kristin. Giving Debiasing Away Can Psychological Research on Correcting Cognitive Errors Promote Human Welfare? *Perspectives On Psychological Science*.Vol. 4, n.4, 2009. P. 394
42. LARRICK, Richard P. *Debiasing. Blackwell Handbook Of Judgment And Decision Making*.Derek J. Koehler& Nigel Harvey eds., 2004. p. 326-327.

Isto não pode desprezar a constatação de Hübner Mendes de que:

> "a capacidade interpretativa singular da corte é uma mistificação que não se verifica na realidade. Os juízes de uma corte colegiada, no seu dia a dia decisório, negociam e barganham seus votos. A decisão final da corte, com frequência, consiste numa cacofonia de opiniões distintas longe da imaginada qualidade da argumentação com base em princípio."[43]

Ao lado desta percepção, como atesta Larryck, há de perceber que a colegialidade *de per si* em testes empíricos não garante melhoria decisória, pois membros de um mesmo grupo tendem a manter uma visão semelhante do mundo - e pontos cegos semelhantes.[44] Isto faz com que devamos usar a colegialidade para ampliação do espectro de debates, de modo que cada julgador análise os mesmos pontos de discussão que devem se fazer presentes no relatório do caso (art. 489, I) mas com a exigência fundamental de que os indivíduos devam formular suas próprias hipóteses independentemente uns dos outros antes de trabalhar em grupo para deliberar e decidir; uma vez que em processo julgados por um grupo idéias compartilhadas podem desencadear novas possibilidades.

4. MODIFICAÇÃO DE VOTOS ATÉ O RESULTADO

Ainda no tema ora em comento precisamos perceber alguns aspectos dogmáticos relevantes.

Como corolário da colegialidade há de se perceber a possibilidade expressa no art. 941, §1º, CPC-2015[45] de durante a deliberação pública, mediante apresentação dos votos, os magistrados modificarem seu entendimento.

---

43. MENDES, Conrado Hübner. *Direitos fundamentais, separação de poderes e deliberação*. São Paulo: USP, 2008, p. 127. (tese de doutoramento). Em outro trecho o autor pondera que: "Os juízes estão constrangidos pelo sistema político que os circunda. Pensar no papel do juiz exclusivamente a partir de regras de interpretação teria criado uma grande miopia cognitiva.364 Há muitos outros elementos que limitam o seu poder. Friedman os chamou de "círculos concêntricos de influência". Quatro seriam os níveis principais, que se combinam de maneira peculiar em cada situação: primeiro, o juiz está imerso em uma interação estratégia com outros juízes dentro de um colegiado (espaço em que não há apenas deliberação ou agregação, mas também barganhas e acomodações); segundo, pelas pressões impostas por instâncias inferiores do judiciário; terceiro, pelos outros poderes; e, finalmente, pela opinião pública. Diferentes são os incentivos para atentar-se a cada um desses limites. Credibilidade institucional, reputação e risco de desobediência são os principais deles. Correspondem a constrangimentos que juízes necessariamente enfrentam, e que teorias da interpretação ignoram." p. 135-136.
44. LARRICK, Richard P. *Debiasing.* cit.
45. Art. 941. Proferidos os votos, o presidente anunciará o resultado do julgamento, designando para redigir o acórdão o relator ou, se vencido este, o autor do primeiro voto vencedor. § 1º O voto poderá ser alterado até o momento da proclamação do resultado pelo presidente, salvo aquele já proferido por juiz afastado ou substituído.

Esta situação já era abordada pela doutrina mais abalizada sob a vigência do CPC-1973, mas inexistia previsão expressa na legislação, mas somente entendimentos nos tribunais.[46]

Barbosa Moreira, acerca do tema ponderava com a precisão de costume[47] que "não raro acontece que algum dos juízes, depois de votar, movido por argumentos novos, que se vêm a suscitar na discussão subsequente, ou pela melhor ponderação dos que já haviam sido suscitados, chega a convencer-se de que a solução correta é diferente daquela a cujo favor se manifestara. Seria absurdo proibir-se em termos absolutos a modificação do pronunciamento emitido, pois assim se eliminaria precisamente **a grande vantagem do julgamento colegiado**, que reside em propiciar a influência dos raciocínios expostos pelos diversos votantes sobre a formação do convencimento dos seus pares. Por outro lado, é intuitivo que a possibilidade de modificar o voto proferido não há de prolongar-se indefinidamente, sob pena de comprometer, de modo intolerável, a estabilidade dos julgamentos e a segurança das partes".[48]

Em decorrência do silêncio do CPC-1973 acerca do tema o CPC-2015 estabelece a possibilidade de alteração do voto **até a proclamação do resultado pelo presidente do colegiado. Este é o marco de alteração dos votos.**

5. INCIDENTE DE AMPLIAÇÃO DO COLEGIADO PARA JULGAMENTOS NÃO UNÂNIMES– ART. 942[49]

De todos os aspectos até o presente momento enfrentados percebe-se que o CPC-2015 prestigia a ampliação do colegiado em julgamentos. Isto claramente é

---

46. "PROCESSUAL CIVIL. JULGAMENTO. RETIFICAÇÃO DE VOTO E RETIFICAÇÃO DO JULGAMENTO: NULIDADE. CPC, artigos 463, 556 e 563. I. - Impossibilidade de retificação, em sessão seguinte, de votos e do julgamento ja proclamados, dado que, proclamada a decisão, o Tribunal cumpre e acaba o oficio jurisdicional, só podendo altera-la nos casos inscritos nos incisos I e II do art. 463, CPC. II. - Nulidade dos atos processuais seguintes a conclusão para o fim de ser lavrado o acórdão. III. - Recurso provido." STF, RMS 21.827, 2ª T, Rel. Min. Carlos Veloso, DJ 25-03-1994 p. 06012 Tal entendimento foi criticado em: BARBOSA MOREIRA, José Carlos. Julgamento Colegiado – Modificação de Voto Após a Proclamação do Resultado?, in Temas de Direito Processual, Sétima Série, Saraiva, 2001. p. 107 et seq
47. Ao comentar o art. 555, do CPC-1073.
48. BARBOSA MOREIRA, José Carlos. Comentários ao código de processo civil. Rio de Janeiro: Forense, vol. V. 2002. p. 650.
49. Art. 942. Quando o resultado da apelação for não unânime, o julgamento terá prosseguimento em sessão a ser designada com a presença de outros julgadores, que serão convocados nos termos previamente definidos no regimento interno, em número suficiente para garantir a possibilidade de inversão do resultado inicial, assegurado às partes e a eventuais terceiros o direito de sustentar oralmente suas razões perante os novos julgadores. § 1º Sendo possível, o prosseguimento do julgamento dar-se-á na mesma sessão, colhendo-se os votos de outros julgadores que porventura componham o órgão colegiado. § 2º Os julgadores que já tiverem votado poderão rever seus votos por ocasião do prosseguimento do julgamento. § 3º A técnica de julgamento prevista neste artigo aplica-se, igualmente, ao julgamento não unânime proferido em: I – ação rescisória, quando o resultado for a rescisão da sentença, devendo, nesse caso, seu prosseguimento

prescrito com a necessidade de grupos de juízes mais amplos e dialógicos para a formação de parcela de seus precedentes, como serão as hipóteses de julgamento do Incidente de Assunção de Competência (IAC – art. 947, §1º) e Incidente de Resolução de Demandas Repetitivas (IRDR – art.978).

E dentro deste marco a nova legislação estabelece que em alguns **pronunciamentos dos tribunais não unânimes** será possível a ampliação incidental do colegiado mediante técnica disposta no seu art. 942, que, vem posta como um substitutivo de um recurso previsto no CPC-1973 (embargos infringentes) que sofria críticas recorrentes em face do discurso jurídico de diminuição dos recursos, como se os mesmos fossem a verdadeira causa dos déficits de celeridade e resultados de nosso sistema jurídico.

Como já apontamos, os problemas de celeridade do sistema encontram-se mais ligados à quantidade de demandas existentes, ausência de administração adequada das rotinas administrativas, baixo ataque dos tempos mortos, entre outros fatores.[50]

Lima, comentando o equívoco deste discurso em 1976, dizia que "como decorrência das objeções à existência do segundo grau, em qualquer de suas modalidades, apresenta-se uma solução extremamente simplista: **abolir os recursos**, o que importa, em última análise, em suprimir o segundo grau. Isso, porém, não resolveria o problema, no seu verdadeiro sentido jurídico e ético. Outro mal surgiria, pelo arbítrio concedido aos juízes inferiores, pelo desgaste do prestígio do Poder Judiciário, pelo ambiente de insegurança no seio da coletividade, pela possibilidade, até, de gerar opressão estatal. A história demonstra que o instituto recursório tem sido um dos meios mais eficientes contra a tirania dos governantes. Além disso, a supressão dos recursos 'equivaleria a um sistema de tratamento que terminará com as doenças, matando os enfermos'."[51]

Já tivemos oportunidade de explicar em outra sede alguns dilemas do art. 942 e seu papel como substitutivo do recém extinto recurso de embargos infringentes:[52]

---

ocorrer em órgão de maior composição previsto no regimento interno; II – agravo de instrumento, quando houver reforma da decisão que julgar parcialmente o mérito. § 4º Não se aplica o disposto neste artigo ao julgamento: I – do incidente de assunção de competência e ao de resolução de demandas repetitivas; II – da remessa necessária;III – não unânime proferido, nos tribunais, pelo plenário ou pela corte especial.

50. NUNES, Dierle; BAHIA, Alexandre. Eficiência processual: algumas questões. Revista de processo. São Paulo: RT. v. 169, 2009, p. 116-140.
51. LIMA. *Introdução aos recursos cíveis*, p. 399.
52. NUNES, Dierle; DUTRA, Victor; OLIVEIRA JR., Délio Mota de. Honorários no recurso de apelação e questões correlatas. In. COELHO, Marcus Vinicius Furtado; CAMARGO, Luiz Henrique Volpe. *Honorários advocatícios. Grandes temas do Novo CPC*. Salvador: Jus Podivm, 2015. v. 2. p. 635-637.

O recurso de embargos infringentes é instituto peculiar do sistema processual luso-brasileiro, sendo que, no direito português, tal recurso foi suprimido do ordenamento jurídico em 1939.[53] A manutenção dos embargos infringentes no sistema recursal brasileiro é objeto de controvérsia na doutrina, diante do antigo dilema entre celeridade processual e segurança jurídica[54][55]. Na versão originária do Código de Processo Civil de 1973, os embargos infringentes eram cabíveis contra julgamentos não unânimes proferidos em apelação ou ação rescisória, sendo irrelevante se a sentença era terminativa ou com resolução de mérito, bem como se houve a reforma, anulação ou manutenção da sentença. Contudo, com o advento da Lei nº 10.352/2001, houve a exigência de que o acórdão não unânime tivesse reformado, em grau de apelação, sentença de mérito, ou seja, adotou-se o critério da retirada de cabimento na hipótese de dupla sucumbência (dupla conformidade). Já o Código de Processo Civil de 2015 extingue o recurso de embargos infringentes, cambiando seu perfil recursal em técnica de julgamento. O artigo 942 do novo CPC disciplina que, quando o resultado do julgamento da apelação não for unânime, haverá a sua suspensão, prosseguindo após a convocação de outros julgadores, em número suficiente para garantir a possibilidade de inversão do resultado inicial. Note-se que o *caput* do artigo 942 não exige que a sentença seja de mérito e não estabelece que o resultado não unânime do julgamento da apelação esteja reformando a sentença, para que seja aplicada a nova técnica de julgamento. Contudo, o §3º do artigo 942 do novo Código de Processo Civil prevê que essa técnica de julgamento também se aplique à ação rescisória, quando o resultado for a rescisão do *decisum*, bem como ao agravo de instrumento, quando o resultado for a reforma de decisão interlocutória que julgar parcialmente o mérito. Isto geraria numa interpretação literal a conclusão de que o critério da dupla sucumbência aplicar-se-ia em julgamentos de rescisória e agravo de instrumento, mas

---

53. MOREIRA, José Carlos Barbosa. *Comentários ao Código de Processo Civil*. Vol. V, 16ª ed. - Rio de Janeiro: Forense, 2012, p. 516.
54. Na Exposição de motivos do Anteprojeto do Código de Processo Civil de 1973, Alfredo Buzaid ponderou que "a existência de um voto vencido não basta por si só para justificar a criação do recurso; porque pela mesma razão se deve admitir um segundo recurso de embargos sempre que no novo julgamento subsistir um voto vencido; por esse modo poderia arrastar-se a verificação do acerto da sentença por largo tempo, vindo o ideal de justiça a ser sacrificado pelo desejo de aperfeiçoar a decisão". (BUZAID, Alfredo. *Anteprojeto de Código de Processo Civil*. Item 35 da Exposição de Motivos, p. 36).
55. Favoráveis a supressão dos Embargos Infringentes no sistema processual brasileiro: LIMA, Alcides de Mendonça. *Os recursos no Anteprojeto do Código de Processo Civil*. São Paulo: Revista dos Tribunais, vol. 386, p. 11. ARAGÃO, E. D. Moniz de. *Embargos de nulidade e infringentes do julgado*. São Paulo, 1965, p. 68. Em sentido contrário: JORGE, Flávio Cheim. "Embargos infringentes: uma visão atual". *Aspectos polêmicos e atuais dos recursos cíveis de acordo com a Lei 9.756/98*. Coord: Tereza Arruda Alvim Wambier; Nelson Nery Jr. São Paulo: Revista dos Tribunais, 1999, p. 262

não no julgamento da apelação. No entanto, esta análise criaria uma incongruência com o sistema do Código de modo que, apesar do *caput* do artigo 942 não dispor expressamente sobre o tipo da sentença (com resolução de mérito ou terminativa) e sobre o resultado do julgamento (anulação, reforma ou manutenção da sentença), entendemos que essa técnica somente será cabível no julgamento não unânime que reformar sentença de mérito, na medida em que o *dispositivo deva* ser interpretado em sintonia com sua integralidade e coerência, levando em consideração o §3º do artigo 942. Destaque-se, ainda, que o novo Código de Processo Civil assegura às partes e a eventuais terceiros o direito de produzirem nova sustentação oral, em razão da convocação dos demais julgadores. Esta sistemática da nova técnica decisória, quando configurada a hipótese de cabimento, deve ser observada e aplicada de ofício pelo tribunal, independente de requerimento das partes ou interessados, na medida em que decorre de imposição legal. Constata-se, portanto, que o novo Código de Processo Civil, apesar de suprimir o recurso de embargos infringentes, tornou-o técnica de julgamento, com o intuito de permitir a ampla rediscussão da causa, possibilitando que os julgadores examinem a matéria controvertida com mais afinco. A alteração legislativa visa garantir maior segurança jurídica aos jurisdicionados, ao mesmo tempo em que assegura a razoável duração do processo, eliminando o tempo de interposição do recurso de embargos infringentes e reduzindo o seu processamento. Entretanto, corre-se o risco desta técnica de julgamento ter a consequência de eliminar a instauração da divergência entre os julgadores, que preferirão chegar em um (pseudo) consenso antes do julgamento (em seus gabinetes), com a finalidade de evitar o procedimento legal de suspender o julgamento e convocar outros desembargadores para dirimir a controvérsia[56].

Esta potencial formação de falsos consensos para se evitar o emprego do incidente em comento seria, ainda, o lócus para se retornar à discussão da mudança do modelo de deliberação e elaboração do acórdão eis que a mudança do método *seriatim* para o modelo *per curiam* do proferimento de decisão pelo colegiado (acima explicado no item 2) poderia mitigar o empobrecimento que os pseudo-consensos poderão gerar na prática.

A elaboração de uma acórdão em texto único linear (ao invés de votos isolados) constando todos os debates dos julgadores poderia facilitar na extração dos fundamentos determinantes, tão caros ao novo sistema de precedentes adotado.

---

56. Destaque-se que o recurso de embargos infringentes, previsto no Código de Processo Civil 1973, viabilizava um alto índice de sucesso e representava um percentual muito baixo dos feitos dos tribunais, de modo que entendemos que não havia razão para a sua supressão no Código de Processo Cível de 2015.

Além do risco desta imposição estratégica de falsos consensos, o incidente de ampliação de colegiado, como pontua Couy, pode gerar outros questionamentos:[57]

> É preciso verificar sob a perspectiva do processo constitucional se com a *"técnica de julgamento não unânime"*, é possível garantir o amplo espaço discursivo assegurado constitucionalmente, já que a mencionada mudança não prevê sequer a remessa de cópia das peças principais a todos os julgadores para permitir a revisão do acórdão não unânime e a análise detida e prévia de todo o conteúdo das questões a serem julgadas. Assim, constata-se que com a nova *"técnica de julgamento"* há um risco considerável de a Turma Julgadora não ter sequer efetivamente prévio acesso à íntegra dos autos do processo, com prévia análise de todos argumentos e questões, o que acarretará, consequentemente, a ausência de debate de forma compartiçipada, com garantia de influência, comprometendo-se a possibilidade de reversão do julgado. Outro ponto é que não seria razoável o prosseguimento do julgamento na mesma sessão, caso seja possível, diante da existência de Desembargadores suficientes para reverter o julgamento, em virtude de voto divergente, porque certamente contraditório e ampla defesa nesta hipótese seriam tão somente *pro forma*, já que não asseguram o devido processo legal de forma plena, diante da ausência na prática do amplo debate e menos ainda análise detida dos autos do processo, com decisão fundamentada em relação aos demais Desembargadores que passarem a julgar os embargos infringentes na mesma sessão em que se iniciou o julgamento com voto divergente. Não há como haver ampla defesa e compartiçipação plena, com análise de todos os fundamentos e argumentos apresentados pelas partes pelos novos Julgadores, já que não há como fazer tal estudo na própria sessão de julgamento.

Percebe-se que a nova técnica somente viabilizará uma colegialidade corretiva caso não se prossiga o julgamento na mesma sessão de julgamento (como permitido em seu §1º) de modo a salvaguardar a possibilidade de deliberação embasada em amplo conhecimento da causa ou recurso em julgamento. Caso contrário, poderemos abrir tão só um aumento numérico de votantes mas não a uma melhoria decisória.

Nestes moldes, uma interpretação constitucionalmente conforme impõe a impossibilidadede de continuidade do julgamento na mesma sessão de modo a subsidiar aos demais votantes possibilidade de efetivo conhecimento do caso.

---

57. COUY, Giselle Santos. Da extirpação dos embargos infringentes no novo código de processo civil – um retrocesso ou avanço? Doutrina selecionada: processo nos tribunais e meios de impugnação às decisões jurídicas. V. 6. Salvador: Jus Podivm, 2015. p. 28

No entanto, para os advogados, em face do novo incidente e da possibilidade de continuidade de julgamento na mesma sessão (que reputamos constitucionalmente inadequada), seria relevante, em algumas hipóteses (muito específicas), por cautela, a apresentação de memorial para os julgadores que, em princípio, não participariam do julgamento pela potencialidade de ampliação do colegiado.

6. CONSIDERAÇÕES FINAIS

O modelo normativo comparticipativo do CPC-2015 procura constituir novas premissas decisórias nas quais o debate genuíno deva ser encarado como pressuposto dos julgamentos, mediante a adoção de efetivas fases preparatórias e de uma nova *colegialidade corretiva* que não seja uma reprodução do erro em grupo, nem uma ferramenta metodógica de legitimação de uma decisão superficial tomada por um e chancelada acriticamente pelos demais julgadores nos tribunais.

Igualmente, devemos problematizar a prática viciada de decisões plurais das quais não se torne possível a extração de fundamentos determinantes.

A colegialidade corretiva deve ser encarada como uma garantia vinculada ao contraditório dinâmico (previsto nos arts. 5º, LV, CR/88, 10 e 933 CPC-2015) de modo a se estruturar um modelo deliberativo do qual se consiga extrair julgados com fundamentação panorâmica e profunda hábil de ser aplicado como precedente e favorecer a aplicação do direito.

Especialmente na formação dos precedentes obrigatórios a colegialidade deve assumir um papel diferenciado para que o tribunal julgue melhor e otimize o trabalho futuro dos próximos decisores. Ampliar o debate nas primeiros julgados para facilitar a aplicação legítima e eficiente do direito nos demais.

Tal garantia permitirá inclusive a mitigação de vieses cognitivos tão recorrentes em qualquer contexto decisório, na vida ou no direito, e que reduzem o alcance de uma decisão correta.

Se o que se busca é um modelo de processo eficiente e em conformidade com os ditames do constitucionalismo democrático, a colegialidade corretiva deverá promover a adequação do ordenamento jurídico a um modelo deliberativo e comparticipativo.

O CPC-2015 é uma grande oportunidade de reflexão de nossas práticas viciadas.

Que tenhamos a humildade para perceber nossos erros e limitações e a coragem para nos abrirmos a novas perspectivas melhores e mais democráticas.

CAPÍTULO 2

Da Extirpação dos Embargos Infringentes no Novo Código de Processo Civil – um Retrocesso ou Avanço?

Giselle Santos Couy[1]

SUMÁRIO • 1. DA EXTIRPAÇÃO DOS EMBARGOS INFRINGENTES NO NOVO CÓDIGO DE PROCESSO CIVIL – UM RETROCESSO OU AVANÇO? 2. DOS RECURSOS; 3. A CELERIDADE E O PROCESSO CONSTITUCIONAL; 4. CONCLUSÃO; 5. REFERÊNCIAS.

1. DA EXTIRPAÇÃO DOS EMBARGOS INFRINGENTES NO NOVO CÓDIGO DE PROCESSO CIVIL – UM RETROCESSO OU AVANÇO?

Durante a tramitação do Projeto de Lei do Senado 166/2010, destinado à redação de um novo Código de Processo Civil, os embargos infringentes foram extirpados do rol recursal[2], reforma que encontrou apoio no pensamento de alguns autores no sentido de que a existência de um voto vencido não pode justificar a existência de mais um recurso.[3]

Posteriormente, o projeto de lei foi enviado à Câmara dos Deputados para apreciação, sendo que o substitutivo ao novo Código de Processo Civil, Projeto

---

1. Mestranda em Direito Processual pela PUC/Minas. Especialista em Processo Civil – Ceajufe. Especialista em Direito Civil – PUC/Minas. Professora universitária e advogada. Membro da comissão da OAB/MG de seguros privados.
2. Em relação aos embargos infringentes, tal espécie recursal foi excluída do rol de recursos, conforme se infere inicialmente no projeto de Lei do Senado PLS166/2010, no artigo 948 e, posteriormente, na versão analisada pela Câmara dos Deputados ficou mantida da extirpação dos embargos infringentes (art. 991 na versão da Câmara dos Deputados, mas se implementou uma técnica substitutiva dos embargos infringentes ou técnica de suspensão de julgamento não unânime (art. 955 na versão da Câmara dos Deputados).
3. Consta no texto da exposição de motivos elaborada pela comissão de juristas, encaminhada ao Senado por meio do Ofício 137 em 08.06.2010 a seguinte observação do Presidente da Comissão, Ministro Luiz Fux, quanto aos embargos infringentes: "... Uma das grandes alterações havidas no sistema recursal foi a supressão dos embargos infringentes. Há muito, doutrina da melhor qualidade vem propugnando pela necessidade de que sejam extintos. Em contrapartida a essa extinção, o relator terá o dever de declarar o voto vencido, sendo este considerado como parte integrante do acórdão, inclusive para fins de prequestionamento."

de Lei 8.046/10, aprovado pela comissão especial da Câmara, ao tratar dos meios de impugnação das decisões judiciais, excluiu os embargos infringentes do rol de recursos. Todavia, com o intuito de atender aos questionamentos e insatisfações geradas pela extinção de tal recurso (muitas insatisfações manifestadas nas atas de audiências publicas), criou-se então uma nova técnica de julgamento em caso de existência de voto vencido em julgamento de recurso de apelação, rescisória ou agravo de instrumento, sendo neste caso cabível quando houver reforma da decisão que reformar parcialmente o mérito.[4]

O substitutivo da Câmara dos Deputados ao novo Código de Processo Civil, Projeto de Lei 8.046/10, aprovado pela comissão especial da Câmara dos Deputados fora enviado ao Senado, sendo que a versão final aprovada pelo Senado Federal manteve a extirpação dos embargos infringentes e inserção da *técnica de julgamento* quando no julgamento houver decisão não unânime, prevista no artigo 942 do Novo Código de Processo Civil, o qual fora sancionado pela Presidente da República em 16.03.2015, Lei 13.105 /15, nos seguintes termos:

> Art. 942. Quando o resultado da apelação for não unânime, o julgamento terá prosseguimento em sessão a ser designada com a presença de outros julgadores, que serão convocados nos termos previamente definidos no regimento interno, em número suficiente para garantir a possibilidade de inversão do resultado inicial, assegurado às partes e a eventuais terceiros o direito de sustentar oralmente suas razões perante os novos julgadores.
>
> § 1º Sendo possível, o prosseguimento do julgamento dar-se-á na mesma sessão, colhendo-se os votos de outros julgadores que porventura componham o órgão colegiado.
>
> § 2º Os julgadores que já tiverem votado poderão rever seus votos por ocasião do prosseguimento do julgamento.
>
> § 3º A técnica de julgamento prevista neste artigo aplica-se, igualmente, ao julgamento não unânime proferido em:

---

4. Art. 955 do Substitutivo na versão da Câmara dos Deputados, nº 8.046, de 2010: *Quando o resultado da apelação for não unânime, o julgamento terá prosseguimento em sessão a ser designada com a presença de outros julgadores, a serem convocados nos termos previamente definidos no regimento interno, em número suficiente para garantir a possibilidade de inversão do resultado inicial, assegurado às partes e a eventuais terceiros o direito de sustentar oralmente suas razões perante os novos julgadores. § 1º Sendo possível, o prosseguimento do julgamento dar-se-á na mesma sessão, colhendo-se os votos de outros julgadores que porventura componham o órgão colegiado.*
§ 2º Os julgadores que já tiverem votado poderão rever seus votos por ocasião do prosseguimento do julgamento. § 3º A técnica de julgamento prevista neste artigo aplica-se, igualmente, ao julgamento não unânime proferido em: I – ação rescisória, quando o resultado for a rescisão da sentença; neste caso, deve o seu prosseguimento ocorrer em órgão de maior composição previsto no regimento interno; II – agravo de instrumento, quando houver reforma da decisão que julgar parcialmente o mérito.

I – ação rescisória, quando o resultado for a rescisão da sentença, devendo, nesse caso, seu prosseguimento ocorrer em órgão de maior composição previsto no regimento interno;

II – agravo de instrumento, quando houver reforma da decisão que julgar parcialmente o mérito.

§ 4º Não se aplica o disposto neste artigo ao julgamento:

I – do incidente de assunção de competência e ao de resolução de demandas repetitivas;

II – da remessa necessária;

III – não unânime proferido, nos tribunais, pelo plenário ou pela corte especial.

Assim, no texto consolidado do Novo Código de Processo Civil, Lei 13.105 de 16 de março de 2015, foram excluídos os embargos infringentes do rol de recursos, mas foi inserida "a técnica de suspensão de julgamento não unânime", sugerida inicialmente no texto Substitutivo da Câmara dos Deputados nº8046/2010, posteriormente aprovada Pelo Senado e sancionada pela Presidente da República.

É bem verdade que durante a votação final no Senado, em dezembro de 2014, o artigo referente à *técnica de suspensão de julgamento não unânime* foi inicialmente vetado na versão do Senado, sendo alterado nos últimos instantes, com manutenção da versão inserida pela Câmara dos Deputados e enviada ao Senado Federal.

Constata-se, portanto, que não houve a necessária análise detalhada da inserção de tal *técnica de suspensão de julgamento não unânime, com a* extirpação dos embargos infringentes, passando a inclusão de tal técnica longe da análise das bases epistemológicas das teorias do processo e muito menos do processo na construção do Estado Democrático de Direito.

Oportuno, porém, levantar alguns questionamentos sobre tal extirpação dos embargos infringentes, já que a exclusão de uma espécie recursal, por mais clamor social que se evidencie neste sentido, como se os recursos fossem o único e intransponível obstáculo da almejada celeridade, não pode vir à baila totalmente desacompanhada de números estatísticos que demonstrem sua real inutilidade prática, mesmo porque não há, com certeza, informações concretas acerca do número de embargos infringentes julgados e analisados diariamente e o correspondente técnico de sua utilização, além do fato de que o maior número de recursos existentes perante os Tribunais, ao menos nos Tribunais de Justiça Estaduais, e que causa sobrecarga de recursos é o recurso de apelação e não os embargos infringentes. Extinguir um recurso sem que se fundamentem as razões de faze-lo, insista-se, alicerçado em clamor social e celeridade a todo custo, não pode ser fundamento para restrição recursal.

A morosidade tão invocada por estudiosos e pelo povo [5] encontra sua base de sustentação também na ausência de gestão, na inadequada administração dos tribunais (o que gera, por exemplo, um número insuficiente de juízes, número insuficientes de serventuários), na falta de implemento do comando constitucional que ordena o aperfeiçoamento de magistrados e servidores; na ausência de padronização dos serviços administrativos ligados ao desenvolvimento das atividades judiciais; no precário investimento na aquisição de equipamentos de informática; e especialmente nos chamados "tempos mortos" do processo[6], dentre outras situações.

Não se pode olvidar que as críticas aos embargos infringentes já existiam antes mesmo do Código de Processo Civil de 1973, visto que, quando da elaboração da Exposição de Motivos daquele anteprojeto, Alfredo Buzaid[7] já sinalizava sua visão cética quanto a esta modalidade de recurso:

> (...) Na justiça local os embargos pressupõem um julgamento proferido em grau de apelação em que houve um voto vencido. Ora, a existência de um voto vencido não basta por si só para justificar a criação do recurso, porque pela mesma razão se deve admitir um segundo recurso de embargos, sempre que no novo julgamento subsistir um voto vencido; por esse modo poderia arrastar se a verificação do acerto da sentença por largo tempo, vindo o ideal de justiça a ser sacrificado pelo desejo de aperfeiçoar-se a decisão.

---

5. Adota-se aqui a noção de povo mencionada por Ronaldo Brêtas de Carvalho Dias, no sentido de que: *Como povo, há de se entender a comunidade política do Estado, composta por pessoas livres, dotadas de direitos subjetivos umas em face de outras e perante o próprio Estado, fazendo parte de povo tanto os governados como os governantes, pois estes são provenientes do povo, sejam quais forem suas condições sociais, todos obedientes às mesmas normas jurídicas, sobretudo à Constituição, que é o Estatuto maior do poder político.* (BRÊTAS, Ronaldo de Carvalho Dias. Processo Constitucional e Estado Democrático de Direito. 2 ed. Belo Horizonte: Del Rey, 2012, p.59)

6. Dierle José Coelho Nunes e Alexandre Gustavo Melo Franco Bahia em artigo sobre eficiência processual destacam a questão relevante dos termos mortos no processo, nos seguintes termos: "*Os tempos mortos ou etapas mortas são aqueles nos quais a tramitação procedimental é paralisada pela ausência de um aparato jurisdicional e administrativo adequado.*" E ainda, prossegue mencionando os problemas existentes também na Itália, conforme relatado por Giuseppe Tarzia em *O novo processo civil de cognição na Itália*.: " *Os problemas mais graves da justiça civil, pelo menos na Itália, dizem respeito, de outra parte, não à estrutura, mas à duração do processo; dizem respeito aos tempos de espera, aos 'tempos mortos', muito mais que aos tempos de desenvolvimento efetivo do juízo. A sua solução depende, portanto, em grande parte, da organização das estruturas judiciárias e não das normas do Código de Processo Civil. A aceleração da justiça não poderá, portanto, ser assegurada somente com a nova lei ou com a revisão de todo o processo civil italiano, que está atualmente em estudo*" (Nunes, Dierle José Coelho; Franco Bahia, Alexandre Gustavo Melo. Eficiência processual: Algumas questões. *In* WAMBIER, Teresa Arruda Alvim (Coord.). Revista de Processo. Ano 34. N.169.mar/2009)

7. Exposição de motivos do anteprojeto do CPC de 1973, item 35,p.36

No projeto definitivo do texto vigente (Código de Processo Civil de 1973), os embargos infringentes foram incluídos, não obstante a comissão revisora do projeto nada tenha mencionado a respeito.

A última alteração aplicada aos embargos infringentes no Código de Processo Civil Vigente, fora implementada pela Lei n°10.352/01, responsável por modificações no texto e disciplinando que o referido recurso é cabível contra acórdão não unânime que houver reformado, em grau de apelação, a sentença de mérito, ou houver julgado procedente a ação rescisória[8].

Sobre os embargos infringentes, Dierle Nunes, Alexandre Bahia, Bernardo Câmara e Carlos Henrique Soares pontuam:

> Os embargos infringentes é recurso exclusivo do Direito brasileiro, cuja exclusão do ordenamento jurídico nacional é defendida por alguns setores da mais moderna doutrina.
>
> (...)
>
> Como os embargos infringentes são cabíveis apenas nos casos em que houver reforma da sentença de mérito, têm-se, ao final de contras e levando-se em consideração o entendimento do magistrado *a quo*, duas manifestações do poder judiciário diferentes sobre um mesmo aspecto jurídico (dois votos, julgador *a quo* e um julgador *ad quem*, vencidos, e dois votos dos julgadores *ad quem* vencedores), então, justo e democraticamente coerente que se permite a parte que viu a sua pretensão reformada (seja no sentido de procedência do pedido inicial, seja no sentido de improcedência) manejar recurso para que a decisão seja decidida por todo o Colegiado *ad quem*, elucidando a questão de forma definitiva.[9]

Acerca dos questionamentos sobre a necessidade ou não dos embargos infringentes, esclarece Barbosa Moreira:

> Em favor da manutenção dos embargos a acórdãos, tem-se argumentado com a conveniência de abrir-se nova oportunidade à revisão da matéria julgada, quando, no próprio tribunal, não forma a unanimidade. É claro que existiria o perigo de permitir-se a cristalização definitiva das injustiças, possivelmente contidas em pronunciamentos vistos como inconvincentes, porque não resultam de votação

---

8. Art. 530 do Código de Processo Civil /73, alterado pela Lei n° 10.352/2001 passou a viger com a seguinte redação: "Cabem embargos infringentes quando o acórdão não unânime houver reformado, em grau de apelação, a sentença de mérito, ou houver julgado procedente ação rescisória. Se o desacordo for parcial, os embargos serão restritos à matéria objeto da divergência."
9. NUNES, Dierle et al. *Curso de direito processual civil: fundamentação e aplicação*. Belo Horizonte: Fórum, 2011, p.319.

unânime. Segundo exame pode sem dúvida conduzir, em muitos casos, à correção de decisões errôneas. Não fica excluída, porém, a hipótese inversa embora se objete que, cabendo o julgamento dos embargos, em geral, a órgão composto de maior número de juízes, é lícito presumir que se chegue a mais seguro resultado. São argumentos, senão incontrastáveis, pelo menos dignos de ponderação.[10]

Com a leitura do entendimento atual de Barbosa Moreira acerca dos embargos infringentes, questionam-se os próprios esclarecimentos contidos na exposição de motivos do Anteprojeto do novo Código de Processo Civil, elaborados pela Comissão de Juristas, uma vez que o fundamento de tais exposições se contrapõem ao pensamento contemporâneo de Barbosa Moreira sobre o tema.

A exposição de motivos justificou a extinção dos embargos infringentes no sentido de que *"há muito, doutrina da melhor qualidade vem propugnando pela necessidade de que sejam extintos"*, embasando-se para tanto no comentário de Barbosa Moreira no ano de 2004, bem como nas considerações de Alfredo Buzaid quanto ao anteprojeto do Código de Processo Civil de 1973.[11]

Todavia, a citação de Barbosa Moreira invocada pela Comissão de Juristas para justificar a extinção dos embargos infringentes, não reflete o posicionamento contemporâneo do mencionado autor, já que para este um *"segundo exame pode sem dúvida conduzir, em muitos casos, à correção de decisões errôneas"*.

Quanto às atas firmadas pela Comissão de Juristas responsáveis pela elaboração do anteprojeto, nas quais foram discutidas as mudanças processuais, não há detalhamento acerca dos fundamentos para extirpação de tal recurso, fazendo-se menção apenas aos requisitos da diminuição do número de recursos e celeridade processual.

Se por um aspecto os embargos infringentes seriam hipoteticamente (pois não há nenhuma comprovação empírica de tal argumento) uma das causas que

---

10. BARBOSA MOREIRA, José Carlos. *Comentários do Código de Processo Civil, Lei nº5869, de 11 de Janeiro de 1973*, vol. V, arts. 476 a 565. Rio de Janeiro: Forense, 2010, p. 519.
11. (http://www.senado.gov.br/senado/novocpc/pdf/Anteprojeto.pdf, p.27). Na exposição de motivos do anteprojeto do Novo Código de Processo Civil extrai-se a seguinte justificativa para extinção dos embargos infringentes: *Uma das grandes alterações havidas no sistema recursal foi a supressão dos embargos infringentes.27. Há muito, doutrina da melhor qualidade vem propugnando pela necessidade de que sejam extintos 28.*
27 Essa trajetória, como lembra BARBOSA MOREIRA, foi, no curso das décadas, 'complexa e sinuosa' (Novas vicissitudes dos embargos infringentes, Revista de Processo. São Paulo, v. 28, nº 109, p. 113-123, jul-ago. 2004, p. 113).
28 Nesse sentido, 'A existência de um voto vencido não basta por si só para justificar a criação de tal recurso; porque, por tal razão, se devia admitir um segundo recurso de embargos toda vez que houvesse mais de um voto vencido; desta forma poderia arrastar-se a verificação por largo tempo, vindo o ideal de justiça a ser sacrificado pelo desejo de aperfeiçoar a decisão. (ALFREDO BUZAID, Ensaio para uma revisão do sistema de recursos no Código de Processo Civil. Estudos de direito. São Paulo: Saraiva, 1972, v. 1, p. 111)

contribui para a tão propalada morosidade do Judiciário, por outro lado garante a formação de um provimento sob o modelo constitucional de processo, na medida em que garante a comparticipação das partes, por meio da ampla defesa e contraditório, como poder de influência para construção do provimento em um espaço discursivo amplo.

Questiona-se também se a extirpação dos embargos infringentes ofenderia ou não o processo constitucionalizado[12].

Não se nega o fato de que no processo constitucionalizado, garante-se um julgamento colegiado pelo Tribunal, não sendo imprescindível que seja unânime a decisão. Todavia, ainda que se entenda que os embargos infringentes tratam-se de uma opção técnica, necessário verificar que tal modalidade também deve conter o amplo debate, comparticipação e garantia de influência e não surpresa, sem prejuízo às partes, o que, consequentemente, harmoniza-se o processo constitucional.

Acerca da imprescindibilidade do amplo debate e comparticipação para garantia e legitimidade do provimento, Dierle Nunes explica:

> Neste Estado democrático os cidadãos não podem mais se enxergar como sujeitos espectadores e inertes nos assuntos que lhe tragam interesse, mas sim devem ser participantes ativos e que influenciem no procedimento formativo dos provimentos (atos administrativos, das leis e das decisões judiciais), e este é o cerne da garantia do contraditório.
>
> Dentro desse enfoque se verifica que há muito a doutrina percebeu que o contraditório não pode mais ser analisado tão somente como mera garantia formal de bilateralidade da audiência, mas, sim, como uma possibilidade de influência(Einwirkungsmoglichkeit) sobre o desenvolvimento do processo e sobre a formação das decisões racionais, com inexistentes ou reduzidas possibilidades de surpresa.
>
> Tal concepção significa que não se pode mais na atualidade, acreditar que o contraditório se circunscreva ao dizer e contradizer formal entre as partes, sem que isso gere uma efetiva ressonância (contribuição) para fundamentação do provimento, ou seja, afastando

---

12. No Brasil, José Alfredo de Oliveira Baracho foi um dos pioneiros nos estudos da constitucionalização do processo, tendo se pautado também em Eduardo Couture, Hector Fix Zamudio, Andolina e Vignera, dentre outros, no estudo científico aprofundado sobre o tema. Segundo a teoria constitucionalista: o processo constitucional não pode ser considerado como mero direito instrumental, mas *"uma metodologia de garantia dos direitos fundamentais"*, já que os institutos que estruturam o processo constitucional conduzem à inevitável" *efetivação dos direitos essenciais"*. BARACHO, José Alfredo de Oliveira. Teoria Geral do processo constitucional. Revista da Faculdade Mineira de Direito v. 2, ns. 3 e 4, p. 119 – 120.

a idéia de que a participação das partes no processo pode ser meramente fictícia e mesmo desnecessária no plano substancial[13].

É preciso verificar sob a perspectiva do processo constitucional se com a *"técnica de julgamento não unânime"*, é possível garantir o amplo espaço discursivo assegurado constitucionalmente, já que a mencionada mudança não prevê sequer a remessa de cópia das peças principais a todos os julgadores para permitir a revisão do acórdão não unânime e a análise detida e prévia de todo o conteúdo das questões a serem julgadas. Assim, constata-se que com a nova *"técnica de julgamento"* há um risco considerável de a Turma Julgadora não ter sequer efetivamente prévio acesso à íntegra dos autos do processo, com prévia análise de todos argumentos e questões, o que acarretará, consequentemente, a ausência de debate de forma comparticipada, com garantia de influência, comprometendo-se a possibilidade de reversão do julgado.

Outro ponto é que não seria razoável o prosseguimento do julgamento na mesma sessão, caso seja possível, diante da existência de Desembargadores suficientes para reverter o julgamento, em virtude de voto divergente, porque certamente contraditório e ampla defesa nesta hipótese seriam tão somente *pro forma*, já que não asseguram o devido processo legal de forma plena, diante da ausência na prática do amplo debate e menos ainda análise detida dos autos do processo, com decisão fundamentada em relação aos demais Desembargadores que passarem a julgar os embargos infringentes na mesma sessão em que se iniciou o julgamento com voto divergente. Não há como haver ampla defesa e comparticipação plena, com análise de todos os fundamentos e argumentos apresentados pelas partes pelos novos Julgadores, já que não há como fazer tal estudo na própria sessão de julgamento.

Necessária também a análise da pertinência ou não da inclusão automática em sessão a ser designada toda vez que houver julgamento de recurso de apelação com voto vencido ou quando o julgamento da rescisória com procedência ou no julgamento do agravo quando houver reforma da decisão que julgar parcialmente o mérito.

Considerando que um dos fundamentos da extirpação dos embargos infringentes é a duração razoável do processo, inserido pela Emenda Constitucional nº 45/04 (art. 5º, LXXVIII, da Constituição Federal), não se mostra plausível a inclusão automática para julgamento, com número suficiente de Julgadores pela Turma do Tribunal, a fim de permitir a reverão da decisão, se não houver manifestação expressa da parte interessada, especialmente em se tratando de direitos disponíveis e processos de interesses individuais.

---

13. NUNES, Dierle José Coelho. *O princípio do contraditório: uma garantia de influência e não surpresa.* In: Constituição, direito e processo. coord: TAVARES, Fernando Horta. Curitiba: Juruá, 2008,p.146,

Se a justificação para extirpação dos embargos infringentes for a celeridade dos processos judiciais, certamente a remessa automática de inclusão do recurso de apelação com voto vencido ou da decisão que julgar procedente a ação rescisória ou do agravo quando houver reforma da decisão que julgar parcialmente o mérito, não trará celeridade e muito menos garantia de duração razoável do processo, com respeito às garantias constitucionais do devido processo legal, não havendo razão de ser para que tal julgamento ocorra de ofício.

De forma desfavorável à técnica substitutiva dos embargos infringentes, Marcelo Dantas advertiu que em muitos Tribunais, como os Tribunais Regionais Federais, muitos deles não possuem em suas turmas a composição de Desembargadores suficientes para julgamento dos embargos infringentes, o que certamente causaria mais transtorno na designação deste julgamento e prejudicaria o julgamento dos demais recursos pelas turmas, não alcançando assim a almejada celeridade dos julgamentos e muito menos garantindo o devido processo legal e amplo espaço discursivo.[14]

Em consequência aos problemas operacionais e práticos de julgamento nos Tribunais, sob o aspecto da nova *técnica de julgamento não unânime*, na prática, haverá o risco considerável de diminuição do voto divergente, em virtude da tendência de julgamento estratégico de anuência ao voto do Relator ou aos votos majoritários, o que certamente vai de encontro ao processo democrático.

Portanto, verifica-se em princípio que a técnica de julgamento não unânime não garante o amplo espaço discursivo assegurado constitucionalmente, não sendo crível ou muito menos razoável, a extirpação dos embargos infringentes sem qualquer análise empírica dos seus efeitos, bem como da suposta ausência de eficácia de tal recurso, aliado ao fato de que também não houve estudo epistemológico para o cabimento de tal mudança.

A não inclusão do recurso de embargos infringentes no Novo Código de Processo Civil, já sancionado pela Presidente da República, sem a adequada análise quanto aos seus efeitos e efetivos impactos na celeridade do Judiciário,

---

14. Marcelo Dantas manifesta sobre os problemas da "técnica de julgamento" em substituição aos embargos infringentes esclarecendo o seguinte: "*Data maxima venia*, não se trata, de modo algum, de técnica simples (...) Veja-se que dos trinta e dois tribunais de segundo grau da Justiça Comum (cinco da Justiça Federal, mais vinte e sete ds Justiças Estaduais, incluída entre estas a do Distrito Federal) nas apelações e agravos, a imensa maioria das cortes brasileiras estabelece o julgamento por turmas ou câmaras constituídas: (....) Ou seja, dos trinta e dois tribunais, vinte e três (os quinze cujas câmaras ou turmas são de três Desembargadores, mais os 8 cujas câmaras ou turmas são de quatro) terão imensa dificuldade em funcionar com a nova técnica de julgamento – supostamente simples – que substitui os embargos infringentes."(DANTAS, Marcelo Navarro Ribeiro. A problemática dos embargos infringentes no projeto do Novo Código de Processo Civil. In: Alexandre Freire (orgs). Novas Tendências do Processo Civil. Estudos sobre o Projeto do Novo Código de Processo Civil. Salvador: JusPodivm,2013, p.733-736.)

respeitosamente, apresenta-se temerária ao impedir o amplo espaço discursivo adequado ao modelo constitucional de processo.

Diante ausência de estudo científico adequado, concomitantemente à ausência de estudo empírico acerca da exclusão de uma espécie recursal, tal alteração prevista no Novo Código de Processo Civil, mostra-se prematura, sendo também a *"técnica" de julgamento* substitutiva de embargos infringentes inadequada, diante do comprometimento do amplo debate e espaço discursivo, já que na prática corre-se o risco de restringir e praticamente eliminar o voto vencido no julgamento perante os Tribunais.

2. DOS RECURSOS

O instituto do recurso, propriamente dito, sem o intuito de detalhamento quanto à sua origem, remete à ideia ampla de inconformismo do ser humano, segundo Lima:

> (...) a ideia ampla de recurso se acha arraigada no espírito humano, como tendência inata e irresistível, como uma decorrência lógica do próprio sentimento de salvaguarda a um direito ameaçado ou violado em uma decisão. Os meios de reparação tinham de ser primitivos e, até amorfos, como o eram as demais instituições sociais que o desenrolar dos milênios aperfeiçoaria e consolidaria.[15]

Fato é que os recursos configuram uma necessidade e uma possibilidade do reexame de questões equivocadas ou não aclaradas, objeto de inconformismo, evitando-se, assim, o arbítrio. A insatisfação do vencido é da natureza humana e vem se manifestando ao longo da história sob diversas formas e funções.

Dierle Nunes esclarece, quanto às funções das formas de impugnação existentes, especialmente no que tange ao recurso:

> (...) Poder-se-iam delinear algumas das funções das formas de impugnação das decisões, dentre elas os recursos, no decorrer da história, prescindindo, evidentemente da análise do tipo de Estado adotado, quais seriam: a) função de reprimenda ao erro do julgador; b) função de suspensão de efeitos executórios; c) função de concentração de poder nas mãos do soberano, como instrumento autoritário-hierárquico; d) função de reanálise da decisão jurídica; e e) função de uniformização e aperfeiçoamento do direito[16].

---

15. LIMA, Alcides Mendonça. *Introdução aos recursos cíveis*. São Paulo: Revista dos Tribunais, 1976, p.3.
16. NUNES, Dierle José Coelho. *Direito Constitucional ao Recurso: Da teoria geral dos recursos das reformas processuais e da compartipação nas decisões*.Rio de Janeiro: Lumen Juris, 2006, p.62/63.

Rosemiro Pereira Leal, ao conceituar recurso, explica que:

> Confere-se à palavra recurso a idéia de retomada de um caminho já percorrido (do latim re currerere). No campo do direito, assoma-se de importância o regramento, pela norma, dos termos jurídicos, porque só assim se delimitam os significados que compõem a sistematicidade leal garantidora de direitos, poderes e faculdades.
>
> (...) Em nossa sistemática jurídica, o direito de ação tem raízes na plataforma constitucional (CR/88), sendo que o recuso é instituto de garantia revisional exercitável, na estrutura procedimental, como meio de alongar ou ampliar o processo pela impugnação das decisões nele proferidas e não meio de dar continuidade ao exercício do direito de ação que se exaure, em cada caso, propositura do procedimento.[17]

Dierle Nunes informa, ainda, que:

> Traçando o quadro geral dos princípios informadores do sistema recursal, já podemos ofertar uma definição técnica de recurso do instituto do recurso, compreendo-o como forma legal utilizada no mesmo procedimento em contraditório de irresignação voluntária da parte, manifestada para uma determinada espécie de decisão, salvo as hipóteses de dúvida objetiva, visando à reanálise da questão do mesmo órgão prolator (para os recursos com efeito regressivo) e/ou transferência do conteúdo da decisão para órgão diverso do seu prolator (para os recursos com efeitos devolutivo), visando ao reexame das questões suscitadas pelo recorrente com anulação, reforma, integração ou aclaramento da decisão impugnada.[18]

Marinoni e Arenhart. definem os recursos como os meios de impugnação de decisões judiciais, voluntários, internos à relação processual em que se insere a decisão atacada, aptos a obter desta a anulação, reforma ou aprimoramento[19]. Já as demais formas de impugnação, também chamadas de sucedâneos recursais, constituem ação própria, ensejando um novo processo, como exemplo os casos da ação rescisória e mandado de segurança.

Esclarece Barbosa Moreira que *não será recurso, pois, remédio algum cujo emprego produza a instauração de processo distinto daquele em que se proferiu a decisão impugnada*. E ao final conclui que:

---

17. LEAL, Rosemiro Pereira. *Teoria Geral do Processo*. 9ª edição. Rio de Janeiro: Forense, 2009, p.89-90.
18. NUNES, Dierle José Coelho. *Direito Constitucional ao Recurso: Da teoria geral dos recursos das reformas processuais e da compartipação nas decisões.* Rio de Janeiro: Lumen Juris, 2006, p.109.
19. ARENHART, Sérgio Cruz; MARINONI, Luiz Guilherme. *Curso de Processo Civil. Processo de Conhecimento.* 6 ed., vol. II. São Paulo: Revista dos Tribunais, 2006, p.499.

(...) Pode-se conceituar recurso, no direito processual civil brasileiro, como o remédio voluntário idôneo a ensejar, dentro do mesmo processo, a reforma a invalidação, o esclarecimento ou a integração da decisão judicial que se impugna. (BARBOSA MOREIRA, 2010, p.232)

O recurso, como meio legal de manifestação voluntária de irresignação da parte, dentro do mesmo procedimento, adequado ao modelo constitucional de processo, surge como decorrência dos princípios constitucionais da ampla defesa, do contraditório e do devido processo legal, na medida em que viabilizam o contraditório e a comparticipação ampla das partes, além de garantir, à parte, o direito de revisão da decisão que lhe fora desfavorável, propiciando, assim, o controle judicial.

O processo, por sua vez, deve ser construído com a comparticipação, permitindo e assegurando a ampla manifestação e contribuição na construção dos provimentos judiciais, como forma de garantir os princípios constitucionais da ampla defesa e o contraditório dentre outros preceitos fundamentais.

Quanto às alterações legislativas, visando à celeridade do judiciário e diminuição de processos juntos aos tribunais, Teresa Arruda alerta:

> A lógica, o bom senso e o conceito de cidadania plena exigiriam do legislador outro método que não o da criação de gargalos legislativos para impedir o acesso da parte aos tribunais. O correto, a nosso ver, seria a realização de amplo debate sobre os problemas estruturais da prestação do serviço jurisdicional. Se há muita demandado serviço judiciário, o que se deve fazer é aparelhá-lo para atender à sociedade, ao invés de promover seu afastamento.[20]

O recurso, assim, constitui-se num meio voluntário e idôneo hábil a ensejar, dentro do mesmo processo, a reforma, a invalidação, o esclarecimento ou a integração da decisão judicial apresentada pela parte, pelo terceiro interessado e pelo Ministério Público, figurando tal instituto como garantia imprescindível da ampla defesa e contraditório, insculpidos no inciso LV, do artigo 5º, da Constituição da República, sendo certo que a extirpação de qualquer recurso, como é o caso dos embargos infringentes, deve ser analisada com extrema cautela no processo constitucionalizado.

3. A CELERIDADE E O PROCESSO CONSTITUCIONAL

O Estado, ao se manifestar em nome do povo, portanto, deve apresentar pronunciamento jurisdicional adequado à estrutura principiológica do devido

---

20. WAMBIER, Teresa Arruda Alvim. *O novo recurso de agravo, na perspectiva do amplo acesso à justiça, garantido pela Constituição Federal.* São Paulo: Revista Magister de Direito Civil e Processual Civil, 2008, Jan-fev, p.38.

processo constitucional, agindo, sempre, de acordo com as garantias constitucionais, como o contraditório como poder de influência e comparticipação na construção dos provimentos, a ampla defesa, o acesso ao judiciário, a isonomia, a racionalidade temporal e procedimental e a fundamentação das decisões, garantindo, assim, a adequada participação de todos os envolvidos na formação compartilhada do ato estatal.

A Emenda Constitucional 45/04 introduziu o princípio da duração razoável do processo, como explicita o artigo 5º, inciso LXXIII da Constituição da República[21]. A garantia de duração razoável do processo visa assegurar um exercício jurisdicional sem dilações indevidas, prestadas por tempo razoável pelo órgão Estatal, não significando, todavia, celeridade a qualquer custo, ou celeridade em descompasso aos demais direitos e garantias constitucionais.

Necessário, contudo, verificar que a eficiência pretendida e inserida com a duração razoável do processo não pode significar apenas eficiência quantitativa, ou seja, rapidez, velocidade, redução dos processos e custos. É preciso ter em mente também a eficiência qualitativa, a qual permite a formação de um provimento mais seguro, com amplo debate e influência das partes na construção do provimento, sendo ideal que a eficiência qualitativa e quantitativa, sejam aplicadas harmonicamente e não que uma seja necessariamente excludente da outra.

Michele Taruffo, em estudo sobre a oralidade como fator de eficiência no processo civil, explica muito bem acerca das faces da eficiência no processo:

> (...) Se, por outro lado, optarmos pela definição "b", o tema se complica: por um lado, também neste caso, são importantes o tempo e o dinheiro que são necessários para se alcançar a solução do conflito, posto que desperdiçá-los é prejudicial à eficiência de todo processo judicial; por outro lado, deveria ter-se igualmente em conta os fatores relacionados com a qualidade e o fundamento da decisão final. Para ser equânime, uma decisão deve fundamentar-se em uma apresentação adequada, completa e justa dos aspectos jurídicos das alegações das partes, assim como em uma resolução precisa, completa e possivelmente verdadeira sobre os fatos, baseada em um justo exame das provas. Neste pressuposto, um sistema judicial é eficiente quando seu funcionamento é razoavelmente rápido e econômico, mas também quando se orienta estruturalmente para chegar a decisões informadas, precisas e responsáveis, que se baseiem em todos os fundamentos jurídicos pertinentes.

---

21. Art. 5º, LXXVIII da Constituição da República Federativa do Brasil: *"a todos, no âmbito judicial e administrativo, são assegurados a razoável duração do processo e os meios que garantam a celeridade de sua tramitação"*

Ambas as idéias sobre o que é a eficiência são razoáveis e poderiam ser consideradas faces da mesma moeda. Ainda assim, modem ser contraditória, vez que um processo rápido e barato poderia veicular soluções incompletas ou incorretas, já que uma decisão justa pode exigir tempo, dinheiro e uma atividade judicial por parte dos litigantes e do próprio tribunal. Portanto, dentro da perspectiva "b", uma escolha radical pode ser considerada equivocada, se opta por privilegiar uma das faces e excluir por completo a outra: é provável que, para conseguir uma solução justa, não tenhamos outro remédio, a não ser chegar a um compromisso de equilíbrio entre estas duas idéias de equilíbrio mutuamente excludentes. Por um lado, deveríamos considerar que entre estas noções existe uma relação de proporcionalidade inversa e complementar: se um sistema maximiza a sua eficiência em termos de rapidez e redução de custos, o mais provável é que a minimize em termos de precisão e equanimidade da solução do conflito; lado outro, se potencializa a eficiência entendida como uma decisão precisa e equânime, é provável que minimize a redução de inversão em tempo e dinheiro. (tradução livre) [22]

Não se pode aceitar, sob pena de nítida ofensa aos princípios e garantias Constitucionais, a ideia de que a jurisdição prescinda do processo constitucionalizado[23].

---

22. TARUFFO, Michele. *Oralidad y Escritura como Factores de Eficiencia en el Proceso Civil*: " Si, por el contrario, optamos por la definición b, el tema se complica: por un lado, incluso en este caso el tiempo y el dinero que se requieren para alcanzar la solución del conflicto son importantes, puesto que malgastarlos va em detrimento de la eficiencia de todo proceso judicial; por otro lado, los factores relacionados con la calidad y el fondo de la decisión final deberían tenerse igualmente en cuenta. Para poder ser ecuánime, una decisión debe fundamentarse sobre la presentación adecuada, completa y justa que de los aspectos jurídicos de las alegaciones realizan ambas partes, así como en una resolución certera, completa y posiblemente veraz sobre los hechos, basada en un examen justo de lãs pruebas. En este supuesto, un sistema judicial es eficiente cuando su funcionamiento resulta razonablemente rápido y económico, pero también cuando se orienta estructuralmente para llegar a decisiones informadas, precisas y responsables que se basen en todos los fundamentos jurídicos pertinentes.

    Ambas ideas de lo que es la eficiencia son razonables, y podrían considerarse dos caras de una misma moneda. Sin embargo, pueden ser contradictorias, puesto que un proceso rápido y barato podría conllevar soluciones incompletas o incorrectas, mientras que una decisión justa puede requerir tiempo, dinero y una actividad judicial por parte de los litigantes y del propio tribunal. Por tanto, dentro de la perspectiva b, una elección radical puede considerarse errônea si opta por escoger una de las caras y excluir por completo la otra: es probable que para conseguir una solución justa no tengamos más remedio que llegar a um compromisso de equilibrio entre estas dos ideas de eficiencia mutuamente excluyentes. Por un lado, deberíamos considerar que entre estas nociones existe una relación de proporcionalidad inversa y complementaria: si un sistema maximiza su eficiencia en términos de rapidez y reducción de costes, lo más probable es que la minimice en cuanto a la precisión y ecuanimidad de la solución del conflicto; por el contrario, si se potencia la eficiencia entendida como uma decisión precisa y ecuánime, es probable que se minimice la reducción de inversión en tiempo y dinero." (tradução livre)

23. BRETAS, Ronaldo de Carvalho Dias, em tópico sobre a Jurisdição Concretizada pelo Devido Processo Constitucional explica que: *"na concepção estruturante do Estado Democrático de Direito, a função jurisdicional ou, simplesmente, jurisdição é atividade-dever do Estado, prestada pelos órgãos competentes indicados no texto*

Somente haverá o exercício adequado da jurisdição se o processo constitucional for respeitado e observado de forma efetiva, vinculado às garantias históricas asseguradas constitucionalmente como os princípios constitucionais do juízo natural, do contraditório como poder de influência, não surpresa e ampla participação, da ampla defesa, da indispensabilidade do advogado e da fundamentação das decisões judiciais, dentre outros.

Sobre a evolução do estudo do processo constitucional e suas conseqüências, oportunas as lições de José Alfredo de Oliveira Baracho, segundo o qual:

> Os estudos sobre processo constitucional têm denotado as transformações que ocorreram no direito, gerando intenso desenvolvimento legislativo, jurisprudencial e doutrinário, sobre um dos temas da maior importância para o direito contemporâneo, situação que gerou o surgimento de diversas denominações como: defesa, controle, justiça, jurisdição e direito processual, todos esses vocábulos acrescidos do qualificativo de constitucional. Apesar de serem estudados como equivalentes, as denominações acima destacadas apresentam matizes e modalidades. Por sua vinculação com os estudos de Teoria ou doutrina geral do processo ou do Direito Processual, prefere-se o nome de processo constitucional ou Direito Processual Constitucional, com o objetivo de substituir ou conciliar com o que tem sido utilizado até agora, isto é, justiça ou jurisdição constitucional, para designar a disciplina científica que examina de maneira sistemática as garantias constitucionais que não devem ser consideradas como equivalentes aos direitos humanos consagrados constitucionalmente, mas como instrumentos jurídicos predominantemente processuais, que são utilizados como meio para solução dos conflitos que aparecem em decorrência da aplicação das normas de caráter constitucional?[24]

Assim, por meio do exercício e acesso ao processo constitucional, provoca-se a atuação estatal, reconhecida a supremacia da Constituição sobre as normas procedimentais, o que afasta a ideia equivocada de que o processo deve ser entendido como uma "*seqüência de atos coordenados*". O processo constitucional visa, justamente, a tutela do princípio da supremacia constitucional, resguardando os direitos fundamentais. [25]

---

da Constituição, somente exercida sob petição da parte interessada(direito de ação) e mediante a garantia do devido processo constitucional. Em outras palavras, a jurisdição somente se concretiza por meio de processo instaurado e desenvolvido em forma obediente aos princípios e regras constitucionais. BRÊTAS, Ronaldo de Carvalho Dias. Processo Constitucional e Estado Democrático de Direito, p.32.

24. BARACHO, José Alfredo de Oliveira. *Direito processual constitucional: aspectos contemporâneos.* Belo Horizonte: Fórum, 2008, p. 358.
25. BARACHO, José Alfredo de Oliveira. *Direito processual constitucional: aspectos contemporâneos.* Belo Horizonte: Fórum, 2008, p. 45.

Dierle Nunes com visão do contraditório como garantia constitucional explica que "*o comando constitucional que prevê o contraditório e garante o Estado Democrático já impõe a interpretação do contraditório como garantia de influência a permitir uma comparticipação dos sujeitos processuais na formação da decisão*".[26]

Com efeito, foi no Estado Democrático de Direito que o devido processo legal ganhou destaque e amplitude, sendo imprescindível sua relevância na obtenção de todo e qualquer provimento jurisdicional. Aos órgãos jurisdicionais responsáveis pelos provimentos buscados pelo povo, imprescindíveis se mostram a constatação e o exame do princípio da vinculação ao Estado Democrático de Direito, cujos princípios formadores são o da supremacia da Constituição e o da reserva legal.[27]

Para restrição dos recursos e demais direitos assegurados constitucionalmente, no qual se inserem também os embargos infringentes, imprescindível, primeiramente, a análise aprofundada de todo o conjunto de fatores que resultaram na atual judicialização e, conseqüentemente, excessiva demora na duração dos processos.

É preciso ter em mente que apenas a redução de prazos e a restrição de recursos e direitos não serão suficientes para se alcançar a eficiência sob o aspecto qualitativo, já que é necessária uma boa gestão judiciária, o que implica em estrutura, técnicas de administração quantidade de funcionários adequados e devidamente qualificados, dentre outros fatores, além de viabilizar que a jurisdição seja prestada adequadamente sem dilações indevidas.

Mostra-se, portanto, equivocada a extirpação dos embargos infringentes sem a prévia analise técnica da conexão e/ou relação de tal recurso com a morosidade judiciária e provimento tardio, já que nos termos do Novo Código de Processo Civil, Lei 13.105/15, não consta absolutamente nenhum estudo concreto sobre a pertinência e eficácia da exclusão dos embargos infringentes.

Lênio Luiz Streck esclarece que:

> Numa palavra: a Constituição é o fundamento de validade do sistema jurídico. A Constituição constitui. Um texto jurídico (leis, regulamento, etc.) somente é válido se estiver em conformidade com a Constituição, que deve ser entendida em seu conjunto de valores principiológicos.

---

26. NUNES, Dierle José Coelho. *Processo Jurisdicional Democrático. Uma análise crítica das reformas processuais*. Curitiba: Juruá, 2008, p. 229.
27. BRÊTAS, Ronaldo de Carvalho Dias. *Responsabilidade do Estado pela função jurisdicional*. Belo Horizonte: Del Rey, 2004, p. 139.

> A jurisdição constitucional, mais do que um mecanismo de controle dos poderes, é condição de possibilidade do Estado Democrático de Direito. O juiz tem o dever de aplicar a norma somente em seu sentido constitucional. Lamentavelmente, examinando a tradição jurídica brasileira, é possível constatar a existência de um certo fascínio em torno do Direito infraconstitucional, ao ponto de se adaptar a Constituição às leis ordinárias..., e não o contrário! Enfim, continuamos a olhar o novo com os olhos do velho...A Constituição "e tudo o que representa o constitucionalismo contemporâneo" ainda não atingiu o seu devido lugar no campo jurídico brasileiro?[28]

Percebe-se que a previsão constitucional de duração razoável do processo deve ser interpretada de forma harmônica com os demais princípios, de forma que a celeridade não se sobreponha às garantias constitucionais do devido processo legal, direito constitucional ao recurso, ampla defesa, contraditório, dentre outros.

Quanto à concepção de celeridade, Fernando Horta Tavares adverte que o tempo não é inimigo do processo nem das partes litigantes:

> (...) não é o tempo que corrói, porque o tempo apenas passa; em si, o tempo nada pode corroer; já que flui em marcha: não tem força ou ação para corroer. O Tempo, por si, não causa malefício algum: alguém é quem pode causar danos à outrem, isto é, um sujeito prejudicar a outro, propositadamente ou não. Logo, o tempo não pode ser inimigo, por que só passa, é um acontecimento natural. (Tavares, 2009, p.113)

Em relação ao Novo Código de Processo, já sancionado pela Presidente da República em 15 de março de 2015, Lei percebe-se que sua elaboração também teve como norte o princípio da duração razoável do processo. Entretanto, é preciso compreender que celeridade processual somente gerará um provimento legítimo no processo constitucionalizado se levar em consideração os demais princípios e garantias constitucionais, o que implica em dizer que não se pode pretender celeridade a todo custo.

Nesse sentido, mostram-se esclarecedores os estudos de Humberto Theodoro Júnior, Dierle Nunes, Alexandre Melo Franco Bahia e Flávio Quinaud Pedron, ao analisar os fundamentos do Novo Código de Processo Civil Projetado[29]:

---

28. STRECK, Lenio Luiz. *Os meios e acesso do cidadão à jurisdição constitucional, a argüição de descumprimento de preceito fundamental e a crise de efetividade da Constituição Brasileira.* In: SAMPAIO, José Adércio Leite e CRUZ, Álvaro Ricardo de Souza (Coords.). Hermenêutica e Jurisdição Constitucional. Belo Horizonte: Del Rey, 2001, p.251-252.

29. THEODORO JUNIOR, Humberto; NUNES, Dierle; BAHIA, Alexandre Melo Franco; PEDRON, Flávio Quinaud. *Novo CPC. Fundamentos e sistematização.* Rio de Janeiro: Forense, 2015, p.142

Percebe-se que, no Novo CPC, a questão da duração razoável há de ser lida a partir de um referencial mais amplo do que a mera aceleração ou desformalização dos procedimentos. Isso porque a duração razoável de um processo está ligada à celeridade, mas também á solução integral do mérito – e por solução integral o Novo CPC já esclarece que não está apenas falando apenas de decisão de mérito, mas na efetiva satisfação do direito, ou seja, aqui se fala da primazia do julgamento do mérito que induz o máximo de aproveitamento da atividade processual mediante a adoção do aludido novo formalismo democrático ou formalismo conteudístico.

(...)

Ademais, não se soluciona mérito proferindo qualquer sentença: ela tem de conter integralmente o objeto do processo, e ainda a função jurisdicional deve ser tal que o direito definido seja satisfeito.

Outro ponto importante a ser levado em consideração é o fato de que em grande parte o responsável pelo assoberbamento e lentidão do judiciário não é a existência do recurso de embargos infringentes, e sim o grande número de demandas emanadas dos próprios órgãos públicos, aliado ao fato de que o grande número de recursos existentes nos Tribunais se referem a processos nos quais os entes públicos são partes.[30]

Juntamente com as ponderações acima, também é responsável pelo atraso na tramitação dos processos, em prejuízo ao princípio da duração razoável do processo, a ausência de gestão e administração adequadas, com dilações indevidas e as chamadas *"etapas mortas do processo"*[31].

Portanto, mais do que apropriados os ensinamentos de Barbosa Moreira ao advertir que:

---

30. THEODORO JÚNIOR, Humberto; NUNES, Dierle; BAHIA, Alexandre Melo e PEDRON, Flávio Quinaud. À respeito do uso desmensurado de recursos pondera o seguinte: " *Quando pensamos no uso desmesurado de meios processuais (principalmente de recursos), não podemos esquecer que o Poder Público é um dos maiores clientes do judiciário e que normalmente se vale de todos os meios para protelar eventuais condenações em nome do obscuro 'interesse público'.*" (Novo CPC. Fundamentação e Sistematização, p.144)
31. Conforme já mencionado em item anterior neste artigo fora transcrito sobre o tema esclarecimentos de Dierle José Coelho Nunes e Alexandre Gustavo Melo Franco Bahia, sendo também pertinente as explicações neste sentido de Ronaldo Bretas de Carvalho Dias ao alertar que: *"o povo tem não só o direito fundamental à jurisdição, como, também, o direito que este serviço público monopolizado e essencial ao Estado lhe seja prestado dentro de um prazo razoável.Contrapõe-se a este direito o dever do Estado de prestar a jurisdição mediante a garantia de um processo sem dilações indevidas, isto significando processos cujos atos sejam praticados naqueles prazos fixados pelo próprio Estado nas normas de direito processual que edita, evitando-se as ocorrências causadoras de costumeiras 'etapas mortas', as quais traduzem longos espaços temporais de completa inatividade procedimental.*" (Processo Constitucional e Estado Democrático de Direito, Belo Horizonte: Del Rey. 2010,p.162)

> (...) se uma justiça lenta demais é decerto uma justiça má, daí não se segue que uma justiça muito rápida seja necessariamente uma justiça boa. O que todos devemos querer é que a prestação jurisdicional venha ser melhor do que é. Se para torná-la melhor é preciso acelerá-la, muito bem: não, contudo, a qualquer preço.[32]

Obedecer aos direitos e garantias constitucionais, mais do que uma necessidade, é uma forma de assegurar a premissa maior do Estado Democrático de Direito. Assim, necessária a interpretação adequada do princípio da duração razoável do processo de forma harmônica aos demais direitos e garantias constitucionais, porque celeridade à todo custo, sem construção de provimento legítimo, não se enquadra ao processo constitucionalizado e democratizado.

4. CONCLUSÃO

A criação de uma nova codificação processual civil, atualmente já aprovada na Câmara e no Senado, já sancionada pela Presidente da República, encontra respaldo, em grande parte, no princípio da duração razoável do processo, previsto expressamente na Constituição da República, por meio da Emenda nº 45/2004 (inciso LXXVIII, artigo 5º), bem como na alegação de necessidade de atendimento ao clamor social.

No que tange aos recursos, identificam-se algumas alterações lastreadas apenas na perspectiva quantitativa de eficiência do processo e outras respeitando a eficiência também sob o aspecto qualitativo.

Não há como negar o fato de que é preciso evoluir para que se alcance a almejada duração razoável do processo, mas também não se pode, a todo custo, privilegiar a celeridade em detrimento ao Estado Democrático de Direito, no qual também se encontram inseridos princípios fundamentais (devido processo legal, ampla defesa, contraditório, isonomia etc.), cuja obediência deve ser incondicional.

Em relação à extirpação dos embargos infringentes e inserção da *técnica substitutiva de embargos infringentes*, até o presente momento, parece não ter sido alcançada no Novo Código de Processo Civil, uma aplicação harmônica dos princípios institutivos do processo, juntamente com o princípio da celeridade e demais princípios constitucionais, a fim de garantir a legitimação na construção do provimento, por meio do modelo constitucional de processo.

No âmbito dos recursos, todavia, necessário reconhecer que existem algumas inovações louváveis, como, por exemplo, o dever de fundamentação das

---

32. BARBOSA MOREIRA, José Carlos. O futuro da justiça: alguns mitos. *Revista de Processo*, v. 102, p. 228-237, abr.-jun. 2001, p. 232

decisões, a obediência ao princípio da não surpresa, a extirpação do agravo retido, a aplicação do princípio da instrumentalidade das formas junto aos Tribunais Superiores (STJ e STF), dentre outras.

Sob outro aspecto, algumas restrições recursais inseridas no mesmo projeto de lei o foram sem qualquer análise estatística quanto aos prejuízos e lesões a direitos fundamentais, não existindo nenhum estudo prévio quanto a efetiva redução do decurso do tempo de duração dos processos ou da suposta inutilidades de determinados recursos, como é o caso dos Embargos Infringentes.

Para restrição dos recursos e demais direitos assegurados constitucionalmente, imprescindível, primeiramente, a análise aprofundada de todo o conjunto de fatores que resultaram na atual judicialização e, conseqüentemente, excessiva demora na duração dos processos. Certamente, restringir o acesso aos tribunais, com a extinção de recursos, não é a melhor forma de se garantir o processo democrático.

É preciso ter em mente que apenas a redução de prazos e a restrição de recursos e direitos não serão suficientes para se alcançar a eficiência sob o aspecto qualitativo e quantitativo, já que é necessária uma boa gestão judiciária, o que implica estrutura, técnicas de administração quantidade de funcionários adequados e devidamente qualificados, dentre outros fatores.

A nova técnica de julgamento não unânime implica ainda em riscos de diminuição do debate e dos votos divergentes nos Tribunais, diante de todos os problemas práticos e operacionais para prosseguimento dos julgamentos na hipótese do artigo 942 do Novo Código de Processo Civil, o que não gerará processo democrático. Assim, a possibilidade de diminuição do dissenso, por um julgamento estratégico de anuência ao voto do relator, ao invés de garantir a ampla participação e debate, implicará em restrição de democraticidade.

A atual exigência de duração razoável do processo, prevista expressamente na Constituição da República, com a Emenda Constitucional nº45, não pode se confundir, com aceleração dos procedimentos consubstanciada na redução dos prazos processuais e até mesmo extirpação de recursos, visto que tal interpretação caracteriza nítida redução das demais garantias constitucionais, comprometendo a ampla comparticipação e espaço discurso imprescrindível na construção do provimento legítimo.

A almejada e necessária celeridade, com duração razoável do processo, devem ser analisadas e adequadas ao Estado Democrático de Direito, sendo, para tanto, imprescindível o cumprimento pelas partes e pelos juízes dos prazos estipulados, sem dilações indevidas, com estrutura adequada, viabilizando assim construção do provimento em consonância ao devido processo legal, de forma comparticipada, respeitando-se a isonomia, ampla defesa, contraditório, fundamentação das decisões e amplo acesso à jurisdição, além do devido processo legal.

Mudanças no sistema processual civil brasileiro são bem vindas e necessárias, todavia, é preciso cautela para não se adotar apenas a eficiência quantitativa, com foco na alta produtividade de decisões, uniformização superficial de entendimento e curta duração dos processos, pois assim poderá haver o aumento da insatisfação da sociedade ao invés de pacificação social, já que um provimento célere e eficaz também deve assegurar a ampla participação, contraditório e poder de influência na construção do provimento, pois a restrição de quaisquer desses princípios poderá inviabilizar o processo constitucionalizado.

Mostra-se no mínimo prematura e desprovida de qualquer estudo epistemológico adequado, a extirpação dos Embargos Infringentes no novo Código de Processo Civil, Lei 13.105/2015. Oportuno ainda frisar que além da ausência de estudo epistemológico acerca da tal espécie recursal e de sua contribuição ou não para o processo na construção do Estado Democrático de Direito, também não houve nenhum estudo empírico acerca da utilidade ou não do referido recurso e muito menos se o mesmo é fator determinante para a alegada *morosidade do judiciário* ou ainda que tal recurso impedisse ou inviabilizasse a garantia da duração razoável do processo.

5. REFERÊNCIAS

ALEXY, Robert. *Teoria dos Direitos Fundamentais*. 5. ed alemã. Tradução de Virgílio Afonso da Silva. 2.ed. São Paulo: Malheiros, 2011.

ALVIM, José Eduardo Carreira. *Elementos da Teoria Geral do Processo*.7.ed, Rio de Janeiro: Forense, 2003.

ANDOLINA, Ítalo; VIGNERA, Giuseppe. *I Fondamenti Costituzionali della Giustizia Civile – Il Modello Costituzionale del Processo Civile Italiano*. Seconda edizione ampliata ed aggiornata. Torino: G. Gianppichelli Editore, 1997

ANDOLINA, Italo. *O papel do processo na atuação do ordenamento constitucional e transnacional*. Revista de Processo v. 87, p. 63-69. São Paulo, jul./set. 1997.

ARAÚJO, Marcelo Cunha de. *O novo processo constitucional*. Belo Horizonte: Mandamentos, 2003.

ARAÚJO DE CARVALHO, Carlos Eduardo. *Legitimidade dos provimentos*. Curitiba: Juruá, 2009.

ARENHART, Sérgio Cruz; MARINONI, Luiz Guilherme. *Curso de Processo Civil. Processo de Conhecimento*. 6 ed., vol. II. São Paulo: Revista dos Tribunais, 2006

BARACHO, José Alfredo. *Teoria Geral do Processo Constitucional*. Revista da Faculdade Mineira de Direito. v.1, n 1. Belo Horizonte: PUC Minas, Jan./ Jun.1998.

_____. *Teoria geral do processo constitucional*. Revista da Faculdade Mineira de Direito v. 2, ns. 3 e 4, p. 89-154. Belo Horizonte, 1º e 2º sem.1999.

_____. *O futuro da justiça. Alguns mitos*. São Paulo: Revista de Processo, vol. 102, 2001.

_____. *Teoria geral do processo constitucional*. Revista de Direito Constitucional e Internacional, São Paulo, v.16, n.62, p.135-200, jan. 2008.

_____. *Direito Processual Constitucional: aspectos contemporâneos*. 1ª reimpressão, Belo Horizonte: Fórum, 2008.

_____. *Direito Processual Constitucional: aspectos contemporâneos*. Belo Horizonte: Fórum, 2010.

BARBOSA MOREIRA, José Carlos. *O futuro da justiça: alguns mitos*. Revista de Processo, v. 102, p. 228-237, abr.-jun. 2001.

_____. *Doutrina estrangeira: Breve notícia sobre a reforma do Processo Civil Alemão*. Revista de Processo. São Paulo, ano 28, n.111, p.103-112, julho./setembro. 2003.

_____. *Novas vicissitudes dos embargos infringentes*. Revista de Processo. São Paulo, v. 28, nº 109, p. 113-123, jul-ago, 2004.

_____. *Comentários do Código de Processo Civil*, vol. V – artigos 476 a 565. Rio de Janeiro: Forense, 2010.

BRÊTAS, Ronaldo de Carvalho Dias. *Processo Constitucional e Estado Democrático de Direito*. 2 ed. Belo Horizonte: Del Rey, 2012.

_____. *Responsabilidade do Estado pela função jurisdicional*. Belo Horizonte: Del Rey, 2004

CANOTILHO, Joaquim José Gomes. *Direito Constitucional e Teoria da Constituição*. 7ª edição. 4ª reimpressão. Lisboa: Almedina, 2008.

CATTONI DE OLIVEIRA, Marcelo Andrade; MACHADO, Felipe Daniel Amorim (Orgs.) *Constituição e Processo: a contribuição do Processo ao Constitucionalismo Democrático Brasileiro*. Belo Horizonte: Del Rey, 2008.

COSTA, Mário Júlio de Almeida. *História do Direito Português*. 3 ed. Coimbra: Almedina, 1996.

CRETELLA JÚNIOR, José. *Direito Romano moderno*. 9ª edição. Rio de Janeiro: Forense, 2000.

DANTAS, Marcelo Navarro Ribeiro. *A problemática dos embargos infringentes no projeto do Novo Código de Processo Civil*. In: Alexandre Freire (orgs). Novas Tendências do Processo Civil. Estudos sobre o Projeto do Novo Código de Processo Civil. Salvador: JusPodivm, 2013.

FAZZALARI, Elio. *Instituzioni di diritto processuale*. 5.ed. Padova: Cedam, 1989.

GONÇALVES, Aroldo Plínio. *Técnica Processual e Teoria do Processo*. Rio de Janeiro: Aide, 1992.

HABERMAS, Jürgen. Direito e Democracia: entre faticidade e validade. Tradução de Flávio Beno Siebeneicheler. Rio de Janeiro: Tempo Brasileiro, 1997, v.1 e 2.

THEODORO JUNIOR, Humberto; NUNES, Dierle; BAHIA, Alexandre Melo Franco; PEDRON, Flávio Quinaud. *Novo CPC. Fundamentos e sistematização*. Rio de Janeiro: Forense, 2015

LASPRO, Oreste Nestor de Souza. *O duplo grau de jurisdição no direito processual civil*. São Paulo: Revista dos Tribunais, 1995.

LEAL, Rosemiro Pereira. *Teoria Geral do Processo*. 9ª edição. Rio de Janeiro: Forense, 2009.

LIMA, Alcides Mendonça. *Introdução aos recursos cíveis*. São Paulo: Revista dos Tribunais, 1976.

MADEIRA, Dhenis Cruz. *Processo de Conhecimento & Cognição*: Uma inserção no Estado Democrático de Direito. Curitiba: Juruá, 2008.

NERY JÚNIOR, Nelson. **Princípios do Processo na Constituição Federal**. 9ª edição. São Paulo: Editora Revista dos Tribunais, 2009.

_____. **Teoria Geral dos Recursos**. 6.ed. São Paulo: Revista dos Tribunais, 2004

NUNES, Dierle José Coelho. *Direito Constitucional ao Recurso: Da teoria geral dos recursos, das reformas processuais e da comparticipação nas decisões*. Rio de Janeiro: Lumen Juris, 2006.

_____. **O princípio do contraditório: uma garantia de influência e de não surpresa**. In: TAVARES, Fernando Horta (Coord.). Constituição, Direito e Processo. Curitiba: Juruá, 2008

_____. *Processo jurisdicional democrático. Uma análise crítica das reformas processuais*. Curitiba: Juruá, 2008.

_____; Franco Bahia, Alexandre Gustavo Melo. *Eficiência processual: Algumas questões*. In WAMBIER, Teresa Arruda Alvim (Coord.). Revista de Processo. Ano 34. N.169.mar/2009.

_____; _____; TAVARES, Fernando Horta. **Breves considerações sobre a politização do judiciário e sobre o panorama de aplicação no direito brasileiro**. São Paulo: Revista de Processo – Repro, vol. 189, nov.2010

_____; _____; CÂMARA, Bernardo Ribeiro; SOARES, Carlos Henrique. *Curso de Direito Processual Civil. Fundamentação e aplicação*. Belo Horizonte: Fórum, 2011.

PACHECO, José da Silva. *Evolução do Processo Civil Brasileiro*. 2 ed. Rio de Janeiro: Renovar, 1999.

PAULA, Jônatas Luiz Moreira de. *História do Direito Processual Brasileiro*. 1 ed. São Paulo: Manole, 2002.

SILVA, Virgílio Afonso da. *A Constitucionalização do Direito*. 1 ed. 2ª tiragem. São Paulo: Malheiros, 2008.

STRECK, Lenio Luiz. *Os meios e acesso do cidadão à jurisdição constitucional, a argüição de descumprimento de preceito fundamental e a crise de efetividade da Constituição Brasileira*. In: SAMPAIO, José Adércio Leite e CRUZ, Álvaro Ricardo de Souza (Coords.). Hermenêutica e Jurisdição Constitucional. Belo Horizonte: Del Rey, 2001.

TARUFFO, Michele. *Orality and writing as factors of efficiency in civil litigation*. CARPI, Federico; ORTELLS, Manuel. Oralidad y escritura en un processo civil eficiente. Valencia: Universidad di Valencia, 2008.

TAVARES, Fernando Horta. *Tempo e Processo. In:* GALUPPO, Marcelo Campos(org.). O Brasil que queremos: Reflexões sobre o Estado Democrático de Direito. Belo Horizonte: Editora Puc Minas, 2006.

_____ THEODORO JÚNIOR, Humberto. *As novas reformas do Código de Processo Civil*. 1 ed. Rio de Janeiro: Forense, 2006.

WAMBIER, Teresa Arruda Alvim. *O novo recurso de agravo, na perspectiva do amplo acesso à justiça, garantido pela Constituição Federal*. São Paulo: Revista Magister de Direito Civil e Processual Civil, 2008, Jan-fev

CAPÍTULO 3
Técnica de Julgamento: Criação do Novo CPC (Substitutivo dos Embargos Infringentes)

Francisco Barros Dias[1]

SUMÁRIO • 1. INTRODUÇÃO; 2. OS EMBARGOS INFRINGENTES EM SEU FORMATO ATUAL NO CÓDIGO DE PROCESSO CIVIL VIGENTE; 3. "TÉCNICA DE JULGAMENTO" NO NOVO CÓDIGO DE PROCESSO CIVIL EM SUBSTITUIÇÃO AOS EMBARGOS INFRINGENTES; 4. ANÁLISE CRÍTICA DO NOVEL INSTITUTO DA "TECNICA DE JULGAMENTO" PREVISTO NO NOVO CPC.; 5. CONCLUSÕES; 6. BIBLIOGRAFIA.

1. INTRODUÇÃO

Discutiu-se bastante durante o processo legislativo que culminou com a edição do novo Código de Processo Civil, a respeito da possibilidade de extinção de alguns recursos dentro da grande variedade existente no atual sistema processual.

Depois de muitos debates resolveu-se acabar com o recurso de embargos infringentes e com isso ficou sendo quase a única alternativa de retirada de recursos do atual sistema processual. Eu digo quase, porque afora os embargos infringentes o outro recurso afastado na sua forma originária é o agravo retido.

Ocorre que, arraigada que está a nossa cultura em não querer perder institutos jurídicos que diminuam a possibilidade de meios de defesa no processo e de impugnação de decisão judicial, substituiu-se o tradicional recurso de embargos infringentes por um instituto novo que o próprio legislador denominou de "técnica de julgamento".

Para tanto, demonstraremos através dos capítulos que seguem alguns aspectos relativos ao novo insituto. No capítulo II falaremos dos Embargos Infringentes em seu formato atual no Código de Processo Civil vigente. Em seguida no capítulo III discorreremos sobre a "Técnica de julgamento" no novo Código de Processo Civil em substituição aos embargos infringentes. Enquanto isso utilizaremos o capítulo IV para fazermos uma Análise crítica do novel instituto da "Técnica de

---

[1] Professor e Magistrado

Julgamento" prevista no novo CPC. Por fim, apresentaremos no capítulo V algumas conclusões sobre o que foi discorrido.

Procuraremos explicar o novel instituto introduzido em nosso sistema processual e com isso poderemos avaliar se houve ou não alguma melhora nesse caminho escolhido pelo legislador.

2. OS EMBARGOS INFRINGENTES EM SEU FORMATO ATUAL NO CÓDIGO DE PROCESSO CIVIL VIGENTE

Antes de tratarmos diretamente do tema relativo a "técnica de julgamento", vamos fazer uma breve análise dos embargos infringentes que estão sendo substituídos por esse novo instituto, a fim de que possamos melhor compreendê-lo.

Tradicionalmente o nosso sistema jurídico admitiu os embargos infringentes como uma forma de procurar estender a discussão do processo nos tribunais, fazendo incidir essa espécie recursal quando o julgamento fosse por maioria no menor órgão fracionado para outro órgão de composição de maior número ou para o pleno.

Essa espécie recursal sempre foi alvo de muitas críticas por se caracterizar como instrumento de demora do processo nos tribunais de segundo grau e por isso apregoou-se constantemente a sua retirada do sistema processual brasileiro.

Esses embargos previstos originariamente no código em vigor como suscetível de sua utilização todas as vezes que não fosse unânime o julgado proferido em apelação e ação rescisória, conforme se inferia do teor do art. 530 da lei instrumental civil em vigor até dezembro de 2001, quando o instituto recebeu nova roupagem.

Em 2001, através da Lei 10.352, de 26 de dezembro essa espécie recursal sofreu razoável modificação quando passou a existir somente nos casos em que a apelação fosse julgada não unânime e assim mesmo quando houvesse reforma da sentença de mérito. Com isso não há, atualmente, possibilidade de embargos infringentes quando o julgado da apelação for por maioria quando confirma a sentença.

Essa alteração tinha razão de ser pelo fato de que os julgados em turma ou câmara deveriam ser por três membros, conforme restou expresso no sistema processual como se extrai da leitura do artigo 555 do vigente código de processo civil. Com isso quando o julgado na turma ou câmara se dava por maioria ou unânime confirmando a sentença, juntando-se a posição do juiz de primeiro grau, estar-se-ia com quatro votos em um mesmo sentido ou três votos a um. Nessa última hipótese, inclusive quando houvesse reforma da sentença por unanimidade do julgamento da apelação. Em todos os casos com uma vantagem razoável sobre o posicionamento firmado pela maioria quanto à análise da matéria. Por isso deixou-se de utilizar os embargos infringentes nessas hipóteses.

A forma que surgiu em 2001 autoriza a se afirmar que quando o julgamento se der por maioria reformando a sentença, estar-se-á com o julgado empatado, pois a posição firmada pelo juízo de primeiro grau recebeu um voto favorável à tese e os dois outros foram contrários. Portanto, nessa circunstância, haverá necessidade de um desempate, o que enseja a possibilidade de utilização dos embargos infringentes, os quais serão interpostos para análise de outro colegiado interno do tribunal de maior composição.

Parece-nos que o sistema ainda vigente atende a lógica das coisas e evita a proliferação do recurso como ocorreu num primeiro momento da existência do código entre 1974 e 2001.

Assim, na forma do que prescreve o art. 530, do atual CPC, são cabíveis embargos infringentes quando o acórdão no julgamento da apelação não for unânime e tenha reformado a sentença de mérito. Então, no que diz respeito à apelação são exigidos os seguintes requisitos: o julgamento seja em segundo grau; o meio de impugnação da sentença seja o recurso de apelação; a decisão tomada tenha sido por maioria; tenha havido análise do mérito da relação jurídica material; o resultado seja reformando a sentença.

No mesmo artigo está incluída a hipótese de embargos infringentes no julgamento da ação rescisória quando esta tenha sido acolhida. Não é possível, portanto, na hipótese de não procedência do pedido da rescisória. Interessante neste caso da ação rescisória é que nos tribunais menores a competência originária dessa espécie de ação é sempre do pleno, o que obriga a um segundo julgamento desta ação pelo mesmo órgão, bastando que tenha havido um voto de divergência.

Não há, portanto, previsão legal no atual sistema para interposição de embargos infringentes em agravo de instrumento. O que existe é a criação jurisprudencial.

O que leva a se trabalhar com o argumento de que esse recurso se caracteriza como protelatório é o fato de haver uma fase procedimental com razoável burocracia, como se pode constatar nos artigos. 531, 532 e 533 do CPC, ao disciplinarem a matéria afirmando que uma vez interpostos os embargos será aberta vista ao recorrido para contrarrazões. Após essa providência o relator analisará a admissibilidade. Não sendo admissível caberá agravo interno para o órgão colegiado que decidirá os embargos. Uma vez admitidos serão processados na forma regimental que também implica em continuidade a determinados procedimentos, dependendo da composição de cada tribunal e as peculiaridades regimentais.

Todas essas providências procedimentais apontam para um alongamento do tempo do processo no tribunal, apenas para que ocorra, em tese, o desempate do julgado.

O novo código abandonou esse caminho, e criou no art. 942 o novel instituto da "técnica de julgamento", tema que será abordado a seguir.

3. "TÉCNICA DE JULGAMENTO" NO NOVO CÓDIGO DE PROCESSO CIVIL EM SUBSTITUIÇÃO AOS EMBARGOS INFRINGENTES

Com a extinção do recurso de embargos infringentes procurou-se substituir essa espécie recursal por um modelo denominado de "técnica de julgamento".

A exposição de motivos proclama a extirpação dos embargos infringentes do sistema como sendo "uma das grandes alterações havidas no sistema recursal", sustentando ainda que "há muito, doutrina da melhor qualidade vem propugnando pela necessidade de que sejam extintos".

Com a empolgação dessa alteração procura-se justificar a criação do novel instituto calcado na ideia de dar maior celeridade ao processo, evitar procrastinação recursal e com isso atender a esse reclamo da doutrina e da sociedade.

Para que não se tivesse em segundo grau uma análise da apelação com pequeno número de julgadores, criou-se a técnica de julgamento como forma de emprestar o máximo de segurança jurídica, certeza e confiabilidade ao que restar decidido. O problema é saber se vamos atender a esses postulados diante de determinadas situações, como por exemplo nos tribunais que funcionam com turmas ou câmaras compostas de apenas três membros, circunstância que é muito frequente em várias cortes do país. Mais adiante analisaremos essa peculiaridade.

O novo código de processo civil em seu art. 942, *caput*, contém o seguinte enunciado: "Art. 942. Quando o resultado da apelação for não unânime, o julgamento terá prosseguimento em sessão a ser designada com a presença de outros julgadores, que serão convocados nos termos previamente definidos no regimento interno, em número suficiente para garantir a possibilidade de inversão do resultado inicial, assegurado às partes e a eventuais terceiros o direito de sustentar oralmente suas razões perante os novos julgadores".

O dispositivo procura com toda evidencia substituir o recurso de embargos infringentes por esse novo modelo. Para que o novo formato seja utilizado, precisam ocorrer as seguintes situações:

a) o julgamento seja em recurso de apelação e não haja unanimidade. Não interessa se confirmando ou reformando a sentença. Qualquer que seja a posição assumida pela turma ou câmara, acolhendo ou rejeitando o recurso, reformando ou confirmando a sentença. Assim, temos a ampliação da possibilidade de utilização da técnica de julgamento quando se trata do recurso de apelação;

b) ocorrendo essa hipótese – apelação não unânime – o julgamento terá prosseguimento em sessão a ser designada com a presença de outros julgadores;

c) os novos julgadores serão convocados nos termos previamente definidos no regimento interno em número suficiente para garantir a possibilidade de inversão do resultado inicial;

d) nesse novo julgamento será assegurado às partes e a eventuais terceiros o direito de sustentar oralmente suas razões perante os novos julgadores;

e) conforme prevê o § 1º do mesmo artigo "sendo possível, o prosseguimento do julgamento dar-se-á na mesma sessão, colhendo-se os votos de outros julgadores que porventura componham o órgão colegiado".

O novel instituto levará, em um primeiro momento, a se proceder a alterações nos regimentos internos dos tribunais, com o fim de criar possibilidade de se dar real efetividade e aplicação da nova regra.

Nos regimentos internos dos tribunais é preciso levar em consideração a composição das turmas ou câmaras. Muitos desses órgãos em diversos colegiados funcionam com apenas três membros, o que implicará, nessa hipótese, na previsão regimental de convocação de nova sessão todas as vezes que o julgado não seja unânime. Isso porque dificilmente vai-se poder convocar novos julgadores que não componha esse órgão fracionado para participar do julgamento na mesma sessão.

Nos tribunais cujas turmas ou câmaras funcionam com quatro ou cinco membros e os julgados se dão em número de três com rodízio dos componentes desses órgãos colegiados fracionados, deverá ocorrer uma adaptação para que se faça o julgamento de forma facilitada com esses membros.

Por isso é que o § 1º do mesmo artigo cuida da hipótese de ocorrer o julgamento na mesma sessão, quando o órgão fracionado em que está se dando o julgado componha esse colegiado. Nessa hipótese é possível que as coisas fiquem facilitadas.

Essas observações são relevantes na medida em que é sabido que o julgamento em turma ou câmara ocorre por três membros como previsto hoje no art. 555 do código de processo civil e no § 2º do art. 941, do novel instrumento processual, quando se trata de apelação ou agravo de instrumento.

O § 2º trás um enunciado cuja regra é bem antiga em nossos Tribunais. A possibilidade de qualquer julgador alterar o seu voto enquanto não encerrada a votação. Diz o dispositivo: "Os julgadores que já tiverem votado poderão rever seus votos por ocasião do prosseguimento do julgamento". A ênfase que deu o dispositivo talvez tenha sido levada pela concepção de se procurar mudar o ponto de vista depois de detida reflexão e atendendo o que melhor possa representar como justo e seguro no resultado da decisão. Não temos aqui nenhuma novidade e essa prática sempre foi utilizada desde antanho.

O § 3º indica o nome do instituto jurídico criado e prevê outras possibilidades onde ele deve ser utilizado. Afirma o dispositivo: "A técnica de julgamento prevista neste artigo aplica-se, igualmente, ao julgamento não unânime proferido em: I – ação rescisória, quando o resultado for a rescisão da sentença, devendo, nesse caso, seu prosseguimento ocorrer em órgão de maior composição previsto no regimento interno; II – agravo de instrumento, quando houver reforma da decisão que julgar parcialmente o mérito".

A ação rescisória prevista como uma das hipóteses do § 3º está calcada na lógica dos embargos infringentes nos dias atuais, na forma que se encontra no código vigente. É que só será cabível na ação rescisória quando o julgamento desta ação for rescindindo a sentença. Não se dará a possibilidade ventilada de técnica de julgamento quando a decisão for pela não rescisão da sentença, obviamente.

Aspecto interessante é que o inciso I desse parágrafo determina que o prosseguimento do julgamento venha a ocorrer em órgão colegiado do tribunal de maior composição previsto no regimento interno. Essa exigência provoca alguns questionamentos. Há muitos tribunais que a rescisória já é julgada pelo pleno do Tribunal ou pela corte especial, órgãos máximo interno e de maior composição. Nessa hipótese não haverá necessidade de ser repetido o julgamento ou aplicada a técnica de julgamento aqui analisada. É que o § 4º do mesmo artigo, em seu inciso III, prevê a proibição de utilização desse remédio jurídico quando for o julgamento "não unânime proferido, nos tribunais, pelo plenário ou pela corte especial". Essa vedação veio evitar uma possível divergência no dispositivo e acima de tudo dar sentido à repetição do julgamento nessa circunstância, a qual só irá ocorrer nos casos em que a competência do julgamento da rescisória seja por órgão fracionado inferior ao pleno, à corte especial ou outro órgão que mesmo fracionado, seja maior que o órgão que a julgou.

Quando se afirmou inicialmente que o novo instituto procurou substituir os embargos infringentes é porque as hipóteses de cabimento são as mesmas dessa espécie recursal hoje, com poucas diferenças das situações ou peculiaridades das hipóteses em que são cabíveis.

A utilização da técnica de julgamento pode se dar na apelação quando a decisão for por maioria, seja reformando ou confirmando a sentença, seja analisando ou não o mérito.

Nos casos de julgamento sem análise do mérito da demanda ao se decidir a apelação haverá uma cobrança pelo excesso de possibilidade do uso da técnica também nessas hipóteses. Alargou-se aí a possibilidade sem maiores justificativas para essa situação, o que ocasionará maior dilatação do tempo do processo no tribunal, demorando assim a definição do julgamento por tribunais superiores para definir questões que provavelmente se circunscrevem a aspectos meramente processuais.

Na hipótese de apelação duas grandes alterações restaram bem reveladas, quais sejam: o acórdão ser por maioria confirmando ou reformando sentença, o que nos embargos infringentes só é possível se for reformando a sentença. A decisão pode ter decidido o mérito da causa ou não, diferentemente dos embargos infringentes onde só é cabível quando o julgado for sobre o mérito da causa.

A técnica de julgamento deve ser utilizada também nos casos de julgamentos de ações rescisórias quando houver rescisão da sentença ou do acórdão. Na rescisória o instituto deve ser utilizado da mesma forma que já se utiliza na rescisória atualmente, ou seja, quando há rescisão do julgado.

A diferença do uso da técnica de julgamento na ação rescisória reside no fato de que não deve ser utilizada esta técnica quando o julgado se der pelo pleno ou pela corte especial, mesmo por maioria. Nesse peculiar aspecto andou bem o legislador porque se evita repetir um julgado pelo mesmo órgão, o que sempre ocorre nos julgados das ações rescisórias na forma do código ainda vigente.

A terceira possibilidade de utilização da técnica de julgamento é no caso de "agravo de instrumento, quando houver reforma da decisão que julgar parcialmente o mérito".

Temos a previsão expressa na lei da possibilidade de aplicação do instituto nos casos de agravo de instrumento. Nos embargos infringentes essa possibilidade, como vemos, não se encontra posta na lei, mas está sendo possível em razão de sua consolidação na jurisprudência do Superior Tribunal de Justiça, nos casos autorizados por essa mesma jurisprudência.

Dois aspectos merecem ser observados no caso de agravo de instrumento. Um é que só deverá ser utilizada a técnica de julgamento quando houver reforma da decisão. Segundo, é que o julgamento seja parcialmente do mérito. No primeiro caso a norma se explica por si mesma. No segundo, é importante se entender a expressão "julgar parcialmente o mérito". Aqui estamos diante do agravo de instrumento previsto no § 5º, do art. 356, cujas matérias são aquelas elencadas no *caput* desse artigo em combinação com o seu § 4º, que disciplinam as hipóteses de cabimento de agravo de instrumento quando há decisão parcial do mérito da demanda. Decisão parcial aí, entendido o julgamento fracionado do processo.

Como nesse caso o recurso cabível é de agravo de instrumento fazendo às vezes de apelação, é, portanto perfeitamente coerente a hipótese de utilização da técnica de julgamento nessa situação.

Não será, portanto, possível a utilização da técnica de julgamento nas hipóteses de agravo de instrumento do art. 1015 e nem em outras especificamente nominadas? Muitas discussões irão surgir a esse respeito. Pelo menos nas hipóteses em que o agravo de instrumento esteja sendo utilizado como substitutivo do recurso de apelação acreditamos que a lógica indica que seu conteúdo cuida sempre do mérito da demanda. Essas hipóteses deverão surgir na análise casuística das demandas, pois o exercício da atividade jurisdicional é que fazem nascer circunstâncias que fogem a previsões que só o futuro irá apontar.

É seguro se afirmar, por enquanto, que a previsão do disposto no art. 942, § 3º, inciso II, do novo CPC se refere ao que aqui foi afirmado a respeito do art. 356 do Código.

O § 4º do mesmo artigo prevê as hipótese de vedação do instituto da técnica de julgamento nos casos que indica. Diz o enunciado: "Não se aplica o disposto neste artigo ao julgamento: I – do incidente de assunção de competência e ao de resolução de demandas repetitivas; II – da remessa necessária; III – não unânime proferido, nos tribunais, pelo plenário ou pela corte especial".

As vedações são exemplificativas, mas indicam que a utilização da técnica é restritiva e deve-se cingir aos casos em que estão expressamente autorizadas pelo legislador.

Estão assim delineadas as hipóteses de utilização da técnica de julgamento em substituição ao recurso de embargos infringentes.

A maior diferença diz respeito ao procedimento. Enquanto nos embargos infringentes constatamos uma maior dilargação procedimental e alguns incidentes processuais, no instituto da técnica de julgamento procurou-se simplificar o seu procedimento com o simples seguimento do julgado na mesma ou em outra sessão. Resta colher os frutos da boa intenção legislativa.

4. ANÁLISE CRÍTICA DO NOVEL INSTITUTO DA "TECNICA DE JULGAMENTO" PREVISTO NO NOVO CPC.

É sabido que a substituição do novel instituto pelos atuais embargos infringentes tem o propósito de acelerar o julgamento das situações em que é cabível a técnica de julgamento nos casos indicados. Quanto à eficiência do instituto só o tempo e o seu uso dirão se realmente houve uma melhora na celeridade processual. Sem dados estatísticos para respondermos com precisão e objetividade ao acerto da norma neste momento histórico, a mesma comporta, ao menos alguns questionamentos.

Um primeiro questionamento que se faz é o de que no julgamento da apelação, qualquer que seja o resultado por maioria a técnica de julgamento criada deverá ser utilizada. Essa ampliação de possibilidade de utilização do instituto no recurso de apelação aparenta num primeiro momento ser um retrocesso, pois quando o julgamento na turma ou câmara for por maioria confirmando a sentença não tem muito sentido se refazer um julgamento no mesmo tribunal por outro órgão dessa corte de justiça, como é o caso da situação do código ainda em vigor. Acreditamos que com essa nova técnica criada a situação seria a mesma, pois já se teria uma maioria formada no julgamento uma vez que os votos da maioria com o julgado de primeiro grau somam três pontos de vistas convergentes contra apenas um que restou vencido.

A possibilidade de embargos infringentes hoje no código só é possível quando a maioria formada for pela reforma da sentença, tendo em vista o fato de que dois votos divergiram da sentença e um se encontra acorde com o julgado, o que leva a se entender que temos um empate de ponto de vista a respeito do julgamento do processo. Isso leva a se emprestar relevante valoração ao juízo de primeiro grau e esse foi um dos pontos levado em consideração quando da criação do formato dos embargos infringentes previsto no código em vigor no ano de 2001.

O novo instituto fez desaparecer o prestígio que se emprestou ao julgamento de primeiro grau. Isso levando-se em consideração um momento em que tanto se fala em prestigiar o juízo de primeiro grau. O que ocorreu foi um degrau a menos de prestígio que não se levou em consideração no estágio histórico atual.

Outro aspecto que deve causar dificuldade é a questão do julgamento prosseguir para "garantir a possibilidade de inversão do resultado inicial". Ora, inversão aqui é no sentido de inverter, o que significa afirmar que se a votação estiver dois a um para confirmar a sentença, ter-se-á de obter uma maioria, mesmo simples de reformar a sentença. E aí vem a questão inexorável. Quantos juízes vão ser necessários para inverter o julgado. No exemplo citado, mais dois juízes votando com a minoria estaria invertido o resultado. Mas, dois juízes votando, cada um em posição diferente, vai continuar o mesmo resultado. Deve-se continuar a convocar mais juízes?

Nessa situação, de propósito colocou-se um exemplo que a maioria estava confirmando a sentença. Neste caso, desprestigiou-se o julgamento de primeiro grau e o resultado prático, na realidade, é de que estava decidida a questão por maioria e com a convocação de pelo menos mais dois juízes e havendo votos divergentes desses dois julgadores continua o mesmo resultado com maioria confirmando a sentença e só por um voto está sendo composta essa maioria.

Outro ponto deve ser suscitado. Caso o dispositivo tenha sido criado com o pensamento voltado para a hipótese da turma ou câmara ser composta de cinco membros, mesmo assim não alcança, em sua plenitude a possibilidade de inversão do resultado, pois muitas das vezes isso não vai ser possível, uma vez que os julgadores poderão, na sequência, continuar nos pontos de vistas diferentes.

Fica ainda a cogitação a respeito de convocação de novos juízes. Para resolver o impasse, parece-nos que a solução terá de ser dada pelo regimento interno ao estabelecer nos tribunais cujas turmas ou câmaras funcionam com cinco membros que o julgamento se dê com esses juízes. Nos tribunais cujos números de membros são apenas de três ou quatro, que se convoque apenas o número de juízes que complemente o número de cinco membros. Mesmo não se alcançando a inversão do julgado, deve ficar o resultado no campo apenas da possibilidade. Já que não foi possível reverter o resultado não se deve estender tanto o julgamento.

Com isso, nesse ponto, fica resolvido o problema da possibilidade como sendo apenas uma possível conquista da inversão do resultado e a igualdade de tratamento da matéria em todos os tribunais do país, pois os julgamentos vão se dar com a mesma quantidade de julgadores. Também, nesse aspecto resta atendido o que diz o § 1º, que prevê exatamente a colheita de votos de "outros julgadores que porventura componham o órgão colegiado". É apenas uma sugestão para um instituto que pode causar grandes dificuldades de aplicação e muita divergência em seu entendimento.

Mais outro ponto que poderia ou poderá levar a uma incongruência é a afirmativa constante do *caput* do artigo ao expressar que o julgamento prosseguirá com a presença de outros julgadores, os quais deverão ser convocados na forma regimental. Enquanto isso o § 1º afirma que o julgamento prosseguirá "colhendo-se os votos de outros julgadores que porventura componham o órgão colegiado".

A compatibilidade dos dispositivos só ocorrerá ao analisá-los como sendo o caso do § 1º o da possibilidade da turma ou câmara ser composta por cinco membros, enquanto a cabeça do artigo se refere aos casos em que esses órgãos fracionados não possuem uma composição de cinco membros. Nessa circunstância, como já afirmado, todas as vezes em que houver a necessidade de prosseguimento do julgamento, terá, consequentemente, de haver convocação do número de juízes que deverá constar do regimento para ter-se ao final a conclusão do julgado.

Por fim, a leitura da cabeça do artigo 942 do novo Código, leva a uma possibilidade de se entender que o regimento interno do tribunal só está autorizado a disciplinar a questão relativa a "convocação de outros julgadores" e com isso deixando muitos outros aspectos que o legislador restou silente e por isso dificultar a utilização do novo instrumento processual.

Assim, entendemos que a interpretação do dispositivo não seja restritiva e sim albergando a possibilidade de resolver todos os impasses, omissões e dificuldades na utilização do novel instituto.

Como estamos diante de instituto novo só a sua aplicação na prática e o tempo irão apontar se o bom propósito do legislador em simplificar os embargos infringentes e garantir a segurança de maior número de julgadores nos casos indicados, irão realmente corresponder a esses desideratos.

5. CONCLUSÕES

1) O Código de Processo Civil vigente, ao adotar os embargos infringentes em todas as situações em que o recurso de apelação fosse julgado por maioria, sem levar em consideração a reforma ou confirmação da sentença, tinha razão em sofrer as críticas da doutrina e da comunidade jurídica de ser um instituto que levava a um razoável atraso no julgamentos dos processos nos tribunais, o qual perdurou até 2001.

2) O vigente Código de Processo Civil preserva os embargos infringentes em um novo formato, a partir de 2001, que muito bem atende aos objetivos dessa espécie recursal sem que se possa afirmar que a demora de julgamentos nos tribunais fosse atribuído a esse meio de impugnação.

3) O novo Código de Processo Civil procurou inovar trazendo o instituto da "técnica de julgamento", em substituição aos embargos infringentes, como forma de buscar uma simplificação do procedimento daquele recurso que se tem como procrastinador do processo nos tribunais.

4) Os embargos infringentes ainda são utilizados nas hipóteses de reforma da apelação que analisa o mérito da demanda, por maioria; na ação rescisória quando rescinde o julgado e no agravo de instrumento em situações criadas pela jurisprudência pacífica do STJ.

5) Os embargos infringentes, como espécie recursal, exigem contrarrazões, redistribuição do feito, novo relator, análise de pressupostos de admissibilidade, designação de pauta, revisor e julgamento por outro órgão de maior composição dentro do tribunal.

6) A técnica de julgamento criada pelo novo CPC, possibilita o seguimento do julgamento na mesma sessão ou em outra sessão, quando do julgamento da

apelação resultar decisão por maioria, independentemente de ser de mérito ou reformando a decisão. Cabe ainda na ação rescisória quando houver rescisão do julgado e no agravo de instrumento que julgar parcialmente o mérito.

7) Embora se tenha em vista a simplificação do julgamento nos casos em que é cabível a nova técnica, alguns problemas e dificuldades irão surgir quanto a formação da maioria, a inversão do julgamento, a convocação de novos julgadores nos tribunais que não estiverem suas turmas ou câmaras compostas por cinco membros.

8) Esperamos que os regimentos internos dos tribunais possam superar possíveis dificuldades na efetividade e eficiência do novo instituto, não ficando limitado apenas a prevê a possibilidade de convocação de novos julgadores como dar a entender o que está disposto na lei.

6. BIBLIOGRAFIA

BUENO, Cássio Scarpinella. *Novo Código de Processo Civil anotado.* São Paulo. Saraiva. 2015.

NEVES, Daniel Amorim Assumpção. *Novo CPC – Código de Processo Civil – Lei 13.105/2015. Inovações. Alterações. Supressões – comentadas.* São Paulo. Gen/Método. 2015.

TARTUCE, Flávio. *O novo CPC e o Direito Civil. Impactos, diálogos e interações.* São Paulo. Gen/Método. 2015.

WANBIER, Teresa Arruda Alvim; CONCEIÇÃO, Maria Lúcia Lins; RIBEIRO, Leonardo Ferres da Silva E MELLO, Rogério Licastro Torres de. *Primeiros Comentários ao novo CÓDIGO DE PROCESSO CIVIL – artigo por artigo.* São Paulo. Reuters/RT. 2015.

CAPÍTULO 4
A Função Institucional das Cortes Superiores[1]

Thiago Rodovalho[2]

SUMÁRIO • 1. INTRODUÇÃO; 2. A FUNÇÃO SOCIAL DO DIREITO E A SEGURANÇA JURÍDICA; 3. A FUNÇÃO JURISDICIONAL E INSTITUCIONAL DAS CORTES CONSTITUCIONAL E FEDERAL – STF E STJ; 4. CONCLUSÃO.

1. INTRODUÇÃO

A *reforma do Poder Judiciário* promovida pela Emenda Constitucional nº 45 traduziu-se efetivamente numa importante medida para o aprimoramento da justiça brasileira.

Se não teve – e nem o poderia ter – o condão de resolver todos os problemas que assolam a *crise da justiça*, há que se reconhecer que trouxe consigo inúmeros méritos.

Como é forçoso reconhecer, não poderia resolver *por completo* as mazelas da *crise da justiça*, pois essa resolução passa, necessariamente, por diversos campos e medidas que escapam ao âmbito de uma emenda constitucional, tais

---

1. Sobre o tema, já pontuamos anteriormente em Thiago RODOVALHO. *O STJ e a arguição de relevância*, in Isabel Gallotti, Bruno Dantas, Alexandre Freire, Fernando da Fonseca Gajardoni e José Miguel Garcia Medina. (Orgs.). *O papel da jurisprudência no STJ*, São Paulo: Revista dos Tribunais, 2014, pp. 835/853; Thiago RODOVALHO. *Repercussão Geral e o Writ of Certiorari – Uma Proposta de Lege Ferenda*, in Luiz Fux, Alexandre Freire e Bruno Dantas (Orgs.). *Repercussão Geral da Questão Constitucional*, Rio de Janeiro: Forense, 2014, p. 633/651; e Thiago RODOVALHO. *Do respeito às decisões do STF e a súmula vinculante*, in Vladmir Oliveira da Silveira (coord.). *Revista de Direito Brasileira – RDBras*, São Paulo: Revista dos Tribunais/Conpedi, ano 2, v. 2, jan./jun. de 2012, nº 4, pp. 237/242.
2. Doutor e Mestre em Direito Civil pela PUC/SP, com Pós-Doutorado no Max-Planck-Institut für ausländisches und internationales Privatrecht. Membro da Lista de Árbitros da Câmara de Arbitragem e Mediação da Federação das Indústrias do Estado do Paraná – CAM-FIEP, do Conselho Arbitral do Estado de São Paulo – CAESP, da Câmara de Mediação e Arbitragem das Eurocâmaras – CAE, da Câmara Brasileira de Mediação e Arbitragem Empresarial – CBMAE, do Centro Brasileiro de Mediação e Arbitragem – CEBRAMAR, e da ARBITRANET. Membro do Instituto dos Advogados de São Paulo – IASP, do Instituto de Direito Privado – IDP, do Instituto Brasileiro de Direito Processual Civil – IBDP, e do Centro de Estudos Avançados de Processo – CEAPRO. Professor-Assistente de Arbitragem e Mediação na graduação da PUC/SP. Coordenador e Professor de Arbitragem na Escola Superior de Advocacia da OAB/SP. Autor de diversas publicações no Brasil e no exterior (livros e artigos). Curriculum Lattes: http://lattes.cnpq.br/5142974418646979.

como mudança da *cultura de litígio*[3] que impera no Brasil, *melhor administração da justiça*. O novo Código de Processo Civil também se insere nesse contexto.

No tocante à (necessária) mudança da *cultura de litígio* e à *melhor administração da justiça*, a EC/45 contribuiu sobremaneira para seu aprimoramento, com a criação do CONSELHO NACIONAL DE JUSTIÇA – CNJ.

Especialmente após a Resolução CNJ nº 125/2010,[4-5] que trata da *Política Judiciária Nacional de tratamento adequado dos conflitos de interesses no âmbito do Poder Judiciário*, e que justamente procurou desenvolver no país o que se cunhou de *sistema multiportas* ou *tribunal multiportas* [com inspiração no sistema americano (*Multi-door Courthouse System*)],[6] estimulou-se o uso de *meios extrajudiciais de solução dos conflitos*, tais como negociação, conciliação e mediação.

Contudo, a sociedade brasileira ainda continua sendo permeada pela *cultura do litígio*, e essa mudança cultural demanda tempo e envolvimento de diversos setores da sociedade, para conscientização a respeito de outras formas de resolução dos conflitos.

Demais disso, o CNJ vem cumprindo importante papel no aprimoramento da administração da justiça no país, especialmente com o mapeamento da situação e estabelecimento de metas, ainda que haja muito por fazer.

O terceiro aspecto da *crise da justiça* se traduz justamente no Novo Código de Processo Civil e na sua bem-vinda tentativa de melhor *racionalização da prestação jurisdicional*, especialmente quanto ao *sistema recursal*.

A EC/45 teve, ainda, o mérito de consagrar o *direito constitucional à razoável duração do processo*.

Mas, como dito, se a EC/45 não teve o condão (e nem poderia) de resolver por completo os problemas da *crise da justiça*, teve, de outro lado, o incomensurável relevo de resgatar a função *constitucional* e *institucional* do SUPREMO TRIBUNAL

---

3. Sobre o tema, v, entre outros, Kazuo WATANABE. *Cultura da sentença e cultura da pacificação*, in Flavio Luiz Yarshell e Maurício Zanoide de Moraes. *Estudos em homenagem à Professora Ada Pellegrini Grinover*, São Paulo: DPJ Editora, 2005, pp. 684/690; e Kazuo WATANABE. *Modalidade de mediação*, in CJF. *Mediação: um projeto inovador* (Série Cadernos do CEJ), v. 22, Brasília: CJF, 2003, pp. 42/50.
4. Recentemente, alterada por meio da Emenda nº 1, de 31de janeiro de 2013.
5. A respeito da Resolução CNJ nº 125/2010, cfr. Francisco José CAHALI. *Curso de arbitragem*, 2.ª ed., São Paulo: Revista dos Tribunais, 2012, Cap. 2, pp. 37/53.
6. A consagrada expressão *multi-door courthouse* foi originalmente usada pelo Prof. Frank Sander (Harvard) em 1976, em conferência que posteriormente veio a ser publicada em 1979: Frank SANDER. *Varieties of dispute processing*, Minnesota: West Publishing, 1979, pp. 65/87. A esse respeito, v., também, Herbert M. KRITZER. *To regulate or not to regulate, or (better still) when to regulate*, in Dispute resolution magazine, ABA, v. 19, nº 3, Spring 2013, pp. 12/13; e Nancy ANDRIGHI e **Gláucia Falsarella** FOLEY. *Sistema multiportas: o Judiciário e o consenso*, in Folha de São Paulo, Tendências e Debates, 24.6.2008.

FEDERAL, ainda que tenha faltado similar (e necessária) atuação em relação ao SUPERIOR TRIBUNAL DE JUSTIÇA.[7]

Isto porque, a EC/45, com a instituição da *súmula vinculante*, prestigiou a «*autoridade*» do SUPREMO TRIBUNAL FEDERAL,[8] e, com a instituição da *repercussão geral*, prestigiou a «*razão de ser*» da Corte, isto é, a de atuar apenas extraordinariamente, quando tratar-se de caso cuja relevância se sobreponha ao mero interesse particular das partes, representando, assim, a *culminância* da atividade jurisdicional, expressando a última palavra em matéria *constitucional* (STF) ou *federal* (STJ)[9] e *unificando* o entendimento sobre a matéria,[10] a fim de que haja *integridade* do sistema jurídico nacional, procurando, com isso, deixar de funcionar na *prática* como mais uma instância *ordinária* (= 3ª e 4ª instâncias ordinárias).[11]-[12]

---

7. José Manoel de ARRUDA ALVIM Netto. *A EC nº 45 e o instituto da repercussão geral*, in Teresa Arruda Alvim Wambier et allii. *Reforma do judiciário – primeiras reflexões sobre a emenda constitucional nº 45/2004*, São Paulo: Revista dos Tribunais, 2005, Cap. VII, p. 68: "A crítica à instituição da repercussão geral, para o STF, não procede; mas, o que, em nosso sentir, tem procedência é a não-adoção de igual sistema para o STJ". V. também, Thiago RODOVALHO. *O STJ e a arguição de relevância*, in Isabel Gallotti, Bruno Dantas, Alexandre Freire, Fernando da Fonseca Gajardoni e José Miguel Garcia Medina. (Orgs.). *O papel da jurisprudência no STJ*, São Paulo: Revista dos Tribunais, 2014, pp. 835/853.

8. Sobre o tema, Thiago RODOVALHO. *Do respeito às decisões do STF e a súmula vinculante*, in Vladmir Oliveira da Silveira (coord.). *Revista de Direito Brasileira – RDBras*, São Paulo: Revista dos Tribunais/Conpedi, ano 2, v. 2, jan./jun. de 2012, nº 4, pp. 237/242.

9. José Manoel de ARRUDA ALVIM Netto. *A alta função jurisdicional do Superior Tribunal de Justiça no âmbito do recurso especial e a relevância das questões*, in *STJ 10 anos: Obra comemorativa 1989-1999*, Brasília: Superior Tribunal de Justiça, 1999, p. 37.

10. José Miguel Garcia MEDINA. *Prequestionamento e repercussão geral e outras questões relativas aos recursos especial e extraordinário*, 6.ª ed., São Paulo: Revista dos Tribunais, 2012, nº 1.1.1, p. 24: "É o que sucede com os recursos extraordinário e especial. Decerto, a aplicação do direito, pelo órgão judicante, seria precária se não se buscasse preservar a unidade de sua compreensão, evitando interpretações divergentes do direito positivo. Busca-se, por isso, na medida do possível, obter a unidade de inteligência da norma, em função do entendimento unificador e estabilizador que lhe devem dar os tribunais superiores". V., também, José Miguel Garcia MEDINA. *Sobre a PEC nº 209/2012, que pretende instituir o requisito da "relevância" da questão federal para o recurso especial*, in *Cadernos Jurídicos da OAB Paraná*, nº 35, novembro de 2012, p. 4; e Luiz Guilherme MARINONI e Daniel MITIDIERO. *Repercussão geral no recurso extraordinário*, São Paulo: Revista dos Tribunais, 2007, nº 1.1, p. 15. Sobre o tema, v. ainda, amplamente, José Manoel de ARRUDA ALVIM Netto. *A alta função jurisdicional do Superior Tribunal de Justiça no âmbito do recurso especial e a relevância das questões*, in *STJ 10 anos: Obra comemorativa 1989-1999*, Brasília: Superior Tribunal de Justiça, 1999, passim; e OVÍDIO A. BAPTISTA da Silva. *A função dos tribunais superiores*, in *STJ 10 anos: Obra comemorativa 1989-1999*, Brasília: Superior Tribunal de Justiça, 1999, passim.

11. Tratamos do tema em Thiago RODOVALHO. *O STJ e a arguição de relevância*, in Isabel Gallotti, Bruno Dantas, Alexandre Freire, Fernando da Fonseca Gajardoni e José Miguel Garcia Medina. (Orgs.). *O papel da jurisprudência no STJ*, São Paulo: Revista dos Tribunais, 2014, pp. 835/853. V., também, Thiago RODOVALHO. *Do respeito às decisões do STF e a súmula vinculante*, in Vladmir Oliveira da Silveira (coord.). *Revista de Direito Brasileira – RDBras*, São Paulo: Revista dos Tribunais/Conpedi, ano 2, v. 2, jan./jun. de 2012, pp. 229/255.

12. Isso fica evidente quando se nota que a absoluta maioria dos processos recebidos pelo Supremo Tribunal Federal são recursos, correspondendo a quase 92% dos casos recebidos de 1988 até 2009, ou 1.120.597 de recursos, especialmente após a CF/88, como noticiam Joaquim FALCÃO et allii. *I Relatório Supremo em Números – O Múltiplo Supremo*, Rio de Janeiro: FGV, 2011, pp. 21/22.

A esse respeito, como bem pontuam Joaquim Falcão et allii:

> "Essa interpretação da Constituição [acesso à justiça e duplo grau de jurisdição] é frequentemente mencionada quando se discute a importância de se manter aberto o acesso ao STF, por parte dos litigantes, pela via recursal. Entretanto, ao analisarmos mais detidamente a distribuição dos tribunais de origem dos processos que chegam ao STF, percebemos que a jurisdição recursal do STF serve basicamente a uma garantia muito além do duplo grau de jurisdição. Na prática, no Brasil, se garante no mínimo o triplo grau de jurisdição, às vezes até mesmo o quádruplo grau de jurisdição".[13]

Nesse contexto, juntas, *súmula vinculante* e *repercussão geral* procuram justamente *afastar* esse cenário, prestigiando a atuação do STF como *instância extraordinária* (excepcional), e ajudam a conferir *estabilidade* e *racionalidade* ao sistema jurídico brasileiro.[14]

Especificamente com relação à *repercussão geral*, passados quase dez anos da EC/45 e decorridos cinco anos de sua vigência efetiva operada pela Emenda nº 21/2007 ao Regimento Interno do Supremo Tribunal Federal, nota-se que esse instituto tem se relevado um importante instrumento a serviço do STF para prestigiar sua *ratio essendi*, tendo sido responsável por *sensível* redução do número de processos no STF, que vem decrescendo anualmente desde 2007.[15]

2. A FUNÇÃO SOCIAL DO DIREITO E A SEGURANÇA JURÍDICA.

Desde logo, é preciso sempre ter em mente que o *Direito* não existe como um *fim em si mesmo*; ao revés, há uma *razão prática* para a existência do Direito (razão de ser para o regramento normativo), qual seja, *possibilitar a convivência humana*.[16]

Nesse sentido, o Direito, como criação humana, tem como sua *ratio essendi* justamente a viabilização da vida em sociedade, permitindo a *coexistência de liberdades* [= integração de liberdades coexistentes].[17]

---

13. Joaquim Falcão et allii. I Relatório Supremo em Números – O Múltiplo Supremo, Rio de Janeiro: FGV, 2011, p. 32.
14. Luiz Guilherme Marinoni e Daniel Mitidiero. Repercussão, cit., nº 1.1, pp. 15/18; e Thiago Rodovalho. Do respeito às decisões do STF e a súmula vinculante, in Vladmir Oliveira da Silveira (coord.). Revista de Direito Brasileira – RDBras, São Paulo: Revista dos Tribunais/Conpedi, ano 2, v. 2, jan./jun. de 2012, pp. 229/255.
15. A esse respeito, cfr. Anuário da Justiça – Brasil, São Paulo: Conjur, 2012, pp. 38/43.
16. Já tivemos oportunidade de nos manifestar sobre o tema. V. Thiago Rodovalho. Abuso de direito e direitos subjetivos, São Paulo: Revista dos Tribunais, 2011, nº 2.1, pp. 54/59.
17. Immanuel Kant. Metafísica dos costumes – princípios metafísicos da doutrina do direito, Parte I, Lisboa: Edições 70, 2004, pp. 36/37; e Judith Martins-Costa. Os avatares do abuso do direito e o rumo indicado pela

E essa *finalidade* do ordenamento jurídico tem de estar sempre presente em nossas mentes. Sendo assim, se não é possível pensar-se em Direito para aquele que vive isoladamente,[18] também não é possível pensar-se em vida em sociedade sem uma normatividade que a viabilize [*ubi societas, ibi ius*].[19]

Ou seja, o *fim* do direito é garantir «*las condiciones de vida de la sociedad*», falando-se, inclusive, em *direito imprescindível à vida social*,[20] permitindo que os seres humanos não só convivam entre si (*vida em comunidade*, que é missão do Estado),[21] mas como também tenham preservados sua dignidade, sua liberdade, seus direitos fundamentais.

E o Direito *realiza* essa sua *função* essencialmente de três formas: (i) normatizando e disciplinando a vida em sociedade; (ii) dirimindo eventuais conflitos que surjam nesse conviver em comunidade; e (iii) conferindo *segurança jurídica* aos cidadãos, para que estes saibam qual é o *agire licere*.

Logo, o Direito não cumpre plenamente sua *função social* e sua *razão de ser* simplesmente normatizando a vida em sociedade e dirimindo os conflitos de interesse.

É preciso, outrossim, que haja certa *racionalidade* e *previsibilidade* na interpretação e aplicação do Direito,[22] ideais, inclusive, que foram *inspiradores* do surgimento do *stare decisis* na Inglaterra.

Tem-se, assim, que a *segurança jurídica* também se traduz em precípua *função do direito* e em sua *finalidade*,[23] o que significa que deve haver uma expectativa

---

boa-fé, in Mario Luiz Delgado e Jones Figueirêdo Alves. *Novo código civil – questões controvertidas. Parte geral do código civil* (Série grandes temas de direito privado), vol. 6, São Paulo: Método, 2007, p. 541.

18. Leon Duguit. *Las transformaciones generales del derecho privado desde el código de Napoleón*, 2.ª ed., Madrid: Francisco Beltran (s/d), p. 34: "El hombre aislado e independiente es una pura ficción; no ha existido jamás. El hombre es un sér social; no puede vivir más que en sociedad; ha vivido siempre en sociedad".
19. V. Alberto Trabucchi. *Istituzioni di diritto civile* (a cura di Giuseppe Trabucchi), 43.ª ed., Milano: CEDAM, 2007, p. 2; e Rudolf von Ihering. *El fin en el derecho*, Buenos Aires: Heliasta, 1978, item 180, p. 213.
20. José Manoel de Arruda Alvim Netto. *O Estado-de-Direito e a função jurisdicional*, in Darcy Arruda Miranda Junior. *Revista do Instituto de Pesquisas e Estudos Jurídico-Econômicos-Sociais*, vol. 1, Bauru: Instituição Toledo de Ensino, jan./jul. 1966, nº 1, p. 199.
21. Rudolf von Ihering. *El fin en el derecho*, cit., p. 34.
22. Thiago Rodovalho. *Do respeito às decisões do STF e a súmula vinculante*, in Vladmir Oliveira da Silveira (coord.). *Revista de Direito Brasileira – RDBras*, São Paulo: Revista dos Tribunais/Conpedi, ano 2, v. 2, jan./jun. de 2012, nº 4, pp. 237/242.
23. Landelino Lavilla Alsina. *Seguridad juridica y funcion del derecho* (discurso leido el dia 8 de febrero de 1999 en su recepción publica como academico de numero, por el Excmo. Sr. D. Landelino Lavilla Alsina y contestacion del Excmo. Sr. D. Eduardo García de Enterría y Martinez-Carande), Madrid: Real Academia de Jurisprudencia y Legislacion, 1999, p. 9: "La seguridad «es» uno de esos principios; la seguridad «debe ser» uno de esos objetivos de deseable consecución". Sobre a relevância da segurança jurídica, v., ainda, v. Thiago Rodovalho. *Das Rechtsstaatsprinzip (O Princípio do Estado Democrático de Direito) e a Segurança Jurídica*, in José Manoel de

razoavelmente fundada do cidadão sobre qual há de ser a atuação do poder na aplicação do direito,[24] de sorte que o direito *"ha de suponer, principalmente, una garantía para la acción: la garantia de cuál será la futura calificación de los posibles comportamientos, de modo que puedan los hombres fundar «con seguridad» sus previsiones. La seguridad así entendida ha de nacer de la ley: «la ley hace saber a cada uno lo que puede querer»"*.[25]

Deste modo, o cidadão deve *saber* [conhecer] e *poder* agir dentro do espaço de licitude e liberdade ínsito ao Estado Democrático de Direito [*exercício democrático da liberdade*] (*agire licere*), o que somente é possível em havendo um *discurso racional* e certa *previsibilidade* na interpretação e aplicação do Direito.

3. A FUNÇÃO JURISDICIONAL E INSTITUCIONAL DAS CORTES CONSTITUCIONAL E FEDERAL – STF E STJ.

As Cortes Constitucional e Federal representam a *culminância* da atividade jurisdicional, expressando a última palavra em matéria *constitucional* (STF) ou *federal* (STJ)[26] e *unificando* o entendimento sobre a matéria,[27] a fim de que haja *integridade* do sistema jurídico nacional. «Essa» é a *ratio essendi* das Cortes Constitucional e Federal no Brasil.

Assim, a ideia de Cortes Superiores (STF e STJ) é dar à sociedade certa previsibilidade [*racionalidade do discurso jurídico*] das decisões, para que cada cidadão saiba o que esperar e qual é o *agire licere*, não ficando refém de uma "*loteria jurídica*", que tanto compromete a vida dos cidadãos e afeta o mundo dos negócios (afetando investimentos e impactando o denominado "*Custo Brasil*").

As Cortes Superiores (como instâncias *extraordinárias*) consubstanciam-se, pois, em imprescindível instrumento de *racionalização do discurso jurídico*, uniformizando o entendimento sobre a CF (STF) e sobre a lei federal (STJ), funcionando seus julgados como *precedentes* a orientar a atuação das instâncias *ordinárias*,[28]

Arruda Alvim Netto *et allii* (dirs.). *Revista Forense*, Rio de Janeiro: Forense, ano 108, v. 415, jan./jun. de 2012, pp. 291/315; e Thiago Rodovalho. *Do respeito às decisões do STF e a súmula vinculante*, in Vladmir Oliveira da Silveira (coord.). *Revista de Direito Brasileira – RDBras*, São Paulo: Revista dos Tribunais/Conpedi, ano 2, v. 2, jan./jun. de 2012, pp. 229/255.

24. Landelino Lavilla Alsina. *Seguridad juridica y funcion del derecho*, cit., p. 13.
25. Landelino Lavilla Alsina. *Seguridad juridica y funcion del derecho*, cit., p. 19.
26. José Manoel de Arruda Alvim Netto. *A alta função jurisdicional do Superior Tribunal de Justiça no âmbito do recurso especial e a relevância das questões*, in *STJ 10 anos: Obra comemorativa 1989-1999*, Brasília: Superior Tribunal de Justiça, 1999, p. 37.
27. José Miguel Garcia Medina. *Sobre a PEC nº 209/2012, que pretende instituir o requisito da "relevância" da questão federal para o recurso especial*, in *Cadernos Jurídicos da OAB Paraná*, nº 35, novembro de 2012, p. 4.
28. José Manoel de Arruda Alvim Netto. *A alta função jurisdicional do Superior Tribunal de Justiça*, cit., pp. 38/39: O Superior Tribunal de Justiça, no tocante à legislação federal, "é o fecho da abóbada da justiça sobre a

razão pela qual devem ser *exemplares* e *paradigmáticos*, pois seus "*pronunciamentos exorbitam do interesse das partes, projetando-se para toda a sociedade a verdade do seu entendimento e nesta influindo*".[29]

Neste sentido, as *decisões paradigmáticas* proferidas pelas Cortes Superiores contribuem, justamente, para que o *discurso jurídico* se dê de forma mais *racional*, conferindo, pois, maior *segurança jurídica* aos jurisdicionados, que têm como saber o quê esperar do Judiciário [previsibilidade], lembrando-se ser a *segurança jurídica* um *valor* mesmo, necessário à vida em sociedade e que precisa ser respeitado.[30]

Cada cidadão tem, nesse cenário, como saber o que pode e o que não pode fazer, podendo *confiar* na *segurança jurídica* dos precedentes, até como proteção à sua boa-fé objetiva.[31] É preciso haver proteção à *boa-fé* objetiva do cidadão que age *confiando* nas decisões reiteradas das Cortes Superiores, daí podermos afirmar que se é preciso haver transparência e estabilidade nas leis, também é preciso haver transparência e estabilidade na *interpretação* dada a essas leis, o que somente é possível por meio do efetivo cumprimento da *alta função institucional das Cortes Superiores*, o que não tem sido efetivamente possível sem a existência de um *filtro* recursal que torne a atuação delas mais *racional*.[32]

Esse é, inclusive, um dos problemas com a *súmula impeditiva de recurso* – conquanto seja um importante instrumento de *estímulo* ao seguimento pelas instâncias ordinárias da orientação do STJ –, posto que não impede que haja diversos julgamentos dissonantes ao posicionamento consolidado do STJ, apenas vedando seguimento ao recurso cuja questão já esteja de acordo com o entendimento sumulado. Nesse sentido, os precisos dizeres de ARRUDA ALVIM:

> "*A súmula que se encontra no âmbito do processo de emenda constitucional, em relação ao STJ, terá eficácia menor do que aquela instituída para o STF, pois esta produz efeitos vinculantes erga omnes, ao passo que a sugerida para o STJ, apenas, impedirá recursos que a*

---

legalidade infra constitucional" e suas decisões devem ser "*paradigmáticas, pois que, o rumo dessas, vale como roteiro para os demais Tribunais e jurisdicionados, mercê dos precedentes assentados*" [...] "*Tais decisões, em devendo ser exemplares, hão, igualmente, de carregar consigo alto poder de convicção, justamente porque são, em escala máxima, os precedentes a serem observados e considerados pelos demais Tribunais*".

29. José Manoel de ARRUDA ALVIM Netto. *A alta função jurisdicional do Superior Tribunal de Justiça*, cit., p. 38.
30. Humberto THEODORO JUNIOR. *A onda reformista do direito positivo e suas implicações com o princípio da segurança pública*, in Revista de Processo, n° 136, Jun/2006, p. 36.
31. Neste sentido, determina a CF Suíça 9°: "*Art. 9. Protection contre l'arbitraire et protection de la bonne foi. Toute personne a le droit d'être traitée par les organes de l'Etat sans arbitraire et conformément aux règles de la bonne foi*". No nosso ordenamento jurídico, a boa-fé aplicada à Administração Pública (na qual também se insere, por óbvio, o Poder Judiciário) encontra-se positivada, especialmente, na CF 37 caput, e, ainda, na CF 5° LXXIII e na LPA 2° par. ún. IV.
32. V. José Manoel de ARRUDA ALVIM Netto. *A alta função jurisdicional do Superior Tribunal de Justiça*, cit., p. 39.

contrariem. De certa forma, se aprovada, ter-se-á uma eficácia menos direta, afetando diretamente apenas os que recorram por meio de recurso especial, contrapostamente ao que foi sumulado, ao passo que a do STF tem eficácia direta".[33]

Se há instabilidade na interpretação, se ela é reduzida a uma verdadeira "*loteria jurídica*", ficam os cidadãos relegados ao incognoscível, ao caos, sem saber, ou ao menos sem ter certeza, se a sua conduta é permitida ou não (uma determinada forma de planejamento tributário, v.g.), o que se transforma em um fator de instabilidade social, enfraquecendo o próprio Estado e a sociedade.

A *segurança jurídica* é, de fato, como vimos expondo, um *valor* e, mais do que isso, é um *valor* que permite até mesmo a concretização dos demais valores constitucionais.

A esse respeito, como advertia THEÓPHILO CAVALCANTI FILHO:

> "O objetivo primeiro, a razão que, antes de qualquer outra, leva o homem a realizar direito, está numa exigência de ordem e segurança. Isso, como já se mostrou, decorre de uma necessidade fundamental, que se relaciona intimamente com a própria natureza humana (...) O homem – cabe reiterar – para poder conviver com os demais, necessita de saber não só o que pode fazer, mas também o que esperar que os outros façam. E também precisa ter certeza de que os demais, se não agirem da maneira como o devem, serão compelidos a proceder da maneira adequada. De um lado, impõe-se a certeza, quanto à ação que deve ser realizada, e por outro, a segurança quanto a que, necessàriamente, as coisas se darão da maneira como devem ser.
>
> Se a situação fôsse diferente, logo descambariamos para o cáos. Não haveria certeza em relação a nada. E uma sensação de absoluta intranquilidade se apossaria de todos. A convivência se transformaria em um verdadeiro martírio".[34]

Logo, não se pode ter como possível uma convivência harmônica em sociedade em meio um caos jurídico, em meio a uma "*loteria jurídica*". É imperioso, pois, que haja *previsibilidade* e *segurança jurídica* nas decisões judiciais, como um direito fundamental do cidadão (CF Preâmbulo e 1º.). Disso decorre a necessária busca por uma *racionalização do discurso jurídico*,[35] que se consubstancia, inclusive, em

---

33. José Manoel de ARRUDA ALVIM Netto. *A EC nº 45 e o instituto da repercussão geral*, in Teresa Arruda Alvim Wambier et allii. *Reforma do judiciário – primeiras reflexões sobre a emenda constitucional nº 45/2004*, São Paulo: Revista dos Tribunais, 2005, Cap. VII, p. 66.
34. Theophilo CAVALCANTI FILHO. *O problema da segurança no direito*, São Paulo: Revista dos Tribunais, 1964, Cap. IV, pp. 53 e 58.
35. Conferir a esse respeito Tércio Sampaio FERRAZ JUNIOR e Juliano Souza de Albuquerque MARANHÃO. *Função pragmática da justiça na hermenêutica jurídica: lógica do ou no direito?*, in Revista do Instituto de Hermenêutica Jurídica, vol. I, nº 5: A Filosofia no Direito e a Filosofia do Direito, p. 273/318, Instituto de Hermenêutica

função social da dogmática jurídica,³⁶ dando ao cidadão, a partir da *segurança e certeza* proporcionadas por essa *racionalização do discurso jurídico*, a sensação social de que os conflitos virão a ser melhormente resolvidos.³⁷

Deste modo, é fundamental haver preocupação em encontrar certo *padrão de racionalidade* que torne o discurso jurídico (= decisões judiciais) harmônico, com certo grau de *previsibilidade* e *segurança jurídica*, que permitam ao cidadão saber o que pode ou não fazer, o que somente é possível com o efetivo cumprimento da *alta função institucional das Cortes Superiores*.

Para tanto, em nosso sentir, forçoso reconhecer que a *missão institucional* (*ratio essendi*) e a *competência constitucional* de nossas Cortes Superiores (STF e STJ) – de *uniformizar o entendimento* [acerca da constituição (STF) e legislação federal (STJ)] e de conferir certo *padrão de racionalidade* a orientar a aplicação do direito nas instâncias ordinárias, indo, pois, além de *precedentes individuais*³⁸ –, só podem ser plena e eficazmente cumpridas se essas Cortes somente se ocuparem de questões efetivamente relevantes, quer do ponto de vista econômico, social ou jurídico.³⁹ Do contrário, essas Cortes deixam de ser instâncias *extraordinárias*, para se tornarem mais uma instância *ordinária* (= 3.ª e 4.ª instâncias ordinárias).⁴⁰

4. CONCLUSÃO.

À guisa de conclusão e à vista de tudo quanto vimos expondo ao longo desse artigo, temos que, em nosso sentir, o Novo Código de Processo Civil contribuirá,

---

Jurídica: Porto Alegre, 2007; e Juliano Souza de Albuquerque MARANHÃO. *Some operators for refinement of normative systems*, in Bart. VERHEIJ; Arno R. LODDER; Ronald P. LOUI; Antoinette J. MUNTJEWERFF (Eds.), *Legal knowledge and information systems, frontiers in artificial intelligence and applications*, IOS Press: Amsterdam, 2001, p. 103/115. E, em especial, "Assim, a resposta sobre uma ação particular para um caso, com determinada propriedade, deve ser coerente com a solução encontrada para aquela mesma ação na hipótese de ausência daquela propriedade, ou ainda, coerente com a solução encontrada para outras ações análogas ou relacionadas com aquela primeira ação considerada. Isso leva o intérprete doutrinário a uma reconstrução de um sistema normativo com soluções coerentes para casos hipotéticos relevantes" [Tércio Sampaio FERRAZ JUNIOR e Juliano Souza de Albuquerque MARANHÃO, *Função pragmática da justiça na hermenêutica jurídica: lógica do ou no direito?*, in Revista do Instituto de Hermenêutica Jurídica, vol. I, nº 5: A Filosofia no Direito e a Filosofia do Direito, p. 273/318, Instituto de Hermenêutica Jurídica: Porto Alegre, 2007, p. 284].

36. Tércio Sampaio FERRAZ JUNIOR. *Função social da dogmática jurídica*, São Paulo: Max Limonad, 1998, Cap. II, nº 2, pp. 99/100.
37. José Manoel de ARRUDA ALVIM Netto. *A argüição de relevância no recurso extraordinário*, São Paulo: Revista dos Tribunais, 1988, nº 9.1, p. 11.
38. SIDNEI Agostinho BENETI. *Doutrina de precedentes e organização judiciária*, in Luiz Fux et allii (coords.). *Processo e Constituição – Estudos em homenagem ao Professor José Carlos Barbosa Moreira*, São Paulo: Revista dos Tribunais, 2006, p. 487.
39. José Manoel de ARRUDA ALVIM Netto. *A alta função jurisdicional do Superior Tribunal de Justiça*, cit., p. 47.
40. OVÍDIO A. BAPTISTA da Silva. *A função dos tribunais superiores*, in *STJ 10 anos: Obra comemorativa 1989-1999*, Brasília: Superior Tribunal de Justiça, 1999, p. 145.

ao lado da Emenda Constitucional nº 45 e da Resolução CNJ nº 125/2010, para a redução da *cultura do litígio* que impera em nosso país, e no resgate da função *constitucional* e *institucional* do Supremo Tribunal Federal e do Superior Tribunal de Justiça, ainda que, em nosso sentir, outros instrumentos e avanços se façam necessários,[41] permitindo-lhes um exercício mais acurado de sua própria função, com decisões cada vez mais trabalhadas e paradigmáticas, como forma de viabilizar o efetivo cumprimento de sua *razão de ser* e de sua *competência constitucional* como Cortes *Extraordinárias*, assegurando, outrossim, a *efetiva racionalização do discurso jurídico*, com a uniformização do entendimento sobre a Constituição Federal e sobre as normas federais, prestigiando, com isso, a *previsibilidade* e a *certeza do direito*.

---

41. Cfr. Thiago Rodovalho. *O STJ e a arguição de relevância*, in Isabel Gallotti, Bruno Dantas, Alexandre Freire, Fernando da Fonseca Gajardoni e José Miguel Garcia Medina. (Orgs.). *O papel da jurisprudência no STJ*, São Paulo: Revista dos Tribunais, 2014, pp. 835/853; Thiago Rodovalho. *Repercussão Geral e o Writ of Certiorari – Uma Proposta de Lege Ferenda*, in Luiz Fux, Alexandre Freire e Bruno Dantas (Orgs.). *Repercussão Geral da Questão Constitucional*, Rio de Janeiro: Forense, 2014, p. 633/651.

CAPÍTULO 5

A Remessa Necessária e o Novo Código de Processo Civil

Rogerio Mollica[1]

SÚMARIO • 1. INTRODUÇÃO; 2. A REMESSA NECESSÁRIA; 3. A PROBLEMÁTICA NOVA REDAÇÃO DA REMESSA NECESSÁRIA NO ARTIGO 496 DO CPC; 4. A SUCUMBÊNCIA RECURSAL E A REMESSA NECESSÁRIA; 5. A AMPLIAÇÃO DA COLEGIALIDADE QUANDO HOUVER DIVERGÊNCIA DE JULGAMENTO E A REMESSA NECESSÁRIA; 6. O JULGAMENTO ANTECIPADO E PARCIAL DO MÉRITO E A REMESSA NECESSÁRIA; 7. CONCLUSÃO; 8. REFERÊNCIAS.

1. INTRODUÇÃO

Nos últimos vinte anos, muito se modificou o Código de Processo Civil visando que se tivesse um processo mais célere. As mudanças efetuadas em maior ou menor grau acabaram sendo meros paliativos, sendo que o nosso processo continua lento e sem grande efetividade.

Deste modo, tenta-se agora a promulgação de um novo Código como remédio para que se tenha um processo mais célere e efetivo. Como grande parte dos problemas enfrentados na tramitação dos processos não se deve à lei, mas sim à falta de estrutura e de pessoal do Poder Judiciário, a mudança unicamente legislativa certamente não surtira todo o efeito desejado.

O Poder Público é o responsável por grande parte das ações que tramitam hoje no Judiciário. Em Tribunais Superiores, o Poder Público chega a responder por mais de 70% dos casos em tramitação.

Quase que metade dos processos em tramitação no país, envolvem execuções fiscais para a cobrança dos créditos dos entes públicos. Tais processos apesar de movimentarem muito a máquina do judiciário, pouco representam em termos de arrecadação. Uma nova regulamentação para as execuções fiscais é aguardada há muito tempo, entretanto, o novo Código não tratou das execuções fiscais, sendo a sua aplicação somente se dá de forma subsidiária à Lei nº 6.830/80, que trata especificamente sobre a matéria.

---

1. Mestre e Doutor em Direito Processual pela Universidade de São Paulo – Membro do Instituto Brasileiro de Direito Processual (IBDP) e do Centro de Estudos Avançados de Processo (Ceapro)

Quando se fala em Poder Público em juízo logo vem a mente as prerrogativas, ou privilégios, que esses entes possuem. Temos os prazos mais dilatados, a intimação pessoal e, principalmente a Remessa Necessária ou Reexame Necessário pelo Tribunal das sentenças que forem desfavoráveis aos entes públicos.

Já tivemos oportunidade de defender a extinção do Reexame Necessário ou, quando menos, a sua maior restrição[2]. Assim, com a promulgação do novo Código, faz-se necessária a análise das novas disposições sobre o instituto.

2. A REMESSA NECESSÁRIA

A Remessa Necessária sempre foi tida por grande parte da nossa Doutrina como um privilégio injustificado[3] nos dias de hoje, em que as Procuradorias dos Entes Públicos se encontram muito melhor aparelhadas e com procuradores de excelente nível e em número muito superior ao que se via no passado[4].

Entretanto, apesar da grande corrente contrária ao instituto, nunca se conseguiu excluir tal previsão do nosso ordenamento. Dessa forma, legislador passou a limitar o Reexame Necessário. A primeira grande limitação ocorreu com a Lei nº 10.352/2001, que previu a ocorrência somente nas causas superiores a 60 salários mínimos e excluiu a revisão obrigatória das sentenças fundadas em jurisprudência do Plenário do Supremo Tribunal Federal ou em súmula do próprio Supremo ou de outro Tribunal Superior competente (art. 475, § 2º e 3º).

No novo Código mais uma vez se tentou acabar com o Reexame Necessário e não sendo possível, se previu uma limitação muito maior. De fato, a limitação às

---

2. Na Dissertação de Mestrado intitulada O Reexame Necessário, a Fazenda Pública e a Efetividade do Processo, defendida em 2006 na Faculdade de Direito da Universidade de São Paulo, sob a orientação do professor José Roberto dos Santos Bedaque, inédita.
3. Nesse sentido não se pode deixar de transcrever o posicionamento do professor Alfredo Buzaid que, em sua clássica obra Da apelação ex – officio no sistema do Código de Processo Civil, concluiu que *"em suma, existindo, atualmente no seio da organização judiciária do país órgãos especializados e suficientemente aptos para promoverem a defesa do fisco, dos menores, interditos e ausentes, não há necessidade de se manter um recurso que João Monteiro, com muita razão, crismou com a denominação de extravagância judiciária. Convém, portanto, a jure constituendo, estirpá-lo do Código como um remédio de energia terapêutica negativa. E isto porque, nem historicamente nem cientificamente, se justifica sua manutenção no sistema do direito processual vigente".* (p. 57/58). O professor Buzaid previu a supressão do instituto em seu anteprojeto de Código de Processo Civil, mas por ocasião das discussões das emendas, o instituto acabou retornando ao texto que veio a ser aprovado, dando origem ao artigo 475 do Código de Processo Civil de 1973.
4. Rui Portanova em seu livro *Princípios do Processo Civil*, Porto Alegre, Livraria do Advogado, 2003, p. 269, é enfático ao afirmar que *"parece induvidoso, nos dias atuais, que o duplo grau obrigatório é demasia. Na medida em que privilegia uma parte, afronta o princípio informativo jurídico da igualdade. Contando o Estado com cada vez melhores advogados e o Ministério Público se fazendo cada vez mais atuante e prestigiado, há uma afronta ao princípio da economia processual. Diante disso, não há razão para subtrair ao julgador e aos advogados a confiança em suas condutas."*

sentenças de valor superior a 60 salários mínimos subiu para 1.000 salários mínimos para a União Federal e suas respectivas autarquias e fundações, 500 salários mínimos para os Estados, Distrito Federal e Municípios Capitais de Estados e 100 salários para os demais municípios e suas respectivas autarquias e fundações.

Já quanto aos casos de não aplicação em virtude do acórdão estar em consonância com o entendimento dos Tribunais Superiores, a principal inovação é a previsão nos casos de Recursos Extraordinário e Especial Repetitivos, para os casos de resolução de demandas repetitivas e também para os feitos em que o próprio Fisco dispensa os seus Procuradores de recorrer. De fato, não faz sentido o Procurador estar dispensado de recorrer quanto a uma tese e os autos subirem ao Tribunal para a reanálise de matéria que a própria Fazenda Pública reconhece como sendo perdida. Para a aplicação dessa disposição faz-se necessário que as diversas procuradorias deem publicidade desses atos que dispensam a interposição de recurso, pois muitas vezes são atos internos e o juiz não sabendo da existência de tal ato, pode enviar indevidamente um processo ao Tribunal para o julgamento da Remessa Necessária. Ou quando menos, que os próprios procuradores informem nos autos a existência da orientação para a não apresentação de recurso, até em nome dos princípios da lealdade, boa-fé e da cooperação.[5]

Cumpre ressaltar que essas limitações não valem para o Reexame Necessário de sentenças proferidas em Mandado de Segurança, pois a lei específica do Mandado de Segurança não prevê tais limitações e, portanto, o Superior Tribunal de Justiça acabou entendendo que tais limitações não seriam aplicáveis[6]. Tal entendimento deve ser mantido quanto às limitações trazidas pelo novo Código[7].

---

5. Nesse mesmo sentido é o entendimento de Leonardo José Carneiro da Cunha: "Há, no CPC/2015, um microssistema de formação de precedentes obrigatórios em julgamento objetivo. Para além dessas hipóteses, se, no âmbito interno da Administração Pública, houver recomendação de não interposição de recurso, tal recomendação vincula os advogados públicos, não devendo haver remessa necessária, que deverá ser dispensada pelo juiz. Em razão do princípio da lealdade e boa-fé processual, cabe ao advogado público informar ao juiz para que haja expressa dispensa da remessa necessária, evitando-se o encaminhamento desnecessário dos autos ao respectivo tribunal. (Breves comentários ao Novo Código de Processo Civil; Teresa Arruda Alvim Wambier ... [et al.], coordenadores, São Paulo, Revista dos Tribunais, 2015, p. 1.261/1.262).
6. A respeito do tema vide os Embargos de Divergência nº 647.717 / SP, julgamento unânime, da 1ª Seção do Superior Tribunal de Justiça, in DJ de 25/02/2008.
7. A não aplicação das limitações ao Mandado de Segurança é alvo de crítica por parte de Leonardo José Carneiro da Cunha: "Muito embora prevaleça no STJ o entendimento contrário, parece mais adequado entender que as hipóteses de dispensa de remessa necessária também se aplicam ao mandado de segurança, com a ressalva das situações previstas no § 3º do art. 496 do CPC para os casos em que não há sentença líquida ou não se tem como aferir o valor do direito discutido. Se, numa demanda submetida ao procedimento comum, não há remessa necessária naquelas hipóteses, por que haveria num mandado de segurança? Ora, sabe-se que a única diferença entre uma demanda de rito comum e o mandado de segurança está na restrição probatória deste último, que se revela cabível apenas quando os fatos estiverem provados por documentos, de forma pré-constituída. Para que se mantenha unidade no sistema, é preciso, então, que se entenda que aquelas hipóteses de dispensa de reexame necessário alcancem

Numa primeira análise o novo Código de Processo Civil andou bem ao limitar bastante a remessa de ofício para os Entes mais aparelhados, União Federal, Estados e Municípios Capitais de Estados, mantendo em um valor mais baixo para os Municípios não capitais, que certamente são os que possuem mais dificuldades em manter grande estrutura de Procuradores para defender os seus interesses[8].

Parece claro que tal critério não vai ser sempre justo, pois existem municípios que não são capitais de Estados que possuem população, estrutura e arrecadação muito superior a capitais ou mesmo Estados[9]. Vejam-se os casos dos municípios Paulistas de Guarulhos e Campinas, que possuem população superior a um milhão de habitantes, população essa superior a de Estados como Acre, Amapá e Roraima.

3. A PROBLEMÁTICA NOVA REDAÇÃO DA REMESSA NECESSÁRIA NO ARTIGO 496 DO CPC

Cumpre ressaltar que o § 1º do artigo 496 do Novo CPC acabou alterando a redação constante no mesmo parágrafo do artigo 475 do Código de 1973. De fato, prevê o § 1º do Novo CPC:

---

também a sentença proferida no mandado de segurança. Não atende ao princípio da razoabilidade deixar de estender as hipóteses de dispensa do reexame necessário ao mandado de segurança. Demais disso, a previsão constitucional do mandado de segurança, ao fixar como requisito de sua admissibilidade o direito líquido e certo, pressupõe e exige um procedimento célere e expedito para o controle dos atos públicos. Daí por que se afina com a envergadura constitucional do mandado de segurança entender que os §§ 3º e 4º do art. 496 do CPC a eles se aplicam, de sorte que, naqueles casos, não há reexame necessário." (Breves comentários ao Novo Código de Processo Civil, p. 1262).

8. Esse também é o entendimento de Frederico Augusto Leopoldino Koehler: Volvendo à análise do artigo 483 adrede referido, cabem elogios quando traz valores diferenciados para a sua dispensa caso a parte envolvida seja a União e suas respectivas autarquias e fundações de direito público (limite de mil salários mínimos), os Estados, o Distrito Federal e as respectivas autarquias e fundações de direito público, bem assim para as capitais dos Estados (limite de quinhentos salários mínimos), ou, por fim, para todos os demais municípios e respectivas autarquias e fundações de direito público (limite de cem salários mínimos). De fato, os entes mais ricos e bem aparelhados precisam ainda menos do reexame ex officio."("A Remessa Necessária no Projeto de Novo Código de Processo Civil", p. 309).

9. Esse também é o entendimento de Daniel Amorim Assumpção Neves: "E buscou-se uma gradação de valores a depender da pessoa jurídica de direito público sucumbente. A ideia é boa, mas sua execução deve gerar incongruências lógicas relevantes porque não foi levado em consideração o status econômico do ente público, o que deve mais importar quando se trata de rever obrigatoriamente a sentença que lhe gera uma sucumbência econômica. Há municípios no Brasil mais ricos que Estados, e nesse caso há evidente incongruência lógica em dispensar o reexame necessário para o ente mais rico até cem salários mínimos e em até quinhentos para o mais pobre. Essa situação se intensifica quando comparados municípios que são capitais de Estado e outros que, apesar de não serem capitais, são mais ricos que aqueles. As gradações são sempre difíceis, embora muito mais justas que um valor fixo para toda e qualquer pessoa jurídica de direito público. O problema é fazer gradações que não levam em consideração o elemento essencial que a justifica." (Novo Código de Processo Civil – Lei 13.105/2015 p. 524).

" § 1º Nos casos previstos neste artigo, não interposta a apelação no prazo legal, o juiz ordenará a remessa dos autos ao tribunal, e, se não o fizer, o presidente do respectivo tribunal avocá-los-á."

Tal redação certamente trará muita controvérsia, pois no Código vigente é previsto que havendo ou não apelação, o juiz deve enviar os autos ao Tribunal para o julgamento do Reexame Necessário. Já no novo Código, só se prevê o envio em caso de não haver apelação. Apesar de não restar claro, deve-se entender que no caso seria apelação da Fazenda Pública e não do particular. De fato, não faria nenhum sentido o particular apelar e a sentença não estar sujeita ao Reexame Necessário.[10]

O problema é que historicamente, a Fazenda Pública poderia apelar de um só capítulo da sentença e o Reexame Necessário abrangeria a integralidade da sentença[11]. Agora, pela redação do dispositivo, no caso do ente público apelar, os autos somente subirão ao Tribunal para o julgamento das razões recursais, não podendo o Tribunal alterar a sentença em ponto que não foi objeto de apelação. De fato, sendo o Reexame Necessário uma exceção, sua aplicação deve se dar nos estritos termos da lei, não comportando uma aplicação extensiva para abarcar hipóteses não previstas em nosso novo Código de Processo Civil.

Portanto, no caso do procurador do ente público entender que seria o caso de interpor recurso de apelação, na vigência do novo código, deve elaborar um recurso bem amplo, abrangendo todos os capítulos da sentença que entender que devam ser modificados, já que, nesse caso, pela redação do artigo 496, I, do Novo CPC, o feito não estará sujeito à Remessa Necessária.

---

10. Daniel Amorim Assumpção Neves muito bem verificou o problema gerado pela nova redação do dispositivo: "Com o art. 496, § 1º, do Novo CPC afirma apenas que a não interposição de apelação dentro do prazo leva à remessa necessária, sem especificar de qual das partes é a apelação não interposta, é possível concluir que, havendo sucumbência recíproca e sendo interposta apelação pela parte contrária à Fazenda Pública, não haverá reexame necessário. E se a parcela da sucumbência da Fazenda Pública puder ser tipificada numa das hipóteses dos incisos do art. 496?

    Com considerável boa vontade pode-se interpretar que a apelação mencionada no dispositivo legal é da Fazenda Pública, só havendo reexame necessário na hipótese de ela não interpor o recurso. Contudo, ainda assim o dispositivo é problemático porque historicamente a apelação da Fazenda Pública nunca impediu o reexame necessário por duas razões: o recurso pode ser parcial, enquanto o reexame necessário é sempre total, e o recurso pode não ser admitido por vício formal, enquanto o reexame necessário não corre esse risco, sendo sempre julgado pelo tribunal de segundo grau." (Novo Código de Processo Civil - Lei 13.105/2015, p. 523/524).

11. De fato, nos termos do enunciado da Súmula 325 do STJ: "A remessa oficial devolve ao Tribunal o reexame de todas as parcelas da condenação suportadas pela Fazenda pública, inclusive dos honorários de advogado"

4. A SUCUMBÊNCIA RECURSAL E A REMESSA NECESSÁRIA

Uma inovação importante trazida pelo Novo Código de Processo Civil é a instituição da sucumbência recursal, que visa desestimular recursos protelatórios com o aumento dos honorários em caso de interposição de Recurso. Na versão sancionada o limite máximo dos honorários é de 20%, já na versão aprovada pelo Senado o limite era de 25% na fase de conhecimento. Assim, por exemplo, o juiz de primeira instância pode condenar o vencido em 10%, o Tribunal pode majorar para 15% em caso de apelação e o Tribunal Superior para 20%.

De fato, prevê o artigo 85, § 11 do Novo Código de Processo Civil que 0 tribunal, ao julgar recurso, majorará os honorários fixados anteriormente levando em conta o trabalho adicional realizado em grau recursal.[12]

Sabe-se que os Entes Públicos costumam recorrer sistematicamente das decisões que lhes são desfavoráveis, entretanto, com a instituição da sucumbência recursal, os Procuradores deverão refletir melhor se valeria recorrer ou não, pois o ajuizamento de um recurso com poucas chances de êxito pode significar a majoração dos honorários no Tribunal[13]. De fato, caberá também às Procuradorias editarem normas dispensando os seus procuradores de recorrerem em casos em que a decisões desfavoráveis ao Fisco já estejam pacificadas.

Nos casos em que se litiga em face da Fazenda Pública, os honorários foram escalonados, isto é, serão fixados segundo faixas de valores envolvidos e serão utilizados tanto para o Contribuinte quanto para o Fisco quando sucumbentes: min 10% e max de 20% nas ações até 200 salários mínimos; min 8% e max 10% nas ações entre 200 e 2.000 salários mínimos; min 5% e max de 8% nas ações entre 2.000 e 20 mil salários mínimos; min 3% e max 5% nas ações entre 20 mil até 100

---

12. Cumpre ressaltar que há muito tempo o professor Ovídio Baptista defende que o sucumbente deve ser gravado *"com algum encargo a adicional, seja obrigando-o a prestar caução, como requisito para recorrer, seja tributando-o com uma nova parcela de honorários de advogado, no caso de seu recurso não ser provido. Assim como está, o sistema contribui, como todos sabem, para desprestigiar a jurisdição de primeiro grau, exacerbando o caráter burocrático da Jurisdição"*. Logo a seguir o professor versa que *"o mínimo que se pode esperar do recorrente é que ele confie honesta e razoavelmente no seu acolhimento. Afinal, se o sucumbente – de quem o sistema presume a culpa – deve arcar com as despesas do processo, por que não onerá-lo quando, contando já com a palavra oficial do Estado, expressa na sentença que o proclama carente do direito, mesmo assim conserva-se resistente?"* ("Tempo do Processo e Regulação da Sucumbência", p. 77).

13. Neste mesmo sentido é o entendimento de Marco Aurélio Ventura Peixoto: "Não há como negar a posição espinhosa que os advogados públicos serão colocados diante da idéia da sucumbência recursal progressiva. Ainda que se compreenda que a ideia é exatamente a de inibir a utilização daqueles recursos com finalidade meramente protelatória, há de se convir que, na maior parte dos casos, a interposição do recurso é dever de ofício do advogado público, podendo incorrer, inclusive, em infração administrativa caso deixe de recorrer sem autorização legal ou superior. Sendo assim, há de se ressaltar que o momento de decidir quanto à interposição do recurso se revelará árduo, pois precisará sempre levar em consideração que o fracasso importará em mais uma condenação para a Fazenda Pública."(A Fazenda Pública no Novo Código de Processo Civil, in Revista Jurídica da Seção Judiciária de Pernambuco, nº 5, 2012, p. 284).

mil salários mínimos; e min 1% e max de 3% nas ações acima de 100 mil salários mínimos. Pela previsão do § 5º, os honorários começam na faixa inicial e vão para a faixa subsequente no que exceder.

Portanto, mesmo em caso de sucumbência recursal, os honorários só podem ser acrescidos dentre os intervalos das faixas e só poderão chegar ao máximo de 20%, nos casos em que o valor em discussão é menor do que 200 salários mínimos.

Certamente a sucumbência recursal pode representar um ganho na celeridade processual, pois dependendo do valor da causa, a majoração dos honorários no Tribunal pode representar um preço muito alto para a interposição de um recurso meramente protelatório.

Cabe agora consignar se o aumento dos honorários seria cabível em caso de remessa necessário ou só no caso de apelação. A lei é clara ao prever que o aumento só pode se dar pelo Tribunal no Julgamento do Recurso e como se sabe, a Remessa Necessária não pode ser tida como recurso, assim, em um primeiro momento se o processo subir ao Tribunal somente para o julgamento do Reexame Necessário, não seria possível o aumento dos honorários, sob pena de ser caracterizada a "reformatio in pejus".

Entretanto, não sendo caso de dispensa e sendo certo que o processo deverá ser submetido ao Reexame Necessário, é possível que o juiz leve tal obrigatoriedade em conta na fixação dos honorários advocatícios e não os fixe na alíquota mínima de cada faixa de honorários, já que se sabe de antemão que o processo não poderá se encerrar em primeira instância.

5. A AMPLIAÇÃO DA COLEGIALIDADE QUANDO HOUVER DIVERGÊNCIA DE JULGAMENTO E A REMESSA NECESSÁRIA

Os Embargos Infringentes sempre foram muito controvertidos em nosso ordenamento, sendo defendido por alguns[14] e muito criticado pela maioria de nossa doutrina.

O legislador acabou utilizando o mesmo expediente adotado para o Reexame Necessário. Se não é possível extingui-lo, ao menos vale a tentativa de mitigá-lo.

---

14. Segundo o professor José Carlos Barbosa Moreira: "Note-se que doutrina de peso, antes e depois desse episódio, opinou contrariamente à solução adotada pelo estatuto de 1973. Nas três primeiras edições de nossos Comentários ao código de Processo Civil, enfileiramo-nos entre os que se opunham à subsistência dos embargos infringentes. A experiência judicante, no Tribunal de Justiça do Estado do Rio de Janeiro, de 1978 a 1992, levou-nos a atenuar o rigor de nossa posição. Passamos a preconizar que, mantido o recurso, apenas se lhe restringisse o cabimento." ("Novas vicissitudes dos Embargos Infringentes", in Temas de Direito Processual, 8ª série, São Paulo, Saraiva, 2004, p. 160).

Dessa forma o artigo 530 do Código de 1973 foi alterado para permitir o seu cabimento somente no caso do acórdão não unânime ter reformado, em grau de apelação, a sentença ou houver julgado procedente a ação rescisória. Isto é, a nova redação do art. 530 do CPC prestigiou o princípio conhecido por Dupla Conforme. Assim, se a sentença fosse de improcedência e o acórdão mantivesse a sentença por 2X1, não seria cabível a sua oposição.

Durante boa parte da tramitação do Novo Código de Processo Civil, os Embargos Infringentes haviam sido suprimidos. Entretanto, ao final optou-se por criar uma ampliação da colegialidade quando houver divergência de julgamento[15].

De fato, o artigo 942 do Novo Código de Processo Civil:

> "Art. 942. Quando o resultado da apelação for não unânime, o julgamento terá prosseguimento em sessão a ser designada com a presença de outros julgadores, que serão convocados nos termos previamente definidos no regimento interno, em número suficiente para garantir a possibilidade de inversão do resultado inicial, assegurado às partes e a eventuais terceiros o direito de sustentar oralmente suas razões perante os novos julgadores.
>
> § 1º Sendo possível, o prosseguimento do julgamento dar-se-á na mesma sessão, colhendo-se os votos de outros julgadores que porventura componham o órgão colegiado.
>
> § 2º Os julgadores que já tiverem votado poderão rever seus votos por ocasião do prosseguimento do julgamento.

Com isso tentou-se agradar os que defendiam a manutenção dos embargos infringentes, pois entendiam que tal recurso seria importante na melhora qualitativa dos julgados e os que pediam o seu fim, pois tais embargos só serviriam para causar mais demora processual.

A doutrina acabou defendendo a extensão dos Embargos Infringentes também para o julgamento, não unânime, nos Reexames Necessários. Marcos Afonso Borges em sua obra clássica sobre Embargos Infringentes versa que o Reexame Necessário *"produzindo os mesmos efeitos, principalmente o de provocar o reexame da sentença, da forma mais ampla possível, não é crível inadmitir-se a possibilidade da utilização dos embargos só porque o ato não tem a denominação de apelação, muito embora possua as suas características."*[16]

---

15. Segundo Paulo Henrique dos Santos Lucon: "A técnica sugerida na Câmara dos Deputados não é um "novo recurso" nem tampouco "novos embargos infringentes"ou muito menos "embargos infringentes automáticos", mas é técnica de julgamento, voltada para ampliar a colegialidade e garantir com isso a segurança social e jurídica e o fortalecimento dos precedentes." ("Técnica criada no novo CPC permite decisões com mais qualidade", publicado no site Consultor Jurídico – www.conjur.com.br – em 04/02/2015)

16. *Embargos Infringentes*, São Paulo, Saraiva, 1982, p. 84.

Os julgados do Superior Tribunal de Justiça, num primeiro momento, passaram a admitir a interposição de Embargos Infringentes em face de julgamentos não unânimes de Reexames Necessários[17]. Entretanto, em 2009, foi editada a Súmula nº 390 que previu: "Nas decisões por maioria, em reexame necessário, não se admitem embargos infringentes".

Com o novo Código, a divergência restará totalmente superada, pois § 4º, II, do artigo 942 previu expressamente que a nova técnica não seria aplicável nos julgamentos de remessa necessária.

6. O JULGAMENTO ANTECIPADO E PARCIAL DO MÉRITO E A REMESSA NECESSÁRIA

Uma das grandes inovações do novo Código de Processo Civil é a possibilidade do julgamento antecipado parcial do mérito. De fato, prevê o artigo 356 do Novo CPC que o juiz decidirá parcialmente o mérito quando um ou mais dos pedidos formulados ou parcela deles: I – mostrar-se incontroverso; II – estiver em condições de imediato julgamento, nos termos do art. 355. Portanto, quando um ou mais dos pedidos formulados ou parcela deles mostrar-se incontroversos ou estiver em condições de imediato julgamento (não havendo a necessidade de novas provas ou réu revel), o juiz poderá desde logo decidir parcialmente o mérito.

Por ser uma inovação profunda, ela acaba por criar vários problemas sistêmicos ao Código[18], gerando muitas indagações quanto a sua aplicação e mesmo se seria um instrumento útil para a obtenção de decisões mais céleres ou mesmo se acabaria gerando mais recursos e discussões processuais que poderiam gerar mais demora processual.

---

17. Neste sentido era o entendimento da 1ª Turma do STJ: "Pacificado que a remessa de ofício equipara-se a recurso para os fins do art. 557 do CPC (Súmula nº 253/STJ), mostra-se plausível interpretar extensivamente o termo "apelação" contido no art. 530 do CPC, permitindo-se a interposição de embargos infringentes em decisão não unânime proferida em reexame necessário." (RESP nº 485.743, 1ª Turma do STJ, Relator Min. Teori Albino Zavascki, in DJU de 02/02/2004). Esse também era o entendimento do extinto Tribunal Federal de Recursos, expresso na Súmula nº 77: "Cabem Embargos Infringentes a acórdão não unânime proferido em remessa *ex officio*".

18. Daniel Amorim Assumpção Neves aponta"(...) uma gritante contradição entre qualquer decisão que resolva o mérito e seja recorrível por apelação e a decisão que julga antecipadamente parcela do mérito. Enquanto no primeiro caso será inviável, ao menos em regra, a execução em razão do efeito suspensivo do recurso, no segundo será cabível a execução provisória. A distinção de tratamento não tem qualquer justificativa lógica ou jurídica plausível, porque trata julgamento de mérito de maneira distinta quanto à eficácia imediata sem nada que justifique o tratamento desigual, em nítida ofensa ao princípio da isonomia. Sou um crítico do efeito suspensivo como regra na apelação, mas, uma vez sendo essa opção legislativa, realmente fica complicado compreender por que a decisão que julga antecipadamente parcela do mérito pode ser executada provisoriamente." (p. 255/256). Outro problema seria em relação à sustentação oral, prevista na apelação e não prevista no caso de agravo de instrumento (artigo 937 do Novo CPC).

A primeira indagação é se estaríamos frente a uma sentença ou uma decisão. O § 1º do referido artigo é claro ao prever que se trata de uma decisão e não de uma sentença. Fato que é corroborado pelo § 5º, que prevê que tal decisão é recorrível por agravo.

Assim, surge a indagação se tal decisão parcial de mérito for contrária à Fazenda Pública, ela estaria sujeita à Remessa Necessária? A leitura do artigo 496 parece afastar o reexame necessário, pois tal remessa só se dá em face de sentença contrária à Fazenda Pública e não em face de decisão[19].

Poder-se-ia argumentar que uma decisão desfavorável à Fazenda Pública poderia transitar em julgado sem a efetivação da remessa necessária. A resposta é afirmativa, pois pareceu ser uma escolha da lei. De fato, quando o Código desejou explicitamente incluir a decisão parcial de mérito ele o fez, como ao prever a possibilidade de rescindir a decisão de mérito transitada em julgado. Cumpre ressaltar que o Código de 1973 prevê a possibilidade de rescisória para a sentença transitada em julgado (art. 485).

Outro exemplo se dá com a técnica do prosseguimento do julgamento não unânime, prevista no artigo 942 do Novo Código de Processo Civil. Tal técnica foi idealizada basicamente para a apelação, mas previu-se expressamente que também seria aplicável à Ação Rescisória (§ 3º, I) e para o agravo de instrumento, quando houver reforma da decisão que julgar parcialmente o mérito (§ 3º, II).

Portanto, caso o Código desejasse que a decisão parcial de mérito fosse sujeita à remessa necessária, usaria a mesma técnica ao prever que a decisão de mérito estaria sujeita ao reexame ou mesmo preveria que a sentença e a decisão parcial do mérito estariam sujeitas ao reexame necessário. Sendo a remessa necessária uma exceção, não pode ser aplicada de forma extensiva[20], sob

---

19. Leonardo José Carneiro da Cunha entende em sentido contrário: "É possível que o juiz decida o mérito contra a Fazenda Pública por meio de uma decisão interlocutória. Com efeito, o juiz pode decidir parcialmente o mérito, numa das hipóteses previstas no art. 356. Tal pronunciamento, por não extinguir o processo, é uma decisão interlocutória, que pode já acarretar uma execução imediata, independentemente de caução (CPC, art. 356, § 2º). Conquanto seja uma decisão interlocutória, há resolução parcial do mérito, apta a formar coisa julgada material. Mesmo não sendo sentença, estará sujeita à remessa necessária. Isso porque a remessa necessária relaciona-se com as decisões de mérito proferidas contra a Fazenda Pública; a coisa julgada material somente pode ser produzida se houver remessa necessária. Se houve decisão de mérito contra o Poder Público, é preciso que haja o seu reexame pelo tribunal respectivo; é preciso, enfim, que haja remessa necessária. Significa, então, que há remessa necessária de sentença, bem como da decisão interlocutória que resolve parcialmente o mérito." (Breves comentários ao Novo Código de Processo Civil; p. 1.256/1.257).
20. Nesse sentido é o entendimento do E. Superior Tribunal de Justiça, conforme se depreende de trecho da ementa do acórdão prolatado nos Embargos de Declaração no AgRg no RESP nº 353.697 (Rel. Min. Hamilton Carvalhido, DJ 16/02/2004 p. 356): " (...) 4. As normas de reexame necessário, por óbvio, pela sua afinidade com o autoritarismo, são de direito estrito e devem ser interpretadas restritivamente, em obséquio dos

pena de gerar um privilégio ainda mais injustificável dos entes públicos frente aos particulares.

7. CONCLUSÃO

O novo Código de Processo Civil, apesar de pregar um processo mais célere e sem dilações indevidas, acabou por manter a Remessa Necessária em nosso ordenamento.

Mesmo o instituto recebendo críticas quase unânimes de nossos Doutrinadores, há muito se tenta acabar com o reexame necessário sem sucesso. Não sendo possível a sua extinção, passou-se a mitigá-lo em razão do valor ou em razão de já estar pacificada nos Tribunais Superiores a tese discutida. Assim, em 2001 passou-se a limitá-lo às causas superiores a 60 salários mínimos (art. 475, § 2º).

A Comissão de Juristas que elaborou o anteprojeto de Novo CPC previu uma limitação maior e linear de 1.000 salários mínimos para a ocorrência da remessa necessária. Durante o processo legislativo, houve por bem só manter o valor de 1.000 salários mínimos para a União Federal, 500 salários mínimos para Estados, Distrito Federal e Municípios que constituam capitais de Estado e 100 salários mínimos para todos os demais municípios.

Sendo a remessa necessária uma exceção, não pode ser aplicada de forma extensiva, sob pena de gerar um privilégio ainda mais injustificável dos entes públicos frente aos particulares.

8. REFERÊNCIAS

BARBOSA MOREIRA, José Carlos. "Novas vicissitudes dos Embargos Infringentes", in *Temas de Direito Processual*, 8ª série, São Paulo, Saraiva, 2004.

BORGES, Marcos Afonso. *Embargos Infringentes*, São Paulo, Saraiva, 1982.

BUZAID, Alfredo. *Da apelação ex-officio no sistema do Código do Processo Civil*. São Paulo, Saraiva, 1951.

CUNHA, Leonardo José Carneiro da. *Breves comentários ao Novo Código de Processo Civil*; Teresa Arruda Alvim Wambier ... [et al.], coordenadores, São Paulo, Revista dos Tribunais, 2015.

---

direitos fundamentais, constitucionalmente assegurados, até porque, ao menor desaviso, submeter-se-á o processo a tempos sociais prescritivos ou, o que não é menos grave, a aprofundamentos intoleráveis de privilégios, denegatórios do direito à tutela jurisdicional."

KOEHLER, Frederico Augusto Leopoldino. "A Remessa Necessária no Projeto de Novo Código de Processo Civil", in *O Projeto de Novo Código de Processo Civil*, coord. Fredie Didier Jr. e Antonio Adonias Aguiar Bastos, 2ª série, Salvador, Jus Podivm, 2012.

LUCON, Paulo Henrique dos Santos. "Técnica criada no novo CPC permite decisões com mais qualidade", publicado no site *Consultor Jurídico* – www.conjur.com.br – em 04/02/2015.

MOLLICA, Rogerio. *O Reexame Necessário, a Fazenda Pública e a Efetividade do Processo*, Faculdade de Direito da Universidade de São Paulo, 2006, inédita.

NEVES, Daniel Amorim Assumpção Neves. *Novo Código de Processo Civil – Lei 13.105/2015*, Rio de Janeiro: Forense; São Paulo: Método, 2015.

NUNES, Allan Titonelli. "As prerrogativas da Fazenda Pública e o Projeto de Lei nº166/10: Novo Código de Processo Civil", in *Fórum Administrativo: Direito Público*, v. 12, nº 132, Belo Horizonte, 2012.

PEIXOTO, Marco Aurélio Ventura. "A Fazenda Pública no Novo Código de Processo Civil", in *Revista Jurídica da Seção Judiciária de Pernambuco*, nº 5, 2012.

PORTANOVA, Rui. *Princípios do Processo Civil*, Porto Alegre, Livraria do Advogado, 2003.

SILVA, Ovídio Batista da. "Tempo do Processo e Regulação da Sucumbência", in *Revista Dialética de Direito Processual*, nº 7, São Paulo, 2003.

CAPÍTULO 6
Incidente de Arguição de Inconstitucionalidade

George Salomão Leite[1]
Rinaldo Mouzalas[2]

SUMÁRIO • 1. CONSIDERAÇÕES INICIAIS; 2. CONTROLE CONCENTRADO DE CONSTITUCIONALIDADE; 3. CLÁUSULA DE RESERVA DE PLENÁRIO; 4. EFEITOS; 5. PROCEDIMENTO; 6. CONCLUSÕES; 7.REFERÊNCIAS.

1. CONSIDERAÇÕES INICIAIS

O Novo Código de Processo Civil, além de ter atualizado o texto anterior às exigências contemporâneas, sobretudo aquelas decorrentes dos avanços sociais e científicos mais marcantes dos últimos anos, o que, por si só, já constitui significativa mudança dos paradigmas antes estabelecidos, introduziu diversos, e conservou outros tantos instrumentos que garantem a uniformização de julgados e a harmonização do sistema jurídico. Dentre os instrumentos conservados, está o incidente de arguição de inconstitucionalidade.

O controle de constitucionalidade, em qualquer sistema jurídico, é necessário para preservação da supremacia constitucional e exigência para conferir integridade e harmonia entre os elementos que o compõe, quais sejam: as normas jurídicas. São diferentes as formas de controle, sobretudo a considerar as particularidades de cada sistema, mas, no Brasil, de uma forma particular, o controle da constitucionalidade das leis e dos atos normativos pelo Poder Judiciário pode ser realizado tanto por controle **concentrado** (**abstrato**), que não é nenhuma novidade comparativamente a outros sistemas, como pelo controle **difuso** (**concreto**).

O controle abstrato, exercido pelo Poder Judiciário desvinculado da apreciação de um caso concreto, em regra se realiza por via direta, mediante ações específicas intentadas perante o Supremo Tribunal Federal (a não ser que se trata

---

1. Mestre em Direito Constitucional pela Pontifícia Universidade Católica de São Paulo. Doutorando em Direito Constitucional pela Pontifícia Universidade Católica de Buenos Aires. Presidente da Escola Brasileira de Estudos Constitucionais.
2. Mestre em Processo e Cidadania pela Universidade Católica de Pernambuco. Especialista em Processo Civil pela Universidade Potiguar. Graduado em Ciências Jurídicas e Sociais pela Universidade Federal da Paraíba. Membro da Associação Norte e Nordeste dos Professores de Processo. Membro da Academia Paraibana de Letras Jurídicas. Professor da Universidade Federal da Paraíba. Advogado e consultor jurídico.

de controle de constitucionalidade cuja norma parâmetro seja uma Constituição Estadual, caso em que o Tribunal de Justiça local será competente), cujo objeto é a declaração de constitucionalidade ou decretação de inconstitucionalidade de certo preceito de lei ou ato normativo. Reitere-se que é abstrato o controle porque qualquer das ações intentadas com esta finalidade junto ao STF ataca a lei ou o ato normativo em tese, pelo que não há um caso concreto, que circunde o interesse direto do próprio legitimado, a ser decido. Ou seja, tem-se uma finalidade objetiva que é a defesa da própria Constituição. Inexiste direito subjetivo em tela.

O controle difuso, por sua vez, pode ser realizado por qualquer juízo, independentemente da ação e do seu respectivo rito processual. Ou seja, uma das notas do controle difuso é a pluraridade orgânica quanto à possibilidade em declarar inconstitucional uma lei ou ato normativo. Dito de outro modo, se dois ou mais órgãos do Poder Judiciário podem declarar uma lei ou ato normativo inconstitucional, estaremos diante do modelo difuso. Quando realizado pelos tribunais, faz-se mediante a instauração de incidente processual, porque, ao contrário do que ocorre com controle abstrato, não se forma novo processo. A inconstitucionalidade de dispositivo(s) legal (is) e ato (s) normativo (s) é a causa de pedir do caso concreto, que envolve o interesse direto do legitimado. Para que o órgão jurisdicional competente possa analisar o pedido formulado pelo sujeito interessado, aquele deve, antes, avaliar a **questão prejudicial**, que se relaciona com (in)constitucionalidade dos dispositivos questionados[3].

O controle difuso, especificamente o realizado pelos tribunais, ante os objetivos do presente trabalho, é que interessa para o momento. A Lei nº 13.105/15, que instituiu o Novo Código de Processo Civil, conservou o instituto previsto no Código de 1973, embora tenha realizado algumas modificações no específico texto, principalmente com o objetivo de torná-lo mais pedagógico e a sua redação mais escorreita. Ao passo que forem apresentadas as disposições processuais, serão identificadas essas mudanças trazidas pelo Novo Código de Processo Civil.

2. CONTROLE CONCENTRADO DE CONSTITUCIONALIDADE

A decretação de inconstitucionalidade pode ser realizada por **qualquer juiz ou tribunal**[4], no julgamento de casos concretos. Se realizado o controle pelo

---

3. Como ensina Gilmar Ferreira Mendes (1998, p. 33), "o controle de constitucionalidade difuso, concreto, ou incidental, caracteriza-se, fundamentalmente, também no Direito brasileiro, pela verificação de uma questão concreta de inconstitucionalidade, ou seja, de dúvida quanto à constitucionalidade de ato normativo a ser aplicado num caso submetido à apreciação do Poder Judiciário.".
4. Processamento de RE trancado na origem
   O julgamento do mandado de segurança contra ato de turma recursal cabe à própria turma, não havendo campo para atuação quer de tribunal de justiça, quer do STJ. (...) Todo e qualquer órgão investido do ofício

juiz, assim o fará, de regra, em sentença, onde lhe caberá basicamente apresentar os fundamentos que lhe levaram a decretar a inconstitucionalidade do (s) dispositivo (s) apresentado (s), que era colocada como causa de pedir. Mas, quando a incompatibilidade do texto legal em face da Constituição Federal for suscitada em ações, recursos ou reexames a serem apreciados no âmbito dos tribunais, existirá **procedimento específico**, denominado incidente de arguição de inconstitucionalidade, que deverá ser observado em virtude da disposição contida no art. 97 da Constituição da República, que institui o princípio da reserva de plenário, e nos diversos artigos do Código de Processo Civil.

Sob a égide do Código de Processo Civil de 1973, o incidente de arguição de inconstitucionalidade estava disposto entre os artigos 480 e 482, no capítulo intitulado "Da Declaração de Inconstitucionalidade". Já sob a égide do Código de Processo Civil de 2015, ele está disposto entre os artigos 948 e 950, no capítulo intitulado "Do Incidente de Arguição de Inconstitucionalidade". A nomenclatura utilizada pelo CPC/73 foi modificada pelo CPC/15. Isso não ocorreu sem propósito. A mudança visou afirmar a operabilidade do texto do Novo Código, de maneira a torná-lo ainda mais pedagógico, ao adotar nomenclatura precisa.

Como aqui tratado antecedentemente, a "declaração de inconstitucionalidade" pode ocorrer de diversas formas e, acrescenta-se agora, por diferentes instrumentos. Mesmo o controle difuso pode ser realizado por instrumento outro, que não por intermédio do incidente de arguição mencionado. Basta dizer que o juiz pode, monocraticamente, por sentença (ou mesmo por decisão interlocutória, se ela for definitiva), decretar a inconstitucionalidade de lei ou ato normativo. Não precisa o juiz instaurar qualquer incidente específico. Mas, para os tribunais, quando realizado o controle difuso, ele será feito por incidente próprio, previsto nos mencionados dispositivos do Código de Processo Civil.

Daí porque a mudança legislativa. Se os artigos 948 a 950 do CPC/15[5], bem como os artigos 480 a 482 do CPC/73, tratam do controle difuso de constitucionalidade realizado pelos tribunais, que deve ser realizado por incidente específico, vem em bom tempo a alteração da nomenclatura antes adotada. Em vez de se

---

judicante tem competência para proceder ao controle difuso de constitucionalidade. Por isso, cumpre ao STJ, ultrapassada a barreira de conhecimento do especial, apreciar a causa e, surgindo articulação de inconstitucionalidade de ato normativo envolvido na espécie, exercer, provocado ou não, o controle difuso de constitucionalidade. AI-AgR 666523, red. p/ ac. Min. Marco Aurélio, 26.10.10. 1ª T. (Info 606)

5. "Art. 948. Arguida, em controle difuso, a inconstitucionalidade de lei ou de ato normativo do poder público, o relator, após ouvir o Ministério Público e as partes, submeterá a questão à turma ou à câmara à qual competir o conhecimento do processo.
    Art. 949. Se a arguição for:
    I – rejeitada, prosseguirá o julgamento;
    II – acolhida, a questão será submetida ao plenário do tribunal ou ao seu órgão especial, onde houver.

falar em "declaração de inconstitucionalidade", que pode ser realizada de diversas formas e por variados instrumentos processuais, é muito mais pedagógico que o Código faça referência a "incidente de arguição de inconstitucionalidade", pois, além de ficar identificada a forma difusa de controle, ao mesmo tempo, estará também identificada que ela, para o caso, ocorrerá junto ao tribunal, mediante incidente específico.

Há outra razão para justificar a modificação da nomenclatura adotada pelo Código de Processo Civil de 1973. O incidente de arguição de inconstitucionalidade, quando julgado improcedente, declara a constitucionalidade da lei ou ato do poder público. Todavia, quando julgado procedente, não "declara" a inconstitucionalidade, mas, sim, decreta-a, pois, essa eficácia do ato decisório é constitutiva. Desta forma, melhor que "declaração de inconstitucionalidade", é adotar a novel expressão "incidente de arguição de inconstitucionalidade", trazida pelo Código de Processo Civil de 2015.

Poder-se-ia indagar acerca do não afastamento, pelo CPC/15, do vocábulo "inconstitucionalidade" a se considerar que o incidente instaurado não necessariamente decreta a inconstitucionalidade do texto ou ato normativo indicado. A resposta é simples. Embora o incidente possa reconhecer a constitucionalidade do texto ou ato normativo indicado, ele é instaurado porque, num primeiro momento, a câmara ou turma do Tribunal entende ser ele inconstitucional. Tanto é que, antes de remeter ao Plenário ou à Corte Especial, é lavrado acórdão pelo órgão fracionário com tal decretação prévia. Além disso, a retirada do vocábulo, ante a possibilidade de declaração de constitucionalidade, não permitiria a compreensão imediata do instituto por sua nomenclatura. Daí porque não ter havido mudanças com o novo Código de Processo Civil.

Parágrafo único. Os órgãos fracionários dos tribunais não submeterão ao plenário ou ao órgão especial a arguição de inconstitucionalidade quando já houver pronunciamento destes ou do plenário do Supremo Tribunal Federal sobre a questão.

Art. 950. Remetida cópia do acórdão a todos os juízes, o presidente do tribunal designará a sessão de julgamento.

§ 1º As pessoas jurídicas de direito público responsáveis pela edição do ato questionado poderão manifestar-se no incidente de inconstitucionalidade se assim o requererem, observados os prazos e as condições previstos no regimento interno do tribunal.

§ 2º A parte legitimada à propositura das ações previstas no art. 103 da Constituição Federal poderá manifestar-se, por escrito, sobre a questão constitucional objeto de apreciação, no prazo previsto pelo regimento interno, sendo-lhe assegurado o direito de apresentar memoriais ou de requerer a juntada de documentos.

§ 3º Considerando a relevância da matéria e a representatividade dos postulantes, o relator poderá admitir, por despacho irrecorrível, a manifestação de outros órgãos ou entidades."

3. CLÁUSULA DE RESERVA DE PLENÁRIO

De acordo com a própria disposição do art. 97 da Constituição da República, somente pelo voto da **maioria absoluta** de seus membros ou dos membros do respectivo órgão especial poderão os tribunais decretar a inconstitucionalidade de lei ou ato normativo do Poder Público. Da disposição constitucional, advém a denominada *"cláusula de reserva de plenário"*, cujo cumprimento é **requisito** para que para todos os tribunais, na forma difusa, bem como para o Supremo Tribunal Federal (e para os Tribunais de Justiça, em razão de questionamentos formulados frente às respectivas Constituições Estaduais), no controle concentrado, decretem a inconstitucionalidade de lei e atos normativos do Poder Público[6]. Como destaca Francisco Cavalcanti Pontes de Miranda (1975, p. 60), "a exigência da maioria absoluta tem fundamento em ser preciso que haja discutido e meditado o assunto, a fim de não ser excessivamente fácil a desconstituição de leis ou outros atos do poder público, por eiva de inconstitucionalidade".

Por maioria absoluta, entenda-se não a maioria dos membros do tribunal presentes à sessão de julgamento, mas de todos aqueles que tomem assento na Corte. Somente pelo voto da maioria absoluta dos membros é que se pode decretar a inconstitucionalidade de texto ou ato normativo. Se, por qualquer motivo, não estiver presente a maioria absoluta dos membros, por óbvio, o julgamento, pelo Plenário ou pelo Órgão Especial, não pode sequer ser iniciado (aliás, assim ocorre em qualquer caso submetido a julgamento colegiado). Se estiver presente a maioria absoluta, ainda que não represente a totalidade, o julgamento pode ser iniciado, mas só findará quando coletada a quantidade de votos suficientes para obter o resultado definitivo, seja pela constitucionalidade, seja pela inconstitucionalidade do texto ou ato normativo[7].

Isso não quer dizer que todos os membros do órgão Plenário ou Especial devam votar. Basta, assim, que sejam colhidos os votos dos membros presentes, até, eventualmente, alcançar a maioria absoluta em um dos sentidos possíveis (constitucionalidade ou inconstitucionalidade). Se não alcançada a maioria

---

6. Inclusive, o enunciado vinculante 10 da súmula do Supremo Tribunal Federal dispõe que "viola a cláusula de reserva de plenário (CF, artigo 97) a decisão de órgão fracionário de tribunal que, embora não declare expressamente a inconstitucionalidade de lei ou ato normativo do poder público, afasta sua incidência, no todo ou em parte".
7. Perante o Supremo Tribunal Federal, lembra Gilmar Ferreira Mendes (1998, p. 40), "o julgamento da matéria exige quorum de oito ministros (art. 143, parágrafo único, do RISTF), somente podendo ser proclamada a constitucionalidade ou a inconstitucionalidade do preceito ou ato impugnado se, num ou noutro sentido, se tiverem manifestado seis ministros (art. 173, caput e 143, do RISTF). No caso de ausência de ministros em número que possa influir no julgamento, proceder-se-á à sua suspensão, aguardando-se o comparecimento dos ausentes (art. 173, parágrafo único, do RISTF), ou convocando-se ministros do Tribunal Federal de Recursos (art. 40 do RISTF)".

absoluta, ante a necessária ausência de membros, o julgamento será suspenso e, em continuação, serão colhidos os votos daqueles que não se manifestaram, até alcançar a maioria absoluta. Alcançada, a partir da coleta dos votos os membros que estiverem ausentes, encerra-se o julgamento, mesmo que outros membros, ausentes até então, não tenham votado.

O Supremo Tribunal Federal, por razões que se apóiam na objetivação de seus precedentes, e na própria vinculatividade do julgamento do incidente de inconstitucionalidade, entendeu ser dispensável a aplicação do comando disposto no art. 97, quando o texto legal ou ato normativo já houver sido por ele (ou pelo tribunal de origem) decretado inconstitucional, em decisão plenária, já que preenchida essa exigência em ocasião anterior[8]. Tal entendimento, por certo preciosismo, foi inclusive positivado pela Lei nº 9.756/98, que acrescentou o parágrafo único ao art. 481 do Código de Processo Civil de 1973 (redação repetida pelo parágrafo único do art. 949 do Código de Processo Civil de 2015).

Assim, apenas na primeira oportunidade é que, para afastar a incidência, no todo ou em parte, da lei ou do ato normativo do poder público, por decretação incidental de inconstitucionalidade, faz-se necessário o respeito à cláusula de reserva de plenário. Para as ocasiões seguintes, está dispensada a observância a tal requisito, pelo que os próprios órgãos fracionários, ou seja, câmaras ou turmas, poderão julgar de imediato as questões que lhe são submetidas sem a necessidade de instaurar incidente de inconstitucionalidade, a bastar, para tanto, invocar o precedente judicial.

4. EFEITOS

Em regra, os **efeitos** da decretação incidental de inconstitucionalidade somente se aplicam às partes do processo e com eficácia **retroativa**, sem que a lei seja retirada do sistema[9].

Se o controle for realizado pelo Supremo Tribunal Federal, em julgamento de caso concreto, por **resolução, o Senado Federal** poderá suspender, no todo ou em parte, os efeitos da lei (seja ela federal, estadual ou mesmo municipal) decretada inconstitucional, a alcançar, assim, **eficácia *erga omnes*.**

---

8. (STF. RE 199017/RS. DJU 28.05.99)
9. Como realça Gilmar Ferreira Mendes (1998, p. 38), "no controle da constitucionalidade exercido no caso concreto, a declaração considera a lei inconstitucional desde o seu nascimento, gerando efeitos ex tunc. Isto não significa que a lei seja retirada do ordenamento. Ela continua surtindo efeitos até que seja suspensa sua execução pelo Senado Federal depois de o STF ter se pronunciado, também incidentalmente, em razão de recurso sobre a questão".

A eficácia *erga omnes* da decisão do Supremo Tribunal que decreta a inconstitucionalidade da lei ou ato está subordinada à resolução do Senado Federal, conforme disposição do inciso X do art. 52 da Constituição da República[10].

Apesar dessa ampliação subjetiva, ante a edição de resolução pelo Senado Federal, os efeitos do ato, para aqueles que não foram partes no processo, projetam-se *ex nunc*. Só os que foram partes, justamente por serem alcançados diretamente pelo ato jurisdicional decisório, independentemente de haver ou não resolução do Senador Federal, serão alcançados pela eficácia *ex tunc*.

Se o controle incidental, frente à Constituição da República, for realizado pelo tribunal local, não será comunicado o Senado Federal, nem muito menos este poderá editar resolução para suspender a eficácia da lei decretada inconstitucional. Todavia, se o controle incidental realizado pelo Tribunal de Justiça levar em consideração a respectiva Constituição Estadual, deve ser comunicada a Assembléia Legislativa para editar resolução com aquela finalidade[11].

A resolução a ser editada pela Casa Legislativa, entretanto, não poderá ampliar, restringir ou mesmo interpretar a decisão que decreta incidentalmente a inconstitucionalidade. Cabe a ela editar, se for o caso, a resolução de forma simétrica ao ato jurisdicional decisório.

Em qualquer caso, a decretação de inconstitucionalidade cabe ao Poder Judiciário. Sem a decretação incidental, não cabe ao Senado Federal suspender a eficácia da lei, por entendê-la inconstitucional.

Quanto à extensão subjetiva dos efeitos da decretação incidental de inconstitucionalidade, deve-se levar em consideração a circunstância de a ação ser ou não coletiva. Se não for, os efeitos estarão, realmente, circunscritos às partes do processo. Mas, se a ação for coletiva, a autoridade da coisa julgada (sobretudo, mas não só nessa hipótese, quando a ação for julgada procedente) recairá sobre

---

10. MENDES, 1998, p. 34.
11. Conquanto não seja o enfoque do presente trabalho, ante o objetivo antes esclarecido, há longa discussão doutrinária acerca da faculdade ou obrigatoriedade de o Senado Federal editar resolução a fim de suspender a execução da lei declarada inconstitucional pelo Supremo Tribunal Federal. Alguns, como Celso Ribeiro Bastos (2002, p. 649), compartilha desse mesmo entendimento ao dizer "o Senado não se pode furtar à suspensão de lei declarada inconstitucional pelo Supremo Tribunal Federal desde que se tenham verificado os requisitos para tanto". Outros, como Pedro Lenza (2008, p. 152), defendem que "o Senado Federal não está obrigado a suspender a execução de lei declarada inconstitucional por decisão definitiva do Supremo Tribunal Federal". Por fim, o "Ministro Gilmar Mendes reafirmou posição no sentido de que a fórmula relativa à suspensão de execução da lei pelo Senado há de ter simples efeito de publicidade, ou seja, se o Supremo, em sede de controle incidental, declarar, definitivamente, que a lei é inconstitucional, essa decisão terá eficácia *erga omnes*, fazendo-se a comunicação àquela Casa legislativa para que publique a decisão no *Diário do Congresso*. Dessa forma, o ministro votou pela procedência da Reclamação, por entender que foi desrespeitada a eficácia *erma omnes* da decisão proferida no HC 82.959, no que foi acompanhado por Eros Grau. Divergiram dessa posição os Ministros Sepúlveda Pertence e Joaquim Barbosa." Mendes, Gilmar Ferreira e Branco, Paulo Gustavo Gonet in *Curso de Direito Constitucional*, p. 1.101.

as partes materiais, cujo direito estava a ser pleiteado por substituto processual. A decretação de inconstitucionalidade, entretanto, levará em consideração a aplicação da lei ao caso concreto, sem suspender, de uma forma generalizada, sua eficácia, nem, muito menos, retirá-la do sistema jurídico.

5. PROCEDIMENTO

O procedimento a ser observado nos tribunais é comumente chamado de **incidente de inconstitucionalidade**, a estar regulado pelos arts. 948 a 950 do Código de Processo Civil de 2015 (antes, pelos arts. 480 a 482 do Código de Processo Civil de 1973). Ao chegar o processo no Tribunal, no qual tenha sido argüida a inconstitucionalidade de lei ou ato normativo como questão prejudicial à análise do mérito, o relator, ouvido o **Ministério Público**, submeterá a questão à Turma ou Câmara, a que tocar o seu conhecimento.

Conquanto o texto legal não deixe claro, não se faz necessária a provocação das partes ou de qualquer interessado, para que o incidente seja instaurado. Se for o caso da inconstitucionalidade, que é matéria de ordem pública, ser prejudicial, o incidente deve ser instaurado de ofício, pelo relator ou por qualquer juiz votante. Como ensina Francisco Cavalcanti Pontes de Miranda (1975, p. 81), "os próprios juízes, órgãos, que são do Estado, para prestarem a tutela jurídica, podem, de ofício, argüir a inconstitucionalidade". O motivo para que o Judiciário possa declarar a inconstitucionalidade de lei ou ato normativo, independentemente de provocação das partes no processo, é de fácil compreensão: tem o Poder Judiciário o dever de aplicar o direito válido! Ora, se nesse **juízo crítico** o magistrado percebe que a lei ou ato normativo não guarda uma relação de harmonia em face do texto constitucional, tem o mesmo o dever de declará-lo inconstitucional, para salvaguardar a supremacia da Constituição e manter a coerência do ordenamento jurídico. Mas há quem entenda, como Paulo Bonavides (1994, p. 272), que a instauração do incidente somente ocorre quando, no curso do processo, "uma das partes levanta, em defesa de sua causa, a objeção de inconstitucionalidade da lei que se lhe quer aplicar".

Sob outro enfoque, ainda que qualquer dos interessados, dentre os quais as partes, tenha provocado o órgão jurisdicional competente, o incidente de inconstitucionalidade não será necessariamente instaurado, pois cabe ao órgão fracionário examinar a sua admissibilidade e a sua procedência[12]. Como esclarece Gilmar Ferreira Mendes (1998, p. 35):

---

12. Mesmo que em juízo não definitivo, já que assim só será quando o incidente chegar ao Órgão Plenário ou Especial para ser analisado em admissibilidade e procedência.

A argüição de inconstitucionalidade poderá ser rejeitada, no órgão fracionário, por inadmissível ou improcedente:

a) a questão há de envolver ato de natureza normativa a ser aplicado à decisão da causa, devendo ser rejeitada a argüição de inconstitucionalidade de ato que não tenha natureza normativa o não seja oriundo do Poder Público.

b) a questão de inconstitucionalidade há de ser relevante para o julgamento da causa, afigurando-se "inadmissível a argüição impertinente, relativa a lei ou a outro ato normativo de que não dependa a decisão sobre o recurso ou a causa".

c) a argüição será improcedente, se o órgão fracionário, pela maioria de seus membros, rejeitar a alegação de desconformidade da lei com a norma constitucional.

Em seguida, o órgão fracionário, ao analisar a questão de inconstitucionalidade, poderá tê-la como **não havida** ou **já dirimida** mediante composição plenária atual (pelo próprio tribunal ou pelo Supremo Tribunal Federal) ou **desnecessária** (por não ser prejudicial), caso em que **rejeitará** o incidente e prosseguirá no julgamento do mérito. Se **acolher** o incidente, o órgão fracionário **lavrará** acórdão, onde reconhecerá, mesmo que em juízo prévio, a inconstitucionalidade da lei ou do ato do Poder Público, a fim de que a questão relacionada seja submetida ao Plenário ou ao Órgão Especial, onde houver.

Sob a vigência do CPC/73, o art. 481, ao se referir ao acolhimento do incidente, fazia referência apenas ao "Tribunal Pleno". Com o CPC/15, o art. 949, II, faz referência "ao plenário do tribunal ou ao seu órgão especial, onde houver". Corrige-se imprecisão da legislação anterior, ante a circunstância de, em alguns tribunais, existir "órgão especial" e não "plenário".

O ato decisório da Turma ou Câmara que rejeita ou acolhe a instauração do incidente de inconstitucionalidade é irrecorrível.

Instaurado o incidente, nesta ocasião, há uma cisão de competência em razão da função. Dito de outro modo, *cisão funcional de competência*. Como ressalta José Carlos Barbosa Moreira (1975, p. 39), "ao Plenário caberá pronunciar-se sobre a constitucionalidade ou a inconstitucionalidade, e ao órgão fracionário, depois, à vista do que houver assentado o plenário, decidir a espécie". Ao Plenário ou Órgão Especial, caberá somente se pronunciar acerca do que, efetivamente, foi definido pelo órgão fracionário como prejudicial em razão da aferição da inconstitucionalidade, a ser defeso àquele julgar a parte anteriormente considerada inadmissível ou rejeitada.

Será, então, entregue cópia do acórdão lavrado pelo órgão fracionário a todos os juízes componentes do órgão julgador plenário ou especial (ou seja, àquele que for funcionalmente competente para conhecer e julgar o incidente de inconstitucionalidade), oportunidade em que o presidente do tribunal designará a **sessão de julgamento**. Antes, para **instruir** o julgamento do incidente, poderão se manifestar as pessoas jurídicas de direito público, responsáveis pela edição da lei ou ato normativo analisado, observadas, aí, as condições e os prazos fixados pelo Regimento Interno do respectivo Tribunal.

Sob a vigência do CPC/73, o § 1º do art. 482 dispunha que:

> Art. 482. Remetida a cópia do acórdão a todos os juízes, o presidente do tribunal designará a sessão de julgamento.
>
> § 1º. O Ministério Público e as pessoas jurídicas de direito público responsáveis pela edição do ato questionado, se assim o requererem, poderão manifestar-se no incidente de inconstitucionalidade, observados os prazos e condições fixados no Regimento Interno do Tribunal.

Não se olvida que, ante a atribuição de fiscalizar a ordem jurídica, o **Ministério Público** sempre será ouvido nos incidentes de inconstitucionalidade. Contudo, a redação do art. 482, § 1º, do Código de Processo Civil de 1973, quando mencionava o Ministério Público, referia-se à hipótese quando ele for o responsável pela produção do ato inquinado, a não se confundir com a necessidade de intervenção como "*custus legis*", já prevista no art. 480. Por isso que, no § 1º do art. 950 do CPC/15, foi eliminada a expressão "Ministério Público".

Além do Ministério Público e das pessoas jurídicas de direito público responsáveis pela edição do ato questionado, os **legitimados à propositura de Ação Declaratória de Constitucionalidade**[13] poderão manifestar-se, por escrito, sobre a questão da (in)constitucionalidade objeto de apreciação pelo Órgão Especial ou pelo Plenário do Tribunal, no prazo fixado em Regimento, a ser-lhes assegurado o direito de apresentar memoriais ou de pedir a juntada de documentos.

O relator, a considerar a relevância da matéria e a representatividade dos postulantes, poderá, em acréscimo, admitir, por despacho irrecorrível, a **manifestação de outros órgãos ou entidades, não sendo dado ao *amicus curiae***[14] o

---

13. Presidente da República, Mesa do Senado Federal, Mesa da Câmara dos Deputados, Mesa de Assembléia Legislativa ou da Câmara Legislativa do Distrito Federal, Governador de Estado ou do Distrito Federal, Procurador-Geral da República, Conselho Federal da Ordem dos Advogados do Brasil, partido político com representação no Congresso Nacional e confederação sindical ou entidade de classe de âmbito nacional

14. É o amicus curiae o terceiro que participa do processo, em razão do interesse público da matéria, trazendo um maior embasamento fático e jurídico à apreciação da compatibilidade da norma com a

direito de exigir, conquanto possa ser autorizada, sustentação oral. O direito a sustentar oralmente cabe ao Ministério Público e às partes. Os demais sujeitos só poderão realizar sustentação oral se autorizados. Ditas providências, como ensina Gilmar Ferreira Mendes (1998, p. 42)

> [...] conferem um caráter pluralista também ao processo incidental de controle de constitucionalidade, permitindo que o Tribunal decida com pleno conhecimento dos diversos aspectos envolvidos na questão. A possibilidade de manifestação de outros órgãos ou entidades representativas cria, outrossim, a figura do amicus curiae no processo de controle de constitucionalidade.

O incidente de inconstitucionalidade será julgado pela maioria dos membros do Pleno ou do Órgão Especial, a ser vinculativo, para a Turma ou Câmara de origem, o seu comando, já que "a declaração de constitucionalidade ou de inconstitucionalidade, firmada nos termos do art. 178 do RISTF, aplica-se a todos os casos submetidos às Turmas ou ao Plenário (art. 103, I, e II, RISTF)". Porém, assegura-se "a qualquer ministro, o direito de propor, em novos feitos, a revisão do entendimento assentado"[15], desde que verificado um *overruling*, a não ser que, quando comunicado, o Senado Federal tenha editado resolução para suspender a eficácia da lei. A este respeito, ensina Luiz Guilherme Marinoni (2010, p. 489):

> Uma vez proferida decisão acerca da questão constitucional, por parte do Plenário ou Órgão Especial, o órgão fracionário, e também o Plenário ou o Órgão Especial, não podem admitir novo incidente de inconstitucionalidade acerca da questão constitucional já julgada [...] não importa se o julgamento foi no sentido da inconstitucionalidade ou da constitucionalidade da norma. [...] O rejulgamento é viável apenas quando se tem plena consciência de que a eternização de um erro, seja porque os valores sociais e morais se alteraram, seja porque a evolução da sociedade e do direito mostraram que a decisão primitiva não mais deve prevalecer.

Mesmo os juízes que decidiram, de forma colegiada, pela prévia instauração do incidente de inconstitucionalidade, podem votar no julgamento pelo Plenário ou Órgão Especial, e, ainda assim, adotar posição diferente daquela previamente externada. Isso porque, como lembra Luiz Guilherme Marinoni (2010, p. 488), "embora o órgão fracionário analise a questão da inconstitucionalidade, ele assim o faz num juízo prévio, necessário apenas para o encaminhamento da questão ao Plenário ou ao Órgão Especial".

Constituição. A possibilidade da intervenção do amigo da corte outorga ao julgamento maior legitimidade social.

15. MENDES, 1998, p. 42.

Depois de julgado o incidente, o processo será devolvido **ao órgão fracionário** competente para **julgar a causa**[16].

Haverá, no caso, portanto, dois órgãos distintos no mesmo processo. O primeiro, o órgão fracionário, Turma ou Câmara, que, além de instaurar o incidente de inconstitucionalidade, julgará o mérito do processo. O segundo, órgão plenário ou especial, que julgará o incidente de inconstitucionalidade. O ato decisório será complexo, formado pela participação de dois órgãos jurisdicionais competentes a partir de três acórdãos, sendo aquele que julga o incidente e o outro que julga o caso concreto integrativos. Inclusive, é em razão dessa integração, que deve ser juntado o acórdão proveniente do julgamento do incidente de inconstitucionalidade, para viabilizar, quando julgado por tribunal local, a interposição de recurso extraordinário[17].

A despeito dessas considerações, a Corte Especial do Superior Tribunal de Justiça já decidiu que[18]

> [...] se o único fundamento da causa é a inconstitucionalidade de texto de lei, inexistindo matéria remanescente a ser decidida, é desnecessário que a Corte Especial devolva os autos ao órgão julgador que a suscitou, para completar-lhe o julgamento, devendo, desde logo, decidir o feito, a fim de evitar procrastinação incompatível com os princípios que regem o processo moderno.

De qualquer modo, por ser complexo o ato jurisdicional decisório, eventual ação rescisória, que porventura venha a ser intentada, deve ser dirigida ao Plenário ou Órgão Especial, ante sua competência definida em face da função desempenhada quando do julgamento do incidente de inconstitucionalidade. Se a ação rescisória atacar somente a aplicação do direito ao caso concreto, a não ter qualquer relação com a questão constitucional, a competência para julgamento será do órgão fracionário.

E justamente por ser complexo o ato jurisdicional decisório que, contra o julgamento do Plenário ou Órgão Especial não cabe recurso (exceção exclusiva aos embargos de declaração). Somente quando completado o julgamento, com a

---

16. Não se pode dizer que o julgamento pelo pleno ou órgão plenário é o definitivo, porque pode haver cumulação de demandas, além do que é necessário ajustes ao caso concreto (a exemplo da definição do termo inicial dos juros de mora, índice de correção monetária a ser aplicado, definição de sucumbência etc.). Mais que isso, tribunal superior pode ter adotado, posteriormente (mas antes de instauração o incidente) entendimento diverso ao tribunal *a quo* que decidiu a arguição incidental de inconstitucionalidade. Se este for o caso, o órgão fracionário pode adotar o entendimento do tribunal superior em torno da questão em detrimento daquele que foi alcançado a partir do julgamento da arguição incidental de inconstitucionalidade.
17. STF. RE 158540 AgRg. 1ª TURMA. Rel. Min. Celso de Mello. DJ 23.05.1997. PP-21735.
18. (STJ. EDcl na AI no RMS 1178/RS. DJU 09.10.95)

apreciação do caso concreto pela Turma ou Câmara, é que, junto ao STF, caberá embargos de declaração e, junto aos demais tribunais, além dos mencionados embargos, recursos para os tribunais superiores[19]. Antes de completado o julgamento, não haveria interesse recursal.

6. CONCLUSÕES

O incidente de inconstitucionalidade é apenas um dentre os demais mecanismos de proteção da Supremacia Constitucional. A Constituição da República de 1988 instituiu um sistema híbrido de controle de constitucionalidade, no qual se tem um controle concentrado ao lado de um controle difuso de proteção da Lei Maior. Quando da sua promulgação em outubro de 1988, surgiu o controle difuso através de todo e qualquer órgão integrante da estrutura do Poder Judiciário, ao lado do controle concentrado, que residiu na esfera de competência do Supremo Tribunal Federal. Paulatinamente, o sistema concentrado de defesa da Constituição Federal foi sendo reforçado, de modo que se teve a edição da Emenda Constitucional nº 3/93, que instituiu a Ação Declaratória de Constitucionalidade e a Arguição de Descumprimento de Preceito Fundamental. No ano de 1999, foi criada a Lei nº 9.868, que dispõe sobre o processo e julgamento da Ação Direta de Inconstitucionalidade e Ação Declaratória de Constitucionalidade. Ainda no mesmo ano, houve a promulgação da Lei nº 9.888, que disciplinou o processo e julgamento da Arguição de Descumprimento de Preceito Fundamental. No ano de 2004, através da Emenda Constitucional nº 45, que instituiu a denominada **Reforma do Poder Judiciário,** foi criada a Súmula Vinculante, ato normativo de competência privativa do Supremo Tribunal Federal, cujo objeto pode versar, dentre outros, sobre a validade, a interpretação e a eficácia de normas determinadas. A (in)constitucionalidade reside na esfera de (in)validade da norma jurídica. Em 2006, através da edição da Lei nº 11.417, a súmula vinculante passou a ter um disciplinamento jurídico próprio. Em paralelo, o próprio Supremo Tribunal Federal vinha a se utilizar de técnicas decisórias em sede de jurisdição constitucional, a exemplo da interpretação conforme à Constituição, a declaração de inconstitucionalidade sem a pronúncia de nulidade e a declaração de inconstitucionalidade parcial sem redução de texto. Conclui-se, deste modo, que, no tocante à proteção e consequente efetividade do texto constitucional, não apenas o legislador está a fazer sua parte, mas também o Supremo Tribunal Federal.

---

19. Neste sentido, apontam os enunciados 293 ("São inadmissíveis embargos infringentes contra decisão em matéria constitucional submetida ao plenário dos tribunais"), 455 ("Da decisão que se seguir ao julgamento de constitucionalidade pelo Tribunal Pleno, são inadmissíveis embargos infringentes quanto a matéria constitucional.") e 513 ("A decisão que enseja a interposição de recurso ordinário ou extraordinário não é a do plenário, que resolve o incidente de inconstitucionalidade, mas a do órgão (câmaras, grupos ou turmas) que completa o julgamento do feito") da súmula do STF.

7. REFERÊNCIAS

ALEXY, Robert. **El concepto y la validez del derecho**. 2ª ed., Barcelona, Gedisa, 1997.

AMARAL JUNIOR, José Levi Mello do. **Incidente de Argüição de Inconstitucionalidade. Comentários ao art. 97 da Constituição e aos arts. 480 a 482 do Código de Processo Civil**. São Paulo: Revista dos Tribunais, 2002

APPIO, Eduardo Fernando. **Interpretação conforme à Constituição – Instrumentos de Tutela Jurisdicional dos Direitos Fundamentais**. Curitiba: Juruá, 2002.

BARACHO, José Alfredo de Oliveira. **Processo Constitucional**. Rio de Janeiro: Forense, 1984.

_____ "Hermenêutica Constitucional". In *Revista de Direito Público*, vol. 59/60, p. 47-72.

BARBOSA MOREIRA, José Carlos. **Comentários ao Código de Processo Civil**. Rio de Janeiro: Forense, 1973, v. 5, p. 41.

BASTOS, Celso Ribeiro. **Hermenêutica e Interpretação Constitucional**. São Paulo, IBDC, 1997.

_____ **Curso de Direito Constitucional**. 23 ed. São Paulo: Saraiva, 2002.

BASTOS, Celso Ribeiro e BRITO, Carlos Ayres de. **Interpretação e Aplicabilidade das Normas Constitucionais**. São Paulo, Saraiva, 1982.

BOBBIO, Norberto. **Teoria do Ordenamento Jurídico**. 10ª ed., Trad. Maria Celeste C. J. Santos, Brasília, Editora Universidade de Brasília. 1997.

BONAVIDES, Paulo. **Curso de Direito Constitucional**. 9ª ed., São Paulo, Malheiros Editores, 2000.

BORGES, José Souto Maior. **O contraditório no processo judicial (uma visão dialética)**. São Paulo, Malheiros Editores, 1996.

CAMPOS, German J. Bidart. **El Derecho de la Constitucion y su Fuerza Normativa**. Buenos Aires, Ediar, 1995.

CANOTILHO, J. J. Gomes. **Direito Constitucional e Teoria da Constituição**. 3ª ed., Coimbra, Almedina, 1999.

CAPPELLETTI, Mauro. **O Controle Judicial de Constitucionalidade das Leis no Direito Comparado**. Porto Alegre: Fabris Editor, 1984.

CLÉVE, Clèmerson Merlin. **A Fiscalização Abstrata de Constitucionalidade no Direito Brasileiro**. São Paulo: Revista dos Tribunais, 1995.

COELHO, Sacha Calmon Navarro. **O Controle da Constitucionalidade das Leis e do Poder de Tributar na Constituição de 1988**. Belo Horizonte: Del Rey, 1992.

COELHO, Inocêncio Mártires. **Interpretação Constitucional**. Porto Alegre, Sergio Antonio Fabris Editor, 1997.

DORADO PORRAS, Javier. **El debate sobre el control de Constitucionalidad en los Estados Unidos – Una polémica sobre la interpretación constitucional.** Madrid, Dykinson, 1997.

ENTERRIA, Eduardo Garcia. **La Constitución Como Norma y el Tribunal Constitucional.** Madrid: Civitas, 1981.

FAGUNDES, M. Seabra. "A Função Política do Supremo Tribunal Federal". *Revista de Direito Público*, nº 49/50, p. 07-14.

FERRARI, Regina Maria Macedo Nery. **Efeitos da Declaração de Inconstitucionalidade.** 4 ed. São Paulo: Revista dos Tribunais, 1999.

FRANCO, Afonso Arinos de Melo. **Direito Constitucional – Teoria da Constituição. As Constituições do Brasil.** 3ª ed. Rio de Janeiro, Forense, 1987.

KELSEN, Hans. **Teoria Geral do Direito e do Estado.** 3ª ed., Trad. Luís Carlos Borges, São Paulo, Martins Fontes, 1998.

_____ **Jurisdição Constitucional.** São Paulo: Martins Fontes, 2003.

MARINONI, Luiz Guilherme. **Código de Processo Civil Comentado Artigo por Artigo.** 2. ed. São Paulo: Revista dos Tribunais, 2010.

MAXIMILIANO, Carlos. **Hermenêutica e Aplicação do Direito.** 18ª ed., Rio de Janeiro, Editora Forense, 2000.

MENDES, Gilmar Ferreira. **Controle de Constitucionalidade – Aspectos Jurídicos e Políticos.** São Paulo: Saraiva, 1990.

_____ **Direito Fundamentais e Controle de Constitucionalidade: Estudos de Direito Constitucional.** São Paulo, Celso Bastos Editor, 1998.

_____ *Jurisdição Constitucional – o controle abstrato de normas no Brasil e na Alemanha.* 3ª ed. São Paulo: Saraiva, 1999.

_____ "Controle Incidental de Normas no Direito Brasileiro". *Revista dos Tribunais. Cadernos de Direito Constitucional e Ciência Política.* São Paulo: RT, ano 6, nº 23, abr./jun. 1998

_____ e MARTINS, Ives Gandra da Silva. **Controle Concentrado de Constitucionalidade: comentários a Lei 9.868.** São Paulo: Saraiva, 2001

PONTES DE MIRANDA, Francisco Cavalcanti. **Comentários ao Código de Processo Civil.** Tomo VI. Rio de Janeiro: Forense, 1975.

NEVES, Marcelo. **Teoria da Inconstitucionalidade das Leis.** São Paulo: Saraiva, 1988.

PALU, Oswaldo Luiz. **Controle de Constitucionalidade. Conceitos, sistemas e efeitos.** São Paulo: Revista dos Tribunais, 1999.

PECES-BARBA, Gregorio. **Los Valores Superiores.** Madrid, Tecnos, 1986.

PÉREZ LUÑO, Antonio Enrique. **Derechos Humanos, Estado de Derecho y Constitucion.** 6ª ed., Madrid, Tecnos, 1999.

PIOVESAN, Flávia. **Proteção judicial contra omissões legislativas: ação direta de inconstitucionalidade por omissão e mandado de injunção.** São Paulo: Revista dos Tribunais, 1995.

POLETTI, Ronaldo. **Controle da Constitucionalidade das Leis.** 2 ed. Rio de Janeiro: Forense, 1995

SCHMITT, Carl. **Teoría de la Constitución.** Trad. Francisco Ayala. Madrid, Alianza Universidad Textos, 1996.

SILVA, Paulo Napoleão Nogueira. **A Evolução do Controle de Constitucionalidade e a Competência do Senado Federal.** São Paulo: Revista dos Tribunais, 1992.

SLAIB FILHO, Nagib. **Ação Declaratória de Constitucionalidade.** Rio de Janeiro: Forense, 1994

STRECK, Lenio Luiz. **Hermenêutica Jurídica e(m) Crise – Uma exploração hermenêutica da Construção do Direito.** 2ª ed., Porto Alegre, Livraria do Advogado, 2000.

_____ **Jurisdição Constitucional e Hermenêutica: uma nova crítica do Direito.** Porto Alegre: Livraria do Advogado, 2002.

ZAVASCKI, Teori Albino. **Eficácia das sentenças na Jurisdição Constitucional.** São Paulo: Revista dos Tribunais, 2001.

CAPÍTULO 7

A Formação Progressiva da Coisa Julgada Material e o Prazo para o Ajuizamento da Ação Rescisória: Contradição do Novo Código de Processo Civil

Délio Mota de Oliveira Júnior[1]

SUMÁRIO • 1. INTRODUÇÃO; 2. COISA JULGADA MATERIAL E AÇÃO RESCISÓRIA; 3. A DIVERGÊNCIA DE ENTENDIMENTOS DO SUPERIOR TRIBUNAL DE JUSTIÇA E DO SUPREMO TRIBUNAL FEDERAL ACERCA DO TERMO INICIAL DO PRAZO DE RESCINDIBILIDADE DA COISA JULGADA MATERIAL FORMADA PROGRESSIVAMENTE; 4. ADOÇÃO DA TEORIA DA FORMAÇÃO DA COISA JULGADA MATERIAL PROGRESSIVAMENTE FORMADA NO NOVO CÓDIGO DE PROCESSO CIVIL:4.1. A PARTIR DO CONCEITO DE SENTENÇA; 4.2. A PARTIR DO CONCEITO DE COISA JULGADA MATERIAL; 4.3. A PARTIR DA TEORIA DOS CAPÍTULOS DA SENTENÇA; 4.4. A PARTIR DO JULGAMENTO ANTECIPADO PARCIAL DO MÉRITO; 4.5. A PARTIR DO PRINCÍPIO DO TANTUM DEVOLUNTUM QUANTUM APPELLATUM; 5. QUESTÕES PRÁTICAS ENVOLVENDO A FORMAÇÃO PROGRESSIVA DA COISA JULGADA MATERIAL:5.1. COMPETÊNCIA PARA O JULGAMENTO DA AÇÃO RESCISÓRIA; 5.2. POSSIBILIDADE DO MANEJO DA AÇÃO RESCISÓRIA ENQUANTO ESTIVER TRAMITANDO O PROCESSO PRINCIPAL; 5.3. POSSIBILIDADE DE DECLARAÇÃO DA NULIDADE DO PROCESSO, AO JULGAR A PARCELA RECORRIDA DO DECISUM; 6. A AÇÃO RESCISÓRIA E O PRAZO PARA O SEU AJUIZAMENTO NO NOVO CÓDIGO DE PROCESSO CIVIL; 7. CONSIDERAÇÕES FINAIS; 8. REFERÊNCIAS BIBLIOGRÁFICAS.

1. INTRODUÇÃO

O estudo acerca da possibilidade do fracionamento da sentença ainda gera polêmica no Direito pátrio. Não obstante as previsões do ordenamento jurídico brasileiro (tanto do Código de Processo Civil de 1973, como do Código de Processo Civil de 2015), bem como a tradicional orientação doutrinária acerca da existência de capítulos da sentença, a ideia da sentença como instituto uno e indivisível parece ainda encontrar defensores.

Considerando a possibilidade do fracionamento da sentença, tem-se, automaticamente, a possibilidade da formação progressiva da coisa julgada material de capítulos autônomos e independentes da sentença.

---

1. Mestrando em Direito Processual Civil pela UFMG. Bacharel em Direito pela UFMG. Professor Voluntário de Direito Processual Civil na UFMG. Advogado.

Assim, a controvérsia em torno da possibilidade de ocorrer o trânsito em julgado de capítulos da sentença, em momentos distintos no curso do processo, se torna extremamente relevante para se fixar o termo inicial da contagem do prazo decadencial de dois anos para o manejo da ação rescisória.

Em outubro de 2009, a edição do enunciado de súmula nº 401 do Superior Tribunal de Justiça, que dispõe que "o prazo decadencial da ação rescisória só se inicia quando não for cabível qualquer recurso do *último pronunciamento judicial*», reacendeu a referida controvérsia.

Contribuindo para esta polêmica, o novo Código de Processo Civil adotou a teoria da formação progressiva da coisa julgada material, mas disciplinou que "o direito à rescisão se extingue em 2 (dois) anos contados do trânsito em julgado da última decisão proferida no processo" (artigo 975).

Nesse sentido, o presente trabalho analisará se o disposto no artigo 975 do novo Código de Processo Civil está em conformidade: (I) com a tese da formação progressiva da coisa julgada material (e, consequentemente, da existência dos capítulos da sentença), adotada pelo sistema processual brasileiro; e (II) com as garantias fundamentais da segurança jurídica e da isonomia das partes, necessárias para se assegurar a manutenção do Estado Democrático de Direito.

2. COISA JULGADA MATERIAL E AÇÃO RESCISÓRIA

A segurança e a justiça são valores de altíssima relevância, constitucionalmente assegurados no atual Estado Democrático de Direito. Para concretizá-los, a Constituição da República Federativa do Brasil de 1988 proclama, em seu artigo 5º, dentre os direitos fundamentais, a garantia de acesso ao Poder Judiciário, através do devido processo legal, que resulte em um provimento judicial altamente estabilizado, porquanto, revestido pela autoridade da coisa julgada material.

Ou seja, após a tramitação do devido processo legal, confere-se estabilização ao provimento judicial, atribuindo-lhe autoridade de coisa julgada material e, assim, efetiva-se o princípio da segurança jurídica que se destina, dentre outros propósitos, a evitar a perpetuação dos litígios.

Note-se que, após o trânsito em julgado, o provimento jurisdicional de mérito tem força de lei entre as partes demandantes, nos limites da lide e das questões decididas, conforme prevê o artigo 503 do novo Código de Processo Civil. A coisa julgada material (*res iudicata*) apresenta-se "como um *efeito sistêmico,* decorrente não da sentença, mas do trânsito em julgado ou da preclusão das vias recursais"[2] [3].

Neste sentido, conferir a autoridade da coisa julgada material ao pronunciamento judicial de mérito constitui requisito indispensável para assegurar o Estado Democrático de Direito e a efetividade do direito fundamental de acesso ao Poder Judiciário[4].

Importante destacar que o legislador, ao instituir a coisa julgada material, não está conferindo a sentença juízo de correspondência com a verdade real dos fatos ou com os direitos subjetivos das partes, de modo a assegurar a justiça do pronunciamento judicial[5].

Contudo, "o fato de a coisa julgada não se apoiar necessariamente sobre a justiça do decisório não lhe diminui a relevância dentro da ordem constitucional. É impensável Estado Democrático de Direito fora da garantia de segurança jurídica, e é em seu nome que se estrutura o instituto da coisa julgada. Sendo impossível a perfeição do julgamento humano, não cabe à ordem jurídica exigir que o juiz jamais erre ou nunca cometa alguma injustiça. Mas é legítimo esperar que os julgamentos judiciais são sempre acatados e respeitados e possam cumprir a missão pacificadora dos litígios"[6].

---

2. CABRAL, Antonio do Passo. *Coisa Julgada e Preclusões Dinâmicas: Entre continuidade, mudança e transição de posições processuais estáveis.* Salvador: Editora JusPodivm. 2ª edição, 2014, p. 148

3. Liebman, refutando a teoria do processualista alemão Konrad Hellwig da coisa julgada como eficácia da declaração, defendeu que a teoria da coisa julgada como qualidade da sentença (LIEBMAN, Enrico Tullio. *Efficacia ed autirità della sentenza.* Miano: Giuffré, 1935, p. 2-8). Adotando a teoria de Liebmam, Humberto Theodoro Júnior defende a coisa julgada material "como a qualidade da sentença, assumida em determinado momento processual. Não é efeito da sentença, mas qualidade dela representada pela 'imutabilidade' de julgado e de seus efeitos". (THEODORO JÚNIOR, Humberto. *Curso de Direito Processual Civil: Teoria Geral do Direito Processual Civil e Processo de Conhecimento.* vol. I, 50ª. ed., Rio de Janeiro: Forense, 2009, p. 523). Em sentido contrário, Antonio Passo de Cabral afirma que "adotar a expressão 'qualidade' e conceituar a coisa julgada como uma 'nova situação jurídica', como faz parte da doutrina", pode "ser compreendida como uma tendência velada em adotar uma concepção material da coisa julgada, como se fosse a sentença que criasse uma 'nova' estabilidade. Pois esta 'nova' situação jurídica é gerada por quem ou pelo quê? Se não foi a própria decisão que a produziu (porque não pode ser 'efeito' dela), como nasceu esta situação jurídica? (...) Não vemos, por conseguinte, obstáculo algum em afirmar que a coisa julgada é um efeito, mas externo à decisão, e que com os efeitos produzidos pelo conteúdo da própria sentença não se confunde" (CABRAL, Antonio do Passo. *Coisa Julgada e Preclusões Dinâmicas: Entre continuidade, mudança e transição de posições processuais estáveis.* Salvador: Editora JusPodivm. 2ª edição, 2014, p. 147-148).

4. MARINONI, Luiz Guilherme. "O princípio da segurança dos atos jurisdicionais (a questão da relativização da coisa julgada material)." In: DIDIER Jr., Fredie (Org.) *Relativização da Coisa Julgada.* 2ª Ed., Salvador, JusPodivm, 2006, p.233.

5. CABRAL, Antonio do Passo. *Coisa Julgada e Preclusões Dinâmicas: Entre continuidade, mudança e transição de posições processuais estáveis.* Salvador: Editora JusPodivm. 2ª edição, 2014, p. 170-171.

6. THEODORO JÚNIOR, Humberto. "Coisa Julgada: Pluralidade e Unicidade (Súmula nº 401 do STJ)". *Revista Magister de Direito Civil e Processo Civil.* Porto Alegre: Magister, vol. 35, março-abril/ 2004, p. 76.

No entanto, por mais relevante que seja a coisa julgada material no alcance da segurança jurídica, ela não se apresenta como absoluta e inflexível no direito brasileiro. A legislação processual brasileira admite afastar-se a imutabilidade e a indiscutibilidade da coisa julgada material do provimento jurisdicional que violou ostensivamente o princípio da justiça, da legalidade e da normatividade.

A desconstituição da sentença de mérito, em que se operou o trânsito em julgado, com eventual rejulgamento da matéria nela julgada, se dá mediante a ação rescisória, prevista nos artigos 966 a 975 do Código de Processo Civil de 2015.

Note-se que as sentenças rescindíveis, nulas ou inexistentes são distintas, conforme explicita José Carlos Barbosa Moreira:

> Sentença rescindível não se confunde com sentença nula nem, a fortiori, com sentença inexistente. (...) A condição jurídica da sentença rescindível assimila-se, destarte, à do ato anulável. Os autores que têm construído a rescisória como ação tendente à declaração da nulidade da sentença empregam o termo 'nulidade' em sentido impróprio; uma invalidade que só opera depois de judicialmente decretada classificar-se-á, com melhor técnica, como 'anulibilidade'. Rescindir, como anular, é desconstituir.[7]

Assim, a ação rescisória, cuja origem remota pode atribuir-se à *querela nullitatis* e à *restitutio in integrum*, revela-se como meio autônomo de impugnação das decisões judiciais de mérito[8]. Distingue-se a ação rescisória dos recursos, na medida em que a impugnação do ato jurisdicional decisório nos recursos é uma fase do procedimento em que foi proferido o provimento jurisdicional atacado; enquanto, na ação rescisória instaura-se novo processo, tendo em vista que tem por pressuposto o encerramento definitivo do processo originário.[9]

O pressuposto temporal para o ajuizamento da ação rescisória é a observância do prazo bienal de decadência[10]. Ultrapassado esse prazo extingue-se a pre-

---

7. MOREIRA, José Carlos Barbosa. *Comentários ao Código de Processo Civil: Lei nº 5.869, de 11 de janeiro de 1973*. vol. V: arts. 476 a 565 – Rio de Janeiro: Forense, 2011, p. 105 e 107.
8. "A ação rescisória não é recurso por não atender ao princípio da taxatividade, ou seja, por não estar prevista em lei como recurso. Ademais, os recursos não formam novo processo, nem inauguram uma nova relação jurídica processual, ao passo que as ações autônomas de impugnação assim se caracterizam por gerarem a formação de nova relação jurídica processual, instaurando-se um processo novo. Eis por que a Ação rescisória ostenta a natureza jurídica de uma ação autônoma de impugnação: seu ajuizamento provoca a instauração de novo processo, com nova relação jurídica processual." (CUNHA, Leonardo José Carneiro. "Termo inicial do prazo para ajuizamento da Ação rescisória, capítulos da sentença e recurso parcial". *Revista de Processo*, v. 30, nº 120, p.180-228, fevereiro/2005, p. 194)
9. SILVA, Ovídio Baptista da. *Curso de Processo Civil*, Fabris Ed. Vol. I, 1987, p. 409
10. "Escoado o biênio, a parte não perde o direito ao ajuizamento da ação rescisória; o que ela perde é o direito à rescisão ou desconstituição da coisa julgada. Daí por que o prazo é decadencial, e não prescricional: não se está diante de uma relação de crédito/débito, não havendo, pois, pretensão; está-se diante

tensão rescisória e o *decisum* atinge o estado de "coisa soberanamente julgada", não comportando mais qualquer impugnação[11].

A doutrina clássica reconhece, de forma pacífica, a possibilidade de o pronunciamento judicial coexistir na análise e julgamento de mais de uma questão autônoma, sendo cada uma passível de ser isolada e estudada em sua unicidade como um capítulo da sentença[12].

Nos termos da doutrina de Cândido Rangel Dinamarco, "cada capítulo do decisório, quer todos de mérito, quer heterogêneos, é uma unidade elementar autônoma, no sentido de que cada um deles expressa uma deliberação específica; cada uma dessas deliberações é distinta das contidas nos demais capítulos e resulta da verificação de pressupostos próprios, que não se confundem com os pressupostos das outras"[13].

Constata-se, portanto, que a autonomia e a independência entre os capítulos da sentença resultariam na possibilidade da formação da coisa julgada material em diferentes momentos processuais.

Pontes de Miranda, reconhecendo a possibilidade da formação da coisa julgada progressivamente, já previa a necessidade de tantas ações rescisórias quantas fossem as coisas julgadas:

> A extensão da ação rescisória não é dada pelo pedido. É dada pela sentença em que se compõe o pressuposto da rescindibilidade. Se a mesma petição continha três pedidos e o trânsito em julgado, a respeito de cada um, foi em três instâncias, há tantas ações rescisórias quantas as sentenças [14].

Neste sentido, a sentença dividida em capítulos autônomos e independentes oferece reflexos também na definição do termo inicial do prazo decadencial para a propositura da ação rescisória. Afinal, a formação progressiva das coisas

---

de um direito potestativo, sendo, então, de decadência, e não de prescrição o prazo previsto no artigo 495 do CPC." (CUNHA, Leonardo José Carneiro. Termo inicial do prazo para ajuizamento da Ação rescisória, capítulos da sentença e recurso parcial. *Revista de Processo*, v. 30, nº 120, p.180-228, fevereiro/2005, p. 205)

11. "Nesta linha, pode-se dizer que a coisa 'soberanamente' julgada configura-se quando a decisão atingiu a preclusão máxima na ordem jurídica, representada não apenas pela incidência da preclusão do direito de ação de invalidação desta, vez que a relação jurídica material formada pela decisão que transitou em julgado, não está mais sujeita a qualquer recurso, bem como não se encontra mais a mercê de eventual demanda rescisória." (PORTO, Sérgio Gilberto. *Coisa Julgada Civil*. 3ª ed. – São Paulo: Revista dos Tribunais, 2006, p. 139)
12. DINAMARCO, Cândido Rangel. *Capítulos de Sentença*. São Paulo: Malheiros, 2004.
13. DINAMARCO, Cândido Rangel. *Capítulos de Sentença*. São Paulo: Malheiros, 2004, p. 34.
14. PONTES DE MIRANDA. *Tratado da Ação rescisória, da sentença e de outras decisões*. 5ª. ed. Rio de Janeiro: Forense, 1976, p. 353.

julgadas materiais, em estágios processuais distintos, implica a existência de diferentes prazos iniciais para a propositura da ação rescisória de sentença objetivamente complexa[15].

3. A DIVERGÊNCIA DE ENTENDIMENTOS DO SUPERIOR TRIBUNAL DE JUSTIÇA E DO SUPREMO TRIBUNAL FEDERAL ACERCA DO TERMO INICIAL DO PRAZO DE RESCINDIBILIDADE DA COISA JULGADA MATERIAL FORMADA PROGRESSIVAMENTE

No dia 07 de outubro de 2009, a Corte Especial do Superior Tribunal de Justiça aprovou o enunciado de súmula nº 401, que prevê que "o prazo decadencial da ação rescisória só se inicia quando não for cabível qualquer recurso do *último pronunciamento judicial*".

De acordo com os precedentes que conduziram para edição do enunciado de súmula nº 401[16], o Superior Tribunal de Justiça adotou os seguintes fundamentos: (I) não há possibilidade de trânsito em julgado parcial e do fracionamento da sentença ou do acórdão, haja vista que a ação é una e indivisível; (II) admitir coisa julgada por capítulos resultaria em uma suposta conturbação processual, na medida em que se torna possível haver uma numerosa quantidade de coisas julgadas em um mesmo feito, e consequentemente possibilidade de existência de diversas ações rescisórias referentes a um mesmo processo; (III) impossibilidade do manejo da ação rescisória enquanto estiver tramitando o processo principal; e (V) na necessidade de se aguardar o julgamento de todos os capítulos da sentença, para ver se não será declarada a nulidade de todo o processo.

Em sentido diverso, o Supremo Tribunal Federal entende que "os capítulos autônomos do pronunciamento judicial precluem no que não atacados por meio de recurso, surgindo, ante o fenômeno, o termo inicial do biênio decadencial para a propositura da rescisória", conforme asseverado na ementa do Recurso Extraordinário nº 666.589/DF, de relatoria do Ministro Marco Aurélio, julgado pela Primeira Turma, em 25 de março de 2014.

---

15. Denominação da sentença em que "coexiste mais de uma resolução de mérito", segundo a doutrina de José Carlos Barbosa Moreira no artigo "Sentença objetivamente complexa, trânsito em julgado e rescindibilidade". In: *Aspectos Polêmicos e atuais dos recursos cíveis e assuntos afins*. NERY JR., Nelson; WAMBIER, Teresa Arruda Alvim (coord) – São Paulo: Editora dos Tribunais, vol. 11, 2007, p. 168.

16. Eis alguns dos precedentes: BRASIL. Superior Tribunal de Justiça. Embargos de Divergência em Recurso Especial nº 404.777/DF, Relator: Ministro Fontes de Alencar, Relator p/acórdão: Ministro Francisco Peçanha de Martins, Julgamento em 03/12/2003, Publicação no DJ de 11/04/2005; BRASIL. Superior Tribunal de Justiça. Recurso Especial nº 639.233/DF, Relator: Ministro José Delgado, Julgamento em 06/12/2005, Publicação no DJ de 14/09/2006; BRASIL. Superior Tribunal de Justiça. Embargos de Divergência em Recurso Especial nº 341655/PR, Relatora: Ministra Laurita Vaz, Julgamento em 21/05/2008, Publicado no DJ de 06/08/2008.

No julgamento do Recurso Extraordinário nº 666.589/DF, a Primeira Turma do Supremo Tribunal Federal asseverou que, na hipótese da formação progressiva da coisa julgada material, o prazo decadencial para o ajuizamento da ação rescisória inicia-se a partir do trânsito em julgado de cada capítulo autônomo e independente da sentença, sob pena de violação a garantia da coisa julgada, prevista no artigo 5º, inciso XXXVI, da Constituição da República de 1988[17].

---

17. Eis parte do voto do Ministro Marco Aurélio (Relator), no julgamento do Recurso Extraordinário nº 666.589/DF: "Está em jogo definir o momento preciso em que ocorre o fenômeno da coisa julgada para efeito de assentar o início da fluência do prazo decadencial relativo à propositura de ação rescisória, considerado processo revelador de pedidos cumulados, mas materialmente divisíveis, em que as decisões concernentes a cada qual tornaram-se definitivas em momentos distintos. A controvérsia envolve saber se. O STJ, apontando o caráter unitário e indivisível da causa, consignou a inviabilidade do trânsito em julgado de partes diferentes do acórdão rescindendo, devendo o prazo para propositura de demanda rescisória começar a partir da preclusão maior atinente ao último pronunciamento. Com essas premissas, deu provimento a especial do Banco Central para admitir pedido rescisório, afastada a decadência reconhecida no Tribunal Regional Federal da 1ª Região. O acórdão impugnado está em desarmonia com a melhor doutrina sobre o tema e com a jurisprudência do Supremo, encerrando violação à garantia da coisa julgada, prevista no artigo 5º, XXXVI, da Carta da República. Consoante a circunstância de haver capítulos dos pronunciamentos repercute, necessariamente, sobre a determinação do objeto possível dos recursos, seja quanto ao conteúdo, seja no tocante ao legitimado recursal. Unidades autônomas de pedidos implicam capítulos diferentes que condicionam, objetiva ou subjetivamente, e sem prejuízo do princípio da unicidade recursal, as vias de impugnação disponibilizadas pelo sistema normativo processual – recursos parciais ou interpostos por ambos os litigantes em face do mesmo ato judicial formalmente considerado. O caso concreto descreve muito bem o fenômeno – a cláusula do acórdão relativa aos danos emergentes foi desafiada por especial do Banco Central, a alusiva aos lucros cessantes, atacada por recurso da PEBB Corretora de Valores. Pressupostos diversos questionados mediante recursos interpostos por partes adversas em razão de fragmentos autônomos do mesmo acórdão. Essa distinção provoca reflexos no cumprimento do ato – que pode ser realizado de modo independente –, assim como – e esta é a questão central deste processo – no trânsito em julgado, que se mostra passível de ocorrer em momentos separados presentes os capítulos autônomos da decisão... É nesse sentido o entendimento do Supremo, como ficou decidido na 11ª Questão de Ordem na Ação Penal nº 470-MG, relator ministro Joaquim Barbosa, julgada em 13-11-2013, D.J. de 19-02-2014. Na ocasião, o tribunal, por unanimidade, concluiu pela executoriedade imediata dos capítulos autônomos do acórdão condenatório, declarando o respectivo trânsito em julgado, excluídos aqueles objeto de embargos infringentes... Considerada a implicação apontada pelos mestres de ontem e de hoje, deve ser recusada qualquer tese versando unidade absoluta de termo inicial do biênio previsto no artigo 495 do CPC. O prazo para formalização da rescisória, em homenagem à natureza fundamental da coisa julgada, só pode iniciar-se de modo independente, relativo a cada decisão autônoma, a partir da preclusão maior progressiva. Nas palavras de Humberto Theodoro, revelada a presença de capítulos diferentes e de recursos parciais, 'não há como fugir da possibilidade de contar-se o prazo da rescisória a partir do trânsito em julgado de cada um dos capítulos em que se dividiu a sentença, se nem todos foram uniformemente afetados pelos diversos recursos manejados' (Curso de Direito Processual Civil. Volume I. 52ª ed., 2011, p. 745-746)... Os fundamentos até aqui desenvolvidos revelam, a mais não poder, que o acórdão atacado implicou transgressão ao art. 5º, XXXVI, da Carta. A rescisória dirige-se contra acórdão do STJ confirmando condenação quanto a danos emergentes, cujo trânsito em julgado ocorreu em 8 de fevereiro de 1994. Essa é a data a corresponder ao termo inicial do prazo decadencial, e não aquela, referente à preclusão maior da última decisão – 20 de junho de 1994 –, envolvendo especial do recorrente e versados lucros cessantes, matéria que não é objeto da demanda rescisória. Devem ser reconhecidos, sob pena de afronta à garantia constitucional, dois momentos distintos do trânsito em julgado, sendo apenas o primeiro relevante para a formulação do presente pedido rescisório. Tendo sido formalizada a ação em 6 de junho de 1996, evidencia-se a decadência do pleito. Ante o exposto, voto no sentido de dar provimento ao extraordinário para reformar o acórdão recorrido, assentando a decadência do direito e negando seguimento ao pedido rescisório. Ficam invertidos os ônus sucumbenciais".

Note-se, inclusive, que, no julgamento do Recurso Extraordinário nº 666.589/DF, o Supremo Tribunal Federal reformou o Acórdão proferido pelo Superior Tribunal de Justiça nos Embargos de Divergência em Recurso Especial nº 404.777/DF, que é um dos precedentes que conduziram para a edição do enunciado de súmula nº 401 do STJ.

O Supremo Tribunal Federal já havia manifestado este entendimento em outros julgamentos, conforme constata-se da Décima Primeira Questão de Ordem na Ação Penal nº 470/MG[18] e do Acórdão proferido na Ação Rescisória 903/SP[19].

Portanto, verifica-se que houve a superação do enunciado de súmula nº 401 do Superior Tribunal de Justiça, na medida em que o Supremo Tribunal de Justiça reconheceu que este entendimento afronta a garantia da coisa julgada, prevista no artigo 5º, inciso XXXVI, da Constituição da República de 1988.

4. ADOÇÃO DA TEORIA DA FORMAÇÃO DA COISA JULGADA MATERIAL PROGRESSIVAMENTE FORMADA NO NOVO CÓDIGO DE PROCESSO CIVIL

4.1. A PARTIR DO CONCEITO DE SENTENÇA

No processo de conhecimento, a sentença "é emitida como prestação do Estado, em virtude da obrigação assumida na relação jurídico-processual (processo),

---

18. "2. Sempre que a sentença decide pedidos autônomos, ela gera a formação de capítulos também autônomos, que são juridicamente cindíveis. O julgamento da demanda integrada por mais de uma pretensão exige um ato judicial múltiplo de procedência ou improcedência dos pedidos. Doutrina. (...) 5. É plena a autonomia dos capítulos, a independência da prova e a especificidade das penas impostas aos condenados para cada um dos crimes pelos quais estão sendo processados. 6. O trânsito em julgado refere-se à condenação e não ao processo. A coisa julgada material é a qualidade conferida pela Constituição Federal e pela Lei à sentença/acórdão que põe fim a determinada lide, o que ocorre com o esgotamento de todas as possibilidades recursais quanto a uma determinada condenação e não quanto ao conjunto de condenações de um processo. No mesmo sentido, o artigo 467 do Código de Processo Civil; e o artigo 105 da Lei de Execuções Penais. Este entendimento já se encontra de longa data sedimentado nesta Corte, nos termos das Súmulas 354 e 514 do Supremo Tribunal Federal." (BRASIL. Supremo Tribunal Federal. Décima Primeira Questão de Ordem na Ação Penal nº 470/MG, Relatoria: Ministro Joaquim Barbosa).

19. Ementa: "Ação rescisória. a interposição de embargos de divergência contra acórdão que conhece do recurso extraordinário e lhe da provimento para julgar procedente a ação só impede o trânsito em julgado deste se abarca todas as questões da demanda, uma vez que, se abranger apenas algumas delas, com relação as demais ocorre a coisa julgada. decadência da ação rescisória no tocante as questões relativas a ocorrência de decisão *ultra petita*, de nulidade do testamento em favor da re, de ilegitimidade de parte, de sentença de primeiro grau sem fundamentação e de vício de citação. o artigo 798, i, "a", "in fine", do cpc de 1939 só serve de fundamento para ação rescisória quando a decisão rescindenda e prolatada por juiz incompetente *ratione materiae*. no caso, o acórdão rescindendo e o do STF que, em grau de recurso extraordinário, era competente para prolata-lo. incompetência, se houvesse, seria a do tribunal – o tribunal federal de recursos – que proferiu decisão intermediaria (a da apelação) que foi reformada por esta corte, para restabelecer sentença de primeiro grau, proferida também por juiz inequivocamente competente e essa incompetência só poderia ser atacada, em ação rescisória, com fundamento na letra "c" do inciso i do artigo 798 do CPC de 1939. alegação de falsidade de prova não demonstrada. ação rescisória julgada improcedente." (BRASIL. Supremo Tribunal Federal. Ação Rescisória nº 903/SP. Relator: Min. Cordeiro Guerra, Tribunal Pleno, julgado em 17/06/1982, DJ 17/09/1982).

quando a parte ou as partes vierem a juízo, isto é, exercerem a pretensão à tutela jurídica"[20].

O novo Código de Processo Civil define a sentença como o "pronunciamento por meio do qual o juiz, com fundamento nos arts. 485 e 487, põe fim à fase cognitiva do procedimento comum, bem como extingue a execução" (artigo 203, § 1º).

Constata-se, portanto, que o Código de Processo Civil de 2015 adotou o critério misto[21] (conteúdo e finalidade) na conceituação da sentença, sendo necessário que o *decisum* verse sobre a resolução da lide com ou sem julgamento de mérito (conteúdo), bem como ponha fim à fase cognitiva do procedimento comum (finalidade).

Note-se que o fato do conceito de sentença exigir que o pronunciamento judicial ponha fim à *fase cognitiva* do procedimento comum não impede a existência da formação progressiva da coisa julgada material, na medida em que, ao não se recorrer de capítulo da sentença autônomo e independente, ocorre a extinção da *fase cognitiva* relativa ao respectivo capítulo irrecorrido[22].

É o que ocorre, por exemplo, quando o juiz pronuncia a prescrição de parte da pretensão inicial ou homologa acordo entre algumas das partes, prosseguindo o procedimento quanto às demais pretensões ou sujeitos.

Deste modo, a partir do novo conceito da sentença, resta evidenciado a possibilidade do fracionamento da sentença no ordenamento jurídico brasileiro, o que, consequentemente, acarreta na eventual formação progressiva da coisa julgada no curso do procedimento em contraditório.

4.2. A PARTIR DO CONCEITO DE COISA JULGADA MATERIAL

A coisa julgada material é instituto essencial ao Estado Democrático de Direito, na medida em que confere aos jurisdicionados a segurança jurídica necessária e pleiteada após o devido processo legal, assegurando à efetividade do direito fundamental de acesso ao Poder Judiciário.

---

20. PONTES DE MIRANDA. *Comentários ao Código de Processo Civil*. vol. V – Rio de Janeiro: Forense, 1974, p. 395.
21. Ainda durante a vigência do Código de Processo Civil de 1973, os seguintes doutrinadores entendiam que, além do critério do conteúdo, deve buscar o critério da finalidade do ato (por termo ao processo) para conceituar a sentença: NERY JÚNIOR, Nelson. "Conceito Sistemático de Sentença: considerações sobre a modificação do CPC 162, § 1º que não alterou o conceito de sentença". In: Processo Civil: novas tendências – Homenagem ao Professor Humberto Theodoro Júnior. JAYME, Fernando Gonzaga; FARIA, Juliana Cordeiro de; LAUAR, Maira Terra. (coord.). – Belo Horizonte: Del Rey, 2008, p. 521-531; CÂMARA, Alexandre Freitas. A Nova Execução de Sentença. 3. ed. Rio de Janeiro: Lumen Juris, 2007, p. 4; ARENHART, Sérgio Cruz. MARINONI, Luiz Guilherme. Manual do Processo de Conhecimento. 5. ed. São Paulo: Revista dos Tribunais, 2006, p. 205; DIDIER JR., Fredie; BRAGA, Paula Sarno; OLIVEIRA, Rafael. Curso de Direito Processual Civil. vol. 2, 6ª ed. – Salvador: Editora JusPodivim, 2011, p. 282-286.
22. VIDIGAL. Isabela Campos. "A coisa julgada progressivamente: análise crítica da orientação adotada pelo STJ e das atuais propostas de reformas – Projeto de Novo Código de Processo Civil e PEC dos Recursos". In: *Processo Civil: novas tendências – Homenagem ao Ministro Sávio de Figueiredo Teixeira*. JAYME, Fernando Gonzaga; FARIA, Juliana Cordeiro de; LAUAR, Maira Terra. (coord.). – Belo Horizonte: Del Rey, 2011, p. 359.

O Código de Processo Civil de 1973 conceitua a coisa julgada material como "a eficácia, que torna imutável e indiscutível a *sentença*, não mais sujeita a recurso ordinário ou extraordinário" (artigo 467).

Já, o novo Código de Processo Civil prevê que "denomina-se coisa julgada material a autoridade que torna imutável e indiscutível a decisão de mérito não mais sujeita a recurso" (artigo 502).

Portanto, o novo Código de Processo Civil admite que qualquer *decisão de mérito* não mais sujeita a recurso pode obter a autoridade da coisa julgada material, não necessitando que seja o último pronunciamento judicial (sentença) da demanda[23].

Constata-se, portanto, que a alteração legislativa acerca do conceito da coisa julgada material evidencia, ainda mais, que o sistema processual brasileiro adota a teoria da formação progressiva da coisa julgada material.

4.3. A PARTIR DA TEORIA DOS CAPÍTULOS DA SENTENÇA

Teoricamente, reconhece-se, de forma pacífica, a possibilidade da sentença analisar mais de uma questão autônoma, sendo que cada uma possui deliberações e pressupostos específicos, passível de ser julgado em sua unidade como um capítulo da sentença[24].

Tais capítulos da sentença se classificam em homogêneos ou heterogêneos, a medida em que versem, ou não, sobre questão da mesma natureza. "Há homogeneidade quando todos eles solucionam questões de mérito, ou todos se refiram a preliminares processuais; dar-se-á a heterogeneidade quando alguns capítulos incidem sobre questões de processo e outras sobre o *meritum causae*"[25].

É na parte dispositiva do *decisum* que se identificam os capítulos da sentença, tendo em vista que nela se contem a solução às diversas questões e pretensões que foram solucionadas judicialmente[26], sendo o "elemento substancial do julgado"[27].

---

23. No mesmo sentido, Isabela Campos Vidigal pondera que "admitir-se que a coisa julgada recai sobre as decisões de mérito não mais sujeitas a recursos equivale ao reconhecimento da existência dos capítulos da sentença, que podem ser resolvidos por decisões autônomas, prolatadas em diferentes momentos e graus de jurisdição e que, por serem definitivas, deverão ser objeto da indiscutibilidade e imutabilidade decorrentes da coisa julgada." (VIDIGAL. Isabela Campos. "A coisa julgada progressivamente: análise crítica da orientação adotada pelo STJ e das atuais propostas de reformas – Projeto de Novo Código de Processo Civil e PEC dos Recursos". In: *Processo Civil: novas tendências – Homenagem ao Ministro Sávio de Figueiredo Teixeira*. JAYME, Fernando Gonzaga; FARIA, Juliana Cordeiro de; LAUAR, Maira Terra. (coord.). – Belo Horizonte: Del Rey, 2011, p. 360).
24. DINAMARCO, Cândido Rangel. *Capítulos de Sentença*. São Paulo: Malheiros, 2004, p. 34.
25. THEODORO JÚNIOR, Humberto. *Curso de Direito Processual Civil: Teoria Geral do Direito Processual Civil e Processo de Conhecimento*. 50ª. ed., Rio de Janeiro: Forense, 2009, vol. I. p. 525.
26. THEODORO JÚNIOR, Humberto. "Coisa Julgada: Pluralidade e Unicidade (Súmula nº 401 do STJ)". *Revista Magister de Direito Civil e Processo Civil*. Porto Alegre: Magister, vol. 35, março-abril/ 2004, p. 82.
27. FRAGA. Afonso. *Instituições do Processo Civil do Brasil*. vol. II. São Paulo, p. 598.

Necessário destacar que a autonomia dos capítulos da sentença é funcional, na medida em que cada parte do julgamento decide matéria própria com fundamentos próprios. No entanto, tal autonomia não implica necessariamente na independência[28] entre os capítulos da sentença, posto que a questão decidida em determinado capítulo pode repercutir prejudicialmente em outro. Por exemplo, o capítulo das preliminares processuais sempre será prejudicial ao julgamento do mérito da causa[29].

A conscienciosa doutrina de Humberto Theodoro Júnior chega a afirmar que o objeto do pronunciamento judicial "nunca se resumirá a uma só questão. Sempre terá, por exemplo, que responder ao pedido do autor (mérito) e que decidir sobre os encargos sucumbênciais (imputação de responsabilidade pelas custas e demais despesas do processo)"[30].

No mesmo sentido é a lição de Cândido Rangel Dinamarco, na obra *Capítulos da Sentença*:

> Muito dificilmente uma sentença contém o julgamento de uma só pretensão, ou seja, uma só decisão. Basta pensar na condenação do vencido pelo custo financeiro do processo custas, honorários de sucumbência), a qual se resolve em um preceito, contido no dispositivo da sentença, que não se confunde com o julgamento do conflito que motivou o demandante a valer-se dos serviços do Poder Judiciário; no mesmo ato o juiz julga a causa e também dispõe sobre o modo como se regerá a responsabilidade por este custo, ainda quando o faça para dispensar o vencido de arcar com ele. (...) Não é adequado falar em sentença com um capítulo só, como às vezes se vê na doutrina. A sentença que não fosse portadora de duas ou mais decisões seria um todo unitário, sem divisão alguma em capítulos. Capítulo é porção, parte, parcela, segmento, ou seja, a unidade decorrente de uma divisão. É muito difícil conceber uma sentença sem mais de um capítulo, porque quase sempre há algo a

---

28. "Aos primeiros aludia Chiovenda, com a assertiva de que há relação de dependência entre capítulos sentencias 'quando um não pode logicamente subsistir se o outro tiver sido negado'. Essa relação pode ser vista em todos os casos nos quais se apresente uma relação de *prejudicialidade* entre duas pretensões, de modo que o julgamento de uma delas (prejudicial) determinará o teor do julgamento da outra (prejudicada)." (DINAMARCO, Cândido Rangel. *Capítulos de Sentença*. São Paulo: Malheiros, 2004, p. 43.)
29. "Nesse plano, a autonomia dos diversos capítulos de sentença revela apenas uma distinção funcional entre eles, sem que necessariamente todos sejam portadores de aptidão a constituir objeto de julgamentos separados, em processos distintos e mediante mais de uma sentença: a autonomia absoluta só se dá entre os capítulos de mérito, não porém em relação ao que contém julgamento da pretensão ao julgamento deste (capítulo que aprecia preliminares – supra nº 7). Na teoria dos capítulos de sentença autonomia não é sinônimo de independência, havendo capítulos que comportariam julgamento em outro processo e também, em alguns casos, um capítulo que não comportaria (o que rejeita preliminares)." (DINAMARCO, Cândido Rangel. *Capítulos de Sentença*. São Paulo: Malheiros, 2004, p. 34)
30. THEODORO JÚNIOR, Humberto. *Curso de Direito Processual Civil: Teoria Geral do Direito Processual Civil e Processo de Conhecimento*. 50ª. ed., Rio de Janeiro: Forense, 2009, vol. I. p. 524.

ser decidido também quanto ao reembolso de despesas ou aos honorários da sucumbência (ainda que para negá-los); mas em uma decisão interlocutória essa unicidade é plenamente configurável[31].

Há, no ordenamento jurídico brasileiro, a possibilidade da cumulação de pedidos e ações, através da soma de várias pretensões a serem satisfeitas cumulativamente, em um único processo, conforme prevê o artigo 327 do novo Código de Processo Civil (redação semelhante ao artigo 292 do Código de Processo Civil de 1973). Neste caso, necessariamente, terá mais de um capítulo da sentença, tendo em vista o julgamento de pedidos autônomos[32] [33].

Além disso, verifica-se a clara configuração de capítulos da sentença, quando no processo houver o réu manejado reconvenção, conforme autoriza o artigo 343 do novo Código de Processo Civil. Neste caso, a sentença poderá ser formalmente una, mas substancialmente deverá ter um relatório, uma fundamentação e um dispositivo para cada uma das ações contrapostas, na medida em que há mais de um direito de ação sendo simultaneamente exercido no mesmo processo[34].

Destaca-se, inclusive, que o Superior Tribunal de Justiça, em diversas oportunidades, reconheceu que "a sentença pode ser dividida em capítulos distintos e estanques, na medida em que, à cada parte do pedido inicial, atribui-se um capítulo correspondente na decisão"[35],[36].

---

31. DINAMARCO, Cândido Rangel. *Capítulos de Sentença*. São Paulo: Malheiros, 2004, p. 09 e 35.
32. "Havendo cumulação de ações, com pedidos distintos, cumpre ao órgão judicial apreciar os dois ou mais pedidos, cada um de per si; e não há como entender – ainda na hipótese de existir entre elas relação de dependência lógica – que, tendo-se deixado de julgar expressamente algum deles, este se haja de reputar 'implicitamente' acolhido." (MOREIRA, José Carlos Barbosa. *Ações cumuladas. Necessidade de julgamento explícito de todas*, Temas de direito processual, 2ª Série, São Paulo: Saraiva, 1988, p. 137)
33. "Por outro lado, a própria ação já pode não ser una. Ninguém desconhece a possibilidade de cumulação de ações num mesmo feito: exemplo corriqueiro é o da cobrança de mais de uma dívida. Ainda que todas as ações venham a ser julgadas simultaneamente, a sentença, formalmente una, será substancialmente plural, conterá pelo menos tantos capítulos quantas forem as dívidas cobradas, e talvez até número maior, se em relação a alguma das dívidas o juiz acolher só em parte o pedido. Cada uma dessas "unidades elementares" vale por uma sentença (*quot capita tot sententiae*) – o que assume enorme importância em diversos campos, como o da recorribilidade, o da atribuição do custo do processo, o do tratamento de vícios no julgamento, e assim por diante." (MOREI RA, José Carlos Barbosa. "Sentença objetivamente complexa, trânsito em julgado e rescindibilidade". In: *Aspectos Polêmicos e atuais dos recursos cíveis e assuntos afins*. NERY JR., Nelson; WAMBIER, Teresa Arruda Alvim (coord) – São Paulo: Editora dos Tribunais, vol. 11, 2007, p. 174)
34. OLIANI, José Alexandre Manzano. "Capítulos de Sentença, Apelação Parcial e Sentença Juridicamente Inexistente – Breves Considerações". In: MEDINA, José Miguel Garcia, et al (coord.). *Os poderes do juiz e o controle das decisões judiciais. Estudos em homenagem à Professora Teresa Arruda Alvim Wambier*". São Paulo: Revista dos Tribunais, 2008, p. 735
35. BRASIL. Superior Tribunal de Justiça. Recurso Especial nº 203.132/SP, Relator: Ministro Sálvio de Figueiredo Teixeira, Quarta Turma, julgado em 25/03/2003, publicação no DJU de 28/04/2003.
36. No mesmo sentido: BRASIL. Superior Tribunal de Justiça. Recurso Especial nº 439.849/SP. Relator: Ministro Félix Fischer, Quinta Turma, julgado em 27/08/2002, publicado no DJU em 30/09/2002. BRASIL. Superior Tribunal

Portanto, constata-se que o ordenamento jurídico brasileiro acolheu a teoria dos capítulos da sentença, prevendo várias possibilidades de o julgamento da causa abordar mais de uma unidade elementar autônoma, com deliberações e pressupostos próprios. Conseqüentemente, resta configurada a possibilidade de cada unidade elementar autônoma tornar-se imutável e impugnável em momentos processuais distintos.

4.4. A PARTIR DO JULGAMENTO ANTECIPADO PARCIAL DO MÉRITO

Em observância a garantia constitucional da efetividade processual[37] e visando a não retardar a prestação jurisdicional de um direito manifestamente evidente, o legislador, através da Lei nº 10.444/2002, acrescentou o § 6º no artigo 273 do Código de Processo Civil de 1973, dispondo que "a tutela antecipada também poderá ser concedida quando um ou mais dos pedidos cumulados, ou parte deles, mostrar-se incontroverso".

O novo Código de Processo Civil, por sua vez, disciplinou o julgamento antecipado do pedido incontroverso da demanda no capítulo "do julgamento conforme o estado do processo", estabelecendo, no artigo 356, que o juiz decidirá parcialmente o mérito quando um ou mais dos pedidos formulados ou parcela deles mostrar-se incontroverso.

No referido artigo, também houve a previsão do julgamento parcial do mérito quando um ou mais dos pedidos formulados ou parcela deles estiver em condições de imediato julgamento (julgamento antecipado do mérito).

Assim, na demanda em que há cumulação de pedidos, na hipótese de algum pedido (independente em relação aos demais) ou parte dele restar incontroverso e, mais do que isso, pela sua evidência, julgado procedente, deve-se autorizar desde então a sua satisfação. E, em relação aos demais pedidos controversos e/ou que dependam de dilação probatória, o processo deve prosseguir com a instrução dilatória necessária para o deslinde da controvérsia.

Luiz Guilherme Marinoni observa que "é injusto obrigar o autor a esperar a realização de um direito que se tornou incontroverso no curso do processo. Pouco

---

de Justiça. Recurso Especial nº 591.668/DF, Relator: Ministro Franciulli Neto, Segunda Turma, julgado em 22/06/2004, publicado no DJU de 16/06/2005.

37. Luiz Guilherme Marinoni pondera que o direito à efetividade processual "não poderia deixar de ser pensado como fundamental, uma vez que o direito à prestação jurisdicional efetiva é decorrência da própria existência dos direitos e, assim, a contrapartida da proibição da autotutela. O direito à prestação jurisdicional é fundamental para a própria efetividade dos direitos, uma vez que esses últimos, diante das situações de ameaça ou agressão, sempre restam na dependência da sua plena realização. Não é por outro motivo que o direito à prestação jurisdicional efetiva já foi proclamado como o mais importante dos direitos, exatamente por constituir o direito a fazer valer os próprios direitos." (MARINONI, Luiz Guilherme. *Técnica Processual e Tutela dos Direitos*, 3ª ed. – São Paulo: Revista dos Tribunais, 2010, p. 143.)

importa que tal direito tenha sido contestado, uma vez que é inegável que um direito, apesar de contestado, pode ser incontroverso no curso do processo"[38].

Note-se que o julgamento antecipado parcial de mérito "está longe de significar a *antecipação da tutela final*, representando, na verdade, a antecipação do *momento da concessão* da tutela final"[39]. Ou seja, o julgamento antecipado parcial de mérito visa a prestar "a própria tutela final em momento adequado e tempestivo, garantindo a realização do direito fundamental à duração razoável e aos meios que garantam a celeridade do processo"[40].

Portanto, o julgamento antecipado parcial de mérito do pedido incontroverso e/ou do pedido em condições de imediato julgamento representa o julgamento definitivo do mérito[41]. Nesse sentido, conclui-se que está a proferir sentença parcial de procedência[42] em relação ao pedido de que pacificou entre as partes, cujo conteúdo terá a autoridade da coisa julgada material[43][44][45].

---

38. MARINONI, Luiz Guilherme. *Antecipação da Tutela*. 10ª ed. – São Paulo: Revista dos Tribunais, 2008, p. 288.
39. MARINONI, Luiz Guilherme. *Antecipação da Tutela*. 10ª ed. – São Paulo: Revista dos Tribunais, 2008, p. 294.
40. MARINONI, Luiz Guilherme. *Antecipação da Tutela*. 10ª ed. – São Paulo: Revista dos Tribunais, 2008, p. 294.
41. Trata-se de exceção as características de provisoriedade e de reversibilidade das decisões que concedem a antecipação de tutela, previstas nos § 2º e 4º do artigo 273 do Código de Processo Civil: "A exigência da irreversibilidade só faz sentido nos casos em que a antecipação é realizada com base em cognição sumária. Isto porque nestas hipóteses ainda não há juízo de certeza. Contudo, sempre que desaparecer a controvérsia, a cognição será exauriente e, conseqüentemente não haverá mais o risco do erro na decisão. Daí por que o requisito da irreversibilidade deverá ser dispensado." (DÓRIA, Dotti Rogéria. A Tutela Antecipada em Relação à Parte Incontroversa da Demanda. 2ª ed. São Paulo: Editora Revista dos Tribunais, 2004)
42. Durante a vigência do Código de Processo Civil de 1973, Fredie Didier Jr., Paula Sarno Braga e Rafael Oliveira, apesar de reconhecer que se trata de decisão definitiva, classificavam o julgamento do pedido incontroverso (art. 273, § 6º) como decisão interlocutória: "Em síntese: a decisão que aplicar o § 6º do art. 273 é uma decisão interlocutória que versa sobre parte do mérito, definitiva, fundada em cognição exauriente (juízo de certeza, não de verossimilhança), apta a ficar imune pela coisa julgada material e passível de execução também definitiva" (*Curso de Direito Processual Civil*. vol. 2, 6ª ed. – Salvador: Editora JusPodivim, 2011, p. 540). Neste mesmo sentido: BUENO, Cássio Scarpinella. *Tutela Antecipada*. São Paulo: Saraiva, 2004, p. 55.
43. Neste sentido: "Todas as vezes em que se configurar a possibilidade de cisão do objeto do processo, pela viabilidade de decomposição intelectual de um mesmo pedido em parcelas ou porque pedido cumulado (ou mais pedidos cumulados) se tornou incontroverso, será necessariamente proferida uma sentença de procedência, com julgamento de mérito sobre esta parte, cujo conteúdo ficará imunizada pela coisa julgada material, por força do art. 496, CPC, já que é possível, neste momento processual, entregar o resultado útil do processo, aplicando-se o art. 273, § 6º, CPC." (BIRCHAL, Alice de Souza. *A sentença da parte incontroversa da demanda*. Tese de Doutorado, Belo Horizonte: PUC-MG, 2005, p.124)
44. "O art. 273, § 6º, CPC possibilita ao juiz decidir definitivamente a causa de maneira escalonada, sucessiva, fazendo essa faculdade dependente tão somente da incontrovérsia da situação (ou parte da situação) colocada sob a apreciação jurisdicional. (...) Alçando mão deste expediente, o órgão jurisdicional define a sorte daquela porção de mérito colocada sob o seu holofote, sendo o seu pronunciamento suscetível de ser revestido da qualidade da coisa julgada. Há, na espécie, aquela definitividade parcial a que aludimos acima, nada obstante o processo continue a fluir rumo ao desate do que ainda não restou bem demonstrado no feito. (...) O art. 273, § 6º, CPC, encerra uma possibilidade de resolução definitiva-fracionada da causa, sendo a decisão judicial apta a tanto caracterizável como uma sentença parcial de mérito" (MITIDIERO, Daniel Francisco. Sentenças parciais de mérito e resolução definitiva-fracionada da causa. *Genesis: Revista de Direito Processual Civil*, v. 8, n.31, p.22-33, jan./mar. 2004.)
45. Durante a vigência do Código de Processo Civil de 1973, em sentido diverso, defendendo que não há formação da coisa julgada material e que se trata de decisão interlocutória provisória: "Entendemos que

Desta forma, o julgamento antecipado parcial de mérito do pedido incontroverso e/ou do pedido em condições de imediato julgamento, disposto no artigo 356 do Código de Processo Civil de 2015, revela "a existência, no sistema brasileiro, de fracionamento do julgamento, pungindo o dogma incrustado na doutrina, segundo o qual haveria a unidade e unicidade da sentença, de forma a não se possibilitar a cisão ou o desmembramento do julgamento"[46] [47].

Portanto, ao julgar antecipadamente o pedido incontroverso da demanda e/ou pedido em condições de imediato julgamento, prosseguindo o processo em relação ao(s) pedido(s) controverso(s) e/ou que dependa(m) de dilação probatória, estará necessariamente formando progressivamente a coisa julgada material.

4.5. A PARTIR DO PRINCÍPIO DO *TANTUM DEVOLUNTUM QUANTUM APPELLATUM*

As pretensões iniciais postas em juízo (*res in iudicium deducta*) devem ser decididas integralmente, no juízo de primeiro grau, sob pena de configurar sentença *infra* ou *citra petita*. Entretanto, pode acontecer de não serem remetidas ao juízo recursal todas as questões decididas na primeira instância.

Neste sentido, ainda sob a égide do Código de Processo Civil de 1973, José Carlos Barbosa Moreira comenta que:

---

a melhor solução, pelo menos na aguarda de novidades legislativas (que pessoalmente não creio oportunas), será manter sob o caráter de antecipação propriamente dita a AT das parcelas ou pedidos não contestados, portanto sem a formação de coisa julgada, subsistindo a possibilidade de sua alteração ou revogação na pendência da demanda. A decisão interlocutória será confirmada, ou não, na sentença a ser prolatada após o contraditório pleno." (CARNEIRO, Athos Gusmão. *Da antecipação de tutela*. 5ª ed. Rio de Janeiro: Forense, 2004, p. 64).

46. CUNHA, Leonardo José Carneiro da. "O § 6º. do art. 273 do CPC: tutela antecipada parcial ou julgamento antecipado parcial da lide?". *Revista Gênesis de Direito Processual Civil*, nº 32, p. 291-311, abr-jun. 2004, p. 299.

47. Sobre a reforma da Lei nº 10.444/2002 e a possibilidade de fragmentação do julgamento de mérito da demanda, Cândido Rangel Dinamarco expõe: "Que pena! O legislador não quis ousar mais, a ponto de autorizar nesses casos um parcial julgamento antecipado do mérito (art. 330, I), como fazem os arts. 277 e 278, do *códice* italiano. A rigidez do procedimento brasileiro, no qual o mérito deve ser julgado *em sentença* e a sentença será sempre uma só no processo (art. 459, c/c art. 269, I e art. 162, § 1º), é somente um dogma estabelecido no direito positivo, que bem valia a pena desmitificar; as duas *Reformas* do Código de Processo Civil vêm proclamando a conveniência de agilizar o processo com medidas pragmáticas e vêm debelando vários dogmas, o que deveria ter conduzido a uma solução mais eficaz e menos tímida que essa do novo § 6º do art. 273.

Mais otimista, Marinoni sustenta que o direito positivo brasileiro já comporta aquelas cisões de julgamentos da causa, para que algum dos pedidos cumulados já receba julgamento *de meritis* e a instrução prossiga com referência aos fatos controvertidos; associa seu alvitre à técnica italiana da chamada *provvisionale*, medida com que o juiz condena o réu em parte do pedido genérico, quando a instrução já feita o permitir (CPC art. 278). Oxalá os tribunais o ouçam, especialmente agora que o § 6º do art. 273 do Código brasileiro abriu caminho à desmitificação do dogma da unidade do julgamento do mérito." (DINAMARCO, Cândido Rangel. *A reforma da reforma*. 6ª ed. São Paulo: Malheiros, 2003, p. 96)

> o objeto da cognição no grau superior é delimitado pelo âmbito do recurso, embora não tenha, o órgão *ad quem*, necessariamente, de cingir-se à análise dos fundamentos invocados pelo recorrente, ou às questões suscitadas por ele e pelo recorrido: isso depende da disciplina legal adotada em cada caso e variável de um para outro recurso. O que o órgão *ad quem* não pode fazer é ultrapassar os marcos postos pelo recorrente: assim como, no julgamento de primeiro grau, se tem que se decidir a lide nos limites em que foi deduzida (art. 128) e não é possível conceder à parte mais do que poderia (art. 460), analogicamente se passam as coisas no julgamento do recurso[48].

O artigo 1.002 do novo Código de Processo Civil dispõe que "a decisão pode ser impugnada no todo ou em parte". E, complementando-o, o artigo 1.013 é expresso em prever que o recurso de apelação "a apelação devolverá ao tribunal o conhecimento da matéria impugnada." (princípio do *tantum devoluntum quantum appellatum*). Trata-se do efeito devolutivo dos recursos, que reabre a oportunidade de reapreciar e novamente julgar as questões já decididas, desde que sejam impugnadas no recurso.

O recurso que impugnar apenas parte do pronunciamento judicial implica, desde logo, a formação da coisa julgada material da parte não impugnada, que se refere ao mérito da demanda, podendo ser objeto de execução definitiva, salvo se a questão recorrida for prejudicial em relação aos demais capítulos da sentença.

Neste sentido, o Tribunal Superior do Trabalho editou o enunciado de súmula nº 100, que estabelece, em seu inciso II, que "havendo recurso parcial no processo principal, o trânsito em julgado dá-se em momentos e em tribunais diferentes, contando-se o prazo decadencial para a ação rescisória do trânsito em julgado de cada decisão, salvo se o recurso tratar de preliminar ou prejudicial que possa tornar insubsistente a decisão recorrida, hipótese em que flui a decadência a partir do trânsito em julgado da decisão que julgar o recurso parcial".

Deste modo, constata-se que, se o objeto do processo pode ser decomposto em pretensões autônomas e a parte interpôs recurso parcial, que se limita a impugnar apenas um dos capítulos autônomos e independentes da demanda, sobre a parte não recorrida se formará a coisa julgada, permitindo-se, desde logo, sua execução em caráter definitivo.

12,No mesmo sentido, Paulo Henrique do Santos Lucon destaca que:

> o recurso será parcial quando em virtude de limitação voluntária, não compreenda a totalidade do conteúdo impugnável da decisão. A suspensividade está também relacionada com a devolução da

---

48. MOREIRA, José Carlos Barbosa. *Comentários ao Código de Processo Civil: Lei nº 5.869, de 11 de janeiro de 1973.* vol. V: arts. 476 a 565 – Rio de Janeiro: Forense, 2011, p. 354.

matéria impugnada proporcionada pelo recurso. Portanto, a parte autônoma da decisão de mérito não recorrida transita materialmente em julgado, podendo ser objeto de execução definitiva. Tendo sido interposto recurso parcial, é possível a execução definitiva da parte da decisão já transitada materialmente em julgado, desde que observados pressupostos indispensáveis: I) autonomia concreta ou abstrata entre o capítulo da decisão que se pretende executar e aquele objeto da impugnação; II) havendo litisconsórcio, que não seja ele unitário, quando houver recurso interposto por apenas um ou alguns dos litisconsortes.[49]

Portanto, constata-se que a legislação pátria, ao incorporar ao seu sistema recursal o princípio do *tantum devoluntum quantum appellatum*, dá margem para a possibilidade da formação progressiva da coisa julgada material.

5. QUESTÕES PRÁTICAS ENVOLVENDO A FORMAÇÃO PROGRESSIVA DA COISA JULGADA MATERIAL

5.1. COMPETÊNCIA PARA O JULGAMENTO DA AÇÃO RESCISÓRIA

A Constituição da República de 1988 e o Código de Processo Civil disciplinam a ação rescisória como processo de instância única, perante os tribunais[50]. Portanto, a ação rescisória constitui-se uma das exceções constitucionalmente previstas ao afastamento da garantia constitucional do duplo grau de jurisdição, conforme destaca a doutrina de Marina França Santos:

> De fato, o ordenamento constitucional brasileiro, embora herdeiro inegável de todos os valores do Estado Democrático de Direito, optou, no contexto da organização das competências jurisdicionais, pelo estabelecimento de uma reserva à dinâmica processual ordinariamente prevista. Algumas causas, nela expressamente identificadas, e por alguma especificidade tida como relevante, serão, diferentemente das demais, processadas e julgadas originariamente por tribunais (...)
>
> A regra, por conseguinte, teria o condão de afastar tais julgamentos da lógica do duplo grau de jurisdição – e realmente o faz, conquanto apenas em parte dos casos. Isto porque, como se vê, no ordenamento jurídico brasileiro, esta garantia se realiza, institucionalmente, por

---

49. LUCON, Paulo Henrique dos Santos. "Efeitos imediatos da decisão e impugnação parcial e total". In: ARRUDA ALVIM, Eduardo Pellegrini de; NERY JÚNIOR, Nelson; WAMBIER, Teresa Arruda Alvim (coord.). *Aspectos Polêmicos e Atuais dos Recursos*. São Paulo, Revita dos Tribunais, 2000, p. 530
50. THEODORO JÚNIOR, Humberto. "Coisa Julgada: Pluralidade e Unicidade (Súmula nº 401 do STJ)". *Revista Magister de Direito Civil e Processo Civil*. Porto Alegre: Magister, vol. 35, março-abril/ 2004, p. 85.

meio da competência funcional atribuída aos tribunais (e, excepcionalmente, no caso dos juizados especiais, pelas turmas recursais). Com efeito, por se tratar de uma restrição a uma garantia constitucional, a previsão de qualquer julgamento em instância única só poderia ser realizada pelo próprio poder constituinte.[51]

Essa sistemática decorre de expressa previsão constitucional. É que a Constituição da República de 1988 estabelece que compete ao Supremo Tribunal Federal processar e julgar originariamente tão somente as ações rescisórias dos julgados da própria Corte Suprema (artigo 102, inciso I, alínea 'j'). Do mesmo modo, compete ao Superior Tribunal de Justiça processar e julgar originariamente apenas as ações rescisórias dos julgados de mérito prolatados pelo próprio tribunal (artigo 105, inciso I, alínea 'e'). Por fim, a Carta Magma dispõe que é competência originária dos Tribunais Regionais Federais o processamento e julgamento das ações rescisórias referentes aos seus julgados ou dos juízes federais da região correspondente (artigo 108, inciso I, alínea 'b').

Assim, analogicamente, aplica-se a regra da competência dos Tribunais Regionais Federais para os Tribunais da Justiça Estadual Comum, de modo que a Corte estadual tem competência para rescindir seus próprios julgados e dos juízes de primeiro grau submetidos à jurisdição do Tribunal.

Assim, o órgão jurisdicional competente para processar e julgar a ação rescisória é o que proferiu o último julgamento de mérito. "Na instância do STF e do STJ, todavia, o julgamento dos recursos extraordinários e especial nem sempre provoca a substituição em tela, de maneira que, mesmo subindo o processo àquelas cortes, há situações em que a rescisória continua na esfera de competência do tribunal de segundo grau (TRF ou TJE). Assim é quando o julgamento do STF ou do STJ não passa do juízo negativo de admissibilidade do recurso, ou seja, quando é inadmitido em razão de preliminares puramente processuais".[52]

Portanto, se houve a formação progressiva da coisa julgada material, com o último julgamento de mérito de cada capítulo da sentença em órgãos diversos do Poder Judiciário, tendo parte do *decisum* transitado em julgado na primeira ou segunda instância e outra parte perante os tribunais superiores, necessariamente terá que se manejar diferentes ações rescisórias perante os respectivos tribunais competentes[53] [54].

---

51. SANTOS. Marina França. *A garantia do duplo grau de jurisdição*. Belo Horizonte: Del Rey, 2012, p. 139 e 140.
52. THEODORO JÚNIOR, Humberto. *Curso de Direito Processual Civil: Teoria Geral do Direito Processual Civil e Processo de Conhecimento*. vol. I, 50ª. ed., Rio de Janeiro: Forense, 2009, p. 709.
53. PONTES DE MIRANDA. *Tratado da ação rescisória, da sentença e de outras decisões*. 5ª. ed. Rio de Janeiro: Forense, 1976, p. 353.
54. Acerca da necessária multiplicidade de ações rescisória, em razão da competência, José Carlos Barbosa Moreira ensina: "Realmente: suponha-se que, com referência a uma parte do mérito, a causa haja

Conforme destaca Ana Paula Schoriza Bueno de Azevedo, a "única hipótese que se pode visualizar de cúmulo de ações rescisórias seria quando há parte da sentença e do acórdão que se objetive rescindir, desde que o prazo esteja em curso para ambos, podendo o Tribunal de Justiça ou Regional Federal, a depender do caso, julgar as rescisórias cumuladas"[55].

Portanto, conclui-se que a multiplicidade de ações rescisórias é decorrência lógica e necessária da organização do Poder Judiciário, conforme dispõe a Constituição da República de 1988; não tendo que se cogitar de conturbação processual no caso do ajuizamento de mais de uma ação rescisória, para rescindir capítulos autônomos e independentes dos julgados.

5.2. POSSIBILIDADE DO MANEJO DA AÇÃO RESCISÓRIA ENQUANTO ESTIVER TRAMITANDO O PROCESSO PRINCIPAL

Admitindo-se a possibilidade da formação progressiva da coisa julgada material, constata-se que pode ocorrer o ajuizamento de ação rescisória[56] enquanto o processo principal ainda não se encerrou totalmente, restando ainda recurso parcial pendente de julgamento pelo tribunal *ad quem*.

---

sido definitivamente julgada no segundo grau, por acórdão do qual, nessa parte, ninguém recorreu; e que para a parte restante, tenha sobrevindo resolução do Superior Tribunal de Justiça, no julgamento de recurso especial. Ainda que se entenda correr só a partir daí o biênio decadencial, inclusive para o acórdão da apelação, nem por isso se preexcluirá uma eventual dualidade de rescisórias. Prazo único não significa necessariamente ação única. Com efeito, para julgar a ação rescisória contra seu acórdão, competente será o STJ. O mesmo não se dirá, no entanto, a respeito da ação rescisória contra o acórdão do órgão que julgou a apelação. Nenhuma disposição constitucional atribui ao superior Tribunal de Justiça competência para julgar ações rescisórias de acórdãos que não sejam seus. Para tais ações, o Superior tribunal de Justiça é absolutamente incompetente; não há cogitar aqui prorrogação. E vice versa: o tribunal de segundo grau jamais teria competência para julgar ação rescisória de acórdão do Superior Tribunal de Justiça. Por conseguinte, se se quiser pleitear a rescisão de ambas as decisões, a circunstância de contar-se o prazo decadencial a partir do mesmo momento não implicara que se possam cumular dois pedidos numa mesma ação rescisória: cada pleito terá de ser proposto em separado, perante tribunais diferentes. Isto se faz gritantemente nítido na hipótese de serem distintos os legitimados à propositura, como ocorrerá se no julgamento da apelação houver sido vitorioso um dos litigantes, e no recurso especial, o outro; mas a afirmação vale para qualquer hipótese. Conclui-se, destarte, que a adoção da tese do acórdão sob análise não evita, em absoluto, o suposto inconveniente da pluralidade de rescisórias." (MOREIRA, José Carlos Barbosa. "Sentença objetivamente complexa, trânsito em julgado e rescindibilidade". In: *Aspectos Polêmicos e atuais dos recursos cíveis e assuntos afins*. NERY JR., Nelson; WAMBIER, Teresa Arruda Alvim (coord) – São Paulo: Editora dos Tribunais, vol. 11, 2007, p. 175-176).

55. AZEVEDO, Ana Paula Schoriza Bueno de. "Capítulos da sentença: como o STJ tem se posicionado sobre o termo inicial para a contagem do prazo da ação rescisória?". *Revista de processo*, v.34, nº 176, p. 195-225, outubro/2009, p. 218.

56. Recorde-se que para existir a formação progressiva da coisa julgada material é necessário que os capítulos da sentença sejam independentes, sem relação de prejudicialidade com a matéria ainda pendente de julgamento pelo Tribunal *ad quem*.

No entanto, tal fato não é óbice para se negar a ocorrência da coisa julgada material de forma progressiva, na medida em que o artigo 966 do novo Código de Processo Civil exige como requisito para o manejo da ação rescisória apenas o trânsito em julgado do *decisum* rescindendo; não mencionando como requisito a resolução completa do processo.

Neste sentido, Flávio Luiz Yarshell destaca que, "partindo-se da premissa de que o julgamento de mérito é passível de decomposição em capítulos, e suposto que esses capítulos guardem autonomia entre si, é perfeitamente possível admitir a propositura de ação rescisória ainda na pendência da relação processual em que originalmente editada a decisão rescindenda. A preclusão desta, portanto, não coincide necessariamente com a extinção do processo em que editada."[57] [58]

Portanto, pela lógica processual, a propositura da ação rescisória inicia-se a partir do trânsito em julgado do *decisum* rescindendo, sendo necessária apenas a formação da coisa julgada material; não necessitando da resolução dos demais capítulos do processo principal.

5.3. POSSIBILIDADE DE DECLARAÇÃO DA NULIDADE DO PROCESSO, AO JULGAR A PARCELA RECORRIDA DO DECISUM

No julgamento da parcela recorrida do *decisum*, pode ocorrer de o tribunal *ad quem* declarar a nulidade do processo. Assim, questiona-se que seria inócuo permitir o ajuizamento de ação rescisória para impugnar o capítulo da sentença autônomo e independente, que não se recorreu, diante da possibilidade de decretar a nulidade total da demanda.

No entanto, a parcela irrecorrida do *decisum*, desde que tenha independência em relação ao capítulo recorrido, fica revestida pela autoridade da coisa julgada material. Portanto, a eventual declaração da nulidade do processo não atingirá a parcela irrecorrida, que se tornou imutável e indiscutível, conforme ensina José Carlos Barbosa Moreira:

> Por outro lado, quaisquer questões preliminares, embora comuns
> à parte impugnada e à parte não-impugnada da decisão, só com

---

57. YARSHELL, Flávio Luiz. Ação rescisória: juízos rescindente e rescisório. São Paulo: Malheiros, 2005, p. 132.
58. No mesmo sentido: "O art. 485 do CPC não traz como requisito à ação rescisória a extinção do processo, mas sim o trânsito em julgado. (...) Em resumo, a ausência da extinção do processo como um todo não é, nem poderia ser, impedimento à configuração da coisa julgada material. Não se olvide que mérito significa pedido. Dessa forma, se um pedido foi resolvido de forma imutável, ainda que outro esteja em discussão, este não influencia naquela e não afasta a ocorrência da coisa julgada material, demonstrando-se de forma cristalina a possibilidade de a coisa julgada ocorrer em momentos distintos." (AZEVEDO, Ana Paula Schoriza Bueno de. "Capítulos da sentença: como o STJ tem se posicionado sobre o termo inicial para a contagem do prazo da ação rescisória?". *Revista de processo*, v.34, nº 176, p. 195-225, outubro/2009, p. 218).

> referência àquela podem ser apreciadas pelo tribunal do recurso. Suponhamos, v.g., que a sentença, repelindo a alegação de faltar ao autor *legitimatio ad causam*, condene o réu ao pagamento de x. Apela o vencido unicamente para pleitear a redução do *quantum* a y. Ainda que o órgão *ad quem* se convença da procedência da preliminar – que, em princípio, como é óbvio, levaria à declaração da *carência de ação* quanto ao pedido todo –, já não lhe será lícito pronunciá-la senão no que respeita a x-y, única parcela que, por força do recurso (e ressalvada a eventual incidência de regra como a do art. 475, II, que torna obrigatória a revisão), se submete à cognição do juízo superior. No tocante à parcela y, que não é objeto da apelação – nem por hipótese, se devolve necessariamente –, fica vedado ao tribunal exercer atividade cognitiva: o capítulo correspondente passou em julgado no primeiro grau de jurisdição.
>
> O mesmo princípio se aplica à hipóteses de só versar a impugnação sobre um ou alguns dos capítulos recorríveis, embora com a invocação de vício que, se existente, poderia acarretar a invalidação *total* da decisão. Assim, v.g., se o réu, condenado a pagar x + y, funda a sua apelação na denúncia de suposto *error in procedendo*, mas pleiteia unicamente a anulação da sentença quanto a x. Mesmo que o tribunal reconheça o vício, e este afete por inteiro o julgamento de primeiro grau, não se poderá anular a decisão no concernente a y; tal capítulo transitou em julgado.[59]

Assim, ainda que haja vícios que possam ser reconhecidos em qualquer tempo e grau de jurisdição, por serem questões de ordem pública, tal declaração de nulidade do processo somente pode abranger o capítulo impugnado no recurso, em atenção ao efeito devolutivo deste e em respeito à autoridade da coisa julgada material que se operou na parcela irrecorrida do *decisum*[60].

Note-se que permitir que a declaração da nulidade do processo, proferida no julgamento da parcela recorrida do *decisum*, afete o capítulo da sentença que já transitou em julgado é possibilitar a desconstituição da coisa julgada material, por via transversa, em clara violação ao artigo 5º, inciso XXXVI, da Constituição da República de 1988.

Neste sentido, para que se possa desconstituir a coisa julgada material da parcela irrecorrida do *decisum*, é necessário o manejo da ação rescisória, apontando o vício decorrente da nulidade do processo.

---

59. MOREIRA, José Carlos Barbosa. *Comentários ao Código de Processo Civil: Lei nº 5.869, de 11 de janeiro de 1973.* vol. V: arts. 476 a 565 – Rio de Janeiro: Forense, 2011, p. 355-356
60. GARCIA, Gustavo Filipe Barbosa. Capítulos autônomos da decisão e momentos de seu trânsito em julgado. *Revista de Processo*, n.111, p. 290-305, julho/setembro, 2003, p. 298-299

6. A AÇÃO RESCISÓRIA E O PRAZO PARA O SEU AJUIZAMENTO NO NOVO CÓDIGO DE PROCESSO CIVIL

O Código de Processo Civil de 1973 disciplina, em seu artigo 485, que é rescindível apenas a *sentença de mérito*, transitada em julgado, sugerindo que somente seria objeto de rescisão o último pronunciamento judicial de mérito da demanda[61].

Já, o Código de Processo Civil de 2015 apresenta duas alterações significativas em relação à decisão passível de ser rescindida. Primeira, a nova legislação processual prevê, em seu artigo 966, que pode ser rescindida a *decisão de mérito*, transitada em julgado, tornando evidente que não somente o último pronunciamento judicial (sentença) pode ser objeto de rescisão; mas todas as *decisões de mérito* proferidas no curso da lide, que vierem a transitar em julgado. Constata-se, portanto, que esta modificação de redação da norma está a convergir com a adoção da teoria da formação progressiva da coisa julgada material pelo novo Código de Processo Civil.

Segunda, o novo Código de Processo Civil, resgatando a norma da legislação processual de 1939[62], prevê que será rescindível a decisão transitada em julgado que, *embora não seja de mérito*, não permita a reproposituta da demanda ou impeça a admissibilidade do recurso correspondente (artigo 966, § 2º). É o que ocorre, por exemplo, com a decisão que extingue o processo, sem resolução do mérito, por reconhecer a ilegitimidade de uma das partes da demanda, a impossibilidade jurídica do pedido ou a ocorrência de coisa julgada.

Em relação ao prazo para o ajuizamento da ação rescisória, o novo Código de Processo Civil estabelece que "o direito à rescisão se extingue em 2 (dois) anos contados do trânsito em julgado da última decisão proferida no processo" (artigo 975).

A literalidade do artigo 975 do Código de Processo Civil de 2015 induz a interpretação de que, ainda que ocorra o trânsito em julgado de capítulos autônomos

---

61. José Carlos Barbosa Moreira ressalta que "atinente ao mérito precisa ser a *decisão rescindenda*; não necessariamente o vício que se lhe imputa. Diz respeito a exigência *objeto*, não ao *fundamento* do pedido de rescisão. Uma sentença de mérito pode ser rescindível em razão de *error in procedendo*, de violação de norma processual; por exemplo: falta de intimação regular do advogado para a audiência." (MOREIRA, José Carlos Barbosa. *Comentários ao Código de Processo Civil: Lei nº 5.869, de 11 de janeiro de 1973*. vol. V: arts. 476 a 565 – Rio de Janeiro: Forense, 2011, p. 108)
62. José Carlos Barbosa Moreira, comentando o Código de Processo Civil de 1973, destacou que "rescindível é apenas, no sistema do atual Código, 'a sentença de mérito'. No direito anterior, era possível rescindir decisões não definitivas, quer dizer, que não julgassem o *meritum causae*. A nosso ver, teria sido preferível manter o mesmo princípio (...)."(MOREIRA, José Carlos Barbosa. *Comentários ao Código de Processo Civil: Lei nº 5.869, de 11 de janeiro de 1973*. vol. V: arts. 476 a 565 – Rio de Janeiro: Forense, 2011, p. 108)

e independentes da sentença em momentos distinto, o prazo para o ajuizamento da(s) ação(ões) rescisória(s) somente se inicia a partir do trânsito em julgado do último pronunciamento judicial que ocorrer na demanda.

Contudo, esta interpretação literal deste artigo 975 não mostra-se adequada, na medida em que: (I) está em desconformidade com outras normas do próprio Código de Processo Civil de 2015, que reconhecem a formação progressiva da coisa julgada material (e, consequentemente, da existência dos capítulos da sentença), inclusive, através da possibilidade do julgamento antecipado parcial do mérito (artigo 356); (II) contraria o entendimento do Supremo Tribunal Federal acerca da matéria, violando a garantia da coisa julgada material, prevista no artigo 5º, inciso XXXVI, da Constituição da República de 1988, conforme asseverado no Recurso Extraordinário nº 666.589/DF; (III) afronta o princípio constitucional da segurança jurídica, tendo em vista que prolonga a pacificação de determinada questão jurídica, impedindo o decurso do prazo decadencial para manejo da ação rescisória de capítulo da sentença independente e autônomo que já se encontrar definitivamente decidido; e (IV) viola à garantia fundamental da isonomia das partes no processo[63], ao possibilitar que uma das partes ajuíze ação rescisória para discutir capítulo autônomo e independente do *decisum*, que já se encontrava irrecorrível, em período maior que dois anos, enquanto que a parte que interpôs recurso até o último pronunciamento judicial terá exatos dois anos para manejar a ação rescisória para impugnar o mérito constante da última decisão do processo.

Portanto, a interpretação literal do artigo 975 do novo Código de Processo Civil mostra-se inconstitucional e contraditória com as próprias normas desta legislação. Neste sentido, é necessário interpretar adequada e constitucionalmente o disposto no artigo 975, de modo a estabelecer que o direito de propor ação rescisória se extingue em dois anos contados do respectivo trânsito em julgado da última decisão proferida em relação a cada capítulo autônomo e independente da sentença[64].

---

63. Neste sentido: PEREIRA, Mateus Costa; PEIXOTO. Ravi. "Da competência à ação rescisória: uma leitura de julgados do STJ a partir da teoria dos capítulos da sentença". *Revista de Processo*. vol. 218, Editora Revista dos Tribunais, abril-2013, p. 207; AZEVEDO, Ana Paula Schoriza Bueno de. "Capítulos da sentença: como o STJ tem se posicionado sobre o termo inicial para a contagem do prazo da ação rescisória?". *Revista de Processo*. v.34, nº 176, outubro/2009, p. 213.
64. Ravi Peixoto destaca que o "CPC/2015 admite, de forma expressa o trânsito em julgado parcial. Haveria uma contradição entre a admissão da coisa julgada parcial e, ao mesmo tempo, da contagem única para o ajuizamento da ação rescisória. A admissão desse posicionamento restritivo faria surgir um problema sem solução no caso de haver determinado capítulo não impugnado que se encaixe em uma das hipóteses de rescisão elencadas no art. 966 do CPC/2015. Por conta disso, a interpretação adequada a ser concedida a esse texto normativo deve ser no sentido de que ele faz referência à última decisão proferida em cada capítulo que não possua qualquer relação de dependência com outro, ou seja, à decisão que

Desta forma, estará sendo assegurados os princípios constitucionais da segurança jurídica e da isonomia das partes no processo, necessários à manutenção do Estado Democrático de Direito; bem como se garantirá a possibilidade da formação progressiva da coisa julgada material, conforme prevê diversas normas do Código de Processo Civil de 2015.

7. CONSIDERAÇÕES FINAIS

Por todo o exposto, conclui-se que considerar que somente ocorre o trânsito em julgado de determinado capítulo da sentença independente e autônomo, que já se encontra definitivamente decidido, quando não for mais cabível qualquer recurso do *último pronunciamento judicial* da lide, conforme sugere a literalidade do artigo 975 do novo Código de Processo Civil, contraria o ordenamento jurídico brasileiro, estando em desconformidade com as normas previstas na própria legislação processual, que admitem a formação progressiva da coisa julgada material.

Além disso, esta interpretação literal do artigo 975 do Código de Processo Civil de 2015 afronta os princípios da segurança jurídica e da isonomia das partes no processo, prolongando injustificadamente a pacificação de capítulo da sentença, que se encontra imutável e indiscutível.

Conclui-se, portanto, que a interpretação adequada e constitucional do artigo 975 é no sentido de que o prazo decadencial de dois anos para propor a ação rescisória iniciar a partir do trânsito em julgado do capítulo autônomo e independente da sentença objeto da rescisão.

8. REFERÊNCIAS BIBLIOGRÁFICAS

ARENHART, Sérgio Cruz. MARINONI, Luiz Guilherme. Manual do Processo de Conhecimento. 5. ed. São Paulo: Revista dos Tribunais, 2006.

AZEVEDO, Ana Paula Schoriza Bueno de. "Capítulos da sentença: como o STJ tem se posicionado sobre o termo inicial para a contagem do prazo da ação rescisória?". Revista de Processo, v.34, nº 176, outubro/2009.

BIRCHAL, Alice de Souza. A sentença da parte incontroversa da demanda. Tese de Doutorado, Belo Horizonte: PUC-MG, 2005.

---

substituiu por último cada capítulo". (PEIXOTO, Ravi. "Ação rescisória e capítulos de sentença: a análise de uma relação conturbada a partir do CPC/2015 com foco nas questões de competência e prazos". *Coletânea Novo CPC: Doutrina Selecionada*. Editora JusPodivm. Coord: Alexandre Freire; Lucas Buril; Ravi Peixoto. No prelo).

BRASIL. Superior Tribunal de Justiça. Recurso Especial nº 203.132/SP, Relator: Ministro Sálvio de Figueiredo Teixeira, Quarta Turma, julgado em 25/03/2003, publicação no DJ de 28/04/2003.

_____. Superior Tribunal de Justiça. Recurso Especial nº 439.849/SP. Relator: Ministro Félix Fischer, Quinta Turma, julgado em 27/08/2002, publicado no DJ em 30/09/2002.

_____. Superior Tribunal de Justiça. Recurso Especial nº 591.668/DF, Relator: Ministro Franciulli Neto, Segunda Turma, julgado em 22/06/2004, publicado no DJ de 16/06/2005.

_____. Superior Tribunal de Justiça. Embargos de Divergência em Recurso Especial nº 404.777/DF, Relator: Ministro Fontes de Alencar, Relator p/acórdão: Ministro Francisco Peçanha de Martins, julgado em 03/12/2003, publicado no DJ de 11/04/2005.

_____. Superior Tribunal de Justiça. Recurso Especial nº 639.233/DF, Relator: Ministro José Delgado, julgado em 06/12/2005, publicado no DJ de 14/09/2006.

_____. Superior Tribunal de Justiça. Embargos de Divergência em Recurso Especial nº 341655/PR, Relatora: Ministra Laurita Vaz, julgado em 21/05/2008, publicado no DJ de 06/08/2008.

Recurso Extraordinário nº 666.589/DF, de relatoria do Ministro Marco Aurélio, julgado pela Primeira Turma, julgado em 25/03/2014, publicado no DJ de 02/06/2014

BUENO, Cássio Scarpinella. Tutela Antecipada. São Paulo: Saraiva, 2004.

CABRAL, Antonio do Passo. Coisa Julgada e Preclusões Dinâmicas: Entre continuidade, mudança e transição de posições processuais estáveis. Salvador: Editora JusPodivm. 2ª edição, 2014.

CÂMARA, Alexandre Freitas. A Nova Execução de Sentença. 3. ed. Rio de Janeiro: Lumen Juris, 2007.

CARNEIRO, Athos Gusmão. Da antecipação de tutela. 5ª ed. Rio de Janeiro: Forense, 2004.

CUNHA, Leonardo José Carneiro da. "O § 6º. do art. 273 do CPC: tutela antecipada parcial ou julgamento antecipado parcial da lide?". Revista Gênesis de Direito Processual Civil, nº 32, p. 291-311, abr-jun. 2004.

_____. "Termo inicial do prazo para ajuizamento da Ação rescisória, capítulos da sentença e recurso parcial". Revista de Processo, v. 30, nº 120, p.180-228, fevereiro/2005.

DIDIER JR., Fredie; BRAGA, Paula Sarno; OLIEVIRA Rafael. Curso de Direito Processual Civil. vol. 2, 6ª ed. - Salvador: Editora JusPodivm, 2011.

DINAMARCO, Cândido Rangel. A reforma da reforma. 6ª ed. São Paulo: Malheiros, 2003.

_____. Capítulos de Sentença. São Paulo: Malheiros, 2004, p. 09 e 35.

DÓRIA, Dotti Rogéria. A Tutela Antecipada em Relação à Parte Incontroversa da Demanda. 2ª ed. São Paulo: Editora Revista dos Tribunais, 2004.

FRAGA. Afonso. Instituições do Processo Civil do Brasil. vol. II. São Paulo.

GARCIA, Gustavo Filipe Barbosa. Capítulos autônomos da decisão e momentos de seu trânsito em julgado. Revista de Processo, n.111, p. 290-305, julho/setembro, 2003.

LUCON, Paulo Henrique dos Santos. "Efeitos imediatos da decisão e impugnação parcial e total". In: ARRUDA ALVIM, Eduardo Pellegrini de; NERY JÚNIOR, Nelson; WAMBIER, Teresa Arruda Alvim (coord.). Aspectos Polêmicos e Atuais dos Recursos. São Paulo, Revita dos Tribunais, 2000.

MARINONI, Luiz Guilherme. "O princípio da segurança dos atos jurisdicionais (a questão da relativização da coisa julgada material)." In: DIDIER Jr., Fredie (Org.) Relativização da Coisa Julgada. 2ª Ed., Salvador, JusPodivm, 2006.

_____. Antecipação da Tutela. 10ª ed. – São Paulo: Revista dos Tribunais, 2008.

MITIDIERO, Daniel Francisco. Sentenças parciais de mérito e resolução definitiva-fracionada da causa. Genesis: Revista de Direito Processual Civil, v. 8, n.31, p.22-33, jan./mar. 2004.

MOREIRA, José Carlos Barbosa. "Sentença objetivamente complexa, trânsito em julgado e rescindibilidade". In: Aspectos Polêmicos e atuais dos recursos cíveis e assuntos afins. NERY JR., Nelson; WAMBIER, Teresa Arruda Alvim (coord) – São Paulo: Editora dos Tribunais, vol. 11, 2007.

_____. Ações cumuladas. Necessidade de julgamento explícito de todas, Temas de direito processual, 2ª Série, São Paulo: Saraiva, 1988.

_____. Comentários ao Código de Processo Civil: Lei nº 5.869, de 11 de janeiro de 1973. vol. V: arts. 476 a 565 – Rio de Janeiro: Forense, 2011

NERY JÚNIOR, Nelson. "Conceito Sistemático de Sentença: considerações sobre a modificação do CPC 162, § 1º que não alterou o conceito de sentença". In: Processo Civil: novas tendências – Homenagem ao Professor Humberto Theodoro Júnior. JAYME, Fernando Gonzaga; FARIA, Juliana Cordeiro de; LAUAR, Maira Terra. (coord.). – Belo Horizonte: Del Rey, 2008.

OLIANI, José Alexandre Manzano. "Capítulos de Sentença, Apelação Parcial e Sentença Juridicamente Inexistente – Breves Considerações". In: MEDINA, José Miguel Garcia, et al (coord.). Os poderes do juiz e o controle das decisões judiciais. Estudos em homenagem à Professora Teresa Arruda Alvim Wambier". São Paulo: Revista dos Tribunais, 2008, p. 735

PONTES DE MIRANDA. Comentários ao Código de Processo Civil. vol. V – Rio de Janeiro: Forense, 1974.

_____. Tratado da Ação rescisória, da sentença e de outras decisões. 5ª. ed. Rio de Janeiro: Forense, 1976.

PEIXOTO, Ravi. "Ação rescisória e capítulos de sentença: a análise de uma relação conturbada a partir do CPC/2015". *Coletânea Novo CPC: Doutrina Selecionada*. Editora JusPodivm. Coord: Alexandre Freire; Lucas Buril; Ravi Peixoto.

PEREIRA, Mateus Costa; PEIXOTO. Ravi. "Da competência à ação rescisória: uma leitura de julgados do STJ a partir da teoria dos capítulos da sentença". *Revista de Processo*. vol. 218, Editora Revista dos Tribunais, abril-2013, p. 207

PORTO, Sérgio Gilberto. Coisa Julgada Civil. 3ª ed. – São Paulo: Revista dos Tribunais, 2006.

SANTOS. Marina França. A garantia do duplo grau de jurisdição. Belo Horizonte: Del Rey, 2012.

SILVA, Ovídio Baptista da. Curso de Processo Civil, Fabris Ed. Vol. I, 1987.

THEODORO JÚNIOR, Humberto. "Coisa Julgada: Pluralidade e Unicidade (Súmula nº 401 do STJ)". Revista Magister de Direito Civil e Processo Civil. Porto Alegre: Magister, vol. 35, março-abril/ 2004.

_____. "Coisa Julgada: Pluralidade e Unicidade (Súmula nº 401 do STJ)". Revista Magister de Direito Civil e Processo Civil. Porto Alegre: Magister, vol. 35, março-abril/ 2004.

_____. Código de Processo Civil Anotado.Colaboradores: Humberto Theodoro neto, Adriana Mandin Theodoro de Mello, Ana Vitória Mandim Theodoro. 14ª ed. – Rio de Janeiro: Forense, 2010.

_____. Curso de Direito Processual Civil: Teoria Geral do Direito Processual Civil e Processo de Conhecimento. vol. I, 50ª. ed., Rio de Janeiro: Forense, 2009.

VIDIGAL. Isabela Campos. "A coisa julgada progressivamente: análise crítica da orientação adotada pelo STJ e das atuais propostas de reformas – Projeto de Novo Código de Processo Civil e PEC dos Recursos". In: Processo Civil: novas tendências – Homenagem ao Ministro Sávio de Figueiredo Teixeira. JAYME, Fernando Gonzaga; FARIA, Juliana Cordeiro de; LAUAR, Maira Terra. (coord.). – Belo Horizonte: Del Rey, 2011.

YARSHELL, Flávio Luiz. Ação rescisória: juízos rescindente e rescisório. São Paulo: Malheiros, 2005.

CAPÍTULO 8

Ação Rescisória e uniformização jurisprudencial: considerações sobre a jihad nomofilática

Marcelo Barbi Gonçalves[1]

SUMÁRIO: 1. A COISA JULGADA COMO PONTE DE SAÍDA; 2. FIXANDO ALGUMAS PREMISSAS; 3. O SENTIDO VETORIAL DE ESTABILIDADE DAS POSIÇÕES JURÍDICAS: CERTEZA DA LEI, CERTEZA DA JURISPRUDÊNCIA E CERTEZA DO DIREITO; 4. AÇÃO RESCISÓRIA NO CASO DE LEI SUJEITA À INTERPRETAÇÃO CONTROVERTIDA; 4.1. DESVENDANDO ALGUNS EQUÍVOCOS; 4.2. TRIBUNAIS SUPERIORES E FUNÇÃO NOMOFILÁTICA; 4.3. DA VOCAÇÃO DA AÇÃO RESCISÓRIA; 4.4. DA INDEVIDA ASSIMILAÇÃO ENTRE OS ENUNCIADOS 343 E 400 DO STF; 5. A DOUTRINA DA INTERPRETAÇÃO RAZOÁVEL E O PRINCÍPIO DA LEGALIDADE; 6. EXISTEM CORTES SUPREMAS DO A E DO B?; 7. EFEITOS PRÓ-FUTURO E A ISONOMIA; 8. CONCLUSÃO; 9. REFERÊNCIAS.

1. A COISA JULGADA COMO *PONTE DE SAÍDA*

A inter-relação entre o direito material e o processo é um fenômeno que pode ser observado através da própria história do Direito Processual. Com efeito, as teorias civilista, concreta, abstrata e eclética da ação, assim como os estudos acerca do instrumentalismo e do formalismo-valorativo, possuem um fio-condutor em comum: as recíprocas influências entre o direito processual e o substancial. Essa percepção torna-se ainda mais clara quando se tem em linha de perspectiva que, de um lado, o processo é o instrumento por excelência de atuação do direito material, e, de outro, que este deve influenciar aquele a fim de que as técnicas processuais sejam adequadas à crise de direito substancial lamentada.[2]

Nessa linha de considerações, o estudo parte da premissa de que, em relação ao processo, há uma nítida *ponte de entrada* e outra de *saída* do direito material que se vislumbra nos lindes do estado de litispendência.

---

1. Mestre em Direito Processual. Juiz Federal.
2. "Sustenta-se, aqui, que os aspectos fundamentais do direito processual são concebidos à luz da relação material. As questões maiores do processo são solucionadas com dados inerentes à relação da vida e ao direito substancial que a regula. Daí por que, embora fenômenos distintos, há entre processo e direito material evidente nexo unindo o meio ao fim". (BEDAQUE, José Roberto dos Santos. *Direito e processo. Influência do direito material sobre o processo.* 6ª ed, São Paulo: Malheiros, 2011, p. 17/18).

A primeira verifica-se a partir da propositura da demanda judicial, que nada mais representa senão a forma pela qual o direito material ingressa no processo, ou seja, é o ponto de passagem entre o cumprimento voluntário das normas jurídicas e a observância imposta autoritativamente pelo Estado.

A segunda *ponte*, por sua vez, relaciona-se com a forma pela qual o direito substancial sai do processo, na medida em que apenas no caso de julgamento procedente coincidirá com o sentido, extensão e o significado afirmados pelo autor em sua petição inicial. A sentença recorrível já é um primeiro aceno a respeito da disciplina normativa que deverá reger a conduta das partes. Mas, em virtude de estar sujeita à cassação ou revisão, não é necessariamente o último ponto de contacto entre os direitos processual e substancial, pois outra norma jurídica do caso concreto poderá ser ditada pelo órgão jurisdicional superior (efeito substitutivo dos recursos).

Com o trânsito em julgado e a formação da coisa julgada material,[3] porém, *tollitur quaestio*: a ponte derradeira - salvo vício de rescindibilidade - é alçada e não cabe mais discutir os ditames do *dever-ser* ou eventual injustiça da decisão. Na vida em geral, e no processo em particular, é preciso que se pratique um *trade-off* entre os distintos interesses que concorrem em uma determinada tomada de decisão. E a coisa julgada significa exatamente isso: o resultado de uma ponderação levada a efeito em um plano pré-processual entre, de um lado, a segurança jurídica e a estabilidade das expectativas, e, de outro, a justiça e a isonomia.[4]

Mais não se precisaria dizer caso a processualística não tivesse, no último decênio, cerrado fileiras em uma *jihad* contra a coisa julgada. Esse instituto, dotado de dignidade constitucional,[5] caro ao Estado Democrático de Direito e repre-

---

3. Vale-se aqui do conceito de Crisanto Mandrioli: "Ocorre, a questo punto, precisare che questa incontrovertibilità è tradizionalmente designata come cosa giudicata, la quale può pertanto essere definita come la situazione in forza della quale nessun giudice può pronunciarsi su quel diritto sul quale è già intervenuta una pronuncia che abbia esaurito la serie dei possibili riesami". (*Corso di Diritto Processuale Civile. Nozioni Introduttive e disposizioni generali*. Vol. 1, 11ª ed., Torino: G. Giappichelli Editore, 2013, p. 14).
4. "Per provvedere alla certeza della sfera giuridica dei litiganti, dando un valore fisso e costante alle prestazioni, l`ordinamento giuridico vuole che l`attività giurisdizionale si spieghi un`unica volta (sebbene di solito colla possibilità di più gradi): applicando la legge del minimo mezzo, esso mira al maximo risultato col minimo impiego d`attività; fra i vantaggi della certezza giuridica e i danni dei possibili errori del giudice nel caso concreto dà la prevalenza ai primi". (CHIOVENDA, Giuseppe. *Principii di Diritto Processuale Civile* (3ª ed., 1923) ristampa inalterata. Napoli: Jovene Editore, 1965, p. 911. No mesmo sentido, Nelson Nery Junior: "Entre o justo absoluto, utópico, e o justo possível, realizável, o sistema constitucional brasileiro, a exemplo do que ocorre na maioria dos sistemas democráticos ocidentais, optou pelo segundo (justo possível), que é consubstanciado na segurança jurídica da coisa julgada material" (*Princípios do processo na Constituição Federal*. 10ª Ed., São Paulo: Ed. RT, 2010, p. 52).
5. "Exigência essencial à segurança jurídica, a coisa julgada tem, entre nós, assento constitucional (art. 5º, inc. XXXVI, CF), exatamente porque a relevância da imutabilidade e da indiscutibilidade das sentenças

sentativo da ideia de segurança jurídica, está, fragorosamente, sendo perseguido por certo setor da doutrina como se fora o mais infiel dos valores.

E, assim como o Alcorão é indevidamente bradado pelos fundamentalistas para a prática das maiores atrocidades, o mesmo se passou com a coisa julgada. A arma de combate dos *jihadistas*, legítimo instrumento vocacionado a corrigir em caráter excepcional vícios taxativamente previstos, tem nome e sobrenome: ação rescisória.

É interessante destacar que há um vírus que desencadeou essa guerra santa contra a estabilidade das situações definitivamente julgadas. Trata-se do embevecimento dos profetas com a nomofilaquia, responsável, em apertadíssima síntese, pela evolução do ordenamento jurídico através da uniformização jurisprudencial. Deveras, em um quadro crônico de absoluta dispersão na aplicação do direito objetivo, o deslumbre com a importação de institutos dirigidos à coerência na interpretação das normas jurídicas não poderia ser desprezível. Mas o encanto ultrapassou as raias do legítimo.

Passou-se, assim, a advogar a possibilidade de rescisão, em virtude de literal violação de lei - art. 485, inc. V, CPC/73, correspondente ao inc. V do art. 966 do NCPC: "violar manifestamente norma jurídica" -, da sentença transitada em julgado face à formação posterior de um precedente de lavra das Cortes Superiores em sentido contrário. A existência de divergência interpretativa no âmbito dos tribunais à época da decisão rescindenda, dessa forma, não seria obstativa da possibilidade de, quando firmado o *princípio de direito* em última instância, rescindir a sentença anteriormente prolatada. Uma nomofilaquia, portanto, com efeitos não apenas pretéritos, como, ainda, rescindentes.

O objetivo declarado do presente artigo é demonstrar, à luz da Teoria Cética da Interpretação, da compreensão linguística do fenômeno normativo e da eficácia pró-futuro da nomofilaquia, que o vírus relativizante que desencadeou a cruzada contra a coisa julgada não se pode espraiar sobre o Novo Código de Processo Civil.

2. FIXANDO ALGUMAS PREMISSAS

É preciso estabelecer, de plano, algumas premissas para que se possa atingir a conclusão aventada. Conquanto haja um evidente nexo lógico entre os pontos de partida fixados, cuida-se de fundamentos analíticos autônomos, de sorte que

---

concretiza o anseio de certeza do direito presente nas relações sociais" (GRINOVER, Ada Pellegrini. Ação rescisória e divergência de interpretação em matéria constitucional. *A Marcha do Processo*, Rio de Janeiro: Forense, 2000, p. 4). No mesmo sentido: DINAMARCO, Cândido Rangel. *Instituições de Direito Processual Civil*. Vol. III, 6ª ed. São Paulo: Malheiros, 2009, p. 302.

a adesão a apenas um deles é suficiente para que se comungue com a linha de raciocínio exposta.

Inicialmente, é preciso que se compreenda que as normas apresentam-se sob a forma de linguagem. É fundamental perceber que isso se manifesta tanto no plano da lei processual (enunciados prescritivos) quanto no da Ciência Processual (enunciados descritivos). No primeiro caso, a *linguagem da lei* consubstancia o conjunto de princípios, regras e postulados expressos mediante signos linguísticos que buscam instrumentalizar a aplicação de normas substanciais. No segundo, por sua vez, a *linguagem dos juristas* refere-se descritivamente a um conjunto de enunciados prescritivos de um determinado ordenamento jurídico. Trata-se, pois, de uma linguagem sobre a linguagem, ou seja, uma *metalinguagem*.

As palavras, portanto, são a matéria-prima do jurista. E, considerando-se que a linguagem e o processo são interdependentes, é preciso que se domine esse instrumento de trabalho. Não se pode pensar, v.g, nos princípios processuais constitucionais senão à luz da consideração de que estes são vazados por signos linguísticos vagos e ambíguos carentes de significação, densificação conceitual e determinação semântica. Em termos outros: os princípios do devido processo legal, contraditório, ampla defesa, vedação de provas ilícitas e juiz natural apenas podem ser compreendidos caso se parta da premissa de que estes, por si sós, são signos linguísticos que nada dizem semanticamente. São, assim, antes do processo interpretativo, um *sem-sentido deôntico*.[6] Disposições legais, sim. Normas, não.

Nesse contexto, o trabalho perfilha, como pressuposto metodológico, em contraposição às doutrinas *Cognitivista* e *Mista*, a Teoria *Cética* da Interpretação. Ou seja, inexiste uma relação biunívoca entre enunciado prescritivo e norma jurídica, de maneira que apenas quando se encerra a atividade interpretativa é que surge a disciplina da controvérsia *sub judice*. Ou seja: a norma jurídica é o resultado do processo interpretativo.[7]

O ensaio parte, também, da premissa de que o processo é semanticamente construtivo - permeado de juízos valorativos, escolhas e influências extratextuais

---

6. "O texto consiste num conjunto de palavras que formam os enunciados prescritivos; já a norma jurídica é o produto de sua interpretação. Finda a interpretação, surge a norma jurídica. Impossível pensar em norma sem prévia atividade interpretativa" (IVO, Gabriel. *Norma Jurídica - produção e controle*. São Paulo: Noeses, 2006, p. XXXVIII).

7. É imprescindível trazer à baila, como principais artífices da Teoria Cética, os nomes de Giovanni Tarello (L`*interpretazione della legge*. Milano: Giuffrè, 1980, p. 9/10); Riccardo Guastini (*Interpretare e argomentare*. Milano: Giuffrè, 2011, p. 8/9); Michele Taruffo (La Corte de Cassazione e la legge. *Il vertice ambíguo. Saggi sulla cassazione civile*. Bologna: Il Mulino, 1991, p. 78); Vincenzo Marinelli (Il problema dell'ermeneutica giudiziaria. *Rivista Analisi e diritto* 1998, a cura de P. Comanducci e R. Guastini, p. 153); Enrico Diciotti (L'ambigua alternativa fra cognitivismo e scetticismo interpretativo. *Dipartimento di scienze storiche, giuridiche, politiche e sociali dell'Università degli Studi di Siena*. Working Paper 45, Siena, 2003, p. 5).

-, jamais descritivo ou dedutivamente lógico[8]. Dessa forma, a jurisdição, ao contrário do que preceituou Chiovenda - um dos principais fautores da Teoria Dualista do Ordenamento Jurídico - não pode jamais ser compreendida como responsável por uma atuação declaratória da vontade concreta da lei.[9]

A sentença, com efeito, é *atributiva* de um significado dentre tantos outros possíveis,[10] razão pela qual, uma vez formada a coisa julgada, deve a imutabilidade cobrir a norma jurídica individualizada à revelia de eventuais desdobramentos semânticos que o Direito Jurisprudencial possa ulteriormente regurgitar. À segurança legal, *a priori*, macrométrica, sucede-se a judicial, qualificada pela visão micrométrica do juiz. Significa dizer, com Adroaldo Furtado Fabrício, que "eliminando a incerteza e operando a 'exclusão de alternativas possíveis', a sentença firme toma o lugar antes ocupado pela lei".[11]

3. O SENTIDO VETORIAL DE ESTABILIDADE DAS POSIÇÕES JURÍDICAS: *CERTEZA DA LEI, CERTEZA DA JURISPRUDÊNCIA E CERTEZA DO DIREITO*

Um ponto nodal reside na consideração que não existe *uma única ontologia eficacial* da segurança jurídica, senão várias, cada qual com suporte fático e perfis funcionais, estruturais e eficaciais os mais diversos. Com efeito, não se pode homogeneizar *status* díspares de estabilidade normativa. Explica-se: a segurança que advém da lei abstrata e genérica é apenas um *projeto de segurança* que pode ser infirmado pelas mais diversas razões.

Sob o prisma normativo, a ambiguidade, vagueza, complexidade, implicabilidade e derrotabilidade das prescrições textuais são hoje um *dado* até para os formalistas mais afeitos ao princípio da coerência do ordenamento jurídico. No que atine à práxis, os quase cem milhões de processos atualmente em curso são uma prova eloquente de que a lei, por si só, apresenta apenas uma *segurança hipotética*: todo litígio é incerteza, ou, melhor dizendo, uma falência do projeto *legal* de certeza.[12]

---

8. Trata-se, em verdade de acompanhar a "tesi della pervasività o dell`onnipresenza dell`interpretazione o delle attività di ragionamento", cujo "nucleo fondamentale può essere riassunto nella tesi per cui le attività conoscitive sono processi, in parte valutativi, attraverso i quali se determina e si costruisce l`ogetto della conoscenza". (BERTEA, Stefano. *Certezza del diritto e argomentazione giuridica*. Catanzaro: Ed. Rubbertino, 2002, p. 22).
9. *Principii di Diritto Processuale Civile*. 3ª ed., ristampa inalterata, Napoli: Jovene Editore, 1965, pp. 62 - 83.
10. O fato de que o magistrado possui uma discricionariedade regrada no exercício da função interpretativa foi objeto de uma magistral obra de Aharon Barak. A seguinte passagem condensa a sua tese central: "Il mio punto di partenza è che vi sono situazioni in cui il giudice opera una scelta discrezionale tra un certo numero di linee di pensiero e di azione ciascuna delle quali è conforme all` ordinamento giuridico" (*La discrezionalità del giudice*. Milano: Ed. Giuffrè, 1995, p.8).
11. A coisa julgada nas ações de alimentos. *Revista de Processo* nº 62, abr.-jun./1991, p. 11.
12. "Quando se litiga, há uma insegurança insegura, que já se denominou de 'insegurança da segurança'; podemos falar de 'incerteza da certeza'; a decisão judicial, que se transformará em caso julgado, não é

Não obstante, o princípio da legalidade como pressuposto *suficiente* da segurança jurídica consubstancia a bandeira típica da Teoria *Cognitiva* da Interpretação: "O ponto importante a fixar é que o intérprete já encontra uma norma concreta consumada e sua atividade é meramente receptiva".[13] Essa tese, contudo, é insustentável. Como se sabe, a aposta *codificista* de que a previsão legislativa de todos os fatos da realidade seria um instrumento apto à garantia de segurança jurídica foi derribada pelo porvir da história. Na atual quadra, o mito da completude, coerência e clareza do direito são, de fato, autênticos *topoi* do discurso jurídico.[14] A mistificação legalista e o "absolutismo do Parlamento"[15] sofreram derrotas, dentre outras causas, devido à crise do sistema de democracia representativa, *al mercato delle leggi*[16] e à percepção de que o Judiciário e o Legislativo atuam *coparticipativamente* no processo de produção do direito.[17]

Torna-se imperioso, dessa forma, que essa segurança situada no plano legal se qualifique. E, para tanto, ela passa por dois aperfeiçoamentos.

Primeiramente, a partir de sucessivos julgamentos colegiados convergentes, soergue *em termos gerais*[18] o princípio de direito que deve ser depreendido de

---

uma reconstrução da segurança anterior, fundada na lei, mas o caso julgado é constitutivo da certeza do direito em discussão, sob nova forma de Segurança" (SOUZA, Carlos Aurélio Mota de. *Segurança Jurídica e Jurisprudência - Um enfoque filosófico-jurídico*, São Paulo: Ed. LTr, 1996, p. 144).

13. DINAMARCO, Cândido Rangel. *Fundamentos do processo Civil Moderno*, Vol. 1. 6ª ed., São Paulo: Malheiros, 2010, p. 84. A defesa da atividade meramente declaratória do intérprete é evidente: "Quando ele intervém, já encontra uma realidade consumada - o fato em sua relação lógica com a hipótese da norma geral, o significado axiológico desta e, enfim, a norma concreta que brotou de encontro do fato com a norma" (p. 85).

14. "Noi non possiamo capire il significato pregnante di questa concezione se pensassimo alla legge come alle leggi che conosciamo oggi, numerose, mutevoli, frammentarie, contraddittorie, occasionali" (ZAGREBELSKY, Gustavo *Il diritto mite - Legge, diritti, giustizia*. Torino: Ed. Einaudi, 1992, p. 37).

15. MARINONI, Luiz Guilherme. *O STJ enquanto corte de precedentes - recompreensão do sistema processual da Corte Suprema*. São Paulo: RT, 2013, p. 69.

16. "A fianco di queste spiegazioni deve aggiungersi anche la sempre piú marcata contrattualizzazione dei contenuti della legge. L` atto creativo di diritto legislativo è l`esito di un processo politico nel quale operano numerosi soggetti sociali particolari (gruppi di pressione, sindacati, partiti). Il resultato di questo processo a piú voci è per sua natura segnato dai caratteri della occasionalità. Ciascuno degli attori sociali, quando ritiene di aver acquisto una forza sufficiente per spostare a proprio favore i termini dell`accordo, richiede l`approvazione di nuove leggi cha sanciscano il nuovo rapporto di forze. E questa occasionalità à la perfetta contraddizione della generalità e dell`astrazione delle leggi, queste ultime legate a una certa visione razionale del diritto, impermeabile al puro gioco dei rapporti di forza" (Zagrebelsky, op. cit., p. 44).

17. De acordo com Daniel Mitidiero: "O isolamento das atividades de legislação e jurisdição foi rompido a favor de uma relação de colaboração entre essas duas funções estatais" (*Cortes Superiores e Cortes Supremas. Do Controle à Interpretação, da Jurisprudência ao Precedente*, São Paulo: RT, 2013, p. 54).

18. "Per um verso, infatti, è possibile intendere la nomofilachia come orientata essenzialmente all`individuazione del significato proprio della norma in sé considerata. Non sembra dubbio che nessuna norma abbia in sé un solo significato o un solo significato 'esatto', e che al contrario l`interpretazione sia opera essencialmente creativa nella quale il prodotto (ossia il significato che viene assegnato alla norma) dipende dalle scelte dell` interprete (...) Nel caso della Cassazione, può appunto accadere che l`attività interpretativa (creativa e non determinata a priori da alcun significato presupposto) sia orientata nel senso di indicare

uma determinado enunciado. Desloca-se, pois, do plano estático e atinge a práxis. É nesse sentido que deve ser interpretado o art. 65 da *Legge sull´Ordinamento Giudiziario*, o qual preceitua que é função da *Corte Suprema di Cassazione* assegurar "*l'uniforme interpretazione della legge*".

Trata-se, agora, de uma segurança não mais legal, senão *jurisprudencial*. Este é, porém, um patamar ainda intermediário dentro do espectro possível de estabilidade que se pode reconhecer a uma expectativa de orientação. Isso porque, se, por um lado, a segurança outorgada pela jurisprudência dos Tribunais é mais robusta do que aquela concedida *a priori* pela lei, por outro, é menos vigorosa do que aquela decorrente da certificação judicante concreta. A inserção da coisa julgada em uma esfera mais sensível da segurança jurídica decorre do entendimento de que o direito não encerra uma unicidade sígnica: o intérprete deve *escolher* e *valorar* entre duas ou mais opções de significado a fim de se obter a norma jurídica individual do caso concreto.[19] A decisão, conforme ensina Adroaldo Furtado Fabrício, "não apenas adquire a 'força de lei' de que falam os códigos, mas *toma o lugar da lei*, substituindo-a no que diz com a particular relação considerada. Lei do caso concreto, prevalecerá a sentença sobre a norma abstrata, se discordantes".[20]

De fato, é apenas com o trânsito em julgado da sentença que haverá um acréscimo axiológico àqueles graus de segurança, já que à *inesgotabilidade de sentido(s)* subrroga-se a *imutabilidade do sentido*. Trata-se, portanto, de segurança(s) jurídica(s) com ontologias próprias. Em sentido vetorial crescente de estabilidade, pode-se traçar o seguinte escalonamento decorrente de juízos sucessivos de definitividade das posições jurídicas: *certeza da lei, certeza da jurisprudência* e *certeza do Direito*.

Tendo em vista, de um lado, a lição de Barbosa Moreira segundo a qual a coisa julgada é "instituto de função essencialmente prática que existe para assegurar estabilidade à tutela jurisdicional",[21] e, de outro, a compreensão de que os institutos processuais não deve ocorrer à revelia da realidade subjacente

---

in termini generali quella che la Corte ritiene esere l`interpretazione propria dellla norma. L`analisi del caso singolo può essere utile per mettere alla prova l`interpretazione, ed eventualmente per far emergere l`opportunità di integrazioni o modificazioni, ma l`opera di nomofilachia consisterebbe pur sempre nella *formulazione in termini generali del significato della norma sottoposta a giudizio*". (TARUFFO, Michele. Introduzione. *Il vertice ambíguo. Saggi sulla cassazione civile.* Bologna: Il Mulino, 1991, pp. 12/13).

19. "A doutrina de que uma norma jurídica tem efetivamente apenas um significado e de que existe um método científico que nos capacita sempre a descobrir o seu único significado correto é uma ficção usada pela ciência jurídica tradicional para sustentar a ilusão da segurança jurídica" (KELSEN, Hans. *O que é justiça? A justiça, o direito e política no espelho da ciência*, São Paulo: Martins Fontes, 1997, p. 366).
20. Op. cit., p. 10.
21. Ainda e sempre a coisa julgada. *Revista dos Tribunais* nº 416, junho/1970, p. 10.

ao conflito, pode-se pensar no seguinte exemplo: a *certeza da lei* é aquela que decorre das normas do Código de Trânsito Brasileiro; a *certeza da jurisprudência* se concretiza mediante os semáforos, os quais indicam as diretrizes de conduta mediante sinais luminosos (que não sejam idiomáticos é desimportante); e, por fim, as ordens do guarda de trânsito dirigidas especificamente aos motoristas seriam a *certeza do direito*.

É intuitivo que os motoristas ordinariamente obedeçam indistintamente a todos esses comandos. Mas é cristalino que, caso um agente de trânsito altere o compasso de um sinal, é essa ordem concreta - e não o que se encontra nas leis e regulamentos administrativos (*certeza da lei*), ou o que outro guarda disse ontem (*certeza da jurisprudência*) - que deve ser obedecida e, mais, disciplinar as consequências jurídicas de seus atos (*certeza do direito*). No contraste entre o CTB, o semáforo e o guarda de trânsito, qual diretriz o *uomo della strada* observa? A última. E no conflito entre o enunciado textual, a jurisprudência e a sentença, à qual diretiva o jurisdicionado se vincula? *Ubi eadem ratio, ibi eadem legis dispositio*. E, concluindo a analogia, pode-se dizer que é a tutela da norma individualizada que consubstancia o substrato axiológico seja do art. 502 do NCPC, seja do art. 195 do CTB, o qual prevê como infração grave "desobedecer às ordens emanadas da autoridade competente de trânsito ou de seus agentes".

A linha argumentativa exposta parte da constatação de que a estrutura normativa da segurança jurídica comporta uma graduação que pode ser representada, seguindo as fases anteriormente expostas, pelo *halo* (segurança legal), pelo *invólucro* (segurança jurisprudencial) e pelo *núcleo* (segurança jurisdicional) do componente de certeza que cada uma dessas manifestações importa. E isso se dá porque, segundo Vittorio Denti, "la funzione del processo, infatti, è quella di eliminare l`incertezza intorno ai rapporti o stati giuridici sostanziali".[22-23]

---

22. *La giustizia civile*. Bologna: Il Mulino, 1989, p. 133.
23. Neste momento da exposição poder-se-á perceber que o artigo, em uma de suas premissas, discorda de uma proposição da obra *Coisa Julgada e Preclusões Dinâmicas - Entre continuidade, mudança e transição de posições processuais estáveis* de Antônio do Passo Cabral. Uma das teses do livro é que inexiste justificativa para diferenciar a estabilidade dos atos jurisdicionais daquela existente para os demais atos estatais. Assim, para Cabral, estes podem ser analisados em conjunto no que se refere à sua estabilidade normativa: "Isso poderia fazer pensar que a sentença necessitaria de uma estabilidade normativa mais forte do que aquela necessária aos demais atos estatais. Nessa linha, a coisa julgada seria um fenômeno excepcional, que afastaria a disciplina da estabilidade da sentença final de mérito daquela de outros atos do Estado. Ora, mas por quê a sentença? Se outros atos estatais (pense-se na lei ou num ato administrativo regulatório) possuem um efeito sistêmico muito maior, atingindo milhões de pessoas, não seria a alteração destes atos que deveria causar uma preocupação maior em termos de segurança? Na ótica do sistema, não seria a estabilidade normativa mais necessária para uma lei do que para uma sentença, cuja eficácia se estende apenas *inter partes*? Entretanto, aqui já podemos perguntar: se os atos estatais não são mais ou menos respeitados pelos indivíduos porque sejam imutáveis ou alteráveis, por quê então a ênfase tão grande que se deu à ideia de que, 'sem coisa julgada, não haveria segurança'? (p. 268) E, considerando que "um

Assim, dimensões há de um princípio que são intangíveis, uma vez que materializam o mínimo irredutível do valor que lhe está à base. E a coisa julgada (*certeza do direito*), por retratar o núcleo da segurança jurídica, não deve se submeter a uma infausta condição resolutiva relacionada à estabilização futura dos desacordos jurisprudenciais.

Dessa forma, é imperioso que o art. 966, inc. V do Novo Código de Processo Civil seja interpretado à luz da necessidade de encerramento do discurso jurídico após a formação da coisa julgada material.[24] Significa dizer que, uma vez concedida uma resposta hospedada pelo ordenamento jurídico, deve-se precluir a possibilidade de revolvimento do campo semântico. Assim não fora, e a se permitir que a imutabilidade decorrente da coisa julgada fosse sujeita a um evento futuro e incerto, restaurar-se-ia, na pena sempre certeira de Barbosa Moreira, o *pseudoproblema* dos limites temporais da *res iudicata*, já que, em verdade, "a autoridade da coisa julgada, como tal, não se subordina a limite temporal algum".[25]

Posto, assim, e assim sumariamente assente, que (*i*) o Direito Processual consubstancia um conjunto de regras, princípios e postulados regradores da conduta humana dentro e fora do arco procedimental; (*ii*) que esses dispositivos textuais consistem em um conjunto de signos linguísticos carentes de sentido antes do processo

---

dos objetivos da academia é o constante debate no plano das ideias" (p. 46), as razões para nossa discordância serão brevemente suscitadas. Em primeiro lugar, a assimetria no tratamento das estabilidades decorre do fato de que, se é verdade que todos os que lidam com o direito o interpretam, apenas o *intérprete autêntico* é que, para além da atividade interpretativa, produz a norma decisória do caso concreto. O legislador e o administrador, em suas respectivas esferas de atribuições, criam enunciados prescritivos. Decidir definitivamente casos concretos, porém, ao menos em suas funções típicas, não o fazem. Em uma linguagem cara ao leitor carneluttiano: decidem controvérsias, mas não julgam a lide (composição *definitiva* de conflitos de interesses). Enfim, a pluralidade de intérpretes não importa em uma equiparação no grau de sua importância para o sistema normativo. Em segundo lugar, a estabilidade oriunda dos atos estatais *lato senso* sempre comporta uma pluralidade de interpretações, e, por isso, pode ser considerada uma certeza *a priori*. A coisa julgada, por sua vez, opera como uma *cláusula de encerramento das alternativas de significação*. De uma lei podem-se depreender diversas normas jurídicas, ao passo que quem lê uma sentença extrai apenas uma, sob pena de embargos de declaração. Em terceiro lugar, a utilização do critério da eficácia subjetivamente ampla das leis em relação às sentenças (efeitos *inter partes*), para fins de determinação do grau de estabilidade normativa, prova demais. Isso porque, seguindo essa linha de exposição, o quórum para a revogação de uma lei federal deveria ser maior do que para a de uma lei municipal. Que uma emenda constitucional pressuponha uma maioria qualificada para aprovação é só uma evidência de que à *vontade constituinte* se submetem as maiorias de ocasião e, quer nos parecer, não infirma o argumento. E, por fim, a maior ou menor respeitabilidade dos atos estatais como critério para atribuição de maior ou menor estabilidade adota um referencial externo ao ato para definir a sua essência. A efetividade/eficácia social do comando é uma contingência exógena ao ato jurídico, mutável no tempo e espaço, razão pela não pode servir como elemento para a conceituação de um instituto. São essas, em apertadíssima síntese, as razões pelas quais se sustenta um sentido vetorial crescente de estabilidade decorrente do aprofundamento cognitivo da definitividade das posições jurídicas: *certeza da lei, certeza da jurisprudência e certeza do direito*.

24. MARINONI, Luiz Guilherme. *Coisa julgada inconstitucional*. 2ª ed., São Paulo: RT, 2010, p. 185.
25. Ainda e sempre a coisa julgada. *Revista dos Tribunais* n° 416, jun./1970, p. 15.

interpretativo;[26] (iii) que a pluralidade semântica antes da exegese - pressuposto de existência da Ciência Hermenêutica[27] - alberga a possibilidade de diversas normas jurídicas válidas serem colhidas a partir da mesma unidade fático-jurídica; (iv) é imperioso concluir que a *inesgotabilidade de sentido(s)* durante o processo judicial transmuda-se em *intangibilidade do sentido* após a formação da coisa.

4. AÇÃO RESCISÓRIA NO CASO DE LEI SUJEITA À INTERPRETAÇÃO CONTROVERTIDA

Conforme se registrou, a cruzada contra a coisa julgada utiliza-se da ação rescisória para fins de relativização da segurança jurídica. Este instrumento, porém, é absolutamente inidôneo ao fim pretendido, o que pode ser depreendido, fundamentalmente, a partir de sua *ratio* e da causa de pedir próxima deduzida na ação autônoma de impugnação.

À luz do CPC/73, os *jihadistas* amparavam-se no art. 485 ("A sentença de mérito, transitada em julgado, pode ser rescindida quando: V - *violar literal disposição de lei*") para fins de impugnação da sentença transitada em julgado cuja norma jurídica estivesse em desconformidade com *princípio jurídico* posteriormente firmado pelos Tribunais Superiores. É de se esperar, portanto, que sob o regime do Novo Código de Processo Civil semelhante atitude ocorra face à dicção do art. 966 ("A decisão de mérito, transitada em julgado, pode ser rescindida quando: V - *violar manifestamente norma jurídica*").

Sob o pálio do diploma revogado, Flávio Luiz Yarshell, ao analisar o conceito de *literal disposição de lei*, asseverou que "(a violação) exige que tenham sido frontal e diretamente violados o sentido e o propósito da norma". [28] Sérgio Rizzi, por sua vez, ressalta que "é objeto da ação rescisória a decisão que afronta literal disposição de lei, não a decisão divergente".[29]

---

26. É nesse sentido a posição de Calmon de Passos: "(...) o Direito, mais que qualquer outro saber, é servo da linguagem. Como Direito posto é linguagem, sendo em nossos dias de evidência palmar constituir-se de quanto editado e comunicado, mediante a linguagem escrita, por quem com poderes para tanto. Também linguagem é o Direito aplicado ao caso concreto, sob a forma de decisão judicial ou administrativa. Dissociar o Direito da Linguagem será privá-lo de sua própria existência, porque, ontologicamente, ele é linguagem e somente linguagem". (Instrumentalidade do processo e devido processo legal. *Revista de processo* nº. 102, 2001, pp. 63/64).
27. "Se o sentido não fosse tão rico, se ele fosse único, não existiria qualquer motivo para se cogitar da Hermenêutica. O resultado da interpretação seria o mesmo. Aliás, não haveria o sentido, pois aquilo que fosse extraído, por ser único, não seria sentido. Este pressupõe alternativas de racionalidade. Por isso, também não haveria interpretação. (...) A Hermenêutica, portanto, origina-se da inexauribilidade do sentido". (FALCÃO, Raimundo Bezerra. *Hermenêutica*. 2ª ed., São Paulo: Ed. Malheiros, 2013, p. 244/245).
28. *Ação Rescisória – Juízos Rescindente e Rescisório*. São Paulo: Malheiros, 2005, p. 323).
29. *Ação Rescisória*, São Paulo: RT, 1979, p. 109/110. Rodrigo Klippel trabalha também com a idéia de divergência ao tratar do art. 485, V, CPC, veja-se: "A violação à literal disposição de lei é uma terminologia que pretende

O Supremo Tribunal Federal, de sua parte, já teve oportunidade de afirmar que: (i) "Quando se julga uma rescisória não se julga com o mesmo critério jurídico com que se aprecia um recurso. De resto, a rescisória não é um recurso. Quando julgamos essa ação, não cabe apreciar qual a melhor interpretação da lei, mas, se a decisão rescindenda é nula por violação manifesta e desenganada da lei";[30] (ii) "só há tal violação quando a decisão rescindenda envolve contrariedade estridente com o dispositivo, e não a interpretação razoável ou a que diverge de outra interpretação, sem negar o que o legislador consentiu ou consentir no que ele negou";[31] (iii) "O pedido rescisório não é meio idôneo para postular-se nova abordagem hermenêutica de prescrições legais a cujo respeito a jurisprudência não seja unívoca".[32]

Nesse contexto, foi editada a Súmula 343 do Supremo Tribunal Federal, a qual dispõe que: "Não cabe ação rescisória por ofensa a literal disposição de lei, quando a decisão rescindenda se tiver baseado em texto legal de interpretação controvertida nos tribunais".[33] O enunciado, destarte, foi concebido como um *parâmetro negativo de subsunção*: sendo controvertida a matéria nos tribunais, não haveria violação a ensejar a rescisão.[34]

Ocorre, porém, que no RE nº. 89.108/GO, Rel. Min. Cunha Peixoto, j. 19.12.80, entendeu-se que a Súmula 343 não se aplica no caso de desacordos interpretativos constitucionais. Isso porque, segundo o voto do Min. Soares Muñoz, seguido pelos demais ministros: "A inconstitucionalidade é o maior vício que a lei pode conter. O efeito da declaração de inconstitucionalidade é *ex tunc*". E, após um período de dormência argumentativa, o Min. Gilmar Mendes, relator do RE nº. 328.812/AM-AgR, j. 10.12.2002, sobre encampar essa guinada jurisprudencial, trouxe novos aportes para o debate: "A melhor linha de interpretação do instituto da rescisória é aquela que privilegia a decisão desta Corte em matéria constitucional. Estamos aqui falando de decisões do órgão máximo do Judiciário, estamos falando de decisões definitivas e, sobretudo, estamos falando de decisões que,

---

demonstrar, portanto, a existência de um consenso sobre o sentido jurídico da norma e a desatenção, por parte do julgador, a este significado" (*Ação Rescisória. Teoria e Prática*. Rio de Janeiro: Impetus, 2008, p. 104).
30. Emb. Infring. AR 602/Guanabara, Rel. Min. Gonçalves de Oliveira, j. 22.11.1963.
31. RE 89.824/SP, Rel. Min. Moreira Alves, j. 29.08.1978.
32. AR 1.124/SP, Rel. Min. Francisco Rezek, j. 26.04.1984.
33. Ostentam semelhante teor as Súmulas 134 do extinto TFR e 83, I do TST, respectivamente: "Não cabe ação rescisória por violação de literal disposição de Lei se, ao tempo em que foi prolatada a sentença rescindenda, a interpretação era controvertida nos tribunais, embora posteriormente se tenha fixado favoravelmente a pretensão do autor"; "Não procede o pedido formulado na ação rescisória por violação literal de lei se a decisão rescindenda estiver baseada em texto legal infraconstitucional, de interpretação controvertida nos Tribunais".
34. Para exame de copiosa jurisprudência do Superior Tribunal de Justiça acolhendo o parâmetro negativo podem ser conferidos os acórdãos anotados por Theotônio Negrão (*Código de Processo Civil e Legislação Processual em vigor*. 44ª ed., São Paulo: Saraiva, 2012, nota 18 – 30 ao art. 485 do CPC).

repito, concretizam diretamente o texto da Constituição. (...) A aplicação da Súmula 343 em matéria constitucional revela-se afrontosa não só à força normativa da Constituição, mas também ao princípio da máxima efetividade da norma constitucional".

Em sede jurisprudencial, a vigência da Súmula 343 vem sendo trabalhada a partir de duas perspectivas, uma relacionada com o campo da constitucionalidade e, outra, com o da legalidade. Quanto ao primeiro, é conhecida a posição do STF no sentido de que referido enunciado não se aplica no âmbito da jurisdição constitucional.[35] No que se refere à legislação federal, conforme se observa de julgados do Superior Tribunal de Justiça, há uma tendência de aproximação com o entendimento do Supremo. Essa constatação decorre, v. g., do voto do então Ministro do STJ Teori Zavascki, segundo o qual "a manutenção da Súmula 343 constitui, como se pode perceber, um significativo empecilho ao desempenho integral das funções institucionais do STJ, devendo, portanto, ser afastado".[36]

Não se pode olvidar que secundam esse entendimento processualistas de tomo. É o caso, v.g., da Prof.ª Teresa Arruda Alvim Wambier, a qual preceitua que a Súmula 343 compromete os princípios da legalidade e da igualdade, pois "de nada adiantaria a existência de comando constitucional dirigido ao legislador se o Poder Judiciário não tivesse que seguir idêntica orientação, podendo decidir, com base na mesma lei, no mesmo momento histórico (ou seja, sem que fatores históricos possam influir no sentido que se deva dar à lei), em face de idênticos casos concretos, de modo diferente. Esses princípios têm, portanto, aplicação, por assim dizer, 'engrenada', funcionando ambos como pilares fundamentais da concepção moderna de Estado de Direito".[37]

Com amparo em Wambier e no mesmo diapasão, Robson Carlos de Oliveira sustenta que a Súmula 343 favorece o acaso, pois "alguns terão o azar de serem vencidos em ações propostas em período de divergência jurisprudencial, em que o julgado tenha se inclinado pela interpretação errada (fato constatado posteriormente pelo STF). Em outras ações, no mesmo período de tempo, haverá vencedores que tiveram a sorte de terem suas lides julgadas por tribunais que

---

35. Exceção a esse entendimento pode ser diagnosticada no RE nº 590.809, Rel. Min. Marco Aurélio, j. 22.10.2014, o qual versava a possibilidade de rescisão de decisões que garantiram aos contribuintes o crédito-prêmio de IPI em virtude de isenção, não tributação ou alíquota zero. Como a jurisprudência do STF é manifestamente errática, ao sabor da composição sempre cambiante do tribunal, não se pode dizer que houve, nesse julgamento, um *overrruling* do anterior entendimento.
36. Embargos de Divergência em REsp nº. 928.302/DF, Primeira Seção, Rel. Min. José Delgado, j. 23.04.2008. Essa posição foi acompanhada pela 1ª Turma no julgamento do REsp 1.026.234/DF, Rel. Min. Teori Zavascki, j. 27.05.2008.
37. *Nulidades do Processo e da Sentença*. 4ª ed., São Paulo: Ed. RT, 1997, p. 325. Da mesma autora, e no mesmo sentido, pode-se consultar *Sobre a Súmula 343* (*Revista de Processo* nº 86, abr./1997, p. 148 e ss.). Em 2014, essa posição foi reiterada na 7ª ed. do festejado *Nulidades* (pp. 416/417).

deram a correta interpretação à lei (posteriormente verificada equivaler à do STF, em controle difuso da constitucionalidade)".[38]

4.1. Desvendando alguns equívocos

O Min. Zavascki, em voto proferido nos Emb.Div. REsp. nº. 928.302/DF, j. 23.04.2008, insurge-se contra a Súmula 343 com esteio na função nomofilática do Superior Tribunal de Justiça, a qual conceitua como aquela "destinada a *aclarar* e *integrar* o sistema normativo, propiciando-lhe uma aplicação uniforme". Aduz o Ministro, ainda, que "seria mais natural que o STJ tivesse adotado, em relação à Súmula 343, a mesma postura que teve em relação à Súmula 400, rejeitando a ambas, exatamente como fez o STF em matéria constitucional. Não se compreende que tenha tido posturas opostas em relação a cada uma delas. As mesmas razões que levaram o Tribunal a afastar a aplicação de uma, deveriam ter provocado o afastamento também da outra, já que ambas têm origem e sustentação na mesma corrente hermenêutica de tolerar sentenças com interpretação menos exata da lei, desde que razoável".

Dois são, portanto, os pontos ventilados: (*i*) a função nomofilática desempenhada pelo STJ em sede rescisória e (*ii*) o argumento de que as mesmas razões que sustentaram o afastamento da Súmula 400 do STF[39] amparam a derrogação da Súmula 343.

4.2. Tribunais Superiores e Função Nomofilática

Quanto ao primeiro argumento, segundo Taruffo, a nomofilaquia consiste na atividade de tutela do *ius costitutionis*, mediante a prolação de sentenças capazes de formular em termos gerais a interpretação da lei e "di imporre questa interpretazione come canone di decisione dei casi successivi".[40-41]

---

38. Ação rescisória de sentença baseada em lei posteriormente declarada inconstitucional pelo Supremo Tribunal Federal via controle difuso da constitucionalidade: crítica à Súmula 343 do STF. In: Nery Jr., Nelson; Wambier, Teresa Arruda Alvim (coords.). *Aspectos polêmicos e atuais dos recursos cíveis e assuntos afins*. Vol. 9, São Paulo: Ed. RT, 2006, p. 548. Igualmente: De igual forma, ao se manifestar nos seguintes termos: "Essa posição ambígua do Superior Tribunal de Justiça não é digna de encômios e termina por demonstrar a falta de sensibilidade do Tribunal com sua função institucional de assegurar a uniformidade do direito federal. Talvez o Superior Tribunal de Justiça não tenha ainda percebido de que, a exemplo do que ocorre com o Supremo Tribunal Federal em matéria constitucional, é o STJ o responsável pela última e, consequentemente, única, obrigatória e vinculante interpretação do direito federal infraconstitucional". (SILVA, Celso de Albuquerque. *Do efeito vinculante: sua legitimação e aplicação*, Rio de Janeiro: Lumen Juris, 2005, p. 45).
39. "Decisão que deu razoável interpretação à lei, ainda que não seja a melhor, não autoriza recurso extraordinário pela letra "a" do Art. 101, III, da Constituição Federal".
40. *Precedente e giurisprudenza*, Università degli Studi Suor Orsola Benincasa, Editoriale Scientifica, 2007, p. 36. No mesmo sentido: NETO, Carlos Romero Lauria Paulo. *A decisão constitucional vinculante*, São Paulo: Método, 2011, p. 130.
41. Outra forma possível de se abordar a nomofilaquia - mas que não prevalece - a compreende como tutela da legalidade da decisão no caso concreto, de modo que a atividade interpretativa transforma-se num

Perceba-se, na definição exposta, que há uma expressa referência à utilização do critério interpretativo em casos futuros, ou seja, a função de uniformização jurisprudencial não deve afetar situações jurídicas já constituídas, sob pena de violação à segurança jurídica. Os precedentes dos tribunais, portanto, projetam sua eficácia vinculante prospectivamente, conforme se colhe de outra obra do processualista: "É claro, de fato, que essas cortes acabam por conseguir o objetivo da uniformidade da jurisprudência *sucessiva* na medida em que as suas decisões adquirem eficácia de precedente diante dos juízes que devem decidir *casos futuros*".[42]

É bem de ver que não se discute que as alterações nos enunciados prescritivos decorrentes das fontes formais do direito sejam inidôneas a revolver o manto preclusivo da coisa julgada. Trata-se de uma decorrência imediata do princípio da irretroatividade previsto no inc. XXXVI do art. 5º da Constituição Federal. Nesse sentido, veja-se que Chiovenda, a propósito da irretroatividade das leis interpretativas, após asseverar que esta objetiva "togliere valore alle sentenze fondate sopra una interpretazione della legge precedente contraria alla nuova interpretazione autentica", prelecionou que: "Che per sè una legge interpretativa non possa esercitare alcuna influenza sulle sentenze passate in giudicato deriva dalla natura stessa della cosa giudicata".[43] Ora, se essa exegese vale para a lei interpretativa, por que a mesma conclusão não se aplica para o precedente? Existe alguma peculiaridade no sistema das fontes que justifique tratamento diverso?

As respostas perpassam a constatação de que o inc. XXXVI do art. 5º da Constituição Federal deve ser interpretado em sentido amplo (*irretroatividade do Direito*), do que resulta a necessidade de colher sob sua égide preceitos que se enfeixem dentro de uma compreensão lata do ordenamento jurídico. Quer-se dizer, com isso, que as normas produzidas através do Direito Jurisprudencial não podem retroagir, com amparo no art. 966 inc. V do NCPC, para restabelecer o discurso hermenêutico sobre o âmbito semântico da *res* já definitivamente julgada.

Essa linha de exposição não é infirmada pelos efeitos *ex tunc* da decisão de inconstitucionalidade em sede de controle abstrato. Costuma-se afirmar que a decisão baseada em lei declarada incompatível com a Lei Maior aplicou lei inexistente e, portanto, deve ser rescindida. É a famigerada tese da *coisa julgada*

---

meio, e não no fim do conceito. Nesse caso, o papel nomofilático não é orientado a identificar a melhor interpretação da norma, pois "se di una norma sono possibili più interpretazioni lecite, e se la sentenza impugnata ha applicato una di queste, ciò deve bastare per dire che la legalità è stata rispettata in quel caso, anche se l'interpretazione in esso adottata non è quella ottimale, o non è idonea a funzionare come regola generale. Diventa così possibile l'eventualità di diverse interpretazioni della stessa norma in funzione di fattispecie diverse, purché tutte queste interpretazioni rispettino il criterio di minima della compatibilità con il sistema e con i canoni generali dell'interpretazione della legge" (Introduzione. *Il vertice ambiguo. Saggi sulla Cassazione Civile*, Bologna: Il Mulino, 1991, p. 13.)

42. As funções das Cortes supremas. Aspectos gerais. In: *Processo civil comparado: Ensaios*. Trad. Daniel Mitidiero. São Paulo: Marcial Pons, 2013, p.131.
43. Op. cit., p. 917/918.

inconstitucional, a qual já recebeu rios tangidos pelas mais diversas tintas. A esse respeito, é interessante colacionar a doutrina de Michele Taruffo, Luigi Paolo Comoglio e Conrado Ferri, segundo os quais: "L`efficacia preclusiva del giudicato non è violata né può essere superata da una normativa che entri successivamente in vigore o da pronunce di illegitimità costituzionale delle disposizioni sostanziali applicate con la decisione poi passata in giudicato, nè quindi da modifiche intervenute successivamente".[44]

Marinoni segue no mesmo diapasão e, após destacar a ressalva à coisa julgada dos efeitos *ex tunc* da declaração de inconstitucionalidade prevista no art. 282 da Constituição Portuguesa de 1976, leciona que: "É preciso esclarecer, em relação a este ponto, que a decisão que aplica lei posteriormente declarada inconstitucional não contrasta com a Constituição. (...) Ora, a decisão que viola frontalmente a Constituição ou que aplica lei já declarada inconstitucional pelo Supremo Tribunal Federal obviamente não é irrelevante, podendo igualmente ser rescindida com base no art. 485, V, do Código de Processo Civil. Sustenta-se, aqui, a não assimilação destas decisões por decisão que aplicou – em época em que se controvertia sobre a questão constitucional – lei posteriormente declarada inconstitucional".[45]

Não se pode concordar, portanto, com Ronaldo Cramer, quando afirma que "a lei inconstitucional não é nula, mas inexistente juridicamente. Se a lei inconstitucional é inexistente juridicamente, não houve jurisdição (que é justamente a atuação da vontade concreta da lei) no processo em que foi proferida uma sentença com baseada nessa lei. E se não houve jurisdição, inexistiram, também, processo, sentença e coisa julgada".[46] A uma, porque a caracterização da natureza jurídica de uma atividade não pode ficar submetida a uma condição resolutiva relacionada à uniformização jurisprudencial. A duas, porque a tese, arbitrariamente, cria um pressuposto processual de existência do processo sem qualquer supedâneo normativo. E, a três, porque, salvo a concepção autárquica de uma *fattispecie* específica, é impossível a subsunção da atividade de aplicação da lei pelo juiz com foros de definitividade a qualquer categoria que não seja a jurisdicional.

Na esteira dessas convicções, apenas quando o STF tiver declarado a inconstitucionalidade da norma *anteriormente* ao transito em julgado da decisão rescindenda - em sede de fiscalização concentrada ou difusa[47] - há que se transigir com

---

44. *Lezioni sul processo civile. Il processo ordinario di cognizione.* Vol. 1. 5ª ed., Bologna: Il Mulino, 2011, p. 762.
45. Op. cit., p. 84-85.
46. Impugnação da sentença transitada em julgado fundada em lei posteriormente declarada inconstitucional. *Revista de Processo* nº 164, out./2008, p. 232.
47. Nesse ponto, destaque-se que em outra oportunidade tínhamos nos manifestado no sentido de que, em sede de controle difuso, seria necessária a resolução suspensiva do Senado Federal (GONÇALVES, Marcelo Barbi. O resgate da Súmula 343 do STF: respostas corretas, segurança jurídica e razoável duração das

a Súmula 343.⁴⁸ Nessa situação, a função nomofilática aplica-se imediatamente às ações em estado de litispendência, mas não possui efeitos rescindentes, pois, conforme aduz Fernando Rubin: "a decisão transitada em julgado, sob o pálio de cognição exauriente, que observa os princípios constitucionais e os ditames legais atinentes ao caso, é, de fato, decisão suficiente, justa e ponderada. Não merecendo, portanto, mesmo com a superveniente alteração de interpretação do direito posto, ser reformada".⁴⁹

Para além da preservação da segurança jurídica, duas outras razões podem ser ventiladas a fim de que os efeitos uniformizadores se manifestem apenas prospectivamente.

A primeira é que, conforme aduz Taruffo em referência a uma realidade em tudo semelhante àquela brasileira, "sarebbe infatti inimmaginabile il caos che deriverebbe da una giurisprudenza fatta da diverse pronunce contraddittorie ma tutte vincolanti".⁵⁰ A diversidade de orientações jurisprudenciais em solo pátrio é alarmante em todos os graus de jurisdição. A uniformidade não é observada nem mesmo pelas cortes de vértice. E, como se sabe, quem não se respeita não se faz respeitar.

Um exemplo - dentre a pletora que poderia ser citada - é elucidativo do quadro que se vem de expor. No Resp n° 1.346.571/PR, 2ª Turma, Rel. Min. Eliana Calmon, j. 05.09.2013, em discussão acerca da condenação da parte ré sucumbente em ação de improbidade administrativa, averbou-se que "É firme a jurisprudência da Primeira Seção no sentido de que, por critério de simetria, não cabe a condenação da parte vencida em ação civil pública ao pagamento de honorários advocatícios». Já no Resp. 1.320.315/DF, j. 12.11.2013, mesmas Turma (!) e Relatora (!), decidiu-se, em caso com idêntico suporte fático, sem fazer qualquer menção à necessidade de *overruling*, que é "Inaplicável o art. 18 da Lei 7.347/1985 à hipótese, uma vez que a condenação em honorários advocatícios recaiu sobre os réus, em razão de sua sucumbência". Ora, à vista desta realidade, o *ius superveniens* com eficácia retroativa atende ao princípio da segurança jurídica?

A segunda razão é que, atualmente, não se tem ainda um eficiente e seguro sistema de *reports* para fins de conhecimento da jurisprudência dos Tribunais. E, na pena certeira de Gino Gorla, "Il diritto, come guida del comportamento, è

---

controvérsias. *Revista Dialética de Direito Processual* nº 135, jun./2014, p. 62 *passim*), posição que ora revimos.

48. No mesmo sentido: Ada P. Grinover (op. cit. p. 13); Eduardo Arruda Alvim (op. cit., p. 956).
49. Cabimento restritivo da ação rescisória diante da formação da coisa julgada material - O respeito à histórica Súmula 343 do STF. *Revista Dialética de Direito Processual* nº 143, fev./2015, p. 28.
50. La Corte di Cassazione e la legge. In: *Il vertice ambíguo. Saggi sulla cassazione civile*. Bologna: Il Mulino, 1991, p. 17

ridotto al livello dei una cosa simplicemente inutile se è ignorato ed inconoscibile".[51] Significa dizer que, para além do grave problema de múltiplas respostas atualmente para a mesma tese jurídica, um eficaz meio de acesso à jurisprudência deve ser pensado como um pressuposto à implantação de um sistema de precedentes vinculantes. Gorla, após relembrar que durante a Segunda Guerra Mundial os arquivos da Corte de Londres foram salvos dos bombardeios por serem considerados depósitos de livros sacros, registra que o precedente judicial, assim como a lei, "finchè non è portato alla luce, non fa storia".[52]

4.3. Da vocação da ação rescisória

Para além do quanto exposto, percebe-se que Zavascki incorre em um vício de impostação, eis que sustenta que a função nomofilática conferida ao STJ encontra-se inserta no plexo de todas as suas atribuições. Esse intuito ressoa evidente da competência para processar a reclamação constitucional (art. 105, inciso I, "f") e o recurso especial (art. 105, inciso III), mas o mesmo não se pode dizer, v.g., no caso de homologação de sentenças estrangeiras e concessão de *exequatur* (inciso I, "i"), habeas corpus (inciso I, "c") e, notadamente, no caso de ações rescisórias (inciso I, "e").

Essa função, sublinhe-se o ponto, é antitética à teleologia da rescisória, a qual não é instrumento destinado a impugnar disceptações de qualquer ordem, já que não tem por fim uniformizar o processo interpretativo, senão proteger o direito da parte. Significa dizer que, embora possa contribuir satelitariamente para a unidade da ordem jurídica, este não é seu objetivo primordial. Essa identificação do propósito da ação rescisória com a proteção do direito subjetivo - e, não, com a uniformização do direito objetivo - foi captada por Rosalina Pinto da Costa Rodrigues Pereira: "Este é um dos pontos de distinção entre a ação rescisória do recurso extraordinário. Embora sob a égide do Código anterior houvesse entendimento de que a rescisória e o recurso extraordinário têm a mesma finalidade, qual seja, manter a unidade do direito federal, estes institutos não se confundem. A rescisória, fundada na violação à literal disposição de lei, não visa à uniformização da interpretação das normas jurídicas. Tal função é inerente ao recurso extraordinário. Pontes de Miranda já afirmara que 'a rescisória não visa, como o recurso extraordinário, manter a unidade do direito federal. *O remédio da rescisão nunca possuiu tal função*'".[53] Em síntese: a rescisória tem por objeto

---

51. Introduzione. Raccolta di saggi sull`interpretazione e sul valore del precedente giudiziale in Italia. *Il Foro Italiano* vol. LXXXIX, 1966, Roma, 6.
52. Op. cit., p. 12.
53. O artigo 485, V, do Código de Processo Civil. *Revista de Processo* n° 86, abr.-jun./1997, p. 134. No mesmo sentido, Rizzi (Op. cit., p. 109); Lucas Rister de Souza Lima (Rescisória por violação à literal disposição de

a decisão inquinada de vícios graves; não, assim, a decisão que deu *razoável interpretação à lei*.

É bem de ver que a função nomofilática dos recursos extraordinários (Re e Resp) manifesta-se no bojo de uma relação processual em curso, antes, pois, de a coisa julgada emergir como instituto *preclusivo do discurso argumentativo*.[54] Nesse sentido, veja-se o seguinte julgado do STF: "Quando se julga uma rescisória não se julga com o mesmo critério jurídico com que se aprecia um recurso. De resto, a rescisória não é um recurso. Quando julgamos essa ação, não cabe apreciar qual a melhor interpretação da lei, mas, se a decisão é nula por violação manifesta e desenganada da lei".[55]

Dessa forma, sob o manto diáfano da fantasia nomofilática, o que transparece é o intuito de transmudar a rescisória em mais uma instância recursal, ou seja, ter-se-ia um anômalo recurso de direito estrito com prazo bienal vocacionado à tutela da ordem jurídica objetiva. Com inteira razão, assim, Carlos Eduardo Araújo de Carvalho, ao afirmar que: "Imaginar que a ação rescisória pode servir para unificar o entendimento sobre a Constituição é desconsiderar a coisa julgada. Se é certo que o Supremo Tribunal Federal deve zelar pela uniformidade na interpretação da Constituição, isso obviamente não quer dizer que ele possa impor a desconsideração dos julgados que já produziram coisa julgada material".[56]

Tal tendência não pode, porém, ser aceita. A rescisória deve ser interpretada como um remédio processual excepcional.[57] Prova disso é a irrescindibilidade com esteio na *injustiça* da decisão,[58] bem como a orientação de interpretação

---

lei – aspectos polêmicos e atuais. *Revista de Processo* n° 222, ago./2013, p. 299).

54. "Não há sentido em realizar um discurso jurídico sem que a discussão jurídica tenha termo. Na verdade, um discurso jurídico perpetuamente revisável não é um discurso jurídico, mas um discurso prático-geral. Nesta dimensão, a coisa julgada é uma regra formal do discurso jurídico, uma daquelas regras que fazem do discurso jurídico um caso especial do discurso moral" (MARINONI, Luiz Guilherme. *Coisa julgada inconstitucional*. 2ª ed., São Paulo: RT, 2010, p. 185).

55. Emb. Infring. AR 602/Guanabara, Rel. Min. Gonçalves de Oliveira, j. 22.11.1963. Em outra passagem, colhe-se o seguinte excerto: "Desejo salientar aos eminentes colegas que o julgamento foi proferido em ação rescisória e não em recurso de revista, que é o recurso próprio para unificar jurisprudência".

56. Coisa julgada inconstitucional por prejudicialidade transrescisória. *Revista Brasileira de Direito Processual - RBDpro* n. 88, ano 22, out.-dez./2014, p. 113.

57. PONTES DE MIRANDA, Francisco Cavalcanti. *Comentários ao Código de Processo Civil*. Tomo VI (Arts. 476-495), Rio de Janeiro: Forense, 1974, p. 246.

58. Conforme aduz Pontes de Miranda: "As sentenças injustas que não caibam numa das espécies dos arts. 485 e 486 são injustas, porém não rescindíveis" (Idem, p. 337). O art. 800 do CPC/1939 preceituava que "A injustiça da sentença e a má apreciação da prova ou errônea interpretação do contrato não autorizam o exercício da ação rescisória". Embora não tenha sido reiterado no atual CPC, o dispositivo, conforme noticia Alexandre Freitas Câmara, veicula norma que continua a ser pacificamente admitida pela doutrina (Ação Rescisória. Rio de Janeiro: Lumen Juris, 2007, p. 10, 53 e 86). Equivoca-se no ponto, com a devida vênia, Welder Queiroz dos Santos, ao afirmar que a rescisória tem por finalidade a desconstituição da coisa julgada por motivos de injustiça da decisão rescindenda. (Ação Rescisória: de Pontes de Miranda ao projeto

restritiva das suas hipóteses de cabimento, notadamente do inc. V do art. 485,[59] haja vista o uso do termo linguístico *literalidade* para fins de rescisão.

A rescindibilidade com espeque na lesão ao princípio isonômico, ademais, importa na subversão de uma tradicional característica da rescisória, qual seja, seu incabimento à base da violação da jurisprudência. A admissão, portanto, do *iudicium rescindens* com fundamento na disparidade de tratamento oriunda de uma jurisprudência incoerente e contraditória[60] é uma extravagância[61]. Ora, se sequer as súmulas persuasivas[62] ou vinculantes[63] - que condensam o posicionamento uniforme de um Tribunal acerca de determinada matéria - nunca deram azo à rescisória, é coerente que se adote entendimento diverso para a violação de julgados colegiados não formalizados? Como a sumulação não pode acarretar uma *capitis diminutio* do acórdão, a resposta é desenganadamente negativa.

4.4. Da indevida assimilação entre os Enunciados 343 e 400 do STF

No que respeita ao argumento de Zavascki referente à necessidade de adoção, em relação à Súmula 343, da mesma postura que se teve em relação à de nº 400,[64] uma vez que ambas teriam sustentação na *doutrina da tolerância de interpretação razoável*, é mister um breve escorço histórico.

A Súmula 400 foi aprovada na Sessão Plenária de 03/04/1964, ou seja, ao tempo da Carta de 1946, a qual preceituava que:

> Art. 101 - Ao Supremo Tribunal Federal compete: III - julgar em recurso extraordinário as causas decididas em única ou última instância

---

de Novo CPC. In: DIDIER JR, Fredie; NOGUEIRA, Pedro Henrique Pedrosa; GOUVEIA FILHO, Roberto P. Campos (coords.). *Pontes de Miranda e o Direito Processual*, Salvador: Jus Podium, 2013, p. 1.203.

59. YARSHELL, op. cit., p. 323.
60. É bem de ver as seguintes ponderações de Taruffo que, conquanto direcionadas à Corte di Cassazione, aplicam-se integralmente à realidade nacional: "Per altro verso, il numero incontrollato delle decisioni favorisce una ulteriore degenerazione, ossia il frequente verificarsi di incoerenze, e spesso di evidenti contraddizioni, e di repentini mutamenti di indirizzo, nell'ambito della medesima giurisprudenza della Cassazione. Si tratta, purtroppo, di fenomeni assai noti e frequenti, sui quali non possiamo approfondire il discorso. Per quanto qui interessa, essi portano a far sì che l'uso della giurisprudenza sia spesso un'impresa complicata, difficile e rischiosa. Da um lato, invero, non si sa quase mai se davvero si è arrivati a conoscere tutta la giurisprudenza (il che è spesso impossibile), o almeno tutta la giurisprudenza rilevante su una determinata questione. Dall'altro lato, spesso si scopre che la giurisprudenza è incoerente e contraddittoria: si tratterà allora di stabilire se vi è o non vi è giurisprudenza conforme, se vi è una giurisprudenza prevalente, se la giurisprudenza è incerta, o se addirittura vi è una situazione di caos giurisprudenziale" (*Precedente e giurisprudenza...*, p. 19).
61. Por todos, Rosalina Pinto Costa Rodrigues Pereira (op. cit., p. 127).
62. Nesse sentido, por todos, Freitas Câmara (op. cit., p. 82).
63. Compartilha desse entendimento Yarshell (op. cit., p. 324, nota de rodapé nº 79).
64. Esse posicionamento é encampado por Eduardo Arruda Alvim (*Direito Processual Civil*. 2ª ed., São Paulo: RT, 2008, p. 964); Wambier (*Nulidades...*, p. 335); Silva (op. cit., p. 45).

por outros Tribunais ou Juízes: a) quando a decisão for *contrária* a dispositivo desta Constituição ou à *letra* de tratado ou lei federal;

Como se observa, há uma *graduação da lesão* para fins de cabimento de recurso extraordinário caso se trate de matéria constitucional ou legal. Essa intelecção pode ser depreendida, inclusive, das precedentes Constituições de 1934 e 1937, respectivamente:

> Art. 76 - A Corte Suprema compete: 2) julgar: III - em recurso extraordinário, as causas decididas pelas Justiças locais em única ou última instância: a) quando a decisão for contra *literal* disposição de tratado ou lei federal, sobre cuja aplicação se haja questionado;

> Art. 101 - Ao Supremo Tribunal Federal compete: III - julgar, em recurso extraordinário, as causas decididas pelas Justiças locais em única ou última instâncias: a) quando a decisão for contra a *letra* de tratado ou lei federal, sobre cuja aplicação se haja questionado;

Essa distinção não passou despercebida ao Prof. Arruda Alvim, veja-se: "Diversos textos evidenciam o cabimento do antigo recurso extraordinário apenas diante da infração grave à lei federal, o que ensejou gradação do teor de ilegalidade, para o fim de cabimento, ou não, do recurso extraordinário. Assim, a Constituição de 1934 aludia à hipótese de ser a decisão 'contra *literal disposição de tratado* ou de *lei federal*'; a de 1937 referia-se à decisão 'contra *a letra* de tratado ou lei federal'".[65] Dessa forma, à época da edição da Súmula 400 era suficiente *contrariar* normas constitucionais, ao passo que, tangentemente à lei federal, haveria de ter ocorrido uma infração mais grave. Palmar o propósito restritivo.

Essa dualidade de tratamento, porém, não é observada na Carta de 1988,[66] a qual, em seus artigos 102 inc. III "a" e 105 inciso III "a", vale-se do mesmo verbo, a saber, *contrariar*. Resultado: os critérios jurídicos mais flexíveis adotados para aferição do desrespeito ao texto constitucional devem ser transladados para fins de cabimento de recurso especial.

Mas, perceba-se, foi uma alteração na estrutura recursal extraordinária - notadamente em um requisito intrínseco de admissibilidade -, a razão pela qual não se continuou a aplicar a Súmula 400, e, não, um suposto afastamento da *teoria da tolerância de interpretação razoável*. Esclarece-se a afirmação com a seguinte passagem da lavra do Min. Sálvio de Figueiredo: "(...) este Tribunal, com raras exceções,

---

65. O Recurso Especial na Constituição Federal de 1988 e suas origens. In: WAMBIER, Teresa Arruda Alvim (coord.). *Aspectos polêmicos e atuais do Recurso Especial e do Recurso Extraordinário*. São Paulo: RT, 1997, p. 23.
66. Esse viés de abertura pode ser antevisto com a Carta de 1967 ao se estabelecer a negativa de vigência da lei federal (art. 114, inciso III, "a") para tornar o recurso extraordinário admissível.

não tem agasalhado o Enunciado n° 400 da Súmula do Pretório Excelso, *que se me afigura incompatível com o sistema recursal introduzido pela Carta de 1988"*.[67]

Não bastasse esse argumento, outro há que deve ser salientado para denunciar a indevida assimilação entre as Súmulas 343 e 400 do Supremo Tribunal Federal. Conforme já se abordou, a função de uma corte suprema é elaborar pautas interpretativas vocacionadas a orientar prospectivamente a sociedade. Trata-se de escopo, em verdade, relacionado à própria razão de ser das cortes de vértice, as quais existem, precisamente, para definir a interpretação da lei mais consentânea com o ordenamento jurídico. E apenas a Súmula 400 obsta esse mister. É nesse sentido que se manifesta Mitidiero quando aduz que «(...) a *ratio* subjacente à Súmula 400 impede a definição do sentido que deve ser dado aos enunciados linguísticos pelo Supremo Tribunal Federal e pelo Superior Tribunal de Justiça", de forma que sua solução "carrega em si um equívoco evidente e sua superação foi altamente positiva para o sistema". Quanto à Súmula 343, por sua vez, aduz que ela "apenas reconhece a possibilidade de um determinado enunciado linguístico *contar com duas ou mais interpretações possíveis*", e que sua *ratio* opera "no âmbito da proteção que deve ser dada à segurança jurídica".[68]

Não há, portanto, que se falar em identidade de razões aptas à revogação da Súmula 400 e 343 do STF, pois a primeira, e não a segunda, atenta contra o ordem constitucional.

5. A DOUTRINA DA INTERPRETAÇÃO RAZOÁVEL E O PRINCÍPIO DA LEGALIDADE

Em obras doutrinárias, lê-se com frequência que a Súmula 343 viola o princípio da legalidade, o que exige, necessariamente, que se rejeite a existência de interpretações multifárias do mesmo texto normativo. Veja-se, seguindo essa linha de argumentação, o que diz a Prof.ª Teresa Arruda Alvim Wambier: "Se virão feridos de morte o princípio da legalidade e o da isonomia: a lei é uma só (necessariamente vocacionada para comportar um só e único entendimento, no mesmo momento histórico, e nunca mais de um entendimento simultaneamente válidos...), mas as decisões podem ser diferentes, porque os Tribunais podem decidir diferentemente, e esta circunstância está imune ao controle da parte pela via da ação rescisória".[69] Em outras palavras: admite-se que as Cortes Superiores

---

67. Resp 5.936/PR, Rel. Min. Sálvio de Figueiredo, j. 04/06/1991.
68. Op. cit., p. 122.
69. *Nulidades...*, p. 326. Igualmente: MEDINA, José Miguel Garcia (*Código de Processo Civil Comentado*. São Paulo: RT, 2011, p. 495); ALVIM, Arruda (op. cit., p. 33); OLIVEIRA, Robson Carlos de (op. cit., p. 546 et passim).

fixam a *única exegese correta*, de modo que, se a decisão rescindenda perfilou o sentido errado, deve ser conformada àquela.

Conquanto já se tenha dito que a rescisória não é instrumento predicado de nomofilaquia - o que, por si só, tornaria ociosa a discussão acerca da doutrina da *única resposta correta* nesta sede -, cabe refutar o argumento exposto.

Antes de abordar o tema sob uma perspectiva normativa, saliente-se que a interpretação do Direito, em certa medida, não se distancia dos parâmetros fundantes da interpretação em geral.[70] Volver luzes sobre *Os limites da interpretação* de Umberto Eco é, por isso, nodal, segundo Taruffo.[71] Trata-se, em síntese, de uma reunião de ensaios sobre os limites da interpretação de textos literários nos quais se rejeita peremptoriamente o mito do sentido único. A seguinte passagem de Eco é elucidativa acerca da indeterminação dos enunciados linguísticos: "Um texto, uma vez separado do seu emissor (bem como da intenção do emissor) e das circunstâncias concretas de sua emissão (e consequentemente de seu referencial implícito), flutua (por assim dizer) no vazio de um espaço potencialmente infinito de interpretações possíveis. Consequentemente, texto algum pode ser interpretado segundo a utopia de um sentido autorizado fixo, original e definitivo".[72]

Depreende-se do escólio de Eco, de um lado, severa crítica à ficção da interpretação semântica única,[73] e, por outro, a refutação da possibilidade de que a mensagem textual possa significar qualquer coisa.[74] Não apenas a pintura, cinema, esculturas e obras de arte, como também os textos jurídicos, à luz da perspectiva semiótica, admitem variadas exegeses, sendo "impossível dizer qual a melhor interpretação de um texto".[75] Para que bem se compreenda o que se vem de expor, o estudo da Teoria *Cética* da Interpretação é essencial.

Conforme aduz Riccardo Guastini, um de seus principais expoentes, o vocábulo *norma* é usado de forma indistinta para fazer referência a objetos radicalmente

---

70. Nesse sentido, Aulis Aarnio: "La interpretación de una novela y la interpretación jurídica se consideran muy parecidas a causa de que ambas implican uma reacción del lector a um mensaje escrito dado" (Sobre la ambigüedad semántica en la interpretación jurídica. *Revista Doxa* nº. 4 - Cuadernos de Filosofía del Derecho, 1987, p. 113).
71. "O que escreve Umberto Eco é uma crítica literária; mas sem trocar uma só vírgula, isso é válido também para a interpretação da lei, no plano dos conceitos gerais" (*O Precedente*. Tradução de Rafael Zanatta. Disponível em ‹http://cadernodeestudosjuridicos.blogspot.com.br/› Acesso em 04.03.2015).
72. *Os limites da interpretação*, São Paulo: Perspectiva, 2012, p. XIV.
73. Idem, p. 13
74. A tese de que algumas leituras são indubitavelmente inválidas é exemplificada nos seguintes termos: "Se Jack, o Estripador nos viesse dizer que fez o que fez inspirado na leitura do Evangelho, nossa tendência seria pensar que ele leu o Novo Testamento de modo pelo menos inusitado. Um texto pode, assim, significar muitas coisas, mas sentidos há que seria arriscado perfilar, e esses - já que inadmitidos pela comunidade de intérpretes - devem ser rejeitados" (Idem, p. 34).
75. Idem, p. 81.

diversos. Por vezes, se denomina *norma* ao enunciado pertencente a uma fonte do direito. Em outras, porém, refere-se ao "contenido de significado de un enunciado legislativo, tal como resulta de su interpretación".[76] Dessa forma, e agora com Giovanni Tarello, se pode concluir que "(...) prima dell`attività dell`interprete, del documento ogetto dell`interpretazione si sa solo che esprime una o più norme, non quale questa norma sia o quali queste norme siano".[77]

A propósito, Adrián Rentería Díaz, ao discorrer sobre a *trama aperta* do Direito, afirma que a sentença não é uma consequência automática de um procedimento exegético, senão o produto de uma atividade valorativa que perpassa as convicções morais, religiosas e sociais compartilhadas pela classe social da qual provém o juiz.[78] Díaz, ademais, elaborou uma didática conceituação acerca das três teorias da interpretação, a saber, a *cognitiva*[79], a *cética*[80] e a *intermediária*.[81] Mauro Barberis, por sua vez, dissertando sobre essa *tripartizione*, denomina-as, respectivamente, de *formalismo interpretativo, giurealismo* e *teoria mista*.[82]

Cabe salientar, de antemão, que apenas a Teoria *Cética* é compatível com o fenômeno hermenêutico, pois considera um pressuposto fundamental: o Direito é e *se manifesta* pela linguagem. Encampa-se na integralidade, desse modo, o pensar de Díaz: "Sembra um dato incontrovertibile che nelle diverse fasi di um processo giurisdizionale il giudice trovi – im maggior o minor misura – spazi nei quali egli può esercitare la propria discrezionalità. In ragione di diversi fattori, che vanno dalla *open texture* del linguaggio normativo alla speciale natura dei fatti sui quali verte solitamente una questione giuridica, ad uma produzione legislativa

---

76. *Distinguiendo - estudios de teoría y metateoría del derecho*, Editorial Gedisa, Barcelona, 1999, p. 100. Aduz, em seguida, Guastini que: "En este sentido, la disposición constituye el objeto de la actividad interpretativa, la norma su resultado. La disposición es un enunciado del lenguaje de las fuentes sujeto a interpretación y todavia por interpretar. La norma es más bien una disposición interpretada y, en ese sentido, reformulada por el intèrprete: es, pues, un enunciado del lenguaje de los intérpretes" (p. 101).
77. L`*interpretazione della legge*. Milano: Giuffrè, 1980, p. 63.
78. *Discrezionalità del giudice o risposta corretta? Revista de Processo* nº 83, São Paulo: RT, p. 164.
79. "I sostenitori della teoria cognitiva affermano che interpretare consiste nell'individuare um significato già dato, indipendente dall'interprete. (...) Secondo tale teoria (o famiglia di teorie), chiamata anche formalistica – per dirla in poche parole – è sempre possibile 'trovare l'interpretazione giusta o própria di ciascun enunciato giuridico, adatta a risolvere in modo giuridicamente esatto ciascun caso concreto'" (Idem, p. 160).
80. "D'altra parte, i sostenitori delle teorie scettiche dell'interpretazione sostengono – in aperto contrasto quindi con le teorie formalistiche – 'che l'interpretazione è attività non di conoscenza, ma di valutazione e decisione'. Le teorie scettiche, quindi, si fondano sull'opinione che non vi sia nulla che possa essere chiamato 'il significato próprio delle parole', e che ogni testo può essere inteso in una grande pluralità di modi diversi" (Idem, p. 161).
81. "Tuttavia, um tentativo di conciliazione è possibile trovarlo nella teoria intermedia di Carrió, secondo cui vi sono casi in cui la soluzione interpretativa è ovvia e automatica, mentre vi sono altri casi 'difficili' in cui non è così" (Idem, ibidem).
82. *Separazione dei poteri e teoria giusrealista dell'interpretazione. Rivista Analisi e diritto* 2004, a cura de P. Comanducci e R. Guastini, p. 9.

per lo più eterogenea e caotica, e alla tendenza del potere legislativo a lasciare la soluzione di complessi problemi sociali al potere giudiziario, risulta agevole sottolineare che nel processo di determinazione concreta del diritto il giudice non sempre trova una unica risposta, ma come, invece, egli debba scegliere fra um ventaglio di possibilità, tutte legittime dal punto di vista giuridico."[83]

Nesse ponto, é preciso trazer à colação a *moldura normativa kelseniana*, figura geométrica que bem retrata os lindes da exegese *cética*. É no capítulo oitavo da Teoria Pura do Direito (*Relativa indeterminação do ato de aplicação do Direito*) que se deve mergulhar para examinar como o Mestre de Viena vislumbra o processo interpretativo. Nesta ocasião, extrai-se inexoravelmente que, na perspectiva da pirâmide normativa, a regra de escalão superior não vincula em todas as direções (sob todos os aspectos) os atos mediante os quais é aplicada: "O Direito a aplicar forma uma moldura dentro da qual existem várias possibilidades de aplicação, pelo que é conforme ao Direito todo ato que se mantenha dentro deste quadro ou moldura, que preencha esta moldura em qualquer sentido possível".[84-85]

Percebe-se, assim, que o normativista visualizava a interpretação como uma atividade dirigida à redução da equivocidade do texto que comporta um juízo valorativo: "(...) na aplicação do direito por um órgão jurídico, a interpretação cognoscitiva (obtida por uma operação de conhecimento) do Direito a aplicar combina-se com um ato de vontade em que o órgão aplicador do Direito efetua uma escolha entre as possibilidades reveladas através daquela mesma interpretação cognoscitiva".[86] Dessa maneira, como se entende por interpretação a fixação do conteúdo, sentido e alcance possíveis de um texto, o resultado do itinerário hermenêutico será o estabelecimento de um quadro no qual opções várias são simultaneamente legítimas. A jurisdição, por conseguinte, não conduz a uma única solução correta, senão a soluções dignas de igual respeito.[87]

---

83. Idem, p. 128.
84. *Teoria Pura do Direito*, 8ª ed., São Paulo: Martins Fontes, 2012, p. 390.
85. "Estamos convencidos, não obstante, de que a sentença é ato de criação do direito, embora o seja também e, ao mesmo tempo, de aplicação da norma legal. E, nessa afirmativa, inexiste algo de novo. Há tantas décadas, Hans Kelsen já afirmava expressamente que toda norma seria ato de aplicação e, ao mesmo tempo, de criação do direito" (DERZI, Misabel Abreu Machado. *Modificações da jurisprudência no Direito Tributário*. São Paulo: Noeses, 2009, p. 226).
86. Idem, p. 394. Conforme aduz Rosmar Antonni Rodrigues Cavalcanti de Alencar: "A certeza buscada a todo custo pelas correntes que preconizam segurança jurídica como respeito à legalidade formal e como previsibilidade não esconde seu estreitamento com o racionalismo cartesiano. Descura-se das dificuldades da linguagem quando, por exemplo, o jurista tenta descrever o que vê como um retrato da norma jurídica em sua mente e, a um só tempo, ele percebe que o texto produzido não lhe confere certeza de que o leitor/destinatário produzirá norma idêntica àquela ou outra completamente diversa" (Segurança jurídica e fundamentação judicial. *Revista de Processo* n° 149, jul./2007, p. 56).
87. "A interpretação jurídico-científica tem de evitar, com o máximo cuidado, a ficção de que uma norma jurídica apenas permite, sempre e em todos os casos, uma só interpretação: a interpretação 'correta'. Isto é

A Teoria *Mista* da Interpretação, por sua vez, afirma que apesar de o direito ser fundamentalmente indeterminado, não o é em todas as situações. Muitos casos se encontrariam em uma região de certeza semântica das regras, de forma que, nessas hipóteses, poder-se-ia falar em uma única solução correta. Nesse sentido, Herbert Hart trabalha essencialmente com a *textura aberta do direito* ao sustentar que um amplo leque de possibilidades pode ser vislumbrado a partir do caráter polissêmico da lei. Veja-se a lição que se colhe daquele que talvez seja o mais denso livro de filosofia jurídica do século XX: "Qualquer que seja a estratégia escolhida para a transmissão de padrões de comportamento, seja o precedente ou a legislação, esses padrões, por muito facilmente que funcionem na grande massa de casos comuns, se mostrarão imprecisos em algum ponto, quando sua aplicação for posta em dúvida; terão o que se tem chamado de *textura aberta*".[88-89]

Em seu pós-escrito, Hart afirma que todas as normas têm uma *zona de penumbra* na qual o juiz precisa escolher entre alternativas igualmente corretas, e, para tanto, deve exercer o poder de criar o Direito. Nesse mister, deve ser sempre capaz de "justificar sua decisão mediante algumas razões, e deve atuar como faria um legislador consciencioso, decidindo de acordo com suas próprias convicções e valores".[90-91] Assim, por um lado, a Teoria *Mista* detém o mérito de

---

uma ficção de que se serve a jurisprudência tradicional para consolidar o ideal de segurança jurídica. Em vista da plurissignificação da maioria das normas jurídicas, este ideal somente é realizável aproximativamente. Não se pretende negar que esta ficção da univocidade das normas jurídicas, vista de uma certa posição política, pode ter grandes vantagens. Mas nenhuma vantagem política pode justificar que se faça uso desta ficção numa exposição científica do Direito positivo, proclamando como única correta, de um ponto de vista científico-objetivo, uma interpretação que, de um ponto de vista político-subjetivo, é mais desejável do que uma outra, igualmente possível do ponto de vista lógico. Neste caso, com efeito, apresenta-se falsamente como uma verdade científica aquilo que é tão-somente um juízo de valor político" (*Teoria Pura...*, p. 396).

88. *O conceito de Direito*. 2ª ed., São Paulo: Martins Fontes, 2012, p. 166. No mesmo sentido, Domingo Garcia Belaunde, após salientar que a linguagem jurídica "como todo lenguaje, se presta a confusiones, tiene zonas de penumbra, muchas veces es vago o circular o requiere precisiones para aclarar su significado", conclui que "esto nos induce inevitablemente a tener humildad al enfocar el problema interpretativo y a aceptar sus limitaciones. No hay ni habrá, em el proceso interpretativo, una solución única y excluyente para cada caso." (La interpretacion constitucional como problema. *Revista de Estúdios Políticos*, Nueva época, n° 86, octubre-diciembre/1994, p. 21).

89. "Existe um caminho do meio entre a Cila da indeterminação radical e a Caribdis da posição ingênua que sustenta uma determinação absoluta. Admite-se que o direito não é e não pode ser totalmente indeterminado. Entretanto, o que é crucial entender é que, apesar do fato de o direito ser necessariamente indeterminado, isso não significa que ele seja permeado por uma indeterminação difusa e radical. A sua indeterminação se dá nas beiradas". (Struchiner , Noel. Indeterminação e objetividade. Quando o direito diz o que não queremos ouvir. In: Macedo Junior, Ronaldo Porto; Barbieri, Catarina Helena Cortada (coords.). *Direito e interpretação - racionalidades e instituições*. São Paulo: Saraiva, 2011, p. 123).

90. Op. cit., p. 352.

91. No sentido de que o juiz dispõe de um espaço de livre decisão, o escólio de Winfried Hassemer: "No entanto, a ideia de que o veredicto judicial decorreria, inequivocamente, da norma codificada, foi, entretanto, superada. Ela deu lugar ao reconhecimento de que o juiz cria o direito. (...) Admite-se que as palavras

trazer para o debate a indeterminação da linguagem. Mas, a despeito disso, continua presa à fantasia da *resposta correta*, típica expressão da Teoria *Cognitivista*.

Severa crítica a esse paradigma é fornecida por Aulis Aarnio, o qual, após distinguir suas versões forte[92] e fraca[93], rejeita-o ao argumento de que as expectativas legítimas dos jurisdicionados devem se cingir a "la mejor justificación posible, no a soluciones absolutamente correctas".[94] Deveras, é inequívoca a impossibilidade de se assegurar qual decisão é a única correta tendo em vista que a lei não possui um significado transcendente e tampouco é aplicada à revelia das valorações do intérprete.[95]

O autor faz interessantes críticas ao juiz Hércules,[96] conhecido ideal regulativo de Dworkin que "dotado de sabedoria, paciência e sagacidade sobre-humanas, e

---

da lei nem sempre dão indicações claras, que elas necessitam de ser preenchidas com valores, que são porosas ou vagas. (Sistema jurídico e codificação: a vinculação do juiz à lei. In: Kaufmann, A.; Hassemer, W (orgs.). *Introdução à filosofia do direito e à teoria do direito contemporâneas*. Lisboa: Fundação Calouste Gulbenkian, 2002, p. 283-298).

92. "Según esta version, para caso concreto existe uma resposta correcta que, ademάs, puede ser detectada. La respuesta está oculta em algún lugar dentro del ordenamiento jurídico, y la habilidad del juez consiste justamente em hacer explícito lo que está ya implícito". (La tesis de la única respuesta correcta y el principio regulativo del razonamiento jurídico. *Revista Doxa* nº. 08 - Cuadernos de Filosofía del Derecho, 1990, p. 24).

93. "Esta version acepta la ideia de que existe la respuesta correcta pero vacila a propósito de las posibilidades de descubrirla. La única respuesta correcta no puede detectarse siempre (quizá nunca)". (Idem, ibidem).

94. Idem, p. 31.

95. "A interpretação da norma jurídica pode ser divergente, e nada há de equivocado nisto. Afinal, a interpretação varia conforme o intérprete, que jamais é neutro em sua exegese. Cada intérprete afirma o sentido da norma jurídica que lhe parece apropriado conforme seus próprios valores e a partir de sua visão pessoal de mundo. Assim, não se pode considerar que dada interpretação é certa ou errada. A interpretação é um horizonte aberto que conhece possibilidades e alternativas diversas. Deste modo, é de se afirmar que qualquer interpretação razoável da norma jurídica é compatível com a norma interpretada e, por isso, não a ofende. Por tal razão, não se pode rescindir um provimento judicial pelo simples fato de se ter baseado em uma das diversas possíveis interpretações da mesma norma jurídica. É verdade, porém, que para os que não estão habituados com o estudo da ciência jurídica, isso pode parecer aberrante. Afinal, pode mesmo acontecer de duas pessoas em situações jurídicas substancialmente iguais chegarem a resultados diferentes porque magistrados distintos julgaram suas causas. Cabe, porém, ao advogado advertir seu cliente sobre esse risco e tentar explicar as razões dessa possibilidade" (Câmara, Alexandre Freitas. op. cit., p. 86).

96. Uma delas decorre do impasse lógico a que se chegaria caso se admitisse a possibilidade de uma mesma questão controvertida ser submetida à apreciação de dois juízes Hércules, veja-se: "Una manera de formular el núcleo de la crítica es preguntar: qué ocurre si hay dos Hércules J.? Ambos son ciertamente seres racionales pero son capaces de resolver genuínos problemas axiológicos? Esto es importante, porque las elecciones finales en el razonamiento jurídico no descansan solamente sobre la racionalidad del procedimiento del razonamiento y las estructuras libres que aseguran la discusión ideal. El outro factor decisivo es el input, es decir, los datos que se introducen em la discussión. En fin, Hércules J. también está vinculado v. g. a los intereses que presenta o está obligado a presentar en el discurso. Hablando toscamente, ellos no abordan el problema desde el mismo – o incluso similar – punto de vista. Por consiguiente dos o más Hércules J. pueden alcanzar varias respuestas no equivalentes pero igualmente bien fundadas". (*La tesis...*, p. 32). Em sentido semelhante, Marcelo Neves ao afirmar que o juiz Hércules, "monológico e solipsista", não

orientado pelos princípios e capaz de identificá-los nas controvérsias, alcançaria o melhor julgamento de um caso".[97] Em antagonismo a essa ficção, finca a racionalidade do discurso nas teorias da *argumentação jurídica, auditório universal* e *princípio majoritário*, as quais, por si sós, demandariam um artigo *ad hoc*.[98]

À luz do princípio da segurança jurídica depreende-se, portanto, que a adoção de uma exegese, ao ser coberta pelo *manto preclusivo da coisa julgada*, não deve ficar condicionada a uma exata interpretação da lei. A essa persecução *ad infinitum* da resposta correta pode-se responder com a seguinte passagem de Crisanto Mandrioli: "In realtà, se si ha riguardo alla fallibilità di ogni giudizio umano, neppure una lunga serie di giudizi di riesame potrebbe assicurare il giudizio perfetto, tale cioè da esprimere una certezza assoluta".[99] Destarte, com a preclusão das vias recursais ocorre a escolha definitiva de uma *alternativa de significado*, é dizer, com a imutabilidade da sentença *fecham-se as demais alternativas antes possíveis de significação*.[100]

Nessa linha, a incerteza das expectativas de conduta - resultante do caráter aberto da linguagem, e não apenas dos conceitos jurídicos indeterminados e cláusulas gerais - cessa com a formação da coisa julgada. Ou seja, continuar o debate argumentativo, *ad eternum*, solapa a confiança legítima na estabilidade das posições jurídicas.[101] Dessa forma, resulta claro que a Súmula 343 não viola o princípio da legalidade, ao revés, o enaltece ao prestigiar a segurança jurídica,

---

atenta para o fato de que "o problema não reside na discricionariedade (do intérprete), mas sim na forma seletiva de estruturação da complexidade. A produção normativa constituinte ou legislativa (em sentido amplo) importa já uma forte redução ou estruturação seletiva de expectativas normativas existentes na sociedade sobre quais são os direitos e os deveres. Essa seleção pelos procedimentos constituintes ou legislativos não esgota o processo seletivo. A interpretação dos textos constitucionais e legais e a respectiva concretização normativa perante o caso importam uma nova seleção sobre as diversas expectativas normativas e também cognitivas que se desenvolvem em torno de definir-se quais os direitos e os deveres estabelecidos na Constituição e nas leis" (*Entre Hércules e Hidra – princípios e regras constitucionais como diferença paradoxal do sistema jurídico*, São Paulo: Martins Fontes, 2013, p. 57).

97. Levando os direitos a sério..., p. 165.
98. Para fins de aprofundamento, recomenda-se, do mesmo autor, *Sobre la ambigüedad semántica...*, p. 115 e ss. Ricardo Luis Lorenzetti, da mesma forma, refuta a tese da resposta correta ao aludir à migração de um contexto de *descobrimento* para um de *justificação* (*Teoria da decisão judicial*, 2ªed., São Paulo: RT, 2010, pp. 157, 163, 169, 172, 178 e 182). Domingo Garcia Belaunde também enfoca a necessidade de que as consequências do processo interpretativo configurem o resultado de uma argumentação jurídica que possa justificar-se por si mesma, que não seja arbitrária ou caótica, mas tampouco única ou absoluta (Op. cit., p. 26 *et passim*).
99. *Corso di Diritto Processuale Civile. Nozioni Introduttive e disposizioni generali.* 11ª ed., Torino: G. Giappichelli Editore, 2013, Vol. 1., p. 14.
100. A expressão é de Derzi, op. cit., pp. 188, 227 e 266.
101. Gregório Cesar Borges e Rodolfo da Costa Manso Real Amadeo correlacionam a coisa julgada e o princípio da confiança com rigor: "Coisa julgada inconstitucional: contornos em face da segurança jurídica" (*Revista de Processo* nº 221, jul./2013, p. 93).

corroborando com a juridicidade (conformação não apenas com a lei, senão com o Direito) das decisões judiciais.

6. EXISTEM CORTES SUPREMAS *DO A* E *DO B*?

Deve-se analisar, outrossim, o argumento de que a Súmula 343 não pode ser admitida em sede de jurisdição constitucional face ao Princípio da Força Normativa da Constituição.[102] Veja-se a posição exposta pelo Min. Gilmar Mendes: "Uma decisão definitiva do STJ, pacificando a interpretação de uma lei, não possui o mesmo alcance de uma decisão definitiva desta Corte em matéria constitucional. Controvérsia na interpretação de lei e controvérsia constitucional são coisas absolutamente distintas e para cada uma delas o nosso sistema constitucional estabeleceu mecanismos de solução diferenciados com resultados também diferenciados" (...) "A violação à norma constitucional, para fins de admissibilidade de rescisória, é sem dúvida algo mais grave que a violação à lei. Isto já havia sido intuído por Pontes de Miranda ao discorrer especificamente sobre a hipótese de rescisória hoje descrita no art. 485, inciso V, do CPC. Sobre a violação à Constituição como pressuposto para a ação rescisória, dizia Pontes que 'o direito constitucional é direito, como os outros ramos. Não o é menos; em certo sentido, é ainda mais'".

De plano, duas considerações. A primeira é que inexiste qualquer diferença entre a interpretação constitucional e a infraconstitucional, pois "em ambos os casos é necessário individualizar sentidos possíveis, valorá-los e escolher aquele que encontra maior suporte na ordem jurídica".[103] A segunda é que o STF é tão intérprete último da Constituição Federal quanto o é o STJ da legislação federal. Sem assomos de vaidade, cada qual é Corte Suprema em sua esfera de competências. Ambos possuem, como se sói dizer, a prerrogativa de *errar por último*, já que fixam, em caráter irrecorrível, em seus âmbitos de atribuições, uma dentre as várias possibilidades hermenêuticas.[104] Não há que se falar em um Tribunal Superior *do A* e outro *do B* na perspectiva de uma assimetria nomofilácica.

É preciso, ademais, contextualizar a citação realizada pelo Min. Gilmar Mendes. Trata-se da segunda frase de um parágrafo que principia com a desaprovação de Pontes a dois acórdãos do TJSP que ostentam a seguinte ementa: "A sentença que julga contrária à Constituição regra jurídica de decreto ou lei não é suscetível de rescisão".[105]

---

102. Posição defendida pelos Min. Gilmar Mendes (RE nº. 328.812/AM-AgR, j. 10.12.2002) e Teori Zavascki (Embargos de Divergência em Resp nº. 928.302, j. 23.04.2008).
103. Mitidiero, op. cit., p. 80.
104. É por isso que o STF deve obediência à interpretação do STJ ao julgar ação de competência originária que verse lei federal.
105. *Comentários ao Código de Processo Civil*, Tomo VI (Arts. 476-495). Rio de Janeiro: Forense, 1974, p. 296.

Com a devida vênia ao Ministro, o objetivo de Pontes é simplesmente afirmar que a Lei Fundamental também é "lei" para fins de rescisão. Nada mais. Conquanto essa assertiva, hoje, seja elementar, não o era em meados do século XX, época na qual vicejava uma percepção de *baixa normatividade* das leis supremas.[106] A ascensão das constituições ao patamar normativo é fenômeno relativamente recente, remontando, no cenário pátrio, à Carta de 88. Outrora, como é cediço, eram vistas como programas políticos e cartas de intenções desprovidas de vinculatividade, de maneira que o enquadramento das normas constitucionais no conceito de "lei" fora afirmação tudo menos óbvia. É nesse contexto, pois, que a citação deve ser compreendida.

E a leitura de Pontes que vimos de expor torna-se palmar quando se lê em outra passagem que: "A violação ao próprio direito constitucional, em tese, não é mais suficiente como pressuposto da ação rescisória do que a violação do direito ordinário, processual ou material público ou privado (...) Se o juiz viola regra de direito pré-processual, processual, material, constitucional, administrativo, judiciário interno, sobredireito no tempo ou no espaço, ou no espaço-tempo, a rescisória cabe. O recurso extraordinário seleciona direito, a ação rescisória, não".[107] Então, se se pode dizer, sem recursos mediúnicos, que Pontes *intuiu* algo, certamente não é que a violação à norma constitucional, para fins de admissibilidade de rescisória, é mais grave que a violação à lei.

Resulta claro, assim, que a *tutela constitucional da coisa julgada* não oscila em virtude do grau hierárquico do dispositivo desrespeitado. Não há uma *res iudicata* mais e outra menos imutável e indiscutível. Em suma: se é válido o argumento de que não existem Cortes Supremas *do A* e *do B*, igualmente o é aquele que refuta uma coisa julgada *do A* e, outra, *do B*.

7. EFEITOS PRÓ-FUTURO E A ISONOMIA

É evidente que a vinculação à jurisprudência dos Tribunais é medida salutar que privilegia a isonomia, segurança jurídica, duração razoável dos processos e a credibilidade do Poder Judiciário. O respeito à jurisprudência é um consectário lógico da função de nomofilaquia interpretativa que se reconhece aos Tribunais Superiores. Antes: é uma decorrência da própria concepção de sistema, que independe, quer nos parecer, de expressa previsão normativa. Contudo, esse não é o ponto. O de que se trata é se, a fim de exaltar esses valores, deve-se transigir com a coisa julgada.

---

106. Ao dissertar sobre a supremacia da lei no Estado Liberal, assim se manifesta Gustavo Zagrebelsky: "L'espressione giuridica di questa egemonia era la legge alla quale, per conseguenza, era riconnosciuto il primato tra tutti gli atti giuridici e anche rispetto ai documenti costituzionale di allora" (op. cit., p. 35).

107. Op. cit., p. 306.

Destaque-se, além disso, que os efeitos pró-futuro da nomofilaquia são uma decorrência do princípio da segurança jurídica que não se chocam com a isonomia. Igualdade é tratar os iguais igualmente e os desiguais desigualmente. Dessa forma, não se pode pretender que aqueles que estão cobertos pela imutabilidade da coisa julgada são iguais àqueles que não o estão. São situações fáticas absolutamente díspares, de forma que a isonomia deve ser vislumbrada a partir da seguinte cisão: (i) aqueles cujas posições jurídicas ainda estão processualmente indefinidas devem seguir a orientação jurisprudencial pretérita; (ii) e, por sua vez, aqueles que se submeteram a um processo jurisdicional transitado em julgado devem ter sua expectativa de estabilidade assegurada.

É sob o prisma substancial, pois, que se deve aplicar a igualdade quando se está a perquirir sobre a incidência da Súmula 343 sobre o direito fundamental à tutela jurisdicional definitiva. E, conforme salienta Mitidiero, «a igualdade realiza-se aí pelo tratamento isonômico deferido a todos que se encontram na mesma situação: aqueles que contam com a proteção da coisa julgada, têm suas esferas jurídicas protegidas contra o precedente superveniente; aqueles que não contam com a proteção da coisa julgada, ficam sujeitos à força do precedente».[108]

8. CONCLUSÃO

A estabilidade é elemento ínsito ao Estado de Direito, de forma que a tutela das legítimas expectativas dos jurisdicionados decorrente da coisa julgada não pode ficar à mercê da decisão - sempre cambiante - dos Tribunais. É difícil acreditar que outro instituto incorpore na esfera jurídica dos cidadãos um sentimento maior de previsibilidade do que a sentença passada em julgado. Leis, portarias e quejandos não o fazem. A Constituição, desbragadamente emendada, é o retrato das promessas incumpridas. A coisa julgada, não. Esta potencializa o princípio da confiança, pois o processo, quando ela se forma, já está encerrado. Nos casos de leis, atos normativos e decisões jurisdicionais não definitivamente prolatadas, a previsibilidade jaz em *estado de potência*. Após o trânsito em julgado, a calculabilidade já é um *dado*, e como o passado não pode ser incerto, a segurança jurídica deve ser superlativamente tutelada.

O Poder Legislativo, atento à magnitude dos valores em contraposição no processo, concebeu institutos vocacionados a tutelar cada uma dessas eficácias da segurança jurídica. Assim, durante a litispendência busca-se arrostar as divergências interpretativas e resguardar a igualdade de tratamento. É o caso, v.g., do incidente de uniformização de jurisprudência, da assunção de competência, do

---

108. Op. cit., p. 114.

recurso especial por dissídio jurisprudencial, dos embargos de divergência e etc. Mas, após o trânsito em julgado, prevalece, para além de eventual tratamento díspare, e em abono da segurança jurídica, a imutabilidade da *res iudicata*. Ou seja: o argumento em favor da uniformidade perde força com o passar do tempo.

Reiterando o quanto dito, não se pode olvidar que a decisão correta é uma quimera. Chega de rubor: a multiplicidade de interpretações possíveis de um litígio não é arrolada na motivação das decisões por razões de política judiciária. Apenas por isso. Não são infrequentes as vezes em que se principia a motivação sentencial com uma determinada orientação interpretativa e, em seu curso, se depara com outra igualmente válida.[109]

Por fim, destaque-se que a importância do tema em foco se mantém com a edição do Novo Código de Processo Civil, o qual, em verdade, não altera o *estado da arte* do quanto aqui debatido. Com efeito, abstém-se da discussão ao simplesmente prever o cabimento de ação rescisória quando a decisão "violar manifestamente norma jurídica" (art. 966, inc. V). Apenas uma variação sobre o mesmo tema, como se pode verificar. O advérbio utilizado leva a crer que a Súmula 343 permanece vigente. Mera especulação, claro. O que não o é, infelizmente, é a constatação de que o Novo CPC já nasce com o sabor de mais do mesmo. E, assim, a infantil lógica binária da decisão certa ou errada ainda será um espectro a acossar os princípios constitucionais do Estado de Direito, segurança jurídica e da duração razoável das controvérsias.

9. REFERÊNCIAS

AARNIO, Aulis. La tesis de la única respuesta correcta y el principio regulativo del razonamiento jurídico. *Revista Doxa* nº 08 - Cuadernos de Filosofía del Derecho, 1990.

---

109. Passagem há de Benjamin N. Cardozo que, conquanto longa, é digna de transcrição: "Resta por fim uma porcentagem – não muito grande, mas também nem tão pequena a ponto de ser desprezível – em que a decisão num ou noutro sentido será levada em conta no futuro e poderá avançar ou retardar, ora muito, ora pouco, o desenvolvimento do Direito. São esses os casos em que o elemento criativo do processo judicial encontra sua oportunidade e potencialidade. Foi basicamente deles que me ocupei em tudo o que disse aqui. Em certo sentido, é verdade que muitos desses casos podem ser decididos de uma maneira ou de outra. Com isso quero dizer que é possível encontrar razões plausíveis e totalmente convincentes para justificar uma ou outra conclusão. (...) em meus primeiros anos como juiz, era tamanha minha perturbação do espírito que eu não conseguia perceber que não havia rastros ou vestígios no oceano em que me lançara. Eu buscava a certeza. Fiquei deprimido e desanimado quando descobri que essa busca era fútil, estava tentando alcançar a terra, a terra firme das normas fixas e estabelecidas, o paraíso de uma justiça que se revelasse ainda mais clara e mais dominante do que seus pálidos e tênues reflexos em minha própria mente e consciência vacilantes". (*A natureza do processo judicial*, São Paulo: Martins Fontes, 2004, p. 122-123).

_____; Sobre la ambigüedad semántica en la interpretación jurídica. *Revista Doxa* nº 4 - Cuadernos de Filosofía del Derecho, 1987.

ALENCAR, Rosmar Antonni Rodrigues Cavalcanti de. Segurança jurídica e fundamentação judicial. *Revista de Processo* n° 149, jul./2007.

ALVIM, Arruda. O Recurso Especial na Constituição Federal de 1988 e suas origens. In: WAMBIER, Teresa Arruda Alvim (coord.). *Aspectos polêmicos e atuais do Recurso Especial e do Recurso Extraordinário*. São Paulo: Ed. RT, 1997.

ALVIM, Eduardo Arruda. *Direito Processual Civil*. 2ª ed., São Paulo: Ed. RT, 2008.

AMADEO, Rodolfo da Costa Manso Real; BORGES, Gregório Cezar. Coisa julgada inconstitucional: contornos em face da segurança jurídica. *Revista de Processo* n° 221, jul./2013.

BARAK, Aharon. *La discrezionalità del giudice*. Milano: Ed. Giuffrè, 1995.

BARBOSA MOREIRA, José Carlos. Ainda e sempre a coisa julgada. *Revista dos Tribunais* n° 416, jun./1970.

_____; Coisa julgada e declaração. *Revista dos Tribunais* n° 429, jul./1971.

BARBERIS, Mauro. Separazione dei poteri e teoria giusrealista dell'interpretazione. *Rivista Analisi e diritto* 2004, a cura de P. Comanducci e R. Guastini.

BEDAQUE, José Roberto dos Santos. *Direito e processo. Influência do direito material sobre o processo*. 6ª ed, São Paulo: Malheiros, 2011.

BELAUNDE, Domingo Garcia. La interpretación constitucional como problema. *Revista de Estúdios Políticos*, Nueva Época, n° 86, octubre-diciembre/1994.

BERTEA, Stefano. *Certezza del diritto e argomentazione giuridica*. Catanzaro: Ed. Rubbertino, 2002.

CABRAL, Antônio do Passo. *Coisa Julgada e Preclusões Dinâmicas - Entre continuidade, mudança e transição de posições processuais estáveis*. 2ª ed., Salvador: JusPodium, 2014.

CALMON DE PASSOS, J. J. Instrumentalidade do processo e devido processo legal. *Revista de processo* nº 102, São Paulo: RT, 2001.

CÂMARA, Alexandre Freitas. *Ação Rescisória*. Rio de Janeiro: Lúmen Juris, 2007.

CARDOZO, Benjamin N. *A natureza do processo judicial*. São Paulo: Martins Fontes, 2004.

CARVALHO, Carlos Eduardo Araújo. Coisa julgada inconstitucional por prejudicialidade transrescisória. *Revista Brasileira de Direito Processual - RBDpro* n. 88, ano 22, out.-dez./2014.

CHIOVENDA, Giuseppe. *Principii di Diritto Processuale Civile* (3ª ed., 1923) ristampa inalterata. Napoli: Jovene Editore, 1965.

COMOGLIO, Luigi Paolo; FERRI, Conrado; TARUFFO, Michele. *Lezioni sul processo civile. Il processo ordinario di cognizione*. Vol. 1. 5ª ed., Bologna: Il Mulino, 2011.

CRAMER, Ronaldo. Impugnação da sentença transitada em julgado fundada em lei posteriormente declarada inconstitucional. *Revista de Processo* nº 164, out./2008.

CRUZ E TUCCI, José Rogério. *Tempo e processo*. São Paulo: RT, 1997.

DENTI, Vittorio. *La giustizia civile*. Bologna: Il Mulino, 1989.

DERZI, Misabel Abreu Machado. *Modificações da jurisprudência no Direito Tributário*. São Paulo: Noeses, 2009.

DÍAZ, Adrián Rentería. Discrezionalità del giudice o risposta corretta? *Revista de Processo* n° 83, São Paulo: RT.

DICIOTTI, Enrico. L'ambigua alternativa fra cognitivismo e scetticismo interpretativo. *Dipartimento di scienze storiche, giuridiche, politiche e sociali dell'Università degli Studi di Siena*. Working Paper 45, Siena, 2003.

DIMOULIS, Dimitri. Sentidos, vantagens cognitivas e problemas teóricos do formalismo jurídico In: MACEDO JUNIOR, Ronaldo Porto; BARBIERI, Catarina Helena Cortada (coords.). *Direito e interpretação - racionalidades e instituições*. São Paulo: Saraiva, 2011.

DINAMARCO, Cândido Rangel. *Fundamentos do processo Civil Moderno*. 6ª ed., São Paulo: Malheiros, 2010. Vols. 1 e 2.

_____; *Instituições de Direito Processual Civil*. Vol. III, 6ª ed., São Paulo: Malheiros, 2009.

FABRÍCIO, Adroaldo Furtado. A coisa julgada nas ações de alimentos. *Revista de Processo* n° 62, abril/junho1991-.

FALCÃO, Raimundo Bezerra. *Hermenêutica*. 2ª ed., São Paulo: Ed. Malheiros, 2013.

GORLA, Gino. Introduzione. Raccolta di saggi sull'interpretazione e sul valore del precedente giudiziale in Italia. *Il Foro Italiano* vol. LXXXIX, 1966, Roma.

GRINOVER, Ada Pellegrini. Ação rescisória e divergência de interpretação em matéria constitucional. *A Marcha do Processo*, Rio de Janeiro: Forense, 2000.

GUASTINI, Riccardo. *Distinguiendo - estudios de teoría y metateoría del derecho*, Editorial Gedisa, Barcelona, 1999.

_____; *Interpretare e argomentare*. Milano: Giuffrè, 2011.

_____; Ross sul diritto giurisprudenziale. *Rivista Analisi e diritto* 2002 - 2003, a cura de P. Comanducci e R. Guastini.

HART, Herbert. *O conceito de Direito*. 2ªed., São Paulo: Martins Fontes, 2012.

HASSEMER, Winfried. Sistema jurídico e codificação: a vinculação do juiz à lei. In: KAUFMANN, A.; HASSEMER, W (orgs.). *Introdução à filosofia do direito e à teoria do direito contemporâneas*. Lisboa: Fundação Calouste Gulbenkian, 2002

IVO, Gabriel. *Norma Jurídica - produção e controle*. São Paulo: Noeses, 2006.

KELSEN, Hans. *O que é justiça? A justiça, o direito e política no espelho da ciência*, São Paulo: Martins Fontes, 1997.

_____; *Teoria Pura do Direito*. 8ª ed., São Paulo: Martins Fontes, 2012.

KLIPPEL, Rodrigo. *Ação Rescisória – Teoria e Prática*. Rio de Janeiro: Impetus 2008.

LIMA, Lucas Rister de Souza. Rescisória por violação à literal disposição de lei – aspectos polêmicos e atuais. *Revista de Processo* nº 222, São Paulo: RT, agosto/2013.

LORENZETTI, Ricardo Luis. *Teoria da decisão judicial*. 2ªed., São Paulo: RT, 2010.

MANDRIOLI, Crisanto; CARRATTA, Antonio. *Corso di Diritto Processuale Civile. Nozioni Introduttive e disposizioni generali*. 11ª ed., Torino: G. Giappichelli Editore, 2013, Vols. 1 e 2.

MARINELLI, Vincenzo. Il problema dell'ermeneutica giudiziaria. *Rivista Analisi e diritto* 1998, a cura de P. Comanducci e R. Guastini.

MARINONI, Luiz Guilherme. *Coisa julgada inconstitucional*. 2ª ed., São Paulo: RT, 2010.

_____; *O STJ enquanto corte de precedentes - recompreensão do sistema processual da Corte Suprema*. São Paulo: RT, 2013.

MEDINA, José Miguel Garcia. *Código de Processo Civil Comentado*. São Paulo: Ed. RT, 2011.

MIRANDA, Francisco Cavalcanti Pontes de. *Comentários ao Código de Processo Civil*, Tomo VI (Arts. 476-495). Rio de Janeiro: Forense, 1974.

_____; *Tratado da Ação Rescisória das sentenças e de outras decisões*. 5ª ed., Rio de Janeiro: Forense, 1976.

MITIDIERO, Daniel. *Cortes Superiores e Cortes Supremas - Do Controle à Interpretação, da Jurisprudência ao Precedente*, São Paulo: Ed. RT, 2013.

NEGRÃO, Theotônio. *Código de Processo Civil e Legislação Processual em vigor*. 44ª ed. São Paulo: Saraiva, 2012.

NERY JUNIOR, Nelson. *Princípios do processo na Constituição Federal*. 10ª Ed., São Paulo: Ed. RT, 2010.

_____; Coisa julgada e o estado democrático de direito. *Revista Forense* v. 100, n. 375, set./out. 2004.

NETO, Carlos Romero Lauria Paulo. *A decisão constitucional vinculante*. São Paulo: Método, 2011.

NEVES, Marcelo. *Entre Hércules e Hidra – princípios e regras constitucionais como diferença paradoxal do sistema jurídico*. São Paulo: Martins Fontes, 2013.

OLIVEIRA, Robson Carlos de. Ação rescisória de sentença baseada em lei posteriormente declarada inconstitucional pelo Supremo Tribunal Federal via controle difuso da constitucionalidade: crítica à Súmula 343 do STF. In: NERY JR., Nelson; WAMBIER, Teresa Arruda Alvim (coords.). *Aspectos polêmicos e atuais dos recursos cíveis e assuntos afins*, vol. 9, São Paulo: RT, 2006.

PEREIRA, Rosalina Pinto da Costa Rodrigues. O artigo 485, V, do Código de Processo Civil. *Revista de Processo* n° 86, abr.-jun./1997.

RIZZI, Sérgio. *Ação Rescisória*. São Paulo: RT, 1979.

RUBIN, Fernando. Cabimento restritivo da ação rescisória diante da formação da coisa julgada material - O respeito à histórica Súmula 343 do STF. *Revista Dialética de Direito Processual* n° 143, fev./2015.

SANTOS, Welder Queiroz dos. Ação Rescisória: de Pontes de Miranda ao projeto de Novo CPC. In: DIDIER JR, Fredie; NOGUEIRA, Pedro Henrique Pedrosa; GOUVEIA FILHO, Roberto P. Campos (coords.). *Pontes de Miranda e o Direito Processual*. Salvador: Jus Podium, 2013.

SILVA, Celso de Albuquerque. *Do efeito vinculante: sua legitimação e aplicação*. Rio de Janeiro: Lumen Juris, 2005.

SOUZA, Carlos Aurélio Mota de. *Segurança Jurídica e Jurisprudência - Um enfoque filosófico-jurídico*, São Paulo: Ed. LTr, 1996.

STRUCHINER, Noel. Indeterminação e objetividade. Quando o direito diz o que não queremos ouvir. In: MACEDO JUNIOR, Ronaldo Porto; BARBIERI, Catarina Helena Cortada (coords.). *Direito e interpretação - racionalidades e instituições*. São Paulo: Saraiva, 2011.

TARELLO, Giovanni. *L`interpretazione della legge*. Milano: Giuffrè, 1980.

TARUFFO, Michele. *Il vertice ambíguo. Saggi sulla Cassazione Civile*. Bologna: Il Mulino, 1991.

_____; *O Precedente*. Tradução de Rafael Zanatta. Disponível em http://cadernodeestudosjuridicos.blogspot.com.br. Acesso em 04.03.2015.

_____; *Precedente e giurisprudenza*. Università degli Studi Suor Orsola Benincasa, Ed. Scientifica, 2007.

_____; *Processo civil comparado: Ensaios*. Trad. Daniel Mitidiero. São Paulo: Marcial Pons, 2013

_____; *Sui Confini. Scritti sulla Giustizia Civile*, Bologna: Ed. Mulino, 2002.

WAMBIER, Teresa Arruda Alvim. *Nulidades do Processo e da Sentença*. 4ª ed., São Paulo: RT, 1997.

_____; *Nulidades do Processo e da Sentença*. 7ª ed., São Paulo: RT, 2014.

_____; Sobre a Súmula 343. *Revista de Processo* n° 86, abr./1997.

YARSHELL, Flávio Luiz. *Ação Rescisória – Juízos Rescindente e Rescisório*. São Paulo: Malheiros, 2005.

YOSHIKAWA, Eduardo Henrique de Oliveira. Em defesa da coisa julgada. *Revista Dialética de Direito Processual* n° 29, ago./2005.

ZAGREBELSKY, Gustavo. *Il diritto mite - Legge, diritti, giustizia*. Torino: Ed. Einaudi, 1992.

CAPÍTULO 9

Considerações Sobre o Prazo Rescisório no Novo CPC

Márcio Carvalho Faria[1]

SUMÁRIO • 1. OS DIVERSOS MEIOS IMPUGNATIVOS, O DUPLO GRAU DE JURISDIÇÃO E AS ORIGENS COMUNS DO RECURSO E DA AÇÃO RESCISÓRIA.; 2. A AÇÃO RESCISÓRIA NO PLS 166/10, NO PL 8046/10 E NA LEI FEDERAL 13.105/15, O NOVO CPC: SUAS PRINCIPAIS INOVAÇÕES; 3. CONSIDERAÇÕES SOBRE O PRAZO RESCISÓRIO (ART. 975, NCPC): 3.1. O QUE FOI MANTIDO PELO NCPC; 3.2. O QUE RESTOU MODIFICADO PELO NCPC: APRESENTAÇÕES E CRÍTICAS: 3.2.1. A POSSIBILIDADE DE PRORROGAÇÃO DO DIES AD QUEM RESCISÓRIO; 3.2.2. A MUDANÇA DE CRITÉRIO PARA O INÍCIO DO PRAZO RESCISÓRIO: O RESPEITO À SEGURANÇA JURÍDICA E A ADOÇÃO – PARCIAL – DA JURISPRUDÊNCIA DO STJ COMO PARÂMETRO; 3.2.3. O FIM DO PRAZO ÚNICO RESCISÓRIO: ELOGIOS – QUASE INTEGRAIS – AO LEGISLADOR; 3.2.4. O PRAZO MÁXIMO DE AJUIZAMENTO DA AÇÃO RESCISÓRIA, NAS HIPÓTESES EM QUE O DIES A QUO NÃO COINCIDE COM A DATA DO TRÂNSITO EM JULGADO DA ÚLTIMA DECISÃO DO PROCESSO; 4. CONCLUSÕES; 5. REFERÊNCIAS.

1. OS DIVERSOS MEIOS IMPUGNATIVOS, O DUPLO GRAU DE JURISDIÇÃO E AS ORIGENS COMUNS DO RECURSO E DA AÇÃO RESCISÓRIA.

A ideia de recurso acha-se intrínseca no próprio espírito humano, e surge do inconformismo natural do vencido, até mesmo como uma questão psicológica. O homem, por natureza, não está acostumado a sucumbir, ainda que, em seu interior, saiba que, por vezes, possa estar equivocado. O desejo de uma "segunda chance", a necessidade de uma "segunda opinião" é histórica, atual e própria de todos nós[2-3], e é nesse contexto que se insere o recurso, como um meio apto a atingir tal intento.

Do latim *recurrere*, que significa voltar atrás, retroagir, de curso ao contrário, a palavra tem vários sentidos, sendo utilizada também em searas não jurídicas[4]. Para *Luigi Paolo Comoglio*[5], o recurso dirige-se à "eliminação do provimento in-

---

1. Doutor e Mestre em Direito Processual (UERJ). Professor Adjunto de Direito Processual Civil (UFJF). Presidente do Instituto dos Advogados de Minas Gerais, seção Juiz de Fora (IAMG/JF). Advogado. www.twitter.com/marciocfaria // www.facebook.com/marciocfaria // marciocfaria@gmail.com
2. "(...) o ser humano não quer e não gosta de *perder*: vencido, talvez; *jamais convencido* (...)" (MANCUSO, Rodolfo de Camargo. *Recurso extraordinário e recurso especial*. 10. ed. São Paulo: RT, 2007, p. 21; destaques acrescentados).
3. "Toda resolución puede ser injusta, y casi siempre la tendrá por tal la parte vencida. Por eso, los recursos están al servicio de los legítimos deseos de las partes de sustituir la resolución que les es desfavorable por otra más favorable" (ROSENBERG, Leo. *Tratado de derecho procesual civil*, t. II, p. 352, *apud* MEDINA, José Miguel Garcia. *O prequestionamento nos recursos extraordinário e especial*. 3. ed. São Paulo: RT, 2002, p. 28).
4. *Verbi gratia*: recursos humanos, recursos naturais renováveis, recursos financeiros, etc.
5. COMOGLIO, Luigi; FERRI, Corrado; TARUFFO, Michele. *Lezioni sul processo civile*. v. I: Il processo ordinario di cognizione. 5. ed. Bologna: Il Mulino, 2011, p. 639.

válido, injusto ou sem conformidade à lei, ou também é destinado a substituí-lo por outro provimento, em sequência ao reexame de toda matéria substancial controversa". O recurso está intimamente ligado ao princípio do duplo grau de jurisdição[6-7], o qual, apesar de majoritariamente consagrado, não é reconhecido de modo expresso pela ordem jurídica nacional. Não se trata, desse modo, de um princípio constitucional explícito como, por exemplo, a legalidade (art. 5°, II, CF/88) ou a duração razoável dos processos (art. 5°, LXXVIII, CF/88), mas decorre da estrutura judiciária traçada pelo próprio Constituinte. Assim não fosse, qual a razão da criação de tantos tribunais (estaduais, distrital, federais e superiores)?[8-9] No mesmo diapasão, a própria CF/88 estabelece, como exemplos de recursos, o extraordinário (art. 102, III), o ordinário (arts. 102, II e 105, II) e o especial (art. 105,

---

6. Seria adequada a locução "duplo grau de jurisdição"? Tecnicamente, ela parece equivocada, já que a jurisdição é uma das projeções do poder soberano do Estado e, assim, não se tolera a existência da várias jurisdições, o que teria como consequência admitir uma pluralidade de soberanias. O duplo grau de jurisdição deve ser entendido como a possibilidade de reexame das demandas pelo órgão competente, que tem a medida da jurisdição e não outra jurisdição. Apesar disso, por se tratar de um termo usualmente consagrado, também aqui dele se valerá.

7. Para *Sérgio Bermudes*, haveria uma distinção entre o princípio do duplo grau de jurisdição com o do *duplo exame*; neste, a revisão da decisão vergastada se daria pelo mesmo órgão recorrido, vez que a autoridade para o julgamento se dava nas mãos de uma única pessoa ou grupo dominante; naquele, a revisão ocorreria por órgãos hierarquicamente superiores àquele que proferiu a decisão. (BERMUDES, Sérgio. *Introdução ao Processo Civil*. 4.ed. Rio de Janeiro: Forense, 2006, p. 160).

8. *Cândido Rangel Dinamarco* o vislumbra, em razão do "completo silêncio constitucional quanto a uma suposta garantia do duplo grau de jurisdição", como um *"conselho* (a) ao legislador, no sentido de que evite confinar causas a um nível só, sem a possibilidade de um recurso amplo e (b) ao juiz, para que, em casos duvidosos, opte pela solução mais liberal, inclinando-se a afirmar a admissibilidade do recurso" (DINAMARCO, Cândido Rangel. O efeito devolutivo da apelação e de outros recursos, in *A nova era do processo civil*. 2.ed. São Paulo: Malheiros, 2007, p. 169). O mesmo Dinamarco faz menção, ainda, aos dizeres de Orestes Nestor de Souza Laspro, para quem o sistema do duplo grau é aquele "em que, para cada demanda, existe a possibilidade de duas decisões válidas e completas no mesmo processo, emanadas por juízes diferentes, prevalecendo sempre a segunda em relação à primeira". (LASPRO, Orestes Nestor de Souza. *Duplo grau de jurisdição no direito processual civil*. São Paulo: RT, 1995, p. 19, apud DINAMARCO, Cândido Rangel. O efeito devolutivo..., ob. cit., p. 167-168). Tecendo seus comentários acerca, Dinamarco assevera que [Laspro] "enfoca o aspecto positivo e o negativo desse princípio, para dizer que, pelo positivo, ele contém a inexorável exigência de oferta de ao menos um recurso contra sentenças desfavoráveis de primeira instância, não sendo esse recurso condicionado senão ao requisito da própria sucumbência".

9. "Pergunto: por que a Constituição elenca um Poder Judiciário com tantos tribunais? Por que nós os temos? *Esse princípio não está inscrito, por certo, mas não é possível ignorá-lo como constitucional*. É por isso que o temos. *Para chegar à revisão do Segundo Grau, foram necessários dois mil anos de batalhas, combates, etc. E este Segundo Grau é consagrado na Constituição quando determina no art. 92*: São órgãos do Poder Judiciário: I – o Supremo Tribunal Federal; II – o Superior Tribunal de Justiça; III – os Tribunais Regionais Federais e Juízes Federais; IV – os Tribunais e Juízes do Trabalho; V – os Tribunais e Juízes Eleitorais; VI – os Tribunais e Juízes Militares; VII – os Tribunais e Juízes dos Estados e do Distrito Federal e Territórios. *Havendo Segundo Grau haverá julgamento coletivo revisional, essa é a lei do processo. Por que a garantia à advocacia tem sido, no caso, desprezada, se o advogado é imprescindível? E isso é letra da Constituição*" (Ministro Francisco Peçanha Martins, AgRg na Pet 1840/MG, STJ, Corte Especial, j. 18/09/02, DJ 19/05/2003, pg. 00106, extraído de www.stj.jus.br, acesso em 19 jun 2012; destaques acrescentados).

III)¹⁰. Ademais, mister esclarecer que parece impossível se falar em um *processo devido* sem que este contemple a figura recursal.

É bem verdade, porém, que tal princípio pode ser mitigado, sendo assegurada à lei ordinária federal (art. 22, I, CF/88) a possibilidade de instituir, validamente, a irrecorribilidade de alguns pronunciamentos judiciais (v.g., arts. 504; 519, parágrafo único; 527, parágrafo único; art. 543-A, *caput*, todos do CPC/73¹¹), ao contrário do que ocorria, por exemplo, no Brasil, sob a égide da Constituição de 1824¹².

A despeito de críticas¹³⁻¹⁴, a relevância do duplo grau de jurisdição é reconhecida, podendo ser considerada, nas palavras de *Nelson Nery Júnior*¹⁵, "garantia

---

10. Para *Luiz Guilherme Marinoni* e *Sérgio Cruz Arenhart*, a consignação de tais recursos não seria justificativa para a existência de tal princípio, vez que a CF/88 não assegura a sua interposição em *todas* as demandas, trazendo vários requisitos e exigências para o seu cabimento: "(...) Ora, se fosse intenção do legislador constitucional – ao prever os recursos aos tribunais superiores – garantir o direito ao recurso de apelação, *não teria ele aberto a possibilidade da interposição de recurso extraordinário (que só é admissível para fins limitados, não consistindo meio de impugnação da 'justiça' das decisões), contra decisão de primeiro grau de jurisdição. Na realidade, quando a Constituição garantiu o recurso extraordinário contra decisão de primeiro grau, afirmou que o direito ao duplo grau não é imprescindível ao devido processo legal. Portanto, não há razão para estar presente, na Lei dos Juizados Especiais, um duplo juízo sobre o mérito, como está previsto atualmente*". (MARINONI, Luiz Guilherme; ARENHART, Sergio Cruz. Manual do processo de conhecimento. 5.ed. São Paulo: RT, 2006, p. 512; destaques acrescentados)
11. Dispositivos esses que corresponderão, no NCPC, aos arts. 1001 (atual 504, CPC/73); 1007, § 6º (atual 519, parágrafo único, CPC/73); e 1035, *caput* (atual art. 543-A, *caput*, CPC/73). Felizmente, o NCPC abandonou a irrecorribilidade atualmente existente no art. 527, parágrafo único, CPC/73, havendo menção à recorribilidade geral das decisões monocráticas de relatores, via agravo interno, no art. 1021, NCPC.
12. Vide art. 158 da CF/1824.
13. Em que sua consagração quase universal, há relevantes vozes contrárias ao princípio em comento, como ressaltaram *Marinoni* e *Arenhart*. (MARINONI, Luiz Guilherme; ARENHART, Sergio Cruz. Manual do processo de conhecimento..., ob. cit., p. 507-515), inclusive citando preciosa doutrina italiana. Ad exemplum, cite-se (i) a desvalorização dos juízes de primeiro grau, "com a consequente glorificação dos juízos recursais"; (ii) a perda (ou diminuição) da oralidade nos juízos recursais, em comparação com os originários; (iii) a demora na prestação jurisdicional decorrente dos procedimentos recursais, o que afetaria o direito à rápida, "adequada e tempestiva tutela jurisdicional"; (iv) a desnecessidade de recursos para fiscalizar os juízes, na medida em que existem as corregedorias dos tribunais para tais fins.
14. *Laércio Becker*, citado pelo *Leonardo Greco*, também enumera vários argumentos contrários ao duplo grau de jurisdição: "(...)1) os tribunais superiores seriam uma aristocracia judiciária; 2) o tribunal superior pode não acolher recurso de sentença mal proferida; 3) o tribunal superior pode reformar para pior uma sentença bem proferida; 4) o tribunal superior pode inutilmente confirmar a sentença de primeiro grau; 5) mesmo reformando para melhor, o provimento do recurso compromete o prestígio e a credibilidade do Judiciário; 6) o recurso retarda e encarece a solução do litígio; 7) o juiz de primeiro grau tem uma visão mais viva do litígio e dos litigantes do que o de grau superior; 8) se os juízes fossem escolhidos pelas partes, como no juízo arbitral, o recurso seria desnecessário; 9) do ponto de vista lógico, o recurso seria uma superfluidade porque o juiz, com a sentença, cumpriu o dever do Estado e esgotou a função jurisdicional (...). [BECKER, Laércio. Duplo grau: a retórica de um dogma, *in* MARINONI, Luiz Guilherme (coord.). *Estudos de Direito Processual Civil – homenagem ao Professor Egas Dirceu Moniz de Aragão*. São Paulo: Revista dos Tribunais, 2005, pp.142-151, apud GRECO, Leonardo. Princípios de uma teoria geral dos recursos, *in Revista Eletrônica de Direito Processual*, v. 5. Disponível em www.redp.com.br, acesso em 30 jul.2014].
15. NERY JÚNIOR, Nelson. *Teoria geral dos recursos cíveis*. 7. ed. 2. tiragem. São Paulo: RT, 2014, p. 60.

fundamental de boa justiça", pois, *a um*, em razão da falibilidade natural do ser humano, não seria inteligente pretender-se excluir dessa histórica regra os juízes; *a dois*, porque o recurso é o maior fiscal do juiz, na medida em que, sem o controle proporcionado por ele, poderia o magistrado tornar-se despótico e autoritário[16]; *a três*, porque a revisão obtida com o conhecimento do recurso faz com que, em tese, o direito seja melhor apurado, porquanto, em regra, as decisões dos tribunais tendem a ser mais acertadas que as anteriores, seja pela colegialidade inerente aos recursos[17], seja pela maior experiência de seus julgadores componentes (função pedagógica recursal); e, *a quatro*, pela inegável segurança jurídica ocasionada pelos recursos, tanto sob a ótica de que as decisões incorretas podem vir a ser modificadas, como pelo prisma de que, salvo exceções, os pronunciamentos de instâncias superiores contêm carga maior de legitimação política, social e jurídica[18-19].

---

16. Muito embora tal justificativa encontre críticas, como se observa dos argumentos de *Giuseppe Chiovenda*, o qual considera que o recurso não deve servir como uma "reclamação contra o juiz inferior", mas um meio "de passar de um a outro o exame da causa". (CHIOVENDA, Giuseppe. *Instituições de direito processual civil*, v.2 Trad. Paolo Capitanio. Campinas: Bookseller, 1998, p. 121).

17. Mas que tem sido abrandada, com sensível frequência, com os julgamentos monocráticos dos relatores, na forma do art. 557, CPC, principalmente a partir da entrada em vigor da lei 9.756/98. Sobre a importância da colegialidade nos julgamentos, consulte: COHENDET, Marie-Anne. La collégialité des juridictions: um prínpe en voie de disparition?, in *Revue française de droit constitutionnel*, n° 68. Paris: PUF, out/2006, p. 713-736.

18. Nesse sentido, MEDINA, José Miguel Garcia. *O prequestionamento...*, ob. cit., p. 28-29: "(...) Se é certo que esse inconformismo com os pronunciamentos de uma única instância é um dos fundamentos para a existência dos recursos, é certo também que não é o único. Sentimentos não circunscritos ao litigante perdedor também determinaram o surgimento e a manutenção dos recursos. Antes da concepção de coletividade, a luta para a reforma de uma decisão pertencia unicamente ao litigante perdedor. Com o tempo, formou-se, perante a sociedade, um interesse em se controlarem melhor as decisões judiciais, através de determinados remédios, direcionados a um órgão superior, supostamente mais experiente, visando à nova análise da decisão sobre a qual paira o inconformismo. A sociedade, assim, se defendeu porque visava a alcançar plena segurança em suas relações jurídicas, o que não ocorreria se ficasse a solução do litígio subordinada à vontade de um único julgador. Daí se poder dizer que, num certo momento evolutivo, o Estado passou a apoiar esse sentimento, ínsito ao litigante sucumbente, porque o exame da decisão por um órgão colegiado superior forneceria maior segurança ao acerto da decisão, aumentando a confiança do povo na jurisdição estatal. Por isso, considerando que a atividade jurisdicional aspira a um resultado idealmente perfeito, os recursos seriam *meios de controle*, já que o Estado não pode garantir que os juízes sejam infalíveis (...)".

19. Acerca da importância e alcance desse princípio, ressaltou *Nelson Nery Júnior*: "Nesse passo é importante salientar que é exigência do *due process of law*, como consequência, a existência do princípio do duplo grau de jurisdição. A exigência não pode ser considerada desmedida, sem freios a tornar o processo mais efetivo, pois não tem o litigante o direito de retardar-lhe o curso com a interposição de apelação de toda e qualquer decisão de primeiro grau, desprestigiando a eficácia da justiça em detrimento da paz social, escopo primeiro da atividade jurisdicional. Mas qual vem a ser o alcance dessa locução 'duplo grau de jurisdição'? O que, exatamente, significa? Consiste em estabelecer a possibilidade de a sentença definitiva ser reapreciada por órgão de jurisdição, normalmente de hierarquia superior à daquele que a proferiu, o que se faz de ordinário pela interposição do recurso. Não é necessário que o segundo julgamento serja conferido a órgão diverso ou categoria hierárquica superior à daquele que realizou o primeiro exame. (NERY JÚNIOR, Nery. *Teoria geral dos recursos*. 7.ed...., ob. cit., p. 63).

Visa, como se sabe, a corrigir os *errores in procedendo* e/ou *in judicando* de uma decisão judicial. Assim, falar-se-á em *error in procedendo* (também denominado vício de atividade ou de procedimento) quando alguma exigência formal não foi atendida pelo julgador, seja no bojo da própria decisão vergastada (= vício *intrínseco*, como, v.g., a falta de motivação na sentença), seja durante o *iter* percorrido até a sua prolação (= vício *extrínseco*, como, v.g., a não observância da garantia constitucional do contraditório após a produção de uma prova pericial). Nesses casos, o julgador tem sua decisão *contaminada* por um vício que, por comandos de política legislativa ou constitucional deveriam ter sido observadas, mas não o foram, total ou parcialmente. O *error in judicando*, por seu turno, refere-se ao erro de julgamento, e está vinculado à (in)existência de uma injustiça na decisão. Aqui, o julgador *a quo* teria incorrido em um vício de juízo, quer porque analisou mal as provas e os fatos da causa, quer porque não sopesou, de forma precisa, as regras de direito material atinentes à demanda[20].

Tais equívocos poderiam (=deveriam) ter sido corrigidos através dos mais diversos recursos presentes no ordenamento, porquanto são, inegavelmente, no mais das vezes, as ferramentas mais úteis e menos custosas nesse mister. Ocorre, contudo, que há situações nas quais tal instrumento impugnativo não pode mais ser utilizado, seja porque, por exemplo, i) o recurso não foi corretamente manejado, o que acarretou a sua inadmissibilidade; ii) o interessado deixou, por desídia, transcorrer *in albis* o prazo recursal; ou, ainda, iii) o vício da decisão judicial só foi conhecido após a ocorrência do trânsito em julgado, pelo que o ordenamento deveria dispor, como dispõe, de algum outro meio que pudesse *reavivar* a discussão. Esse, como se sabe, é a ação rescisória, a qual, segundo *José Carlos Barbosa Moreira*[21], é a "ação por meio da qual se pode a desconsideração da sentença trânsita em julgado, com eventual rejulgamento, a seguir, da matéria nela julgada".

Tem-se aí a principal diferença entre os recursos *stricto sensu* e a ação rescisória. Enquanto aqueles são reconhecidos, pela doutrina amplamente majoritária, como uma extensão do exercício do direito de ação (tendo em vista que não inauguram relação jurídica nova, apenas levando, a um grau superior de jurisdição[22],

---

20. JORGE, Flavio Cheim. *Teoria geral dos recursos cíveis*. 3. ed. São Paulo: RT, 2007, p. 65: "(...) haverá erro de juízo quando o juiz avaliar mal o fato (equívoca valoração do fato), quando aplicar erroneamente o direito (equívoco na incidência da norma sobre o fato), ou, ainda, quando interpretar equivocadamente a norma abstrata. Por outro lado, existirá erro *in procedendo* (ou vícios de atividade), quando (...) não existir observância (ou mesmo descumprimento) às normas que regulamentam a forma e a modalidade do ofício prestado pelo juiz".
21. MOREIRA, José Carlos Barbosa. *Comentários ao CPC*, vol. V. 15.ed. Rio de Janeiro: Forense, 2009, p. 100.
22. Salvo nos casos de recursos "horizontais", como os embargos de declaração (arts. 535 a 538, CPC/73), e, para alguns, os embargos infringentes (arts. 530 a 534, CPC/73), nos quais o juízo de mérito recursal é

a matéria anteriormente examinada pelo Judiciário[23]), esta, a ação rescisória, afigura-se como uma ação autônoma de impugnação, porquanto distinta daquela na qual foi proferida a decisão objurgada. De mesmo modo, descreve-a *Pontes de Miranda*[24]:

> a ação rescisória, julgamento de julgamento como tal, não se passa *dentro* do processo em que se proferiu a decisão rescindenda. Nasce *fora*, em plano pré-processual, desenvolve-se em torno da decisão rescindenda, e, somente ao desconstituí-la, cortá-la, re-*scindi*-la, é que *abre*, no extremo da relação jurídica processual examinada, se se trata de decisão terminativa do feito, com julgamento, ou não, do mérito, ou desde algum momento dela, ou no seu próprio começo (e.g., vício da citação, art. 485, II e V) a relação jurídica processual. Abrindo-a, o juízo rescindente penetra no processo em que se proferiu a decisão rescindida e instaura o *iudicium rescissorium*, que é nova cognição do mérito. Pode ser, porém, que a *abra*, sem ter de instaurar esse novo juízo, *ou* porque nada reste do processo, *ou* porque não seja o caso de se pronunciar sobre o mérito. A duplicidade de juízo não se dá sempre; a abertura na relação jurídica processual pode não levar à tratação do mérito da causa: às vezes, é limitada ao julgamento de algum recurso sobre *quaestio iuris*; outras, destruidora de toda relação jurídica processual (...).

Segundo *Corrado Ferri*[25], vislumbra-se na ação rescisória uma árdua opção política entre a existência de uma decisão justa e o princípio fundamental da certeza do julgado:

---

exercido por órgão hierarquicamente idêntico (ou até pelo mesmo julgador) àquele que proferiu a decisão recorrida. Vale mencionar que, com o NCPC, os embargos de declaração restarão regulados nos arts. 1022 a 1026, e os embargos infringentes, por seu turno, acabaram por ser excluídos, dando lugar, todavia, a uma espécie de "rejulgamento de ofício", toda vez que o resultado do julgamento da apelação, do agravo de instrumento que reforme decisão meritória ou da ação rescisória com juízo rescidente procedente se der por maioria (art. 942, *caput*, e § 3º, NCPC).

23. Antes de demonstrar sua posição, *Nelson Nery Júnior* disserta minuciosamente sobre a corrente oposta (defendida, entre outros, por Mortara, Betti, Guasp, Gilles e Del Pozzo), a qual considera o recurso como uma ação constitutiva autônoma, para, posteriormente, concluir que o "pensamento dominante (neste trabalho também seguido por nós), tanto na doutrina brasileira, como na alemã e na italiana, é o que aqui vimos analisando: o recurso é uma continuação, em regra no juízo hierarquicamente superior, do procedimento de primeiro grau, se consubstanciando como uma modalidade, em continuação, do exercício do direito de ação". (NERY JÚNIOR, Nelson. *Teoria Geral...*, ob. cit., p. 208-223).

24. MIRANDA, Francisco Cavalcanti Pontes de. *Tratado da ação rescisória, das sentenças e de outras decisões*. 5. ed. Rio de Janeiro: Forense, 1976, p. 67-68.

25. FERRI, Corrado. La revocacione e l'opposizione di terzo, in COMOGLIO, Luigi; FERRI, Corrado; Michele, TARUFFO. *Lezioni sul processo civile: v. I. Il processo ordinário di cognizione*. 5. ed. Bologna: Il Mulino, 2011, p. 735-750, especialmente p. 739.

> Concludendo, la valutazione del legislatore relativa ai motivi di impugnazione ha oscillato tra le esigenze di soddisfare le certezze proprie del giudicato e dunque quelle di porre fine alla controversia regolando in via definitiva il rapporto sostanziale oggetto di causa, e quelle di impedire il tornarsi inattaccabile di una decisione viziata e pertano ingiusta.

Trata-se, destarte, pelo menos no que se refere ao juízo rescindente[26], de ação de cunho constitutivo, de natureza negativa (=desconstitutiva), na medida em que, se procedente, servirá para fazer cair por terra a coisa julgada material (e as situações jurídicas dela decorrentes), numa espécie de juízo de anulação[27].

Seu objeto – os pronunciamentos judiciais *rescindíveis* – equiparam-se, segundo lição de *Teresa Arruda Alvim Wambier*[28], aos atos *anuláveis*, vez que, em regra, salvo na hipótese de ausência ou vício de citação do demandado (art. 475-L, § 1º, e 741, I, CPC) passado o prazo bienal de seu ajuizamento, os vícios se tornam imutáveis, fazendo-se presente a *coisa soberanamente julgada*.

Apesar disso, continua *Teresa Wambier*, "nem sempre nulas são as sentenças rescindíveis"[29], pelo que não é possível estabelecer uma relação perfeita entre sentença nula – ato rescindível, porquanto é cabível que uma sentença *a priori* adequada e correta seja rescindível (v.g., quando da obtenção de um documento novo, na forma do inciso VII, art. 485, CPC/73[30]) e, por outro lado, é possível que um ato judicial transitado em julgado manifestamente impreciso (v.g., uma sentença proferida por juiz absolutamente incompetente) reste imutável pelo transcurso *in albis* do prazo bienal de ajuizamento da ação rescisória (art. 495, CPC/73[31]).

A origem da ação rescisória repousa, segundo *Bernardo Pimentel Souza*[32], "no direito romano e no direito canônico, especialmente nos institutos da *querela*

---

26. Sobre o tema, veja: YARSHELL, Flávio Luiz. *Ação rescisória: juízos rescindente e rescisório*. São Paulo: Malheiros, 2005.
27. Não por outro motivo, aliás, *José Carlos Barbosa* Moreira parece equiparar, *mutatis mutandis*, a ação rescisória a uma ação anulatória, na qual o ato anulável é, obviamente, a decisão judicial transitada em julgado (MOREIRA, José Carlos Barbosa. *Comentários...*, ob. cit., p. 108-109).
28. WAMBIER, Teresa Arruda Alvim. *Recurso especial, recurso extraordinário e ação rescisória*. 2.ed. São Paulo: RT, 2009, p. 480.
29. Idem, ibidem.
30. Dispositivo equivalente ao *futuro* art. 966, VII, NCPC: "A decisão de mérito, transitada em julgado, pode ser rescindida quando: (...) VII – obtiver o autor, posteriormente ao trânsito em julgado, prova nova cuja existência ignorava ou de que não pôde fazer uso, capaz, por si só, de lhe assegurar pronunciamento favorável (...)".
31. Embora as primeiras versões dos projetos de Novo CPC tivessem trazido o prazo anual para o ajuizamento da ação rescisória, na versão definitiva restou mantido o prazo bienal (art. 975, *caput*, NCPC).
32. SOUZA, Bernardo Pimentel. *Introdução aos recursos cíveis e à ação rescisória*. 7.ed. São Paulo: Saraiva, 2010, p. 805.

nullitatis e da *restituo in integrum*[33,34,35]", mesma posição defendida por *Alexandre Freitas Câmara*[36], algo que, de certo modo, é confirmado pela pesquisa história desenvolvida por *Leonardo Greco*[37], na qual o Professor Titular da Universidade Federal do Rio de Janeiro demonstra que os meios de inconformismo dos dias de hoje são, em grande parte, fruto de uma evolução lenta e natural do direito romano, destacando-se, *ad exemplum*, a *apellatio* (criada pelo Imperador Otávio Augusto, por volta do ano 30 antes de Cristo, e que se constituía em uma impugnação imediata apta a promover um novo julgamento da causa tendo, inclusive, algo assemelhado a um efeito suspensivo) e a *supplicatio* (instrumento que permitia ao recorrente obter, por meio de um pedido ao Imperador, um novo julgamento, o qual era realizado, normalmente, pelo mesmo juízo suplicado, e que foi um antecedente da cassação.

Especificamente no Brasil, *Sérgio Gilberto Porto*[38] afirma que sua origem pode ser encontrada na lei que criou o Supremo Tribunal de Justiça, de 18 de setembro de 1828, porquanto fazia menção a uma *ação de nulidade de sentença*, um claro antecedente da atual ação rescisória.

Posteriormente, com a edição do Regulamento 737, de 25 de novembro de 1850, (embora limitando o seu cabimento às causas comerciais, restrição que só deixou de existir quase quarenta anos depois, com o Decreto 763, de 19 de setembro de 1890), a ação rescisória ganhou força, havendo, inclusive, no art. 680, algumas hipóteses de cabimento que até hoje, *mutatis mutandis*, são adotadas[39].

---

33. Para José Rogério Cruz e Tucci e Luiz Carlos de Azevedo, a *restitutio in integrum* poderia ser conceituada como um meio extraordinário que, "por ensejar a reposição das partes em sua situação anterior, tinha por escopo o desfazimento da lesão resultante da estrita aplicação das normas do direito civil romano. (TUCCI, José Rogério Cruz e; AZEVEDO, Luiz Carlos de. *Lições de História do Processo Civil Romano*. São Paulo: RT, 1996, p. 119.)
34. Tratava-se, segundo *Eduardo Talamini*, de verdadeira ação desconstitutiva de estado ou de decisão anterior sob o fundamento da falta de equidade, entendida, essa, como a concordância com as normas positivadas. (TALAMINI, Eduardo. *Coisa Julgada e sua Revisão*. São Paulo: RT, 2005, p. 213).
35. No mesmo sentido, também vislumbrando semelhanças entre a *restituto in integrum* e a ação rescisória, *Vittorio Scialoja*: "(...) Las acciones concedidas en virtud de la in integrum restitutio, se suele llamar en las escuelas iudicium rescindens, que no es sino la extraordinária cognitio, que llega al pronunciamento del pretor, y es um proceso sui generis. Em cambio, la actio rescissoria es la verdadera acción cuando se há obtenido la in integrum restitutio (...)." (SCIALOJA, Vittorio. *Procedimiento Civil Romano*. Buenos Aires: EJEA, 1954, p. 351)
36. CÂMARA, Alexandre Freitas. *A ação rescisória*. Rio de Janeiro: Lumen Juris, 2007, p. 5-6: "(...) Tem-se dito, com inteira razão, que no Brasil a *querella nulitatis insanabilis* e a *restituo in integrum* fundiram-se em um só instituto, a ação rescisória".
37. GRECO, Leonardo. A falência do sistema de recursos, *in Estudos de Direito Processual*. Campos dos Goytacazes: Faculdade de Direito de Campos, 2005, p. 287-316.
38. PORTO, Sergio Gilberto. *Ação rescisória atípica: instrumento de defesa da ordem jurídica*. São Paulo: RT, 2009, p. 14.
39. Regulamento 737/1850: "(...) CAPITULO II: DA NULLIDADE DA SENTENÇA. Art. 680. A sentença é nulla: § 1.° Sendo dada por Juiz incompetente, suspeito, peitado ou subornado. § 2.° Sendo proferida contra a expressa

Com a Constituição de 1891 e a possibilidade de autonomia processual dos Estados, alguns optaram por manter a disciplina então vigente (v.g., Alagoas e Mato Grosso), ao passo que outros, como o Rio Grande do Sul, adotaram legislação própria (a lei gaúcha continha, na Parte Terceira, Título III, arts. 1054 a 1057, a regulação da ação rescisória)[40].

O Código de Processo Civil de 1939 (Decreto-lei 1.608, de 18 de setembro de 1939, em vigor de 1º de janeiro de 1940 a 1º de janeiro de 1974, data da vigência do CPC/73), por sua vez, tratava do tema nos artigos 798 a 801, e trazia interessante previsão de que "a injustiça da sentença e a má apreciação da prova ou errônea interpretação do contrato não autorizam o exercício da ação rescisória" (art. 800, *caput*, CPC/39), norma essa que, embora não repetida expressamente no texto atual, é repetida incessantemente pela jurisprudência[41].

De se ver, ainda acerca do CPC/39, que o art. 798, I, entendia que era *nula* a sentença proferida contra literal disposição de lei, e que o prazo para ajuizamento da demanda era de 5 (cinco) anos, conforme art. 801.

Por seu turno, o Código *Buzaid*, embora mantendo a ação rescisória, implementou mudanças relevantes, dentre as quais podem ser citadas a limitação do

---

disposição da legislação commercial (art. 2º). A illegalidade da decisão e não dos motivos e enunciado della constitue esta nullidade. § 3.º Sendo fundada em instrumentos ou depoimentos julgados falsos em Juizo competente. § 4.º Sendo o processo em que ella foi proferida annullado em razão das nullidades referidas no capitulo antecedente. Art. 681. A sentença póde ser annullada: (...) § 4º Por meio da acção rescisoria, não sendo a sentença proferida em grau de revista (...)".

40. *Sérgio Gilberto Porto* menciona, ainda, que o art. 504, "b", do Código Processual Gaúcho trazia a hipótese de ação rescisória contra decisão proferida "contra expressa disposição de lei", hipótese que muito se assemelha à atualmente contida no inciso V, art. 485, CPC. (PORTO, Sérgio Gilberto. *Ação rescisória atípica...*, ob. cit., p. 18).

41. Veja-se, *ad exemplum*: EMBARGOS INFRINGENTES. AÇÃO RESCISÓRIA. (...) VIOLAÇÃO DE LITERAL DISPOSIÇÃO DE LEI. (...) VIOLAÇÃO DE DISPOSIÇÃO DE LEI. INEXISTÊNCIA. SÚMULA 343/STF. REVISÃO DE FATOS. PRETENSÃO DE REEXAME DE. PROVA. IMPOSSIBILIDADE. 1. A violação da lei que autoriza a ação rescisória é aquela que consubstancia desprezo pelo sistema de normas no julgado rescindendo. Inviável o debate sobre a justiça e o acerto da decisão com a pretensão de dar à ação rescisória natureza de recurso não previsto no ordenamento jurídico nacional. 2. A jurisprudência desta Corte já assentou que "para que a ação rescisória fundada no art. 485, V, do CPC, prospere, é necessário que a interpretação dada pelo decisum rescindendo seja de tal modo aberrante que viole o dispositivo legal em sua literalidade. Se, ao contrário, o acórdão rescindendo elege uma dentre as interpretações cabíveis, ainda que não seja a melhor, a ação rescisória não merece prosperar, sob pena de tornar-se recurso com prazo de interposição de dois anos" (REsp 9086/SP, Rel. Min. Adhemar Maciel, Sexta Turma, DJ 5.8.1996). 3. Incidência da Súmula 343 do STF: 'Não cabe ação rescisória por ofensa a literal disposição de lei, quando a decisão rescindenda se tiver baseado em texto legal de interpretação controvertida nos tribunais". (...) Embargos Infringentes providos, para julgar improcedente a ação rescisória (...)". (STJ, EAR 3.971/GO, Rel. Ministro Humberto Martins, 1ª Seção, j. 22/06/2011, DJe 20/09/2011). No mesmo sentido: AgRg no REsp 1.271.229/RS, 2ª T., Rel. Min. Humberto Martins, j. 22/11/11, DJe 25/11/11; AgRg na AR 4.530/DF, Rel. Min. Luiz Fux, 1ª Seção, j. 13/10/10, DJe 26/10/10; EAR 3.971/GO, Rel. Min. Humberto Martins, 1ª Seção, j. 22/6/11, DJe 20/9/11; REsp 1.233.267/RS, Rel. Min. Mauro Campbell Marques, 2ª T., j. 5/4/11, DJe 13/4/11; AgRg na AR 3.916/RS, Rel. Min. Hamilton Carvalhido, 1ª Seção, j. 14/3/11, DJe 29/3/11.

cabimento contra decisões de *mérito* (*caput*, art. 485, CPC/73), a redução do prazo para dois anos (art. 495, CPC/73) e o condicionamento do depósito de 5% (cinco por cento) do valor atualizado da causa para o ajuizamento da demanda (art. 488, II, CPC/73).

Posteriormente, as leis 11.280/06 e 11.382/06 alteraram, respectivamente, o art. 489, CPC/73 (para admitir, expressamente, a concessão de tutela de urgência em sede rescisória) e o art. 493, inciso I, CPC/73 (a fim de retificar o texto legal, adequando-o à CF/88, que extinguiu o antigo Tribunal Federal de Recursos e criou o Superior Tribunal de Justiça).

Num breve apanhado de direito comparado, *Ronaldo Cramer*[42] demonstra que, na Itália, embora não haja distinção entre recursos e ações autônomas de impugnação, o meio para a revisão da coisa julgada é a *revocazione*, prevista nos art. 323 c/c art. 395, do CPC italiano.

Na Alemanha, "o instituto semelhante à nossa rescisória é o *Wiederaufnahme des Verfahrens*, que pode ser traduzido livremente como *revisão de procedimento*"[43], o qual, para *Ronaldo Cramer*, tem natureza de remédio impugnativo autônomo, regulado em tópico em separado dos recursos pelo *Zivilprozessordnung* (ZPO), posição essa com a qual não compactua *Sérgio Gilberto Porto*[44], para quem "a revisão da coisa julgada, hoje, na Alemanha, não descansa em águas calmas", na medida em que "parte dos processualistas entende que se trata de típica ação, enquanto outros julgam ser recurso e, ainda, alguns sustentam o caráter híbrido da medida". Lá, como cá, é possível a cumulação de juízos rescindente e rescisório, como se lê do § 590 e, conforme a necessidade do interessado, o *Wiederaufnahme* se divide em duas espécies de ações: o *Nichtigkeitsklage* (ação de anulação, previsto no ZPO § 579) e o *Restitutionsklage* (ação de restituição, regulado pelo ZPO § 580)[45].

Segundo *Alexandre Freitas Câmara*[46], arrimado em *Juan Monteiro Aroca*, depois da gigantesca formulação empreendida em 2000 pela nova *Ley de Enjuiciamiento Civil* (mas que entrou em vigor em 2001), o direito espanhol trata a *revisión*, seu meio de impugnação da coisa julgada, como demanda autônoma, como se retira do art. 510, LEC. Por outro lado, *Sérgio Gilberto Porto*, amparado na lição de *Jaime Guasp*, entende que "vige, na Espanha, no que diz respeito à forma de invalidar sentença, sistema misto, ora sendo admitido recurso, ora ação autônoma".

---

42. CRAMER, Ronaldo. *Ação rescisória por violação da norma jurídica*. Salvador: Juspodivm, 2012, p. 127-132.
43. Idem, ibidem, p. 129.
44. PORTO, Sérgio Gilberto. *Ação rescisória atípica...*, ob. cit., p. 25.
45. CRAMER, Ronaldo. *Ação rescisória por violação...*, ob. cit., p. 130.
46. CÂMARA, Alexandre Freitas. *Ação rescisória...* ob. cit., p. 20-22.

Em Portugal, há a previsão do *recurso de revisão* como instrumento apto a impugnar a coisa julgada. Como o nome revela, tem natureza recursal, sendo tratado, pelo CPC português de 2013 (art. 627º, item 2), como um recurso extraordinário, até mesmo por força do que determina a própria legislação[47]. Assim como aqui, o pedido de revisão não detém a exequibilidade a decisão rescindenda, sendo admitido, todavia, que se ordene ao exequente a necessidade de prestação de caução para ser pago (art. 702º, CPC Portugal/2013). Por fim, a legislação lusitana permite haja a duplicidade de julgamentos de mérito na rescisória, de acordo com o caso (art. 701º, CPC Portugal/2013).

2. A AÇÃO RESCISÓRIA NO PLS 166/10, NO PL 8046/10 E NA LEI FEDERAL 13.105/15, O NOVO CPC: SUAS PRINCIPAIS INOVAÇÕES

Ainda que esse não seja o principal foco de nosso estudo[48], cumpre-nos mencionar algumas novidades atinentes à ação rescisória propostas pela *Comissão* que redigiu o PLS 166/2010 e, posteriormente, as modificações expendidas no Senado Federal, na Câmara dos Deputados no PL 8.046/10, até a sua redação final.

Hodiernamente, como se sabe, a ação rescisória está regulada no Livro I ("Do processo de conhecimento"), Título IX ("Do processo nos Tribunais"), Capítulo IV, mais precisamente nos artigos 485 a 495, CPC/73.

A Comissão encarregada de redigir o anteprojeto do novo CPC, por seu turno, houve por enquadrá-la, assim como os demais meios de impugnação, no livro IV, chamado de "Dos processos nos tribunais e dos meios de impugnação das decisões judiciais", estando a ação rescisória disciplinada no Capítulo VI, ("Da ação rescisória e da ação anulatória"), Seção I ("Da ação rescisória"), nos artigos 884 a 893, os quais, na redação do PL 8.046/10, tornaram-se os artigos 919 a 928.

Na versão definitiva do NCPC (lei 13.105/15), a ação rescisória restou incluída no Livro III ("Dos processos nos tribunais e dos meios de impugnação das decisões judiciais"), Título I ("Da ordem dos processos e dos processos de competência originária dos tribunais"), Capítulo VII ("Da ação rescisória"), mais precisamente nos artigos 966 a 975.

---

47. A despeito disso, a doutrina portuguesa ainda debate o tema, como relata *Alexandre Freitas Câmara*: para Manuel de Andrade, por exemplo, a *revisão* tem natureza de demanda autônoma, ao passo que José Alberto dos Reis tem em mente tratar-se de instituto híbrido, misto de demanda autônoma e recurso. (CÂMARA, Alexandre Freitas. *Ação rescisória...*, ob. cit, p. 19).
48. Para uma análise panorâmica das mudanças, veja-se: DINAMARCO, Márcia Conceição Alves. "Ação anulatória e ação rescisória", *in* ROSSI, Fernando *et al* (coord). *O futuro do processo civil no Brasil: uma análise crítica ao Projeto do Novo CPC.* Belo Horizonte: Fórum, 2011, p. 421-432.

Da leitura das alterações legislativas, verifica-se que algumas modificações vieram "apenas" para consolidar aquilo que já era sedimentado na jurisprudência, como ocorreu, por exemplo, no art. 996, NCPC, que prevê, expressamente, o cabimento de ação rescisória contra *decisão*, afastando redação restrita da lei atual que somente faz menção à "sentença"[49]. De mesmo espírito é a reforma contida no art. 968, § 1º, NCPC, que dispensa de depósito inicial os beneficiários da assistência judiciária gratuita, algo que, embora não faça parte do texto legal atual (art. 488, II, CPC/73), já tem sido admitido, largamente, pelo STJ[50].

Há, também, mudanças salutares, como (i) a previsão expressa de sustentação oral em ação rescisória (art. 937, VI, NCPC) muito embora tal direito já fosse reconhecido na imensa maioria dos julgamentos[51]; (ii) a retirada da hipótese de cabimento contida no atual inciso VIII, art. 485, CPC, que diz respeito à rescisão de sentença baseada em confissão, desistência e/ou transação passíveis de invalidação, fazendo com que tais hipóteses, entendidas como "atos de disposição de direitos homologados em juízo", deem ensejo à ação anulatória, se for o caso (art. 966, § 4º, NCPC); (iii) a admissão de rescisórias contra decisões que, embora não sendo de mérito, impeçam a nova propositura da demanda ou a admissibilidade do recurso correspondente (incisos I e II do § 2º, art. 966, NCPC); (iv) a limitação de depósito inicial ao teto de 1.000 salários mínimos, ainda que não se tenha atingido

---

49. A redação do PLS 166/10 dizia ser cabível ação rescisória contra "sentença ou acórdão", redação que, conforme já havíamos criticado outrora (FARIA, Márcio Carvalho. A ação rescisória no Projeto de novo Código de Processo Civil e uma sugestão de *lege ferenda*, in Revista de Processo, v. 225. São Paulo: RT, 2013, p. 241-276, especialmente p. 254), restringia – ou pelo menos não admitia expressamente – o seu cabimento contra decisões interlocutórias e/ou decisões monocráticas. Felizmente, a última versão do NCPC, ao adotar o termo genérico "decisão", mostrou-se mais condizente com os ensinamentos já lançados pela doutrina e pela própria jurisprudência a respeito do tema. Nesse sentido, veja-se escólio de *Bernardo Pimentel Souza*, para quem o "alvo" da ação rescisória é amplo, já que "a finalidade do instituto da ação rescisória é a eliminação do mundo jurídico de pronunciamento jurisdicional maculado por vício de extrema gravidade. Não há dúvida de que, além das sentenças, também os *acórdãos*, as *decisões monocráticas* e até mesmo as *decisões interlocutórias* podem estar contaminados pelos vícios previstos nos incisos do artigo 485 do Código de Processo Civil. Imagine-se, por exemplo, a hipótese de o juiz de primeiro grau pronunciar a decadência ou a prescrição apenas em relação a um dos litisconsortes ativos. Como o processo segue em virtude da demanda remanescente ao outro litisconsorte, tem-se que o pronunciamento jurisdicional é mera decisão interlocutória, apesar de ter versado sobre matéria de mérito. (...) Em síntese, tal como as sentenças, os *acórdãos* também desafiam ação rescisória. Do mesmo modo, as *decisões monocráticas* proferidas pelos magistrados dos tribunais também são passíveis de impugnação por meio de ação rescisória. Na verdade, até mesmo as *decisões interlocutórias* são impugnáveis mediante ação rescisória, desde que versem sobre matéria de mérito" (SOUZA, Bernardo Pimentel. Introdução..., ob. cit., p. 810).

50. PROCESSUAL CIVIL. EMBARGOS DE DECLARAÇÃO. AÇÃO RESCISÓRIA IMPROCEDENTE. JUSTIÇA GRATUITA. CONDENAÇÃO EM HONORÁRIOS. POSSIBILIDADE. SUSPENSÃO. ACLARATÓRIOS ACOLHIDOS, SEM EFEITOS INFRINGENTES. (...) 2. É firme nesta Corte o entendimento segundo o qual a parte beneficiária da justiça gratuita não está obrigada a fazer o depósito de que trata o art. 488, II, do CPC. Precedentes: AR 2.968/SC, Rel. Ministra Laurita Vaz, Terceira Seção, DJ 1.2.2008; AR .941/SP, Rel. Min. Felix Fischer, Terceira Seção, DJ 16.10.2000. Embargos de declaração acolhidos em parte, sem efeitos infringentes. (STJ, 1ª Seção, EDcl na AR 4.401/RJ, Rel. Min. Humberto Martins, j. 26/10/2011, DJe 07/11/2011).

51. Nesse sentido, vide, por exemplo, os artigos 151 c/c 159, RISTJ, que, *contrario sensu*, permitem a sustentação oral em sede de ação rescisória.

o montante de 5% do valor da causa (art. 968, § 2º, NCPC); (v) um detalhamento maior, nos arts. 970 a 974, NCPC, sobre o procedimento da ação rescisória, muito embora tenha sido mantida, em geral, a estrutura dos atuais arts. 491 a 494, CPC/73.

As discussões que mais interessam ao presente ensaio, contudo, dizem respeito ao prazo de ajuizamento da ação rescisória descrito no *futuro* art. 975, NCPC.

É o que se verá.

3. CONSIDERAÇÕES SOBRE O PRAZO RESCISÓRIO (ART. 975, NCPC)

3.1. O QUE FOI MANTIDO PELO NCPC

Ab initio, cumpre destacar que, a despeito da intenção da Comissão Reformadora de reduzir o intervalo de prazo pela metade (art. 893, PLS 166/2010 e art. 928, PL 8046/10)[52], prevaleceu, no *caput* do art. 975, NCPC, a regra bienal existente no atual art. 495, CPC/73.

A título de curiosidade, vale ressaltar que, conforme recorda José Carlos Barbosa Moreira[53], o anteprojeto do CPC/73 também pretendia prever um ano de prazo para o ajuizamento da ação rescisória, hipótese que, como se sabe, não foi adiante, assim como agora ocorreu com o NCPC. Veja-se o relato histórico do mestre carioca:

> Semelhante liberalização, por sua vez, tornava aconselhável que se abreviasse o prazo de propositura da rescisória, a fim de evitar que a autoridade da coisa julgada se visse por muito tempo sujeita a agressão, cuja possibilidade crescera. O anteprojeto, art. 535, e o projeto, art. 499, reduziam-no à quinta parte do fixado no antigo Código Civil, art. 178, § 10, nº VIII: um ano. O Congresso elevou-o para dois anos, como se lê no art. 495.

Embora essa regra tenha sido mantida, certo é que o NCPC inovou, quanto ao prazo rescisório, em diversos aspectos, como se verá a seguir.

3.2. O QUE RESTOU MODIFICADO PELO NCPC: APRESENTAÇÕES E CRÍTICAS

3.2.1. A possibilidade de prorrogação do *dies ad quem* rescisório

A primeira novidade está ligada a uma das ideias centrais do novel diploma como um todo, qual seja, a redução dos formalismos e a facilitação do acesso à justiça. Nesse sentido, o § 1º do art. 975, NCPC, admite expressamente a prorrogação do prazo rescisório para o primeiro dia útil subsequente quando esse

---

52. "Art. 928. O direito de propor ação rescisória se extingue em um ano contado do trânsito em julgado da decisão (...)".
53. MOREIRA, José Carlos Barbosa. *Comentários...*, ob. cit., p. 104.

"expirar durante férias forenses, recesso, feriados ou em dia em que não houver expediente forense".

Como é cediço, doutrina[54] e jurisprudência[55] são uníssonas em afirmar que o prazo rescisório, de natureza decadencial, não se suspende nem se interrompe nos casos previstos em lei para a suspensão ou a interrupção de prazos prescricionais. Assim, pela sistemática atual, caso o *dies ad quem* rescisório caísse, infornutadamente, em um dia sem expediente forense, o jurisdicionado ou teria que se adiantar ou seria obrigado a se submeter às dificuldades naturais dos plantões judiciais. Com a nova regra, ao contrário, o prazo rescisório fica automaticamente prorrogado para o primeiro dia útil subsequente.

3.2.2. A mudança de critério para o início do prazo rescisório: o respeito à segurança jurídica e a adoção – parcial – da jurisprudência do STJ como parâmetro

Uma das mudanças mais importantes, a nosso sentir, diz respeito à adoção (ainda que parcial) da orientação consolidada pelo STJ a respeito da data inicial para a contagem do prazo rescisório.

Como já havíamos sugerido[56], seria interessante que o NCPC abarcasse a orientação trazida pela súmula 401/STJ, que altera o *dies a quo* para o ajuizamento da ação rescisória, adiando-o para a data da última decisão proferida no processo.

Explica-se: a súmula 401/STJ criou, a nosso ver, uma *ficção jurídica*, ao considerar que a decisão proferida em sede de juízo de admissibilidade apresentaria efeitos *ex nunc*, vez que enquanto restasseem discussões acerca da (in)admissibilidade de determinado recurso, o prazo para o ajuizamento de ação rescisória não se iniciaria.

Noutro tom, e com mais vagar: a natureza da decisão que analisa a admissibilidade é, fora de dúvida, consoante doutrina inegavelmente majoritária[57-58], de

---

54. Idem, ibidem, p. 221.
55. Nesse sentido: "PROCESSUAL CIVIL. AÇÃO RESCISÓRIA. PRAZO DECADENCIAL. AJUIZAMENTO ANTERIOR EM TRIBUNAL INCOMPETENTE. INTEMPESTIVIDADE. 1. É de 2 (dois) anos o prazo para a propositura da ação rescisória, contados do trânsito em julgado da decisão rescindenda (art. 495 do CPC). *Trata-se de prazo decadencial que não se suspende nem se interrompe*. 2. A propositura de ação rescisória em Tribunal incompetente não tem o condão de suspender nem de interromper o prazo decadencial para fins de novo ajuizamento. 3. Embargos de declaração recebidos como agravo regimental, a que se nega provimento. (STJ, 2 Seção, EDcl na AR 5.366/SP, Rel. Min. João Otávio de Noronha, j. 11/06/2014, DJe 17/06/2014; destaques acrescentados).
56. FARIA, Márcio Carvalho. A ação rescisória no Projeto de novo Código de Processo Civil..., ob. cit., p. 257.
57. MOREIRA, José Carlos Barbosa. *Comentários*..., ob. cit., p. 264-265.
58. Há quem considere, contudo, que tal decisão tem cunho constitutivo, o que justificaria, mais facilmente, a eficácia *ex nunc* da decisão de inadmissão recursal: "(...) Tendo em vista a premissa aqui estabelecida, segundo a qual o juízo de admissibilidade é um juízo sobre a validade do procedimento (neste caso, o recursal), adota-se o seguinte posicionamento sobre a natureza jurídica do juízo de admissibilidade: a) se positivo, será um juízo declaratório da eficácia, decorrente da constatação da validade do procedimento (aptidão para a prolação da decisão sobre o objeto posto sob apreciação); b) se negativo, será um juízo constitutivo negativo, em que se aplica a sanção da inadmissibilidade (invalidade) ao ato-complexo, que

eficácia declaratória, seja ela de cunho positivo ou negativo. Quando o juiz deixa de admitir um recurso (v.g., por falta de interesse em recorrer), em verdade, a sua decisão apenas declara e certifica que aquele litigante não poderia ter interposto o recurso então inadmitido. Desde o momento da interposição (ou, no mais das vezes, até mesmo, antes dele), já não existia(m) condição(ões) de admissibilidade; a decisão, embora posterior, apenas declara situação preexistente.

A grande celeuma acerca do juízo de admissibilidade – e que reflete, diretamente, no *dies a quo* da ação rescisória – refere-se aos efeitos de sua decisão, principalmente quando o magistrado deixa de admitir determinado recurso. Há, quanto a ela, três correntes que entendem haver eficácia (i) *ex tunc*, sempre; (ii) *ex nunc*, para todas as hipóteses; e (iii) *ex tunc*, para alguns casos, e *ex nunc*, para outros.

Sob um primeiro ponto de vista, tratando-se, o juízo negativo de admissibilidade, de decisão reconhecidamente declaratória, seus comandos, em verdade, apenas reconhecem a (in)existência de algum requisito recursal, o qual desde o momento da interposição já deveria ser comprovado, por conta das preclusões rígidas atinentes aos recursos. Desse modo, falar-se-ia em retroatividade, considerando-se que, desde a data da interposição, o recurso já deveria ter sido considerado inadmitido. Essa é a concepção defendida, dentre outros, por *Alexandre Freitas Câmara*[59], *José Carlos Barbosa Moreira*[60] e *Pontes de Miranda*[61].

---

se apresenta defeituoso/viciado. (...) Tendo em vista que os atos processuais defeituosos produzem efeitos até a decretação da sua invalidade, o juízo de admissibilidade, que decorre da constatação de que o procedimento recursal está defeituoso, tem eficácia *ex nunc*, respeitando os efeitos até então produzidos pelos atos do procedimento já praticados. Nada impede, porém, que se prevejam hipóteses em que haja retroatividade do juízo de inadmissibilidade, destruindo os efeitos já operados – desde que se faça isso expressamente, para evitar surpresas aos litigantes. Nem por isso deixará de ser constitutiva a decisão: não se desconhecem decisões constitutivas-negativas com eficácia retroativa, como é o caso da que anula negócio jurídico (art. 182 do CC-2002). (DIDIER JÚNIOR, Fredie; CUNHA, Leonardo José Carneiro da. *Curso de direito processual civil*. v. 3. 9.ed. Salvador: Juspodivm, 2011, p. 70).

59. "(...) Manifesto, aqui, então, minha adesão à tese segundo a qual o prazo decadencial estabelecido pelo art. 495 do CPC corre do trânsito em julgado da decisão que se queira rescindir, sendo meramente declaratório, e apto a produzir efeitos *ex tunc* – o juízo de admissibilidade dos recursos (...)". (CÂMARA, Alexandre Freitas. *Ação rescisória...*, ob. cit., p. 249-250).

60. "Recurso inadmissível, ou tornado tal, não tem a virtude de empecer ao trânsito em julgado: nunca a teve, ali, ou cessou de tê-la, aqui. Destarte, se inexiste outro óbice (isto é, outro recurso *ainda admissível*, ou sujeição da matéria, *ex vi legis*, ao duplo grau de jurisdição), a coisa julgada exsurge a partir da configuração da inadmissibilidade. Note-se bem: *não a partir da decisão que a pronuncia*, pois esta, como se assinalou, é declaratória; limita-se a proclamar, a manifestar, a certificar algo que lhe preexiste. (...) No que concerne aos efeitos do juízo negativo sobre a decisão recorrida, aplicam-se, aqui, *mutatis mutandis*, as considerações acima formuladas com referência à decisão proferida, no mesmo sentido, pelo órgão de interposição. (...) Se (...) a inadmissibilidade estava configurada *ab initio*, a interposição do recurso não obstou ao surgimento da coisa julgada, que (com ressalva dos casos em que a lei mesma a exclui, independente de recurso) remonta: a) ao próprio instante da publicação, em se tratando de decisão irrecorrível; ou b) ao instante em que, entre a publicação e a interposição, ocorreu o fato gerador da inadmissibilidade – v.g., no caso de ser admissível recurso diverso, não interposto, no termo final do respectivo prazo de interposição, escoado *in albis*. (...)". (MOREIRA, José Carlos Barbosa. *Comentários...*, ob. cit., p. 266-267).

61. "(...) Como pode ter sido interposto da sentença algum ou alguns recursos, o trânsito em julgado depende de ter havido, ou não, o recebimento. Se do único recurso interposto, ou de todos os que se

A despeito de técnica, essa posição pode trazer insegurança jurídica e diversos incidentes processuais (como uma temerária "ação rescisória condicional"[62]), como bem observou *Dierle José Coelho Nunes*[63]:

> Ocorre que, ao se atribuir efeito declaratório ao juízo de admissibilidade recursal, conduz-se ao entendimento preliminar de que tal declaração possui efeitos retroativos (*ex tunc* – desde então). Tal conclusão levaria à afirmação de que, na hipótese do juízo de admissibilidade ser negativo, pelo não-conhecimento do recurso, a decisão já teria passado em julgado mesmo durante o processamento do recurso, uma vez que o pronunciamento tão-somente declararia o não-cumprimento dos requisitos recursais. Essa análise possui enorme relevância no que tange ao estabelecimento do dia de início (*dies a quo*) para a propositura da ação rescisória. Barbosa Moreira defende o efeito *ex tunc* do juízo de admissibilidade negativo, de forma que, nesta hipótese, seria como se recurso algum tivesse sido interposto, não possuindo este recurso, não conhecido, o condão de impedir a formação da coisa julgada. Entretanto, este entendimento pode trazer perplexidades na prática, pois uma decisão sobre a admissibilidade recursal pode durar anos, criando-se a esdrúxula situação de que, após decorridos os dois anos para a propositura de ação rescisória, o Tribunal recorrido manifestar-se pela inadmissibilidade de um recurso em que existia fundada dúvida acerca de seu cabimento. Criar-se-ia, ainda, para aqueles que possuem recursos pendentes de julgamento, o estranho dever inoperante (e absurdo) de ajuizar, por medida de segurança, ações rescisórias contra as decisões recorridas, para evitar a superveniência da decadência. (art. 495 do CPC). Vê-se que a solução de atribuir sempre efeito *ex tunc* ao juízo de admissibilidade recursal não atende ao nosso sistema aberto de regras e princípios.

---

interpuseram, não houve conhecimento, a sentença já passou em julgado, porque o tempo para isso só se liga a não haver recurso, ou não ter sido interposto, mas a decisão, no juízo recursal, de não caber, sem que disso possa haver outro recurso, mostra que o trânsito em julgado já se operara". (MIRANDA, Francisco Cavalcanti Pontes de. *Tratado...*, ob. cit., p. 365).

62. "(...) Ação rescisória. Recurso extraordinário não admitido por intempestivo. Início do prazo decadencial. Soluções doutrinariamente cogitáveis. Defesa da boa-fé do demandante. Mesmo se adotada a tese segundo a qual o início do prazo de decadência para a pretensão rescisória não é obstado pela interposição de recurso que venha a ser considerado intempestivo, ainda assim impende considerar a boa-fé do recorrente, naqueles casos especiais em que a própria intempestividade do recurso apresenta-se passível de fundada dúvida. Impossibilidade jurídica do ajuizamento de ação rescisória 'condicional' ou 'cautelar', interposta no biênio para ter andamento somente se o recurso pendente for tido por intempestivo. A melhor aplicação da lei é a que se preocupa com a solução 'justa', não podendo o juiz esquecer que, por vezes, o rigorismo na exegese do texto legal ou na adoção da doutrina prevalecente pode resultar em injustiça conspícua (...)" (STJ, REsp 2.447/RS, 4ª T., Rel. Min. Athos Carneiro, DJU 09.12.1991, p. 18033).

63. NUNES, Dierle José Coelho. *Alguns elementos...*, ob. cit.

Um segundo olhar acerca da mesma questão, fincando-se basicamente na segurança jurídica, vislumbra que, enquanto o juiz não se pronunciar acerca da (in)existência de determinado requisito de admissibilidade e, sobretudo, enquanto tal negativa não transitar em julgado, não se poderia falar, efetivamente, na *certeza* quanto ao não conhecimento recursal, independente de qual requisito se estivesse falando. Assim, esse pronunciamento que impede a análise do mérito recursal apresentaria eficácia *ex nunc,* somente produzindo efeitos a partir de sua prolação e, mais que isso, de seu trânsito em julgado[64]. Desse modo, por exemplo, se uma apelação, interposta em 2003, sem o preparo, só vier a ser inadmitida pelo juízo *a quo* em 2004, e contra tal decisão for interposto agravo de instrumento (art. 522, *caput, in fine,* CPC/73), sendo o mesmo somente julgado, de forma definitiva, em 2006, somente a partir desse ano é que se poderá considerar válido o efeito da decisão negativa de admissibilidade, ainda que, como visto, desde 2004 já se pudesse comprovar a deserção do recurso apelatório. Mais uma vez, lição de *Dierle José Coelho Nunes*[65]:

> Finalmente, para uma (...) corrente, o juízo de admissibilidade recursal sempre possuirá efeito *ex nunc,* pois a simples interposição do recurso impede que a última decisão de mérito, no procedimento em contraditório, seja acobertada pela coisa julgada material. (...) Este escólio (...) parece irrepreensível, pois seria desarrazoado admitir-se que, mesmo na pendência de recurso, os efeitos da decisão, para fins de propositura da rescisória, já estariam ocorrendo, mesmo na inexistência de declaração do trânsito em julgado pelo tribunal recursal, fato que obstacularizaria a propositura da citada ação rescisória e privaria o recorrente de uma aplicação de tutela constitucionalmente adequada (art. 5º, XXXV e LV, CR/1988).

Por fim, há quem considere que ambos os entendimentos acima narrados encontram-se equivocados. O primeiro, porque não leva em conta a segurança jurídica, vez que, eventualmente, por conta da morosidade do Judiciário, pode ser que, quando da efetiva manifestação do julgador acerca da inadmissão de determinado recurso, havendo retroatividade quanto ao trânsito em julgado, nem mesmo a via da ação rescisória poderia ser concedida ao interessado, pois

---

64. Essa é a conclusão que chegam *Fredie Didier Júnior e Leonardo José Carneiro da Cunha,* embora, como visto, adotem justificativa completamente diversa para tanto: "(...) Se o juízo de admissibilidade é um juízo sobre a validade; se a invalidação é uma decisão constitutiva; se os atos processuais defeituosos produzem efeitos até a sua invalidação (...), a solução não pode ser outra: o juízo de admissibilidade é constitutivo negativo e tem eficácia *ex nunc,* ressalvada expressão previsão legal que determine a eficácia *ex tunc,* que a princípio não se reputa conveniente, tendo em vista que os atos processuais, e o procedimento em particular, produzem efeitos até que seja decretada a sua invalidação (inadmissibilidade, no caso do procedimento recursal). (DIDIER JÚNIOR, Fredie; CUNHA, Leonardo José Carneiro da. *Curso...,* ob. cit., p. 73).
65. NUNES, Dierle José Coelho. *Alguns elementos do sistema...,* ob. cit.

esgotado estaria o biênio legal previsto no art. 495, CPC/73; o segundo entendimento, diametralmente oposto, também estaria eivado de incorreções, vez que tolerante por demais, considerando, em qualquer hipótese, que os efeitos da inadmissão recursal e, às vezes, a própria coisa julgada, poderiam ser manejados de forma fictícia pelas partes e demais interessados, situação que macularia o art. 5º, XXXVI, CF/88. Isso porque, *ad exemplum*, determinado litigante de má-fé poderia interpor recurso manifestamente intempestivo, apenas para que houvesse *prorrogação* ou *adiamento* do reconhecimento da coisa julgada, o que, por consequência, acabaria por protelar o feito de origem, gerando malefícios à parte contrária e até mesmo fazendo com que se *reabrisse* prazo para o ajuizamento de ação rescisória.

A partir dessas constatações, uma *terceira via*, intermediária entre as anteriores, passa a ganhar força, no sentido de que, *em regra*, os efeitos da decisão que inadmite um recurso deverão ser considerados como *não retroativos*, contando-se do trânsito em julgado em diante; contudo, nos casos de *manifestos erros grosseiros ou de claras ofensas à lealdade processual*, deve ser considerado que tal *decisum* irá apresentar efeitos *ex tunc*, retroagindo-se para o dia efetivo do trânsito em julgado e/ou da preclusão. Nesse sentido, *Flávio Cheim Jorge*[66]:

> A respeito do assunto, não podemos olvidar que o correto é adotar-se uma posição intermediária, não se deixando de reconhecer inúmeras situações em que o juízo de admissibilidade deverá ter efeito *ex tunc*. Essa posição (...) veio a ser construída pela própria jurisprudência diante da circunstância narrada, qual seja, a demora no julgamento dos recursos que vieram, posteriormente, escoados mais de dois anos, a não ser conhecidos. Por essa posição, o juízo de admissibilidade tem efeito *ex tunc* quando o recurso for interposto manifestamente fora do prazo. Nesse caso, sendo claramente intempestivo, o recurso não tem o condão de afastar o trânsito em julgado da decisão recorrida. O recurso não conhecido deve ser considerado como não interposto. Além desse entendimento já manifestado na jurisprudência e, também, de certa forma, na doutrina, no que tange à intempestividade, acreditamos que a ausência do recolhimento das custas para a interposição do recurso (falta de preparo) deve ser entendida na mesma forma que a intempestividade flagrante. Se o recorrente deixa de efetuar o preparo, a decisão que não admite o recurso deverá ter efeito *ex nunc*. Quanto à desistência do recurso, não se pode deixar de reconhecer que a mesma produzirá efeitos a partir do momento em que é exteriorizada. (...) Somente nessas hipóteses, é que consideramos que o juízo de admissibilidade tem efeito *ex nunc*, o que significa dizer

---

66. JORGE, Flavio Cheim. *Teoria geral dos recursos cíveis*. 3. ed. São Paulo: RT, 2007, p. 61-63.

que, nas hipóteses de não admissibilidade, o trânsito em julgado será contado a partir da decisão que reconheceu a ausência de um dos requisitos de admissibilidade. (...) Não se está fixando aqui um critério de importância entre os requisitos de admissibilidade, mas tão somente estabelecendo um liame jurídico que permita aplicar a técnica processual consolidada inquestionavelmente em nossa ciência, com a realidade brasileira. Por isso, é que entendemos que caso a intempestividade não seja flagrante e a sua aferição no caso concreto enseje série discussão a respeito, a decisão de não conhecimento do recurso deverá ter efeito ex *nunc*. O mesmo se podendo dizer a respeito do preparo. Se existir controvérsia, a decisão que não admite a apelação deverá ter efeito ex *nunc*.

Essa é a posição que tem sido adotada pelo STJ, especialmente a partir do julgamento dos Embargos de Divergência em Recurso Especial nº 441.252/CE, ocorrido em 29 de junho de 2005 (publicação em 18 de dezembro de 2006), realizado pela Corte Especial daquele Tribunal Superior.

Na oportunidade, o colegiado, por maioria, tomando como suporte o voto do Min. Gilson Dipp, entendeu que *"existindo controvérsia acerca deste requisito de admissibilidade, não há que se falar no trânsito em julgado da sentença rescindenda até que o último órgão jurisdicional se manifeste sobre o derradeiro recurso"*[67].

---

67. EMENTA. PROCESSUAL CIVIL – AÇÃO RESCISÓRIA – PRAZO DECADENCIAL – ART. 495 DO CÓDIGO DE PROCESSO CIVIL – TERMO A *QUO* – TRÂNSITO EM JULGADO DA DECISÃO PROFERIDA SOBRE O ÚLTIMO RECURSO INTERPOSTO, AINDA QUE DISCUTA APENAS A TEMPESTIVIDADE DE RECURSO – PRECEDENTES – EMBARGOS REJEITADOS. I – Já decidiu esta Colenda Corte Superior que a sentença é una, indivisível e só transita em julgado como um todo após decorrido *in albis* o prazo para a interposição do último recurso cabível, sendo vedada a propositura de ação rescisória de capítulo do *decisum* que não foi objeto do recurso. Impossível, portanto, conceber-se a existência de uma ação em curso e, ao mesmo tempo, várias ações rescisória no seu bojo, não se admitindo ações rescisórias em julgados no mesmo processo. II – *Sendo assim, na hipótese do processo seguir, mesmo que a matéria a ser apreciada pelas instâncias superiores refira-se tão somente à intempestividade do apelo – existindo controvérsia acerca deste requisito de admissibilidade, não há que se falar no trânsito em julgado da sentença rescindenda até que o último órgão jurisdicional se manifeste sobre o derradeiro recurso.* Precedentes. (...) VI – Embargos de divergência rejeitados. ACÓRDÃO. Vistos, relatados e discutidos os autos em que são partes as acima indicadas, acordam os Ministros da CORTE ESPECIAL do Superior Tribunal de Justiça. Prosseguindo no julgamento, após o voto-vista da Sra. Ministra Eliana Calmon, acolhendo os embargos de divergência, no que foi acompanhada pelo Sr. Ministro Luiz Fux, e os votos dos Srs. Ministros João Otávio de Noronha, Barros Monteiro, Francisco Peçanha Martins, Cesar Asfor Rocha, Ari Pargendler, José Delgado, Carlos Alberto Menezes Direito e Felix Fischer, acompanhando o voto do Sr. Ministro Relator, a Corte Especial, por maioria, rejeitou os embargos de divergência, nos termos do voto do Sr. Ministro Relator. Vencidos a Sra. Ministra Eliana Calmon e o Sr. Ministro Luiz Fux.Os Srs. Ministros João Otávio de Noronha, Barros Monteiro, Francisco Peçanha Martins, Cesar Asfor Rocha, Ari Pargendler, José Delgado, Carlos Alberto Menezes Direito e Felix Fischer votaram com o Sr. Ministro Relator. Não participaram do julgamento os Srs. Ministros José Arnaldo da Fonseca, Fernando Gonçalves, Paulo Gallotti e Franciulli Netto. Ausentes, justificadamente, os Srs. Ministros Antônio de Pádua Ribeiro, Sálvio de Figueiredo Teixeira, Humberto Gomes de Barros, Hamilton Carvalhido e Francisco Falcão e, ocasionalmente, o Sr. Ministro Edson Vidigal. (...) MINISTRO NILSON NAVES – Presidente. MINISTRO GILSON DIPP – Relator (STJ, Corte Especial, EREsp 441.252/CE, rel. Min. Gilson Dipp, j. 29.06.2005, DJ 18/12/06, informativo 253 do STJ; destaques acrescentados).

Contrario sensu, portanto, se não houver controvérsia acerca da (in)admissibilidade recursal (por erro grosseiro ou má-fé do recorrente), falar-se-á em eficácia retroativa da contagem do prazo rescisório[68].

Assim sendo, e de acordo com o enunciado da súmula 401/STJ, conjugada com a orientação pacificada do STJ, pode-se afirmar que "O prazo decadencial da ação rescisória só se inicia quando não for cabível qualquer recurso do último pronunciamento judicial"[69], salvo se ficar demonstrada a má-fé do recorrente ou restar evidenciada a prática de erro processual grosseiro[70]-[71].

---

68. "PROCESSUAL CIVIL. AÇÃO RESCISÓRIA. PRAZO DECADENCIAL. TERMO A QUO. 1. O prazo decadencial da ação rescisória só se inicia quando não for cabível qualquer recurso do último pronunciamento judicial (Súmula 401/STJ). Deve-se tomar como marco inaugural para a contagem do prazo bienal a última decisão proferida nos autos, ainda que essa decisão negue seguimento a recurso pela ausência de algum dos requisitos formais, aí incluída a tempestividade (EDAgEAg 1.218.222/MA, Corte Especial, Rel. Min. Gilson Dipp, DJe 15.2.12). No caso, o recurso fora inicialmente admitido. Somente veio a ser inadmitido depois da oposição de aclaratórios pela parte contrária. 2. *Excepcionam-se situações nas quais é patente a má-fé do litigante, nos casos em que o inconformismo deu-se exclusivamente com o intuito malicioso de protrair o tempo inicial para o ajuizamento da demanda rescisória, fraudando o prazo peremptório estabelecido na lei processual, quando ficar configurado erro grosseiro (equívoco procedimental que contraria previsão legal explícita e carente de dubiedade, como, por exemplo, a interposição de recurso manifestamente inadmissível)* (...)". (STJ, 2T., REsp 740.530/RJ, Rel. Min. Castro Meira, j. 06/09/2012, DJe 26/09/2012; destaques acrescentados).
69. A título de ilustração, veja o exemplo de aplicação prática da súm. 401/STJ trazido por *Ronaldo Cramer*: "(...) Suponha-se, agora, que uma sentença que julgou procedentes dois pedidos, ou seja, uma sentença com dois capítulos. O réu interpõe apelação contra apenas um dos capítulos, deixando o outro irrecorrido. Para alguns, o trânsito em julgado do capítulo irrecorrido ocorreu no momento em que a parte interpôs apelação contra o outro capítulo. Para outros, o trânsito em julgado do capítulo irrecorrido dar-se-á junto com o trânsito em julgado do capítulo recorrido. Novamente, com base na Súmula 401 do STJ, o trânsito em julgado do capítulo irrecorrido somente ocorre quando também transitar em julgado o capítulo recorrido, sendo que, a partir desse momento, se conta o prazo do art. 495, CPC (...)". (CRAMER, Ronaldo. Ação rescisória..., ob. cit., p. 142).
70. Nesse sentido: AGRAVO REGIMENTAL NO AGRAVO DE INSTRUMENTO. AÇÃO RESCISÓRIA. PRAZO DECADENCIAL. ART. 495 DO CPC. TERMO INICIAL. TRÂNSITO EM JULGADO. ÚLTIMO PRONUNCIAMENTO JUDICIAL. SÚMULA nº 401/STJ. 1. O prazo decadencial da ação rescisória só se inicia quando não for cabível nenhum recurso do último pronunciamento judicial. Súmula nº 401/STJ. 2. Em caso de inadmissibilidade ou intempestividade do recurso interposto, inexistindo erro grosseiro ou má-fé da parte recorrente, considera-se que o prazo decadencial para a ação rescisória terá início somente após o julgamento do recurso. 3. Agravo regimental desprovido. (AgRg no Ag 1166142/RS, Rel. Min. João Otávio de Noronha, 4ª T., j. 02/08/2011, DJe 08/08/2011)
71. Ainda: AGRAVO REGIMENTAL NO AGRAVO DE INSTRUMENTO. AÇÃO RESCISÓRIA. PRAZO DECADENCIAL. ART. 495 DO CPC. TERMO INICIAL. TRÂNSITO EM JULGADO. ÚLTIMO PRONUNCIAMENTO JUDICIAL. SÚMULA nº 401/STJ. PROCESSUAL CIVIL. VIOLAÇÃO AO ART. 535 DO CPC PELO ACÓRDÃO RECORRIDO. OMISSÃO NÃO CONFIGURADA. AÇÃO RESCISÓRIA. ART. 495, CPC. TERMO "A QUO" DO PRAZO DECADENCIAL. INOCORRÊNCIA DE TRÂNSITO EM JULGADO ANTES DO JULGAMENTO DE RECURSO INTEMPESTIVO, AUSENTE ERRO GROSSEIRO OU MÁ-FÉ.

    1. A ação rescisória tem como termo "a quo" do biênio decadencial o dia seguinte ao trânsito em julgado da decisão rescindenda. 2. O prazo para ajuizamento da ação rescisória somente tem início com o trânsito em julgado material, ou seja, após o transcurso "in albis" do prazo para recorrer, mesmo que o último recurso interposto não tenha sido conhecido por intempestividade, exceto configuração de erro grosseiro ou má-fé. (Precedentes: REsp nº 841592/DF, Rel. Min. Luiz Fux, DJe 25.05.2009; EREsp nº 441.252/CE, Rel. Min. GILSON DIPP, Corte Especial, DJ 18.12.06; AgRg nº REsp 958.333/ES, Rel. Min. Maria Thereza de Assis Moura, DJ 25.02.08). 3. Na hipótese dos autos, ao reconhecer a intempestividade, o acórdão recorrido não assentou ter havido má-fé ou erro grosseiro por parte do recorrente, não podendo estes ser presumidos. O termo "a quo"

Foi essa – em parte – a orientação adotada pelo NCPC. O *caput* do art. 975 sancionado preceitua, *in verbis*: "Art. 975. O direito à rescisão se extingue em 2 (dois) anos contados do trânsito em julgado da última decisão proferida no processo. (...)".

Vê-se, desse modo, que o enunciado sumular de nº 401/STJ restou integralmente consolidado pelo legislador, sendo certo, portanto, que enquanto estiver sendo discutida a admissibilidade de determinado recurso interposto contra a decisão rescindenda, o prazo rescisório não se iniciará.

Infelizmente, todavia, as duas exceções já mencionadas à súmula 401/STJ não foram contempladas pelo NCPC, omissão essa que certamente irá trazer incontáveis questionamentos doutrinários e jurisprudenciais nos próximos anos.

Embora mereça elogios o legislador, portanto, quanto à adoção da súmula 401/STJ como parâmetro para a fixação do *dies a quo* rescisório, a não-observância das exceções jurisprudenciais levantadas pelo próprio STJ ao seu verbete sumular – vale frisar: erro grosseiro e má-fé do recorrente – retira um pouco do brilho do novel dispositivo.

3.2.3. O fim do prazo único rescisório: elogios – quase integrais – ao legislador

Outra mudança importante diz respeito *ao fim do prazo único rescisório*. Como já se afirmou alhures[72], e com apoio nas lições de Leonardo Greco[73], o prazo rescisório (seja o bienal, que acabou prevalecendo, seja o anual, que constava, como dito, nas versões iniciais do Projeto do Novo CPC), pode ser, dependendo do caso, muito extenso ou muito curto, fazendo com que em nosso sistema seja muito fraca a proteção da coisa julgada.

Isso porque, em determinadas situações, um ou dois anos pode se configurar um prazo rápido demais para se conseguir, *ad exemplum*, descobrir um crime

---

para o ajuizamento da rescisória deve, pois, ser contado do trânsito em julgado da decisão que reconheceu a intempestividade do recurso interposto. 4. "In casu", o reconhecimento da intempestividade da ação rescisória arrastou consigo as demais teses que eventualmente conduziriam ao provimento da demanda. (...) 7. Recurso especial a que se dá provimento para determinar o prosseguimento da ação rescisória na instância "a quo". (REsp 1186694/DF, Rel. Min. Luiz Fux, 1ª T., j. 03/08/2010, DJe 17/08/2010; destaques acrecentados).

72. FARIA, Márcio Carvalho. A ação rescisória no Projeto de novo Código de Processo Civil..., ob. cit., p. 265.
73. GRECO, Leonardo. *Garantias fundamentais do processo: o processo justo*. In http://www.mundojuridico.adv.br/sis_artigos/artigos.asp?codigo=429, acesso em 5 jan. 2015: "(...) No Brasil a coisa julgada é extremamente frágil em razão da amplitude da ação rescisória, especialmente em face do disposto no inciso V do artigo 485 e do prazo de dois anos. A Medida Provisória 2.180/01, mantida em vigor pela Emenda Constitucional nº 32/01 ampliou indevidamente a vulnerabilidade da coisa julgada através dos embargos à execução, com a introdução de parágrafo único ao artigo 741 do CPC, que torna inexigível a dívida se o título judicial se fundar lei ou ato normativo declarados inconstitucionais pelo Supremo Tribunal Federal ou em aplicação ou interpretação tidas por incompatíveis com a Constituição (...)".

de peita ou, ainda, um fato novo a ensejar a revisão do julgado. Por outro lado, admitir-se que um pronunciamento judicial definitivo esteja à mercê de revisão por força de um vício processual (v.g., a incompetência absoluta), durante tanto tempo, pode significar inegável frustração no jurisdicionado que, após anos à espera do julgamento de seu feito, pode, posteriormente, ver-se novamente sujeito de uma demanda[74].

Nesse prisma, sugerimos[75], ainda à época da tramitação do NCPC na Câmara dos Deputados, que o *dies a quo* da ação rescisória pudesse ser, em algumas hipóteses de cabimento, não a data do trânsito em julgado da última decisão proferida no processo, mas a data da ocorrência (ou do conhecimento) do fato apto a ensejar a rescisão.

A ideia, em síntese, era acabar com o *prazo único* rescisório, que não leva em conta, para o seu ajuizamento, a diversidade das hipóteses de cabimento da ação impugnativa *res iudicata*. Assim, pela legislação atual, como se sabe, seja em uma demanda que busque rescindir uma sentença que ofendeu a coisa julgada, seja em uma rescisória que almeje afastar acórdão proferido por julgador peitado, seja em uma ação que vise à rescisão de uma decisão monocrática firmada com base em uma prova falsa, o prazo é sempre o mesmo: dois anos a contar do trânsito em julgado.

No direito estrangeiro, a disciplina é bastante diversa. Na Itália, por exemplo, a *revocazione* tem prazo de apenas trinta dias para ser utilizada, mas esse, ao contrário do da nossa rescisória, não se inicia com o trânsito em julgado, mas sim com o conhecimento, pelo interessado, do evento apto a ensejar a rescisão (arts. 326 e 396), havendo casos em que o prazo máximo não pode ultrapassar um ano (art. 327).

Na Alemanha, as duas espécies do *Wiederaufnahme* (o *Nichtigkeitsklage* e o *Restitutionsklage*), em regra, "devem ser ajuizadas a partir de um mês, contados da data da ciência do evento, conforme dispõe o ZPO § 586, nº 1, mas não podem ser propostas passados cinco anos do trânsito em julgado da sentença, segundo o ZPO § 586, nº 2"[76].

Em Portugal, o *recurso de revisão* deve ser ajuizado em até 60 (sessenta) dias a contar do trânsito em julgado ou da ciência do evento, resguardado, em qualquer caso, o prazo máximo de cinco anos do trânsito em julgado da sentença rescindenda (art. 697º, CPC/Portugal/2013).

---

74. No mesmo sentido, *Alexandre Freitas Câmara*, para quem "(...) a decadência do direito à rescisão em dois anos do trânsito em julgado faz com que se esteja diante de um prazo que é, ao mesmo tempo, muito longo e muito curto". (CÂMARA, Alexandre Freitas. *Ação rescisória...*, ob. cit., p. 237).
75. FARIA, Márcio Carvalho. *A ação rescisória no Projeto de novo Código de Processo Civil...*, ob. cit., p. 267-268.
76. CRAMER, Ronaldo. *Ação rescisória por violação...*, ob. cit., p. 130.

Na França, o *recours em révision*, instituto que mais se aproxima à ação rescisória, tem o prazo de dois meses a contar da ciência do fato invocado, conforme prevê o art. 596 do *Code de procédure civile*.

Na Espanha, o prazo para a *revisión* é de três meses, contados da data da ciência do fundamento do pedido, dês que essa se dê em até cinco anos após a publicação da sentença objurgada (art. 512, LEC).

A mesma ideia-base é adotada no Uruguai, onde também há prazo de três meses para o ajuizamento da *revisión*, sendo, contudo, limitado o prazo máximo a um ano depois do início da produção de efeitos da sentença (art. 285, *Código General del Proceso*).

Na Colômbia, o prazo para o *recurso de revisión* é de dois anos, mas seu *dies a quo* varia de acordo com o fundamento do pedido (art. 381, *Código de Procedimiento Civil*).

O Chile, por seu turno, adota regra semelhante à brasileira, permitindo o ajuizamento do *recurso de revisión* em um ano a contar da data da intimação da decisão a ser impugnada (art. 811, *Código de Procedimiento Civil*).

Em Cuba, o prazo para a *revisión* é de três meses, havendo, contudo, variações no *dies a quo* de acordo com o fundamento do pedido de revisão. Além disso, há um prazo máximo de quatro anos, a contar do trânsito em julgado, para a utilização do instrumento impugnativo[77].

O Projeto de Novo CPC, aliás, já quebrava a unicidade do prazo rescisório, na medida em que o art. 928, parágrafo único, PL 8046/10 (= art. 893, parágrafo único, PLS 166/10[78]) previa que, nos casos de sentença proferida por julgador peitado e quando se tratar de falsidade de prova, o *dies a quo* rescisório seria a data do trânsito em julgado da sentença penal condenatória.

Essa regra, no entanto, acabou não sendo levada a cabo quando da aprovação do NCPC, muito embora, realmente, tenham ocorrido mudanças a respeito do prazo único. Vejamos o que restou sancionado:

> Art. 975 (...).
>
> § 2º Se fundada a ação no inciso VII do art. 966, o termo inicial do prazo será a data de descoberta da prova nova, observado o

---

77. As informações relativas aos países de língua espanhola foram trazidas por Alexandre Freitas Câmara. (CÂMARA, Alexandre Freitas. Ação rescisória..., ob. cit., p. 236-237).
78. O art. 893, do PLS 166/10, em sua redação original, tinha a seguinte redação: "O direito de propor ação rescisória se extingue em um ano contado do trânsito em julgado da decisão. Parágrafo único. Se fundada no art. 884, incisos I e VI, primeira parte, o termo inicial do prazo será computado do trânsito em julgado da sentença penal".

prazo máximo de 5 (cinco) anos, contado do trânsito em julgado da última decisão proferida no processo.

§ 3º Nas hipóteses de simulação ou de colusão das partes, o prazo começa a contar, para o terceiro prejudicado e para o Ministério Público, que não interveio no processo, a partir do momento em que têm ciência da simulação ou da colusão.

Como se percebe, apenas em duas hipóteses de cabimento (incisos III e VII, art. 966, NCPC) pode-se dizer que o prazo rescisório único restou afastado.

Exatamente sobre ambas, vale a pena transcrever o que dissemos ainda à época da tramitação do NCPC, sugestões que, para nossa alegria, acabaram sendo acolhidas – por nossa influência ou não – pelo legislador[79]:

> (...) Isso porque, em situações como a contida no atual inciso VII, art. 485, CPC (futuro artigo VII, art. 919, se aprovado o PL 8.046/10), pode ocorrer que determinado fato e/ou prova novos somente sejam postos a lume depois de expirado o prazo rescisório, fazendo com que sua desconstituição se torne inviável. Imagine-se, ainda, que o dolo da parte vencedora apenas venha à tona, de mesmo modo, após o lapso rescisório: também aqui estarão cerradas as portas do Poder Judiciário para o interessado. Perceba-se: o Estado protegerá, através do manto da coisa soberanamente julgada, aquele que violou o princípio da lealdade processual (art. 14, II, CPC), porquanto a *descoberta* do dolo somente se deu, como visto, tempos depois do interstício impugnativo. Assim, fundamental seria que o *dies a quo* rescisório fosse, nessas hipóteses, a data da ciência (ou na impossibilidade de alegação por força maior comprovada pelo autor, quando essa cessasse) do *fato gerador rescindendo*, ou seja, a causa de pedir da demanda rescisória. Isso resolveria, por exemplo, o gigantesco problema enfrentado com frequência pelo judiciário brasileiro, que se depara com o confronto segurança jurídica (advinda de uma coisa julgada proferida, *ad exemplum*, sem a utilização de um exame de DNA em uma ação de investigação de paternidade) e a certeza quase absoluta do direito (ocasionada por exame de DNA posteriormente realizado que demonstra o desacerto do julgado eternizado pela coisa julgada). Evitar-se-ia, assim, o *malabarismo* que teve que fazer o STF quando do julgamento do RE 363.889, em que, no fim das contas, *criou-se* um prazo rescisório a partir da data em que entrou em vigor a lei distrital que garantiu, aos hipossuficientes, a gratuidade dos exames de DNA.

O que não contávamos é que, quando da redação final, a mesma possibilidade de mudança do prazo rescisório vinculado à data do trânsito em julgado

---

79. FARIA, Márcio Carvalho. A ação rescisória..., ob. cit., p. 267.

da última decisão proferida no processo deixasse de ser aplicada às rescisórias fundadas em crimes de peita (inciso I, art. 966, NCPC).

A nosso ver, e com toda vênia, aqui andou mal o legislador: do mesmo modo em que o conhecimento da prova nova ou da colusão da partes deve ser o *dies a quo* rescisório, o trânsito em julgado da sentença penal condenatória do(s) magistrado(s) que praticou atos de prevaricação, concussão ou corrupção deveria ser visto como o marco inicial para a propositura da demanda disciplinada nos arts. 966 a 975, NCPC.

Afinal, especialmente em casos dessa natureza, raramente as partes têm suspeitas fundadas na desonestidade do julgador a ponto de manejarem uma ação rescisória dentro do biênio previsto em lei. Normalmente, somente quando esses infelizes casos aparecem na grande mídia, em especial quando surgem as primeiras condenações, é que o jurisdicionado pensa em procurar a via rescisória. No mais das vezes, nesse momento, dada a morosidade paquidérmica de grande parte dos processos penais, o prazo rescisório há muito se esvaiu.

Se, todavia, o *dies a quo* fosse a data do trânsito em julgado da sentença penal condenatória dos crimes de peita, esse problema estaria resolvido e, sobretudo, garantir-se-ia o direito do jurisdicionado que obteve, por força de um magistrado parcial, uma decisão judicial desfavorável.

3.2.4. O prazo máximo de ajuizamento da ação rescisória, nas hipóteses em que o dies a quo não coincide com a data do trânsito em julgado da última decisão do processo

A última novidade de relevo em relação ao prazo rescisório diz respeito à adoção de um intervalo máximo de um lustro para que a ação rescisória possa ser manejada, nos casos em que o prazo rescisório se iniciar com a ocorrência, ciência ou possibilidade de utilização da prova nova (inciso VII, art. 966, NCPC).

Nesse caso, até mesmo em respeito à segurança jurídica, foco primordial da estabilidade ocasionada pela coisa julgada material, parece-nos que andou bem o legislador, na medida em que, por mais que possa demorar para surgir uma prova nova, o prazo de cinco anos parece mais que razoável para conjugar a possibilidade da rescisão com o indispensável formação da coisa soberanamente julgada.

Em outra seara[80], havíamos sugerido que o *tamanho* desse prazo máximo, embora se tratasse de uma escolha política, fosse o de 8 (oito) anos, por analogia

---

80. FARIA, Márcio Carvalho. A ação rescisória..., ob. cit., p. 268, nota de rodapé nº 70.

à hipótese já existente no direito nacional (art. 8º-C, lei 6739/89, com a redação dada pela lei 10267/01, que prevê tal prazo para ações que digam respeito à transferência de terras públicas rurais), mas consideramos que o prazo eleito, de 5 (cinco) anos, está mais que razoável.

A única crítica que se faz – e que, infelizmente, malfere a segurança jurídica – é que tal ideia de se criar um *prazo máximo* deveria ter sido estendida também às demais hipóteses cujo prazo inicial não coincide com o trânsito em julgado da última decisão do processo.

Da forma como restou aprovada, o prazo para o ajuizamento de uma ação rescisória fundada na alegação de existência de simulação ou de colusão das partes (a outra hipótese trazida pelo NCPC cujo *dies a quo* rescisório não coincide com o trânsito em julgado da última decisão proferida no processo rescindendo, cf. inciso III, art. 966 c/c § 3º, art. 975, NCPC) poderia gerar uma *chance rescisória eterna* e, consequentemente, lamentável incerteza no jurisdicionado, uma vez que, décadas depois do trânsito em julgado, poderia ter de se sujeitar a uma ação rescisória.

O ideal seria, *rogata venia*, que também nesse caso o NCPC trouxesse um intervalo máximo para que o conhecimento do vício pudesse ser capaz de embasar um pedido rescisório. Depois de determinado interstício, a coisa soberanamente julgada deveria se impor, até mesmo para que o tempo, "o melhor dos remédios", pudesse fazer efeito.

4. CONCLUSÕES

De meados de 2013, quando enfrentamos a temática do prazo rescisório no NCPC[81], para os dias de hoje, quando vivemos a *vacatio legis* da lei federal nº 13.105/15, em nossa modesta opinião, muito se evoluiu a respeito.

Como se viu, o legislador foi criterioso ao agregar, ainda que parcialmente, as posições jurisprudenciais pacificadas a respeito do tema, notadamente aquelas que deram ensejo à edição da súmula 401/STJ.

De mesmo modo, merece elogios o NCPC ao abandonar o *prazo rescisório único*, muito embora, nesse aspecto, tenha se limitado apenas a fazê-lo nas hipóteses descritas nos §§ 2 e 3º, art. 975.

No mesmo sentido, andou bem, a nosso ver, o NCPC ao criar um *intervalo máximo* em que o conhecimento do vício rescindendo deve se dar, até mesmo como forma de homenagem à segurança jurídica.

---

81. *Idem, ibidem.*

Apesar disso, nossas ideias, apresentadas alhures, eram um pouco mais ousadas, seja no que se refere à extensão de diversos marcos iniciais para outras hipóteses de cabimento da ação rescisória, seja na ampliação das hipóteses em que o intervalo máximo rescisório deveria valer[82].

Ainda assim, não há deixar de reconhecer que, em linhas gerais, o art. 975, NCPC, quanto ao prazo rescisório, afigura-se muito mais evoluído que o atual art. 495, CPC/73, sendo certo, portanto, que o propósito do novel diploma, nesse mister, está mais que atingido.

Afinal, tratando-se de uma lei com mais de mil artigos, redigida por centenas de juristas das mais variadas escolas, formações e gerações, nunca seria possível chegar a um código *ideal*; o que importa é que, nesse ponto, temos um código *melhor*, e isso já é muito.

5. REFERÊNCIAS

ARAGÃO, E. D. Moniz. *Demasiados Recursos?*, in Revista de Processo, v. 136. São Paulo: RT, 2006, p. 9-ss.

BARIONI, Rodrigo. *Ação rescisória e recursos para os tribunais superiores*. São Paulo: RT, 2010.

BERMUDES, Sérgio. *Introdução ao Processo Civil*. 4. ed. Rio de Janeiro: Forense, 2006.

CÂMARA, Alexandre Freitas. *A ação rescisória*. Rio de Janeiro: Lumen Juris, 2007.

CARNEIRO, Athos Gusmão. *Ação rescisória, biênio decadencial e recurso parcial. In* www.abdpc.org.br/abdpc/artigos/Athos%20Gusm%C3%A3o%20Carneiro%20formatado.pdf, acesso em 24. jul. 2014.

_____. *Ação rescisória. Embargos de declaração e sua influência na contagem do biênio decadencial. In* www.abdpc.org.br/abdpc/artigos/Athos%20Gusm%C3%A3o%20Carneiro%283%29-%20formatado.pdf, acesso em 25 jul. 2014.

---

82. "(...) Assim sendo, sugere-se, *de lege ferenda*, que o *NCPC* abandone o *prazo único*, trabalhando, conforme o caso, com diferentes marcos iniciais, que seriam contados da ciência (ou, na impossibilidade de alegação, por comprovada força maior, quando essa impossibilidade cessar) do fato rescindendo. Ademais, em respeito à segurança jurídica, deveriam ser adotados intervalos menores de prazo (algo entre 60 a 90 dias), como ocorre em vários países acima mencionados. Deveria, também, para que a *chance rescisória* não fosse eterna, o *NCPC* adotar um *prazo máximo*, a contar do trânsito em julgado do processo, para o ajuizamento da demanda, o qual poderia ser, pelos motivos alegados, de oito anos. Por fim, e em respeito ao direito daquele que já obteve a tutela transitada em julgado, e para coibir eventuais manobras procrastinatórias, sugere-se a adoção de presunções conforme a data do ajuizamento da ação rescisória: se ele se desse em até um ano do trânsito em julgado, ao autor seria concedida a presunção de veracidade das suas alegações relativas à data da ciência do fato rescindendo; se, entretanto, a demanda fosse distribuída entre um ano e um dia do trânsito em julgado, mas dentro do *prazo máximo*, caberia ao autor o ônus de provar, *ab initio*, a data da ciência do fato rescindendo, sob pena de extinção do feito por falta de condições da ação (art. 267, VI, CPC) (...)" (FARIA, Márcio Carvalho. A ação rescisória..., ob. cit., p. 269-270).

CHIOVENDA, Giuseppe. *Instituições de direito processual civil,* v. 2. Trad. Paolo Capitanio. Campinas: Bookseller, 1998.

COHENDET, Marie-Anne. La collégialité des juridictions: um príncipe em voie de disparition?, *in Revue française de droit constitutionnel,* n° 68. Paris: PUF, outubro de 2006, p. 713-736.

COMOGLIO, Luigi; FERRI, Corrado; Michele, TARUFFO. *Lezioni Sul Processo Civile,* vol. I, *Il processo ordinário di cognizione.* 5. ed. Bologna: Il Mulino, 2011.

CRAMER, Ronaldo. *Ação rescisória por violação da norma jurídica.* Salvador: Juspodivm, 2012.

DIDIER JÚNIOR, Fredie; CUNHA, Leonardo José Carneiro da. *Curso de direito processual civil,* v. 3. 9. ed. Salvador: Juspodivm, 2011.

DINAMARCO, Cândido Rangel. O efeito devolutivo da apelação e de outros recursos, *in A nova era do processo civil.* 2. ed. São Paulo: Malheiros, 2007, p. 163-186.

DINAMARCO, Márcia Conceição Alves. Ação anulatória e ação rescisória, *in* ROSSI, Fernando et al (coord). *O futuro do processo civil no Brasil: uma análise crítica ao Projeto do Novo CPC.* Belo Horizonte: Fórum, 2011, p. 421-432.

FARIA, Márcio Carvalho. Recurso especial: o *error in procedendo* por ofensa aos arts. 128, 460 e 535, II, do CPC e o *error in judicando* por ofensa aos arts. 485, V; 495 e 546, I, do CPC (inexistência de erro grosseiro e as Súmulas 315 e 401 do STJ), *in Revista de Processo,* ano 35, nº 187. São Paulo: RT, 2010, p. 401-420.

FERRI, Corrado. La revocacione e l'opposizione di terzo, *in* COMOGLIO, Luigi; FERRI, Corrado; Michele, TARUFFO. *Lezioni sul processo civile: v. I. Il processo ordinário di cognizione.* 5. ed. Bologna: Il Mulino, 2011, p. 735-750.

GRECO, Leonardo. A falência do sistema de recursos, *in Estudos de Direito Processual.* Campos dos Goytacazes: Faculdade de Direito de Campos, 2005, p. 287-316.

_____. Coisa julgada, constitucionalidade e legalidade em matéria tributária, *in* MACHADO, Hugo de Brito (coord). *Coisa Julgada: Constitucionalidade e legalidade em matéria tributária.* São Paulo: Dialética; Fortaleza: Instituto Cearense de Estudos Tributários (ICET), 2006, p. 294-307.

_____. *Garantias fundamentais do processo: o processo justo.* Disponível em: http://www.mundojuridico.adv.br/sis_artigos/artigos.asp?codigo=429, acesso em 5 fev. 2015.

_____. *Instituições de processo civil.* v. 1 e v. 2. Rio de Janeiro: Forense, 2010.

_____. Princípios de uma teoria geral dos recursos, *in Revista Eletrônica de Direito Processual.* v. 5. Disponível em www.redp.com.br, acesso em 30 jul. 2014.

_____. Publicismo e privatismo no processo civil, *in Revista de Processo,* v. 164. São Paulo: RT, 2008, p. 29-56.

JORGE, Flavio Cheim. *Teoria geral dos recursos cíveis.* 3. ed. São Paulo: RT, 2007.

KNIJNIK, Danilo. *O recurso especial e a revisão da questão de fato pelo Superior Tribunal de Justiça.* Rio de Janeiro: Forense, 2005.

LIMA, Alcides de Mendonça. *Introdução aos recursos cíveis*. 2.ed. rev. e atualizada. São Paulo: RT, 1976.

MANCUSO, Rodolfo de Camargo. *Recurso extraordinário e recurso especial*. 10.ed. São Paulo: RT, 2007.

MARINONI, Luiz Guilherme; ARENHART, Sergio Cruz. *Manual do processo de conhecimento*. 5. ed. São Paulo: RT, 2006.

MARINONI, Luiz Guilherme; MITIDIERO, Daniel. *O projeto do CPC: críticas e propostas*. São Paulo: RT, 2010.

MAXIMILIANO, Carlos. *Hermenêutica e aplicação do direito*. 16. ed. Rio de Janeiro: Forense, 1996.

MEDINA, José Miguel Garcia. *Código de processo civil comentado: com remissões e notas comparativas ao projeto do novo CPC*. São Paulo: RT, 2011.

_____. *O prequestionamento nos recursos extraordinário e especial*. 3. ed. São Paulo: RT, 2002.

MIRANDA, Francisco Cavalcanti Pontes de. *Tratado da ação rescisória, das sentenças e de outras decisões*. 5.ed. Rio de Janeiro: Forense, 1976.

MOREIRA, José Carlos Barbosa. *Comentários ao CPC*, vol. V. 15. ed. Rio de Janeiro: Forense, 2009.

NUNES, Dierle José Coelho. Alguns elementos do sistema recursal: da sua importância na alta modernidade brasileira, do juízo de admissibilidade e de seus requisitos, *in* Revista IOB de Direito civil e processual civil. Porto Alegre: Síntese. v. 47, mai.-jun../2007.

NERY JÚNIOR, Nelson. *Teoria geral dos recursos*. 7. ed. 2. tiragem. São Paulo: RT, 2014.

PORTO, Sérgio Gilberto. *Ação rescisória atípica: instrumento de defesa da ordem jurídica*. São Paulo: RT, 2009.

SCIALOJA, Vittorio. *Procedimiento Civil Romano*. Buenos Aires: EJEA, 1954.

SPADONI, Joaquim Felipe. O direito constitucional de rescisão dos julgados, *in* ASSIS, Araken de et al (coord.). *Direito civil e processo: estudos em homenagem ao Professor Arruda Alvim*. São Paulo: RT, 2007, p. 1068-1075.

SOUZA, Bernardo Pimentel. *Introdução aos recursos cíveis e à ação rescisória*. 7.ed. São Paulo: Saraiva, 2010.

TALAMINI, Eduardo. *Coisa julgada e sua revisão*. São Paulo: RT, 2005.

YARSHELL, Flávio Luiz. *Ação rescisória: juízos rescindente e rescisório*. São Paulo: Malheiros, 2005.

WAMBIER, Teresa Arruda Alvim. *Recurso especial, recurso extraordinário e ação rescisória*. 2.ed. São Paulo: RT, 2008.

CAPÍTULO 10

Ação Rescisória e capítulos de sentença: a análise de uma relação conturbada a partir do CPC/2015

Ravi Peixoto[1]

SUMÁRIO: 1. INTRODUÇÃO; 2. CAPÍTULOS DA DECISÃO JUDICIAL E AS RELAÇÕES DE DEPENDÊNCIA ENTRE ELES; 3. SOBRE AS DECISÕES PARCIAIS DE MÉRITO E A FORMAÇÃO DA COISA JULGADA PROGRESSIVA; 4. RECURSO PARCIAL, EFEITO DEVOLUTIVO E TRANSLATIVO; 5. DA POSSIBILIDADE DE INTERPOSIÇÃO DE VÁRIAS AÇÕES RESCISÓRIAS; 6. PROBLEMÁTICA DOS PRAZOS COM O TRÂNSITO EM JULGADO PROGRESSIVO; 6.1. A CONTAGEM ÚNICA DO PRAZO; 6.2. A CONTAGEM AUTÔNOMA DOS PRAZOS; 7. COMPETÊNCIA DA AÇÃO RESCISÓRIA; 8. COMPETÊNCIA DA AÇÃO RESCISÓRIA EM FACE DA COISA JULGADA PROGRESSIVA; 8.1. ANÁLISE DOS PRECEDENTES DO STJ E DO STF; 9. CONCLUSÃO.

1. INTRODUÇÃO

A imbricação entre alguns temas do direito processual civil, por vezes, gera certa complexidade em sua compreensão, ocasionando, por vezes, na existência de uma relação conturbada. Um desses casos é a relação existente entre a ação rescisória e a teoria dos capítulos de sentença, especialmente ao se fazer referência à temática da competência e do prazo para o seu ajuizamento.

Ao tempo do CPC/1973, tais polêmicas já causavam diversos embates doutrinários e jurisprudenciais, a exemplo de marcante divergência entre o Superior Tribunal de Justiça e o Supremo Tribunal Federal acerca do prazo para a contagem da ação rescisória no caso do trânsito em julgado progressivo. Ocorre que o CPC/2015 tem potencial para causar diversas mudanças na compreensão dos capítulos de sentença, ao admitir certas posições doutrinárias, a exemplo da

---

1. Mestre em Direito pela UFPE. Membro da Associação Norte e Nordeste de Professores de Processo - ANNEP. Membro do Centro de Estudos Avançados de Processo – CEAPRO. Membro da Associação Brasileira de Direito Processual – ABDPRO. Procurador do Município de João Pessoa

coisa julgada progressiva e ao mencionar, em diversas passagens, aspectos da referida teoria.

Enfim, o objetivo deste texto é, a partir da interpretação do novo texto normativo, indicar os posicionamentos mais adequados sobre os temas mencionados.

2. CAPÍTULOS DA DECISÃO JUDICIAL E AS RELAÇÕES DE DEPENDÊNCIA ENTRE ELES

A teoria dos capítulos decisórios parte de uma cisão vertical dos dispositivos de uma determinada decisão judicial. Cada um desses capítulos, que tanto pode ter natureza processual como material, será regido por pressupostos autônomos. A possibilidade de um determinado capítulo poder ou não ser alvo de uma ação específica é irrelevante para que seja considerado como capítulo, bastando que conste decisão sobre o tema.

Assim, pela teoria desenvolvida por Enrico Tullio Liebman,[2] há a possibilidade de existência de capítulos que versem exclusivamente sobre o mérito ou relativos a questões processuais, podendo estes serem heterogêneos, onde o magistrado irá analisar primeiramente a preliminar de mérito e rejeitá-la, passando depois a análise do mérito propriamente dito, acolhendo-o ou rejeitando-o.

No processo civil brasileiro, a teoria adotada é a utilizada por Liebman e transplantada para a nossa realidade por Cândido Rangel Dinamarco em sua obra capítulos de sentença. A única diferença relevante, que é relativa aos capítulos processuais, pois Dinamarco os diferencia em extintivos ou não e Liebman não realizava tal subdivisão. *Assim, para o presente trabalho, capítulo de sentença são as decisões autônomas contidas no dispositivo da decisão.*

Mais especificamente em relação ao tema proposto, deve ser feita a análise detida da existência dos capítulos independentes, dependentes e condicionantes.

Os capítulos independentes o são pelo fato de (a) poderem ser alvo de ações autônomas, havendo apenas eventual junção destes em ação únicas e (b) cada um é regido por pressupostos próprios, "que não se confundem necessariamente nem por inteiro com os pressupostos dos demais".[3]

---

2. LIEBMAN, Enrico Tullio. "Parte" o "capo" di sentenza. *Rivista di diritto processuale civile*. Pádua: Cedam, v. XIX, 1964.
3. DINAMARCO, Cândido Rangel. *Capítulos de Sentença*. 4ª ed. São Paulo: Malheiros, 2009, p 43. Ressalta Júlio Cesar Bebber que apenas neste segundo sentido de autonomia é que se pode considerar a autonomia dos capítulos exclusivamente processuais. (BEBBER, Júlio César. Recurso parcial e formação gradual da coisa julgada sob o enfoque dos capítulos de sentença. Revista de Direito do Trabalho. São Paulo: RT, n. 134, abr./jun.-2009, p. 156).

Os capítulos dependentes são os que possuem relação de subordinação em relação a outro a ele antecedente. Um exemplo seria o dos juros, os quais só são devidos e analisados se o pedido principal for acolhido, assim, a sua análise estaria vinculada e determinada pela análise do capítulo condicionante. Não sendo provido o capítulo principal, os juros seriam implicitamente rejeitados, restando prejudicada a sua análise. Outro exemplo é o pedido de alimentos em ação de paternidade. Como bem afirma a doutrina, essa "dependência decorre da impossibilidade lógica de subsistir determinado capítulo quando um outro tiver sido negado"[4].

Para tratar de capítulos condicionantes e dependentes, é interessante formular um exemplo: se A entra com uma demanda realizando uma cumulação de pedido onde há um principal e um sucessivo, por exemplo, realizando um pedido de reconhecimento de paternidade e o de alimentos. O pedido de reconhecimento de paternidade será o condicionante, pois condiciona a análise do pedido de alimento, no sentido de que este só será analisado se o primeiro for provido.

Portanto, percebe-se que o capítulo condicionante pode impedir ou determinar o julgamento do capítulo dependente, havendo uma relação de dependência do dependente para com o condicionante.

Pode ainda haver uma cisão quantitativa, ou seja, em uma pretensão formalmente única, caso esta seja suscetível de divisão, de contagem numérica, em especial, em dinheiro. Neste ponto, afirma Chiovenda que quando se trata de quantidade, a sentença pode ser cindida em tantos capítulos quantas forem as unidades.

Em suma, no exemplo supra, o capítulo de danos materiais refere-se a cem mil, mas na sentença, o magistrado confere sessenta. Nesse caso, a sentença será cindida em dois capítulos de mérito; um referente aos sessenta mil e o outro relativo aos quarenta mil.

3. SOBRE AS DECISÕES PARCIAIS DE MÉRITO E A FORMAÇÃO DA COISA JULGADA PROGRESSIVA

Em geral, a cognição exauriente irá ocorrer apenas na sentença, ao fim do procedimento, com a devida oportunização do contraditório, produção de provas etc. No entanto, ainda sob o prisma do CPC/1973, especialmente com a introdução do §6º do art. 273, por meio da Lei 10.444/2002, a doutrina passou a defender a

---

4. FERNANDES, Marcus Vinicius Tenorio da Costa. *Capítulos de sentença*. Dissertação de Mestrado. São Paulo: USP, 2002, p. 74.

possibilidade da decisão interlocutória com cognição exauriente, em momento anterior à sentença. Seria possível que, em relação a um dos capítulos da decisão houvesse incontrovérsia, permitindo a antecipação parcial do julgamento do processo, com cognição exauriente e aptidão para a formação da coisa julgada material.[5] Conforme afirma Fredie Didier Jr. "Uma fruta madura não precisa esperar o amadurecimento de uma outra, ainda verde, para ser colhida"[6].

O CPC/2015 adotou um posicionamento mais claro sobre a temática ao admitir o julgamento fracionado do mérito por meio de decisão interlocutória em seu art. 356.[7] Houve a inserção de uma seção específica, denominada "Do julgamento antecipado parcial do mérito". Não parece mais ser possível a defesa da unicidade do julgamento do mérito apenas no momento da sentença diante do novo texto normativo.[8] Como destaca a doutrina, "A coisa julgada não ocorre apenas

---

5. Admitindo que o § 6º do art. 273 é decisão decorrente de juízo de cognição exauriente, gerando coisa julgada material e execução definitiva: CUNHA, Leonardo José Carneiro da. O § 6º do art. 273 do CPC: Tutela Antecipada Parcial ou Julgamento Antecipado Parcial da Lide? *Revista Dialética de Direito Processual Civil*. São Paulo: Dialética, v. 1, abr.-2003, p. 126; MITIDIERO, Daniel. *Processo civil e estado constitucional*. Porto Alegre: Livraria do Advogado, 2007, p. 45-48; PASSOS, José Joaquim Calmon de Passos. *Comentários ao Código de Processo Civil*. 9ª ed. Rio de Janeiro: Forense, 2005, p. 71-72; COSTA, Eduardo José da Fonseca. *O direito vivo das liminares*. São Paulo: Saraiva, 2011, p. 33-34; SIMONASSI, Mauro. A parte incontroversa da demanda: para uma teoria da cisão do mérito e do processo. *Revista de Processo*. São Paulo: RT, v. 236, out.-2014, p. 109-110; MARINONI, Luiz Guilherme. *Antecipação de tutela*. 10ª ed. São Paulo: RT, 2008, p. 294-295.

    Em sentido contrário: VILHENA NUNES, João Batista Amorim de. Cumulação de demandas, tutela antecipada, decisão parcial de mérito e sua execução. MOREIRA, Alberto Camiña; ALVAREZ, Anselmo Prieto; BRUSCHI, Gilberto Gomes (coords.). *Panorama atual das tutelas individual e coletiva*: estudos em homenagem ao professor Sérgio Shimura. São Paulo: Saraiva, 2011, p. 494-496; ZAVASCKI, Teori Albino. Antecipação da tutela em face do pedido incontroverso. Disponível em: http://www.abdpc.org.br/abdpc/artigos/Teori%20Zavascki(2)%20-formatado.pdf. Acesso às 10h, do dia 26.04.2015.

    Esse é também o posicionamento do STJ: STJ, 3ª T., REsp 1.234.887/RJ, Rel. Min. Ricardo Villas Bôas Cueva, j. 19/09/2013, DJe 02/10/2013.

6. DIDIER JR., Fredie. Inovações na antecipação dos efeitos da tutela e a resolução parcial de mérito. *Revista de Processo*. São Paulo: RT, v. 110, abr./jun.-2003, p. 232.

7. Art. 356. O juiz decidirá parcialmente o mérito quando um ou mais dos pedidos formulados ou parcela deles:

    I – mostrar-se incontroverso;

    II – estiver em condições de imediato julgamento, nos termos do art. 355.

    § 1º A decisão que julgar parcialmente o mérito poderá reconhecer a existência de obrigação líquida ou ilíquida.

    § 2º A parte poderá liquidar ou executar, desde logo, a obrigação reconhecida na decisão que julgar parcialmente o mérito, independentemente de caução, ainda que haja recurso contra essa interposto.

    § 3º Na hipótese do § 2º, se houver trânsito em julgado da decisão, a execução será definitiva.

    § 4º A liquidação e o cumprimento da decisão que julgar parcialmente o mérito poderão ser processados em autos suplementares, a requerimento da parte ou a critério do juiz.

    § 5º A decisão proferida com base neste artigo é impugnável por agravo de instrumento.

8. No mesmo sentido: SANTOS, José Carlos Van Cleef de Almeida. A resolução parcial do mérito no saneamento e a natureza jurídica do pronunciamento judicial: da doutrina de Pontes de Miranda ao Projeto do Novo Código de Processo Civil. DIDIER JR., Fredie; NOGUEIRA, Pedro Henrique Pedrosa; GOUVEIA FILHO, Roberto Campos. *Pontes de Miranda e o direito processual*. Salvador: Juspodivm, 2013, p. 552.

e tão-somente na sentença de mérito, mas sempre que existir decisão de mérito com cognição suficiente para a imunização".[9]

É inegável a opção legislativa de admitir o fracionamento da decisão que analisa o mérito de forma exauriente.[10] Note-se que o *caput* faz referência a que "O juiz decidirá parcialmente o mérito quando um ou mais dos pedidos formulados ou parcela deles" e, ainda, que o §3º destaca que, "se houver trânsito em julgado da decisão, a execução será definitiva". Não há mais como negar essa possibilidade do trânsito em julgado parcial. Era despida de justificativa razoável a limitação imposta pela doutrina e jurisprudência no sentido de que apenas a sentença pudesse ter aptidão à formação da coisa julgada material.

Assim, é evidente a possibilidade da formação da coisa julgada progressiva a partir da decisão parcial antecipada do mérito. No entanto, essa espécie de coisa julgada poderá ocorrer também, mesmo que só haja decisão de mérito na sentença. Para isso, é necessário verificar a possibilidade do recurso parcial e a relação existente entre o efeito devolutivo e o translativo.

4. RECURSO PARCIAL, EFEITO DEVOLUTIVO E TRANSLATIVO

Delineadas as diretrizes básicas da teoria dos capítulos de sentença e da possibilidade da decisão antecipada parcial do mérito, deve ser definida a possibilidade do trânsito em julgado parcial caso o mérito seja resolvido apenas na sentença.

O objeto do recurso será determinado pela matéria efetivamente impugnada pela parte em suas razões recursais.[11] Tal lógica é consagrada pelo art. 1.002, do CPC/2015, constante das disposições gerais acerca dos recursos, em que afirma que "A decisão pode ser impugnada no todo ou em parte". Essa é a definição básica do efeito devolutivo, no sentido de que o recurso abrangerá tão somente aquilo que for expressamente impugnado pelo recorrente. Se o direito de recorrer é um desdobramento do direito de ação, é lícito reconhecer que o efeito em tela é mera transposição do princípio da demanda para a seara recursal[12].

---

9. ARAÚJO, José Henrique Mouta. *A duração razoável do processo e o fenômeno da coisa julgada no novo código de processo civil*. Texto inédito, gentilmente cedido pelo autor.
10. Para uma análise detalhada dessa possibilidade de julgamento fracionado do mérito, cf.: SIQUEIRA, Thiago Ferreira. A fragmentação do julgamento do mérito no novo Código de Processo Civil. *Revista de Processo*. São Paulo: RT, v. 229, mar.-2014.
11. Aponta-se o fato de que há a necessidade do recorrente indicar os capítulos impugnados, pois do contrário, entender-se-á que o recurso é total. MOREIRA, José Carlos Barbosa. *O novo processo civil*. 25ª ed. Rio de Janeiro: Forense, 2005, p. 115.
12. BERMUDES, Sergio. Efeito devolutivo da apelação. MARINONI, Luiz Guilherme Marinoni (doord). *Estudos de direito processual civil: Homenagem ao professor Egas Dirceu Moniz de Aragão*. São Paulo: RT, 2005, p. 517.

O efeito devolutivo deve entendido como uma fragmentação da competência funcional permitindo o reexame da decisão pelo Poder Judiciário. Tem-se na atualidade que este efeito é mera transposição do princípio dispositivo para a seara recursal. Assim, se a parte apelou apenas de parcela da decisão, no exemplo da apelação, será defeso ao órgão *ad quem* reformar para pior a matéria recorrida, em face do princípio da proibição da *reformatio in pejus*. Já em relação à matéria não impugnada, esta sequer fará parte da matéria devolvida, sendo lhe proibida tanto a *reformatio in pejus* quanto a *reformatio in mellus*, uma vez que aqueles pontos não impugnados já transitaram em julgado.

A partir deste raciocínio é que há utilização do brocardo latino "*tantum devolutum quantum apelatum*", para determinar que a extensão da matéria a ser analisada no recurso será efetivamente definida pelo recorrente em suas razões recursais. No entanto, este brocardo não é o único a ser utilizado na seara recursal, uma vez que, este será complementado pelo "*vel appellari debebat*", sendo este relacionado a profundidade da cognição do magistrado[13].

Percebe-se, então, que o efeito translativo, que é um contraponto ao devolutivo, ao permitir que o magistrado julgue "fora do que consta das razões ou contra-razões do recurso, ocasião em que não se pode falar em julgamento *extra, ultra ou infra petita*".[14] Enquanto o efeito devolutivo é relacionado ao princípio dispositivo, o efeito translativo é relacionado ao princípio inquisitório, uma vez que se refere à atividade jurisdicional não vinculada a manifestação das partes, havendo nesse ponto, liberdade de iniciativa ao magistrado.[15]

O efeito devolutivo é relacionado com a extensão da matéria a ser analisada pelo magistrado, enquanto o translativo tem relação com a profundidade da matéria. Com base neste efeito, o juiz pode utilizar-se de argumentos não suscitados nos fundamentos recursais e mesmo de argumento ainda não utilizados, no caso de matérias cognoscíveis *ex officio*[16] sem ser atingido pela proibição da *reformatio in pejus*.

---

13. GOMES FILHO, Antonio Magalhães. FERNANDES, Antonio Scarance; PELLEGRINI, Ada. Recurso no processo penal: teoria geral dos recursos, recursos em espécie, ações de impugnação. São Paulo: RT, 1996, p. 52.
14. NERY JUNIOR, Nelson. *Teoria Geral dos Recursos*. 6ª ed. São Paulo: RT, 2004, p. 483.
15. NORATO, Ester Camila Gomes. O efeito translativo nos recursos extraordinários *latu sensu*. Revista Brasileira de Direito Processual. Belo Horizonte: Fórum, n. 59, jul./set.-2007, p. 53.
16. Destaque-se que, nessas hipóteses, impõe-se a prévia intimação das partes para se manifestar, nos termos do art. 10, do CPC/2015. Com mais vagar, sobre a proibição de decisão surpresa, com as devidas referências e sua justificativa em um modelo cooperativo de processo: PEIXOTO, Ravi . Rumo à construção de um processo cooperativo. Revista de Processo. São Paulo: RT, v. 219, mai.-2013.

Não é demais ressaltar: o efeito devolutivo limita o translativo, pois embora possa o magistrado reformar a decisão para pior pela existência de vício cognoscível de ofício, estará *limitado* à matéria efetivamente impugnada.

Para explicar melhor essa relação, é possível pensar em exemplo hipotético em que haja cumulação de danos morais com materiais, o magistrado julgue ambos procedentes e o réu impugne na apelação apenas o capítulo de danos morais. O tribunal estará limitado a conhecer apenas dos danos morais, por força do art. 1.013, *caput* do CPC/2015, sendo-lhe defeso analisar o capítulo referente aos danos morais, pois julgará *ultra petita*. No entanto, estará livre para apreciar todos os fundamentos utilizados no processo sobre o capítulo impugnado, inclusive podendo trazer argumentos não suscitados se forem cognoscíveis *ex officio*, de acordo com o art. 1.038, §§ 1º e 2º do CPC. Destaque-se que o §1º, do art. 1.038 é expresso ao permitir que o tribunal conheça das questões discutidas no processo "desde que relativas ao capítulo impugnado".

Assim, afirma Leonardo José Carneiro da Cunha que "enquanto a *extensão* é fixada pelo recorrente, a *profundidade* decorre de previsão legal".[17]

Não poderá, sobremaneira, expandir o tribunal sua cognição às matérias não impugnadas, ou seja, sendo a apelação parcial referente apenas ao capítulo de danos materiais, mesmo que seja reconhecida a ilegitimidade das partes, tal será limitada pelas razões recursais da parte. Será vedada a expansão de conhecimento da matéria impugnada, uma vez que o capítulo não recorrido já terá sido atingido pela coisa julgada material.[18]

---

17. CUNHA, Leonardo José Carneiro. Termo inicial do prazo para ajuizamento da ação rescisória, capítulos de sentença e recurso parcial (RESP 415.586-DF - STJ). *Revista de Processo*. São Paulo: RT, n. 120, 2005. p. 219.
18. ARAÚJO, José Henrique Mouta. Rescisória, decisão interlocutória e coisa julgada progressiva: uma segunda visão sobre o Projeto do Novo CPC. DIDIER JR., Fredie; NOGUEIRA, Pedro Henrique Pedrosa; GOUVEIA FILHO, Roberto Campos. *Pontes de Miranda e o direito processual*. Salvador: Juspodivm, 2013, p. 582; BONICIO, Marcelo José Magalhães. Novos perfis da sentença civil: classificação, estrutura, capítulos, efeitos e coisa julgada. *Revista Dialética de direito processual*. São Paulo: Dialética, n. 53, ago.-2007, p. 110; MOREIRA, José Carlos Barbosa. *Comentários ao Código de Processo Civil*. 15ª ed. Rio de Janeiro: Forense, 2009, v. 5, p. 356-357; GARCIA, Gustavo Filipe Barbosa. Coisa julgada de capítulos autônomos da sentença. *Coisa julgada: novos enfoques no direito processual, na jurisdição metaindividual e nos dissídios coletivos*. São Paulo: Método, 2007, p. 55-56. Em sentido contrário: NERY JUNIOR, Nelson. *Teoria Geral dos Recursos*... cit. p. 477; TEIXEIRA, Guilherme Puchalski. Sentenças objetivamente complexas: impossibilidade do trânsito em julgado parcial. *Revista Dialética de Direito Processual*. São Paulo: Dialética, n. 162, ago.-2008, p.p. 242-243.
Por fim, fica a interessante reflexão da professora Clarisse Frechiani que, após profundo estudo sobre o tema da prejudicialidade, afirmou o seguinte acerca da polêmica, adotando a primeira posição: "Do encontro entre as normas que asseguram a segurança jurídica e as que se voltam a evitar o exercício ilegítimo da jurisdição, no momento de julgar a apelação interposta contra apenas uma parte da sentença devem prevalecer as primeiras. É muito cara ao sistema a estabilização das situações jurídicas: um processo que se preste a idas e vindas, avanços e retrocessos não pode trazer segurança jurídica aos litigantes. Essa ampliação da devolução traria o constante risco da *reformatio in pejus*, por não assegurar a estabilidade das partes não recorridas da decisão que beneficiem o recorrente. O autor, vencedor em primeira instância, que recorresse sozinho apenas para majorar o valor dos honorários advocatícios

Resta salientar que em certos casos, haverá esta expansão. Será nos casos em que haja relação de dependência mencionados anteriormente. Mesmo que a parte impugne apenas o capítulo condicionante, o recurso irá devolver o capítulo condicionado, uma vez que este não poderia subsistir, caso reformado o condicionante.

5. DA POSSIBILIDADE DE INTERPOSIÇÃO DE VÁRIAS AÇÕES RESCISÓRIAS

O art. 966 do CPC/2015 indica as possíveis causas de pedir da ação rescisória, havendo independência de uma em relação a outra, uma vez que a ação pode ser embasada em qualquer dos incisos, contanto que preencha os demais requisitos para sua proposição.

Cada um dos incisos é uma causa de pedir independente, ou seja, a parte poderia, ao invés de interpor apenas uma ação rescisória reunindo todas as *causas petendi*, poderia, na verdade, interpor diversas ações rescisórias, cada qual com sua causa de pedir. A junção destas causas de pedir são mera conveniência da parte e não uma obrigatoriedade, sendo apenas uma cumulação objetiva do tipo simples de várias causas de pedir e, possivelmente, de mais de um pedido.[19]

Tanto é que, sendo interposta uma ação rescisória por determinado inciso e sendo ela julgada improcedente, estando ainda dentro do prazo decadencial, nada impede a interposição de uma nova ação rescisória. Ainda, sendo proposta a ação rescisória, com base em vários incisos, basta que apenas um deles seja acolhido para que seja provido o pedido de rescisão da decisão.[20]

Ainda mais, para haver o cúmulo de pedidos, é necessário que o órgão jurisdicional referente seja competente para julgar todos eles e, conforme será demonstrado nos tópicos 6 e 7, é possível que o mesmo tribunal não seja competente para tratar de toda a matéria rescindível. Em outras palavras, se existem dois capítulos independentes A e B e o capítulo A transitou no tribunal local e o capítulo B no STJ, um destes tribunais não poderá rescindir o julgado do outro.

Abordando outro tema, mas neste sentido, assim se posiciona Barbosa Moreira:

> Por conseguinte, se se quiser pleitear a rescisão de ambas as decisões, a circunstância de contar-se o prazo decadencial a partir do mesmo momento não implicará que se possam cumular os dois

---

poderia ser surpreendido com a extinção do processo sem julgamento de mérito". (LEITE, Clarisse Frechiani Lara. *Prejudicialidade no processo civil*. São Paulo: Saraiva, 2008, p. 220)

19. ASSIS, Araken de. *Cumulação de ações*. 4ª ed. São Paulo: RT, 2002, p. 254.
20. Idem, ibidem. p. 254.

pedidos numa mesma ação rescisória: cada pleito terá de ser proposto em separado, e perante tribunais diferentes.[21]

6. PROBLEMÁTICA DOS PRAZOS COM O TRÂNSITO EM JULGADO PROGRESSIVO

Nos termos do art. 975, do CPC/2015, o prazo para a interposição da ação rescisória é de dois anos contados do trânsito em julgado da decisão rescindenda. Essa é a parte simples da questão.

Entretanto, conforme exposto anteriormente, é possível o trânsito em julgado progressivo. Nesse momento, surge um aspecto polêmico da doutrina, relacionado com a forma da contagem do prazo para a ação rescisória em tal hipótese.

Existem duas correntes desde a interpretação do texto do CPC/1973 e que devem se manter com o CPC/2015. A primeira defende que o prazo só começa a ser contado da última decisão proferida no processo, independentemente do momento em que transitem em julgado as decisões. A segunda defende que os prazos para a interposição das ações rescisórias podem ser contados de formas distintas, a depender do momento do trânsito em julgado do capítulo que se deseja rescindir, salvo exceções.

6.1. A contagem única do prazo

Para o STJ, o prazo para interposição da ação rescisória só tem sua contagem iniciada do trânsito em julgado da última decisão existente no processo, não importando se houve capítulos não impugnados nas demais instâncias. Inclusive, o tribunal editou a súmula de nº 401, afirmando que "O prazo decadencial da ação rescisória só se inicia quando não for cabível qualquer recurso do último pronunciamento judicial.".

Para tanto afirma que (a) Como o direito de ação, o processo e a sentença são unos, só poderá haver o trânsito em julgado quando todos os pontos controvertidos estiverem resolvidos (b) a admissão do trânsito em julgado progressivo geraria insegurança e atrasos na resolução da lide.

---

21. MOREIRA, José Carlos Barbosa. Sentença objetivamente complexa, trânsito em julgado e rescindibilidade. NERY JUNIOR, Nelson; WAMBIER, Teresa Arruda Alvim (orgs.). *Aspectos polêmicos dos recursos cíveis e assuntos afins*. 11ª ed. São Paulo: RT, 2007, v. 11, p. 172. Ainda sobre o tema, afirma Pontes de Miranda que "Há tantas ações rescisórias quantas as decisões trânsitas em julgado". (MIRANDA, Francisco Cavalcanti Pontes de. *Tratado da ação rescisória*. Campinas: Bookseller, 1998, p. 357).

Quanto ao ponto (a), o tema foi tratado no tópico 3, sendo demonstrado que o CPC/2015 foi expresso na admissão da formação da coisa julgada progressiva; já em relação ao ponto (b), tal admissão iria auxiliar na duração razoável do processo e efetividade processual, pois a parte que deseje rescindir um capítulo trânsito em julgado anteriormente a outro não teria que esperar até a resolução de todos os pontos controvertidos. Além disso, poderia haver o adiantamento do cumprimento de sentença definitivo, não fazendo sentido esperar a última decisão no processo para tanto.

É possível inserir mais um argumento em defesa do prazo único, derivado da literalidade do texto normativo. De acordo com o art. 975, do CPC/2015, "O direito à rescisão se extingue em 2 (dois) anos contados do trânsito em julgado da última decisão proferida no processo".[22] É bastante sedutora a interpretação de que a expressão "última decisão proferida no processo" impõe que a contagem do prazo apenas seja iniciada a partir do trânsito em julgado de todos os capítulos. Assim, seria irrelevante o momento do trânsito em julgado de cada capítulo, pois o prazo apenas seria iniciado com a última decisão proferida no processo. Para Daniel Amorim Assumpção Neves, seria possível o trânsito em julgado parcial, no entanto, a contagem do prazo se daria da seguinte forma: seria possível à parte ajuizar a ação rescisória desde o trânsito em julgado do capítulo impugnado, no entanto, o termo final ocorreria apenas dois anos após o trânsito em julgado da última decisão proferida no processo.[23]

Ocorre que o CPC/2015 admite, de forma expressa o trânsito em julgado parcial. Haveria uma contradição entre a admissão da coisa julgada parcial e, ao mesmo tempo, da contagem única para o ajuizamento da ação rescisória. A admissão desse posicionamento restritivo faria surgir um problema sem solução no caso de haver determinado capítulo não impugnado que se encaixe em uma das hipóteses de rescisão elencadas no art. 966 do CPC/2015. Por conta disso, a interpretação adequada a ser concedida a esse texto normativo deve ser no sentido de que ele faz referência à última decisão proferida em cada capítulo que

---

22. Criticando a redação do texto normativo por não ter tomado posição acerca da polêmica do prazo para a rescisória no caso do trânsito em julgado parcial, cf.: SANTOS, Welder Queiroz dos. Ação Rescisória: de Pontes de Miranda ao Projeto de Novo CPC. DIDIER JR., Fredie; NOGUEIRA, Pedro Henrique Pedrosa; GOUVEIA FILHO, Roberto Campos. *Pontes de Miranda e o direito processual*. Salvador: Juspodivm, 2013, p. 1222-1223. Destaque-se que o autor defende a contagem dos prazos autônomos, mas não indica qual entende ser o posicionamento do texto normativo do CPC/2015.

23. NEVES, Daniel Amorim Assumpção. *Novo Código de Processo Civil – Lei 13.105/2015*. São Paulo: Método, 2015, p. 497. No mesmo sentido: BARIONI, Rodrigo. Comentários ao art. 975. DIDIER JR., Fredie; TALAMINI, Eduardo; WAMBIER, Teresa Arruda Alvim; DANTAS, Bruno. *Breves comentários ao Novo Código de Processo Civil*. São Paulo: RT, 2015, p. 2.176; ATAÍDE JÚNIOR, Jaldemiro Rodrigues. Comentários ao art. 975. CÂMARA, Helder. *Comentários ao CPC*. Lisboa: Almedina, no prelo.

não possua qualquer relação de dependência com outro, ou seja, à decisão que substituiu por último cada capítulo.[24]

Acerca do posicionamento de Daniel Amorim Assumpção Neves, é possível destacar o seguinte problema, levantado por Ana Paula Schoriza em relação ao enunciado n. 401 do STJ, mas aplicável ao caso, ao afirmar que esta definição do início do prazo apenas ao fim de todos os recursos violaria frontalmente o princípio da isonomia. Tal se daria porque "enquanto uma parte tem dois anos para impugnar por meio de ação a sentença (acórdão), a outra pode ter seis, oito, dez anos, dependendo do número e do tempo que levará o recurso para ser julgado"[25]. Além disso, haveria violação da segurança jurídica ao permitir que um capítulo ficasse por um tempo indeterminado de anos sujeito a uma eventual rescisão.

No caso da posição de Daniel Amorim Assumpção Neves, haveria o trânsito em julgado, a parte poderia rescindir de imediato o capítulo de danos materiais. A questão é que o termo final do prazo ficaria a espera do trânsito em julgado dos demais capítulos, o que não parecer ser uma interpretação constitucionalmente adequada, como indicado.

O próprio STJ deu sinais de eventual alteração do seu posicionamento. No recurso especial n. 736.650, embora tenha reafirmado a validade do enunciado n. 401 de sua jurisprudência dominante, ressalvou eventual necessidade de novo exame do tema. Isso caso houvesse alteração do entendimento das turmas do STF (já realizado por uma delas, conforme será indicado) e fosse mantida a previsão da coisa julgada progressiva no à época projeto de NCPC, o que efetivamente foi mantido na redação final.[26]

6.2. A contagem autônoma dos prazos

O segundo entendimento defende a possibilidade de que o prazo para a rescisão, salvo casos excepcionais, começa a ser contado do trânsito em julgado do capítulo respectivo. Assim, seria irrelevante o momento de ocorrência do trânsito

---

24. DIDIER JR., Fredie; BRAGA, Paula Sarno; OLIVEIRA, RAFAEL. *Curso de direito processual civil*. 10ª ed. Salvador: Juspodivm, 2015, v. 2, p. 528-529. Acolhendo a argumentação ora defendida: OLIVEIRA JÚNIOR, Délio Mota de. A formação progressiva da coisa julgada material e o prazo para o ajuizamento da ação rescisória: contradição do novo código de processo civil. FREIRE, Alexandre; BARROS, Lucas Buril de Macedo; PEIXOTO, Ravi. *Doutrina Selecionada*: Processo nos tribunais e meios de impugnação às decisões judiciais. Salvador: Juspodivm, 2015, v. 6.
25. SCHORIZA, Ana Paula Schoriza. Capítulos da sentença: como o STJ tem se posicionado sobre o termo inicial para a contagem do prazo da ação rescisória? *Revista de Processo*. São Paulo: RT, n. 176, out.-2009, p. 213.
26. STJ, Corte Especial, REsp 736.650/MT, Rel. Min. Antonio Carlos Ferreira, j. 20/08/2014, DJe 01/09/2014.

em julgado da última decisão no processo, caso o referido capítulo tenha sido acobertado pela coisa julgada material anteriormente e o prazo de dois anos tenha sido ultrapassado.

Com esse posicionamento, é possível que, dentro de um mesmo processo, existam diversos prazos autônomos para a rescisão de cada um dos capítulos decisórios. É inegável que tal situação pode causas algumas dificuldades de ordem prática, a exemplo da eventual dificuldade para verificar se um determinado recurso impugnou aquele capítulo específico ou mesmo se há relação de prejudicialidade entre determinados capítulos que impediriam o seu trânsito em julgado autônomo. No entanto, para além da inegável possibilidade do trânsito em julgado parcial no CPC/2015, as vantagens da adoção deste posicionamento superam os eventuais problemas.

Elas estão tanto no plano teórico, quanto no aspecto prático, uma vez que este permite maior efetividade processual e densifica a duração razoável, ao permitir que o capítulo transitado em julgado já possa ser executado de maneira definitiva.

Ou seja, admitindo-se tal possibilidade, ter-se-ia que o prazo para a interposição da ação rescisória correspondente seria iniciado a partir do trânsito em julgado do da decisão rescindenda. Ou seja, se o capítulo A transitou em julgado no primeiro grau, o B no tribunal local e C em tribunal superior, existirão três prazos diversos a serem contados para a interposição da ação rescisória.

Além disso, esse posicionamento torna possível à parte que tenha contra si um capítulo desfavorável com trânsito em julgado, que já possa impugná-lo desde logo, sem esperar o fim de todo o processo.

O STF adotou este entendimento no recurso extraordinário 666.589, caso em que afirmou o tribunal que "Os capítulos autônomos do pronunciamento judicial precluem no que não atacados por meio de recurso, surgindo, ante o fenômeno, o termo inicial do biênio decadencial para a propositura da rescisória".[27] Por mais que tenha havido atecnia na utilização da terminologia de preclusão para fazer referência ao trânsito em julgado parcial, é evidente a sua admissão pelo STF. Do contrário, não teria admitido a contagem, em separado, do prazo da ação rescisória. Ainda é possível fazer menção ao fato de que o trânsito em julgado parcial já havia sido admitido no julgamento da AP 470[28] e, anteriormente, podia

---

27. STF, 1ª T., RE 666.589, Rel. Min. Marco Aurélio, j. 25/03/2014, DJe 03/06/2014. Em outros dois precedentes, o STF já havia adotado entendimento semelhante: No mesmo sentido: STF, Pleno, AR 903/SP, rel. Min. Cordeiro Guerra, j. 17.6.1982, DJU 17.9.1982; AI 393.992/DF, rel. Min. Sepúlveda Pertence, j. 30.05.2004, DJ 30.08.2004.
28. STF, Tribunal Pleno, AP. 470, Rel. Min. Joaquim Barbosa, j. 13/11/2013.

ser extraído do enunciado n. 354 do tribunal: "Em caso de embargos infringentes parciais, é definitiva a parte da decisão embargada em que não houve divergência na votação"

Destaque-se que a admissão do trânsito em julgado progressivo parte da interpretação, pelo STF, do art. 5º, da XXXVI, que trata da garantia da coisa julgada, na hipótese, da permissão de que seja forma de maneira parcelada, permitindo a execução definitiva imediatamente. Ou seja, trata-se de interpretação constitucional, da Corte competente para tanto, que deve, nesse sentido, superar o entendimento do STJ. Isso ocorre porque, na prevalência entre a leitura infraconstitucional e a constitucional de um mesmo texto, deve prevalecer o entendimento do STF sob o ponto de vista constitucional. Se o precedente deve ser tido como fonte do direito, o precedente constitucional é hierarquicamente superior ao infraconstitucional.[29] Além do mais, sendo o STF o intérprete final da Constituição, a interpretação à luz desse texto normativo deve prevalecer em detrimento do posicionamento dos demais tribunais. Em outras palavras, a decisão do STF no recurso extraordinário 666.589 tornou o enunciado n. 401 do STJ inconstitucional, por violar a garantia da formação da coisa julgada parcial.[30]

O mesmo entendimento é também adotado pelo TST ao afirmar, no inciso I, da súmula n. 100, que "O prazo de decadência, na ação rescisória, conta-se do dia imediatamente subseqüente ao trânsito em julgado da última decisão proferida na causa, seja de mérito ou não".

Há quem diga que a adoção desse posicionamento violaria o *programa da norma* contido no *caput* do art. 975, do CPC/2015.[31] Não parece ser esse o caso. Trata-se de uma interpretação sistemática, a partir da adoção expressa da coisa julgada parcial (art. 356), da atuação do princípio da igualdade (art. 8º), que exige que os capítulos tenham, todos, o mesmo prazo de dois anos. Admitir que a contagem apenas inicia após o trânsito em julgado do último capítulo é permitir que algumas decisões possam ter um prazo de cinco, oito, dez anos para serem rescindidas. Além disso, o próprio princípio da segurança jurídica, de natureza constitucional, também exige essa interpretação, sob pena de se permitir que uma decisão acobertada pela eficácia da coisa julgada material fique sob uma

---

29. Sobre o tema da natureza hierárquica do precedente, cf.: PEIXOTO, Ravi. A modulação da eficácia temporal na superação de precedentes: uma análise a partir da segurança jurídica e da confiança legítima. Dissertação de Mestrado. Recife: UFPE, 2015, p. 122-125. Também fazendo menção ao tema: MACÊDO, Lucas Buril de. Contributo para a definição de *ratio decidendi* na teoria brasileira dos precedentes judiciais. Revista de Processo. São Paulo: RT, n. 234, ago.-2014, p. 320-322.
30. Nesse sentido: CRUZ E TUCCI, José Rogério. Uma luz no fim do túnel: a inconstitucionalidade da Súmula 401/STJ. Disponível em: http://www.conjur.com.br/2014-dez-09/luz-fim-tunel-inconstitucionalidade-sumula-401stj, acesso às 23h, do dia 08/04/2015.
31. ATAÍDE JÚNIOR, Jaldemiro Rodrigues. Comentários ao art. 975... cit.

situação de insegurança por um tempo indefinido. Assim, a interpretação ora defendida deve prevalecer tanto pelo prisma da interpretação sistemática, como pela eficácia normativa da constituição que determina uma filtragem da legislação constitucional a partir do texto constitucional.[32]

Por fim algumas ressalvas devem ser efetuadas no caso de capítulos dependentes, pois estes acompanham o destino do principal, não havendo a possibilidade do trânsito em julgado destes anteriormente ao do principal.[33] Por exemplo, caso a parte recorra apenas do pedido principal, mas não dos juros, estes serão considerados abrangidos pelo recurso, pois o capítulo de juros está subordinado ao principal.

7. COMPETÊNCIA DA AÇÃO RESCISÓRIA

A competência para processamento da ação rescisória é exclusiva dos tribunais, cabendo a cada um deles rescindir suas próprias decisões. Acerca da definição dessas competências, tem-se o art. 102, I, j, da Constituição indicando que cabe ao STF processar e julgar as ações rescisórias de seus julgados, o 105, I, da CR indica o mesmo para o STJ e o art. 108, I, b, indica que cabe também aos TRF's a competência originária para rescindir os próprios julgados. Por fim, em relação aos Tribunais Estaduais, também é deles a competência para processar e julgar as ações rescisórias de seus próprios julgados, sendo esta definida pelas constituições estaduais, de acordo com o art. 125, § 1º, da CF/88.

Caso a decisão a ser rescindida seja do primeiro grau, mesmo assim, caberá ao tribunal hierarquicamente superior conhecer da ação rescisória. Assim, a competência para processamento da ação rescisória da decisão transitada em julgado na primeira instância será do tribunal competente para apreciar o recurso ordinário cabível da decisão que se almeje rescindir (com exceção dos embargos de declaração).

---

32. No mesmo sentido: DIDIER JR., Fredie; BRAGA, Paula Sarno; OLIVEIRA, Rafael. *Curso de direito processual civil...* cit., p. 529.
33. No mesmo sentido: CARDOSO, Oscar Valente. Capítulos de sentença, coisa julgada progressiva e prazo para ação rescisória. *Revista Dialética de Direito Processual Civil*. São Paulo: Dialética, n. 70, jan.- 2009, p. 79-80; SHIMURA, Sérgio. Prazo para a ação rescisória. *Revista de Processo*. São Paulo: RT, v. 209, jul.-2012, p. 209. Ainda Barbosa Moreira destaca que "Cumpre ressalvar que os capítulos meramente acessórios de algum outro ficam abrangidos pela impugnação relativa ao capítulo principal, mesmo que o recorrente silencie a respeito deles" MOREIRA, José Carlos Barbosa. *Comentários ao código de processo civil...* cit., p. 356. Na seara jurisprudencial, o TST parece ter o mesmo entendimento, ao indicar, no inciso II, da súmula 100 de sua jurisprudência dominante, que "Havendo recurso parcial no processo principal, o trânsito em julgado dá-se em momentos e em tribunais diferentes, contando-se o prazo decadencial para a ação rescisória do trânsito em julgado de cada decisão, *salvo se o recurso tratar de preliminar ou prejudicial que possa tornar insubsistente a decisão recorrida, hipótese em que flui a decadência a partir do trânsito em julgado da decisão que julgar o recurso parcial*".

Para a melhor definição desta competência, é necessária a análise do efeito substitutivo, por ser ele será imprescindível para determinação de onde houve o trânsito em julgado da decisão em questão.

Ainda em relação ao seu fundamento, tem-se que um de seus objetivos primordiais é o de coibir a existência de duas decisões sobre a mesma matéria, sejam coincidentes ou não no respectivo teor.[34]

De acordo com o art. 1.008 do CPC, haverá o efeito substitutivo[35] quando; a) em qualquer hipótese (*error in iudicando ou in procedendo*) for negado provimento ao recurso; b) em caso de *error in iudicando*, for dado provimento ao recurso.

Sendo assim, se for dado provimento ao recurso, com base em *error in procedendo*, não haverá o efeito substitutivo, uma vez que os autos serão devolvidos à instância originária[36]. Também não haverá efeito substitutivo caso o recurso não seja conhecido pelo tribunal.

Feita breve reflexão sobre o efeito substitutivo, tem-se que *a competência para processamento da ação rescisória será do tribunal que proferiu a decisão substitutiva*. Ou seja, havendo o efeito substitutivo, será do tribunal correspondente a competência para conhecer da ação rescisória, do contrário, será do órgão inferior.

Pode ainda este efeito ser total ou parcial. Será total quando o recurso impugnar toda a matéria da decisão e forem preenchidos os pressupostos acima delineados. Terá ainda que ser total quando houver litisconsórcio unitário e quando os demais pontos da decisão não forem independentes[37]. Será parcial quando o recurso não impugnar toda a matéria da decisão, havendo assim o trânsito em julgados dos capítulos não impugnados e a possibilidade de execução definitiva destes[38].

No entanto, é ainda necessário analisar se o mérito da ação rescisória será coincidente ao mérito do recurso interposto, por ser possível haver recurso excepcional parcial e a decisão rescindenda ser completamente referente à decisão

---

34. ASSIS, Araken de. *Manual de Recursos*. 2ª ed. São Paulo: RT, 2008, p. 259
35. Não se ignora o entendimento de Flávio Cheim Jorge no sentido de que o efeito substitutivo não é propriamente um efeito, mas mera consequência do efeito devolutivo, no entanto, nos afigura mais didático apresentar esta consequência como um efeito a parte no presente texto. (CHEIM, Flávio Cheim. *Teoria Geral dos Recursos Cíveis*. Rio de janeiro: Forense, 2003, p. 252).
36. STJ, 3ª T. Resp 744.271, rel. Min. Nancy Andrighi, j. 06.06.2006, DJU 19.06.2006.
37. LUCON, Paulo Henrique dos Santos. Efeitos imediatos da decisão e impugnação parcial e total. ALVIM, Eduardo Pellegrini de Arruda; NERY JR., Nelson; WAMBIER, Teresa Arruda Alvim. *Aspectos polêmicos e atuais dos recursos*. (coords). São Paulo: RT. 2000, p. 531.
38. OLIVEIRA, Gledson Kleber Lopes de. *Apelação no direito processual civil*. São Paulo: RT, 2009. p. 255.

proferida pelo tribunal local. Portanto, é necessário que a matéria suscitada na ação rescisória seja referente exatamente "àquela atingida pela substituição, raciocínio que não se estende a outros argumentos não deduzidos e discutidos no recurso".[39]

8. COMPETÊNCIA DA AÇÃO RESCISÓRIA EM FACE DA COISA JULGADA PROGRESSIVA

Definidos os aspectos básicos da competência da ação rescisória, é importante destacar que é defeso aos tribunais invadirem a competência dos demais. Apenas incumbe a cada tribunal rescindir, salvo exceções, *apenas os capítulos decisórios que conheceu, seja em competência originária ou recursal*. Ultrapassada essa competência, em tese, caberia outra ação rescisória por violação de competência, posto que inexiste autorização normativa para que um tribunal possa rescindir decisão do outro, mesmo que este lhe seja inferior.

Como destacado pelo enunciado n. 337 do Fórum Permanente de Processualistas Civis, "A competência para processar a ação rescisória contra capítulo de decisão deverá considerar o órgão jurisdicional que proferiu o capítulo rescindendo". Mais uma vez se destaca: não há previsão no ordenamento jurídico brasileiro à expansão de competência para admitir que determinado tribunal possa conhecer de ação rescisória em face de capítulo sobre o qual não decidiu.

Assim, havendo o trânsito em julgado progressivo de capítulos independentes – o capítulo A transitou no tribunal local e o capítulo B no STJ – a competência para rescindir os julgados será respectivamente do tribunal local em relação ao capítulo A e do STJ em relação ao capítulo B, não podendo no caso ser interposta uma ação rescisória total no STJ, pois se assim o fosse, estaria este tribunal usurpando a competência do tribunal local, incorrendo assim, em vício de incompetência absoluta[40].

Observa-se que há aqui algumas possibilidades. Pode a parte interpor apenas uma rescisória parcial no tribunal onde transitou em julgado o capítulo correspondente, ou, querendo rescindir ambos os capítulos, geralmente deverá

---

39. ARAÚJO, José Henrique Mouta. Notas sobre o efeito substitutivo do recurso e seu reflexo na ação rescisória. *Revista de Processo*. São Paulo: RT, v. 145, mar.-2007, p. 21. Ainda neste sentido, já se posicionou o STJ: STJ, 2ª T. STJ, REsp 905.738/SE, Rel. Min. Castro Meira, j. 04.06.2009, DJe 17.06.2009.
40. Não é este o entendimento de Rodrigo Barioni, afirmando que nestes casos, a competência do tribunal hierarquicamente superior se estende as demais questões não julgadas anteriormente ocorrendo assim a competência por absorção. BARIONI, Rodrigo. Observações sobre o procedimento da ação rescisória. NERY JÚNIOR, Nelson; WAMBIER, Teresa Arruda Alvim (orgs.). *Aspectos polêmicos e atuais dos recursos cíveis e de outras formas de impugnação às decisões judiciais*. São Paulo: Revista dos Tribunais, 2006, v. 10. p. 525.

interpor duas ações rescisórias, uma em cada tribunal e respeitando a sua competência.

Ainda neste ponto, vale ressaltar a lição de Ponte de Miranda afirmando que "Se a sentença continha três pedidos e o trânsito em julgado, a respeito de cada um, foi em três graus de jurisdição, há tantas ações rescisórias quanto os graus de jurisdição".[41] Vale salientar que, havendo a interposição de ação rescisória perante órgão incompetente, mas havendo a correta indicação da decisão rescindenda, os autos deverão ser remetidos ao órgão competente, por força do art. 64, § 2º do CPC/2015[42].

Para melhor definição, é preciso relembrar a existência de capítulos dependentes e de capítulos independentes. No caso dos capítulos que se deseje rescindir, caso inexista relação de dependência, é defeso a qualquer tribunal, superior ou inferior invadir a competência do outro[43].

No entanto, este entendimento deve ser diverso no caso de capítulos com relação de dependência entre eles. Se a parte entra com uma ação requerendo (a) rescisão de contrato e (b) perdas e danos decorrentes de descumprimento de cláusula contratual e o capítulo b transite em julgado no tribunal local e o a no STJ, fará mais sentido a interposição de apenas uma ação rescisória no tribunal que analisou o pedido principal.

Tal se dá, pois do contrário, interpondo-se duas ações rescisórias, teria a parte que "(a) pleitear a suspensão prejudicial da rescisória de competência do STJ, (b) que poderia ser negada pelo tribunal superior; (c) que se estende ao máximo de um ano, após o qual se deve retomar o seu curso etc."[44]

---

41. MIRANDA, Francisco Cavalcanti Pontes de. *Tratado da ação rescisória...* cit. p. 357.
42. BARIONI, Rodrigo. Observações sobre o procedimento da ação rescisória... cit. p. 526. Destaque-se que, na hipótese de ser indicada a decisão errada a ser rescindida, o CPC/2015 modifica o posicionamento jurisprudencial ao permitir a emenda nessas hipóteses. Nesse sentido, o §5º, do art. 968 prevê o seguinte: § 5º Reconhecida a incompetência do tribunal para julgar a ação rescisória, o autor será intimado para emendar a petição inicial, a fim de adequar o objeto da ação rescisória, quando a decisão apontada como rescindenda: I - não tiver apreciado o mérito e não se enquadrar na situação prevista no § 2º do art. 966; II - tiver sido substituída por decisão posterior.
43. Assim aponta Rodrigo Klippel "não há justificativa para que o órgão de última instância absorva a competência para o processamento e julgamento dos pedidos de rescisão do(s) capítulo(s) da sentença que deveria(m) ser rescindido(s) por tribunal inferior quando eles sejam independentes, visto que a reapreciação de um pedido em nada influencia a reapreciação do outro" (KLIPPEL, Rodrigo. *Ação rescisória: teoria e prática*. Niterói: Impetus, 2008, p. 32). No mesmo sentido: YARSHELL, Flávio Luiz. *Ação Rescisória*. São Paulo: Malheiros, 2005, p. 279; CÂMARA, Alexandre Freitas. *Ação rescisória*. Rio de Janeiro: Lumen Juris, 2007, p. 50-51; CARNEIRO, Athos Gusmão. *Ação rescisória, biênio decadencial e recurso parcial*. Disponível em www.abdpc.org.br, consultado em 20.04.2015, às 12h.
44. KLIPPEL, Rodrigo. *Ação rescisória...* cit., p. 33.

8.1. Análise dos precedentes do STJ e do STF

Em relação ao entendimento do STJ, este não parece ser bastante claro, pois embora no acórdão que ventilou a hipótese de prorrogação de competência afirme-se que "Havendo decidido parte do mérito da causa, compete ao Superior Tribunal de Justiça julgar, na integralidade, a ação rescisória subseqüente, ainda que o respectivo objeto se estenda a tópicos que ele não decidiu"[45] e no julgado que reafirmou tal posição, a relatora Ministra Nancy Andrighi afirme que, em ação rescisória onde se objetiva a declaração de falsidade de título executivo e mudança quanto ao entendimento relativo a incidência de correção monetária e o recurso especial só foi conhecido quanto ao segundo tema e mesmo assim seria o STJ competente para conhecer da totalidade da ação rescisória[46], não é assim que transparece pela análise do inteiro teor destes acórdãos.

O que se percebe, é que, na verdade, houve um impropriedade em relação a análise do mérito pelos tribunais superiores, tendo em vista que, no decorrer dos demais votos de ambos os acórdãos, os ministros chegam a conclusão de que na verdade, os acórdãos analisaram os capítulos principais do mérito[47], sendo assim, poder-se-ia afirmar que a posição do STJ está contida no entendimento exposto, admitindo-se a interposição da ação rescisória em apenas um tribunal quando este houver analisado o capítulo condicionante e o outro apenas capítulo dependente.

No entanto, não há de se concordar com as razões expostas para tal conclusão, pois de acordo com o Ministro Menezes Direito, nos autos da Ação Rescisória 1.115/SP, tal se daria pelo princípio de que a jurisdição especial atrairia a comum. Na verdade, tal prorrogação tanto se dará pela relação de dependência dos capítulos não analisados que ela ocorrerá mesmo que o capítulo principal tenha

---

45. STJ, 2ª Seção, AgRg na AR n.º 1.115/SP, Rel. p/ acórdão Min. Ari Pargendler, DJ de 19/12/2003.
46. STJ, 2ª Seção, AR 2.895/SP, Rel. Min. Nancy Andrighi, j. 11.05.2005, DJ 29.08.2005 p. 144. No entanto, ressalta-se que, embora pelo inteiro teor dos acórdãos, a posição seja diversa, não se podes coadunar com os termos do voto da relatora, pois vai de encontro ao exposto no presente tópico, pois do teor do seu voto, admite-se que o tribunal hierarquicamente superior que julgou apenas capítulo acessório possa absorver a totalidade da competência para processar a ação rescisória.
47. Não é outro entendimento que se pode extrair do voto do Ministro Menezes Direito nos autos da AR 1.115/SP: "O que existe aqui é o enfrentamento de questões que foram objeto da decisão recorrida examinada pelo Acórdão rescindendo, embora, em parte, tenha a Corte levantado o óbice da Súmula nº 07. Mas, mesmo assim, tenha-se presente que os termos da rescisória são todos voltados para a decisão desta Corte, mesmo quando desafia o ponto, e é apenas um deles, o da testemunha que teria a eiva da suspeição, assim ao questionar que a Corte desconheceu o que constava do próprio Acórdão recorrido, e, portanto, incontroverso, sobre a qualidade de credor do embargante, afastada, por isso, a afirmação de reexame de prova, isto é, a cobertura da Súmula nº 07."

sido analisado pelo tribunal local e não pelo STJ, devendo a ação rescisória ser interposta no primeiro[48].

Em decisões posteriores, no entanto, o tribunal reforçou o aparente entendimento defendido nos precedentes mencionados. Nessas hipóteses, mencionou o STJ, "que é da competência deste Superior Tribunal de Justiça processar e julgar ações rescisórias que veiculem ao menos um dos aspectos do litígio que foram efetivamente enfrentados no âmbito do recurso especial, podendo-se cogitar ainda, em tese, de eventual prorrogação quanto aos demais temas correlatos".[49]

Em outro precedente, o tribunal ainda foi mais específico, ao afirmar que nos casos "em que o acórdão rescindendo (proferido por esta augusta Corte) decide parte do mérito da causa originária, esta colenda Segunda Seção reconhece a competência deste Tribunal Superior para conhecer e julgar a ação rescisória destinada a desconstituí-lo, ainda que o objeto da ação rescisória não tenha sido abordado na decisão rescindenda".[50]

No caso do STF, o tribunal parece coadunar com os posicionamentos defendidos nesse texto. Caso haja trânsito em julgado múltiplo em tribunais diversos, caso a parte objetive rescindir apenas o capítulo que não foi conhecido pelo STF, tem-se o enunciado n. 515 da jurisprudência dominante do STF[51], a qual é bastante clara em seus termos, no sentido de que a competência para processamento da ação rescisória será do tribunal que proferiu a decisão rescindenda.

Em relação à hipótese em que a parte objetive rescindir ambos os capítulos, o STF, mudando o seu entendimento[52], tem passado a adotar a tese ora defendida, no sentido de que não poderá o tribunal processar ação rescisória que

---

48. Neste exato sentido aponta Rodrigo Barioni: "Havendo julgados dependentes, a ação rescisória destinada a desconstituir o julgado que contém o pedido "principal" deve ser proposta perante o órgão que o proferiu. (...) Pouco importa, aqui, se o pedido dependente foi julgado por tribunal hierarquicamente superior. Opera-se a extensão dos efeitos da procedência da ação rescisória à decisão que versa sobre matéria dependente". (BARIONI, Rodrigo. Observações sobre o procedimento da ação rescisória... cit. p. 526). Em sentido oposto, afirmando que a ação rescisória deve ser proposta no tribunal hierarquicamente superior: YARSHELL, Flávio Luiz. Ação Rescisória... cit. p. 278-279; KLIPPEL, Rodrigo. Ação rescisória... cit., p. 32-33.
49. STJ, 2ªT., REsp 905.738. Rel. Min. Castro Meira, j. 04.06.2009, DJ 17.06.2009. Nesse mesmo sentido: STJ, 3ª, REsp 1.219.276/GO, Rel. Min. Nancy Andrighi, j. 16/08/2011, DJe 29/08/2011. Admitindo a prorrogação, com voto vencido do Ministro Castro Meira, indicando justamente que o tribunal estava ignorando o fato de que a rescisória era parcial, sem que tenha analisado argumentação da parte nesse sentido: STJ, 2ª T., REsp 1.297.878/GO, Rel. Min. Mauro Campbell Marques, j. 19/06/2012, DJe 04/09/2012.
50. STJ, 2ª Seção. AR 4.086/RS, Rel. Min. Massami Uyeda, j. 28/09/2011, DJe 13/10/2011.
51. S. 515: A competência para a ação rescisória não é do STF, quando a questão federal, apreciada no recurso extraordinário ou no agravo de instrumento, seja diversa da que foi suscitada no pedido rescisório.
52. "Sendo o S.T.F. competente para julgar um dos aspectos da rescisória, sua competência se prorroga àqueles que por ele não foram examinados anteriormente" (STF, Pleno, AR 1.006/MG, Rel. Min. Moreira Alves, j. 08.09.1977, DJ 02.06.1978; STF, Pleno, AR 1.274, Rel. Min. Sidney Sanches, j. 28.03.1996, DJ 20.06.1997).

contenha capítulos independentes não analisados pelo tribunal[53]. Nesse caso, deveria ajuizar uma rescisória no tribunal local, atacando o capítulo que nele transitou em julgado e outra no próprio STF.

9. CONCLUSÃO

A proposta do presente texto foi no sentido de ressaltar a importância do estudo da teoria dos capítulos de sentença e demonstrar algumas de suas consequências práticas quando aplicada a ação rescisória.

Em um primeiro aspecto, houve o tratamento detido dos prazos da rescisória nas hipóteses do trânsito em julgado progressivo. Para tanto, demonstrou-se a nítida opção legislativa pela formação da coisa julgada progressiva e como isso necessariamente implica na modificação do enunciado n. 401 do STJ e pela adoção dos entendimentos do STF e do TST.

Acerca da competência, tendo por base o cabimento de várias rescisórias objetivando atacar múltiplos capítulos, impõe-se também o devido cuidado analítico de sua relação com a teoria dos capítulos decisórios. A cada tribunal incumbe rescindir tão somente os capítulos que tenha efetivamente conhecido, seja em grau originário ou recursal.

---

[53] "O provimento, pelo acórdão rescindendo, de um dos pedidos da ação principal não é suficiente para atrair a competência desta Corte para o julgamento de outros pedidos independentes, que sequer foram conhecidos". (STF, Pleno, AR 1.800 AgR/SP, Rel. Min. Eros Grau, j. 23.03.2006, DJ 05.05.2006; STF, Pleno, AR 1.780 AgR/CE, Rel. Min. Eros Grau, j. 02.02.2006, DJ 03.03.2006). Importante a transcrição de trecho do voto de Eros Grau no primeiro acórdão que bem exemplifica o entendimento adotado: "O fato de a decisão impugnada ter dado provimento a um dos pedidos --- o referente ao Plano Bresser --- não é suficiente para atrair a competência desta Corte para o julgamento dos outros requerimentos formulados, que sequer foram conhecidos. Os pedidos formulados no processo que de origem a decisão rescindenda são absolutamente independentes. Cada um deles poderia consubstanciar uma ação específica. Em virtude desta autonomia, o julgamento de um ou outro não prejudica a análise dos demais. (...) A decisão rescindenda substitui o acórdão prolatado pelo tribunal de origem somente quando o recurso é conhecido e provido. O efeito substitutivo previsto no art. 512 do CPC não incide sobre os pedidos não conhecidos pelo acórdão rescindendo"

CAPÍTULO 11

Primeiras Linhas sobre a Disciplina da Ação Rescisória no CPC/15

Rodrigo Mazzei[1]
Tiago Figueiredo Gonçalves[2]

SUMÁRIO • 1. INTRODUÇÃO; 2. DISPOSIÇÃO DA DISCIPLINA DA AÇÃO RESCISÓRIA NO CPC/15; 3. ESPÉCIES DE PRONUNCIAMENTOS IMPUGNÁVEIS ATRAVÉS DE AÇÃO RESCISÓRIA; 4. CONTEÚDO DOS PRONUNCIAMENTOS PASSÍVEIS DE RESCISÃO: 4.1. DECISÃO DE MÉRITO; 4.2. DECISÃO TERMINATIVA; 4.3. DECISÃO DE INADMISSIBILIDADE DE RECURSO; 4.4. COISA JULGADA SECUNDUM EVENTUM PROBATIONIS NO PROCESSO COLETIVO; 5. RESCISÓRIA DE CAPÍTULO DA DECISÃO; 6. CAUSAS DE RESCINDIBILIDADE: 6.1. PREVARICAÇÃO, CONCUSSÃO, OU CORRUPÇÃO DO JUIZ; 6.2. JUIZ IMPEDIDO OU JUÍZO ABSOLUTAMENTE INCOMPETENTE; 6.3. DOLO OU COAÇÃO; 6.4. SIMULAÇÃO OU COLUSÃO; 6.5. OFENSA À COISA JULGADA; 6.6. VIOLAÇÃO MANIFESTA DE NORMA JURÍDICA; 6.7. FALSIDADE DE PROVA; 6.8. PROVA NOVA; 6.9. ERRO DE FATO; 7. LEGITIMIDADE: 7.1. TERCEIRO JURIDICAMENTE INTERESSADO; 7.2. MINISTÉRIO PÚBLICO; 7.3. AQUELE QUE NÃO FOI OUVIDO NO PROCESSO EM QUE OBRIGATÓRIA SUA INTERVENÇÃO; 8. MINISTÉRIO PÚBLICO COMO FISCAL DA ORDEM JURÍDICA NA AÇÃO RESCISÓRIA; 9. REQUISITOS DA PETIÇÃO INICIAL: 9.1. CITAÇÃO DO RÉU. PRAZO PARA RESPOSTA; 10. DEPÓSITO DE 5% (CINCO POR CENTO) DO VALOR DA CAUSA: 10.1. LIMITAÇÃO DO VALOR DO DEPÓSITO; 10.2. DISPENSA DO DEPÓSITO PRÉVIO; 11. CUMPRIMENTO DA DECISÃO RESCINDENDA E CONCESSÃO DE TUTELA PROVISÓRIA: 11.1. COMPETÊNCIA DO RELATOR PARA A APRECIAÇÃO DA TUTELA PROVISÓRIA; 12. PROCEDIMENTO COMUM. REVELIA; 13. ESCOLHA DO RELATOR; 14. PRODUÇÃO DE PROVA: 14.1. IUDICIUM RESCINDENS E IUDICIUM RESCISSORIUM; 14.2. DELEGAÇÃO; 15. APRESENTAÇÃO DE RAZÕES FINAIS ESCRITAS: 14.1. PRAZO PARA RAZÕES FINAIS; 16. CUMULAÇÃO DE PEDIDOS: 16.1. JUÍZO RESCINDENTE POSITIVO; 16.2. JUÍZO RESCISÓRIO; 16.3. VALOR DO DEPÓSITO, INADMISSIBILIDADE DA AÇÃO E IMPROCEDÊNCIA DO PEDIDO; 16.4. CUMULAÇÃO DE PEDIDOS DE RESCISÃO (IUDICIUM RESCINDENS) E REVERSÃO DO VALOR DO DEPÓSITO; 16.5. VALOR DO DEPÓSITO E JULGAMENTO LIMINAR DE IMPROCEDÊNCIA; 17. PRAZO PARA A PROPOSITURA DA RESCISÓRIA. NATUREZA: 17.1. PRORROGAÇÃO DO PRAZO; 17.2. PRAZO ÚNICO. TERMO INICIAL. MOMENTOS DISTINTOS: 17.2.1. TERMO INICIAL. REGRA GERAL; 17.2.2. TERMO INICIAL. REGRA GERAL. RESCISÓRIA ANTES DO TERMO INICIAL; 17.2.3. TERMO INICIAL. RESCISÓRIA FUNDADA EM PROVA NOVA; 17.2.4. TERMO INICIAL. RESCISÓRIA FUNDADA EM SIMULAÇÃO OU COLUSÃO DAS PARTES; 17.2.5. TERMO INICIAL. RESCISÓRIA FUNDADA EM LEI POSTERIORMENTE DECLARADA INCONSTITUCIONAL OU FUNDADA EM APLICAÇÃO OU INTERPRETAÇÃO DE LEI POSTERIORMENTE TIDA PELO STF COMO INCOMPATÍVEL COM A CONSTITUIÇÃO FEDERAL; 17.2.6. TERMO INICIAL E RECURSO NÃO CONHECIDO.

---

1. Pós-doutor (UFES – bolsa CAPES-REUNI), Doutor (FADISP) e Mestre (PUC/SP). Professor da graduação e do mestrado da Universidade Federal do Espírito Santo (UFES). Vice-presidente do Instituto dos Advogados do Estado do Espírito Santo (IAEES). Presidente da Escola Superior da Advocacia (ESA-OAB/ES).
2. Mestre e Doutor em Direito pela PUC/SP. Professor dos Cursos de Graduação e de Pós-Graduação do UNESC e da FUNCAB. Diretor da Escola Superior de Advocacia – ESA/ES

1. INTRODUÇÃO

A ação rescisória compreende instrumento jurídico destinado à impugnação de decisão judicial. É da tradição do nosso direito que sua veiculação se dê mediante a instauração de novo processo, distinto da relação processual em que proferida a decisão impugnada. É ato exógeno-processual. Trata-se, assim, de ação autônoma de impugnação às decisões judiciais.[3]

Por este opúsculo, busca-se fazer apontamentos iniciais a respeito do fenômeno da ação rescisória a partir da disciplina do tema no Código de Processo Civil de 2015 – Lei nº 13.105/2015 (CPC/15).

2. DISPOSIÇÃO DA DISCIPLINA DA AÇÃO RESCISÓRIA NO CPC/15

No Livro III, intitulado "dos processos nos tribunais e dos meios de impugnação das decisões judiciais", dentro do Título I, que dispõe sobre a "ordem dos processos e dos processos de competência originária dos tribunais", o legislador reservou o Capítulo VII para tratar da ação rescisória. A matéria é trabalhada em 10 (dez) artigos (CPC/15, arts. 966 a 975), com a mesma ordem de disposição que se tem presente no CPC/73: 1. causas de rescindibilidade (CPC/15, art. 966), 2. legitimidade (CPC/15, art. 967), 3. petição inicial (CPC/15, art. 968), 4. ausência de efeito suspensivo e antecipação de tutela (CPC/15, art. 969), 5. procedimento e contestação (CPC/15, art. 970), 6. ordem no tribunal (CPC/15, art. 971), 7. instrução (CPC/15, art. 972), 8. razões finais (CPC/15, art. 973), 9. juízo rescindente e juízo rescisório (CPC/15, art. 974), 10. prazo decadencial (CPC/15, art. 975).

3. ESPÉCIES DE PRONUNCIAMENTOS IMPUGNÁVEIS ATRAVÉS DE AÇÃO RESCISÓRIA

Ao empregar a palavra "decisão" em substituição a "sentença", antes presente em seu correspondente no CPC/73 (art. 485), o art. 966 do CPC/15, mais do que promover apuro técnico em seu texto, aponta para um novo modelo de processo no qual decisões parciais de mérito passam a ter legitimação expressa dentro do sistema,[4] e, enquanto tais, por terem aptidão para fazer coisa julgada, abrem caminho para sua impugnabilidade pela via da ação rescisória.

---

3. GONÇALVES, Tiago Figueiredo. *Apontamentos sobre a ação rescisória*: Direito civil e processo: estudos em homenagem ao professor Arruda Alvim. Coord.: Araken de Assis, Eduardo Arruda Alvim, Nelson Nery Jr., Rodrigo Mazzei, Teresa Arruda Alvim Wambier, Thereza Alvim. São Paulo: RT, 2007, p. 573; CARVALHO, Fabiano. *Ação rescisória:decisões rescindíveis*. São Paulo, Saraiva, 2010, p. 23; PIMENTEL SOUZA, Bernardo. *Introdução aos recursos cíveis e à ação rescisória*. 7ª. ed. São Paulo: Saraiva, 2007, p. 806-808.
4. Embora sob a vigência do CPC/73 tenha existido resistência, por parcela da doutrina, em relação à fragmentação do julgamento do mérito, o sistema dava margem à ocorrência do mesmo. Assim, quando

Se as sentenças são impugnáveis por ação rescisória, igualmente o são os acórdãos e as decisões monocráticas dos tribunais. Se o sistema autoriza o julgamento do mérito através de decisão interlocutória, seja com a realização de julgamento antecipado parcial do mérito (CPC/15, art. 356), seja quando julgado liminarmente improcedente um dos pedidos ou parcela do pedido deduzido (CPC/15, art. 332 c/c art. 356), não há como negar a impugnabilidade de tal pronunciamento pela via da rescisória.

4. CONTEÚDO DOS PRONUNCIAMENTOS PASSÍVEIS DE RESCISÃO

4.1. DECISÃO DE MÉRITO

Por decisão de mérito, para fins de cabimento da rescisória, entende-se o pronunciamento cujo conteúdo se amolda a qualquer das hipóteses dos incs. I, II e III do art. 487 do CPC/15. O texto não faz ressalvas. Toda e qualquer decisão de mérito é impugnável por meio de ação rescisória. Em outros termos, a *decisão de mérito por equiparação*, que é aquela pela qual o órgão jurisdicional se limita a homologar ato de disposição de direito (art. 487, III, do CPC/15), também é rescindível, desde que configurada uma das causas de rescindibilidade enumeradas no art. 966 do CPC/15.[5]

Não assusta a circunstância de inexistir previsão, no rol do art. 966 do CPC/15, de causa de rescindibilidade idêntica àquela antes encontrada no inc. VIII do art. 485 do CPC/73 ("houver fundamento para invalidar confissão, desistência ou transação, em que se baseou a sentença"). Aquele dispositivo tinha o único propósito de afastar qualquer dúvida quanto à possibilidade de, além da admissibilidade da ação anulatória voltada para impugnar o ato de disposição de direito objeto da decisão homologatória, também ser admissível a ação rescisória com o objetivo de impugnar diretamente a decisão que homologou o ato de vontade. Tanto que a rescisória que atacava decisão homologatória tinha que estar fundada em alguma das demais causas de rescindibilidade previstas em lei (v.g., quando tivesse sido proferida por juiz impedido ou juízo absolutamente incompetente).

Tão certo o que se acaba de sustentar, isto é, que continua sendo cabível ação rescisória contra a decisão que homologa ato de disposição de vontade,

---

indeferida a inicial ante a verificação de decadência ou de prescrição (CPC/73, art. 269 c/c art. 295), e interposta apelação, o tribunal poderia pronunciar acórdão reformando a sentença, a partir da premissa de que inexistente a decadência ou a prescrição. Parece não haver dúvida de que este pronunciamento apreciara parcela do mérito, fazendo-se até mesmo impugnável por rescisória.

5. No tema, confira-se: CARVALHO, Fabiano. *Ação rescisória:decisões rescindíveis*. São Paulo, Saraiva, 2010, p. 26-28.

que o CPC/15 o admite expressamente em seu art. 658, I: "É rescindível a partilha julgada por sentença: I – nos casos mencionados no art. 657." A este respeito, o Enunciado nº 137 do FPPC preceitua: "Contra sentença transitada em julgado que resolve partilha, ainda que homologatória, cabe ação rescisória."

4.2. DECISÃO TERMINATIVA

Diferentemente do que se verificava na vigência do Código de 1939, o CPC/73 optou por relacionar o cabimento da ação rescisória à existência de decisão de mérito, condicionando-a, pois, à configuração da coisa julgada material. Trata-se de evidente questão de política legislativa. Barbosa Moreira sempre se revelou favorável à fórmula do CPC/39.[6] Pontes de Miranda sustentava que foi "erro grave" a inserção do termo "de mérito" no art. 485 do CPC/73, sugerindo que a doutrina e a jurisprudência não o acolhessem.[7]

O CPC/15, *aparentemente*, e *só aparentemente*, mantém a tônica de seu antecessor. Esta impressão, que pode decorrer de uma leitura isolada do *caput* do art. 966, o qual expressamente alude a "decisão de mérito" como passível de rescisão, é logo *desconstruída* quando cotejado o *caput* do art. 966 com o seu § 2º, I e II, e com o art. 486, § 1º, também do CPC/15.

Observe-se que quando a decisão terminativa é fundada na existência de perempção ou de coisa julgada (CPC/15, art. 485, V), não existe a possibilidade de nova propositura da demanda, já que o CPC/15, numa leitura a *contrario sensu* de seu art. 486, § 1º, pressupõe inviável a correção do vício em tais casos. Assim, não obstante terminativas tais decisões seriam passíveis de impugnação

---

6. "Rescindível é apenas, no sistema do atual Código [CPC/73], a 'sentença de mérito'. No direito anterior, era possível rescindir decisões não definitivas, quer dizer, que não julgassem o *meritum causae*. Ao nosso ver, teria sido preferível manter o mesmo princípio; (...)." BARBOSA MOREIRA, José Carlos. *Comentários ao Código de Processo Civil*. 12. ed. Rio de Janeiro: Forense, 2005, v. 5: arts. 476 a 565, p. 109.

7. "E repetidamente temos de lamentar que o legislador de 1973 haja posto no primeiro artigo sobre a ação rescisória, a que dedicou o Capítulo IV do Título IX, constante do Livro I, a referência a 'sentença de mérito', porque não só sentenças de mérito são rescindíveis, e não se pode receber erro tão grave de redação". PONTES DE MIRANDA. *Tratado da ação rescisória: da sentença e de outras decisões*. Campinas: Bookseller, 1998, p. 158-159.
   "A despeito de no art. 485 do CPC se falar de 'sentença de mérito', qualquer sentença que extinga o processo sem julgamento de mérito (art. 267) e dê ensejo a algum dos pressupostos do art. 485, I-IX, pode ser rescindida." (idem, p. 171).
   "Sentenças que não julgaram o mérito podem ser rescindidas. A alusão do art. 485 a 'sentença de mérito' foi erro grave, que a doutrina e a jurisprudência não podem acolher, nem suportar." (idem, p. 184).
   "A rescindibilidade das sentenças nada tem com a produção da força, ou, sequer, do efeito da coisa julgada material. A coisa julgada, de que se trata, quando se permite a ação tendente à rescisão da sentença passada em julgado, é a coisa julgada formal, a força formal da coisa julgada." PONTES DE MIRANDA. *Comentários ao Código de Processo Civil*. Rio de Janeiro: Forense, 1975, t. VI: arts. 476-495, p. 222.

por ação rescisória, tal como preceitua expressamente o inc. I do § 2º do art. 966 do CPC/15.[8] Nestes casos, então, é de se admitir a rescisória, como, ademais, um dos autores deste opúsculo já sustentou em outra oportunidade, em texto publicado sob a vigência do CPC/73: "Apesar, porém, de só fazerem coisa julgada formal, tais provimentos, por força de lei, são óbice à repropositura da demanda. Sendo assim, não parece que a solução mais consentânea com o sistema seja a de, peremptoriamente, afastar o cabimento da rescisória em hipóteses que tais. Primeiro porque condicionar ou não a rescisória à configuração da coisa julgada material é, reitere-se, questão de política legislativa. Segundo porque quando o legislador do Código em vigor [CPC/73] optou por estabelecer a análise de mérito como requisito para que a ação rescisória tivesse cabida, o fez sob o pressuposto de que a decisão terminativa não constitui empecilho a que a parte proponha novamente a demanda"[9]

Mas não é só. Conquanto as decisões terminativas não façam coisa julgada material, e, portanto, via de consequência, não impeçam nova propositura da demanda (CPC/15, art. 486, *caput*),[10] existem várias decisões sem resolução de mérito que impedem a parte de simplesmente repetir a demanda nos moldes em que anteriormente proposta, *na medida em que sua repropositura pressupõe a correção do vício ensejador da decisão terminativa*. É o que sucede em relação à decisão que reconhece litispendência, ou que é fundada nos incisos I, IV, VI e VII do art. 485 do CPC/15 (vide § 1º do art. 486 do CPC/15).[11]

Ora, e se o vício reconhecido como existente e que ensejou a decisão terminativa transitada em julgado não estiver presente no processo, tendo sido, antes, ao menos na ótica do autor, produto de uma violação manifesta da norma jurídica (CPC/15, art. 966, V) cometida pelo órgão julgador? Como quando, por exemplo, o autor se afirma legitimado para a causa, a despeito de a decisão terminativa tê-lo considerado ilegitimado; ou quando sustenta que a demanda não é idêntica à outra ainda em curso, a despeito de a decisão terminativa haver considerado presente a litispendência. Se o pressuposto para a repropositura da demanda é a correção do vício, como haveria de fazê-lo?

---

8. "Art. 966. (...). § 2º Nas hipóteses previstas nos incisos do *caput*, será rescindível a decisão transitada em julgado que, embora não seja de mérito, impeça: I – nova propositura da demanda;"
9. GONÇALVES, Tiago Figueiredo. *Apontamentos sobre a ação rescisória*: Direito civil e processo: estudos em homenagem ao professor Arruda Alvim. Coord.: Araken de Assis, Eduardo Arruda Alvim, Nelson Nery Jr., Rodrigo Mazzei, Teresa Arruda Alvim Wambier, Thereza Alvim. São Paulo: RT, 2007, p. 576.
10. "Art. 486. O pronunciamento judicial que não resolve o mérito não obsta a que a parte proponha de novo a ação."
11. "Art. 486. (...), § 1º No caso de extinção em razão de litispendência e nos casos dos incisos I, IV, VI e VII do art. 485, a propositura da nova ação depende da correção do vício que levou à sentença sem resolução do mérito."

Não há como negar, pois, o cabimento da ação rescisória igualmente em todas estas hipóteses de decisão terminativa que têm a correção do vício como pressuposto para nova propositura da demanda. Ou seja, a despeito de serem decisões terminativas que, a rigor, não impeçam nova propositura da demanda, são rescindíveis, a teor do que preceitua o art. 966, § 2º, I, do CPC/15.

Conclui-se, então, que no CPC/15, se não todas, a grande maioria das decisões terminativas se sujeita à impugnação pela ação rescisória. Buscou-se um meio termo entre a regulação do CPC/39, que admitia a rescisória em face de todas as decisões terminativas, e o CPC/73 que, em linha de princípio, a inadmitia em todos os casos de decisão sem resolução de mérito.

4.3. DECISÃO DE INADMISSIBILIDADE DE RECURSO

Um dos autores deste opúsculo teve a oportunidade de consignar em outra oportunidade, na vigência do CPC/73: "A decisão que profere juízo negativo de admissibilidade de recurso, é cediço, não possui o condão de substituir a decisão recorrida. Tem natureza declaratória, isto é, certifica que ao recorrente não assiste o direito a ter o mérito do recurso apreciado, ante a ausência de pressuposto de admissibilidade recursal. Assim, por ela, o órgão jurisdicional não chega a adentrar no mérito do recurso (pedido de reforma, anulação, esclarecimento ou integração da decisão impugnada), muito menos no mérito da causa, razão pela qual a decisão recorrida subsiste incólume. Pelo teor do art. 485 do CPC, não seria passível, portanto, de ser impugnada por rescisória, a qual teria por objeto a decisão impugnada pelo recurso, naturalmente se de mérito."

"Tome-se por caso, nesse contexto, a hipótese de recurso cabível e interposto, porém não conhecido quando fosse o caso de conhecimento (a decisão toma o recurso por intempestivo, quando interposto dentro do prazo, ou toma o recurso por deserto, quando comprovado o recolhimento do preparo)."

"A questão não gera maiores complicadores se, pelo recurso, o recorrente alega *error in procedendo* ou *error in judicando* decorrente de má ou não aplicação do direito, já que tais matérias constituem fundamento para a rescisória. Sendo assim, aquele que recorre, mas não tem o recurso admitido, pode se socorrer da rescisória para impugnar a decisão contra a qual o recurso inadmitido foi interposto."

"Se, porém, a decisão é impugnada apenas por conter *error in judicando* decorrente de má apreciação de matéria de fato, não está o recorrente discutindo sua legalidade ou ilegalidade, e sim sua justiça ou injustiça. Alega, tão-só, pelo recurso, que o juiz tomou por inexistente fato que existiu, ou tomou por existente fato que não existiu."

"Nesse caso, se o recurso vem a ser inadmitido, quando presentes todos os requisitos para que o contrário ocorresse, a via da rescisória estaria obstada, já que na decisão de mérito, objeto do recurso, o erro, cuja existência se alega, diz respeito à má apreciação de matéria de fato, que não é causa para aquela ação de impugnação; enquanto a ilegalidade, esta sim fundamento para a rescisão, não se deu na decisão de mérito, e sim na que inadmitiu o recurso."

"Não parece, no entanto, seja esta a solução mais consentânea com o sistema. A rescisória haveria, pois, de ser cabível, *excepcionalmente*, contra decisão que não conhece de recurso, dês que reunidas as seguintes condições: 1. decisão de mérito impugnada por recurso; 2. ausência de causa para rescisão da decisão impugnada; 3. recurso interposto e não conhecido; 4. fundamento para desconstituição da decisão que inadmite o recurso."[12]

O CPC/15 agora expressamente, e sem estabelecer condicionantes, autoriza a rescisória da "decisão transitada em julgado que, embora não seja de mérito, impeça" a "admissibilidade do recurso correspondente" (CPC/15, art. 966, § 2º, II). A disposição ganha relevo diante de um novo modelo de processo que se busca estabelecer na e pela novel codificação; um processo que prima pela solução de fundo, que tem na primazia do conhecimento do mérito um de seus matizes, que, nesse contexto, apregoa a oportunidade de sanação de vícios formais antes de tê-los como causa para inadmissão de recurso (CPC/15, art. 932, par. ún. e art. 938, § 1º).[13] A decisão de inadmissibilidade de recurso que não se conforma a este novo paradigma, e que eventualmente veio a transitar em julgado, é passível de rescisória, a despeito de não possuir conteúdo de mérito.

4.4. COISA JULGADA SECUNDUM EVENTUM PROBATIONIS NO PROCESSO COLETIVO

No processo coletivo, a decisão proferida sem o esgotamento de provas, ou seja, a decisão em que o juiz se utiliza do ônus da prova como regra de

---

12. GONÇALVES, Tiago Figueiredo. *Apontamentos sobre a ação rescisória*: Direito civil e processo: estudos em homenagem ao professor Arruda Alvim. Coord.: Araken de Assis, Eduardo Arruda Alvim, Nelson Nery Jr., Rodrigo Mazzei, Teresa Arruda Alvim Wambier, Thereza Alvim. São Paulo: RT, 2007, p. 576.
13. "Art. 932. (...)."
    "Parágrafo único. Antes de considerar inadmissível o recurso, o relator concederá o prazo de 5 (cinco) dias ao recorrente para que seja sanado vício ou complementada a documentação exigível."
    "Art. 938. A questão preliminar suscitada no julgamento será decidida antes do mérito, deste não se conhecendo caso seja incompatível com a decisão."
    " § 1º Constatada a ocorrência de vício sanável, inclusive aquele que possa ser conhecido de ofício, o relator determinará a realização ou a renovação do ato processual, no próprio tribunal ou em primeiro grau de jurisdição, intimadas as partes."

julgamento não faz coisa julgada material, e, por conseguinte, não impede que qualquer legitimado coletivo, valendo-se de novas provas, volte a juízo para discutir a mesma matéria anteriormente decidida.

O não impedir a propositura de nova demanda é circunstância sombreada pela necessidade de que o legitimado coletivo apresente novas provas com as quais pretenda demonstrar o alegado; o que atrai para esta decisão a possibilidade de impugnação via ação rescisória.

5. RESCISÓRIA DE CAPÍTULO DA DECISÃO

Do mesmo modo que sucede com os recursos, os quais podem ser manejados para impugnar a decisão no seu todo ou apenas em parte sua (CPC/15, art. 1.002), também a ação rescisória pode ter por objeto somente um capítulo da decisão[14].

A doutrina em geral sempre foi assente com relação ao tema, admitindo até mesmo o manejo da rescisória com o exclusivo fim de desconstituir o capítulo da decisão em que fixada a verba honorária de sucumbência, a despeito da existência de entendimentos trôpegos dos tribunais, inclusive do STJ, que ora afirmavam essa possibilidade ora não (admitindo a rescisória para impugnar apenas capítulo de honorários: STJ, REsp 894.750/PR; negando o cabimento da rescisória em tal hipótese: STJ, AgRg no REsp 1.117.811/RS).

O § 3º do art. 966 do CPC/15[15] busca encerrar o debate, ao expressamente admitir que a rescisória seja voltada a impugnar apenas capítulo da decisão. A regra se aplica não apenas ao caso em que, diante de uma única e mesma decisão, capítulo específico seu seja impugnado através da rescisória. Se se considerar que a decisão de julgamento antecipado parcial do mérito (CPC/15, art. 356), ou ainda a decisão de improcedência liminar parcial do pedido (CPC/15, art. 332) são decisões que representam capítulos isolados e separados fisicamente, aos quais hão de ser acrescidos outros capítulos na decisão final em que apreciados os pedidos restantes, não há dúvida de que se tratam, também, de pronunciamentos passíveis de impugnação através de ação rescisória.

---

14. Sobre *capítulo de sentença*, é fundamental a leitura prévia de Cândido Rangel Dinamarco: "*Capítulo de sentença*, locução já em alguma medida integrada ao vocabulário do processualista brasileiro, é tradução da fórmula italiana *capo di sentenza*. Trata-se das partes em que a sentença comporta uma decomposição útil (...)" (*Capítulos de sentença*. São Paulo: Malheiros, 2002, p. 13). Com análise dos capítulos decisórios, inclusive sob a perspectiva das partes, confira-se: MAZZEI, Rodrigo. *Litisconsórcio sucessivo: breves considerações*. In: Fredie Didier Jr.; Rodrigo Mazzei. (Org.). Processo e Direito Material. Salvador: Juspodivm, 2009, p. 223-246.
15. "Art. 966. (...). § 3º A ação rescisória pode ter por objeto apenas 1 (um) capítulo da decisão."

6. CAUSAS DE RESCINDIBILIDADE

As causas de rescindibilidade estão enumeradas nos incisos do art. 966 do CPC/15. Passa-se a análise sucinta de cada uma destas hipóteses.

6.1. PREVARICAÇÃO, CONCUSSÃO, OU CORRUPÇÃO DO JUIZ

A rescisória, no caso, é fundada em imputação de crime de peita cometido pelo juiz que proferiu a decisão rescindenda.

Não há necessidade de prévia condenação criminal do juiz pela prática do crime, nem mesmo de processo penal instaurado em face do mesmo. O próprio juízo competente para processar e julgar a ação rescisória pode realizar instrução em torno do suposto fato criminoso, fazendo consignar sua configuração (ou não) como razão de decidir, para apreciar a rescisória.

De outro turno, uma vez transitado em julgado decisão penal condenatória, o órgão competente para julgar a rescisória fica vinculado ao comando condenatório, não podendo desconsiderá-la; no caso de decisão penal absolutória, o fundamento da absolvição é que serve para determinar se o tribunal civil, quando do julgamento da rescisória, fica ou não vinculado à decisão do processo penal.

A prática de algum desses delitos pelo juiz que profere a decisão intui sua nítida intenção de favorecer uma das partes. Por esta razão, a configuração do delito é suficiente para a rescisória ser julgada procedente, independentemente de a decisão rescindenda ser justa ou não, estar ou não em conformidade com a ordem jurídica.

Se o delito foi praticado por juiz integrante de colegiado, a procedência da rescisória fica condicionada ao voto do juiz peitado ter integrado a maioria.

6.2. JUIZ IMPEDIDO OU JUÍZO ABSOLUTAMENTE INCOMPETENTE

A imparcialidade do juiz (ausência de impedimento) e a competência do juízo (ausência de incompetência absoluta) são pressupostos processuais de validade. A falta de um deles enseja a nulidade da decisão proferida; transitada em julgado a decisão, passam a constituir causa de rescindibilidade sua.

O impedimento que justifica a procedência da rescisória é aquele existente no momento da prolação da decisão rescindenda. Se o processo é todo ele dirigido por juiz impedido, mas a sentença vem a ser proferida por outro juiz que não o seja, o pedido rescindente não deve prosperar. A suspeição, conquanto credite ao juiz a ausência de imparcialidade, é sempre fundada em critérios subjetivos, pelo que a sua não arguição no momento oportuno faz incidir a preclusão em torno da matéria. O mesmo sucede em relação à incompetência relativa do juízo, cuja não arguição no momento oportuno provoca a prorrogação da competência do órgão jurisdicional.

6.3. DOLO OU COAÇÃO

Incorre em dolo a parte vencedora que pratica atos desleais ou contrários à boa-fé, que dificultam ou impedem o exercício, pela parte contrária, dos direitos, deveres e ônus processuais a ela imputados, ou que intencionalmente conduzam o juiz a percursos que o afastam do destino correto, ou seja, que o levam a proferir decisão contrária ao entendimento correto.

Resta caracterizada a coação da parte vencedora quando esta pratica atos de intimidação física ou psicológica da parte vencida, que, temente dos reflexos de sua atuação no processo, a levam a não exercer, ou a exercer de forma despretensiosa os direitos, deveres e ônus processuais que a ela se impõem, sendo este o fator determinante para a sua sucumbência.

6.4. SIMULAÇÃO OU COLUSÃO

Trata-se de causas de rescindibilidade que dizem respeito ao processo simulado e ao processo fraudulento, ambos disciplinados no art. 142 do CPC/15. Existe ato fraudulento quando as partes se valem do processo para alcançar resultado intencionalmente por elas querido, como única maneira de alcançarem fim vedado por lei. Existe ato simulado quando o resultado do processo em si é irrelevante para as partes, que unem suas vontades para se chegar a resultado com aparência de verdade com o único propósito de prejudicar terceiro.

6.5. OFENSA À COISA JULGADA

Uma vez revestida do manto da coisa julgada material, a decisão judicial se torna imutável, indiscutível dentro do processo em que proferida, como também em qualquer outro processo. Existindo nova manifestação judicial sobre a mesma matéria, independentemente de estar em conformidade ou não com o que antes decidido, estará havendo ofensa à coisa julgada, sendo esta uma causa de rescindibilidade deste segundo pronunciamento.[16]

---

16. Didático, sobre o tema, confira-se PIMENTEL SOUZA, Bernardo. *Introdução aos recursos cíveis e à ação rescisória*. 7ª. ed. São Paulo: Saraiva, 2007, p. 825-826.

Questão tormentosa diz respeito a qual das coisas julgadas deve prevalecer quando, existindo duas coisas julgadas, uma em desconformidade com a outra, tiver havido a perda do prazo decadencial de 2 (dois) anos para a propositura da ação rescisória. A doutrina não chega a consenso sobre o tema, sendo de igual modo vacilantes os julgados do STJ.

6.6. VIOLAÇÃO MANIFESTA DE NORMA JURÍDICA

Eram muitas as críticas que a doutrina direcionava ao texto do inc. V do art. 485 do CPC/73, que correspondia ao atual inc. V do art. 966 do CPC/15, e que ademais reproduzia expressão antes constante do art. 798, I, "c", do CPC/39 ("literal disposição de lei"). Não estão na "letra da lei" os limites do ordenamento jurídico; e nem só do não atendimento à literalidade do texto, muito pelo contrário, existe violação de norma jurídica. Na literalidade, pois, do novo inc. V constitui causa de rescindibilidade "violar manifestamente norma jurídica".

Na atual quadra da teoria do direito é praticamente assente que tanto as regras jurídicas quanto os princípios constituem espécies de normas jurídicas, e que mesmo os princípios implícitos são dotados de positivação. Ao mesmo tempo, é indubitável que a norma jurídica não se confunde com o texto da lei, sendo, antes, o resultado da atribuição de sentido ao texto. Fácil inferir, pois, que da moldura de um mesmo texto é possível extrair-se várias normas jurídicas, todas, ao menos abstrata e genericamente, igualmente válidas.

Analisado o texto no conjunto do ordenamento a partir das circunstâncias do caso, há de existir sempre uma norma que se afigura a mais adequada. Se a decisão, contudo, extrai para o caso uma norma que destoa flagrantemente daquela que se reputa a mais adequada, viola manifestamente norma jurídica para fins de rescindibilidade.

Existe, igualmente, violação manifesta quando ao caso é aplicada norma que destoa de entendimento sumulado pelos tribunais, ou firmado em incidente de resolução de demandas repetitivas, ou de acórdão proferido pelo STF ou pelo STJ em julgamento de recursos repetitivos. Não é que o autor da rescisória, ao apontar o inc. V como causa de rescindibilidade, vai alegar violação ao enunciado de Súmula; sim que na decisão rescindenda, ao se fazer interpretação de determinado dispositivo, destoou-se da tese jurídica firmada no enunciado de súmula. Nesse contexto, parece-nos que destoa da principiologia que se buscou imprimir na nova codificação processual, e, via de consequência, que se encontra superado o enunciado 343 da Súmula do STF ("Não cabe ação rescisória por ofensa a literal disposição de lei, quando a decisão rescindenda se tiver baseado em texto legal de interpretação controvertida nos tribunais"). Ainda sob a vigência do CPC/73, Barbosa Moreira tecia crítica ao enunciado, nos termos seguintes: "Sem dúvida, no campo interpretativo, muitas vezes há que admitir certa flexibilidade, abandonada a ilusão positivista de que para toda questão hermenêutica exista uma única solução correta. Daí a enxergar em qualquer divergência obstáculo irremovível à rescisão vai considerável distância: não parece razoável afastar a incidência do art. 485, nº V, só porque dois ou três acórdãos infelizes, ao arrepio do entendimento preponderante, hajam adotado interpretação absurda, manifestamente contrária ao sentido da norma."[17]

É, ademais, de todo irrelevante que a norma manifestamente violada seja de conteúdo material ou processual.

6.7. FALSIDADE DE PROVA

A ideia de prova falsa no dispositivo compreende tanto a falsidade material como a falsidade ideológica. É indiferente que no processo no qual proferida a decisão rescindenda tenha sido suscitada ou não a questão quanto à falsidade da prova. Também não é necessário que exista decisão em processo criminal certificando a falsidade da prova, podendo a instrução em relação ao ilícito ser realizada no bojo da rescisória.

Para que a rescisória baseada nesta causa de rescindibilidade possa ser julgada procedente, é indispensável a demonstração de que a prova reputada falsa tenha servido de fundamento para a decisão objeto da rescisória; decisão que, ademais, não subsistiria no caso de desconsideração de tal prova. Em outros termos, se a conclusão exarada na decisão rescindenda permanece incólume com supedâneo em outras provas existentes no processo, deve ser rejeitado o pedido formulado na rescisória proposta com fundamento em prova falsa.

6.8. PROVA NOVA

Houve substancial ampliação do cabimento da rescisória em torno desta causa de rescindibilidade. Enquanto o inciso correlato no CPC/73 aludia a "documento novo", o texto do atual inc. VII faz menção a "prova nova" como fundamento para a rescisória. Não apenas a prova documental, mas, de idêntico modo, qualquer outro meio de prova pode, em tese, servir de fundamento para a propositura da rescisória com base na hipótese do inc. VII.

---

17. BARBOSA MOREIRA, José Carlos. *Comentários ao Código de Processo Civil.* 12. ed. Rio de Janeiro: Forense, 2005, v. 5: arts. 476 a 565, p. 131, 312.

"Autor", no texto do inciso, está a se referir ao autor da ação rescisória, que pode ter sido réu na demanda em que proferida a decisão rescindenda, ou também terceiro, que sequer tenha participado do processo no qual proferida a decisão que se busca rescindir.

"Nova" não é a prova posteriormente criada ou constituída, sim aquela que se revela ou que vem a lume depois; no caso, depois de ocorrido o trânsito em julgado da decisão rescindenda. Se a prova nova era de "existência ignorada" é porque ela já existia; se dela a parte "não pôde fazer uso", é porque, igualmente, já estava constituída.

A expressão "trânsito em julgado" deve ser interpretada no texto do dispositivo como "o último momento que a parte tem disponível para apresentar a prova no processo em que proferida a decisão rescindenda". Isto porque durante a tramitação de recursos excepcionais perdura o estado de litispendência (não existe, portanto, trânsito em julgado), e nem assim a parte pode – mesmo porque se revelaria de todo inútil – apresentar prova nova no processo.

Revelando-se a prova depois do julgamento do recurso em segundo grau, restando em tese tão somente a interposição de recursos excepcionais no processo, pode a mesma ser utilizada, posteriormente ao trânsito em julgado, para embasar ação rescisória fundada no inc. VII.

Para a procedência do pedido de ação rescisória fundada em tal hipótese de cabimento, é preciso que a prova nova seja bastante em si para alterar a conclusão da decisão rescindenda, não sendo dado produzir-se novas provas no curso da rescisória.

6.9. ERRO DE FATO

Assim como a sua correspondente no Código revogado (art. 485, IX, do CPC/73), esta com tradução pouco feliz, a hipótese de rescisória do inc. VIII tem sua origem no art. 395, nº 4, do CPC italiano, que de sua feita a absorveu do direito francês (no qual, ademais, encontra-se há séculos abolida).

Trata-se de causa de rescindibilidade que destoa das demais hipóteses contempladas no art. 966 do CPC/15, na medida em que versa sobre situação de injustiça da decisão, o que não é razão, ao menos como princípio geral, para justificar a rescisão de julgado. Para efeito de rescisória, a configuração do erro de fato ocorre quando na decisão é admitido um fato inexistente, ou quando é considerado inexistente um fato que ocorreu.

São pressupostos para a procedência da rescisória fundada em erro de fato: "a) a sentença deve estar baseada no erro de fato; b) sobre ele não pode ter havido controvérsia entre as partes; c) sobre ele não pode ter havido pronunciamento judicial; d) que seja aferível pelo exame das provas já constantes dos autos da ação matriz".[18]

7. LEGITIMIDADE

7.1. TERCEIRO JURIDICAMENTE INTERESSADO

A coisa julgada, quanto aos limites subjetivos, opera-se *inter partes*, não prejudicando terceiros. Não há que se confundir, contudo, como ademais já consignado oportunamente, a coisa julgada e seus limites subjetivos com os efeitos da decisão, também denominados de eficácia natural do pronunciamento judicial. Os efeitos da decisão a rigor atingem a todos indistintamente.

Nesse contexto, o terceiro que sofre em sua esfera jurídica efeitos reflexos decorrentes da decisão rescindenda, possui legitimidade para a rescisória enquanto terceiro juridicamente interessado. Tal é o caso daquele que poderia ter atuado no processo como assistente litisconsorcial; ou do substituído, quando tenha ocorrido a substituição processual. É também como terceiro interessado que o advogado possui legitimidade para propor ação rescisória visando à impugnação do capítulo da decisão em que fixados honorários de sucumbência (STJ, REsp 586.337/RS; STJ, REsp 311.092/PR).

7.2. MINISTÉRIO PÚBLICO

Enquanto parte no processo originário, a legitimidade do Ministério Público sobressai do texto do inc. I do art. 967 do CPC/15. Tem-se no inc. III situações outras que, à vista do ordenamento jurídico, justificam a condição legitimante do Ministério Público para pleitear a desconstituição da decisão transitada em julgado. Há casos em que a lei prevê a intervenção do Ministério Público no processo como fiscal da ordem jurídica, devendo então ser intimado para que seja ouvido. Em assim não ocorrendo, aflora-se a legitimidade do Ministério Público para buscar a desconstituição do julgado por violação manifesta de norma jurídica. Para a hipótese da alínea "b" ("decisão rescindenda é o efeito de simulação ou de colusão das partes") é indiferente que o Ministério Público tenha ou não atuado como parte no processo do qual originado o pronunciamento. Contudo, não tendo sido parte, sua legitimidade para a rescisória fica adstrita à invocação da causa de rescindibilidade prevista na segunda parte do inc. III.

---

18. NERY JR., Nelson; ANDRADE NERY, Rosa Maria. *Código de processo civil comentado e legislação extravagante*. 9. ed. rev., atual. e ampl. São Paulo: RT, 2006, p. 935.

7.3. AQUELE QUE NÃO FOI OUVIDO NO PROCESSO EM QUE OBRIGATÓRIA SUA INTERVENÇÃO

Inovação trazida pelo CPC/15, não se pode querer supor que "aquele que não foi ouvido no processo em que lhe era obrigatória a intervenção" seja expressão utilizada no dispositivo para se referir, entre outros, a que deveria ter sido litisconsorte necessário, pois para este a decisão rescindenda é de ser considerada juridicamente um nada, pelo que autorizado à propositura de ação declaratória de inexistência visando a impugná-la.

Antes, o dispositivo é voltado para atender a situação daqueles em relação aos quais a lei prevê intervenção obrigatória, mas que não foram intimados para se manifestar. Barbosa Moreira fornecia o exemplo da Comissão de Valores Mobiliários, sugerindo, na vigência do CPC/73, a aplicação por analogia da regra do atual inc. III, alínea "a" (que dispõe sobre a legitimidade do Ministério Público para quando não é ouvido, sendo obrigatória sua intervenção). No verbo de Barbosa Moreira: "Situação equiparável à do Ministério Público é a de outro órgão que não havia sido intimado, apesar de obrigatória sua intimação. É o caso da Comissão de Valores Mobiliários: nos termos do art. 31 da Lei nº 6.385, de 7.12.1976, com a redação dada pela Lei nº 6.616, de 16.12.1978, será ela 'sempre intimada' nos processos 'que tenham por objetivo matéria incluída na competência' respectiva".[19]

8. MINISTÉRIO PÚBLICO COMO FISCAL DA ORDEM JURÍDICA NA AÇÃO RESCISÓRIA

Expressamente, o parágrafo único do art. 967 do CPC/15 prevê a intervenção do Ministério Público como fiscal da ordem jurídica nas ações rescisórias nas quais não seja parte. Trata-se de intervenção decorrente do interesse social subjacente em toda ação rescisória, na medida em que pela mesma se busca a desconstituição de decisão judicial já revestida da autoridade da coisa julgada.

9. REQUISITOS DA PETIÇÃO INICIAL

A petição inicial da ação rescisória deve atender os requisitos estruturais enumerados pelo art. 319 do CPC/15, à exceção do requisito do inc. VII ("a opção do autor pela realização ou não de audiência de conciliação ou de mediação"), que não se coaduna com a natureza da pretensão nela deduzida. Deve, outrossim,

---

19. BARBOSA MOREIRA, José Carlos. *Comentários ao Código de Processo Civil.* 12. ed. Rio de Janeiro: Forense, 2005, v. 5: arts. 476 a 565, p. 171.

estar acompanhada dos documentos indispensáveis à propositura da demanda, em conformidade com o que prescreve o art. 320 do CPC/15, com destaque para a cópia ou certidão da decisão rescindenda e de certidão de trânsito em julgado.

9.1. CITAÇÃO DO RÉU. PRAZO PARA RESPOSTA

A fase inicial do procedimento da ação rescisória se difere da do procedimento comum. O despacho que defere a inicial determina a citação do réu não para o comparecimento a audiência de conciliação/mediação, e sim para o oferecimento de resposta.

Deve o juiz atentar-se para a necessidade de estabelecer o prazo que o réu terá para se desincumbir do ônus de responder, na medida em que o Código apenas estabelece uma quantia mínima ("nunca inferior a quinze dias") e uma máxima ("nem superior a trinta dias").

Trata-se de prazo de natureza mista; cabendo ao juiz estabelecê-lo, não, contudo, ao seu alvedrio, sim dentro de limites preestabelecidos na lei.

10. DEPÓSITO DE 5% (CINCO POR CENTO) DO VALOR DA CAUSA

Dado o propósito a que serve, de desconstituir decisão transitada em julgado, a ação rescisória, reitere-se, é meio de impugnação cujo manejo é tratado pelo sistema como excepcional. Dentro desse contexto é que se insere a exigência de o autor da rescisória promover o depósito judicial de quantia correspondente a 5% (cinco por cento) sobre o valor da causa, o qual é ao final revertido em benefício do réu, a título de multa, na hipótese de inadmissibilidade ou de improcedência do *iudicium rescindens* por unanimidade de votos. Seu não recolhimento constitui fundamento para o indeferimento da inicial, o que não deve ocorrer sem antes oportunizar-se ao autor a promoção do depósito.

10.1. LIMITAÇÃO DO VALOR DO DEPÓSITO

Enquanto que por um lado o estabelecimento de valor de depósito, que ao final pode ser revertido em benefício do réu, revela-se mecanismo legítimo de desestímulo à veiculação de pretensões descabidas e aventureiras; de outro lado, o não estabelecimento de teto máximo para esse valor de depósito pode se mostrar fator de afronta ao princípio da inafastabilidade do controle jurisdicional (CF, art. 5º, XXXV). Em boa hora, pois, a regra trazida no texto do § 2º do art. 968 do CPC/15, que estabelece como limite máximo deste depósito a quantia correspondente a mil salários mínimos.

10.2. DISPENSA DO DEPÓSITO PRÉVIO

Absorvendo entendimento que já vinha de ser afirmado nos tribunais, o § 1º do art. 968 do CPC/15, além de liberar do depósito prévio a União, os Estados, os Municípios, e o Ministério Público, estende a aplicação da regra ao Distrito Federal, às autarquias e fundações de direito público, à Defensoria Pública, e aos beneficiários da gratuidade da justiça.

Para que a dispensa do depósito prévio seja conferida ao autor beneficiário da gratuidade de justiça, não há necessidade de que este benefício lhe tenha sido concedido no processo em que proferida a decisão rescindenda. Basta, sim, que na ação rescisória o benefício lhe seja conferido, a partir da legislação de regência.

11. CUMPRIMENTO DA DECISÃO RESCINDENDA E CONCESSÃO DE TUTELA PROVISÓRIA

Pressuposto para a rescisória é que a decisão rescindenda tenha transitado em julgado. Se assim é, o cumprimento da decisão tem caráter de definitividade. A mera propositura da ação rescisória não tem o condão de impedir a prática dos atos tendentes ao reconhecimento do direito reconhecido na decisão. Caracterizada, contudo, a presença dos requisitos legais, pode o relator, mediante requerimento do autor da rescisória, conceder tutela provisória, seja ela de urgência ou de evidência, de modo a obstaculizar o cumprimento da decisão enquanto pendente de julgamento o mérito da rescisória.

11.1. COMPETÊNCIA DO RELATOR PARA A APRECIAÇÃO DA TUTELA PROVISÓRIA

O requerimento de tutela provisória é apreciado diretamente pelo relator, a teor do que dispõe o art. 932, II, do CPC/15, sendo tal decisão impugnável por agravo interno, com o qual é possível devolver o conhecimento da matéria ao colegiado que o relator integra.

12. PROCEDIMENTO COMUM. REVELIA

Decorrido o prazo de resposta, o procedimento da rescisória passa a observar a disciplina do procedimento comum, no que couber.

O particular escopo da rescisória (desconstituição de decisão transitada em julgado) associado à textual ressalva quanto à aplicação das regras do procedimento comum "no que couber", leva-nos a concluir pela não incidência do efeito de presunção de veracidade dos fatos alegados pelo autor na hipótese de revelia do réu.

13. ESCOLHA DO RELATOR

Do texto do parágrafo único do art. 971 do CPC/15 podem ser extraídas duas regras: a primeira, de que não existe óbice a que os juízes que participaram do julgamento rescindendo tenham igualmente participação no julgamento da ação rescisória, o que é, inclusive, entendimento sumulado no Supremo Tribunal Federal (STF 252); a segunda, de que, atendendo às regras de competência estabelecidas no regimento interno de cada tribunal, e, obviamente, atendendo à própria composição do tribunal e de seus órgãos fracionários, deve a escolha do relator recair sobre juiz que não tenha participado do julgamento rescindendo. Com mais ênfase, pode-se concluir dessa segunda regra que o relator da decisão rescindenda não deve ser o relator da ação rescisória.

14. PRODUÇÃO DE PROVA

Cabe ao relator a direção e a ordenação do processo no tribunal, ficando a produção da prova diretamente sob os seus comandos (CPC/15, art. 932, I); sem prejuízo, mediante a interposição de agravo interno contra pronunciamento com que decididas questões ao longo da instrução, de a matéria decidida e impugnada restar devolvida ao colegiado competente para julgar a rescisória.

14.1. IUDICIUM RESCINDENS E IUDICIUM RESCISSORIUM

O exame dos pedidos (1) de rescisão do pronunciamento e (2) de novo julgamento da causa é realizado pelo tribunal sem solução de continuidade, o que implica a necessidade de que tanto a prova a ser produzida em torno de um e de outro seja desde logo colhida, mesmo havendo o risco de que, diante da improcedência do *iudicium rescindens*, a atividade probatória em torno do *iudicium rescissorium* se revele desperdiçada, já que este acaba ficando prejudicado.

14.2. DELEGAÇÃO

O texto do art. 972 do CPC/15 autoriza que o relator, através de carta de ordem, delegue ao órgão que proferiu a decisão rescindenda o poder de coletar a prova a ser produzida. Por óbvio que a regra somente tem aplicação quando a decisão rescindenda tenha sido proferida por órgão hierarquicamente inferior àquele competente para o julgamento da rescisória. Se a rescisória busca a desconstituição de decisão proferida por órgão fracionário do próprio tribunal perante o qual ela se processa, não há sentido na aplicação da regra. Ademais, deve o relator examinar, diante das circunstâncias do caso concreto, a possibilidade de delegação, não sendo algo que se lhe impõe; antes disso, deverá sempre que possível exercer ele próprio a atividade de colheita da prova.

15. APRESENTAÇÃO DE RAZÕES FINAIS ESCRITAS

Muito embora o art. 970, segunda parte, do CPC/15 disponha que depois de decorrido o prazo de resposta o procedimento da rescisória passa a observar as regras do procedimento comum, não existe espaço para, ao término da instrução, as partes realizarem debates na audiência, mediante a apresentação de razões finais orais. Necessariamente as razões finais deverão ser apresentadas, caso as partes assim o desejem, sob a forma escrita.

15.1. PRAZO PARA RAZÕES FINAIS

A padronização nos prazos processuais, que de modo gerou se buscou estabelecer em todo o Código, não foi observada no art. 973. Por um lapso, manteve-se em 10 (dez) dias o prazo para as partes apresentarem razões finais em ação rescisória, enquanto que no procedimento comum esse prazo, agora estabelecido expressamente no texto codificado, diferentemente do que se via no Código revogado, é de 15 (quinze) dias (CPC/15, art. 364, § 2º).

Se o mero estabelecimento de padronização já seria razão bastante para no art. 973 esse prazo ser também de 15 (quinze) dias, existe ainda fator de ordem lógica. Não é coerente que no procedimento comum o prazo para apresentação de razões finais escritas seja de 15 (quinze) dias, enquanto no procedimento da rescisória, diante de toda a complexidade que a envolve, o prazo para a prática de ato de idêntica natureza seja estabelecido em termo menor.

16. CUMULAÇÃO DE PEDIDOS

A regra no âmbito da ação rescisória é a de que o autor formule pedidos em cumulação própria sucessiva. Pede-se a desconstituição da decisão transitada em julgado (*iudicium rescindens*) e novo julgamento da causa originária (*iudicium rescissorium*). Trata-se de cumulação obrigatória, cujo não atendimento enseja decisão de emenda da inicial sob pena de indeferimento (CPC/15, art. 321).

Em casos excepcionais, o pedido de novo julgamento (*iudicium rescissorium*) fica dispensado, cabendo a formulação tão somente do pedido de rescisão do pronunciamento (*iudicium rescindens*). Tal é a hipótese, por exemplo, da rescisória fundada em ofensa à coisa julgada. Rescindida a decisão ao fundamento de que ofendera coisa julgada anterior, não há sentido em o tribunal passar ao rejulgamento da causa, pois acabaria por incorrer no mesmo vício que ensejou a rescisão, ou seja, estaria a ofender a coisa julgada anterior. Também é a situação da rescisória fundada em incompetência absoluta do juízo que proferiu a decisão rescindenda, pois nesse caso, o acolhimento do pedido de rescisão enseja o encaminhamento do processo ao órgão competente para o julgamento da causa.

16.1. JUÍZO RESCINDENTE POSITIVO

A procedência do pedido de rescisão (*iudicium rescindens*) acarreta a desconstituição da decisão impugnada, e pressupõe a efetiva constatação do fundamento de rescindibilidade (causa de pedir) invocado pelo autor na inicial. Nada impede que o pedido de rescisão seja fundado em diferentes causas de pedir. Assim, pode o autor propor a rescisória ao fundamento de que a decisão rescindenda foi dada por corrupção (fundamento 1), violou manifestamente norma jurídica (fundamento 2), e foi fundada em prova falsa (fundamento 3). Na rescisória fundada no inc. V do art. 966 do CPC/15, cada norma jurídica apontada como violada constitui uma causa de pedir diversa. Em nenhuma hipótese, pode o tribunal tomar em consideração causa de pedir diversa da(s) alegada(s) pelo autor.

16.2. JUÍZO RESCISÓRIO

Na maior parte das vezes, existe na ação rescisória a cumulação dos pedidos rescindente (*iudicium rescindens*) e rescisório (*iudicium rescissorium*). A cumulação é própria sucessiva, ou seja, a análise do pedido rescisório fica condicionada à procedência do pedido rescindente. A improcedência do pedido rescindente esgota o julgamento da rescisória, ficando prejudicada (quando há sua formulação) a apreciação do pedido rescisório. A procedência do pedido rescindente autoriza que se avance no exame do pedido rescisório (quando há sua formulação), o que não necessariamente significa que o mesmo há de ser julgado procedente.

16.3. VALOR DO DEPÓSITO, INADMISSIBILIDADE DA AÇÃO E IMPROCEDÊNCIA DO PEDIDO

O texto do parágrafo único do art. 974 do CPC/15 é no sentido de que a inadmissibilidade da ação ou a improcedência do pedido, quando tomados por unanimidade de votos, ensejam a reversão do valor do depósito em beneficio do réu, a título de multa devida pelo autor. O pedido cuja improcedência por unanimidade de votos enseja a reversão do valor do depósito é o de rescisão do pronunciamento impugnado (*iudicium rescindens*).

16.4. CUMULAÇÃO DE PEDIDOS DE RESCISÃO (*IUDICIUM RESCINDENS*) E REVERSÃO DO VALOR DO DEPÓSITO

Havendo a cumulação de pedidos de rescisão, como decorrência natural de a ação rescisória estar fundada em mais de uma causa de rescindibilidade, a reversão do valor do depósito em benefício do réu somente acontece na hipótese de todos serem julgados improcedentes por unanimidade, ou na hipótese de a inadmissibilidade, tomada por unanimidade, abranger todos os pedidos formulados.

16.5. VALOR DO DEPÓSITO E JULGAMENTO LIMINAR DE IMPROCEDÊNCIA

A regra de reversão do depósito em favor do réu pressupõe julgamento de improcedência do pedido através de decisão colegiada. Não há que se falar em "unanimidade" de um, para se concluir pela possibilidade de levantamento do depósito pelo réu diante de improcedência do pedido ou da inadmissibilidade da ação por decisão unipessoal do relator. A utilização do termo no texto do dispositivo pressupõe uma unidade (acórdão) constituída unanimemente por mais de uma parte (decisões de diferentes julgadores). Extrair conclusão diferente, ou seja, pela possibilidade de a decisão unipessoal de inadmissibilidade ou de improcedência autorizar o levantamento do depósito pelo réu implicaria a admissão de regras contraditórias dentro do sistema. Isto porque se a decisão monocrática de inadmissibilidade ou de improcedência fosse causa para a reversão do valor do depósito em proveito do réu, haveria a criação de um natural estímulo para que o autor recorresse da mesma mediante a interposição de agravo interno. De outro turno, existe regra no Código que desestimula a interposição do agravo interno, através da previsão de multa para o caso de manifesta inadmissibilidade ou improcedência reconhecida em votação unânime do recurso (CPC/15, art. 1.020, § 4º).

17. PRAZO PARA A PROPOSITURA DA RESCISÓRIA. NATUREZA

O direito material à desconstituição da decisão judicial transitada em julgado não é revestido de pretensão material. É exercido sem que se exija da parte contrária o cumprimento de qualquer prestação. Trata-se de direito potestativo, cujo exercício necessariamente se dá através da propositura de demanda. O prazo estabelecido por lei para o exercício deste direito à rescisão tem natureza decadencial. Proposta a demanda depois de decorrido o prazo, o mérito da rescisória é resolvido através de decisão sobre a ocorrência de decadência.

17.1. PRORROGAÇÃO DO PRAZO

Conquanto decadencial, o prazo para a propositura da ação rescisória, conforme sedimentado jurisprudencial, prorroga-se para o primeiro dia útil subsequente, quando seu termo final expira "durante férias forenses, recesso, feriados ou em dia em que não houver expediente forense". O CPC/15 absorve este entendimento dos tribunais, tornando-o regra expressa, tal como se vê do texto do § 1º do art. 975.

17.2. PRAZO ÚNICO. TERMO INICIAL. MOMENTOS DISTINTOS

O CPC/15 se mantém na tradição do direito brasileiro, no sentido de estabelecer prazo decadencial único, de 2 (dois) anos, quanto a todas as causas de rescindibilidade.

Fugindo da tradição do nosso direito, o CPC/15 apresenta uma regra geral para o termo inicial de propositura da rescisória, que se dá com o "trânsito em julgado da última decisão proferida no processo", ao lado da qual são estabelecidas três regras específicas, uma para a rescisória fundada em prova nova, outra para a rescisória fundada em simulação ou colusão, esta última especificamente em relação ao terceiro prejudicado e ao Ministério Público, e uma terceira para a rescisória fundada em lei posteriormente declarada inconstitucional.

17.2.1. Termo inicial. Regra geral

A regra geral, disciplinada no *caput* do art. 975 do CPC/15, incorpora equivocado entendimento firmado na jurisprudência do STJ, de que, havendo capítulos da decisão com diferentes datas de trânsito em julgado, considera-se iniciado o prazo para a propositura da ação rescisória, em relação a todos os capítulos, somente da data em que ocorrido o trânsito em julgado do último capítulo. Sendo assim, julgados por sentença os pedidos x e y, e interposta apelação no tocante apenas ao julgamento do pedido x, há desde logo o trânsito em julgado do capítulo que apreciou o pedido y. Na dicção do texto legal, o prazo para a rescisória, mesmo em relação à decisão que apreciou o pedido y, vai se iniciar com o trânsito em julgado da última decisão, ou seja, da decisão relativamente ao pedido x.

17.2.2. Termo inicial. Regra geral. Rescisória antes do termo inicial

A regra de que o prazo se inicia com o trânsito em julgado da última decisão, contudo, não obstaculiza à parte interessada que, desde logo, mesmo diante de litispendência em relação a algum capítulo da decisão, proponha a ação rescisória no tocante ao capítulo já transitado em julgado. Incide na hipótese a regra do § 4º do art. 216 do CPC/15, de acordo com a qual é tempestivo o ato praticado antes do termo inicial do prazo.

17.2.3. Termo inicial. Rescisória fundada em prova nova

O prazo para a propositura da ação rescisória fundada em prova nova também é de 2 anos. A novidade introduzida pelo CPC/15 para esta hipótese de rescindibilidade está em estabelecer como termo inicial do prazo não o trânsito em julgado da decisão rescindenda, sim a data da descoberta da prova nova.

Ao mesmo tempo, com o objetivo de evitar que a via da rescisória fundada em prova nova fique aberta *ad eternum*, o que seria incompatível com a ideia de preservação do valor segurança jurídica presente na afirmação do fenômeno da coisa julgada, estabelece-se o prazo máximo de 5 (cinco) anos, contados do trânsito em julgado da última decisão proferida no processo, para a descoberta da prova nova, ou seja, para a fixação do termo inicial da rescisória.

Três exemplos mostram a aplicação da regra. Suponha-se que decisão de mérito transite em julgado em 15 de abril de 2016.

(1) No dia 20 de junho de 2017 a parte descobre prova nova com a qual pode propor a rescisória fundada no inc. VII do art. 966 do CPC/15. A partir de 20 de junho de 2017 passa a ter 2 (dois) anos para a propositura da ação. É engano pensar que nesta situação hipotética, por força do que prescreve o § 2º, o autor teria até o dia 15 de abril de 2021 para propor sua rescisória.

(2) No dia 10 de março de 2021 a parte descobre prova nova com a qual pode propor a rescisória fundada no inc. VII do art. 966 do CPC/15. A partir de 10 de março de 2021 passa a ter 2 (dois) anos para a propositura da ação.

(3) No dia 20 de abril de 2021 a parte descobre prova nova com a qual pode propor a rescisória fundada no inc. VII do art. 966 do CPC/15. Uma vez que decorridos mais de 5 (cinco) anos desde a data do trânsito em julgado da última decisão proferida no processo, já terá decaído do direito de propor a ação.

17.2.4. Termo inicial. Rescisória fundada em simulação ou colusão das partes

Também para a rescisória fundada em simulação ou colusão das partes, o prazo para a propositura da demanda é de 2 (dois) anos. Especificamente em relação ao terceiro prejudicado e ao Ministério Público, esse prazo de 2 (dois) anos é contado não do trânsito em julgado do último pronunciamento, sim do momento em que tomam conhecimento da simulação ou da colusão.

Conquanto o Código não prescreva um termo limite após o qual a ciência da simulação ou da colusão já não mais autorizaria a propositura da ação, não é razoável entender que a decisão transitada em julgado seja indefinidamente passível de impugnação por rescisória fundada nesta causa, cuja única condicionante está relacionada à ciência que o legitimado vem a tomar a respeito da causa de rescindibilidade (simulação ou colusão). Aplica-se, então, por analogia, o prazo máximo de 5 (cinco) anos, contados do trânsito em julgado da última decisão proferida no processo, para a ciência da simulação ou da colusão, ou seja, para a fixação do termo inicial da rescisória.

17.2.5. Termo inicial. Rescisória fundada em lei posteriormente declarada inconstitucional ou fundada em aplicação ou interpretação de lei posteriormente tida pelo STF como incompatível com a Constituição Federal

Ao disciplinar a impugnação ao cumprimento de decisão judicial, o CPC/15 considera que a declaração de inconstitucionalidade da lei ou ato normativo ou o seu reconhecimento como incompatível com a Constituição Federal, desde que formulada pelo STF anteriormente à prolação da decisão exequenda, configura causa para que se considere inexigível a obrigação reconhecida no título judicial, podendo tal matéria ser alegada via impugnação ao cumprimento da decisão (CPC/15, art. 525, §§ 12 e 14).

O Código vai além, para dispor que se a lei ou ato normativo em que se baseia a decisão transitada em julgado vem a ser declarada inconstitucional ou vem a ser reconhecida como incompatível com a Constituição pelo STF posteriormente a este trânsito em julgado, a hipótese é de impugnação da decisão pela via da ação rescisória, cujo termo inicial de 2 (dois) anos é contado do trânsito em julgado da decisão proferida pelo STF (CPC/15, art. 525, § 15). Trata-se de mais uma hipótese em que o termo inicial do prazo de 2 (dois) anos para a propositura da rescisória é contado não do trânsito em julgado da decisão rescindenda, sim de marco posterior a ele, no caso do trânsito em julgado da decisão do STF que declara a inconstitucionalidade de lei ou a considera incompatível com a Constituição Federal.

Aqui não há termo limite previamente estabelecido pela lei, após o qual a declaração de inconstitucionalidade desautorizaria a propositura da rescisória, nem deve ser sugerido um termo preestabelecido pela lei, porque cabe ao próprio Supremo Tribunal Federal fazer a modulação dos efeitos de sua decisão em atenção às circunstâncias do caso concreto.

17.2.6. Termo inicial e recurso não conhecido

O recurso a que ausente algum pressuposto de admissibilidade conduz a decisão de não conhecimento, pela qual é declarado que o mesmo não reúne os requisitos necessários a que tenha seu mérito apreciado. A rigor, pois, desde o instante em que ausente o requisito de admissibilidade, a decisão impugnada já teria transitado em julgado, razão pela qual estaria fixado ali o termo inicial para a propositura da ação rescisória, e não no momento em que declarada a inadmissibilidade do recurso.

Um dos autores deste opúsculo, na linha do que considerável parcela da doutrina o faz, já sustentou o efeito *ex tunc* da decisão de inadmissibilidade do recurso, de modo a considerar o trânsito em julgado da decisão impugnada pelo recurso inadmitido desde a data em que o requisito se manifestava ausente.[20] O entendimento firmado na jurisprudência do STJ, contudo, é no sentido de que a decisão de não conhecimento do recurso produz efeitos *ex nunc*, de maneira que a decisão impugnada pelo recurso inadmitido se considera transitada em julgado juntamente com o trânsito em julgado da decisão de inadmissibilidade.

---

20. GONÇALVES, Tiago Figueiredo. *Apontamentos sobre a ação rescisória*: Direito civil e processo: estudos em homenagem ao professor Arruda Alvim. Coord.: Araken de Assis, Eduardo Arruda Alvim, Nelson Nery Jr., Rodrigo Mazzei, Teresa Arruda Alvim Wambier, Thereza Alvim. São Paulo: RT, 2007, p. 579.

CAPÍTULO 12

Reclamação constitucional fundada em precedentes obrigatórios no CPC/2015

Lucas Buril de Macêdo[1]

SUMÁRIO: 1. ALGUMAS PALAVRAS SOBRE A GRANDE NOVIDADE DO CPC/2015 E UM ALERTA IMPORTANTE: OS PRECEDENTES JUDICIAIS OBRIGATÓRIOS E O RISCO DE SIMPLIFICAÇÃO; 2. O CONCEITO DE PRECEDENTE JUDICIAL E A DISTINÇÃO (*DISTINGUISHING*) COMO SUA FORMA APLICATIVA; 3. A RECLAMAÇÃO CONSTITUCIONAL; 3.1. ASPECTOS RELEVANTES; 3.2. A RECLAMAÇÃO CONSTITUCIONAL NO CPC/2015 E SUA FUNCIONALIZAÇÃO PARA FORÇAR A APLICAÇÃO DE PRECEDENTES OBRIGATÓRIOS; 4. CRÍTICA À LIGAÇÃO ENTRE RECLAMAÇÃO E OBRIGATORIEDADE DOS PRECEDENTES; 5. CONCLUSÃO.

1. ALGUMAS PALAVRAS SOBRE A GRANDE NOVIDADE DO CPC/2015 E UM ALERTA IMPORTANTE: OS PRECEDENTES JUDICIAIS OBRIGATÓRIOS E O RISCO DE SIMPLIFICAÇÃO

O Código de Processo Civil, trazido a lume pela Lei 13.105 de 16 de março de 2015, inaugura uma tratativa específica dos precedentes judiciais, encartada em seus arts. 926 e 927, dando-lhes importante força obrigatória. Trata-se de importante projeto para garantir mais segurança jurídica e racionalidade ao direito, de maneira geral, e ao processo civil, em particular. A mudança é elogiável e configura um grande avanço para o direito brasileiro.

Com efeito, o CPC/2015 insere-se na particular realidade social brasileira, de desrespeito sistemático às decisões dos tribunais – inclusive por eles mesmos –, trazendo dispositivos normativos eficazes para tutelar a atual situação de insegurança e falta de igualdade entre os jurisdicionados, que criativa e apropriadamente resolveu-se chamar de *jurisprudência lotérica*.[2] Importante alertar, entretanto, que nada obstante se trate de aparato normativo potencialmente eficaz, a

---

1. Doutorando em Direito pela USP. Mestre em Direito pela Faculdade de Direito do Recife – UFPE. Bacharel em Direito pela UNICAP. Membro da Associação Norte Nordeste de Professores de Processo. Membro do Instituto Brasileiro de Direito Processual – IBDP. Advogado e Consultor Jurídico.
2. Ver: CAMBI, Eduardo. "Jurisprudência lotérica". *Revista dos Tribunais*. São Paulo: Revista dos Tribunais, 2001, vol. 78, p. 111. Ver também: ALVES E SILVA, Ticiano. "Jurisprudência *banana boat*". *Revista de Processo*. São Paulo: RT, 2012, ano 37, vol. 209, p. 289-292.

sua eficiência depende, como qualquer coisa em direito, do que os aplicadores fizerem do instrumento fornecido.

Na tratativa dos precedentes judiciais, que acabou por ficar no capítulo das "Disposições Gerais" referentes a ordem dos processos nos tribunais, elabora-se um *dever geral de segurança jurídica*, atribuído aos tribunais, com responsabilidade qualificada para o Superior Tribunal de Justiça e o Supremo Tribunal Federal. Consoante disciplina o novo CPC, constrói-se expressamente o *dever de uniformidade*, que exige que a mesma situação jurídica substancial seja tratada de forma equivalente pelos tribunais pátrios, eliminando entendimentos incompatíveis no mesmo tribunal; o *dever de estabilidade*, que impõe a razoável manutenção das *rationes decidendi*, que só podem ser superadas diante de mudanças contextuais ou erro, e apenas com a devida fundamentação, sem variações exageradas; há também o dever de que os órgãos judicantes dialoguem efetivamente com o que já foi posto anteriormente, inserindo sua atuação em um contexto maior da atuação do Judiciário, que é uno e deve portar-se assim por qualquer que seja o órgão decisório, expressão do *dever de integridade*; e, finalmente, há o *dever de coerência*, segundo o qual o Judiciário precisa considerar a eficácia externa de sua fundamentação, no sentido de que ela serve a toda a sociedade, mantendo-se em constante diálogo consigo mesmo. Tudo isso, ressalte-se, é construído a partir do singelo texto do *caput* do art. 926 do CPC/2015, que possui uma potencialidade louvável para a proteção da segurança jurídica.

O dispositivo, sozinho, poderia servir para a construção do *stare decisis* brasileiro, todavia o novo Código vai além e outorga expressamente força a diversos precedentes, sistematizando-os (art. 927).[3] Além disso, fornece diversas técnicas processuais, inclusive e especialmente sumarizantes de procedimento, de modo a aliar a segurança e racionalidade fornecida pela força dos precedentes à maior eficiência processual e ao estabelecimento de um procedimento mais expedito para as causas repetitivas, respeitando sua particular exigência de duração razoável.

É neste cenário que se insere a reclamação constitucional, que, no NCPC, passa a ser prevista como meio impugnativo específico contra decisões que deixem de aplicar ou apliquem equivocadamente algum precedente judicial obrigatório, previsão encartada no art. 988, incisos III e IV.

Como será oportunamente exposto, a previsão é merecedora de crítica.

---

3. É certo que o regime normativo da versão que saiu da Câmara dos Deputados era muito mais completa e adequada, por várias razões. Para uma análise daquela versão, consultar: MACÊDO, Lucas Buril de. *Precedentes judiciais e o direito processual civil*. Salvador: Juspodivm, 2015.

No entanto, cabe antecipar, por ser uma lição de caráter bem geral e totalmente aplicável ao tema sob enfoque, que um Novo Código de Processo traz sempre o *risco de simplificação*. É natural a tentativa de *quebra de complexidade*, que pode repercutir em um literalismo exacerbado por parte dos intérpretes, que acabam por se esquecer, ou voluntariamente excluir, do caráter essencialmente retórico e argumentativo do direito e da ambiguidade dos termos legais.[4]

Todavia, cumpre o alerta: o que *a priori* parece simples pode – e normalmente é o que acontece –, mediante argumentações e reconstruções pontuais, chegar no mesmo ou semelhante patamar de complexidade que a nova regra tentou abolir. Isto é natural, seja pelas inegáveis e inevitáveis abertura da linguagem e criatividade da interpretação, ou ainda pela institucionalização da criação de normas jurídicas pelo Judiciário, mediante a operação com princípios.[5]

2. O CONCEITO DE PRECEDENTE JUDICIAL E A DISTINÇÃO (*DISTINGUISHING*) COMO SUA FORMA APLICATIVA

A categoria precedente é pertencente à Teoria Geral do Direito, tratando-se de noção fundamental relativa ao próprio funcionamento dos sistemas jurídicos, relacionada também à teoria das fontes normativas.[6] Então, havendo direito os precedentes existirão.[7] Todo sistema jurídico possui precedentes, na medida em que a tomada de decisões para resolução de casos concretos é o momento fundamental da experiência jurídica.[8] Independentemente da adoção ou do reconhecimento da doutrina do *stare decisis*, os precedentes serão existentes e também utilizados, diferindo, entretanto, a forma e a importância que lhes é dada por cada sistema jurídico de direito positivo.[9]

---

4. Sobre o tema: RENDLEMAN, Doug. "Simplification – A Civil Procedure Perspective". *Dickson Law Review*, vol. 105, 2001, p. 241-246.
5. "Legal language which ultimately expresses governmental power almost always requires interpretation. The meaning of important terms is open, porous, permeable, and changing. The language of a legal rule, a legal realist would say, has play in the joints. Lawyers learn in law school to accept, even exploit, process and uncertainty. Legal language on this plane is primarily a technique of analysis, rhetoric, and argument about how to use the political process, including a judge and a jury, to determine who gets what, where, when and how" (RENDLEMAN, Doug. *Simplification – A Civil Procedure Perspective*, cit., p. 245).
6. Sobre os conceitos de teoria geral do direito: STERNBERG, Theodor. *Introducción a la ciencia del derecho*. 2. ed. Barcelona: Labor, 1940, p. 213. AFTALIÓN, Enrique R.; OLANO, Fernando García; VILANOVA, José. *Introducción al derecho*. Buenos Aires: El Ateneo, 1956, t. I, p. 107.
7. "Case law in some form and to some extent is found wherever there is law. A mere series of decisions of individual cases does not of course in itself constitute a system of law. But in any judicial system rules of law arise sooner or later out of the solution of practical problems, whether or not such formulations are desired, intended or consciously recognized. These generalizations contained in, or built upon, past decisions, when taken as normative for future disputes, create a legal system" (LLEWELLYN, Karl N.. "Case Law". *Encyclopedia of Social Sciences*. New York: Macmillan Co., 1930, v. 3, p. 249).
8. COSSIO, Carlos. *El derecho en el derecho judicial*. Buenos Aires: Editorial Guillermo Kraft, 1945, p. 65.
9. MACCORMICK, Neil; SUMMERS, Robert. *Interpreting precedents*. Aldershot: Ashgate/Dartmouth, 1997, p. 2-3. No mesmo sentido: TARUFFO, Michele. *Precedente e giurisprudenza*. Napoli: Editoriale Scientifica, 2007, p. 7.

A preocupação com o precedente põe-se no contexto da coerência e da consistência do debate e das ações,[10] e a argumentação por precedentes está presente não só no direito, mas também em qualquer parcela da vida em que seja necessária a justificação de decisões de uma forma racional: trata-se de uma razão para a prática de atos.[11] Então, pode-se afirmar que, em uma definição bastante geral, "o precedente é um evento passado que serve como um guia para a ação presente".[12]

A argumentação a partir dos precedentes é representada, basicamente, da seguinte forma: o tratamento anterior do acontecimento X da forma Y constitui uma razão para que fatos similares a X, caso ocorram, sejam tratados também da forma Y.[13] Decidir que algo deve ser feito da mesma forma que fora feito anteriormente em uma situação semelhante tem fundamento em razões de igualdade, eficiência e imparcialidade.[14]

Para o direito, os precedentes, mais propriamente os judiciais,[15] são "resoluções em que a mesma questão jurídica, sobre a qual há que decidir novamente, já foi resolvida uma vez por um tribunal noutro caso".[16] São, do ponto de vista prático, decisões anteriores que servem como ponto de partida ou modelo para as decisões subsequentes.[17] Nesse sentido o precedente judicial

---

CUNHA, Leonardo José Carneiro da. "O processo civil no Estado constitucional e os fundamentos do Projeto do novo Código de Processo Civil brasileiro". Revista de processo. São Paulo: RT, 2012, ano 37, n. 209, p. 355. Contrariamente, assumindo os precedentes como originários e característicos do common law: TAVARES, André Ramos. Paradigmas do judicialismo constitucional. São Paulo: Saraiva, 2012, p. 90.

10. SCHAUER, Frederick. Thinking like a lawyer. Cambridge: Harvard University Press, 2012, p. 36.
11. "Applying lessons of the past to solve problems of the present and future is a basic part of human practical reason" (MACCORMICK, Neil; SUMMERS, Robert. Interpreting precedents, cit., p. 1. Igualmente, SCHAUER, Frederick. "Precedent". Stanford Law Review, v. 39. 1987, p. 572. BENDITT, Theodore M. "The rule of precedent". GOLDSTEIN, Laurence (ed.). Precedent in law. Oxford: Claredon Press, 1987, p. 89. A ideia aqui adotada segue a linha exposta em: BUSTAMANTE, Thomas da Rosa de. Teoria do precedente judicial: A justificação e a aplicação de regras jurisprudenciais. São Paulo: Noeses, 2012, p. 190-205. Assim também: ALEXY, Robert. Teoria da argumentação jurídica. 2. ed. São Paulo: Landy, 2005, p. 264). Chega-se a afirmar que a importância do precedente está atrelada à natureza humana, cf. GREY, John Chipman. "Judicial precedents". Harvard Law Review, n. 9. 1895-1896, p. 27.
12. DUXBURY, Neil. The nature and authority of precedent. Cambridge: Cambridge University Press, 2008, p. 1.
13. Cf. SCHAUER, Frederick. Precedent, cit., p. 571. Da mesma forma: DUXBURY, Neil. The nature and authority of precedent, cit., p. 1-2.
14. Nesse sentido: MACCORMICK, Neil. Rhetoric and the rule of law. Oxford: Oxford University Press, 2005, p. 143. Na teoria da argumentação destaca-se o precedente judicial como corolário da universalidade, representada juridicamente especialmente pela igualdade, cf. ALEXY, Robert. Teoria da argumentação jurídica, cit., p. 265.
15. Sobre a importância de precedentes não judiciais para o direito, nomeadamente aqueles advindos da atuação do Executivo, ver: FARBER, Daniel A. "The rule of law and the law of precedents". Minnesota Law Review, vol. 90, 2006, p. 1184-1186. GERHARDT, Michael. The power of precedent. Oxford: Oxford University Press, 2008, p. 111-146.
16. LARENZ, Karl. Metodologia da ciência do direito. 5. ed. Lisboa: Calouste Gulbenkian, 2009, p. 611.
17. MACCORMICK, Neil; SUMMERS, Robert. Interpreting precedents, cit., p. 1.

abarca toda a decisão – relatório, fundamentos e dispositivo. Precedente, aqui, é o mesmo que "decisão precedente" e tem um inegável aspecto relacional, na medida em que só detém utilidade prática quando casos análogos apresentam-se.[18]

Destarte, em um primeiro sentido, o amplo, aproximado ao significado de "caso" – abarcando todo o ato decisório –, precedente é *fonte do direito*;[19] ou seja, é fato jurídico continente de uma norma jurídica.[20] É dizer, a partir do precedente, através do trabalho dos juízes subsequentes, dar-se-á uma norma geral. Dessa forma, precedente é continente, é forma e não se confunde com a norma que dele exsurge. Com efeito, trata-se de instrumento para criação de normas mediante o exercício da jurisdição.[21]

Nesse sentido próprio, o precedente equivale à decisão judicial, não ao dispositivo da decisão, mas ao ato decisório como um todo. Apesar de ser possível designar todo precedente como decisão, nem toda decisão será seguida como precedente: é notável que o termo "precedente" tem um aspecto relacional, ou seja, significa que determinado objeto antecede outro, demonstrando alguma similaridade, e em direito refere-se a decisões judiciais, as quais servirão de modelo ou ponto de partida para outra decisão. Ora, nem toda decisão judicial tratará de situação que será novamente posta ao crivo do Poder Judiciário, não servindo, portanto, como precedente. Além disso, é de se perceber que algumas decisões judiciais não terão por eficácia a criação ou definição de norma, aspecto essencial para a utilização dos precedentes judiciais. A formação de precedentes está vinculada à criação de uma norma jurídica que poderá servir para a solução

---

18. BANKOWSKI, Zenon; MACCORMICK, Neil; MARSHALL, Geoffrey. "Precedent in the United Kingdom". MACCORMICK, Neil; SUMMERS, Robert S. (ed.). *Interpreting precedents*. Aldershot: Ashgate/Dartmouth, 1997, p. 323. Aproximadamente: TUCCI, José Rogério Cruz e. *Precedente judicial como fonte do direito*. São Paulo: RT, 2004, p. 11-12. TARUFFO, Michele; LA TORRE, Massimo. "Precedent in Italy". MACCORMICK, Neil; SUMMERS, Robert. *Interpreting precedents*. Aldershot: Ashgate/Dartmouth, 1997, p. 151. O fato de um precedente, entretanto, não possuir caso análogo não o exclui como fonte, apenas torna impossível sua aplicação. Nesse sentido: MUÑOZ, Martin Orozco. *La creación judicial del derecho y el precedente vinculante*. Navarra: Arazandi-Thomson Reuters, 2011, p. 32.
19. "As fontes do Direito põem normas jurídicas. A norma jurídica é, pois, conteúdo da fonte de Direito por ela enunciada, a fim de determinar seja obrigatória, proibida ou permitida alguma conduta ou serem especificados certos âmbitos de competência, em dada conjuntura histórica" (COSTA, Adriano Soares da. *Teoria da incidência da norma jurídica*. 2. ed. São Paulo: Malheiros, 2009, p. 29).
20. VILANOVA, Lourival. *Causalidade e relação no direito*. 4. ed. São Paulo: RT, 2000, p. 142-143. Vale destacar que a decisão judicial seria, tomando a divisão de Lourival, fato jurídico que tem por eficácia tanto a criação de norma como também a aplicação.
21. Assim: CROSS, Rupert; HARRIS, J. W. *Precedent in english law*. 4. ed. Oxford: Oxford University Press, p. 72. MUÑOZ, Martin Orozco. *La creación judicial del derecho y el precedente vinculante*, cit., p. 28. TARANTO, Caio Márcio Gutterres. *Precedente judicial*. Rio de Janeiro: Forense, 2010, p. 7-8. Aproximadamente: MELLO, Patrícia Perrone Campos. *Precedentes*. Rio de Janeiro: Renovar, 2008, p. 63. SANTOS, Evaristo Aragão. "Em torno do conceito e da formação do precedente judicial". WAMBIER, Teresa Arruda Alvim (coord.). *Direito jurisprudencial*. São Paulo: RT, 2012, p. 143-145.

de outros casos, mas para esse ato criativo é necessário o preenchimento de alguns requisitos, que não estarão presentes em todas as decisões. Portanto, muito embora *toda decisão judicial gere um precedente, nem todo precedente poderá ser seguido*.[22]

É possível tratar de um sentido menos apropriado para precedente, em sinonímia ao termo *ratio decidendi* ou razões de decidir. Trata-se de redução do termo "norma do precedente" por, simplesmente, "precedente". Os precedentes serão inferidos, nesse segundo sentido, somente de parcela do ato decisório. A solução do caso concreto estabelecida pelo juiz no dispositivo não integra o precedente, apesar de poder servir de norte para seu esclarecimento.[23] O precedente judicial pode ser tido como a própria norma aplicada pela corte, compreendida especialmente a partir da fundamentação, que se afigura indispensável para resolver o caso.[24] É importante perceber que há diferenças entre a decisão, e até mesmo sua fundamentação, e o precedente em sentido estrito, que constitui uma norma compreendida a partir de toda a decisão, por um processo construtivo próprio, e a ela não se limita. Esse seria o conceito estrito de precedente, que se confunde com o de *ratio decidendi* ou norma da decisão. É nesse sentido que se fala, por exemplo, em "aplicação do precedente": o que se está a aplicar, a rigor, é a norma que se constrói a partir do precedente.[25]

Esta segunda significação, importa notar, é imprópria. O termo mais adequado para definir a norma oriunda do precedente é *ratio decidendi* ou, simplesmente, razões de decidir ou norma do precedente.[26]

Pode-se falar, diante da distinção esposada, da existência de dois sentidos para precedente:[27] *a)* Precedente pode significar toda uma decisão, sem discri-

---

22. Trata-se da questão dos precedentes sem nenhuma *ratio decidendi*.
23. MARINONI, Luiz Guilherme. *Precedentes obrigatórios*. 2. ed. São Paulo: RT, 2011, p. 221.
24. CROSS, Rupert; HARRIS, J. W. *Precedent in English Law*, cit., p. 39-41. Em outra passagem, o jurista inglês destaca: "When it is said that a court is bound to follow a case, or bound by a decision, what is meant is that the judge is under an obligation to apply a particular *ratio decidendi* to the facts before him in the absence of a reasonable legal distinction between those facts and the facts to which to which it was applied in the previous case" (p. 98).
25. Noutro sentido, mas de forma aproximada, Evaristo Aragão Santos aponta como precedente em sentido estrito como aquela "específica decisão que, efetivamente, serve (ou deveria servir) de paradigma para orientar a decisão de casos posteriores" (SANTOS, Evaristo Aragão. *Em torno do conceito e da formação do precedente judicial*, cit., p. 145-146).
26. Sobre o tema, ver: MACÊDO, Lucas Buril de. "Contributo para a definição de *ratio decidendi* na teoria brasileira dos precedentes judiciais". *Revista de Processo*, São Paulo, 2014, n. 234, p. 303-327.
27. Assim: BANKOWSKI, Zenon; MACCORMICK, Neil; MARSHALL, Geoffrey. *Precedent in the United Kingdom*, cit., p. 323. CHIASSONI, Pierluigi. *La giurisprudenza civile – Metodi d'interpretazione e tecniche argomentative*. Milano: Giuffrè, 1999, p. 146. Em sentido contrário, dando três sentidos a precedente: "In the first place, it is sometimes applied without further thought or analysis to a body of allegedly relevant prior decisions (typically gathered together and cited by counsel on both sides in a common law case). Secondly, 'precedent'

minar qualquer parte dela, nesse primeiro uso quer significar algo próximo de "caso", e abrange todo o pronunciamento do juiz; daí, e.g., é possível falar que, no Mandado de Segurança n.º 18.881-DF,[28] o Superior Tribunal de Justiça decidiu determinar a investidura da impetrante no cargo no qual fora aprovada, ainda que fora das vagas expressamente previstas no edital; ou que em tal precedente a impetrante foi aprovada na 81.ª posição, mas o edital previu originariamente 49 vagas, além das que vagarem no transcorrer do período de sua validade; é perceptível que se faz referência a conteúdos que extrapolam a fundamentação, destacando a importância de características encontradas no dispositivo ou no relatório do referido precedente; b) Precedente, em uma redução, pode também significar a própria norma jurídica aplicável, advinda de outro caso, a *ratio decidendi*; no citado precedente, o MS 18.881-DF, a regra aplicável foi uma extensão da já conhecida concretização do princípio da moralidade, no sentido de determinar que as regras do edital devam ser respeitadas e, inclusive, geram direitos subjetivos àqueles que se submetem ao certame, no caso, especificamente, reconheceu-se que a regra que determina o provimento dos cargos que vagarem gera direito subjetivo, tal qual a submissão da administração ao reconhecimento das vagas expressamente previstas no edital; assim, em caso símile subsequente, pode-se afirmar que se aplica o supracitado precedente, ou pode-se chegar à conclusão que tal precedente não merece prevalecer ante alguma diferença fática substancial. De toda forma, percebe-se que nesse sentido precedente significa norma jurídica.

Finalmente, é importante pôr em paralelo os sentidos que o termo precedente pode ser utilizado tecnicamente. Em sentido próprio, continente ou formal, é fato jurídico instrumento de criação normativa, em outras palavras: é fonte do Direito, tratando-se de uma designação relacional entre duas decisões. Já precedente em sentido impróprio é norma, significado alcançado por redução do termo "norma do precedente", que é precisamente a *ratio decidendi*, esse sentido é também o substancial.[29]

---

can be used as a description of the result or outcome of a particular decision that is thought to be of some significance. Thirdly, the term may be used to state a wider rule that the decision in a particular case is alleged to instantiate or illustrate" (MARSHALL, Geoffrey. "What is binding in a precedent". MACCORMICK, Neil; SUMMERS, Robert (ed.). *Interpreting precedents*. Aldershot: Ashgate/Dartmouth, 1997, p. 503). O primeiro e o terceiro significado coincidem com o uso por nós dado, enquanto o segundo não se justifica, pois está logicamente contido no primeiro.

28. Brasil – Superior Tribunal de Justiça – Primeira Seção – Mandado de Segurança n. 18.881/DF, Rel. Min. Napoleão Nunes Maia Filho, julgado em 28/11/2012, DJe 05/12/2012.

29. Para outra abordagem, a partir dos conceitos positivista, tradicional e convencionalista de precedente, ver: POSTEMA, Gerald J. "Some roots of our notion of precedent". GOLDSTEIN, Laurence (ed.). *Precedent in law*. Oxford: Claredon Press, 1987, p. 11-33.

Pois bem. Avaliado o conceito de precedente judicial, cabem, agora, algumas palavras sobre uma das mais importantes características da aplicação dos precedentes: a distinção (*distinguishing*).

As distinções são a principal forma de operar com precedentes judiciais, assim como na legislação os juristas utilizam-se da argumentação *a contrario sensu* ou da analogia, a fim de afastar ou atrair o reconhecimento da incidência normativa no caso concreto, a distinção é a forma de evitar ou trazer a aplicação de um precedente no caso subsequente.[30] As distinções, ou *distinguishing*, consistem na atividade dos juristas de fazer diferenciações entre um caso e outro.[31]

Importa perceber que, enquanto a superação dos precedentes (*overruling*) suscita uma questão de competência, não podendo ser realizada por todo e qualquer órgão julgador, a distinção pode ser realizada tanto pelo tribunal que prolatou o precedente como também pelos juízes inferiores, vinculados à norma do precedente. As distinções são o método aplicativo dos precedentes, não se justificando sua limitação a órgãos específicos – do mesmo modo que é impossível limitar a interpretação da lei a determinados tribunais ou juízes.

É correto afirmar, portanto, que o método de aplicação dos precedentes é marcado pelas distinções; conceito de suma importância, pois se trata do mecanismo mais relevante na concretização do direito jurisprudencial, justamente por ser o que é utilizado com maior frequência. Nas distinções o jurista opera através do raciocínio analógico entre os fatos do precedente e os do caso presente, identificando quais as diferenças e similitudes, demonstrando que são substanciais, ou seja, que são juridicamente relevantes. Essa característica dos precedentes faz o processo de sua aplicação especialmente fundado em analogias, que moldam e remoldam as normas a partir de cada decisão.[32]

Ao se observar atentamente os dois casos – o precedente e a demanda subsequente – será perceptível que existam diferenças: nunca dois eventos são exatamente iguais. Todavia, para que uma decisão seja considerada precedente para

---

30. AARNIO, Aulis. "Precedent in Finland". MACCORMICK, Neil; SUMMERS, Robert S. (ed.). *Interpreting precedents*. Aldershot: Dartmouth, 1997, p. 84-85.
31. DUXBURY, Neil. *The nature and authority of precedent*, cit., p. 113.
32. "Case law is peculiarly revisable in a way that enacted law is not: the judge who carefully articulates a principles is not determining its formulation in future disputes over materially identical facts – the likelihood, rather, is that it will be moulded and remoulded in the hands of successive courts. We might even question whether is correct to speak of precedents being interpreted. Although judges interpret statutes – and will sometimes consider the entire meaning of a statute to depend on the interpretation of a single word within it – they customarily purport to follow or distinguish or overrule precedents. Since the recorded case is not a strict verbal formulation of a principle, only exceptionally will judges conceive their task to be one of interpreting specific words or phrases within a case rather as they might focus on the precise wording of a statute. Instead, they will consider if the case is factually similar to or different from the case to be decided. Case-law, we might say, unlike statute law, tends to me analogized rather than interpreted" (DUXBURY, Neil. *The nature and authority of precedent*, cit., p. 59)

outro caso, não se requer que os fatos da causa anterior sejam absolutamente idênticos aos dos posteriores. Caso isso fosse exigido, nenhuma decisão teria condições de ser precedente para os juízes futuros. É necessário que se elimine a ideia de igualdade absoluta para a operação com precedentes judiciais.[33]

O foco, então, para a operação dos precedentes, deve sair dos fatos da decisão, como um todo, para a *caracterização dos fatos relevantes para a tomada de decisão*. Ou seja, a fim de aplicar precedentes, mais propriamente de determinar se um precedente é aplicável a um caso subsequente, é preciso observar os fatos que foram decisivos para que a decisão anterior fosse efetivamente prolatada e, em seguida, analisar as similaridades com o caso subsequente, especificando se os fatos categorizados que foram considerados juridicamente importantes estão presentes e quais fatos não possuem relevância para o direito.[34]

Assim, o processo de aplicação dos precedentes perpassa pela argumentação no derredor do que constitui fato juridicamente relevante, ou simplesmente hipótese fática, para a aplicação da norma do precedente (*ratio decidendi*). A distinção, portanto, é essencialmente argumentativa e tem uma importância fulcral para a melhor determinação, caso a caso, da norma jurisprudencial.

3. A RECLAMAÇÃO CONSTITUCIONAL

3.1. Aspectos relevantes

A reclamação constitucional é ação prevista na Constituição Federal,[35] com hipóteses de cabimento específicas, configurando remédio jurídico processual para algumas situações jurídicas bem peculiares. Sua criação foi inicialmente jurisprudencial e decorreria da teoria dos poderes implícitos.[36] Trata-se de uma demanda típica com fundamentação vinculada e competência originária dos tribunais superiores.[37]

---

33. SCHAUER, Frederick. "Precedents". *Stanford Law Review*. Stanford, 1987, v. 39, p. 577.
34. SCHAUER, Frederick. *Precedents*, cit., p. 577.
35. "A necessidade da reclamação constitucional nasceu no Regimento Interno do STF, em 1957; passou a lei com a Carta de 1967; contudo somente com a Constituição de 1988 é que se incorpora como uma ação constitucional" (GÓES, Gisele Santos Fernandes. "Reclamação constitucional". *Ações constitucionais*. 6. ed. Salvador: Juspodivm, 2013, p. 652).
36. MENDES, Gilmar Ferreira. *Jurisdição constitucional*. 6. ed. São Paulo: Saraiva: 2014, p. 495. Sobre a história do instituto, conferir, por todos: DANTAS, Marcelo Navarro Ribeiro. *Reclamação constitucional no direito brasileiro*. Porto Alegre: Fabris, 2000, p. 45-266.
37. CUNHA, Leonardo Carneiro da. *A fazenda pública em juízo*. 11. ed. São Paulo: Dialética, 2013, p. 662. A questão da natureza jurídica da reclamação constitucional, todavia, não é pacífica. O processualista pernambucano analisa o tema amplamente (p. 662-672). Sobre o tema, conferir: DANTAS, Marcelo Navarro Ribeiro.

Com efeito, o sistema processual normalmente limita a processualização da pretensão voltada contra atos judiciais, que deve ser feita por *recursos*, que são estabelecidos taxativamente pelo direito processual e prolongam a mesma relação processual. A reclamação constitucional é uma exceção a essa previsão, como o são os meios específicos de impugnação às decisões judiciais, que possui eficácia preponderante constitutiva negativa ou mandamental, a depender da causa de pedir e do pedido, desfazendo o ato atacado ou determinando seja tomada certa providência pelo órgão judicial responsável pelo ato objeto da reclamação.[38] Inclusive, a procedência da reclamação gera a impossibilidade do órgão judicial inferior manifestar-se quanto ao ato que foi cassado, cabendo-lhe apenas condutas voltadas ao cumprimento do decidido na instância superior, em uma situação denominada por Dinamarco de "preclusão hierárquica".[39]

A sua previsão normativa, como medida de preservação da competência do tribunal e da autoridade de suas decisões, está nos arts. 102, I, *l*, quanto ao STF, e 105, I, *f*, quanto ao STJ, ambos dispositivos da Constituição Federal. Ao se falar em "autoridade da decisão", a referência é direcionada propriamente ao *decisum*, isto é, ao que foi efetivamente decidido, e naturalmente não abrange as razões de decidir.[40]

Há também disciplina constitucional do cabimento da reclamação para garantia da autoridade de súmula vinculante, que está contida no art. 103-A da CF/88, que foi incluído pela Emenda Constitucional de n.º 45/2004. A Lei 11.417/2006, que regulamentou o art. 103-A da Constituição Federal, acabou por permitir expressamente o cabimento da reclamação constitucional tanto nos casos em que se

---

Reclamação constitucional no direito brasileiro, cit., p.431-461. Ver também, chegando na mesma conclusão, embora por argumentos distintos: DINAMARCO, Cândido Rangel. *Nova era do processo civil*. 2. ed. São Paulo: Malheiros, 2007, p. 204-209. O STF vinha entendendo se tratar de *direito de petição*, todavia, em recentes precedentes da Primeira Turma, acabou revendo sua posição, ao afirmar que "A reclamação é ação autônoma de impugnação dotada de perfil constitucional, prevista no texto original da Carta Política de 1988 para a preservação da competência e garantia da autoridade das decisões do Supremo Tribunal Federal (art. 102, "l", da Lei Maior), e, desde o advento da Emenda Constitucional nº 45/2004, é instrumento de combate a ato administrativo ou decisão judicial que contrarie ou indevidamente aplique súmula vinculante" (Rcl 16487 AgR, Relator(a): Min. ROSA WEBER, Primeira Turma, julgado em 26/08/2014, PROCESSO ELETRÔNICO DJe-174 DIVULG 08-09-2014 PUBLIC 09-09-2014). No mesmo sentido, entendendo tratar-se de instituto com natureza de ação: DANTAS, Marcelo Navarro Ribeiro. *Reclamação constitucional no direito brasileiro*. Porto Alegre: Fabris, 2000, p. 470. ALVIM, Eduardo Arruda. "Reclamação e ação direta de inconstitucionalidade". NOGUEIRA, Pedro Henrique Pedrosa; COSTA, Eduardo José da Fonseca (Org.). *Reclamação constitucional*. Salvador: Juspodivm, 2013, p. 151. MORATO, Leonardo L. *A reclamação e sua aplicação para o respeito da súmula vinculante*. São Paulo: RT, 2007, p. 110.

38. NOGUEIRA, Pedro Henrique Pedrosa. "A eficácia da reclamação constitucional". ___; COSTA, Eduardo José da Fonseca (Org.). *Reclamação constitucional*. Salvador: Juspodivm, 2013, p. 388-395.
39. DINAMARCO, Cândido Rangel. *Nova era do processo civil*, cit., p. 210-212.
40. DINAMARCO, Cândido Rangel. *Nova era do processo civil*, cit., p. 212-214.

deixa de aplicar como nos casos em que se aplica equivocadamente a súmula vinculante.[41]

Como fica evidente pelas hipóteses de cabimento constitucionalmente disciplinadas, a reclamação é remédio jurídico processual adequado à tratativa de atos que são desrespeitosos, de forma particularmente grave, a normas constitucionais atributivas de competência ou a decisões. Talvez por isso seja instituto concebido apenas no direito brasileiro.[42]

Há também previsão legal da reclamação constitucional nos regimentos internos do STF, arts. 156 a 162, e do STJ, arts. 187 a 192, bem como nos arts. 13 a 18 da Lei 8.038/90.

Similarmente, entende-se, atualmente, cabível reclamação para a "adequação do entendimento adotado em acórdãos de Turmas Recursais Estaduais à jurisprudência do Superior Tribunal de Justiça, enunciada em súmula ou em julgamento realizado na forma do art. 543-C do Código de Processo Civil".[43] Essa reclamação acabou por ser afirmada mediante a Resolução 12/2009 do STJ, que passou a ser relevante dado normativo para a utilização do remédio processual em tal hipótese.

A reclamação não é instituto tradicionalmente ligado à afirmação da jurisprudência dos tribunais, que possuem meios mais apropriados para isso – sobretudo os recursos e os incidentes postos à disposição.[44] Essas hipóteses são expostas como relevantes manifestações da atribuição de importância aos precedentes judiciais e de sua progressiva valorização.[45]

---

41. O permissivo encontra-se no art. 7.º da Lei 11.417, de 2006, que estabelece:
   "Da decisão judicial ou do ato administrativo que contrariar enunciado de súmula vinculante, negar-lhe vigência ou aplicá-lo indevidamente caberá reclamação ao Supremo Tribunal Federal, sem prejuízo dos recursos ou outros meios admissíveis de impugnação.
   "§1.º Contra omissão ou ato da administração pública, o uso da reclamação só será admitido após esgotamento das vias administrativas.
   "§2.º Ao julgar procedente a reclamação, o Supremo Tribunal Federal anulará o ato administrativo ou cassará a decisão judicial impugnada, determinando que outra seja proferida com ou sem aplicação da súmula, conforme o caso".
42. Ver a análise de direito comparado em: DANTAS, Marcelo Navarro Ribeiro. *Reclamação constitucional no direito brasileiro*, cit., p. 385-429. O autor conclui nos seguintes termos: "Fora desse contexto específico – o do direito comunitário –, porém, nos ordenamentos nacionais internos pesquisados, o respeito e acatamento às decisões dos juízes e tribunais, mormente das cortes mais elevadas, fazem com que em geral se prescinda inteiramente de providências desse jaez, apesar de haver, aqui e acolá, como se viu, alguns problemas (p. 429).
43. BRASIL – STJ; 1.ª Seção; Reconsideração de Despacho na Reclamação Constitucional 11.585/SP, Relator Ministro Humberto Martins, julgado em 13/3/2013, DJe 21/3/2013.
44. MARTINS, Ives Gandra da Silva; PAVAN, Cláudia Fonseca Morato. "Reclamação constitucional e ação declaratória de constitucionalidade". NOGUEIRA, Pedro Henrique Pedrosa; COSTA, Eduardo José da Fonseca (Org.). *Reclamação constitucional*. Salvador: Juspodivm, 2013, p. 270-271.
45. Assim: LEONEL, Ricardo de Barros. *Reclamação constitucional*. São Paulo: RT, 2011, 203-212. No mesmo sentido: MINGATI, Vinícius Secafen. *Reclamação (neo)constitucional*. Brasília: Gazeta Jurídica, 2013, p. 91-92. Relatando as modificações ampliativas no cabimento da reclamação constitucional: CORTÊS, Osmar Mendes Paixão.

Mais do que isso, seria possível afirmar que o cabimento de reclamação nesses casos é precursor de uma nova hipótese a ser estabelecida quando da institucionalização do *stare decisis* brasileiro: a reclamação constitucional para forçar o respeito aos precedentes dos tribunais superiores.[46] Nesse passo, ao se defender os precedentes obrigatórios, far-se-ia indispensável o cabimento da reclamação para impor o respeito aos precedentes obrigatórios dos tribunais superiores ou às suas súmulas.[47]

Assim, prolatada decisão que constitui precedente obrigatório, seguida de posterior ato judicial ou administrativo que deixe de aplicar ou aplique equivocadamente esse precedente, seria possível propor reclamação constitucional diretamente para o tribunal superior, que, julgada procedente, cassaria a decisão ou ato e determinaria a sua correta aplicação, ou a não aplicação da *ratio decidendi*, conforme as peculiaridades do caso.[48]

"Reclamação – A ampliação do cabimento no contexto da "objetivação" do processo nos Tribunais Superiores". *Revista de Processo*. São Paulo: RT, 2011, ano 36, vol. 197, p. 13-24.

46. Atualmente, entretanto, a tese é refutada no Supremo Tribunal Federal. Veja-se, por exemplo, a seguinte ementa, suficientemente analítica para representar o entendimento da Corte, esposado no precedente: AGRAVO REGIMENTAL. RECLAMAÇÃO. PARADIGMA SEM EFICÁCIA GERAL E EFEITO VINCULANTE. INVIABILIDADE. ALEGAÇÃO DE AFRONTA AO QUE DECIDIDO POR ESTA CORTE NO RE 591.874/MS, COM REPERCUSSÃO GERAL RECONHECIDA. APLICAÇÃO AOS CASOS CONCRETOS NOS TERMOS DA LEI 11.418/2006. DECISÃO RECLAMADA PROFERIDA EM PROCESSO AINDA EM CURSO NO PRIMEIRO GRAU DE JURISDIÇÃO. INADEQUAÇÃO DO INSTRUMENTO DA RECLAMAÇÃO. AGRAVO A QUE SE NEGA PROVIMENTO. I – A jurisprudência desta Corte é firme no sentido de que não cabe reclamação fundada em precedentes sem eficácia geral e vinculante, de cuja relação processual os reclamantes não tenham feito parte. Precedentes. II – Conquanto o decidido nos recursos extraordinários submetidos ao regime da repercussão geral vincule os outros órgãos do Poder Judiciário, sua aplicação aos demais casos concretos, em observância à nova sistemática instituída pela EC 45/2004, regulamentada pela Lei 11.418/2006, não poderá ser buscada, diretamente, nesta Suprema Corte, antes da apreciação da controvérsia pelas instâncias ordinárias. III – O instrumento da reclamação não pode ser utilizado a fim de que, *per saltum*, seja aplicado, a processo ainda em curso no primeiro grau de jurisdição, o entendimento firmado no julgamento de mérito do RE 591.874/MS, que trata de matéria que teve a repercussão geral reconhecida por esta Corte. Precedentes. IV – Agravo regimental a que se nega provimento. (Rcl 17914 AgR, Relator: Min. RICARDO LEWANDOWSKI, Segunda Turma, julgado em 26/08/2014, PROCESSO ELETRÔNICO DJe-171 DIVULG 03-09-2014 PUBLIC 04-09-2014)
47. Da mesma forma, o STF entende que "Não cabe reclamação para questionar violação a súmula do STF sem efeito vinculante e a dispositivos constitucionais, que, aliás, são estranhos à fundamentação da decisão agravada e à própria reclamação" (Rcl 10900 ED, Relator: Min. ROBERTO BARROSO, Primeira Turma, julgado em 26/08/2014, PROCESSO ELETRÔNICO DJe-185 DIVULG 23-09-2014 PUBLIC 24-09-2014).
48. Nesse sentido: "Se um órgão jurisdicional considerar como constitucional uma lei estadual análoga àquela que o STF considerou inconstitucional, caberá reclamação, em razão do desrespeito ao precedente nascido de uma decisão em controle concentrado. A reclamação, nesse caso, serve para fazer valer o precedente (fundamentação) construído pelo STF, em um processo de controle concentrado de constitucionalidade. O STF já admitiu reclamação em hipótese assim (Rcl 4.987, rel. Min. Gilmar Mendes, j. 7/3/2007, *Informativo* n° 458)" (CUNHA, Leonardo Carneiro da. *Fazenda Pública em Juízo*, cit., p. 681-682). Como ressalta em seguida o autor, o STF alterou sua orientação, "passando a entender pelo descabimento da reclamação quando houver violação ao *precedente*, e não à coisa julgada, ao dispositivo da decisão, rejeitando a tese acolhida na Reclamação 4.987" (p. 682). Vale destacar que Leonardo Carneiro da Cunha critica a superação do entendimento pelo STF, pelas seguintes razões: "(a) ignora a eficácia vinculante dos precedentes, concedida pelo próprio texto constitucional e (b) não realiza qualquer referência ao acórdão que adotou essa teoria,

Após esse quase consenso doutrinário, a hipótese passou a ser expressamente prevista no novo Código de Processo Civil, ainda que com ressalvas, como se passa a analisar.

3.2. A reclamação constitucional no CPC/2015 e sua funcionalização para forçar a aplicação de precedentes obrigatórios

No novo Código de Processo Civil a reclamação constitucional é regulada expressamente nos artigos 988 a 993, com ampliação das hipóteses de cabimento e detalhamento de algumas regras procedimentais, modificadas pela Lei 13.256/2016.

A ação sob enfoque é permitida, pelo CPC/2015, em qualquer tribunal, competindo seu julgamento ao órgão jurisdicional cuja competência ou decisão busca-se afirmar (§ 1º do art. 988). A petição inicial deve ser guarnecida com os documentos referentes ao objeto da reclamação, como cópia de decisão cuja autoridade se busca preservar, e deve ser endereçada ao presidente do tribunal (art. 988, § 2º). Após autuada, a reclamação deve ser distribuída ao relator do processo principal, caso isso seja possível (art. 988, §3º). Não há uma fase instrutória apartada, toda a prova deve ser fornecida por meio de documentos. A reclamação não pode ser intentada contra decisão judicial que transitou em julgado, conforme disposição inciso I do § 5º do art. 988. O texto legal consagra o entendimento fixado no verbete de número 734 da Súmula do STF. No entanto, o § 6º do art. 988 fixa que a inadmissibilidade ou o julgamento do recurso interposto contra a decisão reclamada não prejudica a reclamação, assim como se vinha reconhecendo jurisprudencialmente.[49]

---

em clara violação de uma necessidade básica de um sistema que deseja adotar eficácia dos precedentes, que seria a autorreferência, não demonstrando as razões para a realização do *overruling*" (p. 682-683). Enquanto a crítica *b* é irretocável, não se concorda com a *a*, pelas razões constantes do texto. No mesmo sentido do texto criticado: DIDIER JR, Fredie; CUNHA, Leonardo José Carneiro da. *Curso de direito processual civil*. 10. ed. Salvador: Juspodivm, 2012, p. 365-366. Defendendo o cabimento de reclamação contra decisão judicial *per incuriam* ou que negue aplicação a precedente judicial, inclusive para o STJ: ATAÍDE JR, Jaldemiro Rodrigues de. *Precedentes vinculantes*, cit., p. 153. VEIGA, Daniel Brajal. "O caráter pedagógico da reclamação constitucional e a valorização do precedente". *Revista de Processo*. São Paulo: RT, ano 38, vol. 220, p. 65-66. YOSHIKAWA, Eduardo Henrique de Oliveira. "O incidente de resolução de demandas repetitivas no Novo Código de Processo Civil". *Revista de Processo*. São Paulo: RT, 2012, ano 37, vol. 206, p. 266-267. CORTÊS, Osmar Mendes Paixão. *Reclamação – A ampliação do cabimento no contexto da "objetivação" do processo nos Tribunais Superiores*, cit., p. 24-25. GÓES, Gisele Santos Fernandes. *Reclamação constitucional*, cit., p. 668. MINGATI, Vinícius Secafen. *Reclamação (neo)constitucional*. Brasília: Gazeta Jurídica, 2013, p. 94-96. LEONEL, Ricardo de Barros. *Reclamação constitucional*, cit., p. 97-98 e 212. MARINONI, Luiz Guilherme. *O STJ enquanto Corte de precedentes*. São Paulo: RT, 2013, p. 240-245.

49. "De acordo com o Supremo Tribunal Federal, é possível mitigar os rigores da Sumula 734/STF, quando o trânsito em julgado do *decisum* ocorre no curso do processamento da reclamação" (AgRg na Rcl 9.793/SP, Rel. Ministro LUIS FELIPE SALOMÃO, SEGUNDA SEÇÃO, julgado em 25/02/2015, DJe 03/03/2015).

A sua procedimentalização não recebeu mudanças significativas. O relator da reclamação deve requisitar informações à autoridade que se afirma ter praticado o ato ilegítimo, que terá o prazo de 10 dias para prestá-la, bem como determinará a citação do beneficiário do ato, para contestar em 15 dias (art. 989, I e III). Após isso, nos casos em que o Ministério Público não for autor, será intimado para manifestação, com vistas por 5 dias (art. 991). Além disso, qualquer pessoa que detenha interesse na solução da questão pode ingressar na demanda para impugnar o pedido do reclamante (art. 990). É possível que o relator, na mesma decisão em que recebe a reclamação e angulariza o processo, decrete a suspensão do processo ou do ato objeto da reclamação (art. 989, II). Esta decisão é uma liminar que pode ter natureza satisfativa ou cautelar, a depender do contexto em que se insira e, em todo caso, pressupõe a necessidade urgente de tutela. No mais, o procedimento da reclamação deve receber a aplicação subsidiária da Lei 12.016, que disciplina o mandado de segurança.[50]

Caso seja procedente a reclamação, o órgão julgador cassará a decisão ou ato que invadiu a competência do tribunal ou desrespeitou a autoridade de sua decisão, bem como o que desconsiderou decisão do Supremo Tribunal Federal em controle concentrado de constitucionalidade ou que não seguiu enunciado de súmula vinculante ou de precedente advindo de julgamento de incidente de resolução de demandas repetitivas ou de incidente de assunção de competência. O novo CPC permite a determinação de outra medida que se revele adequada à solução da controvérsia (art. 992), em todo caso será indispensável a cassação do ato ilícito.

No CPC/2015, tem destaque a regra do art. 988, *caput* e incisos, que estabelece as hipóteses de cabimento da reclamação, bem como a regra do seu § 5º, II, que traz uma importante modificação do regime inicial da reclamação no Código, estatuída pela Lei 13.256/2016.

Na sua redação original, os incisos III e IV viabilizavam a utilização da reclamação contra decisão que não aplique ou que aplique erroneamente precedente proveniente de ações de controle de constitucionalidade[51] ou de julgamento de

---

50. A tratativa normativa equivale à prevista na Lei 8.038/90, que rege questões processuais relativas a alguns procedimentos específicos no Superior Tribunal de Justiça e no Supremo Tribunal Federal, apenas com a inclusão expressa do prazo para contestação.
51. Há quem defenda, equivocadamente, essa possibilidade já no direito vigente. O termo "autoridade" faz alusão à ideia de *coisa julgada*, ou seja, quanto ao caso que efetivamente foi decidido, e não abarca suas razões. O Supremo Tribunal Federal, no entanto, em importante precedente, chegou a admitir, diante das peculiaridades do caso sob análise, o cabimento de reclamação para observância de sua *ratio decidendi*. Confira-se a sua ementa: RECLAMAÇÃO. CABIMENTO. AFRONTA À DECISÃO PROFERIDA NA ADI 1662-SP. SEQÜESTRO DE VERBAS PÚBLICAS. PRECATÓRIO. VENCIMENTO DO PRAZO PARA PAGAMENTO. EMENDA CONSTITUCIONAL 30/00. PARÁGRAFO 2º DO ARTIGO 100 DA CONSTITUIÇÃO FEDERAL. 1. Preliminar. Cabimento. Admissibilidade da reclamação contra qualquer ato, administrativo ou judicial, que desafie a exegese constitucional consagrada pelo

causas repetitivas ou de incidente de assunção de competência (art. 988, § 4º). Ao se mencionar julgamento de causas repetitivas, o precedente paradigmático pode tanto advir do incidente de resolução de demandas repetitivas – que chega ao STJ ou ao STF mediante recurso excepcional (art. 987) –, como de decisão de recursos especiais ou extraordinários repetitivos, e pode tratar tanto de direito substancial como processual (art. 928).

É importante notar que, efetivamente, o CPC/2015 permite a veiculação da reclamação tanto nos casos de não aplicação como de aplicação indevida (§ 4º do art. 988).

Com a promulgação da Lei 13.256/2016 modificou-se o art. 988 do CPC, jogando a sua hipótese de cabimento por ofensa a súmula vinculante do STF para o inciso III, juntamente com o precedente do STF em controle concentrado de constitucionalidade, e, no inciso IV, substituiu a referência a "casos repetitivos" por incidente de resolução de demandas repetitivas, o que levaria à interpretação de que houve a exclusão do cabimento de reclamação tendo por paradigma o precedente de recursos extraordinário ou especial repetitivos.

No entanto, houve também a adição de dois incisos ao § 5º do mesmo dispositivo, que trata da inadmissibilidade da reclamação, dispondo o inciso I sobre a inadmissibilidade da reclamação proposta contra decisão transitada em julgado, o que não é nenhuma novidade, e o seu inciso II dispõe que não cabe reclamação para garantir a observância de acórdão (*rectius*: precedente) proveniente de julgamento de recurso extraordinário com repercussão geral reconhecida ou de recursos extraordinário ou especial repetitivos, *quando não esgotadas as instâncias ordinárias*. Essa disposição tem três efeitos: primeiro, ela expande literalmente o

---

Supremo Tribunal Federal em sede de controle concentrado de constitucionalidade, ainda que a ofensa se dê de forma oblíqua. 2. Ordem de seqüestro deferida em razão do vencimento do prazo para pagamento de precatório alimentar, com base nas modificações introduzidas pela Emenda Constitucional 30/2000. Decisão tida por violada - ADI 1662-SP, Maurício Corrêa, DJ de 19/09/2003: Prejudicialidade da ação rejeitada, tendo em vista que a superveniência da EC 30/00 não provocou alteração substancial na regra prevista no § 2º do artigo 100 da Constituição Federal. 3. Entendimento de que a única situação suficiente para motivar o seqüestro de verbas públicas destinadas à satisfação de dívidas judiciais alimentares é a relacionada à ocorrência de preterição da ordem de precedência, a essa não se equiparando o vencimento do prazo de pagamento ou a não-inclusão orçamentária. 4. Ausente a existência de preterição, que autorize o seqüestro, revela-se evidente a violação ao conteúdo essencial do acórdão proferido na mencionada ação direta, que possui eficácia erga omnes e efeito vinculante. A decisão do Tribunal, em substância, teve sua autoridade desrespeitada de forma a legitimar o uso do instituto da reclamação. Hipótese a justificar a transcendência sobre a parte dispositiva dos motivos que embasaram a decisão e dos princípios por ela consagrados, uma vez que os fundamentos resultantes da interpretação da Constituição devem ser observados por todos os tribunais e autoridades, contexto que contribui para a preservação e desenvolvimento da ordem constitucional. 5. Mérito. Vencimento do prazo para pagamento de precatório. Circunstância insuficiente para legitimar a determinação de seqüestro. Contrariedade à autoridade da decisão proferida na ADI 1662. Reclamação admitida e julgada procedente. (Rcl 1987, Relator: Min. MAURÍCIO CORRÊA, Tribunal Pleno, julgado em 01/10/2003, DJ 21-05-2004 PP-00033 EMENT VOL-02152-01 PP-00052)

cabimento da reclamação, já que elenca também os recursos extraordinários nos quais houve o reconhecimento de repercussão geral – ou seja, todos os recursos extraordinários admitidos após a Emenda Constitucional 45/2004; segundo, ela torna admissível a reclamação com base em recursos repetitivos, que não seriam cabíveis a partir da leitura isolada do *caput*; terceiro, ela cria um *requisito de admissibilidade específico* para as reclamações que tenham por paradigma precedente formado em julgamento de recurso extraordinário com repercussão geral ou de recursos especial ou extraordinário repetitivos, qual seja, o *esgotamento das instâncias ordinárias*, ou seja, apenas caberá reclamação após a decisão do tribunal local, da qual cabe recurso especial e/ou recurso extraordinário, conforme o caso.

Assim sendo, além das hipóteses previstas no *caput* do art. 988 do CPC, cabe também reclamação contra decisões que ofendam precedente formado em decisão de recurso extraordinário com repercussão geral reconhecida ou em procedimento para julgamento de recursos excepcionais repetitivos, desde que, neste caso, tenha havido o esgotamento das instâncias ordinárias. Com isso, há uma *ampliação* das hipóteses de cabimento, mas uma *redução* das oportunidades de veiculação da reclamação, já que se pressupõe a última decisão no tribunal intermediário.

Seja como for, o dispositivo acaba por integrar o regime jurídico dos precedentes judiciais firmado pelo CPC/2015, estabelecido concentradamente nos artigos 926 e 927.

Perceba-se que uma das grandes pretensões do CPC é garantir uma prestação jurisdicional mais célere. De fato, um dos maiores reclames da sociedade, senão o maior, em matéria de direito processual, é relativo a duração exagerada das demandas, desde sua propositura até a satisfação do direito. Nesse ponto é que se insere a nova previsão de reclamação contra decisão judicial que desrespeite precedente, dentre outros institutos, como a tutela antecipada fundada em evidência, os poderes do relator e o incidente de resolução de demandas repetitivas.[52]

Assim, no CPC/2015, tem-se a possibilidade de reclamação direta para o tribunal prolator do precedente, sem prejuízo dos recursos cabíveis, ainda que a causa esteja, por exemplo, sob processamento do juízo de primeira instância – com exceção das hipóteses de cabimento do art. 988, § 5º, II. Não é difícil

---

52. Aliás, esse foi o objetivo primordial da previsão de reclamação contra súmula vinculante, consoante bem percebido em: ARAÚJO, José Henrique Mouta. "Duração razoável do processo e a ampliação do cabimento da reclamação constitucional". NOGUEIRA, Pedro Henrique Pedrosa; COSTA, Eduardo José da Fonseca (Org.). *Reclamação constitucional*. Salvador: Juspodivm, 2013, p. 306-307.

imaginar, v.g., a reclamação contra uma decisão interlocutória proferida pelo juízo de primeiro grau.

Muito embora o texto do art. 988, § 5º, II, apenas mencione seu cabimento utilizando como paradigma o julgamento do recurso extraordinário onde houve reconhecimento da repercussão geral e dos recursos extraordinário e especial repetitivos, é bastante plausível construção doutrinária, nos moldes do já defendidos por alguns atualmente, e jurisprudencial do seu cabimento com base em precedente do Plenário ou da Seção Especializada do STJ, sobretudo diante da atribuição de força obrigatória a esses precedentes a partir do CPC, bem como dos precedentes obrigatórios dos tribunais locais (art. 927, V, combinado com art. 988, § 1º).

A previsão é completamente inadequada para o bom funcionamento do *stare decisis* brasileiro, não tem qualquer ligação com a obrigatoriedade dos precedentes e trará prejuízos ao sistema processual brasileiro.

4. CRÍTICA À LIGAÇÃO ENTRE RECLAMAÇÃO E OBRIGATORIEDADE DOS PRECEDENTES

Inicialmente, é importante desmistificar a suposição de que, para que os precedentes sejam realmente obrigatórios, seria essencial a previsão de um meio específico para impugnar a decisão que deixa de aplicá-lo ou que o aplique em erro.

É de se notar, como já foi destacado, que o precedente judicial nada mais é do que *fonte do direito*. Por isso mesmo, deve-se fornecer às partes, como conteúdo do devido processo legal, a possibilidade de propor uma interpretação do texto do precedente que lhe seja favorável, ou, ainda, de argumentar no sentido de uma distinção fática relevante, ou até mesmo da existência de uma mudança contextual ou erro que ensejem a superação da sua *ratio decidendi*.

Outorgar ao STF ou ao STJ competência para decidir reclamações fundadas em seus precedentes obrigatórios é medida autoritária, baseada na ideia de que sua interpretação do precedente é absoluta e torna todas as demais desimportantes ou vazias.

Realmente, parece que faltou à previsão normativa do CPC/2015 um tanto de teoria dos precedentes. Como é observado no direito estadunidense e no direito inglês, a aplicação do precedente fixado não ganha qualquer meio diferenciado para forçar o seu respeito. O meio adequado para forçar sua observância, ou mesmo para adequar sua aplicação, é o recurso. Inclusive, é bastante comum, após a fixação do precedente obrigatório, a Corte deixar de receber casos idênticos. Isso nada mais é do que um reflexo da confiança depositada nos demais juízes e tribunais de que eles exercerão o seu mister de aplicar o ordenamento jurídico com a maior precisão possível.

Nesse ponto, uma analogia é bastante pertinente. Imagine-se que determinado juiz decida em claro desrespeito a enunciado legal, sem fazer sequer referência ao seu conteúdo, ainda que tenha sido levantado e reiterado por um dos sujeitos processuais. Por exemplo, juiz de direito pode sentenciar com base na compensação, embora as partes tenham acordado contratualmente que, naquela específica relação, ela não poderia se operar (o que é admitido expressamente pelo art. 375 do CC/02). Dessa decisão apenas caberá o recurso de apelação, inadmissível a proposição de reclamação constitucional, mesmo diante da clara infringência à norma legal. Outro exemplo: a partir da eficácia do CPC/2015, passa a ser devida a fixação de honorários advocatícios na execução provisória (§ 2º do art. 520), ocorrendo, por força do texto claro e expresso da lei, a direta revogação do entendimento fixado pelo STJ na vigência do CPC/73; imagine-se o caso em que, eficaz o novo CPC, um magistrado simplesmente recusa-se a fixar os honorários advocatícios em cumprimento provisório de sentença. Qual a medida cabível? Certamente não será a reclamação. A decisão deverá ser atacada pelo recurso cabível, mesmo que em inegável confronto direto, explícito e evidente com o texto da lei, não resta outra opção à parte senão a interposição do agravo por instrumento.

A ideia que se quer esposar pode ser repetida em muitas outras hipóteses. O que se quer dizer é bem simples: existem enunciados legais que estabelecem normas-regras com um nível alto de concretude, pelo que sua aplicação não revela, *a priori*, grandes dificuldades interpretativas e descarta muitas possibilidades argumentativas. Mesmo nesses casos, ainda que flagrante o erro judicial, a medida cabível para a sua correção é normalmente apenas uma: o recurso legalmente previsto.

Ora, *permitir o cabimento da reclamação constitucional com fundamento em violação de* ratio decidendi é análogo a permiti-la com base na infringência da lei. Não há qualquer *razoabilidade* em instituir o cabimento da reclamação por ofensa à lei, visto que isso nada mais é do que uma forma de eliminar o próprio processo judicial, fixando o tribunal como único órgão legítimo para a afirmação do direito. Realmente, seria um verdadeiro exercício de inutilidade a construção normativa de todo um procedimento para argumentação e decisão, que paulatinamente e excepcionalmente chegará aos tribunais superiores, se é permitido outro meio mais simples que já leva o caso ao seu destino final. Dessa afirmação não há discordância. Pois bem, ao se admitir o precedente judicial como fonte, o que justificaria essa diferenciação?

Nada.

O precedente judicial obrigatório é *fonte do direito*, assim como a lei. Estabelecer procedimento específico e direto para forçar seu acolhimento de forma específica, além de contrariar o meio desejável para sua formação e conformação, é expediente que desfaz o propósito da própria estruturação dos processos e do sistema recursal, o que é feito de forma *autoritária* e, em um sistema que adota também a lei como fonte, *desproporcional*.

Não há qualquer razão para garantir métodos tão distintos de implementação de normas por sua proveniência, sejam elas advindas da lei ou do precedente judicial. A reclamação é forma de preservar a competência dos tribunais superiores e de garantir a autoridade de suas decisões, não de aplicação de *quaisquer* normas jurídicas. Não há razão para diferenciar seu cabimento nesse particular, estabelecendo que quando a norma advém de precedente, é possível veiculá-la, quando da lei, incabível.

Na verdade, fica bem claro que a previsão normativa do NCPC está fundada em uma compreensão exegeta do precedente judicial. *Muito embora seja um truísmo afirmar, no direito contemporâneo, que a lei é texto e não tem apenas um significado possível, parece que o direito brasileiro efetivamente precisa que se afirme que o precedente judicial também é texto, ainda que com características diferentes, mas que igualmente necessita de interpretação!*

Aliás, uma análise mais adequada do direito jurisprudencial dos países típicos de *common law* demonstra a riqueza de possibilidades das construções normativas, ou de *rationes decidendi*, a partir do mesmo texto de um precedente judicial.[53] De fato, o precedente judicial, por ser mais concreto, garante *mais precisão na aplicação da norma*, mas é impossível equivaler isso a uma certeza absoluta, que é simplesmente inalcançável.

Não se deve permitir, sob pretexto algum, a construção de uma escola da exegese do precedente judicial, que descarte a lei e autorize a afirmação de que há apenas um único e verdadeiro significado no precedente. Parece, entretanto, que esse é o pretexto da reclamação constitucional voltada para forçar a aplicação dos precedentes.

Outro ponto precisa ser destacado.

Com efeito, é essencial que o processo se desenvolva regularmente, estabelecendo várias possibilidades argumentativas, o que é melhor realizado *através do trâmite recursal*. É necessário que se evite tratar o procedimento de participação e demais instâncias decisórias como despiciendos, como meras etapas

---

53. Sobre o ponto, basta ver o caso Donogue v. Stevenson, de 1932, que acabou se transformado, inusitadamente, em um precedente paradigmático para a responsabilidade civil no direito inglês. Ver interessantes relatos em: EISENBERG, Melvin Aron. *The nature of the common law*, cit., p. 53-54. MARSHALL, Geoffrey. *What is binding in a precedent*, cit., 504-506. CROSS, Rupert; HARRIS, J. W. *Precedent in english law*, cit., p. 31-33.

formais para que se chegue à decisão do Supremo Tribunal Federal ou do Superior Tribunal de Justiça. Descartar o procedimento para que o Supremo afirme o que significa o seu próprio precedente é medida autoritária e agressora das necessárias participação e flexibilidade ínsitas ao funcionamento do stare decisis e ao Estado Democrático, que tem a ampla participação no processo de formação de decisão como um relevante imperativo.

A sumarização é possível, mas não permite a concentração das instâncias decisórias em um único tribunal, tal qual um novo – e exclusivo – oráculo do direito. Essa exigência é indissociável do devido processo legal estabelecido constitucionalmente (art. 5.º, LIV), sem o que não se tem um processo justo.

Permitir a veiculação de reclamação, ao que se alia os procedimentos objetivos de formação de procedente, cria um sistema jurídico bastante concentrado nos tribunais superiores, tendente à estagnação e fechado à participação dos vários juízes e tribunais que poderiam contribuir para a boa formação de uma decisão judicial.

Isso é ainda mais problemático ao se conjugar com a disposição do art. 988, § 3º, do CPC, que determina seja a reclamação proposta *"distribuída ao relator do processo principal, sempre que possível"*. Embora a regra já fosse tradicional na regulação da reclamação, não se revelava qualquer embaraço justamente porque a reclamação não era utilizada para corrigir ou forçar a aplicação de precedente; agora, passa a ser um verdadeiro imbróglio a um processo que se pretende democrático. Então, não só o mesmo tribunal definirá e administrará a mesma questão, como também será tendencialmente a mesma pessoa que continuará sendo a maior influência na definição das questões jurídicas, diminuindo as chances de outros juízes poderem propor novas perspectivas sobre a matéria.

Não deixa de ser um tanto paradoxal que tal regulação encontre-se no primeiro Código a tramitar integralmente sob regime democrático e voltado justamente para garantir uma maior participação dos jurisdicionados no processo.

A formação dos precedentes precisa ser paulatina e ladeada pelas possibilidades argumentativas fornecidas pelas várias experiências processuais. Há de se preservar a participação, tanto dos advogados e das partes, maiores interessados em determinado resultado, como dos juízes e tribunais. Só assim é possível a formação *democrática* do precedente, legitimando a atuação dos tribunais superiores.

Ademais, "bloquear, de forma direta ou indireta, na produção dos órgãos situados na base da pirâmide judiciária, os eventuais desvios de teses firmadas em grau superior significa, em certos casos, *barrar precocemente um movimento*, *talvez salutar, de renovação da jurisprudência*"[54] – e é exatamente isso que se estará fazendo, caso admitida a reclamação para forçar a aplicação do precedente da forma como diz ser correta o órgão prolator, sem possibilitar sua interpretação pelos juízes e tribunais inferiores.

Há, enfim, um gritante empobrecimento do processo de construção das *rationes decidendi*, que não é concluído apenas com a prolação de uma decisão pela Corte Suprema, excluindo a participação de vários atores, que podem oxigenar o sistema jurídico com propostas de *standards* normativos, e elimina o tempo dado à sociedade para reflexão quanto à norma jurisprudencial, diminuindo a responsividade da Corte.[55]

Realmente, o melhor meio para fazer aplicar normas advindas dos precedentes, assim como aquelas provenientes de dispositivos legais, é o *recursal*. A garantia de vinculatoriedade dos precedentes precisa ser invocada como fundamento do recurso cabível. Obviamente, para que se dê a devida eficácia obrigatória aos precedentes, é essencial que os tribunais superiores reformem ou cassem as decisões que sejam prolatadas em contrariedade a eles. O processo judicial usual, em sua dinamicidade e abertura participativa, com todas as suas garantias, é o melhor lugar para realizar o precedente obrigatório.[56]

Tornar os precedentes obrigatórios não equivale à criação de procedimentos digníssimos para sua aplicação. Ora, o processo jurisdicional nada mais é do que meio de conseguir a aplicação coercitiva de normas jurídicas, que se alega estarem sendo violadas. Da decisão que aplica indevidamente normas jurídicas, cabe recurso, e não é razoável que isso mude ao se institucionalizar o *stare decisis*.

---

54. BARBOSA MOREIRA, José Carlos. "Súmula, jurisprudência, precedente: uma escalada e seus riscos". *Temas de direito processual* – nona série. São Paulo: Saraiva, 2007, p. 311.
55. A questão, portanto, vai além da formação estática ou dinâmica; fala-se de uma única interpretação correta, o que não se limita apenas à *formação*. Sobre as duas formas de formação do precedente: "Na formação estática interessa menos a fixação de entendimento que se legitime por si próprio e pela participação conjunta para o fim de se tornar paradigma a ser seguido em outras decisões, e mais o estabelecimento, então da maneira mais célere possível, de alguma decisão que, por vontade do Legislador, sirva de padrão *formalmente* obrigatório para solução de casos semelhantes. Em outras palavras, na prática a preocupação acaba sendo menos com a obtenção da *melhor solução possível* nos padrões e com a participação propiciada pela formação *dinâmica*, e mais com a formação de alguma solução, qualquer que seja ela, mas desde que formalmente legítima, para servir de padrão para decisão de casos posteriores" (SANTOS, Evaristo Aragão. "Em torno do conceito e da formação do precedente judicial". WAMBIER, Teresa Arruda Alvim (coord.). *Direito jurisprudencial*. São Paulo: RT, 2012, p. 174).
56. Nesse mesmo sentido: "Para garantizar la vinculatoriedad del precedente es necesario que su contravención pueda ser invocada y enjuiciada en el sistema de recursos que puedan deducirse frente a la sentencia y que, de concurrir tal contravención, la sentencia recurrida sea efectivamente anulada o dejada sin efecto, y, en su sustitución, se dicte una nueva sentencia que aplique la misma solución normativa contenida en el precedente o jurisprudencia vinculante infringidos" (MUÑOZ, Martin Orozco. *La creación judicial del derecho y el precedente vinculante*, cit., p. 202).

Cumpre deixar claro: não se deve admitir a antecipação do processo, levando-o ao tribunal prolator do precedente na primeira oportunidade, o que só impede a formação democrática das normas jurisprudenciais e, por outro lado, causará uma enxurrada de reclamações, impedindo a atuação adequada da Corte de precedentes.

Realmente, o argumento consequencialista de que o remédio jurídico processual outorgado para o respeito aos precedentes seria um meio eficiente de dar maior celeridade à distribuição de justiça não é sequer plausível.[57] Primeiramente, ele não elimina a possibilidade de recurso e nem o efeito suspensivo deste. Segundo, em uma visão macro, é fácil prever que a crise dos recursos excepcionais, que já são suficientemente numerosos para causar dano à duração razoável dos processos brasileiros, somar-se-á a crise da reclamação, que será proposta aos montes – com ou sem razão, destaque-se –, e sem obstar o problema dos numerosos recursos. Terceiro, já foi identificado que a crise de eficiência do sistema jurídico brasileiro não pode ser corretamente atribuída à deficiência das normas processuais, sua razão está intimamente ligada a questões culturais e estruturais.[58]

5. CONCLUSÃO

O CPC/2015 realiza grandes avanços na construção de um sistema de precedentes obrigatórios, todavia, por se tratar de um tema inserido recentemente no debate jurídico, não há uma teoria dos precedentes bem construída, o que ocasiona falhas na sua regulação. Isso é evidenciado, sobretudo, na tratativa do cabimento da reclamação constitucional por ofensa a precedente obrigatório.

O precedente, como texto que é, não pode fornecer respostas pré-moldadas e prontas. Por isso, a função dos juízes dos casos subsequentes não pode ser defendida como de simples declaração da jurisprudência ou como "boca que pronuncia as palavras dos tribunais superiores". Há de se perceber que a prática

---

57. Assim: ARAÚJO, José Henrique Mouta. "Duração razoável do processo e a ampliação do cabimento da reclamação constitucional". NOGUEIRA, Pedro Henrique Pedrosa; COSTA, Eduardo José da Fonseca (Org.). *Reclamação constitucional*. Salvador: Juspodivm, 2013, p. 316. O jurista paraense compara o problema causado pela proposição massiva de agravos de instrumento para destrancamento de recurso extraordinário ao que pode acontecer com a reclamação para respeito à súmula vinculante, ressaltando acertadamente que a propositura do remédio jurídico processual em nada impedirá a interposição do respectivo recurso.

58. Essa questão foi ressaltada, antes mesmo da previsão de reclamação com súmula vinculante como paradigma, no excelente trabalho de Marcelo Navarro, que bem sublinhou: "Sem que mudem, melhorem, os homens, não mudará o Estado, não mudará o Direito, não mudará o processo, não se superará essa famosa *crise*. Claro que uma série de alterações normativas podem ser feitas para aperfeiçoar os instrumentos de garantia da tutela processual" (DANTAS, Marcelo Navarro Ribeiro. *Reclamação constitucional no direito brasileiro*, cit., p. 504).

dos precedentes judiciais é essencialmente dinâmica, embora isso não signifique que não sejam possíveis filtros baseados em precedentes, sumarizando pontualmente o procedimento. No mais, em uma visão integral do sistema processual, a reclamação é ineficiente para impedir recursos e, por razões óbvias, certamente passará a ser um novo problema para os tribunais superiores como contingente de trabalho.

Enfim, a opção legislativa, sem dúvidas, passou ao largo do ideal e é de duvidosa constitucionalidade.

CAPÍTULO 13
Reclamação no CPC/2015 (com as alterações introduzidas pela Lei 13.256/2016)

Pedro Miranda de Oliveira[1]

SUMÁRIO: 1. NATUREZA JURÍDICA; 2. PREVISÃO LEGAL; 3. HIPÓTESES DE CABIMENTO; 3.1. PRESERVAÇÃO DA COMPETÊNCIA DOS TRIBUNAIS (INCISO I); 3.1.1. PRESERVAÇÃO DA COMPETÊNCIA DOS TRIBUNAIS INFERIORES; 3.1.2. PRESERVAÇÃO DA COMPETÊNCIA DOS TRIBUNAIS SUPERIORES; 3.2. GARANTIA DA AUTORIDADE DAS DECISÕES DOS TRIBUNAIS (INCISO II); 3.3. GARANTIA DA OBSERVÂNCIA DE ENUNCIADO DE SÚMULA VINCULANTE (INCISO III) ; 3.4. GARANTIA DA OBSERVÂNCIA DE DECISÃO DO STF EM SEDE DE CONTROLE CONCENTRADO DE CONSTITUCIONALIDADE (INCISO III); 3.5. GARANTIA DA OBSERVÂNCIA DE ACÓRDÃO PROFERIDO EM JULGAMENTO DE INCIDENTE DE RESOLUÇÃO DE DEMANDAS REPETITIVAS OU DE INCIDENTE DE ASSUNÇÃO DE COMPETÊNCIA (INCISO IV); 3.6. UNIFORMIZAÇÃO DE JURISPRUDÊNCIA NOS JUIZADOS ESPECIAIS ESTADUAIS?; 4. COMPETÊNCIA; 5. ALGUMAS REGRAS PROCEDIMENTAIS; 6. PRAZO PARA PROPOSITURA DA RECLAMAÇÃO E INTERESSE DE AGIR; 7. PREJUDICIALIDADE; 8. PODERES DO RELATOR; 8.1. REQUISIÇÃO DE INFORMAÇÕES; 8.2. SUSPENSÃO DO PROCESSO OU DO ATO IMPUGNADO; 8.3. CITAÇÃO DO BENEFICIÁRIO DA DECISÃO IMPUGNADA; 9. IMPUGNAÇÃO DO PEDIDO DO RECLAMANTE; 10. INTERVENÇÃO DO MINISTÉRIO PÚBLICO; 11. RESULTADO DO JULGAMENTO; 12. IMEDIATO CUMPRIMENTO DA DECISÃO; 13. APLICAÇÃO SUBSIDIÁRIA DO PROCEDIMENTO DO MANDADO DE SEGURANÇA; 14. BIBLIOGRAFIA.

1. NATUREZA JURÍDICA

Há muito se discute acerca da natureza jurídica da reclamação.

Extrai-se de julgado do Supremo Tribunal Federal: "A reclamação, qualquer que seja a qualificação que se lhe dê – Ação (Pontes de Miranda, "Comentários ao Código de Processo Civil", tomo V/384, Forense), recurso ou sucedâneo recursal (Moacyr Amaral Santos, RTJ 56/546-548; Alcides de Mendonça Lima, "O Poder Judiciário e a Nova Constituição", p. 80, 1989, Aide), remédio incomum (Orosimbo Nonato, "apud" Cordeiro de Mello, "O processo no Supremo Tribunal Federal", vol. 1/280), incidente processual (Moniz de Aragão, "A Correição Parcial", p. 110, 1969), medida de Direito Processual Constitucional (Jose Frederico Marques, "Manual de

---
1. Doutor em Direito pela PUC-SP. Mestre em Direito pela PUC-PR. Professor de Processo Civil dos cursos de graduação e mestrado da Faculdade de Direito da UFSC. Membro do Instituto Brasileiro de Direito Processual – IBDP e do Instituto Iberoamericano de Direito Processual – IIDP. Diretor Geral da ESA/SC. Advogado e consultor jurídico.

Direito Processual Civil", vol 3., 2. parte, p. 199, item n. 653, 9. ed., 1987, Saraiva) ou medida processual de caráter excepcional (Min. Djaci Falcão, RTJ 112/518-522) – configura, modernamente, instrumento de extração constitucional, inobstante a origem pretoriana de sua criação (RTJ 112/504), destinado a viabilizar, na concretização de sua dupla função de ordem político-jurídica, a preservação da competência e a garantia da autoridade das decisões do Supremo Tribunal Federal (CF, art. 102, I, "l") e do Superior Tribunal de Justiça (CF, art. 105, I, "f")".[2]

Como se verifica, não é tarefa fácil definir a natureza jurídica da reclamação.

Apesar disso, tem-se que "a reclamação não é medida administrativa; não é procedimento de jurisdição voluntária; não constitui processo objetivo; não é recurso nem sucedâneo recursal; não pode ser qualificada como incidente processual; não se caracteriza por exercício do direito de petição; e não é simples remédio processual".[3]

A reclamação é ação.

> "Tal entendimento justifica-se pelo fato de, por meio da reclamação, ser possível a provocação da jurisdição e a formulação de pedido de tutela jurisdicional, além de conter em seu bojo uma lide a ser resolvida, decorrente do conflito entre aqueles que persistem na invasão de competência ou no desrespeito das decisões do Tribunal e, por outro lado, aqueles que pretendem ver preservada a competência e a eficácia das decisões da Corte".[4]

Além disso, constitui um novo processo e tem uma nova questão dita principal, pois não se analisa, na reclamação, a lide discutida no processo subjacente, mas apenas a observância da orientação estampada em decisão anterior do tribunal. Ataca, portanto, atos que não poderiam ter sido realizados porque a matéria já estava decidida pelo tribunal superior ou porque a competência para o ato não era do órgão que o proferiu.

Diz-se que os meios de impugnação das decisões judiciais podem ser divididos em três classes: (a) recursos; (b) sucedâneos recursais; e (c) ações impugnativas autônomas. Dentro dessa classificação, a reclamação compõe o terceiro grupo, tal como a ação rescisória, a ação anulatória, a *querela nullitatis* e o mandado de segurança.

---

2. STF, Tribunal Pleno, Rcl 336/DF, rel. Min. Celso de Melo, DJ 15/03/1991.
3. MORATO, Leonardo L. *Reclamação e sua aplicação para o respeito da súmula vinculante*. São Paulo: RT, 2007. p. 269.
4. MENDES, Gilmar. A reclamação constitucional no Supremo Tribunal Federal. *Fórum Administrativo*, Belo Horizonte, v. 100, p. 94-111, jun. 2009, p. 96.

A finalidade, ao contrário dos recursos e dos sucedâneos recursais, não é impugnar a decisão com o fim de anulá-la ou reformá-la, mas apenas fazer com que seja cumprida decisão do tribunal em determinado caso concreto ou, mesmo, apenas preservar sua competência.

Na verdade, a reclamação tem natureza jurídica de *ação de conhecimento originária dos tribunais*.

2. PREVISÃO LEGAL

A Constituição Federal prevê a reclamação nos arts. 102, 103 e 105, especificamente endereçada para o Supremo Tribunal Federal e Superior Tribunal de Justiça.

Paralelamente, a Lei 8.038/1990 (*Lei de Recursos*), que regulamenta a reclamação nos art. 13 a 18, e que trata também de outras modalidades de instrumentos processuais cabíveis no âmbito do STF e do STJ, prevê a reclamação no Título I (*Processos de competência originária*), juntamente com a ação rescisória e o mandado de segurança.

Assim, até o advento do CPC/2015 era possível elencar as seguintes hipóteses de cabimento da reclamação: (a) ao STJ, para preservação de sua competência e garantia da autoridade de suas decisões (CF, art. 105, I, "f"; Lei 8.038/1990, arts. 13 a 18; RISTJ, arts. 187 a 192); (b) ao STF, também para a preservação de sua competência e garantia da autoridade de suas decisões (CF, art. 102, I, "l"; Lei 8.038/1990, arts. 13 a 18; RISTF, arts. 156 a 162); (c) ao STF, para garantir a observância do entendimento consolidado em súmula vinculante (CF, art. 103, § 3º, na redação decorrente da EC 45/2004).

Pois bem. O legislador entendeu oportuno regulamentar expressamente a reclamação no Código de Processo Civil, indo além da disciplina que, para os Tribunais Superiores, lhe é dada pela Lei 8.038/1990. Dessa forma, a reclamação é regulada nos arts. 985 a 991, com ampliação significativa das hipóteses de cabimento previstas naquele diploma legal e servem para quaisquer tribunais. Por outro lado, houve detalhamento de algumas regras procedimentais.

A natureza jurídica de *ação de conhecimento originária dos tribunais* foi mantida. Tanto é verdade, que o CPC/2015, ao cuidar da reclamação, a prevê no capítulo VIII (*Da reclamação*) do Título I (*Da ordem dos processos e dos processos de competência originária dos tribunais*) do Livro III (*Dos processos nos tribunais e dos meios de impugnação das decisões judiciais*), e não no Titulo II (*Dos recursos*).

3. HIPÓTESES DE CABIMENTO

O Código de Processo Civil seguiu a trilha da jurisprudência, ampliando o cabimento da reclamação, admitindo-a em hipóteses que, historicamente, não seriam admitidas.

A lista de hipóteses de cabimento foi remodelada e significativamente dilatada. Ainda assim, tem-se que rol taxativo de hipóteses de cabimento deve ser interpretado restritivamente, não podendo ter ampliado seu objeto, pois se trata de medida excepcional (ação típica, de fundamentação vinculada).

3.1. Preservação da competência dos tribunais (inciso I)

Usurpar competência significa agir como se estivesse autorizado a exercer jurisdição para processar ou decidir determinada causa, atuar no lugar da autoridade competente, invadindo a esfera de atuação pertencente a esta, infringir as normas de competência.[5]

No caso de autoridade judicial ou administrativa atuar de modo a usurpar ou interferir na competência de tribunal, será cabível reclamação, a fim de impedir tal conduta, repará-la ou adotar as medidas cabíveis para preservação da competência dos tribunais.

Na reclamação para preservação da competência, tem-se como causa de pedir a usurpação da competência atribuída ao respectivo órgão jurisdicional. Nesse caso, busca-se restabelecer ao tribunal competente o processo que lhe seja pertinente. A procedência do pedido formulada na reclamação importa determinação para que o processo seja remetido ao tribunal competente. Daí se dizer que a decisão tem eficácia mandamental.

3.1.1. Preservação da competência dos tribunais inferiores

O *juízo de admissibilidade* é a primeira etapa do processamento do recurso, quando será verificado o preenchimento do conjunto de requisitos necessários ao julgamento do mérito recursal. Na segunda etapa, então, será analisada a procedência do objeto do recurso.

No regime anterior, o direito brasileiro, ao contrário do italiano e do alemão, estabelecia o juízo de admissibilidade bipartido: o primeiro (provisório) no juízo *a quo*; o segundo (definitivo) no juízo *ad quem*

No recurso de apelação, o juiz fazia a primeira análise. Se o recurso fosse inadmitido cabia agravo de instrumento; se a apelação fosse admitida, os autos eram remetidos para o tribunal que, antes de julgar o mérito do recurso, novamente exercia o juízo de admissibilidade.

---

5. MORATO, Leonardo L. *Reclamação e sua aplicação para o respeito da súmula vinculante*. São Paulo: RT, 2007. p. 275.

O CPC/2015, que adotou o *princípio da primazia do mérito recursal*, acabou com o sistema bipartido, ao determinar que, interposta a apelação, os autos serão remetidos ao tribunal pelo juiz, independentemente de juízo de admissibilidade (art. 1.023, § 3º). Com isso, a competência para tal exame passa a ser exclusiva do respectivo tribunal.

Desse modo, caberá reclamação, por usurpação da competência do tribunal de justiça ou tribunal regional federal, contra a decisão de juiz de 1º grau que inadmitir recurso de apelação (Enunciado 207 do FPPC).

3.1.2. Preservação da competência dos Tribunais Superiores

No caso dos recursos excepcionais não era diferente. A admissibilidade do recurso era verificada, primeiro, pelo Presidente ou Vice-Presidente do tribunal local; depois, pelo Tribunal Superior. Na prática o exame da admissibilidade no tribunal local consistia em mais uma etapa (demorada) que o recorrente deveria ultrapassar para alcançar os Tribunais Superiores porque, pode-se afirmar, sem receio de equívoco, que a esmagadora maioria dos recursos excepcionais era inadmitida nas cortes inferiores.

Para facilitar os trâmites procedimentais, em atendimento ao princípio da economia processual, o juízo de admissibilidade nos tribunais locais foi extinta, devendo os autos serem remetidos ao respectivo Tribunal Superior, independentemente de juízo de admissibilidade.

Esta solução é a que melhor atende o sistema recursal do CPC/2015, pois evita a proliferação de meios de impugnação contra o indeferimento de RE e REsp pelo tribunal de origem. A regra também se aplica aos juizados especiais: "O recurso extraordinário interposto contra acórdão proferido pela Turma Recursal será remetido ao Supremo Tribunal Federal, independentemente de juízo de admissibilidade" (Enunciado 362 do FPPC).

Por conseguinte, caso o Presidente ou Vice-Presidente do tribunal local inadmita o recurso excepcional, isto caracteriza usurpação de competência dos Tribunais Superiores, passível de reparo por meio de reclamação. É o que prevê os Enunciados 211 e 212 do FPPC, ao consignar o cabimento de reclamação contra a decisão de Presidente ou Vice-Presidente do tribunal de 2º grau que inadmitir recurso excepcional (especial e extraordinário) não repetitivo.

Faz-se aqui uma parte para explicar as hipóteses de cabimento do agravo extraordinário são restritivas e estão elencadas em rol taxativo no art. 1.055. Além disso, é uma característica sua a vinculação a determinado motivo que justifica a sua interposição. Em outras palavras, essa modalidade de agravo tem fundamentação vinculada às hipóteses concretas de cabimento. Ei-las: (a) Quando o recurso extraordinário for suspenso por força do reconhecimento da repercussão geral no STF, o interessado pode requerer que o exclua do sobrestamento e inadmita o RE que tenha sido interposto intempestivamente (CPC, art. 1.048, § 6º). Da decisão que indefere o pedido de inadmissão caberá agravo extraordinário. Sob pena de inadmissão do recurso, incumbirá ao agravante demonstrar, de forma expressa, a intempestividade do recurso excepcional; (b) Da mesma forma, quando o RE ou REsp forem sobrestados em função da regra que rege os recursos repetitivos, o interessado também pode requerer o afastamento da suspensão do recurso excepcional interposto fora do prazo (CPC, art. 1.049, § 2º). É cabível agravo da decisão do Presidente ou Vice-Presidente do tribunal *a quo* que rejeitar este requerimento. Nesse caso, o fundamento do agravo também será a intempestividade do recurso interposto pela parte adversa; (c) No sistema dos recursos excepcionais repetitivos, há determinação de que, publicado o acórdão paradigma, o Presidente ou Vice-Presidente local do tribunal de origem negará seguimento aos recursos excepcionais sobrestados na origem, se o acórdão recorrido coincidir com a orientação do Tribunal Superior (1.053, I). Dessa decisão é cabível o referido agravo. Com isso, fica superado o entendimento firmado pelo STJ na Questão de Ordem no Ag n. 1154599/SP, em que inadmitia agravo nos autos do processo contra decisão que nega seguimento a recurso especial com base no art. 543-C, § 7º, inciso I, do CPC/1973 (Enunciado 227 do FPPC). Nesse caso, o agravante deverá demonstrar a existência de distinção entre o caso em análise e o precedente invocado (*distinguishing*) ou, ainda, a superação da tese (*overruling*); (d) Por fim, caberá agravo extraordinário da decisão monocrática que inadmitir RE sob o fundamento de que o STF reconheceu a inexistência de repercussão geral da questão constitucional debatida (CPC, art. 1.048, § 8º). Aqui também incumbe ao agravante demonstrar que alguma peculiaridade do seu caso faz com que não haja aplicação do precedente suscitado. Outra alternativa é trazer novo fundamento apto a provocar uma mudança de posicionamento do STF em relação ao requisito da repercussão geral. Portanto, no CPC/2015 fica ainda mais evidente a importância da fundamentação do agravo extraordinário, o que confirma o teor da Súmula 287 do STF: "Nega-se provimento ao agravo, quando a deficiência na sua fundamentação, ou na do recurso extraordinário, não permitir a exata compreensão da controvérsia".

Feito o esclarecimento, o agravo em recurso especial ou extraordinário não poderá ser obstado pelo tribunal local, mesmo em caso de manifesta intempestividade, pois o juízo de admissibilidade é exercido, única e exclusivamente, pelos Tribunais Superiores.

Por isso a existência de regra prevendo que, após o prazo para apresentação das respectivas contrarrazões, o agravo será remetido ao STF ou ao STJ (art. 1.055, § 4º). A Súmula 727 do STF confirma o entendimento de que "não pode deixar o magistrado de encaminhar ao Supremo Tribunal Federal o agravo de instrumento [atual agravo em recurso especial e extraordinário]...". Afinal, a decisão do Presidente ou Vice-Presidente de não remeter o agravo em recurso especial ou extraordinário implica não submeter ao respectivo Tribunal Superior recurso de sua competência exclusiva.

Além disso, cabe reclamação, por usurpação da competência dos Tribunais Superiores, contra a decisão de Presidente ou Vice-Presidente de tribunal que inadmitir recurso ordinário (Enunciados 208, 209 e 210 do FPPC).

E, ainda, "cabe reclamação para impedir que a Justiça de primeiro grau aprecie ação que não visa ao julgamento de uma relação jurídica concreta, mas ao da validade de lei em tese, o que, nos termos da CF, art. 102-I-'a', é da competência exclusiva do STF" (STF, Pleno, *RF* 336/231).

3.2. Garantia da autoridade das decisões dos tribunais (inciso II)

A preservação da autoridade das decisões dos tribunais é de fundamental importância para a harmonização do sistema jurídico brasileiro. Por tal motivo, é imprescindível a existência de mecanismos processuais aptos a assegurar, de forma efetiva, o cumprimento dos julgados proferidos pelas cortes.

Verifica-se, neste ponto, a relevante função exercida pela reclamação. Com efeito, a reclamação confirma a impossibilidade de o órgão inferior rejulgar questão já decidida pelo órgão superior (competente). Decidida a matéria em grau superior, aos juízes não cabe senão dar cumprimento ao decidido, seja mediante a implantação das situações práticas determinadas, seja proferindo decisões sobre matéria subsequente ou prejudicada, de modo harmonioso com a decisão mais elevada.

Em caso de descumprimento daquilo que houver sido decidido pelo tribunal estadual ou regional federal, o prejudicado poderá valer-se da reclamação com o fim de requerer que a respectiva corte garanta a autoridade de sua decisão.

Importante ressaltar, ainda, que cabe reclamação, na Justiça do Trabalho, da parte interessada ou do Ministério Público, visando a preservar a competência do tribunal e garantir a autoridade das suas decisões e do precedente firmado em julgamento de casos repetitivos. (Enunciado 350 do FPPC).

3.3. Garantia da observância de enunciado de súmula vinculante (inciso III) –

De início, cabe dizer que as hipóteses de cabimento previstas nos incisos III e IV, conforme indica o § 4º do art. 988 do CPC/2015, compreendem: (a) a aplicação indevida da tese jurídica e (b) negativa de aplicação aos casos que a ela correspondam.

Para tanto, "incumbe ao reclamante demonstrar o descumprimento da decisão da Corte, fazendo-o de forma clara e precisa, isso para ter sucesso na via excepcional da reclamação".[6]

A súmula vinculante, introduzida no sistema processual brasileiro pela Emenda Constitucional 45/2004, se não foi a maior inovação inserida no ordenamento jurídico após o advento da Constituição Federal de 1988, com certeza foi a que mais gerou polêmica na doutrina.

Assim, prevê o *caput* do art. 103-A da Constituição Federal que "o Supremo Tribunal Federal poderá, de ofício ou por provocação, mediante decisão de dois terços dos seus membros, após reiteradas decisões sobre matéria constitucional, aprovar súmula que, a partir de sua publicação na imprensa oficial, terá efeito vinculante em relação aos demais órgãos do Poder Judiciário e à administração pública direta e indireta, nas esferas federal, estadual e municipal, bem como proceder à sua revisão ou cancelamento, na forma estabelecida em lei".

O efeito vinculante da súmula pode ser visto como uma consequência do respeito à estrutura hierárquica do Poder Judiciário, e não de limitação à liberdade de convencimento dos juízes de primeiro e segundo graus. Afinal, em última análise, a função do Supremo Tribunal Federal é, precipuamente, ser o fiel guardião da Constituição Federal. O Supremo é a *máxima instância de superposição* em relação a todos os órgãos de jurisdição.

Não obstante, fica uma questão: e se, ainda assim, a súmula vinculante for desrespeitada? Prevendo exatamente essa situação, a EC 45/2004 determina que "do ato administrativo ou decisão judicial que contrariar a súmula aplicável ou que indevidamente a aplicar, caberá reclamação ao Supremo Tribunal Federal que, julgando-a procedente, anulará o ato administrativo ou cassará a decisão judicial reclamada, e determinará que outra seja proferida com ou sem a aplicação da súmula, conforme o caso" (CF, art. 103-A, § 3º).

Em relação à hipótese de cabimento para garantir a observância de súmula vinculante, o legislador do Código de Processo Civil apenas confirmou aquilo que já estava previsto na Constituição Federal.

Por fim, cabe destacar que é firme o entendimento do STF no sentido de que "não cabe reclamação por ofensa à súmula vinculante editada após a decisão impugnada".[7]

---

6. STF, Pleno, Rcl. 2634/PR, Rel. Min. Marco Aurélio, DJ 26/08/2005.
7. STF, Pleno, Rcl 8846 AgR, rel. Min. Cezar Peluso, DJ 09/04/2010.

3.4. Garantia da observância de decisão do STF em sede de controle concentrado de constitucionalidade (inciso III)

O Supremo Tribunal Federal considerava, inicialmente, inadmissível a reclamação na hipótese de descumprimento de decisão tomada em sede de controle abstrato de constitucionalidade, dada a natureza eminentemente objetiva do processo de ação direta.

No entanto, com o passar do tempo, a jurisprudência da Corte Suprema passou a admitir, excepcionalmente, reclamação para preservar a autoridade de decisão prolatada em ação direta de inconstitucionalidade, desde que houvesse identidade de partes e que a prática de atos concretos fundados na norma declarada inconstitucional fosse oriunda do órgão que a editou.

O Min. Gilmar Mendes explica a referida evolução: Com o desenvolvimento dos processos de índole objetiva em sede de controle de constitucionalidade no plano federal e estadual (inicialmente representação de inconstitucionalidade e, posteriormente, ADI, ADIO, ADC e ADPF), a reclamação, na qualidade de ação especial, acabou por adquirir contornos diferenciados na garantia da autoridade das decisões do Supremo Tribunal Federal ou na preservação de sua competência. A tendência hodierna, portanto, é de que a reclamação assuma cada vez mais o papel de ação constitucional voltada à proteção da ordem constitucional como um todo. Os vários óbices à aceitação da reclamação, em sede de controle concentrado, já foram superados, estando agora o Supremo Tribunal Federal em condições de ampliar o uso desse importante e singular instrumento da jurisdição constitucional brasileira. A reclamação constitucional – sua própria evolução o demonstra – não mais se destina apenas a assegurar a competência e a autoridade de decisões específicas e bem delimitadas do Supremo Tribunal Federal, mas também constitui-se como ação voltada à proteção da ordem constitucional como um todo.[8]

Seguindo essa tendência, o Código de Processo Civil positivou a hipótese de cabimento da reclamação com o fim de garantir a observância de decisão do STF em sede de controle concentrado de constitucionalidade. Nada mais correto.

3.5. Garantia da observância de acórdão proferido em julgamento de incidente de resolução de demandas repetitivas ou de incidente de assunção de competência (inciso IV)

Diante da imposição de um sistema de precedentes previsto no CPC/2015, a reclamação passa a assumir o papel de garantidor da observância de acórdão

---
8. STF, Decisão Monocrática, Rcl 5.470/PA, rel. Min. Gilmar Mendes, DJ 10/03/2008.

proferido em julgamento de IRDR ou de IAC, sendo cabível de ato que deixe de aplicar ou aplique equivocadamente o referido julgado.

Logo, "cabe reclamação para o tribunal que julgou o incidente de resolução de demandas repetitivas caso afrontada a autoridade dessa decisão" (Enunciado 349 do FPPC).

É fato que, implementada a vinculação dos precedentes dos tribunais, surge a necessidade de ampliar a utilização da reclamação a fim de cassar as decisões judiciais e administrativas que as desrespeitem. Cabe reclamação se não houver observância do precedente obrigatório.

Porém, a jurisprudência do Supremo Tribunal Federal firmou-se no sentido de que "não cabe reclamação fundada em precedentes sem eficácia geral e vinculante, de cuja relação processual os reclamantes não tenham feito parte". Conquanto o decidido nos recursos extraordinários submetidos ao regime da repercussão geral vincule os outros órgãos do Poder Judiciário, sua aplicação aos demais casos concretos, não poderia ser buscada, diretamente, na Suprema Corte, antes da apreciação da controvérsia pelas instâncias ordinárias. O entendimento é que o instrumento da reclamação não poderia, portanto, ser utilizado a fim de que, *per saltum*, fosse aplicado, a processo ainda em curso no primeiro grau de jurisdição (STF, Segunda Turma, Rcl 17.914 /MS, rel. Min. Ricardo Lewandowski, DJ 04/09/2014).

Tal entendimento foi adotado pela Lei 13.256/2016, que reformou o CPC/2015 antes da sua entrada em vigor, ao estabelecer que é inadmissível a reclamação "proposta para garantir a observância de acórdão de recurso extraordinário com repercussão geral reconhecida ou de acórdão proferido em julgamento de recursos extraordinário ou especial repetitivos, quando não esgotadas as instâncias ordinárias" (art. 988, § 5º, II).

Não há dúvida de que o intuito do referido dispositivo foi proibir o ajuizamento de reclamação contra decisões de primeiro grau, esvaziando o seu cabimento, ao exigir o esgotamento das instâncias ordinárias. Porém, a redação do referido dispositivo é confusa em dois pontos. Primeiro, o recurso extraordinário só é julgado se tiver repercussão geral reconhecida, de modo que tal condição é inócua. Além disso, contrariar a observância de recurso extraordinário não é (e nunca foi!) hipótese de cabimento de reclamação. Segundo, o acórdão proferido em julgamento de recurso extraordinário ou especial repetitivos não está mais no rol do art. 988, pois a nova redação do inciso IV refere-se apenas ao incidente de resolução de demandas repetitivas ou de incidente de assunção de competência, tornando o dispositivo sem aplicabilidade alguma.

Ainda assim, o sistema só se mantém coerente se for levada em consideração a redação anterior que se referia a "julgamento de casos repetitivos" (inciso IV), englobando tanto o IRDR quanto decisão em sede de recursos excepcionais repetitivos.

3.6. Uniformização de jurisprudência nos Juizados Especiais Estaduais?

Outro ponto deve ser ressaltado nesse item, qual seja, a equivocada utilização da reclamação como meio de uniformizar a jurisprudência nos Juizados Especiais Estaduais.

A Lei n. 10.259/2001, que criou os Juizados Especiais Federais, prevê pedido de uniformização de jurisprudência quando houver divergência entre decisões proferidas por Turmas Recursais sobre questões de direito material. Previsão similar há na Lei 12.153/2009, que cuida dos Juizados Estaduais da Fazenda Pública. No entanto, nos Juizados Especiais Estaduais não há a possibilidade de ser intentado o referido pedido de uniformização, nem cabe recurso especial. A propósito, é conhecida posição firmada na Súmula 203 do STJ, no sentido de que "não cabe recurso especial contra decisão proferida por órgão de segundo grau dos Juizados Especiais".

Sucede que algumas dessas decisões contrariam entendimento do Superior Tribunal de Justiça. Dessa lacuna legislativa, surgiu a desvirtuada utilização da reclamação como instrumento de uniformização jurisprudencial no âmbito dos Juizados Especiais Estaduais, sobretudo no que se refere a entendimento firmado pelo STJ em sede de recursos repetitivos.

Diz-se desvirtuada porque, nesse caso, a reclamação funciona, de fato, como verdadeiro sucedâneo recursal, colocando em xeque sua própria natureza de ação impugnativa autônoma. O correto seria haver previsão de uniformização de jurisprudência.

Como não há tal previsão, o Superior Tribunal de Justiça, na Resolução 12/2009, dispôs sobre o processamento das reclamações destinadas a dirimir divergência entre acórdão prolatado por turma recursal estadual e a sua jurisprudência. Fica evidente a preocupação em criar um instrumento para permitir ao STJ manifestar-se contra decisões oriundas de Juizados Especiais Estaduais que contrariem posicionamento consolidado da Corte, ainda que não haja súmula ou que não tenha sido firmado em sede de recurso repetitivo.

Porém, a Segunda Seção, no julgamento das Reclamações n. 3.812/ES e 6.721/MT, decidiu que a reclamação fundada na Resolução 12/2009 somente tem cabimento quando a decisão reclamada contrariar enunciado de súmula ou acórdão proferido no julgamento de recurso especial processado sob o rito do recursos repetitivos.

De qualquer forma, como se verifica, coube à reclamação a solução desse impasse, até a criação de órgão de uniformização de jurisprudência que possa estender e fazer prevalecer a aplicação do entendimento do STJ aos Juizados Especiais Estaduais.

Contudo, é imprescindível que a reclamação seja ajuizada para preservar decisão do STJ que tenha força de precedente e não para preservar qualquer entendimento, evitando-se, com isso, que a reclamação continue sendo como sucedâneo recursal do incabível recurso especial.

4. COMPETÊNCIA

Na Constituição Federal e na Lei 8.038/1990 a reclamação é prevista apenas perante os Tribunais Superiores (Supremo Tribunal Federal e Superior Tribunal de Justiça).

O Código de Processo Civil, por sua vez, permite que a reclamação seja proposta em qualquer tribunal. Dessa forma, fica expressamente consignada a possibilidade de ajuizamento perante os tribunais inferiores (estaduais e regionais federais), o que era discutível no regime anterior.

No âmbito de cada tribunal, o julgamento da reclamação caberá ao órgão colegiado cuja competência se busca preservar ou autoridade se pretenda garantir.

5. ALGUMAS REGRAS PROCEDIMENTAIS

O procedimento da reclamação é singelo e bastante similar ao do mandado de segurança. Desenvolve-se em quatro etapas básicas: (a) uma fase postulatória, representada pela petição inicial; (b) uma fase ordinatória, em que o relator despachando a inicial, requisita informação à autoridade judicial, cita o beneficiário da decisão impugnada e eventualmente determina providência liminar; (c) uma fase "pré-final", consistente na ouvida do Ministério Público, quando este não for o autor da reclamação; (f) a fase decisória, com o julgamento da reclamação pelo tribunal, o qual, se a decisão for pela procedência do pedido, ordena o que for adequado à preservação de sua competência ou à imposição do cumprimento do seu julgado.[9]

O § 2º prevê que a reclamação será dirigida ao presidente do tribunal e deverá ser instruída com os documentos relativos ao direito que se pretende tutelar,

---

9. DANTAS, Marcelo Navarro Ribeiro. *Reclamação constitucional no direito brasileiro*. Porto Alegre: Fabris, 2000. p. 485-487.

tais como cópia da decisão cuja autoridade se pretende preservar e cópia do ato judicial ou administrativo que a contrariou.

Como ação autônoma, a reclamação guarda instrução própria. Entretanto, não há fase instrutória. Em vista disso, todas as provas produzidas deverão ser fornecidas por meio de documentos anexados à petição inicial.

Eventual instrução irregular da ação de reclamação não implica indeferimento imediato da inicial. O reclamante deverá ser intimado para sanear a irregularidade. A providência satisfaz o *princípio do julgamento do mérito* adotado pelo CPC/2015. Se ao autor não cumprir a diligência, o juiz indeferirá a petição inicial.

A petição da reclamação, depois de registrada, classificada e autuada, será, sempre que possível, distribuída ao relator da causa principal. A impossibilidade pode decorrer de afastamento definitivo do relator do tribunal ou do órgão competente para o julgamento da reclamação.

6. PRAZO PARA PROPOSITURA DA RECLAMAÇÃO E INTERESSE DE AGIR

A Súmula 734 do STF prevê: "Não cabe reclamação quando já houver transitado em julgado o ato judicial que se alega tenha desrespeitado decisão do Supremo Tribunal Federal".

O Código de Processo Civil, seguindo a mesma linha, também veda "a propositura de reclamação após o trânsito em julgado da decisão" (art. 985, § 4º).

De início, resta dizer que a reclamação, por ser medida originária com natureza jurídica de ação, deve preencher os requisitos comuns a qualquer ação, tais como legitimidade e interesse.

Dessa forma, embora o dispositivo do Código refira-se expressamente apenas ao trânsito em julgado, tem-se que a preclusão também impede o ajuizamento da reclamação.

Tratando-se de decisão interlocutória, a reclamação deve ser ajuizada no prazo de 15 (quinze) dias, que é o prazo do agravo de instrumento, único recurso, *em tese*, cabível contra decisão interlocutória. Parte-se da premissa de que a reclamação contra ato judicial não pode ser ajuizada após a preclusão, porque depois de tornada definitiva a decisão judicial impugnada, é manifestamente inadmissível a reclamação, por falta de interesse, ante a ausência de objeto.

É cediço que apenas os recursos têm efeito obstativo, qual seja, o efeito de impedir a preclusão e a formação de coisa julgada. Assim, a medida cabível para evitar preclusão ou trânsito em julgado é apenas uma: o recurso legalmente previsto. A reclamação, por não ter natureza jurídica de recurso, não tem efeito obstativo e, por conseguinte, seu ajuizamento não tem o condão de evitar a formação da coisa julgada.

A conclusão é que a reclamação deverá ser utilizada como medida paralela à interposição do recurso cabível e, jamais, como único meio de impugnação, sob pena de falta de interesse diante da perda do objeto.

Em outras palavras, não pode o interessado deixar de impugnar a decisão exorbitante por meio das vias recursais tradicionais, pois o uso da reclamação não supre a falta de recurso. Logo, o uso da reclamação deve ser concomitante à utilização pelo interessado dos meios recursais próprios para impugnação da decisão reclamada.[10] Daí ser indispensável que, paralelamente à propositura da reclamação, seja interposto o recurso cabível para impedir que a decisão se torne definitiva.

Ajuizada a tempo, superveniente preclusão ou trânsito em julgado não a torna sem objeto. O que interessa é a reclamação ser apresentada em momento oportuno, repete-se, antes da preclusão ou do trânsito em julgado, paralelamente ao recurso cabível. A propósito, a parte não pode ser obrigada a recorrer infinitamente para obstar o trânsito em julgado na hipótese de demora não julgamento da reclamação pelo respectivo tribunal.

Por fim, a única forma de se dispensar a interposição do recurso seria a obtenção de liminar, concedendo o efeito suspensivo na reclamação antes que a decisão reclamada transite em julgado ou se torne preclusa.

7. PREJUDICIALIDADE

O § 5º dispõe que "a inadmissibilidade ou o julgamento do recurso interposto contra a decisão proferida pelo órgão reclamado não prejudica a reclamação".

A redação merece reparos. De fato, parece que o legislador não conseguiu positivar no referido texto legal o verdadeiro intuito do dispositivo.

Explica-se: a inadmissibilidade do recurso mantém a decisão reclamada. O desprovimento também. Em ambos os casos, o julgamento não prejudica a reclamação, pois a decisão proferida pelo órgão reclamado permanece "viva". Mas nem sempre será assim. O resultado do julgamento pode prejudicar a reclamação.

O provimento do recurso que implique anulação ou reforma da decisão, importa na sua extinção e, consequentemente, na ausência superveniente de interesse, a impor a extinção da reclamação, diante da perda do seu objeto.

---

10. NOGUEIRA, Pedro Henrique Pedrosa. A eficácia da reclamação constitucional. In: ___; COSTA, Eduardo José da Fonseca. *Reclamação constitucional*. Salvador: Juspodivm, p. 381-398, 2013. p. 391-392.

Em outras palavras, ao contrário do que a literalidade do dispositivo sugere, se a decisão reclamada for extinta, o julgamento da reclamação, por óbvio, ficará prejudicado.

Do mesmo modo que se exige o interesse processual para que a ação seja julgada no mérito, presente deve estar o interesse para que a reclamação possa ser examinada em seus fundamentos. Assim, diz-se que incide no procedimento da reclamação o binômio *necessidade-utilidade* como integrante do *interesse*.

Para que se vislumbre e se reconheça o interesse, é necessário que o autor da reclamação possa alcançar alguma *utilidade* ou *proveito* pela procedência do pedido nela formulado. Portanto, para ajuizar reclamação não basta ter legitimidade: é preciso ter também interesse.

Em síntese, se a decisão for anulada/reformada na íntegra, a reclamação perderá o objeto e restará prejudicada, ante a ausência do pressuposto do interesse.

8. PODERES DO RELATOR

8.1. Requisição de informações

A relação processual, na reclamação, é algo muito peculiar, quando comparada ao que ocorre nas ações comuns, o que decorre do fato de ser uma ação especial, similar aos *writs* (mandado de segurança, mandado de injunção, *habeas data* etc.).

Em procedimento muito semelhante ao do mandado de segurança (Lei 12.016/2009, art. 7º, I), o relator, ao despachar a petição inicial da reclamação, requisitará informações da autoridade a quem foi atribuída a prática do ato impugnado, que terá 10 (dez) dias para fazê-lo.

Ressalta-se que, ainda que o dispositivo refira-se a "informações", a autoridade judicial ou administrativa que der ensejo ao ajuizamento da reclamação deve integrar o polo passivo da demanda. Afinal, é a autoridade que se coloca contra o sistema, afrontando-o, seja quando não cumpre decisão judicial, seja quando desrespeita norma de competência.

Nesse caso, cabe à autoridade, ao prestar informações, também defender o mérito do ato impugnado, tornando-se legitimada para figurar no polo passivo da reclamação.

Logo, a parte passiva na reclamação, o reclamado, é aquela a quem se imputa a prática do ato que justifica o seu uso, isto é, aquele que, de acordo com a narrativa do reclamante, usurpa a competência do tribunal ou desafia a autoridade de suas decisões.[11]

Nesse sentido é o entendimento firmado pelo Superior Tribunal de Justiça: "Em sede de reclamação, manifestada para garantir a autoridade de decisões do Tribunal (CF, art. 105, I, f), uma das condições de procedibilidade é a legitimidade da autoridade reclamada, a qual deve ser parte na relação jurídica formal, estando vinculada na hierarquia judiciária à decisão cuja eficácia se pretende assegurar".[12]

8.2. Suspensão do processo ou do ato impugnado

Tratando-se de ação de conhecimento, com natureza mandamental, a reclamação comporta a concessão de liminar.

O inciso II dispõe que o curso do processo no qual foi prolatada a decisão reclamada pode ser suspenso pelo relator. Prevê, ainda, que o relator pode suspender o próprio ato impugnado.

Não obstante a literalidade do dispositivo, entende-se que, na verdade, o relator poderá adotar qualquer medida liminar (cautelar ou antecipatória) que entender necessária para assegurar a eficácia do provimento final, ou, ainda, evitar dano irreparável ou de difícil reparação.

Como não poderia ser diferente, da decisão monocrática do relator caberá agravo interno. Se a ampliação dos poderes do relator é um ponto marcante no novo sistema recursal instituído, pode-se dizer que o agravo interno é o seu contraponto. Não foi por outra razão que o CPC teve o cuidado de preservar, por meio do agravo interno, alguns princípios constitucionais do processo civil no âmbito recursal, tais como, a ampla defesa e o juiz natural. A propósito, são poucos os autores a assinalar que a constitucionalidade do julgamento singular é assegurada exatamente pela possibilidade de a parte vencida interpor agravo interno, que funciona como forma de controle da atividade do relator.

8.3. Citação do beneficiário da decisão impugnada

O inciso III impõe a citação do beneficiário da decisão impugnada e estabelece o prazo de 15 (quinze) dias para apresentar sua contestação, deixando claro que a parte favorecida pelo ato impugnado encontra-se na posição de réu na demanda.

---

11. SCARPINELLA BUENO, Cassio. *Curso sistematizado de direito processual civil.* V. 1. São Paulo: Saraiva, 2007. p. 428.
12. STJ, Primeira Seção, Rcl 2.956/RJ, rel. Min. Eliana Calmon, DJ 06/02/2009.

A propósito, devem compor o polo passivo, o beneficiário da decisão atacada, assim como a autoridade judicial ou administrativa, ou seja, aquela a quem foi imputado o ato que violou a competência do tribunal ou descumpriu o conteúdo de seus julgado.

Em síntese, a parte beneficiária direta do ato impugnado deverá ser entendida como litisconsorte necessária, sob pena de nulidade da decisão eventualmente proferida na reclamação sem respeito ao contraditório.

9. IMPUGNAÇÃO DO PEDIDO DO RECLAMANTE

A intervenção do interessado na reclamação é caracterizada pela nota da simples facultatividade. Isso significa que não se impõe, para efeito de integração necessária e de válida composição da relação processual, o chamamento formal do interessado, pois este, para ingressar no processo, deverá fazê-lo espontaneamente, recebendo a causa no estado em que se encontra. O interessado, uma vez admitido na reclamação, e observada a fase procedimental em que este se acha, tem o direito de ser intimado dos atos e termos processuais, assistindo-lhes, ainda, a prerrogativa de fazer sustentação oral, quando do julgamento final da causa.[13]

Por esse motivo, o dispositivo permite que qualquer interessado impugne a reclamação, sem fixar prazo.

É evidente que esse interessado poderá ser quem é assistente no processo principal, bem como pela abrangência da disposição normativa, um eventual terceiro que somente agora, na reclamação, surja para impugnar o pleito do reclamante.

A propósito, a resolução 12/2009 do STJ determina que, admitida a reclamação, o relator "ordenará a publicação de edital no Diário da Justiça, com destaque no noticiário do STJ na internet, para dar ciência aos interessados sobre a instauração da reclamação, a fim de que se manifestem, querendo, no prazo de trinta dias" (art. 2º, III).

Em síntese, sem prejuízo da obrigatoriedade de oitiva do beneficiário da decisão impugnada, qualquer interessado tem legitimidade para impugnar o pedido do reclamante.

10. INTERVENÇÃO DO MINISTÉRIO PÚBLICO

O Ministério Público oficiará nas reclamações não decorrentes de sua iniciativa. Sua atuação explica-se pela gravidade da situação que envolve o cabimento

---

13. STF, Tribunal Pleno, RT 741/173.

da reclamação: desacato a uma decisão judicial dos tribunais ou prática de invasão de competência.

A intervenção do representante ministerial é formalidade essencial. Não oportunizada sua intervenção em casos em que a lei determina ser ela obrigatória, identifica-se a nulidade absoluta do feito, cujo reconhecimento poderá ser de ofício.

Entretanto, para a intervenção ministerial, nos casos em que não for o autor da reclamação, vale a mesma observação que se faz em relação ao mandado de segurança, ou seja, o importante é dar ao Ministério Público vista do processo por cinco dias. Se, intimado, não oferece sua manifestação, isso não acarreta nulidade do processo.

Portanto, a nulidade processual decorrente da falta de intervenção do Ministério Público, na reclamação, configura-se com a inexistência de intimação do *Parquet*, e não com a mera ausência de manifestação.

11. RESULTADO DO JULGAMENTO

A procedência do pedido formulado na reclamação não reforma ou modifica a decisão impugnada, pois, nesse caso, estaria fazendo as vezes de um recurso.

A decisão que julga a reclamação não decide nada além de impor o que já foi decidido anteriormente, sumulado, ou o que já está regulado em alguma norma de competência.

Dessa forma, na hipótese de desrespeito da autoridade de seu julgado, o tribunal apenas cassará a decisão violadora ou determinará medida adequada à observância de sua jurisdição.

Se for caso de usurpação de competência, o tribunal deverá avocar o conhecimento do processo ou ordenar que lhe sejam remetidos com urgência os autos do recurso para ele interposto.

Se a reclamação for fundada em violação de enunciado de súmula vinculante, o STF anulará o ato administrativo ou cassará a decisão judicial impugnada, determinando que outra seja proferida com ou sem aplicação da súmula, conforme o caso concreto.

Se o desrespeito à súmula vinculante tiver origem em órgão da administração federal, direta ou indireta, o STF dará ciência à autoridade prolatora e ao órgão competente para o julgamento do recurso, que deverão adequar as futuras decisões administrativas em casos semelhantes, sob pena de responsabilização pessoal nas esferas cível, administrativa e penal (art. 64-B da Lei 9.784/1999).

12. IMEDIATO CUMPRIMENTO DA DECISÃO

A procedência do pedido formulado na reclamação significa negação do poder do órgão inferior para realizá-lo, por falta de competência ou porque a matéria já fora anteriormente decidida pelo tribunal competente.

Por esse motivo, gera a impossibilidade de o órgão inferior manifestar-se quanto ao ato que fora cassado, cabendo-lhe apenas tomar condutas voltadas ao cumprimento da decisão tomada pelo tribunal. Daí o CPC enfatizar a primazia pelo imediato cumprimento da decisão, sem a necessidade da lavratura do acórdão. O acórdão poderá ser lavrado em seguida.

13. APLICAÇÃO SUBSIDIÁRIA DO PROCEDIMENTO DO MANDADO DE SEGURANÇA

A estrutura procedimental da reclamação prevista no CPC é bastante singela.

Eis o motivo pelo qual o legislador prevê a aplicação subsidiária do procedimento do mandado de segurança, desde que não conflitante com o regime da reclamação. Em outras palavras, a aplicação subsidiária das regras do mandado de segurança está condicionada à sua compatibilidade com as peculiaridades do processo de reclamação.

A propósito, tudo na relação processual existente na reclamação e no seu processamento lembra, vivamente, o mandado de segurança, cuja vasta jurisprudência e doutrina, em muito pontos já pacificados, podem servir como referenciais para entender a ação de reclamação e, na prática, auxiliar na solução de dúvidas e de situações imprevistas ou lacunosas.[14]

14. BIBLIOGRAFIA

DANTAS, Marcelo Navarro Ribeiro. *Reclamação constitucional no direito brasileiro*. Porto Alegre: Fabris, 2000.

MENDES, Gilmar. A reclamação constitucional no Supremo Tribunal Federal. *Fórum Administrativo*, Belo Horizonte, v. 100, p. 94-111, jun. 2009.

MORATO, Leonardo L. *Reclamação e sua aplicação para o respeito da súmula vinculante*. São Paulo: RT, 2007.

---

14. DANTAS, Marcelo Navarro Ribeiro. *Reclamação constitucional no direito brasileiro*. Porto Alegre: Fabris, 2000. p. 473.

NOGUEIRA, Pedro Henrique Pedrosa. A eficácia da reclamação constitucional. In: _____; COSTA, Eduardo José da Fonseca. *Reclamação constitucional*. Salvador: Juspodivm, p. 381-398, 2013.

SCARPINELLA BUENO, Cassio. *Curso sistematizado de direito processual civil*. V. 1. São Paulo: Saraiva, 2007.

CAPÍTULO 14

O Incidente de Resolução de Demandas Repetitivas do Novo Código de Processo Civil[1]

Aluisio Gonçalves de Castro Mendes[2]
Sofia Temer[3]

SUMÁRIO • 1. INTRODUÇÃO; 2. BREVE CONTEXTUALIZAÇÃO: DEMANDAS REPETITIVAS E TÉCNICA PROCESSUAL DIFERENCIADA; 3. ORIGENS DO INSTITUTO: A GROUP LITIGATION ORDER DO DIREITO INGLÊS, O MUSTERVERFAHREN DO DIREITO ALEMÃO E MECANISMOS ASSEMELHADOS DO DIREITO BRASILEIRO.; 4. O INCIDENTE DE RESOLUÇÃO DE DEMANDAS REPETITIVAS: 4.1. NATUREZA E CABIMENTO DO INCIDENTE; 4.2. INSTAURAÇÃO E FORMAÇÃO DO INCIDENTE: 4.2.1. LEGITIMADOS PARA INSTAURAR O INCIDENTE; 4.2.2. A FORMAÇÃO DO PROCEDIMENTO-MODELO; 4.3. O JUÍZO DE ADMISSÃO DO INCIDENTE E SEUS EFEITOS: 4.3.1. JUÍZO DE ADMISSIBILIDADE; 4.3.2. PUBLICIDADE E DIVULGAÇÃO DA INSTAURAÇÃO DO INCIDENTE; 4.3.3. SUSPENSÃO DAS DEMANDAS REPETITIVAS E DISTINÇÃO DO CASO (DISTINGUISHING); 4.3.4. PROSSEGUIMENTO PARCIAL DO PROCESSO SOBRESTADO; 4.4. JULGAMENTO DO INCIDENTE: 4.4.1. PARTICIPAÇÃO DEMOCRÁTICA NA FORMAÇÃO DA DECISÃO PADRÃO; 4.4.2. A FUNDAMENTAÇÃO NA DECISÃO PADRÃO; 4.4.3. INTERPOSIÇÃO DE RECURSOS CONTRA A DECISÃO PROFERIDA NO INCIDENTE; 4.5. APLICAÇÃO DA TESE JURÍDICA; 4.6. REVISÃO DA TESE FIRMADA NO INCIDENTE; 5. CONSIDERAÇÕES FINAIS; 6. REFERÊNCIAS BIBLIOGRÁFICAS.

1. INTRODUÇÃO

O novo Código de Processo Civil consagra um instituto processual destinado a contingenciar a litigiosidade repetitiva, sem correspondente na lei revogada, denominado de incidente de resolução de demandas repetitivas, disciplinado nos arts. 976 a 987 do Código.

O incidente é uma das grandes apostas do novo diploma processual, cujo objetivo é firmar uma tese jurídica única aplicável a todos os casos repetitivos, a partir de um procedimento incidental em que se forme um modelo da controvérsia,

---

1. Trata-se de uma versão atualizada e ampliada de trabalho anteriormente encaminhado para publicação na Revista de Processo.
2. Pós-Doutor, Doutor, Mestre e Especialista em Direito. Professor nas Universidades do Estado do Rio de Janeiro (UERJ) e Estácio de Sá (Unesa). Desembargador Federal. Membro da Comissão de Juristas responsável pelo acompanhamento da redação final do Projeto de novo Código de Processo Civil no Senado.
3. Mestranda em Direito Processual na Universidade do Estado do Rio de Janeiro (UERJ). Graduada em Direito na Universidade Federal de Santa Catarina (UFSC). Advogada.

conferindo prestação jurisdicional isonômica e previsível aos jurisdicionados e reduzindo o assoberbamento do Poder Judiciário com demandas seriadas.

O presente trabalho visa analisar o contexto de criação, as origens, a natureza e características do instituto, bem como o seu procedimento de instauração, julgamento e aplicação, discorrendo também acerca das principais consequências do novo instituto para a ordem jurídica nacional.

2. BREVE CONTEXTUALIZAÇÃO: DEMANDAS REPETITIVAS E TÉCNICA PROCESSUAL DIFERENCIADA

O cenário atual da litigância judicial revela uma realidade que clama por soluções urgentes. O aumento populacional, a ampliação do acesso à informação e à educação, somados ao crescimento e padronização das relações jurídicas, com a distribuição seriada de produtos e serviços, tornou exponencial e uniforme o crescimento dos litígios.

Como consequência deste movimento, e diante da democratização dos regimes políticos e do fortalecimento dos órgãos jurisdicionais, igualmente exponencial e uniforme vem sendo a busca de soluções para tais conflitos perante o Estado-Juiz.

As demandas levadas à apreciação do Poder Judiciário passaram a ser isomórficas, criando-se uma terceira categoria de causas, ao lado das demandas puramente individuais heterogêneas e das demandas coletivas propriamente ditas. Tais casos repetitivos caracterizam-se pela "identidade em tese, e não em concreto, da causa de pedir e do pedido, associada à repetição em larga escala"[4], constituindo um cenário próprio de litigiosidade de massa.

O processo civil clássico, de bases essencialmente individuais, demonstrou-se incapaz de contingenciar essa explosão de demandas isomórficas. Por outro lado, as ações coletivas, embora constituam importante evolução para a tutela de direitos coletivos, não se mostraram, por si só, ainda, na prática e dentro da realidade brasileira, suficientes em conferir à litigiosidade repetitiva exaustiva tutela, especialmente em razão do sistema brasileiro de extensão dos efeitos da coisa julgada *secundum eventum litis*, da possibilidade de ajuizamento concomitante de ações individuais e da restrita legitimação ativa.

Do mesmo modo, além da limitação decorrente da inadequação da aplicação da técnica processual tradicional – individual e coletiva – para tais conflitos, há óbices estruturais que impedem a resolução dos conflitos seriados pelos meios

---

4. BASTOS, Antonio Adonias Aguiar. Situações jurídicas homogêneas: um conceito necessário para o processamento das demandas de massa. *Revista de Processo*. São Paulo: RT, vol. 186, ago/2010.

processuais ordinários, já que o Poder Judiciário sofre com limitações de recursos materiais e humanos para processar e julgar individualmente cada um dos casos homogêneos. Não bastasse, a tramitação individual de cada uma das demandas seriadas gera o risco de prolação de decisões distintas para casos homogêneos, o que gera incoerência ao sistema, retirando-lhe a coesão, a segurança e a previsibilidade, ofendendo o direito à isonomia na prestação jurisdicional.

zO contexto da litigiosidade atual, portanto, é delicado e de especial importância. É inegável a necessidade de se estabelecer uma técnica processual diferenciada para tutelar adequadamente as demandas isomórficas; não se admite, contudo, o distanciamento dos direitos fundamentais processuais, que devem ser revisitados para tal contexto. Trata-se, em suma, de atingir o equilíbrio, desenvolvendo instrumentos aptos a conferir tutela jurisdicional célere, efetiva e adequada à litigiosidade repetitiva.

Os mecanismos de resolução coletiva de demandas repetidas são exemplos de técnica processual diferenciada, desenvolvidos para a árdua tarefa de julgar os litígios envolvendo direitos individuais homogêneos de centenas, milhares ou milhões de pessoas. Busca-se a racionalização e eficiência dos meios processuais, que precisam se reinventar para fazer frente às novas demandas. O incidente de resolução de demandas repetitivas é a grande aposta do novo diploma processual para enfrentar este desafio.

3. ORIGENS DO INSTITUTO: A *GROUP LITIGATION ORDER* DO DIREITO INGLÊS, O *MUSTERVERFAHREN* DO DIREITO ALEMÃO E MECANISMOS ASSEMELHADOS DO DIREITO BRASILEIRO.

A litigiosidade repetitiva não é realidade exclusiva do cenário jurídico brasileiro. No direito estrangeiro, diversos mecanismos processuais vêm sendo desenvolvidos nos últimos anos para contingenciar este cenário.

Ao lado das ações coletivas propriamente ditas, vêm se fortalecendo outros institutos que visam a resolução coletiva – ou molecularizada – dos litígios de massa.

Nas décadas de 1960 a 1980, houve, na Alemanha, um número elevado de objeções contra projetos estatais desenvolvidos, como, por exemplo, em relação a usinas nucleares (Breisig (16 mil), Lingen II (25 mil), Biblis (55 mil), Breisach (64 mil), Brokdorf (75 mil) e Wyhl (100 mil)) e a instalação ou expansão de aeroportos (Bielefeld – Nagelholz, 14.000, Hamburg-Kaltenkirchen, 15.000 e Düsseldorf, 30.000). O Tribunal Administrativo de Munique, diante de 5.724 reclamações, resolveu inovar, selecionando 30 casos considerados representativos (modelo) da controvérsia, suspendendo os demais até o julgamento destes *Musterverfahren* (procedimentos modelo), cujo entendimento foi aplicado a todos os processos pendentes. A iniciativa do Tribunal de Munique provocou grande controvérsia jurídica, tendo em vista a falta de previsão, na *Verwaltungsgerichtsordnung* (Estatuto da Justiça Administrativa), do procedimento adotado. No entanto, a *Bundesverfassungsgericht* (Corte Constitucional) decidiu, em 1980, pela constitucionalidade da prática estabelecida. Como decorrência, o legislador alemão, ao editar nova versão do Estatuto da Justiça Administrativa (*Verwaltungsgerichtsordnung*), em 1991, incorporou dispositivos, dentre os quais o parágrafo 93a, com a previsão do *Musterverfahren*.

Em 2005, uma nova versão de *Musterverfahren* é criada na KapMuG (*Gesetz über Musterverfahren in kapitalmarktrechtlichen Streitigkeiten – Kapitalanleger-Musterverfahrensgesetz* ou Lei sobre o Procedimento-Modelo nos conflitos jurídicos do mercado de capital), com vigência temporária, inicialmente até outubro de 2010, mas que foi prorrogada, ato contínuo, até outubro de 2012 e, em seguida, para 01.11.2020. E, também, em 2008, nos moldes da primeira espécie de *Musterverfahren* e praticamente repetindo o texto do § 93a da *Verwaltungsgerichtsordnung*, o procedimento-modelo também é adotado no ramo jurisdicional alemão que cuida da assistência e previdência social (*Sozialgerichtsgesetz*).

Em brevíssima síntese, os procedimentos-modelo alemães, da Justiça Adminstrativa e do mercado de capitais, foram desenvolvidos para que, num cenário de inúmeras ações homogêneas, a partir do julgamento de um caso piloto – com questões fáticas ou jurídicas comuns aos demais processos – fosse firmado entendimento extensível aos demais casos.

No que se refere ao procedimento-modelo alemão criado na lei de mercado de capitais (ou KapMug), mais difundido na doutrina brasileira, há uma subdivisão em três etapas: na primeira, é formulado um requerimento de admissibilidade perante o órgão de primeiro grau; na segunda, é processado e julgado o caso-piloto pelo tribunal de segundo grau; na terceira, os processos homogêneos são julgados de acordo com o entendimento firmado no procedimento-modelo[5].

Na Inglaterra, foi editado em 2000 o seu primeiro Código de Processo Civil, com a previsão das decisões de litígios de grupo (*group litigation order*), ao lado da própria demanda-teste (*test claim*). A *group litigation order* é mecanismo que permite que um caso receba tratamento coletivo, desde que haja pretensões similares fundadas na mesma questão de fato ou de direito, sendo o efeito do julgamento, *a priori*, vinculante às demais demandas previamente registradas[6].

---

5. Para ampla abordagem do instituto e suas características, ver: MENDES, Aluisio Gonçalves de Castro. *Ações coletivas e meios de resolução coletiva de conflitos no direito comparado e nacional*. 4. ed. São Paulo: Ed. RT, 2014; CABRAL, Antonio do Passo. O novo procedimento-modelo (Musterverfahren) alemão: uma alternativa às ações coletivas. *Revista de Processo*, 2007, nº 147, p. 123/146.
6. Para uma análise do instituto inglês, ver também: ANDREWS. Neil. *O moderno processo civil. Formas judiciais e alternativas de resolução de conflitos na Inglaterra* (trad. Teresa Arruda Alvim Wambier) São Paulo: RT, 2009.

É de se ressaltar que os novos instrumentos foram estabelecidos sem prejuízo das respectivas ações coletivas, ou seja, das *Verbandsklagen* (ações associativas) na Alemanha e das *representatives actions* (ações representativas) na Inglaterra e País de Gales. Vislumbra-se, portanto, que novas técnicas processuais destinadas à litigiosidade repetitiva vêm sendo criadas para atuar paralelamente às ações individuais e às ações coletivas.

No cenário brasileiro, diversos mecanismos processuais foram estruturados e inseridos por meio de reformas pontuais em leis extravagantes e no CPC/73, visando racionalizar e aperfeiçoar o julgamento das causas repetitivas, como, por exemplo, (a) o incidente de uniformização de jurisprudência (art. 476 do CPC/73); (b) a possibilidade de suspensão de segurança em liminares (Leis 8.437/1992 e 12.016/2009); (c) a uniformização de jurisprudência em âmbito dos Juizados Especiais Federais (Lei 10.259/2001) e nos Juizados Especiais da Fazenda Pública (Lei 12.153/2009); (d) o julgamento imediato de improcedência em casos idênticos (art. 285-A do CPC/73); (e) as súmulas vinculantes (art. 103-A da CF); (f) o julgamento de recursos repetitivos por amostragem (arts. 543-B e 543-C do CPC/73), também expressamente aplicáveis aos recursos de revista, no âmbito da Justiça do Trabalho, por força da Lei nº 13.015/2014.

O incidente de resolução de demandas repetitivas foi desenvolvido a partir de inspirações do direito comparado, especialmente dos institutos alemães, notadamente o instituído pela *KapMug*, como se observa da exposição de motivos da Comissão de Juristas nomeada para elaboração do texto do novo Código[7]. Inserido no novo Código de Processo Civil, assumiu características de alguns dos institutos já vigentes sob a égide do CPC/73, notadamente dos recursos especial e extraordinário repetitivos, adaptando-se à realidade brasileira.

4. O INCIDENTE DE RESOLUÇÃO DE DEMANDAS REPETITIVAS

O incidente encontra-se previsto nos arts. 976 a 987, em capítulo próprio, dentro do título "dos processos nos tribunais", no livro "dos processos nos tribunais e dos meios de impugnação das decisões judiciais". Nos itens seguintes, trataremos de suas características.

---

7. Consta da exposição de motivos: "criou-se, com inspiração no direito alemão, o já referido incidente de resolução de demandas repetitivas, que consiste na identificação de processos que contenham a mesma questão de direito, que estejam ainda no primeiro grau de jurisdição, para decisão conjunta" e, em nota de rodapé: "no direito alemão, a figura chama-se *musterverfahren* e gera decisão que serve de modelo (=muster) para a resolução de uma quantidade expressiva de processos em que as partes estejam na mesma situação, não se tratando, necessariamente, do mesmo autor ou do mesmo réu" (Exposição de Motivos da Comissão de Juristas, disponível em http://www.direitoprocessual.org.br/download.php?f=91d-fbdf0bc0509a427a0c18c2ca194b3, acesso em 24/02/2015).

4.1. NATUREZA E CABIMENTO DO INCIDENTE

O incidente de resolução de demandas repetitivas, técnica processual destinada a contingenciar litígios seriados, assenta-se em três pilares principais, quais sejam: o princípio constitucional da isonomia, que exige o tratamento uniforme dos litígios isomórficos, a segurança jurídica, estampada na previsibilidade e uniformidade das decisões judiciais e, por fim, a prestação jurisdicional em tempo razoável. Tais princípios, além de nortearem todo o ordenamento jurídico processual (como se infere, dentre outros, dos artigos 1º a 12 do CPC), são a base constitucional do incidente ora analisado.

Em síntese, havendo uma questão comum de direito, repetida em diversos processos – individuais ou coletivos –, poderá ser instaurado o incidente, para que, a partir de um ou mais processo(s), seja formado um "modelo" do conflito repetitivo, para que a questão jurídica controvertida seja levada à apreciação do tribunal. O tribunal, por ocasião do julgamento e da definição da tese jurídica aplicável aos casos homogêneos, deverá ouvir amplamente todos os interessados, para que profira decisão completa, que sirva como padrão decisório para os casos repetitivos. Por outro lado, enquanto tramitar o incidente, todos os processos que versem sobre igual matéria deverão permanecer sobrestados, aguardando a definição da tese jurídica. Após o julgamento, compreendidos os eventuais recursos, a tese jurídica firmada no incidente será aplicável aos processos em curso e aos seguintes, até que haja superação ou revisão.

A primeira e primordial questão que se apresenta da análise do instituto diz respeito à sua natureza. Embora haja algumas controvérsias, geradas a partir das alterações das versões apresentadas durante a tramitação do projeto de lei, as características adotadas no Código permitem apontar, ao menos em uma primeira análise, tratar-se de procedimento incidental autônomo, de julgamento abstrato – ou objetivo – das questões de direito controvertidas, comuns às demandas seriadas, a partir da criação de um procedimento-modelo[8].

Não haverá, no espaço de resolução coletiva do incidente, o julgamento da(s) causa(s) propriamente dita(s), mas apenas a definição jurídica da questão jurídica controvertida, que será posteriormente adotada para o julgamento da(s)

---

8. Neste sentido, Leonardo Carneiro da Cunha aponta que há controle objetivo ou abstrato no âmbito do incidente: "À exemplo do que sucede com a proclamação de inconstitucionalidade, o incidente de resolução de causas repetitivas provoca um julgamento *abstrato* da questão jurídica submetida ao crivo do tribunal. Trata-se de incidente processual de natureza objetiva, sendo certo que a decisão do tribunal irá fixar a *ratio decidendi* a ser seguida não somente no caso concreto que lhe deu origem, mas também em todos os demais casos que envolvam a mesma questão jurídica" (CUNHA, Leonardo José Carneiro da. Anotações sobre o incidente de resolução de demandas repetitivas previsto no projeto do novo Código de Processo Civil. *Revista de Processo*, vol. 193, março/2011);

causa(s) de onde este se originar, bem como nas demais demandas repetitivas fundadas em igual questão.

Há, portanto, uma cisão cognitiva[9] – ainda que virtual e não física –, firmando-se a tese jurídica no procedimento incidental em que haverá se reproduzido o "modelo" que melhor represente a controvérsia jurídica que se repete em dezenas ou milhares de pretensões. A tese jurídica será aplicada em seguida às demandas repetitivas, por ocasião do julgamento propriamente dito da causa perante o juízo em que tramitar o processo, momento este em que será feita também a análise e julgamento das questões fáticas e das questões jurídicas não comuns pelo juízo competente, esgotando-se a análise da pretensão ou demanda propriamente dita. Essa natureza do incidente[10] – que por nós é adotada – pode ser extraída a partir de alguns elementos, alguns literais e outros contextuais, que serão adiante pontuados:

a) A própria nomenclatura adotada, "incidente", permite concluir que não se trata de julgamento da demanda (ou pretensão) propriamente dita, porque razão não haveria para a segmentação em um procedimento incidental neste caso. Cria-se, como dito, um espaço coletivo de resolução da questão controvertida, de natureza abstrata ou objetiva, para que haja, em seguida, a aplicação da tese ao julgamento do caso;

b) A possibilidade limitada de definição das questões jurídicas homogêneas controvertidas confirma este caráter, já que a análise dos fatos e das questões jurídicas heterogêneas, e por consequência, da completa pretensão do(s) autor(es) do(s) processo(s) de onde se originar o incidente, não é possível no âmbito do incidente;

c) A cisão cognitiva e o julgamento abstrato evidenciam-se, ademais, pela autonomia do procedimento incidental em caso de desistência ou abandono da causa (art. 976, § 1º), o que, aliás, não é solução nova no ordenamento jurídico

---

9. A questão é apontada também por Dierle Nunes: "como o próprio nome informa se trata de uma técnica introduzida com a finalidade de auxiliar no dimensionamento da litigiosidade repetitiva mediante **uma cisão da cognição**, através do procedimento-modelo ou procedimento padrão, ou seja, um incidente no qual 'são apreciadas somente questões comuns a todos os casos similares, deixando a decisão de cada caso concreto para o juízo do processo originário', que aplicará o padrão decisório em consonância com as peculiaridades fático-probatórias de cada caso" (O IRDR do novo CPC: este 'estranho' que merece ser compreendido. Revista Justificando. Em http://justificando.com/2015/02/18/o-irdr-novo-cpc-este-estranho--que-merece-ser-compreendido, grifo no original).

10. Algumas passagens doutrinárias sobre a natureza do incidente podem ser encontradas em: OLIVEIRA, Guilherme Peres. Incidente de resolução de demandas repetitivas: uma proposta de interpretação de seu procedimento. FREIRE, Alexandre; DANTAS, Bruno; NUNES, Dierle, et al (Orgs.). *Novas Tendências do Processo Civil: estudos sobre o projeto do novo Código de Processo Civil*. Vol. II. Salvador: Juspodivm, 2014; CABRAL, Antonio do Passo. A escolha da causa-piloto nos incidentes de resolução de processos repetitivos. *Revista de Processo*, vol. 231, maio/2014, p. 201;

nacional. O Superior Tribunal de Justiça já havia definido a autonomia do recurso especial repetitivo em hipótese similar[11], decidindo pelo indeferimento da desistência do recurso em casos tais, o que gerou inúmeras críticas doutrinárias, a partir do fundamento de que no recurso especial há julgamento subjetivo. Afastando a controvérsia criada a partir deste julgamento, o CPC não impede a desistência ou abandono da causa, mas apenas ressalva que tais atos não obstarão a definição da tese jurídica, tanto para os recursos extraordinários com repercussão geral reconhecida como para recursos repetitivos (art. 998, § único[12]), quanto em âmbito do incidente, que continuará a tramitar sob titularidade do Ministério Público (976, § 3º). Em suma, a lei diferencia o procedimento principal originário do procedimento incidental, o qual gera um espaço de resolução coletiva da questão, que afetará inúmeros outros casos e que, por isso, não pode ser obstaculizado pela vontade individual do desistente ou de quem deu causa ao abandono[13]. A previsão assemelha-se à vedação de desistência nos processos de controle de constitucionalidade – marcadamente objetivos – a teor do art. 5º da Lei 9.868/99[14]. Mais um elemento que aponta para

---

11. A questão foi objeto de análise no julgamento da Questão de Ordem no REsp 1.063.343, julgado pela Corte Especial, sob relatoria da Min. Nancy Andrighi, em 17/12/2008, assim ementado: "Processo civil. Questão de ordem. Incidente de Recurso Especial Repetitivo. Formulação de pedido de desistência no Recurso Especial representativo de controvérsia (art. 543-C, § 1º, do CPC). Indeferimento do pedido de desistência recursal. – É inviável o acolhimento de pedido de desistência recursal formulado quando já iniciado o procedimento de julgamento do Recurso Especial representativo da controvérsia, na forma do art. 543-C do CPC c/c Resolução nº 08/08 do STJ. Questão de ordem acolhida para indeferir o pedido de desistência formulado em Recurso Especial processado na forma do art. 543-C do CPC c/c Resolução nº 08/08 do STJ".

12. Art. 998. O recorrente poderá, a qualquer tempo, sem a anuência do recorrido ou dos litisconsortes, desistir do recurso.

    Parágrafo único. A desistência do recurso não impede a análise de questão cuja repercussão geral já tenha sido reconhecida e daquela objeto de julgamento de recursos extraordinários ou especiais repetitivos.

13. Comentando acerca dos recursos repetitivos, Fredie Didier reconhece a criação virtual deste espaço coletivo autônomo de julgamento, o que nos leva à conclusão de que nestes procedimentos incidentais não se julga a pretensão do autor, que, neste caso, já não mais existirá por conta da desistência: "Quando se seleciona um dos recursos para julgamento, instaura-se um novo procedimento. Esse procedimento incidental é instaurado por provocação oficial e não se confunde com o procedimento principal recursal, instaurado por provocação do recorrente. Passa, então, a haver, ao lado do recurso, um procedimento específico para julgamento e fixação da tese que irá repercutir relativamente a vários outros casos repetitivos. Quer isso dizer que surgem, paralelamente, dois procedimentos: a) o procedimento recursal, principal, destinado a resolver a questão individual do recorrente; e, b) o procedimento incidental de definição do precedente ou da tese a ser adotada pelo tribunal superior, que haverá de ser seguida pelos demais tribunais e que repercutirá na análise dos demais recursos que estão sobrestados para julgamento. Este último procedimento tem uma feição coletiva, não devendo ser objeto de desistência, da mesma forma que não se admite a desistência em ações coletivas (Ação Civil Pública e Ação Direta de Inconstitucionalidade, por exemplo). O objeto desse incidente é a fixação de uma tese jurídica geral, semelhante ao de um processo coletivo em que se discutam direitos individuais homogêneos. Trata-se de um incidente com objeto litigioso coletivo" (DIDIER JR., Fredie; CUNHA, Leonardo Carneiro da. *Curso de Direito Processual Civil*, vol. 3. Salvador: Juspodivm, 2014, p. 347).

14. Lei 9.868/99: Art. 5º Proposta a ação direta, não se admitirá desistência.

a segmentação do julgamento em subjetivo e objetivo em razão da instauração do incidente[15].

d) A possibilidade de instauração do incidente por iniciativa do Ministério Público ou da Defensoria Pública (art. 977, III) reforça a tese. Ora, se tais órgãos não formularam pretensão no processo originário (individual ou coletivo) e não são partes do conflito judicializado, não faltariam razões normativas para impedir que assumissem a condução para julgamento da causa e esgotamento da demanda. A legitimação de tais órgãos é para a instauração e condução do incidente, apenas, justamente porque há a separação entre o julgamento da tese, em controle abstrato (para a qual são legitimados, em razão do interesse coletivo) e o posterior julgamento da causa (no qual há apenas o interesse subjetivo da parte originária). As partes do incidente podem ser as mesmas do processo originário, ou não.

Entendemos que estabelecer esta premissa acerca da natureza do incidente, embora arriscado dado o momento de amadurecimento acerca do novo Código, demonstra-se indispensável para que seja coerente a abordagem acerca dos diversos aspectos do incidente. Considerar que no incidente há a criação (virtual) de um espaço coletivo de julgamento de natureza objetiva, que fixa tese jurídica, com força vinculante para os julgamentos posteriores dos casos, tem influência direta nas demais conclusões que ora serão expostas neste trabalho.

Afinal, o controle abstrato destina-se precipuamente a manter a higidez e coerência da ordem jurídica considerada sob o aspecto objetivo, sem vinculação imediata e necessária com a existência de lide, contraposição de vontades ou lesão a algum interesse subjetivo de determinada pessoa. É o que pretende o incidente ao definir a melhor resposta jurisdicional a uma questão controvertida exclusivamente de direito. Claro que as lesões aos interesses subjetivos serão apreciadas, mas no momento subsequente, quando já fixada a tese.

---

15. A título comparativo, destacamos texto do Min. Gilmar Mendes, em que analisa a desistência da ação no controle abstrato de normas perante o Tribunal Constitucional Alemão, o que acaba por corroborar a natureza de controle abstrato do IRDR, apontando que: "Segundo a jurisprudência do Bundesverfassungsgericht, a desistência da ação não leva, necessariamente, à extinção do feito. Contra a extinção do processo militariam razões de ordem pública que estariam em perfeita compatibilidade com o "caráter oficial" do processo. (...) A própria natureza do processo de controle abstrato de normas está a indicar que o autor não persegue aqui interesse próprio nem busca a defesa de uma posição jurídica individual. (...) É de aceitar-se, por isso, a idéia de que o interesse no esclarecimento da questão pode subsistir ao eventual pedido de desistência Deve-se, pois, concordar com o Bundesverfassungsgericht quando recusa dar por encerrado processo em face do simples pedido de desistência" (MENDES, Gilmar. Os pressupostos de admissibilidade do controle abstrato de normas perante o bundesverfassungsgericht. *Revista de Direito Constitucional e Internacional*, vol. 12, jul/1995, p. 10).

Destacada a natureza do incidente, passaremos a tratar dos requisitos de cabimento do instituto. Os incisos I e II do artigo 976[16] indicam que para a instauração do incidente deve haver concomitantemente a efetiva repetição de processos sobre a mesma questão de direito, bem como o risco de ofensa à isonomia e segurança jurídica. A lei não prevê um requisito numérico de demandas homogêneas ou de requerimentos para instauração do incidente, de modo que ficará a critério do órgão julgador a análise de tal questão.

Apesar de o CPC prever a instauração do incidente para a definição de questões unicamente de direito, quanto a estas deve ser amplo o cabimento, compreendendo questões de direito material ou processual (art. 928[17] e enunciado nº 88 do FPPC[18])[19]. A identidade apenas fática não autoriza, ao contrário do que ocorre no regime alemão, a instauração do incidente brasileiro[20].

Por outro lado, caso os tribunais superiores já tenham afetado para julgamento em recurso especial ou extraordinário a mesma matéria do potencial incidente, não será admissível a sua instauração (art. 976, § 4º). A norma visa evitar a instauração desnecessária do incidente e decorre tanto da superioridade hierárquica das decisões dos tribunais de uniformização, como do reconhecimento de que o incidente faz parte de um microssistema processual de resolução de

---

16. Art. 976. É cabível a instauração do incidente de resolução de demandas repetitivas quando houver, simultaneamente:
    I – efetiva repetição de processos que contenham controvérsia sobre a mesma questão unicamente de direito;
    II – risco de ofensa à isonomia e à segurança jurídica.
17. Art. 928. Para os fins deste Código, considera-se julgamento de casos repetitivos a decisão proferida em: I – incidente de resolução de demandas repetitivas; II – recursos especial e extraordinário repetitivos. Parágrafo único. O julgamento de casos repetitivos tem por objeto questão de direito material ou processual.
18. 88. (art. 988; art. 522, parágrafo único) Não existe limitação de matérias de direito passíveis de gerar a instauração do incidente de resolução de demandas repetitivas e, por isso, não é admissível qualquer interpretação que, por tal fundamento, restrinja seu cabimento.
19. A abrangência do incidente a todas as matérias de direito é importante, ademais, em comparação com a limitação que existe para ações civis públicas quanto à matéria tributária e previdenciária, conforme dispõe o parágrafo único do art. 1º da Lei 7.347/85: 'Parágrafo único. Não será cabível ação civil pública para veicular pretensões que envolvam tributos, contribuições previdenciárias, o Fundo de Garantia do Tempo de Serviço – FGTS ou outros fundos de natureza institucional cujos beneficiários podem ser individualmente determinados".
20. No *Musterverfahren* há a possibilidade de análise de questões jurídicas e fáticas. Sobre este aspecto, Antonio do Passo Cabral aponta que: "o objeto da cognição judicial neste procedimento pode versar tanto sobre questões de fato como de direito, o que denota a possibilidade de resolução parcial dos fundamentos da pretensão, com a cisão da atividade cognitiva em dois momentos: um coletivo e outro individual. Esse detalhe é de extrema importância pois evita uma potencial quebra da necessária correlação entre fato e direito no juízo cognitivo. Vale dizer, se na atividade de cognição judicial, fato e direito estão indissociavelmente imbricados, a abstração excessiva das questões jurídicas referentes às pretensões individuais poderia apontar para um artificialismo da decisão" (O novo procedimento-modelo (Musterverfahren) alemão: uma alternativa às ações coletivas. RePro, 2007, nº 147, p. 123/146.)

causas repetitivas (art. 928 do CPC e enunciado n° 345 do FPPC[21]), devendo ser mantida a coerência desse sistema, primando-se também pela economia processual.

Por fim, apesar de acreditarmos que o incidente tem potencial para resolver muitas das mazelas das demandas repetitivas, entendemos que o instituto deverá coexistir harmonicamente com o sistema processual coletivo[22]. Há inúmeras situações de violação homogênea a direitos individuais que serão mais bem solucionadas pelas ações coletivas, especialmente quando se estiver diante de danos de inexpressiva quantificação a nível individual. O sistema coletivo, ademais, tem vantagens inegáveis quanto à movimentação da máquina judiciária e os custos diretos e indiretos dela decorrentes[23].

4.2. INSTAURAÇÃO E FORMAÇÃO DO INCIDENTE

4.2.1. Legitimados para instaurar o incidente

O art. 977 do Código prevê a quem cabe a iniciativa de instaurar o incidente de resolução de demandas repetitivas[24]. O incidente poderá ser suscitado de ofício, pelo juiz de primeiro grau ou pelo relator, bem como ser requerida sua instauração pelas partes, pelo Ministério Público e pela Defensoria Pública, por petição. O Ministério Público e a Defensoria Pública poderão, tendo em vista a redação não condicionante, requerer a instauração do incidente mesmo quando não forem partes, mas desde que haja um interesse compatível com as suas funções.

---

21. 345. O incidente de resolução de demandas repetitivas e o julgamento dos recursos extraordinários e especiais repetitivos formam um microssistema de solução de casos repetitivos, cujas normas de regência se complementam reciprocamente e devem ser interpretadas conjuntamente.
22. Para ampla análise das ações coletivas no direito comparado e nacional, ver: MENDES, Aluisio Gonçalves de Castro. *Ações coletivas e meios de resolução coletiva de conflitos no direito comparado e nacional*. 4. ed. São Paulo: Ed. RT, 2014;
23. "Além de atingir efetividade e segurança, a massificação dos litígios produz efeitos econômicos importantes. O custo da manutenção de enormes estruturas, internas e terceirizadas, para administrar a demanda massificada, torna-se um verdadeiro 'imposto' cobrado da iniciativa privada. Como tal, é impossível imaginar cenário no qual não seja ele repassado ao preço final de todo e qualquer serviço ou produto. Ao fim e ao cabo, este custo é diluído e pago por toda a sociedade". (AMARAL, Guilherme Rizzo. Efetividade, segurança, massificação e a proposta de um 'incidente de resolução de demandas repetitivas'. *Revista de Processo*. São Paulo: RT, vol. 196, jun/2011, p. 236).
24. Art. 977. O pedido de instauração do incidente será dirigido ao presidente de tribunal:
    I – pelo juiz ou relator, por ofício;
    II – pelas partes, por petição;
    III – pelo Ministério Público ou pela Defensoria Pública, por petição.
    Parágrafo único. O ofício ou a petição será instruído com os documentos necessários à demonstração do preenchimento dos pressupostos para a instauração do incidente.

Embora não haja norma expressa esclarecendo, e como o juízo de admissibilidade será do tribunal de segundo grau, pode-se depreender que a petição de requerimento deverá ser protocolada diretamente no tribunal, sendo instruída com os documentos necessários à demonstração da necessidade e cabimento da instauração do incidente. Do mesmo modo, a exemplo do que ocorre nos conflitos de competência, o juiz de primeiro grau deverá suscitar o incidente mediante ofício, também devidamente documentado.

A previsão legal que confere legitimidade para o juiz de primeiro grau requerer a instauração do incidente é ponto que vem gerando controvérsias doutrinárias. Na versão do CPC aprovada pelo Senado em 2010, o instituto poderia ser instaurado logo em primeiro grau, quando houvesse potencial de repetição de causas, à semelhança do modelo alemão (art. 930 do PLS 166/2010[25]). Na versão posterior, aprovada pela Câmara revisora, o instituto mudou de feição, somente sendo admitida sua instauração quando houvesse causa de competência do tribunal pendente de julgamento, sendo a iniciativa de instauração restrita ao relator, não compreendendo o juiz de primeiro grau (art. 988, §§ 2º e 3º, I, do SCD ao PLS 166/2010[26]).

Por ocasião da votação e aprovação final pelo Senado, foi revigorada a autorização ao juiz para requerer ao tribunal a instauração do incidente, mediante ofício (art. 977, I), suprimindo-se a regra relativa à obrigatoriedade de pendência de causa no Tribunal, resgatando-se, portanto, características do instituto adotadas na versão da casa iniciadora do projeto de lei, o que foi mantido na versão sancionada e publicada no Diário Oficial.

Não obstante, foi inserida no parágrafo único do art. 978[27] uma previsão que menciona que o órgão que julgar o incidente deverá julgar o recurso, remessa necessária ou processo de competência originária do qual este se originar, o que

---

25. PLS 166/2010: Art. 930. É admissível o incidente de demandas repetitivas sempre que identificada controvérsia com potencial de gerar relevante multiplicação de processos fundados em idêntica questão de direito e de causar grave insegurança jurídica, decorrente do risco de coexistência de decisões conflitantes.
    § 1º O pedido de instauração do incidente será dirigido ao Presidente do Tribunal:
    I – pelo juiz ou relator, por ofício;
    II – pelas partes, pelo Ministério Público ou pela Defensoria Pública, por petição.
26. SCD ao PLS 166/2010: Art. 988. É admissível o incidente de resolução de demandas repetitivas quando, estando presente o risco de ofensa à isonomia e à segurança jurídica, houver efetiva repetição de processos que contenham controvérsia sobre a mesma questão unicamente de direito.
    § 1º O incidente pode ser suscitado perante tribunal de justiça ou tribunal regional federal.
    § 2º O incidente somente pode ser suscitado na pendência de qualquer causa de competência do tribunal.
    § 3º O pedido de instauração do incidente será dirigido ao presidente do tribunal: I – pelo relator ou órgão colegiado, por ofício; (...)
27. Art. 978. O julgamento do incidente caberá ao órgão indicado pelo regimento interno dentre aqueles responsáveis pela uniformização de jurisprudência do tribunal.

sugere que o(s) processo(s) de onde se originar o incidente deverá(ão) estar tramitando perante os tribunais.

Considerando estas alterações ocorridas durante o processo legislativo e, ainda, diversas preocupações de índole constitucional, cultural e social, há vozes doutrinárias defendendo, de um lado, a possibilidade de instauração do incidente a partir de processos em trâmite perante o primeiro grau; e, de outro, a restrição à instauração apenas a partir de processos em trâmite perante os Tribunais.

Há motivos consistentes para se adotar quaisquer das interpretações, conforme passaremos a expor.

No que se refere à primeira leitura – instauração a partir do primeiro grau – podemos apontar os seguintes fundamentos:

a) a literalidade do art. 977, I, permite a instauração por provocação do juiz, o que, de modo intuitivo, leva à conclusão de que isto ocorreria a partir de um dos processos sob sua competência;

b) a instauração a partir do primeiro grau seria uma das características mais relevantes do novo instituto, por evitar a multiplicação de demandas por tempo indevido, com potencial de gerar de modo mais célere a previsibilidade, uniformidade e segurança almejadas. Este fundamento, aliás, constou do relatório apresentado para votação no Plenário do Senado, que eliminou as disposições constantes do projeto aprovado pela Câmara que restringiam a instauração a processos em segundo grau[28].

Por outro lado, os argumentos contrários a esta interpretação são, em geral, dois.

O primeiro é que a formação – perante o segundo grau – de incidente com origem em processo sem decisão de primeiro grau criaria hipótese de avocação de causa, deslocamento de competência ou criação de competência originária, sem respaldo constitucional. A preocupação é válida e consistente. Não obstante, se admitirmos a natureza objetiva do incidente (sobre a qual discorremos no item 4.1. acima), com a cisão cognitiva para a fixação de tese e não julgamento da causa propriamente dita, tal problema poderia ser contornado, porque o tribunal

---

Parágrafo único. O órgão colegiado incumbido de julgar o incidente e de fixar a tese jurídica julgará igualmente o recurso, a remessa necessária ou o processo de competência originária de onde se originou o incidente.

28. Consta do Parecer nº 956, de 2014, do Senado Federal: "Os §§ 1º, 2º e 3º do art. 998 do SCD desfiguram o incidente de demandas repetitivas. Com efeito, é nociva a eliminação da possibilidade da sua instauração em primeira instância, o que prolonga situações de incerteza e estimula uma desnecessária multiplicação de demandas, além de torná-lo similar à hipótese de uniformização de jurisprudência".

apenas fixaria uma norma jurídica abstrata, retomando-se o julgamento da demanda perante o juízo originário, sem, portanto, o deslocamento de competência da para julgamento da causa propriamente dita.

O segundo é que, admitida a instauração a partir do primeiro grau, haveria risco de ausência de amadurecimento e debate da questão para se alcançar uma padronização decisória excelente. Nessa linha, seria prudente esperar a tramitação de diversos processos em primeiro grau, com a prolação de decisões judiciais a respeito e interposição dos recursos com as razões de reforma de tais decisões, para que o tribunal enfim uniformizasse a questão a partir do IRDR. Boa parte da crítica à instauração em primeiro grau equipara-a ao julgamento preventivo. Concordamos que o amadurecimento da questão e o efetivo debate sobre o tema são indispensáveis para a boa aplicação do instituto.

Contudo, não se pode esquecer que mesmo que revigorada na versão final do Código a permissão ao juiz de primeiro grau para instaurar o incidente (art. 977, I), não foi reproduzida a versão inicial do projeto de lei, que permitia a instauração do incidente a partir do "potencial" de multiplicação de demandas (art. 930 do PLS 166/2010). De fato, exige-se a efetiva repetição como requisito de instauração do IRDR.

Desse modo, a instauração a partir do primeiro grau não implica necessariamente na formação de incidente com caráter preventivo e nem significa que haverá déficit democrático, pela ausência de debates sobre o tema, muito embora reconheçamos que a instauração a partir de processos no segundo grau seria melhor em termos de debate, participação e amadurecimento da questão controvertida.

De todo modo, a efetiva repetição de processos – que é requisito de cabimento do incidente – e os mecanismos de ampliação do debate e de participação democrática, como a escolha do(s) melhor(es) processo(s) como "modelo" para formar o incidente (conforme trataremos no item 4.2.2.), além da ampla participação dos interessados, realização de audiências públicas e ampla divulgação da instauração e julgamento, contornariam também esta crítica à instauração a partir do primeiro grau.

Mudando de perspectiva, para interpretar a lei no sentido de que o incidente apenas possa ser instaurado a partir do segundo grau, poderíamos destacar alguns fundamentos e críticas. Seriam fundamentos para esta leitura:

a) o parágrafo único do art. 978, que dispõe que o órgão julgador do incidente também deverá julgar o processo em tramitação no tribunal de onde este se originar. A literalidade do dispositivo de lei dispõe que apenas a partir de recursos, remessa necessária ou processos de competência originária dos tribunais é que seria possível instaurar o IRDR, o que excluiria a instauração a partir de processo em trâmite no primeiro grau.

b) a instauração a partir de processos em trâmite perante os tribunais seria forma efetiva de evitar que o incidente pudesse ser instaurado de modo prematuro, antes do amadurecimento dos debates, já que ao menos algumas decisões sobre o tema já existiriam para viabilizar a melhor uniformização do entendimento. Embora a nova lei preveja inúmeros mecanismos para viabilizar o contraditório participativo, como o diálogo entre comunidade e judiciário e a oitiva de órgãos especializados, sabe-se que o assoberbamento do judiciário, as metas e prazos de julgamento e o déficit democrático de fundo social e cultural podem acabar por acarretar na instauração e julgamento do incidente às pressas, sem que haja efetivamente o importantíssimo debate sobre o tema.

Nesse sentido, caso se admita a instauração apenas a partir do segundo grau, se estaria garantindo que haveria pelo menos algumas decisões judiciais já prolatadas[29], pressupondo a existência de contraditório e do desenvolvimento regular do debate no primeiro grau. Deveria se privilegiar, neste cenário, a instauração a partir de recursos de apelação e não de recursos de agravo de instrumento, já que aqueles são antecedidos, via de regra, de completo debate e exercício do contraditório pelas partes.

Concordamos com esta preocupação com o aspecto cultural e social, do mesmo modo que apontamos que provavelmente será mais "natural" para os tribunais julgarem o incidente que se originem de processos de sua competência, o que pode facilitar a efetiva utilização do instituto. A preocupação é de caráter prático, já que, no momento de inovação legislativa, deve se ter cautela com a ruptura completa com o que já está assentado nas instituições, para não inviabilizar a aplicação dos novos institutos, no caso, do IRDR.

Adotando esta segunda perspectiva apresentada, o Fórum Permanente de Processualistas Civis editou os enunciados 342 e 344[30], que resgatam os antigos artigos da versão do SCD que previam a instauração apenas a partir de processos nos tribunais.

---

29. Leonardo Carneiro da Cunha aponta que "seria mais adequado prever o incidente quando já houvesse algumas sentenças antagônicas a respeito do assunto. Vale dizer que, para caber o incidente, seria mais adequado haver, de um lado, sentenças admitindo determinada solução, havendo, por outro lado, sentenças rejeitando a mesma solução" (CUNHA, Leonardo Carneiro da. Anotações sobre o incidente de resolução de demandas repetitivas previsto no projeto do novo Código de Processo Civil. *Revista de Processo*, vol. 193, março/2011).
30. Enunciado nº 342. (art. 988). O incidente de resolução de demandas repetitivas aplica-se a recurso, a remessa necessária ou a qualquer causa de competência originária.
    Enunciado nº 344. (art. 988). A instauração do incidente pressupõe a existência de processo pendente no respectivo tribunal.

Sob este viés interpretativo, o art. 977, I, que confere legitimidade ao juiz para instaurar o incidente, deverá ser lido como a possibilidade de o magistrado de primeiro grau oficiar o tribunal, demonstrando que há controvérsia sobre questão jurídica repetindo-se em diversos processos, para que este instaure o IRDR, selecionando dos processos em tramitação no segundo grau os que melhor representem a controvérsia (nos termos do que apontamos no item 4.2.2.). Também seria possível defender a possibilidade de o juiz oficiar ao Ministério Público e à Defensoria, para que estes instaurem o incidente no segundo grau[31].

Quanto a esta discussão, um importante destaque merece ser feito: é claro que, admitindo-se que a instauração do incidente apenas possa ocorrer a partir de processos em trâmite perante os tribunais, a distinção que fizemos no tópico antecedente acerca da natureza do incidente, ou seja, do julgamento da questão jurídica controvertida para fixação da tese *versus* julgamento da causa (item 4.1.) perde importância. A questão não é tão crucial neste cenário, porque não se estaria diante de uma cisão "radical" do julgamento, já que não ocorreria parte do julgamento em primeiro grau (da causa) e parte em segundo grau (da tese), o que atenuaria, por consequência, as alegações de inconstitucionalidade da avocação ou deslocamento de competência.

É que, caso o procedimento incidental seja formado a partir de processo em trâmite perante o tribunal, a cisão cognitiva será muito mais simbólica e técnica do que prática. O mesmo órgão que julgar o incidente apreciará em seguida a causa (art. 978), de modo que seria possível assemelhar a fixação da tese no IRDR ao julgamento de uma "prejudicial" que antecede o julgamento do recurso, remessa ou processo de competência originária. Tudo pode ser feito na mesma sessão de julgamento, inclusive.

Pontuamos, contudo, que a distinção não perde totalmente a importância. A definição da natureza jurídica do incidente (objetiva ou subjetiva) não se confunde com a questão atinente ao juízo perante o qual tramitam os processos dos quais este se origina (primeiro ou segundo grau).

Com efeito, a natureza do IRDR define e explica outras questões importantes, como a legitimidade para sua condução, a autonomia do incidente em caso de desistência ou abandono, a legitimidade recursal, a natureza da decisão ali proferida e de seus efeitos, as quais independem da sua instauração a partir do

---

31. Neste sentido, embora baseado no texto adotado pelo SCD, o Fórum Permanente de Processualistas Civis editou o enunciado nº 204, com o seguinte teor: "Quando se deparar com diversas demandas individuais repetitivas, poderá o juiz oficiar o Ministério Público, a Defensoria Pública e os demais legitimados a que se refere o art. 988, § 3º, II, para que, querendo, ofereça o incidente de resolução de demandas repetitivas, desde que atendidos os seus respectivos requisitos". Tendo o juiz legitimidade para instaurar (art. 977, I), este enunciado perde quase todo o sentido.

primeiro ou segundo grau. A diferença é que a cisão do julgamento – em fixação da tese e apreciação da causa ou pretensão – é muito mais evidente e radical na primeira hipótese.

Feito o destaque acima, passaremos a analisar as críticas a este segundo posicionamento doutrinário que só admite a instauração a partir do segundo grau.

Aventa-se, primeiramente, a inconstitucionalidade formal do parágrafo único do art. 978, que é justamente o que embasa – sob a perspectiva legal – a restrição à instauração a partir de processos no primeiro grau. A inconstitucionalidade vem sendo apontada por inúmeros processualistas[32], porque não há correspondente do mencionado parágrafo na versão originária aprovada no Senado e tampouco na versão oriunda da casa revisora, a Câmara dos Deputados. Ora, no processo legislativo, após a revisão do projeto, este retorna à casa iniciadora, que não pode inovar no conteúdo da lei sem que haja nova análise e aprovação pela casa revisora, por força do art. 65, parágrafo único, da Constituição Federal.

Outra crítica que é feita a esta interpretação refere-se à redução da potencialidade do instituto, já que teria que se aguardar o tempo de tramitação – e repetição – de processos antes que algum ou alguns atingissem os tribunais, para que, um ano depois, fosse firmada a tese. Argumenta-se que pouco mudaria em

---

32. Nesse sentido, Cassio Scarpinella Bueno aponta, em abalizada anotação, que: "O que ocorre, no entanto, é que o parágrafo único do art. 978, ao fazer escolha *expressa* sobre a controvérsia – e não há razão para colocar em dúvida as boas razões que a justificaram – violou o devido processo legislativo. Trata-se de regra que, por não ter correspondência com o Projeto aprovado pelo Senado Federal nem com o Projeto aprovado pela Câmara dos Deputados, viola o parágrafo único do art. 65 da CF. Deve, consequentemente, ser considerado *inconstitucional* formalmente. Mesmo para quem discorde da última afirmação, há outra, de diversa ordem, mas que conduz ao mesmo resultado da inconstitucionalidade na perspectiva *substancial*. Não cabe à *lei federal* definir a competência dos órgãos dos Tribunais Regionais Federais nem dos Tribunais de Justiça dos Estados. A iniciativa viloa, a um só tempo, os arts. 108 e 125, § 1º, da CF. Aquilo que o *caput* do art. 978 tem de virtuoso, como querem mostrar as anotações anteriores, o seu parágrafo único tem de vicioso. Trata-se, aliás, de entendimento que, na dúvida noticiada, levava diversos estudiosos do tema – e incluo-me, entre eles – a criticar a compreensão de que o Incidente pudesse levar o Tribunal a julgar, desde logo, a causa de onde originada a tese jurídica. No máximo, caberia a ele fixar a tese, deixando-a para ser aplicada pelo órgão de primeira instância, a exemplo, aliás, do que, no âmbito dos recursos extraordinário ou especial repetitivos, acabou prevalecendo (não sem críticas) no art. 1.040, III. Por esta razão, a inconstitucionalidade formal e substancial do parágrafo único do art. 978 acaba conduzindo o intérprete à compreensão de que a aplicação da tese jurídica deve ser feita pelos juízos de origem, perante os quais tramitam os "casos repetitivos" que ensejaram a instauração do Incidente. Somente quando os pressupostos do art. 976 surgirem no âmbito do próprio Tribunal ao julgar um recurso, um processo de competência originária ou, até mesmo, a remessa necessária é que ele terá competência para, desde logo, aplicá-la ao caso concreto e, mesmo assim, se o Regimento Interno assim permitir. É que, nesses casos, sua competência deriva não do dispositivo (*lei federal*) aqui anotado, mas, bem diferentemente, do arcabouço constitucional (federal, estadual e regimental) prévio, que outorga a competência para julgamento do recurso, do processo ou da remessa necessária.", *Novo Código de Processo Civil Anotado*. São Paulo: Saraiva, 2015, p. 618.

relação ao que hoje já temos sob a égide do CPC/73 com os recursos especial e extraordinário repetitivos.

O aparente conflito, portanto, é entre o argumento da celeridade na uniformização do entendimento, evitando-se repetição indevida de casos, congestionamento do Judiciário, insegurança e imprevisibilidade do sistema jurídica, e a alegação de necessidade de maior amadurecimento do debate, com o diálogo plural, efetivo e consistente que deve preceder a fixação da tese, o que apenas poderia ocorrer após a prolação de decisões judiciais distintas e a interposição de recursos.

Entendemos, para concluir o que foi abordado neste tópico, que são possíveis as duas interpretações sobre a instauração do incidente. Há vantagens e desvantagens em ambas as leituras, o que poderia apontar, inclusive, para uma definição casuística da melhor utilização do instituto. O amadurecimento deste debate é que dirá o melhor caminho para a aplicação da nova lei.

4.2.2. A formação do procedimento-modelo

Uma das questões mais sensíveis acerca do novo instituto refere-se à formação do procedimento incidental. Como o incidente é procedimento que visa, a partir da criação de um "modelo" da controvérsia, maximizar o debate e esgotar as discussões acerca do tema jurídico em análise para atingir um padrão decisório excelente que seja aplicável a todos os casos, essa temática é de extrema relevância.

Não há dúvidas de que o procedimento-modelo deve ser o mais plural, abrangente e completo possível. Deve conter linguagem clara e abordar todos os aspectos que possam influir na formação da tese jurídica. Todas as causas de pedir jurídicas potencialmente importantes devem estar presentes, para legitimar a formação da decisão padrão.

A formação do incidente, contudo, pode ocorrer de formas distintas, considerando os legitimados para requerer a instauração do incidente (art. 977). Com efeito, quando o incidente for iniciado por iniciativa da parte (art. 977, II), o procedimento incidental modelo será formado a partir de suas petições e manifestações, bem como das da parte adversa, no processo originário.

Quando a iniciativa couber à Defensoria Pública, ao Ministério Público – na condição de não partes –, duas são as possibilidades: a) quando a questão surgir em um processo específico em que oficiarem, o modelo deverá ser formado a partir desse processo, com as manifestações do autor e réu originários, além de suas manifestações; b) quando a iniciativa não decorrer de um processo específico, mas, por exemplo, da constatação da repetição de diversos processos em que atuem sobre a mesma questão, poderão tais órgãos requerer a instauração, instruindo o pedido com cópias de petições ou autos diversos. Quando a iniciativa couber ao órgão jurisdicional, também poderá ser a partir de um processo individual ou coletivo específico, ou não, à semelhança do que foi afirmado acima, com as mesmas consequências.

As situações podem ser resumidas em duas, portanto: (i) formação do procedimento incidental a partir de um processo específico; ou (ii) formação a partir de vários processos distintos, sem que haja um "originário" específico. No primeiro caso, a formação do incidente dar-se-á, *a priori*, a partir das manifestações das partes do processo originário. Contudo, a problemática acerca da escolha do(s) processo(s) representativo(s) fica mais evidente na segunda hipótese, já que não haverá uma parte "líder" a princípio. Ademais, também poderão surgir problemas nos casos descritos na primeira hipótese, quando se verificar que há deficiências técnicas e de representatividade nas manifestações das partes originárias. Nestes cenários é que fica mais latente a problemática da "escolha" do processo representativo para formação do modelo[33].

Assim, salvo nos casos em que as manifestações do processo originário sejam excelentes, abrangentes e completas, o "modelo" deve ser formado não só a partir de um processo repetitivo, mas pelo conjunto daqueles que melhor debatam a questão, formando-se um complexo de teses jurídicas sobre a mesma questão de direito controvertida, possibilitando a ampla discussão e debate.

Nos casos em que houver vários pedidos para instauração do incidente, devem ser selecionados pelo órgão julgador os mais completos, que deverão ser considerados conjuntamente na formação do procedimento incidental, figurando todas as partes selecionadas como "líderes" no procedimento incidental. Nesse sentido, foi aprovado o enunciado nº 89 do Fórum Permanente de Processualistas Civis[34], que prevê o apensamento e processamento conjunto dos pedidos.

Do mesmo modo, quando a iniciativa de instauração do incidente for do órgão jurisdicional ou do MP ou Defensoria (na condição de não partes), entendemos que devem ser selecionados processos representativos que contenham fundamentação abrangente, para a formação do incidente, procedendo de modo

---

33. Ver, sobre o tema: CABRAL, Antonio do Passo. A escolha da causa-piloto nos incidentes de resolução de processos repetitivos. *Revista de Processo*, vol. 231, maio/2014, p. 201.
34. Enunciado nº 89. (art. 988) Havendo apresentação de mais de um pedido de instauração do incidente de resolução de demandas repetitivas perante o mesmo tribunal todos deverão ser apensados e processados conjuntamente; os que forem oferecidos posteriormente à decisão de admissão serão apensados e sobrestados, cabendo ao órgão julgador considerar as razões neles apresentadas.

semelhante ao que prevê o art. 1.036, §§ 1, 4º, 5º e 6º[35] do novo Código, referente à escolha dos recursos especial e extraordinários repetitivos.

Caberá ao autor do incidente e ao órgão julgador, portanto, a seleção dos melhores processos representativos, seja nos casos em que já haja uma parte "líder", seja nos casos em que não se possa identificar, a princípio, o condutor do procedimento incidental[36] a partir de um processo originário, justamente porque quanto mais abrangente e completo for o procedimento incidental, mais legítima será a decisão nele proferida. Formado o conjunto de manifestações que melhor representarem a controvérsia, as partes respectivas serão os sujeitos aptos a conduzir o procedimento incidental.

4.3. O JUÍZO DE ADMISSÃO DO INCIDENTE E SEUS EFEITOS

4.3.1. Juízo de admissibilidade

Após receber o(s) pedido(s) ou o(s) ofício(s) destinado à instauração do incidente, será feito o juízo de admissibilidade pelo órgão colegiado competente para o posterior julgamento, que será um dos indicados pelo regimento interno

---

35. Art. 1.036. Sempre que houver multiplicidade de recursos extraordinários ou especiais com fundamento em idêntica questão de direito, haverá afetação para julgamento de acordo com as disposições desta Subseção, observado o disposto no Regimento Interno do Supremo Tribunal Federal e no do Superior Tribunal de Justiça.

    § 1º O presidente ou o vice-presidente de tribunal de justiça ou de tribunal regional federal selecionará 2 (dois) ou mais recursos representativos da controvérsia, que serão encaminhados ao Supremo Tribunal Federal ou ao Superior Tribunal de Justiça para fins de afetação, determinando a suspensão do trâmite de todos os processos pendentes, individuais ou coletivos, que tramitem no Estado ou na região, conforme o caso.

    (....)

    § 4º A escolha feita pelo presidente ou vice-presidente do tribunal de justiça ou do tribunal regional federal não vinculará o relator no tribunal superior, que poderá selecionar outros recursos representativos da controvérsia.

    § 5º O relator em tribunal superior também poderá selecionar 2 (dois) ou mais recursos representativos da controvérsia para julgamento da questão de direito independentemente da iniciativa do presidente ou do vice-presidente do tribunal de origem.

    § 6º Somente podem ser selecionados recursos admissíveis que contenham abrangente argumentação e discussão a respeito da questão a ser decidida.

36. Nesse sentido, Antonio do Passo Cabral aponta que "em vez de uma única causa, o Tribunal pode escolher vários processos para afetação e julgamento nos incidentes de resolução de litígios repetitivos. Recomenda-se também que sejam selecionados processos que busquem a vitória de teses opostas, a fim de equilibrar a forma com que os argumentos são envergados. E o mesmo pensamos dever ser a postura correta do Tribunal julgador todas as vezes em que uma única causa tiver sido remetida para julgamento como incidente de processos repetitivos. Seja quando a parte suscita o incidente, seja quando somente um processo ou recurso é enviado pela instância inferior para afetação ao procedimento dos processos repetitivos, caberá ao Tribunal julgador "complementar" a seleção para atender aos critérios que devem nortear a escolha dos processos originários" (A escolha da causa-piloto nos incidentes de resolução de processos repetitivos. *Revista de Processo*, vol. 231, maio/2014, p. 201).

do tribunal como responsáveis pela uniformização de jurisprudência, por força do comando dos arts. 978 e 981 do Código[37]. A competência será, contudo, necessariamente do plenário ou do órgão especial quando se tratar de arguição de inconstitucionalidade, nos termos do art. 97 da CRFB/88 e da súmula vinculante nº 10.

No juízo de admissibilidade, o tribunal irá considerar a presença dos requisitos do art. 976, quais sejam, a existência de controvérsia de direito que esteja gerando a multiplicação de processos repetitivos, capaz de causar grave insegurança jurídica e ofensa à isonomia, decorrentes do risco de coexistência de decisões conflitantes.

Caso entenda não estarem presentes os requisitos, será rejeitada a instauração e o curso do(s) processo(s) de onde se originou o incidente será retomado. Na hipótese de admissibilidade, o procedimento incidental prosseguirá o seu trâmite no tribunal, nos termos dos artigos subsequentes, permanecendo suspenso(s) o(s) processo(s) originário(s).

A decisão acerca da admissibilidade do procedimento incidental deverá ser tomada pelo órgão colegiado[38], prestigiando-se a colegialidade das decisões, o que é especialmente relevante em se tratando da admissão e julgamento do incidente, haja vista o espraiamento de seus efeitos por toda a sociedade.

Admitido o incidente, o relator poderá requisitar informações ao juízo em que tramitar(em) o(s) processo(s) de onde se originou o procedimento-modelo (art. 982, II), bem como deverá intimar o Ministério Público para que o órgão se manifeste acerca da matéria jurídica controvertida (art. 982, III).

Ainda, a decisão que admite o incidente gera outras consequências importantes, dentre as quais as mais relevantes são: i) a ampla divulgação e publicidade acerca da afetação da matéria para julgamento mediante este instrumento processual diferenciado (art. 979); ii) a suspensão dos processos repetitivos que veiculem a mesma matéria (art. 982, I).

---

37. Art. 978. O julgamento do incidente caberá ao órgão indicado pelo regimento interno dentre aqueles responsáveis pela uniformização de jurisprudência do tribunal.
    Parágrafo único. O órgão colegiado incumbido de julgar o incidente e de fixar a tese jurídica julgará igualmente o recurso, a remessa necessária ou o processo de competência originária de onde se originou o incidente.
    Art. 981. Após a distribuição, o órgão colegiado competente para julgar o incidente procederá ao seu juízo de admissibilidade, considerando a presença dos pressupostos do art. 976.
38. Sobre o tema, o Fórum Permanente de Processualistas Civis editou o enunciado nº 91, com o seguinte teor: "Cabe ao órgão colegiado realizar o juízo de admissibilidade do incidente de resolução de demandas repetitivas, sendo vedada a decisão monocrática".

4.3.2. Publicidade e divulgação da instauração do incidente

Os mecanismos de resolução coletiva de litígios – assim como as ações coletivas propriamente ditas – interessam a um grande número de pessoas, e em alguns casos, a toda a sociedade. Os efeitos do julgamento e definição de uma tese jurídica objeto de demandas seriadas abrangem não só as esferas jurídicas dos detentores do direito objeto de controvérsia, mas geram repercussão social, econômica e também política.

A expressiva numerosidade dos sujeitos titulares dos direitos homogêneos, veiculados por meio das demandas repetitivas, mais do que requisito de cabimento do incidente, é a razão que fundamenta a aplicação dos princípios da publicidade e da transparência, essenciais para o bom manejo do instituto.

O CPC estabelece que a instauração e o julgamento do incidente serão sucedidos da mais ampla e específica divulgação e publicidade, por meio de registro eletrônico no Conselho Nacional de Justiça, bem como que os tribunais promoverão a formação e atualização de banco eletrônico de dados sobre questões de direito submetidas ao incidente, comunicando, imediatamente, o CNJ, para inclusão no cadastro[39].

A ampla publicidade do incidente deve compreender tanto o momento de sua admissão, com a identificação precisa da questão de direito controvertida que será objeto de análise pelo tribunal, formando-se uma espécie de ementa prévia do tema sob julgamento, com a identificação dos argumentos jurídicos sob apreciação, como o momento posterior ao julgamento, com a divulgação da tese jurídica adotada.

Assim, atingem-se importantes escopos: a informação à sociedade sobre os temas em análise pelo judiciário, concedendo-se a possibilidade de acompanhar seu julgamento e participar democraticamente da definição da tese jurídica através dos meios apropriados, bem como a divulgação da tese firmada como precedente, que servirá como padrão de conduta para casos futuros, judicializados ou não.

---

39. É o teor do art. 979: Art. 979. A instauração e o julgamento do incidente serão sucedidos da mais ampla e específica divulgação e publicidade, por meio de registro eletrônico no Conselho Nacional de Justiça.
§ 1º Os tribunais manterão banco eletrônico de dados atualizados com informações específicas sobre questões de direito submetidas ao incidente, comunicando-o imediatamente ao Conselho Nacional de Justiça para inclusão no cadastro.
§ 2º Para possibilitar a identificação dos processos abrangidos pela decisão do incidente, o registro eletrônico das teses jurídicas constantes do cadastro conterá, no mínimo, os fundamentos determinantes da decisão e os dispositivos normativos a ela relacionados.
§ 3º Aplica-se o disposto neste artigo ao julgamento de recursos repetitivos e da repercussão geral em recurso extraordinário.

Com efeito, entendemos que a correta identificação e consequente divulgação do tema objeto do incidente têm especial relevância, já que a precisa identificação da causa de pedir nas demandas repetitivas, além da função de viabilizar a dedução da pertinência do pedido, é o que permite analisar se há efetivamente uma questão de direito controvertida seriada, podendo (ou não) se instaurar o incidente. E, após a instauração, será a partir da identificação da causa de pedir que se analisará se é veiculada a mesma tese jurídica, o que, se positivo, acarretará na suspensão do feito e na posterior aplicação da tese consolidada no incidente.

O legislador demonstrou preocupação com esta questão, positivando no parágrafo segundo do artigo 979 a regra de que o registro das teses deverá conter os fundamentos determinantes da decisão e os dispositivos normativos relacionados. O objetivo da norma é possibilitar a identificação da questão jurídica apreciada no incidente, com o precedente formado, tanto para fins de aplicação ou distinção em relação aos processos pendentes e futuros, como para fins de eventual superação da tese firmada.

Poderíamos sugerir que, além da divulgação posterior dos fundamentos determinantes e dos dispositivos legais relacionados, haja uma identificação e divulgação prévia das teses jurídicas aventadas e da questão de direito controvertida, por ocasião da admissão do incidente, o que estabeleceria de forma mais clara o seu objeto e, por consequência, os processos sujeitos à decisão lá proferida. Como mencionado, a prévia identificação da causa de pedir e pedido viabilizará o enquadramento das causas afins e possibilitará a distinção dos demais casos.

Por fim, é importante anotar que a tendência de conferir ampla publicidade ao incidente coaduna-se com o regime idealizado para os meios de resolução coletiva de conflitos. Na Inglaterra, há previsão de formação de cadastro para as GLOs (*Group Litigation Orders*), e, no Brasil, foi idealizada a criação do Cadastro Nacional de Processos Coletivos, no Anteprojeto de Código Brasileiro de Processos Coletivos formulado no âmbito da UERJ-UNESA, cadastro que posteriormente foi previsto no Projeto de Lei nº 5.139/2009, que visa reformar a disciplina processual coletiva em vigor.

4.3.3. Suspensão das demandas repetitivas e distinção do caso (*distinguishing*)

Admitido o incidente, com a fixação do ponto de direito controvertido, o relator do procedimento incidental determinará a suspensão de todos os processos

– individuais e coletivos – em trâmite na área de jurisdição do tribunal respectivo que versem sobre idêntica controvérsia (art. 982[40]).

A suspensão dos processos é ponto fulcral do instituto, devendo as demandas repetitivas aguardarem a definição da tese jurídica no procedimento-modelo incidental. A suspensão perdurará, em regra, apenas pelo prazo de um ano, que é o prazo limite para julgamento do incidente (art. 980). Durante o prazo de suspensão, contudo, poderão ser concedidas medidas de urgência pelo órgão judicial em que tramitar o processo suspenso (982, § 2º) [41].

A suspensão ocorrerá, a princípio, apenas para os processos que tramitem sob a jurisdição do tribunal. Contudo, o novo Código prevê a possibilidade de suspensão nacional, a ser determinada pelo tribunal competente para conhecer de eventual recurso extraordinário ou especial (982, § 3º). O requerimento de suspensão nacional poderá ser formulado pelas partes do processo originário, pelo Ministério Público e pela Defensoria Pública (982, § 3º), mas também pelas partes de outros processos em que se discuta a mesma questão controvertida, independentemente dos limites territoriais (982, § 4º).

A suspensão nacional tem como objetivo evitar a tramitação nos demais Estados e regiões de processos que versem sobre a questão que está em julgamento perante um tribunal estadual ou regional, porque é grande a probabilidade de que tal questão seja submetida aos tribunais de uniformização posteriormente, alcançando, então, abrangência nacional. A suspensão nacional também pode ser

---

40. Art. 982. Admitido o incidente, o relator:
   I – suspenderá os processos pendentes, individuais ou coletivos, que tramitam no Estado ou na região, conforme o caso;
   II – poderá requisitar informações a órgãos em cujo juízo tramita processo no qual se discute o objeto do incidente, que as prestarão no prazo de 15 (quinze) dias;
   III – intimará o Ministério Público para, querendo, manifestar-se no prazo de 15 (quinze) dias.
   § 1º A suspensão será comunicada aos órgãos jurisdicionais competentes.
   § 2º Durante a suspensão, o pedido de tutela de urgência deverá ser dirigido ao juízo onde tramita o processo suspenso.
   § 3º Visando à garantia da segurança jurídica, qualquer legitimado mencionado no art. 977, incisos II e III, poderá requerer, ao tribunal competente para conhecer do recurso extraordinário ou especial, a suspensão de todos os processos individuais ou coletivos em curso no território nacional que versem sobre a questão objeto do incidente já instaurado.
   § 4º Independentemente dos limites da competência territorial, a parte no processo em curso no qual se discuta a mesma questão objeto do incidente é legitimada para requerer a providência prevista no § 3º deste artigo.
   § 5º Cessa a suspensão a que se refere o inciso I do *caput* deste artigo se não for interposto recurso especial ou recurso extraordinário contra a decisão proferida no incidente.
41. A sistemática adotada guarda semelhança com o que foi estabelecido no Projeto de Lei nº 5.139/2009. Vide, especialmente, o art. 37, § 1º.

útil para obstar a tramitação e julgamento de incidentes com o mesmo objeto, perante tribunais diferentes[42].

A norma não esclarece em que momento a suspensão nacional poderá ser solicitada e concedida. Poder-se-ia afirmar que seria cabível apenas após o julgamento do incidente pelo tribunal de segundo grau. Mas, sob o ponto de vista teleológico e em observância ao princípio da economia processual, parece defensável que o pedido de suspensão nacional possa ser formulado logo após a admissibilidade do incidente no âmbito do tribunal de segundo grau. Mas cessará a suspensão se não for interposto, oportunamente, o recurso especial ou extraordinário contra a decisão proferida no incidente (art. 982, § 5º).

Questão mais relevante acerca da suspensão dos processos repetitivos diz respeito à possibilidade de prosseguimento do feito, pela distinção da questão debatida no caso concreto em relação à matéria em apreciação no procedimento incidental (*distinguishing*) e, por outro lado, do reconhecimento da abrangência da questão analisada no incidente ao caso concreto, incluindo-se o processo individual ou coletivo no rol dos sobrestados.

É que, mesmo diante da ausência de previsão legal expressa (retirada na versão final do CPC), após a decisão de admissibilidade do incidente, o interessado poderá requerer o prosseguimento do seu processo, demonstrando a distinção do seu caso em relação à questão de direito debatida. Por outro lado, também poderá, se for o caso, requerer a suspensão do seu processo, demonstrando que a questão jurídica ali debatida está abrangida pelo incidente a ser julgado. Em ambas as hipóteses, o requerimento deverá ser dirigido ao juízo perante o qual tramita o processo, sendo decidida por decisão interlocutória.

A versão aprovada pela Câmara dos Deputados em 2014 (SCD ao PLS 166/2010) previa o cabimento de agravo de instrumento contra a decisão que indevidamente negasse a suspensão de processo similar ou suspendesse processo que versasse sobre questão distinta da do incidente (art. 990, § 4º, SCD ao PLS 166/2010[43]).

---

42. Sobre o tema, vide enunciado nº 90, do Fórum Permanente de Processualistas Civis: "É admissível a instauração de mais de um incidente de resolução de demandas repetitivas versando sobre a mesma questão de direito perante tribunais de 2º grau diferentes".
43. Art. 990. Após a distribuição, o órgão colegiado competente para julgar o incidente procederá ao seu juízo de admissibilidade, considerando a presença dos pressupostos do art. 988. (...)
   § 4º O interessado pode requerer o prosseguimento do seu processo, demonstrando a distinção do seu caso, nos
   termos do art. 521, § 5º; ou, se for a hipótese, a suspensão de seu processo, demonstrando que a questão jurídica a ser decidida está abrangida pelo incidente a ser julgado. Em qualquer dos casos, o requerimento deve ser dirigido ao juízo onde tramita o processo. A decisão que negar o requerimento é impugnável por agravo de instrumento.

A disposição, contudo, não foi mantida na versão aprovada e promulgada do Código.

Não obstante a ausência de previsão legal expressa, opinamos pela recorribilidade da decisão nestes casos, haja vista as graves consequências que a incorreta suspensão (ou não) pode acarretar para os processos individuais ou coletivos em trâmite. Embora se reconheça que, ao admitir o cabimento do recurso, os tribunais poderão receber inúmeras pretensões indevidas, intensificando o assoberbamento já existente, vedar a interposição de recurso não nos parece a melhor alternativa. Também não nos parece viável admitir ou incentivar o manejo de mandado de segurança em tais casos, como, aliás, constou do relatório apresentado ao Plenário do Senado por ocasião da votação final[44].

O sistema de resolução coletiva de conflitos seriados apenas poderá alcançar seus escopos com o correto uso de seus institutos, sempre em respeito às garantias processuais dos envolvidos. Com efeito, as garantias do contraditório, da participação e da possibilidade de influência são revisitadas neste contexto, sendo previstas basicamente através de duas modalidades: pela participação dos interessados na formação da tese jurídica; e, ainda, pela possibilidade de distinção ou aplicação ao caso concreto. Ambas as modalidades são formas de controle do incidente[45].

Desse modo, a possibilidade de distinção do caso por heterogeneidade ou da suspensão por homogeneidade com a questão afetada é uma das previsões mais importantes para concretizar o instituto de forma hígida, de modo que não parece viável limitar estas importantes prerrogativas dos interessados, que poderão sofrer diretamente os efeitos da decisão (ou não), de forma indevida.

---

44. Consta do Parecer nº 956/2014, apresentado pelo Senador Vital, no Senado: "Art. 990, § 4º, do SCD (dispositivo que contempla a possibilidade de o interessado requerer a distinção de seu caso em relação ao incidente de resolução de demandas repetitivas, com possibilidade de interpor agravo de instrumento no caso de indeferimento): não convém multiplicar os recursos em causas repetitivas. O pedido de distinção não é vedado; o interessado pode fazê-lo, independentemente do atual texto do § 4º do art. 990 do SCD. Se esse pedido for indeferido, não há razão para, em um contexto de racionalização dos recursos, permitir a interposição de agravo de instrumento. A decisão é irrecorrível, de modo que, em caso de manifesta ilegalidade, haverá outras ferramentas de impugnação disponíveis, como o mandado de segurança". Não podemos concordar com esta justificativa. A decisão que decide sobre a suspensão dos processos individuais causa consequências importantes para o jurisdicionado, de modo que não se pode obstar a possibilidade de sua revisão pela instância superior. Admitir ou incentivar a impetração de mandado de segurança não resolve a questão, porque não elimina o alegado assoberbamento do judiciário, que ocorrerá agora pela propositura de ações autônomas.
45. Ver: BARBOSA, Andrea Carla; CANTOARIO, Diego Martinez Fervenza. O incidente de resolução de demandas repetitivas no projeto do Código de Processo Civil: apontamentos iniciais. In FUX, Luiz (Coord.). *O novo processo civil brasileiro: direito em expectativa*. Rio de Janeiro: Forense, 2011.

A alegação de que o ato que suspende a tramitação não tem conteúdo decisório e que é necessário aguardar o julgamento do incidente com a posterior aplicação ao caso da tese jurídica firmada para impugnar a aplicação não é suficiente para impedir prejuízos à parte envolvida, de modo que se afigura cogente a imediata recorribilidade.

Afinal, e apenas como exemplo, pensemos na situação do processo (homogêneo) que não é suspenso por força da instauração do incidente e prossegue tramitando paralelamente: nesta hipótese, caso seja adotada a concepção restrita de que os "interessados" a que se refere o artigo 983 do CPC[46] são os que tiveram seus processos sobrestados, esta parte não poderá ser ouvida no incidente e, por consequência, não poderá influir validamente na definição da tese jurídica. E, se por ventura for reconhecido o equívoco posteriormente, a ilegalidade será ainda maior: será aplicada ao processo individual uma decisão sobre a qual a parte não teve a menor possibilidade de influência, o que certamente não é escopo do instituto, podendo-se cogitar de vício de inconstitucionalidade, por violação ao contraditório.

E, ainda, não é difícil imaginar que a situação inversa – ou seja, a suspensão indevida de processo heterogêneo – poderá ocorrer com frequência nos lotados foros judiciários, hipótese em que não é difícil imaginar graves violações de direitos aos envolvidos, que justificam a recorribilidade da decisão.

Por estes motivos, opinamos pelo cabimento de recurso em casos tais. Para os processos que estiverem tramitando no primeiro grau, contra a decisão poderá ser manejado agravo de instrumento; para os processos tramitando perante o tribunal, será cabível o agravo interno. O cabimento de tais recursos é defendido não só por necessidade de manter coerência do instituto com as normas fundamentais do processo, de natureza constitucional, mas também à luz da previsão constante dos parágrafos 8º a 13º do art. 1.037 do CPC[47], que admitem a interpo-

---

46. Art. 983. O relator ouvirá as partes e os demais interessados, inclusive pessoas, órgãos e entidades com interesse na controvérsia, que, no prazo comum de 15 (quinze) dias, poderão requerer a juntada de documentos, bem como as diligências necessárias para a elucidação da questão de direito controvertida, e, em seguida, manifestar-se-á o Ministério Público, no mesmo prazo.
§ 1º Para instruir o incidente, o relator poderá designar data para, em audiência pública, ouvir depoimentos de pessoas com experiência e conhecimento na matéria.
§ 2º Concluídas as diligências, o relator solicitará dia para o julgamento do incidente.
47. Art. 1.037. Selecionados os recursos, o relator, no tribunal superior, constatando a presença do pressuposto do *caput* do art. 1.036, proferirá decisão de afetação, na qual:
I – identificará com precisão a questão a ser submetida a julgamento;
II – determinará a suspensão do processamento de todos os processos pendentes, individuais ou coletivos, que versem sobre a questão e tramitem no território nacional;
(...)

sição de recurso quando ocorrer a incorreta suspensão (ou não) decorrente da afetação de recurso especial e extraordinário repetitivos.

Com efeito, o microssistema de resolução de causas repetitivas deve ser lido de forma integrada e coerente, conforme enunciado nº 345 do FPPC[48], o que permite a extensão da recorribilidade prevista para os recursos excepcionais repetitivos para o incidente de resolução de demandas repetitivas. Defendemos, ademais, a prevenção do relator do incidente para julgamento do recurso, em caso de agravo de instrumento. Os desvios decorrentes do mau uso desta recorribilidade, por sua vez, deverão ser tratados mediante os meios ordinários de sanção à litigância infundada ou protelatória.

Por fim, uma última observação deve ser feita quanto à suspensão decorrente da admissibilidade do incidente. A versão do projeto de lei aprovada pela Câmara dos Deputados previa que a admissão do incidente acarretaria na suspensão da prescrição das pretensões nos casos fundados em idêntica questão de direito (art. 990, § 5º, SCD ao PLS 166/2010). Esta disposição foi excluída da versão aprovada[49].

---

§ 8º As partes deverão ser intimadas da decisão de suspensão de seu processo, a ser proferida pelo respectivo juiz ou relator quando informado da decisão a que se refere o inciso II do *caput*.

§ 9º Demonstrando distinção entre a questão a ser decidida no processo e aquela a ser julgada no recurso especial ou extraordinário afetado, a parte poderá requerer o prosseguimento do seu processo.

§ 10. O requerimento a que se refere o § 9º será dirigido:

I – ao juiz, se o processo sobrestado estiver em primeiro grau;

II – ao relator, se o processo sobrestado estiver no tribunal de origem;

III – ao relator do acórdão recorrido, se for sobrestado recurso especial ou recurso extraordinário no tribunal de origem;

IV – ao relator, no tribunal superior, de recurso especial ou de recurso extraordinário cujo processamento houver sido sobrestado.

§ 11. A outra parte deverá ser ouvida sobre o requerimento a que se refere o § 9º, no prazo de 5 (cinco) dias.

(...)

§ 13. Da decisão que resolver o requerimento a que se refere o § 9º caberá:

I – agravo de instrumento, se o processo estiver em primeiro grau;

II – agravo interno, se a decisão for de relator.

48. 345. (art. 988). O incidente de resolução de demandas repetitivas e o julgamento dos recursos extraordinários e especiais repetitivos formam um microssistema de solução de casos repetitivos, cujas normas de regência se complementam reciprocamente e devem ser interpretadas conjuntamente.

49. A justificativa para exclusão desta regra consta do Relatório nº 956/2014, do Senado: "Art. 990, § 5º, do SCD (preceito sem correspondência no PLS e que contempla a suspensão da prescrição no caso de instauração do incidente de demandas repetitivas): convém a sua rejeição, visto que tal matéria é afeta ao Direito Civil e em razão de a suspensão da prescrição perdurar durante a tramitação do processo nos termos do parágrafo único do art. 202 do Código Civil. Não é oportuno inserir, na norma processual, um dispositivo que poderá conflitar com esse dispositivo do Código Civil". Entendemos que não houve justificativa substancial para excluir a previsão, eis que há inúmeros outros casos em que a lei processual trata de questões afetas ao direito material.

Lamentamos a supressão de tal previsão, já que a suspensão da prescrição, sobretudo das pretensões não judicializadas até a data de admissão do incidente poderia acarretar efeitos muito positivos para o instituto, para os jurisdicionados e para o próprio Poder Judiciário, evitando a propositura de ações enquanto não definida a tese jurídica, já que o jurisdicionado teria a segurança de que o decorrer do tempo não fulminaria seu direito (alegado).

A suspensão da prescrição das pretensões pela admissão do incidente poderia ocasionar duas consequências importantes: a) enquanto estivesse tramitando o incidente, não haveria propositura de novas ações fundada na mesma questão de direito; b) após o julgamento, apenas seriam propostas ações que se alinhassem com a tese jurídica uniformizada, evitando o assoberbamento do judiciário com demandas que seriam protocoladas e imediatamente suspensas.

Tal medida possibilitaria que apenas fossem propostas as demandas cujos pedidos fossem procedentes, em vez de se acumularem milhares de processos (suspensos) aguardando decisão (porventura desfavorável), evitando, ainda os custos diretos e indiretos do processo judicial[50]. Aguardemos a vigência do novo Código e a utilização do instituto para analisar como esta questão poderá ser equacionada.

4.3.4. Prosseguimento parcial do processo sobrestado

Outro aspecto importante que decorre da admissibilidade do incidente e da suspensão (regional ou nacional) das demandas repetitivas é a possibilidade de prosseguimento parcial do processo, que deverá ocorrer quando forem cumulados em um único feito pedidos de natureza homogênea e pedidos de natureza heterogênea, desde que estes não sejam ligados àqueles por relação de prejudicialidade.

Como o incidente não terá como objeto matérias de fato ou de direito não repetitivas, a tramitação do processo poderá ocorrer para possibilitar a realização de instrução probatória, por exemplo, e para elucidação dos outros temas controvertidos naquela demanda específica. A suspensão de todo o processo acarretaria na indevida demora na resolução de questões que nada se referem à matéria jurídica debatida no procedimento incidental, o que acabaria por resultar em negação ao direito à razoável duração do processo. Grande avanço seria permitir a tramitação do processo quanto às questões não comuns e que não

---

50. O Fórum Permanente de Processualistas Civis editou enunciado sobre o tema, quando ainda constava da versão do projeto de lei a suspensão da prescrição: 206. (art. 990, § 5º) A prescrição ficará suspensa até o trânsito em julgado do incidente de resolução de demandas repetitivas.

possuam relação de prejudicialidade com o objeto do incidente[51], inclusive com a incidência, na hipótese, do julgamento parcial do mérito, com previsão no art. 356 do novo CPC.

4.4. JULGAMENTO DO INCIDENTE

O julgamento do incidente de resolução de demandas repetitivas competirá ao órgão definido no Regimento Interno do Tribunal de Justiça ou Tribunal Regional Federal dentre os que são responsáveis pela uniformização de sua jurisprudência, nos termos do art. 978[52].

A organização interna dos tribunais é muito variada. Há tribunais menores, subdivididos apenas em turmas e plenário. Mas há também outros com vários órgãos com competência para a uniformização de jurisprudência, como plenário, órgão especial, grupos de câmaras ou turmas e seções especializadas. Em qualquer hipótese, o órgão competente para o tribunal deve ser responsável pela uniformização de jurisprudência, pressupondo, assim, que seja o único competente para o julgamento da matéria ou, havendo vários órgãos competentes, que reúna, como no caso dos grupos de câmaras ou seções especializadas, os respectivos órgãos fracionários de uma determinada matéria ou, ainda que não represente a referida reunião, que tenha competência para a uniformização, como o órgão especial ou o plenário.

Por certo, a especialização dos órgãos fracionários e a atribuição do incidente para um órgão especializado, como os grupos de câmaras ou seções especializadas, pode significar um avanço orgânico importante no sentido de que os tribunais estejam melhor preparados para o enfrentamento das respectivas matérias, com julgamentos mais aprofundados, céleres e estáveis.

O prazo máximo para julgamento do incidente deverá ser de um ano, tendo preferência na tramitação, exceto quanto aos *habeas corpus* e processos com réu

---

51. Sobre o prosseguimento parcial, o Fórum Permanente de Processualistas Civis editou o enunciado nº 205, que faz referência aos artigos cuja numeração foi alterada, mas continuam aplicáveis: "205. Havendo cumulação de pedidos simples, a aplicação do art. 990, § 1º, I, ou do art. 997 poderá provocar apenas a suspensão parcial do processo, não impedindo o prosseguimento em relação ao pedido não abrangido pela tese a ser firmada no incidente de resolução de demandas repetitivas".

52. O parágrafo único do art. 978 dispõe que o órgão que apreciar o incidente deverá julgar o recurso, remessa necessária ou causa de competência originária do tribunal de onde se originou o incidente. Embora parte da doutrina entenda que este parágrafo é o que aponta para a indispensabilidade de instauração do incidente apenas em processo pendente de julgamento no tribunal, entendemos – em coerência com as premissas defendidas nos comentários anteriores – tratar-se de regra que trata da prevenção do órgão para julgamento da causa, após a definição da tese jurídica. Desse modo, cindido o julgamento, o órgão que fixar a interpretação sobre a questão de direito, deverá posteriormente julgar a causa de onde se originou o incidente, seja em sede de recurso, remessa ou causa de competência originária.

preso[53]. Este prazo poderá ser prorrogado, desde que mediante decisão motivada, o que poderá ocorrer quando houver a manifestação de muitos interessados e necessidade de amadurecimento do debate para fixação da tese.

A fixação de prazo para julgamento do incidente fundamenta-se na garantia constitucional da duração razoável do processo, explícita no art. 5º, LXXVIII, da CFRB/88 e, agora, do art. 4º do novo Código. Com efeito, a tramitação célere dos meios diferenciados para resolução de conflitos repetitivos é fundamental para a higidez dos institutos, sob pena de tais instrumentos cairem em descrédito e não propiciarem a economia necessária.

4.4.1. Participação democrática na formação da decisão padrão

O artigo 983[54] do novo Código é um dos dispositivos mais importantes para assegurar a constitucionalidade do incidente de resolução de demandas repetitivas. Este dispositivo trata da participação democrática na formação da tese jurídica debatida nas demandas repetitivas. Trata, em suma, do contraditório como direito de influência para a formação da decisão judicial.

Nos julgamentos proferidos a partir de um "modelo" que representa a controvérsia jurídica, como no incidente, o que ocorre é a definição de uma tese generalizável e aplicável a todos os demais casos que repitam a questão debatida. A importância da ampla participação dos interessados nestes mecanismos decorre, então, do fato de sofrerem diretamente os efeitos daquela decisão, que terá força vinculante[55] (conforme arts. 927, III, 988, IV, CPC).

Após as etapas de admissibilidade e instrução do procedimento incidental, o contraditório será aberto, de modo concentrado, em prazo comum de quinze dias, no qual as partes e os demais interessados, inclusive pessoas, órgãos e entidades com interesse na controvérsia, poderão requerer a juntada de documentos, bem como diligências necessárias para a elucidação da questão de

---

53. Art. 980. O incidente será julgado no prazo de 1 (um) ano e terá preferência sobre os demais feitos, ressalvados os que envolvam réu preso e os pedidos de habeas corpus.
Parágrafo único. Superado o prazo previsto no caput, cessa a suspensão dos processos prevista no art. 982, salvo decisão fundamentada do relator em sentido contrário.
54. Art. 983. O relator ouvirá as partes e os demais interessados, inclusive pessoas, órgãos e entidades com interesse na controvérsia, que, no prazo comum de 15 (quinze) dias, poderão requerer a juntada de documentos, bem como as diligências necessárias para a elucidação da questão de direito controvertida, e, em seguida, manifestar-se-á o Ministério Público, no mesmo prazo.
§ 1º Para instruir o incidente, o relator poderá designar data para, em audiência pública, ouvir depoimentos de pessoas com experiência e conhecimento na matéria.
§ 2º Concluídas as diligências, o relator solicitará dia para o julgamento do incidente.
55. A questão acerca da força vinculante das decisões será tratada no item 4.5.

direito controvertida, concedendo-se, em seguida, outros quinze dias para a manifestação do Ministério Público.

A ideia de fixação de um prazo comum para apresentação das manifestações é pertinente com a celeridade e com a natureza do pronunciamento, pois se não há a alegação de fatos, mas sim de teses, estas poderão ser apresentadas concomitantemente, utilizando-se a oportunidade da sustentação oral – disciplinada no artigo subsequente – para o eventual contra-argumento.

A garantia do contraditório é claramente revisitada nos instrumentos de tutela diferenciada para as demandas repetitivas, o que não autoriza, contudo, a prolação de decisões que afetarão pessoas que não possam nela influir.

O contraditório é preservado, nesta modalidade processual, pela conjugação de três fatores: a) pela escolha mais plural possível dos processos que irão formar o "modelo" no incidente, para representarem a controvérsia do modo mais amplo e completo possível (como abordado no item 4.2.2. deste artigo); b) pela ampla participação dos potencialmente afetados pela decisão proferida no incidente, ou seja, os sujeitos parciais dos processos em que se discuta a mesma questão de direito; c) pela manifestação de órgãos, entidades e pessoas na condição de *amicus curiae* (art. 138 do CPC[56]).

Importante pontuar que as situações dos itens "b" e "c" acima não se confundem. A intervenção dos interessados que serão afetados pela decisão não é suprida pela manifestação de pessoas sem interesse jurídico na controvérsia (os amigos da corte), e vice-versa[57]. Entendemos que devem estar presentes manifestações de todos, sendo todas levadas em consideração por ocasião da prolação da decisão judicial.

---

56. Art. 138. O juiz ou o relator, considerando a relevância da matéria, a especificidade do tema objeto da demanda ou a repercussão social da controvérsia, poderá, por decisão irrecorrível, de ofício ou a requerimento das partes ou de quem pretenda manifestar-se, solicitar ou admitir a participação de pessoa natural ou jurídica, órgão ou entidade especializada, com representatividade adequada, no prazo de 15 (quinze) dias de sua intimação.
§ 1º A intervenção de que trata o *caput* não implica alteração de competência nem autoriza a interposição de recursos, ressalvadas a oposição de embargos de declaração e a hipótese do § 3º.
§ 2º Caberá ao juiz ou ao relator, na decisão que solicitar ou admitir a intervenção, definir os poderes do *amicus curiae*.
§ 3º O *amicus curiae* pode recorrer da decisão que julgar o incidente de resolução de demandas repetitivas.
57. Neste sentido, Leonardo Carneiro da Cunha expõe que: "enquanto não definida a tese jurídica a ser aplicada aos casos repetitivos, as partes de cada um dos respectivos processos podem intervir no mencionado incidente, contribuindo com o convencimento do tribunal. Tais partes têm interesse *jurídico* no resultado a ser obtido com o julgamento do incidente de resolução de demandas repetitivas (...) Enfim, é possível a qualquer interessado, seja ele portador de um interesse *institucional* (caso do *amicus curiae*), ou *jurídico* (caso das partes das demandas repetitivas), intervir e participar efetivamente do processamento e julgamento do referido incidente." (CUNHA, Leonardo José Carneiro da. Anotações sobre o incidente de resolução de demandas repetitivas previsto no projeto do novo Código de Processo Civil. *Revista de Processo*, vol. 193, março/2011).

Por ocasião da sessão de julgamento, o objeto do incidente deverá ser exposto pelo relator de modo claro e completo, até por força da posterior aplicação da tese jurídica aos casos pendentes e futuros, concedendo-se às partes, Ministério Público e demais interessados (com interesse jurídico ou não) a oportunidade de realizar sustentação oral.

Embora pareça sucinto o prazo de trinta minutos previsto na lei para os interessados sustentarem as razões oralmente, a lei abre a possibilidade de ampliação, a critério do órgão julgador, o que deverá ocorrer quando forem muitos os inscritos.

Defendemos a ampla participação dos interessados, como visto no item anterior. De todo modo, visando racionalizar a aplicação do instituto, seria possível a escolha, por ocasião da sustentação oral, de um ou alguns interessados como representantes dos demais, que poderiam concentrar os argumentos em uma ou algumas manifestações. Para tanto, não se ignora que as partes e seus advogados deverão adotar postura colaborativa, chegando a um consenso quanto à melhor representação das teses. Embora ideal, essa solução não parece ser inatingível, e ocorre em ações coletivas em diversos ordenamentos estrangeiros[58].

4.4.2. A fundamentação na decisão padrão

A decisão proferida no incidente de resolução de demandas repetitivas formará precedente, para aplicação da tese aos processos pendentes e futuros, de modo que deverá ser exaustivamente fundamentada, atingindo um padrão decisório que tenha esgotado os argumentos capazes de influenciar na sua formação.

O acórdão deverá abranger "a análise de todos os fundamentos suscitados concernentes à tese jurídica discutida, sejam favoráveis ou contrários" (art. 984, § 2º[59]) [60]. Do mesmo modo, deverão ser observadas as regras de fundamentação

---

58. Ver: MENDES, Aluisio Gonçalves de Castro. *Ações coletivas e meios de resolução coletiva de conflitos no direito comparado e nacional*. 4. ed. São Paulo: Ed. RT, 2014;
59. Art. 984. No julgamento do incidente, observar-se-á a seguinte ordem:
    I – o relator fará a exposição do objeto do incidente;
    II – poderão sustentar suas razões, sucessivamente:
    a) o autor e o réu do processo originário e o Ministério Público, pelo prazo de 30 (trinta) minutos;
    b) os demais interessados, no prazo de 30 (trinta) minutos, divididos entre todos, sendo exigida inscrição com 2 (dois) dias de antecedência.
    § 1º Considerando o número de inscritos, o prazo poderá ser ampliado.
    § 2º O conteúdo do acórdão abrangerá a análise de todos os fundamentos suscitados concernentes à tese jurídica discutida, sejam favoráveis ou contrários.
60. Enunciados do Fórum Permanente de Processualistas Civis: "305. No julgamento de casos repetitivos, o tribunal deverá enfrentar todos os argumentos contrários e favoráveis à tese jurídica discutida".

do art. 489, § 1º, apontando-se, especificamente, os fundamentos determinantes da decisão, ou seja, a *ratio* do precedente.

A identificação, no acórdão, de todos os fundamentos debatidos e, especialmente dos fundamentos determinantes do precedente, além da função de identificar precisamente a controvérsia jurídica e possibilitar a aplicação posterior aos casos sobrestados e futuros[61], tem também função importante quando ocorrer superveniente revisão ou alteração do entendimento pacificado.

4.4.3. Interposição de recursos contra a decisão proferida no incidente

Proferida a decisão no procedimento incidental, serão cabíveis os recursos de embargos de declaração, caso presentes os vícios do art. 1.022, além de recurso especial ou recurso extraordinário[62].

A questão referente ao cabimento dos recursos excepcionais despertou alguma controvérsia doutrinária, sob o fundamento de que, ao considerar que a natureza do incidente é de julgamento objetivo, com a cisão em relação ao processo originário apenas para a definição da tese jurídica sem julgamento da causa propriamente dita, seria obstada a interposição dos recursos especial e extraordinário, que exigem "causa decidida" (arts. 102, III e 105, III, da Constituição Federal).

Por mais que, numa análise literal, pareça haver fundamentos para aventar uma possível inconstitucionalidade da previsão do novo Código quanto à recorribilidade via tais recursos, entendemos que há motivos diversos que permitem afastar tal alegação. A locução "causa decidida" empregada na Constituição não é interpretada de modo restritivo pela doutrina e jurisprudência nacionais, abrangendo quaisquer decisões proferidas em exercício da atividade jurisdicional, de modo que se entende pela recorribilidade mediante recursos excepcionais inclusive de decisões terminativas, decisões interlocutórias e decisões proferidas em

---

61. Que, aliás, constarão posteriormente do registro no CNJ, conforme se observa do art. 979, § 2º: "para possibilitar a identificação dos processos abrangidos pela decisão do incidente, o registro eletrônico das teses jurídicas constantes do cadastro conterá, no mínimo, os fundamentos determinantes da decisão e os dispositivos normativos a ela relacionados".

62. Art. 987. Do julgamento do mérito do incidente caberá recurso extraordinário ou especial, conforme o caso.

    § 1º O recurso tem efeito suspensivo, presumindo-se a repercussão geral de questão constitucional eventualmente discutida.

    § 2º Apreciado o mérito do recurso, a tese jurídica adotada pelo Supremo Tribunal Federal ou pelo Superior Tribunal de Justiça será aplicada no território nacional a todos os processos individuais ou coletivos que versem sobre idêntica questão de direito.

procedimentos incidentais, nas quais não há julgamento da causa e esgotamento da demanda[63].

Com efeito, "no texto constitucional o vocábulo causa tem o sentido de questão, de controvérsia"[64], de modo que não poderíamos adotar uma concepção literal restritiva apenas para o incidente de resolução de demandas repetitivas. Caso fosse interpretado o termo "causa decidida" como julgamento da pretensão autoral, da demanda propriamente dita, não se poderia admitir a interposição de recursos excepcionais contra as decisões antes mencionadas, sobretudo quando versassem sobre questões meramente processuais.

De outro lado, também entendemos que o verbete nº 513 da súmula do Supremo Tribunal Federal não é motivo para afastar o cabimento dos recursos especial e extraordinário[65] contra a decisão que julga o incidente, muito embora esteja sendo usado como fundamento neste sentido.

O enunciado de súmula acima destacado foi editado em 1969, época em que não vigia a Constituição Federal de 1988 e tampouco o Código de 1973, partindo, portanto, de outro desenho institucional e normativo, mormente quanto à função dos tribunais superiores, quanto à litigiosidade repetitiva e quanto à força das decisões judiciais. É clara a vocação do nosso tempo para a jurisdição[66], o que não pode ser lido com lentes de mais de quarenta anos.

Do mesmo modo, é notória a contemporânea objetivação dos recursos excepcionais, que passaram a figurar como verdadeiros instrumentos de controle

---

63. Com efeito, extraem-se da doutrina entendimentos contundentes neste sentido. Athos Gusmão Carneiro aponta que o conceito de causa decidida "abrange a totalidade dos processos em que tenha sido proferida decisão jurisdicional, tanto em jurisdição contenciosa como na denominada jurisdição voluntária" (In: Requisitos específicos de admissibilidade do recurso especial, RF 347/31, jul/set 1999, apud OLIVEIRA, Pedro Miranda de. Recurso Extraordinário e o requisito da repercussão geral. São Paulo: RT, 2013, p. 169). Também Bernardo Pimentel Souza aponta que "ao contrário do que pode parecer à primeira vista, a expressão constitucional 'causas decididas' abrange os processos com julgamento de mérito, sem julgamento do *meritum causae* e até as questões incidentes decididas na causa" (Introdução aos recursos cíveis e à ação rescisória. 10 ed. São Paulo: Saraiva, 2014, p. 638).
64. Pedro Miranda de Oliveira complementa: "anteriormente, havia o questionamento por parte da doutrina e da jurisprudência no sentido de que por causa só se poderiam entender decisões de mérito, excluindo o cabimento dos recursos excepcionais para decisões interlocutórias. No entanto, prevaleceu a melhor interpretação, qual seja a de que a Constituição, ao se referir ao termo causa, na verdade está afastando da competência do STF as decisões de cunho não jurisdicional, de modo que qualquer decisão judicial, ainda que de natureza interlocutória, pode ser impugnada por recurso extraordinário" (Recurso Extraordinário e o requisito da repercussão geral. São Paulo: RT, 2013, p. 170).
65. Enunciado de súmula 513 do STF: A decisão que enseja a interposição de recurso ordinário ou extraordinário não é a do plenário, que resolve o incidente de inconstitucionalidade, mas a do órgão (câmaras, grupos ou turmas) que completa o julgamento do feito.
66. Ver: PICARDI, Nicola. Jurisdição e Processo. Rio de Janeiro: Forense, 2008.

abstrato de normas[67], características que estão arraigadas no incidente ora analisado. Ora, se vem se admitindo o julgamento de tais recursos dissociados de uma causa específica, em reconhecimento à sua função de proteção da ordem jurídica considerada de modo objetivo, muito mais devem ser admitidos a partir de uma decisão que é em si, de natureza abstrata.

Ademais, importante anotar que o novo Código consagra disciplina própria quanto ao regime da coisa julgada aplicável às questões prejudiciais[68], de modo que poder-se-ia defender que a decisão no incidente resolveria em definitivo a questão "prejudicial" de direito controvertida, admitindo-se, por consequência, o cabimento dos recursos excepcionais.

Em síntese, considerando que o incidente é um espaço de resolução coletiva de uma questão jurídica controvertida que se repete em inúmeras causas e, mais, que a decisão ali proferida gera norma de caráter geral, abstrato e vinculante, não é difícil apontar inúmeros fundamentos de índole constitucional que embasam a opção do legislador de prever o cabimento facilitado de recursos às cortes de uniformização da legislação federal infraconstitucional e constitucional.

Com efeito, no que se refere aos recursos excepcionais, considerando a repercussão da decisão, já que o tribunal fixará a tese jurídica a ser adotada em todos os processos homogêneos pendentes e futuros, o legislador processual optou por facilitar o acesso aos tribunais superiores, determinando que seja concedido efeito suspensivo a estes recursos, impedindo que a haja imediata aplicação da tese nos demais casos repetitivos.

Também instituiu a presunção legal de repercussão geral da questão debatida no procedimento incidental, quando constitucional. Ainda, por força da previsão contida no art. 1.030, § único, do CPC, apenas haverá juízo de admissibilidade de tais recursos no órgão *ad quem*.

A facilitação de acesso aos tribunais superiores permitirá alcançar, ainda, a uniformidade da tese jurídica em âmbito nacional, por força da abrangência

---

67. Ver, sobre a questão, abordagem de Fredie Didier Jr. e Leonardo Carneiro da Cunha em Curso de Direito Processual Civil, vol. 3. Salvador: Juspodivm, 2013, p. 371 e seguintes.
68. Art. 503. A decisão que julgar total ou parcialmente o mérito tem força de lei nos limites da questão principal expressamente decidida.
    § 1º O disposto no caput aplica-se à resolução de questão prejudicial, decidida expressa e incidentemente no processo, se:
    I – dessa resolução depender o julgamento do mérito;
    II – a seu respeito tiver havido contraditório prévio e efetivo, não se aplicando no caso de revelia;
    III – o juízo tiver competência em razão da matéria e da pessoa para resolvê-la como questão principal.
    § 2º A hipótese do § 1º não se aplica se no processo houver restrições probatórias ou limitações à cognição que impeçam o aprofundamento da análise da questão prejudicial.

territorial das decisões de tais tribunais, o que é mais um dos importantes escopos do instituto.

Um dos pontos mais relevantes acerca da recorribilidade da decisão proferida no incidente diz respeito à legitimidade recursal. Na versão inicial do projeto de lei aprovada pelo Senado (PLS 166/2010), havia menção expressa ao cabimento de recursos interpostos por "terceiros interessados", o que não foi repetido na versão aprovada na Câmara (SCD ao PLS 166/2010). Do mesmo modo, a redação do novo Código aprovada e promulgada é silente quanto a esta questão.

Não obstante a ausência de previsão legal expressa no incidente, entendemos pela ampla legitimidade para interposição de recursos, por todos os afetados pela força vinculante da decisão, e não apenas autor(es) e réu(s) do(s) processo(s) de onde se originou o incidente, ou mesmo das partes condutoras do incidente, por diversos motivos.

Primeiramente, porque a conclusão decorre da interpretação da própria lei, que admite a interposição de recurso pelo terceiro prejudicado (art. 996 do CPC), desde que demonstre que a decisão afetará direito de que se afirme titular (art. 996, § único, CPC). A posição do sujeito parcial das demandas repetitivas é justamente esta, uma vez que sofrerá diretamente os efeitos do precedente vinculante, por força de imposição legal (art. 985).

Ainda, porque mesmo que *não se aplicasse a* previsão legal da legitimidade recursal do terceiro prejudicado, a interposição de recurso em casos tais encontraria fundamento nos princípios mais basilares do processo civil, notadamente do contraditório participativo. A parte que sofre os efeitos da decisão vinculante na sua esfera jurídica pode participar na formação da tese (art. 983), como também pode recorrer da decisão, até que haja a definição final pelos tribunais superiores.

Importa mencionar, neste aspecto, que assim como a manifestação de *amicus curiae* não substitui a manifestação dos interessados juridicamente, a legitimação do amigo da corte para recorrer da decisão no incidente (previsão do art. 138, § 3º) não suplanta a legitimação recursal dos afetados pela decisão. O amigo da corte, embora salutar para o debate, não possui o interesse próprio da parte afetada, não sendo, portanto, capaz de substituí-la.

A ampla legitimação recursal foi defendida, ademais, no Fórum Permanente de Processualistas Civis, que aprovou o enunciado nº 94, com o seguinte teor: "a parte que tiver o seu processo suspenso nos termos do inciso I do § 1º do art. 990 [referência à numeração anterior] poderá interpor recurso especial ou extraordinário contra ao acórdão que julgar o incidente de resolução de demandas repetitivas". Concordamos com este entendimento, pelos motivos expostos.

Nada impede, contudo, que, havendo inúmeros recursos de interessados contra a decisão que julgar o incidente, que seja feito novo procedimento de escolha do(s) recurso(s) que melhor representar(em) a controvérsia jurídica. Podem ser mantidas as partes do procedimento incidental como os principais recorrentes, ou podem ser selecionados outros recursos que contenham maior diversidade de fundamentos, formando o melhor procedimento recursal, à semelhança do que foi defendido no item 4.2.2 deste trabalho, e nos termos previstos nos arts. 1.036 e seguintes do novo Código, que tratam do procedimento de seleção e julgamento dos recursos especial e extraordinário repetitivos.

Importa anotar, por fim, que tanto a possibilidade de interposição de recursos pelos interessados como de alteração das partes líderes no âmbito recursal do procedimento incidental são características adotadas no modelo alemão, que, apesar de não ser reproduzido no CPC, é forte inspiração para o IRDR.

4.5. APLICAÇÃO DA TESE JURÍDICA

Após o julgamento e definição da tese jurídica no procedimento incidental, haverá a aplicação do entendimento jurídico a todos os processos, individuais ou coletivos, que versem sobre idêntica questão de direito e que tramitem na área de jurisdição do respectivo tribunal, inclusive àqueles que tramitem nos juizados especiais do respectivo estado ou região, para possibilitar o julgamento da causa propriamente dita. Do mesmo modo, será aplicada aos casos futuros que versem idêntica questão de direito e que venham a tramitar na esfera territorial do tribunal[69]. Não haverá, naturalmente, limitação territorial, se houver recurso para o Supremo Tribunal Federal ou para o Superior Tribunal de Justiça, tendo em vista o caráter nacional destes tribunais.

A aplicação da tese jurídica aos casos repetitivos é questão que desperta o debate acerca da natureza da decisão proferida e dos efeitos dela decorrentes[70]. Com efeito, a doutrina cogitou se se estaria diante disciplina judiciária, de efeito

---

69. Art. 985. Julgado o incidente, a tese jurídica será aplicada: I – a todos os processos individuais ou coletivos que versem sobre idêntica questão de direito e que tramitem na área de jurisdição do respectivo tribunal, inclusive àqueles que tramitem nos juizados especiais do respectivo Estado ou região;
    II – aos casos futuros que versem idêntica questão de direito e que venham a tramitar no território de competência do tribunal, salvo revisão na forma do art. 986.
    § 1º Não observada a tese adotada no incidente, caberá reclamação.
    § 2º Se o incidente tiver por objeto questão relativa a prestação de serviço concedido, permitido ou autorizado, o resultado do julgamento será comunicado ao órgão, ao ente ou à agência reguladora competente para fiscalização da efetiva aplicação, por parte dos entes sujeitos a regulação, da tese adotada.
70. O debate também tem ocorrido na Alemanha: "Diante da imprecisão da lei, a doutrina alemã vem debatendo se, em verdade, a lei trouxe previsão do efeito vinculante (*Bindungswirhung*),da coisa julgada (*Rechtshraft*), da chamada eficácia da intervenção (*Interventionswirhung*) ou outros institutos assemelhados

vinculativo geral ou de extensão da coisa julgada, a partir das versões diferentes do instituto, alteradas durante a tramitação legislativa.

A redação final do incidente, interpretada à luz do sistema processual adotado pelo Código, com a valorização dos precedentes, permite concluir que o instituto dispõe sobre a fixação de tese jurídica generalizável e abstrata, com força vinculante[71]. Esse é o entendimento que decorre da interpretação conjunta dos arts. 927 a 930, bem como das seguintes previsões legais, específicas do incidente de resolução de demandas repetitivas:

(a) a previsão imperativa de aplicação da tese não só aos casos pendentes, mas como aos futuros (art. 985, II), o que afasta a hipótese de extensão dos efeitos da coisa julgada;

(b) a vinculação dos órgãos da administração pública à tese firmada, quanto tratar-se de prestação de serviço público (art. 985, § 2º), o que também não se coaduna com a extensão dos efeitos da coisa julgada;

(c) a previsão de cabimento de reclamação contra a decisão que desrespeitar a tese (art. 985, § 1º e 988, CPC);

(d) a obrigatoriedade de indicação dos fundamentos determinantes da decisão (art. 979, § 2º), dos quais decorre a força vinculante do precedente (entendimento corroborado pelo enunciado nº 317 do Fórum Permanente de Processualistas Civis[72]).

Aliás, o reconhecimento de força vinculante aos precedentes formados no incidente é pressuposto obrigatório para seu uso, consequência lógica da segurança jurídica, da racionalidade, da isonomia e da previsibilidade que se busca alcançar com sua instauração[73].

(CABRAL, Antonio do Passo. O novo procedimento-modelo (Musterverfahren) alemão: uma alternativa às ações coletivas. *RePro*, 2007, nº 147, p. 138).

71. Andrea Carla Barbosa e Diego Martinez Cantoario anotam que "o incidente de resolução de demandas repetitivas bem se poderia denominar incidente de aceleração de formação de precedente" (BARBOSA, Andrea Carla; CANTOARIO, Diego Martinez Fervenza. O incidente de resolução de demandas repetitivas no projeto do Código de Processo Civil: apontamentos iniciais. In FUX, Luiz (Coord.). *O novo processo civil brasileiro: direito em expectativa*. Rio de Janeiro: Forense, 2011, p. 452).

72. Enunciado nº 317. O efeito vinculante do precedente decorre da adoção dos mesmos fundamentos determinantes pela maioria dos membros do colegiado, cujo entendimento tenha ou não sido sumulado.

73. Luiz Guilherme Marinoni destaca que "não há como conciliar a técnica de solução de casos com a ausência de efeito vinculante, já que isso seria o mesmo que supor que a Suprema Corte se prestaria a selecionar questões constitucionais caracterizadas pela relevância e pela transcendência e, ainda assim, permitir que estas pudessem se tratadas de formas diferentes pelos diversos tribunais e juízos inferiores (...)" (*Precedentes Obrigatórios*. São Paulo: Revista dos Tribunais, 2011, p. 474). Embora o autor refira-se ao julgamento de repercussão geral no recurso extraordinário e ao julgamento de recurso especial repetitivo, entendemos que a mesma lógica pode ser aplicada ao IRDR.

O efeito vinculante está sendo conferido por norma infraconstitucional, o que suscita e suscitará, obviamente, debate em torno da constitucionalidade do comando[74]. Entretanto, entendemos que não há qualquer impedimento, de ordem constitucional, para que este efeito vinculante seja estabelecido por norma infraconstitucional. O fato de a Carta Magna prever expressamente a vinculação nas hipóteses dos arts. 102, § 2º, e 103-A, representa, apenas, que o referido comando foi inserido em nível constitucional porque (a) possuíam íntima relação com assuntos (controle concentrado da constitucionalidade e inovação afeta ao STF, contendo inclusive a exigência de quórum qualificado de dois terços) tratados na norma maior; (b) preservação do caráter vinculativo, para as duas hipóteses previstas, de eventuais reformas infraconstitucionais, que pudessem afastá-lo; (c) reforço da possibilidade de efeito vinculante para os demais órgãos judiciais, diante de eventual alegação de independência funcional, que se poderia fortalecer se a inovação viesse, primeiramente, por determinação infraconstitucional[75].

O Código adota claramente uma tendência de fortalecimento dos precedentes e da concessão de força obrigatória a estes. O sistema de julgamento de casos repetitivos é parte condicionada e condicionante desse sistema e assim deve ser interpretado. Trata-se da renovação do sistema processual brasileiro, que, fundado no sistema de precedentes, tem na força vinculante um elemento essencial.

Por outro lado, tema que merecerá estudos mais aprofundados refere-se à abrangência da tese aos juizados especiais. A extensão não constava da versão aprovada pelo Senado inicialmente (PLS 166/2010), tendo sido inserida pela Câmara dos Deputados e mantida na versão aprovada (art. 985, I).

Embora desejável que a decisão tenha força vinculante também aos processos que tramitam em juizados especiais, com a suspensão dos feitos e a aplicação da tese jurídica, será necessário compatibilizar o instituto com o microssistema dos juizados, notadamente quanto ao cabimento de recursos e competência para julgamento, notadamente diante da inexistência de hierarquia entre os juizados

---

74. Nesse sentido, já apontava Luiz Henrique Volpe Camargo: "o resultado deste julgamento vinculará a todos os membros e órgãos do próprio tribunal responsável pela formação da tese, e a todos juízes que, pela via recursal, estiverem submetidos ao respectivo tribunal. (...) Vale dizer, todos os titulares do direito individual homogêneo objeto do incidente ficam vinculados ao que foi decidido. Certamente haverá discussão sobre a constitucionalidade desta regra que impõe, por lei ordinária, o efeito vinculante sem prévia autorização da Constituição Federal" (O incidente de resolução de demandas repetitiva no projeto de novo CPC: a comparação entre a Versão do Senado Federal e a da Câmara dos Deputados, in FREIRE, Alexandre; DANTAS, Bruno; NUNES, Dierle; et al, Novas Tendências do Processo Civil. Estudos sobre o Projeto do Novo Código de Processo Civil. Salvador: Juspodivm, 2014, p. 304/305)

75. Sobre o assunto, vide MENDES, Aluisio Gonçalves de Castro. Precedentes e jurisprudência: papel, fatores e perspectivas no direito brasileiro contemporâneo. In: Direito Jurisprudencial. vol. II. p. 11-37, na qual se defende a possibilidade de vinculação por norma infraconstitucional.

e os tribunais estaduais e regionais, um dos fundamentos para a força vinculante vertical do precedente[76].

4.6. REVISÃO DA TESE FIRMADA NO INCIDENTE

A decisão firmada em sede de incidente de resolução de demandas repetitivas forma precedente vinculante, a ser observado nos casos que discutam idêntica controvérsia, como mencionado no item anterior. Apesar de velar pela uniformidade e estabilidade dos precedentes, o sistema jurídico permite a alteração do entendimento sedimentado, pela superação da tese (*overruling*).

A revisão da tese firmada no incidente encontra previsão legal no art. 986[77], devendo adotar o procedimento previsto nos arts. 927 e seguintes do novo Código[78].

Quanto à iniciativa para requerer a revisão da tese, observa-se que houve mudança na redação final aprovada do Código, que acaba por restringir a legitimidade para o requerimento. Isso porque a versão aprovada pela Câmara (SCD ao PLS 166/2010) previa que a iniciativa cabia a quaisquer dos legitimados no então art. 988, § 3º, II[79], ou seja, os legitimados para requerer a instauração do incidente: partes, Ministério Público, Defensoria, associações. Após, a versão aprovada pelo Senado e promulgada separou nos incisos do art. 977 os legitimados para requerer a instauração, tratando das partes no inciso II e do Ministério Público e Defensoria Pública no inciso III[80].

---

76. Não aprofundaremos na temática relativa aos juizados especiais neste trabalho. Indicamos a leitura de: KOEHLER, Frederico. O incidente de resolução de demandas repetitivas e os juizados especiais. *Revista de Processo*, vol. 237, nov/2014;
77. Art. 986. A revisão da tese jurídica firmada no incidente far-se-á pelo mesmo tribunal, de ofício ou mediante requerimento dos legitimados mencionados no art. 977, inciso III.
78. Enunciado nº 321 do Fórum Permanente de Processualistas Civis: "A modificação do entendimento sedimentado poderá ser realizada nos termos da Lei nº 11.417, de 19 de dezembro de 2006, quando se tratar de enunciado de súmula vinculante; do regimento interno dos tribunais, quando se tratar de enunciado de súmula ou jurisprudência dominante; e, incidentalmente, no julgamento de recurso, na remessa necessária ou causa de competência originária do tribunal"
79. § 3º O pedido de instauração do incidente será dirigido ao presidente do tribunal:
    I – pelo relator ou órgão colegiado, por ofício;
    II – pelas partes, pelo Ministério Público, pela Defensoria Pública, pela pessoa jurídica de direito público ou por associação civil cuja finalidade institucional inclua a defesa do interesse ou direito objeto do incidente, por petição.
80. Art. 977. O pedido de instauração do incidente será dirigido ao presidente de tribunal:
    I – pelo juiz ou relator, por ofício;
    II – pelas partes, por petição;
    III – pelo Ministério Público ou pela Defensoria Pública, por petição.
    Parágrafo único. O ofício ou a petição será instruído com os documentos necessários à demonstração do preenchimento dos pressupostos para a instauração do incidente.

Ocorre que, quando trata da revisão da tese, o art. 986, além de mencionar a revisão de ofício, apenas refere-se ao inciso III do art. 977. Em uma interpretação literal, poder-se-ia defender que apenas os órgãos Ministério Público e Defensoria podem requerer a revisão da tese, já que o art. 986 não remete ao inciso II, que trata das partes.

Não nos parece, contudo, a solução mais democrática. As partes de processos em que se discuta a questão jurídica decidida pelo IRDR podem requerer a revisão do entendimento, por terem interesse jurídico evidente.

É claro que o pedido de revisão da tese deverá ser substancialmente fundamentado, indicando motivos idôneos a que o tribunal supere o entendimento anterior, o que em geral decorrerá da revogação ou modificação da lei em que ele se baseou, ou em alteração econômica, política, cultural ou social referente à matéria decidida[81].

Do mesmo modo, a decisão que adotar a mudança de entendimento e a revisão da tese jurídica deverá ser amplamente fundamentada, e o tribunal também poderá modular os efeitos das decisões proferidas neste âmbito.

Ademais, para evitar insegurança jurídica e visando a proteção da confiança e da isonomia, o Fórum Permanente de Processualistas Civis editou enunciado que orienta os tribunais a alertarem os jurisdicionados acerca da possibilidade de alteração da tese jurídica[82], o que abrirá inclusive a possibilidade de os interessados reacenderem o debate sobre o tema, através das vias próprias.

A alteração da tese jurídica poderá ser precedida de audiências públicas e da oitiva de *amicus curiae* ou interessados. Entendemos que a oitiva dos sujeitos é indispensável para legitimar a decisão, já que, mais uma vez, haverá a aplicação do entendimento para diversos casos repetitivos.

5. CONSIDERAÇÕES FINAIS

A análise do incidente de resolução de demandas repetitivas aponta para algumas conclusões, expostas nos itens antecedentes, bem como deixa aberto espaço para reflexões e amadurecimento.

---

81. Enunciado nº 322 do Fórum Permanente de Processualistas Civis: "a modificação de precedente vinculante poderá fundar-se, entre outros motivos, na revogação ou modificação da lei em que ele se baseou, ou em alteração econômica, política, cultural ou social referente à matéria decidida".
82. Sobre a questão do julgamento-alerta, o Fórum Permanente de Processualistas Civis editou o enunciado nº 320. Os tribunais poderão sinalizar aos jurisdicionados sobre a possibilidade de mudança de entendimento da corte, com a eventual superação ou a criação de exceções ao precedente para casos futuros. Ver também, na doutrina: CABRAL, Antonio do Passo. A técnica do julgamento-alerta na mudança de jurisprudência consolidada. *Revista de Processo*. Vol. 221, jul/2013, p. 13.

Neste trabalho, procuramos expor como este novo instituto processual pretende contingenciar a litigiosidade repetitiva, criando um procedimento-modelo que gera um espaço de discussão coletiva, ampla e democrática para a formação da melhor decisão acerca de um tema jurídico que se repete em diversas demandas.

A padronização decisória almejada pelo instituto tem alguns pressupostos fundamentais, que podem ser resumidos em: publicidade, pluralidade, contraditório e motivação. Desde que o incidente seja aplicado em respeito a tais primados, poderá ser um instrumento eficaz para consagrar a isonomia na prestação da tutela jurisdicional, que tem potencial para ser mais célere, mais previsível e mais coesa.

6. REFERÊNCIAS BIBLIOGRÁFICAS

AMARAL, Guilherme Rizzo. Efetividade, segurança, massificação e a proposta de um 'incidente de resolução de demandas repetitivas'. *Revista de Processo*. São Paulo: RT, vol. 196, jun/2011

ANDREWS. Neil. *O moderno processo civil. Formas judiciais e alternativas de resolução de conflitos na Inglaterra* (trad. Teresa Arruda Alvim Wambier) São Paulo: RT, 2009.

ARENHART, Sérgio Cruz. O recurso de terceiro prejudicado e as decisões vinculantes. In: ARRUDA ALVIM WAMBIER, Teresa; NERY JR., Nelson (coords.). *Aspectos polêmicos e atuais dos recursos cíveis e assuntos afins*. São Paulo: Ed. RT, 2007. vol. 11.

BARBOSA, Andrea Carla; CANTOARIO, Diego Martinez Fervenza. O incidente de resolução de demandas repetitivas no projeto do Código de Processo Civil: apontamentos iniciais. In FUX, Luiz (Coord.). *O novo processo civil brasileiro: direito em expectativa*. Rio de Janeiro: Forense, 2011;

BASTOS, Antonio Adonias Aguiar. O devido processo legal nas causas repetitivas. In: DIDIER JR. Fredie et al.*Tutela jurisdicional coletiva*. Salvador: Juspodivm, 2009;

BUENO, Cassio Scarpinella. *Novo Código de Processo Civil anotado*. São Paulo: Saraiva, 2015.

CABRAL, Antonio do Passo. O novo procedimento-modelo (Musterverfahren) alemão: uma alternativa às ações coletivas. *Revista de Processo*, 2007, nº 147, p. 123/146;

_____. A escolha da causa-piloto nos incidentes de resolução de processos repetitivos. *Revista de Processo*, vol. 231, maio/2014, p. 201.

_____. A técnica do julgamento-alerta na mudança de jurisprudência consolidada. *Revista de Processo*. Vol. 221, jul/2013, p. 13.

CAMARGO, Luiz Henrique Volpe. O incidente de resolução de demandas repetitivas no projeto de novo CPC: a comparação entre a versão do Senado Federal e a da Câmara dos Deputados, in FREIRE, Alexandre; DANTAS, Bruno; NUNES, Dierle, et al (Orgs.). *Novas*

Tendências do Processo Civil: estudos sobre o projeto do novo Código de Processo Civil. Vol. III. Salvador: Juspodivm, 2014.

CAVALCANTI, Marcos de Araújo. Mecanismos de resolução de demandas repetitivas no direito estrangeiro. *Revista de Processo*, vol. 238, dez/2014, p. 333.

CUNHA, Leonardo José Carneiro da. Anotações sobre o incidente de resolução de demandas repetitivas previsto no projeto do novo Código de Processo Civil. *Revista de Processo*, vol. 193, março/2011;

DIDIER JR., Fredie; CUNHA, Leonardo Carneiro da. *Curso de Direito Processual Civil*, vol. 3. Salvador: Juspodivm, 2014.

KOEHLER, Frederico. O incidente de resolução de demandas repetitivas e os juizados especiais. *Revista de Processo*, vol. 237, nov/2014;

LEVY, Daniel de Andrade. O incidente de resolução de demandas repetitivas no anteprojeto do novo Código de Processo Civil: exame à luz da Group Litigation Order Britânica. *Revista de Processo*, vol. 196, jun/2011, p. 165;

MARINONI, Luiz Guilherme. *Precedentes Obrigatórios*. 2 ed. São Paulo: RT, 2011;

MENDES, Aluisio Gonçalves de Castro. *Ações coletivas e meios de resolução coletiva de conflitos no direito comparado e nacional*. 4. ed. São Paulo: Ed. RT, 2014;

_____; RODRIGUES, Roberto de Aragão Ribeiro. Reflexões sobre o incidente de resolução de demandas repetitivas previsto no projeto de novo código de processo civil. *Revista de Processo*, vol. 211, p. 191, set/2012;

_____; WAMBIER, Teresa Arruda Alvim (Orgs.). *O processo em perspectiva: jornadas brasileiras de direito processual – Homenagem a José Carlos Barbosa Moreira*. São Paulo: Ed. RT, 2013;

MENDES, Gilmar. Os pressupostos de admissibilidade do controle abstrato de normas perante o bundesverfassungsgericht. *Revista de Direito Constitucional e Internacional*, vol. 12, jul/1995, p. 10

NUNES, Dierle. Processualismo constitucional democrático e o dimensionamento de técnicas para a litigiosidade repetitiva: a litigância de interesse público e as tendências não compreendidas de padronização decisória. *Revista de Processo*. São Paulo: Revista dos Tribunais, v. 199, p. 41-82, set/2011.

_____. O IRDR do novo CPC: este 'estranho' que merece ser compreendido. *Revista Justificando*. Em http://justificando.com/2015/02/18/o-irdr-novo-cpc-este-estranho-que--merece-ser-compreendido.

OLIVEIRA, Guilherme Peres. Incidente de resolução de demandas repetitivas: uma proposta de interpretação de seu procedimento. FREIRE, Alexandre; DANTAS, Bruno; NUNES, Dierle, et al (Orgs.). *Novas Tendências do Processo Civil: estudos sobre o projeto do novo Código de Processo Civil*. Vol. II. Salvador: Juspodivm, 2014;

OLIVEIRA, Pedro Miranda de. *Recurso Extraordinário e o requisito da repercussão geral*. São Paulo: RT, 2013.

OSNA, Gustavo. *Direitos individuais homogêneos*. São Paulo: RT, 2014.

PICARDI, Nicola. *Jurisdição e Processo*. Rio de Janeiro: Forense, 2008.

SILVA, Ticiano Alves e. Intervenção de sobrestado no julgamento por amostragem. *Revista de Processo*, vol. 182, abril/2010, p. 234.

SOUZA, Bernardo Pimentel. *Introdução aos recursos cíveis e à ação rescisória*. 10 ed. São Paulo: Saraiva, 2014.

TEMER, Sofia Orberg; LAMY, Eduardo de Avelar. A representatividade adequada na tutela de direitos individuais homogêneos. *Revista de Processo*, v. 206, p. 167-189, 2012.

ZANETI JR., Hermes. *O valor vinculante dos precedentes*. Salvador: Juspodivm, 2015.

CAPÍTULO 15

Incidente de Resolução de Demandas Repetitivas no Novo Código de Processo Civil

Eduardo Cambi[1]
Mateus Vargas Fogaça[2]

SUMÁRIO • 1. INTRODUÇÃO; 2. A INEFICIÊNCIA DO ORDENAMENTO JURÍDICO VIGENTE PARA O TRATAMENTO DAS AÇÕES REPETITIVAS; 3. A TENDÊNCIA UNIFORMIZADORA DA JURISPRUDÊNCIA NO NOVO CÓDIGO DE PROCESSO CIVIL; 4. O INCIDENTE DE RESOLUÇÃO DE DEMANDAS REPETITIVAS: 4.1. NOÇÕES GERAIS; 4.2. LEGITIMIDADE; 4.3. CONTRADITÓRIO E AMICUS CURIAE; 4.4. COMPETÊNCIA E PROCEDIMENTO; 4.5. FORMA, CONTEÚDO, CONSEQUÊNCIAS E RECURSOS DO JULGAMENTO; 5. CONSIDERAÇÕES FINAIS; 6. REFERÊNCIAS BIBLIOGRÁFICAS.

1. INTRODUÇÃO

Os Atos nº 379 e 411 do Presidente do Senado Federal[3] instituíram uma Comissão de Juristas, composta por doze estudiosos do tema, incluídos o presidente, Ministro Luiz Fux, e a relatora, Teresa Arruda Alvim Wambier, à qual confiou a missão de elaborar um Anteprojeto de Código de Processo Civil.

Depois de amplo debate popular, inclusive por intermédio de audiências públicas em todo o território nacional, o trabalho final da Comissão de Juristas

---

1. Promotor de Justiça no Estado do Paraná. Assessor da Procuradoria Geral de Justiça do Paraná. Coordenador estadual do Movimento Paraná Sem Corrupção. Coordenador Estadual da Comissão de Prevenção e Controle Social da Rede de Controle da Gestão Pública do Paraná. Assessor de Pesquisa e Política Institucional da Secretaria de Reforma do Judiciário do Ministério da Justiça. Representante da Secretaria de Reforma do Judiciário na Estratégia Nacional de Combate à Corrupção e à Lavagem de Dinheiro (ENCCLA). Coordenador do Grupo de Trabalho de Combate à Corrupção, Transparência e Controle Social da Comissão de Direitos Fundamentais do Conselho Nacional do Ministério Público (CNMP). Pós-doutor em direito pela Università degli Studi di Pavia. Doutor e mestre em Direito pela Universidade Federal do Paraná (UFPR). Professor da Universidade Estadual do Norte do Paraná (UENP) e da Universidade Paranaense (UNIPAR). Diretor financeiro da Fundação Escola do Ministério Público do Estado do Paraná (FEMPAR).
2. Mestrando em Ciência Jurídica pela Universidade Estadual do Norte do Paraná (UENP). Especialista em Direito Imobiliário pela Universidade Positivo. Pesquisador do Núcleo de Estudos de Direito Civil Constitucional (UFPR) e do Grupo de Estudos Neoconstitucionalismo e Neoprocessualismo (UENP). Membro da Comissão de Direito Imobiliário da OAB/PR. Advogado em Curitiba/PR.
3. Publicados no Diário Oficial da União de 02/10/2009 e 22/10/2009, respectivamente.

foi transformado no Projeto de Lei do Senado (PLS) nº 166/2010, o qual obteve aprovação em 15/12/2010.

Observando o rito legislativo, o texto aprovado seguiu à Câmara dos Deputados para tramitar sob a forma de PL nº 8.046/2010, o qual, por sua vez, foi aprovado, com alterações no texto original, em 26/03/2014. Retornou ao Senado Federal, como Substitutivo da Câmara dos Deputados ao Projeto de Lei do Senado nº 166/2010, até ser aprovado em 17 de dezembro de 2014. O Novo Código de Processo Civil foi objeto de sanção presidencial em 16 de fevereiro de 2015, tornando-se a Lei nº 13.015/2015, publicada em 17 de março de 2015.

Dentre as diversas inovações do Novo Código de Processo Civil (NCPC), o presente trabalho visa enfatizar o instituto do incidente de resolução de demandas repetitivas, previsto nos artigos 976 a 987 da novel legislação.

2. A INEFICIÊNCIA DO ORDENAMENTO JURÍDICO VIGENTE PARA O TRATAMENTO DAS AÇÕES REPETITIVAS

O Código de Processo Civil (CPC), Lei nº 5.869, de 11 de janeiro de 1973, foi idealizado e destinado a uma sociedade individualista, patrimonialista e liberal, com dinâmica bastante diversa da contemporânea, caracterizada pela massificação dos conflitos e pela globalização.

Desde sua entrada em vigor, o CPC tem sido objeto de inúmeras reformas, voltadas a torná-lo adequado às profundas alterações políticas, econômicas e sociais, muitas delas decorrentes da nova ordem constitucional que emergiu em 1988.

A transformação do original Código de 1973 pode ser identificada, exemplificativamente: com a introdução da tutela antecipada em 1994; a alteração do regime do recurso de agravo em 1995; e a criação do cumprimento de sentença em 2005. Além disso, a sentença liminar de improcedência, a súmula impeditiva de recursos, a repercussão geral no recurso extraordinário e a ampliação dos poderes do relator tiveram por escopo maximizar *a estabilização do direito*[4]. Todas essas inovações visaram atualizar o CPC/73 para adequá-lo às necessidades da sociedade à qual se aplica.

As relações interpessoais massificadas, impostas pela dinâmica e a impessoalidade características do capitalismo, geraram conflitos multitudinários. A constitucionalização dos direitos infraconstitucionais e a ampliação do acesso à justiça,

---

4. CAMBI, Eduardo. *Neoconstitucionalismo e neoprocessualismo: direitos fundamentais, políticas públicas e protagonismo judiciário.* 2ª ed. São Paulo: Revista dos Tribunais, 2011. p. 145.

pela Constituição Federal de 1988, também contribuíram para agravar a crise na prestação jurisdicional, marcada pelo excesso de processos e pela morosidade da tutela judicial[5].

Com a massificação dos litígios, decorrentes de questões fáticas e jurídicas idênticas ou semelhantes, a ordem jurídica precisa dispor de mecanismos capazes de possibilitar o mais rápido, adequado e eficiente julgamento das causas repetitivas[6]. Isto porque o CPC/73, caracterizado pelo tratamento individualizado das demandas, não dispõe de regras processuais adequadas para resolver os conflitos repetitivos de massa.

Assim, embora elogiável a maior parte das reformas às quais foi submetido o atual Código de Processo Civil, ele foi perdendo coesão interna e funcionalidade, tornando-se obsoleto e opaco[7].

Na sistemática atual, a tutela dos direitos coletivos pode ser realizada, por exemplo, pela ação popular, pela ação civil pública ou pelo mandado de segurança coletivo. Porém, tais ações não foram suficientes para prevenir ou para reduzir a litigiosidade de massas, nem para proteger satisfatoriamente ampla gama de situações repetitivas, seja pela falta de representatividade dos legitimados, por sua inadmissão para a defesa de determinados direitos ou mesmo em razão da restrição da eficácia subjetiva e territorial da coisa julgada nas ações coletivas[8].

Ademais, o modelo nacional de ações coletivas não retira do titular do direito material a legitimação para propor a sua própria ação individual, tenha ou não sido instaurado um processo coletivo. Por isso, os efeitos de decisão proferida na ação coletiva não se projetam, necessariamente, para fora do processo, alcançando os titulares do direito material. A extensão depende, em primeiro lugar, de que o autor individual, acaso esteja em curso processo individual, requeira sua suspensão. E, mais, que a decisão coletiva seja favorável[9].

Portanto, a sistemática atual das ações coletivas fracassou no intento de conter a enxurrada de ações que são ajuizadas em prol da tutela de direitos originados de um mesmo contexto fático-jurídico.

---

5. GONÇALVES, Marcelo Barbi. O incidente de resolução de demandas repetitivas e a magistratura deleitada. *Revista de Processo*, nº 222, ano 38, ago/2013, p. 223.
6. CUNHA, Leonardo Carneiro da. O regime processual das causas repetitivas. *Revista de Processo*, nº 179, ano 35, jan/2010, p. 255-279.
7. CÁRCOVA, Carlos Maria. *A opacidade do Direito*. São Paulo: LTR, 1998. p. 14.
8. CUNHA, Leonardo Carneiro da. Anotações sobre o incidente de resolução de demandas repetitivas previsto no projeto de novo Código de Processo Civil. *Revista de Processo*, nº 193, ano 36, mar/2011, p. 256-258.
9. BARBOSA, Andrea Carla; CANTOARIO, Diego Martinez Fervenza. O incidente de resolução de demandas repetitivas no projeto de Código de Processo Civil: apontamentos iniciais. In: FUX, Luiz (Coord) et al. *O novo processo civil brasileiro (direito em expectativa): reflexões acerca do projeto do novo Código de Processo Civil*. Rio de Janeiro: Forense, 2011, p. 490-491.

Com isso, a solução de grande parte dos problemas de massa é buscada com demandas individuais repetitivas[10]. Todavia, esses litígios exigem soluções rápidas e eficazes, não se justificando mais a adoção dos instrumentos tradicionais de condução de processos judiciais. Daí a necessidade de encontrar tipos alternativos de solução desses conflitos.

A análise detalhada do NCPC, desde o Anteprojeto apresentado pela Comissão de Juristas até a versão final aprovada pelo Senado Federa, deixa transparecer o reconhecimento acerca da inefetividade do sistema de processo coletivo atual em relação à pretensão de se reduzir a quantidade de ações repetitivas.

A Comissão de Juristas estava ciente da necessidade de o NCPC observar a adequada tutela dos direitos e solucionar de maneira breve os processos repetitivos, sem mitigar a segurança jurídica. Com isso, o procedimento-modelo das controvérsias do mercado de capital (*Musterverfahren*) do direito alemão serviu de inspiração para a criação do Incidente de Resolução de Demandas Repetitivas[11] que, ao lado de outras técnicas, integra o *microssistema normativo de litigiosidade repetitiva*[12].

3. A TENDÊNCIA UNIFORMIZADORA DA JURISPRUDÊNCIA NO NOVO CÓDIGO DE PROCESSO CIVIL

A herança legislativa portuguesa[13] faz com que a implantação de precedentes vinculantes no Brasil seja discutida quando o tema em pauta é a reforma do Poder Judiciário[14]. Isso porque, até o advento da Constituição de 1891, aplicava-se em território nacional o instituto das *fazanãs y alvedrios*[15], depois transformados nos *assentos da Casa da Suplicação*, verdadeiros enunciados com força vinculante, pelos quais era fixada a "verdadeira" interpretação da lei[16].

O instituto de origem portuguesa por pouco não constou no texto final do atual Código de Processo Civil. Apesar do esforço de Alfredo Buzaid, os juristas

---

10. CUNHA, Leonardo Carneiro da. O regime processual das causas repetitivas. Cit. p. 142.
11. BRASIL. Congresso Nacional. Senado Federal. Comissão de juristas responsável pela elaboração de Anteprojeto de Código de Processo Civil. Brasília: Senado Federal, 2010, p. 21.
12. THEODORO JÚNIOR, Humberto; et al. *Novo CPC: fundamentos e sistematização*. Rio de Janeiro: Forense, 2015. p. 331.
13. MELLO, Patrícia Perrone Campos. *Precedentes: o desenvolvimento judicial do direito no constitucionalismo contemporâneo*. Rio de Janeiro: Renovar, 2008, p. 54.
14. SILVA, José Afonso da. *Curso de direito constitucional positivo*. 33ª ed. São Paulo: Malheiros, 2010. p. 564.
15. MANCUSO, Rodolfo de Camargo. *Divergência jurisprudencial e súmula vinculante*. 5ª ed. São Paulo: Revista dos Tribunais, 2013. p. 235.
16. JANSEN, Rodrigo. A súmula vinculante como norma jurídica. *Revista dos Tribunais*, nº 838, ano 94, ago/2005, p. 43.

da época entenderam que instrumento semelhante não se coadunaria com os postulados constitucionais então em vigor[17]. Por tal razão, houve a supressão de parte do projeto, sobrevivendo apenas o capítulo referente ao incidente de uniformização de jurisprudência até hoje existente[18].

Nas últimas décadas, surgiram várias reformas constitucionais para buscar uniformizar os julgamentos proferidos pelos Poder Judiciário. As Emendas Constitucionais nº 03/93 e 45/04 criaram a Ação Declaratória de Constitucionalidade e a Súmula Vinculante do Supremo Tribunal Federal. O atual Código de Processo Civil foi objeto de modificação ou inclusão dos seguintes dispositivos: a) o artigo 285-A (sentença liminar de improcedência); b) o artigo 518, § 1º (súmula impeditiva de recursos); c) os artigos 543-A e 543-B (repercussão geral para admissão de recurso extraordinário); c) o artigo 543-C (recursos repetitivos); d) o artigo 557, *caput* e § 1º (amplia os poderes de decisão do relator)[19].

Essas reformas, vistas como um todo, permitem uma aproximação[20] do ordenamento jurídico brasileiro, originariamente inspirado na *civil law*, ao sistema da *common law*, onde os juízes são, enormemente, vinculados à *ratio decidendi*[21] do precedente judicial.

O NCPC não ficou alheio à tendência uniformizadora da jurisprudência[22]: enquanto manteve e aperfeiçoou alguns institutos já existentes ou implantados no Código atual, promoveu notável alteração no sistema recursal, principalmente com a criação do incidente de resolução de demandas repetitivas, compatibilizando as regras processuais com a Constituição Federal de 1988[23].

---

17. ALMEIDA, Caroline Sampaio de. A relevância dos precedentes judiciais como mecanismo de efetividade processual. *Revista dos Tribunais*, nº 922, ano 101, ago/2012, p. 354.
18. OLIVEIRA, Flávio Luis de; BRITO, Jaime Domingues. Os precedentes vinculantes são normas? In: SIQUEIRA, Dirceu Pereira; AMARAL, Sérgio Tibiriçá (Org.). *Sistema constitucional de garantias e seus mecanismos de proteção*. Birigui: Boreal, 2013. p. 176.
19. CAMBI, Eduardo. *Neoconstitucionalismo e neoprocessualismo: direitos fundamentais, políticas públicas e protagonismo judiciário*. Cit. p. 145.
20. BARBOZA, Estefânia Maria de Queiroz. *Precedentes judiciais e segurança jurídica: fundamentos e possibilidades para a jurisdição constitucional brasileira*. São Paulo: Saraiva, 2014. p. 25; MARINONI, Luiz Guilherme. *Precedentes obrigatórios*. 2. ed. São Paulo: Revista dos Tribunais, 2011. p. 99-101.
21. STRECK, Lenio Luiz. *O que é isto: o precedente judicial e as súmulas vinculantes?* Porto Alegre: Livraria do Advogado, 2013. p. 43.
22. RODRIGUES, Roberto de Aragão Ribeiro. *Ações repetitivas: o novo perfil da tutela dos direitos individuais homogêneos*. Curitiba: Juruá, 2013, p. 110.
23. "Talvez as alterações mais expressivas do sistema processual ligadas ao objetivo de harmonizá-lo com o espírito da Constituição Federal, sejam as que dizem respeito a regras que induzem à uniformidade e à estabilidade da jurisprudência. O novo Código prestigia o princípio da segurança jurídica, obviamente de índole constitucional, pois que se hospeda nas dobras do Estado Democrático de Direito e visa a proteger e a preservar as justas expectativas das pessoas. Todas as normas jurídicas devem tender a dar efetividade às garantias constitucionais, tornando 'segura' a vida dos jurisdicionados, de modo a que estes sejam poupados

A neutralização do que a Comissão de Juristas denominou de *dispersão excessiva da jurisprudência*[24] foi buscada pela ponderação entre os princípios do livre convencimento motivado e da independência funcional dos magistrados, por um lado, e da isonomia e segurança jurídica, de outro[25].

Aliás, devem ser rechaçadas as críticas ao incidente de resolução de demandas repetitivas por indevida limitação ao livre convencimento e à independência dos julgadores. Tais garantias não podem ser elevadas ao nível de liberdade para escolha da decisão do caso concreto[26], pois *decidir não é sinônimo de escolher*[27], já que isto representaria a admissibilidade da discricionariedade judicial, dando margem, até mesmo, para arbitrariedades. Ademais, o poder da magistratura está limitado pelo dever de respeito não apenas à lei, mas a todo o direito[28], de onde se pode concluir que o respeito aos precedentes não constitui restrição a sua independência[29].

O juiz não tem a liberdade violada quando obrigado a decidir de acordo com os tribunais superiores, justamente porque, além de liberdade para julgar, o magistrado tem ainda o dever para com o Poder de que faz parte e para com o cidadão. Logo, deve manter a coerência do ordenamento jurídico, bem como zelar pela respeitabilidade e pela credibilidade do Judiciário[30].

É, sob tais premissas, que se deve fundamentar a técnica processual. O juiz integra o sistema racional de justiça, que, observado pela ótica da *integridade*[31],

---

de 'surpresas', podendo sempre prever, em alto grau, as consequências jurídicas de sua conduta" (BRASIL. Congresso Nacional. Senado Federal. Comissão de juristas responsável pela elaboração de Anteprojeto de Código de Processo Civil. Brasília: Senado Federal, 2010, p. 19).

24. BRASIL. Congresso Nacional. Senado Federal. Comissão de juristas responsável pela elaboração de Anteprojeto de Código de Processo Civil. Brasília: Senado Federal, 2010, p. 19.
25. RODRIGUES, Roberto de Aragão Ribeiro. Idem. p. 110.
26. "O uso do direito jurisprudencial não permite a escolha de trechos de julgados em consonância com o interesse de confirmação do aplicador (confirmatio bias), de acordo com suas preferências, é preciso promover uma reconstrução de toda a história institucional do julgamento do caso, desde o seu leading case, para que evitemos o clima de self service insano, ao gosto do intérprete, que vivenciamos na atualidade" (THEODORO JÚNIOR, Humberto; et al. Op. Cit. p. 307).
27. STRECK, Lenio Luiz. *O que é isto: decido conforme minha consciência?* 3. ed. Porto Alegre: Livraria do Advogado, 2012, p. 105-106.
28. "O ato de julgar não deve estar tão-somente adstrito à lei, mas a todo o Direito. A disposição precisa ser refeita, para que assim seja possível abarcar as normas jurídicas em todas as suas expressões. Ao se compreender os precedentes judiciais como fonte do direito, o magistrado passa a ter o dever de aplicar as normas jurídicas atribuídas a eles. O Magistrado não está adstrito ao que pessoalmente entende como a melhor norma jurídica, de forma solipsista e autoritária, mas ao sistema jurídico como um todo, compreendendo tanto a lei como os precedentes. A adstrição do juiz ao precedente é particularidade da adstrição do juiz ao Direito" (MACÊDO, Lucas Buril de. *Precedentes judiciais e o direito processual civil*. Salvador: JusPodivm, 2015. p. 240-241).
29. GRECO, Leonardo. Garantias fundamentais do processo: o processo justo. *Revista Argumenta*, Jacarezinho/PR, 2002, nº 2, p. 61.
30. MARINONI, Luiz Guilherme. *Precedentes obrigatórios*. São Paulo: Revista dos Tribunais, 2011, p. 65.
31. DWORKIN, Ronald. *O império do direito*. 2. ed. São Paulo: Martins Fontes, 2007, p. 133.

faz com que o magistrado deva, necessariamente, que levar em consideração tudo aquilo que os juízes anteriores já decidiram.

A independência judicial deixou de ser considerada como sinônimo da ilimitada liberdade do juiz, para não prejudicar o jurisdicionado. Passou ela a ser considerada uma *garantia da própria sociedade*, para assegurar ao juiz a tomada de decisões sem influências externas, com o escopo de promover a justiça com fundamento nas normas jurídicas e na observância dos precedentes judiciais[32]. Portanto, a independência judicial é uma garantia do jurisdicionado, não uma prerrogativa pessoal dos juízes[33].

Foi acertada a opção da Comissão de Juristas ao propor o incidente de resolução de demandas repetitivas. Optando-se pela segurança jurídica, característica de um Estado de Direito que prima pela *previsibilidade* das decisões judiciais, possibilita-se ao cidadão pautar suas condutas e saber, razoavelmente, quais as consequências que delas decorrerão[34].

Enquanto tramitava, inicialmente, no Senado Federal, o PLS nº 166/2010 previa, em seu artigo 882, que *"os tribunais velarão pela uniformização e pela estabilidade da jurisprudência"*. Na Câmara dos Deputados, por sua vez, o PL nº 8.046/2010 estabeleceu, no artigo 520, que *"os tribunais devem uniformizar sua jurisprudência e mantê-la estável, íntegra e coerente"*. A alteração na redação realizada pela Casa Revisora foi aprovada pelo Senado Federal e consta no artigo 926 do NCPC.

Ainda que a redação do dispositivo tenha passado por alterações durante sua tramitação no Congresso Nacional desde sua elaboração pela Comissão de Juristas, continua válida a premissa, do Anteprojeto, quanto à necessidade de

---

32. CAMBI, Eduardo; HELLMAN, Renê Francisco. Jurisimprudência – a independência do juiz ante os precedentes judiciais como obstáculo à igualdade e a segurança jurídicas. *Revista de Processo*, nº 231, ano 39, maio/2014, p. 354-355.
33. "A independência do magistrado não é garantia posta a seu serviço ou favor, mas sim em favor da população que anseia por Justiça. Ainda que não sejam os magistrados servidores públicos comuns, posto que representantes de um dos Poderes do Estado e, por conseguinte, agentes políticos, não podem olvidar-se de que (...) são todos pertencentes ao gênero do serviço público, ou seja, devem servir ao público. Assim, a independência do magistrado deve ser utilizada para reverter-se em prol da população, cujo destino está em suas mãos, e não para ser fonte que jorra vaidade pessoal, com a satisfação íntima de que: 'sou integrante do grupo do eu sozinho, e decido como em quero, porque sou independente'. Não se fala, aqui, do magistrado que procura uma nova interpretação, no sentido de fazer evoluir o direito ou que, do exame acurado e minucioso do caso, verifica que a hipótese sub judice é diversa das que anteriormente foram deduzidas, mas sim daquele juiz 'rebelde', que insiste em não observar a matéria pacificada, prestando verdadeiro desserviço ao povo" (TOSTES, Natacha Nascimento Gomes. Uniformização de jurisprudência. *Revista de Processo*, nº 104, ano 26, out-dez/2001, p. 196-197).
34. CANOTILHO, José Joaquim Gomes. *Direito constitucional e teoria da constituição*. 7ª ed. 14ª reimpressão. Coimbra: Almedina, 2014. p. 257; WAMBIER, Teresa Arruda Alvim. Precedentes e evolução do direito. In: *Direito jurisprudencial*. Coord. Teresa Arruda Alvim Wambier. São Paulo: RT, 2012. p. 33.

homogeneização dos entendimentos judiciais, para maximizar a efetivação da segurança jurídica, da economia processual e do acesso à justiça[35].

O postulado da segurança jurídica deve ser concebido junto da proteção da confiança, como princípio constitutivo do Estado de Direito[36]. O incidente de resolução de demandas repetitivas, ao primar pela segurança jurídica, permite a minimização da possibilidade de decisões antagônicas, imprevistas e incontroláveis, que levam ao fenômeno da *jurisprudência lotérica*[37].

A busca pela isonomia entre os jurisdicionados e pela segurança jurídica, no entanto, não pode chegar ao ponto de se pretender reduzir o julgador a *mero repetidor de precedentes*. Isto conduziria a um *positivismo jurisprudencial judicial*, sem que o precedente fosse aplicado com a devida análise e comparação entre o *leading case* e o caso concreto em julgamento[38].

Com efeito, as regras trazidas no Novo Código de Processo Civil, com a observância dos precedentes dos tribunais superiores, especialmente no contexto de relações massificadas e de ações repetitivas versando sobre situações jurídicas idênticas, precisam ser bem compreendidas para contribuírem com a efetivação dos princípios da segurança jurídica e da isonomia, garantindo, além da racionalidade, eficiência da prestação judicial para os cidadãos[39].

4. O INCIDENTE DE RESOLUÇÃO DE DEMANDAS REPETITIVAS

4.1. NOÇÕES GERAIS

O Capítulo VIII, do Título I (Da ordem dos processos e dos processos de competência originária dos tribunais), do Livro III (Dos processos nos tribunais e dos meios de impugnação das decisões judiciais), do Novo Código de Processo Civil, prevê o incidente de resolução de demandas repetitivas em seus artigos 976 a 987.

O objetivo desse incidente é impedir o surgimento de decisões antagônicas, mediante a definição prévia de uma tese jurídica central comum a diversas ações individuais repetitivas, a qual deverá ser obrigatoriamente adotada nos demais

---

35. LÉVY, Daniel de Andrade. O incidente de resolução de demandas repetitivas no anteprojeto do novo Código de Processo Civil. *Revista de Processo*, nº 196, ano 36, jun/2011, p. 173.
36. CANOTILHO, José Joaquim. Idem. ibidem.; ÁVILA, Humberto. *Segurança jurídica. Entre permanência, mudança e realização no Direito Tributário*. 2ª ed. São Paulo: Malheiros, 2012. p. 683.
37. CAMBI, Eduardo. Jurisprudência lotérica. *Revista dos Tribunais*, nº 786, abr/2001, p. 111.
38. CAMBI, Eduardo. *Neoconstitucionalismo e neoprocessualismo: direitos fundamentais, políticas públicas e protagonismo judiciário*. Cit. p. 155.
39. RODRIGUES, Roberto de Aragão Ribeiro. Op. Cit. p. 115.

casos[40]. Tal incidente poderá ser instaurado perante o tribunal quanto houver risco de ofensa à isonomia e à segurança jurídica, face à *efetiva* repetição de processos que contenham controvérsia sobre a mesma questão de direito (art. 976, NCPC).

O objeto do incidente de resolução de demandas repetitivas será restrito às questões de direito. Em sentido oposto, no procedimento-modelo alemão (*Musterverfahren*), que serviu de inspiração para a criação do incidente brasileiro, além das questões de direito, também são decididas questões de fato[41].

A publicidade e divulgação da instauração e julgamento do incidente serão realizadas de forma ampla e específica, por intermédio de registro eletrônico no Conselho Nacional de Justiça (CNJ). Além disso, os tribunais serão obrigados a manter bancos eletrônicos de dados atualizados, nos quais deverão constar informações específicas acerca das questões de direito versadas no incidente, das quais o CNJ será comunicado imediatamente.

Para a ampla divulgação dos incidentes em processamento, é importante a utilização da informática e da centralização dos dados no cadastro do CNJ. A partir das informações enviadas pelo Tribunal competente para o julgamento do incidente de resolução de demandas repetitivas, é preciso contar com recursos de tecnologia e interligação informática de todos os Tribunais do país, para que o banco de dados do CNJ possa reunir todos os processos que versem sobre a mesma questão de direito, sob pena de se perder as vantagens do mecanismo de coletivização[42].

Para melhor subsidiar a identificação das causa abrangidas no incidente, no cadastro eletrônico do CNJ constarão as teses jurídicas e, discriminadamente, os fundamentos determinantes da decisão e os dispositivos normativos a elas vinculados, o que também será observado no julgamento dos recursos especiais repetitivos e na repercussão geral em recurso extraordinário.

O artigo 930 do PLS nº 166/2010 admitia a instauração do incidente quando existisse controvérsia com *potencial* de gerar relevante multiplicação de processos, denotando um *caráter preventivo* do instituto. Tal predicado possibilitava a pacificação antecipada de controvérsias jurídicas, sem que elas tramitassem por diversas instâncias judiciais[43].

---

40. MENDES, Aluisio Gonçalves de Castro; RODRIGUES, Roberto de Aragão Ribeiro. Op. Cit. p. 194.
41. CABRAL, Antonio do Passo. O novo procedimento-modelo (Musterverfahren) alemão: uma alternativa às ações coletivas. Revista de Processo, nº 147, ano 32, mai/2007, p. 132-133.
42. LÉVY, Daniel de Andrade. Op. Cit. p. 177.
43. RODRIGUES, Roberto de Aragão Ribeiro. Op. Cit. p. 197.

Porém, a definição da tese jurídica central e comum às demandas repetitivas, de forma prévia e sem o amadurecimento das discussões em torno dela, apesar de valorizar a garantia constitucional da razoável duração do processo (art. 5º, inc. LXXVIII, CF), poderia criar o risco de o julgamento deixar de levar em consideração argumentos capazes de influenciar decisivamente em seu resultado.

Com efeito, se a decisão de um incidente é tomada de forma precoce, não se elimina a hipótese de, em curto espaço de tempo, surgirem novos e eficazes questionamentos, sobre os quais não se terá refletido ou examinado. Na hipótese de tais novos argumentos serem capazes de alterar o resultado da tese jurídica definida em um incidente, o precedente por ele formado ficaria superado ou já deveria ser modificado[44], em prejuízo à própria efetividade do instituto[45].

Ao contrário do que constava no artigo 930[46] do PLS nº 166/2010, o artigo 976, inc. I[47], do NCPC não se contenta com a mera potencialidade, exigindo *a efetiva repetição de processos* para a instauração do incidente[48]. Referida alteração modifica, substancialmente, os contornos do instituto, pois, como referido, ele somente terá lugar quando existir efetiva (não potencial) repetição de demandas sobre a mesma questão de direito.

---

44. ROSITO, Francisco. *Teoria dos precedentes judiciais*: racionalidade da tutela jurisdicional. Curitiba: Juruá, 2012, p. 299.
45. Ao criticar o caráter preventivo do incidente, Leonardo Carneiro da Cunha asseverou: "*Seria mais adequado prever o incidente quando já houvesse algumas sentenças antagônicas a respeito do assunto. Vale dizer que, para caber o incidente, seria mais adequado haver, de um lado, sentenças admitindo determinada solução, havendo, por outro, sentenças rejeitando a mesma solução. Seria, enfim, salutar haver uma controvérsia já disseminada para que, então, fosse cabível o referido incidente. Dever-se-ia, na verdade, estabelecer como requisito para a instauração de tal incidente a existência de prévia controvérsia sobre o assunto. Para que se possa fixar uma tese jurídica a ser aplicada a casos futuros, é preciso que sejam examinados todos os pontos de vista, com a possibilidade de análise do maior número possível de argumentos. (...) Definir uma tese sem que o assunto esteja amadurecido ou amplamente discutido acarreta o risco de haver novos dissensos, com a possibilidade de surgirem, posteriormente, novos argumentos, que não foram debatidos ou imaginados naquele momento inicial em que, previamente, se fixou a tese jurídica a ser aplicadas a casos futuros*" (Anotações sobre o incidente de resolução de demandas repetitivas previsto no projeto de novo Código de Processo Civil. Cit. p. 262).
46. Antes de ser remetido à Câmara dos Deputados, o PLS nº 166/2010 previa em seu art. 930: "*É admissível o incidente de demandas repetitivas sempre que identificada controvérsia com potencial de gerar relevante multiplicação de processos fundados em idêntica questão de direito e de causar grave insegurança jurídica, decorrente do risco de coexistência de decisões conflitantes*".
47. NCPC: "Art. 976. *É cabível a instauração do incidente de resolução de demandas repetitivas quando houver, simultaneamente: I - efetiva repetição de processos que contenham controvérsia sobre a mesma questão unicamente de direito; II - risco de ofensa à isonomia e à segurança jurídica*".
48. BASTOS, Antonio Adonias Aguiar. O precedente sobre questão fática no projeto do novo CPC. In: FREIRE, Alexandre; et al. (Org.). *Novas tendências do processo civil*: estudos sobre o Projeto do Novo Código de Processo Civil. v. 2. Salvador: JusPodivm, 2014, p. 86.

Todavia, não se quantifica um número mínimo de processos repetidos[49]. Aqui, deve prevalecer o bom senso, tendo como critérios norteadores o risco de quebra dos princípios da isonomia e da segurança jurídica[50].

Tampouco, deve haver restrição quanto a matéria de direito a ser objeto do incidente de repetição de demandas repetitivas[51], ao contrário, por exemplo, do que se estabeleceu no artigo 1º, par. ún., da Lei nº 7.347/85, e que constituiu um fator de redução do alcance das ações coletivas no Brasil[52].

4.2. LEGITIMIDADE

O incidente de resolução de demandas repetitivas poderá ser instaurado mediante pedido formulado ao presidente do tribunal de duas formas: ofício ou petição, conforme o legitimado (art. 977, NCPC).

O pedido, que será acompanhado de todos os documentos necessários à demonstração do preenchimento dos pressupostos para sua instauração (art. 977,

---

49. "É possível a instauração do incidente de resolução de demandas repetitivas mesmo quando o número [de processos repetitivos] não for tão expressivo, desde que exista a manifesta possibilidade de multiplicação de demandas, causando perigo à segurança e igualdade dos jurisdicionados" (MACÊDO, Lucas Buril de. Op. Cit. p. 526).
50. Nesse sentido, foi a conclusão nº 87 do III Encontro do Fórum Permanente de Processualistas Civis, realizado entre os dias 25 a 27 de abril de 2014: "A instauração do incidente de resolução de demandas repetitivas não pressupõe a existência de grande quantidade de processos versando sobre a mesma questão, mas preponderantemente o risco de quebra da isonomia e de ofensa à segurança jurídica" (DIDIER JR., Fredie; BUENO, Cassio Scarpinella; CREMER, Ronaldo. III Encontro do Fórum Permanente de Processualistas Civis. Revista de Processo, nº 233, ano 39, jul/2014. p. 304).
51. "Note-se que o incidente trata de direitos individuais homogêneos, assim como pode ser feito nas ações coletivas, reduzindo em parte e pontualmente a utilidade destas. Inclusive, há previsão específica de aplicação da solução adotada no incidente em eventuais ações coletivas que tramitem na jurisdição do órgão prolator da decisão. As ações coletivas mantêm-se, entretanto, com uma utilidade intocada pelo incidente de resolução de demandas repetitivas: esse, por pressupor a existência de demandas individuais para ser suscitado, não pode tutelar os chamados danos de bagatela, ou seja, situações nas quais o dano causado foi ínfimo, do ponto de vista do indivíduo, ocasionando a impossibilidade de propositura da ação por falta de interesse, porém, do ponto de vista macro, o dano é de larga monta e, acrescente-se, faz-se relevante a sua repressão especialmente como forma de desencorajar a ilicitude como medida para auferir lucros" (MACÊDO, Lucas Buril de. Op. Cit. p. 528-529).
52. "Art. 1º Regem-se pelas disposições desta Lei, sem prejuízo da ação popular, as ações de responsabilidade por danos morais e patrimoniais causados: I – ao meio-ambiente; II – ao consumidor; III – a bens e direitos de valor artístico, estético, histórico, turístico e paisagístico; IV – a qualquer outro interesse difuso ou coletivo; V – por infração da ordem econômica; VI – à ordem urbanística; VII – à honra e à dignidade de grupos raciais, étnicos ou religiosos; VIII – ao patrimônio público e social. Parágrafo único. Não será cabível ação civil pública para veicular pretensões que envolvam tributos, contribuições previdenciárias, o Fundo de Garantia do Tempo de Serviço – FGTS ou outros fundos de natureza institucional cujos beneficiários podem ser individualmente determinados". Nesse sentido, conferir a conclusão nº 88 do III Encontro do Fórum Permanente de Processualistas Civis, realizado entre os dias 25 a 27 de abril de 2014: "Não existe limitação de matérias de direito passíveis de gerar a instauração do incidente de resolução de demandas repetitivas e, por isso, não é admissível qualquer interpretação que, por tal fundamento, restrinja seu cabimento" (Idem. ibidem).

parágrafo único, NCPC), poderá ser renovado depois de suprido o requisito de admissibilidade, caso ocorrida anterior rejeição por sua falta (art. 976, § 3º, NCPC).

Quanto à legitimidade para instauração do incidente, o texto do NCPC autoriza o juiz ou relator, mediante ofício, e as partes, o Ministério Público e a Defensoria Pública, por meio de petição (art. 977, *caput* e incisos, NCPC)[53].

A legitimidade pressupõe a existência de prévia relação entre o demandante e o objeto demandado, o que exige a análise no caso concreto. Para se aferir a legitimação para formular o pedido de instauração do incidente de resolução de demandas repetitivas, portanto, será necessária a verificação do bem ou direito objeto do litígio e a relação jurídica mantida entre ele e o pretendente. Por isso, a legitimidade para a instauração do incidente deverá ser acompanhada da demonstração da pertinência temática e subjetiva[54].

Para assegurar a proteção do interesse público, caso não tenha suscitado o incidente, o Ministério Público funcionará obrigatoriamente como *custos legis*, inclusive com a possibilidade de assumir sua titularidade na hipótese de haver desistência ou abandono pelo suscitante, pois o abandono da causa não impedirá o exame de seu mérito (art. 976, § 2º, NCPC).

Tratando-se de direitos individuais homogêneos, o Ministério Público poderá requerer a instauração do incidente quando presente um relevante interesse social, a ser aferido no caso concreto. Isso porque, a exemplo do que acontece com a legitimidade para a propositura de ação civil pública, decorre de suas funções institucionais a defesa de direitos individuais homogêneos, mesmo quando disponíveis, desde que identificado relevante interesse social.

A atribuição de legitimidade para a Defensoria Pública provém de sua condição de instituição essencial à função jurisdicional do Estado. Sua inclusão no rol de legitimados espelha a pretensão de ampliar suas funções junto à sociedade, a exemplo do que já havia acontecido na Lei nº 11.448/07, que a legitimou a propor a ação civil pública[55].

Questionamento interessante refere-se à possibilidade de a Defensoria Pública pleitear a instauração do incidente em qualquer processo no qual for cabível a

---

53. O texto final do NCPC possui alterações em relação ao Substitutivo ao PLS nº 166/2010. Na redação da Câmara dos Deputados, eram legitimados a formular o pedido, mediante ofício, o relator ou o órgão colegiado, e mediante petição, as partes, o Ministério Público, a Defensoria Pública, a pessoa jurídica de direito público ou associação civil, cuja finalidade institucional seja a defesa do interesse ou direito objeto do incidente.
54. CUNHA, Leonardo Carneiro da. Anotações sobre o incidente de resolução de demandas repetitivas previsto no projeto de novo Código de Processo Civil. Cit. p. 263-264.
55. LÉVY, Daniel de Andrade. Op. Cit. p. 176.

instauração, ou se será necessário um vínculo entre o interesse dos necessitados ou com questão a eles relacionada.

Para que o incidente esteja em sintonia com as atribuições de cada instituição, a legitimidade da Defensoria Pública deve se restringir apenas a questão de direito a ser decidida por intermédio do incidente se houver relação com a sua função típica, isto é, a assistência jurídica aos necessitados.

Logo, tanto a atuação do Ministério Público quanto da Defensoria Pública, enquanto suscitantes do incidente, deve guardar relação com as suas atribuições constitucionais: caberá ao Ministério Público atuar quando da defesa da ordem jurídica, do regime democrático e da existência de interesse social e individual indisponível relevante em discussão (art. 127/CF), enquanto a Defensoria Pública deve atuar quando a questão jurídica for capaz de afetar a esfera jurídica dos hipossuficientes (art. 134/CF)[56].

A inclusão dos juízes de primeiro grau no rol dos legitimados, resgatando a previsão original do PLS nº 166/2010[57], corrigiu a distorção que havia sido criada pela Câmara dos Deputados. Afinal, não haveria sentido deixar que o magistrado de primeiro grau, quando percebesse risco de ofensa à isonomia e à segurança jurídica, requeresse aos Tribunais Superiores a extensão da suspensão das ações repetitivas, justamente porque é o magistrado, em primeiro grau, que pode perceber, de início, antes dos Tribunais, se há multiplicação ou potencial de repetição de demandas[58].

4.3. CONTRADITÓRIO E *AMICUS CURIAE*

O incidente de resolução de demandas repetitivas, conforme reconheceu a própria Comissão de Juristas encarregada de elaborar o Anteprojeto do NCPC, teve inspiração no procedimento-modelo alemão (*Musterverfahren*)[59], por intermédio do qual, eleita uma causa-piloto, decidem-se as questões comuns a todos os casos paralelos[60]. A solução encontrada, assim, é aplicada aos demais proces-

---

56. RODRIGUES, Roberto de Aragão Ribeiro. Op. Cit. p. 197.
57. PLS nº 166/2010, Art. 895: " § 1º O pedido de instauração do incidente será dirigido ao Presidente do Tribunal: I – pelo juiz ou relator, por ofício; II – pelas partes, pelo Ministério Público ou pela Defensoria Pública, por petição".
58. ZANFERDINI, Flávia de Almeida Montingelli; GOMES, Alexandre Gir Gomes. Tratamento coletivo adequado das demandas individuais repetitivas pelo juízo de primeiro grau. *Revista de Processo*, nº 234, ano 39, ago/2014. p. 200.
59. BRASIL. Congresso Nacional. Senado Federal. Comissão de juristas responsável pela elaboração de Anteprojeto de Código de Processo Civil. Brasília: Senado Federal, 2010, p. 21.
60. THEODORO JÚNIOR, Humberto; et al. Op. Cit. p. 332.

sos nos quais se discuta o mesmo tema, que terão sequência para apreciação das outras questões porventura existentes[61].

Aliás, de forma bastante didática, Daniela Viafore[62] esquematiza as semelhanças e as diferenças entre o procedimento-modelo alemão e o incidente de resolução de demandas repetitivas (à época previsto nos artigos 930 a 941 do PL 8.046/2010):

	Musterverfahren.	Incidente de resolução de demandas repetitivas (PL 8.046/2010).
Legitimidade para requerer a instauração	Autor ou réu podem apresentar um pedido de instauração no âmbito de um processo em 1ª instância.	Partes, juiz, relator, Ministério Público, Defensoria Pública, poderão requerer a instauração do incidente estando o processo em 1º ou 2º grau.
Competência	O juiz de origem admite, fixa o mérito e remete para o Tribunal Superior julgar.	O plenário ou órgão especial do tribunal local será competente para admitir, processar e julgar (art. 933).
Objeto de cognição	Questões de fato e de direito sobre investidores no mercado de capitais.	Questão de direito idêntica com potencial de gerar relevante multiplicação de processos.
Requisitos para instauração	Após o pedido, o juiz de origem aguardará o período de quatro meses e o registro de mais nove pedidos com a mesma pretensão comum.	Não há previsão de um requisito quantitativo para a admissão do incidente projetado (preventivo);
-	-	grave insegurança jurídica por conta de decisões conflitantes aliado à verificação de conveniência do tribunal.
Publicidade	Os dados serão publicados e armazenados no cadastro eletrônico público e gratuito.	A instauração e o julgamento do incidente serão divulgados no CNJ e os tribunais manterão um banco eletrônico de dados com as questões de direito submetidas ao incidente.

---

61. CABRAL, Antonio do Passo. O novo procedimento-modelo (Musterverfahren) alemão: uma alternativa às ações coletivas. Cit. p. 123.
62. As semelhanças e as diferenças entre o procedimento-modelo Musterverfahren e a proposta de um 'incidente de resolução de demandas repetitivas' no PL 8.046/2010. Revista de Processo, nº 217, ano 38, mar./2013. p. 277-279.

	Musterverfahren.	Incidente de resolução de demandas repetitivas (PL 8.046/2010).
Suspensão	–	–
Escolha do procedimento-modelo ou caso líder	Serão suspensos os processos pendentes ou qualquer processo proposto antes da entrega do procedimento-modelo.	–
O Tribunal Superior escolherá um líder para os vários autores e outro para os réus, que serão interlocutores diretos com a Corte.	Todos os processos que versem idêntica questão de direito objeto do incidente serão suspensos até o julgamento do incidente.	–
–	–	Sem previsão.
Ampliação do pedido	–	–
Participação de terceiro interessado e contraditório	Tanto o autor quanto o réu poderão requerer a ampliação do pedido desde que haja concordância do juiz.	–
Todas as partes dos processos que versem sobre a mesma questão objeto do procedimento serão automaticamente consideradas partes e convocadas a participar. Para tanto, há um intervalo de quatro semanas entre a divulgação da pauta de audiência e o julgamento do procedimento-modelo.	Sem previsão.	–
Os terceiros interessados poderio requerer a juntada de documentos, diligências necessárias à elucidação da controvérsia, sustentar razões, requerer a suspensão de todos os processos em curso no território nacional que versem sobre a questão objeto do incidente, recorrer da decisão proferida.	–	–

Acordo	Há possibilidade de acordo, Sem previsão, desde que todas as partes consintam.	-
Recurso	-	Não há previsão de recurso da
decisão que admite a instauração do procedimento, determina a suspensão dos processos e escolhe o líder dos autores ou dos réus.	-	-
-	Há previsão de recurso apenas	-
quanto à questão de direito fixada na decisão final do procedimento.	-	-
- Não há previsão de recurso da decisão que admite a instauração do incidente e determina a suspensão dos processos, em 1º e 2º graus.	-	-
- Da decisão proferida no incidente cabe reclamação para o tribunal competente.	-	-
Custas e honorários advocatícios	Os custos são proporcionalmente computados como despesas do processo de origem, devendo as cotas-parte ser calculadas comparando a grandeza das pretensões individuais com o total das exigências paralelas das partes e intervenientes.	Sem previsão.
Desistência	A desistência de um pedido de instauração de um procedimento-modelo não tem influência sobre o estado do processo principal.	Sem previsão.
Tempo de vigência	A Lei KapMuG, aprovada em 05.08.2D05, foi prevista inicialmente com prazo de validade de cinco anos (até 01.11.2010). Teve prazo de vigência prorrogado até 30.10.2012.	Sem previsão.

No modelo brasileiro, há a cisão do julgamento, que se desdobra em uma decisão objetiva e outra subjetiva complexa. Em outras palavras, enquanto um órgão judiciário julga todas as questões comuns objeto do incidente, o outro órgão julga o processo originário, com todas as suas especificidades, observando a prévia decisão do incidente, obrigatoriamente tomada como premissa à definição das demais questões versadas no processo[63].

Mediante a técnica da cisão, a decisão do incidente decorre do julgamento em abstrato da questão jurídica submetida ao órgão prolator, sem prejuízo das garantias fundamentais do contraditório e da ampla defesa daqueles cuja esfera jurídica poderá ser afetada[64].

Nesse sentido, o Novo Código de Processo Civil, buscando uma forma adequada para sustentar a atribuição de efeitos da decisão, inclusive quando desfavoráveis às partes que não integraram a relação jurídica processual do incidente, assegurou aos interessados o respeito ao contraditório antes e depois de a tese jurídica ser definida por intermédio do incidente.

Antes da formação da tese jurídica, em razão do interesse jurídico quanto ao conteúdo da decisão a ser proferida, o artigo 983 do NCPC determina ao relator que oportunize manifestação, no prazo comum de 15 (quinze) dias, das partes de cada um dos processos processo repetitivos e demais interessados, inclusive pessoas, órgãos e entidades com interesse na controvérsia, os quais poderão juntar documentos e apontar diligências necessárias à adequada elucidação da questão de direito controvertida.

As partes das causas repetitivas que intervirem no incidente o farão na condição de assistentes litisconsorciais, pois a questão em debate também lhes dirá respeito. Não serão tratadas, como *amicus curiae*[65].

No entanto, a decisão proferida no incidente deve ser considerada paradigma para o julgamento dos casos repetitivos futuros, fundados na mesma tese jurídica. Logo, também deve ser admitida a intervenção de *amicus curiae* no incidente[66], como forma de aumento da legitimação da jurisdição, pela possibilidade de participação democrática na formação da decisão paradigma, cujo

---

63. CABRAL, Antonio do Passo. A escolha da causa-piloto nos incidentes de resolução de processos repetitivos. *Revista de Processo*, nº 231, ano 39, mai/2014, p. 203-204.
64. BASTOS, Antonio Adonias Aguiar. O devido processo legal nas causas repetitivas. Disponível em: <www.conpedi.org.br/manaus/arquivos/anais/salvador/antonio_adonias_aguiar_bastos.pdf>. Acesso em: 15.08.2014.
65. CUNHA, Leonardo Carneiro da. Anotações sobre o incidente de resolução de demandas repetitivas previsto no projeto de novo Código de Processo Civil. Cit. p. 269.
66. THEODORO JÚNIOR, Humberto; et al. Op. Cit. p. 336.

fundamento está no interesse público, em sentido amplo, decorrente do Estado Democrático de Direito (art. 1º/CF)[67].

O *amicus curiae* poderá ser uma entidade pública ou privada e funcionará como *auxiliar do juízo*, desde que possua interesse institucional em contribuir na formação da decisão judicial, com a possibilidade de apresentar argumentos, dados ou elementos capazes de conduzir à melhor resolução da questão jurídica[68].

O artigo 984, inciso II, alínea "a", do NCPC prevê a oportunidade de uso da palavra pelo autor e réu do processo originário, bem como pelo Ministério Público, para sustentação oral de suas razões na sessão de julgamento, seguidos pelos demais interessados habilitados no incidente.

O contraditório também poderá ser exercitado depois de formada a tese jurídica central aplicável ao caso. Definida a questão, os processos suspensos voltarão à tramitação, com a obrigatoriedade de adoção, quanto à questão de direito repetitiva, da solução encontrada no incidente. Restará, aos juízes e/ou tribunais inferiores, a análise das demais questões, eventualmente existentes nos processos cujo julgamento a eles competir.

Estava prevista no artigo 990, § 4º, do PL nº 8.046/2010, a possibilidade de o interessado requerer a desafetação do seu processo, quando entendesse não ser hipótese de suspensão, quando seu caso não versasse sobre a questão de direito submetida ao incidente. De igual forma, havendo necessidade de suspensão, a parte interessada poderia dirigir requerimento ao juízo, onde o processo estiver tramitando, pleiteando tal diligência. O requerimento e a decisão que apreciasse o pedido de suspensão ou não do processo, seria impugnável por agravo de instrumento. No entanto, tal disposição não encontrou correspondente no texto final do NCPC[69].

O contraditório também será garantido para os demandantes, no processo individual, cuja pretensão for demonstrar a existência de alteração fática ou normativa capaz de ocasionar a superação da tese jurídica definida no incidente[70].

Na forma como o Incidente de Resolução de Demandas Repetitivas está redigido no NCPC, alcançou-se o objetivo de equilíbrio entre os valores constitucionais e as aspirações da atual sociedade, desenhando-se um mecanismo processual

---

67. CAMBI, Eduardo; DAMASCENO, Kleber Ricardo. *Amicus curiae* e o processo coletivo: uma proposta democrática. *Revista de Processo*, nº 192, ano 36, fev/2011, p. 26-30.
68. CUNHA, Leonardo Carneiro da. Anotações sobre o incidente de resolução de demandas repetitivas previsto no projeto de novo Código de Processo Civil. Cit. p. 268-269.
69. THEODORO JÚNIOR, Humberto. Op. Cit. p. 336.
70. BARBOSA, Andrea Carla; CANTOARIO, Diego Martinez Fervenza. Op. Cit. p. 486.

capaz de, a um só tempo, assegurar as garantias do devido processo legal e proporcionar uma prestação jurisdicional mais célere[71].

A oportunidade para atuação dos interessados na decisão judicial originada da aplicação do instituto, inclusive com a possibilidade de efetiva influência no resultado do julgamento, respeita às garantias constitucionais do contraditório e da ampla defesa.

4.4. COMPETÊNCIA E PROCEDIMENTO

O pedido de instauração do incidente de resolução de demandas repetitivas, tal como prevê o artigo 977 do Novo Código de Processo Civil, deve ser dirigido ao presidente de tribunal, por um dos legitimados. Não há previsão para ser requerida a instauração do incidente perante o Supremo Tribunal Federal ou Superior Tribunal de Justiça, os quais somente conhecerão do incidente caso interposto recurso extraordinário ou especial, respectivamente, contra a decisão de mérito nele proferida (art. 987, NCPC)[72].

Uma vez distribuído a um relator, ao órgão colegiado competirá a realização do juízo de admissibilidade respectivo, no qual se deverá aferir a presença dos requisitos constantes no *caput* do artigo 976, isto é: o concreto risco de ofensa à isonomia e à segurança jurídica em razão da efetiva repetição de processos contendo a mesma controvérsia unicamente de direito. O juízo de admissibilidade, por força do artigo 981, do NCPC, é da competência do órgão colegiado, não podendo ser objeto de decisão monocrática.

Não sendo admitida a instauração do incidente, os processos nos quais for discutida a questão de direito repetitiva terão sequência normal perante o juízo em que tramitarem.

Realizado exame positivo de admissibilidade, a consequência lógica será a suspensão, por ordem do relator, de todos os processos individuais e coletivos que tramitarem perante a jurisdição do tribunal (art. 982, inciso I, NCPC), abrangendo os juizados especiais no mesmo estado ou região, por força do que dispõe o art. 985, inciso I, do NCPC. Tal suspensão é automática, pois decorre da própria instauração do incidente de resolução de demandas repetitivas, e, portanto, não depende da comprovação de requisitos próprios das tutelas de urgência.

Da suspensão, os órgãos jurisdicionais competentes serão comunicados (art. 982, § 1º). O exame, contudo, de pedidos de tutela de urgência continuarão a ser

---

71. RODRIGUES, Roberto de Aragão Ribeiro. Op. Cit. p. 205.
72. MACÊDO, Lucas Buril de. Op. Cit. p. 527.

dirigidos ao juízo perante o qual tramitarem os respectivos processos (art. 982, § 2º).

Ainda no momento de admissão, o relator poderá requisitar informações aos órgãos perante os quais tramitar o processo originário do incidente, para resposta em até 15 dias, com posterior intimação do Ministério Público para se manifestar, igualmente em 15 dias.

Na sequência, o relator ouvirá as partes e demais interessados, inclusive pessoas, órgãos e entidades com interesse na controvérsia, no prazo comum de 15 dias, com a possibilidade de requererem a juntada de documentos e a realização de diligências destinadas à elucidação da questão de direito. Em seguida, será colhida manifestação do Ministério Público, desde que ele não tenha suscitado o incidente.

Havendo necessidade, o relator poderá designar audiência pública para ouvir pessoas com experiência e conhecimento na matéria que deu origem à questão de direito em exame. Depois de finalizadas as diligências, o relator solicitará dia para julgamento.

Apesar de o projeto não prever, para resguardo do contraditório e da ampla defesa, especialmente em razão de os efeitos da decisão possuírem a potencialidade de projetar seus efeitos a indivíduos integrantes de relações jurídicas processuais diversas daquela originária do incidente, é recomendável, após o término das diligências, oportunizar-se nova manifestação das partes, demais interessados e do Ministério Público, antes da solicitação de data para a sessão de julgamento.

O julgamento do incidente deve ocorrer no prazo máximo de 01 ano, com preferência sobre os demais feitos, à exceção dos casos referentes a réus presos e a pedidos de *habeas corpus* (art. 980, NCPC). Escoado esse prazo, cessará a suspensão e os processos que discutirem a mesma questão de direito sob a jurisdição do tribunal voltarão a tramitar normalmente, exceto se o relator decidir fundamentadamente em sentido oposto.

O artigo 939 do PLS nº 166/2010 previa o prazo máximo de 06 meses para o julgamento do incidente. Embora aumentado no decorrer do processo legislativo, o prazo de 01 ano é compatível com o postulado constitucional da razoável duração do processo. De qualquer modo, é justificável e recomendável o estabelecimento de um prazo para a fixação da tese jurídica à questão de direito comum, uma vez que inúmeras demandas judiciais permanecem suspensas à espera da decisão do incidente.

Pelo artigo 978 do NCPC, o julgamento será realizado pelo órgão que o regimento indicar, dentre aqueles responsáveis pela uniformização de jurisprudência do tribunal. Referida disposição, coaduna-se com a regra contida no artigo 96, inciso I, alínea *a*, da Constituição Federal, segundo a qual os tribunais têm competência privativa para dispor acerca da competência e funcionamento dos respectivos órgãos jurisdicionais e administrativos[73].

O órgão colegiado responsável pelo julgamento do incidente de resolução de demandas repetitivas e de fixar a tese jurídica dele originada ficará prevento para o julgamento do recurso, a remessa necessária ou o processo de competência originária do qual o incidente decorrer (art. 978, parágrafo único, NCPC).

Ao contrário do que previa o art. 990, § 5º, do PL nº 8.046/2010, o texto final do Novo Código de Processo Civil não prevê a suspensão a prescrição da pretensão nos casos em que a questão de direito se repetir, aumentando a importância de se observar o prazo máximo de para o seu julgamento e a utilização com parcimônia, pelo relator, da possibilidade de prorrogação do prazo, mediante decisão fundamentada.

4.5. FORMA, CONTEÚDO, CONSEQUÊNCIAS E RECURSOS DO JULGAMENTO

Na sessão de julgamento, o relator fará a exposição do objeto do incidente. Após, o autor e o réu do processo de origem, seguidos pelo Ministério Público, poderão fazer uso da palavra, pelo prazo de 30 minutos cada. O relator poderá majorar o prazo para sustentação oral sempre que o número de inscritos assim recomendar.

Os demais interessados, mediante inscrição com 02 dias de antecedência, poderão sustentar oralmente suas razões, pelo prazo de 30 minutos, divididos entre todos eles, que também poderá ser objeto de aumento, havendo muitos inscritos, a critério do órgão julgador.

A forma de divisão do prazo para aquilo que o artigo 984, inciso II, alínea "b", do NCPC, denomina de *demais interessados* não pode impedir o efetivo exercício das garantias processuais pelos litigantes[74]. Caso contrário, restaria violada a garantia do contraditório daqueles interessados cujos processos não tiverem dado origem ao incidente, mas que, também, serão afetados pela decisão dele decorrente.

Com efeito, para se resguardar o princípio da isonomia, o interesse das partes nos demais processos que serão afetados pelo julgamento do incidente não é diverso do que aquele que anima as partes no processo em que suscitado

---

73. YOSHIKAWA, Eduardo Henrique de Oliveira. Comentários aos arts. 930 a 941 do PL 8.046/2010. *Revista de Processo*, nº 206, ano 37, abr/2010, p. 257; CUNHA, Leonardo Carneiro da. Anotações sobre o incidente de resolução de demandas repetitivas previsto no projeto de novo Código de Processo Civil. Cit. p. 271.
74. CABRAL, Antonio do Passo. A escolha da causa-piloto nos incidentes de resolução de processos repetitivos. Cit. p. 208.

o incidente. Logo, não pode haver tratamento diferenciado, sob pena de eles serem considerados *jurisdicionados de categoria inferior*[75].

A decisão a que chegar o órgão incumbido de julgar o incidente deverá, obrigatoriamente, *abordar todos os fundamentos invocados* pelas partes, pelo Ministério Público ou pelos demais interessados, sejam eles favoráveis ou desfavoráveis (art. 984, § 2º)[76]. Trata-se, aliás, de regra ainda mais rígida do que a prevista no artigo 489, § 1º, inc. IV, do NCPC, que considera não fundamentada a decisão judicial que não enfrentar todos os argumentos deduzidos no processo capazes de, em tese, infirmar a conclusão adotada pelo julgador.

A tese jurídica definida no incidente, por sua vez, terá a aplicação estendida a todos os processos individuais ou coletivos, em trâmite perante a jurisdição do tribunal e dos juizados especiais do mesmo Estado ou região, nos quais se discuta a mesma questão de direito (art. 985, inciso I, NCPC).

Ainda quanto à extensão subjetiva dos efeitos da decisão proferida no incidente, o artigo 985, inciso II, do NCPC, é expresso em indicar sua aplicação à questão idêntica de direito veiculada em processos futuros, que venham a tramitar no território de competência do tribunal que a proferiu, até que ele próprio realize sua revisão ou, por óbvio, seu cancelamento.

Assim, a aplicação da tese jurídica definida no incidente aos processos em curso ou que vierem a tramitar perante a jurisdição do tribunal é consequência lógica da própria razão de ser do instituto, em prestígio da estabilidade das decisões, da previsibilidade do sistema jurídico e da segurança jurídica. Demonstra, também, a tendência uniformizadora da jurisprudência atravessada pelo ordenamento jurídico nacional, na tentativa de se atender adequadamente às ações repetitivas.

Além disso, a aplicação da tese jurídica definida aos processos futuros é coerente com o ideal pacificador do incidente de emprestar *efeitos prospectivos* à decisão dele decorrente, até que o tribunal a modifique ou revogue, evitando a instauração de novo incidente sobre a mesma questão. Aliás, não teria sentido que a decisão do incidente valesse, tão-somente, para os casos já instaurados, já que se isto acontecesse a toda nova ação ajuizada o tribunal teria que voltar a se manifestar, o que causaria enorme desperdício de tempo e energia, comprometendo a duração razoável do processo e a eficiência da prestação jurisdicional[77].

---

75. YOSHIKAWA, Eduardo Henrique de Oliveira. Comentários aos arts. 930 a 941 do PL 8.046/2010. Cit. p. 260.
76. *"Pontue-se, no entanto, que essa forma de decidir é a regra geral no Novo Código (arts. 10 e 486) para qualquer decisão"* (THEODORO JÚNIOR, Humberto; et al. Op. Cit.p. 337).
77. BARBOSA, Andrea Carla; CANTOARIO, Diego Martinez Fervenza. Op. Cit. p. 480.

De qualquer forma, o incidente de resolução de demandas repetitivas, tal como previsto no Novo Código de Processo Civil, afasta-se do procedimento-modelo alemão que lhe serviu de inspiração. Conforme já salientado, as decisões proferidas no Musterverfahren afetarão única e exclusivamente as ações judiciais cuja propositura tiver ocorrido até a data de sua prolação[78]. Significa dizer, portanto, que as decisões do incidente de resolução de demandas repetitivas projetado no Brasil serão dotadas de maior efeito e valor quando comparadas àquelas oriundas do procedimento-modelo alemão, no que concerne à aplicabilidade aos processos ajuizados após a sua existência.

Sempre que a questão de direito debatida no incidente envolver a prestação de serviço objeto de concessão, permissão ou autorização, o resultado do julgamento terá de ser comunicado ao órgão ou à agência reguladora competente para a fiscalização do efetivo cumprimento da decisão por parte dos entes sujeitos à fiscalização (art. 985, § 2º, NCPC). Tal medida é de salutar importância, para persuadir as concessionárias, permissionárias e autorizadas a exercerem suas atividades observando os contornos definidos da questão jurídica, tendo consciência de que, havendo desrespeito, o consumidor poderá buscar amparo em juízo e, inclusive, ajuizar reclamação ao tribunal competente.

A tese jurídica definida no incidente, por sua vez, poderá ser objeto de revisão pelo tribunal, de ofício, ou mediante requerimento do Ministério Público ou da Defensoria Pública (art. 986, NCPC).

A decisão proferida no incidente estará sujeita à interposição de recurso especial ou recurso extraordinário, conforme o caso. Ocorrendo a apreciação do mérito do recurso pelo STJ ou STF, a tese jurídica definida passará a ter efeitos sobre todas as demandas individuais ou coletivas relativas à mesma questão de direito, presentes ou futuras, existentes no país (art. 987, § 2º, NCPC).

O recurso especial e o extraordinário, interpostos em face de decisão proferida no incidente, terão atribuído efeito suspensivo. Haverá presunção de existência de repercussão geral da questão constitucional discutida (art. 987, § 1º, NCPC), dispensando-se o recorrente de demonstrar a presença de tal requisito recursal (art. 1.035, § 3º, inciso II, NCPC).

Ao tribunal de origem do incidente competirá unicamente promover a intimação do recorrido para apresentar suas contrarrazões, no prazo de 15 (quinze) dias, findo o qual o processo será enviado ao STJ ou STF, conforme o caso, independentemente de juízo de admissibilidade pelo tribunal de origem (art. 1.030, NCPC).

---

78. RODRIGUES, Roberto de Aragão Ribeiro. Op. Cit. p. 178-179.

Nenhuma outra medida deverá ser tomada pelo tribunal local, já que sequer são exigidas custas no incidente de resolução de demandas repetitivas (art. 976, § 5º, NCPC) e o exame de admissibilidade do recurso competirá ao tribunal superior, com exclusividade[79].

Por fim, enquanto o incidente tramitar perante o tribunal local, quando nele for iniciado, visando à garantia da segurança jurídica, é admissível requerimento das partes do processo, do Ministério Público ou da Defensoria Pública ao presidente do STJ ou do STF, a depender da índole constitucional ou infraconstitucional da questão a ser enfrentada, para a suspensão de todos os processos individuais ou coletivos em trâmite no território nacional que versem sobre a mesma questão de direito objeto do incidente (art. 982, § 3º, NCPC). Para o deferimento da suspensão, deverá o presidente do STF ou do STJ apenas verificar a existência da tramitação de processos, que versem sobre a mesma questão de direito, em mais de um estado ou região[80].

Mesmo quando alheio à competência territorial do tribunal, aquele que for parte em processo em curso no qual se discuta a mesma questão de direito também poderá requerer ao presidente do STJ ou do STF a suspensão de todos os processos em trâmite no país (art. 982, § 4º, NCPC).

Independentemente da análise e do conteúdo da decisão proferida no requerimento direcionado ao presidente do STF ou do STJ para suspensão dos processos em âmbito nacional, o incidente continuará tramitando perante o tribunal local, que o decidirá, definindo a tese jurídica a ser adotada. Não sendo interposto recurso especial ou recurso extraordinário, os efeitos de eventual suspensão dos processos serão cessados a partir da data do trânsito em julgado (art. 982, § 5º, NCPC).

É intuitivo que toda a construção legislativa do incidente de resolução de demandas repetitivas de nada serviria caso não fosse assegurada a observância da tese jurídica definida por intermédio de seu julgamento.

Por esta razão, a parte interessada ou o Ministério Público poderá propor reclamação para a garantia da observância da tese jurídica firmada no julgamento do incidente (art. 985, § 1º, c/c art. 988, inciso IV e § 1º, NCPC).

No julgamento da reclamação, o tribunal, observando o rito previsto nos artigos 988 a 993 do Novo Código de Processo Civil, em caso de procedência, cassará a decisão que houver exorbitado de seu julgado ou determinará a medida

---

79. CUNHA, Leonardo Carneiro da. Anotações sobre o incidente de resolução de demandas repetitivas previsto no projeto de novo Código de Processo Civil. Cit. p. 271.
80. Nesse sentido, foi a conclusão nº 95 do III Encontro do Fórum Permanente de Processualistas Civis, realizado entre os dias 25 a 27 de abril de 2014.

adequada à solução da controvérsia. O cumprimento da decisão será ordenado imediatamente pelo presidente do tribunal, lavrando-se posteriormente o acórdão.

No entanto, o incidente de resolução de demandas repetitivas, embora vincule todo e qualquer futuro julgamento a ser proferido sobre a questão de direito em discussão, não impede o ajuizamento de novas ações[81]. Nestes casos, caberá ao juiz julgar liminarmente improcedente o pedido, para fazer preservar o entendimento firmado em incidente de resolução de demandas repetitivas, com fundamento no artigo 332, inc. III, do NCPC. No mesmo sentido, deve agir o relator, para negar provimento a recurso contrário a tal entendimento (art. 932, inc. IV, alínea "c", NCPC).

5. CONSIDERAÇÕES FINAIS

O gasto total do Poder Judiciário, em 2013, foi de, aproximadamente, R$ 61,6 bilhões, o que equivale a 1,3% do Produto Interno Bruto (PIB) e R$ 306,35 por habitante. No entanto, conforme dados divulgados pelo Conselho Nacional de Justiça, em 2013, havia em estoque 67.475.686 processos[82].

Sabe-se, ainda, que os maiores litigantes são o Poder Público, os bancos e as empresas telefônicas. Por exemplo, o Instituto Nacional do Seguro Social (INSS) é o maior litigante nacional, correspondendo a 22,3% das demandas dos 100 maiores litigantes nacionais, seguido pela Caixa Econômica Federal, com 8,5%, e pela Fazenda Nacional, com 7,4%[83].

Em um país que depende de altos investimentos em setores essenciais (como a educação, a saúde e o trabalho), para minimizar as desigualdades sociais, é urgente a implementação de técnicas processuais que reduzam o gasto total do Poder Judiciário e, ao mesmo tempo, promovam maior racionalidade na prestação judicial. O incidente de resolução de demandas repetitivas, ao procurar uniformizar mais rapidamente o entendimento da questão jurídica

---

81. Guilherme Rizzo Amaral se preocupa com essa questão e sugere, *"após a certificação do incidente de resolução de demandas repetitivas, a notificação dos interessados e o decurso do prazo para o exercício do direito de exclusão, ficariam barradas novas ações judiciais idênticas – salvo aquelas movidas por aquele geralmente pequeno contingente de indivíduos que exercitarem seu direito de exclusão –, atingindo-se o objetivo de contenção da massificação e privilegiando, assim, a efetividade do processo"* (Efetividade, segurança, massificação e a proposta de um "incidente de resolução de demandas repetitivas". Revista de Processo, nº 196, ano 36, jun/2011. p. 269).
82. CONSELHO NACIONAL DE JUSTIÇA. *Justiça em números 2014: ano-base 2013.* Brasília: CNJ, 2014, p. 32-39. Disponível em: <ftp://ftp.cnj.jus.br/Justica_em_Numeros/relatorio_jn2014.pdf>. Acesso em: 09 out. 2014.
83. CONSELHO NACIONAL DE JUSTIÇA. *100 maiores litigantes 2012.* Disponível em: <http://www.cnj.jus.br/images/pesquisas-judiciarias/Publicacoes/100_maiores_litigantes.pdf>. Acesso em 10.10.2014.

controversa, pode contribuir para a mais efetiva, adequada e célere tutela jurisdicional.

Otimizar a estrutura do Poder Judiciário é indispensável para gerar economia de recursos públicos indispensáveis ao desenvolvimento brasileiro, mas também para evitar que as demandas se eternizem na justiça, aumentar a confiança no ordenamento jurídico e impedir que litigantes habituais – a começar pelo próprio Poder Público – criem obstáculos, indevidos, ao acesso à justiça.

6. REFERÊNCIAS BIBLIOGRÁFICAS

ALMEIDA, Caroline Sampaio de. A relevância dos precedentes judiciais como mecanismo de efetividade processual. *Revista dos Tribunais*, nº 922, ano 101, ago/2012.

AMARAL, Guilherme Rizzo. Efetividade, segurança, massificação e a proposta de um 'incidente de resolução de demandas repetitivas. *Revista de processo*, nº 196, ano 36, jun/2011.

ÁVILA, Humberto. *Segurança jurídica. Entre permanência, mudança e realização no Direito Tributário*. 2. ed. São Paulo: Malheiros, 2012.

BASTOS, Antonio Adonias Aguiar. O devido processo legal nas causas repetitivas. Disponível em: ‹www.conpedi.org.br/manaus/arquivos/anais/salvador/antonio_adonias_aguiar_bastos.pdf›. Acesso em: 15.08.2014.

_____. O precedente sobre questão fática no projeto do novo CPC. In: FREIRE, Alexandre; et al. (Org.). *Novas tendências do processo civil*: estudos sobre o Projeto do Novo Código de Processo Civil. Vol. 2. Salvador: JusPodivm, 2014.

BARBOSA, Andrea Carla; CANTOARIO, Diego Martinez Fervenza. O incidente de resolução de demandas repetitivas no projeto de Código de Processo Civil: apontamentos iniciais. In: FUX, Luiz (Coord) et al. *O novo processo civil brasileiro (direito em expectativa)*: reflexões acerca do projeto do novo Código de Processo Civil. Rio de Janeiro: Forense, 2011.

BARBOZA, Estefânia Maria de Queiroz. *Precedentes judiciais e segurança jurídica*: fundamentos e possibilidades para a jurisdição constitucional brasileira. São Paulo: Saraiva, 2014.

BRASIL. Congresso Nacional. Senado Federal. Comissão de juristas responsável pela elaboração de Anteprojeto de Código de Processo Civil. Brasília: Senado Federal, 2010.

CABRAL, Antonio do Passo. A escolha da causa-piloto nos incidentes de resolução de processos repetitivos. *Revista de Processo*, nº 231, ano 39, mai/2014.

_____. O novo procedimento-modelo (Musterverfahren) alemão: uma alternativa às ações coletivas. *Revista de Processo*, nº 147, ano 32, mai/2007.

CAMBI, Eduardo. Jurisprudência lotérica. *Revista dos Tribunais*, nº 786, abr/2001.

_____. *Neoconstitucionalismo e neoprocessualismo*: direitos fundamentais, políticas públicas e protagonismo judiciário. 2ª ed. São Paulo: Revista dos Tribunais, 2011.

_____; DAMASCENO, Kleber Ricardo. Amicus curiae e o processo coletivo: uma proposta democrática. *Revista de Processo*, nº 192, ano 36, fev/2011.

_____; HELLMAN, Renê Francisco. Jurisimprudência – a independência do juiz ante os precedentes judiciais como obstáculo à igualdade e a segurança jurídicas. *Revista de Processo*, nº 231, ano 39, mai/ 2014.

CANOTILHO, José Joaquim Gomes. *Direito constitucional e teoria da constituição*. 7º ed. 14. reimpressão. Coimbra: Almedina, 2014.

CÁRCOVA, Carlos Maria. *A opacidade do Direito*. São Paulo: LTR, 1998.

CONSELHO NACIONAL DE JUSTIÇA. *Justiça em números 2014*: ano-base 2013. Brasília: CNJ, 2014. Disponível em: ‹ftp://ftp.cnj.jus.br/Justica_em_Numeros/relatorio_jn2014.pdf›. Acesso em: 09 out. 2014.

_____. *100 maiores litigantes 2012*. Disponível em: ‹http://www.cnj.jus.br/images/pesquisas-judiciarias/Publicacoes/100_maiores_litigantes.pdf›. Acesso em 10.10.2014.

CUNHA, Leonardo Carneiro da. Anotações sobre o incidente de resolução de demandas repetitivas previsto no projeto de novo Código de Processo Civil. *Revista de Processo*, nº 193, ano 36, mar/2011.

_____. O regime processual das causas repetitivas. *Revista de Processo*, nº 179, ano 35, jan/2010.

DIDIER JR., Fredie; BUENO, Cassio Scarpinella; CREMER, Ronaldo. III Encontro do Fórum Permanente de Processualistas Civis. *Revista de Processo*, nº 233, ano 39, jul./2014.

DWORKIN, Ronald. *O império do direito*. 2. ed. São Paulo: Martins Fontes, 2007.

GONÇALVES, Marcelo Barbi. O incidente de resolução de demandas repetitivas e a magistratura deleitada. *Revista de Processo*, nº 222, ano 38, ago/2013.

GRECO, Leonardo. Garantias fundamentais do processo: o processo justo. *Revista Argumenta*, Jacarezinho/PR, 2002, nº 2, p. 32-95, Disponível em: ‹http://seer.uenp.edu.br/index.php/argumenta/article/view/87›. Acesso em: 15 Mai. 2014.

JANSEN, Rodrigo. A súmula vinculante como norma jurídica. *Revista dos Tribunais*, nº 838, ano 94, ago/2005.

LÉVY, Daniel de Andrade. O incidente de resolução de demandas repetitivas no Anteprojeto do novo Código de Processo Civil. *Revista de Processo*, nº 196, ano 36, jun/2011.

MACÊDO, Lucas Buril de. *Precedentes judiciais e o direito processual civil*. Salvador: JusPodivm, 2015.

MANCUSO, Rodolfo de Camargo. *Divergência jurisprudencial e súmula vinculante*. 5º ed. São Paulo: Revista dos Tribunais, 2013.

MARINONI, Luiz Guilherme. *Precedentes obrigatórios*. 2º ed. São Paulo: Revista dos Tribunais, 2011.

MELLO, Patrícia Perrone Campos. *Precedentes: o desenvolvimento judicial do direito no constitucionalismo contemporâneo*. Rio de Janeiro: Renovar, 2008.

MENDES, Aluisio Gonçalves de Castro; RODRIGUES, Roberto de Aragão Ribeiro. Reflexões sobre o incidente de resolução de demandas repetitivas previsto no Projeto de novo Código de Processo Civil. *Revista de Processo*, nº 211, ano 37, set/2012.

OLIVEIRA, Flávio Luis de; BRITO, Jaime Domingues. Os precedentes vinculantes são normas? In: SIQUEIRA, Dirceu Pereira; AMARAL, Sérgio Tibiriçá (Org.). *Sistema constitucional de garantias e seus mecanismos de proteção*. Birigui: Boreal, 2013.

RODRIGUES, Roberto de Aragão Ribeiro. *Ações repetitivas: o novo perfil da tutela dos direitos individuais homogêneos*. Curitiba: Juruá, 2013.

ROSITO, Francisco. *Teoria dos precedentes judiciais: racionalidade da tutela jurisdicional*. Curitiba: Juruá, 2012.

SILVA, José Afonso da. *Curso de direito constitucional positivo*. 33º ed. São Paulo: Malheiros, 2010.

STRECK, Lenio Luiz. *O que é isto: decido conforme minha consciência?* 3. ed. Porto Alegre: Livraria do Advogado, 2012.

_____. *O que é isto: o precedente judicial e as súmulas vinculantes?* Porto Alegre: Livraria do Advogado, 2013.

THEODORO JÚNIOR, Humberto; et al. *Novo CPC: fundamentos e sistematização*. Rio de Janeiro: Forense, 2015.

TOSTES, Natacha Nascimento Gomes. Uniformização de jurisprudência. *Revista de Processo*, nº 104, ano 26, out/dez 2001.

VIAFORE, Daniele. As semelhanças e as diferenças entre o procedimento-modelo Musterverfahren e a proposta de um 'incidente de resolução de demandas repetitivas' no PL 8.046/2010. *Revista de Processo*, nº 217, ano 38, mar./2013.

WAMBIER, Teresa Arruda Alvim. Precedentes e evolução do direito. In: *Direito jurisprudencial*. Coord. Teresa Arruda Alvim Wambier. São Paulo: RT, 2012.

YOSHIKAWA, Eduardo Henrique de Oliveira. Comentários aos arts. 930 a 941 do PL 8.046/2010. *Revista de Processo*, nº 206, ano 37, abr/2010.

ZANFERDINI, Flávia de Almeida Montingelli; GOMES, Alexandre Gir Gomes. Tratamento coletivo adequado das demandas individuais repetitivas pelo juízo de primeiro grau. *Revista de Processo*, nº 234, ano 39, ago/2014.

CAPÍTULO 16

Os problemas e os desafios decorrentes da aplicação do incidente de resolução de demandas repetitivas nos juizados especiais

Frederico Augusto Leopoldino Koehler[1]

SUMÁRIO: 1. INTRODUÇÃO; 2. O INCIDENTE DE RESOLUÇÃO DE DEMANDAS REPETITIVAS VINCULA OS JUÍZES DOS JUIZADOS ESPECIAIS?; 3. PROBLEMAS DECORRENTES DA APLICAÇÃO DO INCIDENTE DE RESOLUÇÃO DE DEMANDAS REPETITIVAS NOS JUIZADOS ESPECIAIS; 4. CONCLUSÃO; 5. REFERÊNCIAS.

1. INTRODUÇÃO

O IRDR[2], inédito no direito brasileiro, surge no projeto do NCPC como um dos pilares da ideologia do respeito aos precedentes, na tentativa de gerar-se um sistema judicial com maior grau de segurança jurídica e de isonomia, em que as demandas levadas à apreciação do Poder Judiciário sejam solucionadas em um prazo razoável.

Percebe-se que não se trata de mera importação acrítica de uma técnica processual, mas sim da tentativa de construção de uma nova cultura judiciária[3]. De fato, o instituto em estudo é assumidamente inspirado no *Musterverfahren*, o procedimento-modelo do direito alemão, mas adquiriu feições próprias na

---

1. Mestre em Direito pela Universidade Federal de Pernambuco-UFPE. Professor Adjunto da Universidade Federal de Pernambuco-UFPE. Membro do Instituto Brasileiro de Direito Processual – IBDP. Membro da Associação Norte-Nordeste de Professores de Processo – ANNEP. Membro dos Conselhos Editoriais da Revista Jurídica da Seção Judiciária de Pernambuco e da Revista da Seção Judiciária do Rio de Janeiro. Juiz Federal.
2. Utilizaremos neste ensaio as seguintes abreviaturas: IRDR (incidente de resolução de demandas repetitivas), JEC (Juizado Especial Cível), JEF (Juizado Especial Federal), NCPC (novo Código de Processo Civil), TJ (Tribunal de Justiça), TR (Turma Recursal dos juizados), TRF (Tribunal Regional Federal), TRU (Turma Regional de Uniformização dos JEFs), TNU (Turma Nacional de Uniformização dos JEFs).
3. GONÇALVES, Marcelo Barbi. O incidente de resolução de demandas repetitivas e a magistratura deitada. *Revista de Processo*, a. 38, v. 222, ago. 2013, p. 227.

redação do projeto do NCPC[4], na tentativa de adequá-lo às peculiaridades do sistema pátrio.

O IRDR não chega ao Brasil imune a críticas da doutrina. É duramente atacado por Marcelo Barbi Gonçalves, que acusa o instituto de tornar o precedente mais forte do que a norma legal, violando o princípio da separação dos Poderes, e por criar uma subordinação hierárquica entre os juízes, em prejuízo do princípio da independência do julgador[5]. Além disso, o IRDR é tachado de inconstitucional por Júlio César Rossi, que diz que não há amparo constitucional para que a decisão proferida no incidente tenha a mesma força das súmulas vinculantes[6].

Entendemos que tais críticas não procedem, inexistindo a mácula de inconstitucionalidade citada, e esperamos que o instituto realmente possa melhorar a prestação jurisdicional no Brasil, favorecendo a resolução dos processos em tempo razoável[7]. De fato, o IRDR é um vigoroso instrumento para tentar-se alterar o cenário atual de respostas judiciárias díspares para problemas idênticos, e a consequente quebra do princípio da isonomia na distribuição da Justiça, que deixa perplexos e indignados os usuários do sistema judicial[8].

Tendo isso em mente, o objetivo do presente ensaio é examinar brevemente um aspecto bem específico do IRDR, qual seja, o surgimento de problemas decorrentes da sua aplicação no âmbito dos juizados especiais, máxime o aniquilamento do papel das turmas de uniformização como órgãos formadores dos precedentes dos juizados especiais.

Registre-se ser praticamente inexistente na doutrina qualquer análise do ponto que iremos abordar, quase não havendo menções a este aspecto tão importante deste novel instituto no Brasil[9], o que sobreleva a necessidade de um exame meticuloso sobre essa matéria.

---

4. VIAFORE, Daniele. As semelhanças e as diferenças entre o procedimento-modelo alemão Musterverfahren e a proposta de um "incidente de resolução de demandas repetitivas". *Revista de Processo*, a. 38, v. 217, mar. 2013, p. 259. No mesmo sentido: NUNES, Dierle e PATRUS, Rafael Dilly. Uma breve notícia sobre o procedimento-modelo alemão e sobre as tendências brasileiras de padronização decisória: um contributo para o estudo do incidente de resolução de demandas repetitivas brasileiro. In: FREIRE, Alexandre *et al* (org.). *Novas Tendências do Processo Civil*: estudos sobre o projeto do novo Código de Processo Civil. Vol. 1. Salvador: Juspodivm, 2013, p. 476.
5. GONÇALVES, Marcelo Barbi. *Op. Cit., passim*.
6. ROSSI, Júlio César. O precedente à brasileira: súmula vinculante e incidente de resolução de demandas repetitivas. *Revista de Processo*, a. 37, v. 208, jun. 2012, p. 234.
7. Já tivemos a oportunidade de aprofundar os estudos sobre o tema razoável duração do processo: KOEHLER, Frederico Augusto Leopoldino. *A razoável duração do processo*. 2. ed. Salvador: Juspodivm, 2013.
8. CAMARGO, Luiz Henrique Volpe. O incidente de resolução de demandas repetitivas no projeto do novo CPC: a comparação entre a versão do Senado Federal e a da Câmara dos Deputados. In: FREIRE, Alexandre *et al* (org.). *Novas Tendências do Processo Civil*: estudos sobre o projeto do novo Código de Processo Civil. Vol. 3. Salvador: Juspodivm, 2014, p. 309-310.
9. Exceção a isso é o artigo de Luiz Henrique Volpe Camargo, citado na nota anterior, p. 305 e seguintes.

2. O INCIDENTE DE RESOLUÇÃO DE DEMANDAS REPETITIVAS VINCULA OS JUÍZES DOS JUIZADOS ESPECIAIS?

A primeira questão que urge responder é a seguinte: a decisão proferida no IRDR vincula os julgados dos juizados especiais?

Para responder a esse questionamento, cabe realizar um histórico da evolução do texto no processo legislativo em que se discute o projeto do NCPC. Com esse escopo, registre-se que tanto o anteprojeto do NCPC, quanto a versão aprovada no Plenário do Senado Federal, e também a versão aprovada na Comissão Especial da Câmara dos Deputados, todos silenciavam quanto à vinculação dos juízes de juizados e turmas recursais à decisão proferida no IRDR. Apenas no momento de votação no Plenário da Câmara dos Deputados é que se incluiu, de forma expressa, a aplicação do IRDR aos juizados especiais, conforme redação final do novo Código de Processo Civil (Lei n.º 13.105/2015):

> Art. 985. Julgado o incidente, a tese jurídica será aplicada:
>
> I – a todos os processos individuais ou coletivos que versem sobre idêntica questão de direito e que tramitem na área de jurisdição do respectivo tribunal, *inclusive àqueles que tramitem nos juizados especiais do respectivo Estado ou região*; (grifou-se)

Portanto, não houve uma reflexão adequada sobre o tema, partindo-se diretamente – sem tempo de namoro ou noivado – para um casamento cujas consequências ainda são imprevisíveis, tendo em vista a falta de detalhamento do NCPC sobre o ponto em estudo, limitando-se a determinar a aplicação do IRDR no âmbito dos juizados especiais.

Nesse ponto, importante registrar o entendimento de Volpe Camargo, segundo o qual *"A despeito do silêncio tanto do texto do Senado quanto do texto da Câmara, acredita-se que as turmas recursais e juízes de juizados especiais também estarão vinculados ao resultado do incidente"*[10]. Reforçando esse entendimento, confira-se o Enunciado n.º 93 do Fórum Permanente de Processualistas Civis – FPPC[11] sobre o art. 982, inc. I:

> Admitido o incidente de resolução de demandas repetitivas, também devem ficar suspensos os processos que versem sobre a mesma questão objeto do incidente e que tramitem perante os juizados especiais no mesmo estado ou região.

---

10. CAMARGO, Luiz Henrique Volpe. *Op. Cit.*, p. 305. O artigo referido foi escrito com base no texto aprovado pela Comissão Especial da Câmara dos Deputados, razão pela qual não podia prever que a vinculação das turmas recursais e juízes de juizados especiais ao resultado do incidente seria inserida de forma expressa no texto do NCPC aprovado no Plenário dessa Casa Legislativa.

11. Esse e os demais enunciados do Fórum Permanente de Processualistas Civis – FPPC estão disponíveis em: ‹http://portalprocessual.com/wp-content/uploads/2015/03/Carta-de-Belo-Horizonte.pdf›. Acesso em: 31 mar. 2015.

De fato, ficou clara a opção política do legislador de que os juizados especiais não sejam excluídos da aplicação do IRDR, o que se revela uma opção correta, a nosso ver, uma vez que é nesse microssistema que surge a imensa maioria dos casos repetitivos, sendo certo que os juizados – especialmente a partir da Lei n.º 10.259/2001, que criou os JEFs – sempre estiveram na vanguarda do estabelecimento de um tratamento diferenciado às demandas em massa[12]. No entanto, deveria o NCPC ter tratado do tema atentando para as peculiaridades do sistema dos juizados especiais. Não o tendo feito, surgirão problemas práticos cujo enfrentamento será inevitável na lide forense.

3. PROBLEMAS DECORRENTES DA APLICAÇÃO DO INCIDENTE DE RESOLUÇÃO DE DEMANDAS REPETITIVAS NOS JUIZADOS ESPECIAIS

Partindo da premissa estabelecida no tópico anterior, passemos a analisar os problemas que surgirão da aplicação do IRDR aos juizados especiais.

Segundo o art. 977 do NCPC *"O pedido de instauração do incidente será dirigido ao presidente de tribunal"*, enquanto o art. 982 dispõe que *"Admitido o incidente, o relator: I – suspenderá os processos pendentes, individuais ou coletivos, que tramitam no Estado ou na região, conforme o caso"*.

Ao admitir o IRDR, portanto, os tribunais suspenderão os processos que tramitam no respectivo estado ou região, inclusive nos juizados, como deflui de uma interpretação combinada com o art. 985, inc. I, adrede transcrito. O perigo subjacente nessa previsão é de que haja uma subversão de todo o microssistema dos juizados, em que não há a participação dos TJs e TRFs, sendo as turmas de uniformização as responsáveis pela formação dos precedentes.

Cabe registrar que houve uma mudança entre a versão do NCPC aprovada no Plenário da Câmara dos Deputados e a versão definitiva transformada na Lei n.º 13.105/2015, após revisão final do texto pelo Senado Federal. Na primeira versão referida, prescrevia o art. 988, § 1º que *"O incidente pode ser suscitado perante tribunal de justiça ou tribunal regional federal"*[13], enquanto o texto definitivo prevê, no art. 977, que *"O pedido de instauração do incidente será dirigido ao presidente de tribunal"*.

---

12. No mesmo sentido: ATAÍDE JR., Jaldemiro Rodrigues de. As demandas de massa e o projeto de novo Código de Processo Civil. *In*: FREIRE, Alexandre *et al* (org.). *Novas Tendências do Processo Civil*: estudos sobre o projeto do novo Código de Processo Civil. Vol. 3. Salvador: Juspodivm, 2014, p. 50-54. Ver também, sobre o ponto: NOBRE JR., Edilson Pereira. Os Juizados Especiais Federais e o Pedido de Uniformização de Jurisprudência. *Revista Dialética de Direito Processual*, n. 122, maio 2013, *passim*.

13. Consulte-se a versão indigitada em: *Projeto do novo Código de Processo Civil*: versão Câmara dos Deputados – redação final aprovada em 26.03.2014. Salvador: Juspodivm, 2014.

A alteração textual teve o claro intuito de ampliar o sentido da norma, devendo-se compreender que o IRDR será suscitado não apenas perante os TJs e os TRFs, mas também perante qualquer Tribunal Regional[14], como os Tribunais Regionais do Trabalho[15] e os Tribunais Regionais Eleitorais. As TRs – e pode-se dizer o mesmo das TRUs e da TNU – por não serem consideradas tribunais, consoante entendimento consolidado nos tribunais superiores, não poderão julgar IRDR. Ficam alijadas, destarte, da participação na formação dos precedentes no âmbito dos juizados especiais.

De fato, a dificuldade maior que surge é como compatibilizar tal previsão com a existência de um sistema recursal diverso nos juizados, com TRs, TRUs e TNU. Uma solução possível seria prever-se que, no caso dos juizados, o IRDR deveria ser suscitado perante algum órgão que componha o microssistema, como a TRU ou a TNU. Tal hipótese, entretanto, como visto acima, é vedada pela expressa disposição do art. 977.

Cabe perguntar: se o IRDR é proposto e julgado pelos TJs e Tribunais Regionais e, em caso de recurso, pelo STF e STJ – consoante previsto no art. 987 –, qual o papel das TRs, TRUs e TNU na uniformização da jurisprudência dos juizados? Afinal de contas, prevalecerá o que for decidido pelo TJ ou TRF no IRDR em detrimento da jurisprudência da TNU ou TRU respectiva sobre o tema discutido? Sendo essa a interpretação, melhor seria extinguir de logo a TNU e a TRU, reformulando-se por completo o sistema recursal dos juizados especiais.

Com efeito, perceba-se que além dos TJs e Tribunais Regionais não comporem a estrutura recursal dos juizados, o mesmo ocorre com o STJ, uma vez que já está consolidado, inclusive no STF, o entendimento de que o recurso especial não é cabível contra decisões que não sejam oriundas de tribunais (caso das TRs, TRUs e TNU, órgãos que compõem o microssistema dos juizados)[16]. Nesse sentido, aliás, a Súmula n.º 203 do STJ: *"Não cabe recurso especial contra decisão proferida por órgão de segundo grau dos Juizados Especiais"*.

Não se olvide a previsão do art. 14, § 4º, da Lei n.º 10.259/2001 (que regula os JEFs), segundo a qual: *"Quando a orientação acolhida pela Turma de Uniformização,*

---

14. Nesse sentido, o enunciado n.º 343 do Fórum Permanente de Processualistas Civis – FPPC: *"O incidente de resolução de demandas repetitivas compete a tribunal de justiça ou tribunal regional"*.
15. No que tange especificamente ao TRT, leia-se o enunciado n.º 347 do Fórum Permanente de Processualistas Civis – FPPC: *"Aplica-se ao processo do trabalho o incidente de resolução de demandas repetitivas, devendo ser instaurado quando houver efetiva repetição de processos que contenham controvérsia sobre a mesma questão de direito"*.
16. SANTOS JÚNIOR, Rosivaldo Toscano dos e STRECK, Lênio Luiz. Recurso Especial, macro-lides e o puxadinho hermenêutico. In: FREIRE, Alexandre et al (org.). *Novas Tendências do Processo Civil*: estudos sobre o projeto do novo Código de Processo Civil. Vol. 3. Salvador: Juspodivm, 2014, p. 188-189.

em questões de direito material, contrariar súmula ou jurisprudência dominante no Superior Tribunal de Justiça - STJ, a parte interessada poderá provocar a manifestação deste, que dirimirá a divergência". Tal incidente, cuja teleologia foi transplantada para os Juizados da Fazenda Pública Estadual (Lei n.º 12.153/2009), em seu art. 18 § 3º, está, em nossa opinião, eivado de inconstitucionalidade, pois se criou, sem previsão na Constituição Federal, recurso cujo julgamento foi atribuído ao STJ, indo de encontro ao princípio da tipicidade de competências[17]. De fato, segundo o desenho constitucional, ao STJ não caberia uniformizar a jurisprudência dos juizados especiais, sendo tal tarefa de incumbência de seus próprios órgãos de uniformização, como a TNU e as TRUs.

Ainda mais grave, neste ponto, é a situação dos Juizados Estaduais, já que neles não há, ainda, Turma Nacional de Uniformização[18]. Nesse sentido, Lênio Streck e Rosivaldo Toscano dos Santos Júnior chamam a atenção para a incongruência sistêmica de prever-se que a existência de recurso especial repetitivo no STJ suspende os processos em trâmite nos juizados. E tal incongruência ganha ainda mais relevo nos juizados estaduais, em que sequer existe a Turma Nacional de Uniformização, o que impede que a matéria *sub judice* chegue ao STJ por via transversa, o que é possível de ocorrer com a Turma Nacional de Uniformização dos JEFs, com base no art. 14, §4º, da Lei n.º 10.259/2001[19]. O mesmo raciocínio e idêntica preocupação valem integralmente para o IRDR.

Avancemos em direção a outros pontos problemáticos.

Algumas matérias são tipicamente de competência dos juizados especiais e não chegam aos TRFs e TJs. A título exemplificativo, podemos citar as demandas de: 1) segurados especiais pleiteando aposentadoria ou salário-maternidade rural que costumeiramente são em valor inferior ao teto dos juizados; 2) pescadores artesanais pleiteando o seguro durante o período de defeso. Não custa lembrar que a competência dos JEFs, onde existirem, é absoluta, segundo

---

17. Leonardo da Cunha corrobora esse entendimento, informando que *"Em razão do princípio da tipicidade, as competências dos órgãos constitucionais são apenas as expressamente previstas na Constituição"*. CUNHA, Leonardo José Carneiro da. *Jurisdição e competência*. São Paulo: Revista dos Tribunais, 2008, p. 47.
18. Registre-se que a Comissão de Constituição e Justiça e de Cidadania da Câmara dos Deputados aprovou, no dia 04 de junho de 2014, o Projeto de Lei n.º 5741/2013, oriundo do Superior Tribunal de Justiça, que propõe alteração na Lei n.º 12.153/2009, para criar a Turma Nacional de Uniformização de Jurisprudência dos Juizados Especiais Estaduais e do Distrito Federal, que cria a Turma Nacional de Uniformização de Jurisprudência dos Juizados Especiais dos Estados e do Distrito Federal. A proposta teve requerimento de urgência aprovado, e estava na pauta do Plenário para votação desde maio de 2014, tendo sido, entretanto, retirado de pauta desde a sessão de 05/02/2015. *CCJ aprova turma nacional de uniformização de jurisprudência do STJ*. Disponível em: <http://www2.camara.leg.br/camaranoticias/noticias/DIREITO-E-JUSTICA/469673-CCJ-APROVA-TURMA-NACIONAL-DE-UNIFORMIZACAO-DE-JURISPRUDENCIA-DO-STJ.html>. Acesso em: 31 mar. 2015. Para acompanhamento do trâmite processual, confira-se: <http://www.camara.gov.br/proposicoesWeb/fichadetramitacao?idProposicao=580322>. Acesso em: 31 mar. 2015.
19. SANTOS JÚNIOR, Rosivaldo Toscano dos e STRECK, Lênio Luiz. *Op. Cit.*, p. 191-192.

prescreve o art. 3º da Lei n.º 10.259/2001. A propósito, se tais causas ainda chegam aos TRFs hoje em dia, isso se deve às apelações nos casos de competência delegada aos juízes de Direito que atuam em comarcas onde não há vara federal (art. 109, §4º da CF)[20].

Portanto, constatando-se que apenas pouquíssimos processos de matérias típicas dos juizados especiais chegam aos TJs e TRFs, esses tribunais ficarão responsáveis pela uniformização de teses que não é de sua lida diária e que dificilmente apreciariam em outra hipótese, o que pode prejudicar a real compreensão das questões levadas à discussão no IRDR.

Prosseguindo-se com o exame do tema deste ensaio, encontra-se o problema a seguir descrito.

O art. 1.037 do NCPC, ao tratar do julgamento dos recursos extraordinário e especial repetitivos, dispõe:

> Art. 1.037. (...).
>
> § 9º Demonstrando distinção entre a questão a ser decidida no processo e aquela a ser julgada no recurso especial ou extraordinário afetado, a parte poderá requerer o prosseguimento do seu processo.
>
> § 10. O requerimento a que se refere o § 9º será dirigido:
>
> I – ao juiz, se o processo sobrestado estiver em primeiro grau;
>
> II – ao relator, se o processo sobrestado estiver no tribunal de origem;
>
> III – ao relator do acórdão recorrido, se for sobrestado recurso especial ou recurso extraordinário no tribunal de origem;
>
> IV – ao relator, no tribunal superior, de recurso especial ou de recurso extraordinário cujo processamento houver sido sobrestado.
>
> (...).
>
> § 13. Da decisão que resolver o requerimento a que se refere o § 9º caberá:

---

20. Observe-se que a PEC n.º 244/2013 propõe que o art. 109, §4º, da CF, passe a ter o seguinte teor: "Na hipótese do parágrafo anterior, o recurso cabível será para o Tribunal Regional Federal na correspondente área de jurisdição, que poderá delegar o seu julgamento, nas causas previdenciárias, a turma recursal de juizado especial federal". Como se vê, a PEC pretende transferir dos TRFs para as Turmas Recursais dos JEFs as apelações em casos de competência delegada, o que ainda tornará mais grave o problema referido, em caso de aprovação. A CCJ, em setembro de 2013, aprovou a PEC referida, que aguarda o restante do trâmite no Congresso Nacional. Disponível em: ‹http://www.camara.gov.br/proposicoesWeb/fichadetramitacao?idProposicao=566537›. Acesso em: 31 mar. 2015.

I – agravo de instrumento, se o processo estiver em primeiro grau;

II – agravo interno, se a decisão for de relator.

Nota-se que o referido dispositivo diz respeito ao julgamento dos recursos extraordinário e especial repetitivos, sendo claro que não constam expressamente no NCPC disposições similares para o IRDR[21]. Ainda assim, entendemos que a possibilidade de o interessado pedir o prosseguimento do seu processo sem se submeter ao sobrestamento aplica-se também ao IRDR, uma vez que esse instituto, ao lado dos recursos extraordinário e especial repetitivos, forma um microssistema de solução de casos repetitivos, cujas normas de regência são complementares e devem ser interpretadas em conjunto[22].

Corroborando a ideia de um microssistema de solução de casos repetitivos, o NCPC prescreve que:

> Art. 928. Para os fins deste Código, considera-se julgamento de casos repetitivos a decisão proferida em:
>
> I – incidente de resolução de demandas repetitivas;
>
> II – recursos especial e extraordinário repetitivos.
>
> Parágrafo único. O julgamento de casos repetitivos tem por objeto questão de direito material ou processual.

A conclusão atingida, a propósito, é ratificada pelo enunciado n.º 348 do Fórum Permanente de Processualistas Civis – FPPC, assim formulado: "*Os interessados serão intimados da suspensão de seus processos individuais, podendo requerer o prosseguimento ao juiz ou tribunal onde tramitarem, demonstrando a distinção entre a questão a ser decidida e aquela a ser julgada no incidente de resolução de demandas repetitivas, ou nos recursos repetitivos*".

Pois bem. Em caso de processo que tramite no juizado e esteja em primeira instância, ou aguardando julgamento de recurso por TR ou TRU, o interessado irá requerer o prosseguimento ou suspensão do feito ao respectivo juizado, TR ou TRU. Caso se entenda que não foi suficientemente demonstrado o *distinguishing* (a distinção) do seu caso em relação ao tema discutido no IRDR, o agravo de instrumento previsto no art. 1.037, § 13, inc. I, será dirigido ao respectivo TJ/TRF?

---

21. Como bem registram: THEODORO JÚNIOR, Humberto; NUNES, Dierle; BAHIA, Alexandre Melo Franco; PEDRON, Flávio Quinaud. *Novo CPC*: fundamentos e sistematização. Rio de Janeiro: Forense, 2015, p. 336-337, nota 113.
22. Nesse exato sentido, o enunciado n.º 345 do Fórum Permanente de Processualistas Civis – FPPC: "*O incidente de resolução de demandas repetitivas e o julgamento dos recursos extraordinários e especiais repetitivos formam um microssistema de solução de casos repetitivos, cujas normas de regência se complementam reciprocamente e devem ser interpretadas conjuntamente*".

Na verdade, o próprio cabimento do agravo nessa hipótese é duvidoso, uma vez que a Lei n.º 9.099/1995 (que regula os Juizados Estaduais) e a Lei n.º 10.259/2001 (que regula os Juizados Federais) não preveem o cabimento dessa espécie recursal para esse caso. Mais: o agravo cabível no microssistema dos juizados é sempre dirigido às TRs, e não aos TJs/TRFs. Trata-se, assim, da criação de uma incongruência sistêmica digna de nota.

Insiste-se no assunto para perquirir: caberá o agravo referido quando a causa estiver sobrestada na TNU? Em caso positivo, a qual tribunal será dirigido? São perguntas para as quais não há respostas claras, e que certamente ocasionarão confusão quando da entrada em vigor do NCPC.

Do mesmo modo, como poderá o demandante, cuja causa tramite perante os juizados especiais, provocar o TJ/TRF (tribunais que detêm competência para decidir o IRDR nesses casos) para fins de *overruling* (superação do precedente), se o recurso cabível contra a sentença proferida no referido microssistema é o recurso inominado dirigido às turmas recursais?

Por fim, importa examinar o seguinte problema.

O art. 988, inc. IV, e o § 1º do NCPC encontram-se assim dispostos:

> Art. 988. Caberá reclamação da parte interessada ou do Ministério Público para:
>
> (...).
>
> IV – garantir a observância de enunciado de súmula vinculante e de precedente proferido em julgamento de casos repetitivos ou em incidente de assunção de competência.
>
> § 1º A reclamação pode ser proposta perante qualquer tribunal, e seu julgamento compete ao órgão jurisdicional cuja competência se busca preservar ou cuja autoridade se pretenda garantir.

Destarte, inobservado o precedente fixado em IRDR nos juizados, caberá reclamação perante o TJ/Tribunal Regional ou STF/STJ – a depender de quem tenha julgado o IRDR –, para o controle da aplicação do precedente fixado, mesmo que, como adrede demonstrado, o iter recursal desse microssistema passe ao largo desses tribunais (com exceção do STF)[23]. É o que afirma o enunciado n.º 349 do Fórum Permanente de Processualistas Civis – FPPC: *"Cabe reclamação para o tribunal que julgou o incidente de resolução de demandas repetitivas caso afrontada a autoridade dessa decisão"*.

---

23. Manifestando-se pelo cabimento da reclamação, mas sem tratar especificamente do caso dos juizados especiais: CUNHA, Leonardo José Carneiro da. Anotações sobre o incidente de resolução de demandas repetitivas previsto no projeto do novo CPC. In: DIDIER JR., Fredie; KLIPPEL, Rodrigo; MOUTA, José Henrique (coord.). *O projeto do novo Código de Processo Civil*: estudos em homenagem ao Professor José de Albuquerque Rocha. 1ª série. Salvador: Juspodivm, 2011, p. 291.

Ou seja, se uma TR descumpre, por exemplo, entendimento fixado pelo TRF em IRDR, cabe, ao mesmo tempo, reclamação para o TRF e incidente de uniformização de jurisprudência para a TRU ou TNU (a depender do caso concreto). *Quid juris*, se o TRF julgar procedente a reclamação e a TNU entender em sentido diverso na apreciação do incidente de uniformização de jurisprudência? É mais uma grave incoerência sistêmica que merece registro. Tal incoerência ocorre porque, de regra, o tribunal competente para julgar o IRDR e para apreciar a respectiva reclamação também deve ser o tribunal competente para apreciar os recursos cabíveis contra os julgados proferidos nos casos concretos. Essa, contudo, não é a situação que ocorre nos juizados, como demonstramos.

4. CONCLUSÃO

O mundo jurídico brasileiro aguarda com ansiedade a entrada em vigor do NCPC, o que ocorrerá assim que finalizado o prazo de *vacatio legis* previsto no art. 1.045, isto é, um ano após a data de sua publicação, que se deu em 17/03/2015.

Como visto, é certa a aplicação do IRDR nos juizados especiais, havendo, entretanto, inúmeros problemas e incoerências sistêmicas decorrentes disso. Entendemos que tal aplicação será imprescindível para o bom funcionamento dos juizados especiais após o advento do NCPC, especialmente no que tange à obediência ao sistema de precedentes e à consequente estabilização de sua jurisprudência.

Contudo, um final feliz nessa história passa pela alteração do NCPC para uma regulamentação específica da aplicação do IRDR no sistema dos juizados especiais, de uma forma que não desconsidere a existência de um caminho recursal peculiar nesse sistema.

Ou bem as turmas de uniformização devem manter sua importante função de uniformizar a jurisprudência no âmbito dos juizados ou sua existência se torna absolutamente injustificada, sendo mais coerente propor-se a sua imediata extinção. O que não cabe é criar um sistema híbrido e confuso tal qual se vislumbra com a vigência do NCPC tal qual aprovado no Congresso Nacional. Tais modificações devem ocorrer o mais breve possível, de preferência ainda durante o período de *vacatio*, tal qual ocorreu com o CPC de 1973, alterado, dentre outras, pela Lei n.º 5.925/73, que modificou cerca de cem artigos do Código.

5. REFERÊNCIAS

ATAÍDE JR., Jaldemiro Rodrigues de. As demandas de massa e o projeto de novo Código de Processo Civil. *In*: FREIRE, Alexandre *et al* (org.). *Novas Tendências do Processo Civil*:

estudos sobre o projeto do novo Código de Processo Civil. Vol. 3. Salvador: Juspodivm, 2014, p. 45-69.

BASTOS, Antônio Adonias A. A necessidade de compatibilização do interesse público com os direitos processuais individuais no julgamento das demandas repetitivas. *In*: BASTOS, Antônio Adonias A. e DIDIER JR., Fredie (coord.). *O projeto do novo Código de Processo Civil*: estudos em homenagem ao Professor José Joaquim Calmon de Passos. 2ª série. Salvador: Juspodivm, 2012, p. 109-130.

BRASIL. Câmara dos Deputados. *Proposta de Emenda à Constituição n.º 244/2013, que Altera o §4º do art. 109 da Constituição Federal*. Disponível em: ‹http://www.camara.gov.br/proposicoesWeb/fichadetramitacao?idProposicao=566537›. Acesso em: 22 jun. 2014.

CAMARGO, Luiz Henrique Volpe. O incidente de resolução de demandas repetitivas no projeto do novo CPC: a comparação entre a versão do Senado Federal e a da Câmara dos Deputados. *In*: FREIRE, Alexandre et al (org.). *Novas Tendências do Processo Civil*: estudos sobre o projeto do novo Código de Processo Civil. Vol. 3. Salvador: Juspodivm, 2014, p. 279-311.

CCJ aprova turma nacional de uniformização de jurisprudência do STJ. Disponível em: ‹http://www2.camara.leg.br/camaranoticias/noticias/DIREITO-E-JUSTICA/469673-CCJ-APROVA-TURMA-NACIONAL-DE-UNIFORMIZACAO-DE-JURISPRUDENCIA-DO-STJ.html›. Acesso em: 31 mar. 2015.

CUNHA, Leonardo José Carneiro da. *Jurisdição e competência*. São Paulo: Revista dos Tribunais, 2008.

_____. Anotações sobre o incidente de resolução de demandas repetitivas previsto no projeto do novo CPC. *In*: DIDIER JR., Fredie; KLIPPEL, Rodrigo; MOUTA, José Henrique (coord.). *O projeto do novo Código de Processo Civil*: estudos em homenagem ao Professor José de Albuquerque Rocha. 1ª série. Salvador: Juspodivm, 2011, p. 269-292.

Enunciados do Fórum Permanente de Processualistas Civis – FPPC. Disponível em: ‹http://portalprocessual.com/wp-content/uploads/2015/03/Carta-de-Belo-Horizonte.pdf›. Acesso em: 31 mar. 2015.

GONÇALVES, Marcelo Barbi. O incidente de resolução de demandas repetitivas e a magistratura deitada. *Revista de Processo*, a. 38, v. 222, p. 221-248, ago. 2013.

KOEHLER, Frederico Augusto Leopoldino. *A razoável duração do processo*. 2. ed. Salvador: Juspodivm, 2013.

NOBRE JR., Edilson Pereira. Os Juizados Especiais Federais e o Pedido de Uniformização de Jurisprudência. *Revista Dialética de Direito Processual*, n. 122, p. 16-28, maio 2013.

NUNES, Dierle e PATRUS, Rafael Dilly. Uma breve notícia sobre o procedimento-modelo alemão e sobre as tendências brasileiras de padronização decisória: um contributo para o estudo do incidente de resolução de demandas repetitivas brasileiro. *In*: FREIRE, Alexandre et al (org.). *Novas Tendências do Processo Civil*: estudos sobre o projeto do novo Código de Processo Civil. Vol. 1. Salvador: Juspodivm, 2013, p. 471-483.

OLIVEIRA, Guilherme Peres de. Incidente de resolução de demandas repetitivas – uma proposta de interpretação de seu procedimento. In: FREIRE, Alexandre et al (org.). *Novas Tendências do Processo Civil*: estudos sobre o projeto do novo Código de Processo Civil. Vol. 2. Salvador: Juspodivm, 2014, p. 663-670.

Projeto do novo Código de Processo Civil: versão Câmara dos Deputados – redação final aprovada em 26.03.2014. Salvador: Juspodivm, 2014.

ROSSI, Júlio César. O precedente à brasileira: súmula vinculante e incidente de resolução de demandas repetitivas. *Revista de Processo*, a. 37, v. 208, p. 203-240, jun. 2012.

SANTOS JÚNIOR, Rosivaldo Toscano dos e STRECK, Lênio Luiz. Recurso Especial, macro-lides e o puxadinho hermenêutico. In: FREIRE, Alexandre et al (org.). *Novas Tendências do Processo Civil*: estudos sobre o projeto do novo Código de Processo Civil. Vol. 3. Salvador: Juspodivm, 2014, p. 181-196.

THEODORO JÚNIOR, Humberto; NUNES, Dierle; BAHIA, Alexandre Melo Franco; PEDRON, Flávio Quinaud. *Novo CPC*: fundamentos e sistematização. Rio de Janeiro: Forense, 2015.

VIAFORE, Daniele. As semelhanças e as diferenças entre o procedimento-modelo alemão *Musterverfahren* e a proposta de um "incidente de resolução de demandas repetitivas". *Revista de Processo*, a. 38, v. 217, p. 257-308, mar. 2013.

CAPÍTULO 17

O Incidente de Resolução de Demandas Repetitivas e o Trato da Litigiosidade Coletiva

Gustavo Milaré Almeida[1]

SUMÁRIO • 1. INTRODUÇÃO; 2. INCIDENTE DE RESOLUÇÃO DE DEMANDAS REPETITIVAS: 2.1. A INSPIRAÇÃO ALEMÃ E SEU PROCEDIMENTO; 2.2. SISTEMÁTICA LEGAL NO NCPC; 3. IRDR E A TUTELA COLETIVA; 4. CONSIDERAÇÕES CONCLUSIVAS; 5. BIBLIOGRAFIA.

1. INTRODUÇÃO

Com base na lição de Sergio Menchini, a doutrina tem informado que "a ciência processual precisa lidar com três tipos de litigiosidade: a) a individual ou 'de varejo': sobre a qual o estudo e dogmática foram tradicionalmente desenvolvidos, envolvendo alegações de lesões e ameaças a direitos isoladas; b) a litigiosidade coletiva: envolvendo direitos coletivos, difusos e individuais homogêneos, nos quais se utilizam, v.g., procedimentos coletivos representativos, normalmente patrocinados por legitimados extraordinários (órgão de execução do MP, associações representativas etc.) mediante *Class Actions, Defendant Class Actions, Verbandsklage* etc.; e c) em massa ou de alta intensidade: embasadas prioritariamente em direitos individuais homogêneos que dão margem à propositura de ações individuais repetitivas ou seriais, que possuem como base pretensões isomórficas, com especificidades, mas que apresentam questões (jurídicas e/ou fáticas) comuns para a resolução da causa"[2].

O novo Código de Processo Civil (NCPC) claramente procura tratar da litigiosidade individual ou "de varejo" e da litigiosidade em massa ou de alta intensidade. Esta, mediante o delineamento de verdadeiro *microssistema de litigiosidade repetitiva*[3], que amplamente prestigia os precedentes jurisprudenciais. E, aquela

---

1. Mestre e Doutor em Direito Processual pela USP. Advogado em São Paulo.
2. Humberto Theodoro Júnior, Dierle Nunes, Alexandre Melo Franco Bahia e Flávio Quinaud Pedron, *Novo CPC – Fundamentos e sistematização*, Rio de Janeiro, Forense, 2015, p. 283-284.
3. Enunciado 346 do Fórum Permanente de Processualistas Civis (FPPC): "A Lei nº 13.015, de 21 de julho de 2014, compõe o microssistema de solução de casos repetitivos".

litigiosidade individual ou "de varejo", mediante a reforma da sistemática processual ainda vigente, buscando torná-la mais aderente aos anseios da sociedade civil brasileira contemporânea e à tendência mundial de um sistema de solução de controversas multiportas.

Com isso, o NCPC tenta tratar adequadamente esses tipos de litigiosidade em nosso ordenamento jurídico, a fim de, na maior medida possível, prover um *processo civil de resultados*[4], ou seja, um processo civil que vá além da simples decisão judicial sobre o conflito, capaz de promover mudanças reais e tempestivas na vida do titular de um direito.[5]

Dentro daquele microssistema de litigiosidade repetitiva[6], porém, chama atenção a positivação do chamado "Incidente de Resolução de Demandas Repetitivas" (IRDR)[7], uma vez que se trata de novidade no Direito brasileiro.

Esse instituto, tido pelos juristas que formaram a comissão inicial encarregada de elaborar o anteprojeto do NCPC como a sua principal inovação, tem inspiração no Direito alemão e se enquadra perfeitamente no referido ideal de prestigiar os precedentes jurisprudenciais que informa nosso novo diploma processual, procurando, assim, tratar de forma adequada a litigiosidade em massa ou de alta intensidade da sociedade civil brasileira contemporânea.

Embora ainda seja preciso aguardar algum tempo para observar os resultados práticos de tal inovação, é oportuno, neste momento, analisar sua sistemática legal, a fim de buscar ceifar qualquer desconfiança e até preconceito que porventura possam surgir (ou existir).

Mais do que isso, ao abordar o IRDR, entende-se que é igualmente oportuno analisar se essa inovação repercute na tutela coletiva e, em caso positivo, em que medida, o que implica necessariamente avaliar o uso que tem sido dado a essa tutela, uma vez que o NCPC não tratou desse tipo de litigiosidade.

Obviamente, dados os estritos limites traçados para este trabalho, não se busca, aqui, esgotará o tema, nem examiná-lo com toda a profundidade que

---

4. Cândido Rangel Dinamarco, *Instituições de direito processual civil*, vol. I, São Paulo, Malheiros, 2001, p. 108.
5. Nesse sentido, v. Luiz Guilherme Marinoni, Garantia da tempestividade da tutela jurisdicional e duplo grau de jurisdição, in *Garantias constitucionais do processo civil: homenagem aos 10 anos da Constituição Federal de 1988* (org. José Rogério Cruz e Tucci), São Paulo, Revista dos Tribunais, 1999, p. 207-233.
6. Formado, entre outras técnicas, também pelo julgamento dos recursos extraordinários e especiais repetitivos (arts. 1.036-1.041), pela improcedência liminar do pedido (art. 332) e pela reunião para julgamento conjunto (art. 55, § 3º).
7. Enunciado 345 do FPPC: "O incidente de resolução de demandas repetitivas e o julgamento dos recursos extraordinários e especiais repetitivos formam um microssistema de solução de casos repetitivos, cujas normas de regência se complementam reciprocamente e devem ser interpretadas conjuntamente".

exige, mas simplesmente fomentar esse debate na comunidade jurídica, a fim de tentar contribuir com a contínua e necessária melhoria do ordenamento jurídico brasileiro.

2. INCIDENTE DE RESOLUÇÃO DE DEMANDAS REPETITIVAS
2.1. A INSPIRAÇÃO ALEMÃ E SEU PROCEDIMENTO

Como mencionado, o IRDR inserido no NCPC foi inspirado no Direito alemão, mais precisamente no Procedimento-Modelo ou Procedimento-Padrão (*Musterverfahren*) para a proteção dos investidores em mercado de capitais.[8]

Antonio do Passo Cabral informa que, justamente diante da especificidade de tal norma, o espectro de aplicação do *Musterverfahren* é bastante restrito, assim como também acontece com outros regramentos referentes à tutela coletiva no direito alemão.[9]

Seu escopo é "estabelecer uma esfera de decisão coletiva de questões comuns a litígios individuais, sem esbarrar nos ataques teóricos e entraves práticos da disciplina das ações coletivas de tipo representativo. Objetiva-se o esclarecimento unitário de características típicas a várias demandas isomórficas, com um espectro de abrangência subjetivo para além das partes. A finalidade do procedimento é fixar posicionamento sobre supostos fáticos ou jurídicos de pretensões repetitivas"[10].

A pedido de interessado, essa finalidade pode ser ampliada durante o curso daquele incidente, desde que homologada judicialmente. Jamais, porém, poderá ser reduzida.

Como também informa Antonio do Passo Cabral[11], o procedimento do *Musterverfahren* inicia-se com o pedido para sua instalação, que é formulado pelo autor ou pelo réu do processo individual que identificar referido escopo coletivo (repercussão extraprocessual) e, assim, pleiteá-lo.

Admitido esse pedido, o juízo no qual esteja em trâmite o processo individual dará publicidade sobre a formação de tal incidente, mediante publicação em

---

8. Antes do advento do Código de Defesa do Consumidor, o ordenamento jurídico brasileiro já tutelava interesses individuais homogêneos por meio da Lei nº 7.913, de 7 de dezembro de 1989, assim como no Direito alemão, relativa à proteção dos investidores no mercado acionário. A esse respeito, v. Lionel Zaclis, *Proteção coletiva dos investidores no mercado de capitais*, São Paulo, Revista dos Tribunais, 2007; e Fernando Campos Salles de Toledo, A Lei nº 7.913, de 7 de dezembro de 1989: a tutela judicial do mercado de valores mobiliários, in *Revista dos Tribunais* 667, p. 70-78.
9. O novo procedimento-modelo (*Musterverfahren*) alemão: uma alternativa às ações coletivas, in *Revista de Processo* 147, p. 131.
10. Antonio do Passo Cabral, O novo procedimento-modelo... cit., p. 132.
11. O novo procedimento-modelo... cit., p. 132-143.

cadastro eletrônico público e gratuito. Importante notar que pedidos similares serão registrados de forma conjunta, a fim de otimizar seu julgamento e a consulta de quaisquer interessados.

Nos 4 meses seguintes, deve haver nesse juízo ou em outros pelo menos mais 9 requerimentos com o mesmo objeto, sob pena de rejeição daquele pedido.

Na sequência, o juízo de origem – aquele no qual tenha sido formulado, cronologicamente, o primeiro pedido de instauração do Procedimento-Modelo ou Procedimento-Padrão – decide sobre tal requerimento e remete a discussão para um tribunal de hierarquia superior (Tribunal Regional). Essa decisão é irrecorrível e vincula o Tribunal Regional ao julgamento do mérito do *Musterverfahren*.

Nesse tribunal, é determinada, de ofício, a suspensão de todos os processos relativos a tal discussão em trâmite nos juízos inferiores (ainda que não tenha havido requerimento de instauração de Procedimento-Modelo ou Procedimento-Padrão), bem como é escolhido um "líder" para os autores e outro, para os réus, que serão os interlocutores com o Tribunal Regional.

Não obstante, a participação de interessados é amplamente permitida, sendo-lhes facultado usar os meios adequados de ataque e de defesa e pleitear a ampliação do objeto do Procedimento-Modelo ou Procedimento-Padrão. Ainda que não intervenham, a vinculação ao julgamento dos interessados que já propuseram ações individuais no momento da decisão coletiva será automática, embora os efeitos dessa vinculação não tenham sido bem delineados pelo legislador alemão.

Essa decisão coletiva é recorrível, mas o respectivo recurso depende de requisitos específicos e de fundamentação vinculada (algo similar à repercussão geral do Direito brasileiro). Casos os líderes (dos autores e dos réus) não recorram ou desistam, a lei estabelece que outros líderes poderão ser nomeados.

Transitada em julgado aquela decisão, passa-se à definição das pretensões de cada litígio individualmente considerado, algo semelhante ao que ocorre para a liquidação e satisfação da tutela jurisdicional relativa a direitos ou interesses individuais homogêneos do sistema nacional, como, aliás, informado pela doutrina no início deste texto, ao tratar dos tipos de litigiosidade.

Visto o instituto que serviu de inspiração ao IRDR e seu respectivo procedimento, cabe apresentar, agora, a sistemática legal que lhe foi prevista no NCPC, a fim de verificar como se dará seu funcionamento entre nós.

2.2. SISTEMÁTICA LEGAL NO NCPC

A sistemática legal do IRDR está prevista nos arts. 976 a 987, que formam o Capítulo VIII ("Do Incidente de Resolução de Demandas Repetitivas") do Título

IX ("Do Processo nos Tribunais") do Livro I ("Do Processo de Conhecimento") do NCPC.

O art. 976 prevê que o cabimento do IRDR estará condicionado à "efetiva repetição de processos que contenham controvérsia sobre a mesma questão unicamente de direito"[12] e ao "risco de ofensa à isonomia e à segurança jurídica".[13]

Assim com o *Musterverfahren*, o IRDR parte da ideia de tratar processos repetitivos de forma idêntica e vinculante, a fim de evitar que, neles, sejam proferidas decisões contraditórias (ofensa à isonomia), bem como que os jurisdicionados não consigam ter segurança/previsibilidade das consequências jurídicas dos seus atos (ofensa à segurança jurídica).

Como se pode perceber desde já, a função social atribuída pelo legislador pátrio a esse instituto é muito próxima daquela desempenhada pela tutela jurisdicional dos direitos ou interesses individuais homogêneos (judicialização de pretensões sem conteúdo econômico relevante isoladamente consideradas, redução do número de ações ajuizadas e minoração do risco de decisões contraditórias sobre a mesma questão jurídica).[14]

A desistência ou o abandono do processo não impedirá o exame do mérito do IRDR, igualmente como no *Musterverfahren*, muito embora, no incidente brasileiro, não haja a escolha de "líderes", pois, nas hipóteses de desistência ou abandono, caberá ao Ministério Público assumir a titularidade do caso. O *Parquet* também deverá intervir obrigatoriamente como *custos legis* sempre que não for o requerente (art. 976, §§ 1º e 2º).

A ausência dos seus pressupostos gerará a inadmissão do IRDR, mas isso não impede que seja novamente suscitado quando satisfeitos tais pressupostos (§ 3º).

---

12. Não obstante essa previsão, Humberto Theodoro Júnior, Dierle Nunes, Alexandre Melo Franco Bahia e Flávio Quinaud Pedron bem anotam que "sabemos que disposições similares já inseridas no CPC/1973 reformado (como o art. 285-A) vêm sendo interpretadas como significando 'questão eminentemente ou predominantemente de direito', isto é, que não depende de prova. Até porque o conhecimento da questão de direito envolvida apenas se dá diante do caso que se está julgando, o que implica conhecer fatos a respeito" (*Novo CPC...* cit., p. 335, nota 108).
13. Enunciado 347 do FPPC: "Aplica-se ao processo do trabalho o incidente de resolução de demandas repetitivas, devendo ser instaurado quando houver efetiva repetição de processos que contenham controvérsia sobre a mesma questão de direito".
14. Rodolfo de Camargo Mancuso afirma que existe um *interesse social* para "que seja prevenida a *atomização de conflitos coletivos*, os quais, tratados fora dos esquemas de jurisdição coletiva, acabam gerando múltiplas demandas individuais, com efeitos deletérios bem conhecidos: sobrecarga do Judiciário, duração excessiva dos feitos, risco de decisões qualitativamente diversas" (*Ação civil pública em defesa do meio ambiente, do patrimônio cultural e dos consumidores: Lei 7.347/85 e legislação complementar*, 10ª ed., São Paulo, Revista dos Tribunais, 2007, p. 121).

Contudo, o IRDR não será cabível se houver a afetação de recurso por um dos tribunais superiores para formar precedente sobre determinada questão repetitiva, quer de direito material, quer de direito processual (§ 4º).

O pedido de instauração desse incidente não exigirá o pagamento de custas processuais (§ 5º) e, conforme o *caput* do art. 977, deverá ser dirigido para o presidente do tribunal[15], por ofício, quando formulado pelo juiz ou relator, ou por petição, quando formulado pelas partes, pelo Ministério Público ou pela Defensoria Pública. O ofício ou a petição deverá ser instruído com os documentos necessários à demonstração do preenchimento dos pressupostos de admissibilidade do IRDR (parágrafo único do art. 977).

O julgamento desse incidente caberá ao órgão colegiado definido pelo regimento interno do tribunal, que também será competente para julgar o recurso, a remessa necessária ou o processo de competência originária de onde se formou o incidente (art. 978 e parágrafo único).

Inspirado no procedimento do *Musterverfahren*, o NCPC previu também que deverá ser dada ampla e específica publicidade à instauração e ao julgamento do IRDR, que, assim como na Alemanha, será feita mediante registro eletrônico, em nosso caso, em banco de dados mantidos pelos tribunais e junto ao Conselho Nacional de Justiça – CNJ (art. 979 e § 1º).

O legislador brasileiro igualmente se preocupou em otimizar esse registro, determinando que contenha, pelo menos, os fundamentos determinantes da decisão e os dispositivos legais invocados (§ 2º)

O IRDR deverá ser julgado no prazo de 1 ano e, com exceção dos processos que envolvam réu preso e pedidos de *habeas corpus*, terá preferência sobre os demais (art. 980). Se não for julgado naquele prazo, cessará a suspensão a que o inc. I do art. 982 faz referência, desde que não haja decisão fundamentada do relator em sentido contrário (parágrafo único).

Distribuído o incidente, deverá ser feito seu juízo de admissibilidade por aquele órgão colegiado definido pelo regimento interno do tribunal (art. 981). Admitido, o relator (i) suspenderá[16] os processos pendentes, individuais ou coletivos, que versem sobre a questão objeto do IRDR e tramitem na área de competência do tribunal[17]; (ii) poderá requisitar informações a juízos que cuidem de

---

15. Enunciado 343 do FPPC: "O incidente de resolução de demandas repetitivas compete a tribunal de justiça ou tribunal regional".
16. Comunicando os órgãos jurisdicionais competentes (§ 1º).
17. Se as partes, o Ministério Público ou a Defensoria Pública requerem o conhecimento de recurso extraordinário ou especial, referida suspensão abrangerá todo o território nacional (§ 3º).

processos nos quais se discute o objeto do incidente; e (iii) intimará o Ministério Público para se manifestar, caso queira (art. 982, I, II e III).

Importante destacar que, mesmo suspenso, será possível pedido de tutela de urgência, que deverá ser formulado perante o juízo no qual o processo estava tramitando (§ 2º).

Além do disposto no parágrafo único do art. 980, aquela suspensão também cessará se não for interposto recurso extraordinário ou especial contra a decisão proferida no incidente (§ 5º).

Como no Direito alemão, o NCPC preocupou-se ainda com a ampla participação social para a elucidação da questão discutida antes de julgar o incidente, facultando-a a partes e terceiros, inclusive pessoas, órgãos e entidades com interesse na controvérsia (*amicus curiae*), e conferindo ao relator a possibilidade de designar audiências públicas (art. 983 e §§ 1º e 2º).

Na sessão de julgamento, o relator fará a exposição do objeto do incidente (art. 984), sendo que, na sequência, as partes do processo originário e o Ministério Público poderão fazer sustentações orais pelo prazo de 30 minutos (inc. I), seguidos dos demais interessados que se inscreverem com 2 dias de antecedência, que, por sua vez, dividirão prazo de também 30 minutos (inc. II). Caso tenham muitos inscritos, esse prazo poderá ser ampliado (§ 1º).

A respeito do art. 984 do CPC, ponto importante a destacar é a necessidade de o acórdão que julgar o IRDR analisar *todos* os fundamentos suscitados, favoráveis ou não (§ 2º).

Julgado o incidente, a tese jurídica que se formar será aplicada para todos os processos *presentes* (e cujo trâmite deverá estar suspenso) e *futuros* (ou seja, que vierem a ser propostos), na área de competência do tribunal, até que eventualmente haja a revisão do julgado (art. 985, I e II), que competirá ao mesmo tribunal, de ofício ou a requerimento do Ministério Público ou da Defensoria Pública (art. 986).

Caso não seja aplicada aquela tese jurídica a tais processos, caberá reclamação (art. 985, § 1º).[18]

Contra a decisão que julgar o mérito do IRDR, caberá recurso extraordinário ou especial, conforme o caso (art. 987). Esses recursos terão efeito suspensivo e presumirão a repercussão geral da questão constitucional eventualmente

---

18. Enunciado 349 do FPPC: "Cabe reclamação para o tribunal que julgou o incidente de resolução de demandas repetitivas caso afrontada a autoridade dessa decisão".

discutida (§ 1º), o que não afastará, porém, a obrigação de o recorrente demonstrá-la (art. 1.035, § 2º).

Julgado o mérito de um daqueles recursos, a tese jurídica que se formar será aplicada para todos os processos que versem sobre aquela questão que estejam em trâmite em todo o território nacional (art. 987, § 2º).

Esta é a sistemática legal prevista pelo NCPC pata o IRDR.

Da sua análise, é possível confirmar que, sobretudo por meio desse incidente, o novo diploma processual procura tratar de forma adequada a litigiosidade em massa ou de alta intensidade informada pela doutrina e, nessa medida, incentivar e aprimorar o uso do chamado Direito jurisprudencial no Brasil.

Como mencionado, ainda será preciso aguardar algum tempo para observar os resultados práticos daquela inovação e, mais do que isso, do prestígio aos precedentes que o NCPC procura fomentar.

Não obstante, é fundamental advertir que o IRDR (assim como as outras técnicas destinadas a tal prestígio) não deve ser utilizado de modo superficial e, principalmente, mecânico, com o intuito de apenas dar vazão ao imenso número de processos que crescentemente superlotam nossos tribunais ano a ano (ainda que esse possa ser um dos seus resultados práticos).

Não se pode achar que referido incidente, ou melhor, o Direito jurisprudencial como um todo consiste em artifício para se atingir uma pretensa eficiência quantitativa. Caso contrário, essa importante ferramenta fará um desserviço ao ordenamento jurídico brasileiro, uma vez que, certamente, representará evidente forma de denegação de direito.

3. IRDR E A TUTELA COLETIVA

A advertência feita acima nos remete de volta à necessidade informada pela doutrina no começo deste texto de a ciência processual precisar lidar com todos os tipos de litigiosidade.

Ocorre que, como mencionado, o NCPC claramente procura tratar da litigiosidade individual ou "de varejo" e da litigiosidade em massa ou de alta intensidade. Todavia, mencionou-se também que o IRDR – objeto do presente trabalho – possuirá uma função social em nosso sistema legal muito próxima daquela desempenhada pela tutela jurisdicional dos direitos ou interesses individuais homogêneos.

Com efeito, é essa espécie de tutela que dá margem à propositura de ações individuais repetitivas ou seriais que serão objeto daquele incidente pelo NCPC, de modo que não se pode negar que tal inovação legislativa repercute, ainda que indiretamente, no trato da tutela coletiva.

E, a despeito das previsões do NCPC, que se espera possam contribuir o para a melhoria do ordenamento jurídico nacional, igualmente não se pode nega que a correta judicialização dos conflitos decorrentes da nova sociedade civil contemporânea depende fundamentalmente da tutela coletiva, já que, sob um prisma técnico-processual, entende-se tratar da forma mais célere, pragmática e econômica para aquela judicialização.[19]

Nesse sentido, é preciso lembrar que a tendência de coletivização do processo civil não é nenhuma novidade. Há mais de duas décadas, a doutrina nacional já vem anunciando a *transmigração do individual para o coletivo*.[20]

Segundo Cândido Rangel Dinamarco, "embora nessa *transmigração* não se veja o abandono da tutela individual ou das técnicas voltadas a ela – senão a *ampliação* do espectro de oportunidades e preocupações para que também a tutela jurisdicional coletiva seja uma realidade –, tal movimento significa que o juiz moderno não manipula exclusivamente casos individuais (*atômicos*, na linguagem de Watanabe), mas também aqueles que, pelo *impacto de massa* de que são capazes, envolvem uma parcela significativa da comunidade", Aliás, segundo esse jurista, "foi assim que o direito positivo brasileiro veio a instituir *uma nova fonte de direito*, o que fez ao disciplinar as sentenças condenatórias genéricas a serem proferidas para a tutela jurisdicional dos titulares de *direitos individuais homogêneos* (CDC, arts. 95-97)".[21]

Tanto é que aquela tendência foi consagrada no NCPC por meio do IRDR, cuja ideia, aliás, não obstante a inspiração buscada na experiência alemã, não é nenhuma novidade no direito brasileiro, pois, há anos, Cândido Rangel Dinamarco já havia cogitado "de mecanismos que permitam a expansão *ex-officio* dos litígios individuais: um caso-piloto seria julgado com eficácia *ultra partes*, não obstante a propositura da demanda por um só, ou por alguns dos titulares dos interesses homogêneos (assim se dá nas *class actions* norte-americanas, que são o resultado de uma *certification* exarada pelo juiz no curso de um processo que originariamente era individual)"[22].

Como já visto, tal incidente visa fixar posicionamento sobre supostos fáticos ou jurídicos de pretensões repetitivas. Muito embora se veja com bons olhos sua

---

19. A esse respeito, v. de nossa autoria *Execução de interesses individuais homogêneos: análise crítica e propostas*, São Paulo, Atlas, 2014, p. 12-70.
20. A expressão é de José Carlos Barbosa Moreira (Os temas fundamentais do direito brasileiro nos anos 80, in *Temas de direito processual (Quarta série)*, São Paulo, Saraiva, 1989, p. 69).
21. *Fundamentos do processo civil moderno*, vol. II, 3ª ed., São Paulo, Malheiros, 2000, p. 1.135.
22. *Fundamentos...*, cit., vol. II, p. 887 e 1.129.

previsão no NCPC, ainda que a avaliação dos seus resultados práticos vá demandar algum tempo, parece que se trata de uma alternativa forjada pelo legislador brasileiro para tutelar (*parcialmente*) verdadeiros direitos ou interesses individuais homogêneos, que, por consequência, sob o pretexto de tratar adequadamente a litigiosidade em massa ou de alta intensidade, deixa de fazer o mesmo no tocante à litigiosidade coletiva.

De fato, colmo elucida Teresa Arruda Alvim Wambier, "o direito acontece quando se encontram o *mundo dos fatos* com o *mundo das normas*. As decisões jurídicas são proferidas depois do que se pode ver como um movimento 'pendular', que se dá entre o mundo dos fatos e o das normas, até que o aplicador da lei consiga enxergar com clareza a *subsunção*, qualificando os fatos e determinando-lhes as conseqüências no plano normativo".[23]

Como mencionado, o IRDR consiste na possibilidade de reunião de processos (individuais) que estejam em primeiro grau de jurisdição e que contenham a *mesma questão unicamente de direito*. Ou seja, nos termos da lição acima, o que une esses processos é a incidência da norma sobre o fato em casos que já estejam em curso.

Já a tutela jurisdicional dos direitos ou interesses individuais homogêneos caracteriza-se pela possibilidade de tratar coletivamente direitos individuais que decorram de uma origem comum, isto é, que possuam *um mesmo fato ou uma mesma circunstância episódica* que lhes confira uniformidade e que, nessa medida, sugira que a sua adequada defesa seja exercida de forma coletiva.

Ocorre que o direito nasce do fato, de modo que somente pode ser assim considerado quando o aplicador da lei lhe reconhecer como tal após a devida subsunção do fato à norma.

Ora, sendo assim, verifica-se que, enquanto a tutela jurisdicional dos direitos ou interesses individuais homogêneos trabalha com uma questão de fato, a fim de prevenir que o trato da sua respectiva questão de direito não gere múltiplos processos individuais, o IRDR trabalha apenas com a questão de direito (leia-se: com o fato já subsumido à norma), pressupondo que o pior já aconteceu, ou seja, que já foram gerados tais múltiplos processos individuais.

Dessa forma, tem-se que a *lógica* daquele incidente está compreendida na lógica que inspirou a criação e positivação dos direitos ou interesses individuais homogêneos no ordenamento jurídico pátrio (daí porque se afirmou que se trata de uma tutela *parcial*).

---

23. Distinção entre questão de fato e questão de direito para fins de cabimento de recurso especial, in *Revista de Processo* 92, p. 53.

Rodolfo de Camargo Mancuso endossa essa posição, ao observar que "a ação coletiva por interesses individuais homogêneos consegue, a um tempo, alcançar o relevante objetivo de *evitar* a pulverização do conflito coletivo em múltiplas ações individuais sobre uma mesma *causa petendi*, e, ainda, proporcionar um tratamento judicial isonômico aos jurisdicionados concernentes a um mesmo *thema decidendum*, por meio da prolação de uma *sentença de condenação genérica* (Lei 8.078/1990, art. 95). (...) Ao invés disso, a instauração daquele excogitado *incidente de coletivização* ocorre quando *já está judicializada* uma controvérsia 'com potencial de gerar *relevante multiplicação de processos* fundados em idêntica questão de direito e de causar grave insegurança jurídica, decorrente do *risco de coexistência de decisões conflitantes*' (art. 930, *caput*, do citado Projeto de Lei da Câmara 8.046/2010), notando-se, pois, que esse alvitre não se preordena a *evitar* o mal maior – a pulverização do conflito coletivo –, mas apenas enseja o manejo dos *efeitos* já deflagrados, buscando fixar parâmetro para julgamento massivo e isonômico dos pleitos individuais repetitivos".[24]

Daí e apesar de se reconhecer que as ações coletivas nem sempre se sobrepõem às ações individuais (por exemplo: recursos especiais repetitivos), parece que o IRDR, a bem da verdade, consiste em mais um (desnecessário) projeto do legislador pátrio para simplesmente tentar atacar o imenso volume de processos que superlotam os tribunais nacionais, haja vista que desconsidera e desprestigia solução mais adequada já existente no arcabouço jurídico brasileiro, que é a tutela jurisdicional dos direitos ou interesses individuais homogêneos.

Como afirmado, a coletivização do processo civil é uma tendência, aliás, mais do que urgente. Todavia, a busca pela resolução da morosidade judiciária não pode se converter em uma busca pela celeridade a qualquer custo, que, além de não solucionar a referida causa daquele problema, ainda gere a chamada *injustiça do célere*.[25]

Recorde-se do alerta de José Carlos Barbosa Moreira de que, "se uma Justiça lenta demais é decerto uma Justiça má, daí não se segue que uma Justiça muito rápida seja necessariamente uma Justiça boa. O que todos devemos querer é que

---

24. *Acesso à justiça: condicionantes legítimas e ilegítimas*, São Paulo, Revista dos Tribunais, 2011, p. 412-413.
25. Nesse sentido, parece ser a crítica formulada por Teresa Arruda Alvim Wambier e Luiz Rodrigues Wambier de que, "sob o discurso de que a 'coletivização' das demandas seria a solução para o volume de demandas perante o Judiciário e a aceleração na satisfação do direito, o Projeto e a ideologia que o sustenta têm ganhado adesões. Ignoram-se, em nosso sentir, porém, pontos absolutamente essenciais, como as divergências regionais entre os interesses" (Anotações sobre as ações coletivas no Brasil – presente e futuro, in *Processo coletivo e outros temas de direito processual: homenagem 50 anos de docência do professor José Maria Rosa Tesheiner, 30 anos de docência do professor Sérgio Gilberto Porto* (orgs. Araken de Assis, Carlos Alberto Molinaro, Luiz Manoel Gomes Júnior e Mariângela Guerreiro Milhoranza), Porto Alegre, Livraria do Advogado, 2012, p. 619).

a prestação jurisdicional venha a ser *melhor do que é*. Se para torná-la melhor é preciso acelerá-la, muito bem: não, contudo, a qualquer preço".[26]

Com a priorização da tutela coletiva em relação à individual sugerida acima, o que se objetiva é simplesmente pôr em prática a ideia expressa por Kazuo Watanabe "de tratar molecularmente os conflitos de interesses coletivos, em contraposição à técnica tradicional de solução atomizada, para com isso conferir peso político maior às demandas coletivas, solucionar mais adequadamente os conflitos coletivos, evitar decisões conflitantes e aliviar a sobrecarga do Poder Judiciário atulhado de demandas fragmentárias".[27]

Trata-se, pois, de incentivar e desenvolver a denominada *jurisdição coletiva*, a qual, segundo Rodolfo de Camargo Mancuso, consubstancia-se em "um *modo de ser* do braço judiciário do Estado, voltada a dirimir conflitos de largo espectro, em grande parte motivados, ou pela inação/incompetência das instâncias administrativas que deveriam tê-los satisfatoriamente dirimido, ou pela oferta irregular/insuficiente das medidas e programas implementados. Por aí se compreende que a Jurisdição coletiva revela-se como um receptáculo de interesses e valores que, desatendidos ou mal manejados, vão *aumentando a pressão social*, operando assim a via judicial como uma sorte de *válvula de escape*, até porque as instâncias do Executivo e do Legislativo não são diretamente acionáveis pelo cidadão comum, tirante certos expedientes de eficácia demorada e incerta, como os projetos de lei de iniciativa popular, o plebiscito, as audiências públicas".[28]

Para tanto, é fundamental que a tutela coletiva opere de maneira *adequada* e *eficiente* no ordenamento jurídico pátrio (e não mediante instrumentos arquitetados para contorná-la).

4. CONSIDERAÇÕES CONCLUSIVAS

A doutrina tem informado que a ciência processual precisa lidar com a litigiosidade a individual ou 'de varejo', a em massa ou de alta intensidade e a coletiva.

O NCPC procurou tratar dos dois primeiros tipos de litigiosidade.

Especificamente no tocante à litigiosidade em massa ou de alta intensidade, o novo diploma processual buscou delinear verdadeiro *microssistema de litigiosidade repetitiva*, visando prestigiar os precedentes jurisprudenciais.

---

26. O futuro da justiça: alguns mitos, in *Temas de direito processual (Oitava série)*, Rio de Janeiro, Forense, 2004, p. 5.
27. Demandas coletivas e os problemas emergentes da *praxis* forense, in *Revista de Processo* 67, p. 119.
28. *Jurisdição coletiva e coisa julgada – Teoria geral das ações coletivas*, 2ª ed., São Paulo, Revista dos Tribunais, 2007, p. 85.

E, dentro desse microssistema, chama atenção a positivação do IRDR, novidade no ordenamento jurídico brasileiro e tido pelos juristas que formaram a comissão inicial encarregada de elaborar o anteprojeto do NCPC como a sua principal inovação.

Inspirado no Direito alemão, esse novo instituto coaduna-se com aquele ideal de prestígio aos precedentes, na medida em que busca tratar processos repetitivos de forma idêntica e vinculante, para que não representem risco de ofensa à isonomia e à segurança jurídica.

Assim, seu campo de incidência parece sobrepor-se ao da tutela jurisdicional dos direitos ou interesses individuais homogêneos.

Daí porque ainda será preciso aguardar algum tempo para observar seus resultados práticos.

Não obstante, desde já, é necessário ter presente que o IRDR (assim como as outras técnicas previstas no NCPC relativas ao referido microssistema de litigiosidade repetitiva) não se presta unicamente a dar vazão ao imenso número de processos que crescentemente superlotam os tribunais nacionais ano a ano, sob pena de representar evidente forma de denegação de direito.

A despeito dessa advertência, porém, a análise mais detida daquele incidente permite concluir que sua positivação teria sido desnecessária no Brasil caso se fosse dado o uso adequado à tutela coletiva, o que não tem sido feito pelo legislador pátrio.

5. BIBLIOGRAFIA

ALMEIDA, Gustavo Milaré, *Execução de interesses individuais homogêneos: análise crítica e propostas*, São Paulo, Atlas, 2014.

BAHIA, Alexandre Melo Franco; PEDRON, Flávio Quinaud; Theodoro Júnior, Humberto; NUNES, Dierle, *Novo CPC – Fundamentos e sistematização*, Rio de Janeiro, Forense, 2015.

BARBOSA MOREIRA, José Carlos, Os temas fundamentais do direito brasileiro nos anos 80, in *Temas de direito processual (Quarta série)*, São Paulo, Saraiva, 1989.

_____, O futuro da justiça: alguns mitos, in *Temas de direito processual (Oitava série)*, Rio de Janeiro, Forense, 2004.

CABRAL, Antonio do Passo, O novo procedimento-modelo (*Musterverfahren*) alemão: uma alternativa às ações coletivas, in *Revista de Processo 147*, São Paulo, 2007.

DINAMARCO, Cândido Rangel, *Instituições de direito processual civil*, vol. I, São Paulo, Malheiros, 2001.

_____, *Fundamentos do processo civil moderno*, vol. II, 3ª ed., São Paulo, Malheiros, 2000.

PEDRON, Flávio Quinaud; Theodoro Júnior, Humberto; NUNES, Dierle; BAHIA, Alexandre Melo Franco, *Novo CPC – Fundamentos e sistematização*, Rio de Janeiro, Forense, 2015.

MANCUSO, Rodolfo de Camargo, *Ação civil pública em defesa do meio ambiente, do patrimônio cultural e dos consumidores: Lei 7.347/1985 e legislação complementar*, 10ª ed., São Paulo, Revista dos Tribunais, 2007.

_____, *Jurisdição coletiva e coisa julgada – Teoria geral das ações coletivas*, 2ª ed., São Paulo, Revista dos Tribunais, 2007.

_____, *Acesso à justiça: condicionantes legítimas e ilegítimas*, São Paulo, Revista dos Tribunais, 2011.

MARINONI, Luiz Guilherme, Garantia da tempestividade da tutela jurisdicional e duplo grau de jurisdição, in *Garantias constitucionais do processo civil: homenagem aos 10 anos da Constituição Federal de 1988* (org. José Rogério Cruz e Tucci), São Paulo, Revista dos Tribunais, 1999.

NUNES, Dierle; BAHIA, Alexandre Melo Franco; PEDRON, Flávio Quinaud; Theodoro Júnior, Humberto, *Novo CPC – Fundamentos e sistematização*, Rio de Janeiro, Forense, 2015.

Theodoro Júnior, Humberto; NUNES, Dierle; BAHIA, Alexandre Melo Franco; PEDRON, Flávio Quinaud, *Novo CPC – Fundamentos e sistematização*, Rio de Janeiro, Forense, 2015.

TOLEDO, Fernando Campos Salles de, A Lei nº 7.913, de 7 de dezembro de 1989: a tutela judicial do mercado de valores mobiliários, in *Revista dos Tribunais 667*, São Paulo, 1991.

WAMBIER, Luiz Rodrigues; WAMBIER, Teresa Arruda Alvim, Anotações sobre as ações coletivas no Brasil – presente e futuro, in *Processo coletivo e outros temas de direito processual: homenagem 50 anos de docência do professor José Maria Rosa Tesheiner, 30 anos de docência do professor Sérgio Gilberto Porto* (orgs. Araken de Assis, Carlos Alberto Molinaro, Luiz Manoel Gomes Júnior e Mariângela Guerreiro Milhoranza), Porto Alegre, Livraria do Advogado, 2012.

WAMBIER, Teresa Arruda Alvim, Distinção entre questão de fato e questão de direito para fins de cabimento de recurso especial, in *Revista de Processo 92*, São Paulo, 1998.

_____; WAMBIER, Luiz Rodrigues, Anotações sobre as ações coletivas no Brasil – presente e futuro, in *Processo coletivo e outros temas de direito processual: homenagem 50 anos de docência do professor José Maria Rosa Tesheiner, 30 anos de docência do professor Sérgio Gilberto Porto* (orgs. Araken de Assis, Carlos Alberto Molinaro, Luiz Manoel Gomes Júnior e Mariângela Guerreiro Milhoranza), Porto Alegre, Livraria do Advogado, 2012.

WATANABE, Kazuo, Demandas coletivas e os problemas emergentes da *praxis* forense, in *Revista de Processo* 67, São Paulo, 1992.

ZACLIS, Lionel, *Proteção coletiva dos investidores no mercado de capitais*, São Paulo, Revista dos Tribunais, 2007.

CAPÍTULO 18
Regime das Demandas Repetitivas no Novo Código de Processo Civil

Humberto Theodoro Júnior[1]

SUMÁRIO: PARTE I - VALORIZAÇÃO DA JURISPRUDÊNCIA; 1. INTRODUÇÃO; 2. A VALORIZAÇÃO DA JURISPRUDÊNCIA E O SISTEMA DE SÚMULAS; 3. JURISPRUDÊNCIA E NORMAS PRINCIPIOLÓGICAS E ENUNCIADORAS DE CLÁUSULAS GERAIS; 4. CARACTERÍSTICAS DO SISTEMA SUMULAR; 5. A POSIÇÃO DO NOVO CPC SOBRE A FORÇA NORMATIVA DA JURISPRUDÊNCIA; 6. UNIFORMIZAÇÃO DA JURISPRUDÊNCIA E CAUSAS DE MASSA ; PARTE II - INCIDENTE DE RESOLUÇÃO DE DEMANDAS REPETITIVAS; 7. CONFLITOS INDIVIDUAIS E CONFLITOS COLETIVOS; 8. NATUREZA JURÍDICA DO INCIDENTE ; 9. FORÇA DE COISA JULGADA E FORÇA EXEUTIVA; 10. CABIMENTO DO INCIDENTE ; 11. OBJETIVOS DO INCIDENTE ; 12. LEGITIMIDADE PARA A PROMOÇÃO DO INCIDENTE ; 13. INCIDENTE INSTAURADO A PARTIR DE PROCESSO JÁ EM CURSO NO TRIBUNAL DE SEGUNDO GRAU; 14. DESISTÊNCIA OU ABANDONO DO PROCESSO ; 15. PARTICIPAÇÃO DO MINISTÉRIO PÚBLICO; 16. COMPETÊNCIA ; 17. DETALHES DO PROCEDIMENTO ; 18. FORÇA VINCULANTE DA DECISÃO DO INCIDENTE ; 19. PUBLICIDADE ESPECIAL ; 20. RECURSOS ; 21. RECLAMAÇÃO ; 22. REVISÃO DA TESE FIRMADA NO INCIDENTE ; PARTE III - INCIDENTE DE ASSUNÇÃO DE COMPETÊNCIA; 23. CONCEITO; 24. PRESSUPOSTOS; 25. PROCEDIMENTO; 26. EFEITOS DA DECISÃO; 27. DISTINÇÃO ENTRE INCIDENTE DE RESOLUÇÃO DE DEMANDAS REPETITIVAS E INCIDENTE DE ASSUNÇÃO DE COMPETÊNCIA.

PARTE I - VALORIZAÇÃO DA JURISPRUDÊNCIA

1. INTRODUÇÃO

Quando em 2003 o STF alterou seu Regimento Interno para instituir um mecanismo apropriado ao julgamento dos recursos extraordinários repetitivos oriundos dos Juizados Especiais Federais, o Ministro Sepúlveda Pertence[2], logo seguido pelo Professor Barbosa Moreira[3], cunhou a expressão "julgamento por amostragem", que em seguida seria amplamente acatada pela doutrina, máxime depois de a Lei nº 11.418/2007, ter estendido a mesma técnica para todos os extraordinários

---

1. Professor Titular aposentado da Faculdade de Direito da UFMG. Desembargador aposentado do Tribunal de Justiça do Estado de Minas Gerais. Doutor. Advogado (Parecerista).
2. Cf. MENDES, Gilmar; PFLUG, Samantha Meyer. Passado e futuro da súmula vinculante: considerações à luz da Emenda Constitucional 45/2004. In: RENAULT, S.R.T.; BOTTINI, P. (orgs). *Reforma do Poder Judiciário: comentários à Emenda Constitucional n. 45/2004*. São Paulo: Saraiva, 2005, n. 3.3, p. 351.
3. BARBOSA MOREIRA, José Carlos. Súmula, jurisprudência, precedente: uma escalada e seus riscos. *Revista Dialética de Direito Processual*, v. 27, n. 4, p. 53, 2005.

repetitivos, por meio do art. 543-B acrescido ao CPC de 1973[4]. Em 2008, essa sistemática ampliou-se também para os recursos especiais (CPC, art. 543-C, inserido pela Lei 11. 672/2008).

A expressão retrata muito bem a dinâmica dos recursos repetitivos, que consiste – diante da constatação de uma mesma questão de direito figurar numa série numerosa de recursos –, na possibilidade de selecionar-se um ou alguns deles para seu julgamento servir de padrão ou paradigma. Dessa maneira, julgado o caso padrão, a tese nele assentada prevalecerá para todos os demais de idêntico objeto.

O regime específico de tratamento processual dispensado aos recursos extraordinário e especial repetitivos integra um sistema mais amplo que o NCPC adotou na política de valorização da jurisprudência como instrumento comprometido com a segurança jurídica e o tratamento isonômico de todos perante a lei.

Por isso, o mecanismo dos arts. 1.036 a 1.041 aplicável ao STF e ao STJ não deve ser visto como simples técnica de combater o enorme volume de recursos que se acumulam de forma cada vez maior nos tribunais superiores. Integra ele um grande sistema processual voltado, precipuamente, para uniformizar e tornar previsível a interpretação e aplicação da lei, com vistas à segurança jurídica, que por sua vez pressupõe previsibilidade e repugna a instabilidade da ordem normativa. Esse sistema dentro do NCPC – além do prestígio dispensado à jurisprudência como fonte do direito (art. 926 a 928) – compreende, basicamente, três mecanismos organizados com igual objetivo: *(i)* a técnica de julgamento dos recursos extraordinário e especial repetitivos (arts. 1.036 a 1.041); *(ii)* o incidente de demandas repetitivas (arts. 976 a 987); e *(iii)* o incidente de assunção de competência (art. 947). Os dois primeiros nascem da pluralidade de processos sobre questão igual, caracterizando-se imediatamente pelo objetivo de evitar decisão contraditória; e o último se justifica pela repercussão social que o julgamento haverá de ter sobre a relevante questão de direito em discussão no processo, mesmo que ainda não se tenha manifestado um grande número de demandas sobre o tema. Tal perspectiva, no entanto, é previsível.

Em todos eles, portanto, a proteção à segurança jurídica e à isonomia se faz presente, justificando a adoção de medidas processuais aptas a preservá-las.

2. A VALORIZAÇÃO DA JURISPRUDÊNCIA E O SISTEMA DE SÚMULAS

Num país tradicionalmente estruturado no regime do *civil law*, como é o nosso, a jurisprudência dos tribunais não funciona como fonte primária ou originária do direito. Na interpretação e aplicação da lei, no entanto, cabe-lhe importantíssimo

---

4. TALAMINI, Eduardo. Direitos individuais homogêneos e seu substrato coletivo: ação coletiva e os mecanismos previstos no Código de Processo Civil de 2015. *Revista de Processo*, n. 241, p. 351, mar/2015.

papel, quer no preenchimento das lacunas da lei, quer na uniformização da inteligência dos enunciados das normas (regras e princípios) que formam o ordenamento jurídico (direito positivo). Com esse sistema o direito processual prestigia, acima de tudo, a segurança jurídica, um dos pilares sobre que assenta, constitucionalmente, o Estado Democrático de Direito.

Para que essa função seja bem desempenhada, vem sendo implantado, de longa data, o critério de sumular, principalmente, nos tribunais superiores, os entendimentos que, pela reiteração e uniformidade, assumem a capacidade de retratar a jurisprudência consolidada a respeito de determinados temas.

Inicialmente, as súmulas jurisprudenciais foram adotadas sem força vinculativa, mas com evidente autoridade para revelar os posicionamentos exegéticos pretorianos (CPC/73, art. 479). Com o passar do tempo, o fenômeno ingressou, mais profundamente, no ordenamento jurídico, atingindo nível de verdadeira fonte normativa complementar, já que a Constituição, por meio da emenda nº 45, de 2004, criou a chamada *súmula vinculante*, com o fito de submeter todos os tribunais e juízes, bem como a administração pública, às decisões reiteradas do STF sobre matéria constitucional. Passaram, assim, a coexistir duas modalidades de súmula: as *vinculantes* e as *não vinculantes*. As primeiras, com força de lei, e as segundas, como indicativas da jurisprudência dominante no STF, no STJ e nos demais Tribunais do país.

Mesmo, porém, as súmulas não vinculantes tiveram seu papel muito ampliado, uma vez que reformas do direito processual as adotaram como fator decisivo para simplificar e agilizar os julgamentos sumários em primeiro grau de jurisdição (sentenças *prima facie*)[5] e as decisões monocráticas dos relatores, em grau de recurso, nos tribunais[6].

---

5. CPC/73: "Art. 285-A. Quando a matéria controvertida for unicamente de direito e no juízo já houver sido proferida sentença de total improcedência em outros casos idênticos, poderá ser dispensada a citação e proferida sentença, reproduzindo-se o teor da anteriormente prolatada". Segundo entendimento do STJ, "A aplicação do art. 285-A do CPC, mecanismo de celeridade e economia processual, supõe alinhamento entre o juízo sentenciante, quanto à matéria repetitiva, e o entendimento cristalizado nas instâncias superiores, sobretudo junto ao Superior Tribunal de Justiça e Supremo Tribunal Federal" (STJ, 4ª T., REsp 1.109.398/MS, Rel. Min. Luís Felipe Salomão, ac. 16.06.2011, DJe 01.08.2011. No mesmo sentido: STJ, 3ª T., REsp. 1.225.227/MS, Rel. Min. Nancy Andrighi, ac. 28.05.2013, DJe 12.06.2013; STJ, 2ª T., REsp 1.279.570/MG, Rel. Min. Mauro Campbell Marques, ac. 08.11.2011, DJe 17.11.2011). Essa orientação foi transformada em condição expressa do julgamento *prima facie* de mérito pelo NCPC (art. 332). Ou seja: o juiz, de acordo com o aludido direito positivo legal, fica autorizado a julgar improcedente o pedido, liminarmente e sem citação do réu, se o pleito contrariar enunciado de Súmula do STF, do STJ ou do Tribunal de Justiça, ou ainda, acórdão ou entendimento firmados em incidente de resolução de demandas de recursos repetitivos.
6. Entre os casos em que o art. 557 do CPC/73 permitia ao relator negar seguimento ou dar provimento a recurso figurava, entre outros, aqueles em que ocorria o contrates com súmulas ou jurisprudência dominante do STF e do STJ, Essa orientação continua prevalecendo no novo CPC (art. 932, IV e V).

3. JURISPRUDÊNCIA E NORMAS PRINCIPIOLÓGICAS E ENUNCIADORAS DE CLÁUSULAS GERAIS

Se a jurisprudência sempre foi influente no campo da interpretação do direito positivo, seu papel assume proporções muito maiores diante dos ordenamentos jurídicos materiais de nossos dias. É que a lei, de tempos a esta parte, tem se ocupado em escala sempre crescente de incorporar princípios éticos em suas normas, aproximando em grande volume regras jurídicas de preceitos e valores morais. Com isso, tornaram-se bastante frequentes enunciados legais que contêm cláusulas gerais e que positivam normas principiológicas.

Ora, princípios e cláusulas gerais que os adotam correspondem a normas jurídicas flexíveis e incompletas, em razão de seu conteúdo muito genérico e impreciso, e por inocorrência da explicitação dos efeitos e sanções que podem decorrer da respectiva infração. Em face de semelhante postura legislativa, é natural que caiba à jurisprudência, na sua força criativa complementar, estabelecer na sequência das demandas julgadas o melhor e mais adequado entendimento acerca da inteligência da cláusula geral e dos limites necessários de sua interpretação, bem como de seus efeitos práticos, diante de cada caso.

Com efeito, pode-se, sem dificuldade, reconhecer que, num quadro como o ora apontado, só a jurisprudência dos tribunais, coerente e estável – o que se busca alcançar principalmente por meio do regime dos enunciados sumulares –, terá condições de resguardar a segurança jurídica e a confiança das ideologias pessoais, e evitar confusão da justiça programada pela norma legal com a justiça concebida no íntimo de seu puro subjetivismo.

É importante ressaltar que a valorização da jurisprudência, seja por meio das súmulas, seja por força dos precedentes, não amplia os poderes do juiz, pelo contrário, é uma forma de garantir limites à atividade criativa do julgador.[7] Assim, a jurisprudência não se transforma em fonte primária ou originária de direito. Sua função sempre foi, e continua sendo, interpretar, clarear e uniformizar a aplicação da lei.[8]

4. CARACTERÍSTICAS DO SISTEMA SUMULAR

O sistema uniformizador da jurisprudência adotado entre nós, é bom esclarecer, não é exatamente o mesmo dos *precedentes*, observado nos países regidos

---

7. MACÊDO, Lucas Buril de. O Regime Jurídico dos Precedentes Judiciais no Projeto do Novo Código de Processo Civil, *Revista de Processo*, São Paulo, n.º 237, nov/2014, p. 373.
8. THEODORO NETO, Humberto. A relevância da jurisprudência no novo CPC. In: THEODORO JÚNIOR, Humberto; OLIVEIRA, Fernanda Alvim Ribeiro de; REZENDE, Ester Camila Gomes Norato (coords). *Primeiras lições sobre o novo direito processual civil brasileiro*. Rio de Janeiro: Forense, 2015, p. 673.

pelo *common law*. Na tradição anglo-saxônica o confronto se dá entre casos, ou seja, o precedente se impõe quando o novo caso a ser resolvido seja igual a outro anteriormente julgado por tribunal, no respeitante a seus elementos essenciais.

Mantém-se, no novo Código brasileiro, a tradição do regime de súmulas, com o qual o direito positivo nacional, inclusive no plano constitucional, já se acha familiarizado, e que, à evidência, não é o mesmo do direito anglo-saxônico.

Nesse sentido, está determinado por nosso novo CPC que, uma vez verificado o estabelecimento de jurisprudência qualificada como dominante, entre seus julgamentos, os tribunais brasileiros "editarão enunciados de súmula", com observância dos pressupostos fixados no regimento interno (art. 926, § 1º).[9]

Esses enunciados procuram reproduzir a tese que serviu de fundamento ao entendimento dominante no tribunal acerca de determinado problema jurídico. Não é o *caso* em sua inteireza e complexidade que o enunciado sumulado reproduz, mas apenas a *ratio decidendi* em que os precedentes se fundamentaram.

5. A POSIÇÃO DO NOVO CPC SOBRE A FORÇA NORMATIVA DA JURISPRUDÊNCIA

O novo CPC dispensou grande atenção ao fenômeno jurisprudencial, por reconhecer a relevante influência político-institucional que a interpretação e aplicação do direito positivo pelos órgãos judiciais exercem sobre a garantia fundamental de segurança jurídica, em termos de uniformização e previsibilidade daquilo que vem a ser o efetivo ordenamento jurídico vigente no país.

Entretanto, para que essa função seja efetivamente desempenhada, a primeira condição exigível é que os tribunais velem pela coerência interna de seus pronunciamentos. Por isso, o novo CPC dedica tratamento especial ao problema da valorização da jurisprudência, dispondo, em primeiro lugar, que "os tribunais devem *uniformizar* sua jurisprudência e mantê-la estável, íntegra[10] e coerente[11]" (art. 926, *caput*).[12]

---

9. CPC/73, sem correspondente.
10. A integralidade reclama do julgador que atente não só para as regras relacionadas diretamente com o caso, mas que tenha sempre uma visão da inteireza dos princípios estruturantes do ordenamento jurídico (FREIRE, Alexandre e FREIRE, Alonso. Elementos normativos para a compreensão do sistema de precedentes judiciais no processo civil brasileiro, *in RT*, vol. 950, dez/2014, p. 219/220). Ou seja, essa exigência explica "por que os juízes devem conceber o corpo do direito que administram como um todo, e não como uma série de decisões distintas que eles são livres para tomar ou emendar uma por uma, como nada além de um interesse estratégico pelo restante" (DWORKIN, Ronald. *Law's empire*. Cambridge, Mass.: Harvard University Press, 1986, p. 167). A jurisprudência, enfim, deve ser construída como um todo sistemático.
11. "A coerência pressupõe que o juiz ou tribunal julgue conforme a orientação adotada em julgamentos anteriores envolvendo causas iguais ou semelhantes em seu conteúdo e teses. Traz, com isso, estabilidade e segurança jurídica, portanto" (THEODORO NETO, Humberto. A relevância da jurisprudência no novo CPC cit, p. 678).
12. CPC/73, sem correspondente.

A súmula, nessa ordem de ideias, reproduz, abstrata e genericamente, a tese de direito que se tornou constante ou repetitiva numa sequência de julgamentos. O tribunal não legisla primariamente, mas ao aplicar, no processo, as normas do direito positivo, determina o sentido e alcance que lhes corresponde, segundo a experiência de sua atuação sobre os casos concretos.

Não corresponde, a súmula, a uma reprodução global do precedente (i. e, do caso ou casos anteriores julgados). Nela se exprime o enunciado que uniforme e repetitivamente tem prevalecido na interpretação e aplicação pretoriana de determinada norma do ordenamento jurídico vigente. Uma vez, porém, que os tribunais não se pronunciam abstratamente, seus julgados sempre correspondem a apreciação de casos concretos, cujos elementos são fatores importantes na elaboração da norma afinal aplicada à solução do objeto litigioso. Assim, embora o sistema de súmulas não exija a identidade dos casos sucessivos, não pode deixar de levar em conta a situação fático-jurídica que conduziu à uniformização da tese que veio a ser sumulada.

É importante, pois, que ao editar enunciados de súmula, o tribunal procure ater-se às "circunstâncias fáticas" em que os casos paradigma foram resolvidos (art. 2 § ,926º).[13] Em outras palavras, a súmula, em regra identificará a *ratio decidendi*, que serviu de fundamento dos diversos casos que justificaram o enunciado representativo da jurisprudência sumulada. Como a causa de decidir envolve necessariamente questões de direito e de fato, também as súmulas haverão de retratar esses dois aspectos nos seus enunciados. É preciso considerar que dentro de um julgado se desenvolvem vários tipos de raciocínio e argumento. Não são todavia, todos eles que se revestem da qualidade de precedente jurisprudencial passível de figurar em enunciado de súmula ou de assumir a categoria de jurisprudência dominante. Apenas a tese nuclear que conduziu à conclusão do decisório de acolhimento ou rejeição da pretensão deduzida em juízo, é que merece o tratamento de *fundamento* da decisão judicial. Os argumentos laterais que esclarecem e ilustram o raciocínio do julgador não se inserem no terreno da *ratio decidendi*. Configuraram apenas *obter dicta*, e, nessa categoria, não merecem o tratamento de fundamento jurídico do julgado. Figuram apenas como *motivo* e não como *causa* de decisão. É nesse sentido que a lei dispõe não fazerem coisa julgada "os *motivos*, ainda que importantes para determinar o alcance da parte dispositiva da sentença" (art. 504, I).[14]

É dessa forma que a contribuição normativa da jurisprudência – harmonizando os enunciados abstratos da lei com as contingências dos quadros fáticos sobre os

---

13. CPC/73, sem correspondente.
14. CPC/73, art. 469, I.

quais tem de incidir –, será realmente útil para o aprimoramento da aplicação do direito positivo, em clima de garantia do respeito aos princípios da *legalidade*, da *segurança jurídica*, da *proteção*, da *confiança* e da *isonomia*. Até mesmo a garantia de um processo de duração razoável e orientado pela maior celeridade na obtenção da solução do litígio (CF, art. 5º, LXXVIII) resta favorecida quando a firmeza dos precedentes jurisprudenciais permite às partes antever, de plano, o destino certo e previsível da causa.[15]

Por outro lado, a força que o novo Código confere à jurisprudência, manifesta-se em dois planos: *(i)* o *horizontal*, de que decorre a sujeição do tribunal à sua própria jurisprudência, de modo que os órgãos fracionários fiquem comprometidos com a observância dos precedentes estabelecidos pelo plenário ou órgão especial (art. 927, V); *(ii)* o *vertical*, que vincula todos os juízes ou tribunais inferiores às decisões do STF em matéria de controle concentrado de constitucionalidade e de súmulas vinculantes; aos julgamentos do STF e do STJ em recursos extraordinário e especial repetitivos; aos enunciados de súmulas do STF e do STJ; e, finalmente, à orientação jurisprudencial relevante de todo tribunal revisor das respectivas decisões, a exemplo das decisões nas resoluções de demandas repetitivas, nos incidentes de assunção de competência (art. 927, I a IV).

São esses, enfim, os princípios constitucionais que, aplicados em conjunto e segundo os critérios da proporcionalidade e razoabilidade, se prestam a sustentar o regime da uniformização jurisprudencial da incidência do direito positivo, na composição dos litígios.

6. UNIFORMIZAÇÃO DA JURISPRUDÊNCIA E CAUSAS DE MASSA

O novo Código, em suas linhas fundamentais, contém um sistema que prestigia a *jurisprudência* como fonte de direito, a qual, para tanto, como já visto, terá de contar com uma política dos tribunais voltada para a uniformização, estabilidade, integridade e coerência (art. 926).

A par dessa sólida jurisprudência, que muito contribuirá para a solução mais rápida dos processos, o NCPC instituiu mecanismos de enfrentamento das causas repetitivas, cuja função é não só simplificar e agilizar o julgamento em bloco das

---

15. "O reforço de autoridade da jurisprudência liga-se ainda ao propósito de controle do volume crescente de demandas judiciais – em especial as demandas repetitivas de grande número – e de encontrar meios de abreviar a solução dos processos, sem perda de qualidade na prestação jurisdicional. Busca-se, assim, atender aos reclamos do princípio da celeridade e à garantia constitucional de duração razoável dos processos administrativos e judiciais" (THEODORO NETO, Humberto. A relevância da jurisprudência no novo CPC cit, p. 677).

ações e recursos seriados, mas também participar, de modo efetivo, do programa de minimização do grave problema dos julgamentos contraditórios.

Todo esse conjunto normativo forma um sistema procedimental inspirado na economia processual, que objetiva, de imediato, o cumprimento da garantia constitucional de um processo de duração razoável e organizado de modo a acelerar o encontro da solução do litígio (CF, art. 5º, LXXVIII). A meta, entretanto, desse sistema vai muito além da mera celeridade processual, pois o que, sobretudo, se persegue é implantar o respeito à segurança jurídica e ao tratamento igualitário de todos perante a lei, tornando mais pronta e previsível a resolução dos conflitos jurídicos.

Esse sistema, altamente compromissado com as garantias constitucionais do *processo justo* engloba: *(i)* de início, a atribuição de *força vinculante* à jurisprudência, que para seu prestígio haverá de ser mantida dentro dos padrões da uniformidade, estabilidade, integridade e coerência (arts. 926 a 928); e *(ii)* em seguida se completa pelo *incidente de resolução de demandas repetitivas* (art. 976 a 987); e *(iii)* pela técnica de *julgamento dos recursos extraordinário e especial repetitivos* (arts. 1.036 a 1.041); e *(iv)* por último, pelo incidente de *assunção de competência* (art. 947), aplicável ao julgamento, nos tribunais, de recurso, de remessa necessária ou de processo de competência originária, sempre que se achar envolvida "relevante questão de direito, com *grande repercussão social*", mesmo não existindo ainda a repetição em múltiplos processos.

PARTE II - INCIDENTE DE RESOLUÇÃO DE DEMANDAS REPETITIVAS

7. CONFLITOS INDIVIDUAIS E CONFLITOS COLETIVOS

A sociedade contemporânea sofreu profunda modificação no que toca aos conflitos jurídicos e aos meios de sua resolução em juízo. As crises de direito deixaram de se instalar apenas sobre as relações entre um e outro indivíduo e se expandiram para compreender outras numerosas relações plurilaterais, ensejadoras de conflitos que envolvam toda a coletividade ou um grande número de seus membros. Surgiram, assim, os conflitos coletivos, a par dos sempre existentes conflitos individuais.

É que o relacionamento social passou, cada vez mais, a girar em torno de interesses massificados, interesses homogêneos, cuja tutela não pode correr o risco de ser dispensada pela Justiça de maneira individual e distinta, isto é, com a possibilidade de soluções não idênticas, caso a caso. Esse risco põe em xeque a garantia basilar da democracia, qual seja, a de que, perante a lei, todos são necessariamente iguais. Se assim é, no plano dos direitos materiais, também assim haverá de ser no plano do acesso à justiça e da tutela jurisdicional proporcionada a cada um e a todos que demandam. A igualdade em direitos seria quimérica, se na solução das crises fossem desiguais as sentenças e os provimentos judiciais.

Os tribunais modernos, portanto, têm de se aparelhar de instrumentos processuais capazes de enfrentar e solucionar, com adequação e efetividade, os novos litígios coletivos, ou de massa. Dessa constatação da realidade, nasceram diversos tipos de tutela judicial coletiva, ora como modalidade de *ações coletivas* (em que num só processo se define solução uniforme e geral para um grupo de titulares de direitos individuais, semelhantes), ora como *incidente* aglutinador de ações originariamente singulares (por meio do qual uma só decisão se estende às diversas causas individuais de objeto igual). Exemplo típico de *ação coletiva* é a ação civil pública manejada por um só autor, mas em defesa de um grupo de titulares de direitos subjetivos iguais, qualificados como *direitos individuais homogêneos*. Exemplo típico de *incidente* de potencial efeito expansivo a mais de uma causa é o de uniformização de jurisprudência do CPC/1973, assim como o do sistema instituído pelo CPC/2015 de julgamento de recursos repetitivos, no âmbito do STF e do STJ, e o de assunção de competência.

O Novo Código de Processo Civil deu um grande passo no terreno da coletivização da prestação jurisdicional instituindo um novo incidente processual, a que atribuiu o nome de *incidente de resolução de demandas repetitivas* (arts. 976 a 987), e cuja aplicação é ampla, já que pode acontecer perante qualquer tribunal, seja da Justiça dos Estados, seja da Justiça Federal.

O mecanismo unificador ora instituído no ordenamento jurídico brasileiro encontra precedentes no direito comparado, como o *Musterverfahrem* alemão, a *Group Litigation* inglesa e o *Pilot-Judgment Procedure* da Corte Europeia de Direitos Humanos[16].

8. NATUREZA JURÍDICA DO INCIDENTE

O incidente autorizado pelo art. 976 do NCPC é um instrumento processual destinado a produzir eficácia pacificadora de múltiplos litígios, mediante

---

16. BARBOSA, Andrea Carla; CANTOARIO, Diego Martinez Fervenza. O incidente de resolução de demandas repetitivas no Projeto de Código de Processo Civil: apontamentos iniciais. In: FUX, Luiz (coord.). *O Novo Processo Civil Brasileiro: direito em expectativa*. Rio de Janeiro: Forense, 2011, p. 471; CONSOLO, Cláudio; RIZZARDO, Dora. Duemodi di mettere le azioni colletive alla prova: Inghilterra e Germania. In: *Rivista Trimestrale di Diritto e Procedura Civile*. Milano: Giuffrè, ano LX, p. 901, 2006.
ANDREWS, Neil. *O moderno processo civil: formas judiciais e alternativas de resolução de conflitos na Inglaterra*. São Paulo: Ed. RT, 2012, p. 539 e ss;CABRAL, Antônio do Passo. O novo procedimento modelo (*Musterverfahrem*) alemão: uma alternativa às ações coletivas. In: *Revista de Processo*, São Paulo, n. 147, 2007; LEVY, Daniel de Andrade. O incidente de resolução de demandas repetitivas no anteprojeto do Novo Código de Processo Civil: exame à luz da *Group Litigation order* britânica. In: *Revista de Processo*, São Paulo, nº 196, jun/2011, p. 165-203.

estabelecimento de tese aplicável a todas as causas em que se debata a mesma questão de direito. Com tal mecanismo se intenta implantar uniformidade de tratamento judicial a todos os possíveis litigantes colocados em situação igual àquela disputada no caso padrão.

Trata-se, portanto, de remédio processual de inconteste caráter coletivo. Não se confunde, entretanto, com as conhecidas ações coletivas, que reúnem num mesmo processo várias ações propostas por um único substituto processual em busca de um provimento de mérito único que tutele os direitos subjetivos individuais homogêneos de todos os interessados substituídos. O incidente de resolução de demandas repetitivas não reúne ações singulares já propostas ou por propor. Seu objetivo é apenas estabelecer a tese de direito a ser aplicada em outros processos, cuja existência não desaparece, visto que apenas se suspendem temporariamente e, após, haverão de sujeitar-se a sentenças, caso a caso, pelos diferentes juízes que detêm a competência para pronunciá-las. O que, momentaneamente, aproxima as diferentes ações é apenas a necessidade de aguardar o estabelecimento da tese de direito de aplicação comum e obrigatória a todas elas. A resolução individual de cada uma das demandas, porém continuará ocorrendo em sentenças próprias, que poderão ser de sentido final diverso, por imposição de quadro fático distinto. De forma alguma, entretanto, poderá ignorar a tese de direito uniformizada pelo tribunal do incidente, se o litígio, de alguma forma, se situar na área de incidência da referida tese.

A distinção básica entre a ação coletiva e o incidente de resolução de demandas repetitivas consiste em que naquela os litígios cumulados são solucionados simultaneamente, enquanto no incidente apenas se delibera, em Tribunal, sobre idêntica questão de direito presente em várias ações, as quais continuam a se desenvolver com independência entre si.

Nesse sentido, é lícito afirmar que "o teor da decisão do Tribunal é [apenas] *ponto de partida* para que os juízos singulares decidam seus processos"[17].

9. FORÇA DE COISA JULGADA E FORÇA EXECUTIVA

Por não ocorrer composição de lide, o acórdão pronunciado pelo tribunal na resolução do incidente de demandas repetitivas não faz coisa julgada material. Terá, porém, força vinculativa *erga omnes*, fazendo com que a tese de direito assentada seja uniformemente aplicada a todo aquele que se envolver em litígio similar ao retratado no caso padrão.

---

17. WAMBIER, Teresa Arruda Alvim, CONCEIÇÃO, Maria Lúcia Lins; RIBEIRO, Leonardo Ferres da Silva; MELLO, Rogerio Licastro Torres de. *Primeiros Comentários ao novo Código de Processo Civil: artigo por artigo*. São Paulo: Editora Revista dos Tribunais, 2015, p. 1.396.

Por outro lado, embora o enunciado paradigmático seja de observação obrigatória nos diversos processos individuais similares, não se pode cogitar de força executiva na espécie. É que nele não se procedeu à certificação da existência do direito ou da obrigação de ninguém. No incidente, enfim, "o que vincula é o próprio precedente que dali se origina. A projeção *erga omnes* não é dos efeitos da coisa julgada, mas da *ratio decidendi*"[18].

10. CABIMENTO DO INCIDENTE

Na sistemática do NCPC (art. 976), cabe a instauração do incidente de resolução de demandas repetitivas quando, cumulativamente, se verificarem os seguintes requisitos:

(a) ocorrer "efetiva repetição de processos que contenham controvérsia sobre a mesma questão *unicamente de direito*"; e

(b) se configurar "risco de ofensa à *isonomia* e à *segurança jurídica*".

A questão de direito, na realidade, nunca se desliga de um pressuposto fático, de sorte que a lei quando cogita, para efeito do incidente em exame, de "questão unicamente de direito", quer que a controvérsia existente em juízo gire tão somente sobre *norma*, uma vez que os fatos sobre os quais deva incidir não são objeto de questionamento algum[19].

Por outro lado, a mera discussão teórica sobre o sentido e alcance da norma não justifica a abertura do incidente. Tampouco é suficiente a perspectiva de multiplicidade futura de processos a respeito de sua aplicação. Exige o NCPC que seja atual a efetiva pluralidade de processos, com decisões díspares acerca da interpretação da mesma norma jurídica. O incidente, em outros termos, não foi concebido para exercer uma função *preventiva*, mas *repressiva* de controvérsias jurisprudenciais preexistentes.

Correta a advertência de que a lei não exige o estabelecimento do caos interpretativo entre milhares de causas[20]. Basta que haja "repetição de processos" em

---

18. BARBOSA e CANTOARIO, *op. cit.*, p. 503.
19. "Questão *unicamente* de direito", na dicção da lei, equivale a questão "*eminentemente* de direito", o que ocorre quando a compreensão da hipótese fática independe de dilação probatória e se extrai "exclusivamente da análise dos documentos indispensáveis à propositura da demanda". (FICHTNER, José Antônio; MONTEIRO, André Luis. Sentença de julgamento imediato do mérito: algumas considerações sobre o art. 285- A, do CPC. *Revista Dialética de Direito Processual*, São Paulo, n. 76, p. 52, jul/2009). Não há, propriamente, *in casu*, "uma questão *unicamente* de direito", mas, sim, uma questão, no máximo, "*predominantemente* de direito", porque, na espécie, "a situação de fato não traz, em si, maiores questionamentos quanto à sua existência, seus contornos e seus limites" (BUENO, Cássio Scarpinella. *Curso sistematizado de direito processual civil*. São Paulo: Saraiva, 2007, v. 2, t. I, p. 127).
20. WAMBIER, Teresa Arruda Alvim; *et al*, *op. cit.* p. 1397-1398.

número razoável para, diante da disparidade de entendimentos, ficar autorizado o juízo de "risco de ofensa à *isonomia* e à *segurança jurídica*". Naturalmente, para que semelhante juízo ocorra é mister a existência de vários processos e de decisões conflitantes, quanto à aplicação da mesma norma.

Pela própria natureza unificadora da medida, não haverá possibilidade da concomitância de vários incidentes de demandas repetitivas sobre a mesma tese de direito, num só tribunal[21]. Igual impedimento prevalecerá quando outro expediente procedimental já tiver sido acionado com o fito de gerar precedente unificador de jurisprudência, como o incidente de assunção de competência. Prevalece aqui o mesmo princípio que veda o *bis in idem*, nas hipóteses de litispendência.

Tampouco se admitirá a promoção do incidente de resolução de demandas repetitivas na esfera do tribunal local, quando um tribunal superior (STF ou STJ) já houver afetado recurso para definição da mesma tese, sob regime de recursos extraordinário e especial repetitivos (NCPC, art. 976, §4º). É que já estará em curso remédio processual de função geradora de precedente, a cuja eficácia todos os tribunais inferiores restarão vinculados (art. 927). Tem-se, portanto, *in casu*, um feito prejudicial externo[22].

O fato, porém, de ter sido denegada a formação do incidente por falta de seus pressupostos de admissibilidade, não impede seja ele novamente suscitado, desde que satisfeito o requisito inatendido na propositura anterior (NCPC, art. 976, § 3º).

11. OBJETIVOS DO INCIDENTE

O incidente de resolução de demandas repetitivas não ocorre dentro do processo que legitimou sua instauração. Diferentemente do sistema dos recursos especial e extraordinário repetitivos, que também viabilizam uniformização de jurisprudência vinculante, a partir do julgamento do recurso adotado como padrão, o incidente do art. 976 se processa separadamente da causa originária, e sob a competência de órgão judicial diverso. Esse órgão será sempre o tribunal de segundo grau, cuja competência se restringe ao julgamento do incidente, sem eliminar a dos órgãos de

---

21. CAMARGO, Luiz Henrique Volpe. O incidente de resolução de demandas repetitivas no Projeto de novo CPC: A comparação entre a versão do Senado Federal e a da Câmara dos Deputados. *In*: FREIRE, Alexandre; *et al* (orgs.). *Novas tendências do processo civil*. Salvador: Ed. JusPodivm, 2014, v. 3, p. 287.
22. Se não são idênticos os institutos do incidente de resolução de demandas repetitivas e dos recursos extraordinário e especial repetitivos, "têm, com certeza, a mesma razão de ser e a mesma correlata finalidade. Não faz, portanto, sentido que, por meio de ambos os institutos, possa-se estar resolvendo, *simultaneamente*, a *mesma questão de direito*. Até porque, além do desperdício da atividade jurisdicional, há o risco de decisões conflitantes". (WAMBIER, Teresa Arruda Alvim; *et al. Primeiros comentários, cit.,* p. 977).

primeiro ou segundo grau para julgar a ação ou o recurso, cujo processamento apenas se suspende, para aguardar o pronunciamento normatizador do tribunal.

Diante da multiplicação de demandas individuais iguais, o incidente em questão persegue dois objetivos:

(a) abreviar e simplificar a prestação jurisdicional, cumprindo os desígnios de duração razoável dos processos e de observância dos princípios de economia e efetividade da prestação jurisdicional, já que, uma vez resolvida pelo tribunal a questão de direito presente em todos os múltiplos processos individuais, a solução destes se simplifica, podendo rapidamente ser definida;[23]

(b) uniformizar a jurisprudência, de modo a garantir a isonomia e proporcionar efetividade à segurança jurídica, tornando previsível a postura judicial diante da interpretação e aplicação da norma questionada.[24]

Convém ressaltar, por fim, que a divergência jurisprudencial a ser superada pelo incidente em causa tanto pode versar sobre tese de direito material como processual, segundo explicita o art. 976, § 4º.

12. LEGITIMIDADE PARA A PROMOÇÃO DO INCIDENTE

O pedido de instauração do incidente de resolução de demandas repetitivas, segundo o art. 977 do NCPC, poderá ser formulado:

(a) pelo juiz da causa, quando o processo ainda tramita no primeiro grau de jurisdição;

(b) pelo relator, quando o processo, por força de recurso, estiver em andamento perante o tribunal;

(c) pelas partes, em qualquer grau de jurisdição; não se exige que ambas as partes formulem o pedido, podendo uma só delas tomar a iniciativa;

---

23. Muito antes do NCPC, voz abalizada reclamava a introdução no sistema processual brasileiro de instrumento capaz, a um só tempo, de unificar a jurisprudência e reduzir a pletora de recursos nos tribunais sobre uma mesma questão de direito: "é preciso que se crie um mecanismo de rápida formação da jurisprudência superior nos casos repetitivos, a fim de que venha a célere orientação, antes que o repetido julgamento de casos idênticos nos escalões judiciários antecedentes alimente a máquina recursal (...). É preciso dinamizar o tipo de julgamento, a fim de que, quando venha a súmula, vinculante ou não, já se tenha, em um Tribunal Federal como este, ou em Tribunais como os de Alçada de São Paulo, julgado centenas ou milhares de processos desencadeado igual e inimaginável número de recursos" (BENETI, Sidnei Agostinho. *Da conduta do juiz*. 2 ed. São Paulo: Saraiva, 2000, p. 204).
24. O combate à insegurança jurídica derivada da disparidade e inconstância da jurisprudência "é pressuposto do incidente" (CAMARGO, Luiz Henrique Volpe. O incidente de resolução de demandas repetitivas no Projeto de novo CPC: A comparação entre a versão do Senado Federal e a da Câmara dos Deputados. In: FREIRE, Alexandre; et al (orgs.). *Novas tendências do processo civil*, Salvador: Ed. JusPodivm, 2014, v. 3, p. 287).

(d) pelo Ministério Público ou pela Defensoria Pública.

A legitimação do Ministério Público para postular a abertura do incidente não decorre de estar atuando no processo como *custos legis*. Resulta de sua legitimidade institucional para promover a ação civil pública em defesa de direitos individuais homogêneos, sempre que assuma relevância social[25].

13. INCIDENTE INSTAURADO A PARTIR DE PROCESSO JÁ EM CURSO NO TRIBUNAL DE SEGUNDO GRAU

O incidente, como já visto, pode ser instaurado por provocação do juiz de primeiro grau ou pelo relator de recurso ou processo de competência do tribunal. Nesta última hipótese, há algumas particularidades a ressaltar, conforme o estágio em que se encontre a demanda.

Com efeito, o tribunal pode enfrentar o incidente de resolução de demandas repetitivas antes que o recurso tenha provocado a devolução de competência para rejulgamento da causa em segundo grau, como pode fazê-lo em relação a recurso ou causa de competência originária já em tramitação. No primeiro caso, o processo causador do incidente fica suspenso no juízo originário, no aguardo do pronunciamento do tribunal, que se restringirá à definição da tese de direito a ser posteriormente aplicada nos julgamentos de todas as demandas que versem sobre a mesma questão. O tribunal, portanto, não avança até a solução das causas ainda não resolvidas nos juízos de primeiro grau. Esse julgamento permanecerá sob a competência do juiz originário da causa (NCPC, art. 985).

Quando, porém, o recurso, a remessa necessária ou o processo de competência originária já se encontrarem em andamento na instância superior, o tribunal ao decidir o incidente julgará também a causa que lhe deu origem (art. 978, parágrafo único).

14. DESISTÊNCIA OU ABANDONO DO PROCESSO

É notório o interesse público em jogo no incidente de resolução de demandas repetitivas, como se deduz dos seus objetivos, ligados intimamente à política de perseguição do aprimoramento e racionalização da uniformização da jurisprudência e do aceleramento da prestação jurisdicional, gerando maior previsibilidade e confiança na interpretação e aplicação da lei.

---

25. STJ, 2ª T., AgRg no AREsp 562.857/RS, Rel. Min. Humberto Martins, ac. 6.11.2014, *DJe* 17.11.2014; STJ, 4ª T., AgRg no REsp 1.038.389/MS, Rel. Min. Antônio Carlos Ferreira, ac. 25.11.2014, *DJe* 2.12.2014; STJ, 6ª T., AgRg no REsp 1.174.005/RS, 2012, *DJe*, 1.2.2013.

Portanto, uma vez instaurado o incidente, àquele que o provocou não cabe o poder de impedir o respectivo julgamento. Nesse sentido, dispõe expressamente o § 1º do art. 976 do NCPC que "a desistência ou o abandono do processo não impede o exame de mérito do incidente". Não é, com efeito, o interesse individual, mas o coletivo, que predomina e justifica o instituto processual em foco. A sistemática e a razão de ser são as mesmas que se aplicam aos recursos extraordinário e especial repetitivos, em relação aos quais a desistência do recorrente é inócua perante o julgamento que irá fixar a tese de direito aplicável aos inúmeros processos cuja solução se dará com fundamento na mesma norma submetida à análise interpretativa do tribunal superior (NCPC, art. 998, parágrafo único).

Verificada a desistência do promovente, tocará ao Ministério Público assumir a titularidade do incidente, como determina o § 2º, do art. 976.

15. PARTICIPAÇÃO DO MINISTÉRIO PÚBLICO

O Ministério Público tem legitimidade para requerer a instauração do incidente de resolução de demandas repetitivas, tendo em conta o evidente *interesse público e social* presente na medida (art. 977, III).

Por isso, se não for como requerente, a intervenção do Ministério Público dar-se-á obrigatoriamente no incidente, como *custos legis* (art. 976, § 2º, primeira parte). Essa intervenção fiscalizadora se transformará em assunção da titularidade do incidente, caso o requerente originário desista do processo ou o abandone (art. 976, § 2º, *in fine*).

16. COMPETÊNCIA

O pedido de instauração do incidente é endereçado ao Presidente do Tribunal sob cuja jurisdição corra o processo, seja de forma recursal ou originária. No caso de competência recursal, não é preciso que o processo já se ache transitando pelo tribunal, nem se exige que algum recurso já tenha sido interposto. O incidente é cabível mesmo que o processo se ache sob a direção do juiz de primeiro grau, durante seu trâmite normal.

Quando a iniciativa for da autoridade judicial (juiz da causa ou relator do recurso), o pedido será formulado por meio de ofício, ao qual se anexarão, conforme o parágrafo único do art. 977, os documentos comprobatórios do preenchimento dos pressupostos de cabimento do incidente, enunciados pelo art. 976.

As partes formularão seu pedido através de petição, que não será endereçada ao juiz da causa ou ao relator, mas diretamente ao presidente do tribunal competente. A petição será instruída com a mesma documentação exigida para o ofício do juiz ou do relator (art. 977, parágrafo único).

O Ministério Público e a Defensoria Pública procederão da mesma forma que as partes, ou seja, mediante petição e documentação já explicitadas.

O julgamento do incidente caberá ao órgão colegiado designado pelo regimento interno, dentre aqueles responsáveis pela uniformização de jurisprudência do tribunal (NCPC, art. 978). O órgão competente decidirá, em regra, apenas sobre a tese de direito aplicável aos diversos processos suspensos. Quando, todavia, o incidente recair sobre feito já afetado à competência do tribunal, o órgão competente para fixação da tese de direito julgará, também, o recurso, a remessa necessária ou o processo de competência originária onde o incidente se originou (art. 978, parágrafo único).

17. DETALHES DO PROCEDIMENTO

I - Registro e autuação

Provocado o incidente por petição das partes ou do Ministério Público, durante a tramitação de processo no primeiro grau de jurisdição, haverá registro e autuação próprios no tribunal, por decisão do respectivo presidente. Quando, porém, o incidente for suscitado em processo que já tramita pelo tribunal, seu processamento dar-se-á dentro dos próprios autos, a exemplo do que se passa com os embargos de declaração e o agravo interno.

II - Publicidade

Em função da repercussão universal do incidente de resolução de demandas repetitivas, a lei determina a criação de cadastros eletrônicos locais e nacional, impondo as seguintes medidas de publicidade, a serem promovidas pelo tribunal:

(a) A instauração e o julgamento do incidente serão sucedidos da mais ampla e específica publicidade, por meio de *registro eletrônico no Conselho Nacional de Justiça* (art. 979, *caput*).

(b) O banco eletrônico de dados, instalado em cada tribunal, manterá as informações específicas atualizadas sobre as *questões de direito nele submetidas ao incidente*. Toda inserção local será comunicada imediatamente ao Conselho Nacional de Justiça para inclusão no cadastro geral ali mantido (art. 979, § 1º).

(c) Do registro eletrônico cadastral constarão, no mínimo, (i) os fundamentos determinantes da decisão; (ii) os dispositivos normativos por ela aplicados. Essa exigência justifica-se pela necessidade de permitir a identificação dos processos que serão abrangidos pela decisão do incidente (art. 979, § 2º).

(d) As mesmas regras de publicidade e cadastramento eletrônico serão aplicadas ao julgamento de recursos repetitivos e da repercussão geral em recurso extraordinário, já que esses institutos processuais participam da mesma função e objetivos do incidente de resolução de demandas repetitivas (art. 979, § 3º).

As medidas de publicidade do art. 979 têm dupla função: (i) dar ampla divulgação aos incidentes propostos e julgados, de modo a evitar a continuidade e o julgamento das ações individuais homogêneas, sem atentar para necessidade de sujeição à tese de direito definida, ou em vias de definição no tribunal; e (ii) impedir a multiplicidade de incidentes de igual natureza ou de igual força uniformizadora sobre uma mesma questão de direito, o que enfraqueceria a própria função do instituto, comprometendo-lhe a utilidade e eficácia.[26]

III – Primeiras deliberações do relator

O juízo de admissibilidade do incidente, em caráter definitivo, cabe ao colegiado competente para julgá-lo (art. 981). Porém, como se passa com os procedimentos de curso perante tribunal, o relator também procede ao mesmo juízo, logo após a distribuição e antes de dar sequência ao incidente de resolução de demandas repetitivas. Trata-se, no entanto, de deliberação provisória, visto que passível de reapreciação pelo colegiado. Inadmitido o incidente por decisão monocrática do relator, contra esta será manejável agravo interno (NCPC, art. 1.021).

Admitido o incidente, o relator tomará as seguintes providências:

(a) *Suspenderá os processos pendentes* que possam ser afetados pela decisão do incidente. Essa medida compreenderá tanto os processos individuais como os coletivos e terá força dentro da circunscrição territorial do tribunal (i.é, o Estado, no caso dos Tribunais de Justiça, e a região, na hipótese de Tribunal Regional Federal) (art. 982, I). Um tribunal local não pode suspender processo que corra sob a jurisdição de outro tribunal do mesmo nível hierárquico. Tal poder somente será exercitável por tribunais que, dentro dos limites de sua competência, exerçam jurisdição sobre todo o território nacional, como o STF e o STJ. Apenas, portanto, com a intervenção desses tribunais superiores a suspensão provocada pelo incidente do art. 976 do NCPC pode, eventualmente, ultrapassar a circunscrição territorial do tribunal local em que sua instauração ocorreu (art. 982, § 3º).

(b) Se necessário, *requisitará informações* ao juízo perante o qual se discute o objeto do incidente. Em quinze dias, deverão ser prestados os esclarecimentos cabíveis (art. 982, II). Essa diligência é excepcional e só se justifica quando o pedido de instauração do incidente e a documentação que o instruíram não foram

---

26. WAMBIER, Teresa Arruda Alvim; *et al. Primeiros comentários*, cit., p. 1.403.

suficientes, a juízo do relator, para a completa identificação da questão de direito repetida nas diversas ações e para a comprovação da multiplicidade de soluções que lhe vem sendo aplicadas, pondo em risco o tratamento igualitário de todos perante a lei, em detrimento, ainda, da segurança jurídica.

(c) *Determinará*, quando não for o autor do pedido da medida, *a intimação do Ministério Público* para, querendo, manifestar-se no prazo de quinze dias, como *custos legis* (art. 982, III). A diligência prende-se ao evidente interesse público e social que o incidente envolve, como já restou destacado.

IV – A incomum amplitude do contraditório

Embora o incidente não esteja programado para unificar a interpretação da tese de direito senão para os processos em curso sob a jurisdição do tribunal que o instaurou, é possível que a mesma tese esteja sendo objeto de aplicação controvertida por outros juízos, fora de sua circunscrição. Ocorrendo a hipótese, a medida de suspensão pode ser estendida a todos os processos individuais ou coletivos em curso no território nacional, que versem sobre a mesma questão tratada no incidente já instaurado no tribunal local.

Para que essa ampliação se dê, algum dos legitimados previstos no art. 977 (parte, Ministério Público, Defensoria Pública, juiz ou relator) poderá endereçar pedido ao STF ou ao STJ, - como medida preparatória de futuro e eventual recurso extraordinário ou especial - pleiteando que a suspensão seja estendida a todos os processos similares em andamento no território nacional (art. 982, § 3º).

A *parte* que pode requerer a extensão da suspensão de processos para além dos juízos da circunscrição territorial do tribunal do incidente não é a parte da demanda de que este se originou; é a parte de outro processo não alcançável pela competência do órgão que preside o incidente, mas em que se discute a mesma questão do objeto do referido incidente. O sentido da norma enunciada no § 4º, do art. 982 é, em outras palavras, o de que quem quer que seja *parte* nas ações cujo procedimento não for suspenso, por correr perante juízos sediados fora do Estado ou da Região de competência do tribunal processante do incidente do art. 976, pode requerer a ampla suspensão de que cogitam os §§ 3º e 4º do art. 982.[27]

Essa suspensão ampla durará enquanto se permanecer na expectativa de interposição dos recursos especial e extraordinário. Portanto, julgado o incidente e não sendo manifestado recurso da espécie em tempo hábil, contra o acórdão respectivo, cessará a medida suspensiva provisória (art. 5 § ,982º).

---

27. WAMBIER, Teresa Arruda Alvim; *et al. Primeiros Comentários*, cit. p. 1.407.

V - Intervenções no incidente

O relator intimará para pronunciarem sobre o incidente instaurado, em primeiro lugar, as partes do processo que lhe deu origem. O prazo para essa manifestação é de quinze dias e corre em comum (art. 983, *caput*).

No mesmo prazo, o relator ouvirá "os demais interessados", conceito que engloba sobretudo as partes dos outros processos sobrestados, além daquele de onde se originou o incidente. Entram, porém, no mesmo conceito, além das citadas partes, a figura do *amicus curiae*, categoria em que se inserem "pessoas, órgãos e entidades com interesse na controvérsia" (art. 983, *caput*).

As partes dos "outros" processos suspensos, intervirão, querendo, em situação equivalente à do assistente litisconsorcial, já que o respectivo interesse equivale ao das partes da causa geradora do incidente. Já o interesse dos *amicus curiae* é especial e essencial, mas muito diferente dos portados pelos demandantes. Manifestam-se não em proveito próprio, mas em prol de interesses sociais de determinados grupos ou de algum seguimento da comunidade. Nada postulam, em sentido próprio. Trazem, contudo, ao processo dados capazes de possibilitar que a decisão de mérito seja pronunciada "mais rente à realidade social subjacente à questão jurídica que se discute e que se há de definir".[28]

O prazo concedido aos "demais interessados" (inclusive o *amicus curiae*) é o mesmo dos interessados principais, ou seja, quinze dias comuns a todos eles, sendo-lhes facultado requerer a juntada de documentos, bem como as diligências necessárias para a elucidação da questão de direito controvertido (art. 983, *caput*).

Uma última oportunidade para intervenção de terceiros no procedimento do incidente de resolução de demandas repetitivas pode acontecer por meio da *audiência pública*, que o § 1º, do art. 983 autoriza ao relator designar, quando considerar conveniente abrir, mais ainda, a ouvida da sociedade, através de "depoimentos de pessoas com experiência e conhecimento" sobre a matéria discutida no incidente.

VI - Encerramento das diligências

Cumpridas todas as diligências ordenadas pelo relator, será dada oportunidade ao Ministério Público para manifestar-se, também, em quinze dias (art. 983, *caput*). Em seguida, o relator solicitará dia para o julgamento do incidente (art. 983, § 2º).

---

28. BUENO, Cássio Scarpinella. *Amicus curiae: um terceiro enigmático*. São Paulo: Saraiva, 2008, *passim*; WAMBIER, Teresa Arruda Alvim; *et. al. Primeiros Comentários*, cit., p. 1.408.

VII – Sessão de julgamento

De acordo com o art. 984, *caput*, o julgamento do incidente começará pela exposição do respectivo objeto, feita pelo relator (inciso I).

Em seguida, proceder-se-á à sustentação oral pelos advogados do autor e do réu do processo originário e pelo Ministério Público, durante trinta minutos, ou seja, dez minutos para cada um (inciso II, a). Poderão também sustentar oralmente os *demais interessados*, que dividirão entre si o prazo comum de trinta minutos. Mas somente terão permissão para tal sustentação os que se inscreverem com dois dias de antecedência (inciso II, b).

Considerando o número de oradores inscritos, o prazo das partes e dos demais interessados poderá ser ampliado pela presidência da sessão (art. 984, § 1º).

Regra especial reclama particular atenção para a redação do julgado do incidente: o acórdão deverá abranger a análise de "todos os fundamentos suscitados concernentes à tese jurídica discutida" sejam eles *favoráveis* ou *desfavoráveis* ao entendimento adotado pelo tribunal (art. 984, § 2º). O acórdão, portanto, deverá expor, explicitamente, os fundamentos adotados, bem como mencionar, um a um, aqueles que foram rejeitados, analisando, de forma expressa, uns e outros.

VIII – Prazo para o julgamento do incidente

O incidente deverá ser julgado no prazo de um ano, prevendo o art. 980, *caput*, que ele terá preferência sobre os demais feitos, ressalvados os que envolvam réu preso e os pedidos de *habeas corpus*. Se o prazo não for cumprido, cessa a suspensão dos processos pendentes, individuais ou coletivos, que versam sobre a mesma matéria e que estejam em curso no Estado ou na Região da circunscrição do respectivo tribunal (art. 980, parágrafo único, primeira parte). Entretanto, caso o relator entenda necessário poderá prorrogar a referida suspensão, por meio de decisão fundamentada (art. 980, parágrafo único, *in fine*).

O prazo de um ano previsto para o julgamento do incidente engloba, inclusive, eventuais recursos extraordinário e especial contra a decisão proferida pelo tribunal local ou federal. Caso o tribunal superior não consiga julgar o recurso dentro desse prazo, o relator lá designado terá poder para ampliá-lo, em decisão fundamentada, nos termos do parágrafo único do art. 980. Não se pode, entretanto, admitir uma prorrogação que eternize a situação de paralisação das ações individuais.

18. FORÇA VINCULANTE DA DECISÃO DO INCIDENTE

O art. 985 do NCPC deixa evidente a força vinculante do assentado no julgamento do incidente de resolução de demandas repetitivas. Com efeito, determina, de forma imperativa, que a tese jurídica proclamada no julgado em foco "será aplicada":

(a) "a todos os processos individuais ou coletivos que versem sobre idêntica questão de direito e que tramitem na área de jurisdição do respectivo tribunal, inclusive àqueles que tramitem nos juizados especiais do respectivo Estado ou região" (inciso I); bem como,

(b) "aos casos futuros que versem idêntica questão de direito e que venham a tramitar no território de competência do tribunal", enquanto não operada a revisão da tese pelo mesmo tribunal (inciso II);

Estabelece, ainda, o mesmo dispositivo legal, remédio enérgico para corrigir as decisões que se insurjam contra a tese de direito assentada no incidente, que vem a ser a *reclamação* (art. 985, § 1º).

Os textos legais são de meridiana clareza, e não importa que se afastem do sistema de precedentes do direito anglo-saxônico ou de mecanismo unificador do direito alemão. Trata-se de instituto concebido e aperfeiçoado pelo direito brasileiro, sem qualquer ofensa ao sistema do processo constitucional idealizado por nossa Carta Magna.

Tal como a súmula vinculante, a tese firmada através do incidente de resolução de demandas repetitivas tem eficácia *erga omnes* dentro da circunscrição territorial do tribunal que o processou e julgou. E esses efeitos, por sua vez, não se restringem aos processos em tramitação ao tempo da instauração do incidente. Projetam-se, por vontade da lei, para o futuro, de modo a atingir todas as demandas posteriores, equiparando-se, o regime do novo Código, ao dos *precedentes vinculantes*.[29]

19. PUBLICIDADE ESPECIAL

Além da inserção no cadastro eletrônico regulado pelo art. 979, sempre que o objeto do incidente versar sobre questão relativa à prestação de serviço público concedido,[30] permitido ou autorizado, o tribunal comunicará o resultado do julgamento "ao órgão, ao ente ou à agência reguladora competente para

---

29. BARBOSA, Andrea Carla; CANTOARIO, Diego Martinez Fervenza. *O incidente de resolução de demandas repetitivas, cit.*, p. 480; WAMBIER, Teresa Arruda Alvim; *et al. Primeiros Comentários cit.*, p. 1.411.
30. Sobre os conceitos de concessão, permissão e autorização, no direito administrativo, ver MELLO, Celso Antônio Bandeira de. *Curso de direito administrativo.* 23 ed. São Paulo: Malheiros, 2007, p. 764-651; PIETRO, MEIRELLES, Hely Lopes. *Direito administrativo brasileiro.* 27 ed. São Paulo: Malheiros, 2002, p. 378-382; DI PIETRO, Maria Sylvia Zanella. *Direito administrativo.* 18 ed. São Paulo: Atlas, 2005, p. 287-284.

fiscalização da efetiva aplicação por parte dos entes sujeitos a regulação, da tese adotada" (art. 985, § 2º).

20. RECURSOS

O acórdão que julga o incidente de resolução de demandas repetitivas pode ser impugnado por recurso especial ou por recurso extraordinário, conforme a natureza da questão de direito solucionada (NCPC, art. 987). O recurso será processado excepcionalmente com efeito suspensivo (art. 987, § 1º). Os processos suspensos preliminarmente, todavia, não retomam curso, salvo se ultrapassado o prazo de um ano previsto no art. 980. É que as medidas de urgência não são afetadas pela superveniência de recurso, em regra.

Para facilitar o acesso ao STF, que é importante para que a uniformização jurisprudencial, em matéria constitucional, atinja todo o território nacional, o art. 987, § 1º presume a repercussão geral do tema definido pelo tribunal de origem no incidente de decisões repetitivas. Há quem afirme a indispensabilidade da arguição de repercussão geral, para que o recurso extraordinário possa ser admitido pelo STF, visto tratar-se de requisito constitucional (CF, art. 102, § 3º), que ao legislador ordinário não é dado dispensar.[31]

É evidente que todo recurso extraordinário, cuja admissibilidade é regulada pela própria Constituição, deve atender ao requisito da repercussão geral. É o que expressamente prevê o texto da Lei Maior. Mas, o que o novo CPC faz, no tocante ao recurso contra a decisão do incidente de resolução de demandas repetitivas não é dispensar a repercussão geral. É apenas dispensar sua demonstração, visto que decorre, necessariamente das dimensões sociais do ato judicial, já que pronunciado para valer *erga omnes*, indo muito além, portanto, dos interesse interindividuais disputados no processo originário.

A demonstração da repercussão geral, por isso mesmo, constará do simples registro de que o decisório recorrido ocorreu em incidente de resolução de demandas repetitivas. Diante da presunção legal, estará o recorrente dispensado de buscar outros argumentos para demonstrar, *in concreto*, a presença da repercussão geral já reconhecida pelo próprio legislador.[32]

O próprio objetivo do recurso extraordinário, na espécie, não é outro senão assegurar que o efeito local do julgamento do incidente se expanda por todo o território nacional, atingido todos os processos individuais ou coletivos em

---

31. CAMARGO, Luiz Henrique Volpe. O incidente de resolução de demandas repetitivas no Projeto de Novo CPC cit., p. 305.
32. CUNHA, Leonardo José Carneiro da. Anotações sobre o incidente de resolução de demandas repetitivas previsto no projeto do novo Código de Processo Civil. *Revista de Processo*, São Paulo, n.º 193, p. 255-280, mar/2011.

andamento e que venham a ser ajuizados, envolvendo a mesma questão de direito definida no acórdão recorrido (NCPC, art. 987, § 2º). A repercussão geral, assim, está *in re ipsa*, na natureza ou essência da própria causa e da decisão que a resolveu. Daí a justeza da norma que a presume *ex vi legis*.

É bom lembrar que, preparando a eficácia nacional do incidente, o Código prevê medida de natureza cautelar junto ao STF e ao STJ, para suspender em todo o território nacional todas as ações que versem sobre a questão jurídica em debate perante o tribunal local (art. 3 § ,982º).[33] Reconhecida preventivamente essa repercussão geral do incidente, necessária será a oportuna interposição do recurso especial ou extraordinário, para que a medida provisória se torne definitiva (art. 987, § 2º)[34]. Caso contrário, a eficácia nacional do decidido no incidente cessará como consequência da própria omissão do recurso (art. 982, §5º). Esse mecanismo procedimental é, por si só, evidenciador da presença da repercussão geral, que torna não apenas cabível recurso extraordinário, mas que também o faz necessário para que o incidente atinja sua meta universal.

Sem o recurso para os tribunais superiores, o incidente ficaria com eficácia restrita aos órgãos jurisdicionais subordinados ao tribunal local que o julgou. A uniformização da interpretação e aplicação da ordem jurídica ficaria incompleta e imperfeita no resguardo da isonomia e da segurança jurídica. Daí a importância da política de facilitar e não embaraçar formalmente o manejo dos recursos extraordinários e especial, na espécie.

Poder-se-á objetar que o recurso extraordinário ou especial não estaria, como quer a Constituição, atacando decisão ofensiva a dispositivo dela ou da lei ordinária. De fato, o recurso no caso do art. 987 do NCPC não depende de ter sido improcedente o incidente. Mesmo sendo acolhido o pedido de uniformização da tese jurídica, maltratada terá sido a norma constitucional ou infraconstitucional interpretada, por não ter o tribunal como observar a garantia completa da isonomia e da segurança jurídica para todo o território nacional, e como assegurar a autoridade e a uniformidade da aplicação da lei federal, também para todo o território nacional. O recurso extraordinário ou o especial permitirá ao tribunal superior sanar o vício da incompletude – além de ensejar a correção de eventual erro na definição da tese afirmada no incidente – indesejável do decisório local, que, por impotência institucional do órgão julgador, acabou por criar precedente discriminatório, se sua eficácia permanecer restritiva ao território do tribunal local.

---

33. Se o recurso subir ao STF ou ao STJ sem a medida cautelar prevista no art. 982, §3º, caberá ao relator naqueles tribunais superiores determinar a extensão da suspensão dos processos alcançáveis pelo incidente em todo o território nacional, a exemplo do permitido pelo art. 1.037, II, a propósito dos recursos repetitivos.
34. NCPC, art. 987, § 2º: "Apreciado o mérito do recurso, a tese jurídica adotada pelo Supremo Tribunal Federal ou pelo Superior Tribunal de Justiça será aplicada no território nacional a todos os processos individuais ou coletivos que versem sobre idêntica questão de direito".

21. RECLAMAÇÃO

O efeito vinculante da tese de direito definida no julgamento do incidente de resolução de demandas repetitivas é ressaltado pela previsão do cabimento de *reclamação* contra os atos judiciais que não a observem (art. 985, §1º).

Muito se tem discutido sobre a possibilidade ou não de a lei ordinária instituir casos de jurisprudência de força vinculativa geral, fora das previsões constitucionais. O STF, no entanto, já considerou constitucional, por exemplo, a Lei nº 9.868/1999, que estabeleceu efeito vinculante para todas as ações de controle de constitucionalidade, quando, a seu tempo, a Constituição só previa tal eficácia para as ações declaratórias de constitucionalidade de lei ou ato normativo federal. Restou reconhecida pela Corte Suprema que "o fato de a Constituição prever expressamente tal efeito somente no que toca à ação declaratória não traduz, por si só, empecilho constitucional a que se reconheça também, por lei, tal resultado à ação direta"[35].

Não havendo razão para afirmar a inconstitucionalidade da regra que prevê a força vinculante do resultado do incidente de resolução de demandas repetitivas, esta se manifestará nas seguintes dimensões:

> (a) se o julgamento definitivo do incidente ocorreu no segundo grau de jurisdição, a tese jurídica uniformizadora deverá ser aplicada, em primeira e segunda instância, na área de jurisdição do tribunal que a definiu, a todos os processos, singulares ou coletivos, que versem sobre a mesma questão de direito;
>
> (b) se o recurso extraordinário ou especial, originado do incidente, for julgado pelo mérito pelo tribunal superior, a tese terá de ser aplicada a todos os processos que versem idêntica questão de direito e que tramitem em todo o território nacional[36].

A reclamação, como instrumento de garantia da força vinculante da decisão do incidente, variará de destino, conforme o tribunal que a pronunciou: *(i)* se foi o tribunal de segundo grau que proferiu o julgamento definitivo, a ele deverá ser destinada a reclamação, quando cabível; *(ii)* se foi o incidente encerrado por julgamento de recurso extraordinário ou especial, a reclamação contra a inobservância da tese assentada será dirigida ao STF ou ao STJ, conforme o caso.

---

35. STF, Pleno, Rcl 1.880 AgR. Rel. Min. Maurício Corrêa, ac. 7.11.2002, *DJU* 19.3.2004. Cf. CAMARGO, Luiz Henrique Volpe, *op. cit.*, p. 307.
36. CAMARGO, Luiz Henrique Volpe. *op. cit.*, p. 307.

22. REVISÃO DA TESE FIRMADA NO INCIDENTE

A tese de direito definida pelo incidente de resolução de demandas repetitivas torna-se obrigatória para os processos atuais e futuros. Não é, porém, eterna e intocável.

Sua revisão é possível, e, segundo o art. 986, poderá ser feita pelo próprio tribunal que a assentou. A iniciativa poderá partir do tribunal mesmo, ou de provação de algum dos legitimados para requerer a instauração do incidente (juiz, relator, partes, Ministério Público ou Defensoria Pública) (arts. 986 c/c 977, III).

Partes que se legitimam a pleitear a revisão – é bom notar – não são aquelas do processo do qual se originou o incidente. São as partes do novo processo ainda não julgado e que verse sobre a mesma questão de direito sobre a qual se estabeleceu o anterior julgamento vinculante[37].

Acolhida a revisão, a tese poderá ser revogada, por total incompatibilidade com a evolução do direito positivo, ou poderá ser parcialmente modificada. A modificação de entendimento atentará para a necessidade de respeitar as garantias de segurança jurídica e confiança legítima dos jurisdicionados. Poder-se-á, para tanto, modelar os efeitos temporais da inovação, preservando-se a situação das relações jurídicas estabelecidas à base da tese vinculante, no todo ou em parte, conforme os ditames da boa-fé e do respeito às justas expectativas.

Naturalmente, toda publicidade e cautela previstas para o processamento do incidente de resolução de demandas repetitivas haverão de ser cumpridas também na revisão das teses vinculantes (art. 979).

PARTE III - INCIDENTE DE ASSUNÇÃO DE COMPETÊNCIA

23. CONCEITO

Os tribunais raramente decidem com a participação de todos os seus membros. Em regra, os seus julgamentos são pronunciados por órgãos fracionários, cuja composição numérica varia de acordo com a natureza da causa e conforme as regras do respectivo regimento interno.

O incidente previsto no art. 947 do NCPC tem como objetivo incitar órgão colegiado maior a assumir o julgamento, em determinadas circunstâncias, de causa que normalmente seria de competência de órgão fracionário menor do mesmo

---

37. WAMBIER, Teresa Arruda Alvim; et al. Primeiros comentários, cit., p. 1.412.

tribunal. Presta-se o expediente à prevenção contra o risco de divergência entre os órgãos internos do tribunal em torno de questões de repercussão social que ultrapassam o interesse individual das partes e, por isso, exigem um tratamento jurisdicional uniforme.

O incidente de assunção de competência não é instituto novo no processo civil brasileiro, embora tenha sido tratado com maior cuidado e especificidade no novo CPC. Esse mecanismo processual que já é conhecido nos procedimentos do STF e do STJ agora se amplia para os julgamentos de todos os Tribunais. Sempre que a matéria discutida em julgamento de recurso, de remessa necessária ou de processo de competência originária envolver relevante questão de direito, revestida de repercussão social, ou a respeito da qual seja conveniente a prevenção ou a composição de divergência entre câmaras ou turmas do tribunal, o relator, de ofício ou a requerimento da parte, do Ministério Público ou da Defensoria Pública, poderá suscitar o incidente, propondo que o processo seja julgado pelo órgão colegiado indicado pelo regimento interno do Tribunal (NCPC, art. 947, *caput* e § 1º).[38]

Trata-se de um deslocamento interno de competência, para que o órgão colegiado especial, com *quorum* representativo, julgue o processo com força vinculativa a todos os juízes e órgãos fracionários a ele ligados. O incidente mostra-se em consonância com o espírito do NCPC de uniformizar a jurisprudência, a fim de garantir a segurança jurídica e a previsibilidade da interpretação do ordenamento jurídico vigente no país, evitando que matérias semelhantes sejam decididas de forma conflitante nos diversos tribunais.

Cumpre, de certa forma, o mesmo objetivo do incidente de resolução de demandas repetitivas, com um destaque, todavia, visto que a assunção ocorre em caráter preventivo, quando ainda não se instalou a pluralidade de entendimentos em decisórios de diferentes processos (art. 947, *in fine*), dado este que é requisito do último incidente. Esclarece o art. 947, a propósito, que a assunção cabe diante de questão de direito, com grande repercussão social, mas "sem repetição em múltiplos processos".

A assunção de competência possui clara afinidade procedimental com a arguição de inconstitucionalidade, eis que o julgamento da matéria também é direcionado ao órgão superior àquele que, inicialmente, era o competente para decidir, a fim de conferir-lhe força vinculativa. Entretanto, os incidentes se distinguem no que se refere à extensão do objeto da análise. Enquanto na arguição de inconstitucionalidade o órgão colegiado analisará somente a tese que fundamenta a controvérsia, sem imiscuir-se nas especificidades do caso concreto,

---

38. CPC/73, art. 555, § 1º.

na assunção de competência o objeto do julgamento será a própria lide levada a conhecimento ao Poder Judiciário. Mas é justamente a relevância e a repercussão social da questão de direito envolvida, bem como a potencialidade de gerar (ou a já existente) divergência entre as câmaras ou turmas do tribunal que justificam e até mesmo impõem a sua análise por um colegiado maior.

24. PRESSUPOSTOS

Diante da norma do art. 947, do NCPC, conclui-se que a assunção de competência está condicionada aos seguintes pressupostos:

(a) processo em estágio de julgamento em curso, de sorte que se o resultado já foi proclamado, não haverá mais possibilidade de instaurar-se o incidente;

(b) a divergência não pode ser entre posições de juízes e tribunais diversos, haverá de ser apenas entre órgãos do próprio tribunal;

(c) o incidente ocorre sobre questão que não se repete ainda em múltiplos processos.

25. PROCEDIMENTO

I – Requisitos:

Não é todo e qualquer recurso, remessa necessária ou processo de competência originária que poderá ser objeto de assunção de competência. É essencial que a questão de direito envolvida na lide (i) seja relevante, (ii) tenha grande repercussão social, (iii) não haja sido repetida em múltiplos processos, (iv) de modo a tornar conveniente a *prevenção* ou a *composição* de divergência entre câmaras ou turmas do tribunal.

II – Legitimidade:

O incidente pode ser suscitado pelo relator, de ofício, ou a requerimento da parte, do Ministério Público ou da Defensoria Pública (art. 947, § 1º). Como se vê, o NCPC ampliou o rol dos legitimados, uma vez que o art. 555, § 1º, do CPC/73 conferia legitimidade tão somente ao relator.

III – Fases do procedimento:

O incidente se desdobra em duas fases, cabendo ao relator, na primeira, deliberar, de ofício ou a requerimento, sobre o cabimento e a conveniência da submissão da causa ao julgamento do órgão regimentalmente encarregado da uniformização da jurisprudência do tribunal (art. 947, § 1º).

Numa segunda fase, os autos são remetidos àquele órgão maior, a quem caberá a decisão sobre a ocorrência ou não do interesse público na assunção de competência proposta (art. 947, § 2º). Negada esta, o processo retornará ao órgão fracionário primitivo. Reconhecida, o colegiado *ad quem* julgará o recurso, a remessa necessária ou o processo de competência originária, de onde surgiu o incidente (art. 947, § 2º).

26. EFEITOS DA DECISÃO

O acórdão proferido pelo órgão colegiado competente vinculará todos os juízos e órgãos fracionários. Referida vinculação apenas não ocorrerá se houver revisão de tese pelo próprio órgão colegiado que o julgou (art. 947, § 3º). De tal sorte, o incidente, além de coibir divergências internas no tribunal, cumprirá a função de expandir a tese assentada, tornando-a vinculante para todos os seus órgãos, bem como para todos os juízes a ele subordinados.

27. DISTINÇÃO ENTRE INCIDENTE DE RESOLUÇÃO DE DEMANDAS REPETITIVAS E INCIDENTE DE ASSUNÇÃO DE COMPETÊNCIA

O incidente de assunção de competência visa à formação de precedente vinculante, mas tem papel preventivo, já que se aplica antes de configurado o indesejável dissídio jurisprudencial. Baseia-se na relevância da questão de direito e na grande repercussão social que sua solução possa acarretar. Daí a conveniência de que o julgamento do recurso, da remessa necessária ou do processo de competência originária se dê perante órgão colegiado maior, previsto regimentalmente para as decisões dotadas de força vinculante universal.

Se já existem múltiplos processos que repetem a mesma questão de direito, em curso em primeiro e segundo grau, a uniformização da tese de direito (necessária porque já se estabeleceram entendimentos conflitantes) não deve ser postulada, em princípio, pelo incidente de assunção de competência, como, aliás, ressalva o art. 947, *caput, in fine*. O caminho processual a seguir, por mais adequado, será o do incidente de resolução de demandas repetitivas (art. 976, I). Há, contudo, uma exceção que afasta esta regra geral, para dar preferência inversa ao incidente de assunção de competência sobre o de resolução de demandas repetitivas, mesmo existindo repetição do tema em múltiplos processos, exceção essa contemplada pelo § 4º, do art. 947.

A aplicação da norma excepcional se dá quando a divergência atual se achar instalada entre processos já julgados entre câmaras ou turmas do próprio tribunal. Nessa situação, não haverá necessidade de se recorrer ao incidente de resolução de demandas repetitivas. A superação do dissídio sobre relevante questão de direito, ou sua prevenção, será mais facilmente alcançável por via do incidente de assunção de competência, manejado diante de novos casos acaso sobrevindos ao conhecimento do tribunal envolvendo a mesma questão (art. 947, § 4º).

Diante do exposto, pode-se afirmar que as hipóteses de cabimento dos dois incidentes confrontados não se confundem e acham-se nitidamente delineadas pelo Código. Não convém usar indiscriminadamente um pelo outro, porque os procedimentos são diversos e as cautelas de publicidade e controle são muito mais complexas no incidente do art. 976, do que no do art. 947. Para preservar a economia processual e assegurar a duração razoável do processo, sempre que a divergência interpretativa se resumir ao âmbito interno do tribunal e não houver necessidade de suspensão de numerosos processos em andamento fora do tribunal, a preferência deve, naturalmente, inclinar-se para o incidente de assunção de competência, que tem condições, de uma só vez, não só de resolver a questão pertinente à tese de direito controvertida, como de solucionar os próprios processos em curso no tribunal.

Já quando o problema agudo se localizar no universo incontrolável da multiplicidade inumerável de feitos em curso nos mais diferentes juízos de primeiro grau, o remédio a ser adotado, sem dúvida, haverá de ser o do incidente de resolução de demandas repetitivas, no qual se estabelece um campo de debate de proporções amplas e compatíveis com a pluralidade dos interesses afetados.

O relator do recurso, portanto, não pode transformar *ex propria autoritate* o seu julgamento em resolução de demandas repetitivas, sumariamente processada e decidida. Antes terá de propor a instauração do incidente em ofício endereçado ao presidente do tribunal, com os documentos comprobatórios dos requisitos legais do feito (art. 977). Admitido o procedimento incidental, passará a correr perante o órgão indicado pelo regimento interno como responsável pela uniformização de jurisprudência do tribunal (art. 978). E o julgamento não acontecerá senão depois de observada a mais ampla e específica divulgação e publicidade recomendada pelo art. 979 e parágrafos, e de ter sido franqueada a intervenção do Ministério Público e de todos os interessados, inclusive os *amici curiae*. Desse modo é que se formará a tese de direito cuja aplicação caberá ao juízo dos processos suspensos, para julgar individualmente cada uma das demandas que envolvem a mesma questão (art. 985, I) e que servirá de paradigma, também, para as causas futuras de semelhante objeto (art. 985, II).

O incidente de assunção de competência, como se deduz do art. 947, não observa procedimento capaz de atender às exigências próprias da resolução de causas repetitivas.

CAPÍTULO 19

O Incidente de Resolução das Causas Repetitivas no Novo CPC e o Devido Processo Legal[1]

José Henrique Mouta Araújo[2]

SUMÁRIO • 1. DELIMITAÇÃO DO TEMA: A COLETIVIZAÇÃO DO CONFLITO E O INCIDENTE DE CAUSAS REPETITIVAS PREVISTO NO NCPC; 2. O DEVIDO PROCESSO LEGAL E OS PROCESSOS REPETITIVOS; 3. CONTEXTO HISTÓRICO, OBJETIVOS E REFLEXOS DO JULGAMENTO DO IRDR EM OUTROS INSTITUTOS; 4. O QUE SIGNIFICA A EXPRESSÃO MESMA QUESTÃO UNICAMENTE DE DIREITO?; 5. INSTRUMENTO DE COLETIVIZAÇÃO DE CONFLITOS, DEVIDO PROCESSO LEGAL E O PAPEL DO MINISTÉRIO PÚBLICO; 6. PREPONDERÂNCIA DO RESP E RE – VINCULAÇÃO LOCAL / NACIONAL E DEVIDO PROCESSO LEGAL; 7. MOMENTOS PROCEDIMENTAIS: 7.1. ADMISSIBILIDADE E PROCESSAMENTO: O PAPEL DO AMICUS CURIAE; 7.2. JULGAMENTO E VINCULAÇÃO HORIZONTAL E VERTICAL CONCLUSÃO; 8. CONCLUSÃO; 9. REFERÊNCIAS BIBLIOGRÁFICAS.

1. DELIMITAÇÃO DO TEMA: A COLETIVIZAÇÃO DO CONFLITO E O INCIDENTE DE CAUSAS REPETITIVAS PREVISTO NO NCPC

O presente ensaio pretende enfrentar aspecto ligado ao novo Código de Processo Civil (Lei nº 13.105/2015), voltado à vinculação das decisões judiciais dos tribunais estaduais e regionais federais aos órgãos a eles subordinados.

Esta novidade do CPC sancionado no ano de 2015 deve ser analisada dentro de um contexto maior – ligado ao sistema de ampliação do caráter vinculante das decisões judiciais.

Ao bem da verdade, o sistema processual de 1973 já vem sofrendo modificações tanto constitucionais quanto infraconstitucionais preocupadas com os chamados pontos de estrangulamento do sistema, sendo um dos principais a chamada *instabilidade jurisprudencial (chamada de jurisprudência lotérica)*.

Neste fulgor, vários institutos foram consagrados no sistema processual de 1973 com o objeto de proporcionar maior *efetividade* e *brevidade* à prestação da

---

1. Artigo apresentado no XXII Congresso Nacional do Conpedi/UFSC, em 2014 – ampliado e atualizado, de acordo com as disposições do novo Código de Processo Civil (Lei 13.105/2015).
2. Doutor e mestre e em direito (UFPA), pós-doutor (Universidade de Lisboa), professor titular da Universidade da Amazônia e do Cesupa, procurador do Estado do Pará e advogado. www.henriquemouta.com.br

tutela jurisdicional, tentando diminuir o *tempo do processo* e diminuir a *instabilidade interpretativa*, senão vejamos: a) novos poderes dos relatores dos tribunais (art. 527, I e 557 e § 1º-A do CPC, de 1973), com possibilidade de julgamento monocrático fundado em decisões de órgãos colegiados; b) implantação de Súmula Vinculante, de Súmula impeditiva de processamento de recurso[3], de Súmula de Tribunal Superior e jurisprudência do plenário do STF impeditivas de reexame necessário (art. 475, § 3º, do CPC, de 1973); c) possibilidade de julgamento super-antecipado das causas repetidas (art. 285-A, do CPC, de 1973)[4]; d) distribuição imediata dos processos; e) criação de novo requisito de admissibilidade para o recurso extraordinário – a repercussão geral; f) julgamento do recurso especial em causas repetitivas (art. 543-C, do CPC, de 1973).

As últimas reformas ocorridas na legislação processual que estará em vigor até março de 2016 trouxeram clara ampliação do conceito de manutenção e verticalização dos precedentes judiciais, com a *transformação das causas individuais em representativas de categorias*.

Neste contexto, os operadores e estudiosos do direito processual debateram a necessidade de ampliar ainda mais essa sistemática de representatividade e de vinculação de precedentes durante toda a tramitação do projeto que foi sancionado em março de 2015. O novo Código de Processo Civil *(que passa a ser chamado neste ensaio de NCP)* procura aprimorar alguns institutos e criar outros, com o claro objetivo de tentar diminuir o tempo de duração dos processos.

O novo sistema processual apresenta preocupação específica quanto a instabilidade da jurisprudência, objetivando desafogar a tramitação recursal nos tribunais e diminuir o número de julgamentos divergentes em relação a temas semelhantes. Um dos pontos principais institutos é o chamado incidente de resolução de demandas repetitivas (IRDR – arts. 976-987 do NCPC).

O incidente, contudo, deve ser estudado dentro do contexto do devido processo legal das causas individualmente atingidas, tendo em vista que procura consagrar, como última instância vinculante, a decisão do tema oriunda do tribunal local[5].

---

3. Recomenda-se a leitura do seguinte ensaio: ARAÚJO, José Henrique Mouta. *Súmula impeditiva de recursos. Uma visão sobre o atual quadro processual brasileiro*. Revista Dialética de Direito Processual, São Paulo, v. 39, p. 86-92, 2006.
4. Sobre o tema, apontando a interpretação do dispositivo e as críticas necessárias, ver ARAÚJO, José Henrique Mouta. *Processos repetidos e os poderes do magistrado diante da Lei 11.277/06. Observações e críticas*. Revista Dialética de Direito Processual nº 37, São Paulo: Revista dos Tribunais, abril/2006, pp. 69-79 e também DIAS, Jean Carlos. *A introdução da sentença-tipo no sistema processual civil brasileiro – Lei 11.277*. Revista Dialética de Direito Processual nº 37, São Paulo: Revista dos Tribunais, abril/2006, pp. 63-68.
5. A doutrina procura enfrentar, além do NCPC, os aspectos ligados às causas repetitivas. Dentre vários, recomenda-se a leitura: CAMBI, Eduardo e DAMASCENO, Kleber Ricardo. *Amicus curiae e o processo coletivo:*

Contudo, a questão a se enfrentar é do ponto de vista prático e constitucional, com as seguintes indagações: será que este incidente alcançará a efetiva isonomia de tratamento das demandas repetitivas? Como poderão os titulares das causas individualmente atingidas participar da formação do precedente? Como alcançar o devido processo legal decorrente dessa coletivização?

Estas são as indagações centrais que serão abordadas neste breve trabalho.

2. O DEVIDO PROCESSO LEGAL E OS PROCESSOS REPETITIVOS

Antes de focar diretamente no IRDR e a extensão para os casos *semelhantes*, vale enfrentar aspectos ligados ao princípio constitucional do devido processo legal.

O devido processo legal[6], ligado ao direito processual constitucional, assegura a todos os cidadãos, a garantia do trinômio: *vida, liberdade, patrimônio*, com a observância de toda a sistemática processual.[7-8]

---

uma proposta democrática. RePro 192, pp. 13-46; DIDIER JR, Fredie. *Revisão do conceito de interesse jurídico que autoriza a assistência simples: intervenção para colaborar com a criação do precedente judicial. Análise da recente decisão do STF*. RePro 158, p 279-282; MARINONI, Luiz Guilherme. *Precedentes obrigatórios*. São Paulo: Revista dos Tribunais, 2010; ARAÚJO, José Henrique Mouta. *A verticalização das decisões do STF como instrumento de diminuição do tempo do processo: uma reengenharia necessária*. Revista de Processo, v. 164, pp. 342-359; ARAÚJO, José Henrique Mouta. *O julgamento dos recursos especiais por amostragem: notas sobre o art. 543-C, do CPC*. Revista Dialética de Direito Processual, v. 65, p. 55-62; CUNHA, Leonardo José Carneiro da. *O regime processual das causas repetitivas*. Processo civil em movimento. Eduardo Lamy et alli (coords). Florianópolis: Conceito, 2013, pp. 829-843.

6. Aliás, como ressalta Luigi Paolo Comoglio, "il *due process of law* no è clausola dal contenuto prefissato e rigido in astrato, ma, al contrario, contiene aperture flessibili per una verifica concreta, caso per caso, della *fairness* di ciascun procedimento". COMOGLIO, Luigi Paolo. *Il 'giusto processo' civile in Itália e in Europa*. Revista de Processo. nº 116. jul/ago 2004. São Paulo: RT, 2004, p. 110.

7. Não é intenção de a presente obra enfrentar os vários enfoques acerca do devido processo legal (sentido genérico, material e processual – *procedural due process*). Sobre o assunto, vide: NERY JÚNIOR, Nelson. *Princípios do processo civil na constituição federal*. 6. ed. São Paulo: RT, 2000, p. 31 et seq. LUCON, Paulo Henrique dos Santos. *Devido processo legal substancial*. In Leituras complementares de processo civil. Fredie Didier Júnior (Coord.). Salvador: Juspodivm, 2005. p. 1-21. Ainda sobre o devido processo legal, inclusive, enfocando subprincípios a ele inerentes, vide: MATTOS, Sérgio Luís Wetzel. *O princípio do devido processo legal revisitado*. Revista de Processo nº 120. São Paulo: Revista dos Tribunais, p. 263-288.

8. Ainda é possível analisar o devido processo legal no campo substancial. Nesse sentido, "o devido processo legal substancial diz respeito à limitação ao exercício do poder e autoriza o julgador questionar a razoabilidade de determinada lei e a justiça das decisões estatais, estabelecendo o controle material da constitucionalidade e da proporcionalidade". LUCON, Paulo Henrique dos Santos. *Devido processo legal substancial*. In Leituras complementares de processo civil. Fredie Didier Júnior (Coord.). Salvador: Juspodivm, 2005. p. 5. Como bem ensina João Batista Lopes: "a doutrina subdivide o princípio em *devido processo legal substancial* (que se preocupa com as garantias no plano do direito material, como o direito adquirido, a irretroatividade da lei penal, a proibição da bitributação, etc.) e *devido processo legal processual* (o modelo de processo que garante o acesso à justiça, o contraditório, a ampla defesa, o juiz natural,

Sob esse raciocínio, processo justo, sentença justa e sem qualquer espécie de nulidade, apenas serão alcançados com o devido processo legal,[9] entendendo-se este como o "conjunto de garantias constitucionais que, de um lado, asseguram às partes o exercício de suas faculdades e poderes processuais e, do outro, são indispensáveis ao correto exercício da jurisdição".[10]

Aliás, Calmon de Passos ensina que, para a ocorrência do devido processo legal, é necessária a presença das seguintes condições:

> Só é devido processo legal o processo que se desenvolve perante um juiz imparcial e independente; b) não há processo legal devido sem que se assegure o acesso ao judiciário; c) (...) as duas garantias precedentes se mostram insuficiente se não assegurado às partes o contraditório.[11]

Não se pode negar o importante papel do Poder Judiciário, considerando que se trata do principal guardião da vida, da propriedade, da liberdade e da cidadania. Maria Tereza Sadek apresenta importantes observações acerca do papel do Estado – Poder Judiciário – senão vejamos:

> Os direitos são letra morta na ausência de instâncias que garantam o seu cumprimento. O Judiciário, deste ponto de vista, tem um papel central. Cabe a ele aplicar a lei e, conseqüentemente, garantir a efetivação dos direitos individuais e coletivos. Daí ser legítimo afirmar que o Judiciário é o principal guardião das liberdades e da cidadania. No exercício de suas funções, o Judiciário, segundo prescreve a Constituição brasileira, tem duas faces: uma, de poder de Estado; outra, de prestador de serviços. Tanto em um caso como no outro, há, primordialmente, a distribuição da justiça. Não se trata, é claro, de uma justiça abstrata, mas de possuir a palavra final, quer

---

a igualdade de tratamento das partes, a proibição de provas ilícitas, etc.)". LOPES, João Batista. *Tutela antecipada no processo civil brasileiro.* 2. ed. São Paulo: Saraiva, 2003. p. 35. Ainda sobre o *devido processo legal substancial,* vide: FERREIRA FILHO, Manoel Gonçalves. *Direitos humanos fundamentais.* 7. ed. São Paulo: Saraiva, 2005. p. 125.

9. Mauro Cappelletti e Bryant Garth, em obra clássica, ensinam, sobre o acesso à justiça profundamente relacionado com o devido processo legal, que: "o acesso à justiça pode, portanto, ser encarado como o requisito fundamental – o mais básico dos direitos humanos – de um sistema jurídico moderno e igualitário que pretenda garantir, e não apenas proclamar o direito de todos". CAPPELLETTI Mauro & GHARTH, Bryant. *Acesso à justiça.* Trad. Ellen Gracie Northfleet. Porto Alegre: Sérgio Fabris, 1988. p. 12. Ainda sobre acesso à justiça, vide: ARAÚJO, José Henrique Mouta. *Acesso à justiça e efetividade do processo.* Curitiba: Juruá, 2001.
10. CINTRA, Antonio Carlos de Araújo, GRINOVER, Ada Pellegrini e DINAMARCO, Cândido Rangel. *Teoria geral do processo.* 21. ed. São Paulo: Malheiros, 2005. p. 84.
11. CALMON DE PASSOS, José Joaquim. *O devido processo legal e o duplo grau de jurisdição.* São Paulo: Saraiva, 1981. p. 86.

sobre os conflitos de natureza eminentemente política, quer sobre disputas privadas.[12]

Evidente que, visando dirimir os conflitos, deve o Judiciário observar os princípios processuais constitucionais, dentre os quais o devido processo legal, da isonomia e da inafastabilidade da jurisdição, sob pena de eivar a prestação jurisdicional de vício insanável. Assim, o princípio da legalidade está atrelado ao devido processo legal[13] e ao conceito de justiça.[14]

As modificações ocorridas no Código de Processo Civil destacaram o importante papel do juiz visando assegurar o devido processo legal, considerando que este princípio está bem próximo aos da celeridade e efetividade da tutela jurisdicional.[15] Portanto, o devido processo legal é de importância fundamental para o atendimento aos demais princípios processuais, dentre os quais os: da celeridade, do contraditório, da isonomia e da efetividade, sob pena de comprometer a integridade e mesmo a justiça da decisão.

Contudo, com o passar do tempo e com a instabilidade jurisprudencial, a doutrina passou a ponderar acerca da necessidade de repensar o devido processo legal nos casos de coletivização de conflitos, assim entendidos a afetação de causas para extensão da solução às hipóteses presentes e futuras.

Em relação a isso, torna-se necessário analisar o chamado incidente de resolução de demandas repetitivas (IRDR), de competência do tribunal estadual ou regional, previsto no NCPC, senão vejamos:

---

12. SADEK, Maria Tereza. *Acesso à justiça*. Maria Tereza Sadek (Org.). São Paulo: Fundação Konrad Adenauer, 2001. p. 7-8.
13. Como bem informa Lúcia Valle Figueiredo, "o princípio da legalidade está, pois, atrelado ao devido processo legal, em sua faceta substancial e não apenas formal. Em sua faceta substancial – igualdade substancial – não basta que todos os administrados sejam tratados da mesma forma. Na verdade, deve-se buscar a meta da igualdade na própria lei, no ordenamento jurídico e em seus princípios". FIGUEIREDO, Lúcia Valle. *O devido processo legal e a responsabilidade do estado por dano decorrente do planejamento*. Revista de Direito Administrativo. nº 21. out/dez. Rio de Janeiro, 1996. p. 93.
14. Segundo Hans Kelsen, "a justiça, no sentido de legalidade, é uma qualidade que se relaciona não com o conteúdo de uma ordem jurídica, mas com sua aplicação. Nesse sentido, a justiça é compatível e necessária a qualquer ordem jurídica positiva, seja ela capitalista ou comunista, democrática ou autocrática". KELSEN, Hans. *Teoria geral do direito e do estado*. Trad. Luiz Carlos Borges. São Paulo: Martins Fontes, 2000. p. 20.
15. Esses princípios, como visto, caminham de mãos dadas e com um único objetivo: assegurar a *efetiva* e *real* garantia do direito material deduzido em juízo. Nesse sentido, bem observa Paulo Henrique dos Santos Lucon: "a questão que se coloca hoje é saber como os princípios e as garantias constitucionais do processo civil podem garantir uma efetiva tutela jurisdicional aos direitos substanciais deduzidos diariamente. Ou seja, não mais interessa apenas justificar esses princípios e garantias no campo doutrinário. O importante hoje é a realização dos direitos fundamentais e não o reconhecimento desses ou de outros direitos". LUCON, Paulo Henrique dos Santos. *Devido processo legal substancial*. In Leituras complementares de processo civil. Fredie Didier Júnior (Coord.). Salvador: Juspodivm, 2005. p. 1.

3. CONTEXTO HISTÓRICO, OBJETIVOS E REFLEXOS DO JULGAMENTO DO IRDR EM OUTROS INSTITUTOS

O NCPC passa a consagrar o *incidente de resolução de demandas repetitivas* como um importante instrumento com este foco na estabilização das decisões colegiadas dos tribunais locais.

Como forma de melhor enfrentar este instituto, deve o intérprete compreender seu contexto histórico, tendo em vista que ele se caracteriza como mais uma etapa do tema *vinculação de precedentes*[16], como instrumento da construção, no direito pátrio, do *stare decisis* horizontal e vertical.

Aliás, como mencionado na parte introdutória deste ensaio, nos últimos anos a legislação processual pátria passou por tentativas de uniformizar a jurisprudência e ampliar a força vinculante de decisões judiciais, por meio de dispositivos como os arts. 285-A, 518, § 1º, 527, 557, 543-A, B e C, 544, § 3º, do CPC, de 1973, das Leis dos Juizados Especiais Federais (art. 14 – Lei 10.259/2001) e da Fazenda Pública (art. 18 – Lei 12.153/2009), etc.

Trata-se, a bem da verdade, de ampliação da vinculação das decisões judiciais aos casos repetitivos como instrumento de estabilização da jurisprudência e de diminuição do número de recursos e do tempo de duração dos processos (*stare decisis* horizontal e vertical). Pela nova legislação processual, considera-se julgamento de casos repetitivos a decisão advinda do IRDR e dos recursos especial e extraordinário repetitivos (art. 928 c/c arts. 976 a 987 e 1036 a 1041).

Logo, O NCPC tem preocupação específica em relação aos processos que são atingidos em decorrência da tese jurídica advinda do IRDR, com os seguintes reflexos: a) exclusão da ordem cronológica para julgamento de processos em bloco para aplicação da tese jurídica decorrente do incidente (art.; 12, § 2º, II); b) improcedência liminar do pedido (art. 332, III); b) dispensa de caução no cumprimento provisório de sentença (art. 521, IV); c) julgamento de plano do conflito de competência (art. 955, parágrafo único, II); d) apreciação de reclamação (art. 988, IV c/c 985 § 1º) e de embargos de declaração (art. 1022, parágrafo único, I); e) existência de repercussão geral para fins de recurso extraordinário (art. 1035, § 3º, II).

---

16. Por precedente se deve entender uma decisão judicial cujos motivos determinantes (*ratio decidendi*) passam a servir como paradigma para casos posteriores. Sobre o tema, ver SOUZA, Marcelo Alves Dias de. *Do precedente judicial à súmula vinculante*. Curitiba, Juruá: 2006; ATAIDE JR, Jaldemiro Rodrigues de Ataíde. *Precedentes Vinculantes e Irretroatividade do Direito no Sistema Processual Brasileiro – Os Precedentes dos Tribunais Superiores e sua Eficácia Temporal*. Curitiba: Juruá, 2012; ROSITO, Francisco. *Teoria dos Precedentes Judiciais – Racionalidade da Tutela Jurisdicional*. Curitiba: Juruá, 2012 e MARINONI, Luiz Guilherme., *Aproximação crítica entre as jurisdições de civil law e common law e a necessidade de respeito aos precedentes no Brasil*. Revista de Processo nº 172, São Paulo: Revista dos Tribunais, jun/2009, pp – 175-232.

|Portanto, por onde quer que se olhe a questão, é o IRDR um dos institutos mais importantes do NCPC. Mas afinal de contas, o que pretende o instituto? Não tenho dúvida em afirmar que existem alguns objetivos claros, a saber: a) diminuição da divergência interpretativa e da jurisprudência lotérica[17] entre magistrados vinculados ao mesmo tribunal; b) estabilização do pensamento cognitivo local sobre um mesmo tema; c) vinculação do pensamento do tribunal, com força obrigatória, antes da disseminação da divergência interpretativa; d) alcance da isonomia, evitando que a divergência gera atraso na prestação jurisdicional; e) diminuição de recursos aos tribunais superiores; f) alcance da previsibilidade e segurança jurídica[18].

Contudo, outras perguntas que devem ser feitas são as seguintes: será que, na atual etapa da ciência processual nacional, estamos preparados para o encerramento da maioria das causas no âmbito local? Os tribunais estaduais e regionais federais estão preparados para esse poder de vinculação interpretativa? Há uma transferência do julgamento da causa repetitiva do 1º para o 2º grau, em decorrência do caráter vinculante da tese firmada no incidente?

Mais uma vez é necessário ressaltar que o instituto não pode ser pensado de forma isolada. Já há, no sistema processual em vigor até março de 2016, grande restrição da remessa de teses recursais ao STJ e STF, bem como já há, e será ampliado com o NCPC, o caráter vinculante dos precedentes daqueles órgãos superiores colegiados (*inclusive com item próprio intitulado "do julgamento dos recursos extraordinário e especial repetitivos"* – arts. 1036 a 1041). O que se quer, portanto, é encerrar a discussão de temas repetitivos no âmbito do próprio tribunal local, deixando aos Superiores apenas os temas com repercussão nacional.

Neste momento, surge a necessidade de destacar alguns requisitos obrigatórios para provocação do incidente, a saber: a) risco de ofensa à isonomia e segurança jurídicas; b) efetiva repetição de processos; c) controvérsia sobre a mesma questão de direito (art. 976). Nestes casos, há o deslocamento da tese

---

17. A divergência, a rigor, gera uma crise interpretativa, na medida em que coloca em risco a certeza e a previsibilidade no que respeita à aplicação do direito. Sobre o assunto, ver CAMBI, Eduardo. *Jurisprudência lotérica*. Revista dos Tribunais, v. 90, nº 786, São Paulo, abril/2001, p. 111.
18. Teresa Arruda Alvim Wambier, Maria Lúcia Lis Conceição, Leonardo Ferres da Silva Ribeiro e Rogério Licastro Torres de Mello escrevem, sobre o IRDR, que: "trata-se de um incidente que tem por objeto, à semelhança do que já ocorre com muitos institutos do CPC em vigor, proporcionar **uniformização do entendimento** acerca de certa **tese jurídica**. A decisão que deve ser considerada, a respeito de certa tese jurídica comum a inúmeras ações ocorre, quando se utiliza este instituto, no segundo grau de jurisdição. O teor da **decisão do Tribunal** é **ponto de partida** para que os juízos singulares decidam seus processos". *Primeiros comentários ao Novo Código de Processo Civil – artigo por artigo*. São Paulo: Revista dos Tribunais, 2015, p. 1395.

jurídica para o tribunal local, com o objetivo de vincular a interpretação aos demais órgãos a ele vinculados.

Em relação ao primeiro aspecto, vale fazer um destaque e uma ressalva. Realmente, com a provocação do tribunal para firmar o precedente (*suspendendo a tramitação das causas individuais ou coletivas – art. 982, I*), evitar-se-á divergência interpretativa dos membros do órgão colegiado – vinculação horizontal – e dos próprios magistrados de piso a ele subordinados – vinculação vertical – e, com isso, poderá ser alcançada a isonomia e a segurança jurídicas.

Contudo, será que o TJE ou TRF vai manter firme o posicionamento firmado no incidente? Se houver instabilidade do pensamento interpretativo do tribunal não será alcançada a isonomia e, ao contrário do texto pretendido no art. 976, II do NCPC, o incidente poderá violar a isonomia e a segurança jurídica.

A instabilidade hermenêutica do tribunal, se ocorrer na prática forense, poderá comprometer os valores jurídicos pretendidos pelo incidente e colocar em risco os princípios constitucionais citados anteriormente, em especial o devido processo legal e a isonomia para os titulares de processos individuais e coletivos que serão atingidos de forma direta ou reflexa pelo resultado do incidente.

Os objetivos estão bem traçados e já foram ressaltados neste ensaio: num primeiro momento, é evitar divergência dos magistrados vinculados ao tribunal local e, em segundo plano, evitar a chegada de grande número de recursos aos Tribunais Superiores, mantendo a *questão de direito* vinculada à interpretação que fora dada pelo órgão colegiado estadual ou regional federal.

4. O QUE SIGNIFICA A EXPRESSÃO *MESMA QUESTÃO UNICAMENTE DE DIREITO?*

Visando subsidiar o cabimento do incidente, o art. 976, I, utiliza a expressão *mesma questão unicamente de direito*[19]. O que pretende com ela? O que significa a palavra *questão*? O NCPC pretende vincular, inicialmente no âmbito local, o *tema (objeto) discutido nas demandas repetitivas.*

---

19. Na versão original do projeto do NCPC, a redação era a seguinte: "Art. 895. É admissível o incidente de demandas repetitivas sempre que identificada controvérsia com potencial de gerar relevante multiplicação de processos fundados em idêntica questão de direito e de causar grave insegurança jurídica, decorrente do risco de coexistência de decisões conflitantes". Logo, havia a possibilidade do incidente ter caráter preventivo, o que não ocorreu com a redação sancionada do art. 976. Pelo texto que entrará em vigor em março de 2016, o IRDR dependerá da efetiva repetição de processos repetitivos e não a mera possibilidade de que isto venha a ocorrer.

Destarte, a palavra *questão* é extremamente relevante em direito processual e pode ter diversos significados. Em alguns dispositivos do CPC de 1973 é utilizada como *antecedente*, em outros como *mérito* (objeto de decisão judicial) e, por vezes, como *fundamentos*.

Aliás, é possível distinguir o *objeto de cognição* e o *objeto de decisão*. Naquele, as questões (*incidenter tantum* – antecedentes) são conhecidas e enfrentadas, neste a *questão* (aqui sendo *principaliter tantum*) é conhecida, enfrentada e decidida, inclusive, formando coisa julgada material.

Ainda há a necessidade de observar que *questão* pode ser de fato ou de direito, mas não se confunde com o próprio mérito (ou o *thema decindendum*). Realmente, na cognição judicial, devem ser enfrentadas questões processuais e questões substanciais, que corroboram para a solução do conflito.[20]

Por outro lado, a palavra *questão* também significa *ponto de fato ou de direito controvertido* de que dependa o pronunciamento judicial, hipótese em que é resolvida como incidente processual[21] e constará na fundamentação do julgado, como prevê o art. 458, II, c/c art. 469, ambos do CPC, de 1973. Nesse aspecto, as questões decididas *incidenter tantum* não ficam imunizadas pela coisa julgada.

Logo, utilizando expressão de Francesco Carnelutti, pode-se aduzir que *questão* é ponto duvidoso, de fato ou de direito.[22]

Contudo, *questão* também é utilizada em direito processual como sinônimo de objeto litigioso (*thema decidendum*), atingido pela coisa julgada, haja vista que discutida *principaliter tantum*. Neste aspecto, a palavra *questão* possui íntima ligação com o conceito de mérito (objeto litigioso do processo), aqui concebido

---

20. Cândido Rangel Dinamarco ensina que: "ponto é, em prestigiosa doutrina, aquele fundamento da demanda ou da defesa, que haja permanecido incontroverso durante o processo, sem que as partes tenham levantado discussão a respeito (e sem que o juiz tenha, de ofício, posto em dúvida o fundamento); discordem as partes, porém, isto é, havendo contestação de algum ponto por uma delas (ou, ainda, havendo o juiz suscitado a dúvida), o ponto se erige em questão. Questão é, portanto, o ponto duvidoso. Há questões de fato, correspondentes à dúvida quanto a uma assertiva de fato contida nas razões de alguma das partes; e de direito, que correspondem à dúvida quanto à pertinência de alguma norma ao caso concreto, à interpretação de textos, legitimidade perante norma hierarquicamente superior". DINAMARCO, Cândido Rangel. *O conceito de mérito em processo civil*. Revista de Processo. nº 34. São Paulo: Revista dos Tribunais, 1984. p. 25.
21. Nesse sentido, vide BARBOSA MOREIRA, José Carlos. *Item do pedido sobre o qual não houve decisão*: possibilidade de reiteração noutro processo. In Temas de direito processual civil. 2. ed. São Paulo: Saraiva, 1988. (2. série).
22. De acordo com suas lições: "In quanto una affermazione, compresa nella ragione (della pretesa o della contestazione), possa generare un dubbio e così debba essere verificata, diventa una *questione*. Perciò la questione si può definire un punto dubbio, di fatto o di diritto, e la sua nozione è correlativa a quella di affermazione". CARNELUTTI, Francesco. *Sistema di diritto processuale civile*. Padova: Cedam, 1936. v. 1. p. 353.

como questão principal a ser enfrentada, discutida e discutida durante o andamento do feito.

De toda sorte, pela análise que se faz do art. 976, I, do NCPC, é razoável entender como *questão* o tema (objeto) de direito discutido nas causas repetitivas em tramitação nos órgãos vinculados ao tribunal local. Levando em conta que se trata de incidente de coletivização de conflitos e de ampliação do caráter vinculante das decisões do tribunal, a *questão* tem ligação com objeto das causas individuais e coletivas que serão uniformizadas em decorrência do caráter vinculante do incidente.

Esta *questão* deve trazer a *transcendência local*, diante da clara repetição em causas que estejam tramitando nos órgãos vinculados aos tribunais locais.

Enfim, pela leitura do dispositivo legal em comento é possível afirmar a necessidade de demonstração do aspecto diferenciado ligado ao tema discutido nas causas repetitivas – *transcendência local* (*repetição de processos com mesma controvérsia*), tendo em vista o caráter vinculante do incidente.

Uma vez detectada essa possibilidade de coletivização do julgamento do tribunal, é dever atentar para o devido processo legal tanto no incidente como em relação aos processos individuais e coletivos que serão suspensos e, posteriormente, vinculados ao precedente (art. 982, I c/c 985, do NCPC).

5. INSTRUMENTO DE COLETIVIZAÇÃO DE CONFLITOS, DEVIDO PROCESSO LEGAL E O PAPEL DO MINISTÉRIO PÚBLICO

Este item deve ser iniciado com uma indagação, que também pode ser feita para os casos de recurso especial repetitivo e repercussão geral no recurso extraordinário: *a tese jurídica advinda do julgamento da causa repetitiva (art. 928, do NCPC) é individual ou coletiva*?

Vejamos um exemplo: centenas de causas tramitando em varas cíveis de Comarcas de um estado da federação[23].

A rigor, se as causas possuem *tema jurídico inédito* (sem qualquer instrumento de vinculação) cada magistrado pode, pelo menos em tese, decidir a temática de forma diferente, gerando divergência, instabilidade interpretativa e uma verdadeira loteria hermenêutica. Contudo, poderá o tribunal, de ofício ou provocado pelo juiz, pelas partes, pelo Ministério Público e pela Defensoria

---

23. Esta repetição de causas com o mesmo aspecto objetivo é muito comum nas demandas envolvendo a fazenda pública, direito do consumidor, responsabilidade civil, etc.

Pública (art. 977, do CPC de 2015), fixar a tese jurídica para todos os casos em tramitação e as futuras demandas judiciais que tratem sobre o mesmo tema. Não se pode esquecer, como citado anteriormente, que a tese jurídica fixada no IRDR se estende a vários outros institutos processuais que podem ser manuseados pelos operadores do direito.

Logo, resta claro que não se trata de um direito individual puro. Como ocorre nos casos de recursos repetitivos e de repercussão geral, estamos diante de um instrumento de *coletivização de conflito* ou, no mínimo, de transformação de causa individual em coletiva.

Esta afirmação não deve causar espécie, tendo em vista que, uma vez fixada a tese pelo tribunal, ela será aplicada a todos os processos em tramitação (e casos futuros) perante os magistrados a ele vinculados (vinculação – *stare decisis* – horizontal e vertical), sob pena de reclamação constitucional (arts. 985 § 1º e 988, IV, do NCPC).

O estudioso do direito deve estar atento a esta etapa de transformação da hermenêutica jurídica e do processo de liberdade de interpretação e aplicação do direito. Na verdade, devem ser repensados conceitos ligados ao processo de criação do direito, direito de ação, ampla defesa, contraditório, devido processo legal e coisa julgada em relação ao detentor de direito individual ou coletivo que será atingido por este processo de massificação do precedente (art. 985, I, do NCPC).

Além disso, deve ser repensada a própria conceituação dos direitos transindividuais, consagrando uma nova categoria – dos direitos coletivizados – oriunda do processo de vinculação dos precedentes, a ser acrescentada aos direitos difusos, coletivos e individuais homogêneos. As reflexões oriundas dessa vinculação (*onde o incidente de resolução das causas repetitivas está incluído*) alcançam, em suma, aspectos ligados à própria teoria do direito e do processo.

Como dito, nas causas repetitivas, está-se diante de um direito que, mesmo sendo na origem individual, sofre um processo de coletivização em decorrência da sua massificação, sendo a tese firmada pelo órgão colegiado (*no recurso especial repetitivo, na repercussão geral no recurso extraordinário e no IRDR*) de vinculação obrigatória. Logo, o NCPC pretende, além dos aspectos citados no decorrer deste ensaio, ampliar a coletivização dos conflitos no âmbito de cada tribunal local (estadual, regional federal ou distrital), estabelecendo decisões com caráter obrigatório a todos os órgãos a eles vinculados, inclusive refletindo na reclamação constitucional (art. 988, IV c/c 985 § 1º).

Aliás, é fácil perceber a proximidade da intervenção do Ministério Público neste incidente e nas ações transindividuais propriamente ditas.

É sabido, por exemplo, que na Ação Civil Pública[24] e na Ação Popular[25], a intervenção do *Parquet* é obrigatória e, em caso de desistência do autor original, poderá ser sucessor processual, tendo em vista o direito discutido e a repercussão transindividual. Um leitor apressado do art. 976, § 2º, do NCPC poderá indagar qual seria semelhança entre este procedimento e as ações que exigem a intervenção obrigatória do Ministério Público? A resposta é simples: *toda*.

Com efeito, no incidente de fixação de tese para causas repetitivas no tribunal local, há a intervenção obrigatória do Ministério Público tendo em vista que, uma vez provocado o órgão para a formação do precedente, o direito que está sendo discutido não será mais individual, mas coletivizado, e *"a tese jurídica será aplicada a todos os processos individuais e coletivos que versem idêntica questão de direito e que tramitem na área de jurisdição do respectivo tribunal, inclusive àqueles que tramitem nos juizados especiais do respectivo Estado ou região"* (art. 985, I).

Neste contexto, pretende o NCPC consagrar a obrigatoriedade da intervenção Ministerial, tendo em vista a natureza coletivizada do direito discutido e a consequência da tese jurídica firmada.

E não é só. Os parágrafos 1º e 2º do art. 976 também traduzem essa cautela e obrigatoriedade de intervenção do MP no processo de fixação do precedente local vinculante. O primeiro pretende deixar clara a ideia de coletivização do conflito ao consagrar que, mesmo em caso de desistência ou abandono da causa, o mérito do incidente será julgado, evitando-se, com isso, que eventual manobra processual evite e formação do precedente[26]. Já o segundo, consagra que o Ministério Público, se não for o requerente, atuará obrigatoriamente e assumirá a titularidade em caso de desistência ou abandono daquele que provocou o incidente.

Esta aproximação da legitimidade entre as ações em que se discute direito transindividual e o instrumento de coletivização local ratifica o posicionamento de que estamos vivendo um novo momento de reflexão, no qual o direito individual pode ser tratado de forma coletiva, com vinculação da decisão aos processos repetitivos, refletindo nos princípios constitucionais anteriormente citados.

---

24. Art. 5º, § 3º, da Lei 7.347/85.
25. Arts. 6º, § 4º e 9º, da Lei 4.717/65.
26. A mesma preocupação existe em relação ao RESp e RE repetitivos ou quando for reconhecida a repercussão geral (art. 998, parágrafo único, do NCPC). *In casu*, o novo código pretende evitar que o recorrente, que teve seu recurso escolhido pelo Tribunal Superior, apresente petição de desistência a fim de evitar a formação de precedente vinculante e contrário aos seus interesses. Logo, a desistência pode até ocorrer, mas a tese jurídica será apreciada e formado o precedente.

6. PREPONDERÂNCIA DO RESP E RE – VINCULAÇÃO LOCAL / NACIONAL E DEVIDO PROCESSO LEGAL

Vale a pena relembrar a premissa trazida neste ensaio: estamos vivenciando um momento processual de vinculação dos precedentes dos tribunais pátrios como instrumento de alcance de isonomia e diminuição do tempo de duração do processo. Lógico, portanto, que o IRDR deve andar em sintonia com as situações envolvendo os recursos extraordinário e especial repetitivos.

Destarte, nos dois últimos casos o sistema processual pretende estabelecer vinculação nacional nos temas jurídicos transcendentes, ao passo que o incidente procura vincular o tema decidido pelo tribunal local a todos os órgãos a ele vinculados.

Considerando o grau de vinculação / transcendência[27] da matéria discutida (local ou nacional), o § 4º, do art. 976 do NCPC deixa claro que o incidente apenas poderá ser provocado se a matéria discutida não tiver sido afetada por um dos Tribunais Superiores, no âmbito de sua respectiva competência.

Este dispositivo evita divergência entre o posicionamento do tribunal local e do Órgão Superior. Imagine, por exemplo, que em relação a determinada matéria o tribunal de justiça estadual fixe entendimento divergente do recurso especial repetitivo ou recurso extraordinário afetado pelo Tribunal Superior. Seria ilógica e uma afronta aos princípios constitucionais mencionados neste ensaio a técnica de vinculação em que o órgão local interprete de forma divergente do Tribunal Superior.

Portanto, apenas poderá ser instaurado o incidente quando o tema for *inédito* ou não afetado pelo Tribunal Superior, ficando a decisão vinculada apenas aos órgãos locais. Aliás, a propósito, este dispositivo deve ser interpretado em conjunto com o art. 987, § 1º, do NCPC, que indica a presunção de existência de repercussão geral quando interposto recurso extraordinário em face do acórdão do tribunal local que resolver o incidente, e o art. 982, §§ 3º e 4º, do NCPC, que consagra a possibilidade de suspensão de todos os processos em curso no território nacional que versem sobre a questão objeto do incidente, desde que haja requerimento ao tribunal competente para a análise do recurso especial ou extraordinária.

---

27. Comentando o art. 543-A, § 1º, do CPC de 1973, asseveram Marinoni e Mitidiero: "ressai, de pronto, na redação do dispositivo, a utilização de conceitos jurídicos indeterminados, o que aponta imediatamente para a caracterização da relevância e transcendência da questão debatida como algo a ser aquilatado em concreto, nesse ou a partir desse ou daquele caso apresentado ao Supremo Tribunal Federal". MARINONI, Luiz Guilherme e MITIDIERO, Daniel. *Repercussão geral no recurso extraordinário*. São Paulo: Revista dos Tribunais, 2007.

Essas observações confirmam a premissa de que há um *caráter hierárquico no processo de vinculação*, funcionando o incidente apenas como um dos degraus do tema *coletivização dos conflitos*.

De mais a mais, existindo recurso e uma vez percebendo que a matéria transcende o limite local, a fixação da tese jurídica pelo Superior Tribunal de Justiça e/ou Supremo Tribunal Federal terá caráter vinculante a todos os órgãos jurisdicionais (art. 987, § 2º).

A conclusão deste item deve ser feita com a afirmação de que o incidente funciona de forma complementar, por questão lógica e hierárquica, eis que sua vinculação é no âmbito local, ao passo que a decisão do Tribunal Superior poderá provocar vinculação hermenêutica nacional.

7. MOMENTOS PROCEDIMENTAIS:

i) admissibilidade e processamento;

ii) julgamento e vinculação horizontal / vertical

Após a análise geral do incidente previsto para o NCPC, vale a pena analisar alguns aspectos procedimentais, como:

- A possibilidade de aplicação do juízo de admissibilidade do incidente (art. 981);
- A suspensão dos processos pendentes, até a formação da tese jurídica a ser aplicada aos casos em tramitação no Judiciário local (art. 982, I);
- O caráter obrigatório da tese jurídica no âmbito da abrangência do tribunal local, e também nos órgãos de fiscalização administrativa (art. 985, § 2º) inclusive com o cabimento de reclamação (art. 985, § 1º c/c 988, IV) em caso de desobediência, etc[28].

Como já mencionado em várias passagens, o que pretende o NCPC é, de um lado, ampliar a força das decisões locais em casos repetitivos (inclusive com reflexos na área administrativa prestação de serviço – art. 985, § 2º) e, de outro, diminuir o número de recursos oriundos dos tribunais locais que são remetidos aos Superiores. Trata-se, em suma, de mais um instrumento de aproximação dos controles difuso e concentrado de constitucionalidade de constitucionalidade, inclusive no que respeita ao cabimento de reclamação[29].

---

28. Este dispositivo não indica a necessidade de interposição de recurso de forma simultânea à reclamação, pelo que deverá ser repensada a eficácia do Enunciado 734 da Súmula da Jurisprudência dominante do STF.
29. Não é objetivo deste trabalho o enfrentamento da aproximação entre meios de controle de constitucionalidade. Sobre o assunto, recomendo, dentre outros, dois textos: ARAÚJO, José Henrique Mouta. A

Outrossim, visando melhor analisar esses e outros aspectos procedimentais, é mister agrupá-los em dois momentos, como indicado no título. Vamos a eles:

7.1. ADMISSIBILIDADE E PROCESSAMENTO: *O PAPEL DO AMICUS CURIAE*

Como já mencionado, o IRDR poderá ser de ofício pelo próprio tribunal ou por meio de provocação pelos legitimados do art. 977, do CPC de 2015.

Uma vez disparado o procedimento, há a análise, pelo Desembargador Relator, da presença dos requisitos do art. 976, a saber: a) risco de ofensa à isonomia e à segurança jurídica; b) efetiva repetição de ações que possuam a mesma questão unicamente de direito.

Interessante notar, em relação ao processamento, alguns aspectos relevantes, previstos na redação dos arts. 982 e 983 do NCPC, a saber: a suspensão dos processos pendentes, até a formação da tese jurídica a ser aplicada aos casos em tramitação no Judiciário local; a possibilidade de concessão de tutela de urgência dos feitos que estão suspensos, mediante requerimento ao próprio juízo local; possibilidade de solicitar informações a órgãos e de admitir a intervenção de entidades com interesse na controvérsia (art. 983).

Aliás, o dispositivo em questão deve ser analisado com muita cautela, tendo em vista a possibilidade de existência de inúmeros pedidos de intervenção a serem feitos por aqueles atingidos em 1º grau que tiveram, por exemplo, seus processos suspensos em decorrência da admissão do incidente.

Mais uma vez é dever ressaltar a necessidade de atenção ao devido processo legal na aceitação do incidente, na suspensão dos processos em tramitação no 1º grau e na permissão de intervenção das *pessoas, órgãos e entidades com interesse na controvérsia* (art. 983 do NCPC). A rigor, esta modalidade de intervenção de terceiro (*amicus curiae*) não é nova no sistema processual[30], eis que também é admitida na formação do precedente vinculante oriunda do REsp repetitivo e da repercussão geral do RE, além das ações de controle concentrado de constitucionalidade[31], mas deve ser limitada àqueles que realmente possam corroborar na

---

verticalização das decisões do STF como instrumento de diminuição do tempo do processo: uma reengenharia necessária. Revista de Processo nº 164, São Paulo: Revista dos Tribunais, out/2008, pp. 342-359, e ARAÚJO, José Henrique Mouta. *Processos repetitivos e o desafio do Judiciário: rescisória contra interpretação de lei federal.* Revista de Processo nº 183, São Paulo: Revista dos Tribunais, mai/2010, pp. 145-164.

30. No NCPC o amicus curiae terá tratamento processual expresso, como uma modalidade de intervenção de terceiros (arts. 138).
31. O CPC de 2015 também consagra expressamente a possibilidade do amicus curiae recorrer da decisão que julgar o incidente de causas repetitivas (§ 3º, do art. 138).

apreciação do incidente, sob pena de se colocar em risco a própria celeridade de sua tramitação.

Enfim, deve o tribunal local atender aos princípios constitucionais em relação aos atingidos pela decisão, sem esquecer os objetivos principais buscados pelo incidente: isonomia e segurança.

7.2. JULGAMENTO E VINCULAÇÃO HORIZONTAL E VERTICAL

O novo código consagra, em várias passagens, caráter vinculante ao incidente, ampliando o poder de vinculação do tribunal local e, consequentemente, a necessidade de *obediência hermenêutica* dos magistrados a ele vinculados. O NCPC elenca vários aspectos interessantes sobre o assunto, senão vejamos:

- Julgamento pelo tribunal, com preferência de tramitação e no prazo máximo de um ano (art. 980);

- Processamento mediante oitiva dos interessados na controvérsia e do Ministério Público, além da possibilidade de designação de audiência pública, inclusive com depoimentos de pessoas cm experiência e conhecimento da matéria controvertida (art. 983, § 1º);

- O resultado do julgamento provocará a necessidade de aplicação da tese jurídica a todos os processos em tramitação na área de jurisdição do tribunal, inclusive nos juizados especiais e nos órgãos administrativos de fiscalização (art. 985);

- A decisão do tribunal estará sujeita a recurso especial ou extraordinário (com efeito suspensivo e presunção de repercussão geral da questão constitucional discutida – art. 987), gerando a possibilidade de fixação de tese jurídica nacional pelo STJ ou STF (art. 987, § 2º) e suspensão de todos os processos em curso em todo o país até o julgamento da tese pelo Tribunal Superior.

De outro prisma, vale notar que o sistema de vinculação da decisão oriunda do incidente de causas repetitivas reflete também na admissibilidade da demanda repetitiva no 1º grau, permitindo ao magistrado a resolução super-antecipada da lide (improcedência liminar – art. 332, III).

Nota-se, também nesse aspecto, a necessidade de cautela, ao magistrado de 1º grau, na aplicação do resultado do incidente, evitando-se que situações aproximadas (mas não idênticas) possam violar o devido processo legal, o direito de ação e os demais princípios tratados neste texto.

Neste momento, e já caminhando para o encerramento do ensaio, vale a pena retomar as indagações feitas no seu início. Será que a sociedade jurídica está preparada para este incidente, que é um dos principais objetivos do NCPC? Será que os tribunais locais estão prontos para este novo Poder Vinculante? Será que o incidente efetivamente alcançará a isonomia e o devido processo legal em relação aos processos atingidos? Pelo que se demonstrou, a pretensão é clara: deixar os tribunais locais como a última instância na maioria das causas repetitivas, inclusive envolvendo matéria constitucional, ficando os Tribunais Superiores com competência para as causas originárias e recursais com transcendência nacional (art. 102 e 105 da CF/88).

Claro que, em termos numéricos, haverá diminuição de recursos especial e extraordinários, tendo em vista que o incidente caminhará de mãos dadas com os institutos do recurso especial repetitivo e da repercussão geral no STF.

Contudo, restar saber se tais modificações irão atingir o objetivo aguardado por todos. apenas o tempo e a aplicação prática do incidente de causas repetitivas darão a resposta que a sociedade jurídica almeja e se será alcançada a isonomia, a segurança jurídica e o devido processo legal em relação aos processos atingidos.

8. CONCLUSÃO

Como conclusão, é possível destacar que:

- O sistema processual brasileiro vem passando por modificações visando superar os pontos de estrangulamento do sistema, especialmente no que respeita ao tempo de duração dos processos;

- Os princípios constitucionais do processo devem ser atendidos, sob pena de se colocar em risco a integralidade da decisão judicial;

- O devido processo legal assegura a todos, em processos individuais e coletivos, o direito a participação na decisão judicial e a observância de toda a sistemática processual, entendida como o conjunto de garantias constitucionais assecuratórias do exercício de direitos e poderes processuais;

- As reformas processuais destacaram o papel do juiz visando assegurar o devido processo legal;

- A divergência interpretativa envolvendo os casos semelhantes contribui para a crise do Judiciário;

- As reformas ocorridas nos últimos anos ampliaram o caráter vinculante das decisões judiciais colegiadas, com institutos como a repercussão geral, o julgamento dos recursos repetitivos, etc;

- A uniformização interpretativa corrobora para a diminuição do tempo do processo e permite que o Judiciário atue com programação e qualidade;

- O NCPC pretende criar um incidente de vinculação local (horizontal e vertical);

- Há a necessidade de cautela na fixação da tese jurídica obrigatória no âmbito local;

- Vários institutos do NCPC pretendem prestigiar os precedentes judiciais;

- O incidente de causas repetitivas estimular a criação de precedentes locais em situações judicias repetitivas, otimizando a atuação dos órgãos a ele vinculados;

- O IRDR também objetiva alcançar a isonomia, a brevidade e a uniformização da interpretação do tribunal para os casos repetitivos;

- Deve-se atentar para o devido processo legal na fixação dos precedentes e na aplicação do *distinguishing*;

- Durante a tramitação do incidente, o tribunal pode admitir a intervenção de pessoas, órgãos e entidades com interesse na controvérsia (*amicus curie*), que, inclusive, terão possibilidade de recorrer da decisão que fixar a tese vinculante;

- Há a necessidade de cautela na aceitação do *amicus curiae*, sob pena de gerar atropelo procedimento e dificultar a tramitação e julgamento do incidente;

- Os tribunais locais passarão a ser a última instância de julgamento na maioria das causas repetitivas;

- Como consequência da coletivização dos conflitos, deverá ser repensada a teoria dos direitos transindividuais e os princípios da ação, defesa, devido processo legal, coisa julgada, etc.

- Apenas o tempo irá responder se os objetivos pretendidos pelo NCPC realmente serão alcançados.

9. REFERÊNCIAS BIBLIOGRÁFICAS

ARAÚJO, José Henrique Mouta. *A verticalização das decisões do STF como instrumento de diminuição do tempo do processo: uma reengenharia necessária*. Revista de Processo, v. 164.

_____. *Acesso à justiça e efetividade do processo*. Curitiba: Juruá, 2001.

_____. *O julgamento dos recursos especiais por amostragem: notas sobre o art. 543-C, do CPC*. Revista Dialética de Direito Processual, v. 65.

_____. *Processos repetitivos e o desafio do Judiciário: rescisória contra interpretação de lei federal*. Revista de Processo nº 183, São Paulo: Revista dos Tribunais, mai/2010

_____.*Processos repetidos e os poderes do magistrado diante da Lei 11.277/06. Observações e críticas*. Revista Dialética de Direito Processual nº 37, São Paulo: Revista dos Tribunais, abril/2006

_____. *Súmula impeditiva de recursos. Uma visão sobre o atual quadro processual brasileiro*. Revista Dialética de Direito Processual, São Paulo, v. 39, 2006.

ATAIDE JR, Jaldemiro Rodrigues de Ataíde. *Precedentes Vinculantes e Irretroatividade do Direito no Sistema Processual Brasileiro – Os Precedentes dos Tribunais Superiores e sua Eficácia Temporal*. Curitiba: Juruá, 2012

BARBOSA MOREIRA, José Carlos. *Item do pedido sobre o qual não houve decisão: possibilidade de reiteração noutro processo*. In Temas de direito processual civil. 2. ed. São Paulo: Saraiva, 1988.

CALMON DE PASSOS, José Joaquim. *O devido processo legal e o duplo grau de jurisdição*. São Paulo: Saraiva, 1981.

CAMBI, Eduardo. *Jurisprudência lotérica*. Revista dos Tribunais, v. 90, nº 786, São Paulo, abril/2001.

_____ e DAMASCENO, Kleber Ricardo. *Amicus curiae e o processo coletivo: uma proposta democrática*. RePro 192.

CAPPELLETTI Mauro & GHARTH, Bryant. *Acesso à justiça*. Trad. Ellen Gracie Northfleet. Porto Alegre: Sérgio Fabris, 1988.

CARNELUTTI, Francesco. *Sistema di diritto processuale civile*. Padova: Cedam, 1936. v. 1

CINTRA, Antônio Carlos de Araújo, GRINOVER, Ada Pellegrini e DINAMARCO, Cândido Rangel. *Teoria geral do processo*. 21. ed. São Paulo: Malheiros, 2005

COMOGLIO, Luigi Paolo. *Il 'giusto processo' civile in Itália e in Europa*. Revista de Processo. nº 116. jul/ago 2004. São Paulo: RT, 2004

CONCEIÇÃO, Maria Lúcia Lis; WAMBIER, Teresa Arruda Alvim; RIBEIRO, Leonardo Ferres da Silva e MELLO, Rogério Licastro Torres de. *Primeiros comentários ao Novo Código de Processo Civil – artigo por artigo*. São Paulo: Revista dos Tribunais, 2015

CUNHA, Leonardo José Carneiro da. *O regime processual das causas repetitivas*. Processo civil em movimento. Eduardo Lamy et alli (coords). Florianópolis: Conceito, 2013

DIDIER JR, Fredie. *Revisão do conceito de interesse jurídico que autoriza a assistência simples: intervenção para colaborar com a criação do precedente judicial. Análise da recente decisão do STF.* RePro 158.

DIAS, Jean Carlos. *A introdução da sentença-tipo no sistema processual civil brasileiro – Lei 11.277.* Revista Dialética de Direito Processual nº 37, São Paulo: Revista dos Tribunais, abril/2006, pp. 63-68.

DINAMARCO, Cândido Rangel. *O conceito de mérito em processo civil.* Revista de Processo. nº 34. São Paulo: Revista dos Tribunais, 1984.

FERREIRA FILHO, Manoel Gonçalves. *Direitos humanos fundamentais.* 7. ed. São Paulo: Saraiva, 2005

FIGUEIREDO, Lúcia Valle. *O devido processo legal e a responsabilidade do estado por dano decorrente do planejamento.* Revista de Direito Administrativo. nº 21. out/dez. Rio de Janeiro, 1996

KELSEN, Hans. *Teoria geral do direito e do estado.* Trad. Luiz Carlos Borges. São Paulo: Martins Fontes, 2000

LOPES, João Batista. *Tutela antecipada no processo civil brasileiro.* 2. ed. São Paulo: Saraiva, 2003.

LUCON, Paulo Henrique dos Santos. *Devido processo legal substancial.* In Leituras complementares de processo civil. Fredie Didier Júnior (Coord.). Salvador: Juspodivm, 2005.

MARINONI, Luiz Guilherme., *Aproximação crítica entre as jurisdições de civil law e common law e a necessidade de respeito aos precedentes no Brasil.* Revista de Processo nº 172, São Paulo: Revista dos Tribunais, jun/2009.

_____. *Precedentes obrigatórios.* São Paulo: Revista dos Tribunais, 2010.

_____ e MITIDIERO, Daniel. *Repercussão geral no recurso extraordinário.* São Paulo: Revista dos Tribunais, 2007.

MATTOS, Sérgio Luís Wetzel. *O princípio do devido processo legal revisitado.* Revista de Processo nº 120. São Paulo: Revista dos Tribunais.

MELLO, Rogério Licastro Torres de; CONCEIÇÃO, Maria Lúcia Lis; WAMBIER, Teresa Arruda Alvim; RIBEIRO, Leonardo Ferres da Silva. *Primeiros comentários ao Novo Código de Processo Civil – artigo por artigo.* São Paulo: Revista dos Tribunais, 2015

NERY JÚNIOR, Nelson. *Princípios do processo civil na constituição federal.* 6. ed. São Paulo: RT, 2000

RIBEIRO, Leonardo Ferres da Silva; MELLO, Rogério Licastro Torres de; CONCEIÇÃO, Maria Lúcia Lis; WAMBIER, Teresa Arruda Alvim. *Primeiros comentários ao Novo Código de Processo Civil – artigo por artigo.* São Paulo: Revista dos Tribunais, 2015

ROSITO, Francisco. *Teoria dos Precedentes Judiciais – Racionalidade da Tutela Jurisdicional*. Curitiba: Juruá, 2012

SADEK, Maria Tereza. *Acesso à justiça*. Maria Tereza Sadek (Org.). São Paulo: Fundação Konrad Adenauer, 2001

SOUZA, Marcelo Alves Dias de. *Do precedente judicial à súmula vinculante*. Curitiba, Juruá: 2006.

WAMBIER, Teresa Arruda Alvim; CONCEIÇÃO, Maria Lúcia Lis; RIBEIRO, Leonardo Ferres da Silva e MELLO, Rogério Licastro Torres de. *Primeiros comentários ao Novo Código de Processo Civil – artigo por artigo*. São Paulo: Revista dos Tribunais, 2015.

CAPÍTULO 20

A Falta de Controle Judicial da Adequação da Representatividade no Incidente de Resolução de Demandas Repetitivas (IRDR)

Marcos de Araújo Cavalcanti[1]

SUMÁRIO • 1. O CONTROLE JUDICIAL DA ADEQUAÇÃO DA REPRESENTATIVIDADE NO DIREITO NORTE-AMERICANO; 2. COMPATIBILIDADE COM O SISTEMA PROCESSUAL BRASILEIRO; 3. A FALTA DE CONTROLE JUDICIAL DA ADEQUAÇÃO DA REPRESENTATIVIDADE NAS AÇÕES COLETIVAS BRASILEIRAS; 4. A FALTA DE CONTROLE JUDICIAL DA ADEQUAÇÃO DA REPRESENTATIVIDADE NO INCIDENTE DE RESOLUÇÃO DE DEMANDAS REPETITIVAS (IRDR); 5.CONCLUSÕES.

1. O CONTROLE JUDICIAL DA ADEQUAÇÃO DA REPRESENTATIVIDADE NO DIREITO NORTE-AMERICANO

A forma moderna de controle judicial da adequação da representatividade tem origem na *Rule 23 (a) (4)* das *Federal Rules of Civil Procedure* do direito norte-americano. Nos termos da regra mencionada, para uma demanda ter seu processamento deferido como ação coletiva (certificação), a corte deve exercer o controle judicial da representação, verificando se as partes representativas e os advogados podem efetuar a mais leal e adequada defesa dos interesses da classe.

Esse pré-requisito tem base no princípio constitucional do devido processo legal[2], que sofre, no caso das *class actions*, algumas adaptações[3], como a seguir será explicado.

---

1. Especialista e Mestre em Direito Processual Civil pela PUC-SP. Doutorando em Direitos Difusos e Coletivos pela PUC-SP. Membro do Centro de Estudos Avançados de Processo – CEAPRO. Membro da Associação Norte e Nordeste de Professores de Processo – ANNEP. Procurador do Distrito Federal. Advogado.
2. KLONOFF, Robert H. *Class actions and the other multi-party litigation.* St. Paul: Thomson/West, 2007, p. 51.
3. BUENO, Cassio Scarpinella. As Class Actions norte-americanas e as ações coletivas brasileiras: pontos para uma reflexão conjunta. In: *Revista de Processo*, São Paulo: RT, nº 82, abr.-jun., 1996., p. 101.

Assim, uma vez admitida a representatividade adequada, seja ela no polo passivo ou ativo da demanda, presume-se que todos os integrantes da classe estão devidamente representados, de modo que a vontade manifestada pela parte representativa será a vontade de todos os integrantes do grupo[4], como se fosse uma espécie de *longa manus* da classe.

Por esses motivos, as ações de classe ensejam que os membros *ausentes* do grupo sejam alcançados pelos efeitos da decisão e da coisa julgada material, salvo se exercido o direito de exclusão (*opt-out*).

O controle judicial da representatividade adequada é necessário para fiscalizar se a parte representativa pode efetuar a mais adequada defesa dos interesses do grupo.

Por essa razão, quando o controle judicial é positivo, ou seja, na hipótese de haver decisão a favor da adequação da representatividade, é comum a expressão de que os integrantes ausentes da classe tiveram *"their own day in court"*[5]. É como se esses interessados participassem virtualmente do processo judicial (*virtual participation in litigation*)[6], por meio da atividade da parte representativa.

A representatividade adequada é pré-requisito intrínseco à concepção das *class actions* modernas, como meio de defesa de direitos coletivos, próprios de uma sociedade de massa[7]. Como visto, os integrantes ausentes dos grupos serão atingidos pelos efeitos da decisão e da coisa julgada material, não podendo mais discuti-la, *independentemente do resultado*.

O controle judicial da representatividade adequada, que se exerce sobre as partes representativas e os advogados da classe representada, deve examinar a presença de três elementos[8]:

(a) as partes representativas do grupo devem comprovar que têm *interesse jurídico* na demanda, informando por quais motivos ingressam em juízo com ação judicial na forma de *class action*; ademais, devem demonstrar o comprometimento, a disponibilidade de tempo e financeira, o conhecimento do litígio, a honestidade, a qualidade de caráter, a credibilidade, etc.;

---

4. ABELHA, Marcelo. *Ação civil pública e meio ambiente*. 2. ed. rev. atual. e ampl. Rio de Janeiro: Forense Universitária, 2004, p. 27.
5. BUENO, Cassio Scarpinella. Op. cit., p. 102.
6. NAGAREDA, Richard A. *The law of class actions and other aggregate litigation*. New York: Thomson Reuters, 2009, p. 76.
7. BUENO, Cassio Scarpinella. Op. cit., p. 104.
8. Sobre os critérios para controle judicial da representatividade adequada, ver MENDES, Aluísio Gonçalves de Castro. *Ações Coletivas no Direito Comparado e Nacional*. 2 ed. rev., atual e ampl. MARINONI, Luiz Guilherme. BEDAQUE, José Roberto dos Santos (coord.). *Coleção Temas Atuais de Direito Processual Civil*. São Paulo: RT, 2009, v. 4, p. 78-79; e BUENO, Cassio Scarpinella. Op. cit., p. 104.

(b) a corte deve averiguar, ainda, a *capacidade técnica* dos advogados que patrocinam a demanda, especificamente a qualificação do profissional, especialização na área, a experiência em ações coletivas, a qualidade das peças escritas e submetidas ao tribunal, o relacionamento com a parte, o cumprimento do dever de comunicação e esclarecimento aos membros da classe, a estrutura e a capacidade do escritório para assumir a demanda de classe, a conduta ética, e a inexistência de conflito de interesses com os do grupo; e

(c) o tribunal deve conferir se há alguma espécie de *conflito interno* dentro da classe representada, quando, nessa hipótese, poderá dividir a classe inicialmente representada em subclasses, cada uma com seu próprio interesse em jogo[9].

A representatividade adequada pode ser aferida pela corte em três momentos específicos:

(a) no momento da *propositura da demanda*, quando o magistrado decidirá pelo prosseguimento (certificação ou *class certification*) da demanda na forma de *class action*;

(b) *durante o curso do processo*, hipótese em que a falta de representatividade poderá ser corrigida, com o reforço ou a substituição da parte representativa[10]; e

(c) *após o trâmite da demanda coletiva*, quando algum integrante ausente do grupo pode requerer a decretação da invalidade ou declaração de ineficácia do julgado proferido na *class action*.

Nessa última hipótese, ou seja, quando a corte verificar a falta de representatividade adequada após o julgamento da demanda, não ocorrerá a extensão subjetiva dos efeitos da coisa julgada material aos demais integrantes ausentes do grupo. Uma nova ação terá de ser proposta por ou contra esses integrantes ausentes, muito embora a decisão proferida nessa nova ação, provavelmente,

---

9. Sobre a divisão da classe representada em subclasses, Vigoriti assim explica o tema:"*La Rule 23 (c) (4) afferma poi che, se necessario, una class action può essere iniziata e proseguita come tale solo per alcune delle domande originali, o che la class puo essere divisa in più 'subclasses' dallo stesso giudice, quando egli discrezionalmente ritenga che tale partizione meglio rispecchi le differenze fra le situazioni sostanziali dedotte in giudizio. È, questo secondo, un aspetto di grande rilievo nella disciplina dell'istituto. Il giudice non solo compie un'analisi indipendente e autonoma del tipo e della dimensione degli interessi in gioco, ma interviene attivamente sulle scelte effettuate dalle parti che si sono presentate come portatrici dell' interesse di una certa classe, non semplicemente rigettando la domanda o rifiutando di far proseguire l'azione come una class action, ma addirittura escludendo che certi interessi possano essere tutelati dai class representatives. Una volta poi individuate le sottoclassi, il giudice, d'ufficio, può sollecitare interventi dei membri di tali sottoclasse per la tutela degli interessi che ad esse fanno capo, oppure può ordinare alle parti originarie di trovare esponenti della sottoclasse disposti ad intervenire, può infine nominare egli stesso un difensore alla sottoclasse*" (VIGORITI, Vincenzo. Interessi collettivi e processo: la legittimazione ad agire. Milano: Giuffrè, 1979, p. 270).

10. MENDES, Aluísio Gonçalves de Castro. Op. cit., p. 79.

venha a ter resultado idêntico ao da primeira demanda, por força da eficácia normativa dos precedentes no sistema do *common law*[11].

A parte representativa não depende de qualquer autorização dos demais membros do grupo para ajuizar demanda na forma coletiva, ficando subordinado, apenas, ao controle judicial no que diz respeito à adequação da representatividade[12].

A Suprema Corte norte-americana, no julgamento do caso *Hansberry v. Lee*, decidiu que a legislação *não exige a melhor* representação dos interesses do grupo, mas apenas que as partes representativas e os advogados sejam *adequados* para tal propósito[13].

Pode-se dizer, em suma, que os objetivos da regra são: (a) evitar ou minimizar a possibilidade de conluio entre as partes; (b) assegurar uma conduta robusta da parte representativa e do advogado do grupo na defesa dos direitos coletivos; e (c) garantir que se levem ao processo judicial os argumentos e os interesses de todos os membros do grupo[14].

Na verdade, o pré-requisito da representatividade adequada está intrinsecamente relacionado com a cláusula constitucional do *devido processo legal*, principalmente como forma de proteção dos interesses dos membros ausentes do grupo[15].

Caso a corte entenda pela ausência de adequação da representatividade, a demanda não pode ser certificada e não pode prosseguir como uma ação coletiva. O controle judicial é sempre contínuo. Se, a qualquer momento, durante o processamento da demanda, for verificado que as partes representativas não têm condições de efetuar a adequada defesa dos direitos coletivos, a ação coletiva deve ser *decertificada*. Com isso, a decisão ali proferida não terá o condão de atingir os membros ausentes do grupo[16].

Além disso, mesmo após o julgamento final de uma ação de classe, as decisões judiciais podem ser atacadas sob o argumento de que a representatividade dos interesses da classe foi inadequada[17].

---

11. BUENO, Cassio Scarpinella. Op. cit., p.105. Sobre a eficácia normativa dos precedentes no sistema do *common law*, ver ABBOUD, Georges. Precedente judicial *versus* jurisprudência dotada de efeito vinculante. In: *Direito Jurisprudencial*. WAMBIER, Teresa Arruda Alvim (coord.) São Paulo: RT, 2012, p. 491-552.
12. TUCCI, José Rogério Cruz e. *Class Action e mandado de segurança coletivo*. São Paulo: Saraiva, 1990, p. 21-22.
13. KLONOFF, Robert H. Op. cit., p. 51.
14. GIDI, Antonio. *Rumo a um código de processo civil coletivo: a codificação das ações coletivas no Brasil*. Rio de Janeiro: Forense, 2008, p. 76.
15. NAGAREDA, Richard A. Op. cit., p. 76.
16. MULLENIX, Linda. *Os processos coletivos nos países de civil e common law: uma análise de direito comparado*. 2. ed. rev. e atual. São Paulo: RT, 2011, p. 282
17. Idem, ibidem.

Essa técnica processual do direito norte-americano não viola a cláusula do devido processo legal. Ao contrário! Mauro Cappelletti, há bastante tempo, já defendia que até mesmo os princípios constitucionais mais consagrados devem ser repensados, tendo em vista as transformações das sociedades contemporâneas e, consequentemente, do direito material[18].

A revisitação dos princípios constitucionais do processo, no entanto, não significa seu abandono. Na verdade, os velhos esquemas do direito processual individualista devem ser transformados a fim de se adaptarem aos novos direitos metaindividuais. Em outros termos, o direito processual tradicional, individualista, deve dar lugar ou ser integrado a um *devido processo legal de natureza social ou coletiva*, sendo essa a única forma possível de ser garantida a adequada defesa judicial desses novos direitos[19].

Atualmente, o *direito fundamental ao contraditório* não se constitui apenas do direito de informação e de reação, sendo entendido de maneira abrangente para garantir às partes a possibilidade de *participarem no desenvolvimento e no resultado do processo*. Esse direito deve ser exercido da forma mais paritária possível, assegurando-se ao litigante a possibilidade de influir de modo ativo e efetivo na formação dos pronunciamentos jurisdicionais[20]. É, em suma, o *direito de influência*[21] que a parte pode exercer perante o juízo com a finalidade de obter uma decisão que lhe seja favorável.

Através da necessária renovação dos princípios constitucionais e da adaptação deles ao *devido processo legal coletivo ou social*, como defendido por Mauro Cappelletti, é possível dizer que, nos mecanismos de resolução de litígios de massa, o *direito fundamental ao contraditório* deve ser assegurado aos membros ausentes do processo coletivo pela *adequada* participação da parte representativa na defesa dos interesses da coletividade.

---

18. CAPPELLETTI, Mauro. Vindicating the public interest through the courts. *The judicial process in comparative perspective*. Oxford: Claredon Press, 1989, p. 304.
19. Idem, ibidem. Da mesma forma, Antonio do Passo Cabral explica que: "Às causas em bloco não se pode aplicar o *due process of law* com o mesmo delineamento que incide sobre as demandas puramente individuais, com idêntica definição das partes, dos ônus, deveres e direitos processuais, com as mesmas construções doutrinária e legal sobre as regras de estabilização da demanda e de distribuição dos ônus da defesa e da prova, por exemplo, bem como a regulamentação dos limites objetivos e subjetivos da coisa julgada, tais quais dispostos no vigente CPC (CABRAL, Antonio do Passo. O novo procedimento-modelo (*Musterverfahren*) alemão: uma alternativa às ações coletivas. In: *Revista de Processo*. São Paulo: RT, nº 147, maio, 2007, p. 127). Sobre o tema, ver, também, BASTOS, Antonio Adonias Aguiar. O devido processo legal nas causas repetitivas. In: *Tutela Jurisdicional Coletiva*. DIDIER JR., Fredie; MOUTA, José Henrique. (coords.). Salvador: JusPodivm, 2009, p. 56-57.
20. OLIVEIRA, Carlos Alberto Alvaro. *Comentários à Constituição do Brasil*. CANOTILHO, J.J. Gomes [et. al] (coords.) São Paulo: Saraiva/Almedina, 2013, p. 433.
21. MARINONI, Luiz Guilherme; MITIDIERO, Daniel. Curso de direito constitucional. São Paulo: RT, 2012, p. 648.

Por isso, o direito de ser citado, de ser ouvido e de apresentar a defesa em juízo *pessoalmente* deve ser *substituído* por um direito de ser citado, ouvido e defendido por um representante *adequado*[22]. Para tanto, a parte representativa precisa ter condições de efetuar a mais leal e adequada defesa dos direitos em jogo, levando ao processo judicial os argumentos e os interesses de todos os membros do grupo, o que deve ser continuamente controlado pelo Poder Judiciário[23].

2. COMPATIBILIDADE COM O SISTEMA PROCESSUAL BRASILEIRO

O controle da adequação da representatividade é plenamente *compatível* com o sistema processual brasileiro. Um dos principais argumentos utilizados por aqueles que defendem a inaplicabilidade dessa técnica processual no Brasil é sua suposta incompatibilidade com a *tradição romano-germânica* do sistema processual nacional[24]. Todavia, esse argumento não parece ser o mais adequado.

---

22. Idem, ibidem; e GIDI, Antonio. Op. cit., p. 78.
23. Vincenzo Vigoriti defende a constitucionalidade do controle da representatividade adequada, explicando a necessidade de adequar os princípios constitucionais às novas transformações das sociedades modernas: "*La disposizione ha un preciso fondamento costituzionale nel precetto del due process of law, alla luce del quale sarebbe costituzionalmente illegittimo un accertamento giurisdizionale reso al termine di un giudizio in cui gli interessati non hanno avuto una possibilità seria ed effettiva di difendersi. Il fatto che nelle class actions alcuni soggetti non avessero la possibilità di partecipare al giudizio, pur rimanendo vinco lati ai risultati dello stesso, ha dato luogo, soprattutto in epoca meno recente, a vari dubbi sulla costituzionalità dell'istituto stesso: superati i quali si è comunque sviluppata un'ampia casistica, e un'altrettanto vasta letteratura, sulle condizioni che debbono essere soddisfatte perché i portatori dell'interesse di classe possano essere considerati gli 'adequate representatives' della situazione dedotte in giudizio. Le oscillazioni e le incertezze che si riflettono in questi scritti testimoniano la difficoltà di tutti gli operatori di collocarsi in una prospettiva radicalmente diversa da quella a cui si è abituati, e di rinunciare, almeno parzialmente, all'applicazione di principi ritenuti fondamentali. L'orientamento adesso prevalente è comunque non solo decisamente nel senso che non esiste incompatibilità fra il precetto costituzionale e l'istituto della class action, ma soprattutto nel senso che non vi sia violazione del due process quando la disciplina positiva in concreto adottata 'fairly insures the protection of the interestes of absent parties who are to be bound by it'. Quello della adeguatezza della tutela che i portatori dell'interesse di classe sono in grado di assicurare e dunque un controllo da effettuare caso per caso, tenendo conto dei dati più vari – dal tipo di interesse coinvolto, all'oggetto della domanda, alle capacità finanziarie dei representatives, ecc. Ed è un controllo importante se si pensa che, con la riforma del 1966, la sentenza che chiude la class action, qualunque ne sia il contenuto, spiega i suoi effetti nei confronti di tutti i componenti della class, indipendentemente dalla loro partecipazione al giudizio. Si comprende allora il perché si insista sull'opportunità di attribuire al giudice poteri assai più penetranti del solito e perché si parli di un preciso dovere dello stesso giudice 'to take whatever steps are necessary to insure the full and fair consideration of common issues'*" (VIGORITI, Vincenzo. Op. cit., p. 272-273).
24. Nesse sentido, Nelson Nery Junior faz a seguinte crítica: "Todos esses anteprojetos querem transformar a legislação brasileira numa cópia fiel do Processo Coletivo norte-americano, que serve para aquele país, não serve para o Brasil. Essa é a minha crítica maior. Outro exemplo, nos Estados Unidos, é o Juiz que decide quem pode mover a ação coletiva. Há uma legitimação *ad causam ope Judicis*, quer dizer, por obra do Juiz. Ele é quem vai decidir quem pode mover a ação. No caso de uma associação civil americana, é o Juiz que controla a representatividade adequada dela para dizer quando ela tem legitimação ou não para entrar com uma ação coletiva. Abandonamos esse modelo, porque achamos que ele seria espúrio

O direito romano também se utilizava do controle judicial da representação adequada[25]. Nos termos do Digesto de Justiniano (D. 47.23.3), na hipótese de mais de uma pessoa ingressar em juízo com ações populares (*actiones populari*s), tratando acerca do mesmo objeto, seria dada preferência à demanda que apresentasse melhores condições em termos de idoneidade e maior interesse pessoal no litígio[26].

Ao tratar sobre o direito processual civil romano, o italiano Vittorio Scialoja não entendeu e lamentou o fato de a legislação italiana não ter adotado esse importante controle judicial. Segundo o autor, "*esta elección de la persona más idónea es de gran importancia, y creemos que ha sido un error (no sabemos hasta qué punto evitable) de nuestra legislación el no atender a este gravísimo momento en las acciones populares*"[27].

Portanto, o direito romano já permitia ao juiz controlar a qualidade da parte representativa nas ações populares, afastando ou minimizando a presença de pessoas inidôneas na defesa dos interesses do grupo[28].

De maneira geral, os países que adotam a tradição *romano-germânica* tendem a estabelecer em lei alguns critérios de representatividade a serem preenchidos pelas *associações* no ajuizamento de ações coletivas. Esses critérios variam de

---

para a sociedade brasileira. Não é uma regra que condiz com a nossa tradição romano-germânica e com a nossa cultura. Apesar disso, essa idéia consta de todos esses anteprojetos, que estão importando, sem nenhuma ressalva, a situação do Processo Coletivo norte-americano" (NERY JR., Nelson. Codificação ou não do processo coletivo. In: *Revista jurídica de jure*, nº 7, jul./dez., 2006, p.55). No mesmo caminho, ver ALMEIDA, Gregório Assagra de. *Codificação do Direito Processual Coletivo Brasileiro: análise crítica das propostas existentes e diretrizes de uma nova proposta de codificação*. Belo Horizonte: Del Rey, 2007, p. 156.

25. GIDI, Antonio. Op. cit., p. 90.
26. PONTES DE MIRANDA, Francisco Cavalcanti. *Tratado das ações*. São Paulo: RT, 1970, t. I, p. 153.
27. SCIALOJA, Vittorio. *Procedimiento civil romano: ejercicio y defesa de los derechos*. Trad. Santiago Sentis Melendo e Marino Ayerra Redin. Buenos Aires: Ed. Juridicas Europa-America, 1954, p. 478.
28. Em síntese, vale transcrever as lições de Vittorio Scialoja: "*Como a la acción popular están admitidos todos los ciudadanos en cuanto tales, es natural el caso de que se presenten varios actores para accionar por el mismo hecho; pero la acción, de ordinario, se tiene que dar una sola vez y a uno solo de ellos. Por tanto, el magistrado elige en este caso, entre los diversos ciudadanos presentados a accionar, al más idóneo. [...] La primera acción popular intentada determina, naturalmente, una cosa juzgada, que necesariamente ha de oponerse, en una u otra forma, a quienes quieran accionar más adelante. Esto da lugar fácilmente a colusiones, que desaparecerán si no se las llega a descubrir hábilmente; pero resulta imposible las más de las veces, siendo el peligro más grave de las acciones populares. La elección preventiva entro los varios concurrentes a accionar es elemento importantísimo para excluir ese peligro; pues, precisamente, cuando los ciudadanos más íntegros vean que presenta a ejercer la acción popular una persona sospechosa, si tiene verdadero sentimiento del derecho, se presentarán a accionar también ellos; y el magistrado excluirá al ciudadano sospechoso y elegirá al ciudadano mejor. Naturalmente, en la elección de la persona má idónea atendía el pretor a todos los elementos que mejor pudieran garantizar el ejercicio de la acción en interés común; pero, si entre varios actores había algunos cuyos intereses privados estaban lesionados por aquel mismo acto que daba lugar a la acción popular, eran preferidos, por acumular en sí la calidad de actor como persona particular y la de actor como ciudadano*" (Idem, p. 478-479).

um país para outro e podem ser resumidos nas seguintes exigências: (a) tempo mínimo de existência legal da associação; (b) comprovação de certo número de associados e da realização de atividades concretas em defesa dos direitos coletivos; e (c) necessidade de ato formal prévio do Poder Público reconhecendo a representatividade das associações[29].

Como exemplo, vale mencionar a *Verbandsklage* ("ação de associação") do direito alemão. Nessa demanda, a adequação da representatividade das associações é aferida *previamente* pelos órgãos da administração pública que realizam o controle, verificando os atos constitutivos da entidade associativa, bem como a existência de recursos humanos, materiais e financeiros aptos a permitir a adequada tutela jurisdicional desses direitos. Configurada a idoneidade da associação, esta passará a fazer parte de uma lista autorizativa constante dos registros dos órgãos competentes da administração pública[30].

Essa tendência dos países do *civil law* não exclui a possibilidade de o respectivo ordenamento jurídico também adotar a técnica processual do *controle judicial* da representatividade adequada. Na Alemanha, não se pode esquecer, a *KapMuG* exige que o Tribunal de segunda instância (*OLG*), no momento da escolha do autor-principal para o procedimento-modelo (*Musterverfahren*), verifique se o candidato tem *representatividade adequada* para defender os interesses das partes envolvidas no litígio de massa[31].

Em outros termos, o sistema processual alemão *também* permite o *controle judicial* da adequação da representatividade do autor-principal no âmbito do *Musterverfahren*, mecanismo processual que influenciou a proposta de criação do IRDR no Brasil.

Portanto, não existe qualquer inconstitucionalidade e/ou incompatibilidade da técnica processual do controle judicial da representação adequada com os sistemas jurídicos de tradição romano-germânica[32]. Ao oposto, inconstitucional e incompatível é a decisão de *improcedência* com eficácia *erga omnes* proferida

---

29. MIRRA, Álvaro Luiz Valery. Associações civis e a defesa dos interesses difusos em juízo: do direito vigente ao direito projetado. In: *Direito Processual Coletivo e o anteprojeto de Código Brasileiro de Processos Coletivos*. GRINOVER, Ada Pellegrini. MENDES, Aluísio Gonçalves de Castro; e WATANABE, Kazuo. (coords.). São Paulo: RT, 2007, p. 119.
30. CAPONI, Remo. Modelli europei di tutela collettiva nel processo civile: esperienze tedesca e italiana a confronto. In: *Rivista trimestrale di diritto e procedura civile*. Milano: Giuffrè, v. 61, nº 4, dez., 2007, p. 1240-1241.
31. Sobre o procedimento-modelo alemão (*Musterverfahren*), ver CAVALCANTI, Marcos de Araújo. Mecanismos de resolução de demandas repetitivas no direito estrangeiro: um estudo sobre o procedimento-modelo alemão e as ordens de litígios em grupo inglesas. In: *Revista de Processo*, São Paulo: RT, nº 238, dez., 2014, p. 333-377.
32. GIDI, Antonio. *Rumo...* Op. cit., p. 91.

em ação coletiva conduzida *sem adequada representatividade* dos interesses do grupo, por violação ao princípio constitucional do contraditório.

Aliás, vale dizer, o art. 138 do NCPC permite, em algumas ocasiões, a participação democrática do *amicus curiae*, exigindo, expressamente, que este possua *representatividade adequada*[33]. Assim, o NCPC ao fazer essa exigência abre caminho para que o Poder Judiciário exerça o controle acerca do preenchimento do requisito da adequação da representatividade pelo pretenso amigo da corte.

Portanto, é plenamente compatível o controle judicial da representatividade adequada com o sistema processual brasileiro, ainda mais após a vigência do NCPC, que prevê a regra expressamente como requisito de admissibilidade da participação do *amicus curiae* nos casos em que houver relevância da matéria, especificidade temática do objeto da demanda ou repercussão social da controvérsia.

3. A FALTA DE CONTROLE JUDICIAL DA ADEQUAÇÃO DA REPRESENTATIVIDADE NAS AÇÕES COLETIVAS BRASILEIRAS

Com relação às ações coletivas que tutelam os direitos individuais homogêneos, a legislação processual brasileira atribui eficácia *erga omnes* apenas às decisões de *procedência*. Por isso, alguns estudiosos entendem não ser necessário o referido controle da representação adequada nessas demandas.

Na hipótese de *improcedência* dos pedidos, os membros ausentes do processo coletivo não ficam prejudicados e podem ingressar com suas ações individuais ou dar continuidade a elas. Hipoteticamente, caso a legislação não previsse a possibilidade de o magistrado controlar judicialmente a representação e, ao mesmo tempo, atribuísse eficácia *erga omnes* à decisão coletiva de *improcedência*, o princípio constitucional do contraditório restaria violado.

Já com relação às ações coletivas que procuram tutelar os direitos difusos ou coletivos (*stricto sensu*), o microssistema processual estabelece, respectivamente, que a coisa julgada tem eficácia *erga omnes* ou *ultra partes pro et contra*, salvo quando for caso de improcedência *por insuficiência de provas*. Daí a importância de se efetivar, *principalmente nesses casos*, o controle judicial da representatividade adequada. Admitir que uma decisão de *improcedência* proferida em ação

---

33. NCPC, art. 138: "O juiz ou o relator, considerando a relevância da matéria, a especificidade do tema objeto da demanda ou a repercussão social da controvérsia, poderá, por decisão irrecorrível, de ofício ou a requerimento das partes ou de quem pretenda manifestar-se, solicitar ou admitir a participação de pessoa natural ou jurídica, órgão ou entidade especializada, *com representatividade adequada*, no prazo de 15 (quinze) dias de sua intimação".

coletiva *inadequadamente* conduzida faça coisa julgada *erga omnes* ou *ultra partes* viola o princípio do contraditório de todos os membros da coletividade[34].

A simples autorização legislativa no rol dos legitimados não basta para considerar o representante como *adequado* para a defesa dos interesses da coletividade. Isso não elimina ou reduz a possibilidade de atuação incompetente, negligente ou com má-fé no processo coletivo[35].

A cláusula do devido processo legal e, consequentemente, o princípio do contraditório precisam ser respeitados e só o serão se a adequação da representatividade dos interesses do grupo estiver presente.

Os requisitos estabelecidos em lei para a legitimação extraordinária ou autônoma devem sempre ser interpretados a partir da Constituição da República. Logo, não é suficiente, por exemplo, que uma associação esteja constituída há pelo menos um ano e que suas finalidades estatutárias estejam relacionadas com o objeto da demanda coletiva.

O Poder Judiciário, em respeito ao devido processo legal, deve verificar, *no caso concreto*, se a parte representativa e seu advogado têm condições suficientes para efetivar a adequada defesa dos direitos coletivos em juízo.

Por esses motivos, Antonio Gidi disse ser inexplicável o fato de a regra do controle judicial da representação adequada não estar presente no Brasil. Ademais, defendeu, *de lege lata*, que o juiz brasileiro tem o dever de realizar o controle da adequação do representante, *independentemente de lei que o autorize*, com fulcro na cláusula constitucional do *devido processo legal*[36].

Com o objetivo de aprimorar a tutela jurisdicional coletiva, Antonio Gidi, em seu Anteprojeto de Código de Processo Civil Coletivo, inseriu dentre os *requisitos* da ação coletiva a necessidade de o legitimado coletivo e o advogado do grupo terem condições de representar adequadamente os direitos do grupo e de seus membros.

Segundo o anteprojeto, o juiz deve analisar, em relação ao representante e ao advogado, os seguintes fatores: (a) competência, honestidade, capacidade,

---

34. GIDI, Antonio. Op. cit., p. 95.
35. Sobre o assunto, Márcio Flávio Mafra Leal faz o seguinte alerta: "O receio de conluio entre autor e réu em detrimento da classe também é válido para as associações. No caso brasileiro, a regra é tão flexível em relação a essas entidades, que basta inserir no estatuto social a finalidade de defesa do consumidor e do ambiente para que esteja ela apta a litigar coletivamente, após um ano e, excepcionalmente, antes disso (art. 81, p. 1° do CDC). Não se exige um trabalho efetivo e representativo desses interesses, como publicações ou serviços jurídicos ou de atendimento ao público, nem mesmo um número mínimo de associados" (LEAL, Márcio Flávio Mafra. *Ações Coletivas: História, Teoria e Prática*. Porto Alegre: Sérgio Antonio Fabris Editor, 1998, p. 215).
36. GIDI, Antonio. Op. cit., p. 81.

prestígio e experiência; (b) o histórico na proteção judicial e extrajudicial dos interesses do grupo; (c) a conduta e a participação no processo coletivo e em outros processos anteriores; (d) a capacidade financeira para prosseguir na ação coletiva; e (e) o tempo de instituição e o grau de representatividade perante o grupo[37].

Igualmente, o Anteprojeto de Código Brasileiro de Processos Coletivos do IBDP inseriu a representatividade adequada como um dos *princípios básicos* da tutela jurisdicional coletiva. Conforme sugere o texto, o juiz deve verificar a adequação da representatividade com base nos seguintes critérios: (a) a credibilidade, a capacidade e a experiência do legitimado; (b) o histórico na proteção judicial e extrajudicial dos interesses ou direitos difusos e coletivos; e (c) a conduta em eventuais processos coletivos em que tenha atuado[38].

Apesar disso tudo, o entendimento majoritário no Brasil não aceita a tese do controle judicial da representatividade adequada. De toda forma, pelo menos no que diz respeito às ações coletivas que defendem os direitos individuais homogêneos, a falta desse controle judicial não traz maiores prejuízos aos membros ausentes do grupo.

A decisão de *improcedência* não faz coisa julgada material *erga omnes* e, portanto, os interessados podem ingressar em juízo ou prosseguir com suas demandas individuais.

Em tese, *não* há violação ao princípio do contraditório, pois os litigantes individuais *não* serão alcançados pelos efeitos da decisão de *improcedência*.

4. A FALTA DE CONTROLE JUDICIAL DA ADEQUAÇÃO DA REPRESENTATIVIDADE NO INCIDENTE DE RESOLUÇÃO DE DEMANDAS REPETITIVAS (IRDR)

O NCPC não prevê o controle judicial da adequação da representatividade como pressuposto fundamental para a eficácia vinculante da decisão de mérito *desfavorável* aos processos dos litigantes ausentes do incidente processual coletivo.

A exposição de motivos do anteprojeto que deu origem ao projeto de lei do NCPC assume que a ideia de criação do IRDR teve inspiração no direito alemão, onde o instituto é chamado de *Musterverfahren*.[39]

---

37. GIDI, Antonio. *A class action como instrumento de tutela coletiva de direitos: ações coletivas em uma perspectiva comparada*. São Paulo: RT, 2007, p. 491.
38. GRINOVER, Ada Pellegrini; MENDES, Aluísio Gonçalves de Castro; WATANABE, Kazuo. (coords.) *Direito Processual Coletivo e o anteprojeto de Código Brasileiro de Processos Coletivos*. São Paulo: RT, 2007, anexo VI, p. 453, 456-457.
39. Vale transcrever o referido trecho da exposição de motivos do anteprojeto de novo CPC: "Dentre esses instrumentos, está a complementação e o reforço da eficiência do regime de julgamento de recursos repetitivos,

Apesar disso, o IRDR não guarda nenhuma semelhança com o referido instrumento tedesco. Talvez nem mesmo a inspiração. No que se refere ao objeto do procedimento-modelo alemão, ele é muito restrito, aplicando-se apenas às controvérsias oriundas do mercado mobiliário[40]. No Brasil, a aplicação será ampla, abarcando qualquer matéria jurídica, inclusive para dirimir questões processuais. O que interessa é que a questão seja jurídica.

O instituto alemão proporciona maior segurança jurídica na medida em que há uma espécie de controle da representatividade do autor-principal no procedimento-modelo, através de uma eleição/escolha dos representantes.

No Brasil, não há qualquer controle. Para a instauração do IRDR, basta que uma ação esteja pendente no tribunal e que haja uma repetição de processos na primeira instância. Esse mesmo problema já é enfrentando para a seleção do recurso especial ou extraordinário paradigma para o qual irá ser submetido ao regime do CPC 543-B e 543-C. Referido problema irá se agravar com o IRDR porque ele pode ser suscitado perante os tribunais locais e regionais.

O NCPC expressamente estabelece que a decisão de mérito proferida no incidente processual deve alcançar vinculativamente todos os processos repetitivos (individuais e coletivos; pendentes e futuros), *qualquer que seja o resultado do julgamento* (eficácia vinculante *pro et contra*).

Assim, não somente a decisão favorável, *mas também a desfavorável*, alcança com força vinculante todos os processos repetitivos. Essa determinação do NCPC viola flagrantemente a cláusula do *devido processo legal* e o *princípio do contraditório*.

Conforme estabelece o inciso LIV do art. 5° da Constituição da República, "ninguém será privado da liberdade ou de seus bens sem o devido processo

---

que agora abrange a possibilidade de suspensão do procedimento das demais ações, tanto no juízo de primeiro grau, quanto dos demais recursos extraordinários ou especiais, que estejam tramitando nos tribunais superiores, aguardando julgamento, desatreladamente dos afetados. Com os mesmos objetivos, criou-se, com inspiração no direito alemão, o já referido incidente de Resolução de Demandas Repetitivas, que consiste na identificação de processos que contenham a mesma questão de direito, que estejam ainda no primeiro grau de jurisdição, para decisão conjunta. O incidente de resolução de demandas repetitivas é admissível quando identificada, em primeiro grau, controvérsia com potencial de gerar multiplicação expressiva de demandas e o correlato risco da coexistência de decisões conflitantes". Em nota de rodapé, a exposição de motivos esclarece que: "No direito alemão a figura se chama Musterverfahren e gera decisão que serve de modelo (= Muster) para a resolução de uma quantidade expressiva de processos em que as partes estejam na mesma situação, não se tratando necessariamente, do mesmo autor nem do mesmo réu" (FUX, Luiz. [Presidente da Comissão de Juristas instituída pelo Ato do Presidente do Senado Federal nº 379/2009] [et. al.]. Anteprojeto do novo Código de Processo Civil. Disponível em: http://www.senado.gov.br).

40. Para um estudo mais aprofundado sobre o procedimento-modelo alemão (*Musterverfahren*), ver CAVALCANTI, Marcos de Araújo. Mecanismos de resolução de demandas repetitivas no direito estrangeiro: um estudo sobre o procedimento-modelo alemão e as ordens de litígios em grupo inglesas. In: Revista de Processo, São Paulo: RT, nº 238, dez., 2014, p. 333-377.

legal". Ademais, o inciso LV do mesmo dispositivo constitucional dispõe que "aos litigantes, em processo judicial ou administrativo, e aos acusados em geral são assegurados o contraditório e ampla defesa, com os meios e recursos a ela inerentes".

Destarte, para que a decisão de mérito *desfavorável* proveniente do IRDR seja aplicada vinculativamente aos processos repetitivos, é preciso que o sistema processual brasileiro assegure o *devido processo legal* e, por consequência, o princípio do contraditório aos litigantes abrangidos pelo incidente processual coletivo. E a única forma de garantir a observância desses princípios constitucionais é permitir o controle judicial da adequação da representatividade dos interesses do grupo. A adoção dessa técnica processual nada mais é do que um método de adaptação do *princípio constitucional do contraditório* ao *devido processo legal social ou coletivo*, conforme as lições de Mauro Cappelletti.

O NCPC, ao admitir que uma decisão *desfavorável* tenha eficácia vinculante sobre todos os processos repetitivos, *sem qualquer controle acerca da adequação da representatividade*, viola o direito ao contraditório de todos os litigantes abrangidos pelo IRDR[41].

Ademais, é possível extrair-se do texto do NCPC a norma no sentido de que, não somente as partes da causa pendente no tribunal, mas as partes de qualquer demanda repetitiva poderão suscitar e participar do IRDR. Acontece que tais interessados nem sempre terão condições de realizar a defesa adequada dos interesses em jogo.

Além de não haver qualquer controle sobre a qualidade dos representantes do grupo, o NCPC também não assegura que a causa pendente no tribunal seja a mais representativa da controvérsia, o que por si só pode deixar de fora da discussão diversas teses jurídicas importantes para o correto deslinde da demanda.

De acordo com o NCPC, qualquer causa repetitiva, desde que pendente no tribunal, poderá dar ensejo à instauração do IRDR. Não se exige uma análise cuidadosa acerca da existência de homogeneidade entre as questões envolvidas no processo pendente no tribunal e nos demais processos repetitivos[42]. Logo, chegando ao tribunal a primeira causa repetitiva, qualquer legitimado pode, de imediato, requerer a instauração do incidente processual, mesmo que essa demanda não seja a que melhor representa a controvérsia.

---

41. Sobre outras diversas inconstitucionalidades que maculam o IRDR, ver Abboud, Georges; CAVALCANTI, Marcos de Araújo. Inconstitucionalidades no incidente de Resolução de Demandas Repetitivas (IRDR) e os riscos ao sistema decisório. In: *Revista de processo*, São Paulo: RT, nº 240, fev., 2015, p. 221-242.
42. Leonardo GRECO. *Novas perspectivas da efetividade e do garantismo processual*. In: *O novo Código de Processo Civil: o projeto do CPC e o desafio das garantias fundamentais*. Márcia Cristina Xavier de SOUZA e Walter dos Santos RODRIGUES. (coord.). Rio de Janeiro: Elsevier, 2012, p. 26.

Pior: a ideia de *julgamento abstrato* do IRDR permite aplicar a tese jurídica às causas futuras, referentes a litigantes que não tiveram qualquer possibilidade de participação e influência no julgamento coletivo[43].

Ademais, como destaca Leonardo Greco, até *"mesmo quanto aos casos pretéritos, os tribunais superiores em nosso país têm manifestado uma nefasta má vontade em examinar a correção da aplicação dos seus julgamentos-piloto aos casos concretos pelos tribunais inferiores, como se, a partir dessas decisões de caráter geral, não mais lhes coubesse a responsabilidade de velar pela correta aplicação da Constituição de das leis"*[44].

Prosseguindo com a comparação com o instituto alemão, vale salientar que o *Musterverfahren* exige requisitos mais rígidos e objetivos para admitir sua instauração, isso porque, após o primeiro requerimento de instauração do procedimento-modelo, exige-se a formulação de, pelo menos, outros 9 requerimentos, durante um período de 6 meses. Aqui, bastará um requerimento, desde que já exista uma demanda repetitiva pendente no tribunal.

Na realidade, o IRDR coloca no Brasil a possibilidade de se concretizarem os efeitos da ação coletiva passiva dos EUA sem o correspondente controle de representatividade que deve ser ínsito a esse modelo. Afinal, se o cidadão será representado e poderá ser atingido por uma decisão *desfavorável*, o mínimo que se poderia pleitear é que a representatividade fosse controlada para assegurar uma boa representação.[45]

5. CONCLUSÕES

Conclui-se, então, como faz Antonio Gidi[46] para as ações coletivas, que o magistrado brasileiro, *de lege lata*, tem o *dever* de realizar o controle judicial da representação adequada no âmbito do IRDR, em observância à cláusula do *devido processo legal*.

Caberá ao magistrado verificar se os advogados e as partes representativas têm condições técnicas, morais, financeiras, etc. de agir em juízo na defesa das

---

43. Idem, ibidem.
44. Idem, ibidem.
45. Sobre ação coletiva passiva e controle de representatividade, ver: Angelo ANCHETA. *Defendant Class Actions and Federal Civil Rights Litigation*, In: Santa Clara Law Digital Commons, 1985, p. 283 et seq; Francis XEN. *The Overlooked Utility Of The Defendant Class Action*, In: Denver University Law Review, nº 88, 2011, p. 73 et seq; Barry WOLFSON. *Defendant Class Actions*, In: Ohio State Law Journal, nº 38, 1977, p. 459 et seq. Para exame aprofundado acerca da questão da legitimidade, conferir: Eduardo CÂNDIA. *Legitimidade ativa na Ação Civil Pública*, Salvador: JusPODIVM, 2013, *passim*.
46. Antonio GIDI. *Rumo...* Op. cit., p. 81.

posições jurídicas relacionadas às questões jurídicas discutidas nas demandas repetitivas. Deve verificar, também, se a causa pendente no tribunal abrange adequadamente a controvérsia repetitiva.

Se o próprio NCPC admite o controle judicial da adequação da representatividade do *amicus curiae*, conforme prevê o seu art. 138, mais razão ainda tem-se para exigir tal controle das partes representativas que efetivamente participarão na defesa dos interesses discutidos de forma pulverizada nos processos repetitivos.

Na verdade, melhor seria se o legislador tivesse introduzido no NCPC uma regulamentação que assegurasse o controle judicial da representação, seguindo critérios a serem atendidos pelos legitimados e seus advogados, em formato semelhante àquele sugerido pelos anteprojetos de Código Brasileiro de Processo Civil Coletivo.

Portanto, o tribunal, *de lege lata*, precisa assegurar, dentro do possível, se o representante é suficientemente qualificado para levar ao IRDR todas as questões e teses jurídicas discutidas nos processos repetitivos.

PARTE II

TEMAS GERAIS SOBRE RECURSOS NO CPC/2015

CAPÍTULO 1

Breves comentários às principais inovações quanto aos meios de impugnação das decisões judiciais no novo CPC

Flávia Pereira Hill[1]

SUMÁRIO: 1. INTRODUÇÃO; 2. HONORÁRIOS ADVOCATÍCIOS RECURSAIS; 3. MODULAÇÃO DE EFEITOS DA ALTERAÇÃO DE PRECEDENTE; 4. CONSOLIDAÇÃO DOS PODERES DO RELATOR; 5. INCLUSÃO DE TODOS OS RECURSOS EM PAUTA; 6. UNIFICAÇÃO DO PRAZO RECURSAL; 7. SUPRESSÃO DO EFEITO SUSPENSIVO; 8. PRAZO PARA PUBLICAÇÃO DO ACÓRDÃO; 9. POSSIBILIDADE DE ALTERAÇÃO DOS VOTOS ATÉ A PROCLAMAÇÃO DO RESULTADO; 10. INTEGRAÇÃO DO VOTO VENCIDO AO ACÓRDÃO; 11. AÇÃO RESCISÓRIA; 12. INCIDENTE DE RESOLUÇÃO DE DEMANDAS REPETITIVAS; 13. EXTINÇÃO DOS EMBARGOS INFRINGENTES; 14. RECURSOS DE AGRAVO; 15. EXTINÇÃO DO AGRAVO RETIDO. RECORRIBILIDADE DIFERIDA DAS DECISÕES INTERLOCUTÓRIAS; 16. APELAÇÃO; 17. AGRAVO DE INSTRUMENTO; 18. AGRAVO INTERNO; 19. EMBARGOS DE DECLARAÇÃO; 20. RECURSOS ESPECIAL E EXTRAORDINÁRIO; 21. RECURSOS REPETITIVOS; 22. EMBARGOS DE DIVERGÊNCIA; 23. CONCLUSÃO; 24. REFERÊNCIAS BIBLIOGRÁFICAS.

1. INTRODUÇÃO

O novo Código de Processo Civil dedica o Livro III inteiramente à regulação "Do processo nos tribunais e dos meios de impugnação das decisões judiciais". A matéria, no Código de Processo Civil de 1973, é regulada no Livro I, atinente ao Processo de Conhecimento, tendo para si reservados os Títulos IX (Do Processo nos Tribunais) e X (Dos Recursos).

O novo CPC pautou-se claramente pelos princípios da celeridade, da economia processual e da busca por um menor formalismo[2], tendo este último como li-

---

1. Professora Adjunta de Direito Processual Civil da UERJ. Tabeliã.
2. A Exposição de Motivos do Projeto declara, especificamente, o seu propósito de simplificar o sistema recursal brasileiro, *in verbis*: "Na elaboração deste Anteprojeto de Código de Processo Civil, essa foi uma das linhas principais de trabalho: resolver **problemas**. Deixar de ver o processo como teoria descomprometida de sua natureza fundamental de **método** de resolução de conflitos, por meio do qual se realizam **valores constitucionais**. Assim, e por isso, um dos métodos de trabalho da Comissão foi o de resolver problemas, sobre cuja existência há praticamente unanimidade na comunidade jurídica. Isso ocorreu, por exemplo, no que diz respeito à complexidade do sistema recursal existente na lei revogada. Se o sistema recursal, que havia no Código revogado em sua versão originária, era consideravelmente mais simples que o

mite o respeito às garantias fundamentais do processo. Coerentemente, também a nova sistemática recursal rende homenagens a tais princípios.

O legislador procurou simplificar a sistemática recursal e adotar medidas tendentes a, ao menos em tese, reduzir o impacto dos recursos na duração do processo. O objetivo de simplificar a sistemática recursal revelou-se um desafio emblemático para os trabalhos da Comissão, representando, com especial clareza, o propósito central de deformalização e celeridade do processo.

O novo diploma processual valorizou, igualmente, a uniformização e a estabilidade da jurisprudência[3]. Identificado até um passado recente como expediente típica e (quase) exclusivamente do sistema de "common law", o novo CPC vem agasalhá-lo, como forma de evitar decisões conflitantes, que comprometeriam a segurança jurídica[4] e a isonomia, pois busca reduzir a probabilidade de que jurisdicionados que estejam em idêntica situação venham a receber soluções judiciais díspares.

A especial importância dada à uniformização e à estabilidade da jurisprudência é revelada logo ao início do Livro III, o qual é aberto com o artigo 926, encorajando a edição de súmulas da jurisprudência dominante pelos tribunais brasileiros, bem como, no artigo 927, a aplicação, pelos órgãos jurisdicionais inferiores, das orientações jurisprudenciais dos tribunais hierarquicamente superiores.

Acreditamos que inaugurar o Livro III com a previsão de que os tribunais devem zelar pela estabilidade, higidez e coerência da jurisprudência abre um novo panorama para o processo e marca uma clara opção por parte do legislador

---

anterior, depois das sucessivas reformas pontuais que ocorreram, se tornou, inegavelmente, muito mais complexo. (...)O novo Código de Processo Civil tem o potencial de gerar um processo mais célere, mais justo,6 porque mais rente às necessidades sociais e muito menos complexo. A simplificação do sistema, além de proporcionar-lhe coesão mais visível, permite ao juiz centrar sua atenção, de modo mais intenso, no mérito da causa." (Grifos no original).

3. Marinoni e Mitidiero entendem que o Projeto, ao preferir trabalhar "com o plano da jurisprudência" em vez de "explicitar a necessidade de respeito aos precedentes em nossa ordem jurídica", deu um passo adiante, embora pudesse ter avançado ainda mais. É o que se depreende a partir do seguinte trecho de sua obra, in verbis: "É claro que ainda assim dá um passo – o objetivo de promover o império do Direito entre nós, contudo, está bem mais além da passada e, certamente, em caminho algo diverso. É imperiosa a necessidade de *reconhecimento* da eficácia vinculante dos fundamentos determinantes das decisões judiciais. É, enfim, imprescindível trabalhar no *plano do precedente*. Precedente, decisão judicial, jurisprudência e súmula não são termos sinônimos." MARINONI, Luiz Guilherme. MITIDIERO, Daniel. *O projeto do novo CPC – Crítica e Propostas.* São Paulo: RT. 2010. P. 164. (Itálicos do original).

4. A Exposição de Motivos do Anteprojeto de novo CPC destaca a importância dada ao tema pela Comissão, nos seguintes termos, *in verbis*: "Por outro lado, haver, indefinidamente, **posicionamentos diferentes** e incompatíveis, nos Tribunais, a respeito da **mesma norma jurídica**, leva a que jurisdicionados que estejam em situações idênticas, tenham de submeter- se a regras de conduta diferentes, ditadas por decisões judiciais emanadas de tribunais diversos. Esse fenômeno fragmenta o sistema, gera intranquilidade e, por vezes, verdadeira perplexidade na sociedade." (Grifos do original).

brasileiro no sentido de aproximar o sistema processual brasileiro do modelo de precedentes adotado pelos países de "common law". Com efeito, já dávamos sinais de uma maior aproximação com o sistema de "common law", ao regulamentarmos, *ad exemplum tantum*, a súmula vinculante (Lei Federal nº 11.417/06), a repercussão geral (Lei Federal nº 11.418/06), os recursos repetitivos (Lei Federal nº 11.672/08). No entanto, creditamos ao novo CPC a expressa tomada de posição, logo ao início do Livro III, pela estruturação dos julgamentos voltada abertamente à valorização da jurisprudência dominante.

Confirmando o propósito do legislado de valorizar a uniformização e a estabilidade da jurisprudência, podemos apontar, ainda, a ampliação das hipóteses de cabimento dos embargos de divergência (art. 1043 e ss.) e a criação do chamado "Incidente de resolução de demandas repetitivas" (art. 976 e ss.).

No presente trabalho, analisaremos brevemente as principais inovações trazidas pelo novo diploma processual aos meios de impugnação das decisões judiciais.

2. HONORÁRIOS ADVOCATÍCIOS RECURSAIS

Embora não esteja situada no Livro III, a primeira alteração merecedora de destaque encontra-se nos §§1º, 11 e 12 do artigo 85, que autorizam o tribunal a majorar a verba honorária em razão do incremento do trabalho do advogado em virtude da interposição de recurso.

Tal previsão tem como consequência desencorajar a interposição de recursos infundados pelas partes e, a partir da redução do número de recursos interpostos, acaba por imprimir maior celeridade ao processo, antecipando o trânsito em julgado da sentença e, assim, a solução final da causa.

Reputamos salutar a ideia de criar um mecanismo que incentive a recorribilidade responsável. Se, por um lado, nós, brasileiros, somos considerados excessivamente beligerantes, malversando a utilização dos recursos, a inovação trazida pelo novo CPC tem o mérito de procurar mitigar essa postura a serviço de um processo sem delongas desnecessárias, dentre as quais, por certo, a interposição de recursos sabidamente infundados.

3. MODULAÇÃO DE EFEITOS DA ALTERAÇÃO DE PRECEDENTE

O novo diploma processual, no artigo 926, estabeleceu o prestígio à jurisprudência dominante, o que deverá ser observado por todos os magistrados brasileiros.

Ao lidar com o sistema de precedentes, teve o novo CPC de lidar também com a possibilidade de alteração dos precedentes pelos tribunais.

No sistema de *common law*, em regra, o novo entendimento firmado incide sobre os processos em curso[5]. No entanto, forçoso reconhecer que, por vezes, a aplicação imediata do novo entendimento poderá representar vulneração da segurança jurídica e do seu consectário de previsibilidade[6-7].

Por essa razão, visando a prestigiar a segurança jurídica, contemplou o novo CPC, no artigo 927, §3º, a chamada modulação dos efeitos da alteração do precedente, permitindo que o tribunal, ao modificar o entendimento, ressalve a sua aplicação a partir de determinado prazo, em homenagem ao interesse social ou à segurança jurídica. Com isso, resguardam-se os processos em curso, que serão julgados em consonância com o entendimento sedimentado à época de sua instauração.

Isso porque os cidadãos, especialmente em uma sociedade que adote o sistema de precedentes, soem pautar suas condutas segundo a jurisprudência dominante e, por conseguinte, a aplicação de um novo entendimento, adotado já no curso da ação, surpreenderá as partes, fazendo emergir, quando menos, um sentimento de injustiça e insegurança, nefasto para a legitimidade do processo.

4. CONSOLIDAÇÃO DOS PODERES DO RELATOR

Afinando-se com o ideal de otimizar o processo e imprimir-lhe maior celeridade, o novo CPC consolida, no art. 932, os poderes do relator para julgar monocraticamente, inclusive para o fim de dar ou negar provimento a recurso, com

---

5. Cumpre distinguir as diferentes modalidades de eficácia atribuídas aos precedentes: Eficácia retroativa plena ou pura (*full retroactive application*): aplicação do novo precedente a todos os casos passados e futuros, inclusive aqueles já transitados em julgado. Retroativa parcial (*partial retroactive application*): a nova doutrina regula todas as novas demandas, salvo aquelas cujo julgamento já se tenha concluído em caráter final ou cuja reapreciação seja limitada por outras disposições normativas. Eficácia prospectiva pura (*full prospective application*): a nova regra só incidirá sobre situações configuradas a partir da data de sua afirmação ou determinado evento futuro, não atingindo nem mesmo as partes do caso que ensejou sua formulação, o caso em julgamento e os eventos ocorridos anteriormente permanecerão regidos pelo entendimento antigo. Eficácia prospectiva parcial (*partial prospective application*): o novo precedente deve ser aplicado ao caso em julgamento e aos fatos ocorridos posteriormente, mas não aos anteriores. *Prospective Prospectivity*: aplicação do novo precedente a partir de um dado momento no futuro. MELLO, Patrícia Perrone Campos. *Precedentes. O desenvolvimento judicial do Direito no constitucionalismo contemporâneo*. Rio de Janeiro: Renovar, 2008, p. 261. ROSITO, Francisco. *Teoria dos Precedentes Judiciais. Racionalidade a Tutela Jurisdicional*. Curitiba: Juruá, 2012. P. 335.
6. GASCÓ, Francisco de P. Blasco. *La norma jurisprudencial*. Valencia: Tirant lo blanch. 2000. P. 100.
7. MARINONI, Luiz Guilherme. *Precedentes obrigatórios*. São Paulo: Revista dos Tribunais. 2010. p. 421.

fulcro no entendimento preconizado pelos tribunais superiores ou pelo tribunal local em súmula, no julgamento de casos repetitivos, em incidente de resolução de demandas repetitivas ou de assunção de competência[8-9-10].

Com isso, o novo diploma procura, uma vez mais, prestigiar a uniformização de jurisprudência, um de seus princípios balizadores.

A reafirmação dos poderes do Relator almeja, ainda, solucionar os recursos com maior brevidade, uma vez que dispensa a sua inclusão em pauta para serem julgados pelo colegiado. Com o mesmo objetivo, o novo Código excluiu a figura do Revisor.

Destaque-se que o novo diploma prevê que o juízo de admissibilidade da apelação será exercido exclusivamente pelo tribunal *ad quem*, conforme artigo 1010, §3º. O exercício de juízo único de admissibilidade pelo tribunal almeja tornar mais célere o processamento do recurso de apelação, tendo em vista que caberá ao juízo sentenciante apenas abrir prazo para contrarrazões (artigo 1010, §1º) e, a seguir, remeter os autos para o tribunal.

O artigo 933 determina que as partes sejam previamente instadas a se manifestar, em cinco dias, caso o Relator verifique a ocorrência de fato superveniente à decisão recorrida ou a existência de questão apreciável de ofício e ainda não examinada. Trata-se de previsão elogiável, por prestigiar o contraditório e permitir que os interessados aduzam seus argumentos quanto a questão relevante para o julgamento do recurso pelo tribunal, em relação à qual não haviam se manifestado até então.

5. INCLUSÃO DE TODOS OS RECURSOS EM PAUTA

O artigo 934 do novo CPC dispõe que todos os recursos previstos no Livro III serão incluídos em pauta — ressalvados apenas os embargos de declaração, que serão colocados em mesa, por força do artigo 1024, §1º —, a ser publicada no Diário Oficial, a fim de dar publicidade à data do julgamento e, com isso, permitir

---

8. Athos Gusmão Carneiro assim se posiciona a respeito do instituto da assunção de competência no Projeto, *in verbis*: "Assim como está redigido, nota-se, portanto, uma equivalência com o 'incidente de resolução de demandas repetitivas'." O autor defende seja restituído ao instituto a "eficácia meramente 'persuasiva', e não com eficácia vinculativa." CARNEIRO, Athos Gusmão. *O novo Código de Processo Civil – Breve Análise do Projeto Revisado no Senado*, In Repro Ano 36. Número 194. Abril 2011. São Paulo: RT. P. 165.
9. Marinoni e Mitidiero elogiam a assunção de competência prevista nas versões anteriores do Projeto, nos seguintes termos: "Se comparado com o incidente de uniformização de jurisprudência, o expediente proposto pelo Projeto tem a vantagem de ser vinculante para 'todos os órgãos fracionários' do tribunal (art. 865, §2º). Atende com maior fidelidade, portanto, aos imperativos de segurança e igualdade que derivam da ideia de Estado Constitucional." *Op. Cit.* P. 176.
10. A assunção de competência encontra-se prevista no CPC/73 no artigo 555, §1º.

que as partes e seus advogados adotem as providências que reputarem cabíveis ou, quando menos, possam estar presentes ao julgamento[11], o que merece os nossos elogios.

Entendemos, contudo, que a importância da inclusão em pauta acaba por ser mitigada com a franca expansão dos julgamentos eletrônicos (plenários eletrônicos), que promovem julgamentos em ambientes digitais fechados, acessíveis somente aos magistrados, sem que deles participem as partes e seus advogados. O artigo 945 do novo CPC autoriza a sua realização sempre que o recurso não admitir sustentação oral.

6. UNIFICAÇÃO DO PRAZO RECURSAL

O novo CPC previu, no §5º do artigo 1003, prazo recursal único de quinze dias, ressalvando apenas os embargos de declaração, cujo prazo se mantém em cinco dias. Com isso, os prazos para a interposição dos recursos de agravo de instrumento, agravo interno e o agravo em Recurso Especial e Extraordinário são ampliados.

Consideramos salutar a unificação dos prazos recursais, pois simplifica a sistemática recursal.

Os cinco dias de aumento do prazo para a interposição de alguns recursos, de um lado, não pode ser considerado um lapso extenso a ponto de implicar no prolongamento significativo do processo, sendo certo que, de outra parte, mostra-se valioso e suficiente para permitir que as partes elaborem suas razões recursais com mais apuro.

7. SUPRESSÃO DO EFEITO SUSPENSIVO

O novo Código implementa significativa alteração ao estabelecer, como regra, a ausência de efeito suspensivo *ope legis* dos recursos (art. 995)[12].

---

11. Em prol da publicidade da data de julgamento dos recursos, manifestou-se expressamente a Comissão do Anteprojeto na Exposição de Motivos, descortinando sua especial atenção quanto a essa questão, *in verbis*: "Prestigiando o princípio constitucional da **publicidade** das decisões, previu-se a regra inafastável de que à data de julgamento de todo recurso deve- se dar publicidade (= todos os recursos devem constar em pauta), para que as partes tenham oportunidade de tomar providências que entendam necessárias ou, pura e simplesmente, possam assistir ao julgamento." (Grifo no original).
12. A opção, que constava nas versões anteriores do Projeto de novo CPC, pela concessão *ope legis* de efeito suspensivo à apelação, é elogiada por Marinoni e Mitidiero. No entanto, tal expediente não foi contemplado na versão final do novo CPC, tendo sido mantida, assim, a suspensividade do recurso de apelação como regra. *Op. Cit.* P. 178.

Em contrapartida, poderá o relator — note-se, não o juízo *a quo* — suspender a eficácia da decisão recorrida diante da presença, em síntese, dos requisitos do *fumus boni iuris* ("demonstrada a probabilidade de provimento do recurso") e do *periculum in mora* ("risco de dano grave, de difícil ou impossível reparação"), previstos no parágrafo único do artigo 995.

Com isso, o novo diploma prestigia a decisão recorrida e permite que os atos executórios possam ser deflagrados desde já, imprimindo maior celeridade ao procedimento.

Em versões anteriores do Projeto, estava previsto que, em regra, a apelação não ostentaria efeito suspensivo, o que era considerado uma substancial mudança na sistemática recursal. No entanto, essa medida não foi mantida na versão final do novo CPC, tendo o legislador optado por manter a suspensividade como regra para o recurso de apelação, conforme artigo 1.012.

8. PRAZO PARA PUBLICAÇÃO DO ACÓRDÃO

Novamente em homenagem à celeridade, princípio este elevado ao grau de verdadeira prioridade no novo diploma processual, caso o acórdão não seja publicado no prazo de 30 (trinta) dias a partir da data da sessão de julgamento, as notas taquigráficas valerão como acórdão para todos os fins legais e independentemente de revisão (art. 944).

Neste caso, dispõe o parágrafo único do artigo 944 que caberá ao Presidente do tribunal lavrar imediatamente as conclusões e a ementa e determinar a sua publicação.

Consideramos elogiável a solução trazida pelo novo CPC, uma vez que a excessiva demora na publicação do julgado impede que as partes interponham os recursos cabíveis ou adotem, sendo o caso, as medidas necessárias para dar fiel cumprimento à decisão.

9. POSSIBILIDADE DE ALTERAÇÃO DOS VOTOS ATÉ A PROCLAMAÇÃO DO RESULTADO

O novo CPC, no §1º do art. 941, vem trazer norma expressa, a respeito da qual o CPC de 1973 não se manifesta, ao prever que os votos poderão ser alterados pelos magistrados até a proclamação do resultado do julgamento pelo presidente. A previsão de um marco temporal para a alteração dos votos traz maior segurança jurídica para o julgamento pelo colegiado.

10. INTEGRAÇÃO DO VOTO VENCIDO AO ACÓRDÃO

O §3º do art. 941 do novo diploma prevê expressamente que o voto vencido integra o acórdão para todos os fins, inclusive de prequestionamento, afastando, desse modo, o entendimento consolidado pelo Superior Tribunal de Justiça na Súmula 320[13]. Tal previsão facilita o preenchimento da exigência de prequestionamento, requisito específico de cabimento dos recursos excepcionais.

11. AÇÃO RESCISÓRIA

O novo CPC não contempla, no artigo 966, uma das hipóteses justificadoras do ajuizamento da ação rescisória que consta no artigo 485 do CPC de 1973, notadamente o "fundamento para invalidar confissão, desistência ou transação em que se baseie a sentença"[14].

No §4º do artigo 966, consignou-se que as decisões homologatórias proferidas na execução bem como as sentenças homologatórias dos atos de disposição de direitos são passíveis de ação anulatória, não sendo cabível a ação rescisória.

O novo diploma opta por substituir a menção à "violação a literal disposição de lei" como fundamento para a rescisão, adotada no inciso V do artigo 485 do CPC de 1973, passando a adotar como fundamento a manifesta violação à "norma jurídica", no inciso V do artigo 966[15]. Consideramos que, mediante tal alteração, pretendeu-se permitir seja invocada como fundamento não apenas a afronta ao texto expresso de lei, mas também à interpretação que lhe é dada de forma assente pelos tribunais[16].

A expressão adotada no novo CPC vem recebendo críticas, por se entender que ampliaria exageradamente o fundamento de rescisão, permitindo a invocação, inclusive, de regulamentos e portarias, ao mencionar a palavra "norma", no lugar de "lei".

---

13. Súmula 320 do STJ: "A questão federal somente ventilada no voto vencido não atende ao requisito do prequestionamento."
14. A supressão deste último é elogiada por Marinoni e Mitidiero na p. 177
15. Athos Gusmão Carneiro critica a alteração, por considerar a nova expressão "muitíssimo abrangente, e convém ponderar que a aceitação da ação rescisória contra normas constantes de meros decretos, regulamentos, portarias de agências reguladoras, disposições normativas editadas por autarquias etc irá contrariar os propósitos que inspiram o projeto de novo Código, de ampla proteção à estabilidade e segurança jurídicas. Em decorrência, o prazo de um ano poderá retornar ao mais adequado prazo atual, de dois anos (art. 928 do PR)." Op cit. P. 166.
16. De se notar que tais considerações não trazem qualquer implicação para o que dispõe a Súmula 343 do STF, na medida em que ela desautoriza a ação rescisória apenas caso haja interpretação controvertida nos tribunais.

A versão final do novo CPC manteve, no artigo 975, o prazo decadencial de dois anos para o ajuizamento da ação rescisória, conforme consta no CPC de 1973, não tendo mantido a redução do prazo para apenas um ano, que constava em versões anteriores do Projeto. Reputamos adequado manter o prazo decadencial de dois anos para o ajuizamento de ação rescisória. Isso porque a redução pela metade do prazo, que já é peremptório, somente fomentaria a ampliação da chamada teoria da relativização da coisa julgada, sob o argumento de zelar pela justiça da decisão, dada a extrema exiguidade do prazo para ajuizamento da ação rescisória. Com isso, a redução do prazo, em vez de prestigiar a segurança jurídica, acabaria contribuindo para vulnerá-la[17].

A nosso sentir, afigura-se melhor reafirmar a ação rescisória como instrumento adequado para rescindir a coisa julgada, permitindo o seu ajuizamento no prazo de dois anos, do que permitir a pulverização de entendimentos casuísticos em torno do afastamento da coisa julgada, que ocorre com a aplicação da teoria da relativização.

Ainda no artigo 975, deixa-se claro que o prazo decadencial começa a transcorrer somente após o trânsito em julgado da última decisão proferida no processo, em consonância com o teor da Súmula 401 do E. Superior Tribunal de Justiça, o que consideramos elogiável, pois simplifica a sistemática e evita o ajuizamento de diversas ações rescisórias ao longo do processo, o que atentaria contra a economia processual. Com isso, fica afastado o entendimento recentemente preconizado pela 1ª Turma do Supremo Tribunal Federal, no sentido de admitir a fragmentação da contagem do prazo, iniciando-se o transcurso do biênio a partir do momento em que preclui o *capítulo* da decisão a ser desafiado[18].

De se consignar que o Superior Tribunal de Justiça[19] assentou que o trânsito em julgado se dá no dia seguinte ao decurso do prazo legal para a interposição do recurso cabível.

---

17. Na Exposição de Motivos, a Comissão do Anteprojeto declarou o prestígio à segurança jurídica como razão para a redução do prazo, que constava em versões anteriores do Projeto de novo CPC, *in verbis*: "Também em nome da segurança jurídica, reduziu-se para um ano, como regra geral, o prazo decadencial dentro do qual pode ser proposta a ação rescisória."
18. COISA JULGADA – ENVERGADURA. A coisa julgada possui envergadura constitucional. COISA JULGADA – PRONUNCIAMENTO JUDICIAL – CAPÍTULOS AUTÔNOMOS. Os capítulos autônomos do pronunciamento judicial precluem no que não atacados por meio de recurso, surgindo, ante o fenômeno, o termo inicial do biênio decadencial para a propositura da rescisória.(RE 666589, Relator(a): Min. MARCO AURÉLIO, Primeira Turma, julgado em 25/03/2014, ACÓRDÃO ELETRÔNICO DJe-106 DIVULG 02-06-2014 PUBLIC 03-06-2014). O Fórum Permanente de Processualistas Civis (FPPC) segue o mesmo entendimento, conforme registrado no Enunciado 337: "A competência para processar a ação rescisória contra capítulo de decisão deverá considerar o órgão jurisdicional que proferiu o capítulo rescindendo".
19. RECURSO ESPECIAL REPRESENTATIVO DA CONTROVÉRSIA. ART. 543-C DO CPC. PROCESSUAL CIVIL. AÇÃO RESCISÓRIA. TERMO "A QUO". DATA DO TRÂNSITO EM JULGADO DA DECISÃO RESCINDENDA. TERMO FINAL EM DIA NÃO ÚTIL. PRORROGAÇÃO. POSSIBILIDADE. RECURSO PROVIDO.

O art. 975, § 1º, do novo diploma processual previu a prorrogação do prazo para o ajuizamento da ação rescisória para o primeiro dia útil imediatamente subsequente, quando expirar durante férias forenses, recesso, feriados ou em dia em que não houver expediente forense.

No artigo 535, que regula especificamente o cumprimento de sentença que reconhece a exigibilidade de obrigação de pagar quantia certa pela Fazenda Pública, o legislador ressalvou que, tendo a sentença se baseado em norma considerada inconstitucional pelo STF em controle difuso, a referida sentença será inexigível se o acórdão do STF tiver sido proferido antes do trânsito em julgado da sentença exequenda. Se o julgado do STF tiver sido exarado posteriormente, caberá o ajuizamento de ação rescisória, cujo prazo se iniciará a partir do trânsito em julgado do acórdão do Pretório Excelso. O referido dispositivo legal possui o mérito de regular a matéria de forma clara, trazendo segurança jurídica para o tema.

12. INCIDENTE DE RESOLUÇÃO DE DEMANDAS REPETITIVAS

O novo CPC previu o chamado "Incidente de Resolução de Demandas Repetitivas", nos artigos 976 a 987, atendendo à proposta de prestigiar a uniformização da jurisprudência e afastar o risco de decisões conflitantes.

O incidente será cabível quando forem preenchidos dois requisitos cumulativos, conforme dispõe o artigo 976: (a) houver controvérsia com potencial para gerar relevante multiplicação de processos fundados em idêntica questão de direito, seja de direito material ou processual, e (b) ocasionar risco à segurança jurídica ou à isonomia.

Nesse caso, possuem legitimidade o juiz, o relator, as partes, o Ministério Público e a Defensoria Pública para requerer ao Presidente do tribunal a instauração do incidente, sendo este julgado pelo órgão indicado no Regimento

---

1. O termo "a quo" para o ajuizamento da ação rescisória coincide com a data do trânsito em julgado da decisão rescindenda. O trânsito em julgado, por sua vez, se dá no dia imediatamente subsequente ao último dia do prazo para o recurso em tese cabível.

2. O termo final do prazo para o ajuizamento da ação rescisória, embora decadencial, prorroga-se para o primeiro dia útil subsequente, se recair em dia de não funcionamento da secretaria do Juízo competente. Precedentes.

3. "Em se tratando de prazos, o intérprete, sempre que possível, deve orientar-se pela exegese mais liberal, atento às tendências do processo civil contemporâneo - calcado nos princípios da efetividade e da instrumentalidade - e à advertência da doutrina de que as sutilezas da lei nunca devem servir para impedir o exercício de um direito" (REsp 11.834/PB, Rel. Ministro SÁLVIO DE FIGUEIREDO TEIXEIRA, QUARTA TURMA, julgado em 17/12/1991, DJ 30/03/1992).

4. Recurso especial provido, para determinar ao Tribunal de origem que, ultrapassada a questão referente à tempestividade da ação rescisória, prossiga no julgamento do feito, como entender de direito. Observância do disposto no art. 543-C, § 7.º, do Código de Processo Civil, c.c. os arts. 5.º, inciso II, e 6.º, da Resolução 08/2008.

(REsp 1112864/MG, Rel. Ministra Laurita Vaz, Corte Especial, julgado em 19/11/2014, DJe 17/12/2014) Grifou-se.

Interno do respectivo tribunal como sendo competente para a uniformização de jurisprudência. Competirá a esse órgão jurisdicional, de igual modo, julgar a ação ou o recurso que originou o incidente, mediante a aplicação da tese consolidada (artigo 978, parágrafo único).

A tese jurídica consolidada será aplicada a todos os processos individuais ou coletivos, inclusive dos Juizados Especiais, que tramitem, ou venham a tramitar, nos limites da competência do respectivo tribunal e que versem sobre a mesma questão jurídica (artigo 985)[20].

13. EXTINÇÃO DOS EMBARGOS INFRINGENTES

Atendendo a críticas em torno desse recurso, o novo diploma processual excluiu do rol recursal (artigo 994) os embargos infringentes — cujo cabimento, a propósito, já havia se tornado mais restrito após as alterações introduzidas pela Lei nº 10.352/01 ao CPC/1973–, prestigiando, assim, o escopo de simplificação da sistemática recursal. No entanto, merece registro a intensa discussão em torno do tema no Senado Federal, durante a tramitação do Projeto, tendo vários Senadores se manifestado pela manutenção do recurso.

14. RECURSOS DE AGRAVO

Consoante destacado no Substitutivo apresentado pelo Senador Valter Pereira, o novo CPC rompe com a sistemática do CPC de 1973, tendo em vista que este diploma contempla, no rol dos recursos do artigo 496, apenas o recurso de agravo, genericamente.

O novo CPC optou por prever expressamente o cabimento de agravo de instrumento, agravo interno e agravo em recurso especial e extraordinário no elenco do artigo 994, por entender que não são espécies de um mesmo gênero intitulado agravo, mas sim recursos diversos, em razão de possuírem hipóteses de cabimento, competência e sistemática diferentes.

15. EXTINÇÃO DO AGRAVO RETIDO. RECORRIBILIDADE DIFERIDA DAS DECISÕES INTERLOCUTÓRIAS

O novo CPC extinguiu, ainda, o recurso de agravo retido, reestruturando a recorribilidade das decisões interlocutórias. Com o novo diploma, as decisões

---

20. Marinoni e Mitidiero consideram bem intencionada a proposta neste particular, embora entendam que não terá o condão de reduzir a carga de trabalho do Judiciário, como se almeja, já que tal incidente não impede o ajuizamento de novas demandas. Segundo os doutrinadores, a utilização do modelo norte-americano das *class actions* melhor se prestaria a tal finalidade. Op. Cit. P. 178.

interlocutórias, em regra, não mais precluem. Com isso, torna-se desnecessária (e incabível) a interposição imediata de agravo retido, devendo as decisões interlocutórias, em regra, ser desafiadas somente ao final, como preliminar do recurso de apelação ou nas contrarrazões do apelado (art. 1009, §1º).

Com isso, conforme destacado pela Comissão do Anteprojeto na Exposição de Motivos, mudou-se o *momento de impugnação* da decisão interlocutória — passando da interposição imediata de agravo retido para a suscitação de preliminar em apelação/contrarrazões — mas não o *momento de seu julgamento* pelo tribunal, que continua sendo por ocasião do julgamento da apelação.

Entendemos que tal inovação possui o condão de simplificar a recorribilidade das decisões interlocutórias. Afinal, se, sob a égide do CPC de 1973, cabe à parte ratificar o agravo retido na preliminar de apelação/contrarrazões, mais simples se afigura dispensá-la de interpor previamente o recurso de agravo retido, concentrando a impugnação das decisões interlocutórias no próprio recurso de apelação.

O §2º do artigo 1009 traz uma nova modalidade de recurso adesivo (art. 997, § 1º), na medida em que permite ao apelado se insurgir, em sede de contrarrazões de apelação, contra as decisões interlocutórias em relação às quais não é cabível a interposição de agravo de instrumento.

16. APELAÇÃO

O recurso de apelação foi objeto de algumas modificações relevantes.

Primeiramente, as decisões interlocutórias passam a ser desafiadas, em regra, mediante preliminar da apelação ou suas contrarrazões (art. 1009, §1º).

No §5º do artigo 1013, o legislador cuidou de consignar expressamente que o capítulo da sentença que confirma, concede ou revoga o pedido de antecipação da tutela deverá ser desafiado no próprio recurso de apelação.

As versões anteriores do Projeto haviam optado por retirar o efeito suspensivo do recurso de apelação, como regra, o que seria considerado como uma das maiores inovações do novo diploma processual. No entanto, em sua versão final, o novo CPC acabou por manter a regra atual do CPC de 1973, prevendo expressamente, no artigo 1012, que a apelação terá efeito suspensivo.

Excepcionalmente, contemplou o novo diploma processual, no §1º do artigo 1012, as hipóteses em que o recurso de apelação ostentará apenas efeito devolutivo.

O juízo de admissibilidade da apelação passa a ser exercido *apenas pelo tribunal* (art. 1010, §3º), como forma de se suprimir "um foco desnecessário de recorribilidade", segundo sustentado pela Comissão na Exposição de Motivos do Anteprojeto. Assim sendo, extirpa-se o juízo de admissibilidade atualmente exercido pela instância *a quo* (art. 518 do CPC/1973), apto a ensejar a interposição de agravo de instrumento (art. 522, CPC/1973).

Tal inovação contribuiu para a extinção da chamada "súmula impeditiva de recursos", prevista no art. 518, § 1º CPC de 1973, segundo a qual o juiz não poderia receber o recurso de apelação quando a sentença estivesse em conformidade com súmula do Superior Tribunal de Justiça ou do Supremo Tribunal Federal.

Verifica-se, outrossim, terem sido ampliadas as hipóteses da chamada "causa madura", ou seja, as hipóteses em que é admitido que o tribunal, no julgamento da apelação, prossiga no exame do mérito da causa. Segundo o novo CPC, ao lado das hipóteses de sentenças terminativas (art. 485), também poderá o tribunal prosseguir no julgamento do mérito da causa, caso declare a *nulidade* da sentença apelada por não-observância dos *limites do pedido ou da causa de pedir* ou por *falta de fundamentação* e, sendo possível, caso *reforme* a sentença que reconhecer a *decadência ou a prescrição* (art. 1013, §4º). Dessa forma, vem o novo CPC, mais uma vez, homenagear a economia processual e a celeridade, ao evitar que os autos sejam remetidos ao juízo *a quo* para que seja proferido julgamento.

De se destacar que o §4º ressalva, logo ao início, que o tribunal apenas estará autorizado a adentrar no julgamento do mérito da causa "se o processo estiver em condições de imediato julgamento", a fim de que não sejam comprometidos o direito à prova e o contraditório.

17. AGRAVO DE INSTRUMENTO

Tal qual vislumbramos na atual redação do CPC de 1973, o cabimento do agravo de instrumento continua a ser *excepcional* na sistemática do novo CPC. No entanto, ao contrário do CPC de 1973, que prevê, como regra, a interposição de agravo retido contra decisões interlocutórias e o cabimento, em caráter excepcional, do agravo de instrumento *conforme verifique o magistrado a ocorrência de lesão grave e de difícil reparação* (art. 522 do CPC/73), agora, no novo diploma, o legislador optou por estabelecer, *como regra*, a recorribilidade diferida das decisões interlocutórias em preliminar da apelação/contrarrazões, sendo que as hipóteses excepcionais de cabimento do agravo de instrumento passaram a ser *expressamente contempladas* em lei (art. 1015, CPC/2015)[21].

---

21. A Exposição de Motivos do Anteprojeto assim contempla o tema, *in verbis*: "Desapareceu o agravo retido, tendo, correlatamente, alterado-se (*sic*) o regime das preclusões. Todas as decisões anteriores à sentença

De fato, muda o *referencial* para o cabimento do agravo de instrumento, passando da avaliação do *periculum in mora* caso a caso pelo relator (*ope judicis*) para a expressa previsão legal das hipóteses de cabimento (*ope legis*).

As hipóteses de cabimento do agravo de instrumento são de duas ordens. Nos incisos do artigo 1015, o legislador contemplou as hipóteses por ele consideradas graves o suficiente para justificar a imediata recorribilidade da decisão interlocutória[22]. No parágrafo único, o legislador previu hipóteses nas quais a insurgência contra a decisão interlocutória em sede de recurso de apelação mostra-se inviável, dadas as especificidades do procedimento, como é o caso da liquidação de sentença, do cumprimento de sentença, do processo de execução e do inventário, o que justifica a interposição de agravo de instrumento.

Entendemos que a previsão expressa das hipóteses de cabimento do recurso de agravo de instrumento torna a questão mais clara, evitando os entendimentos jurisprudenciais díspares que atualmente circundam a avaliação da presença dos requisitos legais para o cabimento do agravo de instrumento na sistemática do CPC de 1973. Destaque-se que, dado o princípio da unicidade recursal ou unirrecorribilidade, a existência de normas claras quanto ao cabimento dos recursos mostra-se extremamente salutar e põe-se a serviço, mais uma vez, da tão propalada segurança jurídica.

O artigo 1017, inciso I, do novo CPC vem prestigiar menor formalismo, ao admitir a juntada de outro documento que comprove a tempestividade do agravo de instrumento, ainda que não seja a certidão de intimação, sendo, desde já, objeto de elogios por parte da doutrina[23].

O novo diploma passou a prever, ainda, o cabimento de sustentação oral dos advogados na sessão de julgamento de agravo de instrumento que verse sobre tutela provisória de urgência ou de evidência (artigo 937, VIII), sendo esta mais uma providência benfazeja, em prol da garantia do contraditório, dado que a tutela provisória pode ser indispensável para o requerente ou, de outro lado, pode representar severo gravame para a esfera jurídica do requerido.

---

podem ser impugnadas na apelação. Ressalte-se que, na verdade, o que se modificou, nesse particular, foi exclusivamente o momento da impugnação, pois essas decisões, de que se recorria, no sistema anterior, por meio de agravo retido, só eram mesmo alteradas ou mantidas quando o agravo era julgado, como preliminar de apelação. Com o novo regime, o momento de julgamento será o mesmo; não o da impugnação."

22. São elas as hipóteses de decisão interlocutória que examinar tutela de urgência ou evidência, decidir o mérito da causa, rejeitar alegação de convenção de arbitragem, decidir incidente de desconsideração da personalidade jurídica, gratuidade de justiça, exibição ou posse de documento ou coisa, exclusão de litisconsorte por ilegitimidade, limitação do litisconsórcio, admissão ou não de intervenção de terceiros, dentre outras previsões contidas em leis esparsas.

23. Marinoni e Mitidiero elogiam o art. 971, inciso I, do Projeto, ao argumento de que evita que se "descambe em formalismo pernicioso", prestigiando a finalidade normativa. *Op. Cit.* P. 183.

Registre-se que, em versões anteriores do Projeto, ficava autorizada a sustentação oral dos advogados no julgamento de agravo de instrumento que versasse *sobre questão de mérito*, portanto, em hipótese mais ampla do que aquela prevista na versão final do novo CPC.

18. AGRAVO INTERNO

De acordo com o artigo 1021 do novo CPC, o agravo interno será cabível contra as decisões monocráticas proferidas pelo relator, a ser julgado pelo colegiado de que faça parte, observando-se, quanto ao procedimento, o Regimento Interno do respectivo tribunal.

No intuito de desencorajar a interposição de agravo interno manifestamente inadmissível ou improcedente, o legislador previu, no §4º do artigo 1021, a imposição de multa ao agravante, caso a decisão seja unânime, ficando a interposição de qualquer outro recurso condicionada ao depósito prévio da sanção pecuniária (§5º).

Caberá sustentação oral no julgamento de agravo interno contra decisão monocrática de extinção de ação rescisória, mandado de segurança e reclamação (artigo 937, VI e §3º).

19. EMBARGOS DE DECLARAÇÃO

O novo CPC previu expressamente o cabimento dos embargos de declaração para o fim de correção de erro material (art. 1022, III). Com isso, o novo diploma processual evita que os embargos de declaração interpostos com tal finalidade sejam considerados meramente protelatórios ou sejam inadmitidos por ausência de interesse-necessidade, uma vez que a correção de erro material pode ser suscitada pela parte mediante a apresentação de simples petição.

De todo modo, entendemos que a previsão expressa de seu cabimento não impede que a parte opte por instar o magistrado a corrigir erro material mediante petição avulsa, até mesmo porque é dado ao julgador corrigi-lo de ofício (art. 494, inciso I, do novo CPC).

O novo diploma processual considerou expressamente, no inciso I do parágrafo único do artigo 1022, como passível de embargos de declaração a decisão judicial que deixe de se manifestar sobre tese firmada em julgamento de casos repetitivos ou em incidente de assunção de competência aplicável ao caso sob julgamento, revelando a importância dispensada pelo novo CPC aos mecanismos de uniformização de jurisprudência e otimização dos julgamentos.

Providência digna de registro consiste na previsão expressa da prévia oitiva do embargado sempre que os embargos de declaração possam ter *efeito modificativo* (art. 1023, §2º). Desse modo, o novo CPC garante a observância do princípio do contraditório quando os embargos de declaração possam ter o condão de modificar a solução dispensada pela decisão embargada, interferindo, assim, na esfera jurídica das partes. A preocupação com o contraditório emerge como uma marca distintiva do novo CPC.

No §2º do art. 1024, trouxe o novo CPC uma previsão salutar, ao dispor que os embargos de declaração interpostos *contra decisão monocrática do Relator* também deverão ser julgados *monocraticamente*, não pelo colegiado. Caso o órgão julgador repute cabível a conversão dos embargos de declaração em agravo interno, a ser julgado pelo colegiado, será necessária a prévia intimação do embargante para, em cinco dias, complementar as razões recursais, adequando-as aos parâmetros do recurso de agravo interno (artigo §3º do artigo 1024).

Com essa previsão, o novo CPC contorna os principais problemas decorrentes do entendimento jurisprudencial firmado nos tribunais superiores[24], que passaram a converter, sem a prévia manifestação do recorrente, os embargos de declaração interpostos em face de decisão monocrática do relator em agravo regimental, a ser julgado diretamente pelo colegiado. O expediente adotado pelos tribunais superiores suprime a possibilidade de a parte interpor agravo regimental autonomamente, aduzindo razões recursais específicas a serem apreciadas pelo colegiado no momento oportuno, razão pela qual consideramos o entendimento jurisprudencial de duvidosa constitucionalidade, por vulnerar o devido processo legal.

Reputamos, pois, salutar que o legislador tenha, ao menos, exigido textualmente a prévia intimação do embargante para, querendo, complementar as suas razões recursais, adequando-as aos parâmetros do agravo interno. Desse modo, o recorrente fica, desde já, ciente de que o órgão julgador converterá os embargos declaratórios em agravo regimental e evita surpresas que comprometem o devido processo legal e a ampla defesa.

Nos embargos de declaração interpostos para fins de prequestionamento, autoriza o artigo 1025 do novo CPC que os tribunais superiores considerem a matéria prequestionada, ainda que os embargos tenham sido inadmitidos, caso o STJ ou o STF entenda que efetivamente havia o vício apontado[25]. Dessa forma,

---

24. STF. AP 480 ED, Relator(a):Min. CARLOS BRITTO, Tribunal Pleno, julgado em 13/11/2008, DJe-241 DIVULG 18-12-2008 PUBLIC 19-12-2008 EMENT VOL-02346-01 PP-00001. STF. ED no AI 708.869-2. Pleno. Rel. Min. Ellen Gracie. Julgado em 14/04/2008. STJ. EDcl no Ag 953.657/SP, Rel. Ministra MARIA THEREZA DE ASSIS MOURA, SEXTA TURMA, julgado em 21/02/2008, DJe 10/03/2008.
25. Segundo Athos Gusmão Carneiro, "Esta norma tornará desnecessário o retorno, previsto na atual e formalista orientação do STJ, do processo ao colegiado de origem, a fim de que seja 'completado' o

a nova codificação referenda a posição do STF sobre o tema, em detrimento da Súmula 211 do STJ[26], prestigiando a economia processual, a celeridade e a adoção de menor formalismo no trato dos recursos excepcionais.

No artigo 1024, §4º, o novo diploma processual lidou com a hipótese em que o embargado havia interposto diretamente o recurso subsequente, tendo o órgão julgador acolhido os embargos de declaração da parte contrária e modificado o teor da decisão embargada. Nesse caso, admite o novo CPC que o embargado complemente ou modifique as razões de seu recurso no prazo de quinze dias, a fim de contemplar o novo teor da decisão recorrida, agora integrada pela decisão dos embargos acolhidos. O §5º ratifica que a faculdade de complementação ou alteração das razões recursais apenas será conferida ao embargado no caso de serem acolhidos os embargos de declaração com efeitos modificativos. Caso contrário, não se faz necessária a complementação, tendo em vista que a decisão embargada será substancialmente a mesma.

O novo CPC prevê expressamente, no artigo 1026, que os embargos de declaração não possuem, em regra, efeito suspensivo, podendo, contudo, o juiz ou o relator conferi-lo, *in casu*, em duas hipóteses: (a) se considerar provável o seu acolhimento ou, (b) sendo relevante a fundamentação ("fumus boni iuris"), houver risco de dano grave ou de difícil reparação ("periculum in mora").

No §4º do artigo 1026, o novo diploma processual dispõe que não serão admitidos novos embargos de declaração, caso os outros dois anteriores tenham sido considerados protelatórios. Trata-se de medida voltada a dissuadir as partes do manejo abusivo dos embargos de declaração.

Portanto, na primeira hipótese (letra "a" *supra*), o legislador não exige a demonstração de urgência como requisito para a concessão de efeito suspensivo, bastando que o embargante comprove a probabilidade de acolhimento dos embargos. A todas as luzes, a probabilidade de acolhimento dos embargos deverá ser significativamente mais robusta na hipótese da letra "a" *supra*, em que é dispensado o *periculum in mora*. Na hipótese "b", é exigido do embargante a demonstração de "fumus boni iuris" simples (juízo de possibilidade) cumulado com a urgência. Interpretação diversa, que equiparasse o requisito do "fumus boni iuris" em ambas as hipóteses, acabaria por despir de qualquer significado a distinção traçada pelo legislador, tornando-a letra morta.

---

julgamento dos embargos de declaração, abrindo-se azo, novamente, ao recurso especial." *Op cit.* P. 170.
26. Súmula 211 do STJ: "Inadmissível recurso especial quanto à questão que, a despeito da oposição de embargos declaratórios, não foi apreciada pelo Tribunal *a quo*."

20. RECURSOS ESPECIAL E EXTRAORDINÁRIO[27]

O novo CPC imprimiu menor rigor formal quanto aos requisitos de admissibilidade dos recursos excepcionais, o que se mostra, a nosso ver, elogiável.

De fato, o §3º do 1029 admite que, sendo tempestivo o recurso excepcional, o Supremo Tribunal Federal (recurso extraordinário) ou o Superior Tribunal de Justiça (recurso especial) releve um defeito formal que não seja grave ou venha a fixar prazo para que o vício seja sanado pelo recorrente.

Conforme analisamos em momentos anteriores do presente trabalho, o novo diploma processual revelou menor formalismo na regulamentação dos recursos excepcionais, ainda, ao considerar prequestionada a matéria ventilada no voto vencido (§3º do art. 941), bem como aquela suscitada em embargos de declaração inadmitidos pelo tribunal local, caso o STJ ou o STF entenda que efetivamente havia o vício apontado (artigo 1025).

Tendo em vista que os recursos excepcionais não possuem efeito suspensivo *ope legis*, cabe ao recorrente requerê-lo. Neste caso, o §5º do artigo 1029 define, com clareza, qual o órgão jurisdicional competente para apreciar o requerimento de concessão de efeito suspensivo. No interregno entre a interposição do recurso e a sua distribuição, caberá ao tribunal superior competente para julgar o mérito recursal, ficando prevento, na qualidade de Relator, o Ministro que apreciar a questão. Após a distribuição do recurso, caberá ao Relator designado. Finalmente, caso o recurso tenha sido sobrestado por se tratar de recurso repetitivo, competirá ao Presidente ou Vice-Presidente do tribunal local.

O novo diploma admite que, verificando o Superior Tribunal de Justiça que o recurso especial versa sobre questão constitucional, seja aberto prazo de 15 (quinze) dias para que o recorrente demonstre a repercussão geral – requisito específico de admissibilidade do recurso extraordinário – e se pronuncie sobre a questão constitucional. Com isso, o recurso especial será julgado pelo Supremo Tribunal Federal como se recurso extraordinário fosse (artigo 1032). Poderíamos afirmar tratar-se, em última análise, da aplicação do princípio da fungibilidade recursal especificamente no tocante aos recursos excepcionais.

O mesmo se aplica ao recurso extraordinário, admitindo o novo CPC, em seu artigo 1033, que o Supremo Tribunal Federal, ao verificar que o recurso trata, em

---

27. Cumpre consignar estar em tramitação o PL 2384/15, que almeja trazer para o novo diploma processual o sistema do juízo de admissibilidade dos recursos excepcionais adotado no CPC/1973, consoante se depreende das informações disponíveis no site da Câmara dos Deputados: http://www2.camara.leg.br/proposicoesWeb/fichadetramitacao?idProposicao=1580174

verdade, de questão infraconstitucional, possa remetê-lo ao Superior Tribunal de Justiça para julgamento como se recurso especial fosse. Permite, assim, o aproveitamento dos recursos excepcionais. Do contrário, o prazo para a interposição do recurso excepcional adequado, no mais das vezes, já teria expirado e a questão não mais seria apreciada pelo tribunal superior competente[28].

O novo CPC promove a ampliação das hipóteses de ocorrência de repercussão geral (art. 1035, §3º), passando a admitir também a hipótese de o recurso contrariar tese fixada em julgamento de casos repetitivos ou questionar decisão que tenha declarado a inconstitucionalidade de tratado ou lei federal.

Questão interessante é tratada no parágrafo único do artigo 998. Dispõe o novo CPC que, no caso de ter sido reconhecida a repercussão geral ou, ainda, no caso de recursos repetitivos, eventual desistência apresentada pelo recorrente será ineficaz para o fim apontado, não impedindo o prosseguimento do julgamento da questão, uma vez que, neste caso, o interesse envolvido transcenderá o da parte recorrente, passando a envolver o interesse geral de unidade do direito e da otimização da função jurisdicional. Em outras palavras, a desistência terá o condão de excluir o recorrente da decisão daquele recurso, tendo em vista o princípio da demanda. No entanto, as razões recursais serão examinadas pelo tribunal superior, sendo certo que o entendimento firmado será aplicado aos demais recursos que versem sobre a questão jurídica analisada[29].

21. RECURSOS REPETITIVOS

O novo CPC reúne a regulamentação do rito dos recursos extraordinário e especial repetitivos, referendando o propósito de valorizar a uniformização e a estabilidade da jurisprudência.

O novo diploma processual regulamentou de forma mais detalhada o procedimento atinente aos recursos repetitivos nos artigos 1036 a 1041.

---

28. Marinoni e Mitidiero elogiam a previsão do Projeto: "Em terceiro lugar, o Projeto propõe interessante ponte entre o Supremo Tribunal Federal e o Superior Tribunal de Justiça para viabilizar o conhecimento de recurso extraordinário e de recurso especial interpostos equivocadamente. Também aqui o que está por debaixo das regras propostas é a necessidade de reconhecer na atuação das cortes superiores um trabalho que visa a objetivos ligados precipuamente à unidade do Direito, e não apenas ao interesse do recorrente." Op. Cit. P. 188. Itálico do original.
29. Referendamos o entendimento preconizado por Marinoni e Mitidiero a esse respeito. Op. Cit. P. 180. Discordamos, assim, de Athos Gusmão Carneiro, para quem seria inútil admitir-se a desistência pelo recorrente nessa hipótese, pois o entendimento firmado deveria ser aplicado inclusive ao recurso em relação ao qual o recorrente havia manifestado a desistência. Para o jurista, melhor seria, então, que o novo CPC vedasse a desistência pelo recorrente nestes casos, pois redundaria, a seu ver, na mesma consequência. Op. Cit. p. 168.

Destaquem-se algumas mudanças, dentre as quais a determinação, no §1º do artigo 1036, de que o presidente ou vice-presidente do tribunal local selecione, ao menos, dois recursos representativos da controvérsia, quando o CPC de 1973 permitia a seleção de apenas um recurso. De fato, a adoção de apenas um recurso como representativo não se mostra suficiente, sendo recomendável a identificação de, ao menos, dois deles, conforme previsto no novo diploma.

O §6º do artigo 1036 prevê expressamente que apenas recursos *admissíveis* podem ser adotados como representativos da controvérsia. O referido dispositivo legal deixa claro que, ainda que o recurso ostente, quanto ao mérito recursal, argumentos coesos e bem articulados, não poderá ser adotado como representativo se não preencher os requisitos de admissibilidade. Trata-se de uma opção legislativa que acaba por privilegiar a possibilidade de julgamento do recurso escolhido em detrimento do interesse mais amplo de que razões recursais bem construídas sirvam para a melhor compreensão da matéria e a formação do convencimento do tribunal.

Poderia - e talvez fosse recomendável - o legislador ter adotado entendimento diverso, permitindo fossem escolhidos os recursos que ostentassem as razões recursais mais bem estruturadas, ainda que despidos dos requisitos de admissibilidade. Neste caso, as razões recursais se prestariam exclusivamente para o fim de formar o convencimento do tribunal acerca da matéria (mérito recursal), embora aquele recurso escolhido não pudesse ter a tese firmada aplicada ao caso concreto, diante de sua manifesta inadmissibilidade. De todo modo, não foi esta a opção adotada pelo legislador[30].

O artigo 1037 dispõe sobre a chamada decisão de afetação, ou seja, o provimento jurisdicional, proferido pelo relator integrante do respectivo tribunal superior, que identifica a questão repetitiva a ser examinada. O aludido dispositivo legal determina seja identificada com precisão a questão a ser submetida a julgamento, sendo defeso ao órgão julgador examinar matéria diversa ou que extrapole aquela delimitada na decisão de afetação (§2º do artigo 1036). Foi prestigiada a adstrição ou correlação entre a decisão de afetação e o julgamento final da questão repetitiva.

Não apenas os recursos excepcionais, mas todos os processos pendentes, individuais ou coletivos, em todo o território nacional, que versem sobre a questão repetitiva serão suspensos, conforme artigo 1037, inciso II.

A questão repetitiva deverá ser julgada pelo tribunal superior no prazo de até um ano, a contar da publicação da decisão de afetação (artigo 1037, §§4º e

---

30. Concordando com a solução legal. CÂMARA, Alexandre Freitas. *O novo Processo Civil Brasileiro*. São Paulo: Atlas. 2015. P. 549.

5º). Decorrido o prazo legal sem que a questão tenha sido julgada, todos os processos suspensos retomarão a sua regular tramitação (§5º). Com essa medida, o novo CPC evita que a eventual demora no julgamento da questão repetitiva pelo tribunal superior obste o prosseguimento de inúmeros processos judiciais em todo o Brasil, com prejuízos para as partes.

O novo diploma faculta ao recorrente demonstrar a distinção entre a matéria debatida em seu recurso e a questão repetitiva afetada, de modo a, com isso, obter o prosseguimento do feito (§9º), devendo ser ouvido o recorrido no prazo de cinco dias (§11).

É facultado ao relator do tribunal superior designar audiência pública, com vistas a ouvir o depoimento de *experts* na matéria afetada (artigo 1038, inciso II), expediente este que poderá auxiliar na formação do convencimento do tribunal superior.

Julgada pelo tribunal superior a questão afetada e publicado o acórdão paradigma, os processos sobrestados terão o seu trâmite retomado, cabendo ao órgão jurisdicional competente aplicar a tese estabelecida (artigo 1040, inciso III).

Caso os recursos sobrestados envolvam matéria pertinente a serviço público objeto de concessão, permissão ou autorização, deverá o resultado do julgamento ser comunicado à agência reguladora, para que esta fiscalize a efetiva aplicação do entendimento do tribunal superior (artigo 1040, inciso IV).

O novo diploma autoriza o recorrente a desistir da ação, ainda que o réu já tenha sido citado, a qual esteja em curso em 1º grau de jurisdição, caso a matéria nele debatida seja idêntica àquela examinada por tribunal superior em recurso representativo da controvérsia (artigo 1040), excepcionando o teor do §4º do artigo 485.

22. EMBARGOS DE DIVERGÊNCIA

Trata-se de recurso voltado a dissipar divergência de entendimentos jurídicos entre órgãos integrantes do mesmo tribunal superior[31]. O novo CPC regulou-o nos artigos 1043 e 1044, com maior detalhamento do que o CPC de 1973.

Foram ampliadas as hipóteses de cabimento, podendo os embargos ser interpostos contra acórdão proferido por órgão fracionário do STJ ou do STF que, no julgamento, respectivamente, de recurso especial ou extraordinário, divergir do

---

31. Marinoni e Mitiero esclarecem que "os embargos de divergência têm por função uniformizar internamente a jurisprudência das cortes superiores." *Op. cit.* P. 190.

julgamento de qualquer outro órgão do mesmo tribunal superior, nas seguintes situações (art. 1043): (i) tanto o acórdão do órgão fracionário quanto o acórdão paradigma julgarem o mérito do recurso; (ii) ambos os acórdãos examinarem os requisitos de admissibilidade; (iii) um dos acórdãos julgar o mérito e o outro afirmar que não conhece o recurso, mas examinar o mérito recursal.

A previsão contemplada no inciso III do artigo 1043 mostra-se extremamente salutar, uma vez que, no quotidiano forense, não raro os tribunais superiores, na Parte Dispositiva ou Decisório, inadmitem o recurso, mas, ao longo do acórdão, enfrentam a matéria suscitada no recurso (mérito recursal)[32]. Neste caso, é perfeitamente possível identificar o posicionamento do órgão jurisdicional a respeito do mérito recursal, permitindo, assim, confrontá-lo com o entendimento exposto no outro acórdão.

Interessante examinar o teor do inciso II do artigo 1043, ao aludir que ambos os acórdãos devam ser "relativos ao juízo de admissibilidade". Entendemos estar nele contemplada a situação em que um dos acórdãos enfrenta a alegação de ausência de pressuposto processual ou condição da ação, mas a rejeita, adentrando, a seguir, no mérito recursal, podendo ele ser confrontado com um acórdão que inadmite um recurso, acolhendo a alegação de ausência de regularidade formal. Afinal, ambos os acórdãos externam posicionamentos antagônicos a respeito do juízo de admissibilidade: um deles admite e o outro inadmite o recurso pelo mesmo fundamento. Só que, coerentemente, o acórdão que admite o recurso passa, a seguir, a examinar o mérito recursal. Por conseguinte, embora um dos acórdãos seja "de mérito", poderá ser objeto de embargos de divergência, sendo confrontado com um acórdão de inadmissão do recurso.

O §1º do artigo 1043 andou bem ao ressalvar que podem ser confrontados os entendimentos contidos em julgamentos de recurso e de ações de competência originária do respectivo tribunal superior. Isso porque, independentemente de ter sido o acórdão prolatado em sede recursal ou de sua competência originária, será possível identificar perfeitamente a existência de teses jurídicas antagônicas no âmbito do mesmo tribunal superior.

O §2º do referido dispositivo legal consignou expressamente que a divergência a ser suscitada em sede de embargos pode consistir em questão de direito material ou processual, o que se mostra salutar, a fim de evitar qualquer confusão por parte do aplicador do direito, em virtude da alusão a "mérito" nos

---

32. José Carlos Barbosa Moreira alerta para a ausência de tecnicidade dos julgadores na distinção entre admissibilidade e mérito recursais, especialmente quanto ao julgamento dos recursos excepcionais pelos Tribunais Superiores, onde frequentemente "não se conhece" do recurso por não haver violação ao preceito constitucional ou de lei federal, o que tange ao próprio mérito do recurso. BARBOSA MOREIRA, José Carlos. *Comentários ao Código de Processo Civil*. Vol. V. 10. ed. Rio de Janeiro: Forense. 2002. pp. 201-202.

incisos do artigo 1043. De se destacar que questões processuais podem ostentar igual (ou maior) gravidade e relevo para a solução da demanda do que questões de direito material.

Com efeito, os incisos do artigo 1043 referem-se ao *mérito recursal*, que tanto pode cuidar de questão de direito material, quanto de direito processual – como exemplo deste, discussão sobre o cabimento da intervenção de terceiros em determinado processo –, e não se confunde com o mérito *da ação* (objeto litigioso), ou seja, a pretensão de direito material veiculada na petição inicial.

O §3º amplia as hipóteses de cabimento dos embargos de divergência ao admitir seja adotado como acórdão paradigma um julgado proferido *pelo mesmo órgão jurisdicional* que tenha proferido a decisão embargada, contanto que mais da metade dos seus membros tenha sido modificada.

O §5º impõe ao órgão competente fundamentar especificamente o caso a ser julgado, identificando precisamente as circunstâncias que demonstram a disparidade, *in casu*, entre as questões fáticas, não sendo admissível afirmar genericamente haver diferença.

Com efeito, a alusão genérica de que os julgados tratam de questões fáticas diversas não atende à exigência constitucional do artigo 93, IX, CF/1988. A similitude fática ostenta particular relevância nos embargos de divergência, pois garante que os acórdãos embargado e paradigma aplicam entendimentos jurídicos díspares a circunstâncias fáticas iguais. Por essa razão, é indispensável que, ao inadmitir os embargos de divergência, o tribunal superior indique as diferenças fáticas entre os arestos confrontados.

23. CONCLUSÃO

O sistema recursal era por muitos considerado, sob a égide do CPC/1973, extremamente complexo e sinuoso, sendo a ele creditada, em boa parte, a lentidão dos processos judiciais.

Considerando-se que a Comissão do Anteprojeto do novo CPC almejou, desde o início, tornar o processo judicial mais célere, é perfeitamente compreensível que tenham sido envidados esforços no sentido de, tanto quanto possível, deformalizar o sistema recursal.

Procuramos, respeitados os estreitos limites deste trabalho, destacar as principais inovações trazidas pelo novo diploma processual aos meios de impugnação das decisões judiciais.

A valorização *da uniformização e da estabilidade da jurisprudência*, que é uma das premissas do novo CPC, deixou suas marcas também no sistema recursal, com o incidente de resolução de demandas repetitivas, a ineficácia da desistência formulada pelo recorrente quanto a recursos excepcionais afetados, a extensão do cabimento dos embargos de divergência para processos de competência originária do Superior Tribunal de Justiça, dentre outros.

O novo CPC propôs-se, ainda, a *simplificar a sistemática recursal* e, reconheçamos, manteve-se fiel a esse propósito. Em cumprimento a esse objetivo traçado, o novo diploma extingue o recurso de embargos infringentes, o agravo retido, uniformiza os prazos recursais em quinze dias, concentra o exercício do juízo de admissibilidade da apelação diretamente perante o relator, prevê expressamente as hipóteses de cabimento do recurso de agravo de instrumento, dispõe sobre a recorribilidade diferida das decisões interlocutórias diretamente em sede de apelação, dentre outras inovações.

Curioso notar que a versão final recuou e não excluiu o efeito suspensivo da apelação como regra, o que era contemplado em versões anteriores do Projeto de novo CPC e considerado como uma das principais inovações no sistema recursal brasileiro.

Merecem registro, outrossim, previsões contidas no novo CPC que pacificam divergências doutrinárias e jurisprudenciais surgidas sob a égide do CPC de 1973 ou contemplam expressamente entendimentos consagrados, trazendo, assim, maior segurança para o jurisdicionado. É o ocorre, por exemplo, nos casos da expressa previsão do cabimento de embargos de declaração para a correção de erros materiais, do julgamento monocrático dos embargos de declaração interpostos contra decisão monocrática do relator (ou facultar a prévia manifestação do embargante em caso de conversão dos embargos de declaração em agravo interno), do prévio contraditório em favor do embargado caso os embargos de declaração possam ter efeitos modificativos, apenas para citar alguns.

Particularmente quanto à sistemática recursal, embora haja pontos a merecer maior reflexão, conforme destacamos ao longo do presente trabalho, entendemos que o novo diploma procurou deformalizar, simplificar e acelerar um sistema recursal considerado vagaroso e complexo. Por óbvio, qualquer consideração a respeito da efetividade das normas e de sua aptidão para aplacar os problemas apontados depende igualmente da sua aplicação diuturna por parte dos profissionais do direito, recaindo em seu colo a responsabilidade por imprimir contornos concretos ao novo diploma, ainda em *vacatio legis*.

Para nós, operadores do direito, receber um novo Código de Processo Civil com os olhos voltados para a vetusta codificação não pode ser considerada a postura mais recomendável ou construtiva. Ainda que tenhamos ressalvas ou críticas – que são salutares, por fomentar o debate e o aperfeiçoamento –, oxalá consigamos nos unir em torno do maior aproveitamento das inovações que a nova codificação, uma vez em vigor, poderá nos trazer.

Tendo sido promulgado o novo código, procuremos, de agora em diante, bem aplicá-lo e dele extrair todo o potencial para melhorar concretamente o sistema processual brasileiro. Assim, os esforços envidados com a elaboração de um novo CPC, que tem envolvido a todos nós, terão sido verdadeiramente proveitosos e nos permitirão, verdadeiramente, dar um passo à frente.

24. REFERÊNCIAS BIBLIOGRÁFICAS

ALVIM, Arruda. "Notas sobre o Projeto de Novo Código de Processo Civil." In Revista de Processo RePro. Ano 36. Volume 191. Janeiro 2011. São Paulo: Editora Revista dos Tribunais. pp. 299-318.

BARBOSA MOREIRA, José Carlos. Comentários do Código de Processo Civil. Vol. V. 10. Ed. Rio de Janeiro: Forense. 2002. P. 558.

CÂMARA, Alexandre Freitas. O novo Processo Civil Brasileiro. São Paulo: Atlas. 2015.

CARNEIRO, Athos Gusmão. "O novo Código de Processo Civil – Breve Análise do Projeto Revisado no Senado". In Revista de Processo. RePro. Ano 36. Número 194. Abril 2011. São Paulo: RT. Pp. 141-172.

DINAMARCO, Candido Rangel. "Relativizar a Coisa Julgada Material". In A nova era do processo civil. São Paulo: Malheiros. 2003. pp. 220-266.

_____. A Reforma da Reforma. São Paulo: Malheiros. 2002.

FUX, Luiz (Coord). O novo Processo Civil brasileiro. Direito em expectativa. Rio de Janeiro: GEN/Forense. 2011.

HILL, Flávia Pereira. A antecipação da tutela no processo de homologação de sentença estrangeira. Rio de Janeiro: GZ Editora. 2010.

_____. "O Recurso de Agravo e a Lei Nº 11.187/05". In: Revista Eletrônica de Direito Processual- REDP. Vol. 1. Rio de Janeiro. out/dez. 2007. Disponível no endereço eletrônico: www.redp.com.br

MARINONI, Luiz Guilherme. Relativizar a coisa julgada material? Disponível no endereço eletrônico: www.abdpc.org.br. Consulta realizada em 01/08/2009.

_____. MITIDIERO, Daniel. O projeto do novo CPC – Crítica e Propostas. São Paulo: RT. 2010.

NOGUEIRA, Gustavo. Stare decisis et non quieta movere: a vinculação aos precedentes no direito comparado e brasileiro. Rio de Janeiro: Lumen Juris. 2011.

PARENTONI, Leonardo Netto. "Brevíssimos pensamentos sobre as linhas mestras do Novo Código de Processo Civil." In Revista de Processo RePro. Ano 36. Volume 193. Março 2011. São Paulo: Editora Revista dos Tribunais. pp. 281-318.

SENADO FEDERAL. Projeto de Lei nº 8.046/2010.

SUPERIOR TRIBUNAL DE JUSTIÇA. Sexta Turma. EDcl no Ag 953.657/SP, Rel. Ministra Maria Thereza de Assis Moura, julgado em 21/02/2008, DJe 10/03/2008.

SUPREMO TRIBUNAL FEDERAL. Tribunal Pleno. AP 480 ED, Relator(a):Min. CARLOS BRITTO, julgado em 13/11/2008, DJe-241.

_____. Tribunal Pleno. ED no AI 708.869-2. Pleno. Rel. Min. Ellen Gracie. Julgado em 14/04/2008.

TUCCI, José Rogério Cruz e. "Garantias constitucionais da duração razoável e da economia processual no Projeto de Código de Processo Civil." In Revista de Processo. RePro. Ano 36. Volume 192. Fevereiro 2011. São Paulo: Editora Revista dos Tribunais. pp. 193-209.

CAPÍTULO 2

Os Recursos no Novo CPC e a "Jurisprudência Defensiva"

Hugo de Brito Machado Segundo[1]

SUMÁRIO • 1. INTRODUÇÃO; 2. PRINCIPAIS DEFICIÊNCIAS DA JURISPRUDÊNCIA DEFENSIVA; 3. PROBLEMAS NO PREPARO; 4. ADMISSIBILIDADE GERAL DE RECURSOS; 5. MAIOR RACIONALIDADE NO TRATO DOS DECLARATÓRIOS; 6. RECURSOS ESPECIAL E EXTRAORDINÁRIO E A INSEGURANÇA QUANTO À NATUREZA DA DISCUSSÃO; 7. EMBARGOS DE DIVERGÊNCIA E A POSSIBILIDADE DE DISCUSSÃO DE ASPECTOS PROCESSUAIS; 8. O RECURSO "PREMATURO"; 9. CONCLUSÕES.

1. INTRODUÇÃO

Costuma-se designar por "jurisprudência defensiva" a postura, adotada sobretudo pelos Tribunais Superiores, excessivamente rigorosa e exigente no que tange ao preenchimento dos requisitos de cabimento de recursos. O rigor, não raro, ultrapassa os limites do razoável. Daí o nome: embora absurdas, as teses seriam uma "defesa" empregada pelas Cortes diante de uma quantidade de recursos supostamente capaz de inviabilizar o seu funcionamento, ou de transformá-las em uma mera e ordinária "terceira instância" recursal. O termo reconhece que as "teses" invocadas para que não se conheçam dos recursos chegam mesmo a ser ilícitas, mas a circunstância de serem usadas na defesa da sobrevivência das Cortes excluiria essa ilicitude, legitimando-a[2].

O problema é que essa postura, além de ser levada a cabo por meio da adoção de teses em si equivocadas, não resolve o problema que supostamente a motiva ou provoca, além de criar outros, conforme será adiante explicado. Por isso, o tema tem estado no centro das preocupações dos que lidam com o

---

1. Mestre e Doutor em Direito. Advogado em Fortaleza. Membro do ICET – Instituto Cearense de Estudos Tributários. Professor da Faculdade de Direito da Universidade Federal do Ceará, de cujo Programa de Pós-Graduação (Mestrado/Doutorado) é Coordenador. *Visiting Scholar* da *Wirtschaftsuniversität*, Viena, Áustria.
2. Em nota publicada no site do próprio STJ em abril de 2008, o seu então presidente, o Ministro Humberto Gomes de Barros, diz ser a "jurisprudência defensiva", reconhecida como a "criação" de entraves para o cabimento de recursos, uma solução encontrada pela Corte para fugir do "aviltante destino" de se transformar em uma terceira instância recursal. BARROS, Humberto Gomes de. *STJ precisa resgatar identidade e ser o fiador da segurança jurídica*. Brasília: Superior Tribunal de Justiça. 2008, Disponível *online* em http://www.stj.gov.br/portal_stj/publicacao/engine.wsp?tmp.area=398&tmp.texto=87058, acesso em 23/5/2013.

Direito Processual, seja como atores no âmbito dos processos correspondentes, seja como estudiosos que tentam compreender, explicar e, por que não, criticar o fenômeno, eventualmente apontando caminhos para a sua superação.

Nessa ordem de ideias, o novo Código de Processo Civil – Lei 13.105, de 16 de março de 2015 – dedica ao assunto diversos dispositivos, todos tendentes ao afastamento de tais teses "defensivas". No presente trabalho, almeja-se examinar alguns exemplos mais evidentes dessa jurisprudência, aferindo como, no novo Código, as mesmas situações serão tratadas e possivelmente contornadas.

2. PRINCIPAIS DEFICIÊNCIAS DA JURISPRUDÊNCIA DEFENSIVA

Embora cada manifestação da chamada jurisprudência defensiva incorra em equívocos específicos, os quais serão exemplificativamente examinados nos itens a seguir, todas elas representam violação clara à própria razão de ser do Direito Processual, e de todas as formalidades por ele exigidas, que é a de disciplinar o processo, e no caso em exame, o processo judicial, de sorte a, no dizer de Cândido Dinamarco: *i)* viabilizar a prestação da tutela jurisdicional[3]; *ii)* permitir a participação dos interessados; e *iii)* conter o arbítrio[4] do julgador[5].

Essas três finalidades, aliás, podem ser resumidas à primeira, pois a contenção do arbítrio do julgador e a possibilidade de participação dos interessados são mecanismos destinados a contribuir a que a tutela jurisdicional seja prestada de forma correta, vale dizer, de modo a realmente tornar eficaz a norma

---

3. As formas, quando adequadas ao deferimento da tutela que se pleiteia ou ao ato qualquer que se pratica no processo, possibilitam que a atividade jurisdicional se desenvolva de modo mais eficaz. Nesse sentido é a lição de Luigi Paolo Comoglio, Corrado Ferri e Michele Taruffo: "*In effetti quando si dice, come accade comunemente, che il processo serve all'attuazione o alla tutela dei diritti, si compie un'affermazione forse non falsa ma astratta e quanto mai generica. Il sé il come, il processo svolga in concreto questa funzione sono determinati dalla qualità e dall'efficacia dei rimedi processuali previsti dall'ordinamento in un dato momento storico. Se questi strumenti sono pochi, difficilmente accessibili e non adeguati alla natura delle situazioni sostanziali bisognose di tutela, la conseguenza è che la funzione di attuazione e garanzia dei diritti non può essere svolta in modo completo ed efficace. Se invece l'ordinamento processuale conosce rimedi diversificati, accessibili e tali da poter essere efficacemente impiegati nelle varie situazioni reali, allora si può dire che esse assicura la tutela giurisdizionale dei diritti*" COMOGLIO, Luigi Paolo; FERRI, Corrado; TARUFFO, Michele. Lezioni sul Processo Civile. 2. ed. Bologna: Il Mulino, 1998, pp. 29 e 30.
4. "Hoje se conhece a necessidade das formas processuais, pois servem para controlar a legalidade da atuação das partes e, sobretudo, do órgão judicial. Assim, as formas procedimentais representam um relevante papel na atividade jurisdicional do Estado, servindo de garantia, sobretudo, para os direitos e liberdades dos usuários da justiça." ROCHA, José de Albuquerque. Teoria Geral do Processo. 3 ed. Malheiros, São Paulo, 1996, p. 262.
5. Nesse sentido: DINAMARCO, Cândido Rangel. Instituições de Direito Processual Civil. 3. ed. São Paulo: Malheiros, 2003, v. 1, p. 37.

de direito material que incidiu na situação havida entre as partes⁶. Para isso, é preciso determinar corretamente a ocorrência dos fatos e aferir o conteúdo e o alcance das normas pertinentes, objetivos difíceis de serem alcançados se as partes não puderem participar do processo ou se o magistrado puder conduzi-lo e principalmente conclui-lo sem a observância de limites.

Não é correto, portanto, dizer-se que a forma processual não é importante. Ela é relevantíssima, *para atender a essas três finalidades* apontadas por Dinamarco, que podem ser resumidas a esta: permitir a adequada prestação da tutela jurisdicional. É para isso, por exemplo, que a parte prejudicada por uma decisão deve ter a oportunidade de se insurgir contra ela, não podendo o prazo para tanto estabelecido ter início antes de sua ciência a respeito dessa decisão. Igual razão justifica a necessidade de o magistrado motivar suas decisões, de haver espécies de recursos definidas e com pressupostos de cabimentos determinados etc.

O que a jurisprudência defensiva faz, em geral, é dar importância exacerbada à forma processual, em situações nas quais essa forma, e a relevância que se lhe atribui, em nada contribuem para o atendimento das apontadas finalidades⁷. É o que se dá, por exemplo, quando se deixa de conhecer um recurso por ter ele sido interposto antes do início do prazo correspondente, ou por estar acompanhado de guia de preparo preenchida corretamente, mas com o uso de caneta (em vez de impressora ou máquina de escrever)⁸, absurdos que dispensam qualquer consideração adicional, mas que ainda assim são perpetrados por Tribunais brasileiros e, por isso, merecerão exame individualizado mais adiante.

É compreensível que as Cortes Superiores procurem meios para conter a quantidade de recursos que chegam para sua apreciação. O ideal, com efeito, não é que se transformem em uma terceira instância para todo tipo de questão,

---

6. Por isso mesmo, é noção elementar de processo que não se deve sancionar a parte que não preencheu inteiramente uma formalidade, quando a finalidade para a qual a forma foi instituída foi atendida. Cf. FAZZALARI, Elio. *Instituições de Direito Processual*. Tradução de Elaine Nassif. Campinas: Bookseller, 2006, p. 438.

7. Em vez do "princípio da relativa relevância das formas" a que alude Carlos Alberto Alvaro de Oliveira (OLIVEIRA, Carlos Alberto Alvaro de. *Do formalismo no processo civil* – proposta de um formalismo valorativo. 4.ed. São Paulo: Saraiva, 2010, p. 170), tem-se uma "regra supraconstitucional da relevância absoluta e primordial de toda e qualquer forma", pois mais banais (ou inexistentes) que pudessem ser as consequências de se relevar o descumprimento delas.

8. Quanto a essa exigência específica, o STJ terminou por abandoná-la, depois de alguma discussão a respeito, como se depreende de alguns acórdãos proferidos em sede de embargos de divergência. Confira-se: "O preenchimento manual do campo correspondente ao número do processo não ofende as exigências formais da Guia de Recolhimento da União – GRU referente ao pagamento do porte de remessa e retorno, previstas na Resolução nº 12/2005/STJ. (...)" STJ, EREsp 1090683/MG, Rel. Min. Teori Albino Zavascki, DJe de 22/06/2011.

pois seu papel não é esse. O problema da jurisprudência defensiva, porém, é que ela procede a uma triagem a partir de critério irrazoável e completamente desatrelado da matéria discutida no recurso. Assim, desde que cumpridos todos os requisitos formais, uma questão banal poderá ser levada ao exame do STJ, por exemplo, enquanto outra, por maior que seja a sua relevância nacional, será subtraída de sua análise se não atender a todos os requisitos formais inventados por aquela Corte.

Aliás, a postura sob exame não só não cumpre nenhuma das finalidades a que a forma processual se presta, como ainda descumpre uma delas, pois cria requisito arbitrário para o conhecimento de recursos, que, em tese, em alguns casos pode ser relevado (ou nem suscitado) pelo magistrado para que seja possível conhecer de recursos que ele deseja conhecer, e em outros pode ser exacerbado, para que seja possível não conhecer de recurso que ele não deseja conhecer.

Mas, além de tudo isso, como acenado, a jurisprudência defensiva sequer resolve o problema que se propõe a solucionar ou minimizar, que é a elevada quantidade de processos que chegam aos Tribunais. Com efeito, ao não conhecer de recurso por razões meramente formais, não se faz nenhum exame da questão de mérito nele discutida, que pode ser relevante, tendo sido pelas instâncias ordinárias resolvida de forma discrepante do entendimento dominante nos Tribunais Superiores. Nesse quadro, naturalmente a parte prejudicada se utilizará de todos os recursos para tentar sanar o tratamento terrivelmente desigual que se lhe estará atribuindo. Assim, o processo que poderia ser encerrado com um acórdão que aplicasse a jurisprudência dominante prolonga-se por muito mais tempo, com a discussão em torno da questiúncula processual que levou ao não conhecimento do recurso. E isso quando, depois do trânsito em julgado, a questão não é reaberta por meio de ação rescisória.

Quanto a esse último ponto, não é coincidência o paralelo entre o surgimento da jurisprudência defensiva, de um lado, e um incremento das situações nas quais se discute a "relativização" da coisa julgada, de outro. Foi justamente a irracionalidade no exame do atendimento dos pressupostos recursais que levou as Cortes Superiores a não conhecerem de inúmeros recursos interpostos contra decisões que contrariavam sua jurisprudência dominante, fazendo com que transitassem em julgado. E foi precisamente o inconformismo legítimo das partes que se viram vítimas de um trânsito em julgado divergente da jurisprudência dominante a respeito do assunto que as levou a rediscutir a questão em sede de ação rescisória.

Por outros termos, em acréscimo a todas as deficiências que possui, a jurisprudência defensiva sequer atinge a finalidade a que se propõe, criando, ainda, problemas até mais sérios, como estes, relacionados ao surgimento de tensões entre a garantia da coisa julgada e o princípio da igualdade. A violação a este último, aliás, leva ao descrédito do próprio Poder Judiciário, decorrente do surgimento, no imaginário popular, da ideia de que o desfecho de um processo judicial é guiado por critérios semelhantes aos de um jogo de azar, e não por normas pré-estabelecidas por seres racionais com a finalidade de prestigiar os valores alimentados pela sociedade de que fazem parte.

Quanto a isso, deve-se reconhecer que a principal maneira de combater a jurisprudência defensiva é atacar o problema que supostamente a justifica, que é a quantidade de recursos submetidos aos Tribunais Superiores. Nesse ponto, o novo CPC possui uma série de medidas, como o incidente para a resolução de demandas repetitivas, além do reconhecimento, de resto já presente na legislação anterior, notadamente depois de algumas das últimas reformas, da força normativa dos precedentes. Não é o propósito deste texto, porém, examinar tais disposições, mas sim aquelas especificamente relacionadas aos exemplos de jurisprudência defensiva verificados com maior frequência, os quais serão tratados a seguir.

3. PROBLEMAS NO PREPARO

Um dos campos mais propícios para o exercício da criatividade dos que fazem a jurisprudência defensiva parece ser o do "preparo" dos recursos, notadamente no que tange ao pagamento do porte de remessa e retorno dos autos. Embora o pagamento de tal porte para remessa e retorno esteja a perder o sentido em razão da informatização do processo, o exame do problema é importante por revelar o *animus* da jurisprudência ao enfrentar, em geral, questões ligadas ao cabimento de recursos.

Se a finalidade da exigência de preparo é a de viabilizar a remuneração dos custos inerentes ao seu processamento, incluindo a remessa e o retorno dos autos de um processo físico, quando for o caso, não haveria qualquer prejuízo em, diante de equívoco da parte ao providenciá-lo, intimá-la para regularizar o vício, sob pena de não se conhecer do recurso. Para não deixar essa possibilidade em aberto indefinidamente, seria perfeitamente possível ao julgador estabelecer um prazo para tanto. Tudo isso à luz do CPC de 1973 (art. 511, § 2º), desde que interpretado com razoabilidade, à luz do princípio da efetividade da tutela jurisdicional (CF/88, art. 5º, XXXV).

Mas, vendo nesse ponto um excelente pretexto para se eximir do dever constitucional que justifica sua existência, que é o de apreciar o mérito dos recursos que lhe são dirigidos, as Cortes Superiores passaram a formular exigências as mais disparatadas para considerar "correto" o preparo de um recurso.

Apenas para citar alguns exemplos, o STJ já considerou equivocado o preparo de recurso no qual a valor devido havia sido recolhido, e em valor suficiente, mas cuja guia de depósito ostentava "código de receita" equivocado[9], ou na qual não constava a indicação do número do processo na origem[10]. Até mesmo o recolhimento do valor correto e acompanhado de todas as informações exigidas, mas em guia errada (DARF em vez de GRU), pode levar ao não conhecimento do Recurso Especial[11]. Houve caso em que o recolhimento ocorreu, e a guia correta fora juntada, mas, no procedimento de digitalização, feito pelo próprio Judiciário, as informações nela constantes tornaram-se ilegíveis, o que também levou ao não conhecimento do recurso, sob o pretexto de que seria do recorrente o ônus de fiscalizar essa digitalização[12]. Apesar do disposto no § 2º do art. 511 do CPC/73, que permite a complementação de preparo eventualmente insuficiente, o STJ adota essa postura bastante rigorosa no que tange ao assunto, sob a justificativa de que o dispositivo legal permitiria apenas a complementação *do valor*, e não a correção de eventuais vícios formais[13].

Não há nenhuma justificativa para considerar inadequado o preparo apenas porque o pagamento se deu com guia errada, desde que todas as informações necessárias estejam nela presentes (e, mais importante, que o pagamento tenha sido feito). O mesmo vale para o caso de a guia estar ilegível por culpa da digitalização feita pelo Judiciário. Quanto às guias nas quais simplesmente faltam algumas informações, como o número do processo, deve-se reconhecer que, ainda que tais elementos sejam necessários (para evitar, por exemplo, que um advogado utilize a mesma guia para interpor vários recursos diferentes), o não conhecimento do recurso, pura e simplesmente, não é a solução mais adequada para a hipótese em que elas não estão presentes ou estão ilegíveis.

É preciso lembrar que a guia correta, o código correto etc., tudo isso existe para que se verifique se o pagamento das custas e do porte de remessa e retorno aconteceu. No caso, portanto, deve-se ter em mente que a jurisprudência considera pacífico ser inconstitucional condicionar o exercício de um direito fundamental ao pagamento de um tributo (Súmulas 70, 323 e 547 do STF), repelindo

---

9. STJ, AgRg no REsp 996.360/RJ, Rel. Min. Antonio Carlos Ferreira, DJe 21/05/2012. O código estava "errado", no caso, porque havia sido alterado, e a parte utilizada o código anterior, tido por "defasado".
10. STJ, AgRg no REsp nº 924.942/SP, Rel. Min. Mauro Campbell Marques, DJe 18/3/2010.
11. STJ, AgRg no AREsp 176.624/BA, Rel. Min Antonio Carlos Ferreira, DJe de 07/12/2012.
12. STJ, AgRg no Ag 1424667/SC, Rel. Min. Marco Buzzi, DJe 13/08/2012.
13. "(...) A indicação errônea do número do processo na guia de preparo não pode ser tratada como erro escusável, na medida em que impede reconhecer a veracidade do recolhimento, inviabilizando a admissão do recurso. 3. Somente a insuficiência do preparo autoriza a abertura de prazo para a sua complementação, nos termos do § 2º do art. 511 do CPC." STJ, AgRg no AREsp 270.429/RJ, Rel. Min. Castro Meira, DJe 24/04/2013.

o que o STF tem chamado de "sanções políticas", o que torna não só absurdo, mas contraditório e incoerente, deixar de conhecer um recurso pela falta do aludido pagamento. Entretanto, *mesmo deixando isso de lado*, é o caso de insistir no ponto de que a guia, os códigos que nela se inserem, sua legibilidade etc., são meios ou instrumentos para que se verifique se o recolhimento ocorreu. Nessa ordem de ideias, se a legislação permite que até mesmo esse recolhimento seja complementado ou reforçado, no caso de insuficiência, com muito maior razão a correção *a posteriori* de tais aspectos formais é por igual possível. Se alguém pode pagar quantia insuficiente e depois complementá-la, não há nenhum sentido para que a correção não possa ocorrer, também, em relação aos aspectos formais que, insista-se, são meramente acessórios ou instrumentais relativamente ao pagamento.

Por outro lado, se o advogado utiliza-se de guias falsas, ou de uma mesma guia para vários recursos diferentes, é o caso de puni-lo exemplarmente, e não de, pela mera suspeita de que isso possa ser praticado por algum profissional, punir por antecipação e desnecessariamente todos os recorrentes que descumprem o mais mínimo requisito formal referente ao preparo.

São muitas, enfim, as críticas que podem ser feitas a essa visão excessivamente formalista no preparo, pelo que merece atenção a forma como o tema é tratado no projeto de Código de Processo Civil ora em exame pelo Congresso Nacional. Na versão em discussão na data de feitura deste trabalho, o assunto se acha disciplinado no art. 1.020, cuja redação é a seguinte:

> Art. 1.007. No ato de interposição do recurso, o recorrente comprovará, quando exigido pela legislação pertinente, o respectivo preparo, inclusive porte de remessa e de retorno, sob pena de deserção.
>
> § 1º São dispensados de preparo, inclusive porte de remessa e de retorno, os recursos interpostos pelo Ministério Público, pela União, pelo Distrito Federal, pelos Estados, pelos Municípios, e respectivas autarquias, e pelos que gozam de isenção legal.
>
> § 2º A insuficiência no valor do preparo, inclusive porte de remessa e de retorno, implicará deserção se o recorrente, intimado na pessoa de seu advogado, não vier a supri-lo no prazo de 5 (cinco) dias.
>
> § 3º É dispensado o recolhimento do porte de remessa e de retorno no processo em autos eletrônicos.
>
> § 4º O recorrente que não comprovar, no ato de interposição do recurso, o recolhimento do preparo, inclusive porte de remessa e de retorno, será intimado, na pessoa de seu advogado, para realizar o recolhimento em dobro, sob pena de deserção.

§ 5º É vedada a complementação se houver insuficiência parcial do preparo, inclusive porte de remessa e de retorno, no recolhimento realizado na forma do § 4º.

§ 6º Provando o recorrente justo impedimento, o relator relevará a pena de deserção, por decisão irrecorrível, fixando-lhe prazo de 5 (cinco) dias para efetuar o preparo.

§ 7º O equívoco no preenchimento da guia de custas não implicará a aplicação da pena de deserção, cabendo ao relator, na hipótese de dúvida quanto ao recolhimento, intimar o recorrente para sanar o vício no prazo de 5 (cinco) dias.

Verifica-se, além da permissão geral para a complementação do valor em 5 dias, a possibilidade de preparo posterior à interposição do recurso, quando provado justo impedimento (§ 6º), e um tratamento mais razoável para as hipóteses de equívoco no preenchimento, com ênfase na questão essencial, da qual os elementos formais da guia são acessórios, ligada à efetividade e à suficiência do recolhimento em si.

4. ADMISSIBILIDADE GERAL DE RECURSOS

O tratamento atribuído ao preparo não é exemplo ou situação isolada no âmbito do novo CPC. Em termos mais genéricos, e portanto aplicáveis aos requisitos para o cabimento de recursos em geral, o art. 932, parágrafo único, do projeto dispõe:

> Parágrafo único. Antes de considerar inadmissível o recurso, o relator concederá o prazo de cinco dias ao recorrente para que seja sanado vício ou complementada a documentação exigível.

Esse dispositivo, como se vê, visa a impedir, de forma abrangente, que questiúnculas processuais não mais sejam usadas como justificativa para o não conhecimento de recursos, servindo como lembrete de que, em última análise, toda a estrutura do Judiciário existe para examinar o mérito das questões que lhe são submetidas. A extinção do processo sem exame do mérito – ou o seu equivalente no âmbito recursal, que é não conhecimento de um recurso – devem ser medidas extremas, a serem utilizadas quando realmente não for possível solução diversa. Deve-se abandonar a postura atual, na qual o mérito só é examinado quando o julgador não consegue fugir por nenhuma saída propiciada (ou por ele criada) por um aspecto processual *que não visa a atender nenhuma das finalidades a que as formalidades se propõem.*

É o caso, por exemplo, do entendimento segundo o qual o agravo de instrumento não pode ser conhecido se, na cópia feita pelo agravante das peças dos autos principais, estiver ilegível o carimbo que atesta a tempestividade do recurso[14]. Veja-se:

> PROCESSUAL CIVIL. AGRAVO NO AGRAVO DE INSTRUMENTO. RECURSO ESPECIAL. PROTOCOLO ILEGÍVEL.
>
> – A falta ou a ilegibilidade do carimbo do protocolo da cópia do recurso especial inviabiliza a aferição de sua tempestividade, o que obsta o conhecimento do agravo de instrumento.
>
> – É dever do agravante instruir – e conferir – a petição de agravo com as peças obrigatórias e essenciais ao deslinde da controvérsia.
>
> – A falta ou incompletude de qualquer dessas peças, como verificado no presente caso, acarreta o não conhecimento do recurso.
>
> – Agravo no agravo de instrumento não provido.[15]

Diante de decisões assim, as partes naturalmente se insurgem, e destacam a evidente violação aos princípios constitucionais do processo, em especial o do devido processo legal substantivo e o da efetividade da tutela jurisdicional. O Superior Tribunal de Justiça, em face de tais irresignações, já teve a oportunidade de manifestar o seguinte:

> (...) III. Os atos processuais devem ser praticados em consonância com os regramentos vigentes, em atenção aos princípios do devido processo legal e da segurança jurídica, com vistas a preservar a integridade da prestação jurisdicional e conferir tratamento isonômico às partes. Não há excesso de rigor formal na decisão que se apoia em tal premissa. (...)[16]

Com todo o respeito, é excesso de rigor formal sim. Não haverá quebra de isonomia no tratamento conferido às partes se a jurisprudência defensiva for abandonada, por total irrazoabilidade, em todos o casos. Ao contrário, é a sistemática atual que permite, *em tese*, rompimento da igualdade, pois como são questões que no mais das vezes nem mesmo são suscitadas pela parte adversa, que nem tem conhecimento da ilegibilidade do carimbo (ou sequer preocupou-se com isso, por estar atenta, como deveria ser o caso também dos julgadores, à tese jurídica em discussão), existe a possibilidade, *em tese*, de tais aspectos serem exacerbados em alguns casos e relevados em outros. Caso inexistisse o

---

14. Para o exame de formalismos análogos, também no âmbito do agravo, confira-se: MACHADO SEGUNDO, Hugo de Brito; MACHADO, Raquel Cavalcanti Ramos. O formalismo e a instrumentalidade do processo – questões relativas à instrução do agravo de instrumento. *Revista Dialética de Direito Processual*, São Paulo, v. 2, p. 29-43, 2003.
15. STJ, AgRg no Ag 1377287/SP, Rel. Min. Nancy Andrighi, DJe de 13/09/2011.
16. STJ, AgRg no Ag 1363382/SP, Rel. Min. Antonio Carlos Ferreira, DJe de 23/09/2011.

excesso de rigor formal, examinando-se o mérito dos recursos sempre que isso fosse possível, quaisquer que fossem as partes, nenhuma ofensa à igualdade existiria ou teria oportunidade para surgir.

Por outro lado, a exigência de cumprimento de uma formalidade que não tem por fim, em última análise, propiciar uma adequada prestação jurisdicional, viola, sim, o direito à prestação jurisdicional, pois se colocam os meios e os instrumentos em patamar de superioridade em relação aos fins a que servem.

No que tange especificamente ao caso do carimbo, deve-se recordar a razão e ser da exigência de que ele esteja legível, na cópia que instrui o agravo de instrumento interposto contra decisão que nega seguimento a um recurso especial, no juízo de admissibilidade feito pela corte de origem. Sua finalidade é a de permitir a verificação da tempestividade do recurso, mas essa discussão não terá nenhuma relevância a menos que, obviamente, o fundamento da decisão agravada tenha sido a intempestividade do recurso especial, e o agravo se fundamente em argumentação contrária a essa intempestividade. Caso não esteja em discussão a tempestividade, o aludido carimbo não terá função alguma. Aliás, na maioria dos casos, a tempestividade do REsp, apesar de ilegível o carimbo, é objeto de certidão fornecida pelo Tribunal de origem, e que acompanha o agravo desde o início. Exigir o carimbo como único meio de prova da tempestividade, mesmo quando a questão não é suscitada pelas partes e há nos autos certidão atestando essa tempestividade, implica duvidar do Tribunal de origem no que tange à afirmação de um fato objetivo (a data do protocolo do recurso). Além de reprovável por outros argumentos, tal postura impacta o art. 19, II, da CF/88, pois se está negando fé a um documento público.

Com o advento da Lei 12.322/2010, tais problemas, no que tange especificamente à instrução do agravo de instrumento, já tendiam de qualquer modo a desaparecer, pois essa modalidade de agravo passou a ser manejada nos próprios autos do processo em que interposto o recurso cuja remessa às Cortes Superiores é discutida. De qualquer sorte, tem-se no caso uma manifestação típica da jurisprudência defensiva, que no novo CPC encontraria, no art. 932, parágrafo único, dificuldade para ser mantida.

Não obstante, existe, quanto a esse ponto, outro artigo, no novo CPC, que pode deitar por terra o propósito de tornar racional a sistemática de apreciação dos requisitos formais para o conhecimento de recursos. Trata-se do art. 1029, § 3º, cuja redação é a seguinte:

> Art. 1029. (...)
>
> § 3º O Supremo Tribunal Federal ou o Superior Tribunal de Justiça poderá desconsiderar vício formal de recurso tempestivo, ou determinar a sua correção, desde que não o repute grave.

Julgador relutante em abandonar a jurisprudência defensiva, nesse particular, poderia se prender na palavra "poderá", e na expressão "desde que não o repute grave" para manter toda a sistemática de excesso formal na apreciação de Recursos Especiais e Extraordinários. Tal interpretação seria equivocada, por certo, não apenas a partir de uma visão sistêmica do próprio Código no qual a disposição está inserida, mas especialmente a partir dos valores, consagrados no texto constitucional, que devem inspirar a condução do processo, os quais se refletem nas mais diversas partes do Código, como se está vendo, por amostragem, neste trabalho. Mas esse é o problema de uma visão literalista e formalista do Direito, não orientada pelos valores que inspiram a edição das normas correspondentes: exige-se disposição expressa para tudo, e a mera falta de uma disposição, ou a presença de uma que veicula aparente faculdade, pode ser vista como uma válvula de escape para deitar por terra tudo o que se pretendeu construir. Daí por que o melhor teria sido a substituição da palavra "poderá" pelo termo "deverá", e tornar mais específica a expressão "desde que não o repute grave", alterando-a para algo como "desde que não a falta não prejudique a compreensão da controvérsia ou a manifestação da parte contrária".

5. MAIOR RACIONALIDADE NO TRATO DOS DECLARATÓRIOS

Outro recurso objeto de entendimentos nem sempre consentâneos com os valores que devem orientar a interpretação das normas processuais é o de embargos de declaração, notadamente quando empregados para fins de pré-questionamento junto à corte de apelação. Em relação a estes, há dois aspectos conhecidos nos quais o excesso de formalismo cria problemas desnecessários às partes, a saber: *i)* recusa da corte de origem em suprir omissões efetivamente existentes, no que tange ao pré-questionamento; *ii)* interposição de Recurso Especial ou Extraordinário em face de acórdão impugnado por embargos de declaração opostos pela parte contrária e a necessidade de "ratificação" posterior.

No que diz respeito ao primeiro ponto, é conhecida a jurisprudência do STJ sobre o assunto, excessivamente formalista e contrária ao princípio da instrumentalidade processual. Segundo ela, deveria a parte primeiro interpor Recurso Especial, alegando negativa de vigência ao art. 535 do CPC/73 diante do indevido não acolhimento dos declaratórios. Apreciada essa questão pelo STJ, ele, caso desse provimento ao recurso, anularia o acórdão e determinaria o retorno dos autos à corte de apelação, para que os declaratórios fossem corretamente apreciados. Só depois disso, com o julgamento "forçado" dos declaratórios pelo tribunal de apelação, a matéria de fundo poderia ser considerada pré-questionada e, com isso, seria possível manejar Recurso Especial relativamente a ela. É conferir:

Impossível o acesso ao recurso especial se o tema não foi objeto de debate na Corte de origem. Tal ausência não é suprida pela mera oposição dos embargos declaratórios. Faz-se imprescindível que os embargos (de declaração) sejam acolhidos pela Corte de origem para que reste sanada a possível omissão constante do v. acórdão embargado. Se o órgão julgador persistir na omissão, rejeitando os embargos, deve a parte veicular no recurso a ofensa às regras processuais pertinentes, e não insistir na violação aos citados preceitos legais relativos ao mérito da causa, sem que sobre elas haja o órgão julgador emitido juízo explícito[17].

Esse entendimento deu origem à Súmula 211 do STJ, segundo a qual seria "inadmissível recurso especial quanto à questão que, a despeito da oposição de embargos declaratórios, não foi apreciada pelo tribunal *a quo*"[18].

No âmbito do STF, como se sabe, o entendimento é um tanto mais preocupado com a instrumentalidade das formas processuais, admitindo-se presente o pré-questionamento mesmo se o Tribunal *a quo* não houver se reportado explicitamente sobre a questão. O que importa é que tenham sido opostos declaratórios, e estes sejam cabíveis. É o que se depreende *a contrario sensu* de sua Súmula nº 356, segundo a qual *"o ponto omisso da decisão, sobre o qual não foram opostos embargos declaratórios, não pode ser objeto de recurso extraordinário, por faltar o requisito do prequestionamento".*

Esclarecendo o conteúdo de citada Súmula, o Ministro Buzaid afirmou que *"através dos embargos declaratórios se prequestiona no tribunal de origem a questão federal, a qual fica, portanto, ventilada, independente da solução dada"*[19].

Em arestos mais recentes, o STF tem mantido este entendimento, destacando a incongruência em se impor ônus à parte em decorrência de falha que não lhe pode ser atribuída:

> O que, a teor da Súm 356, se reputa carente de prequestionamento é o ponto que, indevidamente omitido pelo acórdão, não foi objeto de embargos de declaração; mas, opostos esses, se, não obstante, se recusa o Tribunal a suprimir a omissão, por entendê-la

---

17. STJ, REsp 43.622-2/SP, Rel. Min. César Rocha, DJ de 27.06.1994, p. 16912.
18. RSTJ 108/351. Para uma análise crítica desse entendimento do Superior Tribunal de Justiça e de seus efeitos sobre a celeridade e a instrumentalidade processuais, confira-se: MACHADO SEGUNDO, Hugo de Brito.; MACHADO, Raquel Cavalcanti Ramos. O prequestionamento necessário ao cabimento de recurso especial ou extraordinário e os embargos de declaração. *Revista Dialética de Direito Processual*, São Paulo, v. 1, p. 54-73, 2003.; MACHADO, Hugo de Brito. O Processualismo e o Desempenho do Poder Judiciário. In: MARTINS, Ives Gandra da Silva (Coord.). *Desafios do Século XXI*. São Paulo: Pioneira: Academia Internacional de Direito e Economia, 1997, pp. 176 e 177.
19. RTJ 109/303.

inexistente, nada mais se pode exigir da parte, permitindo-se-lhe, de logo, interpor recurso extraordinário sobre a matéria dos embargos de declaração, e não sobre a recusa, no julgamento deles, de manifestação sobre ela[20].

Para equacionar a questão, sobretudo porque o STJ não adota esse entendimento firmado pelo STF – e às vezes, nem mesmo o próprio STF –, o novo Código de Processo Civil dispõe, no art. 1.025:

> Art. 1025. Consideram-se incluídos no acórdão os elementos que o embargante pleiteou, para fins de prequestionamento, ainda que os embargos de declaração não sejam admitidos ou providos, caso o tribunal superior considere existentes erro, omissão, contradição ou obscuridade.

Esse, sem dúvida, é o entendimento mais acertado, que efetivamente reduz o número de recursos (pelo menos à metade, em tais situações), acelera consideravelmente o deslinde definitivo dos feitos e nenhum prejuízo traz às partes e à prestação jurisdicional.

Também com relação ao segundo ponto destacado linhas acima, no qual o manejo dos embargos de declaração traz problemas desnecessários às partes, o novo CPC veicula solução digna de registro e aplauso. Trata-se, vale lembrar, da situação de manejo de Recurso Especial ou Extraordinário em face de acórdão impugnado por embargos de declaração opostos pela parte contrária, tendo a jurisprudência criado a necessidade de uma "ratificação" posterior. A Súmula 418 do STJ, por exemplo, dispõe: "É inadmissível o recurso especial interposto antes da publicação do acórdão dos embargos de declaração, sem posterior ratificação."

Parte-se da premissa de que, com o julgamento dos declaratórios, a corte de origem profere *nova decisão*, a qual precisa ser atacada pelo recurso cabível. Nenhum efeito teria o recurso interposto anteriormente, em face da decisão embargada, a menos que a parte o ratificasse de maneira expressa (em petição de apenas uma página, manifestando esse propósito).

Mais uma vez, embora do ponto de vista formal o raciocínio tenha uma aparência de razoabilidade, quando se buscam as finalidades a serem perseguidas com tais formas se conclui que a tese não tem, *data vênia*, nenhuma razão de ser.

Na verdade, na grande maioria das vezes o acórdão que julga os embargos de declaração não os acolhe, ou os acolhe para corrigir pequenas imperfeições

---

20. STF, RE 210.638-1-SP, Rel. Min. Sepúlveda Pertence, DJ de 19.06.1998, p. 11.

no julgado que não lhe alteram o sentido. Assim, não há a menor necessidade de modificação das razões recursais antes apresentadas, tampouco motivos para presumir o superveniente desaparecimento do interesse em recorrer.

Como se isso não bastasse, se, com o advento da publicação do acórdão que julga os declaratórios, há efetiva alteração no julgado, deve-se dar à parte nova *oportunidade* de recorrer, modificando, se for o caso, o recurso anteriormente apresentado. Mas a *oportunidade* não deve ser convertida em *obrigatoriedade* sem a qual o recurso anteriormente apresentado não será conhecido. Afinal, se houver a necessidade de se incluir algum argumento nas razões de recurso, e a parte não o fizer, a única prejudicada será ela própria, pelo que deveria ser dela, e de ninguém mais, o juízo a respeito da necessidade dessa nova manifestação recursal.

Forte nessas premissas, o novo CPC explicita, no art. 1.024, § 5º, que não existe a necessidade de reiteração ou ratificação se do julgamento dos declaratórios não se altera o sentido do julgado recorrido:

> Art. 1.024. (...)
>
> § 5º Se os embargos de declaração forem rejeitados ou não alterarem a conclusão do julgado anterior, o recurso interposto pela outra parte antes da publicação do julgamento dos embargos de declaração será processado e julgado independentemente de ratificação.

Parece inteiramente acertada a disposição, diante da completa desnecessidade de ratificação, e da irrazoabilidade em se presumir que, depois de julgados os declaratórios, mantido o acórdão originário, teria desaparecido o interesse da parte em ver processado e julgado o seu recurso.

6. RECURSOS ESPECIAL E EXTRAORDINÁRIO E A INSEGURANÇA QUANTO À NATUREZA DA DISCUSSÃO

Outro problema importante da sistemática recursal brasileira diz respeito a possíveis tensões na determinação dos limites entre a competência do STJ e do STF, na apreciação de Recursos Especiais e Extraordinários, respectivamente.

Imagine-se, por hipótese, que um contribuinte é excluído do programa de parcelamento de dívidas tributárias "REFIS", instituído pela Lei 9.964/2000, mas não lhe é dado direito de defesa anteriormente à exclusão, da qual toma conhecimento apenas muitos meses depois, quando procura obter certidões de regularidade fiscal e não obtém êxito. Entendendo que não estão presentes as condições autorizadoras da exclusão, que tampouco foram apuradas em sede administrativa, esse contribuinte questiona judicialmente o ato de exclusão, por considerá-lo contrário à lei geral dos processos administrativos (Lei 9.784/99) e aos princípios constitucionais da ampla defesa e do devido processo legal administrativo (CF/88, art. 5º, LIV e LV).

Caso esse contribuinte tenha sua pretensão negada pelo Tribunal Regional Federal, em sede de apelação, será de seu interesse que tanto as questões legais quanto as constitucionais sejam ventiladas. Mas aqui começa o problema da dualidade de instâncias excepcionais de revisão (STJ e STF): o Tribunal provavelmente rejeitará os declaratórios por afirmar não ser obrigado a se pronunciar sobre todos os argumentos suscitados pela parte. De qualquer sorte, porém, estará aberta para a parte perdedora a possibilidade de interpor ambos os recursos, Especial e Extraordinário.

A questão é menos simples quando o TRF acolhe a pretensão da parte, mas emprega apenas uma ordem de fundamentos, sejam eles legais, sejam constitucionais. Nesse caso, será a parte adversa que manejará o recurso cabível, podendo fazê-lo em relação apenas a um deles, correspondente à matéria efetivamente apreciada pelo Tribunal de apelação. Surgirá o risco, então, de o TRF dar razão ao contribuinte com o uso de argumentos apenas legais, com a posterior interposição somente de Recurso Especial pela Fazenda Nacional. Nesse caso, embora possível[21], será mais complexo fazer com que o STJ se pronuncie *também* sobre a questão constitucional, de sorte a abrir espaço para a posterior e eventual interposição de Recurso Extraordinário. Mas, como dito, é possível: basta à parte suscitar a questão em suas contrarrazões, como algo a impedir que a legislação federal seja interpretada da forma pretendida pelo recorrente. Caso a Corte dê provimento ao REsp silenciando sobre a questão constitucional, será possível opor embargos de declaração, e em seguida submeter o assunto ao STF com amparo na Súmula 356 daquela Corte.

Problema verdadeiramente insolúvel surge, na verdade, quando ambos os recursos são interpostos perante a corte de apelação, mas tanto STJ como STF não conhecem deles, por não se considerarem competentes para tanto. Voltando ao exemplo do contribuinte excluídos sumariamente do REFIS, foi isso o que ocorreu quando, no âmbito dos TRFs, viram rejeitada a sua tese apoiada na Lei 9.784/99 e

---

21. "Recurso especial. Possibilidade de cuidar-se de matéria constitucional quando o pedido tenha dois fundamentos e o de natureza constitucional não é examinado na origem porque acolhido o pedido com base no outro. Afastado o que levou à procedência do pedido, cumpre passar-se à alegação de inconstitucionalidade que, de outra forma, jamais seria examinada, uma vez que o vencedor não poderia interpor extraordinário, por falta de interesse de recorrer. Correção monetária. Artigo 75 da Lei 7.799/89. Constitucionalidade. A aplicação do índice de 1,2879 visou a corrigir, em parte, a distorção causada pelo congelamento estabelecido pela Lei 7.730/89 (MP 32), não ferindo direitos adquiridos." STJ, Edcl no REsp nº 73.106/RS, Rel. Min. Eduardo Ribeiro, j. em 26.02.96.

nos incisos LIV e LV do art. 5º da CF/88. Entendeu o STJ que a norma aplicável, em face do princípio da especialidade, não seria a contida na Lei 9.784/99, mas sim aquela veiculada na legislação do próprio REFIS (Lei 9.964/2000), em face da qual não se poderia cogitar da abertura de oportunidade de defesa. Quanto à consequente ofensa aos princípios constitucionais, reputou a Corte estar o assunto fora de sua competência[22]. Já o STF, enfrentando a mesma questão, afirmou ser "meramente reflexa" a ofensa ao art. 5º, LIV e LV da CF/88, devendo a questão ser resolvida sob o prisma legal, pelo STJ[23].

Nesse caso, parece claro que o equívoco partiu do STF, pois a partir do momento em que se confere à lei uma interpretação que a coloca em conflito com a Constituição, não é mais de ofensa "reflexa" que se cogita. A ofensa é "reflexa" quando se trata do exame da validade de um ato administrativo, que se tem por contrário à lei, diretamente, e à Constituição, indiretamente. Se alguém tem inteiramente cerceado o seu direito à defesa em um processo penal, por exemplo, haverá ofensa direta das normas do Código de Processo Penal que asseguram essa defesa, e só indiretamente da Constituição. Mas se um tribunal de apelação "interpretar" essas normas do CPP como não garantidoras do direito de defesa, esse juiz terá colocado as normas infraconstitucionais do CPP em conflito direto com a Constituição, tornando possível, em tese, o exame da questão pelo STF, em sede de Recurso Extraordinário.

Seja como for, a situação descrita, relativa ao REFIS, mostra que a sistemática recursal brasileira, atualmente, torna em tese factível que uma mesma questão não seja enfrentada pelo STJ, que a considera constitucional, nem pelo STF, por

---

22. "PROCESSUAL CIVIL. AGRAVO REGIMENTAL NO AGRAVO DE INSTRUMENTO. RECURSO ESPECIAL. TRIBUTÁRIO. REFIS. LEGITIMIDADE DA EXCLUSÃO POR MEIO DO DIÁRIO OFICIAL E DA INTERNET. AFASTAMENTO DA LEGISLAÇÃO SUBSIDIÁRIA (LEI 9.784/99). 1. Nos termos do art. 69 da Lei 9.784/99, 'os processos administrativos específicos continuarão a reger-se por lei própria, aplicando-se-lhes apenas subsidiariamente os preceitos desta Lei'. Considerando que o REFIS é regido especificamente pela Lei 9.964/2000, a sua incidência afasta a aplicação da norma subsidiária (Lei 9.784/99). 2. Não há ilegalidade na exclusão do REFIS sem a intimação pessoal do contribuinte, efetuando-se a notificação por meio do Diário Oficial e da Internet, nos termos do art. 9º, III, da Lei 9.964/2000, c/c o art. 5º da Resolução 20/2001 do Comitê Gestor do Programa. 3. O exame de suposta contrariedade a princípios positivados na Constituição Federal, mesmo que para fins de prequestionamento, é alheio ao plano de competência desta Corte, porquanto trata-se de matéria afeta à competência do Supremo Tribunal Federal. (...)" STJ, AgRg no Ag 902614/PR, Rel. Min. Denise Arruda, DJ de 12/12/2007, p. 397.
23. "Agravo regimental no recurso extraordinário. Exclusão do REFIS. Legislação infraconstitucional. Princípios do devido processo legal, do contraditório e da ampla defesa. Ofensa reflexa. Precedentes. 1. As questões referentes à exclusão de contribuinte do Programa REFIS estão adstritas ao âmbito da legislação infraconstitucional. 2. As alegações de afronta aos princípios do devido processo legal, da ampla defesa e do contraditório, dos limites da coisa julgada e da prestação jurisdicional, se dependentes de reexame de normas infraconstitucionais, podem configurar apenas ofensa indireta ou reflexa à Constituição da República. 3. Agravo regimental desprovido." STF, RE 551476 AgR / DF, Rel. Min. Menezes Direito, DJe-162 divulgado em 27/8/2009.

reputá-la legal. Haverá notória denegação do direito à jurisdição, em sede especial e extraordinária, sem que nenhuma ferramenta possa de maneira efetiva remediar o problema.

Daí a solução prevista nos art. 1.032 e 1.033 do novo CPC, que visa a equacionar o problema nos seguintes termos:

> Art. 1.032. Se o relator, no Superior Tribunal de Justiça, entender que o recurso especial versa sobre questão constitucional, deverá conceder prazo de 15 (quinze) dias para que o recorrente demonstre a existência de repercussão geral e se manifeste sobre a questão constitucional.
>
> Parágrafo único. Cumprida a diligência de que trata o *caput*, o relator remeterá o recurso ao Supremo Tribunal Federal, que, em juízo de admissibilidade, poderá devolvê-lo ao Superior Tribunal de Justiça.
>
> Art. 1.033. Se o Supremo Tribunal Federal considerar como reflexa a ofensa à Constituição afirmada no recurso extraordinário, por pressupor a revisão da interpretação de lei federal ou de tratado, remetê-lo-á ao Superior Tribunal de Justiça para julgamento como recurso especial.

A solução é notável, e das examinadas neste texto talvez seja a única que realmente não poderia ser extraída do texto do CPC de 1973, pela via interpretativa. Outra forma de resolver o problema seria transformar o Superior Tribunal de Justiça em instância a ser obrigatoriamente percorrida para se chegar ao Supremo Tribunal Federal, atribuindo-lhe competência para apreciar também questões constitucionais, tal como se dá com o Tribunal Superior do Trabalho, no âmbito do processo trabalhista. Assim, o Recurso Especial seria cabível por ofensa à lei ou à Constituição, e a partir do julgamento do STJ somente a matéria constitucional poderia ser então submetida ao STF. Tal solução, porém, demandaria alteração constitucional, sendo certo que, caso seja mantida a Constituição como está, a solução do novo CPC parece ser a melhor possível.

7. EMBARGOS DE DIVERGÊNCIA E A POSSIBILIDADE DE DISCUSSÃO DE ASPECTOS PROCESSUAIS

Outro exemplo de análise de pressupostos de cabimento de recursos divorciada de uma visão acerca da finalidade desses pressupostos, dos recursos e do próprio Direito Processual como um todo, relaciona-se aos embargos de divergência e ao tipo de acórdão discrepante que daria azo à sua interposição.

Dispõe o art. 546 do CPC de 1973 o seguinte:

Art. 546. É embargável a decisão da turma que: (Revigorado e alterado pela Lei nº 8.950, de 13.12.1994)

I – em recurso especial, divergir do julgamento de outra turma, da seção ou do órgão especial; (Revigorado e alterado pela Lei nº 8.950, de 13.12.1994)

II – em recurso extraordinário, divergir do julgamento da outra turma ou do plenário.(Revigorado e alterado pela Lei nº 8.950, de 13.12.1994)

Parágrafo único. Observar-se-á, no recurso de embargos, o procedimento estabelecido no regimento interno. (Revigorado e alterado pela Lei nº 8.950, de 13.12.1994)

Com base em tais disposições, firmou-se, na jurisprudência, o entendimento de que somente seriam cabíveis embargos de divergência se ambos os acórdãos, tanto o recorrido como aquele colhido como paradigma, consubstanciem julgados que conheceram do recurso. Se a divergência entre o entendimento de duas ou mais turmas do STJ, por exemplo, fosse estabelecida em relação a um aspecto processual, ligado à possibilidade de se conhecer, ou não, de determinado recurso, os embargos não seriam cabíveis:

(...)

1. Trata-se de Embargos de Divergência em que se questiona o não conhecimento do Recurso Especial com base na Súmula 211/STJ.

(...) 3. O STJ possui jurisprudência pacífica no sentido de que os Embargos de Divergência não são adequados para a rediscussão do juízo negativo de admissibilidade do Recurso Especial (AgRg nos EREsp 1.295.255/RS, Rel. Ministro Felix Fischer, Corte Especial, DJe 13/9/2012; AgRg nos EAREsp 33.419/SP, Rel. Ministra Nancy Andrighi, Corte Especial, DJe 1º/8/2012; AgRg nos EDcl nos EAREsp 14.653/MG, Rel. Ministro Castro Meira, Corte Especial, DJe 23/8/2012).

(...)"[24]

PROCESSO CIVIL. AGRAVO REGIMENTAL NOS EMBARGOS DE DIVERGÊNCIA.

JULGADO QUE NÃO ULTRAPASSA O JUÍZO DE ADMISSIBILIDADE. NÃO CABIMENTO. AGRAVO DESPROVIDO.

I. A jurisprudência desta Corte é pacificada no sentido de que não há divergência entre julgados que apreciam o mérito do recurso e outros que não ultrapassaram o juízo de admissibilidade.

---

24. STJ, Corte Especial, AgRg nos EREsp 1275750/SP, Rel. Min. Herman Benjamin, DJe de 01/02/2013.

II. Hipótese em que não restou caracterizada a divergência jurisprudencial entre os arestos confrontados, porquanto acórdão embargado aplicou a Súmula 7 do STJ.

III. Agravo regimental desprovido.[25]

Depreende-se da legislação transcrita que não há qualquer justificativa, no texto legal, para a distinção feita pela jurisprudência. E tampouco há elemento finalístico ou teleológico que o justifique. Ao contrário, se a finalidade do recurso é unificar o entendimento da Corte, para evitar decisões contraditórias, que dão soluções diversas para casos análogos, decisões que minam a segurança jurídica, a igualdade e a própria legitimidade da atuação do Judiciário, não há razão para não se proceder a essa unificação também em relação a aspectos processuais. Por outro lado, há diversos casos, como aqueles relacionados à quantificação de indenizações por danos morais ou à determinação do valor de honorários advocatício de sucumbência fixados com base no art. 20, § 4º, do CPC, em que é muito tênue a linha divisória entre o "conhecer" e o "dar provimento", pois invariavelmente se a Corte conhece do recurso é por considerar absurda ou irrisória a condenação, ultrapassando assim o obstáculo representado pela Súmula 7/STJ, o que é por igual motivo a que se dê provimento à pretensão do recorrente.

Apesar das decisões anteriormente transcritas, o próprio STJ nem sempre as segue, tanto que há acórdãos, proferidos em sede de embargos de divergência, nos quais se discutem precisamente questões processuais. É o caso daquele no qual se afastou a tese segundo a qual o preenchimento da guia de recolhimento do preparo de forma manual implicaria, só por isso, deserção do recurso:

> PROCESSUAL CIVIL. PORTE DE REMESSA E RETORNO. GRU. INDICAÇÃO DO NÚMERO DO PROCESSO. PREENCHIMENTO A MÃO. POSSIBILIDADE.
>
> 1. O preenchimento manual do campo correspondente ao número do processo não ofende as exigências formais da Guia de Recolhimento da União – GRU referente ao pagamento do porte de remessa e retorno, previstas na Resolução nº 12/2005/STJ.
>
> 2. Embargos de Divergência providos.[26]

Na verdade, é preciso esclarecer que os embargos de divergência não são realmente cabíveis, se o embargante se insurge contra decisão que não conheceu de seu recurso, e usa como paradigma outra que conheceu de recurso semelhante, e a discussão que ele pretende levar à Seção (no caso do STJ) ou ao Plenário (no caso do STF) diz respeito ao próprio mérito. Isso porque, nesse caso, os dois

---

25. STJ, Corte Especial, AgRg nos EAREsp 60.109/RS, Rel. Min. Gilson Dipp, DJe de 25/04/2013.
26. STJ, Corte Especial, EREsp 1.090.683/MG, Rel. Min. Teori Albino Zavascki, DJe de 22/06/2011.

acórdãos, tendo tratado de questões diversas, sequer podem ser apontados como divergentes. Mas a parte pode explorar a divergência em relação ao aspecto processual[27], pois nesse ponto os acórdãos podem, sim, ser divergentes no trato de questões análogas: um reputa que determinada formalidade não é motivo para o não conhecimento do recurso, enquanto o outro entende que sim.

Para afastar o entendimento que não fazia a distinção acima e deixava de conhecer embargos de divergência de forma indiscriminada, o novo CPC dispõe:

> Art. 1.043. É embargável o acórdão de órgão fracionário que:
>
> I – em recurso extraordinário ou em recurso especial, divergir do julgamento de qualquer outro órgão do mesmo tribunal, sendo os acórdãos, embargado e paradigma, de mérito;
>
> II – em recurso extraordinário ou em recurso especial, divergir do julgamento de qualquer outro órgão do mesmo tribunal, sendo os acórdãos, embargado e paradigma, relativos ao juízo de admissibilidade;
>
> III – em recurso extraordinário ou em recurso especial, divergir do julgamento de qualquer outro órgão do mesmo tribunal, sendo um acórdão de mérito e outro que não tenha conhecido do recurso, embora tenha apreciado a controvérsia;
>
> IV – nos processos de competência originária, divergir do julgamento de qualquer outro órgão do mesmo tribunal.
>
> § 1º Poderão ser confrontadas teses jurídicas contidas em julgamentos de recursos e de ações de competência originária.
>
> § 2º A divergência que autoriza a interposição de embargos de divergência pode verificar-se na aplicação do direito material ou do direito processual.
>
> § 3º Cabem embargos de divergência quando o acórdão paradigma for da mesma turma que proferiu a decisão embargada, desde que sua composição tenha sofrido alteração em mais da metade de seus membros.
>
> § 4º O recorrente provará a divergência com certidão, cópia ou citação de repositório oficial ou credenciado de jurisprudência, inclusive em mídia eletrônica, onde foi publicado o acórdão divergente, ou com a reprodução de julgado disponível na rede mundial de computadores, indicando a respectiva fonte, e mencionará as

---

27. DIDIER JR., Fredie; CUNHA, Leonardo Carneiro da. *Curso de Direito Processual Civil.* 9.ed. Salvador, Juspodivm, 2011, v. 3, p. 356.

circunstâncias que identificam ou assemelham os casos confrontados.

§ 5º É vedado ao tribunal inadmitir o recurso com base em fundamento genérico de que as circunstâncias fáticas são diferentes, sem demonstrar a existência da distinção.

A solução é digna de aplauso, notadamente no que tange ao § 5º, destinado a evitar que embargos de divergência sejam – como eventualmente ocorre sob a vigência do CPC de 1973 – desprovidos por decisões que genericamente se reportam à falta de similitude das situações apontadas como paradigma, sem contudo indicar no que consistiria essa falta de similitude. A precariedade na fundamentação de muitos julgados é outro problema grave no funcionamento atual do Judiciário, que o novo CPC procura corrigir, mas esse é aspecto cuja análise ultrapassaria os propósitos deste artigo.

8. O RECURSO "PREMATURO"

De todas as situações examinadas neste trabalho, seguramente a construção mais irrazoável da jurisprudência defensiva consiste na alegada intempestividade de um recurso interposto antes do início do prazo correspondente. Diz-se que o prazo tem início com a intimação das partes, a qual acontece com a publicação do acórdão recorrido na imprensa oficial. Caso o recurso seja interposto antes dessa publicação, é interposto antes do início do prazo, sendo certo que tudo o que ocorre *antes* ou *depois* do prazo ocorre, de qualquer sorte, *fora dele*, pelo que o recurso seria "intempestivo" por prematuridade. Esse entendimento é aplicado até mesmo quando o acórdão é "disponibilizado" em uma data e "considerado como publicado" no dia seguinte: se o recurso for interposto no dia da disponibilização, será "intempestivo".

O raciocínio é silogístico, mas, com todo o respeito, incorre em algumas falácias[28]. E mostra, acima de tudo, o quanto um raciocínio lógico-dedutivo sem consideração aos *fins* a serem buscados leva a resultados absurdos.

A primeira falácia reside na consideração da razão de ser do prazo de que se cuida, que é aceleratório, destinado a impedir que o ato (a interposição do recurso) ocorra *depois* dele. Diante disso, simplesmente não faz sentido usá-lo

---

28. Para uma análise crítica da tese da intempestividade do recurso prematuro, confira-se: DINAMARCO, Cândido Rangel. Tempestividade dos recursos. *Revista Dialética de Direito Processual*, São Paulo, v. 16, p. 9-23, 2004.; MACHADO, Hugo de Brito. Extemporaneidade do recurso prematuro. *Revista Dialética de Direito Processual*, São Paulo, v. 8, p. 58-65, 2003; MACHADO SEGUNDO, Hugo de Brito; MACHADO, Raquel Cavalcanti Ramos. Recurso interposto antes de publicada a decisão recorrida: tempestividade. *Revista Dialética de Direito Processual*, São Paulo, v. 7, p. 9-18, 2003.

como uma proibição a que o ato ocorra antes dele. Além disso, o prazo somente tem início com a publicação para a proteção das partes, que não podem ter contra si correndo um prazo para se insurgirem contra um ato que ainda não conhecem. Mas nada impede que, tendo a parte tomado conhecimento da decisão por outros meios, possa contra ela se insurgir, até porque a simples interposição do recurso demonstra que a parte teve conhecimento da decisão, tornando atendido propósito de sua publicação.

Não se diga, em defesa da tese, que o acórdão eventualmente pode ter sido corrigido ou alterado, no lapso de tempo decorrido entre a tomada de conhecimento da parte por meios informais e a sua publicação na imprensa oficial. Proclamado o julgamento na sessão, este não mais pode ser alterado. Mas, ainda que isso viesse a ocorrer, de forma lícita, seria o caso de permitir à parte, a partir da publicação, *se quisesse*, retificar o recurso anteriormente apresentado, sob pena de ser ele apreciado da forma em que interposto (como consta, no novo CPC, no art. 1.024, §§ 4º e 5º). O prejuízo da não retificação, se existente, seria da parte, mas o recurso inicial não seria considerado intempestivo por isso.

No novo CPC, a questão foi tratada no art. 219, dedicado aos prazos, que dispõe:

> Art. 218. Os atos processuais serão realizados nos prazos prescritos em lei.
>
> (...)
>
> § 4º Será considerado tempestivo o ato praticado antes do termo inicial do prazo."

Além da novidade representada pela contagem dos prazos fixados em dias apenas em relação aos dias úteis (art. 219, que não se aplica, v.g., ao prazo de dois anos para o manejo da ação rescisória), o parágrafo quarto do art. 218 esclarece não serem intempestivos os atos praticados antes do início do prazo.

9. CONCLUSÕES

Do que se verifica do breve apanhado feito neste artigo, o Código de Processo Civil recentemente aprovado e publicado tem o firme e deliberado propósito de imprimir maiores racionalidade e instrumentalidade no trato dos recursos por parte dos Tribunais, sobretudo Superiores. É um escopo nobre, mas preocupante, por pelo menos duas razões, intimamente relacionadas.

A primeira reside no fato de certas obviedades precisarem ser ditas, como é o caso da maior parte das disposições comentadas neste trabalho. A maior parte delas não precisaria ser dita[29]. A segunda, que dela decorre, consiste na incerteza quanto à forma como a jurisprudência entenderá tais prescrições. Elas devem, seguramente, ser vistas como *exemplos* decorrentes da expressa consagração de determinados valores, em clara sinalização no sentido de que o julgador deve *mudar de postura*, passando a se preocupar mais em resolver problemas, em vez de criá-los. Caso sejam entendidas assim, ter-se-á algo muito positivo. Mas o receio é o de que, permanecendo a postura formalista adotada sobretudo pelas Cortes Superiores no trato dos recursos, tais disposições venham a sofrer interpretações inteiramente irrazoáveis, que de resto podem tornar ainda mais irracional a sistemática recursal brasileira. Isso pode parecer difícil em face da clareza de certas disposições, mas não se deve subestimar a criatividade de quem foi capaz de adotar as teses que deram origem ao termo "jurisprudência defensiva", a exemplo da inusitada intempestividade de um recurso interposto antes do início do prazo.

Vale ter em mente a lição de Portalis, segundo a qual *"qu'il faut être sobre de nouveautés en matière de législation, parce que s'il est possible, dans une institution nouvelle, de calculer les avantages que la théorie nous offre, il ne l'est pas de connaître tous les inconvénients que la pratique seule peut découvrir."*[30] Em face dela, se conclui que, embora as mudanças sejam positivas e bem vindas, elas de nada adiantarão se desacompanhadas de um câmbio também na postura dos julgadores, para o qual se espera que elas sirvam, pelo menos, como catalizador.

---

29. Com exceção, talvez, da possibilidade de remessa de um recurso especial ao STF, quando presente matéria constitucional, e de um recurso extraordinário ao STJ, quando presente matéria legal (e ofensa meramente reflexa à Constituição), também examinada neste artigo, as demais disposições prescrevem soluções que já poderiam ser extraídas das normas atualmente vigentes.
30. PORTALIS, Jean-Étienne-Marie. *Discours préliminaire du premier projet de Code Civil*. Disponível *online* em http://www.justice.gc.ca/fra/apd-abt/gci-icg/code/civil.pdf. Tradução livre: "Se é possível, numa instituição nova, calcular as vantagens que a teoria nos oferece, não o é conhecer todos os inconvenientes que apenas a prática pode descobrir."

CAPÍTULO 3
Anotações sobre o Sistema Recursal no Novo Código de Processo Civil

Luiz Manoel Gomes Junior[1]
Miriam Fecchio Chueiri[2]

SUMÁRIO • 1. INTRODUÇÃO; 2. A REMESSA OBRIGATÓRIA; 3. DOS RECURSOS EM GERAL; 4. A APELAÇÃO E A REFORMULAÇÃO DOS EMBARGOS INFRINGENTES; 5. O AGRAVO DE INSTRUMENTO; 6. O AGRAVO INTERNO; 7. OS EMBARGOS DE DECLARAÇÃO; 8. O RECURSO ORDINÁRIO; 9. OS RECURSOS EXTRAORDINÁRIO E ESPECIAL; 10. OS AGRAVOS EM RECURSO ESPECIAL E EM RECURSO EXTRAORDINÁRIO; 11. OS EMBARGOS DE DIVERGÊNCIA; 12. CONCLUSÕES; 13.BIBLIOGRAFIA.

1. INTRODUÇÃO

Não há qualquer dúvida de que havia mesmo a necessidade de um novo Sistema Processual para o Brasil. A grande questão é verificar quais os problemas e a melhor forma de solução. Há desde propostas como a de aperfeiçoar a conciliação, uma maior informatização do Poder Judiciário, a ampliação do uso das ações coletivas, especialmente em se tratando de relações de consumo e várias outras.

O cerne para solucionar o problema é ter diagnósticos precisos para delimitar os pontos que devem ser atacados e suas possíveis soluções. Qualquer mudança legislativa somente se justifica após a indicação dos verdadeiros pontos de estrangulamento do sistema de acesso à justiça por intermédio de estudos sobre estatísticas de funcionamento dos institutos e categorias jurídicas que serão alterados ou suprimidos na nova Proposta de Código de Processo Civil.

Impossível ignorar que sem esses dados é muito difícil implantar um novo sistema sem maiores riscos de retrocesso ou até mesmo de problemas que

---

1. Mestre e Doutor em Direito pela PUC/SP. Professor nos Programas de Mestrado em Direito da Universidade de Itaúna (UIT-MG), da Universidade Paranaense (Unipar-PR) e dos cursos de Pós-graduação da PUC/SP (Cogeae) e da Escola Fundação Superior do Ministério Público do Mato Grosso (FESMP-MT). Atuou como Consultor da Organização das Nações Unidas (2008-2010) e Pesquisador do Conselho Nacional de Justiça – CNJ (2013 – 2014). Advogado
2. Doutora em Direito pela PUC-SP e Mestre em Direito pela UEL – Universidade Estadual de Londrina – Professora no curso de Mestrado em Direito Processual e Cidadania e Diretora Geral da Universidade Paranaense – Campus de Cianorte (UNIPAR-PR)

poderão ser gerados. O risco, como já é da nossa experiência no plano do direito processual civil, é o de implantarmos um novo sistema vicioso de reformas das próprias reformas.

O fato é que atualmente os esforços estavam direcionados para o Projeto do Novo Código de Processo Civil. Neste trabalho nossa proposta é analisar alguns aspectos do Sistema Recursal inserido no Novo Código de Processo Civil (Lei nº 13.105/2015).

Espera-se, mesmo com algumas críticas e divergências, do ponto de vista de técnica processual, que o texto legislativo espelhe o profundo desenvolvimento recente que a doutrina brasileira vem experimentando nos últimos anos, ao mesmo tempo em que possa oferecer respostas eficientes aos graves problemas de funcionamento da jurisdição no país. Nesse sentido, ao sistema recursal é atribuído um relevantíssimo e indispensável papel de ser instrumento de um mecanismo mais racional de revisão das decisões judiciais.

Longe de estarmos pessimistas, o fato é que temos que olhar para a frente e tentar, na medida do possível, colaborar na construção deste novo Sistema Processual.

2. A REMESSA OBRIGATÓRIA

Apesar de todas as críticas que o instituto da remessa obrigatória recebe, o certo é que trata-se de um *mal necessário*, considerando que o Poder Público ainda não está totalmente aparelhado para a sua defesa, sendo necessária a manutenção de mecanismos visando tornar possível a verificação das decisões contra ele prolatadas.

A finalidade do instituto, na hipótese de sentenças proferidas contra a Fazenda Pública justifica-se por motivo de conveniência e de interesse de ordem pública[3], dada a natureza do objeto de determinadas causas ou o seu sujeito, impedindo que casos em que aquela figure como vencida, não sejam objeto de reexame na instância superior.

---

3. "(...). "6. É hora de recapitular e resumir. A obrigatoriedade do reexame em segundo grau das sentenças contrárias à Fazenda Pública não ofende o princípio da isonomia, corretamente entendido. A Fazenda não é um litigante qualquer. Não pode ser tratada como tal; nem assim a tratam outros ordenamentos jurídicos, mesmo no chamado Primeiro Mundo. O interesse público, justamente por ser público – ou seja, da coletividade como um todo – é merecedor de proteção especial, num Estado democrático não menos que alhures. Nada tem de desprimorosamente "autoritária" a consagração de mecanismos processuais ordenados a essa proteção. O instituto de que se cuida, em particular, não nasceu sob inspiração ditatorial, e é arbitrário, tanto do ponto de vista histórico quanto do ideológico, atribuir-lhe caráter "fascista". (BARBOSA MOREIRA, José Carlos. *Em Defesa da Revisão Obrigatória das Sentenças Contrárias à Fazenda Pública*. São Paulo: Revista Dialética de Direito Processual, outubro/2004, nº 19, p. 48).

Ainda entre os motivos determinantes, cite-se a possibilidade de suposta desídia dos procuradores que oficiam na representação judicial da Fazenda Pública[4].

Assim, acertadamente é mantido o instituto da remessa obrigatória (art. 496), havendo a necessidade de ratificação, pelo Tribunal competente, das sentenças proferidas contra o interesse público, com as limitações que estão sendo propostas, anotando a crítica de parcela da doutrina ao instituto[5].

A sua estrutura permanece a mesma, ou seja, necessidade de ratificação como condição para sua eficácia (aqui entendido como produção de efeitos definitivos). Há um aperfeiçoamento frente ao atual sistema, ou seja, não sendo possível ser indicado o conteúdo econômico preciso da demanda, torna-se necessária a remessa ao Tribunal, evitando deste modo o expediente do autor no sentido de atribuir à causa valor inexpressivo.

Ampliado na proposta o conteúdo econômico da demanda que justifica a remessa para o equivalente a mil salários mínimos em ações contra a União Federal, suas autarquias e fundações de direito público, quinhentos salários mínimos para as causas envolvendo o Estado e cem salários mínimos no caso dos municípios.

Aqui nossa critica fica para a escolha aleatória dos valores. Não há nada do ponto de vista lógico que justifique o uso dos quantitativos mil salários mínimos, quinhentos e cem respectivamente. Qual a razão da escolha deste critério?

Restará também afastada a necessidade de remessa quando a decisão de primeiro grau estiver fundamentada em Súmula de Tribunal Superior, em acórdão proferido pelo Supremo Tribunal Federal ou pelo Superior Tribunal de Justiça em julgamento de casos repetitivos (STF e STJ – aqui restou excluído o TST quando se sabe do uso subsidiário do CPC na Justiça do Trabalho), em entendimento firmado em incidente de resolução de demandas repetitivas ou de assunção de competência ou entendimento coincidente com orientação vinculante firmada no âmbito administrativo do próprio ente público, consolidada em manifestação, parecer ou súmula administrativa.

---

4. Não cremos que profissionais investidos desse múnus público incidam em tal desídia. Contudo, parece-nos que houve a preocupação do legislador até mesmo pelo volume de demandas ajuizadas contra essas Pessoas Jurídicas de Direito Público, em contrapartida, ao contingente de Procuradores reunidos nas três esferas de Poder, União, Estados e Municípios.
5. Cândido Rangel Dinamarco. *A Reforma da Reforma*. São Paulo: Malheiros Editores, 2002, p. 128. Francisco Barros Dias. *A Busca da Efetividade do Processo*. São Paulo: Revista dos Tribunais. Revista de Processo 97, 2000, p. 217 e ss, dentre outros. Defendendo o instituto: Miriam Fecchio Chueiri. *Estudo Crítico do Reexame Obrigatório Previsto no artigo 475 do Código de Processo Civil Brasileiro*. São Paulo: Tese apresentada junto a banca de Doutorado na PUC/SP, 2004 – não publicada).

De um modo geral, salvo na escolha sem base fática para a limitação em termos econômicos das hipóteses de submissão a remessa, a proposta aperfeiçoa o sistema processual atual com inegável vantagem.

3. DOS RECURSOS EM GERAL

No direito brasileiro, por força do princípio da taxatividade, só são admissíveis os recursos previamente previstos pelo legislador.[6] Nesse diapasão, é fundamental analisar a forma pela qual se contemplou as espécies recursais no Novo Código de Processo Civil, a fim de se verificar se há restrição ou ampliação dos mesmos.

A opção será pela manutenção dos seguintes recursos (art. 994): a-) apelação; b-) agravo; c-) agravo interno; d-) embargos de declaração; e-) recurso ordinário; f-) recurso especial; g-) recurso extraordinário; h-) agravo extraordinário; i-) embargos de divergência, além da manutenção do recurso adesivo na apelação, nos recursos extraordinário e especial.

Nota-se, portanto, que há uma redução dos recursos previstos pelo legislador, com a retirada dos embargos infringentes.

Salvo os Embargos de Declaração, estará delimitado em 15 dias o prazo para recorrer (art. 1.003, § 5º), com a obrigação de ser demonstrada a existência de eventual feriado local que possa afetar a sua contagem (art. 1.003, § 6º). Estará afastado o efeito suspensivo em todos eles, como regra geral, mas poderá ser deferido pelo relator. Aqui, ao que parece, será vedado ao juiz de 1º grau deferir o efeito suspensivo (art. 995, parágrafo único).

Fica a nossa crítica pela dispensa de preparo no recurso adesivo, se o principal somente será processado com o pagamento das custas (art. 997, § 2º), não se verifica fundamento jurídico para isentar o recorrente adesivo de tal ônus. Haverá tratamento desigual para situações iguais. Benefícios pessoais existentes

---

6. "Nenhum ordenamento jurídico pode deixar à autonomia dos litigantes a instituição dos meios hábeis para impugnar as resoluções judiciais. Razões do mais elevado interesse público exigem que os litígios sejam extintos no menor tempo possível. Esse objetivo jamais se mostraria realizável na hipótese de o vencido, por iniciativa própria, criar mecanismos para impugnar o pronunciamento do órgão judiciário. Em tal contingência, o processo se prolongaria indefinidamente ou, no mínimo, seu término dependeria da aquiescência do vencido ao provimento. À vontade convergente das partes tampouco se concede a possibilidade de instituir via de impugnação. Só a lei federal, então, pode disciplinar os recursos, no uso da competência legislativa estipulada no art. 22, I, da CF/1988, e, por conseguinte, sua tipificação é predeterminada. Ao princípio segundo o qual a existência dos recursos se subordina a expressa previsão legal, ainda que não seja a do estatuto de processo, dá-se o nome de taxatividade." ASSIS, Araken de. *Manual dos recursos*. São Paulo: Revista dos Tribunais, 5. ed., 2013, p. 89.

em favor do recorrente principal (assistência judiciária, isenção das Fazendas Públicas), não são extensíveis ao recorrente adesivo de forma automática.

Iremos tecer algumas considerações sobre cada um dos recursos apontados, com destaque para as propostas de mudanças positivas ou negativas.

4. A APELAÇÃO E A REFORMULAÇÃO DOS EMBARGOS INFRINGENTES

O processamento do recurso de apelação não sofreu qualquer modificação relevante. Foi extinto o juízo de admissibilidade (art. 1.010, § 3º), um claro equívoco, na medida em que irregularidades graves, como a intempestividade ou não pagamento de preparo, poderiam ser solucionadas de forma imediata, sem sobrecarregar os tribunais.

Perdeu-se a oportunidade de afastar o efeito suspensivo automático do recurso de apelação, o que seria a maior evolução do Sistema Processual (art. 1.012). Não há qualquer lógica que antecipações de tutela e liminares, prolatadas em regra com cognição superficial, sem ampla dilação probatória, possam produzir efeitos em detrimento das sentenças, que exigem um julgamento com cognição completa.

Uma grande oportunidade perdida pelo medo da evolução. Essa sem dúvida alguma tem sido a maior crítica direcionada, pela comunidade jurídica nacional, ao Novo Código de Processo Civil.

Corrigido o equívoco do Código de Processo Civil de 1973, qual seja, os requisitos do art. 1.010 são exigíveis para todos os recursos e não apenas para o de Apelação: a-) os nomes e a qualificação das partes; b-) a exposição do fato e do direito; c-) as razões do pedido de reforma ou de decretação de nulidade; d-) o pedido de nova decisão. Tais requisitos acabam sendo repetidos, quando bastaria constar como regra geral para todos os recursos.

O Tribunal poderá julgar de forma imediata (art. 1.013, § 3º), ampliando o sistema atual, quando: a-) reformar sentença fundada no art. 485 – *extinção sem resolução do mérito*; b-) decretar a nulidade da sentença por não ser esta congruente com os limites do pedido ou da causa de pedir; c-) constatar a omissão no exame de um dos pedidos e; d-) decretar a nulidade de sentença por falta de fundamentação.

Apesar desta opção, insistiu o legislador em indicar casos específicos (art. 1.012, § 1º), repetindo o sistema atual, em que não haverá efeito suspensivo no caso de interposição de Apelação da sentença que: a-) homologa divisão ou demarcação de terras; b-) condena a pagar alimentos; c-) extingue sem resolução do mérito ou julga improcedentes os embargos do executado; d-) julga procedente o pedido de instituição de arbitragem; e-) confirma, concede ou revoga tutela antecipada e; f-) decreta a interdição. No caso de ser afastada a prescrição ou a decadência será permitido julgamento dos demais temas, caso possível em termos de prova (art. 1.013, § 4º – aqui é um *poder-dever* e não *simples faculdade*).

No mais, sem sentido ou necessidade o § 5º, do art. 1.013 (O capítulo da sentença que confirma, concede ou revoga a tutela antecipada é impugnável na apelação). Claro e óbvio que tal ponto da sentença pode e deve ser impugnado na apelação. O problema será no caso de haver urgência e tiver sido revogada anterior decisão.

Sempre fomos contra a extinção dos embargos infringentes do rol dos recursos do Código de Processo Civil, apesar de defendido pela doutrina[7].

Ainda que haja bons argumentos na defesa da manutenção do referido recurso[8], não é essa a questão. O problema é extinguir um recurso que possui destacada utilidade em um sistema que prevalece o voto do relator (todos sabemos que a regra é não haver divergências na maioria dos julgamentos), quando sequer há ciência da quantidade analisada/julgada dia a dia nos Tribunais e qual será o reflexo no Sistema Processual em termos de efetividade. Qual o real ganho com a extinção do recurso?

A proposta inicial (Anteprojeto da Comissão de Juristas constituída pelo Senado Federal) foi *apresentada sem qualquer dado estatístico que justificasse a simples extinção dos embargos infringentes e qual será realmente o seu efeito. Há apenas um ganho político, um recurso do sistema foi extinto, mas convenhamos que é muito pouco para respaldar a trilha seguida inicialmente.*

A posição de adequar os embargos infringentes, alterando o seu processamento, que passa a se dar ex officio, nos parece positiva: "*Art. 942. Quando o resultado da apelação for não unânime, o julgamento terá prosseguimento em sessão a ser designada com a presença de outros julgadores, que serão convocados nos termos previamente definidos no regimento interno, em número suficiente para garantir*

---

7. Conforme argumentado por BARBOSA MOREIRA, José Carlos (Comentários ao Código de Processo Civil. Rio de Janeiro: Forense, 2009, vol. 5, pp. 518-519): "O Anteprojeto Buzaid pusera de lado os embargos de nulidade e infringentes, salvo como recurso cabível contra decisões proferidas nas 'causas de alçada' (art. 561). (...) No projeto definitivo, porém, reapareceu aquele recurso, com as mesmas características que ostentava no Código anterior, sem que a respectiva Exposição de Motivos trouxesse a explicação desse giro de 180º."

8. SHIMURA, Sérgio (Embargos infringentes e seu novo perfil (Lei 10.352/01), in Nelson Nery Jr. e Teresa Arruda Alvim Wambier (coordenadores). Aspectos Polêmicos e Atuais dos Recursos Cíveis, nº 5, São Paulo, Revista dos Tribunais, 2002, p. 498) e OLIVEIRA, Pedro Miranda de (O novo regime dos embargos infringentes, in Nelson Nery Jr. e Teresa Arruda Alvim Wambier (coordenadores). Aspectos Polêmicos e Atuais dos Recursos Cíveis e de Outros Meios de Impugnação às Decisões Judiciais, nº 7, São Paulo, Revista dos Tribunais, 2003, p. 611).

a possibilidade de inversão do resultado inicial, assegurado às partes e a eventuais terceiros o direito de sustentar oralmente suas razões perante os novos julgadores.

" § 1º Sendo possível, o prosseguimento do julgamento dar-se-á na mesma sessão, colhendo-se os votos de outros julgadores que porventura componham o órgão colegiado.

" § 2º Os julgadores que já tiverem votado poderão rever seus votos por ocasião do prosseguimento do julgamento.

" § 3º A técnica de julgamento prevista neste artigo aplica-se, igualmente, ao julgamento não unânime proferido em:

"I – ação rescisória, quando o resultado for a rescisão da sentença, devendo, nesse caso, seu prosseguimento ocorrer em órgão de maior composição previsto no regimento interno;

"II – agravo de instrumento, quando houver reforma da decisão que julgar parcialmente o mérito.

" § 4º Não se aplica o disposto neste artigo ao julgamento:

"I – do incidente de assunção de competência e ao de resolução de demandas repetitivas;

"II – da remessa necessária;

"III – não unânime proferido, nos tribunais, pelo plenário ou pela corte especial.

Claro que a figura recursal em si dos "embargos infringentes" deixa de existir.

Mas o fato que deve ser reconhecido é que a proposta aperfeiçoa o recurso de apelação e adota uma forma mais célere de julgamento dos embargos infringentes.

5. O AGRAVO DE INSTRUMENTO

Uma grande novidade é a extinção do agravo na modalidade retida, o que deve ser objeto de aplausos. Recurso inútil e desnecessário, com procedimento especial e toda a dificuldade que causa na tramitação do feito e, na maioria das vezes, a parte se omite no pedido de julgamento, com perda de tempo para todos os envolvidos.

O caso é evitar a preclusão por outros meios, como a impugnação do interessado, que será objeto de julgamento com o recurso de apelação.

Com relação ao recurso de agravo, o primeiro e mais grave equívoco é a volta ao sistema do Código de 1939, com a indicação das hipóteses de sua admissibilidade (art. 1.015), ou seja, quando versem sobre: I - tutelas provisórias; II - mérito do processo; III - rejeição da alegação de convenção de arbitragem; IV - incidente de desconsideração da personalidade jurídica; V - rejeição do pedido de gratuidade da justiça ou acolhimento do pedido de sua revogação; VI - exibição ou posse de documento ou coisa; VII - exclusão de litisconsorte;

VIII - rejeição do pedido de limitação do litisconsórcio; IX - admissão ou inadmissão de intervenção de terceiros; X - concessão, modificação ou revogação do efeito suspensivo aos embargos à execução; XI - redistribuição do ônus da prova nos termos do art. 373, § 1º; XII - (VETADO); XIII - outros casos expressamente referidos em lei.

Nossa posição é que toda a matéria que seja urgente ou que o recurso ao final acabe sendo inútil (competência do órgão julgador, p. ex.) pode ser impugnada por esta via recursal. Segundo William Santos Ferreira[9]: *"Recurso é meio de impugnação, e como tal, se existe deve ser útil, pois se sua apreciação futura for **imprestável**, significa que **imprestável** é o meio, portanto sequer merece ter este título, em suma: não é meio, não é recurso, não é forma de impugnação".*

Se o tema em discussão necessitar de solução imediata, possível a utilização do agravo de instrumento.

Mantida a indicação das peças obrigatórias (art. 1.017): I - obrigatoriamente, com cópias da petição inicial, da contestação, da petição que ensejou a decisão agravada, da própria decisão agravada, da certidão da respectiva intimação ou outro documento oficial que comprove a tempestividade e das procurações outorgadas aos advogados do agravante e do agravado; II - com declaração que ateste a inexistência de qualquer dos documentos referidos no inciso I deste artigo, feita pelo advogado, sob sua responsabilidade; III - facultativamente, com outras peças que o agravante reputar úteis.

Acertadamente passa a ser possível a correção do instrumento caso haja alguma falha em relação à forma (art. 1.017, § 3º e art. 932, parágrafo único. Antes de considerar inadmissível o recurso, o relator concederá o prazo de cinco dias ao recorrente para que seja sanado vício ou complementada a documentação exigível).

Deve ser afastado todo e qualquer formalismo desnecessário que impeça o julgamento do mérito, na perfeita advertência da jurisprudência[10]: *"Tudo o*

---

9. Aspectos Polêmicos e Práticos da Nova Reforma Processual Civil. Rio de Janeiro: Forense, 2002, p. 108.
10. STJ - REsp. nº 970.190-SP, rel. Min. Nancy Andrighi, j. 20.05.2008 - DJ 15.08.2008. No mesmo sentido: "(...). *"O processo não pode ser um fim em si mesmo, voltado exclusivamente à preservação da letra da lei. Modernamente*

que o exagerado rigor processual fez, in casu, foi colaborar para que o processo rode em torno de si mesmo, e princípios como o da economia, da efetividade, da razoável duração, tornassem-se letra morta. A obediência burocrática à forma não pode, em hipótese alguma, comprometer as metas para as quais ela foi concebida. O processo civil foi criado para que haja julgamentos de mérito, não para ser, ele mesmo, objeto dos julgamentos que proporciona. A extinção de processos tem de ser excepcional, a anulação de atos só pode ocorrer nas hipóteses em que seu aproveitamento gere grave lesão a algum direito fundamental de uma das partes e mais, seria até mesmo conveniente que essa lesão fosse expressamente declinada nas decisões de anulação. Fora dessas hipóteses, o apego à forma não se justifica. O processo tem de correr. O aparato judiciário é muito caro para a sociedade e cada processo representa um custo altíssimo. Anulá-lo, portanto, **é medida de exceção".

Aqui há um relevante aperfeiçoamento que é a óbvia delimitação que se o recurso for enviado através de sistema de transmissão, como fac-símile, os documentos obrigatórios devem ser apresentados apenas com o original, evitando assim um ônus desnecessário e inútil para o recorrente e para as serventias judiciais (art. 1.017, § 4º).

Mantida a correta obrigação de o agravante comunicar a interposição do recurso de agravo para o julgador de primeiro grau (art. 1.018), além da relação de documentos, inclusive para permitir o juízo de retratação. A nosso ver a finalidade primeira é tornar possível ao agravado ter ciência quanto ao conteúdo do recurso, sem necessidade de deslocar-se ao Tribunal e, em um segundo momento, permitir o juízo de retratação, mas não deve ser esta a interpretação na medida em que diferente da regra do art. 526, do Código de Processo Civil de 1973.

A interpretação deverá ser no sentido de não haver a obrigatoriedade da prática do ato. Utilizada a expressão *poderá* e não *deverá*. Em outros termos, simples faculdade quando se tratar de processo eletrônico, sendo obrigatória a prática do ato no caso de processos físicos (art. 1.018, §§ 2º e 3º).

Sem alteração a forma de processamento do agravo nos Tribunais (art. 1.019): a-) poderá ser atribuído efeito suspensivo ao recurso ou ser deferida, em antecipação de tutela, total ou parcialmente, a pretensão recursal, comunicando ao juiz sua decisão; b-) será intimado o agravado pessoalmente e por

---

a ciência processual propugna por um processo civil de resultados, em que as técnicas processuais sejam capazes de produzir resultados legítimos e justos, dando tutela jurisdicional útil a quem tiver razão. Para isso, devem ser aproveitados ao máximo os atos processuais, regularizando-se, sempre que possível, as nulidades ou irregularidades sanáveis" (TJSP – Embargos Infringentes. nº 157.992-5/7-01 – São Paulo, rel. Des. Gonzaga Franceschini, j. 24.04.02, LEX 258, p. 308).

carta com aviso de recebimento, quando não tiver procurador constituído, ou, pelo Diário da Justiça ou por carta dirigida ao seu advogado, com aviso de recebimento, para que responda no prazo de quinze dias, facultando-lhe juntar a documentação que entender necessária ao julgamento do recurso; c-) será determinada a intimação, preferencialmente por meio eletrônico, do Ministério Público, quando for caso de sua intervenção para que se pronuncie no prazo de quinze dias.

Passará a haver o prazo de um mês para o julgamento do agravo, contado da intimação do agravado para responder (art. 1.020).

Pensamos ter ocorrido um equívoco, pois o prazo deveria ser da conclusão ao relator. Intimado para responder em quinze dias, a serventia deverá ainda aguardar o decurso do prazo do protocolo integrado, atualmente em mais dez ou quinze dias, o que certamente ultrapassará o lapso temporal fixado no art. 1.020. Em outros termos, o relator receberá o processo com o seu prazo encerrado ou bem próximo disso.

6. O AGRAVO INTERNO

Apesar das discussões sobre a constitucionalidade do art. 557, do CPC e a possibilidade de decisões monocráticas, prevaleceu o entendimento que esta possibilidade estaria em consonância com a Constituição Federal, especialmente pelo fato de haver via adequada para submeter a matéria ao crivo do colegiado competente.

O agravo interno tem esta finalidade, qual seja, permitir que as decisões monocráticas sejam analisadas/julgadas pelo colegiado, devendo haver a obediência ao regimento interno de cada tribunal (art. 1.021).

Com a interposição do agravo interno será possível a retratação do relator, sendo que no caso de manutenção esse deverá ser apresentado para julgamento na sessão seguinte à sua interposição. Caso não ocorra julgamento na sessão seguinte, deverá haver a sua inclusão em pauta.

Mantido o regime atual em termos de sanção ao agravante, pois quando manifestamente inadmissível ou improcedente o agravo interno, assim declarado em votação unânime, o tribunal condenará o agravante a pagar ao agravado multa fixada entre um e cinco por cento do valor corrigido da causa, sendo que a interposição de qualquer outro recurso ficará condicionada ao depósito prévio do respectivo valor, ressalvados os beneficiários da gratuidade de justiça e a Fazenda Pública que farão o pagamento ao final.

7. OS EMBARGOS DE DECLARAÇÃO

Foi mantida a natureza recursal dos embargos de declaração (art. 1.022), afastando assim toda uma discussão desnecessária caso houvesse a alteração inicialmente aventada. É da tradição do direito brasileiro mencionada opção, com profundos estudos sobre o instituto. A *mudança pela mudança* deve ser sempre afastada. Necessário um motivo plausível e que seja útil para a sociedade.

Houve o aperfeiçoamento do instituto, ampliando as hipóteses de cabimento, inclusive passando a prever expressamente o erro material: a-) esclarecer obscuridade ou eliminar contradição; b-) suprir omissão de ponto sobre o qual devia pronunciar-se o órgãos jurisdicional de ofício ou a requerimento e; c-) corrigir erro material.

Temos que a possibilidade de utilização dos embargos de declaração para corrigir erro na análise de requisitos extrínsecos de admissibilidade do recurso era mesmo desnecessária, pois tal situação encontra-se prevista nas demais hipóteses de cabimento desse recurso.

Mantido o prazo tradicional de cinco dias, afastando de igual modo a necessidade de pagamento do preparo recursal, com desnecessária indicação (art. 1.023) de que haverá contagem em dobro do prazo no caso de litisconsortes com procuradores diversos (art. 229). Qual a razão para a expressa menção que apenas poderá causar problemas na interpretação dos dispositivos dos demais recursos?

De outro lado, perfeita a previsão de que se houver possibilidade de modificação da decisão (art. 1.023, § 2º), mostra-se necessária a intimação, para manifestação da parte contrária. Trata-se de uma praxe no sistema atual em obediência aos postulados constitucionais do contraditório e da ampla defesa. A positivação de uma posição jurisprudencial garantirá direitos de forma mais precisa.

Há o objetivo de evitar a posição de alguns julgados de não permitir o prequestionamento de determinado tema (art. 1.1.025), apesar de que será duvidosa a sua utilidade já que, havendo omissão, restará violada regra específica: *"Consideram-se incluídos no acórdão os elementos que o embargante pleiteou, para fins de prequestionamento, ainda que os embargos de declaração sejam inadmitidos ou rejeitados, caso o tribunal superior considere existentes erro, omissão, contradição ou obscuridade"*.

Afasta-se, corretamente, o efeito suspensivo dos embargos de declaração, mantida a interrupção dos prazos para os demais recursos. Contudo, adequadamente, permite ao relator deferir referido efeito em situações nas quais demonstrada a probabilidade de provimento do recurso, ou, sendo relevante a fundamentação, houver risco de dano grave ou difícil reparação (art. 1.026, § 1º).

Não havendo alteração na decisão embargada, será desnecessária a ratificação de recurso anteriormente apresentado pela parte adversa (art. 1.024, § 5º), providência atualmente exigida pelo Superior Tribunal de Justiça.[11]

Haverá uma adequação das sanções pela utilização irregular dos embargos de declaração, infelizmente prática comum, ou seja, se manifestamente protelatórios os embargos, o juiz ou o tribunal condenará o embargante a pagar ao embargado multa não excedente a dois por cento sobre o valor da causa. Na reiteração de embargos manifestamente protelatórios, a multa é elevada a até dez por cento sobre o valor da causa (art. 1.026, §§ 2º e 3º).

Ponto interessante será a da inadmissão *automática* de novos embargos de declaração quando os dois anteriores tiverem sido considerados protelatórios. A nossa posição é a de que perdeu-se oportunidade de deixar claro que a interposição de novos declaratórios, nesta situação em particular, não teria o efeito de interromper o prazo para os demais recursos, evitando a utilização de expediente para obstar a coisa julgada (art. 1.026, § 4º).

8. O RECURSO ORDINÁRIO

A denominação do instituto como recurso ordinário constitucional, utilizada pela Constituição Federal e pela doutrina, é correta, pois trata-se de um meio de impugnação das decisões expressamente previsto na Constituição Federal (arts. 102, II e 105, II da CF-88, art. 539 e 540 do CPC, arts. 33 a 35 da Lei dos Recursos, arts. 247 e 248 do RISTJ), com caráter ordinário, considerando a inexistência de requisito de admissibilidade especial, além daqueles usualmente exigidos para os demais recursos, possibilitando a cognição de matéria fática, ao contrário daqueles de natureza extraordinária que permitem apenas a análise de questões legais (constitucional ou infraconstitucional).

A sua natureza jurídica, por óbvio, é de um meio de impugnação, ou seja, de recurso, possuindo as características de uma apelação.

A previsão de um recurso ordinário constitucional é tradicional em nosso direito, podendo ser mencionada a Constituição de 1891 e o Decreto 848 de 1890[12].

---

11. *"A Turma, ao prosseguir o julgamento, entendeu, por maioria, que é extemporâneo o recurso de apelação interposto antes do julgamento dos embargos de declaração, sem posterior ratificação ou reiteração, no prazo recursal, dos termos da apelação protocolada prematuramente. Precedente citado: REsp 886.405-PR, DJe 1º/12/2008"* (STJ – REsp 659.663-MG, **rel. Min. Aldir Passarinho Junior, julgado em 01/12/2009 – Informativo STJ – 418/2009 e** STJ - REsp. 886.405-PR, rel. Min. Luiz Fux, j. 11.11.2008 – DJ 01.12.2009). Contudo o Supremo Tribunal Federal decidiu que somente há necessidade de ratificação no caso dos Embargos de Declaração modificaram o acórdão (STF – **AR nº 1.668**, rel. Min. Ellen Gracie, DJe de 11.12.2009).
12. Themistocles Brandão Cavalcanti. *A Constituição Federal Comentada*. Rio de Janeiro: José Konfino editor. 1956, vol. II, p. 326 e s.

Em um primeiro momento, até as decisões concessivas de *habeas corpus* viabilizavam a sua utilização, possibilidade posteriormente afastada (CF-1934, art. 76, II, "c" e CF-1937, art. 101, II, "b").

Na Constituição Federal de 1946 o recurso ordinário constitucional era previsto no art. 101, inciso II, alíneas "a" e "b", com pouca variação da redação atual. Lendo as colocações de Pontes de Miranda sobre o dispositivo retro indicado da Constituição de 1946[13], chega-se à conclusão de que bastaria que a decisão fosse denegatória e prolatada em sede de *habeas corpus* ou mandado de segurança para autorizar a utilização do recurso ordinário constitucional.

Em tese, seria possível a utilização do recurso ordinário constitucional mesmo quando a impetração não fosse originária, criando uma "terceira instância" de forma absolutamente supérflua.

Na Constituição de 1969 houve alteração no instituto, com a inclusão da competência para apreciar, em sede recursal, os crimes praticados contra a segurança nacional ou as instituições militares, além daqueles praticados pelos Governadores de Estado e seus Secretários, com relação aos mencionados delitos[14]. Vedou, ainda, a utilização de *habeas corpus* originário substituindo o recurso ordinário constitucional.

Agora haverá a disciplina processual do recurso ordinário constitucional no Código de Processo Civil (art. 1.027). Em termos de novidade passará a ser possível o julgamento do mérito estando a causa adequadamente instruída, apesar da posição contrária do Supremo Tribunal Federal[15], com a qual não concordamos (art. 1.027, § 2º). De qualquer modo, teremos que aguardar nova análise do tema e a verificação da sua constitucionalidade.

---

13. *Comentários à Constituição de 1946*. Rio de Janeiro: Livraria Boffoni, s.d., vol. II, p. 222: "(...). De qualquer decisão judicial que denegue habeas-corpus há recurso ordinário para o Supremo Tribunal Federal. Juízes, locais e federais, tribunais, locais ou federais, inclusive o Superior Tribunal Militar (...), e o Superior Tribunal Eleitoral (...), desde que neguem habeas-corpus, estão sujeitos a que da sua decisão se interponha o recurso do art. 101, II, a). (...)".

14. art. 129 da CF-69: "À Justiça Militar compete processar e julgar, nos crimes militares definidos em lei, os militares e as pessoas que lhes são assemelhadas. § 1º. Esse foro especial estender-se-á aos civis, nos casos expressos em lei, para repressão de crimes contra a segurança nacional ou as instituições militares. § 2º Compete originariamente ao Superior Tribunal Militar processar e julgar os Governadores de Estado e seus Secretários, nos crimes de que trata o § 1º. § 3º A lei regulará a aplicação das penas da legislação militar".

15. "2. Inaplicabilidade do art. 515, § 3º, do CPC - - inserido no capítulo da apelação - - aos casos de recurso ordinário em mandado de segurança, visto tratar-se de competência definida no texto constitucional" (RMS 24.789, Relator Ministro Eros Grau). 3. Recurso ordinário desprovido" (STF – RMS 26.615, rel. Min. Carlos Britto, Primeira Turma, j. 20.05.2008, DJe-206).

9. OS RECURSOS EXTRAORDINÁRIO E ESPECIAL

Sem dúvida que haverá o aperfeiçoamento do sistema de processamento dos recursos extraordinário e especial, apesar das desnecessárias repetições do texto constitucional.

Foi mantida a forma usual de interposição e processamento perante o Tribunal prolator do acórdão recorrido (art. 1.029).

Em termos de novidade podemos indicar as mais relevantes: a-) possibilidade de correção de eventuais vícios dos recursos ou mesmo da sua desconsideração, desde que não seja grave (art. 1.029, § 3º). Pensamos que pode ser determinado até mesmo o pagamento de preparo, mas não afastada a intempestividade; b-) será viável, em se tratando de recursos processados sob a regra que trata da resolução de demandas repetitivas, haver a suspensão pelo Presidente do Supremo Tribunal Federal ou do Superior Tribunal de Justiça, de todos os casos idênticos com efeito nacional; c-) melhor adequação quanto à forma de ser postulado efeito suspensivo, mediante postulação no próprio recurso ou em petição autônoma, após o juízo de admissibilidade, dispensado qualquer instrumento se a demanda já estiver no Tribunal Superior (art. 1.029, § 5º); d-) disciplina a competência para a análise do pedido de efeito suspensivo: – ao presidente ou vice-presidente do tribunal de origem, se o recurso estiver sobrestado; – ao relator se já tiver sido distribuído e perante o Tribunal Superior respectivo no período compreendido entre a interposição e a distribuição, com a prevenção do relator sorteado.

Grave erro foi a dispensa do Juízo de Admissibilidade. Com o Novo Código de Processo Civil todos os recursos serão remetidos aos Tribunais Superiores. Esperamos que no período da *vacatio legis* este mencionado erro seja corrigido.

Hipótese de verdadeira fungibilidade, por sinal jamais admitida, será a da conversão de recurso especial em extraordinário, quando será determinada a adequação: "Art. 1.032. *Se o relator, no Superior Tribunal de Justiça, entender que o recurso especial versa sobre questão constitucional, deverá conceder prazo de quinze dias para que o recorrente demonstre a existência de repercussão geral e se manifeste sobre a questão constitucional. Cumprida a diligência, remeterá o recurso ao Supremo Tribunal Federal, que, em juízo de admissibilidade, poderá devolvê-lo ao Superior Tribunal de Justiça*".

Do mesmo modo em se tratando de recurso extraordinário que veicule matéria preponderantemente legal: "Art. 1.033. *Se o Supremo Tribunal Federal considerar como reflexa a ofensa à Constituição afirmada no recurso extraordinário, por pressupor a revisão da interpretação da lei federal ou de tratado, remetê-lo-á ao Superior Tribunal de Justiça para julgamento como recurso especial*".

Além destes avanços, ao que parece será possível desconsiderar a necessidade de prequestionamento caso seja mantida a redação proposta para o parágrafo único, do art. 1.034, parágrafo único: *"Art. 1.034. Admitido o recurso extraordinário ou o recurso especial, o Supremo Tribunal Federal ou o Superior Tribunal de Justiça julgará o processo, aplicando o direito. Parágrafo único. Admitido o recurso extraordinário ou o recurso especial por um fundamento, devolve-se ao tribunal superior o conhecimento dos demais fundamentos para a solução do capítulo impugnado"*.

Passará a haver situações em que a repercussão geral será presumida: I – contrarie súmula ou jurisprudência dominante do Supremo Tribunal Federal; II – tenha sido proferido em julgamento de casos repetitivos; III – tenha reconhecido a inconstitucionalidade de tratado ou de lei federal, nos termos do art. 97 da Constituição Federal.

Em se tratando de julgamento da presença da repercussão geral, a súmula do julgamento será publica e terá o valor legal de um acórdão.

Será bem interessante ver como a jurisprudência irá receber estas positivas inovações.

10. OS AGRAVOS EM RECURSO ESPECIAL E EM RECURSO EXTRAORDINÁRIO

Não havendo mais Juízo de Admissibilidade em se tratando de recursos especial e extraordinário, os Agravos em Recurso Especial e em Recurso Extraordinário (art. 1.042) passam a ser cabíveis das decisões que: a-) indeferir pedido formulado com base no art. 1.035, § 6º, ou no art. 1.036, § 2º, de inadmissão de recurso especial ou extraordinário intempestivo; II – inadmitir, com base no art. 1.040, inciso I, recurso especial ou extraordinário sob o fundamento de que o acórdão recorrido coincide com a orientação do tribunal superior; III – inadmitir recurso extraordinário, com base no art. 1.035, § 8º, ou no art. 1.039, parágrafo único, sob o fundamento de que o Supremo Tribunal Federal reconheceu a inexistência de repercussão geral da questão constitucional discutida.

Deverá ainda o Agravante (art. 1.042, § 1º): a-) demonstrar a tempestividade dos recursos especial e extraordinário; b-) a existência de distinção entre o caso em análise e o precedente invocado, quando a inadmissão do recurso: b.1.-) especial ou extraordinário fundar-se em entendimento firmado em julgamento de recurso repetitivo por tribunal superior; b.2.-) extraordinário fundar-se em decisão anterior do Supremo Tribunal Federal de inexistência de repercussão geral da questão constitucional discutida.

Haverá a necessidade de um agravo para cada recurso que não tiver sido admitido (art. 1.042, § 6º).

11. OS EMBARGOS DE DIVERGÊNCIA

Por fim, mudanças significativas são propostas no caso dos embargos de divergência, mantidas as diretrizes básicas de cabimento tal como no atual regime (art. 1.043): a-) em recurso extraordinário ou em recurso especial, divergir do julgamento de qualquer outro órgão do mesmo tribunal, sendo os acórdãos, embargado e paradigma, de mérito; b-) em recurso extraordinário ou em recurso especial, divergir do julgamento de qualquer outro órgão do mesmo tribunal, sendo os acórdãos, embargado e paradigma, relativos ao juízo de admissibilidade; c-) em recurso extraordinário ou em recurso especial, divergir do julgamento de qualquer outro órgão do mesmo tribunal, sendo um acórdão de mérito e outro que não tenha conhecido do recurso, embora tenha apreciado a controvérsia; d-) nos processos de competência originária, divergir do julgamento de qualquer outro órgão do mesmo tribunal.

Aqui a grande inovação é permitir a utilização de paradigma na qual o recurso extraordinário ou especial não tenha sido *conhecido*, mas desde que o mérito tenha sido analisado. Outro ponto importante é que a divergência será admissível mesmo que esteja situada no âmbito da própria admissibilidade do recurso (matéria processual).

Não só será admissível embargos de divergência nos recursos extraordinário e/ou especial, mas de igual modo em se tratando de causas de competência originária. A restrição atual nem tem mesmo qualquer sentido, pois o que é relevante é que não haja divergência interna no âmbito dos Tribunais Superiores, inclusive em matéria processual.

Haverá a suspensão do prazo para a interposição de eventual recurso extraordinário quando em processamento embargos de divergência (art. 1.044).

12. CONCLUSÕES

Temos que realmente há uma necessidade de se pensar e termos um direito processual adequado para uma sociedade do século XXI.

O fato que não pode ser negado é que muitas das mudanças são realizadas sem estudos que possam dar respaldo a uma ou a outra opção. Sempre tem sido feito desta forma e este tipo de opção não mais pode persistir.

De qualquer modo, na parte ora analisada, o fato é que haverá grandes avanços com a com o nosso Novo Código de Processo Civil, especialmente com o aperfeiçoamento do Sistema Recursal, com inegável possibilidade de uma melhora na prestação jurisdicional.

13. BIBLIOGRAFIA

ALMEIDA, Gregório Assagra de & GOMES JUNIOR, Luiz Manoel. *Um Novo Código de Processo Civil para o Brasil*. Rio de Janeiro: GZ Editora, 2010.

Arruda Alvim, Araken de Assis & Eduardo Arruda Alvim. *Comentários ao Código de Processo Civil*. São Paulo: 2014.

ASSIS, Araken de. *Manual dos recursos*. São Paulo: Revista dos Tribunais, 2013.

CAVALCANTI, Themistocles Brandão. *A Constituição Federal Comentada*. Rio de Janeiro: José Konfino editor vol. II, 1956.

CHUEIRI, Mirian Fecchio & SOUZA, Emerson Cortezia de. *A remessa obrigatória e as ações coletivas em espécie – Sistema processual coletivo de proteção ao interesse público*. Revista de Processo. Ano 36. vol. 200. out. 2011.

_____. *Estudo Crítico do Reexame Obrigatório Previsto no artigo 475 do Código de Processo Civil Brasileiro*. São Paulo: Tese apresentada junto a banca de Doutorado na PUC/SP, 2004 – não publicada.

DINAMARCO, Cândido Rangel. *A Reforma da Reforma*. São Paulo: Malheiros Editores, 2002.

DIAS, Francisco Barros. *A Busca da Efetividade do Processo*. São Paulo: Revista dos Tribunais. Revista de Processo 97, 2000.

FERREIRA, William Santos. *Aspectos Polêmicos e Práticos da Nova Reforma Processual Civil*. Rio de Janeiro: Forense, 2002.

GAJARDONI, Fernando da Fonseca; ZUFELATO, Camilo. *Processo Civil*. Salvador: Juspodium, 3. ed., 2014.

MIRANDA, Pontes de. *Comentários à Constituição de 1946*. Rio de Janeiro: Livraria Boffoni, s.d., vol. II.

MOREIRA, José Carlos Barbosa. *Em Defesa da Revisão Obrigatória das Sentenças Contrárias à Fazenda Pública*. São Paulo: Revista Dialética de Direito Processual, nº 19, out./2004.

_____. *Comentários ao Código de Processo Civil*. Rio de Janeiro: Forense, vol. 5, 2010.

OLIVEIRA, Pedro Miranda de. *O novo regime dos embargos infringentes*. In NERY, Nelson Nery Junior; WAMBIER, Teresa Arruda Alvim (coord.) *Aspectos Polêmicos e Atuais dos Recursos Cíveis e de Outros Meios de Impugnação às Decisões Judiciais*, nº 7, São Paulo, Revista dos Tribunais, 2003.

SHIMURA, Sérgio. *Embargos infringentes e seu novo perfil (Lei 10.352/01)*. In NERY JUNIOR, Nelson; WAMBIER, Teresa Arruda Alvim (coord.). *Aspectos Polêmicos e Atuais dos Recursos Cíveis*, nº 5, São Paulo, Revista dos Tribunais, 2002.

CAPÍTULO 4
A impugnabilidade da decisão sobre o pedido de gratuidade da Justiça no novo Código de Processo Civil

Marco Antonio dos Santos Rodrigues[1]

SUMÁRIO: 1. A REGULAMENTAÇÃO DA GRATUIDADE DA JUSTIÇA NO CORPO DO CÓDIGO DE PROCESSO CIVIL; 2. A IMPUGNAÇÃO À DECISÃO SOBRE O BENEFÍCIO DA JUSTIÇA GRATUITA NA VIGÊNCIA DO CPC DE 1973; 3. O ATAQUE À DECISÃO QUE DEFERE O PEDIDO DE GRATUIDADE NO NOVO CPC; 4. MEIOS DE IMPUGNAÇÃO AO PRONUNCIAMENTO QUE INDEFERE OU REVOGA O BENEFÍCIO; 5. CONCLUSÕES; 6. REFERÊNCIAS BIBLIOGRÁFICAS.

1. A REGULAMENTAÇÃO DA GRATUIDADE DA JUSTIÇA NO CORPO DO CÓDIGO DE PROCESSO CIVIL

A gratuidade da justiça é instituto que de longa data vinha regulado em Lei especial – a Lei n. 1.060/50. O legislador, entretanto, em boa hora procurou regulamentar a gratuidade no bojo do Código de Processo Civil de 2015, conferindo maior efetividade a uma das formas de expressão do direito fundamental à assistência judiciária integral e gratuita, consagrado no artigo 5º, inciso LXXIV, da Constituição da República.

O capítulo II do Livro I do Código de Processo Civil de 2015 trouxe, então, uma seção própria para a regulamentação da gratuidade da justiça no novo CPC, reproduzindo algumas normas já constantes da referida Lei n. 1.060, adotando alguns entendimentos já reiterados na jurisprudência dos Tribunais Superiores[2], mas especialmente sistematizando pontos que eram omissos na regulamentação anterior.

Nessa linha, interessa, no presente estudo, a análise dos meios de impugnação à decisão acerca do pedido de gratuidade da justiça, tema que sofreu

---
1. Procurador do Estado do Rio de Janeiro. Professor Adjunto de Direito Processual Civil da Faculdade de Direito da Universidade do Estado do Rio de Janeiro. Pós-doutorando pela Universidade de Coimbra. Mestre em Direito Público e Doutor em Direito Processual pela Universidade do Estado do Rio de Janeiro. Professor de cursos de Pós-Graduação em Direito pelo Brasil. Membro do Instituto Brasileiro de Direito Processual, do Instituto Ibero-Americano de Direito Processual e da *International Association of Procedural Law*. Advogado
2. É o caso, por exemplo, do artigo 99, parágrafo 3º, que prevê que se presume verdadeira a alegação de insuficiência deduzida por pessoa natural.

relevantes mudanças em relação ao que era previsto anteriormente à edição do CPC de 2015.

2. A IMPUGNAÇÃO À DECISÃO SOBRE O BENEFÍCIO DA JUSTIÇA GRATUITA NA VIGÊNCIA DO CPC DE 1973

O Código de Processo Civil de 1973 não regula expressamente a impugnabilidade da decisão sobre o pedido de gratuidade da justiça. Com efeito, a regulamentação do tema se encontra na Lei n. 1.060/50, que em seu artigo 17 dispõe que as decisões decorrentes da aplicação da referida lei serão objeto de apelação, sendo que, se o pronunciamento impugnado tiver sido pela concessão do benefício, será o apelo recebido unicamente no efeito devolutivo.

Note-se, portanto, que a Lei n. 1.060/50 instituiu regra diferenciada para a apelação, estabelecendo o seu cabimento em face de decisão interlocutória. A decisão acerca da gratuidade, ainda que proferida em autos apartados, não possui natureza de sentença. Explica-se.

Sob a égide do CPC de 1973, o conceito de sentença se encontra no artigo 162, parágrafo 1º, que dispõe que a sentença "é o ato do juiz que implica alguma das situações previstas nos *arts. 267 e 269 desta Lei*". Em outras palavras, ao remeter aos artigos 267 e 269, o dispositivo consagrou que a sentença extingue o processo sem análise de mérito, ou que resolve o mérito da demanda.

Tal definição, contudo, gerou dúvidas quanto à natureza dos pronunciamentos do juiz no curso do processo que possam levar a uma extinção parcial do processo sem resolução do mérito ou a uma resolução meritória de apenas alguns pedidos[3]. Tomem-se como exemplos, respectivamente, a extinção de um dos pedidos de uma demanda por falta de interesse de agir, ou a sua resolução em virtude de decadência.

A aplicação literal de tal dispositivo do CPC de 1973 levaria à conclusão de que seria possível a prolação de diversas sentenças no curso da fase de conhecimento, ensejando, pois, o cabimento de várias apelações. Tal interpretação, contudo, não pode prevalecer, por algumas razões. Em primeiro lugar, a interpretação sistemática dos conceitos dos pronunciamentos judiciais, previstos nos parágrafos do referido artigo 162, demonstra haver uma sentença apenas na fase de conhecimento de um processo, à exceção de eventual procedimento especial que admita

---

3. Registre-se que, de outro lado, o artigo 356 do CPC de 2015 prevê expressamente a possibilidade de julgamento antecipado parcial do mérito, sendo que seu parágrafo 5º estabelece a impugnabilidade de tal pronunciamento por agravo de instrumento.

mais de uma sentença na atividade cognitiva[4]. Isso porque a definição de decisão interlocutória no parágrafo 2º do mencionado artigo é feita com base em um critério topográfico – trata-se de ato no curso do processo. Assim sendo, a sentença, por exclusão, deve ser ato ao final da fase de conhecimento do processo.

Ademais, importante notar que o conceito de sentença, da forma como previsto em sua última redação no artigo 162, parágrafo 1º, decorreu da reforma empreendida pela Lei n. 11.232/05, que reestruturou a execução de título judicial por quantia certa. Até então, tal dispositivo previa que a sentença punha termo ao processo, o que decorria de uma concepção de que a execução seria uma ação autônoma à de conhecimento, sendo cada um desses processos encerrados por uma sentença. Ocorre que tal lei complementou a transformação da execução de título judicial em fase, tornando-a sincrética e abandonando, como regra, seu caráter de ação. Por isso, era natural que a reforma da execução transformasse também a sentença, já que, na fase de conhecimento, esta somente encerraria a fase de conhecimento em primeiro grau, dando ensejo a eventual atividade cognitiva recursal ou à fase de execução[5].

Outro argumento contrário à utilização da interpretação literal do referido parágrafo 1º do artigo 162 é a dificuldade procedimental causada pela multiplicidade de sentenças na fase de conhecimento de um processo. Se as sentenças, por força do artigo 513 do CPC de 1973, estão sujeitas a apelação, seria possível a interposição de diversas apelações em um mesmo processo, sendo que estas levam à remessa dos autos ao Tribunal, caso admitidas, o que dificulta a continuação do processamento do feito em primeiro grau, caso a decisão impugnada não houvesse encerrado a fase de conhecimento.

Diante de todos esses argumentos, o conceito de sentença, sob a égide do CPC de 1973, merece interpretação sistemática, para que somente se considere um pronunciamento judicial como tal, se vier a encerrar a fase de conhecimento ou a de execução[6].

---

4. Nessa linha, THEODORO JÚNIOR, Humberto. *Curso de Direito Processual Civil – procedimentos especiais – vol. III*. 44ª ed. Rio de Janeiro: Forense, 2012, pp.92-93. Alexandre Câmara, por seu turno, afirma: " *O que se tem, repita-se, é uma cisão do julgamento do mérito, o que me leva a considerar que, em verdade, o que se tem na hipótese é provimento que deve ser considerado como 'sentença parcial'*". (CÂMARA, Alexandre Freitas. *Lições de direito processual civil: volume 3*. 19ª ed. Sao Paulo: Atlas, 2012, p.394).
5. Assim também: DIDIER JR, Fredie; BRAGA, Paula Sarno; OLIVEIRA, Rafael Alexandria de. *Curso de Direito Processual Civil*, vol.II. 5ª ed. Salvador: Editora Juspodivm, 2010, pp.280-281.
6. Nesse sentido: GRECO, Leonardo. *Instituições de processo civil, volume II*. Rio de Janeiro: Forense, 2010, p.328. MARINONI, Luiz Guilherme; ARENHART, Sérgio Cruz. *Curso de processo civil, volume 2: processo de conhecimento*. 12ª ed. Sao Paulo: Editora Revista dos Tribunais, 2014, pp.405-406. A esse respeito, afirma Alexandre Câmara: "*Aceita a ideia de que existem três módulos processuais distintos (o de conhecimento, o de execução e o cautelar), deve-se considerar sentença o ato do juiz que, resolvendo ou não o mérito da causa, tenha sido capaz de pôr termo a um módulo processual (no primeiro grau da jurisdição)*" (CÂMARA, Alexandre Freitas. *Lições de direito processual civil, volume I*. 19ª ed. Rio de Janeiro: Editora Lumen Juris, 2009, p.411).

O CPC de 2015, por seu turno, espantou qualquer dúvida quanto à definição de sentença: por força do artigo 203, parágrafo 1º, esta é ato que, com fundamento nos artigos 485 ou 487 – ou seja, extinguindo o feito sem resolução do mérito ou o resolvendo –, encerra a fase de conhecimento do procedimento comum ou de execução, excetuando-se eventual previsão de procedimento especial. Assim sendo, constata-se que, em princípio, haverá apenas uma sentença na fase de conhecimento.

Voltando-se à decisão acerca do pedido de gratuidade da justiça, e aplicando-se a esta o conceito de sentença do CPC de 1973 a partir de sua interpretação sistemática, pode-se afirmar que o pronunciamento que defere ou indefere o pedido de gratuidade, seja nos autos principais, seja em autos apartados, configura verdadeira decisão interlocutória, já que não encerra a fase cognitiva do processo, mas apenas resolve uma determinada questão.

Dessa forma, quando o artigo 17 da Lei n. 1.060/50 institui o cabimento de apelação em face das decisões acerca da gratuidade, define exceção à regra do artigo 513 do CPC de 1973, no sentido de que das sentenças cabe apelação. Isso porque, na hipótese de tal lei especial, a apelação é cabível, por força de norma específica, em face de decisão interlocutória.

No entanto, a interpretação de tal regra especial não pode ser literal, sob pena de gerar inconvenientes procedimentais. Assim é que o Superior Tribunal de Justiça acabou por interpretar de forma restritiva essa previsão: com base em precedentes reiterados desse Tribunal Superior, pode-se afirmar que a apelação

---

Na mesma linha, já decidiu o Superior Tribunal de Justiça: "PROCESSO CIVIL. AÇÃO DE RECONHECIMENTO E DISSOLUÇÃO DE UNIÃO ESTÁVEL. INSTAURAÇÃO DE INCIDENTE DE ALIENAÇÃO PARENTAL. RECURSO CABÍVEL PARA IMPUGNAR A DECISÃO PROFERIDA. EXISTÊNCIA DE ERRO GROSSEIRO. FUNGIBILIDADE INAPLICÁVEL. ARTS. ANALISADOS: 1 §§ ,162º E 2º, 522, CPC. 1. Incidente de alienação parental, instaurado no bojo de ação de reconhecimento e dissolução de união estável distribuída em 2010, da qual foi extraído o presente recurso especial, concluso ao Gabinete em 2 .2012/05/02. Discute-se o recurso cabível para impugnar decisão que, no curso de ação de reconhecimento e dissolução de união estável, declara, incidentalmente, a prática de alienação parental. 3. A Lei 2010/12.318 prevê que o reconhecimento da alienação parental pode se dar em ação autônoma ou incidentalmente, sem especificar, no entanto, o recurso cabível, impondo, neste aspecto, a aplicação das regras do CPC. 4. O ato judicial que resolve, incidentalmente, a questão da alienação parental tem natureza de decisão interlocutória (§ 2º do art. 162 do CPC); em consequência, o recurso cabível para impugná-lo é o agravo (art. 522 do CPC). Se a questão, todavia, for resolvida na própria sentença, ou se for objeto de ação autônoma, o meio de impugnação idôneo será a apelação, porque, nesses casos, a decisão encerrará a etapa cognitiva do processo na primeira instância. 5. No tocante à fungibilidade recursal, não se admite a interposição de um recurso por outro se a dúvida decorrer única e exclusivamente da interpretação feita pelo próprio recorrente do texto legal, ou seja, se se tratar de uma dúvida de caráter subjetivo. 6. No particular, a despeito de a Lei 2010/12.318 não indicar, expressamente, o recurso cabível contra a decisão proferida em incidente de alienação parental, o CPC o faz, revelando-se subjetiva - e não objetiva - a dúvida suscitada pela recorrente, tanto que não demonstrou haver qualquer divergência jurisprudencial e/ou doutrinária sobre o tema. 7. Recurso especial conhecido e desprovido" (STJ, REsp 1330172/MS, Rel. Ministra Nancy Andrighi, Terceira Turma, julgado em 11/03/2014, DJe 17/03/2014)".

será o recurso adequado somente em face das decisões acerca da gratuidade proferidas em autos apartados. Nesse sentido, confira-se:

> Processual civil. Agravo no agravo de instrumento. Impugnação ao deferimento da gratuidade judiciária. Decisão. Recurso cabível. Apelação. Fungibilidade recursal. Inadmissibilidade. Erro grosseiro.
>
> - A decisão que aprecia o incidente de impugnação ao deferimento da gratuidade judiciária, processado em autos apartados, desafia recurso de apelação, e não de agravo de instrumento. Nessa hipótese, não se aplica o princípio da fungibilidade recursal, por se configurar erro grosseiro. Precedentes. Agravo não provido[7].

Diante de tal entendimento, caso proferida decisão que indefira o benefício da justiça gratuita nos próprios autos do processo, o recurso cabível, sob a vigência do CPC de 1973, é o agravo, e que deve ser na modalidade de instrumento. Isso porque, embora, em virtude do artigo 522 de tal diploma, a regra seja a interposição na modalidade retida, há casos em que cabível o agravo de instrumento, sendo que tal pronunciamento pode ser enquadrado nessa hipóteses.

A partir da reforma empreendida pela Lei n. 11.887/05, pode-se afirmar que há três tipos de hipóteses em que cabível a interposição de agravo de instrumento[8]. A primeira delas, por expressa previsão legal. Há hipóteses em que o próprio legislador optou por tal modalidade de agravo, como é o caso da decisão que inadmite a apelação, segundo prevê o mesmo artigo 522, ou o pronunciamento que resolve o pedido de liminar no mandado de segurança, consoante estabelece o artigo 7º, parágrafo 1º, da Lei n. 12.016/09.

No artigo 522, encontra-se, ainda, outro tipo de situação em que o agravo se dará por instrumento: trata-se dos casos de urgência, em que a decisão não pode ser agravada da forma retida, pois este somente será apreciado por ocasião do julgamento da apelação, na forma do artigo 523 do CPC de 1973, quando já pode ter se materializado um dano irreversível por causa da decisão. Pode-se exemplificar com a decisão que defere ou indefere tutela antecipada, que comumente precisa ter examinada de plano, caso impugnada, pois seus efeitos podem ser suscetíveis de causar dano ao recorrente[9].

---

7. STJ, AgRg no Ag 579.729/SP, Rel. Ministra Nancy Andrighi, Terceira Turma, julgado em 14/06/2004, DJ 28/06/2004, p. 318.
8. DIDIER JR, Fredie; CUNHA, Leonardo José Carneiro da. *Curso de Direito Processual Civil*, vol.III. 8ª ed. Salvador: Editora Juspodivm, 2010, pp.145-146.
9. Assim já se manifestou o Superior Tribunal de Jutiça: "RECURSO ORDINÁRIO EM MANDADO DE SEGURANÇA. AGRAVO REGIMENTAL. ATO JUDICIAL APONTADO COMO COATOR QUE DETERMINOU A CONVERSÃO DE AGRAVO DE INSTRUMENTO EM RETIDO. NÃO OCORRÊNCIA DE EXCEÇÃO PREVISTA NO ART. 527, II, DO CPC. ORDEM DENEGADA. AGRAVO DESPROVIDO. 1. O agravo interposto contra decisão interlocutória será processado, em regra, na forma

Finalmente, cumpre salientar que há decisões que não geram imediatamente um dano irreversível ao direito em jogo na demanda, nem possuem previsão expressa de agravo de instrumento, mas que se afiguram incompatíveis com o agravo retido, dado o prejuízo que pode ser causado ao processo, caso não haja uma devolução imediata da matéria ao órgão com competência recursal. Nesse grupo se enquadra a decisão que indefere a gratuidade de justiça. Tal pronunciamento tem como efeito imediato que o ato que a parte pretendia praticar não pode ser admitido sem o recolhimento das custas respectivas, o que gerará um dano processual àquele que foi prejudicado com a decisão, e que indiretamente pode lesionar o direito em jogo na demanda. Tome-se como exemplo a decisão de indeferimento do benefício em desfavor do autor, no juízo de admissibilidade da demanda. Nesse caso, o não recolhimento das custas acarreta o cancelamento da distribuição, na forma do artigo 257 do CPC de 1973. Dessa forma, resta clara a impugnabilidade de tal decisão por agravo de instrumento[10].

---

retida, salvo quando se tratar de decisão suscetível de causar à parte lesão grave e de difícil reparação e nas demais exceções previstas na segunda parte do inciso II do art. 527 do CPC. 2. Contra decisão liminar ou antecipatória da tutela, o agravo comumente assume a forma "de instrumento", em face da urgência dessas medidas e dos sensíveis efeitos que normalmente produzem na esfera de direitos e interesses das partes. Para tanto, a parte agravante deve comprovar que a decisão atacada é suscetível de causar-lhe lesão grave e de difícil reparação. (...) 5. Agravo regimental desprovido" (AgRg no RMS 42.083/PR, Rel. Ministro Raul Araújo, Quarta Turma, julgado em 22/05/2014, DJe 16/09/2014).

10. A título exemplificativo: "PROCESSUAL CIVIL. RECURSO ESPECIAL. AGRAVO DE INSTRUMENTO. DESERÇÃO. PEDIDO DE ASSISTÊNCIA JUDICIÁRIA GRATUITA. INDEFERIMENTO. ABERTURA DE PRAZO PARA O RECOLHIMENTO DO PREPARO. INTIMAÇÃO ESPECÍFICA. PRECEDENTES. 1. A respeito do momento para a comprovação do preparo, a jurisprudência desta Corte é assente no sentido de que o indeferimento do pedido de gratuidade de justiça não pode conduzir ao imediato não conhecimento do recurso por deserção, sendo necessária a abertura de prazo específico para que a parte realize o preparo. 2. Hipótese em que, embora a recorrida tenha sido intimada tanto da decisão do Juízo de Primeiro Grau que indeferiu o pedido de justiça gratuita e determinou o recolhimento do preparo, quanto do desprovimento do Agravo interposto contra esta decisão, o prazo específico para o recolhimento foi assinado pelo Juízo de Primeiro Grau para após a ciência da decisão definitiva de indeferimento do pedido, sendo que a determinação foi devidamente cumprida dentro do prazo fixado, não havendo, portanto, que se concluir por deserção. 3. Recurso Especial improvido" (STJ, REsp 1368223/SP, Rel. Ministro Sidnei Beneti, Terceira Turma, julgado em 10/06/2014, DJe 27/06/2014); "PROCESSUAL CIVIL. ASSISTÊNCIA JUDICIÁRIA GRATUITA. INDEFERIMENTO COM BASE NA PROVA DOS AUTOS. REEXAME DE PROVA. IMPOSSIBILIDADE. SÚMULA 7/STJ. FUNDAMENTOS DA DECISÃO AGRAVADA NÃO ATACADOS. SÚMULA 182/STJ. 1. Cuida-se, na origem, de agravo de instrumento interposto contra decisão de juízo de primeira instância que indeferiu o pedido da ora agravante de gratuidade da justiça, recurso esse ao qual o Tribunal de origem negou provimento, com base nas provas dos autos. 2. A agravante dirige sua argumentação ao mérito da questão colocada no recurso especial, qual seja, o alegado direito à gratuidade da justiça, descuidando-se de tentar afastar os pontos firmados na decisão agravada, que não conheceu do recurso por entender que seria necessário o revolvimento das provas dos autos, o que não é possível a esta Corte pois esbarra no óbice da súmula 7/STJ. 3. Não atacadas as razões da decisão agravada, incide o enunciado da Súmula 182 deste Tribunal. Agravo regimental não conhecido" (AgRg no REsp 1341845/SP, Rel. Ministro HUMBERTO MARTINS, SEGUNDA TURMA, julgado em 09/10/2012, DJe 19/10/2012); "RESP - PROCESSUAL CIVIL - GRATUIDADE DE JUSTIÇA - INDEFERIMENTO - RECURSO CABÍVEL - Embora esta Corte venha se manifestando no sentido de ser adequado o recurso de apelação nos casos de gratuidade de justiça, há que se ressalvar as hipóteses das decisões sobre o tema nos autos da própria ação. As decisões, nestes casos, são de natureza interlocutória, cabível, portanto, agravo de instrumento" (REsp 174.298/RJ, Rel. Ministro LUIZ VICENTE CERNICCHIARO, SEXTA TURMA, julgado em 06/10/1998, DJ 09/11/1998, p. 189).

De outro lado, caso deferida a gratuidade, à luz da sistemática da Lei n. 1.060/50 em conjunto com o CPC de 1973, tal pronunciamento pode ser objeto de incidente de impugnação à gratuidade da justiça, que será processado em autos apartados, na forma do artigo 4º, parágrafo 2º, da Lei n. 1.060/50. O pronunciamento que resolve tal incidente, como visto, é decisão interlocutória, mas, por força do aludido artigo 17 da lei especial em tela, será passível de apelação por força de lei.

3. O ATAQUE À DECISÃO QUE DEFERE O PEDIDO DE GRATUIDADE NO NOVO CPC

A Lei n. 1.060/50 pouco regulamenta quanto à forma de impugnar a decisão que concede o benefício da justiça gratuita, prevendo, no artigo 4º, parágrafo 2º, que a impugnação não possui efeito suspensivo e será processada em autos apartados. O CPC de 2015, de outro lado, dedica o artigo 100 a tal tema, trazendo maior segurança jurídica àqueles que precisam atacar o referido pronunciamento.

O artigo 100 do novo CPC estabelece que, deferido o pedido em questão, pode a parte adversária oferecer impugnação na contestação, na réplica, nas contrarrazões de recurso ou, nos casos de pedido superveniente ou formulado por terceiro, por meio de petição simples, a ser ofertada no prazo de 15 dias, nos próprios autos do processo, sem que acarrete a suspensão do processo.

Diante de tal regra, verifica-se que o ataque à gratuidade da justiça sofreu importante inovação em relação ao sistema vigente, já que até a entrada em vigor no novo CPC, a impugnação se dá por peça própria, que corre em autos apartados. Com o CPC de 2015, constata-se que a impugnação não depende de petição própria, pois o artigo 100 deve ser interpretado no sentido de que esta será realizada na primeira oportunidade de que o adversário do beneficiário dispõe para se manifestar. Assim sendo, se a justiça gratuita foi concedida em virtude do juízo de admissibilidade da petição inicial, compete ao réu atacar tal pronunciamento na contestação. Já se foi o demandado o beneficiário, em virtude de requerimento em contestação, deve o autor impugnar na réplica. Se alguma das partes obteve o benefício em sede de recurso, caberá à outra questioná-lo em suas contrarrazões.

Ademais, caso o pedido de gratuidade tenha sido formulado por alguma das partes ou por terceiro no decorrer do processo, a decisão concessiva pode ser atacada por mera petição, que terá prazo de quinze dias e cuja oferta não suspenderá o processo.

Importante registrar, porém, que embora se possa extrair do artigo 100 que a impugnação à gratuidade deve se dar na primeira oportunidade de que a parte contrária dispõe para se manifestar após a sua concessão, parece possível que o prejudicado com tal decisão possa atacá-la a qualquer momento no curso do processo, se restar demonstrado que apenas posteriormente tomou conhecimento de elementos que demonstram que seu adversário não faz jus ao benefício, ou que restou alterada a situação econômico-financeira que justificou a sua concessão.

Tal conclusão inclusive decorre da análise do artigo 98, parágrafo 3º, do CPC de 2015, que estabelece que, vencido na demanda o beneficiário, as obrigações decorrentes da sucumbência ficarão sob condição suspensiva de exigibilidade, mas pode o credor executar tais verbas nos cinco anos subsequentes ao trânsito em julgado, caso demonstre que cessou a situação de insuficiência de recursos que deu ensejo ao deferimento da gratuidade.

Dessa forma, diante da possibilidade de que mesmo no curso da execução do julgado seja impugnada a concessão da justiça gratuita, pode-se afirmar que o interessado poderá, após a primeira oportunidade, atacar a decisão concessiva, desde que se funde no conhecimento de novos elementos, ou na alteração da situação econômico-financeira do beneficiário.

4. MEIOS DE IMPUGNAÇÃO AO PRONUNCIAMENTO QUE INDEFERE OU REVOGA O BENEFÍCIO

O CPC de 2015 também regulamentou expressamente os casos de indeferimento ou revogação da gratuidade da justiça. Em tais hipóteses, diferentemente do pronunciamento concessivo, o requerente é o prejudicado, e possui, então, interesse em recorrer de tal decisão.

O artigo 101 do novo CPC prevê que a decisão que indefere o pedido de gratuidade ou que revoga tal benefício é passível de agravo de instrumento, exceto quanto a questão for resolvida na sentença, hipótese em que caberá apelação. O novo CPC, diferentemente do CPC de 1973, não estabeleceu a impugnabilidade por agravo de qualquer decisão no curso do processo. Com efeito, a impugnação a tal pronunciamento de indeferimento do pleito de gratuidade ou de revogação do benefício é um dos casos em que possível o manejo de agravo de instrumento no CPC de 2015, considerando que o seu artigo 1.015 limita o cabimento desse recurso às decisões interlocutórias com expressa previsão legal nesse sentido, arroladas em tal dispositivo, sendo que seu inciso V prevê exatamente a possibilidade de uso de tal recurso nos casos de decisão de indeferimento do benefício ou de revogação de sua concessão. De outro lado, se uma decisão interlocutória não tiver a previsão de utilização de agravo, tal pronunciamento poderá ser atacado por ocasião da apelação, como questão preliminar, conforme prevê o artigo

1.009, parágrafo 1º, não ficando coberto pela preclusão, tendo em vista se tratar de *decisum* irrecorrível em separado[11].

De outro lado, se o juiz decidir pelo indeferimento ou revogação do benefício na sentença, embora tal capítulo da decisão tenha nítido caráter interlocutório, o princípio da unirrecorribilidade[12] impõe que seja interposto um único recurso em face do pronunciamento judicial, que será, em tal caso, a apelação, considerando a natureza predominante de sentença em tal ato.

Por isso, embora o efeito devolutivo da apelação transfira ao tribunal julgador do recurso os capítulos impugnados da sentença, em tal caso tem-se capítulo da sentença que não lhe é típico, mas que também pode ser atacado pela apelação.

De outro lado, pode ser que a gratuidade seja requerida em sede de recurso. Em tal hipótese, em nome do direito fundamental de acesso à justiça, consagrado no artigo 5º, inciso XXXV, da Constituição da República, e que configura verdadeiro direito de acesso a uma prestação jurisdicional justa[13], não pode ficar o recorrente tolhido de seu direito de acesso a uma outra instância em razão da ausência de recursos financeiros para tanto. Daí porque pode ser ofertado o recurso com o pedido de gratuidade, sendo que, se for inferido tal pleito, o relator assinará prazo para o recolhimento do preparo, sob pena de inadmissão do recurso.

Veja-se, portanto, que mesmo em tal hipótese a parte pode ser valer de seu recurso, sendo que o relator poderá rejeitar o benefício requerido. Em tal caso, poderá o recorrente ofertar agravo interno em face desse pronunciamento monocrático, considerando a previsão de cabimento desse agravo no artigo 1.021 do CPC de 2015.

5. CONCLUSÕES

O CPC de 2015 trouxe impactos em diversos institutos existentes no direito processual, dentre eles a gratuidade da justiça. Nesse sentido, constata-se que a

---

11. Note-se que a impugnação a decisões interlocutórias em sede de recurso em face da sentença não é uma exclusividade do CPC de 2015, considerando que, no microssistema dos juizados especiais, há decisões interlocutórias que são irrecorríveis em separado e, por isso, serão objeto de ataque por ocasião do recurso inominado em face da sentença, o que significa dizer que não ficam preclusas em virtude da falta de meio de impugnação que possa ser usado separadamente em face delas.
12. "O princípio da singularidade ou da unirrecorribilidade consiste na admissibilidade de interposição de apenas um recurso, uma única vez, contra qualquer decisão. Se o processo é único e única é a decisão, a devolução do poder jurisdicional deve dar-se apenas a um único juízo num único reexame" (GRECO, Leonardo. Princípios de uma teoria geral dos recursos. Revista Eletrônica de Direito Processual. Periódico da Pós-Graduação Stricto Sensu em Direito Processual da UERJ. Volume V, janeiro a junho de 2010, p.40. Disponível em: www.redp.com.br).
13. RODRIGUES, Marco Antonio dos Santos. *A modificação do pedido e da causa de pedir no processo civil*. Rio de Janeiro: GZ Editora, 2014, pp. 125-130.

impugnabilidade da decisão acerca de tal benefício sofreu sensível modificação com o novo diploma, por força dos artigos 100 e 101 deste.

À luz do CPC de 1973, combinado com a Lei n. 50/1.060, a decisão que indefere o benefício nos autos principais é passível de agravo de instrumento, ao passo que a decisão proferida nos autos do incidente de impugnação à gratuidade da justiça está sujeita a apelação, em razão de expressa disposição do artigo 17 da Lei n. 50/1.060.

O CPC de 2015, por seu turno, confere disciplina diferente aos meios de impugnação a tal pronunciamento judicial. A decisão que indefere o benefício em questão é passível de agravo de instrumento, sendo esse um dos casos expressamente previstos no artigo 1.015 como de decisão impugnável por tal recurso.

Ressalte-se, porém, que se a gratuidade for indeferida ou rejeitada na sentença, tal questão será impugnável por meio da apelação em face da sentença, sendo que o efeito devolutivo desse recurso abrangerá essa matéria, se tiver sido expressamente deduzida no apelo.

De outro lado, o deferimento do benefício pode ser atacado por meio da petição que incumba à outra parte ofertar no processo naquele momento processual, que pode ser, por exemplo, contestação, réplica ou contrarrazões a recurso. Se não for caso de petição específica a ser apresentada pela parte, incumbirá a esta impugnar a gratuidade concedida por meio de petição, no prazo de quinze dias.

Diante do CPC de 2015, constata-se que o efeito devolutivo da apelação passa a ter outros contornos, tendo em vista que, embora seja o recurso cabível em face das sentenças, por força do artigo 1.009, importante salientar que o parágrafo 1º do mesmo artigo estabelece, outrossim, a possibilidade de impugnação a decisões interlocutórias não sujeitas a agravo, o que representa uma exceção à singularidade dos recursos, já que um mesmo apelo poderá atacar a sentença e diversas decisões interlocutórias.

6. REFERÊNCIAS BIBLIOGRÁFICAS

CÂMARA, Alexandre Freitas. *Lições de direito processual civil*, volume III. 19ª ed. Sao Paulo: Atlas, 2012.

_____. *Lições de direito processual civil*, volume I. 19ª ed. Rio de Janeiro: Editora Lumen Juris, 2009.

DIDIER JR, Fredie; BRAGA, Paula Sarno; OLIVEIRA, Rafael Alexandria. *Curso de Direito Processual Civil*, vol.II. 5ª ed. Salvador: Editora Juspodivm, 2010.

_____; CUNHA, Leonardo José Carneiro da. *Curso de Direito Processual Civil*, vol.III. 8ª ed. Salvador: Editora Juspodivm, 2010.

GRECO, Leonardo. *Instituições de processo civil, volume II*. Rio de Janeiro: Forense, 2010.

_____.Princípios de uma teoria geral dos recursos. *Revista Eletrônica de Direito Processual*. Periódico da Pós-Graduação *Stricto Sensu* em Direito Processual da UERJ. Volume V, janeiro a junho de 2010. ISSN 1982-7636. Disponível em: www.redp.com.br.

MARINONI, Luiz Guilherme; ARENHART, Sérgio Cruz. *Curso de processo civil, volume 2: processo de conhecimento*. 12ª ed. Sao Paulo: Editora Revista dos Tribunais, 2014.

RODRIGUES, Marco Antonio dos Santos. *A modificação do pedido e da causa de pedir no processo civil*. Rio de Janeiro: GZ Editora, 2014.

THEODORO JÚNIOR, Humberto. *Curso de Direito Processual Civil – procedimentos especiais – vol. III*. 44ª ed. Rio de Janeiro: Forense, 2012.

CAPÍTULO 5

O Novo Código de Processo Civil vs. a Jurisprudência Defensiva

Márcio Carvalho Faria[1]

SUMÁRIO • 1. CONSIDERAÇÕES GERAIS: A EXPLOSÃO DA LITIGIOSIDADE, A JURISPRUDÊNCIA DEFENSIVA E A CRIAÇÃO DO NOVO CÓDIGO DE PROCESSO CIVIL (NCPC); 2. AS TENTATIVAS DO NCPC DE ENFRENTAR A JURISPRUDÊNCIA DEFENSIVA: 2.1. O ABANDONO DO FORMALISMO-EXCESSIVO E A IMPERIOSIDADE DE BUSCAR A RESOLUÇÃO DO MÉRITO; 2.2. O REGRAMENTO DA FORMA DE OBTENÇÃO DO PRÉ-QUESTIONAMENTO; 2.3. A DISPENSA EXPRESSA DA RATIFICAÇÃO RECURSAL; 2.4. O RIGORISMO NO PREENCHIMENTO DAS GUIAS DE PREPARO RECURSAL; 2.5. FUNGIBILIDADE ENTRE RECURSO ESPECIAL E RECURSO EXTRAORDINÁRIO; 3. CONSIDERAÇÕES FINAIS; 4. BIBLIOGRAFIA.

1. CONSIDERAÇÕES GERAIS: A EXPLOSÃO DA LITIGIOSIDADE, A JURISPRUDÊNCIA DEFENSIVA E A CRIAÇÃO DO NOVO CÓDIGO DE PROCESSO CIVIL (NCPC)

A Constituição Federal de 1988, como se sabe, abriu as portas do Poder Judiciário a um sem número de cidadãos que, antes, não tinham ciência de seus direitos ou, se detinham tais informações, não possuíam meios idôneos para pleiteá-los. Principalmente no Supremo Tribunal Federal e no Superior Tribunal de Justiça, essa "abertura das comportas" (somada a vários outros fatores como, por exemplo, o crescimento exponencial da população brasileira nos últimos vinte anos e a poderosa influência da informática no processo) causou uma enxurrada de demandas até então inimagináveis[2]. A liberação desta *"litigiosidade contida"*, na famosa expressão de *Kazuo Watanabe*[3], trouxe incontáveis benefícios à sociedade, todavia acabou por gerar, paradoxalmente, percalços gigantescos

---

1. Doutor e Mestre em Direito Processual (UERJ). Professor Adjunto de Direito Processual Civil (UFJF). Presidente do Instituto dos Advogados de Minas Gerais, seção Juiz de Fora (IAMG-JF). Advogado.
2. Tomando em conta somente o número de causas distribuídas no STF, de 1990 a 2006, o número de causas distribuídas por ano naquele Tribunal subiu assustadores 716,23%. Segundo dados retirados de www.stf.jus.br, em 1990 foram distribuídas 16.226 novas causas, enquanto que, em 2006, esse número chegou a 116.216. A título de curiosidade, e para mostrar a eficiência do filtro da repercussão geral, desde a sua entrada em vigor, em 3 de maio de 2007 (cf. Questão de Ordem decidida no AI 664.567, rel. Min. Sepúlveda Pertence), o número de processos no STF vem caindo consideravelmente, sendo certo que em 2013, por exemplo, chegaram àquela Corte "apenas" 27.528 novas causas, o que significa uma redução de mais de 76%.
3. WATANABE, Kazuo. Filosofia e características básicas do Juizado Especial de Pequenas Causas, *in* Juizado Especial de Pequenas Causas (obra coletiva coordenada por Kazuo Watanabe). São Paulo: RT, 1985, p. 2.

na própria prestação jurisdicional. Para se ter ideia (a despeito da inexistência de estudos oficiais sobre o tema), estima-se que, no Brasil, um processo dure, em média, 10 (dez) anos, tempo muito superior à paciência e à resistência da maioria dos jurisdicionados[4].

Por isso, há algum tempo os estudiosos do processo têm buscado, à exaustão, a sua *efetividade*[5]. De nada adianta um intrincado sistema de garantias procedimentais e uma variada gama de instrumentos processuais (ações coletivas, remédios constitucionais, ações de direito objetivo *etc.*) se o direito material, principal escopo da ciência processual, não puder ser alcançado. Como já se disse, fazer justiça é dar à parte aquilo, e exatamente aquilo, a que ela teria direito se a obrigação fosse adimplida de forma voluntária. Contudo, hoje, deve ser acrescida a essa conhecida expressão a questão do *tempo* no processo, na medida em que "*a justiça atrasada não é justiça, senão injustiça qualificada e manifesta*", nas conhecidas palavras de *Rui Barbosa*. O "*acesso à ordem jurídica justa*" passa, indubitavelmente, pela celeridade da resposta do Judiciário às questões a ele submetidas. Partindo dessa premissa, o Constituinte Reformador, por meio da Emenda Constitucional nº 45, de 2004, e o legislador ordinário[6] têm alterado, de forma sistemática, o emaranhado legislativo processual, com fincas, sobretudo, à "*duração razoável do processo*"[7-8].

Por outro lado, a Constituição determina, em seus artigos 102, III, e 105, III, que as Cortes Superiores (STF e STJ, respectivamente) devem zelar pelo

---

4. *Paulo Hoffman* aduzia, em 2006, que o prazo médio de duração de um processo no Brasil seria de cinco anos. Analisando, contudo, a enorme taxa de congestionamento dos processos (notadamente as execuções fiscais, que detêm uma taxa de 91,6%), conforme pesquisa realizada pelo CNJ ("Justiça em números", relatório de 2010, p. 184, disponível em http://www.cnj.jus.br/images/programas/justica-em--numeros/2010/rel_justica_numeros_2010.pdf, acesso em 04 jan. 2015), pode-se presumir que esse lustro deve ser, no mínimo, duplicado (HOFFMAN, Paulo. *Razoável duração do processo*. São Paulo: Quartier Latin, 2006).

5. Em verdade, tal preocupação remonta ao século passado, como se pode perceber no famoso Projeto Firenze coordenado por *Mauro Cappelletti* e *Brian Garth*, cujo relatório foi traduzido e publicado no Brasil há quase trinta anos (CAPPELLETTI, Mauro; GARTH, Brian. *Acesso à justiça*. Tradução Ellen Gracie Northfleet. Porto Alegre: Sergio Antonio Fabris, 1988).

6. Desde então, são pelo menos 23 leis a alterar o CPC/73: 11.112/05, 11.187/05, 11.232/05, 11.276/06, 11.277/06, 11.280/06, 11.382/06, 11.417/06, 11.418/06, 11.419/06, 11.441/07, 11.481/07, 11.672/08, 11.694/08, 11.695/09, 11.969/09, 12.008/09, 12.122/09, 12.125/09, 12.195/10, 12.322/10, 12.398/11 e 12.810/11.

7. Sobre o tema, remetemos o leitor interessado: FARIA, Márcio Carvalho. A duração razoável dos feitos: uma tentativa de sistematização na busca de soluções à crise do processo, in *Revista Eletrônica de Direito Processual*, v. 6, 2010, p. 425-465. Disponível em: http://www.redp.com.br, acesso em 30 jan. 2015.

8. Essa iniciativa do Legislativo faz parte de um programa maior, que envolve todos os poderes da República, e está sintetizado no "*Pacto de Estado em favor de um Judiciário mais rápido e republicano*", firmado em 15 de dezembro de 2004, e que tem vários objetivos visando, basicamente, a propiciar o pleno "*acesso à justiça*" (art. 5º, inciso XXXV, CF/88). Tais informações podem ser encontradas no *site* oficial do Ministério da Justiça (MJ), mais precisamente no seguinte endereço: <http://www.mj.gov.br/data/Pages/MJ8E452D9OI-TEMIDA08DD25C48A6490B9989ECC844FA5FF1PTBRIE.htm>, acesso em 27 jan. 2015.

cumprimento das normas de direito objetivo, sendo as últimas instâncias recursais brasileiras, cada qual com sua competência[9]. Nesse diapasão, compete a elas, de forma plena e inabalável, evitar qualquer mácula à CF/88 e à lei federal e, ademais, determinar qual a forma correta de se interpretar o direito positivado. Apesar disso, pelos motivos já expostos e, principalmente, pelo acúmulo de demandas a elas submetidas, têm-se verificado, infelizmente, (i) um sem número de decisões imprecisas, (ii) os nefastos julgamentos "por pilhas", e (iii) a tentativa desesperada – e orientação velada – da jurisprudência de brecar, a todo custo, os recursos excepcionais, evitando que os mesmos desemboquem nas Cortes Superiores, dentre outras consequências não menos nebulosas[10].

Nesse prisma, são inúmeros os expedientes adotados, dentre os quais, v.g., citam-se: (i) exigência de ratificação prévia de recursos excepcionais interpostos antes do julgamento de embargos de declaração[11]; (ii) rigorismo desmedido no preenchimento de guias de preparo recursal[12]; (iii) impossibilidade de correção de

---

9. MEDINA, José Miguel Garcia. *Prequestionamento e repercussão geral: e outras questões relativas aos recursos especial e extraordinário*. 5. ed. São Paulo: RT, 2009.
10. Com a mesma preocupação, *Carlos Alberto Alvaro de Oliveira* realizou "uma reflexão crítica sobre a situação atual do Poder Judiciário brasileiro, cada vez mais premido pelo aumento geométrico das causas que chegam ao sistema, o que aliás constitui fenômeno de portada mundial. Preocupa-me, no entanto, que a reação se expresse às vezes em uma espécie de efetividade perniciosa, conducente a um formalismo excessivo e não valorativo, baseado apenas no desempenho numérico e na estatística. Em outras hipóteses, não muito raras, as soluções encontradas mostram-se heterodoxas e surpreendentes, colocando em xeque o direito fundamental da segurança, apanágio do Estado Constitucional e Democrático de Direito. Parece-me que esse tipo de tratamento, embora possa contribuir para desafogar o Judiciário, não coopera para sua legitimação perante a sociedade civil, nem resolve realmente o problema". (OLIVEIRA, Carlos Alberto Alvaro. *Do formalismo no processo civil*. 4. ed. São Paulo: Saraiva, 2010, p. 13).
11. Vide o enunciado da súmula 418/STJ: "É inadmissível o recurso especial interposto antes da publicação do acórdão dos embargos de declaração, sem posterior ratificação" (STJ, Súmula nº 418 – 03/03/2010 – DJe 11/03/2010).
12. Nesse sentido, veja-se: "PROCESSUAL CIVIL. AGRAVO REGIMENTAL NO AGRAVO DE INSTRUMENTO. GUIA DE RECOLHIMENTO DO PORTE DE REMESSA E RETORNO E SEU RESPECTIVO COMPROVANTE DE PAGAMENTO. ILEGIBILIDADE. PEÇA ESSENCIAL. IMPOSSIBILIDADE DE SE AFERIR A REGULARIDADE DO RECURSO ESPECIAL. PRECEDENTES. 1. A eg. Corte Especial do Superior Tribunal de Justiça orienta-se no sentido de que, "a partir da edição da Resolução nº 20/2004, além do recolhimento dos valores relativos ao porte de remessa e retorno em rede bancária, mediante preenchimento da Guia de Recolhimento da União (GRU) ou de Documento de Arrecadação de Receitas Federais (DARF), com a anotação do respectivo código de receita e a juntada do comprovante nos autos, passou a ser necessária a indicação do número do processo respectivo". 2. Com isto, ficou consolidado, no âmbito do STJ, o entendimento de que, em qualquer hipótese, a ausência do preenchimento do número do processo na guia de recolhimento macula a regularidade do preparo recursal, inexistindo em tal orientação jurisprudencial violação a princípios constitucionais relacionados à legalidade (CF, art. 5º, II), ao devido processo legal e seus consectários (CF, arts. 5º, XXXV e LIV, e 93, IX) e à proporcionalidade (CF, art. 5º, § 2º). Ressalva do entendimento pessoal deste Relator, conforme voto vencido proferido no julgamento do AgRg no REsp 853.487/RJ. *3. Na hipótese dos autos, considerando que o recurso não foi instruído com cópia legível do preparo do recurso especial, que permitisse verificar a indicação do número do processo no Tribunal de origem, é inevitável reconhecer a inviabilidade de conhecimento do apelo especial.* 4. Agravo regimental a que se nega provimento. (STJ, 4T., AgRg no Ag 1415318/RS, Rel. Min. Raul Araújo, j. 25/10/2011, DJe 07/12/2011)".

eventuais vícios sanáveis[13]; (iv) inconsistências eternas no trato do pré-questionamento[14]; (v) a necessidade, quase obrigatória, de interposição simultânea de re-

---

No mesmo sentido: "DECISÃO. PROCESSUAL CIVIL. RECURSO ESPECIAL. PORTE DE REMESSA E RETORNO. EXIGÊNCIA DO ART. 41-B DA LEI 8.038/1990 E DAS RESOLUÇÕES 20/2004 E 12/2005 DO STJ. 1. O Porte de Remessa e Retorno deve ser recolhido no Banco do Brasil mediante preenchimento da Guia de Recolhimento da União (GRU) ou do Documento de Arrecadação de Receitas Federais (DARF), Constando o número do processo a que se refere. 2. Recurso Especial a que se nega seguimento (art. 557, caput, do CPC). Trata-se de Recurso Especial (art. 105, III, "a" e "c", da CF) interposto contra acórdão do Tribunal de Justiça do Estado de Minas Gerais. Os Embargos de Declaração opostos foram rejeitados (fl. 410). Contra-razões apresentadas às fls. 599-562. É o relatório. Decido. Os autos foram recebidos neste Gabinete em 29.10.2009. Observo que o Recurso Especial está irregular, pois o comprovante de recolhimento juntado aos autos não traz o número do processo a que se refere (fl. 384). Tal exigência é respaldada no art. 41-B da Lei 8.038/1990, prevista também na Resolução 20, de 25.11.2004, renovada na Resolução 12, de 7.6.2005, que foi alterada pelo Ato 141, de 7.7.2006, desta Corte, que determina: Art. 2º – Os valores constantes desta Tabela devem ser recolhidos no Banco do Brasil mediante preenchimento de Guia de Recolhimento da União (GRU), UG/Gestão 050001/00001, Código de Recolhimento "18827-1 – Porte de remessa e retorno dos autos", podendo ser acessada no endereço eletrônico www.stj.gov.br, contas públicas, guia de recolhimento da União e anotando-se o número do processo a que se refere, juntando-se comprovante aos autos. Sem a indicação do número do processo, não se comprova que as custas foram recolhidas. Nesse sentido, os seguintes julgados: AGRAVO INTERNO – RECURSO ESPECIAL – PORTE DE REMESSA E RETORNO – INDICAÇÃO DO NÚMERO DO PROCESSO RESPECTIVO – NECESSIDADE. – A GRU de recolhimento do porte de remessa e retorno deve estar preenchida com, no mínimo, o número do processo a que se refere (Lei 8.038/1990, Art. 41-B). Sem tal indicação, não se comprova que as custas do processo foram devidamente recolhidas. (Ag Rg no Resp 980.164, Rel. Ministro Humberto Gomes de Barros, DJ 25.10.2007). PROCESSUAL CIVIL – RECURSO ESPECIAL – PREPARO IRREGULAR – RESOLUÇÕES 20/2004 E 12/2005 DO STJ. 1. Nos termos das Resoluções 20/2004 e 12/2005 do Superior Tribunal de Justiça, o número do processo deve constar obrigatoriamente no DARF (Documento de Arrecadação de Receitas Federais) ou na GRU (Guia de Recolhimento à União), sob pena de deserção. Precedentes. 2. Recurso especial não conhecido. (Resp 961.205/GO, Rel. Ministra Eliana Calmon, DJ 18.04.2008). Ressalte-se que a indicação do número do processo na folha em que foi impressa a guia de pagamento eletrônico, feita à caneta pelo próprio recorrente, não supre a exigência, pois não impede a utilização do mesmo GRU para comprovar o recolhimento de custas em outros autos. Diante do exposto, nos termos do art. 557, caput, do CPC, nego seguimento ao Recurso Especial. Publique-se. Intimem-se. Brasília (DF), 25 de fevereiro de 2010. Min. Herman Benjamin – Relator (...)".(STJ, REsp 1.120.666/MG, Rel. Min. Herman Benjamin, j. 25/02/10, DJe 04/03/10; destaques acrescentados).

13. Ad exemplum, veja-se o enunciado da súmula nº 115/STJ: "Na instância especial é inexistente recurso interposto por advogado sem procuração nos autos" (Órgão Julgador: CE – Corte Especial; Data do Julgamento: 27/10/1994; Data da Publicação/Fonte: DJ 07/11/1994 p. 30050 – RSTJ vol. 70 p. 331 – RT vol. 710 p. 164). Felizmente, porém, o STJ parece estar dando mostras de que sua própria súmula deve sofrer temperamentos, conforme se lê da recente notícia relativa a um julgamento (ainda não publicado) realizado em 19 de março de 2015 pela 1ª Turma do STJ. Nele, após "sete longos anos entre apelação, embargos e sustentação oral, detectou-se, no STJ, que a cadeia de procuração e substabelecimentos outorgando poderes ao causídico subscritor do REsp estaria incompleta" e, "dada a antiguidade da falha, a relatoria (...) optou por afastar a incidência da súmula [115/STJ], aplicando a teoria da distinção, e conhecer do recurso, em detrimento do quadro", pois, disse a Relatora, "(...) não podemos deixar de reconhecer que também houve uma falha do Judiciário", de modo que a situação até aquele momento não declarada teria sido "convalidada", uma vez que "não poderíamos causar uma surpresa para a parte que por tão delongado período o próprio Judiciário não se apercebeu dessa falha (REsp 1.504.791)". O inteiro teor da notícia pode ser aqui consultado: http://www.migalhas.com.br/Pilulas/217595, acesso em 21 mar. 2015.

14. Vide os enunciados de súmulas 211/STJ (Inadmissível recurso especial quanto à questão que, a despeito da oposição de embargos declaratórios, não foi apreciada pelo tribunal "a quo") e 356/STF ("O ponto omisso da decisão, sobre o qual não foram opostos embargos declaratórios, não pode ser objeto de recurso extraordinário, por faltar o requisito do prequestionamento").

curso especial e recurso extraordinário, dada a dificuldade extrema em se definir, exatamente, os contornos da ofensa constitucional ser *direta* ou *reflexa*[15] etc.

Há, desse modo, um paradoxo: os julgamentos no STF e no STJ estão atrasados, porque, em tese, há muitas demandas; assim, dificulta-se o manejo dos recursos excepcionais, responsáveis pela imensa maioria do ofício dos Ministros Julgadores; entretanto, são exatamente estes, os recursos excepcionais, os instrumentos de que dispõem os Tribunais Superiores para cumprir as suas funções constitucionais. Diminuídos os recursos, será possível atingi-las, com esmero e precisão?

Em síntese: qual a melhor medida para *desobstruir a brigada protetora*[16] que se formou na jurisprudência brasileira?

Noutro giro, e mais diretamente: como enfrentar a *jurisprudência defensiva*[17-18], que está a impedir – ou pelo menos dificultar – o *acesso à ordem jurídica justa*[19] e à própria *efetividade processual*[20], frustrando os anseios da sociedade e fazendo perecer a força normativa do direito[21]?

---

15. "EMENTA. Agravo regimental no recurso extraordinário. Recurso especial. Pressupostos processuais. Legislação infraconstitucional. Princípios do devido processo legal, do contraditório e da ampla defesa. Ofensa reflexa. Responsabilidade civil do Estado. Reexame de fatos e provas. Impossibilidade. Precedentes. 1. As questões processuais de natureza infraconstitucional relativas aos requisitos de admissibilidade de recurso da competência do STJ são de reexame inviável no recurso extraordinário. 2. *A afronta aos princípios do devido processo legal, da ampla defesa e do contraditório, dos limites da coisa julgada e da prestação jurisdicional, quando depende, para ser reconhecida como tal, da análise de normas infraconstitucionais, configura apenas ofensa indireta ou reflexa à Constituição da República*. 3. Inadmissível em recurso extraordinário o reexame de legislação infraconstitucional e das provas dos autos. Incidência das Súmulas nos 636 e 279/STF. 4. Agravo regimental não provido". (STF, 1T., RE 421556 AgR, Rel. Min. Dias Toffoli, j. 08/11/2011, divulg. 01/12/11 public. 02/12/11; destaques acrescentados).

16. O termo "brigadista" foi usado pelo próprio Superior Tribunal de Justiça, como se lê de notícia publicada em seu *site* oficial em 25/04/08, mais especificamente pelo Min. Humberto Gomes de Barros. Veja-se: http://www.stj.jus.br/portal_stj/publicacao/engine.wsp?tmp.area=398&tmp.texto=87293, acesso em 10 jan. 2015.

17. Expressão cunhada, pelo que se tem notícia, pelo então Ministro do Superior Tribunal de Justiça Humberto Gomes de Barros, por ocasião de seu discurso de posse à Presidência daquele Tribunal. Para ele, a jurisprudência defensiva consiste "na criação de entraves e pretextos para impedir a chegada e o conhecimento dos recursos que lhes são dirigidos". In: http://bdjur.stj.gov.br/dspace/bitstream/2011/16933/1/Discurso_Posse_Gomes+de+Barros.pdf, acesso em 10 jan. 2015.

18. Especificamente sobre a jurisprudência defensiva, confira o nosso: FARIA, Márcio Carvalho. O acesso à justiça e a jurisprudência defensiva dos tribunais superiores, *in Revista do Instituto dos Advogados de Minas Gerais*, v. 16. Belo Horizonte: IAMG, 2010, p. 371-388.

19. Expressão de lavra de WATANABE, Kazuo. Acesso à justiça e sociedade moderna, *in* GRINOVER, Ada Pellegrini; DINAMARCO, Cândido; WATANABE, Kazuo (org.). *Participação e processo*. São Paulo: Revista dos Tribunais, 1988, p. 128-135.

20. Efetividade processual deve ser entendida como o resultado da equação cujos fatores são "o maior alcance prático e o menor custo possíveis na proteção concreta dos direitos dos cidadãos". Nesse sentido: GRECO, Leonardo. *Garantias fundamentais do processo: o processo justo*, *in* http://www.mundojuridico.adv.br/sis_artigos/artigos.asp?codigo=429, acesso em 9 jan. 2015.

21. "(...) Perece a força normativa do direito quando ele já não corresponde à natureza singular do presente. Opera-se então a frustração material da finalidade dos seus textos que estejam em conflito com a realidade, e ele se transforma em obstáculo ao pleno desenvolvimento das forças sociais (...)". (GRAU,

A distinta *Comissão de Juristas*, nomeada pelo Ato do Presidente do Senado Federal nº 379, de 2009, com o objetivo de elaborar um projeto de Novo Código de Processo Civil, não poderia deixar de enfrentar essas tormentosas questões. E assim o fez, sob a presidência do Professor Titular da Faculdade de Direito da Universidade do Estado do Rio de Janeiro e Ministro do STF *Luiz Fux*, com o indispensável apoio de mais de uma dezena de juristas de várias partes do país[22].

O texto original, apresentado ao Senado Federal em 8 de junho de 2010, ganhou o número PLS 166/2010, e foi intensamente debatido durante o segundo semestre de 2010 naquela casa e fora dela, seja através de milhares de mensagens eletrônicas enviadas pelos mais diversos setores da sociedade civil, seja por meio de audiências públicas realizadas por várias cidades brasileiras.

Em 15 de dezembro de 2010, e após o acolhimento de inúmeras sugestões, o texto-base foi aprovado, sendo enviado à Câmara dos Deputados, onde ganhou o número PL 8.046/2010[23]. Naquela Casa Revisora, após quase quatro anos de trami-

---

Eros. *Ensaio e Discurso sobre a interpretação/aplicação do Direito*. 3.ed. São Paulo: Malheiros, 2005, p. 114).

22. A saber: Teresa Arruda Alvim Wambier, Adroaldo Furtado Fabrício, Benedito Cerezzo Pereira Filho, Bruno Dantas, Elpídio Donizetti Nunes, Humberto Theodoro Júnior, Jansen Fialho de Almeida, José Miguel Garcia Medina, José Roberto dos Santos Bedaque, Marcus Vinicius Furtado Coelho e Paulo Cezar Pinheiro Carneiro.

23. Para comprovar o alegado, veja relato de *Luiz Henrique Volpe Camargo*, que fez parte dos trabalhos relativos ao PLS 166/10 no Senado Federal: "(...) Como é de conhecimento geral, foi constituída uma comissão de juristas para elaborar um anteprojeto para reforma do CPC, presidida pelo Ministro Luiz Fux, na qual figurou como Relatora-Geral a emérita professora Teresa Arruda Alvim Wambier. Elaborado o anteprojeto, ele foi entregue ao Senador José Sarney, Presidente do Senado Federal, que por sua vez, o subscreveu como autor, dando início à tramitação legislativa do Projeto de Lei do Senado de nº 166, de 2010. Por força do regimento interno do Senado Federal, a apreciação de projetos de Código deve ser realizada por uma comissão especial de 11 Senadores, designada especificamente para tal fim. Cumprindo o regimento, foram designados os 11 Senadores, ocasião em que foram eleitos o Presidente, Senador Demóstenes Torres, e o Vice-Presidente, Senador Antonio Carlos Valadares, e designado o Relator-geral, Senador Valter Pereira. Tão logo designado, o Relator-Geral elaborou um *Plano de Trabalho* que previu visitas a autoridades em Brasília; a remessa de diversos ofícios para outras autoridades de todos os Estados brasileiros, disponibilizando canal para a remessa de sugestões; a realização de 10 audiências públicas – tudo com um único objetivo: colher subsídios para aperfeiçoar o texto originário. No *Plano de Trabalho* também foi constituída uma comissão de quatro técnicos, no âmbito do Senado Federal, para auxiliar a elaboração do relatório-geral, com a revisão do Projeto e análise, uma a uma, de todas as sugestões encaminhadas. A convite do Sem. Valter Pereira, tive a honra de participar desta equipe de trabalho ao lado do Ministro apresentado do STJ Athos Gusmão Carneiro, do professor da PUC-SP e advogado Cassio Scarpinella Bueno e do Des. do TJ/MS Dorival Renato Pavan. Sob a batuta do Relator-Geral, foram apreciados 58 outros projetos de Lei da Câmara e do Senado que foram apensados ao NCPC e as 220 emendas a artigos específicos apresentados por 12 senadores. Também analisamos mais de 800 *e-maills*, cartas e sugestões encaminhadas pelo *site* do Senado Federal; 106 notas técnicas enviadas por diversas instituições e órgãos, além de sugestões orais feitas em 224 manifestações realizadas nas 10 audiências públicas ocorridas Brasil afora. Dando voz às diversas ponderações feitas pela comunidade jurídica, foi realizada ampla revisão e alteração do texto inicial. Ao todo, foram alterados/ excluídos 447 artigos e introduzidos 75 novos dispositivos. Tudo isso resultou na elaboração de um relatório--geral pelo Senador Valter Pereira de 550 páginas e na consolidação de um texto, tecnicamente denominado de *substitutivo*. Também foi elaborado um *quadro comparativo* entre o texto do Código em vigor (que tem

tação e diversas alterações, o texto foi aprovado em 26 de março de 2014, tendo sido devolvido ao Senado Federal, onde, novamente com o número PLS 166/2010, foi finalmente aprovado em 17 de dezembro de 2014.

Ultrapassado o recesso parlamentar – quando foram feitas renumerações e adaptações necessárias por força da votação de alguns destaques enfrentados na sessão de aprovação acima mencionada –, o texto final foi enviado à sanção presidencial em 24 de fevereiro de 2015, o que ocorreu em 16 de março de 2015, com publicação no Diário Oficial da União, de 17 de março de 2015, da lei federal nº 13.105, ou seja, o *Novo Código de Processo Civil* (NCPC) brasileiro[24].

Há que se ressaltar que, desde o texto original, passando por todas as suas versões, o combate à jurisprudência defensiva se fez presente e, sobretudo, mostrou-se como uma das prioridades do legislador.

Afinal, a despeito da rigidez da importância dos requisitos de admissibilidade dos recursos e do rigorismo técnico de muitos instrumentos processuais e, infelizmente, da baixa qualidade de boa parte do corpo de operadores do Direito, algumas exigências jurisprudenciais são desarrazoadas e ilegítimas[25] e, lamentavelmente, apenas uma mudança legislativa poderia resolver o problema.

Nesse sentido, toca-nos discorrer, sem a pretensão de exaurir o tema, acerca de algumas regras previstas no NCPC que, se bem aplicadas, certamente farão com que, conforme lição de *José Carlos Barbosa Moreira*[26], os julgadores deixem

---

1.220 artigos), o Projeto Original (que tem 970 artigos) e o *substitutivo* (que, ao final, foi aprovado com 1.007 artigos), para compreensão de todos e que está disponível para consulta pública. (...) Diante disso, e diante do consenso entre os Senadores, o relatório-geral foi aprovado na Comissão Especial à qual me referi, e também no plenário do Senado Federal. Depois disso, em 19.12.2010, foi remetido para a Casa revisora, isto é, para a Câmara dos Deputados. Lá foi renumerado para Projeto de Lei 8046/10 e seguirá sua tramitação legislativa. (CAMARGO, Luiz Henrique Volpe. A fungibilidade entre o recurso especial e o recurso extraordinário no Projeto do Novo CPC e a ofensa reflexa e frontal à Constituição Federal, *in* ROSSI, Fernando *et al* (coord.). *O futuro do processo civil no Brasil: uma análise crítica ao Projeto do Novo CPC*. Belo Horizonte: Fórum, 2011, p. 407-419, especialmente p. 407-408).

24. A tramitação do Projeto de Lei do Senado Federal nº 166, de 2010, pode ser aqui consultada: http://www.senado.gov.br/atividade/materia/detalhes.asp?p_cod_mate=97249, acesso em 18 mar. 2015.
25. CIUFFO, Diogo Carneiro. Os requisitos de admissibilidade dos recursos especial e extraordinário e a sua ilegítima utilização como filtros recursais, *in Revista de Processo*, v. 160. São Paulo: RT, 2008, p. 205-232.
26. Os julgadores não devem "(...) exagerar na dose: por exemplo, arvorando em motivos de não conhecimento circunstâncias de que o texto legal não cogita, nem mesmo implicitamente, agravando sem razão consistente exigências por ele feitas, ou apressando-se a interpretar em desfavor do recorrente dúvidas suscetíveis de suprimento. (...) É inevitável o travo de insatisfação deixado por decisões de não-conhecimento; elas lembram refeições em que após os aperitivos e os hors d'oeuvre, se despedissem os convidados sem o anunciado prato principal". (MOREIRA, José Carlos Barbosa. Restrições ilegítimas ao conhecimento dos recursos, *in Temas de direito processual*. Nona série. São Paulo: Saraiva, 2007, p. 270).

de "exagerar na dose" dos formalismos-excessivos[27], fazendo com que os jurisdicionados tenham acesso ao "prato principal", ou seja, o julgamento de mérito da causa.

2. AS TENTATIVAS DO NCPC DE ENFRENTAR A JURISPRUDÊNCIA DEFENSIVA

2.1. O ABANDONO DO FORMALISMO-EXCESSIVO E A IMPERIOSIDADE DE BUSCAR A RESOLUÇÃO DO MÉRITO

Ab initio, cumpre-nos analisar aquilo que talvez seja um dos *pilares* do NCPC[28], qual seja, o abandono do *formalismo-excessivo* e a imperiosidade de se aproveitar os atos processuais em sua plenitude, priorizando a resolução do *meritum causae*. É bem verdade que, de há muito, no estudo das nulidades, adota-se a ideia-força *pass de nullité sans grief*, pelo que, em um primeiro momento, a afirmação acima pode ser vista como repetitiva.

Ocorre, porém, que o NCPC, sem olvidar os inúmeros avanços obtidos com o instrumentalismo[29], deu, a nosso sentir, *um passo adiante* em busca da proteção dos direitos fundamentais, inaugurando uma "nova fase metodológica" que *Carlos Alberto Alvaro de Oliveira* chamou de "formalismo-valorativo"[30].

---

27. OLIVEIRA, Carlos Alberto Alvaro de. *O Formalismo-valorativo no confronto com o Formalismo excessivo*. Disponível em http://www6.ufrgs.br/ppgd/doutrina/CAO_O_Formalismo-valorativo_no_confronto_com_o_Formalismo_excessivo_290808.htm, acesso em 8 jan. 2015.

28. É o que se presume a partir da Exposição de Motivos ao Projeto de Novo Código, apresentada pela Comissão presidida pelo Min. Luiz Fux: "(...) *Significativas foram as alterações no que tange aos recursos para o STJ e para o STF. O novo Código contém regra expressa que leva ao aproveitamento do processo, de forma plena, devendo ser decididas todas as razões que podem levar ao provimento ou ao improvimento do recurso.* (...) Vê-se, pois, que as alterações do sistema recursal a que se está aqui aludindo proporcionaram simplificação e *levaram a efeito um outro objetivo, de que abaixo se tratará: obter o maior rendimento possível de cada processo.* (...)" (Anteprojeto do Novo CPC. Disponível em http://www.senado.gov.br/senado/novocpc/pdf/Anteprojeto.pdf, p. 28-29, acesso em 1 fev. 2015; destaques acrescentados).

29. DINAMARCO, Cândido Rangel. *A instrumentalidade do processo*. 13. ed. São Paulo: Malheiros, 2008.

30. "(...) Tudo conflui, pois, à compreensão do processo civil a partir de uma nova fase metodológica – o *formalismo-valorativo*. Além de equacionar de *maneira adequada* as relações entre direito e processo, entre processo e Constituição e colocar o processo no centro da teoria do processo, o formalismo-valorativo mostra que o formalismo do processo é formado a partir de *valores – justiça, igualdade, participação, efetividade, segurança* – base axiológica a partir da qual ressaem *princípios, regras e postulados* para sua elaboração dogmática, organização, interpretação e aplicação. Nessa perspectiva, o processo é visto, para além da técnica, como fenômeno cultural, produto do homem e não da natureza. Nele os valores constitucionais, principalmente o da efetividade e da segurança, dão lugar a direitos fundamentais, com características de normas principais. A técnica passa a segundo plano, consistindo em mero meio para atingir o valor. O fim último do processo já não é mais apenas a realização do direito material, mas a concretização da justiça material, segundo as peculiaridades do caso. (...)". (OLIVEIRA, Carlos Alberto Alvaro. *Do formalismo...*, ob. cit., p. 22-23).

Isso porque, como se verá abaixo, em várias passagens, acolhendo orientações da doutrina[31] e até da própria jurisprudência[32], o NCPC reforçou a obrigatoriedade de o magistrado perseguir a tutela jurisdicional meritória, seja em primeiro grau de jurisdição, seja nos tribunais locais, seja nas vias excepcionais. Afinal, é ele, o mérito[33],

---

31. É o que leciona, brilhantemente, Leonardo Greco: "(...) O processo é meio e não fim em si mesmo, meio válido e apropriado de exercício da jurisdição, que tem por escopo a tutela das situações jurídicas de vantagem agasalhadas pelo ordenamento. *Quando o juiz extingue o processo sem resolução do mérito, frustra a realização da finalidade da jurisdição, pois não provê à tutela do direito material das partes. Por isso, o sistema processual deve favorecer os juízos de mérito e não exacerbar requisitos e condições prévios que dificultem o acesso à tutela do direito material. O acesso à justiça somente se concretiza através de provimentos de tutela do direito material das partes e não através de provimentos restritos a questões de conteúdo meramente processual.* Se as partes preenchem as condições da ação, ou seja, se elas evidenciam o seu direito à tutela do direito material, o sistema processual deve facilitar e favorecer que a atividade jurisdicional se exerça de modo útil e proveitoso, não criando obstáculos irrazoáveis aos provimentos de mérito. (...) *toda vez em que o juiz extingue o processo por um vício processual insanável ou insanado, o exercício da jurisdição fracassou e o Estado não cumpriu o seu dever de assegurar a tutela jurisdicional efetiva dos direitos dos cidadãos.* (GRECO, Leonardo. *Translatio iudicii* e reassunção do processo, in Revista de Processo. v. 166. São Paulo: RT, 2008, p. 9-26; destaques acrescentados)

32. Nesse mesmo sentido, vide interessantíssima posição da Min. *Nancy Andrighi*: "(...) Tenho sempre ressaltado, em diversos precedentes, a urgente necessidade de se simplificar a interpretação e a aplicação dos dispositivos do Código de Processo Civil. *O processo, repito sempre, tem de viabilizar, tanto quanto possível, a decisão sobre o mérito das causas.* Complicar o procedimento, estabelecendo uma regra para a Justiça Federal e outra para a Justiça Estadual, seria um desserviço à administração da justiça. Quanto mais difícil tornarmos o trabalho dos advogados, maior será o número dos profissionais especializados quase que exclusivamente no processo civil, dedicando um tempo desproporcional ao conhecimento da jurisprudência sobre o próprio processo, tomando ciência das novas armadilhas fatais e dos percalços que as novas interpretações do procedimento lhes colocam no caminho. É fundamental, porém, que os advogados tenham condição de trabalhar tranqüilos, especializando-se, não apenas no processo, mas nos diversos campos do direito material a que o processo serve. É o direito material que os advogados têm de conhecer, em primeiro lugar, para viabilizar a melhor orientação pré judicial de seus clientes, evitando ações desnecessárias e mesmo para, nos casos em que o processo for inevitável, promover a melhor defesa de mérito para os jurisdicionados. *Os óbices e armadilhas processuais só prejudicam a parte que tem razão, porque quem não a tem perderá a questão no mérito, de qualquer maneira. O processo civil dos óbices e armadilhas é o processo civil dos rábulas.* Mesmo os advogados mais competentes e estudiosos estão sujeitos ao esquecimento, ao lapso. O direito das partes não pode depender de tão pouco. Nas questões controvertidas, convém que se adote, sempre que possível, a opção que aumente a viabilidade do processo e as chances de julgamento da causa. Não a opção que restringe o direito da parte. As Reformas Processuais têm de ir além da mudança das leis. Elas têm de chegar ao espírito de quem julga. Basta do processo pelo simples processo. Que se inicie uma fase de viabilização dos julgamentos de mérito. (Voto vista vencedor nos autos do REsp 975.807/RJ Rel. Min. Humberto Gomes de Barros, Rel. p/acórdão Min. Nancy Andrighi, 3ª Turma, j. 02/09/2008, DJe 20/10/2008, destaques acrescentados).

33. "O vocábulo mérito provém do verbo *mereo, merere*, que, entre outros significados, tem o de 'pedir, pôr preço'; tal é a mesma origem de *meretriz*, e aqui também há a idéia de preço, cobrança. Daí se entende que *mérito* é aquilo que alguém vem a juízo pedir, postular, exigir (...) etimologicamente é a *exigência* que, através da demanda, uma pessoa apresenta ao juiz para exame. Julgar o mérito é julgar essa exigência, ou a *pretensão* que o autor traz da vida comum para o processo com o pedido de seu julgamento pelo juiz. O juiz julga o mérito quando proclama a demanda inicial procedente, improcedente ou procedente em parte (art. 269, inc. I), quando pronuncia a prescrição ou a decadência (inc. IV) e, também, por força de uma definição legal, quando homologa o reconhecimento do pedido, a transação ou a renúncia ao direito (incs. II, III e V – falsas sentenças de mérito). Segundo a Exposição de Motivos do CPC, que reproduz assertivas feitas por seu autor em sede doutrinária, o mérito é representado pela lide e 'a lide é o objeto

o pedido imediato de toda demanda[34], na medida em que não parece razoável que alguém se contente com o mero recebimento de sua pretensão...

Para o NCPC, o juiz deve, incessantemente, privilegiar o direito material, deixando as filigranas processuais de lado para buscar a resolução do litígio e a tutela dos interesses juridicamente relevantes dos jurisdicionados. Assim, por exemplo, o futuro código permitirá que o julgador afaste vícios que não se reputem graves até mesmo nas instâncias excepcionais ou, ainda, que seja concedido prazo razoável às partes a fim de sanar defeitos eventualmente existentes, evitando-se decisões terminativas.

Vejamos, abaixo, alguns dispositivos que reforçam o alegado:

i) Art. 317, NCPC. Antes de proferir decisão sem resolução de mérito, o juiz deverá conceder à parte oportunidade para, se possível, corrigir o vício.

Esse dispositivo demonstra uma explicitação do princípio da colaboração ou cooperação, insculpido na *Parte Geral* do *NCPC* (art. 6o[35]), que determina a todos os sujeitos intervenientes do processo e, *in casu*, especificamente ao magistrado, a observância do *dever de advertência*[36], que, como ressalta *Nelson Nery Júnior*[37], já foi inclusive positivado em legislações alienígenas.

---

fundamental do processo e nela se exprimem as aspirações em conflito de ambos os litigantes'. (...)" (DINAMARCO, Cândido Rangel. *Vocabulário do processo civil*. São Paulo: Malheiros: 2009, p. 186-187).

34. No mesmo sentido, *Sergio Bermudes*: "(...) O pedido é o *mérito* da ação (latim *meritum*, ganho, proveito, o que se mereceu; de *merere*, merecer. Aliás, chamam-se os juízes de meritíssimos, considerando-se os merecimentos que os elevaram à posição de dignidade que eles ocupam). Decidir o pedido, acolhendo-o ou o rejeitando, é julgar o mérito. Nem sempre ocorre a possibilidade desse julgamento (...)". (BERMUDES, Sergio. *Introdução ao processo civil*. 4. ed. Rio de Janeiro: Forense, 2006, p. 44).

35. Art. 6º, NCPC: "Todos os sujeitos do processo devem cooperar entre si para que se obtenha, em tempo razoável, decisão de mérito justa e efetiva".

36. No mesmo sentido, *Luiz Guilherme Marinoni* e *Daniel Mitidiero*: "(...) Em atenção à colaboração que deve orientar a conduta do juiz com relação às partes no processo civil, o art. 301 do Projeto prevê dever geral de prevenção. Vale dizer: dever de o juiz avisar as partes de que o uso inadequado do processo pode colocar em risco o exame do direito material, impondo-lhe o dever de oportunizar aos litigantes a correção dos rumos de suas postulações. Trata-se de norma que se encontra em estrita consonância com as linhas fundamentais do Projeto. Por debaixo, há não só a necessidade de o órgão jurisdicional prestar tutela jurisdicional para viabilizar a organização de um processo justo, mas também a segura indicação de que no processo civil do Estado Constitucional importa privilegiar, sempre que possível, decisões que enfrentem o mérito da causa em detrimento de soluções puramente processuais aos litígios, relativizando-se o binômio direito e processo para que esse funcione como meio realmente idôneo para a prestação da tutela aos direitos". (MARINONI, Luiz Guilherme; MITIDIERO, Daniel. *O projeto do CPC: críticas e propostas*. São Paulo: RT, 2010, p. 112).

37. "(...) Nada obstante a proibição de a decisão-surpresa ser decorrência natural do princípio constitucional do contraditório, inserido na Constituição da maioria dos países democráticos, há Estados que explicitam aspectos processuais e procedimentais dessa proibição em seus códigos de processo civil. Na Alemanha a proibição da Überraschungsentscheidung foi instituída formalmente no direito positivo pela vereinfachungsnovelle, de 1976, pela redação da ZPO 278, III. O instituto vem sendo aperfeiçoado e está regulado,

Além disso, consagra a *proibição de decisões-surpresa,* conforme, aliás, estabelece o art. 10[38], contido na Parte Geral do *NCPC,* evitando que as partes se vejam surpreendidas com o reconhecimento de determinado vício sanável apto a extinguir o feito. De se ver que, mesmo para as matérias de ordem pública, esta *advertência* deve ser observada, tendo o *NCPC* adotado firme posição contrária às *decisione della terza via* ou **Überraschungsentscheidungen**.

Vale dizer: embora tal afirmação possa parecer vanguardista no direito brasileiro, a preocupação em se evitar os *julgamentos de algibeira* não é recente. Na Itália, *Vittorio Denti*[39], desde 1968, alertava acerca dessa proibição[40]. Ao comentar a ZPO da Áustria, conforme relatam *Humberto Theodoro Júnior* e *Dierle José Coelho Nunes,* Pollak afirmava, ainda em 1931, que o tribunal não deveria surpreender as partes com pontos de vista jurídicos que não tivessem sido alvo de análise em fase preliminar[41].

Trata-se, em síntese, de concretização do princípio do contraditório, na medida em que uma decisão judicial legítima não pode *surpreender* os sujeitos do processo, sob pena de violação à segurança jurídica e ao devido processo legal.

---

hoje, na ZPO 139, 2, com a redação dada pela reforma de 2001. A mudança do texto anterior da ex-ZPO § 278, III, para o atual, da vigente ZPO § 139, 2, é significativa. No texto anterior eram objeto da proteção apenas as situações jurídicas, ao passo que na redação atual qualquer situação, de fato ou de direito, é alcançada pela proteção contra decisão-surpresa. Outra alteração é relativa à obrigatoriedade de o tribunal fazer advertência às partes, comunicando-as sobre a possibilidade de haver questões que podem ter passado sem a percepção dos litigantes ou que, de ofício, podem ser decididas pelo juiz. Esse dever de advertência não constava da redação revogada, embora tenha sido sempre considerada, tanto pela doutrina como pela jurisprudência, como necessária. O dever de advertência atribuído ao juiz tem sido considerado pela doutrina como o núcleo central do princípio constitucional do contraditório. (...) Semelhante tratamento existe no direito processual civil da França, a propósito do CPC francês 16, que proíbe o juiz de fundar suas decisões sobre questões de direito examináveis *ex officio,* sem que tenha intimado as partes para apresentarem suas observações. (...) Reforma ocorrida no processo civil português introduziu regra assemelhada no CPC Português 3º, 3. Esse dispositivo não retira do juiz a liberdade de decidir de acordo com seu livre convencimento, que 'constitui, de resto, uma da essentialia da função jurisdicional: o que se trata é apenas de evitar, proibindo-as, as *decisões-surpresa'.* (NERY JÚNIOR, Nelson. *Princípios do processo na Constituição Federal.* 9. ed. São Paulo: RT, 2009, p. 228-230).

38. Art. 10, NCPC. "O juiz não pode decidir, em grau algum de jurisdição, com base em fundamento a respeito do qual não se tenha dado às partes oportunidade de se manifestar, ainda que se trate de matéria apreciável de ofício".

39. DENTI, Vittorio. Questioni rilevabili d'ufficio e contraddittorio, *in Rivista di Diritto Processuale,* v. 33. Padova: CEDAM, 1968, p. 221-222.

40. Sobre o tema, com várias passagens sobre o direito italiano atual (art. 101, comma 2º, CPC Italiano), veja-se excelente escrito de *Marco Gradi*: GRADI, Marco. Il principio del contraddittorio e le questioni rilevabili d'ufficio, *in Revista de Processo,* v. 186. São Paulo: RT, 2010, p. 109-160.

41. THEODORO JÚNIOR, Humberto; NUNES, Dierle José Coelho. Princípio do contraditório: tendências de mudança de sua aplicação, *in Revista da Faculdade de Direito do Sul de Minas.* v. 28. Pouso Alegre: jan-jun. 2009, p. 177-206, especialmente p. 194.

ii) Art. 488, NCPC. *Desde que possível, o juiz resolverá o mérito sempre que a decisão for favorável à parte a quem aproveitaria eventual pronunciamento nos termos do art. 485.*

Indubitavelmente, tem-se aqui mais uma demonstração clara do privilégio que o NCPC deu ao julgamento meritório, embora se trate de pequena adaptação daquilo que já consta no CPC/73, em seu art. 249, § 2º.

Em verdade, sob o prisma da prestação jurisdicional, o julgamento de mérito é deveras mais interessante, quer sob o prisma do autor, quer pelo prisma do réu. Afinal, é o julgamento meritório que faz coisa julgada material, eterniza a solução do conflito e traz segurança aos contendores acerca do objeto litigioso controvertido; por outro lado, a sentença terminativa, embora possa resultar no término do processo em curso, não evita, regra geral, o retorno do ajuizamento da mesma demanda, pelas mesmas partes, fazendo com que todo o *iter* processual tenha que ser refeito.

Ademais, também para o réu (em que pese a criticável redação do art. 301, CPC/73[42]), é preferível a solução do processo com o julgamento de *improcedência* do pedido autoral, dada a possibilidade de formação da *coisa julgada material* (art. 467, CPC/73), em vez da mera extinção do feito.

Dessa feita, o novel dispositivo favorece aquele que, sob a ótica do direito material, tem razão, o que configura uma situação muito mais vantajosa para todos os sujeitos da relação jurídica processual, quer do ponto de vista das partes

---

42. Nesse ponto, ombreamos a crítica bem lançada por *Fredie Didier Júnior*: "(...) O art. 301 do CPC determina que cabe ao réu, antes de discutir o mérito da causa, apresentar a sua defesa contra a admissibilidade do processo, apontando os vícios que porventura comprometam a viabilidade do procedimento. Assim, as defesas do réu deveriam ser apresentadas em forma de *cumulação imprópria*: primeiro as defesas de admissibilidade e, em seguida, para o caso de não-acolhimento delas, as defesas de mérito. (...). A previsão normativa merece uma aplicação não literal. Primeiramente, é preciso compreender os requisitos de admissibilidade do processo como requisitos de validade. A falta de um requisito de validade somente pode gerar *inadmissibilidade* (invalidade do procedimento) se houver prejuízo ao interesse protegido pela exigência formal que foi desrespeitada. É por isso que o § 2º do art. 249 do CPC determina que, 'quando puder decidir do mérito a favor da parte a quem aproveite a declaração de nulidade, o juiz não a pronunciará nem mandará repetir o ato, ou suprir-lhe a falta'. A falta de um requisito de admissibilidade que visa proteger o réu pode ser ignorada, por exemplo, se o órgão jurisdicional puder julgar improcedente a demanda. Aquela suposta primazia não é, portanto, absoluta. Em segundo lugar, é preciso notar que um julgamento de improcedência do pedido pode ser mais interessante ao réu do que uma extinção sem resolução de mérito, tendo em vista a aptidão que a primeira decisão possui para tornar-se indiscutível pela coisa julgada material. Ora, se em relação ao objeto litigioso do processo, composto pelo conjunto das postulações de autor e réu, vigora no Direito brasileiro o princípio dispositivo, não parece possível, sob pena de ofensa à liberdade, impor-se ao demandado, sempre, a opção pela decisão terminativa em detrimento de uma decisão definitiva que lhe seja favorável. Cabe ao demandado proceder a essa escolha, assim como cabe ao demandado estabelecer a ordem de prioridade dos pedidos na cumulação subsidiária (art. 289 do CPC)" (DIDIER JÚNIOR, Fredie. *Curso de direito processual civil.* v. 1. 13. ed. Salvador: Juspodivm, 2011, p. 511-512).

(que resolverão a contenda definitivamente, com força de coisa julgada material), quer do ponto de vista do julgador, que efetivamente prestará a jurisdição.

iii) Art. 938, NCPC. A questão preliminar suscitada no julgamento será decidida antes do mérito, deste não se conhecendo caso seja incompatível com a decisão. § 1º Constatada a ocorrência de vício sanável, inclusive aquele que possa ser conhecido de ofício, o relator determinará a realização ou a renovação do ato processual, no próprio tribunal ou em primeiro grau, intimadas as partes. § 2º Cumprida a diligência de que trata o § 1º, o relator, sempre que possível prosseguirá o julgamento do recurso. § 3º Reconhecida a necessidade de produção de prova, o relator converterá o julgamento em diligência, que se realizará no tribunal ou em primeiro grau de jurisdição, decidindo-se o recurso após a conclusão da instrução. § 4º Quando não determinadas pelo relator, as providências indicadas nos §§ 1º e 3º poderão ser determinadas pelo órgão competente para o julgamento do recurso.

O dispositivo acima transcrito, de redação elogiável, busca estender o que já ocorre no julgamento da apelação (art. 515, § 4º, CPC/73) para todos os recursos e processos nos tribunais, determinado que o relator ou o próprio colegiado, em vez de optar pela cômoda saída da inadmissão, intime as partes para que sanem o defeito encontrado, permitindo, posteriormente, se possível, o conhecimento do mérito.

Também aqui, como ocorre no art. 317, NCPC acima comentado, prevalece a orientação da *cooperação processual* a legitimar a atuação jurisdicional, mais especificamente o *dever de prevenção*, que se define, como leciona *Daniel Mitidiero*[43], como o dever de o julgador "prevenir as partes do perigo de o êxito de seus pedidos ser frustrado pelo uso inadequado do processo"[44].

Cabe ressaltar que o mesmo intento vale também – e mais uma vez andou bem o legislador ao extirpar quaisquer dúvidas a esse respeito – para as matérias atinentes à produção probatória, conforme se vê, especificamente, no § 3º do art. 938, NCPC.

Isso porque, como se sabe, é iterativa a prática jurisprudencial de se aplicar a súmula 7/STJ[45] a esse respeito, sob o argumento de que não competiria às ins-

---

43. Definição trazida por *Daniel Mitidiero*, com apoio em *Miguel Teixeira de Souza*. (MITIDIERO, Daniel. *Colaboração no processo civil – Pressupostos sociais, lógicos e éticos*. São Paulo: RT, 2009, p. 76).
44. Para Miguel Teixeira de Sousa, o poder-dever de diálogo do juiz se desdobra em quatro deveres essenciais, a saber: dever de esclarecimento, dever de prevenção, dever de consulta e dever de auxílio (ou de assistência). Sobre o tema, consulte: SOUSA, Miguel Teixeira de. *Estudos sobre o Novo Processo Civil*. 2.ed. LEX: Lisboa, 1997, p. 65.
45. STJ Súmula nº 7 – 28/06/1990 – DJ 03.07.1990: "A pretensão de simples reexame de prova não enseja recurso especial".

tâncias superiores revisar o campo fático para verificar se houve, ou não, insuficiência probatória[46], em que pese a relevância que determinada prova possa ter para o deslinde do caso.

Sob tal perspectiva, os dispositivos do CPC/73 ligados ao direito probatório acabam por não ser controlados em sua inteireza pelo STJ, principalmente pelas escusas da vedação de observância às regras fáticas e, ainda, pelo livre convencimento motivado dos julgadores originários[47]. Assim, por exemplo, se determinado juiz resolve julgar procedente o pedido do autor tomando por base apenas um relato de uma única testemunha, o "livre convencimento motivado", previsto nos artigos 130 e 131 do CPC/73, acaba sendo privilegiado em detrimento, por exemplo, de extensa prova pericial eventualmente produzida[48-49].

Em síntese, tem-se a aplicação da noção de que, sendo o juiz o destinatário da prova, a ele caberia (in)deferir a sua produção, sendo dado às partes apenas

---

46. Veja-se, ad exemplum: PROCESSO CIVIL. AGRAVO DE INSTRUMENTO NÃO-CONHECIDO. RECURSO ESPECIAL. ATAQUE AO MÉRITO. IMPOSSIBILIDADE. CONTRATO DE ARRENDAMENTO MERCANTIL. INADIMPLÊNCIA. REINTEGRAÇÃO NA POSSE. MÁQUINAS INDISPENSÁVEIS AO FUNCIONAMENTO DA EMPRESA. DEPÓSITO EM MÃOS DA ARRENDATÁRIA. POSSIBILIDADE, DESDE QUE PROVADO. INOCORRÊNCIA NO CASO. RECURSO DESACOLHIDO. (...) II – Em se tratando de bem essencial ao desempenho da atividade econômica da empresa devedora, podendo a retirada imediata acarretar até mesmo a completa paralisação de suas funções, tem admitido esta Corte que ele fique em depósito com o arrendatário até que seja resolvida a ação possessória. *No caso dos autos, todavia, não restou provada essa necessidade, sabido ser vedado em sede de recurso especial o reexame de matéria probatória.* (STJ, 4T., REsp 341.458/MG, Rel. Ministro Sálvio de Figueiredo Teixeira, j. 28/05/2002, DJ 02/09/2002, p. 194; destaques acrescentados). No mesmo sentido: "(...) PROCESSO CIVIL. EXCEÇÃO DE PRÉ-EXECUTIVIDADE. EXCLUSÃO DO NOME DO SÓCIO-GERENTE DA CDA. NECESSIDADE DE DILAÇÃO PROBATÓRIA. FUNDAMENTOS INATACADOS. SÚMULA 283/STF. (...) 4. *Para que se pudesse afastar o entendimento do Tribunal regional e assentar a desnecessidade de produção de provas, imprescindível seria incursionar em matéria fático-probatória, vedado na via estreita do recurso especial, a teor da Súmula 7/STJ.* 5. Agravo regimental não provido. (STJ, 2T., AgRg no Ag 1307430/ES, Rel. Ministro Castro Meira, j. 19/08/2010, DJe 30/08/2010; sem destaques no original).

47. Sobre o tema, consulte: KNIJNIK, Danilo. *O recurso especial e a revisão de fato pelo Superior Tribunal de Justiça*. Rio de Janeiro: Forense, 2005.

48. Para verificar o alegado, basta realizar rápida pesquisa jurisprudencial no site do STJ utilizando como parâmetro o art. 420, CPC, que versa sobre a prova pericial: inúmeros serão os julgados em que a referência à súmula 7/STJ e ao respeito ao livre convencimento motivado. Veja-se, apenas ad exemplum: PROCESSUAL CIVIL. OFENSA AO ART. 535 DO CPC NÃO CONFIGURADA. OMISSÃO. INEXISTÊNCIA. NECESSIDADE DE PRODUÇÃO DE PROVAS. APLICAÇÃO DA SÚMULA 7/STJ. (...) 3. *A avaliação quanto à necessidade e à suficiência ou não das provas para averiguar eventual cerceamento de defesa demanda, em regra, revolvimento do contexto fático-probatório dos autos. Aplicação da Súmula 7/STJ.* Precedentes do STJ. 4. Agravo Regimental não provido. (STJ, 2T., AgRg no AREsp 40.086/RS, Rel. Ministro Herman Benjamin, j. 11/10/2011, DJe 17/10/2011; destaques acrescentados).

49. Uma boa alternativa para evitar essa "escolha aleatória" do material probatório pelo juiz se encontra no art. 607º, nº 4, do Novo CPC de Portugal (lei nº 41, de 2013), que obriga o magistrado, quando da fundamentação, a "declarar os factos que julga provados e quais os que julga não provados, analisando criticamente as provas, indicando as ilações tiradas dos factos instrumentais e especificando os demais fundamentos que foram decisivos para a sua convicção". O NCPC brasileiro, a despeito de incontáveis avanços no campo da motivação das decisões judiciais (vide, por exemplo, o novel art. 489, § 1º, NCPC), não trouxe regra semelhante à lusitana.

o direito de fiscalizar eventual abuso manifesto. Ocorre, contudo, conforme bem observa *Leonardo Greco*[50], que tal concepção ofende o contraditório participativo, no moderno viés de respeito às garantias processuais constitucionais. Trata-se do direito de *defender-se provando,* em que cabe ao juiz ser tolerante com a produção probatória, indeferindo apenas aquelas provas que, nem por hipótese, possam ter relevância para o feito.

---

50. "(...) Na prova judiciária, o juiz seria o único o destinatário das provas. Todas as provas se destinariam a produzir efeitos na inteligência do juiz, formando, através do raciocínio nela desenvolvido, o juízo positivo ou negativo da existência dos fatos aos quais a decisão aplicará o correspondente direito. Ao dizer que o acertamento dos fatos, a prova como resultado final de todos os elementos enumerados no item anterior, consiste na convicção ou tem como função a sua formação, como fenômeno psicológico que se passa na mente do julgador, essa doutrina está na verdade se rendendo ao relativismo da justiça do caso concreto, abandonando qualquer correspondência dos fatos do processo com a verdade objetiva e renunciando a qualquer possibilidade de equiparar a cognição judicial à que se desenvolve racionalmente em outras ciências, mesmo experimentais. *A convicção do julgador como função ou finalidade da prova corresponde a uma concepção subjetivista de uma realidade objetiva, os fatos. Essa concepção faz do juiz um soberano absoluto e incontrolável, por mais que a lei lhe imponha exclusões probatórias, critérios pré-determinados de avaliação ou a exigência de motivação. Há sempre uma enorme margem ineliminável de arbítrio, especialmente na avaliação das provas casuais ou inartificiais, como a prova testemunhal, que pode redundar e redunda em freqüentes injustiças. Por outro lado, as exclusões e regras de avaliação, muitas vezes, ao invés de coibir o arbítrio, acabam por favorecê-lo, dificultando a investigação da realidade objetiva. Ao mesmo resultado conduz a exigência de fundamentação, quando reduzida a uma simples verificação extrínseca da razoabilidade da justificativa para o acertamento dos fatos.* (...) No momento em que foi concebido o Código de 73, prevalecia o entendimento de que o juiz era o único destinatário das provas, cabendo-lhe com exclusividade decidir a respeito da sua admissão. (...) *Essa concepção evoluiu, desde então, sob influência do moderno alcance das garantias constitucionais do contraditório e da ampla defesa.* O contraditório participativo, como o princípio que assegura aos interessados o direito de influir eficazmente nas decisões judiciais, e a ampla defesa, como o direito de apresentar todas as alegações, propor e produzir todas as provas que, a seu juízo, possam militar a favor do acolhimento da sua pretensão ou do não acolhimento da postulação do seu adversário, conferem às partes o *direito de defender-se provando,* ou seja, o direito de não apenas propor provas a serem discricionariamente admitidas ou não pelo juiz, mas de efetivamente produzir todas as provas que possam ser úteis à defesa dos seus interesses. Para assegurar esse direito e, ao mesmo tempo, velar pela rápida solução do litígio e coibir a realização de diligências inúteis ou protelatórias (CPC, arts. 125-II e 130), é necessário que a admissibilidade das provas seja apreciada pelo juiz não da sua própria perspectiva, mas da utilidade ou relevância da prova, analisada à luz da perspectiva probatória ou da linha de argumentação da parte a propôs. Se desse prisma resultar que a prova requerida possa ter alguma utilidade, o juiz deverá deferi-la, indeferindo apenas aquelas provas que, nem mesmo por esse critério, possam apresentar a mais remota utilidade. Na dúvida, o juiz deverá ser tolerante, deferindo a prova requerida, cuja admissibilidade deve significar não manifesta irrelevância ou inutilidade. Somente assim o juiz despir-se-á de um juízo de admissibilidade autoritário e preconceituoso. Nem se diga que esse novo paradigma poderá vir a prejudicar a celeridade do processo, transformando o juiz num fantoche nas mãos das partes, porque essa compreensão humanitária e tolerante da relação juiz-partes se completa com as modernas técnicas de antecipação de tutela que permitem ao julgador, já convencido do direito do autor, antecipar em seu favor os efeitos da sentença de mérito, sem prejuízo da continuidade do processo em benefício da mais ampla possibilidade conferida ao réu de demonstrar que tem razão. Em síntese, o juiz não é o único destinatário das provas. *Ainda que o fosse, ele colhe provas que não se destinam à sua exclusiva apreciação, mas também à apreciação dos tribunais superiores que exercerão a jurisdição no mesmo processo em instâncias diversas.* Mas, de fato e de direito, também são destinatárias das provas as partes que com elas pretendem demonstrar a veracidade dos fatos por elas alegados e que têm o direito de que sejam produzidas no processo todas as provas necessárias a demonstrá-los e de discutir as provas produzidas em contraditório com o adversário e com o juiz." (GRECO, Leonardo. *Instituições de direito processual.* v. 2. Rio de Janeiro: Forense, 2010. p. 108-111; destaques acrescentados).

O art. 938, § 3º, NCPC configura, assim, notória *mudança de paradigma* que permitirá a busca da *verdade real* ou *material*, ainda que o processo esteja nas instâncias recursais.

v) Art. 1.017. (...) § 3º Na falta da cópia de qualquer peça ou no caso de algum outro vício que comprometa a admissibilidade do agravo de instrumento, deve o relator aplicar o disposto no art. 932, parágrafo único.

> Art. 932. (...) Parágrafo único. Antes de considerar inadmissível o recurso, o relator concederá o prazo de 5 (cinco) dias ao recorrente para que seja sanado vício ou complementada a documentação exigível.

Especificamente no trato do agravo de instrumento, cumpre ressaltar que o legislador entendeu ser razoável a concessão de prazo de cinco dias para que o agravante faça juntar, a seu recurso, eventual peça obrigatória faltante, sob pena de inadmissão.

Provavelmente seguindo os ditames da lei 12.322/10 – a qual modificou o atual art. 544, CPC/73 para excluir a necessidade de juntada de cópias para a instrução do recurso interposto contra a inadmissão, em primeiro juízo de admissibilidade, de recurso especial e/ou recurso extraordinário –, entendeu-se que, no que se tange ao agravo de instrumento interposto contra decisões interlocutórias de primeiro grau de jurisdição (art. 522, CPC/73, com correspondência no art. 1015, NCPC), ainda que, por razões óbvias, permaneça a necessidade de formação do instrumento (art. 1.017, NCPC), *não haverá, nem mesmo quanto às peças obrigatórias, preclusão consumativa a ponto de gerar a inadmissão do recurso.*

Atualmente, como é de conhecimento geral, a ausência de qualquer das peças obrigatórias trazidas no rol do art. 524, CPC/73, assim como a de eventual *peça essencial*[51]-[52], acarreta a inadmissão do agravo de instrumento (art. 527, I, CPC/73).

---

51. Nesse sentido: "(...) PROCESSO CIVIL. AGRAVO DE INSTRUMENTO. *PEÇA ESSENCIAL*. Os comprovantes de pagamento das custas do recurso especial e do porte de remessa e retorno dos autos são peças indispensáveis para a verificação da regularidade do recurso especial; a juntada extemporânea da prova é ineficaz. Agravo regimental não provido". (STJ, 1T., AgRg no Ag 1369278/SP, Rel. Min. Ari Pargendler, j. 01/10/2013, DJe 08/10/2013).

52. De celebrar, todavia, a recente decisão da Corte Especial do STJ que, acertadamente, permitiu a complementação do agravo que não estava acompanhado de peça facultativa, porém *essencial*: RECURSO ESPECIAL – OFENSA AO ART. 535 DO CPC – INEXISTÊNCIA – MULTA APLICADA EM SEDE DE EMBARGOS DE DECLARAÇÃO – AFASTAMENTO – NECESSIDADE – ENUNCIADO 98 DA SÚMULA/ STJ – MATÉRIA AFETADA COMO REPRESENTATIVA DA CONTROVÉRSIA – AGRAVO DE INSTRUMENTO DO ARTIGO 522 DO CPC – PEÇAS NECESSÁRIAS PARA COMPREENSÃO DA CONTROVÉRSIA – OPORTUNIDADE PARA REGULARIZAÇÃO DO INSTRUMENTO – NECESSIDADE – RECURSO PROVIDO. (...) 3. Para fins do artigo 543-C do CPC, consolida-se a tese de que: no agravo do artigo 522 do CPC, entendendo o Julgador ausente peças necessárias para a compreensão da controvérsia, deverá ser indicado quais são elas, para que o recorrente complemente o instrumento. 4. Recurso provido. (STJ, Corte Especial, REsp 1.102.467/RJ, Rel. Min. Massami Uyeda, j. 02/05/2012, DJe 29/08/2012; destaques acrescentados).

O § 3º do art. 1017, NCPC, entretanto, coloca pá de cal nessa celeuma, sendo manifesta a possibilidade de juntada posterior de qualquer peça (obrigatória, facultativa ou essencial), no prazo de cinco dias. Tal novidade trará, a um só tempo, segurança jurídica e economia (processual, temporal e financeira), já que, hoje, diante do enorme subjetivismo que carrega a caracterização de tal peça como *essencial*, tem sido praxe, por parte do advogado mais cauteloso, a juntada, em todo agravo de instrumento, de cópia integral dos autos de origem.

vi) Art. 1029, § 3º, NCPC: Art. 1029. O recurso extraordinário e o recurso especial, nos casos previstos na Constituição Federal, serão interpostos perante o presidente ou o vice-presidente do tribunal recorrido, em petições distintas que conterão: (...) § 3º O Supremo Tribunal Federal ou o Superior Tribunal de Justiça poderá desconsiderar vício formal de recurso tempestivo ou determinar sua correção, desde que não o repute grave.

Mais uma vez, o *NCPC* pensou na efetivação do direito, na solução do mérito da causa. No caso, a ideia é tentar aproveitar, ao máximo, instrumento processual que, se trespassado o óbice da admissibilidade, contribuiria para o próprio ordenamento, quer uniformizando determinada questão de direito ainda controvertida nos tribunais locais, quer permitindo intenso debate junto aos Ministros julgadores sobre determinado tema que, até aquele momento, não tinha ascendido à Corte Superior, quer orientando, através de seu caráter paradigmático, os demais casos pendentes sobre o mesmo *thema decidendum*.

Resta definir, é verdade, o que seria "defeito formal que não se repute grave", contudo se espera que a jurisprudência ombreie o espírito colaborativo que rege o NCPC como um dos seus princípios informadores[53], firmando posição compatível com um processo cooperativo, de resultados, baseado na boa-fé e lealdade de todos os sujeitos intervenientes do processo.

2.2. O regramento da forma de obtenção do pré-questionamento[54]

São vetustos e corriqueiros os reclamos doutrinários[55] no sentido de que faltam, à disciplina do pré-questionamento, parâmetros claros e objetivos que

---

53. Sobre os princípios do *NCPC*, consulte: PINHO, Humberto Dalla Bernardina de. Os princípios e as garantias fundamentais no Projeto de Código de Processo Civil: breves considerações acerca dos artigos 1º a 12 do PLS 166/10, in Revista Eletrônica de Direito Processual. 6.ed. Disponível em http://www.redp.com.br/arquivos/redp_6a_edicao.pdf, acesso em 9 jan. 2015.
54. Críticas à parte, o termo assim redigido, com hífen, foi o adotado pelo legislador.
55. Sobre o tema, consulte: MANCUSO, Rodolfo de Camargo. *Recurso extraordinário e recurso especial*. 10. ed. São Paulo: RT, 2007; SOUZA, Bernardo Pimentel. *Introdução aos recursos cíveis e à ação rescisória*. 7. ed. São Paulo: Saraiva, 2010.

permitam, ao jurisdicionado, ver seu recurso excepcional ser conhecido com uma dose mínima de previsibilidade. Atualmente, por força do rigorismo e, notadamente, na diversidade de entendimentos no trato da matéria, chega a ser motivo de celebração ver um apelo extremo ser admitido sem a necessidade de seguidos agravos. Para ilustrar o afirmado, basta verificar que tamanha é a dificuldade de se atingir o pré-questionamento que relevante doutrina chegou a considerar que ele traria medo aos jurisdicionados[56-57].

Muitas são as divergências sobre o tema: natureza jurídica, (in)existência de hipóteses de dispensa, espécies e, notadamente, suas formas de obtenção.

Isso porque, segundo se retira da jurisprudência dos Tribunais Superiores, há inequívoco dissídio no trato da matéria, na medida em que, o Supremo Tribunal Federal (súm. 356) considera atingido o pré-questionamento com a mera interposição de embargos de declaração, ao passo que, em sentido diametralmente oposto, o STJ (súm. 211), julga ser inadmissível o recurso especial quando os declaratórios, embora opostos, não chegam a ser providos.

Para piorar o cenário, algumas recentes decisões do STF[58] começaram a colocar em dúvida a sua própria súmula 356, misturando, sem ao menos um esforço

---

56. BUENO, Cassio Scarpinella. *Quem tem medo do prequestionamento?* Disponível em: http://www.scarpinella-bueno.com.br/Textos/Prequestionamento%20e%20RE.pdf, acesso em 10 jan. 2015.
57. A nosso sentir, mesmo dez anos depois do texto citado na nota anterior, o *medo* permanece. Para tanto, confira-se o nosso: Ainda há motivos para se ter medo do prequestionamento?, in Revista de Processo, v. 211. São Paulo: RT, 2012, p. 143-190.
58. "EMENTA Agravo regimental no agravo de instrumento. Processual. Ausência de impugnação de todos fundamentos da decisão agravada. Óbice ao processamento do agravo. Precedentes. Súmula nº 287/STF. Prequestionamento. Ausência. Incidência da Súmula nº 282/STF. 1. Há necessidade de impugnação de todos os fundamentos da decisão agravada, sob pena de se inviabilizar o agravo. Súmula nº 287/STF. 2. Ante a ausência de efetiva apreciação de questão constitucional por parte do Tribunal de origem, incabível o apelo extremo. Inadmissível o prequestionamento implícito ou ficto. Precedentes. Súmula nº 282/STF. 3. Agravo regimental não provido". (STF, 1T., AI 763.915 AgR, Min. Rel. Dias Toffoli, j. 12/03/2013, DJe-084 DIVULG 06/05/13 PUBLIC 07/05/2013; destaques acrescentados). No mesmo sentido, porém de relatoria da Min. Rosa Weber: "EMENTA DIREITO PROCESSUAL CIVIL. (...) MATÉRIA CONSTITUCIONAL NÃO PREQUESTIONADA. APLICAÇÃO DA SÚMULA STF 282. INAPTIDÃO DO PREQUESTIONAMENTO IMPLÍCITO OU FICTO PARA ENSEJAR O CONHECIMENTO DO APELO EXTREMO. INTERPRETAÇÃO DA SÚMULA STF 356. (...). O exame do suposto malferimento dos postulados da inafastabilidade da jurisdição, do devido processo legal, do contraditório e da ampla defesa dependeria de prévia análise da legislação processual que disciplina a matéria, configurando, mesmo que procedente, violação reflexa e oblíqua da Carta Constitucional, que não enseja o conhecimento do recurso extraordinário. O artigo 93, IX, da Constituição da República exige que o órgão jurisdicional explicite, ainda que sucintamente, as razões do seu convencimento, sendo prescindível o exame detalhado de cada argumento suscitado pelas partes. A simples contrariedade da parte não configura negativa de prestação jurisdicional. O requisito do prequestionamento obsta o conhecimento de questões constitucionais inéditas. Esta Corte não tem procedido à exegese a contrario sensu da Súmula STF 356 e, por consequência, somente considera prequestionada a questão constitucional quando tenha sido enfrentada, de modo expresso, pelo Tribunal a quo. A mera oposição de embargos declaratórios não basta para tanto. Logo, as modalidades ditas implícita e ficta de prequestionamento não ensejam o conhecimento do apelo extremo. Aplicação da Súmula STF 282: 'É inadmissível o

técnico correspondente, as hipóteses de pré-questionamento implícito e ficto, há muito tidas por divergentes pelo próprio Pretório Excelso e por boa parte da doutrina especializada.

Trata-se, em síntese, de histórico debate no sentido da (im)possibilidade de aceitação do pré-questionamento *ficto*, a qual torturou e ainda tortura os causídicos que atuam junto às instâncias extraordinárias.

Ciente disso, o NCPC pretendeu por fim à celeuma, asseverando, de forma expressa:

Art. 1025, NCPC. Consideram-se incluídos no acórdão os elementos que o embargante suscitou, *para fins de pré-questionamento, ainda que os embargos de declaração sejam inadmitidos ou rejeitados,* caso o tribunal superior considere existentes erro, omissão, contradição ou obscuridade.

Dessa feita, vários problemas serão solucionados: i) a desnecessidade de reiteração de embargos de declaração, utilizada para *forçar* a manifestação expressa sobre teses e/ou dispositivos legais/constitucionais, o que diminuirá o trabalho dos advogados e dos julgadores; ii) a diminuição do número de condenações com arrimo no art. 538, parágrafo único, CPC/73, as quais, no mais das vezes, davam ensejo a recursos especiais embasados na súmula 98/STJ; iii) haverá maior segurança jurídica, pois os advogados terão a certeza de que não correrão o risco, após a primeira (e única!) interposição de embargos de declaração, de ver seus recursos excepcionais inadmitidos por falta de pré-questionamento; iv) permitir-se-á, assim, maior conhecimento do mérito recursal, com todas as vantagens daí decorrentes.

Além disso, merece loas o art. 941, § 3º, NCPC, que determina que os julgadores apresentem o(s) voto(s) vencido(s), o(s) qual(is) terá(ão), também, validade para efeito de pré-questionamento, situação que contribuirá para a economia processual e a celeridade, na medida em que evitará com que a parte tenha que manejar o recurso integrativo a fim, primeiramente, obter o(s) voto(s) dissonante(s) e, depois, fazer com que ele(s) seja(m) debatido(s) pelos votantes majoritários, vez que, atualmente, por força da súmula 320/STJ, a tese enfrentada apenas pelo voto minoritário não é considerada *prequestionada*.

> Art. 941. Proferidos os votos, o presidente anunciará o resultado do julgamento, designando para redigir o acórdão o relator ou, se vencido este, o autor do primeiro voto vencedor. (...)

---

recurso extraordinário, quando não ventilada, na decisão recorrida, a questão federal suscitada'. (...) Agravo regimental conhecido e não provido". (STF, 1T., RE 591.961 AgR, Rel. Min. Rosa Weber, j. 05/02/2013, DJe-037 DIVULG 25/02/13 PUBLIC 26/02/13; sem destaques no original). Da mesma Relatora: STF, 1T., RE 629.943 AgR, Rel. Min. Rosa Weber, j. 05/02/2013, DJe-037 DIVULG 25/02/13 PUBLIC 26/02/13.

§ 3º O voto vencido será necessariamente declarado e considerado parte integrante do acórdão para todos os fins legais, inclusive de pré-questionamento.

2.3. A DISPENSA EXPRESSA DA *RATIFICAÇÃO RECURSAL*

Até 11 de junho de 2013[59], não havia dúvida, no seio dos Tribunais Superiores, de que era exigível, do interessado, a *ratificação* de recurso interposto na pendência de julgamento de embargos de declaração, ainda que esses em nada alterem a decisão originária. Trata-se de orientação atualmente sumulada (súm. 418/STJ) e que, conforme restou demonstrado[60], chegou a ser exigida inclusive de modo retroativo, ceifando milhares de pretensões pendentes que nunca chegaram a ter seu mérito enfrentado.

A despeito dessa possível alteração jurisprudencial, sobreleva ressaltar que a jurisprudência dos Tribunais Superiores, ao exigir a "ratificação/reiteração" para o conhecimento dos recursos excepcionais nos casos acima alinhavados, *criou verdadeiro requisito de admissibilidade não exigido pela legislação processual.*

Explica-se: quando o legislador desejou ser necessário, para o conhecimento de recurso já interposto, um segundo ato, qual seja, uma ratificação, expressamente assim asseverou, como ocorre nos recursos retidos (agravo retido: art. 523, *caput*, e § 1º, CPC; recursos excepcionais retidos: art. 542, § 3º, CPC/73), ocorrendo, no caso, o denominado *efeito diferido*.[61]

Todavia, aqui, não é o caso. A lei nada diz a respeito, sendo defesa tal exigência jurisprudencial.

---

59. Tal se afirma, pois em 11 de junho de 2013 a 1ª Turma do STF, depois de severas críticas doutrinárias, deu mostras de que pode rever tal posicionamento, entendendo desnecessária tal ratificação (STF, 1T., RE 680.371, Rel. Min. Dias Toffoli, Rel. para o acórdão Min. Marco Aurélio, j. 11/06/13, publicado no informativo 710, de 10 a 14 de junho de 2013). Veja-se, a propósito: CUNHA, Leonardo José Carneiro da. *Opinião 12 – Súmula do STJ, N.418. Recente precedente do STF em sentido diverso*. Disponível em: http://www.leonardo-carneirodacunha.com.br/opiniao/opiniao-12-sumula-do-stj-n-418-recente-precedente-do-stf-em-sentido--diverso/, acesso em 10 jan. 2015.
60. FARIA, Márcio Carvalho. A jurisprudência defensiva dos Tribunais Superiores e a ratificação necessária (?) de alguns recursos excepcionais, in *Revista de Processo*, v. 167. São Paulo: RT, 2009, p. 250-269.
61. Nesse sentido, lição de *Cassio Scarpinella Bueno*: "(...) é possível fazer referência a um 'efeito diferido' dos recursos naqueles casos em que o seu processamento, isto é, a sua tramitação, o seu seguimento, depende da interposição e do recebimento de outro recurso. (...) Não é errado, para dar maior utilidade ao efeito aqui examinado, trazer para seus domínios o agravo retido. Nos casos em que não se opere o efeito 'regressivo' (...), é possível, à luz do art. 523, § 1º, sustentar que o conhecimento do agravo retido depende da reiteração expressa pelo agravante em razões ou contra-razões de apelação" (BUENO, Cassio Scarpinella. *Curso sistematizado de direito processual civil*, v. 5. São Paulo: Saraiva, 2009, p. 78).

Exigir-se tal "ratificação" seria, assim, considerar que esse recurso excepcional, interposto antes do julgamento (e às vezes, até mesmo da interposição) de embargos de declaração da parte contrária, no tribunal *a quo*, seria uma espécie de "recurso complexo", algo não intentado pelo legislador.

A posição jurisprudencial ora comentada padece de equívoco na medida em que, *sem qualquer autorização legal*, obsta recurso excepcional, violando, assim, o devido processo legal, a legalidade e a separação de poderes. Senão, veja-se:

A CF/1988, em seu art. 22, I, preceitua que "compete *privativamente à União legislar sobre direito (...) processual*".

Assim, somente a *lei federal* pode modificar/criar/excluir regras de índole processual, sendo proibida qualquer manifestação do Legislativo Estadual/Distrital/Municipal e/ou do Poder Judiciário nesse sentido.

Acerca do direito processual e, mais precisamente, na seara recursal, prevalece a regra da taxatividade: somente aquilo definido em lei federal é considerado válido para a sistemática recursal. Qualquer outro ato normativo (salvo norma constitucional, por óbvio) está terminantemente proibido de se manifestar a respeito. Tal vedação se estende, também, para os demais poderes, pelo que impossível se tutelar o direito processual por medida provisória (ato do Executivo) ou por entendimento jurisprudencial dominante (ato do Judiciário).

No caso, apenas a lei federal, consoante se observou, poderia criar/modificar/extinguir regras processuais recursais atinentes à admissibilidade dos recursos. Contudo, a referida exigência de ratificação de apelo extremo *foi criada pela jurisprudência defensiva dos Tribunais Superiores*, na medida em que não existe, na lei federal, qualquer norma nesse sentido.

Dessa forma, a citada exigência é inconstitucional sob a égide formal, por manifesto vício de competência, violando, fora de dúvida, o art. 22, I, CF/1988 retrotranscrito.

Além disso, há que se considerar que, como somente o Legislativo Federal pode promover alterações válidas na legislação processual nacional e, tendo, como visto, o Judiciário se imiscuído nesse ponto, inequívoca também a ofensa, *in casu*, da regra constante no art. 2º, CF/1988, qual seja, o princípio da separação de poderes. Afinal, se a própria CF/1988 assegura ser, a legislação processual, competência privativa da União Federal e, como visto, o Judiciário, por meio da jurisprudência de seus Tribunais Superiores, *cria verdadeiro requisito de admissibilidade*, é evidente que a exigência da prévia ratificação está a ofender o citado princípio da separação de poderes.[62]

Como se isso não bastasse, a exigência da retrocitada ratificação viola o devido processo legal, sob o aspecto formal, outra garantia constitucional insculpida no art. 5º, LIV. Isso porque uma das faces deste princípio é o respeito à legalidade, ao procedimento previsto em lei. Condicionar a admissão de recurso especial independente à posterior ratificação, sem a necessária determinação legal, fere, de forma indelével, o citado princípio.[63]

Críticas e/ou elogios à parte, o *NCPC*, depois das alterações realizadas no Senado, pretendeu solucionar tal dilema, asseverando, de forma expressa, a *desnecessidade desta ratificação*, devendo o recurso principal ser processado e julgado sem que o recorrente tenha que observar tal *exigência jurisprudencial*.

> Art. 1024. (...). § 5º Se os embargos de declaração forem rejeitados ou não alterarem a conclusão do julgamento anterior, o recurso interposto pela outra parte, antes da publicação do julgamento dos embargos de declaração será processado e julgado independentemente de ratificação.

---

62. Acerca de tal comezinho princípio, já decidiu o STF, como se vê em alguns precedentes históricos: i) **"À União, nos termos do disposto no art. 22, I, da CF, compete privativamente legislar sobre direito processual.** Lei estadual que dispõe sobre atos de Juiz, direcionando sua atuação em face de situações específicas, tem natureza processual e não meramente procedimental." (ADIn 2.257, j. 06.04.2005, rel. Min. Eros Grau, DJ 26.08.2005; destaques acrescentados); ii) "(...) Invade a competência da União, norma estadual que disciplina matéria referente ao valor que deva ser dado a uma causa, tema especificamente inserido no campo do Direito Processual." (ADIn 2.655, j. 09.10.2003, rel. Min. Ellen Gracie, DJ 26.03.2004); iii) "Poder Constituinte Estadual: autonomia (ADCT, art. 11): restrições jurisprudenciais inaplicáveis ao caso. É da jurisprudência assente do Supremo Tribunal que afronta o princípio fundamental da separação a independência dos Poderes o trato em constituições estaduais de matéria, sem caráter essencialmente constitucional – assim, por exemplo, a relativa à fixação de vencimentos ou a concessão de vantagens específicas a servidores públicos –, que caracterize fraude à iniciativa reservada ao Poder Executivo de leis ordinárias a respeito: precedentes. A jurisprudência restritiva dos poderes da Assembléia Constituinte do Estado-membro não alcança matérias às quais, delas cuidando, a Constituição da República emprestou alçada constitucional. Anistia de infrações disciplinares de servidores estaduais: competência do Estado-membro respectivo. Só quando se cuidar de anistia de crimes – que se caracteriza como *abolitio criminis* de efeito temporário e só retroativo – a competência exclusiva da União se harmoniza com a competência federal privativa para legislar sobre Direito Penal; ao contrário, conferir à União – e somente a ela – o poder de anistiar infrações administrativas de servidores locais constituiria exceção radical e inexplicável ao dogma fundamental do princípio federativo – qual seja, a autonomia administrativa de Estados e Municípios – que não é de presumir, mas, ao contrário, reclamaria norma inequívoca da Constituição da República (precedente: Rp 696, 06.10.1966, red. Baleeiro). Compreende-se na esfera de autonomia dos Estados a anistia (ou o cancelamento) de infrações disciplinares de seus respectivos servidores, podendo concedê-la a Assembléia Constituinte local, mormente quando circunscrita – a exemplo da concedida pela Constituição da República – às punições impostas no regime decaído por motivos políticos." (ADIn 104, j. 04.06.2007, rel. Min. Sepúlveda Pertence, DJ 24.08.2007; destaques acrescentados).
63. Sobre o assunto, palavras de *José Rogério Cruz e Tucci*: "(...) Em síntese, a garantia constitucional do devido processo legal deve ser uma realidade durante as múltiplas etapas do processo judicial, de sorte que ninguém seja privado de seus direitos, a não ser que no procedimento em que este se materializa se constatem todas as formalidades e exigências em lei previstas" (TUCCI, José Rogério Cruz e. *Garantias constitucionais do processo civil*. São Paulo: RT, 1999, p. 259-260).

Dessa forma, elimina-se uma das principais *armadilhas jurisprudenciais,* vez que não raras vezes, por força da imensidão territorial brasileira e até mesmo o desconhecimento, por grande parte dos operadores do direito, de tantos *requisitos jurisprudenciais,* muitos causídicos sequer acabavam tendo ciência e/ou têm tempo hábil de realizar a mencionada ratificação, fazendo com que, *sem razoabilidade e, notadamente, ao arrepio da lei processual,* o recurso fosse inadmitido.

2.4. O RIGORISMO NO PREENCHIMENTO DAS GUIAS DE PREPARO RECURSAL

Como se sabe, dentre os requisitos de admissibilidade recursais se encontra a exigência do preparo, o qual consiste no pagamento e posterior comprovação das custas e emolumentos processuais, sob pena de, não o fazendo, aplicar-se a pena da deserção (art. 511, CPC/73).

Por força das diversas formas de recolhimento e, sobretudo, dos diferentes valores que ele pode ter (que variam de acordo com o estado-membro da federação, com o tamanho e o peso do processo, com a espécie recursal interposta, com a jurisdição do processo etc), é muito comum que o montante do preparo seja recolhido indevidamente. Nesse sentido, e já ciente dessas dificuldades, o próprio legislador permitiu, no art. 511, § 2º, CPC/73 concessão do prazo de cinco dias para o saneamento de eventual vício.

Ocorre, porém, que, conforme chegamos a demonstrar em outra oportunidade[64], os Tribunais Superiores têm sido rigorosíssimos no trato do preparo, notadamente no que se refere à forma de preenchimento das guias comprobatórias de recolhimento. Nesse sentido, há julgados que consideram deserto (i) recurso cuja guia foi preenchida à caneta ou (ii) por eventual aposição incorreta de algum dígito e/ou código na guia, sem que ao recorrente seja dada oportunidade de saneamento de tal "vício".

Ora, qual é a lógica de se permitir o complemento do *valor* do preparo (esta sim, a parte mais importante do requisito de admissibilidade, que serve para o custeio da máquina judiciária), e não se tolerar que pretensa incorreção no preenchimento das guias de recolhimento não seja sanada?

Em síntese, a "justificativa" seria a de evitar fraudes, pois, à mão, uma mesma guia paga poderia ser reaproveitada para vários recursos, situação que traria prejuízo aos cofres públicos[65].

---

64. FARIA, Márcio Carvalho. O formalismo exacerbado quanto ao preenchimento de guias de preparo: ainda a jurisprudência defensiva dos Tribunais Superiores, in *Revista de Processo*, v. 187. São Paulo: RT, 2011, p. 231-253.
65. "Deserção. Porte. Retorno. Recolhimento. O recolhimento de porte de remessa e retorno dos autos mediante guia de recolhimento da União – GRU deve obedecer aos termos da Res. 12/2005 do STJ, com a alteração dada pelo Ato 141/2006 também deste Superior Tribunal. Explica a Ministra relatora que *essa resolução foi baixada a fim de evitar o indevido aproveitamento de guias de recolhimento de outros processos, como*

A despeito disso, verifica-se que o rigorismo acima descrito configura, em verdade, infeliz apego ao *formalismo-excessivo* e (mais uma vez) à *jurisprudência defensiva*, vez que, com tal expediente, milhares de recursos deixam de ser conhecidos todos os dias, "aliviando" a carga de trabalho do Judiciário.

Atento a tudo isso, e fazendo eco com os reclamos da comunidade jurídica (especialmente dos advogados!), o *NCPC*, com a redação que lhe foi atribuída após as alterações no Senado e na Câmara dos Deputados, prescreveu:

> Art. 1007. No ato de interposição do recurso, o recorrente comprovará, quando exigido pela legislação pertinente, o respectivo preparo, inclusive porte de remessa e de retorno, sob pena de deserção. (...)
>
> § 7º O equívoco no preenchimento da guia de custas não implicará a aplicação da pena de deserção, cabendo ao relator, na hipótese de dúvida quanto ao recolhimento, intimar o recorrente para sanar o vício no prazo de 5 (cinco) dias.

Trata-se, a nosso sentir, de redação a ser elogiada, que corrobora o que bem observou *Carlos Alberto Alvaro de Oliveira*[66]:

> (...) os fins não justificam os meios; o direito material não deve ser realizado à custa dos princípios e garantias fundamentais do cidadão (...). Impõe-se, portanto, a veemente rejeição do formalismo oco e vazio, que desconhece o concreto e as finalidades maiores do processo, descurando de realizar a justiça material do caso.

2.5. FUNGIBILIDADE ENTRE RECURSO ESPECIAL E RECURSO EXTRAORDINÁRIO

Outra poderosa *arma* de que dispõem as vias excepcionais no *fuzilamento* de recursos excepcionais é, indubitavelmente, a proibição de discussão, no bojo do recurso extraordinário, de matérias que somente venham a malferir o texto constitucional *por ricochete*, *indiretamente* ou de modo *reflexo*[67].

Sucede que, dada a prolixidade da Constituição Federal e, obviamente, o fato de que sua redação deve embasar todas as normas infraconstitucionais, há

---

na hipótese desses autos, impedindo-se a lesão aos cofres públicos. Logo, não há como acolher a pretensão da recorrente de aproveitar o recolhimento de porte de remessa e retorno relativa a outros feitos. Com esses argumentos, a Turma conheceu o recurso e, estando evidenciada a má-fé, condenou o subscritor do recurso ao pagamento da multa em 1% do valor atualizado da causa, bem como ao pagamento de indenização nos termos do art. 18, § 2.º, do CPC (LGL 1973\5) , equivalente a 3% do valor atualizado da causa" (STJ, REsp 968.510/PR, j. 06.03.2008, rel. Min. Eliana Calmon – destaques acrescentados).

66. OLIVEIRA, Carlos Alberto Alvaro. *O formalismo-valorativo no confronto...*, ob. cit.
67. Para se ter uma ideia da largueza de sua incidência, uma brevíssima pesquisa jurisprudencial realizada em 11 de janeiro de 2012, às 0h55, no *site* oficial do STF demonstra a existência de 2.585 acórdãos e 8.493 decisões monocráticas abordando o tema "ofensa indireta" e outros 2.396 acórdãos e 8.706 decisões monocráticas com o tema "ofensa reflexa", enquanto que, por exemplo, a expressão "princípio da proporcionalidade" aparece em 212 acórdãos e 739 decisões monocráticas.

muitas situações gris em que o recorrente, no momento em que analisa determinado acórdão dos tribunais locais, não consegue ter certeza se se trata de uma questão de cunho legal (o que, como é cediço, daria ensejo a recurso especial) e/ou de uma matéria constitucional (que ensejaria recurso extraordinário, na forma do art. 102, III, CF/88), sobretudo em searas do direito recheadas de normas *repetidoras* (*v.g.*, o direito tributário)[68]. Nesse cenário, não raras vezes o recorrente (e até mesmo os próprios julgadores[69]) se confunde, manejando instrumento que, posteriormente, vem descobrir ser imprestável, vez que frequentemente nem mesmo o mais experiente dos operadores do direito consegue vislumbrar, *a priori*, a diferença entre a *ofensa direta* ao texto constitucional (que enseja RE) e a ofensa *reflexa* (ou *indireta*) à CF/88, a qual, ao contrário, conforme, *v.g.*, dispõe a súmula 636/STF[70], não tolera o RE.

---

68. Como exemplo, veja-se o que preceitua o art. 145, II, da CF/88 e o compare com o art. 144, II, da Constituição Estadual de Minas Gerais, ambos de redação idêntica: "(...) CF/88, art. 145. "A União, os Estados, o Distrito Federal e os Municípios poderão instituir os seguintes tributos: (...) II - taxas, em razão do exercício do poder de polícia ou pela utilização, efetiva ou potencial, de serviços públicos específicos e divisíveis, prestados ao contribuinte ou postos a sua disposição". CEMG, art. 144 - "Ao Estado compete instituir: (...) II - taxas, em razão do exercício do poder de polícia ou pela utilização, efetiva ou potencial, de serviços públicos específicos e divisíveis, prestados ao contribuinte ou postos à sua disposição".

69. Em relato interessantíssimo, *Luiz Henrique Volpe Camargo* demonstra que, em determinadas situações, STF e STJ têm entendimentos diversos acerca de suas competências, o que enseja, na prática, um verdadeiro *jogo de empurra*, em que, no fim das contas, nenhum dos dois efetivamente decide a controvérsia: "(...) E o pior é que STF e STJ têm pensamentos diferentes acerca de suas atribuições, sendo certo que os dois acórdãos abaixo transcritos são emblemáticos na demonstração desse lamentável conflito. Veja-se o que decidiu o STF: 'Se a discussão em torno da integridade da coisa julgada reclamar análise prévia e necessária dos requisitos legais, revelar-se-á incabível o recurso extraordinário, eis que, em tal hipótese, a indagação em torno do que dispõe o art. 5º, XXXVI, da Constituição - por supor o exame, *in concreto*, dos limites subjetivos (CPC, art. 472) e/ou objetivos (CPC, arts. 468, 469, 470 e 474) da coisa julgada - traduzirá matéria revestida de caráter infraconstitucional, podendo configurar, quando muito, situação de conflito indireto com o texto da Carta Política, circunstância essa que torna inviável o acesso à ordem extraordinária. Precedentes'. [RE 220517 AgR, Rel. Min. Celso de Mello, 2ª T., j. 10.4.01, DJ 10.8.01]. O STJ, por sua vez, decidiu da seguinte forma: 'I – Se a matéria tratada na legislação federal é também de natureza constitucional, o recurso próprio para alegar contrariedade a regra inserta em ambos os dispositivos (infraconstitucional e constitucional) é o extraordinário, e não o especial. II – alegação de desrespeito a direito adquirido e ato jurídico perfeito deve ser formulada em RE, pois o inciso XXXVI do art. 5º da CF/88 reproduziu o disposto no art. 6º da LICC, o que revela a natureza constitucional da questão. Do contrário, ou seja, se o STJ emitisse juízo sobre as supostas violações do art. 6º da LICC, esta corte se tornaria apenas mais um degrau rumo ao STF, deixando de ser uma instância excepcional, pois os acórdãos proferidos pelo STJ seriam constantemente impugnados através de recurso extraordinário'. [Resp 7526/SP, Rel. Min. Adhemar Maciel, 2ª T., j. 19.2.98, DJ 6.4.98, p. 70]. Como se viu, caso o tema objeto do recurso extraordinário fosse tratado na Constituição e em norma infraconstitucional, o STF assentou que era o STJ quem deveria decidir a questão e, de outro lado, em um recurso especial, quando a matéria dizia respeito à norma infraconstitucional e também à Constituição Federal, o STJ assentou que a matéria deveria ser decidida pelo STF. Conclusão: em nenhum dos casos a matéria de fundo foi decidida. Quando os tribunais se omitem e *um relega para o outro* o julgamento da questão, quem perde é o jurisdicionado, que deixa de receber, do Estado-Juiz, a correta prestação jurisdicional pelo respectivo órgão que tem o dever de fazê-lo pela última vez, vale dizer, tanto do STJ que deixa de decidir qual a correta aplicação da Lei Federal quanto do STF que também deixa de dizer qual a adequada interpretação da Constituição Federal". (CAMARGO, Luiz Henrique Volpe. A fungibilidade.... *ob. cit.*, p. 415-416).

70. Súmula 636/STF: "Não cabe recurso extraordinário por contrariedade ao princípio constitucional da legalidade, quando a sua verificação pressuponha rever a interpretação dada a normas infraconstitucionais

Ademais, há que se considerar que eventual matéria reconhecida como *legal* pode, por força de guinada jurisprudencial, ser entendida como *constitucional*, situação que pegará de surpresa todos os jurisdicionados e até mesmo as instâncias inferiores. Foi o que ocorreu, por exemplo, com a discussão relativa à constitucionalidade/ilegalidade do art. 56 da lei 9.430/96, que revogou a isenção da Cofins concedida às sociedades civis de profissionais pelo art. 6º da lei complementar nº 70/91[71]. Durante muito tempo, o STF sequer conhecia dos recursos extraordinários interpostos sobre tal tema, aduzindo que se tratavam de questões resolvidas no plano da legalidade, pelo que prevalecia, assim, a súmula 276/STJ[72]. Em 17 de setembro de 2008, contudo, o STF mudou de posição, entendo se tratar, essa mesma matéria, de "controvérsia constitucional", com repercussão geral reconhecida, inclusive (REs nºs 377.457 e 381.964). Em situações como essas, aquele que vislumbrava inconstitucionalidade na lei 9.430/96, antes de setembro de 2008, interpunha RE e tinha a sua pretensão inadmitida; hoje, como se viu, a situação é diametralmente oposta...

Dessa feita, e por força da preclusão[73] consumativa[74], o jurisdicionado acaba ficando em maus lençóis: se interpõe recurso especial, e matéria é de cunho

---

pela decisão recorrida".

71. Interessante relato histórico sobre o tema pode ser encontrado em ABRAHAM, Marcus. *Coisa Julgada em matéria tributária: relativização ou limitação? Estudo de Caso da Cofins das sociedades civis*. Disponível em http://www.pgfn.gov.br/revista-pgfn/ano-i-numero-i/marcus.pdf, acesso em 23 jan. 2015.

72. Súmula 276/STJ: "As sociedades civis de prestação de serviços profissionais são isentas da COFINS, irrelevante o regime tributário adotado" (cancelada pela 1ª Seção em 12 de novembro de 2008, no julgamento da AR 3.761-PR).

73. "O desiderato de restringir a liberdade das partes é obtido principalmente pelo instituto da preclusão. Esse mecanismo processual põe em destaque, como bem demonstrou Oskar Büllow, o caráter público, objetivo e rigoroso do princípio da responsabilidade da parte, abstraída qualquer consideração de culpa, orientando-se o processo principalmente para a certeza, colocadas em segunda plana as exigências de justiça. (...) Pela ótica do princípio da preclusão, a divisão do procedimento em fases traz consigo a exigência de realizadas as respectivas providências na fase processual correspondente ou dentro de determinado espaço de tempo, findo o qual já não poderá se realizar (*Präklusivstadien*). Contrapõe-se a esse o princípio da unidade da causa (*Einheit der Verhandlung, Einheitlichkeit*), também chamado de liberdade processual (*Prozessfreiheit*), segundo o qual podem as partes apresentar suas alegações e provas, conforme se mostre necessário, até o momento da sentença. Não há dúvida, portanto, de que a ameaça da preclusão constitui princípio fundamental da organização do processo, sem o qual nenhum procedimento teria fim (OLIVEIRA, Carlos Alberto Alvaro. *Do formalismo...*, ob. cit., p. 227-228).

74. EMENTA: AGRAVO REGIMENTAL NO RECURSO EXTRAORDINÁRIO. TRIBUTÁRIO. ICMS. AUSÊNCIA DE PREQUESTIONAMENTO. SÚMULAS 282 E 356 DO STF. CONTROVÉRSIA SOBRE A LEGITIMIDADE DA INSCRIÇÃO EM DÍVIDA ATIVA DECORRENTE DO NÃO RECOLHIMENTO DE TRIBUTO. ANÁLISE DA LEGISLAÇÃO INFRACONSTITUCIONAL E REEXAME DO CONJUNTO FÁTICO-PROBATÓRIO. OFENSA INDIRETA. INCIDÊNCIA DA SÚMULA 279 DO STF. ALEGAÇÃO DE VIOLAÇÃO AO ART. 5º, LIV E LV, DA CONSTITUIÇÃO FEDERAL. OFENSA REFLEXA. MANUTENÇÃO DOS FUNDAMENTOS INFRACONSTITUCIONAIS SUFICIENTES DO ACÓRDÃO RECORRIDO. SÚMULA 283 DO STF. AGRAVO IMPROVIDO. I – Ausência de prequestionamento do art. 150, IV, da CF. Incidência da Súmula 282 do STF. Ademais, não opostos embargos declaratórios para suprir a omissão, é inviável o recurso, a teor da Súmula 356 desta Corte. II – A discussão acerca da legitimidade da inscrição em dívida ativa decorrente do não recolhimento de ICMS demanda o reexame do conjunto fático-probatório dos autos, o que é vedado pela Súmula 279 do STF, bem como a análise da legislação infraconstitucional aplicável à espécie, sendo certo que a ofensa à Constituição, se ocorrente,

constitucional, o STJ não irá analisá-lo; se, todavia, maneja o recurso extraordinário, e a ofensa à CF/88 é *indireta*, seu reclamo também não será admitido.

Certo é que, em se tratando de acórdão assentado em mais de um fundamento, em uma espécie de *lógica bivalente*[75], cada qual suficiente, *per si*, para se mantê-lo, é evidente que eventual recurso excepcional deverá atacar todos essas arrimos, sob pena de inaceitável desperdício de prestação jurisdicional (ou juízo negativo de admissibilidade recursal). Isso vale não só para a interposição simultânea de recursos especial e extraordinário, mas também para situações nas quais, mesmo na seara de apenas um recurso, a omissão do causídico sobre determinado ponto possa prejudicar o conhecimento dos demais.

Ocorre, contudo (e aí reside o cerne do problema), que, embora no momento da interposição possa parecer existente, por exemplo, apenas a ofensa à lei federal (o que levaria o advogado a manejar *apenas* o recurso especial), pode ser que, quando do seu julgamento, o STJ decida que há, na hipótese, matéria constitucional, fato que, por força da já citada preclusão consumativa, faria com que o recurso especial não fosse conhecido.

Para evitar tal *surpresa*, os interessados acabam optando por interpor, simultaneamente, recurso especial e recurso extraordinário, até mesmo para evitar o risco de incidência das súmulas 126/STJ[76] e 283/STF[77].

Tal saída, embora traga mais segurança quanto à admissibilidade, acarreta incontáveis prejuízos ao Poder Judiciário (que acaba tendo que se manifestar sobre vários recursos que poderiam ter sido evitados), ao advogado (que é obrigado a redigir, interpor e acompanhar vários recursos em vez de poucos) e ao próprio jurisdicionado (que se vê onerado no pagamento de custas, emolumentos e honorários desnecessariamente).

---

seria apenas indireta. III – Esta Corte firmou orientação no sentido de ser inadmissível, em regra, a interposição de recurso extraordinário para discutir matéria relacionada à ofensa aos princípios constitucionais do devido processo legal, da ampla defesa e do contraditório, quando a verificação dessa alegação depender de exame prévio de legislação infraconstitucional, por configurar situação de ofensa reflexa ao texto constitucional. Precedentes. IV – Com a negativa de provimento, pelo Superior Tribunal de Justiça, ao agravo de instrumento interposto contra decisão que inadmitiu o recurso especial, tornaram-se definitivos os fundamentos infraconstitucionais suficientes que amparam o acórdão recorrido. Incidência da Súmula 283 do STF. V – Agravo regimental improvido. (STF, 1T., RE 628519 AgR, Rel. Min. Ricardo Lewandowski, j. 07/06/2011, DJe-119 DIVULG 21-06-2011 PUBLIC 22-06-2011 EMENT VOL-02549-02 PP-00206).

75. Expressão de MANCUSO, Rodolfo de Camargo. *Recurso extraordinário...*, ob. cit., p. 397.
76. Súmula 126/STJ: É inadmissível recurso especial quando o acórdão recorrido assenta em fundamentos constitucional e infraconstitucional, qualquer deles suficiente, por si só, para mantê-lo, e a parte vencida não manifesta recurso extraordinário.
77. Súmula 283/STF: É inadmissível o recurso extraordinário quando a decisão recorrida assenta em mais de um fundamento suficiente e o recurso não abrange todos eles.

Com fincas a extirpar tais dificuldades, o NCPC trouxe, em seus arts. 1032 e 1033, regra elogiável que deverá solucionar todo o imbróglio, vez que permite a *fungibilidade* entre o recurso especial e o recurso extraordinário, criando uma espécie de *ponte*[78] entre o STF e o STJ, determinando, em caso de interposição equivocada, que um Tribunal Superior determine o envio dos autos ao outro para prosseguimento do feito. Veja-se:

Art. 1.032. Se o relator, no Superior Tribunal de Justiça, entender que o recurso especial versa sobre questão constitucional, deverá conceder prazo de quinze dias para que o recorrente demonstre a existência de repercussão geral e se manifeste sobre a questão constitucional.

Parágrafo único. Cumprida a diligência de que trata o *caput*, remeterá o recurso ao Supremo Tribunal Federal, que, em juízo de admissibilidade, poderá devolvê-lo ao Superior Tribunal de Justiça.

Art. 1.033. Se o Supremo Tribunal Federal considerar como reflexa a ofensa à Constituição afirmada no recurso extraordinário, por pressupor a revisão da interpretação da lei federal ou de tratado, remetê-lo-á ao Superior Tribunal de Justiça para julgamento como recurso especial.

Trata-se, a nosso ver, de solução consentânea com as funções dos recursos excepcionais, na medida em que permite, dês que, obviamente, atendidos os demais requisitos de admissibilidade, o julgamento do mérito recursal, fazendo com que as vantagens daí decorrentes sejam observadas[79-80].

---

78. A expressão é de *Luiz Guilherme Marinoni* e *Daniel Mitidiero*: "(...) O Projeto propõe interessante *ponte* entre o Supremo Tribunal Federal e o Superior Tribunal de Justiça para viabilizar o conhecimento de recurso extraordinário e de recurso especial interpostos equivocadamente. Também aqui o que está por debaixo das regras propostas é a necessidade de reconhecer na atuação das cortes superiores um trabalho que visa a objetivos ligados precipuamente à unidade do Direito, e não apenas ao interesse do recorrente". (MARINONI, Luiz Guilherme; MITIDIERO, Daniel. *O projeto do CPC...*, ob. cit., p. 188).
79. É conhecida a relevância do julgamento de mérito dos recursos excepcionais, porquanto permitem aos Tribunais Superiores cumprir suas relevantes funções, quais sejam: paradigmática, nomofilática, uniformizadora e dikeológica. Sobre o assunto, que foge dos contornos do presente trabalho, consulte: KNIJNIK, Danilo. *O recurso especial e a revisão da questão de fato...*, ob. cit.; WAMBIER, Teresa Arruda Alvim. *Recurso especial, recurso extraordinário e ação rescisória*. 2.ed. São Paulo: RT, 2008; DANTAS, Bruno. *Repercussão geral: perspectivas histórica, dogmática e de direito comparado*. São Paulo: RT, 2008.
80. Sobre o tema, consulte interessante acórdão de lavra da 1ª Turma do STF, relatado pelo Min. Celso de Mello:
RECURSO EXTRAORDINÁRIO – DECISÃO PROFERIDA PELO SUPERIOR TRIBUNAL DE JUSTIÇA – FUNDAMENTAÇÃO CONSTITUCIONAL INATACADA – PRECLUSÃO – RECURSO ESPECIAL NÃO CONHECIDO – ALEGAÇÃO DE DESCUMPRIMENTO DO ART. 105, III, C, DA CONSTITUIÇÃO – INOCORRÊNCIA – AGRAVO IMPROVIDO. *O recurso extraordinário e o recurso especial são institutos de direito processual constitucional. Essas duas modalidades extraordinárias de impugnação recursal possuem domínios temáticos próprios que lhes foram constitucionalmente reservados. Reservou-se, ao recurso extraordinário, em sua precípua função jurídico-processual, a defesa objetiva da norma constitucional, cabendo, ao Supremo Tribunal Federal, nesse contexto, a guarda e a proteção da intangibilidade da*

3. CONSIDERAÇÕES FINAIS.

Sem a pretensão de esgotar o tema, buscou-se, com o presente, analisar algumas alterações propostas pelo NCPC (lei federal 13.105/15) que, se efetivamente postas em prática, certamente contribuirão, a um só tempo, para facilitar o *acesso à ordem jurídica justa*, a efetividade processual e, notadamente, espancar a aviltante jurisprudência defensiva que se formou sobretudo no seio dos Tribunais Superiores.

Nesse diapasão, merecem encômios todos os juristas, estudiosos e políticos que, em maior ou menor escala, elaboraram e aperfeiçoaram, através de intensos debates junto ao Senado Federal e à Câmara dos Deputados, o primeiro código processual civil democrático da história de nosso país.

É bem verdade que há críticas, e muitas delas merecem nosso apoio e poderiam aqui ser enfrentadas; contudo, se a *Comissão* e os parlamentares tivessem que acatar todas as sugestões de cada um dos interessados, nunca alcançaríamos um novo Código. (In)felizmente, não é possível que tenhamos o *NCPC ideal*; esse, certamente, só está presente (se é que está!) no campo das ideias, no imaginário de cada estudioso do processo; nunca se obterá unanimidade, notadamente num campo tão polêmico e relevante; podemos, sim, com alguns ajustes, ter o *melhor CPC possível*, cabendo a todos os operadores do direito, quer na Academia, quer nos corredores forenses, quer nas diversas instituições públicas e privadas que lidam com os processos, levá-lo a cabo, em permanente diálogo e em uma *comunidade de trabalho* (*Arbeitsgemeinschaft* ou *comunione del lavoro*). Afinal, uma boa lei não resolve, *per si*, os problemas do ordenamento jurídico, mas certamente auxilia, com a *colaboração* com todos os sujeitos do processo, a solucioná-los.

---

ordem jurídica formalmente positivada na Constituição da República. O recurso especial, por sua vez, está vocacionado, no campo de sua específica atuação temática, à tutela do direito objetivo infraconstitucional da União. A sua apreciação jurisdicional compete ao Superior Tribunal de Justiça, que detém, ope constitutionis, a qualidade de guardião do direito federal comum. – O legislador constituinte, ao criar o Superior Tribunal de Justiça, atribuiu-lhe, dentre outras eminentes funções de índole jurisdicional, a prerrogativa de uniformizar a interpretação das leis e das normas infraconstitucionais emanadas da União Federal (CF, art. 105, III, c). Refoge, assim, ao domínio temático do recurso especial, o dissídio pretoriano, que, instaurado entre Tribunais diversos, tenha por fundamento questões de direito constitucional positivo. A existência de fundamento constitucional intacado revela-se bastante, só por si, para manter, em face de seu caráter autônomo e subordinante, a decisão proferida por Tribunal inferior. – O acórdão do Superior Tribunal de Justiça somente legitimará o uso da via recursal extraordinária, se nele se desenhar, originariamente, questão de direito constitucional. Surgindo esta, contudo, em sede jurisdicional inferior, a impugnação, por meio do recurso extraordinário, deverá ter por objeto a própria decisão emanada do Tribunal de segundo grau, pois terá sido este, e não o STJ, o órgão judiciário responsável pela resolução incidenter tantum da controvérsia de constitucionalidade. Precedentes. (STF, 1T., AGRAG 162245, Rel. Min. Celso de Mello, DJU 24/11/2000, p. 0089; destaques acrescentados).

4. BIBLIOGRAFIA

ABRAHAM, Marcus. *Coisa Julgada em matéria tributária:relativização ou limitação? Estudo de Caso da Cofins das sociedades civis*. Disponível em: http://www.pgfn.gov.br/revista-pgfn/ano-i-numero-i/marcus.pdf, acesso em 23 jan. 2015.

ANTEPROJETO DO CÓDIGO DE PROCESSO CIVIL. Disponível em http://www.senado.gov.br/senado/novocpc/pdf/Anteprojeto.pdf, acesso em 12 jan. 2015.

ASSUMPÇÃO, Hélcio Alves de. Recurso extraordinário: requisitos constitucionais de admissibilidade, *in* FABRÍCIO, Adroaldo Furtado (coord.). *Meios de impugnação ao julgado civil – Estudos em Homenagem a José Carlos Barbosa Moreira*. Forense, Rio de Janeiro, 2008, p. 259-302.

BERMUDES, Sergio. *Introdução ao processo civil*. 4. ed. Rio de Janeiro: Forense, 2006.

BUENO, Cassio Scarpinella. *Quem tem medo do prequestionamento?* Disponível em: http://www.scarpinellabueno.com.br/Textos/Pré-questionamento%20e%20RE.pdf, acesso em 10 jan. 2015.

_____. *Curso sistematizado de direito processual civil*. v. 5. São Paulo: Saraiva, 2009.

CAMARGO, Luiz Henrique Volpe. A fungibilidade entre o recurso especial e o recurso extraordinário no Projeto do Novo CPC e a ofensa reflexa e frontal à Constituição Federal, *in* ROSSI, Fernando et al (coord.). *O futuro do processo civil no Brasil: uma análise crítica ao Projeto do Novo CPC*. Belo Horizonte: Fórum, 2011, p. 407-419.

CAPPELLETTI, Mauro; GARTH, Brian. *Acesso à justiça*. Tradução Ellen Gracie Northfleet. Porto Alegre: Sergio Antonio Fabris, 1988.

CUNHA, Leonardo José Carneiro da. *Opinião 12 – Súmula do STJ, N.418. Recente precedente do STF em sentido diverso*. Disponível em: http://www.leonardocarneirodacunha.com.br/opiniao/opiniao-12-sumula-do-stj-n-418-recente-precedente-do-stf-em-sentido-diverso/, acesso em 10 jan. 2015.

DANTAS, Bruno. *Repercussão geral: perspectivas histórica, dogmática e de direito comparado*. São Paulo: RT, 2008.

DENTI, Vittorio. Questioni rilevabili d'ufficio e contraddittorio, *in Rivista di Diritto Processuale*, v. 33. Padova: CEDAM, 1968.

DINAMARCO, Cândido Rangel. *A instrumentalidade do processo*. 13. ed. São Paulo: Malheiros, 2008.

_____. *Vocabulário do processo civil*. São Paulo: Malheiros: 2009.

CIUFFO, Diogo Carneiro. Os requisitos de admissibilidade dos recursos especial e extraordinário e a sua ilegítima utilização como filtros recursais, *in Revista de Processo*, v. 160. São Paulo: RT, 2008, p. 205-232.

DIDIER JÚNIOR, Fredie. *Curso de direito processual civil*. v. 1. 13. ed. Salvador: Juspodivm, 2011.

_____. *Fundamentos do princípio da cooperação no direito processual civil português*. Coimbra: Coimbra Editora, 2010.

DIDIER JÚNIOR, Fredie; MOUTA, José Henrique; KLIPPEL, Rodrigo (coord). *O projeto do Novo Código de Processo Civil: estudos em homenagem ao Professor José de Albuquerque Rocha*. Salvador: Juspodivm, 2011.

FARIA, Márcio Carvalho. A duração razoável dos feitos: uma tentativa de sistematização na busca de soluções à crise do processo, *in Revista Eletrônica de Direito Processual*, v. 6, 2010, p. 425-465. Disponível em: http://www.redp.com.br, acesso em 30 jan. 2015.

_____. A jurisprudência defensiva dos Tribunais Superiores e a ratificação necessária (?) de alguns recursos excepcionais, *in Revista de Processo*, v. 167. São Paulo: RT, 2009, p. 250-269.

_____. Ainda há motivos para se ter medo do prequestionamento?, *in Revista de Processo*, v. 211. São Paulo: RT, 2012, p. 143-190.

_____. O acesso à justiça e a jurisprudência defensiva dos Tribunais Superiores, *in Revista do Instituto dos Advogados de Minas Gerais*, v. 16. Belo Horizonte: IAMG, 2010, p. 371-388.

_____. O formalismo exacerbado quanto ao preenchimento de guias de preparo: ainda a jurisprudência defensiva dos Tribunais Superiores, *in Revista de Processo*, v. 187. São Paulo: RT, 2011, p. 231-253.

GRADI, Marco. Il principio del contraddittorio e le questioni rilevabili d'ufficio, *in Revista de Processo*, v. 186. São Paulo: RT, 2010, p. 109-160.

GRAU, Eros. *Ensaio e Discurso sobre a interpretação/aplicação do Direito*. 3.ed. São Paulo: Malheiros, 2005.

GRECO, Leonardo. A Falência do Sistema de Recursos, *in Estudos de Direito Processual*. Faculdade de Direito de Campos: Campos dos Goytacazes, 2005, p. 287-316.

_____. *Garantias fundamentais do processo: o processo justo*. Disponível em http://www.mundojuridico.adv.br/sis_artigos/artigos.asp?codigo=429, acesso em 9 jan. 2015.

_____. *Instituições de direito processual civil*. v. 1. Rio de Janeiro: Forense, 2009.

_____. *Instituições de direito processual*. v. 2. Rio de Janeiro: Forense, 2010.

_____. Translatio iudicii e reassunção do processo, *in Revista de Processo*, v. 166. São Paulo: RT, 2008, p. 9-26.

HOFFMAN, Paulo. *Razoável duração do processo*. São Paulo: Quartier Latin, 2006.

KNIJNIK, Danilo. *O recurso especial e a revisão da questão de fato pelo Superior Tribunal de Justiça*. Rio de Janeiro: Forense, 2005.

MANCUSO, Rodolfo de Camargo. *Recurso extraordinário e recurso especial*. 10. ed. São Paulo: RT, 2007.

MARINONI, Luiz Guilherme; MITIDIERO, Daniel. *O projeto do CPC: críticas e propostas*. São Paulo: RT, 2010.

MEDINA, José Miguel Garcia. *Prequestionamento e repercussão geral: e outras questões relativas aos recursos especial e extraordinário*. 5. ed. São Paulo: RT, 2009.

MITIDIERO, Daniel. *Colaboração no processo civil – Pressupostos sociais, lógicos e éticos*. São Paulo: RT, 2009.

MOREIRA, José Carlos Barbosa. *Comentários ao CPC*, v. 5. 15. ed. Rio de Janeiro: Forense, 2009.

_____. Restrições ilegítimas ao conhecimento dos recursos, in *Temas de direito processual*. Nona série. São Paulo: Saraiva, 2007, p. 267-282.

NERY JÚNIOR, Nelson. *Princípios do processo na Constituição Federal*. 9. ed. São Paulo: RT, 2009.

OLIVEIRA, Carlos Alberto Alvaro. *Do formalismo no processo civil*. 4. ed. São Paulo: Saraiva, 2010.

_____. *O Formalismo-valorativo no confronto com o Formalismo excessivo*. Disponível em: http://www6.ufrgs.br/ppgd/doutrina/CAO_O_Formalismo-valorativo_no_confronto_com_o_Formalismo_excessivo_290808.htm, acesso em 8 jan. 2015.

PINHO, Humberto Dalla Bernardina de. Os princípios e as garantias fundamentais no Projeto de Código de Processo Civil: breves considerações acerca dos artigos 1º a 12 do PLS 166/10, in *Revista Eletrônica de Direito Processual*. 6.ed. Disponível em http://www.redp.com.br/arquivos/redp_6a_edicao.pdf, acesso em 9 jan. 2015.

ROSSI, Fernando et al (coord). *O futuro do processo no Brasil: uma análise crítica ao Projeto do Novo CPC*. Belo Horizonte: Fórum, 2011.

SOUSA, Miguel Teixeira de. *Estudos sobre o Novo Processo Civil*. 2. ed. LEX: Lisboa, 1997.

SOUZA, Bernardo Pimentel. *Introdução aos recursos cíveis e à ação rescisória*. 7. ed. São Paulo: Saraiva, 2010.

THEODORO JÚNIOR, Humberto; NUNES, Dierle José Coelho. Princípio do contraditório: tendências de mudança de sua aplicação, in *Revista da Faculdade de Direito do Sul de Minas*, v. 28. Pouso Alegre: jan-jun. 2009, p. 177-206.

TUCCI, José Rogério Cruz e. *Garantias constitucionais do processo civil*. São Paulo: RT, 1999.

WAMBIER, Teresa Arruda Alvim. *Recurso especial, recurso extraordinário e ação rescisória*. 2. ed. São Paulo: RT, 2008.

WATANABE, Kazuo. Acesso à justiça e sociedade moderna, *in* GRINOVER, Ada Pellegrini; DINAMARCO, Cândido; WATANABE, Kazuo (org.). *Participação e processo*. São Paulo: RT, 1988, p. 128-135.

_____. Filosofia e características básicas do Juizado Especial de Pequenas Causas, *in Juizado Especial de Pequenas Causas*. São Paulo: RT, 1985.

PARTE III

TEORIA GERAL DOS RECURSOS

CAPÍTULO 1
Coisa julgada e o efeito extensivo do recurso CPC/2015

Gelson Amaro de Souza[1]

SUMÁRIO: 1. INTRODUÇÃO; 2. EFEITO EXTENSIVO; 3. ESPÉCIE DE EFEITO EXTENSIVO; 3.1. EFEITO EXTENSIVO SUBJETIVO; 3.2. EFEITO EXTENSIVO OBJETIVO; 4. MOMENTO EM QUE SURGE O EFEITO EXTENSIVO; 5. EFEITO EXTENSIVO E O RECURSO DO TERCEIRO INTERESSADO; 6. O EFEITO EXTENSIVO E O RECURSO DO ASSISTENTE; 7. COISA JULGADA E O EFEITO EXTENSIVO; 8. INCOMPATIBILIDADE DA COISA JULGADA FATIADA COM OS EFEITOS, TRANSLATIVO E EXTENSIVO; 9. CONCLUSÃO; 10. REFERÊNCIAS.

1. INTRODUÇÃO

A questão sobre coisa julgada é uma das mais intrigantes nos meios jurídicos. As opiniões variam, alguns proclamam a possibilidade de coisa julgada por parte do julgado, enquanto outros sustentam que não pode haver coisa julgada de julgamento fatiado. Isto é, ou o julgado é atingido pela coisa julgada por seu todo ou então, não se tem a coisa julgada. Inadmite-se a coisa julgada apenas para uma ou algumas pessoas participantes da ação, bem como não admite a coisa julgada por parte do julgado[2].

Todavia, uma análise conjunta entre a coisa julgada e o efeito extensivo, também chamado de expansivo ou ampliativo, vai contribuir muito para a compreensão da coisa julgada. Aqueles que pregam a possibilidade de coisa julgada por parte afastam, despercebidamente, a possibilidade de aplicação dos efeitos, extensivo e translativo aos recursos. O efeito expansivo permite que o recurso de uma das partes, beneficie a outra que não recorreu e o efeito translativo permite ao órgão recursal, julgar questões de ordem pública ou de direito indisponível, não aventadas pelas partes. Acaso houvesse coisa julgada por parte (parcial)

---
1. Doutor em Direito Processual Civil pela PUC/SP. Membro do Instituto Panamericano de Derecho Procesal. Laureado com a Comenda Luciano Pinheiro de Souza do I Congresso de Direito Internacional de Direito Processual Civil. Professor concursado para os cursos de graduação e pós graduação em direito da Universidade Estadual do Norte do Paraná – UENP (Campus de Jacarezinho), ex-diretor e atual professor da Faculdade de Direito da Associação Educacional Toledo - AET de Presidente Prudente-SP. Ex professor da ITE/Bauru; Fadap/Tupã; Fai/Adamantina. Procurador do Estado (aposentado) e advogado em Presidente Prudente – SP, E-mail: advgelson@yahoo.com.br. – Site: www.gelsonamaro.com
2. Confira: SOUZA, Gelson Amaro de. *Coisa julgada - Impossibilidade de ser por partes*. Revista Magister de Direito Civil e Processual Civil, v.46. Porto Alegre-RS: jan/março, 2012; Revista Jurídica-Lex, v. 55. São Paulo: Lex, janeiro/fevereiro, 2012 e Boletim IOB, v. III, nº 3. São Paulo: IOB, 1ª quinzena de fevereiro de 2012.

aquilo que não fora objeto de recurso haveria de passar em julgado e, por isso, não poderia mais ser apreciado e julgado.

Havendo possibilidade de aplicação do efeito ampliativo ao recurso de quem recorreu para beneficiar quem não recorreu fica evidenciada que mesma a parte que não recorre não tem contra si a coisa julgada. Se parte omissa em recorrer estive atingida por coisa julgada, não haveria como ser beneficiada por futuro julgamento do recurso de outro recorrente. Disto resulta a grande importância do estudo da coisa julgada em conjunto com o efeito extensivo do recurso.

2. EFEITO EXTENSIVO

Entre os mais variados efeitos que o recurso pode produzir, está o efeito extensivo, às vezes chamado de efeito expansivo e que também poderia ser chamado de efeito ampliativo por ampliar o efeito do julgamento do recurso a quem não recorreu. Esta modalidade de efeito tem como marca principal o privilégio de diante do julgamento do recurso de uma parte, alcançar outras questões não recorridas ou pessoas que não recorreram.

Sabe-se que de regra, o recurso devolve ao tribunal somente as questões recorridas e só beneficiam a quem recorreu em nome do princípio da *devolutio quantum appelatio*. No entanto, casos existem em que, por questão lógica e justiça, impõe-se a necessária extensão dos efeitos do julgamento do recurso, a quem não recorreu. Isto é, mesmo as pessoas que não recorreram, podem se beneficiar com o julgamento do recurso interposto por outra parte.

Este efeito foi consagrado no direito processual brasileiro através do artigo 1005, do CPC, segundo o qual, o recurso interposto por um dos litisconsortes a todos aproveita, salvo se distinto ou opostos os seus interesses. A redação deste artigo levou muitos autores a entenderem que ele só tem aplicação para os casos de litisconsórcio unitário[3]. Todavia, parece-me que não é bem assim. Penso que esta norma tem aplicação para qualquer modalidade de litisconsórcio, seja ele simples ou unitário. Aliás, a norma do parágrafo único do mesmo artigo, fala de sua aplicação para o caso de devedores solidários, que sabidamente não se trata de litisconsórcio unitário. Demonstrando assim, a sua aplicação para os casos de litisconsórcio simples. A norma do art. 1005, do CPC, pode ser aplicada também nos casos de falta de condições da ação, falta de pressuposto processual, em caso de prescrição ou decadência entre outros.

---

3. "O art. 509, *caput*, incide tão-só no recurso do litisconsorte unitário". ARAKEN DE ASSIS. *Manual dos recursos*, p. 235. São Paulo: Revista dos Tribunais, 2ª ed. 2008. No mesmo sentido: Nelson Nery Junior, *teoria geral dos recursos*, p. 479; Flávio Chaim Jorge, *Teoria geral dos recursos cíveis*, p. 275; Manoel Caetano Ferreira Filho, *Comentários ao CPC*, p. 74.

Por outra via o recurso de uma parte pode estender os benefícios à parte adversária que não tenha recorrido. Imagina-se a parte vencedora parcialmente, recorra para obter vitória total e o adversário não recorra. No julgamento o tribunal entende que é caso de incompetência absoluta anula todo o procedimento, incluindo-se a sentença. Neste o efeito se estende à parte que não recorreu. Assim, também se dá nos casos de reconhecimento de falta de pressuposto processual, condição da ação ou prescrição em se afasta a condenação eventual da parte que não recorreu.

3. ESPÉCIE DE EFEITO EXTENSIVO

O efeito expansivo, extensivo ou ampliativo pode ser visto por dois ângulos diferentes, sendo um pelo aspecto subjetivo e outro pelo aspecto objetivo. O primeiro se refere às pessoas que podem ser beneficiadas pelo recurso de outrem e o segundo quais as matérias que podem ser alcançadas pelo recurso interposto.

3.1. Efeito extensivo subjetivo

O efeito extensivo do recurso pode se dar no ponto de vista subjetivo quando se refere às pessoas que serão alcançadas pelo resultado do julgamento do recurso e sob o ponto de vista objetivo que se relaciona à matéria ou questões que serão atingidas pelo julgamento recursal.

Esta modalidade se refere às pessoas (partes ou mesmo terceiros) que não recorreram, mas que são alcançadas pelo resultado do julgamento do recurso de outra pessoa. Diz-se que isto se dá quando o recurso interposto por uma parte, sendo o mesmo provido aproveita-se à outra parte que não recorreu, em face da norma do art. 1005, do CPC. Tal modalidade pode ser exemplificada com o caso de ação de cobrança proposta contra o devedor principal e o fiador, sendo julgada procedente condenando-se ambos ao pagamento da dívida. Apenas um dos vencidos recorre alegando pagamento válido ou prescrição ou qualquer outra matéria que pode interessar aos dois. Acolhido o recurso para julgar a cobrança improcedente, por reconhecimento de pagamento, esse julgamento beneficia os dois. Beneficia aquele que recorreu, bem como aquele que não recorreu. O mesmo ocorre, por exemplo, nos casos de reconhecimento de prescrição, extinção do processo sem julgamento de mérito por falta de condições da ação ou ausência de pressuposto processual. Estes casos permitem o julgamento a qualquer momento enquanto o processo existir, o que afasta a idéia de coisa julgada fatiada ou por capítulo.

Também não se pode limitar aplicação da norma do art. 1005, do CPC somente aos recursos de litisconsorte. O recurso de um terceiro interessado quando provido pode beneficiar a parte omissa. Até mesmo em relação ao recurso do adversário poderá, excepcionalmente, haver esta extensão para afastar a condenação da parte que não recorreu.

O terceiro juridicamente interessado (que não é parte e nem litisconsorte), quando recorrer do julgamento (art. 996, do CPC), sendo o seu recurso provido, o resultado por extensão vai aproveitar a parte que não recorreu. É o caso de ação de despejo proposta contra o locatário em que o sublocatário pode recorrer como terceiro interessado ou mesmo na qualidade de assistente se houver atuado no feito. Se o recurso do sublocatário for acolhido para decretar a improcedência do pedido de despejo, mesmo não sendo caso de litisconsortes, o resultado do julgamento do recurso se estende ao locador, que se livra do despejo.

Pode parecer estranha a afirmação de que a extensão do efeito do recurso pode ter aplicação até mesmo para o caso de recurso do adversário. Parece-me possível. Imagine-se em caso de ação de cobrança em autor obtenha ganho parcial (ex: pedia dez, obteve cinco), recorre em busca de obter o total pedido. No julgamento do recurso, resta reconhecida a prescrição (Art. 240, § 1º, do CPC), falta de condição da ação ou pressuposto processual (art. 3º, do CPC), cominando com a extinção do processo sem julgamento de mérito (art. 485, VI, do CPC). Diante deste resultado haverá extensão beneficiando o réu que não recorreu, afastando a condenação imposta no julgamento anterior, apesar dele não haver recorrido. Nesse caso, pode-se dizer que houve extensão reflexa do recurso de uma parte para beneficiar a outra que não recorreu.

3.2. Efeito extensivo objetivo

Sob o ponto de vista objetivo, leva-se em conta a matéria a ser atingida, mesmo sem ser objeto do recurso. Exemplo: o réu que é condenado a pagar ao autor certa quantia a crescida de juros e correção monetária, com base de cálculo e percentuais fixados na sentença. O réu recorre só da condenação alegando pagamento da dívida, sem recorrer a respeito da fixação de juros e correção monetária. Acolhido o recurso com o reconhecimento do pagamento, desaparece a condenação em juros e correção monetária. É chamada extensão objetiva interna. É também caso de extensão objetiva interna quando o réu é condenado por ato ilícito a pagar indenização por danos morais e danos materiais. Recorre apenas em relação aos danos morais, mas o recurso é acolhido reconhecendo a inexistência do ato ilícito ou a ilicitude do ato, julgando por completa improcedência dos pedidos. Assim, o provimento do recurso para julgar a improcedência dos pedidos, além de excluir os danos morais, estende-se internamente para afastar também a condenação por danos materiais.

Pode ocorrer a extensão objetiva externa, quando a decisão do recurso, atinge outro procedimento, Aproveitando-se o mesmo exemplo acima, imaginem-se que após a condenação foi iniciada a execução provisória com penhora. Acolhido o recurso reconhecendo o pagamento válido, o efeito do recurso vai atingir por extensão o procedimento de cumprimento provisório da sentença, pondo fim ao mesmo e desfazendo-se a penhora. Também assim se dá quando do provimento de recurso de agravo para anular o processo, esta decisão se estende para os autos principais onde todos os atos após a decisão agravada serão anulados[4], inclusive a sentença se houver[5].

4. MOMENTO EM QUE SURGE O EFEITO EXTENSIVO

Aspecto que se bem analisado pode aclarar o entendimento a respeito dos efeitos, translativo e extensivo é o momento que ele se produz. Estes efeitos surgem ao mesmo tempo em que surgem os efeitos, devolutivo e obstativo[6]. Uma vez interposto o recurso por um dos litisconsortes, nasce o efeito extensivo e, ao mesmo tempo, ocorre o efeito obstativo da coisa julgada, efeitos que beneficiam todos os litisconsortes, impedindo a formação de coisa julgada para os litisconsortes que não recorreram[7]. Não fosse assim, não haveria como aplicar o efeito extensivo, porque onde há coisa julgada, a decisão se torna imutável.

O recurso de uma parte passa a produzir o efeito extensivo desde a sua propositura de forma que ainda que algum dos litisconsortes manifeste concordância[8] com a decisão, ou silenciando, deixando recorrer ou se venha posterior-

---

4. "o provimento ulterior do agravo implicará o desaparecimento de todos os atos posteriores incompatíveis, incluindo a sentença". ARAKEN DE ASSIS, *Manual dos recursos*, p. 222. São Paulo: Revista dos Tribunais, 2ª ed, 2008.
5. **NULIDADE:** "Agravo de instrumento julgado após a prolação de sentenças de mérito nas quatro ações, aplicação do princípio da cognição mais ampla. Descabimento. Agravo que julgara questão de ordem pública. 1. Ainda que a sentença tenha sido proferida com antecedência em relação ao julgamento de agravo de instrumento pelo Tribunal de Justiça, certo é que a matéria discutida no agravo julgado – legitimidade de partes, uma vez acolhida, sem reforma ulterior por superior instância, como aqui sucede, preclui de forma consumativa, produzindo coisa julgada, resolvendo em definitivo a questão". RSDCPC, v. 84, pp. 189, julho/agosto de 2013.
6. "Em lugar de constituir a expansão subjetiva um efeito, de per si, soa bem mais adequado tratá-la como um reflexo da devolução provocada pelo recurso do litisconsorte atuante na esfera jurídica do litisconsorte omisso". ARAKEN DE ASSIS. *Manual dos recursos*, p. 218. Obra citada.
7. "A totalidade dos litisconsortes é beneficiada pelo efeito obstativo". ARAKEN DE ASSIS, *Manual dos recursos*, p. 238. São Paulo. Revista dos Tribunais, 2ª ed, 2008.
8. "Em se tratando de recurso interposto conjuntamente por litisconsortes unitários, e em havendo aquiescência tácita à decisão por um dos coobrigados, impõe-se a sua admissibilidade, em razão da regra jurídica do art. 509 do CPC e parágrafo único". TJSP (antigo 1º TACSP). Ap. 176.259-4, 8ª Câmara, j. 12.12.84, vu. JTACSP-RT, v. 97, p. 191.

mente a desistir do seu recurso ou, ainda, seu recurso seja declarado deserto[9], mesmo assim, será beneficiado pelo julgamento do recurso de outro recorrente[10].

Todos estes efeitos surgem no momento da interposição do recurso[11]. Uma vez interposto o recurso estes efeitos aparecem naturalmente, porque a decisão fica *sub judice*, sujeita a alteração. Aliás, uma das finalidades do recurso é buscar a modificação do julgado, sem isto, não haveria razão se recorrer.

Uma vez estando o julgado sujeito a recurso, haverá nova decisão, com a possibilidade de acolhimento do recurso com a modificação do decido, como é inerente à própria atividade recursal. Uma vez julgado o recurso e acolhido para modificar a decisão ou mesmo que não julgado o recurso pelo mérito, mas se existir matéria em que o tribunal possa conhecer e julgar de ofício, poderá até mesmo anular o procedimento por inteiro, caso em que, este julgamento vai beneficiar até mesmo quem não recorreu.

É exatamente essa possibilidade de o recurso ser julgado de forma que o seu resultado por extensão possa beneficiar a parte que não recorreu ou até mesmo terceiros interessados, é que enquanto o recurso estiver para ser julgado, guarda a expectativa de julgamento que possa beneficiar pessoas que não recorreram[12], caso formasse coisa julgada para quem não recorreu não haveria como estender o julgado para lhe beneficiar. Como ninguém pode antecipar (adivinhar) qual será o futuro resultado do julgamento do recurso, mesmo a parte irrecorrida não pode passar em julgado porque ela também esta sujeita à modificação. Por isso é que se afirma que não pode existir coisa julgada por capítulo ou fatiada[13].

---

9. "[...] a interposição tempestiva de recurso, por qualquer dos litisconsortes unitários, é eficaz para todos os outros, inclusive para aqueles que tenham desistido de recurso interposto ou em relação aos quais haja ocorrido fato ordinariamente idôneo a tornar-lhes inadmissível". BARBOSA MOREIRA, J.C. *Comentários ao CPC*, vol. V, p. 368. Rio de Janeiro: Forense, 2ª ed, 1976.
10. Neste sentido STJ – 1ª Turma. REsp nº 573.312-RS, j. 21-06-2005, DJU 08.08.2005, p. 183, sob a relatoria do Min. Luiz Fux. Também o TJSP: "Se a 2ª instância reforma sentença de 1º grau em virtude de recurso interposto por litisconsorte, tal resultado beneficia os demais". TJSP-Antigo 1º TACSP. Ap. 345.704, 5ª Câm. RT. 603/141.
11. "A extensão se produz, desde logo, a partir da interposição tempestiva, em relação aos litisconsortes cujo prazo para recorrer escoou". ARAKEN DE ASSIS. *Manual dos recursos*, p. 237. São Paulo. Revista dos Tribunais, 2ª ed, 2008.
12. "EFEITO EXPANSIVO SUBJETIVO, PARA ABSOLVER O EX-PREFEITO, NÃO RECORRENTE. 8. Recursos Especiais providos, para absolver os recorrentes do ato de improbidade que lhes é imputado, por ausência de tipicidade: atribuição de efeito expansivo subjetivo à presente decisão, para absolver o ex-Prefeito da condenação de igual natureza". STJ – REsp 1.215.628-SP (2010/0178597-5). Rel. Min. Napoleão Nunes Maia Filho, j. 07.08.2014, DJe 17.09.2014. REpro, v. 140, p. 156-157.
13. Confira nosso: *Coisa julgada – Impossibilidade de ser por parte*. Revista Magister de Direito Civil e Processual Civil, v. 46. Porto Alegre-RS, jan/março, 2012; Revista Jurídica-Lex, v. 55. São Paulo: janeiro/fevereiro, 2012 e Revista Bonjuris, nº 582. Curitiba-PR: Bonijuris, maio de 2012.

5. EFEITO EXTENSIVO E O RECURSO DO TERCEIRO INTERESSADO

O art. 996, do CPC legitima o terceiro interessado para a interposição de recurso próprio independentemente de haver ou não recurso das partes. Para a legitimação, basta que este terceiro interessado tenha a sua situação jurídica prejudicada pelo resultado do julgamento em processo alheio do qual não é parte. O que se exige para a configuração é que este venha a sofrer algum prejuízo em sua situação jurídica por via reflexa, visto que a decisão diretamente vai atingir a parte vencida. A parte vencida também pode recorrer, mas, às vezes não recorre. Não é a ausência de recurso pelas partes que necessariamente vai formar a coisa julgada. Mesmo quando as partes não recorrem, em havendo recurso de terceiro interessado, incide o efeito obstativo da coisa julgada, que somente se dá quando não couber mais nenhum recurso naquele processo.

Imagine-se um caso de cobrança de dívida em o credor aciona somente o fiador para pagar e obtém ganho de causa com a condenação deste ao pagamento. O fiador não recorre porque sabe que pode cobrar regressivamente do devedor principal, que não participara do processo. O devedor principal que não é parte na ação de cobrança pode recorrer como terceiro interessado, buscando a obtenção da improcedência da ação, porque se obter sucesso com o seu recurso, ficará livre de ação de cobrança futura por parte do fiador. Neste caso, o julgamento do recurso do terceiro interessado (devedor principal) estende seus efeitos a favor do fiador que não recorreu, e que também vai ser beneficiado porque fica livre da dívida e dos encargos sucumbenciais.

Fácil perceber que não é a simples ausência de recurso pelas partes que implica a coisa julgada, porque em casos como o do exemplo acima, o recurso do terceiro interessado, provoca o efeito obstativo e a decisão recorrida não passa em julgado, tudo fica a depender do julgamento do recurso do terceiro interessado. Ora, se somente o recurso do terceiro interessado impede a formação de coisa julgada entre as partes, com maior propriedade isto se dá quando houver recurso de uma das partes, o que impede a formação de coisa julgada por partes. Se houvesse coisa julgada para a parte que não recorreu (o fiador), em relação a ele a decisão não poderia ser alterada e, ele não seria beneficiado com a extensão do recurso do devedor principal.

6. O EFEITO EXTENSIVO E O RECURSO DO ASSISTENTE

O assistente não é parte e por isso não será atingido pela coisa julgada[14], mas pode sofrer as conseqüências dos efeitos da sentença. Por isso, que tem

---

14. Confira nosso: *Assistência e coisa julgada*. Revista Jurídica, vol. 310, pp. 44-68. Porto Alegre-RS: Notadez, agosto de 2003.

interesse jurídico em que uma parte vença a ação poderá intervir a favor dela durante o processo (art. 119, do CPC). Uma vez admitida a pessoa como assistente no processo ela passa a ter os mesmo direitos e os mesmos ônus processuais da parte (art. 121, do CPC). Embora o assistente não seja parte na causa e nem litisconsorte da parte, mesmo assim é com esta considerada independente (art. 117 do CPC), o que legitima o assistente a apresentar recurso próprio independentemente das partes recorrerem. Desta forma o assistente está legitimado a recorrer em favor da parte vencida, mesmo que esta não recorra.

Com o recurso do assistente fica obstada a formação de coisa julgada para qualquer das partes, visto que se este recurso for acolhido vai beneficiar a parte principal, o que não poderia ocorrer se contra esta já houvesse coisa julgada. Uma vez que o recurso do assistente carrega o efeito extensivo e que se acolhido beneficiará a parte principal, não pode haver coisa julgada fatiada, para abranger apenas uma parte do julgado.

Pense-se numa ação de anulação da promessa de compra e venda proposta pelo vendedor contra o comprador havendo julgamento de procedência anulando o negócio e determinando a devolução da coisa com indenização por perdas e danos, sem recurso do réu. O cessionário da promessa de compra e venda é admitido no processo como assistente do promissário comprador e recorre da sentença de anulação. Acolhido o recurso do cessionário dos direitos do adquirente, para julgar a ação improcedente, o réu que não recorrera também será beneficiado com o resultado do julgamento por extensão. Mesmo não havendo recurso do réu, contra ele não se forma coisa julgada em face do efeito obstativo levado pelo recurso do assistente. Não fosse assim, de nada valeria o recurso do assistente.

7. COISA JULGADA E O EFEITO EXTENSIVO

O efeito extensivo tal como acontece nos casos de efeito translativo e obstativo, impede a formação de coisa julgada por parte, porque a decisão pode ser revista e modificada em razão de recurso interposto contra a outra parte do julgado, ou mesmo por outra parte, ou ainda por terceiro interessado.

Não fosse, por tantas outras razões, a impossibilidade de coisa julgada por parte, somente a existência dos efeitos, extensivo e translativo já seria o suficiente para impedir a existência de coisa julgada por etapa ou por parte. Ao se referir ao efeito extensivo ARAKEN DE ASSIS[15] afirma que isso só é possível se houver interposição do recurso por uma das partes, por que a falta de recurso contra a sentença acarreta o surgimento da coisa julgada. Isto, implica dizer, que havendo

---

15. ARAKEN DE ASSIS, *Manual dos recursos*, p. 236. São Paulo: Revista dos Tribunais, 2ª ed, 2008.

recurso de uma das partes, ele impede a formação de coisa julgada (Efeito obstativo)[16], sendo este um motivo a mais para demonstrar a impossibilidade de coisa julgada fatiada ou por parte. Esta afirmação está conforme a norma do artigo 502, do CPC, que é bastante clara ao dizer que só haverá coisa julgada quando não mais couber recurso no processo. Enquanto existir um recurso seja de quem quer que seja, este recurso produz o efeito obstativo da formação da coisa julgada[17].

8. INCOMPATIBILIDADE DA COISA JULGADA FATIADA COM OS EFEITOS, TRANSLATIVO E EXTENSIVO

Quem prega a existência de coisa julgada por parte ou fatiada, desconsidera a existência e a aplicação dos efeitos, extensivo e translativo. São situações incompatíveis de forma que se prevalecer a idéia de coisa julgada por parte ou por capítulo, não se pode aplicar os efeitos, translativo e extensivo. A incompatibilidade é tão imperativa, que não há como contorná-la e, aplicar estes efeitos e ao mesmo tempo, falar-se em coisa julgada por parte.

Para se ter a coisa julgada fatiada ou por capítulo, precisa antes ter esta parte do julgado como imutável. Ora, se esta parte se tornou imutável em face da coisa julgada fatiada, esta mesma parte não pode mais ser modificada em razão recurso que tenha atacado a outra, ficando com isso afastada a aplicação dos efeitos mencionados.

De duas, uma: ou não existe coisa julgada fatiada (por parte) ou não existem os efeitos, extensivo e translativo. A incompatibilidade impede a existência ou sobrevivência deles conjuntamente. A finalidade da coisa julgada é incompatível com as finalidades dos efeitos translativo e extensivo.

A coisa julgada tem por finalidade tornar a questão julgada imutável, de forma tal que não mais poderá ser modificado o que foi julgado. O efeito translativo tem por finalidade permitir ao órgão recursal julgar questões de ordem pública ou de interesses indisponíveis, mesmo sem alegação ou pedido da parte; já o efeito extensivo, tem finalidade dar extensão ao que se julgou na matéria recorrida, para atingir a outra que não foi recorrida ou beneficiar pessoas outras que não recorreram[18]. Assim, a incompatibilidade é incontornável, pois, enquanto a

---

16. "Não importa a matéria versada no recurso para postergar o aparecimento da coisa julgada". ARAKEN DE ASSIS, *Manual dos recursos*, p. 223. São Paulo: Revista dos Tribunais, 2ª ed, 2008.
17. "A extensão subjetiva da eficácia abrange todos os efeitos que a lei atribua ao recurso interposto. Para a totalidade dos co-litigantes, não apenas se obsta ao trânsito em julgado de decisão, mas também se devolve ao órgão *ad quem* o conhecimento da matéria litigiosa". BARBOSA MOREIRA, J.C. *Comentários ao CPC*, p. 369. Rio de Janeiro: Forense, 2ª ed, 1976.
18. BUENO, Cassio Scarpinela. *Efeitos dos recursos. in* Aspectos polêmicos e atuais dos recursos cíveis e assuntos afins, v. 10, p. 87. Coord. Nelson Nery Jr e Teresa Arruda Alvim Wambier. São Paulo: Revista dos Tribunais,

coisa julgada impede novo julgamento, o efeito translativo autoriza o julgamento de matéria de ordem pública[19] ou de direitos indisponíveis e o efeito expansivo ou ampliativo, determina a extensão do que foi julgado para beneficiar aquele que não recorreu[20], em face de julgamento de recurso de outrem. Se houvesse coisa julgada por parte ou por capítulo, isto não seria possível, porque onde há coisa julgada não pode haver mais julgamento. Se pode haver julgamento e se pode haver extensão deste até mesmo para a parte que não recorreu, é porque inexiste coisa julgada por parte.

A coisa julgada impede e o efeito translativo autoriza o julgamento de matéria não alegada e o efeito extensivo impõe a ampliação lógica do julgado para quem não recorreu. Ora, impedir e autorizar estão em posições antagônicas e, por isso, não podem conviver ao mesmo tempo.

9. CONCLUSÃO

Analisadas as colocações acima, pode-se concluir, que em havendo coisa julgada a decisão é imodificável e, por ser, imodificável não mais pode ser objeto de julgamento direito e, nem extensão dos efeitos de outro julgamento. Se o sistema processual brasileiro contempla as figuras dos efeitos translativo e extensivo de modo que poderá haver julgamento de matéria não pedida, bem como a extensão do julgado para beneficiar, até mesmo, quem não tenha recorrido, é porque o sistema não admite a coisa julgada parcial, ou parte.

10. REFERÊNCIAS

ARAKEN DE ASSIS. *Manual dos recursos*. São Paulo: Revista dos Tribunais, 2ª ed. 2008.

BARBOSA MOREIRA, J.C. *Comentários ao Código de Processo Civil*, v. V. Rio de Janeiro: Forense, 1976.

BUENO, Cassio Scarpinela. *Efeitos dos recursos*. in Aspectos polêmicos e atuais dos recursos cíveis e assuntos afins, v. 10. Coord. Nelson Nery Jr e Teresa Arruda Alvim Wambier. São Paulo: Revista dos Tribunais, 2006.

2006.

19. "O efeito translativo possibilita ao órgão destinatário do recurso o conhecimento de oficio das matérias de ordem pública, independentemente de pedido ou requerimento da parte interessada". NOLASCO, Rita Dias. Possibilidade do reconhecimento de oficio de matéria de ordem pública no âmbito dos recursos de efeito devolutivo restrito, in Aspectos polêmicos e atuais dos recursos cíveis e assuntos afins, v. 10, p. 460-461. Coord. Nelson Nery Jr e Teresa Arruda Alvim Wambier. São Paulo: Revista dos Tribunais, 2006.
20. "Daí a necessidade de beneficiar o litisconsorte omisso com o recurso do litisconsorte atuante, evitando o contrário: o prejuízo ao recorrente provocado pela inércia do parceiro". ARAKEN DE ASSIS, Manual dos recursos, p. 236. São Paulo: Revista dos Tribunais, 2ª ed, 2008.

CHAIM JORGE, Flávio. *Teoria geral dos recursos cíveis*. Rio de Janeiro: Forense, 2003.

DIDIER JR. Frédie. *Recurso de terceiro*. São Paulo: Revista dos Tribunais, 2002.

FERREIRA FILHO, Manoel Caetano. *Comentários ao Código de Processo Civil*, v. 7. São Paulo: Revista dos Tribunais, 2001.

NOLASCO, Rita Dias. *Possibilidade do reconhecimento de ofício de matéria de ordem pública no âmbito dos recursos de efeito devolutivo restrito. in* Aspectos polêmicos e atuais dos recursos cíveis e assuntos afins, v. 10. Coord. Nelson Nery Jr e Teresa Arruda Alvim Wambier. São Paulo: Revista dos Tribunais, 2006.

PONTES DE MIRANDA. *Comentários ao Código de Processo Civil*. Tomo VII. Rio de Janeiro: Forense, 3ª ed, 1999.

SOUZA, Gelson Amaro de. *Curso de direito processual civil*. Presidente Prudente: Data júris, 2ª ed.1998.

_____ *Fraude de execução e o direito de defesa do adquirente*. São Paulo: Editora Juarez de Oliveira, 2002.

_____ *Efeitos da sentença que julga embargos à execução*. São Paulo: MP-Editora, 2007.

_____ *Coisa julgada - Impossibilidade de ser por partes*. Revista Magister de Direito Civil e Processual Civil, v.46. Porto Alegre-RS: jan/março, 2012; Revista Jurídica-Lex, v. 55. São Paulo: Lex, janeiro/fevereiro, 2012 e Boletim IOB, v. III, nº 3. São Paulo: IOB, 1ª quinzena de fevereiro de 2012.

_____ *Assistência e coisa julgada*. Revista Jurídica, vol. 310, pp. 44-68. Porto Alegre-RS: Notadez, agosto de 2003.

_____ *Coisa julgada e o momento de sua configuração*. Revista Dialética de Direito Processual, v. 5, pp. 26:48. São Paulo: Dialética, dezembro, 2011.

_____ e SOUZA FILHO, Gelson Amaro de. *Sentenças que não passam em julgado*, Revista Judiciária do Paraná, v. 6. Curitiba: Bonijuris, novembro, 2013; Repertório de Jurisprudência – IOB, nº 14, 2ª quinzena de julho, 2013; JURISVOX – Centro Universitário de Patos de Minas – Unipam. Patos de Minas: dezembro, 2012

CAPÍTULO 2

A sanabilidade dos requisitos de admissibilidade dos recursos: notas sobre o art. 932, parágrafo único, do CPC/15

Flávio Cheim Jorge[1]
Thiago Ferreira Siqueira[2]

SUMÁRIO: 1. INTRODUÇÃO; 2. O JUÍZO DE ADMISSIBILIDADE DOS RECURSOS CÍVEIS; 3. O ESTADO DA QUESTÃO NO CPC/73: A IMPOSSIBILIDADE DE CORREÇÃO DOS DEFEITOS DOS RECURSOS COMO REGRA GERAL; 4. A MUDANÇA DE PARADIGMA OPERADA PELO ART. 932, PARÁGRAFO ÚNICO, DO CPC/15; 5. ÂMBITO DE INCIDÊNCIA DO DISPOSITIVO: APLICAÇÃO ÀS DIVERSAS ESPÉCIES RECURSAIS; 5.1. A APLICABILIDADE DO ART. 932, PARÁGRAFO ÚNICO, DO CPC/15, AOS RECURSOS EXTRAORDINÁRIO E ESPECIAL: CONFRONTO COM O ART. 1029, § 3º; 6. COMPETÊNCIA PARA APLICAÇÃO DO DISPOSITIVO; 7. OBRIGATORIEDADE DE APLICAÇÃO DO DISPOSITIVO; 8. O ART. 932, PARÁGRAFO ÚNICO E OS REQUISITOS DE ADMISSIBILIDADE DOS RECURSOS; 8.1. REQUISITOS INTRÍNSECOS DE ADMISSIBILIDADE; 8.2. REQUISITOS EXTRÍNSECOS DE ADMISSIBILIDADE; 8.2.1. TEMPESTIVIDADE; 8.2.2. PREPARO; 8.2.3. REGULARIDADE FORMAL; 9. CONCLUSÃO; 10. REFERÊNCIAS BIBLIOGRÁFICAS.

1. INTRODUÇÃO

O presente estudo visa analisar o art. 932, parágrafo único, do Novo Código de Processo Civil (CPC/15), segundo o qual, *"antes de considerar inadmissível o recurso, o relator concederá o prazo de 5 (cinco) dias ao recorrente para que seja sanado vício ou complementada a documentação exigível"*.

Inserida em artigo destinado a tratar dos poderes e incumbências do relator, a regra, que não encontra equivalente no Código hoje vigente (CPC/73), traduz-se em certo abrandamento do rigor com que é tratado o juízo de admissibilidade dos recursos cíveis, oportunizando ao recorrente que corrija alguns defeitos contidos na peça por ele manejada.

---

1. Mestre e doutor em direito processual civil pela PUC-SP. Membro do Instituto Brasileiro de Direito Processual - IBPD. Professor de Direito Processual Civil nos cursos de graduação e mestrado da UFES. Advogado. Ex-Juiz do TRE/ES – Classe dos Juristas – Biênios 2004/2008. flavio@cjar.com.br
2. Doutorando em Direito Processual Civil na Universidade de São Paulo. Mestre em Direito Processual Civil pela Universidade Federal do Espírito Santo. Professor de cursos de pós-graduação. thiago_siqueira@hotmail.com

Nosso objetivo, neste estudo, é entender não apenas em que medida o dispositivo inova em relação ao CPC/73, mas compreender de que maneira e em que situações poderá encontrar atuação. Antes, porém, é importante tecer breves considerações a respeito do juízo de admissibilidade dos recursos cíveis e do estado da questão no sistema hoje ainda vigente.

2. O JUÍZO DE ADMISSIBILIDADE DOS RECURSOS CÍVEIS[3]

Como todo ato postulatório[4], os recursos estão sujeitos a um duplo exame: o primeiro destina-se a aferir se estão presentes as condições que a lei processual coloca para que se possa realizar a postulação, para admiti-la ou não; já no segundo, analisa-se o próprio conteúdo da postulação, para rejeitá-la ou acolhê-la.

Fala-se, assim, em *juízo de admissibilidade* e *juízo de mérito* dos recursos. Naquele, o órgão competente verifica se o recurso preenche todos os chamados *requisitos de admissibilidade* e, portanto, merece ser *conhecido*; ou, ao contrário, se deve ser *não conhecido* pela ausência de alguma daquelas condições. Ultrapassada esta etapa, é analisado se a pretensão recursal – reforma, anulação, integração ou esclarecimento – merece ser *provida* ou *improvida*, pela presença de algum *error in judicando* ou *error in procedendo*.

Tal circunstância, como dito, não é exclusiva dos recursos, mas dos atos postulatórios de um modo geral. Assim ocorre, por exemplo, com a própria demanda, em que, antes de analisar se é o caso de acolher ou rejeitar o pedido inicial, é necessário constatar a presença dos pressupostos processuais e das condições da ação.

Aliás, sendo os recursos um prolongamento do direito de ação e de defesa, parece óbvia a correlação existente entre as condições da ação e os requisitos de admissibilidade dos recursos. No fundo, tudo se passa como se transportássemos para o procedimento recursal aqueles requisitos que a lei coloca para que a ação seja validamente exercida. A analogia é perfeitamente cabível, apesar de saber-se que, em relação ao direito de ação, as condições dizem respeito a fatos

---

3. Para análise mais ampla a respeito do assunto do presente tópico, pedimos licença para remeter o leitor ao que escreveu um dos autores deste breve estudo em obra de maior fôlego: CHEIM JORGE, Flávio. *Teoria geral dos recursos cíveis*. 7ª ed. São Paulo: RT, 2014. Cap. 6, p. 69-95.

4. "*Atos postulatórios* são aqueles mediante os quais a parte pleiteia dado provimento jurisdicional (denúncia, petição inicial, contestação, recurso)" (CINTRA, Antônio Carlos de Araújo; DINAMARCO, Cândido Rangel; GRINOVER, Ada Pellegrini. *Teoria geral do processo*. 23ª ed. São Paulo: Malheiros, 2007. p. 358). Para maior aprofundamento conceitual a respeito dos atos postulatórios, vale conferir o capítulo dedicado ao tema por Bruno Silveira de Oliveira (*O juízo de identificação de demandas e de recursos no processo civil*. São Paulo: Saraiva, 2011. Cap. II, p. 37-63).

exteriores e anteriores ao processo, ao passo que, no que tange aos recursos, os requisitos são analisados em relação a um processo já existente[5].

A análise da admissibilidade dos recursos se coloca, por óbvio, como questão *prévia* a seu juízo de mérito, vez que, do ponto de vista lógico, deve lhe ser antecedente. Dentre as questões prévias, pode-se dizer, ainda, que os requisitos de admissibilidade enquadram-se na categoria das questões *preliminares*, haja vista que sua presença ou ausência torna possível ou não a realização do juízo de mérito, sem, contudo, interferir no conteúdo deste. Contrapõem-se, destarte, às chamadas questões *prejudiciais*, que, sem condicionar a possibilidade de realização do juízo de mérito, interferem no que nele será decidido[6].

Costuma-se falar, ademais, que os requisitos de admissibilidade dos recursos são questões de *ordem pública*, pois a análise de sua presença interessa não apenas às partes, mas sobretudo ao próprio órgão julgador. Afinal, a este último cabe o papel de controlar a legitimidade da prestação jurisdicional, o que, no caso, se faz mediante a análise das condições que "própria lei estabelece para que êste [recurso] se possa ter como regular".[7]

Consequência desta última característica é o fato de que os requisitos de admissibilidade podem, em regra[8], ser apreciados *de ofício* pelo órgão julgador, não sendo necessário, portanto, que a parte recorrida suscite a ausência de algum deles para que o recurso deixe de ser conhecido. Além disso, a sua análise *não está sujeita à preclusão*, de modo que, ainda que num primeiro momento tenha sido declarado admissível, um recurso pode deixar de ser conhecido caso, posteriormente, se constate a ausência de algum requisito.

Por fim, de acordo com autorizada doutrina[9], os requisitos de admissibilidade dos recursos são sete, e podem ser divididos em duas categorias distintas: os requisitos (i) *intrínsecos* – concernentes à *existência* do poder de recorrer - são

---

5. BARBOSA MOREIRA, José Carlos. *O juízo de admissibilidade no sistema dos recursos cíveis*. Rio de Janeiro: [s/ed], 1969. p. 30.
6. Sobre o tema das *questões prejudiciais* e sua correta diferenciação para as *preliminares*, insuperáveis são as lições de Barbosa Moreira: "Cabendo a qualificação de 'prejudiciais' às questões de cuja solução dependa *o teor* ou *conteúdo* da solução de outras, reservar-se-á a expressão 'questões preliminares' para aquelas de cuja solução vá depender a de outras não no seu *modo de ser*, mas no seu próprio *ser*; isto é, para aquelas que, conforme o sentido em que sejam resolvidas, oponham ou, ao contrário, removam um impedimento à solução de outras, sem influírem, no segundo caso, sobre o *sentido* em que estas outras hão de ser resolvidas. Assim, e. g., a solução concernente à *legitimatio ad causam* será preliminar em relação a decisão de *meritis* [...]". (*Questões prejudiciais e coisa julgada*. Rio de Janeiro: [s/ed], 1967. p. 29-30).
7. BARBOSA MOREIRA, José Carlos. *O juízo de admissibilidade no sistema dos recursos cíveis*, p. 121.
8. Fala-se que a ausência de um requisito de admissibilidade pode ser conhecida de ofício *em regra*, porque, no caso do requisito previsto no art. 526 do CPC/73 (equivalente ao art. 1.018, do CPC/15), o não conhecimento do agravo de instrumento depende de arguição pelo agravado.
9. BARBOSA MOREIRA, José Carlos. *Comentários ao Código de Processo Civil*, vol. V. 13ª ed. Rio de Janeiro: Forense, 2006. p. 263.

(i.1) o *cabimento*, (i.2) a *legitimidade para recorrer*, (i.3) o *interesse em recorrer*, e (i.4) a *inexistência de fatos impeditivos ou extintivos do poder de recorrer*; já os (ii) extrínsecos – relacionados ao modo de exercer o poder de recorrer - são (ii.1) a *tempestividade*, (ii.2) a *regularidade formal* e (ii.3) o *preparo*.

Há, é certo, importantes autores que trazem relação diversa de requisitos de admissibilidade dos recursos, ou, ainda, que os classificam de forma distinta[10]. De toda sorte, são, todas estas, classificações capazes de esquematizar um quadro completo e coerente dos requisitos que a lei coloca para a admissibilidade dos recursos, não havendo, assim, que se falar na superioridade de uma ou outra. Utilizamos, aqui, aquela acima mencionada, proposta por Barbosa Moreira, que, como logo veremos, pode fornecer interessante perspectiva para a análise da aplicação do parágrafo único do art. 932, parágrafo único, do CPC/15.

3. O ESTADO DA QUESTÃO NO CPC/73: A IMPOSSIBILIDADE DE CORREÇÃO DOS DEFEITOS DOS RECURSOS COMO REGRA GERAL

A circunstância de a declaração de não conhecimento de um recurso impedir que seja feito o reexame da decisão - e, assim, que sejam alcançados os diversos e importantes escopos que se busca atingir por meio do sistema recursal[11] - faz com que exista, na doutrina processual, acirrada controvérsia a respeito da possibilidade de correção de algum defeito na petição ou nas razões recursais que possa comprometer a sua admissibilidade, ou, mesmo, da necessidade de se abrandar o rigor na análise de algum requisito.

Há, assim, prestigiosa corrente doutrinária que sustenta que, sempre que possível, deve-se oportunizar ao recorrente que regularize o vício formal, como meio de garantir o conhecimento de um recurso que, até então, revelava-se inadmissível. Defende-se, nessa linha, a aplicação analógica do art. 284 do CPC/73 ao procedimento recursal, ou, então, que a interpretação do § 4º do art. 515 deve

---

10. É o caso, por exemplo, de Seabra Fagundes, que fala em requisitos objetivos e subjetivos, que dizem respeito, respectivamente, ao recurso em si mesmo considerado e à pessoa do recorrente (*Dos recursos ordinários em matéria civil*. Rio de Janeiro: Forense, 1946. p. 29-108). Recentemente, ainda, Ada Pellegrini Grinover e João Ferreira Braga publicaram estudo em que falam em condições dos recursos e pressupostos recursais ("Um estudo de teoria geral do processo: admissibilidade e mérito no julgamento dos recursos". *Revista de Processo*. vol. 227. São Paulo: RT, 2014. p. 171-196).
11. "As razões para tanto [para a existência dos recursos] – apontam os autores – são várias, indo desde o natural inconformismo da personalidade humana frente às decisões que lhe são desfavoráveis, passando pela necessidade de correção de eventuais erros nos julgamentos e pela necessidade de submeter a atuação do Magistrado a alguma espécie de controle de poder" (SIQUEIRA, Thiago Ferreira. "A aplicação da 'teoria da causa madura' no sistema recursal do novo Código de Processo Civil. In: *Recursos e duração razoável do processo*. Coord.: Bruno Silveira de Oliveira, Flávio Cheim Jorge, Marcelo Abelha Rodrigues, Rita Dias Nolasco e Rodrigo Mazzei. São Paulo: Gazeta Jurídica, 2013. p. 490).

contemplar tal possibilidade[12]. Ou, ainda, que se deveriam aplicar, aos recursos, as normas que regem as nulidades processuais, em especial o postulado da instrumentalidade das formas[13]. Por fim, fala-se que a preclusão consumativa não impediria a correção de defeito formal ou a complementação do recurso após a sua interposição[14].

Nesta toada, sugere-se, por exemplo, que se deva permitir a comprovação do pagamento do preparo posteriormente à protocolização do recurso. Ou, ainda, que as razões recursais possam ser juntadas ou complementadas após a sua interposição, desde que ainda não tenha se escoado o prazo recursal. Na mesma linha, sustenta-se a possibilidade de juntada posterior das peças obrigatórias do recurso de agravo de instrumento.

De nossa parte, sempre entendemos que, não existindo no Código de Processo Civil hoje vigente qualquer norma que contemple tais possibilidades em caráter geral, não se deve oportunizar a correção dos vícios formais contidos no recurso após a sua interposição, exceto quando a própria lei o determinar.

É de se notar, inicialmente, que o sistema recursal é fortemente marcado pelo fenômeno das preclusões. Incide, por exemplo, a *preclusão temporal*, a inviabilizar o exercício do direito de recorrer após o escoamento do prazo que a lei coloca para tanto. Ou a *preclusão lógica*, que impede o conhecimento do recurso de um sujeito que tenha, anteriormente, praticado ato incompatível com o de recorrer, como é o caso da renúncia ao direito de recorrer ou ao direito sobre o qual se funda a ação, da desistência do recurso ou da demanda, da aquiescência, do reconhecimento jurídico do pedido, etc.

Nessa mesma linha, entendemos que também deve ter plena aplicação ao procedimento recursal a *preclusão consumativa*: uma vez exercido o direito de recorrer, não pode a parte recorrente praticar novamente tal ato em relação à mesma decisão judicial, ou, ainda, complementar ou aperfeiçoar o recurso

---

12. Neste sentido, a respeito dos arts. 284 e 515, § 4º, do CPC/73: OLIVEIRA, Bruno Silveira de. "O formalismo do sistema recursal à luz da instrumentalidade do processo". *Revista de Processo*. vol. 160. São Paulo: RT, 2008. p. 35-39.
13. Sobre a aplicação da instrumentalidade das formas à admissibilidade dos recursos, mencionando inclusive os arts. 244, 249, §1º, e 250, parágrafo único, do CPC/73: BEDAQUE, José Roberto dos Santos. "Apelação: questões sobre admissibilidade e efeitos". In: *Aspectos polêmicos e atuais dos recursos e de outros meios de impugnação às decisões judiciais*, vol. 7. Coord.: Nelson Nery Jr. e Teresa Arruda Alvim Wambier. São Paulo: RT, 2003. p. 440-441.
14. Sustentando a não incidência de preclusão consumativa nestes casos: BEDAQUE, José Roberto Dos Santos. "Apelação: questões sobre...", p. 440-445; *Efetividade do processo e técnica processual*. 3ª ed. São Paulo: Malheiros, 2010. p. 149-151: OLIVEIRA, Bruno Silveira de. "O formalismo do sistema recursal...", p. 46; SICA, Heitor Vitor Mendonça. *Preclusão processual civil*. 2ª ed. São Paulo: Atlas, 2008. p. 120-127. Registre-se, aliás, que este último autor, na mesma obra, rejeita a própria existência desta espécie de preclusão, afirmando, após longa e consistente argumentação, que *"preclusão consumativa não existe, pois a prática do ato não impede, em si, que ele seja praticado novamente ou emendado"* (p. 154).

anteriormente interposto. Não vemos razão, neste ponto, para deixar de dar plena aplicação a esta específica modalidade de preclusão, que, longe de constituir mero formalismo estéril, tem papel da mais alta relevância no sistema processual, impedindo avanços e retrocessos no procedimento[15].

Importante perceber que, no que concernem ao direito de recorrer, as preclusões exercem papel específico de grande relevância: é através delas que uma determinada decisão, que até então ostentava o caráter da mutabilidade, torna-se estável, privilegiando, com isso, o valor da segurança jurídica. Em se tratando de decisões de mérito, aliás, é com a preclusão dos recursos que o comando judicial, tendo-se tornado indiscutível, é capaz de ser imunizado pela autoridade da coisa julgada material[16].

Também não vemos como aplicar o art. 284 do CPC/73 à interposição dos recursos pelo simples fato de que se destina, o dispositivo, à petição inicial, ato que não se confunde com o de recorrer, e que é praticado em momento permeado por valores de outra ordem[17]. Na mesma linha, também não se presta, o art. 515, § 4º, à correção de defeitos nos atos das partes que possam resultar em sua inadmissibilidade, mas, diferente disso, aos atos do processo que possam estar eivados por alguma nulidade.

Aliás, nesta linha de argumentação, também não entendemos ser aplicável aos requisitos de admissibilidade dos recursos o princípio da instrumentalidade das formas, vez que se trata norma aplicável à desconsideração de *nulidades*, defeitos estes que não se confundem com a *inadmissibilidade*. Enquanto as nulidades se relacionam aos defeitos que atingem os atos do juiz, a inadmissibilidade diz respeito, sempre, a algum ato praticado pela parte. E, assim sendo, é forçoso observar que as atuações das partes e do juiz são regidas por valores completamente diferentes, o que torna inviável equiparar as consequências advindas dos defeitos dos atos praticados por um e por outro[18].

---

15. Nesta linha de raciocínio, destacando a importância da preclusão consumativa em âmbito recursal, há autores que mencionam a existência do *princípio da consumação*: ASSIS, Araken de. *Manual dos recursos*. 2ª ed. São Paulo: RT, 2008. 102-104. NERY Jr., Nelson. *Teoria geral dos recursos*. 7ª ed. São Paulo: RT, 2014. p. 191-195.
16. Tal ponto não passou despercebido por Bruno Silveira de Oliveira, que, coerente com as premissas que adota, se vale justamente desta consequência que as preclusões têm quando associadas a um recurso interposto contra decisão de mérito para sugerir sua flexibilização ("O formalismo do sistema recursal...", p. 34-35).
17. Neste sentido é, inclusive, o pensamento de Heitor Sica, para quem "as situações não se confundem, pois a emenda da petição inicial é expressamente autorizada por lei (art. 284 do CPC) e tem lugar em um momento de prevalência do interesse particular sobre o público, pois ainda não se deu a citação; diferentemente sucede com a emenda do recurso de apelação" (*Preclusão processual civil*, p. 126).
18. Sobre o tema, de forma mais ampla: CHEIM JORGE, Flávio. "Requisitos de admissibilidade dos recursos: entre a relativização e as restrições indevidas (jurisprudência defensiva)". In: *Recursos e duração razoável*

Por fim, é importante perceber que, em certas situações, é a própria lei que determina que deva ser oportunizada à parte a correção de defeitos no recurso apresentado, ou que permite que seja relevado o descumprimento de algum requisito.

É o que se passa, por exemplo, com os casos em que o preparo é recolhido em *valor insuficiente*: nestas situações, o § 2º do art. 511 do CPC/73 outorga à parte a possibilidade de complementar o pagamento, tornando, destarte, admissível o seu recurso.

Importante notar que tal hipótese não se confunde com aquela na qual, descumprindo o *caput* do mesmo art. 511, o recorrente deixa de comprovar, no ato de interposição do recurso, o pagamento das custas – seja porque não as recolheu, seja porque as recolheu mas deixou de juntar o respectivo comprovante –, caso em que, em nome da preclusão consumativa, não se deve permitir a comprovação posterior, ainda que no prazo do recurso[19]-[20].

Ainda sobre o preparo, há que se mencionar o art. 519 do CPC/73, que permite que seja relevada a pena de deserção e fixado prazo para o recolhimento do preparo após a interposição do recurso caso o recorrente prove a ocorrência de *justo impedimento*.

Outra hipótese em que o sistema hoje vigente permite desconsiderar a ausência de requisito de admissibilidade é aquela prevista no art. 183, que torna admissível o recurso interposto intempestivamente se provada a existência de *justa causa*. Afasta-se, com isso, a preclusão temporal que incidiria pelo escoamento do prazo recursal.

---

do processo. Coord.: Bruno Silveira de Oliveira, Flávio Cheim Jorge, Marcelo Abelha Rodrigues, Rita Dias Nolasco e Rodrigo Mazzei. São Paulo: Gazeta Jurídica, 2013. p. 185-187.

19. É esta, também, a posição de: ASSIS, Araken de. *Manual dos recursos*, p. 208-209; NERY Jr., Nelson. *Teoria geral dos recursos*, p. 389-390; WAMBIER, Teresa Arruda Alvim. *Os agravos no CPC brasileiro*. 4ª ed. São Paulo: RT, 2006. p. 287-289. Em sentido contrário: DINAMARCO, Cândido Rangel. *A reforma do Código de Processo Civil*. 5ª ed. São Paulo: Malheiros, 2001. p. 164. Para tratamento mais amplo do tema, ver: CHEIM JORGE, Flávio. *Teoria geral dos recursos cíveis*, p. 205-209.

20. É esse o entendimento que vem prevalecendo na jurisprudência do STJ, como se vê do seguinte trecho de ementa, que bem diferencia as duas situações mencionadas: "PROCESSUAL CIVIL. NÃO APRESENTAÇÃO DO COMPROVANTE DE PAGAMENTO DO PREPARO RECURSAL. MOMENTO DA INTERPOSIÇÃO. RECURSO ESPECIAL. ART. 511 DO CPC. DESERÇÃO. PRECLUSÃO CONSUMATIVA. CONCESSÃO DE PRAZO PARA O RECOLHIMENTO. IMPOSSIBILIDADE. PRECEDENTES. RECURSO NÃO PROVIDO. 1. *A parte recorrente não apresentou no momento da interposição do recurso especial os comprovantes de recolhimento do necessário preparo recursal, o que implica o reconhecimento de sua deserção.* [...] 3. *Na linha da iterativa jurisprudência desta Corte, só se concede prazo para regularização do preparo recursal na hipótese de pagamento insuficiente, e não, como no caso dos autos, quando inexistente a comprovação.* [...] (AgRg no AgRg no AREsp 459.670/RJ, Rel. Ministro RAUL ARAÚJO, QUARTA TURMA, julgado em 20/05/2014, DJe 18/06/2014)

Vale lembrar, outrossim, da regra disposta no art. 13 do CPC/73, que permite que seja sanado o vício da *irregularidade na representação* mesmo após a interposição do recurso, corrigindo, destarte, a ausência de regularidade formal.

Por fim, não se pode deixar de ressaltar a *fungibilidade recursal*, que, malgrado não esteja expressa no CPC/73, tem aceitação pacífica na doutrina e na jurisprudência. Trata-se, como se sabe, de princípio que permite abrandar o requisito do cabimento, tornando admissível um recurso que tenha sido interposto no lugar de outro, que seria o correto. Para tanto, é necessário que haja alguma dúvida objetiva a respeito do recurso adequado[21].

Todos estes exemplos demonstram que é o próprio sistema processual hoje vigente que, em certas situações e diante de circunstâncias que considera relevantes, por vezes afasta a preclusão consumativa ou mesmo a necessidade do preenchimento de determinados requisitos de admissibilidade. Fora disso, pensamos que deva ser privilegiada a opção do legislador, sendo vedada, assim, a complementação ou a correção do recurso já interposto.

Nada disso, por óbvio, justifica a postura, que se verifica na jurisprudência de alguns tribunais – especialmente os superiores –, de criar óbices não previstos no sistema processual para que os recursos sejam admitidos. Tal prática, que se passou a denominar de *jurisprudência defensiva*, consiste na interpretação inadequada dos requisitos de admissibilidade, redundando em restrições ilegítimas, indevidas e ilegais ao direito de recorrer, garantido constitucionalmente[22].

Em suma, o importante, segundo pensamos, é interpretar o sistema recursal que temos atualmente como ele é: marcado pelas preclusões, não deve ser permitido, em princípio, o afastamento de alguma causa de inadmissibilidade ou mesmo sua correção após a interposição do recurso. Como exceções a esta regra, devem ser considerados apenas os casos nos quais o próprio sistema optou por solução diversa.

4. A MUDANÇA DE PARADIGMA OPERADA PELO ART. 932, PARÁGRAFO ÚNICO, DO CPC/15

Estas conclusões nos parecem as mais corretas, frise-se, *para o sistema do CPC/73*, em que, ao lado de estatuir requisitos para a admissibilidade dos

---

21. Para maior desenvolvimento, ver: CHEIM JORGE, Flávio. *Teoria geral dos recursos cíveis*, p. 287-302.
22. Para maiores considerações a respeito do confronto entre a tendência de flexibilização do juízo de admissibilidade e a jurisprudência defensiva em relação ao sistema hoje vigente, remetemos ao que escreveu um dos autores em outro estudo: CHEIM JORGE, Flávio. "Requisitos de admissibilidade dos recursos: entre a relativização...", p. 173-201.

recursos, o legislador, em situações excepcionais, por vezes optou por abrandar o rigor de um ou outro pressuposto, ou por permitir a correção de algum defeito no recurso já interposto.

É outra, todavia, a premissa da qual se deve partir na análise do Novo Código de Processo Civil, em que há norma de caráter geral como a do art. 932, parágrafo único: a regra é a de que a parte tem direito à correção de um determinado vício contido em seu recurso, sem qualquer ônus além de fazê-lo no prazo de cinco dias. Tal regra apenas pode ser afastada nos casos em que exista norma específica, excepcionando sua incidência.

Há, com isso, clara inversão em relação ao sistema hoje vigente: se, atualmente, a regra é a de que a preclusão consumativa impede a correção de vícios no recurso já interposto, no Novo Código a ideia é a de que a preclusão nestas situações deve ser afastada, em prol da possibilidade de correção do defeito que até então tornava inadmissível o recurso.

Neste contexto, podemos afirmar, sem qualquer receio, que *o CPC/15 estabelece um novo paradigma para a admissibilidade dos recursos cíveis*. Inverte-se, por completo, a lógica que se tem no sistema hoje vigente, para que, sendo sanável o vício, e não havendo norma excepcionando a incidência do art. 932, parágrafo único, a parte tenha a oportunidade de corrigir a causa de inadmissibilidade do recurso já interposto[23].

O dispositivo, como parece claro, se insere no contexto maior do CPC/15 de privilegiar, sempre que possível, a obtenção de uma decisão de mérito, em detrimento de decisões de caráter meramente processual. Tem-se falado, neste sentido, especialmente a partir do art. 4º, na existência do *princípio da primazia da decisão de mérito*[24]. No que diz respeito ao julgamento do *meritum causae*, o art. 317 do CPC/15 determina que, "antes de proferir decisão sem resolução de mérito, o juiz deverá conceder à parte oportunidade para, se possível, corrigir o vício". O que faz, o art. 932, parágrafo único, é transportar tal ideia ao procedimento do recurso, possibilitando ao recorrente sanar o defeito da peça de que lançou mão, privilegiando, com isso, a análise do *mérito recursal*.

---

23. Foi o que sustentamos em outra oportunidade: CHEIM JORGE, Flávio; SIQUEIRA, Thiago Ferreira. "Um novo paradigma para o juízo de admissibilidade dos recursos cíveis". In: *Revista do advogado*, n. 126. São Paulo: AASP, 2015.
24. Neste sentido, mencionando, inclusive, o art. 932, parágrafo único, do CPC/15: DIDIER Jr., Fredie. *Curso de direito processual civil*, vol. 1. 17ª ed. Salvador: JusPodivm, 2015. p. 136-137. Em sentido semelhante, falando na premissa interpretativa da primazia do julgamento do mérito e do máximo aproveitamento processual: BAHIA, Alexandre Melo Franco; NUNES, Dierle; PEDRON, Flávio Quinaud; THEODORO Jr., Humberto. *CPC/15 - fundamentos e sistematização*. 2ª ed. Rio de Janeiro: Forense, 2015. p. 25-30.

Entendido, assim, que o art. 932, parágrafo único, altera o sistema recursal, possibilitando, ao contrário do que se passa com o Código hoje vigente, a correção de vícios existentes no recurso interposto, passemos, agora, a tecer breves considerações a respeito da interpretação a ser dada ao dispositivo, no intuito de entender em que situações e de que forma deve ser ele aplicado.

5. ÂMBITO DE INCIDÊNCIA DO DISPOSITIVO: APLICAÇÃO ÀS DIVERSAS ESPÉCIES RECURSAIS

Antes de prosseguir, é importante deixar claro que a regra ora analisada é aplicável a *todo e qualquer recurso*, não se devendo fazer restrição a qualquer espécie recursal. Afinal, trata-se de norma prevista em capítulo do CPC/15 destinado a regular, indistintamente, a "ordem dos processos nos tribunais", mais especificamente em dispositivo (art. 932) que cuida dos poderes do relator.

É essa a conclusão estampada na parte final do enunciado n. 82 do Fórum Permanente de Processualistas Civis, no sentido de que o dispositivo é aplicável a *"qualquer recurso, inclusive os excepcionais"*.

Interessante notar, todavia, que o CPC/15, em dispositivo destinado ao recurso de agravo de instrumento, teve o cuidado de reafirmar a aplicação daquela norma. Trata-se do art. 1017, § 3º, segundo o qual, *"na falta da cópia de qualquer peça ou no caso de algum outro vício que comprometa a admissibilidade do agravo de instrumento, deve o relator aplicar o disposto no art. 932, parágrafo único"*.

A regra, conquanto seja desnecessária – vez que, como dito, o art. 932, parágrafo único alcança a todos os recursos – justifica-se por fins didáticos, como forma de deixar claro que, a partir da vigência do CPC/15, deve ser afastado o entendimento, que hoje vem corretamente prevalecendo na jurisprudência, de que a ausência de juntada das chamadas *peças obrigatórias* do agravo de instrumento não pode ser suprida após a interposição do recurso[25]-[26].

5.1. A aplicabilidade do art. 932, parágrafo único, do CPC/15, aos recursos extraordinário e especial: confronto com o art. 1029, § 3º

Ainda mais interessante, todavia, seria ter deixado clara a aplicabilidade do art. 932, parágrafo único ao recurso especial e ao recurso extraordinário,

---

25. Neste sentido, dentre muitos outros julgados: STJ, AgRg no Ag 1380804/MS, Rel. Ministro ANTONIO CARLOS FERREIRA, QUARTA TURMA, julgado em 05/06/2014, DJe 11/06/2014; STJ, AgRg no AREsp 411.209/PR, Rel. Ministro MAURO CAMPBELL MARQUES, SEGUNDA TURMA, julgado em 05/11/2013, DJe 12/11/2013; STJ, AgRg no Ag 1406354/SC, Rel. Ministro JOÃO OTÁVIO DE NORONHA, TERCEIRA TURMA, julgado em 01/10/2013, DJe 07/10/2013.
26. ASSIS, Araken de. *Manual dos recursos*, p. 518; WAMBIER, Teresa Arruda Alvim. *Os agravos no CPC brasileiro*, p. 282.

inserindo norma semelhante à do art. 1017, § 3º dentre os dispositivos a eles destinados. Não se pode desconsiderar, neste ponto, a conhecida tendência do Superior Tribunal de Justiça e do Supremo Tribunal Federal em criar óbices ao conhecimento dos recursos excepcionais inexistentes para as demais espécies recursais, ou, ainda, de deixar de aplicar em relação a eles alguma das regras, anteriormente mencionadas, destinadas à correção de vícios formais neles contidos. É aquilo que acima chamamos de jurisprudência defensiva.

Como exemplo, basta que nos lembremos da aplicação do art. 13 do CPC/73 para a correção da irregularidade de representação das partes: ao mesmo tempo em que consolidou o posicionamento de que, em relação aos recursos ordinários, deve ser oportunizada à parte a correção do vício, o Superior Tribunal de Justiça entende que tal diligência não é possível para os recursos excepcionais. É essa a conclusão que se tem extraído de sua Súmula nº 115, segundo a qual *"na instância especial é inexistente recurso interposto por advogado sem procuração nos autos"*[27].

No que concerne aos recursos excepcionais, há regra que, segundo nos parece, pode conflitar com o disposto no art. 932, parágrafo único, sendo motivo para indesejáveis dificuldades práticas. Trata-se do art. 1029, § 3º do CPC/15, segundo o qual *"o Supremo Tribunal Federal ou o Superior Tribunal de Justiça poderá desconsiderar vício formal de recurso tempestivo ou determinar sua correção, desde que não o repute grave"*.

Realizando leitura isolada do dispositivo, temos que o STF ou o STJ, diante de RE ou REsp que contenha *vício formal*, mas que seja *tempestivo*, deve, inicialmente, definir se o vício é de (i) *natureza não grave*, ou (ii) *grave*. Naquele primeiro caso – isto é, entendendo que (i) não se trata de vício grave –, deve, o tribunal, adotar uma de duas alternativas: (i.1) *desconsiderar o defeito* existente no recurso, ou (i.2) *determinar a sua correção*.

A primeira dificuldade que suscita o dispositivo diz respeito a saber quando um vício formal há de ser considerado grave ou não, já que apenas neste último caso se poderia aplica a regra. Assim, por exemplo, a interposição de um recurso assinado por advogado sem procuração nos autos é de natureza grave? Ou, ainda, o fato de o recurso especial fundado em dissídio jurisprudencial vir

---

27. O seguinte trecho de ementa retrata a diferença de tratamento: "[...] 1. Não se conhece do recurso instruído com substabelecimento desacompanhado da procuração originária, por ser indispensável a apresentação do mandato para comprovar a legítima outorga de poderes ao advogado substabelecente. Incidência da Súmula 115/STJ. 2 [...] *É que, nas instâncias superiores, a comprovação da regularidade da representação processual da parte deve ser feita no ato da interposição do recurso excepcional, sobretudo porque eventual vício somente é sanável nas instâncias ordinárias.* [...]" (AgRg no REsp 1422681/PE, Rel. Ministro MAURO CAMPBELL MARQUES, SEGUNDA TURMA, julgado em 20/02/2014, DJe 28/02/2014)

desacompanhado da demonstração deste, como exige o art. 1029, § 1º, permite a aplicação da regra? O que dizer, então, de um recurso extraordinário no qual não se tenha demonstrado a existência de repercussão geral, como determina o art. 1035, § 2º?

Ultrapassada esta primeira etapa, e entendido que o vício formal não é de natureza grave, resta outra dificuldade: como diferenciar os casos nos quais deve ser *desconsiderado o vício* daqueles em que se deve *determinar sua correção*?

O problema maior, todavia, reside nos casos em que o STF ou o STJ entender que o vício é, sim, de natureza grave, o que afastaria a aplicação do art. 1029, § 3º. Nestes casos, o art. 932, parágrafo único, do CPC/15, permitiria a correção do defeito? Ou a especialidade do art. 1029, § 3º impediria que, nos recursos excepcionais, seja sanado um vício considerado grave pelos tribunais superiores?

Aliás, se considerarmos a tendência dos Tribunais Superiores em criar dificuldades à admissibilidade dos recursos excepcionais, não surpreenderá se for adotada a ideia de que, sendo grave o vício, ainda que sanável, não seria possível sua correção, que estaria vedada pelo art. 1029, § 3º do CPC/15. E, nesta linha, é de se imaginar quantos defeitos não serão dessa forma caracterizados.

Tudo isso está a revelar, segundo entendemos, que a aplicação prática do art. 1029, § 3º do CPC/15 tem o potencial de gerar dificuldades e vacilações desnecessárias. Melhor seria se simplesmente houvesse sido retirado o dispositivo do projeto, aplicando o art. 932, parágrafo único, em todas as situações nas quais haja a possibilidade de correção do vício[28]. Poderia, aliás, na linha do que dissemos, ter sido acrescentada, no capítulo que trata dos recursos especial e extraordinário, regra que deixasse claro que tais espécies estão sujeitas ao art. 932, parágrafo único, à semelhança do que o art. 1017, § 3º faz em relação ao agravo de instrumento.

De toda sorte, tendo constado, da versão final do Código, o art. 1029, § 3º, resta-nos buscar uma interpretação capaz de harmoniza-lo com a *norma geral* que existe no art. 932, parágrafo único, e de impedir que, em virtude dele, seja

---

28. Nesta linha, Cassio Scarpinella Bueno, após apontar dificuldades semelhantes às que expusemos, propõe que se tenha como *não escrita* a ressalva de que o dispositivo apenas se aplicaria aos vícios que não sejam graves: "O § 3º [do art. 1029] admite que o STF ou o STJ poderá desconsiderar erro formal de recurso tempestivo ou determinar sua sanação, desde que o erro 'não seja grave'. Trata-se da aplicação, com infeliz e restritiva ressalva (afinal, o que é erro 'grave'), da regra contida no parágrafo único do art. 945 [*rectius: art. 932*] para os recursos em geral. Não há razão nenhuma, a não ser o *texto* do dispositivo, que justifique o tratamento diferente. É o caso de propugnar como não escrita a referida ressalva" (*Novo Código de Processo Civil anotado*. São Paulo: Saraiva, 2015. p. 667).

obstada a correção de vícios sanáveis no âmbito dos recursos excepcionais. Nosso intuito, neste ponto, é deixar claro que, ao contrário do que poderia dar a entender uma leitura isolada do art. 1029, § 3º, ele não tem o condão de afastar a incidência do art. 932, parágrafo único.

Para tanto, parece-nos que a premissa fundamental da qual se deve partir é a de que o art. 1029, § 3º é um dispositivo que visa *favorecer* – e nunca prejudicar – o conhecimento do recurso especial ou extraordinário. Vejamos.

É de se considerar, primeiramente, que, do anteprojeto elaborado pela Comissão de Juristas nomeada pelo Senado Federal, já constava norma semelhante à do atual art. 1029, § 3º. Tratava-se do art. 944, § 2º, com o seguinte teor: *"quando o recurso tempestivo for inadmissível por defeito formal que não se repute grave, o Superior Tribunal de Justiça e o Supremo Tribunal Federal poderão desconsiderar o vício e julgar o mérito de casos repetitivos ou sempre que a decisão da questão de mérito contribua para o aperfeiçoamento do sistema jurídico".*

Percebe-se, da leitura deste dispositivo, que a permissão então prevista era para que o STF ou o STJ *desconsiderasse* o defeito formal do recurso – e não para possibilitar sua correção – quando se tratasse de *"casos repetitivos"* ou de cuja decisão pudesse advir contribuição *"para o aperfeiçoamento do sistema jurídico"*. A razão da norma parece decorrer da tendência de que o interesse na decisão de um recurso excepcional transcenda o da própria parte recorrente, sobretudo em razão da possível formação de um precedente vinculante. Nestes casos, então, poderia o tribunal superior relevar a inadmissibilidade do recurso em prol da repercussão coletiva que o julgamento deste teria.

Interessante notar que a Lei nº 13.015/2014, que alterou a Consolidação das Leis do Trabalho para instituir técnica de julgamento para os *recursos de revista repetitivos*, inseriu, no § 11 do art. 896[29], norma muito semelhante à que ao final constou do art. 1029, § 3º, do CPC/15. Na linha do que acabamos de afirmar a respeito deste último, é muito claro, naquele dispositivo, que a intenção subjacente à possibilidade de superação de defeitos formais do recurso é, justamente, possibilitar a formação de *precedente vinculante*, em atenção, portanto, ao *interesse público* que há em seu julgamento[30].

---

29. Art. 896 [...] § 11. Quando o recurso tempestivo contiver defeito formal que não se repute grave, o Tribunal Superior do Trabalho poderá desconsiderar o vício ou mandar saná-lo, julgando o mérito.
30. É o que explica Estevão Mallet: "Em primeiro lugar, qual o fundamento da previsão? Não é difícil identificá-lo. Prende-se, no fundo, à função do recurso de revista. Por isso foi ela relacionada com tal recurso. Pretendeu o legislador abrir espaço para que possa o Tribunal Superior do Trabalho exercer o seu papel de órgão de uniformização de jurisprudência, sem que defeito pouco importante no recurso prejudique o desempenho dessa importante missão. Subjacente à permissão está, pois, o interesse público, manifesto em certos meios recursais, de definição do correto sentido de norma cujo conteúdo ainda se mostra

Deve-se perceber, ainda, que *não existia*, no anteprojeto elaborado pela Comissão de Juristas, norma, como a do art. 932, parágrafo único, que, em caráter geral, determina ao relator que oportunize à parte a correção do recurso. Àquele tempo, então, pode-se dizer que, conforme o que se projetava, os recursos excepcionais teriam um regime jurídico *mais favorável* que os recursos ordinários no que tange à sua admissibilidade, em virtude, como dito, da repercussão supraindividual que seu julgamento pode ter.

Posteriormente, ainda na tramitação do PLS nº 166/2010 no Senado Federal, o dispositivo foi alterado, e, na versão aprovada naquela Casa, passou a ter redação muito semelhante à do art. 1029, § 3º: *"quando o recurso tempestivo contiver defeito formal que não se repute grave, o Superior Tribunal de Justiça ou Supremo Tribunal Federal poderão desconsiderar o vício, ou mandar saná-lo, julgando o mérito"* (art. 983, § 2º). Por outro lado, continuou a não haver, nesta versão do projeto, qualquer norma de caráter geral como a do atual art. 932, parágrafo único.

Foi, então, apenas quando da tramitação do PL nº 8.046/2010 na Câmara dos Deputados que foi inserida, inicialmente no art. 945, parágrafo único, norma de caráter geral, idêntica à do atual art. 932, parágrafo único, determinando ao relator, antes de considerar inadmissível o recurso, que oportunize ao recorrente que corrija o defeito no prazo de cinco dias.

Manteve-se, contudo, naquela versão, a disposição relativa aos recursos excepcionais, tendo-se alterado sua redação, de modo que, na versão do PL nº 8.046/2010 aprovada naquela Casa, o texto do art. 1042, § 3º era idêntico ao do atual art. 1029, § 3º.

O intuito deste breve histórico foi, apenas, o de demonstrar que, na linha do que afirmamos, o objetivo por trás da norma que consta do atual art. 1029, § 3º nunca foi o de restringir a admissibilidade dos recursos excepcionais se comparada a dos recursos ordinários. Isto é: a ideia que animou a sua criação não foi a de afastar dos recursos extraordinário ou especial a norma geral constante do art. 932, parágrafo único, impedindo a correção de *vícios graves* neles contidos, justamente porque, à época, esta última regra ainda não havia sido inserida no projeto.

Na verdade, como se extrai da narrativa acima realizada, o que ocorreu foi que, ao longo da tramitação legislativa, foi inserida a norma geral que consta do art. 932, parágrafo único, sem que houvesse sido alterada – ou suprimida, como nos pareceria mais adequado – a que consta do art. 1029, § 3º.

---

controvertido" ("Reflexões sobre a Lei n. 13.015/2014". In: *Revista do Tribunal Superior do Trabalho*, ano 80, n. 4. São Paulo: Magister, 2014).

Tal fato, todavia, na linha do que se disse, não pode levar a uma interpretação que resulte em *prejuízo* à admissibilidade dos recursos extraordinário e especial, justamente porque, como ficou demonstrado, a intenção do dispositivo era, inicialmente, a de dar a estes um regime jurídico ainda mais benéfico que o dos recursos ordinários, levando-se em consideração o *interesse público* que seu julgamento traria, sobretudo em virtude da possibilidade da formação de precedente vinculante.

Em outras palavras, o fato de o STF ou o STJ – nos termos do art. 1029, § 3º - *reputar grave* um determinado vício *não pode impedir*, de forma alguma, que, sendo este sanável, o relator aplique a regra constante do art. 932, parágrafo único, possibilitando ao recorrente que corrija o defeito. Caso contrário, utilizar-se-ia uma norma cujo escopo é *favorecer a admissibilidade do recurso* em prejuízo desta, traindo, com isso, a intenção por trás do dispositivo.

Em suma: diante de um recurso extraordinário ou especial tempestivo, que contenha defeito de forma, deve o STF ou o STJ, inicialmente, verificar se a hipótese é de vício (i) *não grave*, caso em que poderá, nos termos do art. 1029, § 3º, (i.1) *desconsiderar o vício*, ou (i.2), *determinar sua correção*. Caso contrário, isto é, (ii) reputando *grave* o vício, deve ser aplicado o art. 932, parágrafo único, sendo *oportunizada a correção do defeito* no prazo de cinco dias.

6. COMPETÊNCIA PARA APLICAÇÃO DO DISPOSITIVO

Da maneira como está redigido o art. 932, parágrafo único, do CPC/15, a impressão que se tem é a de que apenas o relator do recurso teria a oportunidade de determinar a correção do vício nele contido. Não seria possível, destarte, que, submetido o recurso ao órgão colegiado, seja determinado o saneamento do vício caso este seja constatado por algum dos outros julgadores. É isso, aliás, o que se poderia extrair da localização do dispositivo em artigo destinado a cuidar justamente dos poderes e competências do relator.

A nosso ver, contudo, não se deve realizar uma interpretação tão restritiva e literal do dispositivo, que iria contra sua própria finalidade de permitir, sempre que possível, a correção do vício contido no recurso.

Tal perspectiva acabaria por prejudicar a parte recorrente pelo fato de não ter o relator, num primeiro momento, constatado a existência do defeito: caso o vício tivesse sido por ele detectado, seria determinada sua correção, tornando possível a admissão do recurso; caso contrário, passando a falha despercebida pelo relator, mas se para ela se atentasse algum dos outros julgadores, não haveria possibilidade de saneamento e, com isso, o recurso deixaria de ser conhecido.

Por óbvio, uma interpretação deste tipo não deve prevalecer: constatada a existência do vício depois de iniciado o julgamento do recurso, basta que este seja suspenso para que, em aplicação do art. 932, parágrafo único, se oportunize ao recorrente a correção do defeito, impedindo a inadmissão do recurso.

Pode-se aplicar, aqui, por analogia, o que consta dos §§ 1º e 2º do art. 933, que cuidam do procedimento a ser seguido quando ocorra a constatação de "fato superveniente à decisão recorrida" ou de "questão apreciável de ofício ainda não examinada" após o início do julgamento do recurso[31]: caso a constatação ocorra *durante a sessão de julgamento*, proceder-se-á à suspensão deste, para que se oportunize a correção do vício (§ 1º). Se, por outro lado, a constatação ocorrer *"em vista dos autos"*, devem estes ser encaminhados ao relator, que deverá intimar o recorrente para sanar o defeito, e, em seguida, reincluir o feito em pauta para que a questão seja submetida a todos os julgadores (§ 2º).

7. OBRIGATORIEDADE DE APLICAÇÃO DO DISPOSITIVO

Não parece haver dúvidas de que, longe de constituir mera faculdade, é *dever do julgador* garantir à parte o prazo de cinco dias para a correção do vício, desde que, por óbvio, estejam preenchidos os requisitos para tanto. Na mesma linha, se pode falar que é *direito do recorrente* que lhe seja franqueada a oportunidade para sanar o defeito.

Trata-se de conclusão endossada no já mencionado enunciado n. 82 do Fórum Permanente de Processualistas Civis, segundo o qual *"é dever do relator, e não faculdade, conceder o prazo ao recorrente para sanar o vício ou complementar a documentação exigível, antes de inadmitir qualquer recurso, inclusive os excepcionais"*.

Consequência disso é que, uma vez que se tenha deixado de conhecer de um recurso por defeito seja sanável, a parte prejudicada pode questionar, através do recurso cabível, a inobservância do disposto no art. 932, parágrafo único, do CPC/15, obtendo, se for o caso, a anulação da decisão de inadmissibilidade.

Aliás, considerando o disposto no art. 966, § 2º, II[32], parece-nos que, em situações em que determinado recurso não tenha sido conhecido, e que fosse o

---

31. Art. 933. Se o relator constatar a ocorrência de fato superveniente à decisão recorrida ou a existência de questão apreciável de ofício ainda não examinada que devam ser considerados no julgamento do recurso, intimará as partes para que se manifestem no prazo de 5 (cinco) dias. § 1º Se a constatação ocorrer durante a sessão de julgamento, esse será imediatamente suspenso a fim de que as partes se manifestem especificamente. § 2º Se a constatação se der em vista dos autos, deverá o juiz que a solicitou encaminhá-los ao relator, que tomará as providências previstas no caput e, em seguida, solicitará a inclusão do feito em pauta para prosseguimento do julgamento, com submissão integral da nova questão aos julgadores.
32. Apesar da redação confusa, o dispositivo permite que seja objeto de ação rescisória uma decisão que tenha decretado a inadmissibilidade de recurso, e não a decisão de mérito que, em razão daquela,

caso de oportunizar ao recorrente a correção do defeito, é cabível o ajuizamento de ação rescisória contra a decisão de inadmissibilidade, com base no art. 966, V, por ter sido violado manifestamente o disposto no art. 932, parágrafo único.

8. O ART. 932, PARÁGRAFO ÚNICO E OS REQUISITOS DE ADMISSIBILIDADE DOS RECURSOS

Como etapa final do presente estudo, resta-nos verificar quais seriam as situações concretas que poderiam dar azo à aplicação do art. 932, parágrafo único. Interessa-nos, neste momento, identificar os requisitos de admissibilidade recursal que, uma vez descumpridos, comportam regularização a partir do dispositivo, e aqueles em que a medida não é possível.

Fundamental, para tanto, é estabelecer a premissa de que apenas diante de vícios que sejam *sanáveis* há espaço para a aplicação do dispositivo. Isto é: constatando o relator ou o órgão colegiado a existência de defeitos que comprometam irremediavelmente a admissão do recurso, não podendo ser corrigidos, não se justifica a incidência da norma.

A este respeito, poder-se-ia argumentar que a proibição de decisões-surpresa, estampada no art. 10 do CPC/15[33], obrigaria o relator ou o órgão colegiado, mesmo diante de causas de inadmissibilidade insanáveis, a ouvir o recorrente pra que este tivesse a oportunidade de convencê-lo de que o recurso merece conhecimento.

Não é disso, todavia, que trata o art. 932, parágrafo único: o dispositivo, como fica claro de sua redação, garante ao recorrente o direito de *sanar vício* ou *complementar a documentação exigível*, o que, por óbvio, pressupõe que haja a possibilidade de correção do defeito. Outra questão é saber se o art. 10 determinaria a oitiva do recorrente mesmo nos casos de vícios insanáveis. Não é este, porém, o espaço para adentrar nesta intrincada questão, cuja resposta dependeria da análise de problemas distintos daqueles que decorrem do dispositivo ao qual nos dedicamos neste momento.

---

tenha transitado em julgado. A importância da regra está em que, muitas vezes, determinado recurso é inadmitido de forma incorreta, e, em virtude disso, há o trânsito em julgado da decisão recorrida. Se esta última não contiver nenhum dos vícios que podem levar à rescisão, resta, à parte prejudicada, buscar a desconstituição da decisão de inadmissibilidade, o que agora é expressamente permitido pelo art. 966, § 2º, II. Vejamos: Art. 966. *A decisão de mérito, transitada em julgado, pode ser rescindida quando: [...] § 2º Nas hipóteses previstas nos incisos do caput, será rescindível a decisão transitada em julgado que, embora não seja de mérito, impeça: [...] II - admissibilidade do recurso correspondente.*

33. Art. 10. O juiz não pode decidir, em grau algum de jurisdição, com base em fundamento a respeito do qual não se tenha dado às partes oportunidade de se manifestar, ainda que se trate de matéria sobre a qual deva decidir de ofício.

Dissemos, anteriormente, que a aplicação do art. 932, parágrafo único, seria um *direito* do recorrente, que, uma vez inobservado, poderia ser veiculado por meio de recurso ou mesmo de ação rescisória, levando à invalidação da decisão de inadmissibilidade por violação ao dispositivo. Tal raciocínio, por óbvio, apenas faz sentido se a oitiva do recorrente pudesse tornar admissível o recurso que deixou de ser conhecido.

Não estamos, aqui, afirmando que não seja possível invalidar ou rescindir uma decisão que tenha, erroneamente, entendido que o recurso padecia de vício insanável, e, assim, declarado sua inadmissibilidade. Neste caso, porém, o fundamento da anulação não será inobservância do art. 932, parágrafo único, mas a violação de outra regra, referente ao requisito de admissibilidade que o tribunal considerou equivocadamente ausente.

Afirmado que o art. 932, parágrafo único, não incide em casos de vícios insanáveis, vale dizer que, por outro lado, a norma deve ser aplicada diante de *todos os vícios* do recurso que comportem correção[34], exceto quando a própria lei excluir sua incidência. A dificuldade, todavia, reside justamente em saber quando uma causa de inadmissibilidade do recurso pode ser tida como sanável ou não.

Parece-nos que, neste ponto, pode ser útil a já mencionada classificação dos requisitos de admissibilidade proposta por José Carlos Barbosa Moreira, que os divide em *intrínsecos* (cabimento, legitimidade, interesse, e inexistência de fatos extintivos ou impeditivos do poder de recorrer) e *extrínsecos* (tempestividade, regularidade formal, e preparo). Como dito, o fator que diferencia uma categoria de outra é que, enquanto aquela primeira diz respeito à *existência do poder de recorrer*, esta última se refere ao *modo de exercício* deste mesmo poder.

8.1. Requisitos intrínsecos de admissibilidade

Tomando como base tal classificação, parece-nos que, em primeiro lugar, se pode excluir do âmbito de incidência do art. 932, parágrafo único, todos os recursos que não preencham algum dos requisitos *intrínsecos* de admissibilidade. Afinal, a ausência de qualquer deles significa que, naquela específica situação, *não existe o direito de recorrer*. E, sendo assim, nenhuma diligência a ser adotada pelo recorrente poderia fazer com que o recurso se torne admissível.

Imaginemos que o autor de uma determinada demanda, ante a prolação de sentença de total procedência de seus pedidos, resolva interpor apelação com vistas a questionar a fundamentação utilizada pelo juiz. O relator do recurso

---

34. Foi a conclusão a que se chegou no enunciado n. 197 do Fórum Permanente de Processualistas Civis: *"Aplica-se o disposto no parágrafo único do art. 945 [=932] a todos os vícios de forma dos recursos".*

vislumbra que o apelante carece de interesse em recorrer (CPC/15, art. 996), pelo fato de que do julgamento de seu recurso não poderá alcançar qualquer situação mais vantajosa do ponto de vista prático em comparação com aquela que a própria sentença já lhe outorga[35]. Haveria, então, alguma utilidade na aplicação do art. 932, parágrafo único? Que atitude poderia o apelante adotar para tornar admissível seu recurso?

Pensemos, então, na hipótese em que um terceiro que não tem interesse jurídico no julgamento da causa interponha recurso, e, assim, não preencha o requisito descrito no parágrafo único do art. 996 para fins de legitimidade recursal. Haveria a possibilidade de correção desta causa de inadmissibilidade de seu recurso?

A mesma ideia é válida, por exemplo, para os casos em que esteja presente algum fato impeditivo ou extintivo do poder de recorrer: logo após ter renunciado ao direito de recorrer (CPC/15, art. 999), ou aquiescido com a decisão (CPC/15, art. 1.000), a parte resolve interpor recurso. Neste caso, seria possível tornar admissível o recurso?

Como parece claro, nestes casos, em que ausentes os requisitos intrínsecos da legitimidade, do interesse, ou da inexistência de fatos extintivos ou impeditivos do poder de recorrer, não se justifica a aplicação do art. 932, parágrafo único, já que, sendo insanáveis os vícios, a abertura de prazo ao recorrente não traria qualquer resultado útil.

Questão que oferece maior dificuldade, todavia, diz respeito ao requisito do *cabimento*. É que este, conforme entendimento doutrinário assente[36], compreende, simultaneamente, a necessidade de que a decisão seja *recorrível*, e que tenha sido utilizado o *recurso adequado* para combate-la.

Nos casos em que se tenha interposto recurso contra decisão irrecorrível, não parece haver dúvidas de que, na linha do que sustentamos, não há espaço para aplicação do art. 932, parágrafo único, porque se trata de vício que compromete de modo insanável a admissibilidade. Assim, por exemplo, não vemos como possível a intimação do recorrente com base no dispositivo ora analisado quando se tenha interposto recurso contra um despacho, taxado como irrecorrível pelo art. 1001. Ou, ainda, quando se tenha manejado agravo de instrumento

---

35. Desconsideramos, na situação proposta, a tormentosa questão que diz respeito a saber se o vencedor pode ter interesse em recorrer da fundamentação da decisão em caso no qual esta contenha a análise de questão prejudicial que lhe foi decidida desfavoravelmente, ante a previsão de que a autoridade da coisa julgada material recaia sobre a resolução de questões prejudiciais nos termos do art. 503, § 1º, do CPC/15.
36. Sobre o tema, com amplas referências doutrinárias, ver: CHEIM JORGE, Flávio. *Teoria geral dos recursos cíveis*, p. 108-110.

contra decisão interlocutória não descrita no rol do art. 1015, vez que se trata de decisão que, *naquele momento*, não comporta recurso.

O problema aparece, porém, em casos nos quais, sendo recorrível a decisão, o recorrente tenha se utilizado da espécie recursal *inadequada* para ataca-la. Nestes casos, não se pode negar que existia, inicialmente, o direito de recorrer, que, contudo, foi exercido de maneira inadequada.

Ainda assim, entendemos que, uma vez manejado o recurso impróprio, o vício, no que diz respeito *àquele recurso interposto*, é insanável por parte do recorrente. Isto é: não há como o recorrente corrigir a inadequação da peça então protocolada sem a interposição de um *novo recurso*, o que não nos parece que seja possível.

O que pode haver, nestes casos, é a *conversão* de um recurso em outro por parte do órgão julgador, por aplicação do princípio da *fungibilidade*. Para isso, porém, devem estar presentes alguns requisitos específicos, sobretudo o da dúvida objetiva acerca da espécie recursal adequada, como anteriormente mencionado.

É fato que o CPC/15 ampliou expressamente a aplicação do princípio da fungibilidade para algumas situações em que não há, propriamente, o requisito da dúvida objetiva, como ocorre com a possibilidade de conversão de embargos de declaração em agravo interno (art. 1024, § 3º[37]), e a de recebimento de recurso especial como recurso extraordinário e vice-versa (arts. 1032[38] e 1033[39]).

Tratam-se, contudo, de hipóteses que devem ser vistas como exceção no sistema processual. Fora delas, e não havendo dúvida objetiva quanto ao recurso cabível, não entendemos ser possível a conversão, pelo órgão julgador, de um recurso em outro, sob pena de fazer desaparecer o requisito do cabimento, que decorre de clara opção do legislador, quando elenca uma série de tipos recursais e estabelece sua correspondência com as espécies de pronunciamentos judiciais.

Neste passo, é preciso ter presente que, diferentemente do que se passa com o exercício do direito de ação – vez que, salvo raras exceções, é ampla a

---

[37]. Art. 1024, § 3º O órgão julgador conhecerá dos embargos de declaração como agravo interno se entender ser este o recurso cabível, desde que determine previamente a intimação do recorrente para, no prazo de 5 (cinco) dias, complementar as razões recursais, de modo a ajustá-las às exigências do art. 1.021, § 1º.

[38]. Art. 1.032. Se o relator, no Superior Tribunal de Justiça, entender que o recurso especial versa sobre questão constitucional, deverá conceder prazo de 15 (quinze) dias para que o recorrente demonstre a existência de repercussão geral e se manifeste sobre a questão constitucional. Parágrafo único. Cumprida a diligência de que trata o caput, o relator remeterá o recurso ao Supremo Tribunal Federal, que, em juízo de admissibilidade, poderá devolvê-lo ao Superior Tribunal de Justiça.

[39]. Art. 1.033. Se o Supremo Tribunal Federal considerar como reflexa a ofensa à Constituição afirmada no recurso extraordinário, por pressupor a revisão da interpretação de lei federal ou de tratado, remetê-lo-á ao Superior Tribunal de Justiça para julgamento como recurso especial.

atipicidade no momento de demandar[40] -, em âmbito recursal consagra-se a ideia de *tipicidade*. Isto é: apenas existe o direito de recorrer se o sistema processual prever um recurso contra determinada decisão, devendo, a parte, se valer da espécie recursal adequada para tanto.

Trata-se, como dissemos, de legítima escolha do sistema processual, razão pela qual não se pode falar que, em todos os casos, deva um recurso ser convertido em outro, sob pena de tornar inexistente o requisito do cabimento.

Portanto, não vemos como se possa aplicar o art. 932, parágrafo único, nos casos em que se tenha optado pelo recurso inadequado, vez que o vício não é passível de correção a não ser que se interponha novo recurso.

Fica claro, assim, que em todas as situações em que ausente requisito intrínseco de admissibilidade, não há espaço para a incidência do art. 932, parágrafo único, pelo simples fato de que não há como tornar admissível o recurso interposto.

8.2. Requisitos extrínsecos de admissibilidade

Diferente disso é o que se passa com aqueles outros requisitos, classificados como *extrínsecos*: por dizerem respeito não mais à existência do direito de recorrer, mas à *forma* como este direito foi exercido, poderiam, a princípio, dar azo à aplicação do dispositivo como meio de possibilitar a correção de algum defeito. Com isso, regularizar-se-ia o exercício do direito de recorrer que, *a priori*, existia na situação concreta.

Ainda assim, são cabíveis alguns esclarecimentos, razão pela qual passamos analisar separadamente cada um dos requisitos de admissibilidade que integram a categoria.

8.2.1. Tempestividade

Concentremo-nos, por ora, na *tempestividade*. É certo que se trata de requisito ligado, num primeiro momento, ao modo como é exercido o poder de recorrer: existente o direito de recorrer – porque presentes todos os requisitos intrínsecos de admissibilidade –, cabe à parte exercê-lo no prazo que a lei fixa para tanto.

---

40. Sobre a atipicidade do direito de ação, ver: DINAMARCO, Cândido Rangel. "Das ações típicas". In: *Fundamentos do processo civil moderno*, t. I. 6ª ed. São Paulo: Malheiros, 2010. n. 227-240, p. 463-494 (esp. n. 235-238, p. 480-491).

O fato, todavia, é que, a partir do momento em que transcorre *in albis* o prazo legal, ocorre o fenômeno da *preclusão temporal* e, com isso, há verdadeira *perda da faculdade de praticar o ato processual*. Não é outra a conclusão que se extrai da redação do art. 223, primeira parte, do CPC/15 (semelhante ao art. 183 do CPC/73), segundo o qual, *"decorrido o prazo, extingue-se o direito de praticar ou emendar o ato processual"*.

Assim, no momento em que o julgador do recurso constata que este foi interposto intempestivamente, pode-se dizer que já deixou de existir o direito de recorrer. E, dessa forma, não há como se pensar na correção do vício que compromete a admissibilidade.

Nestas situações, o máximo que se poderia cogitar é a intimação da parte para *comprovar* alguma causa que *justifique* a interposição do recurso fora do prazo inicialmente previsto.

Podemos imaginar o caso de o recorrente alegar, em suas razões, que deixou de atender ao prazo legal em virtude de alguma *justa causa* (art. 223, § 1º), afirmando, por exemplo, que seu advogado foi acometido de grave doença ao longo de todo o prazo, sem, entretanto, juntar qualquer comprovante de tal fato. Ou, ainda, a hipótese de o recorrente afirmar a ocorrência de *feriado local*, sem, contudo, comprovar sua existência, como exige o art. 1003, § 6º do CPC/15[41].

Em tais casos, podemos cogitar da aplicação do art. 932, parágrafo único, do CPC/15, como forma de possibilitar a comprovação posterior da circunstância que justifique a interposição do recurso após o prazo inicial, sem o óbice da preclusão consumativa. Para tanto, entendemos ser necessário que o recorrente tenha, ao menos, *afirmado* alguma dessas justificativas em suas razões recursais.

De toda sorte, não se trata de corrigir o vício da intempestividade – o que, como vimos, revela-se impossível -, mas, tão somente, de demonstrar que, na verdade, o recurso era tempestivo. Por isso mesmo, segundo nos parece, tal possibilidade está ligada à correção da regularidade formal do recurso, já que é a lei, nos arts. 223, § 1º e 1003, § 6º, quem exige a comprovação da justa causa e do feriado local por parte do recorrente.

8.2.2. Preparo

Vejamos, agora, o que se passa em relação ao *preparo*. Nos termos do art. 1007, *caput*, do CPC/15, o recorrente deve comprovar, *"no ato de interposição do recurso"*, o recolhimento das custas, sob pena de deserção.

---

41. Art. 1.003. [...] 6º O recorrente comprovará a ocorrência de feriado local no ato de interposição do recurso.

Trata-se, sem dúvidas, de requisito que poderia dar azo à aplicação do art. 932, parágrafo único, do CPC/15: tendo em vista a nova diretriz por ele traçada, de permitir a correção de todos os defeitos sanáveis do recurso sem que a preclusão consumativa seja obstáculo para tanto, se poderia cogitar da possibilidade de o relator do recurso, ao constatar que não foi juntado o comprovante do pagamento do preparo, intimar a parte para que supra o defeito no prazo de cinco dias.

O fato, contudo, é que o próprio art. 1007 do CPC/15 cria expediente específico para as situações em que não é juntada ao recurso qualquer comprovação do pagamento do preparo. Trata-se do disposto em seu § 4º, segundo o qual "*o recorrente que não comprovar, no ato de interposição do recurso, o recolhimento do preparo, inclusive porte de remessa e de retorno, será intimado, na pessoa de seu advogado, para realizar o recolhimento em dobro, sob pena de deserção*".

Como se vê, nos casos em que não é comprovado o pagamento do preparo, o recorrente, para sanar o defeito, será intimado para *recolher em dobro* o valor que antes era devido. E, em se tratando de norma específica em relação àquela contida no art. 932, parágrafo único, do CPC/15, é o art. 1007, § 4º, quem deve prevalecer.

Diferente disso é a situação na qual, conquanto tenha o recorrente comprovado o pagamento do preparo, o relator constata que o recolhimento foi feito em *valor inferior* àquele que seria devido. Nestes casos, o § 2º do mesmo art. 1007 (semelhante ao art. 511, § 2º do CPC/73) dá ao recorrente o prazo de cinco dias para complementar o pagamento, em norma de efeitos equivalentes aos do art. 932, parágrafo único, do CPC/15.

8.2.3. Regularidade formal

Excluída, assim, a aplicação do art. 932, parágrafo único, do CPC/15 para a ausência de requisitos intrínsecos de admissibilidade, para os casos de intempestividade, e mesmo para a falta de comprovação do recolhimento do preparo, resta, para a incidência da norma, apenas os defeitos atinentes à *regularidade formal*.

Não quer dizer pouco, todavia, o fato de que o dispositivo possibilitará a correção de defeitos formais do recurso.

Como se sabe, a regularidade formal é requisito que diz respeito à necessidade de que, na interposição do recurso, seja respeitada uma série de preceitos de forma exigidos na lei processual. A categoria, assim, congrega, ao mesmo tempo, diversos pressupostos, que, em comum, têm a característica de constituírem formalidades essenciais ao conhecimento do recurso.

Dentre tais pressupostos, há alguns que são comuns a todo e qualquer recurso, e outros tantos que são típicos de algumas espécies recursais. Vejamos.

Em primeiro lugar, é necessário que qualquer recurso seja interposto por (i) *petição escrita*, (ii) *assinada por advogado* com (iii) *poderes para representar* a parte recorrente.

Quanto a estes dois últimos requisitos, parece-nos que o art. 932, parágrafo único, do CPC/15 pode exercer relevante função: é que, como já dito, a jurisprudência dos tribunais superiores tem entendido que, enquanto nas instâncias ordinárias, verificada a falta de assinatura ou a irregularidade de representação, deve a parte ser intimada nos termos do art. 13 do CPC/73 para suprir o vício, em se tratando de recursos excepcionais é inviável adotar tal diligência.

A partir da vigência do CPC/15, todavia, tal distinção, hoje já extremamente criticável, não mais se sustentará: em se tratando de defeito formal, passível de correção, em qualquer dessas situações há de ser a parte intimada para suprir a falha. Acertada, assim, a conclusão do enunciado n. 83 do Fórum Permanente de Processualistas Civis (*"fica superado o enunciado 115 da súmula do STJ após a entrada em vigor do NCPC"*).

Prosseguindo, é necessário que todo e qualquer recurso contenha (iv) *pedido de reforma, anulação, integração ou esclarecimento da decisão*, e (v) adequada *fundamentação* a respeito da existência de *errores in procedendo* e/ou *errores in judicando*, ou seja, os motivos que poderiam levar ao acolhimento da pretensão recursal. Sobre este último ponto, aliás, é hoje assente a necessidade de que seja observado chamado *princípio da dialeticidade*, que diz respeito justamente à existência de razões que sejam coerentes com o conteúdo da decisão recorrida, sem as quais o recurso deve ser inadmitido.

Aqui, mais uma vez, entendemos que o art. 932, parágrafo único, do CPC/15 pode exercer interessante papel.

É que, em relação ao sistema hoje vigente, a preclusão consumativa impede que as razões recursais sejam complementadas após a interposição do recurso[42]. No novo sistema, todavia, em que a regra será a possibilidade de correção dos vícios sanáveis, deve o relator, se entender que o recurso não está adequadamente fundamentado, intimar o recorrente para suprir a falha. A ideia também é aplicável em situações nas quais o recorrente tenha deixado de declinar, expressamente, pedido de reforma, anulação, integração ou esclarecimento da decisão.

---

42. Sobre a impossibilidade de complementação das razões recursais, ver: CHEIM JORGE, Flávio. *Teoria geral dos recursos cíveis*, p. 202-204.

Parece-nos, entretanto, que se devam estabelecer certos *limites* para a correção do vício nestes casos. A questão que se coloca é: a existência de vício de fundamentação sempre ensejará a possibilidade de correção com base no art. 932, parágrafo único?

A resposta deve ser negativa.

Nestes casos, é importante distinguir as situações de *deficiência* e de *ausência* de fundamentação. Pode-se dizer que a fundamentação é deficiente quando, a despeito de existir, não permite adequada compreensão daquilo que se pretende, ou não transmite ao julgador qual seria, exatamente, o *error in procedendo* ou *in judicando* que se imputa à decisão. Nestas situações, então, parece-nos que se deva aplicar o art. 932, parágrafo único, do CPC/15, de modo que possa, o recorrente, complementar a motivação de seu recurso.

O quadro é diverso, porém, quando se está diante da total ausência de fundamentação, relativamente a toda a decisão, ou a um de seus capítulos. Isto é: quando se trate de situação em que o recorrente não diligenciou no sentido de apontar, sequer minimamente, qualquer vício processual ou de julgamento na decisão recorrida. Nestes casos, não se deve oportunizar ao recorrente que, posteriormente, venha a declinar os fundamentos de seu recurso, o que resultaria, em última análise, na concessão de prazo recursal maior que aquele previsto na legislação.

Conclui-se, portanto, que, conquanto o art. 932, parágrafo único, do CPC/15, permita a correção da inadequação da fundamentação, regra que é aplicável a toda espécie recursal, não deve ser utilizado como subterfúgio para que a parte, no prazo que lhe é dado, interponha recurso sem apontar concretamente qualquer vício na decisão recorrida.

Como dissemos, além de pressupostos formais que devem ser atendidos qualquer que seja o recurso interposto, há outros tantos que dizem respeito a algumas específicas modalidades recursais.

Assim, por exemplo, em relação ao *agravo de instrumento*, há necessidade de que o recurso seja instruído com as chamadas *peças obrigatórias* (CPC/15, art. 1017, I).

Atualmente, como já foi dito, o entendimento jurisprudencial, na linha do que defendemos, é o de que, ausente algum destes documentos, não há oportunidade para a parte corrigir o defeito após a interposição do recurso. Com o art. 932, parágrafo único, do CPC/15, porém, deve o relator oportunizar ao agravante a juntada posterior da peça faltante, como, aliás, faz questão de frisar o art. 1017, § 3º, já referido.

Podemos mencionar, ainda, o caso do recurso especial fundado em *dissídio jurisprudencial*, que, nos termos do art. 1029, § 1º, do CPC/15, deve ser provado *"com a certidão, cópia ou citação do repositório de jurisprudência, oficial ou credenciado, inclusive em mídia eletrônica, em que houver sido publicado o acórdão divergente, ou ainda com a reprodução de julgado disponível na rede mundial de computadores, com indicação da respectiva fonte".*

Neste caso, ausente a demonstração do dissídio jurisprudência quando da interposição do recurso, nada obsta que o relator ou o órgão colegiado responsável pelo REsp intime o recorrente para que comprove-o por meio de alguma das formas previstas no art. 1029, § 1º.

Vale mencionar, ainda, a necessidade de, nos recursos extraordinários, o recorrente, em suas razões recursais, *"demonstrar a existência da repercussão geral"* (CPC/15, art. 1035, § 2º). Ainda que não exista no Novo Código norma semelhante à do atual art. 543-A, § 2º - que exige que o recurso contenha *preliminar* específica para tanto - é certo que a fundamentação a respeito se trata de requisito formal do recurso extraordinário[43].

Sobre o ponto, frise-se que a *existência de repercussão geral* não pode, de forma alguma, ser vista como requisito de admissibilidade passível de correção na forma do art. 932, parágrafo único. Trata-se, obviamente, de requisito *intrínseco*, já que a sua inexistência equivale à inexistência do próprio direito de se utilizar das vias extraordinárias na hipótese concreta.

Diferente disso, porém, é a *demonstração* da existência da repercussão geral, esta, sim, requisito de forma do recurso extraordinário. Para se ter ideia da diferença, basta pensarmos na possibilidade de que, não obstante determinada questão constitucional tenha relevância "do ponto de vista econômico, político, social ou jurídico que ultrapassem os interesses subjetivos do processo", como exige o art. 1035, § 1º para a *existência* da repercussão geral, o recorrente nada tenha feito no intuito de *demonstrar* tal circunstancia, nos termos do art. 1035, § 2º. Prova da distinção, aliás, é o fato de que, a despeito de ser competência exclusiva do Supremo Tribunal Federal (CF/88, art. 102, § 3º; CPC/73, art. 543-A, § 2º) apreciar a existência de repercussão geral, doutrina[44] e jurisprudência[45] con-

---

43. É essa a orientação do enunciado n. 224 do Fórum Permanente de Processualistas Civis: "A existência de repercussão geral terá de ser demonstrada de forma fundamentada, sendo dispensável sua alegação em preliminar ou em tópico específico".
44. Nesse sentido: CUNHA, Leonardo José Carneiro da; DIDIER JR., Fredie. *Curso de direito processual civil*, vol. 3. 8ª ed. Salvador: Juspodivm, 2010. p. 330; DINAMARCO, Cândido Rangel. *Vocabulário do processo civil*. São Paulo: Malheiros, 2009. n. 141, p. 245; MENDES, Gilmar Ferreira. et alli. *Curso de direito constitucional*. 2ª ed. São Paulo: Saraiva, 2008. p. 961; SOUZA, Bernardo Pimentel. *Introdução aos recursos cíveis e à ação rescisória*. 8ª ed. São Paulo: Saraiva, 2011. p. 715.
45. O seguinte trecho de ementa retrata a distinção aqui apontada: "[...] AUSÊNCIA DE PRELIMINAR DE REPERCUSSÃO GERAL. ARTIGO 543-A, § 2º, DO CÓDIGO DE PROCESSO CIVIL C.C. ART. 327, § 1º, DO RISTF. 1. A repercussão geral como novel requisito constitucional de admissibilidade do recurso extraordinário demanda que o reclamante

sentem que possa o tribunal de origem inadmitir o RE caso este não contenha preliminar específica para demonstra-la, como exige o CPC/73.

Dessa forma, parece-nos perfeitamente possível que, tendo sido interposto o recurso extraordinário sem a demonstração da repercussão geral - em desatenção, portanto, ao disposto no art. 1035, § 2º do CPC/15 -, seja aplicado o art. 932, parágrafo único, intimando-se o recorrente para suprir o vício no prazo de cinco dias.

Considerações semelhantes são válidas, ainda, para as situações nas quais, tendo interposto recurso de *embargos de divergência*, o recorrente que, embora tenha apontado a necessária divergência, não a tenha demonstrado na forma determinada no art. 1043, § 4º, caso em que poderá a falha ser suprida por meio da aplicação do art. 932, parágrafo único.

9. CONCLUSÃO

Como procuramos demonstrar neste breve estudo, o art. 932, parágrafo único, do CPC/15, provoca verdadeira alteração de paradigma no juízo de admissibilidade dos recursos cíveis.

Se, no sistema hoje vigente, a ideia da qual se deve partir é a de que a preclusão consumativa impede, em regra, a comprovação posterior do requisito de admissibilidade ou mesmo a correção de algum defeito formal do recurso, com o novel dispositivo a premissa a ser adotada é diametralmente oposta: sempre que possível, e inexistente regra em sentido contrário, deve ser oportunizada ao recorrente a correção do vício.

A aplicação da norma, todavia, encontra obstáculos ligados sobretudo ao fato de que, em relação à maior parte dos requisitos de admissibilidade, é verdadeiramente inviável a correção do vício que leva ao não conhecimento do recurso.

---

demonstre, fundamentadamente, que a indignação extrema encarta questões relevantes do ponto de vista econômico, político, social ou jurídico que ultrapassem os interesses subjetivos da causa (artigo 543-A, § 2º, do Código de Processo Civil, introduzido pela Lei n. 11.418/06, verbis: O recorrente deverá demonstrar, em preliminar do recurso, para apreciação exclusiva do Supremo Tribunal Federal, a existência de repercussão geral). 2. A demonstração da existência de repercussão geral é exigida nos termos previstos em lei, conforme assentado no julgamento da Questão de Ordem no AI n. 664.567, Relator o Ministro Sepúlveda Pertence, DJ de 6.9.07: "II. Recurso extraordinário: repercussão geral: juízo de admissibilidade: competência. 1 . Inclui-se no âmbito do juízo de admissibilidade - seja na origem, seja no Supremo Tribunal - verificar se o recorrente, em preliminar do recurso extraordinário, desenvolveu fundamentação especificamente voltada para a demonstração, no caso concreto, da existência de repercussão geral (C.Pr.Civil, art. 543-A, § 2º; RISTF, art. 327). 2. Cuida-se de requisito formal, ônus do recorrente, que, se dele não se desincumbir, impede a análise da efetiva existência da repercussão geral, esta sim sujeita "à apreciação exclusiva do Supremo Tribunal Federal" (Art. 543-A, § 2º). [...]" (ARE 677042 AgR, Relator(a): Min. LUIZ FUX, Primeira Turma, julgado em 18/12/2012, ACÓRDÃO ELETRÔNICO DJe-033 DIVULG 19-02-2013 PUBLIC 20-02-2013).

De toda sorte, esperamos que a aplicação da norma, uma vez que esteja ela em vigor, possa ser feita no sentido de dela extrair o maior grau de utilidade possível, privilegiando o escopo de evitar que defeitos de forma sanáveis possam levar à inadmissão dos recursos.

10. REFERÊNCIAS BIBLIOGRÁFICAS

ASSIS, Araken de. *Manual dos recursos*. 2ª ed. São Paulo: RT, 2008.

BAHIA, Alexandre Melo Franco; NUNES, Dierle; PEDRON, Flávio Quinaud; THEODORO Jr., Humberto. *CPC/15 - fundamentos e sistematização*. 2ª ed. Rio de Janeiro: Forense, 2015.

BARBOSA MOREIRA, José Carlos. *Comentários ao Código de Processo Civil*, vol. V. 13ª ed. Rio de Janeiro: Forense, 2006.

_____. *O juízo de admissibilidade no sistema dos recursos cíveis*. Rio de Janeiro: [s/ed], 1969.

_____. *Questões prejudiciais e coisa julgada*. Rio de Janeiro: [s/ed], 1967.

BEDAQUE, José Roberto dos Santos. "Apelação: questões sobre admissibilidade e efeitos". In: *Aspectos polêmicos e atuais dos recursos e de outros meios de impugnação às decisões judiciais*, vol. 7. Coord.: Nelson Nery Jr. e Teresa Arruda Alvim Wambier. São Paulo: RT, 2003.

_____. *Efetividade do processo e técnica processual*. 3ª ed. São Paulo: Malheiros, 2010.

BRAGA, João Ferreira; GRINOVER, Ada Pellegrini. "Um estudo de teoria geral do processo: admissibilidade e mérito no julgamento dos recursos". *Revista de Processo*. vol. 227. São Paulo: RT, 2014.

BUENO, Cassio Scarpinella. *Novo Código de Processo Civil anotado*. São Paulo: Saraiva, 2015.

CHEIM JORGE, Flávio. "Requisitos de admissibilidade dos recursos: entre a relativização e as restrições indevidas (jurisprudência defensiva)". In: *Recursos e duração razoável do processo*. Coord.: Bruno Silveira de Oliveira, Flávio Cheim Jorge, Marcelo Abelha Rodrigues, Rita Dias Nolasco e Rodrigo Mazzei. São Paulo: Gazeta Jurídica, 2013.

_____. *Teoria geral dos recursos cíveis*. 7ª ed. São Paulo: RT, 2014.

_____. SIQUEIRA, Thiago Ferreira. "Um novo paradigma para o juízo de admissibilidade dos recursos cíveis". In: *Revista do advogado*, n. 126. São Paulo: AASP, 2015.

CINTRA, Antônio Carlos de Araújo; DINAMARCO, Cândido Rangel; GRINOVER, Ada Pellegrini. *Teoria geral do processo*. 23ª ed. São Paulo: Malheiros, 2007.

CUNHA, Leonardo José Carneiro da; DIDIER JR., Fredie. *Curso de direito processual civil*, vol. 3. 8ª ed. Salvador: Juspodivm, 2010.

DIDIER Jr., Fredie. *Curso de direito processual civil*, vol. 1. 17ª ed. Salvador: JusPodivm, 2015.

DINAMARCO, Cândido Rangel. *A reforma do Código de Processo Civil.* 5ª ed. São Paulo: Malheiros, 2001.

_____. "Das ações típicas". In: *Fundamentos do processo civil moderno*, t. I. 6ª ed. São Paulo: Malheiros, 2010

_____. *Vocabulário do processo civil.* São Paulo: Malheiros, 2009.

FAGUNDES, Miguel Seabra. *Dos recursos ordinários em matéria civil.* Rio de Janeiro: Forense, 1946.

MALLET, Estevão. "Reflexões sobre a Lei n. 13.015/2014". In: *Revista do Tribunal Superior do Trabalho*, ano 80, n. 4. São Paulo: Magister, 2014.

MENDES, Gilmar Ferreira. et alli. *Curso de direito constitucional.* 2ª ed. São Paulo: Saraiva, 2008.

NERY Jr., Nelson. *Teoria geral dos recursos.* 7ª ed. São Paulo: RT, 2014.

OLIVEIRA, Bruno Silveira de. "O formalismo do sistema recursal à luz da instrumentalidade do processo". *Revista de Processo.* vol. 160. São Paulo: RT, 2008.

_____. *O juízo de identificação de demandas e de recursos no processo civil.* São Paulo: Saraiva, 2011.

SICA, Heitor Vitor Mendonça. *Preclusão processual civil.* 2ª ed. São Paulo: Atlas, 2008.

SIQUEIRA, Thiago Ferreira. "A aplicação da 'teoria da causa madura' no sistema recursal do novo Código de Processo Civil". In: *Recursos e duração razoável do processo.* Coord.: Bruno Silveira de Oliveira, Flávio Cheim Jorge, Marcelo Abelha Rodrigues, Rita Dias Nolasco e Rodrigo Mazzei. São Paulo: Gazeta Jurídica, 2013.

SOUZA, Bernardo Pimentel. *Introdução aos recursos cíveis e à ação rescisória.* 8ª ed. São Paulo: Saraiva, 2011.

WAMBIER, Teresa Arruda Alvim. *Os agravos no CPC brasileiro.* 4ª ed. São Paulo: RT, 2006.

CAPÍTULO 3

O CPC 2015 e a Relativização do Princípio da Proibição da *reformatio in pejus*

Sandro Marcelo Kozikoski[1]

SUMÁRIO: 1. O PRINCÍPIO DA PROIBIÇÃO DA *REFORMATIO IN PEJUS* NO CPC 1973; 2. A IMPOSIÇÃO DOS HONORÁRIOS RECURSAIS E O EVENTUAL AGRAVAMENTO DA SITUAÇÃO DO RECORRENTE; 3. A IMPUGNAÇÃO DAS QUESTÕES INTERLOCUTÓRIAS NÃO PRECLUSAS (CPC, ART. 1.009, § 1º); 4. O JULGAMENTO DA CAUSA MADURA (CPC, ART. 1.013, § 3º); 5. CONCLUSÃO; 6. BIBLIOGRAFIA.

1. O PRINCÍPIO DA PROIBIÇÃO DA *REFORMATIO IN PEJUS* NO CPC 1973

O sistema recursal do CPC de 1973 foi estruturado a partir de determinados princípios informativos, com ênfase para a proibição da *reformatio in pejus*. Propugnava-se, então, que o julgamento do recurso não poderia resultar no agravamento da sucumbência imposta pela decisão impugnada, de sorte a ocasionar cenário processual ainda mais adverso ao recorrente, seja do ponto de vista *quantitativo*, ou ainda sob o prisma *qualitativo*. Para alguns setores clássicos da doutrina nacional, trata-se de um consectário do princípio *dispositivo*, vinculando o órgão julgador ao enfrentamento da matéria impugnada[2].

No entanto, é preciso advertir que a conformação do princípio da proibição da *reformatio in pejus* não resulta de nenhuma categoria *lógico-jurídica*, dedutível aprioristicamente; mas, em verdade, decorre dos contornos jurídico-positivos do sistema recursal[3]. Não por outra razão, ainda sob a égide do CPC de 1973, costumava-se afirmar que não há propriamente reforma para pior, caso o tribunal

---

1. Doutor em Direito das Relações Sociais – **UFPR**. Prof. Adjunto de Direito Processual Civil da **UFPR**. Membro do Instituto dos Advogados do Paraná (**IAP**) e do Instituto Brasileiro de Direito Processual - **IBDP**. Advogado.
2. "A vedação da *reformatio in pejus* tem suas raízes, sem dúvida, no respeito pelo citado princípio dispositivo (acepção ampla) ou princípio da demanda, conjugado com o princípio da sucumbência como legitimação para impugnar" (LIMA, Alcides Mendonça. **Introdução aos recursos cíveis**, São Paulo: Editora Revista dos Tribunais, 1.976. p. 333).
3. "O *conceito jurídico-positivo* é construído a partir da observação de uma determinada realidade normativa e, por isso mesmo, apenas a ela é aplicável. (...) O conceito de *casamento* também é *jurídico-positivo*. No Brasil, casamento é a união formal familiar entre pessoas de sexos diferentes (art. 1.514 do Código Civil). Em Portugal, casamento é negócio celebrado entre duas pessoas, pouco importa o gênero a quem

venha a decidir em desfavor do recorrente, por força do exame de matérias de ordem pública, passíveis de conhecimento *ex offício* em qualquer tempo ou grau de jurisdição (CPC 1973, art. 267, § 3º), hipótese que se amoldava à incidência do *efeito translativo* decorrente de certos julgamentos recursais.

Com o advento da Lei 13.105/2015, torna-se oportuno examinar se o princípio da proibição da *reformatio in pejus* ainda encontra guarida no sistema recursal pátrio. A hipótese em questão é aventada com o viés *epistemológico*, pois, em linhas generalistas, os princípios jurídicos costumam fornecer repositório normativo indispensável à compreensão das diversas categorias jurídico-positivas.

2. A IMPOSIÇÃO DOS HONORÁRIOS RECURSAIS E O EVENTUAL AGRAVAMENTO DA SITUAÇÃO DO RECORRENTE

Como é de se notar, o art. 85, § 11º, do CPC 2015 dispõe sobre a fixação de honorários advocatícios em sede recursal[4]. Assim, parece inequívoco que a aplicação da regra em questão dar-se-á nos casos de *improvimento* do recurso[5]. Ao fazer menção à *majoração* dos honorários, a norma do § 11º do art. 85 do CPC "está a disciplinar o julgamento de recurso que tem origem na decisão que já havia arbitrado honorários, ou seja, uma sentença"[6]. De forma mais enfática, tem-se sustentado que os honorários recursais serão aplicados nos casos de recursos que tratem do *mérito* da causa[7]. O Enunciado n. 16 da ENFAM sugere que

---

pertençam (art. 1.577 do Código Civil português)" (DIDIER JR., Fredie. **Sobre a teoria geral do processo, essa desconhecida**, 2ª ed., Salvador: Juspodivm, 2013. p. 40).

4. Art. 85. (...) § 11. O tribunal, ao julgar recurso, majorará os honorários fixados anteriormente levando em conta o trabalho adicional realizado em grau recursal, observando, conforme o caso, o disposto nos §§ 2º a 6º, sendo vedado ao tribunal, no cômputo geral da fixação de honorários devidos ao advogado do vencedor, ultrapassar os respectivos limites estabelecidos nos §§ 2º e 3º para a fase de conhecimento.

5. "Quando o recurso é provido, não haverá majoração dos honorários fixados anteriormente, pois a condenação em honorários imposta na decisão recorrida beneficiava o advogado do recorrido e será cassada. Uma condenação em honorários totalmente nova deverá ser imposta pelo tribunal, agora em benefício do advogado do recorrente, devendo ser considerado no arbitramento da verba o trabalho realizado pelo advogado no decorrer de todo o processo, inclusive na fase recursal" (LOPES, Bruno Vasconcellos Carrilho. Os honorários recursais no novo código de processo civil, In O novo código de processo civil, **Revista do Advogado – AASP**, n. 126, a. XXXV, maio de 2015. p. 28).

6. LOPES, Bruno Vasconcellos Carrilho. Os honorários recursais no novo código de processo civil, In O novo código de processo civil, **Revista do Advogado – AASP**, n. 126, a. XXXV, maio de 2015. p. 29.

7. "Interessante observar que não será toda decisão ao longo do trâmite processual que ensejará a condenação em honorários de sucumbência. Esses serão cabíveis quando o recurso versar sobre o mérito da causa e deve ocorrer *uma única vez pelo tribunal*" (FRANZOI, Juliana Borinelli. Honorários advocatícios e sucumbência recursal, In **Impactos do novo CPC na advocacia**, Organizador: Pedro Miranda de Oliveira, Florianópolis, Conceito Editorial, 2015. p. 77). Da mesma forma, Dierle Nunes também apregoa que "não é toda decisão ao longo do trâmite processual que enseja a condenação em honorários de sucumbência. Logo, apenas as decisões aptas a prever esse tipo de condenação (v.g. sentença ou acórdão) viabilizarão a fixação de honorários recursais no tribunal *ad quem*; e apenas os recursos que tencionem reformar profundamente tais decisões [v.g. apelação, agravo de instrumento contra decisão meritória, recursos

"não é possível majorar os honorários na hipótese de interposição de recurso no mesmo grau de jurisdição (art. 85, § 11º, CPC/2015)". Portanto, o *improvimento* dos embargos de declaração não desperta incidência da majoração da verba honorária. De acordo com a posição sugerida pela Escola Nacional de Formação e Aperfeiçoamento de Magistrados (Enunciado 16), eventual *rejeição* do agravo interno também desautoriza o aumento dos honorários advocatícios.

Em atenção à regra de *causalidade*, ainda que o recorrente venha a *desistir* do recurso, deverá arcar com eventuais honorários recursais, os quais deverão ser fixados na decisão homologatória, ficando ressalvados os casos em que a desistência foi manifestada *antes* da resposta do recorrido ou da prática de quaisquer atos por seu procurador[8].

De qualquer sorte, o preceito em comento (CPC, art. 85, § 11º) permite a cumulação de honorários advocatícios, renumerando o trabalho profissional desempenhado perante o Tribunal, relativamente ao acompanhamento do recurso. Em suma: "Os honorários de sucumbência recursal serão somados aos honorários pela sucumbência em primeiro grau, observados os limites legais" (Enunciado n. 241 do FPPC). Dar-se-á a fixação dos mesmos nos casos de decisões *unipessoais* ou *colegiadas* (Enunciado n. 242 do FPPC). Tais questões estão inequivocamente abarcadas pelo efeito *devolutivo* do recurso interposto.

O fato é que, ao inovar na distribuição dos encargos da sucumbência, o § 11º do art. 85 do CPC ainda inaugura uma nova *racionalidade* do sistema recursal, pois o recurso poderá **"agravar"** a situação do recorrente que, doravante, deverá sopesar a *conveniência* acerca do seu manejo. Tal situação, por certo, impõe novas responsabilidades para advogados públicos[9] e ainda desafios para a advocacia privada. Ou seja, o improvimento do recurso "aumenta"

---

ordinário, especial e extraordinário] permitirão a referida condenação (o que exclui, por óbvio, os embargos de declaração, agravos internos/regimentais etc.)" (NUNES, Dierle. Apelação e honorários no novo CPC, In **Impactos do novo CPC na advocacia**, Organizador: Pedro Miranda de Oliveira, Florianópolis, Conceito Editorial, 2015. p. 91).

8. "O recorrente deverá, portanto, ser condenado ao pagamento de honorários recursais na decisão que homologa a desistência do recurso. (...) Portanto, se o recorrente desistir do recurso antes de ser apresentada a resposta ou praticado qualquer ato pelo advogado do recorrido, não serão devidos honorários recursais" (LOPES, Bruno Vasconcellos Carrilho. Ob. Cit., p. 31).

9. "Sabe-se que os Entes Públicos costumam recorrer sistematicamente das decisões que lhes são desfavoráveis, entretanto, com a instituição da sucumbência recursal, os Procuradores deverão refletir melhor se valeria recorrer ou não, pois o ajuizamento de um recurso com poucas chances de êxito pode significar a majoração dos honorários no Tribunal. De fato, caberá também às Procuradorias editarem normas dispensando os seus procuradores de recorrerem em casos em que as decisões desfavoráveis ao Fisco já estejam pacificadas" (MOLLICA, Rogério. A remessa necessária e o Novo Código de Processo Civil. In **Novo CPC doutrina selecionada, v. 6: processo nos tribunais e meios de impugnação às decisões judiciais** / coordenador geral Fredie Didier Jr., organizadores Lucas Buril de Macedo, Ravi Peixoto e Alexandre Freire, Salvador: JusPodivm, 2015. p. 76 - ISSN 978-85-442-0549-5).

qualitativamente a sucumbência imposta ao recorrente no tocante aos honorários advocatícios fixados judicialmente, razão pela qual o princípio em comento assume foros mais difusos.

3. A IMPUGNAÇÃO DAS QUESTÕES INTERLOCUTÓRIAS NÃO PRECLUSAS (CPC, ART. 1.009, § 1º)

Convém ainda examinar a situação do § 1º do art. 1.009 do CPC 2015, ao assinalar que "as questões resolvidas na fase de conhecimento, se a decisão a seu respeito não comportar agravo de instrumento, não são cobertas pela preclusão e devem ser suscitadas em preliminar de apelação, eventualmente interposta contra a decisão final, ou nas contrarrazões". Ora, subsistindo decisões interlocutórias que não estejam contempladas no rol do art. 1.015 do CPC 2015, não está descartada a possibilidade de impugná-las em contrarrazões. Em tais hipóteses, a tradicional peça de *resposta* do *vencedor* assumirá funções *híbridas*, veiculando o pleito de *manutenção* da sentença e, paradoxalmente, uma espécie de apelo *subordinado* deduzido nessa oportunidade, referente à impugnação daquelas interlocutórias que não despertaram interesse recursal via agravo de instrumento. Atente-se que não se trata da forma recursal *adesiva*, que segue adstrita à ocorrência de sucumbência *recíproca* (CPC, art. 997, § 1º) dedutível da decisão que despertou o recurso principal. Portanto, em situações muito singulares, poderá subsistir o interesse do vencedor em atacar questões interlocutórias não impugnadas anteriormente, que não comportavam agravo de instrumento (v.g., "falsidade documental" resolvida como *questão incidental*, na forma do § único do art. 430 do CPC). Não há dúvida que, caso seja retomado esse tema em contrarrazões, ao menos *qualitativamente* o acolhimento da falsidade documental suscitada antes pelo vencedor, retomada nessa fase "pós-sentença", poderá agravar a situação do recorrente originário. Ou seja, nessa hipótese em comento, tal situação poderá resultar em apelo "improvido", sem prejuízo do acolhimento do pleito recursal autônomo do apelado (v.g., referente à falsidade documental rejeitada em 1ª instância), por força do regime do § 1º do art. 1.009 do CPC. É bem verdade que os Tribunais podem deduzir uma construção hermenêutica para fins de precisar que os pleitos autônomos em contrarrazões serão examinados tão-somente nas hipóteses de acolhimento do recurso principal. Mas isso não afasta o arrefecimento do princípio da proibição da *reformatio in pejus*.

4. O JULGAMENTO DA CAUSA MADURA (CPC, ART. 1.013, § 3º).

Também se revela sintomática a situação do inciso III do § 3º do art. 1.013, do CPC 2015, ao dispor que "se o processo estiver em condições de imediato julgamento, o tribunal deve decidir desde logo o mérito quando: (...) III – constatar a omissão no exame de um dos pedidos, hipótese em que poderá julgá-lo". A técnica em questão é similar ao regime instituído pelo § 3º do art. 515 do CPC 1973 ("teoria da causa madura") substanciando uma certa relativização do postulado do duplo grau de jurisdição[10]. Portanto, em caráter exemplificativo, o apelante pode suscitar a *omissão* no enfrentamento de pedido deduzido na inicial (decisão *citra petita*), não sanada via embargos de declaração. Ocorrendo tal hipótese, o pedido de *integração* do julgado originário poderá ser apreciado em instância única e, paradoxalmente, de forma *contrária* ao interesse do recorrente, com aumento *quantitativo* e(ou) *qualitativo* da sucumbência originária. Logo, não há dúvida que o advento do cenário em questão resulta no agravamento da sucumbência originária do recorrente.

5. CONCLUSÃO

Em suma, diante dessas inusitadas e intrincadas situações, parece acertado concluir que o princípio da proibição da *reformatio in pejus* perdeu densidade normativa, não estando albergado no regime do CPC 2.015, ao menos nos moldes tradicionalmente conhecidos.

6. BIBLIOGRAFIA.

BEDAQUE, José Roberto dos Santos. **Apelação**: questões sobre admissibilidade e efeitos, *In*: WAMBIER, Teresa Arruda Alvim; NERY JÚNIOR, Nelson (Coords.). **Aspectos polêmicos e atuais dos recursos cíveis e de outros meios de impugnação às decisões judiciais**. São Paulo: Revista dos Tribunais, 2003. Série: Aspectos polêmicos e atuais dos recursos, v. 7.

DIDIER JR., Fredie. **Sobre a teoria geral do processo, essa desconhecida**, 2ª ed., Salvador: Juspodivm, 2013.

FRANZOI, Juliana Borinelli. Honorários advocatícios e sucumbência recursal, *In* **Impactos do novo CPC na advocacia**, Organizador: Pedro Miranda de Oliveira, Florianópolis, Conceito Editorial, 2015.

---

10. Ao analisar as reformas impostas no CPC 1973, José Roberto dos Santos Bedaque afirmava que "o sistema processual brasileiro passou a admitir, ainda que em caráter excepcional, a *reformatio in pejus*. O apelante pretendia simplesmente a cassação da sentença terminativa e acabou recebendo pronunciamento de mérito contrário a seus interesses. Sem dúvida, sua situação piorou com o resultado do julgamento realizado em 2º grau. Mas a solução é previsível e justificável, pois representa simplesmente a antecipação de um resultado que, mais cedo ou mais tarde, viria a ocorrer. Aceita-se a limitação ao duplo grau, princípio inerente ao sistema, mas não dogma intangível, em nome da celeridade processual, especialmente porque não se vislumbra prejuízo a qualquer das partes". (BEDAQUE, José Roberto dos Santos. **Apelação**: questões sobre admissibilidade e efeitos, *In*: WAMBIER, Teresa Arruda Alvim; NERY JÚNIOR, Nelson (Coords.). **Aspectos polêmicos e atuais dos recursos cíveis e de outros meios de impugnação às decisões judiciais**. São Paulo: Revista dos Tribunais, 2003. Série: Aspectos polêmicos e atuais dos recursos, v. 7. p. 454).

LIMA, Alcides Mendonça. **Introdução aos recursos cíveis**, São Paulo: Editora Revista dos Tribunais, 1.976.

LOPES, Bruno Vasconcellos Carrilho. Os honorários recursais no novo código de processo civil, *In* O novo código de processo civil, **Revista do Advogado – AASP**, n. 126, a. XXXV, maio de 2015.

NUNES, Dierle. Apelação e honorários no novo CPC, *In* **Impactos do novo CPC na advocacia**, Organizador: Pedro Miranda de Oliveira, Florianópolis, Conceito Editorial, 2015.

MOLLICA, Rogério. A remessa necessária e o Novo Código de Processo Civil. *In* **Novo CPC doutrina selecionada, v. 6: processo nos tribunais e meios de impugnação às decisões judiciais** / coordenador geral Fredie Didier Jr., organizadores Lucas Buril de Macedo, Ravi Peixoto e Alexandre Freire, Salvador: JusPodivm, 2015. ISSN 978-85-442-0549-5.

CAPÍTULO 4

Teoria Geral dos Recursos: Análise e Atualizações à Luz do Novo Código de Processo Civil Brasileiro[1]

Antônio Pereira Gaio Júnior[2]

SUMÁRIO • 1.INTRODUÇÃO; 2. RECURSOS: 2.1. BREVES CONSIDERAÇÕES PRELIMINARES; 2.2. ATOS SUJEITOS A RECURSO; 2.3. PRINCÍPIOS GERAIS DOS RECURSOS; 2.4. RECURSO ADESIVO; 2.5. REQUISITOS DE ADMISSIBILIDADE; 2.5.1. LEGITIMIDADE; 2.5.2. INEXISTÊNCIA DE FATO IMPEDITIVO; 2.5.3 RECORRIBILIDADE DA DECISÃO; 2.5.4 ADEQUAÇÃO DO RECURSO; 2.5.5. TEMPESTIVIDADE; 2.5.6. PREPARO; 2.5.7. FORMA E MOTIVAÇÃO; 3. JUÍZO DE ADMISSIBILIDADE; 4. EFEITOS DOS RECURSOS; 5. EXTINÇÃO ANORMAL DO RECURSO; 6. CONSIDERAÇÕES FINAIS; 7. REFERÊNCIAS BIBLIOGRÁFICAS.

1. INTRODUÇÃO

Trata-se o presente artigo de uma sucinta análise da sistemática recursal pátria em tópico relativo à sua Teoria Geral.

Para tão intento, optamos por uma presta pontuação acerca dos principais elementos de uma teoria geral recursal no modelo do atual sistema processual civil para daí, possibilitar lançar luzes em seus possíveis correspondentes sob os domínios do que assenta o Novo Código de Processo Civil pátrio (NCPC), objetivando, ao menos em um primeiro momento, descortinar sintonias e absonâncias com o modelo hodierno bem como possíveis avanços a novos horizontes pelos quais urge o serviço público de prestação da justiça neste país.

2. RECURSOS

2.1. BREVES CONSIDERAÇÕES PRELIMINARES

A natureza humana, não só em um sentido *amplo, mas também finalístico* é a principal justificativa para o inconformismo inerente às relações interpessoais na sociedade moderna.[3]

---

1. Lei 13.105, de 16.03.2015.
2. Pós-Doutor em Direito (Universidade de Coimbra/PT). Pós-Doutor em Democracia e Direitos Humanos (Ius Gentium Conimbrigae/ Faculdade de Direito da Universidade de Coimbra-PT). Doutor em Direito (UGF). Mestre em Direito (UGF). Pós-Graduado em Direito Processual (UGF). Professor Adjunto da Universidade Federal Rural do Rio de Janeiro – UFRRJ. Membro do Instituto Iberoamericano de Direito Processual – IIDP. Membro do Instituto Brasileiro de Direito Processual – IBDP. Membro da International Bar Association – IBA. Membro Efetivo da Comissão Permanente de Direito Processual Civil do IAB-Nacional. Advogado
3. Gabriel Rezende Filho, em clássicas palavras e decorrente de um sentido ao qual nominava "psicológico", já bem afirmara que "o recurso corresponde a uma irresistível tendência humana.

Nesta toada, podemos conceituar, ainda que preambularmente, recurso como o direito que a parte vencida tem, no todo ou em parte, de provocar o reexame de determinada decisão judicial, objetivando sua reforma ou mesmo modificação por órgão competente e hierarquicamente superior,[4] notadamente, portanto, não podendo ser confundido com outros meios autônomos de impugnação a uma decisão judicial, como, v.g. ação rescisória ou mandado de segurança.

Neste sentido, pode-se depreender que o pressuposto essencial de qualquer recurso é a sucumbência, isto é, a desigualdade entre o que foi pedido e o que foi concedido pelo Estado-juiz. A sucumbência pode ser total ou parcial, conforme o juiz conceda total ou parcialmente o pedido do autor, por exemplo: o autor pede indenização por danos morais e materiais, sendo todo o pedido julgado improcedente (o autor sofreu sucumbência total); o autor pede indenização por danos morais e materiais, sendo que o juiz concede apenas indenização por danos materiais, negando o pedido de danos morais (o autor e réu sofreram sucumbência parcial).

De forma geral, pode-se deduzir também que os recursos são manejados a fim de se conseguir a substituição da decisão judicial desfavorável por outra que, de acordo com o recorrente, satisfaça os seus interesses, sendo, inclusive, esta é a ideia do art. 1.005 do NCPC, onde se afirma que *"o julgamento proferido pelo tribunal substituirá a decisão impugnada no que tiver sido objeto de recurso."*

A título introdutório, vale desde já pontuar que o NCPC expressa em seu art. 994 o cabimento dos seguintes recursos, quais sejam:

I – apelação;

II – agravo de instrumento;

III – agravo interno;

Ninguém, via de regra, se conforma com o juízo ou parecer do primeiro árbitro ou censor.
Todos procuram recorrer a outras opiniões ou julgamentos.
Ademais, ninguém é perfeito: o erro é próprio da humanidade.
E com erro deve-se ter em conta a possibilidade da corrupção.
Esta convicção geral sobre a falibilidade dos julgamentos humanos foi a força criadora dos recursos judiciários." *Curso de Direito Processual Civil*. Vol. III. São Paulo: Saraiva, 1960, p.77-78

4. Pontes de Miranda bem destaca, certeiramente, o "interesse geral" que, inclusive, justifica o próprio exercício da jurisdição pelo Estado, caracterizando-se no que é para nós, a exigência de prestação qualitativa do serviço público de justiça à sociedade. Pontua o Mestre alagoano:
"Na finalidade do recurso está interesse das partes, ou legitimados a recorrer, e interesse geral, porque o Estado tem empenho em que se realize o direito objetivo e se faça justiça. O juiz é órgão do Estado; porém não o Estado mesmo." MIRANDA, F. C. Pontes de. *Comentários ao Código de Processo Civil*. Tomo VII. 3 ed. Rio de Janeiro: Forense, 1999, p.2.

IV – embargos de declaração;

V – recurso ordinário;

VI – recurso especial;

VII – recurso extraordinário;

VIII – agravo em recurso especial ou extraordinário;

IX – embargos de divergência.

É de se notar, portanto, a não contemplação dos recursos de agravo retido bem como dos Embargos Infringentes[5], ao passo que, ao menos formalmente, inclusos foram os recursos dos Agravos Interno e de Agravo em Recurso Especial ou Extraordinário, este último, na verdade, em substituição ao que se tem ainda no presente CPC, nominado de "Agravo nos Próprios Autos."

Quanto à natureza jurídica do recurso, a doutrina já possuiu dissensos.

---

5. Ainda que não conste do rol elencado no art. 994, encontra-se presente no art. 942, algo que se assemelha com o objetivo que no CPC/1973 representa o manejo dos Embargos Infringentes (art.530), que é a sua oposição diante de acórdão não unânime reformando, em grau de apelação, a sentença de mérito, ou julgado procedente ação rescisória.
No modelo do NCPC, temos que, de ofício – portanto, diferentemente de um recurso de iniciativa de qualquer das partes insatisfeitas com os desígnios da decisão contrária à sua pretensão – quando o resultado da apelação não for unânime, terá o julgamento prosseguimento em sessão a ser designada com a presença de outros julgadores, estes que serão convocados de acordo com o, previamente, definirá o regimento interno do tribunal em questão, de modo a que se tenha número suficiente de julgadores para garantir a possibilidade de inversão do resultado inicial, notadamente, assegurando às partes e a eventuais terceiros juridicamente interessados, o direito de sustentar oralmente suas razões diante dos novos julgadores, ex vi do *caput* do art. 942.
Nota-se que no caso supramencionado, bastará a simples existência da "não unanimidade" para com o resultado da apelação diante da sentença ora recorrida, o que quer dizer, seja mantendo-a ou reformando-a de forma não unânime. Aliás, hipótese esta que se assemelha àquela que tínhamos antes do advento da Lei n.10.352/2001.
Por outro lado, será cabível também aludido procedimento em sede de Ação Rescisória e Agravo de Instrumento, no entanto, em hipóteses diferentes daquela disposta para a Apelação, nos seguintes termos:
"Art.942
(...)
§ 3º A técnica de julgamento prevista neste artigo aplica-se, igualmente, ao julgamento não unânime proferido em:
I – ação rescisória, quando o resultado for a rescisão da sentença, devendo, nesse caso, seu prosseguimento ocorrer em órgão de maior composição previsto no regimento interno;
II – agravo de instrumento, quando houver reforma da decisão que julgar parcialmente o mérito."
É bem verdade que, diante de todas as possibilidades supracitadas, não somente temos que as hipóteses para algo com a similitude dos revogados "Embargos Infringentes" continuam presentes, como também se ampliaram, ainda que não dependente de atitude volitiva das partes, o que denota a inexistência de qualquer impacto com a abolição do modelo anterior. Pelo contrário! Ampliaram-se ordinariamente as possibilidades bem como em procedimento já tipificado em vários dos regimentos internos de tribunais brasileiros.

Neste ínterim, duas das principais correntes assim definiam a divergência: (a) o recurso é uma ação autônoma relativamente àquela que lhe deu origem, ação esta de natureza constitutiva;[6] (b) o recurso é continuação do exercício do direito de ação em fase posterior do procedimento.[7]

Despiciendo se faz afirmar que, hodiernamente, há o reconhecimento da natureza do recurso como um desdobramento, ou mesmo, um prolongamento do direito de ação, este manifestado pelo recorrente quando do ajuizamento da demanda e que só se tem por efetivamente realizado ou mesmo esgotado, com o devido trânsito em julgado da decisão judicial, o que fatalmente ocorre após ter decorrido o prazo para apresentação de eventual recurso ou pelo esgotamento de todas as formas recursais previstas no âmbito do processo civil pátrio,[8] estas dispostas art. 496 do CPC/1973 pátrio (art. 994 do NCPC).

2.2. ATOS SUJEITOS A RECURSO

Consta expressamente do art. 1.001 do NCPC que dos despachos não cabe recurso, estes entendidos como *"todos os demais pronunciamentos do juiz praticados no processo, de ofício ou a requerimento da parte"* (§ 3º do art. 203 do NCPC), ou seja, por exclusão, onde não se configure em sentença decisão interlocutória ou mesmo acórdão.[9]

---

6. "Il potere d'impugnare uma sentenza é un'azione, che dalle altre azioni differisce per le speciali caractteristiche de' suoi elementi costitutivi e per la natura dela ragione cui è coordinata." BETTI, Emílio. *Diritto Processuale Civile Italiano*. Roma: Foro Italiano, 1936, p.638.

7. Neste sentido, de longe já asseverava Marco Tullio Zanzucchi. (*Diritto Processuale Civile*. Vol. II. Milano: Dott. A. Giuffrè, 1938, p. 119) que *"quando la causa di estinzione sia, come di solito, una sentenza di merito o meno, il rapporto processuale, anche dopo l'emanazione di essa, puó rivivere e continuare a svolgersi in una più fasi ulteriori poste in essere mercè l'impugnazione della sentenza stessa."*

8. Ver, por todos, MOREIRA, José Carlos Barbosa. *O Novo Processo Civil Brasileiro*. 24 ed. Rio de Janeiro, 2006, p. 113-114.

9. Vale ressaltar que os atos tidos como "meramente ordinatórios", v.g., juntada e vista obrigatória, independem de despacho, devendo ser praticados de ofício pelo servidor e revistos pelo juiz, quando se fizer necessário, ex vi do § 4º do art. 203 do NCPC.

    Daí nota-se o que, já de muito, tem-se garantido nos ordenamentos da Europa ocidental, concedendo maior carga de responsabilidade a atos, a princípio, não meritórios aos auxiliares do foro.

    Notadamente, é de exclamar, em sintonia com o que já apontávamos nas várias edições do nosso *Manual de Direito Processual Civil*. Vol. 1 assim como nas *Instituições de Direito Processual Civil* que de meros despachos tidos como "ordinatórios" podem gerar prejuízos para qualquer das partes quando, por exemplo, sequer fora dada vista, como de direito, a um dos polos da demanda, caracterizando-se em obstrução a um direito, decorrendo daí possível prejuízo manifesto. Não sem razão, encontraremos ambiente propício para repreensão a tal ato.

    Assim, à luz do CPC/1973 atentamos que o art. 504 do CPC determina que contra os despachos não cabe recurso, entretanto a parte não se deve deixar levar pela simples denominação do ato uma vez que existem aqueles que são tidos como despachos, como ainda se vê na prática do foro, v. g., despacho

Nestes termos, apenas os atos do juiz que, de acordo com os arts. 203, §§ 1º e 2º e 204 do NCPC, constituem-se em sentenças, decisões interlocutórias e acórdãos, estão sujeitos a recurso. Conforme dicção do art. 203, § 1º, pode-se definir sentença como o pronunciamento pelo qual o juiz, "*com fundamento nos arts. 485 e 487* põe fim à fase cognitiva do procedimento comum bem como extingue a execução." Nota-se que ensejará na extinção do processo ou mesmo do procedimento em 1º grau, com ou sem resolução do mérito, sempre dependendo para tal ocorrência, da atividade volitiva da parte em interpor ou não recurso do ato sentencial; decisão interlocutória é entendida como todo pronunciamento judicial de natureza decisória que não se enquadre no conceito de sentença, portanto, naqueles atos decisórios interlocutórios (§ 2º do art. 203 do NCPC); acórdão é a denominação do julgamento colegiado proferido pelos tribunais (art. 204 do NCPC).

2.3. PRINCÍPIOS GERAIS DOS RECURSOS

O instituto do recurso é amparado e informado por diversos princípios, dentre os quais merecem aqui destaque especial os princípios do duplo grau de jurisdição, da unicidade, da fungibilidade e da *reformatio in pejus*.

O princípio do duplo grau de jurisdição determina, como norma no processo, a possibilidade de revisão das decisões judiciais, de preferência por órgão jurisdicional de grau superior àquele que pronunciou a decisão recorrida. Procura-se, pela sucessiva reapreciação da matéria, garantir uma melhor justiça.

A despeito dos vários filtros processuais já presentes em nosso ordenamento processual civil – e que permanecem presentes no NCPC, mesmo que com algumas nuances normativas diferenciadas – estas que, em regra, se estabelecem no sentido de uma racionalidade voltada à limitação e alcance junto às vias jurisdicionais superiores, quando da interposição de recursos sem sintonia com as decisões já firmadas pelas ditas vias (casos da Súmula Impeditiva de Recursos, das normas reguladoras da Multiplicidade de Recursos Extraordinários e Especiais Repetitivos e, mesmo em sede constitucional, da denominada Súmula Vinculante) e ainda, de conteúdo enfrentado em sede recursal quando ausente de dotação do binômio "relevância e transcendência" na matéria discutida (caso típico da Repercussão Geral), tem-se o duplo grau de jurisdição como conteúdo principiológico norteador no sistema processual pátrio.

Certamente, a discussão em sede doutrinária e mesmo jurisprudencial no tocante ao alcance de seu status constitucional, seja como princípio garantido

---

saneador, todavia tem inegável caráter decisório, sujeitos assim a recurso. Cf. no nosso *Instituições de Direito Processual Civil*. 2 ed. Belo Horizonte: Del Rey, 2013, p.308-309.

pela Carta Maior de forma explícita ou implicitamente; como uma própria garantia constitucional daquele insatisfeito com o resultado da lide ou ainda como um princípio processual, mas limitado pela própria Constituição ainda permanece frequente.[10]

Outrossim, chamama atenção disciplina que, no PL n.8.046/10 (Substitutivo da Câmara dos Deputados ao PLS n.166/2010 do Senado Federal, ambos até então, Projetos de Lei para um Novo Código de Processo Civil), em seus arts. 520 a 522 denominava-se "Precedente Judicial", mas que no texto do NCPC sancionado, dando origem à Lei n.13.105/2015, fora acostada no Capítulo I "Disposições Gerais", do Título I "Da Ordem dos Processos e dos Processos de Competência Originária dos Tribunais", ambos inclusos no Livro III da Parte Geral, este denominado "Dos Processos nos Tribunais e dos Meios de Impugnação das Decisões Judiciais".

Neste sentido, a despeito de não dar o título ao Capítulo como "Precedentes Judicial", o NCPC o faz na essência quanto a importantes dispositivos herdados do PL supracitado.

Da combinação dos conteúdos contidos nos arts. 926 e 927, já se nota, objetivamente, a serventia do dito instituto assim como o *modus operandi* de sua aplicabilidade, a começar pela própria disciplina relativa ao regramento para a sua aplicação, notadamente, no respeito ao contraditório (art. 10) bem como às balizas necessárias, e por isso exigíveis à sua fundamentação (§ 1ª do art. 486), conteúdos estes devidamente indicados no art. 927, mais precisamente em seu § 1º: " *§ 1º Os juízes e os tribunais observarão o disposto no art. 10 e no art. 489, § 1º, quando decidirem com fundamento neste artigo.*"

A fim de não se estender em excesso no enfrentamento do tema, importa-nos, de início, pontuar o dispositivo que abre o regramento do que era denominado pelo PL n.8.046/2010 (Substitutivo da Câmara dos Deputados) "Precedente Judicial", no NCPC: o art. 926 *In verbis*:

> Art. 926. *Os tribunais devem uniformizar sua jurisprudência e mantê-la estável, íntegra e coerente.*
>
> *§ 1º Na forma e segundo os pressupostos fixados no regimento interno, os tribunais editarão enunciados de súmula correspondentes a sua jurisprudência dominante.*
>
> *§ 2º Ao editar enunciados de súmula, os tribunais devem ater-se às circunstâncias fáticas dos precedentes que motivaram sua criação.*

---

10. Cf. GAIO JÚNIOR, Antônio Pereira; GAIO, Raphael B. Duplo Grau de Jurisdição no quadro dos Direitos e Garantias Processuais Constitucionais. In: GAIO JÚNIOR, Antônio Pereira (Org.). *Direito Processual em Movimento*. Vol. III. Curitiba: CRV, 2013, p. 141-146.

De pronto, observa-se o dever, em bom sentido, das Cortes Julgadoras em promover a uniformidade de suas decisões, mantendo-as estáveis, integras e coerentes, prestigiando, sobretudo, a segurança jurídica e o princípio da confiança, dada a necessidade de previsibilidade dos jurisdicionados frente à interpretação dos conteúdos legislativos que regulam a sua vida, interpretação esta de forma coerente e não polissêmica por quem concede o serviço público da justiça, destacando-se ainda por isso, conforme aponta o § 2º supra, a necessária correspondência na edição do enunciado de súmula com as circunstâncias de conteúdo fático que, indubitavelmente, deve encarná-la, a ponto de se levar à sua criação, cabendo tal responsabilidade e policiamento formal ao próprio Tribunal editor do enunciado sumular.

Na mesma toada, apenas a título de ratificação da retro referida uniformidade, mas avançando nos destinatários cujo dever se insere no plano da razão prática para consolidar os intentos da regulação do presente instituto, segue-se o art. 927 e seus incisos:

> Art. 927. Os juízes e os tribunais observarão:
>
> I – as decisões do Supremo Tribunal Federal em controle concentrado de constitucionalidade;
>
> II – os enunciados de súmula vinculante;
>
> III – os acórdãos em incidente de assunção de competência ou de resolução de demandas repetitivas e em julgamento de recursos extraordinário e especial repetitivos;
>
> IV – os enunciados das súmulas do Supremo Tribunal Federal em matéria constitucional e do Superior Tribunal de Justiça em matéria infraconstitucional;
>
> V – a orientação do plenário ou do órgão especial aos quais estiverem vinculados;

Observa-se que se trata não de mera faculdade, mas dever dos juízes e tribunais em seguir *as decisões do Supremo Tribunal Federal em controle concentrado de constitucionalidade, enunciados de súmula vinculante, os acórdãos em incidente de assunção de competência ou de resolução de demandas repetitivas e em julgamento de recursos extraordinário e especial repetitivos, os enunciados das súmulas do Supremo Tribunal Federal em matéria constitucional, do Superior Tribunal de Justiça em matéria infraconstitucional e a orientação do plenário ou do órgão especial aos quais tiverem vinculados.*

Nota-se que a vinculação aos precedentes arrolados no art. 927 se junta, verdadeiramente, ao rol dos filtros processuais recursais, de modo que a força do comando "devem" traduz no estabelecimento vertical da uniformidade racional realizadora do *decisum*, o que sem exercício empírico para com a certeza no funcionamento do sistema, ainda que pese as virtudes da estabilização dos julgados e previsibilidade das razões e decisões, catalisadores neste âmbito, dos princípios da segurança jurídica, confiança e isonomia, além do princípio da duração razoável do processo, há de se prever ainda uma série de aperfeiçoamentos pragmáticos no âmbito dos tribunais a fim de favorecer o cumprimento exato e reiterado do comportamento dos órgãos judiciais envolvidos, desde aquele responsável pela edição do precedente, passando pelos tribunais hierarquicamente inferiores, até chegar aos juízes monocráticos de 1º grau. Trabalho árduo e que se não operar de forma intermitente, não poucas vezes encontrará óbices ao seu cumprimento, dada a própria cultura forense pátria, onde é de conhecimento farto que os juízes pouco conhecem e/ou não se interessam pelos posicionamentos judicantes dos tribunais que, hierarquicamente, acima se estabelecem.[11]

Por outro lado, com intuito de evitar a estagnação *ad eternum* de um precedente já sedimentado, mas divorciado do tecido social é fundamental que se possibilite a modificação do mesmo através de procedimento provocado em decorrência, dentre outras alegações, de revogação ou modificação de norma em que se fundou a tese solicitante de modificação do precedente ou mesmo em alteração econômica, política ou social referente à matéria decidida, fundamento do precedente que clama por modificação.

Como apoio aos trabalhos em prol da análise para possível alteração do precedente, abre-se a possibilidade, caso necessário, da realização de audiências públicas e da participação de pessoas, órgãos ou entidades que possam contribuir para a rediscussão da tese jurídica, conforme sustenta o § 2º do art. 927, *in verbis*:

> § 2º *A alteração de tese jurídica adotada em enunciado de súmula ou em julgamento de casos repetitivos poderá ser precedida de audiências públicas e da participação de pessoas, órgãos ou entidades que possam contribuir para a rediscussão da tese.*

---

11. Vale destacar neste ínterim que os parágrafos 4º e 5º do art. 521 do PL nº 8.046/2010, muito bem pontuava situações as quais não incidiriam de conteúdo obrigatório para juízes e tribunais a adoção de determinado precedente, sendo, para isso, as seguintes normativas autorizadoras:
" § 4º *Não possuem o efeito previsto nos incisos do caput deste artigo os fundamentos:*
I – prescindíveis para o alcance do resultado fixado em seu dispositivo, ainda que presentes no acórdão;
II – não adotados ou referendados pela maioria dos membros do órgão julgador, ainda que relevantes e contidos no acórdão.
§ 5º *O precedente ou jurisprudência dotado do efeito previsto nos incisos do caput deste artigo poderá não ser seguido, quando o órgão jurisdicional distinguir o caso sob julgamento, demonstrando fundamentadamente se tratar de situação particularizada por hipótese fática distinta ou questão jurídica não examinada, a impor solução jurídica diversa.*
Lamentavelmente, tal normativa não fora seguida, explicitamente, pelo NCPC.

No que se refere ainda à modificação de enunciado de súmula, de jurisprudência pacificada ou de tese adotada em julgamento de casos repetitivos, deverá dita mudança vir acompanhada, notadamente, de fundamentação adequada e específica, considerando os princípios já anteriormente referidos, ou seja, segurança jurídica, proteção da confiança e isonomia (§ 4º do art. 927).

Lado outro, não passou despercebido pelo novato Código de Processo Civil a possibilidade de modulação dos efeitos decorrentes dos precedentes (súmula de jurisprudência dominante do STF e dos Tribunais Superiores, e ainda aquelas oriundas de julgamentos de casos repetitivos), seja com relação à sua retroatividade – *ex tunc* – ou na forma prospectiva – *ex nunc*, tudo devidamente fundamentado.

Nestes termos, pontua o § 3º do art. 927:

> § 3º Na hipótese de alteração de *jurisprudência dominante do Supremo Tribunal Federal e dos tribunais superiores ou daquela oriunda de julgamento de casos repetitivos, pode haver modulação dos efeitos da alteração no interesse social e no da segurança jurídica.*

De tudo, caberá aos tribunais dar publicidade a seus precedentes, organizando-os por questão jurídica decidida e divulgando-os, preferencialmente, na rede mundial de computadores. (§ 5º do art. 927).

A fim de não pairar dúvidas sobre o real sentido do "julgamento de casos repetitivos" no assunto em tela ou mesmo em outras passagens do próprio NCPC, o legislado optou por ratificar a significância do tema nos seguintes termos:

> Art. 928. *Para os fins deste Código, considera-se julgamento de casos repetitivos a decisão proferida em:*
>
> I – *incidente de resolução de demandas repetitivas;*
>
> II – *recursos especial e extraordinário repetitivos.*
>
> Parágrafo único. *O julgamento de casos repetitivos tem por objeto questão de direito material ou processual.*

Outro filtro processual também edificado pelo NCPC, com o fito de dinamizar o princípio da duração razoável do processo e mesmo com a manutenção da segurança jurídica e isonomia na aplicação do conjunto normativo pátrio é o do "*Incidente de resolução de demandas repetitivas*"[12], este regulado, respectivamente, pelos arts. 976 a 987.

---

12. Sobre o aludido instituto, ver GAIO JÚNIOR, Antônio Pereira. Incidente de resolução de Demandas repetitivas no Projeto do novo CPC – breves apontamentos. *In: Revista de Processo. RePro.* São Paulo: Revista dos Tribunais, ano 36, nº 199, setembro de 2011, p. 247-256.

O princípio da unicidade, por sua vez, também chamado de princípio da singularidade ou princípio da unirrecorribilidade, denota a proibição da interposição simultânea de mais de um recurso contra a mesma decisão. Neste sentido, o CPC pressupõe um recurso para cada tipo de decisão, o que torna incorreto, de regra, a impetração simultânea de dois recursos.

O princípio da fungibilidade não está previsto no CPC vigente, como era no anterior, fato que buscou adequar um recurso para cada tipo de decisão judicial, contudo doutrina e jurisprudência, de maneira geral, têm opinado pela sua subsistência, caso a decisão judicial apresente dúvida objetiva com relação ao recurso cabível para sua impugnação. De qualquer modo, o aproveitamento do recurso fica condicionado à verificação dos requisitos de admissibilidade, sobretudo quanto à tempestividade.[13]

Já, no que tange ao NCPC, nota-se, de forma expressa, a previsão do presente princípio em casos, por exemplo, relativos aos Embargos de Declaração.

Neste sentido, estabelece o § 2º do art.1.024 do novel codex que o Órgão Julgador dos Embargos de Declaração poderá conhecê-lo como Agravo Interno, caso seja este recurso cabível, cabendo neste caso a intimação do recorrente para fins de complementar as razões recursais, de modo a ajustá-las às exigências do recurso, isto no prazo de 5 (cinco) dias. *In verbis*:

> Art. 1.024: (...) § 3º O órgão julgador conhecerá dos embargos de declaração como agravo interno se entender ser este o recurso cabível, desde que determine previamente a intimação do recorrente para, no prazo de 5 (cinco) dias, complementar as razões recursais, de modo a ajustá-las às exigências do art. 1.021, § 1º.

Insta ressaltar que a previsão expressa do cabimento do Agravo Interno encontra no NCPC, mais precisamente no art. 1.021 e seus parágrafos, tendo seu *caput* a indicar o cabimento do presente Agravo em face de decisão proferida pelo relator, sendo ele impetrado para o respectivo órgão colegiado, observadas quanto ao processamento, as regras do regimento interno do Tribunal endereçado.

Por outro lado, o art. 1.022 apresenta os casuísmos aos quais se abrigam as possibilidades de impetração dos Embargos de Declaração:

---

13. No tocante ao processamento da fungibilidade recursal, merece realce aqui apontamento de Teresa Arruda Alvim Wambier sobre a matéria: "Para que haja a fungibilidade, não há a necessidade da possibilidade de conversão de uma medida na outra. Acho que a aplicabilidade plena, do princípio da fungibilidade, harmônica e em conformidade com os Princípios Constitucionais, leva à necessidade de que o Judiciário aceite uma medida por outra e não converta uma medida na outra. Porque há muitos casos em que os entraves procedimentais são muitos e que essa conversão seria extremamente problemática". WAMBIER, Teresa Arruda Alvim. O agravo e o conceito de sentença. In: *RePro*, ano 32, vol. 144, São Paulo, RT, fevereiro de 2007, p. 245.

> Art. 1.022. Cabem embargos de declaração contra qualquer decisão judicial para:
>
> I – esclarecer obscuridade ou eliminar contradição;
>
> II – suprir omissão de ponto ou questão sobre o qual devia se pronunciar o juiz de ofício ou a requerimento;
>
> III – corrigir erro material.
>
> Parágrafo único. Considera-se omissa a decisão que:
>
> I – deixe de se manifestar sobre tese firmada em julgamento de casos repetitivos ou em incidente de assunção de competência aplicável ao caso sob julgamento;
>
> II – incorra em qualquer das condutas descritas no art. 489, § 1º.

Nota-se que diante da possibilidade expressa de fungibilidade, ainda que não haja a omissão *in concreto* infringindo, por exemplo, o princípio da congruência, como nas hipóteses do inciso I do parágrafo único, a impetração dos Embargos de Declaração encontra lugar, pois que, hipoteticamente, achou por bem o legislador reconhecer ali omissão, isto pela própria necessidade de controle uniforme do sistema de decisões, exigindo do magistrado a manifestação em seus julgados daquilo que já fora tido, v.g., como tese firmada em julgamento de demandas repetitivas.

Nisso, nada impediria que, ao se rebelar o impetrante contra decisão do Relator e daí, impetrando os citados Embargos e não encontrando lugar este, possa o órgão Judicial competente recebê-lo como se Agravo Interno fosse, visto que razoável seria o seu reconhecimento em virtude de acostar em seu julgado, equivocadamente, tese firmada decorrente de julgamento em caso repetitivo sem consonância com o assunto da lide, ou mesmo em hipóteses do art. 489, § 1º, onde ao se achar que o órgão julgador não fundamentou a decisão e que a princípio, fundamentada fora, mas que o argumento dos Embargos impetrados avançou em demais conteúdos, havendo por bem aproveitá-los em forma de Agravo Interno.

Por fim, o princípio da *reformatio in pejus* repousa ideia de que não se admite no Direito Processual Civil pátrio que o recorrente possa ter o risco de ver sua situação piorada, decorrente de resultado do julgamento do próprio recurso por ela impetrado, ou seja, que possa ser imposto ao recorrente um gravame maior do que aquele constante da decisão reexaminada em sede recursal e ainda, vale lembrar que não tenha sido objeto, igualmente, de recurso do adversário do recorrente, como de fato acontece no denominado Recurso Adesivo. [14]

---

14. No mesmo sentido, THEODORO JÚNIOR, Humberto. *Curso de Direito Processual Civil*. Vol. I. 47 ed. Rio de Janeiro: Forense, 2007, p.634.

2.4. RECURSO ADESIVO

No caso de a decisão gerar prejuízo a ambas as partes, sucumbência recíproca, qualquer delas poderá recorrer no prazo comum. Nessas circunstâncias, pode ocorrer que uma das partes, conforme com a decisão, não interponha o recurso cabível no prazo legal que, como foi dito, é comum. Em seguida, surpreendida com o recurso da outra parte, que coíbe o trânsito em julgado e tem o poder de fazer subir os autos para superior instância, permite-se que faça a sua adesão ao recurso da parte contrária, ou seja, que no prazo para expor suas contrarrazões apresente também recurso quanto à parte que sucumbiu, aproveitando-se da iniciativa da mesma.

Deste modo, o NCPC, quase que manteve o regramento do art. 500 do CPC/1973, apontando, no entanto, a admissibilidade do recurso adesivo aos recursos da Apelação, Extraordinário e Especial, excetuando, como de certo, os Embargos Infringentes, diferentemente da atual previsão:

> Art. 997 Cada parte interporá o recurso, independentemente, no prazo e em observância às exigências legais.
>
> § 1º Sendo vencidos autor e réu, ao recurso interposto por qualquer deles poderá aderir o outro.
>
> § 2º O recurso adesivo fica subordinado ao recurso independente, sendo-lhe aplicáveis as mesmas regras deste quanto aos requisitos de admissibilidade e julgamento no tribunal, salvo disposição legal diversa, observado, ainda, o seguinte:
>
> I – será dirigido ao órgão perante o qual o recurso independente fora interposto, no prazo de que a parte dispõe para responder;
>
> II – será admissível na apelação, no recurso extraordinário e no recurso especial;
>
> III – não será conhecido, se houver desistência do recurso principal ou se for ele considerado inadmissível.

Pode-se notar que o recurso adesivo deve ser interposto no prazo para a resposta do recurso principal, conquanto se deva registrar que a sua interposição não substitui a apresentação das contrarrazões que devem ser expressas em petição autônoma. As mesmas normas do recurso independente quanto às condições de admissibilidade e julgamento no tribunal superior, são aplicadas no recurso adesivo, ou seja, não é suficiente que o recurso principal seja admitido; é preciso que ainda o recurso adesivo satisfaça todos os requisitos de admissibilidade a ele exigidos.

Cabe ainda consignar que no parágrafo único do art. 500 do CPC/1973,[15] o legislador fez questão de mencionar o requisito do "preparo" em separado das condições de admissibilidade, ambos relativos ao recurso principal, como subordinação a que o adesivo deveria respeitar.

Já, art. 997 do NCPC não fez menção explícita ao preparo, certamente pelo fato de o próprio "preparo" ser, verdadeiramente, um dos requisitos de admissibilidade, não necessitando de traduzi-lo literalmente, mas o deixando em aplicação à disposição legal diversa, ou seja, seguindo o recurso principal quando da exigência de este possuir preparo ou não dependendo das Leis de Organização Judiciária do Estado, *in casu*, racionalidade esta cabível aqui ao recurso de apelação.

O rumo do recurso adesivo está submetido ao do recurso principal, isto é, só será conhecido se aquele for conhecido. Quando houver desistência, deserção ou de não ser admitido o recurso principal, o adesivo também fica prejudicado.

2.5 REQUISITOS DE ADMISSIBILIDADE

Há, quanto ao número e classificação dos requisitos de admissibilidade dos recursos no processo civil, alguma discordância na doutrina. Alguns autores classificam os requisitos em "objetivos e subjetivos", outros os classificam em "intrínsecos e extrínsecos". De modo geral, os requisitos de admissibilidade podem ser classificados da seguinte maneira: I – requisitos subjetivos, ou intrínsecos, reunindo legitimidade e inexistência de fato impeditivo; II – requisitos objetivos, ou extrínsecos, reunindo recorribilidade da decisão, adequação do recurso, tempestividade, preparo, forma e motivação.

2.5.1. Legitimidade

O vencido, o terceiro prejudicado e o Ministério Público possuem legitimidade para recorrer conforme sustenta o art. 499 do CPC/1973, este ratificado pelo mesmo entendimento do NCPC em seu art. 996.

Denomina-se vencida a parte, autor ou réu, cujo pedido foi desatendido, total ou parcialmente, pelo juiz, ou seja, aquele que sofreu a sucumbência quer total ou parcial.

Pode-se ainda considerar vencido o litisconsorte bem como aqueles partícipes de uma intervenção de terceiros.

---

15. *"Parágrafo único. Ao recurso adesivo se aplicam as mesmas regras do recurso independente, quanto às condições de admissibilidade, preparo e julgamento no tribunal superior."*

Já o terceiro prejudicado é a pessoa estranha ao processo que é atingida, mesmo que por via reflexa, pela sentença (v.g., adquirente de direito material litigioso, fiador, avalista etc.). Em sintonia com o próprio sistema processual que condiciona o interesse jurídico como fundamental para se intervir em uma relação jurídica processual, o parágrafo único do art. 996 do NCPC, expressa em bom sentido, dita possibilidade interventiva recursal, inclusive, estendendo-a a hipóteses não somente relativas a um terceiro prejudicado como titular do direito, como também a um possível substituto processual do referido "terceiro prejudicado" apto a participar da demanda enquanto tal, conforme se observa em situações triviais – v.g., sindicatos, partidos políticos etc. –, de acordo com o dispositivo infra:

> Art. 996
>
> (...)
>
> *Parágrafo único. Cumpre ao terceiro demonstrar a possibilidade de a decisão sobre a relação jurídica submetida à apreciação judicial atingir direito de que se afirme titular ou que possa discutir em juízo como substituto processual.*

O Ministério Público, por sua vez, possui legitimidade para recorrer nos processos em que é parte, bem como naqueles em que oficia como fiscal da ordem jurídica, nas palavras do *caput* do art. 996 do novo Código em tela.

O recorrente, qualquer que seja, deve manifestar seu interesse na reforma parcial ou total da decisão, dado que a ele é concedido o direito de impugnar no todo ou em parte o ato judicial entendido como insatisfatório (art. 1.002 do NCPC). Tal interesse deve sempre basear-se na demonstração da ocorrência do binômio "utilidade e necessidade": utilidade da providência judicial pleiteada; necessidade da via que se escolhe para obter essa providência.

2.5.2. Inexistência de Fato Impeditivo

Está impossibilitado de recorrer aquele que praticou algum ato incompatível com a vontade de recorrer, tal como a renúncia e/ou a aceitação do comando da decisão. A renúncia deve ser clara e pode acontecer apenas antes da interposição recursal e não dependendo da aceitação da outra parte, explicitando tal comando a regra do art. 502 do CPC/1973, o que acompanha *ipsis literis* o art. 999 do NCPC onde menciona expressamente que "*a renúncia ao direito de recorrer independe da aceitação da outra parte.*"

Já a aceitação do comando da decisão, que pode ser expressa ou tácita (art. 503 do CPC/1973 e art. 1.000 do NCPC), engloba a prática de ato que seja incompatível com a vontade de recorrer, como, por exemplo: nas ações de cobrança, no pagamento da dívida; nas ações de reintegração de posse ou de despejo, na entrega das chaves.

2.5.3 Recorribilidade da Decisão

Conforme já pronunciado em letras anteriores, apenas os atos judiciais que, de acordo com os arts. 203, §§ 1º e 2º e 204 do NCPC, constituem-se em sentenças, decisões interlocutórias, e acórdãos, estão sujeitos a recurso.[16]

Neste sentido, não é toda decisão judicial que admite recurso, tais como despachos de mero expediente, estes previstos no art. 504 do CPC/1973 (§ 4º do art. 203 do NCPC) nos quais, mesmo que "aparentemente", inexista lesividade para as partes, sendo assim, irrecorríveis.

Por outro lado, em sintonia com o que já fora pontuado anteriormente, o termo despacho é, por vezes, usado de forma inadequada, como no caso do 'despacho saneador", ainda de uso corrente foros nos em geral e que, como é notório, compreende decisão a respeito de questões incidentes, sujeitas, então, a recurso. Logo, é importante ter certeza de que o "despacho" é, realmente, de mero expediente (v.g., determinando sejam os autos enviados ao MP; determinando a juntada aos autos de petição; determinando ao autor que se manifeste sobre documentos juntados pelo réu etc.), ou então oculta uma decisão sobre questão incidente levantada pelas partes e, neste sentido, causando prejuízo, mesmo que processual a quaisquer delas, caracterizando-se em típica decisão interlocutória, desafiando, portanto, no modelo do CPC atual, o recurso de agravo.

Vale ressaltar neste ínterim que, pelo Novo Código de Processo Civil, o cabimento do Agravo está disciplinado em *numerus clausus*, consignando a tipificação da matéria que estará disposta a recepcionar o recurso em tela.

Nisto temos que:

> Art. 1.015. *Cabe agravo de instrumento contra as decisões interlocutórias que versarem sobre:*
>
> *I – tutelas provisórias;*
>
> *II – mérito do processo;*
>
> *III – rejeição da alegação de convenção de arbitragem;*
>
> *IV – incidente de desconsideração da personalidade jurídica;*

---

16. Ver item 2.2.

V – rejeição do pedido de gratuidade da justiça ou acolhimento do pedido de sua revogação;

VI – exibição ou posse de documento ou coisa;

VII – exclusão de litisconsorte;

VIII – rejeição do pedido de limitação do litisconsórcio;

IX – admissão ou inadmissão de intervenção de terceiros;

X – concessão, modificação ou revogação do efeito suspensivo aos embargos à execução;

XI – redistribuição do ônus da prova nos termos do art. 373, § 1º;

XII – (VETADO)

XIII – outros casos expressamente referidos em lei.

Parágrafo único. Também caberá agravo de instrumento contra decisões interlocutórias proferidas na fase de liquidação de sentença ou de cumprimento de sentença, no processo de execução e no processo de inventário.

Assim, em não estando enquadrada nas hipóteses legais, o manejo recursal frente às interlocutórias prejudiciais será objeto de Apelação, devendo o recorrente ou recorrido, portanto, em sede das razões ou contrarrazões da própria Apelação, pontuar o conteúdo do *decisum* interlocutório que quer seja enfrentado antes da análise do mérito do citado recurso interposto, a fim de que o Tribunal dele conheça primeiro, em consonância com o que dita o art.1009 do NCPC:

Art. 1.009. Da sentença cabe apelação.

§ 1º As questões resolvidas na fase de conhecimento, se a decisão a seu respeito não comportar agravo de instrumento, não são cobertas pela preclusão e devem ser suscitadas em preliminar de apelação, eventualmente interposta contra a decisão final, ou nas contrarrazões.

§ 2º Se as questões referidas no § 1º forem suscitadas em contrarrazões, o recorrente será intimado para, em 15 (quinze) dias, manifestar-se a respeito delas.

§ 3º O disposto no caput deste artigo aplica-se mesmo quando as questões mencionadas no art. 1.015 integrarem capítulo da sentença.

Apenas a título de apontamento, é de se registrar que o NCPC impõe à parte recorrente e recorrida um novo ônus. Trata-se nova incidência de honorários advocatícios em sede recursal, conforme reconhece o § 1º de seu art. 85, nos seguintes termos:

§ 1º São devidos honorários advocatícios na reconvenção, no cumprimento de sentença, provisório ou definitivo, na execução, resistida ou não, e nos recursos interpostos, cumulativamente.

Reforça tal dispositivo, os §§ 11 e 12 do art. 85:

> § 11. O tribunal, ao julgar recurso, majorará os honorários fixados anteriormente levando em conta o trabalho adicional realizado em grau recursal, observando, conforme o caso, o disposto nos §§ 2º a 6º, sendo vedado ao tribunal, no cômputo geral da fixação de honorários devidos ao advogado do vencedor, ultrapassar os respectivos limites estabelecidos nos §§ 2º e 3º para a fase de conhecimento.

> § 12. Os honorários referidos no § 11 são cumuláveis com multas e outras sanções processuais, inclusive as previstas no art. 77.

Nota-se com isso, o reforço na ideia de desestimular qualquer das partes a recorrer de julgados, querendo o legislador imprimir melhor compromisso com o respeito á decisões originárias.

Lado outro, insta destacar que os honorários advocatícios merecem tal prestígio, sobretudo, em razão de atividades distintas a se realizar quando alçado trabalho em grau recursal, sobrelevando no NCPC o reconhecimento mais do que merecido de seu status alimentar, gozando dos mesmos privilégios dos créditos decorrentes da legislação laboral, conforme bem destaca o § 14 do art. 85, em registro:

> " § 14. Os honorários constituem direito do advogado e têm natureza alimentar, com os mesmos privilégios dos créditos oriundos da legislação do trabalho, sendo vedada a compensação em caso de sucumbência parcial."

2.5.4 Adequação do Recurso

O recurso que vai ser interposto não pode ser escolhido pelo vencido uma vez que o ordenamento já estabelece qual a via recursal específica contra cada tipo de decisão judicial que se quer enfrentar (princípio da singularidade). Assim, deve o recurso ser adequado a fim de impugnar o ato decisório de acordo com o previsto na lei processual.

A interposição de um recurso por outro pode induzir ao seu não conhecimento já que, segundo o sistema do CPC/1973 – o que acompanha NCPC – são muitas as diversidades entre os recursos. Contudo, caso o recorrente não cometa erro grosseiro e estando o recurso tempestivo, entendemos ser possível a admissibilidade do mesmo, tudo em prestígio ao princípio da fungibilidade dos recursos já por nós enfrentado devidamente no item 2.3,[17] (v.g., a parte interpõe recurso de agravo de instrumento contra decisão que decide incidente onde se requer a revogação dos benefícios da justiça gratuita, quando deveria ter interposto o recurso de apelação, segundo o art. 17 da Lei nº 1.060/50, LAJ).[18]

2.5.5 Tempestividade

As pessoas que podem legalmente recorrer devem fazê-lo dentro do prazo legal, posto que não existe recurso interposto fora do prazo previsto, ou seja, intempestivo. Os prazos – fatais e peremptórios – variam de recurso para recurso, cabendo ressaltar que o supracitado Novo CPC procurou, praticamente, uniformizar o lapso temporal dos recursos por ele regulado, considerando o prazo de 15 (quinze) dias para todos os recursos catalogados no art.994, exceto quanto aos Embargos de Declaração, este que se manteve no mesmo prazo do CPC/1973 – 5 (cinco) dias – conforme nos informa o § 5º do art. 1.003:

> § 5º Excetuados os embargos de declaração, o prazo para interpor os recursos e para responder-lhes é de 15 *(quinze) dias*.

O CPC/1973, atualmente, regula a contagem dos prazos recursais conforme o disciplinado no art. 506 do CPC, da data: I – da leitura da sentença em audiência; II – da intimação às partes, quando a sentença não for proferida em audiência; III – da publicação do dispositivo do acórdão no órgão oficial. Há de se observar que, no prazo para a interposição do recurso, deverá a petição do mesmo ser protocolada em cartório, ou segundo norma específica de organização judiciária, exceto quanto ao regime de agravo de instrumento, onde, neste caso, será a petição protocolada diretamente no tribunal ou postada no correio com registro de "aviso de recebimento" ou, ainda interposta de acordo com forma prevista na lei local, como no caso dos denominados "protocolos integrados", onde na

---

17. No caso do novel CPC, conforme assinalado alhures, temos reconhecidamente pelo texto legal a hipótese de fungibilidade entre os Embargos de Declaração e o Agravo interno:
    "Art. 1.024:
    (...)
    § 3º O órgão julgador conhecerá dos embargos de declaração como agravo interno se entender ser este o recurso cabível, desde que determine previamente a intimação do recorrente para, no prazo de 5 (cinco dias), complementar as razões recursais, de modo a ajustá-las às exigências do art. 1.021, § 1º."
18. Vale ressaltar que, a despeito exemplo dado, o NCPC reconhece o Agravo de Instrumento como Recurso hábil ao enfrentamento de decisão interlocutória que rejeita o pedido de gratuidade da justiça ou acolhe o pedido de sua revogação, como se vê do inciso V do art. 1015.

própria comarca se prevê o recebimento do agravo em tela, a fim de otimizar num primeiro momento, a necessidade efetiva e célere de propositura do apelo legal, deixando lapso de tempo de 3 (três) dias para o requerimento da juntada aos autos do processo, cópia da petição do agravo de instrumento bem como do comprovante de sua interposição, assim como a relação dos documentos que instruir o recurso.

Quanto ao o NCPC, esse não traz alterações substanciais, senão semânticas, em tal contexto recursal, senão vejamos:

> Art. 1.003. O prazo para interposição de recurso conta-se da data em que os advogados, a sociedade de advogados, a Advocacia Pública, a Defensoria Pública ou o Ministério Público são intimados da decisão.
>
> § 1º Os sujeitos previstos no caput considerar-se-ão intimados em audiência quando nesta for proferida a decisão.
>
> § 2º Aplica-se o disposto no art. 231, incisos I a VI, ao prazo de interposição de recurso pelo réu contra decisão proferida anteriormente à citação.

Nota-se disso que, caso a prolação da decisão se der em audiência, os entes arrolados no *caput* do art. 1.003 já se darão por intimados, ao passo que, não sendo a decisão proferida em audiência, os mesmo serão intimados na forma como disciplina os incisos I ao VIII do art. 231.

Daí que, a partir da referência aos incisos I ao VIII do art. 231, é que teremos a incidência de importantes conteúdos relativos à contagem, inclusive, em sede de publicação eletrônica. *In verbis*:

> Art. 231. Salvo disposição em sentido diverso, considera-se dia do começo do prazo:
>
> I – a data de juntada aos autos do aviso de recebimento, quando a citação ou a intimação for pelo correio;
>
> II – a data de juntada aos autos do mandado cumprido, quando a citação ou a intimação for por oficial de justiça;
>
> III – a data de ocorrência da citação ou da intimação, quando ela se der por ato do escrivão ou do chefe de secretaria;
>
> IV – o dia útil seguinte ao fim da dilação assinada pelo juiz, quando a citação ou a intimação for por edital;
>
> V – o dia útil seguinte à consulta ao teor da citação ou da intimação ou ao término do prazo para que a consulta se dê, quando a citação ou a intimação for eletrônica;

VI – a data de juntada do comunicado de que trata o art. 232 ou, não havendo esse, a data de juntada da carta aos autos de origem devidamente cumprida, quando a citação ou a intimação se realizar em cumprimento de carta;

VII – a data de publicação, quando a intimação se der pelo Diário da Justiça impresso ou eletrônico;

VIII – o dia da carga, quando a intimação se der por meio da retirada dos autos, em carga, do cartório ou da secretaria.

Neste ínterim ainda, o Novo Código de Processo Civil propõe relevante modificação quanto aos prazos contados em dias, o que repercute, diretamente, nos prazos recursais.

Frisa o art. 219 que, na contagem de prazos em dias, sejam eles legais ou judiciais, computar-se-ão tão somente em dias úteis, o que, de fato, resta verdadeira e efetiva a própria possibilidade da prática dos mesmos, muito mais pelo aspecto material do ato e seu manejo pelo servidor do foro diante da receptividade forense em si do que por sua própria prática, já que pela via eletrônica nada impediria a relação entre dia útil ou não para a prática do ato e seu recebimento, não obstante sabermos que, a bem da verdade, a realidade de acesso aos meios eletrônicos pela população e mesmo sua crescente dinâmica em um território de dimensões continentais como é o Brasil, ainda se situa em uma realidade turva e aquém do desejado,[19] agravando-se ainda mais quando se trata do uso da rede mundial de computadores no sistema de "banda larga", este otimizador de um transferência de dados em velocidade adequada, seja pelo acesso quanto pelo volume dos dados que se quer transmitir e arquivos que se deseja transferir.[20]

Sensível às mais variadas questões, sobretudo aquelas de ordens geográficas, que, para nós, saltam-se aos olhos neste imenso país, o *caput* do art. 222 do NCPC concedeu poderes ao juiz para exceder, quando necessário e por até 2

---

19. Apenas 41% da população tem acesso à internet, afirma o CGI (Comitê Gestor da Internet no Brasil). ASSOCIAÇÃO NACIONAL DE INCLUSÃO DIGITAL. ANID. *Notícias*. 2012. *Apenas 41% da população tem acesso à internet, afirma o CGI.* Disponível em: ‹http://www.anid.com.br/site/index.php/ultimas/2165-apenas-41-da-populacao-temaces so-a-internet-afirma-o-cgi.html›. Acesso em: 10.11.2013.

20. Segundo a pesquisa "Barômetro Cisco" (pesquisa que mede a evolução da adoção das tecnologias de acesso à Internet em banda larga no País), existem apenas 5,8 conexões fixas de banda larga para cada 100 brasileiros, sendo que a grande maioria da população ainda é obrigada a navegar aos trancos e barrancos da conexão discada, aquela que às vezes pega, às vezes não pega, que ocupa a linha do telefone e obriga o usuário a navegar de olho no relógio, já que é cobrada por hora. SALVADORI, Fausto. Banda larga no Brasil é cara e ruim; entenda. In: *Revista Galileu.* 05/2010. Disponível em: ‹http://www.revistagalileu.globo.com/Revista/Common/o,,EMI138571-17770,00BANDA+LARGA+NO +BRASIL+E+CARA+E+RUIM+ENTENDA.html.› Acesso em: 10.11.2013.

(dois) meses aos prazos a que está submetida qualquer das partes na seguinte situação hipotética:

> Art. 222. Na comarca, seção ou subseção judiciária onde for difícil o transporte, o juiz poderá prorrogar os prazos por até 2 (dois) meses.

Os prazos processuais para atos judiciais, na mesma toada, poderão ser excedidos quando o órgão julgador, em qualquer instância, fundamentar-se em motivo justificado para a não prática dos mesmos no lapso temporal definido pelo NCPC. Assim, em ordem, os arts. 226 e 227 do novato ordenamento em tela:

> Art. 226. O juiz proferirá:
>
> I – os despachos no prazo de 5 (cinco) dias;
>
> II – as decisões interlocutórias no prazo de 10 (dez) dias;
>
> III – as sentenças no prazo de 30 (trinta) dias.
>
> Art. 227. Em qualquer grau de jurisdição, havendo motivo justificado, pode o juiz exceder, por igual tempo, os prazos a que está submetido.

Há de se observar, nos moldes do CPC/1973, que no prazo para a interposição do recurso, deverá a petição do mesmo ser protocolada em cartório, ou segundo norma específica de organização judiciária, sempre ressalvado o que se dispuser em regra especial (§ 3º do art. 1.003 do NCPC).

Exemplo de dita "regra especial" encontramos no § 2º do art. 1.017 do NCPC, mais precisamente com relação ao Agravo de Instrumento, onde o legislador estabelece multiplicidade de opções à interposição do aludido recurso. Assim então é disposto:

> § 2º No prazo do recurso, o agravo será interposto por:
>
> I – protocolo realizado diretamente no tribunal competente para julgá-lo;
>
> II – protocolo realizado na própria comarca, seção ou subseção judiciárias;
>
> III – postagem, sob registro, com aviso de recebimento;
>
> IV – transmissão de dados tipo fac-símile, nos termos da lei;
>
> V – outra forma prevista em lei.

Ainda assim, diferentemente do modelo atual de manejo do Agravo de Instrumento – conforme explicado no início do presente item – a obrigatoriedade de juntada aos autos do processo, no prazo de 3 dias, de cópia da petição do referido recurso bem como o comprovante de sua interposição junto ao juízo a *quo*, somente terá obrigatoriedade quando a os autos do processo não forem na modalidade "eletrônicos", ditando tal inteligência o art. 1.018 do NCPC.

> Art. 1.018. O agravante poderá requerer a juntada, aos autos do processo, de cópia da petição do agravo de instrumento, do comprovante de sua interposição e da relação dos documentos que instruíram o recurso.
>
> § 1º Se o juiz comunicar que reformou inteiramente a decisão, o relator considerará prejudicado o agravo de instrumento.
>
> § 2º Não sendo eletrônicos os autos, o agravante tomará a providência prevista no caput, no prazo de 3 (três) dias a contar da interposição do agravo de instrumento.
>
> § 3º O descumprimento da exigência de que trata o § 2º, desde que arguido e provado pelo agravado, importa inadmissibilidade do agravo de instrumento.

Ponto de importante realce é aquele que toca ao modelo do CPC/1973 de conceder prazo em dobro para recorrer à Fazenda Pública, ao Ministério Público (art. 188 do CPC) bem como ao Defensor Público, ou quem lhe faça as vezes, segundo o art. 5º, § 5º, da Lei nº 1.060/50, LAJ, além das partes com diferentes procuradores (art. 191 do CPC).

O NCPC não seguiu o mesmo caminho na oferta de dobro do prazo recursal aos entes apontados alhures, mantendo tão somente o prazo em dobro para manifestarem-se nos autos os litisconsortes com diferentes procuradores, desde que, frise-se, de escritórios distintos e cujo processo não esteja tramitando sob autos eletrônicos. Ademais, ainda que o prazo inicial seja em dobro, conforme a hipótese acima referida, uma vez havendo, em exemplo, somente dois réus, ainda que, portanto, com diferentes procuradores, caso um daqueles apresente sua defesa antes de finda a duração final do prazo em dobro, este prazo se cessará, restando daí dúvidas, por exemplo, quanto à revelia do outro réu, dada então a preclusão temporal decorrente da cessação do prazo, impedindo ao outro consorte a apresentação de sua defesa, pois que pode, perfeitamente, não terem ambos os mesmo interesses nem mesmo apontando os mesmos argumentos de fato e/ou de direito...?

A despeito disso, reza o art. 229:

> Art. 229. Os litisconsortes que tiverem diferentes procuradores, de escritórios de advocacia distintos, terão prazos contados em dobro para todas as suas manifestações, em qualquer juízo ou tribunal, independentemente de requerimento.
>
> § 1º Cessa a contagem do prazo em dobro se, havendo apenas 2 (dois) réus, é oferecida defesa por apenas um deles.

§ 2º Não se aplica o disposto no caput aos processos em autos eletrônicos.

Já o terceiro prejudicado dispõe do mesmo prazo que as partes para recorrer.

O prazo é suspenso para interposição do recurso, consoante o art. 507 do CPC/1973, quando "sobrevier o falecimento da parte ou de seu advogado, ou ocorrer motivo de força maior, que suspenda o curso do processo." Seguindo a mesma ideia deste dispositivo está o art. 1.004 do NCPC, acrescentando este, inclusive, que o prazo será restituído *"em proveito da parte, do herdeiro ou do sucessor, contra quem começará a correr novamente depois da intimação,"* sendo, portanto, restituído integralmente.

Além disso, deve-se levar em conta que a interposição de embargos de declaração tem o efeito de interromper o prazo para a interposição de outros recursos (art. 538 do CPC/1973 e 1.026, *caput* do NCPC). Assim, o prazo integral voltará a correr somente após a intimação da decisão sobre os embargos (art. 506 do CPC/1973 e art. 1.003, *caput* do NCPC).

2.5.6. Preparo

Denomina-se preparo o recolhimento das custas e despesas processuais, até mesmo porte de remessa e retorno dos autos. Compete ao recorrente, no caso da interposição de recurso e desde que exigível, comprovar o preparo, ou seja, o pagamento das custas e despesas processuais, sob pena de o mesmo ser considerado deserto (art. 511 do CPC/1973), entendimento este mantido pelo NCPC (art.1.007, *caput*), isto é, descabido, abandonado, gerando a coisa julgada da decisão recorrida. A pena de deserção se dá por justa causa (art. 183 do CPC/1973). Conforme entendimento do STF, não cabe recurso para decisão que revela a pena de deserção.[21]

O art. 511 do CPC/1973 em seu § 2º determina que a pena de deserção seja aplicada somente quando ocorrer insuficiência no valor do preparo, depois de regular intimação do recorrente para supri-la no prazo de 5 (cinco) dias, previsão igualmente mantida pelo NCPC em seu art. 1.007, § 2º, acrescentando ainda os processos eletrônicos em tal contexto, afirmando o § 3º do mesmo art. 1.007 que, tratando-se de processos em autos eletrônicos, os portes de remessa e retorno não são exigíveis.

Regra ainda o NCPC que, uma vez não comprovado o recolhimento do preparo, inclusive porte de remessa e retorno no ato da interposição do recurso,

---

21. STF. 1ª T – ARE: 796464 RJ. Rel. Min. Marco Aurélio, Julg. 22.04.2014, DJe 16.05.2014.

o recorrente será intimado na pessoa de seu advogado para realizar o recolhimento em dobro (§ 4º do art. 1007), sob pena de deserção, valendo destacar que, após dita intimação e respectivo recolhimento, caso venha o recorrente, por eventual lapso, recolher a menos, ou seja, de forma insuficiente, será vedada a complementação (§ 5º do art. 1007), portanto, caracterizando em recurso deserto.

Nesta toada, insta pontuar que o novato CPC supra, atenta para a possibilidade de justo impedimento do recorrente para realizar o preparo[22] bem como possível equívoco no preenchimento da guia de custas, situações típicas de ocorrência forense no dia a dia. Assim dispõe o dito Código:

> Art. 1007.
>
> (...)
>
> § 6º Provando o recorrente justo impedimento, o relator relevará a pena de deserção, por decisão irrecorrível, fixando-lhe prazo de 5 (cinco) dias para efetuar o preparo.
>
> § 7º O equívoco no preenchimento da guia de custas não implicará a aplicação da pena de deserção, cabendo ao relator, na hipótese de dúvida quanto ao recolhimento, intimar o recorrente para sanar o vício no prazo de 5 (cinco) dias.

Os recursos interpostos pelo Ministério Público, pela União e pelos Estados e Municípios e respectivas autarquias e pelos que desfrutam de isenção legal (art. 511, § 1º, do CPC/1973), como, por exemplo, os beneficiários da justiça gratuita estão eximidos de preparo (Lei nº 1.060/50, LAJ), reproduzindo-se o mesmo entendimento, com o acréscimo do "Distrito Federal" a tal rol, o NCPC no § 1º do já citado art. 1.007.

2.5.7. Forma e Motivação

Semelhante aos atos processuais em geral, o recurso deve obediência à forma, *modus procedendi*, prevista em lei. Não é possível, por exemplo, interpor

---

22. Em algumas comarcas do Brasil, v.g., do estado de Minas Gerais, tem-se que, diante da ausência de protocolo integrado para a interposição do Agravo de Instrumento, caberá à parte agravante interpô-lo pela via dos correios, o que, indubitavelmente, há custos, o que não é novidade. No entanto, sendo o próprio agravante beneficiário da Justiça Gratuita, em muitos casos, caberá na "boa vontade" de seu advogado o custeamento para a impetração do aludido recurso, situação à qual solta aos olhos em não adequá-la a um mínimo de razoabilidade, inclusive para situações que deveriam, a bem da verdade, ser excepcionais.

    A Resolução nº 642/2011, esta que dispõe sobre o Serviço de Protocolo Postal no âmbito do Poder Judiciário do Estado de Minas Gerais, tratou de disciplinar a questão supra, nos seguintes termos:

    "Art. 3º

    (...)

    Parágrafo único: Os custos devidos pela utilização do Protocolo de que trata esta Resolução serão de exclusiva responsabilidade do usuário, independentemente do gozo da assistência judiciária gratuita."

o recurso de apelação oralmente. Além disso, a motivação, isto é, os motivos pelos quais o recorrente almeja a modificação da decisão, são pressupostos de admissibilidade do recurso e devem ser oferecidos concomitantemente com a petição de interposição.

3. JUÍZO DE ADMISSIBILIDADE

Juízo de admissibilidade é o controle realizado pelo órgão jurisdicional de primeiro grau (*a quo*) e de segundo grau (*ad quem*) – relacionados ao recurso que se quer impetrar – da presença ou da ausência dos requisitos de admissibilidade do recurso. Tal controle cabe, primordialmente, ao órgão com competência para julgá-lo (*ad quem*), contudo também é exercido, no modelo do Código de Processo Civil pátrio pelo juízo *a quo* quando o recurso é interposto nos próprios autos (v.g., apelação, agravo retido, etc.), valendo ressaltar que, não obstante a isso, a análise e decisão do juízo *a quo* acerca da referida admissibilidade, vindo, por exemplo, tal juízo a permitir o recurso, não vinculará o Tribunal *ad quem* acerca de tal decisão.

Pois bem. Conforme frisado, o modelo de controle da admissibilidade recursal permitindo ao juízo *a quo* realizar a análise dos requisitos subjetivos e objetivos de admissibilidade sofre, no NCPC, notória modificação, não somente pela própria extinção de via recursal (caso, por exemplo, do Agravo Retido), mas e aí nos parece acertado, pela maior presteza temporal na via procedimental do reclamo recursal que, de certo, deva empreender.

Pontuo propriamente o caso do Recurso de Apelação, onde, pela própria tradição desta via recursal, é interposto junto ao juízo *a quo* (aquele que prolatou a sentença que se está a atacar). A fim de empreender maior dinâmica e economia processual, ganhando com isso, pensa-se, melhor celeridade na duração do processo, evitando que ocorra como no atual modelo, dupla análise da admissibilidade do recurso em tela, pôde subentender o NCPC em destaque, a superação deste modelo de controle de admissibilidade recursal, cabendo ao juízo *a quo*, quando da apresentação da Apelação, intimar o apelado para apresentar suas contrarrazões no prazo de 15 dias, racionalidade esta amparada pela própria ausência de referências ao juízo de admissibilidade do juízo *a quo*, como o faz explicitamente o CPC/1973 (ex vi do § 2º do art. 518).

Tal racionalidade supra se reforça, ancorada em disposições expressas do envio dos autos ao Tribunal competente sem a realização do juízo de admissibilidade pelo juiz monocrático, tudo devidamente reconhecido pelo NCPC.[23]

---

23. "Art. 1.010
    (...)

Uma vez, portanto, apresentada a aludida resposta pelo apelado, o juízo monocrático remeterá os autos para o Tribunal competente, independentemente de qualquer juízo de admissibilidade, dada a ausência de previsão.

Neste sentido, temos que

> Art. 1.010. *A apelação, interposta por petição dirigida ao juízo de primeiro grau, conterá:*
>
> *I – os nomes e a qualificação das partes;*
>
> *II – a exposição do fato e do direito;*
>
> *III – as razões do pedido de reforma ou de decretação de nulidade;*
>
> *IV – o pedido de nova decisão.*
>
> *§ 1º O apelado será intimado para apresentar contrarrazões no prazo de 15 (quinze dias).*
>
> (...)
>
> Art. 1.011. *Recebido o recurso de apelação no tribunal e distribuído imediatamente, o relator:*
>
> (...)

O mesmo se sucede quanto da interposição pelo apelado, de Apelação Adesiva. Uma vez interposta, o juiz *a quo* intimará o apelante para apresentar suas contrarrazões (§ 2º do art. 1.010), determinando então a remessa dos autos do processo ao juízo *ad quem* (respectivo Tribunal).

Após averiguar a existência dos requisitos de admissibilidade e permitir o seguimento do recurso, fala-se que o juízo *ad quem*, "conheceu o recurso". Tal juízo positivo, uma vez realizado pelo próprio juízo *ad quem* possibilita a apreciação do mérito, ou juízo de mérito, do recurso.

Caso esteja ausente um dos requisitos da admissibilidade no modelo do CPC/1973, temos que, em regra, o juízo *ad quem* não permite seguimento o recurso, dizendo-se então que o mesmo "não conheceu do recurso", o que impossibilita a apreciação do mérito. Dado o juízo negativo de admissibilidade, concede-se ao recorrente interpor agravo ao órgão competente para conhecer do recurso (arts. 522, 544 e 557 do CPC/1973).

Ocorre que o NCPC inovou ao expressar o que a jurisprudência, em variados e não uniformes casos já acenava, que é a possibilidade de conceder um lapso temporal para que o recorrente possa sanar vício ou mesmo complementar

---

§ 3º Após as formalidades previstas nos §§ 1º e 2º, os autos serão remetidos ao tribunal pelo juiz, independentemente de juízo de admissibilidade."

documentos exigíveis (v.g., nos agravos de instrumento), como se nota do parágrafo único do art. 932:

> *Parágrafo único. Antes de considerar inadmissível o recurso, o relator concederá o prazo de 5 (cinco) dias ao recorrente para que seja sanado vício ou complementada a documentação exigível.*

4. EFEITOS DOS RECURSOS

A interposição do recurso impede o trânsito em julgado da decisão impugnada (art. 467 do CPC/1973),[24] o que impossibilita a formação da coisa julgada. Além disso, o CPC confere, tradicionalmente, aos recursos mais dois efeitos, quais sejam: efeito devolutivo e efeito suspensivo.

O efeito devolutivo, comum a todos os recursos, baseia-se na transferência para o juízo *ad quem* do conhecimento de toda a matéria impugnada e, evidentemente, no limite da impugnação (*tantum devolutum quantum apellatum*), conforme regra do art. 505 do CPC/1973, ao afirmar que "*a sentença pode ser impugnada no todo ou em parte*", o que, no NCPC é estendido, agora de forma correta e explicita a qualquer decisão: "Art. 1.002. *A decisão pode ser impugnada no todo ou em parte.*"

Exceção à regra geral, ou seja, transferência da matéria impugnada para o órgão *ad quem* são os embargos de declaração, estes que interrompem o prazo para interposição de outro recurso, retornando o conhecimento da matéria para o próprio juízo prolator da decisão impugnada, consoante sustenta o art. 536 do CPC/1973, posição acompanhada pelo NCPC em destaque ao apontar que os "*embargos de declaração não possuem efeito suspensivo e interrompem o prazo para a interposição de recurso*" (art. 1.026, *caput*), explicitando acréscimo à questão com a não incidência de efeito suspensivo imediato em sede de Embargos de Declaração, o que, no entanto, não impedirá ao juízo *a quo* de recebê-lo em dito efeito, caso entenda estar demonstrada a probabilidade de provimento do citado recurso, ou sendo relevante a fundamentação acostada no mesmo, houver risco de dano grave e de difícil reparação (§ 1º do art.1.026).[25]

---

24. Em melhor redação, sobretudo quanto à própria autoridade da coisa julgada em razão das *partes ex adversas* que participam do processo (como na lição clássica e não menos exata de Liebman), o NCPC elevou luzes ao conceito de coisa julgada material nos seguintes termos:
"Art. 499. Denomina-se *coisa julgada material a autoridade que torna imutável e indiscutível a decisão de mérito não mais sujeita a recurso.*"
25. "Art. 1.026 (...)
§ 1º A eficácia da decisão monocrática ou colegiada poderá ser suspensa pelo respectivo juiz ou relator se demonstrada a probabilidade de provimento do recurso, ou, sendo relevante a fundamentação, se houver risco de dano grave ou de difícil reparação."

Ainda, na mesma toada e modelo do CPC/1973, temos o agravo, retido ou por instrumento, pelo qual se admite ao próprio prolator da decisão impugnada um juízo de retratação que, caso seja positivo, impossibilita o conhecimento da matéria pelo órgão *ad quem* (art. 529 do CPC). Já, conforme outrora sustentado em letras anteriores, ante a ausência do agravo retido como modalidade recursal, teremos no NCPC, a manutenção da possibilidade aludido juízo de retratação no âmbito do agravo de instrumento, conforme o § 1º de seu art. 1.018:

> "§ 1º Se o juiz comunicar que reformou inteiramente a decisão, o relator considerará prejudicado o agravo de instrumento."

Já o efeito suspensivo impossibilita toda a eficácia da decisão, isto é, conserva a situação decidida, objeto do recurso, da mesma forma em que se encontra até nova decisão pelo órgão *ad quem*. De maneira diversa do que acontece com o efeito devolutivo, o efeito suspensivo não é comum a todos os recursos. Na verdade, é possível encontrar efeito suspensivo nos recursos de apelação, segundo art. 520 do CPC/1973, nos embargos de declaração e nos embargos infringentes, apesar de, neste caso, a lei ser silenciosa bem como no Recurso Ordinário. O efeito suspensivo pode também ser facultado ao recurso de agravo, na forma de instrumento, desde que requerido pelo agravante conforme permissivos dos arts. 527, III e 558 do CPC/1973.

Na seara do efeito suspensivo, o NCPC imprimiu a possibilidade de sua ocorrência em boa maioria dos recursos, tais como na Apelação (art. 1.012, caput e § 4º), no Agravo de Instrumento (art. 1.019, I), nos Embargos de Declaração (art. 1.026, § 1º), nos Recursos Extraordinário e Especial (art. 1.029, § 5º), bem como na hipótese do incidente de julgamento de recursos extraordinário e especial repetitivos (arts.1.036, § 1º e 1.037, II). Aqui cabe novamente acrescer, como igualmente é na realidade da processualística atual, o entendimento jurisprudencial,[26] ainda

---

26. AGRAVO REGIMENTAL. PROCESSUAL CIVIL. MEDIDA CAUTELAR. RECURSO ORDINÁRIO. EFEITO SUSPENSIVO. ARTS. 34, INCISO XVIII; E 288, § 2º, AMBOS DO REGIMENTO INTERNO DO STJ.

   1. O STJ firmou o entendimento segundo o qual somente em casos excepcionalíssimos, restritamente considerados, se atribui efeito suspensivo a recurso que normalmente não o possui, desde que presentes os requisitos do fumus boni iuris e do periculum in mora.

   2. A possibilidade de concessão de efeito suspensivo ao recurso ordinário estreita-se ainda mais quando admitido na origem, como no caso em exame. Em termos diversos, o efeito suspensivo conferido à insurgência da ora agravada considerou aspectos relativos ao juízo de verossimilhança e ao perigo de dano irreparável ou de difícil reparação.

   3. A concessão de liminar em ação cautelar ajuizada com o fim de suspender efeito suspensivo de recurso ordinário não merece provimento, porquanto envolve sobremaneira questões de mérito, apreciáveis no Tribunal de origem; caso contrário, estar-se-ia, sob juízo de cognição sumária, a realizar a prestação jurisdicional sobre a possibilidade de êxito da pretensão, a ampliar indevidamente seu objeto.

   4. A liminar pretendida pela requerente, ora agravante, não reúne condições para a sua concessão, pois inviável a preliminar aferição das razões recursais, a obstar a pronta concessão da medida, com base nos arts. 34, inciso XVIII; e 288, § 2º, ambos do Regimento Interno do STJ.

que no silêncio da lei processual infraconstitucional, da possibilidade de efeito suspensivo em sede de Recurso Ordinário.[27]

5. EXTINÇÃO ANORMAL DO RECURSO

Em regra, no modelo atual do Código Processual Civil pátrio, após o juízo *a quo* aceitar o recurso e analisar as suas formalidades processuais, deverá ele ser apreciado pelo órgão *ad quem* que, conhecendo-o, emitirá juízo de mérito, dando ou negando provimento ao recurso, porém o recorrente pode, a qualquer momento, desistir do recurso mediante petição escrita, dirigida ao juízo *a quo*, se o recurso ainda não tiver sido encaminhado ao órgão *ad quem*, ou quando o recurso já tenha subido, deve ser dirigida ao relator do Tribunal. O pedido de desistência é ato unilateral, não dependendo assim da concordância do recorrido ou de terceiros, impedindo, por conseguinte, o juízo de mérito conclusivo do procedimento recursal, de acordo com o art. 501 do CPC/1973.

Dita possibilidade de desistir do recurso interposto mereceu reprodução no âmbito do NCPC: "Art. 998. *O recorrente poderá, a qualquer tempo, sem a anuência do recorrido ou dos litisconsortes, desistir do recurso.*"

No tocante ainda ao ato de desistir do recurso interposto, muito embora a atitude volitiva do recorrente seja fundamental para constituir o ato de desistência, estabelece o NCPC, diante de tamanha importância da matéria ora vinculada no recurso interposto, sobretudo, nos casos de Repercussão Geral já nela reconhecida – onde, diante da forte presença do binômio da "relevância e transcendência"[28] da questão ventilada, tem-se que o interesse ultrapassa aquele subjetivo das partes da demanda – e mesmo nos casos de matéria que envolve objeto de julgamento de recursos extraordinários ou especiais repetitivos – dada a relevância e abrangência do que neles se resolve, de interesse para toda a coletividade, haja vista a oportunidade de empreender esforços na uniformização isonômica e segurança jurídica da conteúdo sob análise no recurso – a simples

---

5. Agravo regimental a que se nega provimento. (STJ. 6ª T. Rel. Min. Celso Limongi (Desembargador Convocado do TJ/SP). AgRg na MC 16189 CE 2009/0206819-2. Julg.11.05.2010. DJe 07.06.2010).

27. Sustenta Manoel Caetano Ferreira. Filho (*Comentários ao Código de Processo Civil*. Vol. 7, São Paulo: RT, 2001, p. 340) que tanto pela aplicação do art. 558, parágrafo único do CPC (que contempla regra relativa ao procedimento da apelação), quanto pela incidência das normas insculpidas no art. 21, IV e V, do RISTF, o relator do recurso ordinário poderá atribuir-lhe efeito suspensivo, restabelecendo, por exemplo, liminar concedida em mandado de segurança e depois cassada pelo acórdão que o denegou. Na verdade, trata-se de solução que não encontra qualquer óbice na Súmula 405 do STF e vem tendo acolhimento pela própria jurisprudência (RSTJ 99/106 e 110/41).
Art. 247 do RISTJ.

28. Ver o nosso *Instituições de Direito Processual Civil*. 2 ed. Belo Horizonte: 2013, p.351-361.

desistência daquele recorrente não impedirá a análise da questão envolta no mesmo pelos próprios Tribunais.

> Art. 998 (...)
>
> Parágrafo único. A desistência do recurso não impede a análise de questão cuja repercussão geral já tenha sido reconhecida e daquela objeto de julgamento de recursos extraordinários ou especiais repetitivos.

Demostra-se, com isso, que o papel da jurisdição como serviço público voltado ao interesse da sociedade que dele é consumidora, detém um compromisso muito mais acentuado do que o de simples papel coadjuvante na solução dos interesses de quaisquer das partes em sede judicial. E mais. Ao mirar um horizonte com olhos para muito além daqueles que, em um dado momento, usufruem com legitimidade dos seus serviços para fins de salvaguardar bens, situações jurídicas e paz de consciência, preocupa-se com as dimensões sociais, políticas, jurídicas e econômicas que, de certo, devem encarnar a prestação de seus serviços públicos de justiça e, porque públicos tocam a todos aqueles que mesmo sem estarem no uso imediato de seus julgados, poderão se servir, pelo menos em nível mediato, de segurança jurídica e previsibilidade em suas mais variadas relações.

6. CONSIDERAÇÕES FINAIS

O intuito das presentes letras não foi outro senão aquele de trazer à luz algumas das dinâmicas do Novo Código de Processo Civil no que toca à teoria geral recursal em um sentido geral possibilitando, ao menos em um primeiro momento, aclarar possíveis convergências e mesmo divergências com o nosso modelo processual hodierno bem como possíveis avanços a novos horizontes pelos quais urge o serviço público de prestação da justiça neste país.

Tal juízo de valor, ainda que prévio e programático, notoriamente e como em qualquer regra da vida, somente será auferível no exercício prático, portanto, a relação empírica para a repercussão de um sucesso normativo requer de todos nós verdadeiro depósito de confiança e fidelidade em sua aplicabilidade, do contrário, por todas as experiências já vivenciadas, sabemos qual será o resultado.

Por tudo, no que toca ao tema em tela, ainda que aqui enfrentados formalmente, notórios são os avanços prometidos pelo NCPC em destaque.

Resta esperamos que a pragmática trilhe, por conseguinte, caminho virtuoso.

7. REFERÊNCIAS BIBLIOGRÁFICAS

ASSOCIAÇÃO NACIONAL DE INCLUSÃO DIGITAL. ANID. *Notícias.* 2012. *Apenas 41% da população tem acesso à internet, afirma o CGI.* Disponível em: ‹http://www.anid.com.br/site/index.php/ultimas/2165-apenas-41-da-populacao-temaces   so-a-internet-afirma-o-cgi.html›. Acesso em: 10.11.2013.

BETTI, Emílio. *Diritto Processuale Civile Italiano*. Roma: Foro Italiano, 1936.

FILHO, Manoel Caetano Ferreira. *Comentários ao Código de Processo Civil*. Vol. 7, São Paulo: RT, 2001.

GAIO JÚNIOR, Antônio Pereira. *Instituições de Direito Processual Civil*. 2 ed. Belo Horizonte: Del Rey, 2013.

GAIO JÚNIOR, Antônio Pereira. Incidente de resolução de Demandas repetitivas no Projeto do novo CPC – breves apontamentos. *In: Revista de Processo. RePro*. São Paulo: Revista dos Tribunais, ano 36, nº 199, setembro de 2011, p. 247-256.

GAIO JÚNIOR, Antônio Pereira; GAIO, Raphael B. Duplo Grau de Jurisdição no quadro dos Direitos e Garantias Processuais Constitucionais. *In*: GAIO JÚNIOR, Antônio Pereira (Org.). *Direito Processual em Movimento*. Vol. III. Curitiba: CRV, 2013, p. 141-146.

MIRANDA, F. C. Pontes de. *Comentários ao Código de Processo Civil*. Tomo VII. 3 ed. Rio de Janeiro: Forense, 1999.

MOREIRA, José Carlos Barbosa. *O Novo Processo Civil Brasileiro*. 24 ed. Rio de Janeiro, 2006,

REZENDE FILHO, Gabriel. *Curso de Direito Processual Civil*. Vol. III. São Paulo: Saraiva, 1960.

SALVADORI, Fausto. Banda larga no Brasil é cara e ruim; entenda. In: *Revista Galileu*. 05/2010. Disponível em: ‹http://www.revistagalileu.globo.com/Revista/Com

mon/o,EMI13857117770,ooBANDA+LARGA+NO+BRASIL+E+CARA+E+RUIM+ENTENDA.html›. Acesso em: 10.11.2013.

THEODORO JÚNIOR, Humberto. *Curso de Direito Processual Civil*.Vol. I. 47 ed. Rio de Janeiro: Forense, 2007.

WAMBIER, Teresa Arruda Alvim. O agravo e o conceito de sentença. *In: RePro*, ano 32, vol. 144, São Paulo, RT, fevereiro de 2007.

ZANZUCCHI, Marco Tullio (*Diritto Processuale Civile*. Vol. II. Milano: Dott. A. Giuffrè, 1938.

CAPÍTULO 5
O Valor da Causa e Recurso no Processo Civil

Gelson Amaro de Souza[1]

SUMÁRIO: 1. INTRODUÇÃO; 2. CONCEITO DE VALOR DA CAUSA; 3. COMPLEXIDADE DO VALOR DA CAUSA; 4. INFLUÊNCIA DO VALOR DA CAUSA NO PROCESSO; 5. MOMENTO DA FIXAÇÃO DO VALOR DA CAUSA; 5.1. ANTES DO JULGAMENTO; 5.2. DEPOIS DO JULGAMENTO; 6. RECURSO NA IMPUGNAÇÃO AO VALOR DA CAUSA; 6.1. ADEQUAÇÃO RECURSAL NA IMPUGNAÇÃO AO VALOR DA CAUSA; 6. 2. LEGITIMIDADE PARA RECORRER; 6.3. RECURSO ADESIVO; 7. ADEQUAÇÃO RECURSAL GERAL; 7.1. VALOR DA CAUSA E OS RECURSOS EXCEPCIONAIS; 7.2. RECURSO RETIDO NA IMPUGNAÇÃO AO VALOR DA CAUSA; 8. VALOR DA CAUSA E O PREPARO RECURSAL; 9. CONCLUSÕES; 10. REFERÊNCIAS.

1. INTRODUÇÃO

Duas questões que mais causam perplexidade quando se dedica ao estudo do Direito Processual Civil, são as inerentes aos recursos e ao valor da causa. A questão relacionada aos recursos por si só, já é extremamente intrigante e cheia de variações, capaz de embaralhar a cabeça até mesmo dos mais preparados. Não se afasta desta complexidade, aquela relacionada ao valor da causa, que por si mesma, é capaz perturbar os meios jurídicos.

Não é sem motivo que a questão relacionada ao valor da causa e a sua relação com os recursos, continua a desafiar os profissionais e aplicadores do direito. Desde há muito, os profissionais do direito vem se preocupando com o instituto do valor da causa[2]. Na maioria das vezes esquecido pela doutrina, mas sempre presente e lembrado nos tribunais, no dia a dia forense, tem o valor da causa dado ênfase e motivo para as mais calorosas discussões. Entre tantos aspectos interessantes, um dos que mais chama a atenção na atual conjuntura é o que se

---

1. Doutor em Direito Processual Civil pela PUC/SP. Membro do Instituto Panamericano de Derecho Procesal. Laureado com a Comenda Luciano Pinheiro de Souza do I Congresso de Direito Internacional de Direito Processual Civil. Professor concursado para os cursos de graduação, mestrado e doutorado em direito da Universidade Estadual do Norte do Paraná – UENP (Campus de Jacarezinho), ex-diretor e professor da Faculdade de Direito da Associação Educacional Toledo - AET de Presidente Prudente-SP. Procurador do Estado (aposentado) e advogado em Presidente Prudente - SP. E-mail: advgelson@yahoo.com.br - Site: www. Gelsonamaro.com
2. Ver nosso *"Do valor da causa"*, 4ª edição, São Paulo: RT. 2011. Esclarece-se que a primeira edição foi publicada em 1986, quando já havia a preocupação com esta matéria.

diz respeito aos recursos. A implicação do valor da causa nos recursos sempre foi sentida, tendo em vista que o legislador, vez por outra, procura impedir o acesso à via recursal, tomando por base o valor da causa[3]. Pior ainda, é que além do legislador, muitas vezes são os administradores (não legisladores) é quem criam encargos processuais tomando por base o valor da causa, através de resolução, portarias, provimentos etc. Esquecem, de regra, que a jurisdição deve ser prestada pelo órgão público, independentemente de pagamento. Prestar a jurisdição é dever do Estado, e isto, todos sabem; o que surpreende a todos, é que o Estado, cobra para cumprir o seu dever (sua obrigação), enquanto que o jurisdicionado tem de cumprir os seus deveres sem ter a quem cobrar.

Numa primeira observação percebe-se que o legislador se preocupa mais em criar obstáculo do acesso à justiça, impondo e exigindo pesados pagamentos por parte dos jurisdicionados, quando a obrigação é do Estado e este deveria cumpri-la sem cobrança do particular. Não se preocupou com a efetividade do processo, e nem com a segurança jurídica ou o acesso à ordem jurídica justa. Preferiu suprimir o recurso e impedir o acesso das partes aos órgãos de segundo grau ou superior só permitindo às causas de maior valoração. Numa segunda observação, vê-se, que o preparo do recurso haveria de ser realizado tomando por base o valor da causa que, em muitos casos, torna inviável e impede de forma indireta a sua realização, em face de seu alto custo e, com isso, dificulta o acesso aos tribunais.

Em contraposição, a mais moderna jurisprudência vem entendendo que deve prevalecer a justiça e, com isso, sobrepor a ordem jurídica justa à efetividade sumária, permitindo-se que o preparo do recurso não mais seja pelo valor da causa originária, mas, pelo valor da condenação se este for menor, para facilitar o acesso à instância superior. Para essa segunda hipótese, tem-se levado em conta a condenação e não o valor originário da causa. Isso implica de forma indireta em modificação posterior do valor da causa, o que em principio representa a influência que exerce o recurso sobre o valor da causa, mais do que o valor da causa sobre o recurso. É o poder que tem o recurso de alterar o valor da causa

---

3. Servem de exemplos: a Lei de execução fiscal que permite recurso aos tribunais somente para as causas cujo valor ultrapasse o limite previsto no art. 34, da Lei 6.830/1980; As Leis dos Juizados Especiais e de Pequenas Causas, que não permitem recurso para o tribunal e a Legislação Trabalhista que da mesma forma institui o chamado recurso de alçada. As leis que regulam os juizados especiais estaduais, da fazenda pública e os da justiça federal, não admitem recurso à superior instância, admitindo apenas recurso ordinário para o colegiado local, impedindo o recurso para o segundo grau. As custas judiciais para o preparo do recurso é outra medida disfarçada, para dificultar e, até mesmo, impedir a propositura do recurso, em razão dos altos e abusivos valores estipulados pelos Estados, Distrito Federal e a União. Nada obstante o artigo 22, I, da Constituição Federal, atribuir competência somente para a União legislar sobre de processo, mas, quando se trata de custas processuais, tanto os Estados, bem como os Tribunais, vez por outra, de forma disfarçada dificulta a oposição de recurso, impondo recolhimento de custas de valores elevados como preparo.

na ocasião de sua interposição para que o preparo corresponda ao valor da condenação ou a diferença entre esta e que pretende alcançar com o recurso, passando a ser este o valor da causa para efeito de preparo e não mais o valor atribuído originariamente. É uma questão nova que está merecendo reflexão e atenção dos doutos.

2. CONCEITO DE VALOR DA CAUSA

Quando se fala em valor da causa, surge logo a preocupação em se saber qual é esse valor e em que ele poderá influenciar no processo[4]. O valor da causa é inicialmente a correlação econômica que se faz do pedido do autor, mas que deve ser alterado depois do julgamento, para se adequar ao valor da condenação. O pedido somente pode servir de base no momento da propositura da ação. Todavia, deixa de ser influente, após a condenação, pois, a partir do julgamento é o valor neste consignado é que passa a ser o ponto de partida para se chegar ao valor do preparo do recurso. Anotou DE PLÁCIDO E SILVA: "Em sentido processual, valor da ação, valor da causa, ou valor do pedido têm igual significação. Entende-se a *soma pecuniária*, que representa o valor do pedido, ou da *pretensão do autor*, manifestada em sua petição"[5]. O que parece predominar para qualquer conclusão inicial é o pedido da parte, mas isto somente pode prevalecer até o momento do julgamento, quando então o que ficar estabelecido neste é que deve prevalecer para efeito de valor da causa, até mesmo para efeito de execução do julgado (cumprimento de sentença). O pedido do autor somente representa o que ele pretende, mas, não é necessariamente o que ele tem direito, porquanto, que o valor estabelecido no julgamento é aquilo que o juiz determina que é de direito, devendo prevalecer, a partir de então.

No processo civil, as sutilezas aumentam e o valor da causa já não mais guarda sintonia com a coisa, mas sim com o pedido do autor. Isto quer dizer que a mesma coisa objeto de um litígio pode dar causa a uma ação com valoração diferente, desde que diferentes sejam as pretensões e os pedidos. Consequentemente, apesar da cognição do juiz ter de se estender a toda a relação, o valor da causa é fornecido só por aquela parte que constituir propriamente o objeto da demanda[6]. O extinto Tribunal Federal de Recursos, na Apelação nº 77.818, julgada em 20 de abril de 1.983, apreciada pela Egrégia 5ª Câmara e com votação unânime, assim entendeu: "Em sentido processual, valor da ação equivale a valor

---

4. Tratou-se com mais detalhes da questão no livro *Do Valor da Causa*, citado, onde foram relacionadas várias finalidades do valor da causa no processo civil, incluindo entre elas "o preparo do recurso".
5. DE PLÁCIDO e SILVA, *Vocabulário Jurídico*, Rio - São Paulo, Forense, v. 4. P. 1624.
6. Confira neste sentido: LIEBMAN, Enrico, *Manual de direito processual civil*, trad. Cândido Dinamarco, Forense, 1984, v. 1, p. 61.

da causa, que é a soma pecuniária representada pelo valor do pedido ou da pretensão do autor, com base no pagamento da taxa judiciária devida em razão desse valor"[7].

Ainda, dando conotação ao pedido, aparecem os ensinamentos de Pontes de Miranda, ao afirmar que o valor da ação é "[...] o da relação jurídica de direito material, mas nos limites de *petitum*"[8]. Chiovenda aproximou-se desta lição ao expressar: "Não é o valor do objeto mediato da demanda, nem da *causa petendi* isoladamente considerados, mas da combinação dos dois elementos, ou seja, é o valor daquilo que se pede, considerado em atenção à *causa petendi*, isto é, a relação jurídica baseada na qual se pede; é o valor da relação jurídica, nos limites, porém, do *petitum*;"[9]. Em verdade, o valor da causa deve corresponder ao valor do pedido e em sendo assim, quando se tratar de recurso, esse valor deve corresponder proporcionalmente à parte do julgamento do que se recorre. Após o julgamento, o que o recorrente pede é a reforma daquela parte que lhe foi contrária, se esta é apenas parcial (pequena parte) é esta pequena parte é quem representa o pedido e deve ser o valor da causa daí em diante, para nortear o valor do preparo recursal.

O valor da causa no processo civil é a representação da força propulsora que deu causa à ação. Sempre haverá de equivaler o benefício que se busca com a ação ou com a parte do julgado em que se recorre, quando se tratar de recurso em razão do prejuízo que se procura evitar com o exercício do direito de ação ou com o recurso. Deve ser observado o valor da coisa, mas sem perder de vista que nem sempre o objeto do pedido é a coisa por inteiro, ficando a força propulsora da ação limitada apenas à parte do objeto, reduzindo assim o valor do pedido para corresponder apenas à parte controvertida (art. 292, II, do CPC). Assim, quando se tratar de recurso, através do qual se procura atacar apenas parte do julgamento, somente essa parte deve ser considerada para efeito de preparo recursal, porque somente esta é controvertida (art. 292, II, do CPC).

3. COMPLEXIDADE DO VALOR DA CAUSA

Além das variações de conteúdos, o conceito de valor tem variado de época para época e de pessoa para pessoa. Assim como para os filósofos, valor não é a mesma coisa vista e descrita pelos dicionaristas, também tem outro sentido para os economistas.

---

7. Confira Boletim AASP, 128:162, 04 de jul. 1.983.
8. *Comentários ao Código de Processo Civil*, Forense, 1.979, t. 3, p. 511.
9. Giuseppe Chiovenda, *Instituições de Direito Processual Civil*, v. 2, p. 161-2.

O valor pode ser real ou subjetivo. Valor real é aquele que se identifica com o ser ou coisa, por meio do que se pode chamar participação, como magistralmente nos ensinou Santo Tomás de Aquino. Valor subjetivo é aquele que não guarda relação direta com o ser, mas sua relação está vinculada mais à pessoa do que a esse ser, como acontece no s casos de apreciação do valor por danos morais.

Ubiratan Macedo entende que "o valor é uma qualidade, um ser de ser, algo comparável à cor, nunca uma substância, e sim um acidente"[10]. Sendo neste aspecto seguido por A. Machado Paupério que afirma: "Contudo, o valor não é uma livre criação do eu, sendo algo subjetivo e constituinte de um ser próprio. Este ser, embora não seja corpóreo, nem mesmo ideal, não deixa de ser realidade intuível emocionalmente"[11]. No caso da ação originária tem-se apregoado que o valor da causa deve corresponder ao do pedido. Se assim é, assim também deve ser em relação ao valor do preparo, quando se está diante de um recurso parcial.

Sempre se ligou o valor ao conceito de utilidade. A idéia de valor está intimamente ligada à de utilidade, isto é, só tem valor, aquilo que é útil e dentro dos limites dessa utilidade[12]. Tomando isso por base, quando se tratar de recurso parcial somente terá utilidade esta parte recorrida e por isso somente essa parte é que se levará em conta como valor para efeito de preparo recursal. Não fosse assim, poder-se-ia chegar ao disparate de alguém, querendo recorrer de parte mínima do julgado, ser obrigado a pagar preparo elevado, o que inviabilizaria o recurso parcial.

4. INFLUÊNCIA DO VALOR DA CAUSA NO PROCESSO

O valor da causa tem grande influência no processo e isso pode ser percebido quando da análise da competência para os juizados especiais de pequenas causas, bem como, para direcionar o procedimento e ainda para a adequação recursal, como acontece no caso das sentenças em execução fiscal com o valor inferior a cinqüenta (50) ORTNS, tal como dispõe o artigo 34, da Lei 6.830/1980[13]. Quando esse valor não se apresenta como obstáculo impeditivo a qualquer modalidade de recurso, aparece para discriminar os recursos a serem julgados em

---

10. Introdução à teoria dos valores, p. 22-3, Curitiba, Editora dos Professores, 1.971.
11. Valor, in Enciclopédia Saraiva do Direito, v. 76, p. 346.
12. Nesse sentido: PELEGRINO José Carlos Engenharia de avaliação, IBAPE, Ed. Pini, 1.974, p. 09, Aspectos do valor potencial, RT, 571:276.
13. Lei 6.830/80: "Art. 34. Das sentenças de primeira instância proferidas em execuções de valor igual ou inferior a 50 (cinqüenta) Obrigações Reajustáveis do Tesouro Nacional – ORTN, só se admitirão embargos infringentes e de declaração".

primeira instância, sem acesso ao Tribunal, a exemplo do que ocorre no Brasil com as leis nº 6.830/80 e 9.099/95, que têm em vista única e exclusivamente o valor da causa e não a sua natureza, para impedir o acesso aos tribunais.

No direito processual do trabalho, encontra-se norma específica sobre o assunto a indicar os princípios a serem seguidos no que diz respeito ao valor da causa. Sem se afastar da norma geral do processo, a Lei nº 5.584, de 26 de junho de 1.970, dispõe que, nos dissídios individuais, proposta a conciliação e não havendo acordo, o presidente da Junta ou o juiz, antes de passar à instrução da causa, fixar-lhe-á o valor para fixação da alçada, se este for indeterminado no pedido[14].

Nesse caso, o valor da causa, além de servir de valor para indicar a forma procedimental, com possibilidade de ser dispensado o resumo dos depoimentos, na forma do § 3º do art. 2º, vai mais longe, impedindo a apresentação de qualquer dos recursos previstos no art. 893 da Consolidação das Leis do Trabalho, toda vez que a causa tiver valor igual ou inferior à alçada prevista, que é de duas vezes o salário mínimo vigente, conforme expressa o § 4º do mesmo dispositivo *supra*, ressalvada a possibilidade em caso de discussão sobre matéria constitucional. Defronta-se aí com uma norma específica do processo do trabalho, mas que encontra respaldo em toda sistemática processual em geral.

A mesma CLT, com a nova redação que lhe deu a lei 9.957 de 12.01.2000, em seu art. 896, § 6º, afirma que nas causas de procedimento sumaríssimo, somente será admitido o recurso de revista por contrariedade a súmula de jurisprudência uniforme do Tribunal Superior do Trabalho e violação direta da Constituição da República, o que indica, a *contrário sensu*, que fora estas hipóteses não será possível a interposição de recurso de revista no procedimento sumaríssimo, que foi instituído no processo trabalhista, unicamente em função do valor da causa. Mais uma demonstração de que cada vez mais o legislador se preocupa com o valor da causa e de sua implicação na sistemática recursal.

Também, a Lei 10.259 de 12 de julho de 2001, que regula os Juizados Especiais Cíveis e Criminais no âmbito da Justiça Federal, após limitar a competência desses órgãos para as causas de valor até sessenta salários mínimos (art. 3º), afirma que somente será admitido recurso de sentença definitiva (art. 5º), afastando com isso o recurso das decisões interlocutórias e até mesmo de sentenças que não sejam definitivas (sentenças sem mérito), ressalvando, somente, paras os casos de decisões sobre medida cautelar (art. 4º).

---

14. Lei nº 5584/70, art. 2º.

Hoje, existe uma tendência muito grande em se tentar limitar os recursos através de vários expedientes, e entre os quais encontra-se o assunto ora tratado, que é o valor da causa. Melhor seria se assim não fosse; Não há como não se curvar diante desta realidade injustificável, mas que está sendo cada vez mais aplaudida e acolhida pelas legislações contemporâneas. Melhor se assim não fosse, visto que este tratamento diferenciado corresponde a uma discriminação econômica de forma indireta e, se não chega a afrontar a Constituição Federal, art. 5º, pelo menos afronta o bom senso.

No que se tange à esfera recursal, essas leis limitadoras de recurso, em razão do valor da causa, proporcionaram o surgimento da expressão "alçada" e "recurso de alçada", para indicar que somente é cabível recurso de valor superior ao mencionado. O cabimento desta ou daquela modalidade recursal está disciplinado e subordinado ao valor da causa. Conforme for o valor da causa, também o será a modalidade recursal.

Além da influência no cabimento do recurso e sua modalidade, o valor da causa também vai influenciar nas custas relacionadas ao preparo, sempre que a legislação pertinente assim preveja. Quando a legislação que disciplina a exigência das custas judiciais dispuser que o recurso será preparado de acordo com o valor da causa, este vai ser o norte ou a base de cálculo para a apuração *quantum* devido. O valor da causa apresentado na petição inicial tem caráter provisório, visto que pode ser alterado de ofício pelo juiz ou em caso de incidente de impugnação (art. 293, do CPC) e terá como base o valor da condenação, para efeito de preparo recursal. Após o julgamento, a condenação é que vai indicar o valor da causa e servir de direcionamento para o cálculo do preparo do recurso.

O *quantum* devido para o preparo é de regra extraído do valor da causa, o que ocorre mesmo quando se diz que o preparo deve corresponder ao valor da condenação[15], visto que, a partir do julgamento condenatório, o que ali ficar consignado, passa a ser o valor da causa para todos os efeitos, como o é para efeito de execução (cumprimento do julgado).

5. MOMENTO DA FIXAÇÃO DO VALOR DA CAUSA

Levando-se em conta a norma dos artigos 291 e seguintes do CPC, tudo indica que o valor da causa deve ser fixado no início da ação, ou seja, quando se inicia processo. O art. 319, V, do CPC exige que da petição inicial já conste o valor da

---

15. "Cuidando-se de ação de indenização, o valor da causa será aquele fixado na sentença final ou em execução de sentença". 2º TACSP. 11ª Câmara. AgIn. 625945.00/1. Rel. Juiz Mendes Gomes. J. 03.04.200. VU. RNDJ, v. 9, p. 205. "PREPARO – Execução – Valor desta e não da causa principal". JTASP-Lex v. 163, p. 360.

causa e o artigo 290 do mesmo código impõe o cancelamento da distribuição, caso não ocorra o preparo em quinze dias a contar da distribuição. Como se sabe, esse preparo, em grande parte das causas, é feito tomando-se como base de cálculo o valor da causa[16]. No entanto, essa fixação ainda aparece com caráter transitório, visto que pode ser alterada para mais ou para menos, tanto pela iniciativa do juiz em alguns casos e, em outros, através de impugnação ao valor da causa pela parte contrária, incidente este disciplinado pelo artigo 293, do CPC.

Mas a questão não é tão singela assim. Imagine-se o caso do juiz indeferir parcialmente a petição inicial, para excluir um ou mais pedidos do autor, o que alterará substancialmente o proveito econômico expectado por este. Deve ou não ser mantida a fixação originaria? Deve ou não ser modificado o valor da causa para se adequar ao pedido ou pedidos restantes da ação? Se puder ser modificado para a adequação ao proveito econômico pretendido, quem poderá tomar essa iniciativa? Em casos como esse, a idéia é de que o valor da causa deve ser reduzido, para a perfeita adequação ao proveito econômico pretendido pelo autor. Talvez, por isso é que o art. 290 do CPC, concede quinze dias para o preparo da causa[17].

No que tange à legitimidade para tomar a iniciativa de redução do valor, pensa-se que tanto pode ser do juiz *ex officio*, bem como, pode partir de qualquer das partes, inclusive do próprio autor. Se o autor pediu uma tutela mais ampla e o juiz indefere a inicial parcialmente, diminuindo assim o proveito econômico almejado, nada mais justo que se permita ao próprio autor tomar a iniciativa para diminuir o valor da causa e assim pagar menos preparo (arts. 290 e 292, do CPC) em respeito, até mesmo, aos princípios constitucionais da igualdade e da proporcionalidade.

5.1. Antes do julgamento

O mais natural é pensar-se que o valor da causa é fixado desde o momento da propositura da ação, por força do art. 319, V do CPC que exige sua indicação logo na petição inicial, bem como o artigo 290 que impõe o preparo inicial dentro de quinze dias sob pena de cancelamento da distribuição, e, de regra, se leva em

---

[16]. O valor do preparo (valor das custas) pode variar de Estado para Estado, tendo em vista que cabe aos Estados legislar sobre os valores das custas judiciais e por isso pode ser adotado o valor da causa como base de cálculo em um Estado e em outro a base de calculo ser outra. No Estado de São Paulo através da Lei nº 11.608, de 29-12-2003, adotou-se o critério misto, sendo que algumas ações são preparadas de acordo com o valor da casa (art. 4º, I, II e III) e outras pelo valo r fixo independentemente do valor da causa (art. 4º §§ 3º, 4º e 9º da mesma Lei).

[17]. No Estado de São Paulo, a Lei Estadual nº 11.608, de 27/12/2003, exige o preparo antecipado, contrariando a Lei Federal que é o art. 257 do CPC, o que tudo indica ser aquela norma inconstitucional.

conta esse valor. No entanto, como foi visto acima, este valor pode ser impugnado e, essa impugnação quando acolhida, vai posteriormente alterar esse valor e substituí-lo por outro. O próprio juiz pode por iniciativa própria, modificar o valor do pedido para menos ou para mais, quando necessário.

No entanto, nessas hipóteses, o valor da causa será fixado sempre de forma provisória e vai nortear o processo até o julgamento por sentença, na forma do artigo 203, § 1º, do CPC. Todavia, depois da sentença, esse valor poderá ser outro, limitado ao que ficar decidido na sentença. Sabe-se que não é esta a finalidade do instituto. Mas é o que ocorre, pelo menos quando se tratar de processo condenatório. Não é lógico e nem jurídico, que uma pessoa que propõe ação pedindo 10 (dez) e depois obtem 9 (nove) por ocasião julgamento, mas, recorre para obter o 01 (um) faltante, tenha que pagar preparo do recurso sobre os dez (10) do pedido inicial, quando a partir do julgamento a continuidade do processo para o autor, somente tem interesse e o seu pedido recursal é sobre 01 (um).

O instituto do valor da causa existe para normatizar o processo do início ao fim. Mas, as dificuldades em se estabelecer logo de início o valor da causa de forma definitiva, acabam por criar situações que geram perplexidade e complexidade, exigindo-se que, após o julgamento, esse valor passe por nova aferição e fixação, tanto para efeito recursal, bem como para a execução (cumprimento da sentença) que se seguirá ao processo de conhecimento condenatório. Se para se propor ação se deve atribuir valor à causa correspondente ao proveito econômico, assim também deve ser em relação ao recurso e à execução da sentença, que sempre se deve observar o interesse econômico destes.

5.2. Depois do julgamento

Como foi anotado acima, o bom seria se o valor da causa fosse fixado de forma definitiva desde o início da ação (arts. 290 e 319 do CPC) e assim permanecesse até o encerramento do processo. Todavia, nem sempre poderá ser assim. As dificuldades são tantas que qualquer tentativa de fixação permanente acaba por cair no vazio e pode até mesmo criar situações insustentáveis e de manifesta injustiça. Por isso, é que se torna necessária a revisão do valor da causa, após o julgamento para adequá-lo ao que foi decido, para efeito de recurso e preparo do próprio recurso. Com maior razão, esse valor deve ser revisto sempre que em julgamento (sentença ou acórdão) a condenação for diferente do valor dado à causa no processo de conhecimento, para adequá-lo à execução que se seguirá.

Quando o autor propõe uma ação buscando a obtenção de uma sentença condenatória a seu favor e atribui à causa o valor que corresponde ao montante almejado e esta previsão seja exageradamente elevada, mas correspondente ao que se pede, impossibilita a impugnação logo de início por parte do réu, porque coincide o valor atribuído à causa com aquele valor pretendido pelo autor, o que formalmente está correto. Todavia, esse pedido por ser exagerado acaba de ser rechaçado em parte, ocorrendo condenação do réu em valor menor do que foi pedido. O réu pretendendo recorrer deve tomar por base o valor da condenação que é exatamente o que ele pretende afastar e não o exagerado e mirabolante pedido feito pelo autor e que já fora afastado na sentença. Não pode haver maior injustiça do que exigir do réu que prepare o seu recurso pelo valor excessivo indicado pelo e que agora se sabe indevido. A exigência de preparo com base neste valor excessivo, pode impedir que o réu recorra e não receba a prestação jurisdicional a que tem direito. Nesse caso, o melhor é que se faça uma nova aferição e retifique o valor dado anteriormente e o valor da causa passe a corresponder ao valor da condenação e não mais ao do pedido[18].

É de se ver que em alguma circunstância, o valor da causa deve ser revisto e considerado em razão do julgamento da causa, para facilitar o acesso à justiça pela via recursal, afastando o sacrifício do direito do interessado, abrindo-lhe possibilidade de efetuar um preparo proporcional à condenação e não mais pela exagerada estimativa inicial feita pelo autor. Assim, a partir da condenação, deve-se tomar esta por base e não mais o pedido feito na inicial. Todavia, essa nova fixação ainda não será permanente, pois, em caso de modificação da sentença pelo Tribunal, o valor da causa passa a ser o montante que o último julgamento fixar.

Quando se leva a sentença ou o acórdão à execução (cumprimento), o valor da causa deve ser o correspondente ao montante estabelecido no julgamento[19].

---

18. "VALOR DA CAUSA - Ação indenizatória - Dano moral - Estimativa provisória, não obstando que, ao final da demanda, os emolumentos judiciais sejam complementados, restando como base definitiva valor integral da condenação - Aplicação do art. 258 do CPC". TJAP. AgIn. 939/01. Câm. Única. J. 09.04.2002, rel. Des. Edinardo Souza. RT. v. 803, p. 305 de setembro, 2002.
    "Não é justo acolher-se, para efeito de valor determinado à causa, cifra exagerada em ação indenizatória por danos morais, quando só a final será possível aferir-se da mensuração econômica dessa dor sofrida, gerando desequilíbrio entre as partes, quando ao autor for reconhecida a benesse da Justiça gratuita e a ré, se pretender recorrer de eventual sentença desfavorável, estará sujeita ao recolhimento de importância das custas em percentual sobre esse valor". 2º TACSP. 1ª Câmara. AgIn 702.521.00/0. Rel. Juiz Vanderci Álvaro. J. 28.08.01. VU. RNDJ v. 26, p. 223.
19. "PREPARO - Execução - Valor desta e não da causa principal - Existência de acordo parcialmente cumprido - Cálculo sobre débito remanescente - Admissibilidade. O preparo corresponde ao valor da execução e, tendo as partes celebrado acordo, o que se executa é o débito remanescente". 2º TACSP. AgIn. nº 473.294.00/0. j. 17.10.96. rel. Juiz Milton Gordo. JTASP-Lex, v. 163, p. 360, de maio/junho de 1997.
    "VALOR DA CAUSA. Ação de Indenização. Valor exorbitante. Redução. Valor que não cause obstáculos às partes. Cuidando-se de ação de indenização, o valor da causa será aquele fixado na sentença final ou em execução de sentença". 2º TACSP. 11ª Câmara. AgIn 625945.00/1. Rel. Juiz Mendes Gómez. J. 03.04.00. VU. RNDJ, v. 09, p. 205.

Nos casos de sentença ilíquida, o valor da causa para efeito de execução haverá de ser o que restar apurado na liquidação.

O art. 292,VI, do CPC dispõe que havendo cumulação de pedidos o valor da causa deve corresponder à soma dos valores de todos eles, Em sendo assim, para começar o processo, assim também há de ser para o caso de o autor fazer vários pedidos inicialmente e durante o processo um ou mais pedidos forem excluídos por decisão interlocutória. Se houve soma inicial dos valores de vários pedidos e se um ou outro foi desde logo excluído ou se excluído durante o processo, há de se considerar essa alteração a partir de então e o valor da causa deve revisto para ser readequado ao valor do pedido ou valores dos pedidos remanescentes.

Não se pode exigir a soma dos valores dos pedidos constante da inicial para efeito do valor da causa (art. 292, VI do CPC) e depois quando um ou outro pedido for excluído, o valor da causa continuar sendo o mesmo inicial, como se nada tivesse ocorrido. O artigo 493 do CPC é imperativo ao afirmar que os fatos ocorridos depois da propositura da ação devem ser levando em conta no julgamento. Se assim o é para efeito de julgamento que é o mais, haverá de ser também considerado para efeito de reavaliação do valor da causa que é o menos.

6. RECURSO NA IMPUGNAÇÃO AO VALOR DA CAUSA

Assunto deveras importante é o tratamento que merece o estudo dos recursos, no caso de impugnação ao valor da causa, que hoje é tratado como questão incidente que deve ser arguida como preliminar na contestação (art. 293, do CPC). A impugnação ao valor da causa na sistemática anterior era uma ação incidente (não simples questão) com processo próprio e autônomo, muito embora corresse apensada ao feito principal (art. 261, do CPC/1973). Como ação que era, e como processo que se instaurava, o seu encerramento dar-se-ia por ato decisório que, segundo a terminologia do Código de Processo Civil, da época deveria ser sentença, à luz do art. 162, § 1º, do CPC revogado.

Sobre o entendimento extraído daquela norma revogada, não se poderia negar que se tratava de sentença o ato decisório que colocava fim ao processo incidente, com ou sem julgamento de mérito. Em se tratando de finalização do processo, era naquela ocasião, possível chegar à conclusão de que o recurso haveria de ser o de apelação. Em se chegando a essa conclusão e em se configurando sentença esse ato judicial, logo era de se imaginar que se aplicaria o art. 513 do Código de Processo Civil daquela época que trazia menção expressa de que da sentença caberia apelação. Não dizia a lei que sempre caberia apelação da sentença e nem dizia que existia exceção. Dizia apenas que caberia apelação; isso poderia levar a crer que de todas as sentenças, o recurso deveria ser o de apelação.

Todavia, as coisas não eram tão simples assim, porque em muitos casos a sistemática anterior dava tratamento diferente. Ao ler o art. 790 do CPC/73, hoje revogado, que tratava da remição de bem - a lei falava em sentença, ao dizer que a carta de remição conteria, além da sentença e outros documentos. Poder-se-ia, ter-se a mesma impressão de que eventual recurso seria o de apelação, porque o legislador falava em sentença. Mas ao confrontá-lo com o art. 558 também do mesmo Código revogado, deparava-se com a expressão "o agravante", e em seguida "remição de bens", deixando entender que da decisão que apreciava o pedido de remição de bens caberia agravo por instrumento, pois, se não fosse assim, por que então a expressão "agravante", do *caput* do artigo mencionado e até mesmo a sua inclusão nesse local?

Realmente, quando se trata de ações incidentais, as coisas ganham colorido diferente. A doutrina e a jurisprudência procurava interpretar os arts. 162, § 1º e 513 do Código de Processo Civil revogado, com certa moderação, pois até mesmo no caso de reconvenção, quando a inicial era indeferida, matando-se o processo reconvencional em seu nascedouro, entendia-se que o recurso cabível era o de agravo de instrumento[20].

Na vigência da sistemática anterior em simpósio realizado em Curitiba-PR, assentou-se que: "Do indeferimento liminar de ação declaratória incidental cabe agravo de instrumento"[21]. É de se acrescentar que o indeferimento liminar corresponde a uma sentença, pois coloca fim ao processo à luz daquele sistema vigente até então. (arts. 267, I, e 162, § 1º, do CPC revogado).

Também, no que diz respeito ao incidente de falsidade, o art. 395 do mesmo Código revogado, falava em sentença, mas era entendimento generalizado de que o recurso cabível era o de agravo de instrumento[22]. Para Amaral Santos, mesmo em se tratando de sentença, o recurso próprio era o de agravo de instrumento, sendo aplaudido por Antônio Carlos Muniz[23]. De regra, sempre que a decisão não colocar fim ao processo, o recurso quando cabível será o de agravo, ressalvada apenas algumas exceções, tais como, os embargos à execução cujo

---

20. Cf. RT, 472:272, 531:176, 554:138, 547:126, 519:194 (jurisprudência). Doutrina de Clito Fornaciari Júnior, *Da reconvenção*, cit., p. 170; Moacyr Amaral Santos, *Primeiras linhas*, cit., v. 2, p. 201; J. J. Calmon de Passos, *Comentários ao Código de Processo Civil*, v. 4, p. 323; Carlos Silveira Noronha, *Do agravo de instrumento*, p. 207; Arruda Alvim, *REPRO*, 2:241.
21. XXXIX Conclusão - RT 482:272.
22. Cf., na jurisprudência, RT, 525:147, 564:127, 546:258, 570:150; na doutrina, Antônio Carlos Muniz, RT, 541:38, e Moacyr Amaral Santos, *Comentários ao Código e Processo Civil*, Forense, 1.976, v. 4, p. 247.
23. V. RT, 541:38.

recurso de apelação sempre foi aceito e também o caso da ação de prestação de contas, porque esta modalidade de ação tem duas fases.

Como foi mencionado, naquela ocasião, o art. 162, § 1º, e o art. 513 do Código de Processo Civil revogado haveriam de ser interpretados com moderação, para atender os princípios gerais de direito e não se amarrar a uma radical interpretação de que, em sendo sentença, caberá sempre apelação. Nos casos das ações incidentais, o que se põe fim com a sentença é apenas à ação incidente, ficando a ação principal incólume, justificando, nesses casos, o cabimento de agravo por instrumento, porque o processo principal continua.

Naquela sistemática, hoje revogada, a impugnação ao valor da causa era tratada como ação de impugnação uma incidental (art. 261, do CPC revogado), justificando assim, o cabimento de agravo por instrumento, tal qual acontece com as outras ações incidentais. Neste aspecto a jurisprudência era pacífica[24].

Na atual sistemática do CPC/2015, a impugnação ao valor da causa deixou de ser ação incidente, para ser simples *incidente* que deve ser arguido como preliminar da contestação (art. 293, do CPC/2015). Desta forma a decisão sobre a impugnação ao valor da causa, tanto pode ser decidida na sentença ao se encerrar o processo[25] ou mesmo antes através de decisão interlocutória (art.203, § 2º, do CPC).

No caso de julgamento direto na sentença com extinção do processo sem mérito (art. 485, do CPC) ou mesmo quando o mérito for julgado (487, do CPC), o recurso haverá de ser o de apelação (art. 1009, do CPC), o que parece não oferecer maiores dificuldades.

6.1. Adequação recursal na impugnação ao valor da causa

Como visto acima, quando a decisão sobre a impugnação ao valor da causa ocorrer dentro da sentença que põe fim ao processo, não há dificuldade para se eleger o recurso de apelação para combater o julgamento. A dificuldade surge quando o juiz apreciar a preliminar de impugnação ao valor da causa,

---

24. Cf. RT, 544:215, 550:194, 528:74, 530:231, 552:132, 516:62.
25. "o magistrado de primeiro grau finaliza a relação jurídica processual pelo ato decisório que se denomina sentença" "Por este ato o magistrado extingue o processo". GOMES, Magno Federici e CAETANO, Livia Regina Maciel. *Das decisões monocráticas de mérito nos agravos de instrumento: Interpretaçao conformem a Constituição*. Revista Magister de Direito processual Civil, Revista Magister de Direito processual Civil, v. 46, p. 10. Porto Alegre-RS: Magister, jan/fev. 2012. "Portanto, sentença é o ato do magistrado de primeira instância que esgota a tutela jurisdicional daquele grau de jurisdição, seja no processo de conhecimento, execução ou cautelar, incidindo em uma ou mais hipóteses dos arts. 267 e/ou 269 do CPC", idem, idem p. 11.

acolhendo-a ou rejeitando-a, em decisão interlocutória (art. 203, § 2º, do CPC), sem por fim ao processo (art. 203, § 1º, do CPC)[26].

Ao relacionar os recursos cabíveis, a atual sistemática indica, entre outros casos, o cabimento do recurso de agravo por instrumento (art. 994, II do CPC), o que se confirma com o artigo 1.002. Mais à frente expõe os casos de cabimento deste recurso (art. 1.015, incisos I a XI, do CPC), nada se referindo à decisão interlocutória que julga a impugnação ao valor da causa. Por último, faz referência a outros casos expressamente referidos em lei (art. 1015, XIII, do CPC).

Diante desse quadro, está a dificuldade em definir se é cabível ou não o recurso de agravo por instrumento no caso de haver julgamento da impugnação ao valor da causa, antes da decisão final, o que caracteriza decisão interlocutória. Quando a impugnação ao valor da causa era feita através de ação incidental (art. 261, do CPC/1973), o seu julgamento pela procedência ou improcedência, sem dúvida era julgamento de mérito. Resta saber se nesta nova sistemática em que essa impugnação é apresentada como preliminar de contestação (art. 293, do CPC) se o seu julgamento pode ser considerado de mérito e, com isso, contido no inciso II, do art. 1015, que autoriza o agravo por instrumento. Se assim for entendido, o agravo por instrumento estará garantido. Mas, não se entendo assim, como fica a questão?

Uma interpretação conjunta e sistemática parece autorizar a oposição de agravo por instrumento com fundamento no art. 1015, II, do CPC, acrescido do art. 293, parte final, que fala em preclusão e também em complementação do pagamento das custas. Caso seja vencido o autor para aumentar o valor da causa, o juiz deve mandá-lo completar o pagamento das custas iniciais e, caso não ocorra a complementação, o juiz pode mandar cancelar a distribuição (art. 290, do CPC), o que acarretará enorme prejuízo ao autor, com a extinção do processo.

No caso de acolhimento da preliminar de impugnação do valor da causa para elevá-lo a patamar maior, haverá necessidade de complementação das custas (art. 293, do CPC). Diante disso podem ocorrer duas situações: a) O autor efetua o recolhimento da diferença de custas, o que implica em aceitação da decisão e o impede de recorrer posteriormente (art. 1.000, do CPC); ou b) Não efetua o pagamento da diferença e corre o risco de ver cancelada a distribuição (290, do CPC) com a extinção do processo. Qualquer destas situações é extremamente danosa para o autor. Implica em prejuízo imediato e de difícil, senão impossível,

---

26. Não se desconhece que há forte inclinação doutrinária a negar que a sentença extingue o processo. No entanto, pensa-se diferente. Veja nosso: Sentença – Em Busca de uma Definição (Coautoria com Gelson A.S. Filho), Repertório IOB, v. III, nº 1 .2009 ,5ª quinzena, março, 2009. Também Revista Jurídica, v. 376, pp. 19:42, Porto Alegre: Notadez, fevereiro, 2009.

reparação, razão porque ele necessita de recurso imediato, para reapreciar a questão. Pensa-se que é cabível o recurso de agravo por instrumento, com pedido e deferimento de tutela recursal antecipada, para suspender os efeitos da decisão interlocutória, até julgamento final (art. 1019, I, do CPC). Da decisão proferida pelo relator ainda cabe agravo interno destinado ao colegiado (art.1.021, do CPC).

Não houvesse a possibilidade de oposição de agravo por instrumento em situação como esta que representa prejuízo irreparável à parte, haveria de comportar mandado de segurança para evitar a consumação do prejuízo. Como o sistema processual existe para assegurar ao jurisdicionado o acesso à justiça e ao processo justo, situação como essa, cuja decisão interlocutória pode produzir sérios prejuízo à parte, parece ser sempre possível o agravo por instrumento.

6. 2. Legitimidade para recorrer

Para se postular em juízo é necessário ter interesse e legitimidade (CPC. art. 17); assim também o é para recorrer, pois, trata-se de modalidade de postulação. O recurso poderá ser interposto por quem tem legitimidade e interesse em recorrer.

Segundo dispõe o art. 996 do Código de Processo Civil, o recurso poderá ser interposto pela parte vencida, pelo terceiro interessado ou prejudicado e pelo Ministério Público.

As partes vinculadas à ação são sempre legitimadas a recorrerem. Pode faltar-lhes interesse, caso não tenham sucumbido. Todavia, o interesse em recorrer consiste em haver sofrido um gravame, que comumente se diz sucumbência. A parte que sucumbir na questão incidental poderá recorrer porque tem para isso legitimidade e interesse. Pode haver caso de sucumbência recíproca e as duas partes terem interesse em recorrer. Todavia o Código de Processo Civil também legitima a recorrer o terceiro prejudicado e o Ministério Público. O terceiro sempre que houver sofrido um gravame direto ou indireto pela decisão atacada poderá recorrer, sendo para isso legitimado. O Ministério Público, quando ocorrerem algumas das hipóteses dos artigos 177, 178 e 179, do CPC.

Entre os terceiros interessados, existe uma gama muito grande, e somente em cada caso concreto será possível aquilatar o verdadeiro interesse e prejuízo do terceiro, que foi ou se diz ter sido prejudicado com a sentença. Entre estes que se vêem prejudicados, está o erário público, quando for fixado valor menor e com isso houver diminuição no cálculo das custas e, por conseguinte, menor pagamento da taxa judiciária. Sempre que o valor for fixado a menor, tem a Fazenda Pública legitimidade e interesse para recorrer, visto que esta é quem detém a competência para arrecadar a taxa mencionada, surgindo assim o seu interesse em ver a decisão reformada. Não tem interesse qualquer Fazenda Pública, somente aquela que estiver autorizada pela lei a arrecadar a taxa judiciária. Mas como qualquer outro terceiro, a Fazenda Pública vai ter de provar ou demonstrar o seu interesse e qual está sendo o seu prejuízo com a decisão. Também se inclui como terceiro interessado o advogado que representa a parte no processo, que muito embora atue prioritariamente no interesse da parte, pode recorrer no caso de não se conformar com a fixação do valor da causa, porque este vai refletir em seu direito sobre as verbas de sucumbência como dispõe o art. 85 e § 2º, do CPC e o art. 23 da Lei 8.906/94- EAOAB.

Assim, têm legitimidade para recorrer todas as partes, desde que atingidas pela decisão, fazendo nascer daí um interesse jurídico em recorrer. Resta salientar que esse interesse há sempre de ser interesse jurídico e não mero interesse pessoal ou até mesmo patrimonial ou de fato. Esse interesse deve-se apresentar revestido de juridicidade, sempre apto a movimentar a máquina judiciária, semelhante aquele que autoriza o exercício de ação. Não será o mesmo interesse jurídico para se propor a ação, mas um interesse recursal conexo ou semelhante ao da própria ação.

O recurso não é, como se pensava antigamente, um complemento ou seguimento do direito de ação. Hoje, se sabe que até mesmo aqueles que não têm direito de ação, têm direito ao recurso. É o caso daquele que foi julgado carecedor da ação por falta do direito de ação, mas, se restar inconformado, terá direito ao recurso.[27]

6.3. Recurso adesivo

Na questão incidental de impugnação ao valor da causa, e na maioria das ações incidentais, poderá ocorrer sucumbência recíproca. Disso resulta de capital importância, a definição do recurso cabível na espécie. Isto porque, em se tratando de agravo de instrumento ou de apelação, a situação poderá tomar rumo diverso, em se permitir ou não o recurso adesivo.

O art. 997 do Código de Processo Civil autoriza a cada parte interpor recurso, independente, sendo ainda permitida a apresentação de recurso adesivo, quando vencidos autor e réu. Diz o dispositivo que ao recurso interposto por qualquer delas poderá aderir a outra parte (art. 997, § 1º). À primeira vista pode-se imaginar que essa modalidade de recurso poderá ser utilizada sempre e

---

27. Com maior abrangência neste ponto, cf. nosso *Curso de Direito Processual Civil*, pág. 797. Datajuris, Presidente Prudente, 2ª edição 1.998.

em qualquer recurso da outra parte. Ledo engano. O mesmo artigo, em seu § 2º, inc. II, restringe-o somente aos casos de apelação, recurso extraordinário e no recurso especial. Por se tratar de *numerus clausus*, não se admite ampliação. Assim, em caso de agravo por instrumento, ainda que vencidos autor e réu, não se admite o recurso adesivo. Daí dizer-se, ser de capital importância a definição sobre o recurso cabível do decisório que julga a impugnação ao valor da causa.

Em verdade, pela atual sistemática se a decisão sobre a impugnação ao valor da causa se der ao final quando do encerramento do processo por sentença[28], não se pode negar que se trata de sentença, como ocorre em outros julgamentos terminativos do processo e, como nesses, o recurso será sempre o de apelação, aqui também o é. Em se tratando de recurso de apelação, caberá, por certo, o recurso adesivo aqui tratado. Mas, se assim não o for, sendo julgada a impugnação interlocutoriamente, sem a extinção do processo, estar-se-á diante de uma decisão interlocutória e não de sentença, caso em que o recurso haverá de ser o de agravo por instrumento, sendo, por isso, forçoso concluir que não caberá o recurso adesivo.

Como para recorrer há necessidade de se apresentar as mesmas condições da ação, como interesse de agir e legitimidade. Pode haver legitimidade e interesse para quaisquer das partes recorrerem adesivamente, desde que tenham sofrido algum prejuízo com o julgado.

Repete-se, para melhor enfatizar, que não é possível o cabimento do recurso adesivo da decisão interlocutória que julga e põe fim apenas à impugnação ao valor da causa, sem, contudo, extinguir o processo, porque neste caso o recurso será agravo de instrumento e este não comporta recurso adesivo. Isto se dá, por falta de previsão legal a erigir a figura jurídica do agravo de instrumento como recurso capaz de abrir a possibilidade jurídica da modalidade de recurso adesivo no agravo (art 997, §§ 1º e 2º, II, do CPC). Sempre se entendeu que as hipóteses de recurso exigem expressa previsão legal, não se comportando interpretação ampliativa. Os recursos obedecem ao princípio da taxatividade e não comportam ampliação, não se permitindo utilização de qualquer figura recursal não prevista em lei. Como o art. 997, §§ 1º e 2º, II, do CPC, somente permite o recurso adesivo nos casos de apelação, recurso extraordinário e no recurso especial, não

---

28. "Proferida a sentença, o juiz termina o seu ofício jurisdicional não podendo revogá-la, ainda que supostamente ilegal, sob pena de violação à coisa julga, ensejando instabilidade nas relações jurídicas. Precedentes do STJ e desta Corte. Agravo liminarmente provido." TJRS. AI. 70026910570. 20ª CC. Rel. José Aquino Flores de Camargo, julgado em 30-10-2008. No mesmo sentido: TJRS-Ap. 70024121113-10ª, rel. Marco Aurélio dos Santos Caminha, j. 18-12-2008. STJ-REsp. 14879/SP, 3ª T. Rel. Min. Carlos Alberto Menezes Direito, j. 25-11-1996. STJ-REsp 95.813, 4ª Turma, rel. Min. Salvio de Figueiredo".

cabendo esta espécie no caso de decisão interlocutória sobre a impugnação ao valor da causa.

Todavia, se a questão preliminar sobre a impugnação ao valor da causa for julgada em outro julgado como acórdão ou sentença terminativa que é aquele ato que encerra o processo (artigos 485 e 487, do CPC)[29], neste caso, toma-se outro rumo e o recurso cabível será a apelação se o julgamento for em primeiro grau ou em acórdão que pode ser atacado por recurso, especial ou extraordinário, e nestes casos, comporta o recurso adesivo em caso de sucumbência recíproca (art. 997, §§ 1º e 2º, II).

É estranho que o art. 2 § ,997º, II, não faça referência ao recurso inominado dos Juizados Especiais (Lei 9.099/95, art. 41) e o recurso ordinário admitido em sentença da Justiça do Trabalho (art. 893, II e 895, I e II, da CLT) e da sentença da Justiça Federal (art. 9º, II, e 105, II 'c' e CPC, art. 1.027, 'b'), bem como em acórdão dos Tribunais Regionais do Trabalho em julgamento de sua competência originária (art. 702, II, 'a', da CLT).

7. ADEQUAÇÃO RECURSAL GERAL

O valor da causa que tantas outras influências exerce sobre a atividade processual, não deixa passar em branco a influência sobre os recursos. Até mesmo para saber-se qual é o recurso adequado, muitas vezes tem-se de buscar socorro no valor da causa. Desta forma, o valor da causa é também elemento de grande influência na adequação recursal geral, pois, a sistemática processual, indica direta ou indiretamente o cabimento de recurso, bem como a sua modalidade. Dentro da grande variedade de recursos que existem no sistema processual brasileiro, o valor da causa não deixa de ter relevância, tanto no que diz respeito ao cabimento, a competência e a espécie de recurso cabível.

Essa influência no processo pode ser percebida quando da análise da competência para o julgamento do recurso. Nos juizados especiais de pequenas causas o recurso cabível da sentença será o recurso ordinário e a competência para julgá-lo e do colegiado próprio. Ainda para a adequação recursal, como acontece no caso das sentenças em execução fiscal como valor inferior a cinquenta (50) ORTNS, tal como disposto o artigo 34, da Lei 6.830/80[30], em o recurso cabível são os

---

29. "O problema da preclusão de decisões no curso do processo é substancialmente diverso do problema das decisões terminativas; enquanto diante destas o magistrado extingue a jurisdição, dando fim à relação processual, diante daquelas ele conserva a função jurisdicional, continuando preso à relação do processo". RUBIN, Fernando. *Matérias não sujeitas a preclusão para o Estado-Juiz*. Revista Judiciária do Paraná, v. 6, p. 80. Bonijuris, novembro, 2013.
30. Lei 6.830/80: "Art. 34. Das sentenças de primeira instância proferidas em execuções de valor igual ou inferior a 50 (cinqüenta) Obrigações Reajustáveis do Tesouro Nacional – ORTN, só se admitirão embargos

embargos infringentes e a competência para julgar é do próprio juízo de primeiro grau. Quando esse valor não se apresenta como obstáculo impeditivo a qualquer modalidade de recurso, aparece para discriminar os recursos a serem julgados em primeira instância, sem acesso ao Tribunal, a exemplo do que ocorre no Brasil com as leis nº 6.830/80 e 9.099/95, que têm em vista única e exclusivamente o valor da causa e não a sua natureza.

No direito processual do trabalho, encontra-se norma específica sobre o assunto a indicar os princípios a serem seguidos no que diz respeito ao valor da causa. Sem se afastar da norma geral do processo, a Lei nº 5.584, de 26 de junho de 1.970, dispõe que, nos dissídios individuais, proposta a conciliação e não havendo acordo, o presidente da Junta ou o juiz, antes de passar à instrução da causa, fixar-lhe-á o valor para fixação da alçada, se este for indeterminado no pedido[31].

Nesse caso, o valor da causa, além de servir de valor para indicar a forma procedimental, com possibilidade de ser dispensado o resumo dos depoimentos, na forma do art. 2º, § 3º da Lei 1.970/5.584 e, ainda vai mais longe, impedindo a apresentação de qualquer dos recursos previstos no art. 893 da Consolidação das Leis do Trabalho, toda vez que a causa tiver valor igual ou inferior à alçada prevista, que é de duas vezes o salário mínimo vigente, conforme expressa o art. 2º, § 4º da Lei 1.970/5.584, ressalvada a possibilidade em caso de discussão sobre matéria constitucional. Defronta-se aí com uma norma específica do processo do trabalho, mas que vem encontrando respaldo em toda sistemática processual em geral.

A mesma CLT, com a nova redação que lhe deu a lei 9.957 de 12.01.2000, em seu art. 896, § 6º, afirma que nas causas de procedimento sumaríssimo, somente será admitido o recurso de revista por contrariedade a súmula de jurisprudência uniforme do Tribunal Superior do Trabalho e violação direta da Constituição da República, o que indica, a *contrário sensu*, que fora estas hipóteses não será possível a interposição de recurso de revista no procedimento sumaríssimo, que foi instituído no processo trabalhista, unicamente em função do valor da causa. Mais uma demonstração de que cada vez mais o legislador se preocupa com o valor da causa e de sua implicação na sistemática recursal.

Também, a Lei 10.259 de 12 de julho de 2001, que regula os Juizados Especiais Cíveis e Criminais no âmbito da Justiça Federal, após limitar a competência desses órgãos para as causas de valor até sessenta salários mínimos (art. 3º), afirma que somente será admitido recurso de sentença definitiva (art. 5º), afastando com

---

infringentes e de declaração".
31. Lei nº 5584/70, art. 2º.

isso o recurso das decisões interlocutórias e, até mesmo de sentenças, que não sejam definitivas (sentenças sem mérito), ressalvando, somente, paras os casos de decisões sobre medida cautelar (art. 4º).

Hoje, existe uma tendência muito grande em se tentar limitar os recursos através de vários expedientes, e entre eles encontra-se o assunto ora tratado, que é o valor da causa. Melhor seria se assim não fosse; Não há como não se curvar diante desta realidade injustificável, mas que está sendo cada vez mais aplaudida e acolhida pelas legislações contemporâneas. Parece preferível que assim não fosse, visto que este tratamento diferenciado corresponde a uma discriminação econômica de forma indireta e, se não chega a afrontar a Constituição Federal, art. 5º, pelo menos afronta o bom senso.

No que se tange à esfera recursal, essas leis limitadoras de recurso, em razão do valor da causa, proporcionaram o surgimento da expressão "alçada" e "recurso de alçada", para indicar que somente é cabível recurso de valor superior ao mencionado. O cabimento desta ou daquela modalidade recursal está disciplinado e subordinado ao valor da causa. Conforme for o valor da causa, também o será a modalidade recursal.

Além da influência no cabimento do recurso e sua modalidade, o valor da causa também vai influenciar nas custas relacionadas ao preparo, sempre que a legislação pertinente assim preveja. Quando a legislação que disciplina a exigência das custas judiciais dispuser que o recurso será preparado de acordo com o valor da causa, este vai ser o norte ou a base de cálculo para a apuração *quantum* devido. O valor da causa apresentado na petição inicial tem caráter provisório, visto que pode ser alterado de ofício pelo juiz ou em caso de impugnação em preliminar de contestação (art. 293, do CPC) e terá como base o valor da condenação, para efeito de preparo recursal. Após o julgamento, a condenação é que vai indicar o valor da causa para o cálculo do preparo do recurso.

O *quantum* devido para o preparo é de regra extraído do valor da causa, o que ocorre mesmo quando se diz que o preparo deve corresponder ao valor da condenação[32], visto que, a partir do julgamento condenatório, o que ali ficar consignado, passa a ser o valor da causa para todos os efeitos.

7.1. Valor da causa e os recursos excepcionais

No que tange aos considerados recursos excepcionais, o valor da causa tem influência direta e também indireta em determinados casos. Nas causas de

---

32. "Cuidando-se de ação de indenização, o valor da causa será aquele fixado na sentença final ou em execução de sentença". 2º TACSP. 11ª Câmara. AgIn. 625945.00/1. Rel. Juiz Mendes Gomes. J. 03.04.200. VU. RNDJ, v. 9, p. 205. "PREPARO – Execução – Valor desta e não da causa principal". JTASP-Lex v. 163, p. 360.

alçada em que não se permite recurso à segunda instância, indiretamente fica afastada a possibilidade de Recurso Especial, porque, conforme dispõe a Constituição Federal em seu artigo 105, III, este recurso somente é cabível das causas julgadas em única ou última instância pelos Tribunais locais. Como essas causas de alçada jamais chegam aos Tribunais, em razão de não comportarem recursos à segunda instância, logo não haverá possibilidade de interposição de Recurso Especial para Superior Tribunal de Justiça. Não cabendo Recurso Especial, logo fica também afastado de forma indireta o cabimento de embargos e até mesmo de agravo naquela Corte Superior. De outra forma e, por mais estranho que possa parecer, é cabível Recurso Extraordinário para o Supremo Tribunal Federal (Corte máxima), na forma do art. 102, III, da CF. Essa norma cuida do Recurso Extraordinário e não exige que a decisão última seja de Tribunal, podendo ser até mesmo do juízo de primeiro grau.

7.2. Recurso retido na impugnação ao valor da causa

O CPC/1973 contemplava a figura do agravo retido, que não mais ocorre na sistemática atual. Hoje não mais existe agravo retido de decisão de primeiro grau. Já na época da sistemática anterior deixou-se assentado que era incabível a figura do agravo retido, tirado da decisão de primeiro grau que julga a impugnação ao valor da causa[33]. Não cabendo, como efetivamente, não cabia agravo retido do julgamento final da ação incidental de impugnação ao valor da causa, natureza que ostentava na sistemática revogada, com maior razão não caberá agravo retido hoje das decisões interlocutórias, eventualmente proferidas no simples incidente de impugnação ao valor da causa apresentado como preliminar de contestação. O que é importante ressaltar é que a figura retida, que existia no agravo (art. 522 e 523 do CPC/1973), e aquela em recurso especial ou recurso extraordinário (art. 542, § 3º do CPC/1973), exigiam posteriormente um julgamento terminativo na mesma ação (CPC/1973, art. 522 e 542 § 3º, parte final), o que não aconteceria no caso ação incidente. Normas estas que foram revogadas com a atual sistemática que não repetiu as mesmas disposições e nem trouxe outras que guardassem semelhanças com aquelas.

Desde a primeira edição do livro "Do Valor da causa", sustentou-se o não cabimento do agravo retido, o que vem sendo confirmado pela jurisprudência[34].

---

33. SOUZA, Gelson Amaro de. *Do Valor da Causa*. São Paulo: Revista dos Tribunais, 4ª ed, 2011.
34. 1. "Agravo retido – Impugnação ao valor da causa – Agravo de Instrumento como medida cabível. Não conhecimento. Não conhecem do agravo retido. A decisão que julga impugnação ao valor da causa é agravável de instrumento que não pode ficar porque não se subordina à apreciação do recurso de apelação na ação principal. Por isso, não é possível o conhecimento do agravo, nesta fase". TJSP. 4ª Câm. Ap. nº 76.658-1, j. 18.09.1986. Rel. Olavo Silveira. RJTJESP-Lex, 106, p. 212.

O agravo retido exigia como providência necessária e indispensável, a reiteração posterior em razões ou contrarazões de apelação proposta pelo adversário.

Como a impugnação ao valor tinha natureza de processo incidente, jamais haveria apelação para viabilizar essa exigida reiteração. Como não haveria apelação, faltaria lugar para a reiteração do agravo retido e ainda faltaria momento preliminar para julgamento no tribunal. Não havendo apelação, não havia como reiterar e nem como o tribunal apreciar. Por isso, já incabível o agravo retido no processo incidente de impugnação ao valor da causa. O agravo retido de decisão de primeira instância somente seria cabível se fosse em processo principal no qual sobreviria sentença posteriormente.

A nossa sistemática processual chegante com a novel disciplina do CPC/2015, não mais contempla a figura do agravo retido, questão esta ficou superada quando se trata de decisão interlocutória de primeiro grau. Desta forma o recurso de agravo retido em decisão de primeiro grau ficou para a história.

8. VALOR DA CAUSA E O PREPARO RECURSAL

No que diz respeito ao preparo do recurso, é aqui que o valor da causa se apresenta como o maior foco de dúvidas e conflitos. Primeiramente, surge a questão de se saber se o preparo recursal deve corresponder ao valor da causa originário ou se o preparo deve corresponder ao valor ao final fixado na sentença condenatória[35].

Outra questão de grande importância prática é saber, se quando o vencedor parcial quiser recorrer para aumentar o valor da condenação, o seu recurso deve ser preparado pelo valor da condenação ou se apenas pelo valor da diferença entre a condenação e o que se quer de aumento? Se, em caso do condenado a pagar a indenização recorrer apenas de parte da sentença para obter diminuição da condenação, o preparo deve ser também somente dessa diferença? Nesses

---

2. "1- Da decisão que julga a impugnação ao valor da causa somente é cabível o agravo na modalidade por instrumento, e não retido. Precedentes desta Corte e do TFR". RDB-Lex, v. 2, p. 84. "1. Contra a decisão que julga a impugnação ao valor da causa, o recurso a ser aviado é o de agravo pela modalidade de instrumento e não o retido, pois não como o Tribunal, no julgamento da apelação do processo principal, decidir preliminarmente uma questão de outro processo, ainda que incidente, como o da impugnação ao valor da causa. AG. 2000.01.00.038646/DF. Rel. Juiz Olindo Menezes". TRF. 1ª Região. J. 29-10-2002. Rel. Juiz Leão Aparecido Alves. RDB-Lex, v. 2, p. 85, de março/abril, 2003.

35. No sentido de se considerar o valor da condenação, já se decidiu: 1. "A estimativa do valor da causa em ação de dano moral é provisória, observando-se o disposto no art. 258 do CPC, nada obstando que, ao final da demanda, os emolumentos judiciais sejam complementados, tomando-se como base definitiva valor integral da condenação". TJAP. AgIn 939/01. j. 09-04-2002. RT. v. 803, p. 305, setembro, 2002.

2. "Cuidando-se de ação de indenização, o valor da causa será aquele fixado na sentença final ou em execução de sentença". 2º TACSP. 11ª Câm. AGIN 625945.00/1. j. 03.04.2000. VU. RNDJ, v. 9, p. 205.

dois casos, pensa-se que a resposta deve ser positiva. Não seria justo exigir o preparo sobre o total do valor da causa (condenação) quando se quer recorrer apenas de parte da sentença[36]. Por exemplo, quando o interessado apenas recorre da parte referente aos encargos da sucumbência, não é justo que se tomasse por base o valor originário da causa e nem mesmo o da condenação[37].

No que se diz respeito ao valor da causa na execução, não pode haver dúvida de que se deve observar o valor desta e não o da causa no processo principal de conhecimento. Ora, se assim é, para o efeito de se iniciar a execução, levando-se em conta o valor da condenação, assim também há de ser em relação ao recurso, que se deve tomar por base (matriz) o valor da condenação[38]. Ainda no que se diz respeito à execução, restou assentado que, em se tratando de execução de apenas parte da condenação, o preparo deve corresponder apenas a esta parte[39] e, não mais a condenação por inteiro e, por óbvio, não será também o valor originário dado ao processo de conhecimento condenatório. Sempre há de levar em conta o benefício econômico que se busca com a providência judicial pretendida. Para a propositura da ação deve-se levar em conta o proveito econômico que se pretende; para o preparo recursal deve-se levar em conta o proveito econômico que se pretende obter com o recurso e por isso o valor do preparo do recurso nem sempre deve corresponder ao da ação inicialmente.

Quando o recurso visa apenas atacar parte da sentença, o valor da causa para efeito recursal e de preparo deve ser proporcional à parte da sentença que

---

36. VALOR DA CAUSA. AÇÃO DE INDENIZAÇÃO. Dano moral. Atribuição à causa um valor alto. Ação julgada procedente em parte com condenação ao pagamento de indenização – Recurso de apelação interposto – Preparo que, observado o valor da causa, atinge montante equivalente à metade da condenação. Insensatez. Criação pretoriana que vem admitindo, nesses casos, o preparo tome como parâmetro o valor da condenação. Legislação atual que já prevê a hipótese. Recurso provido. A jurisprudência tem encampado a tese da admissibilidade do preparo da apelação tendo por base o valor da condenação, nas ações de indenização por danos morais. O acesso aos Tribunais é direito fundamental do cidadão e decorrente do próprio acesso à justiça e a exigência de efetuar preparo em montante incompatível com a lide, embora seja o valor da causa, irá inibi-lo, razão pela qual, como agora é admitido pela novel legislação, o preparo já efetuado é tido como suficiente. (TJSP – AI 324559-4/8 – 9ª C. D. Priv. Rel. Des. Ruiter Oliva. J. 10.02.2004.) RJ. 332/134, de junho de 2005.
37. "APELAÇÃO – Preparo. Recurso interposto contra o capítulo da sentença que dispôs sobre a verba honorária, para majorar o quantum arbitrado (R$ 1.500,00); inadmissibilidade de se mandar realizar o preparo do art. 511, do CPC, com base no valor da causa, porque isso implica no dever de recolher a quantia de R$ 37.470, 00, uma inviabilidade evidente. Uma interpretação consentânea com o fim da jurisdição permite ajustar o encargo financeiro ao objeto específico do recurso (arts. 5º, XXXV e LV, da CF, e 4º, § 2º, da Lei Estadual nº 11.608/2003), determinando que o preparo se faça na ordem de 2% sobre o valor de R$ 1.500,00. Provimento, em parte para esse fim. (TJSP – 10ª Câm. Do extinto 1º TACSP; AI nº 2.000.701-4-SP; SP. Rel. Des. Ênio Santarelli Zuliani; j.12/4/2005; vu. Bol. AASP 2422, p. 3506 de 6 a 12/06/2005.
38. Em relação à execução já se decidiu: "Preparo – Execução – Valor desta e não da causa principal – Existência de acordo parcialmente cumprido - Cálculo sobre o débito remanescente – Admissibilidade.". JTA-Lex v. 163, p. 360.
39. Em relação à execução parcial, decidiu-se assim: "O preparo corresponde ao valor da execução e, tendo as partes celebrado acordo, o que se executa é o débito remanescente". JTA-Lex v. 163, p. 360.

se recorre, tal qual acontece quando se trata de embargos à execução, em que se leva em conta apenas a parte da execução que se embarga e não a execução por inteiro. Já se disse: "Quando se tratar de embargos parciais, isto é, aqueles que opõem apenas em relação a uma parte da execução, o valor da causa deve corresponder à essa mesma parte combatida"[40]. Segue esse entendimento LUCON: "Na verdade, o valor da causa nos embargos do executado é determinado pelo conteúdo econômico a ser discutido"[41]. Na jurisprudência abundam exemplos de decisões neste sentido[42]. Se assim é em relação aos embargos à execução, haverá de sê-lo em relação aos casos de recurso que somente ataca parte do julgado.

9. CONCLUSÕES

Colocadas essas premissas, é possível extrair algumas conclusões. É o que se procura mostrar a seguir:

1. Toda causa exige que lhe seja atribuída um valor, tendo em vista as mais variadas finalidades processuais deste valor.

2. O valor da causa, que é necessário para se dar início ao processo, pode sofrer variação para mais ou para menos no decorrer deste, conforme ocorrerem decisões em impugnação ao valor da causa ou em decorrência de condenação estabelecendo novo valor.

3. O valor da causa pode ser um para iniciar o processo e outro após a sentença condenatória para efeito de preparo recursal ou, ainda, outro para efeito de execução.

4. Da mesma forma em que para se iniciar o processo, o valor da causa deve corresponder ao proveito econômico visado pelo autor, quando se tratar de recurso, o valor da causa para efeito de preparo deve também corresponder ao proveito econômico que se visa com o recurso e não mais o que se visava inicialmente.

5. Quando o recurso tiver por finalidade atacar apenas parte da sentença, somente o valor proporcional a esta parte é que deve ser levado em conta, para apuração do valor do preparo. Assim, se autor quer aumentar a condenação, deve preparar o recurso com a diferença entre o concedido na sentença e o

---

40. SOUZA, Gelson Amaro de. *Do valor da causa.* p. 184.
41. LUCON, Paulo Henrique dos Santos. *Embargos à execução.* p. 239.
42. 1. "Nos embargos à execução e nos de terceiro, o valor as causa não é obrigatoriamente o mesmo atribuído à causa principal" (aprovada por unanimidade – Ajuris v. 28, p. 131, julho 1983).

    2. "Nem sempre o valor dos embargos coincide com o valor da execução, em especial quando agride somente o excesso". TJRGS. AgIn. 597045798 – 6ª Câm. Civil. j. 10.06.1997. RJTJRGS, v. 186, p. 399.

pretendido pelo autor; caso seja o réu que queira diminuir a condenação, o valor do preparo também deve ser a diferença entre o que se viu condenado e o que se pretende como resultado no julgamento do recurso.

6. Também, se for necessária a propositura da ação de execução, o valor desta deve ser o que se pretende receber. Mesmo que o processo de conhecimento tenha tido um valor maior, a execução da sentença deve ter um valor correspondente ao valor da condenação, porque é exatamente isto o que se executa.

7. Quando o credor pretende apenas executar parte da condenação, apenas esta parte será o valor da causa, como acontece nos casos em que o devedor paga parte da dívida e se recusa a pagar o restante.

8. Seria a maior injustiça exigir-se que a parte preparasse o recurso tomando por base o valor original da causa, quando ela pretende apenas modificar parte mínima da sentença. Assim, como nos casos em que a sentença fixa a verba honorária em apenas 5% e o vencedor quer essa elevação para o mínimo de 10%, estipulado no artigo 85,§ 2º, do CPC. Nesse caso o valor do preparo deve corresponder à diferença que pretende obter.

9. O valor da causa deve corresponder ao proveito econômico que pretende o autor, mas, a partir do momento em que não mais se busca o mesmo proveito inicial, mas apenas parte dele, essa parte é que se considera para o valor da causa e para efeito de preparo de recurso.

10. É de se concluir também, que quando se trata de recurso do réu vencedor na ação, apenas, para efeito sucumbenciais, o seu recurso deve ser preparado, tomando por base essa pretensão, tendo em vista que, aquilo que se pediu na inicial não lhe diz respeito. Seria impedir o seu acesso à justiça exigir que se preparasse o recurso, em valor exorbitante e, o que é mais absurdo, baseado valor de pedido feito pelo autor, mas, que já se sabe improcedente.

O mesmo acontece quando quem recorre é um terceiro interessado, como no caso do advogado que quer apenas aumentar a verba de sucumbência a qual tem direito (art. 85 do CPC e 23 da Lei 8.906/94 – EAOAB).

10. REFERÊNCIAS

AMARAL SANTOS, Moacyr. *Comentários ao CPC*. v. 4. Rio de Janeiro: Forense, 1976.

CHEIM JORGE, Flávio. *Teoria geral dos recursos cíveis*. Rio de Janeiro: Forense, 2003.

CHIOVENDA, Giuseppe. *Instituições de direito processual civil*. v. 2. Bookseller, 1998.

DE PLÁCIDO e SILVA, *Vocabulário Jurídico*, v, 4, p. 1624. Rio - São Paulo: Forense,1968.

DIDIER JR, Fredie. *Recurso de terceiro*. São Paulo: RT. 2002.

LIEBMAN, Enrico Túlio. *Direito Processual Civil*. Trad. Candido Rangel Dinamarco. Rio de janeiro, Forense, 1984, v. 1.

LUCON, Paulo Henrique dos Santos. *Embargos à execução*. São Paulo: Saraiva, 1996.

MACEDO, Ubiratan. *Introdução à teoria dos valores*. Curitiba: Ed. dos Professores, 1971.

MACHADO PAUPÉRIO, A. *Valor* in Enciclopédia Saraiva de Direito. São Paulo: Saraiva, 1977, v. 76.

MIRANDA, Gilson Delgado e PIZZOL, Patrícia Miranda. *Processo civil-Recursos*. 3ª edição. São Paulo: Atlas, 2002.

MOURA ROCHA, José. *Valor da causa – I.* in Enciclopédia Saraiva, v. 76. São Paulo: Saraiva, 1.977.

NADER, Miguel José. *Guia prático dos recursos no processo civil*. São Paulo: Jurídica Brasileira, 5ª edição, 2001.

NERY JUNIOR, Nelson. *Princípios fundamentais – teoria geral dos recursos*. São Paulo: RT. 4ª edição, 1997.

PELLEGRINO, José Carlos. *A propósito do valor potencial*. RT. 571. São Paulo: RT. maio de 1983.

PONTES DE MIRANDA. *Comentários ao CPC*. Rio de Janeiro: Forense, 1979, tomo 3

SOUZA, Gelson Amaro de. *Do valor da causa*. 4ª edição. São Paulo: RT. 2011.

_____ *Curso de direito processual civil*. Presidente Prudente: Data júris, 2ª ed. 1998.

_____ *Recursos na nova lei de execução fiscal*. RT. 575. São Paulo: Revistas Tribunais, setembro de 1983.

_____ *O agravo de instrumento na Lei de Execução Fiscal – Lei 6.830/80*. Revista Brasileira de Direito Processual. v. 40. Rio de Janeiro: Forense, 4º trimestre, 1983.

_____ *Valor da causa nos embargos de terceiro*. Juriscível do STF. V. 133 e REPRO, v. 35. São Paulo: RT. julho-setembro, 1984.

_____ *A natureza jurídica da impugnação ao valor da causa*. Revista Jurídica, v. 219. Porto Alegre: janeiro de 1996.

_____ e SOUZA FILHO, Gelson Amaro de. *Sentença – Em Busca de uma Definição* (Coautoria com Gelson A.S. Filho), Repertório IOB, v. III, nº 5, 2009. 1ª quinzena, março, 2009; Revista Jurídica, v. 376, pp. 19:42, fevereiro, 2009.

CAPÍTULO 6

Algumas reflexões sobre o efeito translativo: entre o CPC/73 e o CPC/2015[1]

Rennan Faria Krüger Thamay[2]
Rafael Ribeiro Rodrigues[3]

SUMÁRIO • 1. ASPECTOS INICIAIS: A GÊNESE DA PROBLEMÁTICA:1.1. DO NECESSÁRIO RESPEITO AO PRINCÍPIO DO CONTRADITÓRIO; 1.2. POSSIBILIDADE DE O JUIZ APRECIAR DE OFÍCIO MATÉRIA DE ORDEM PÚBLICA; 2. A QUESTÃO EM FASE RECURSAL: 2.1. PRINCÍPIOS DISPOSITIVO E INQUISITÓRIO; 2.2. PRINCÍPIO DA PROIBIÇÃO DA REFORMATIO IN PEJUS; 2.3. O EFEITO TRANSLATIVO; 3. DECISÃO SURPRESA E O NOVO CÓDIGO DE PROCESSO CIVIL; 4. ENCERRAMENTO VOLITIVO DA DEMANDA; 4.1. NA FASE COGNITIVA; 4.2. NA FASE RECURSAL; 5. CONCLUSÃO; 6. REFERÊNCIAS BIBLIOGRÁFICAS.

1. ASPECTOS INICIAIS: A GÊNESE DA PROBLEMÁTICA

Com efeito, obedecido o devido cabimento, a lei processual assegura uma gama de recursos à parte que se vê prejudicada por decisão judicial desfavorável. Quanto a esse fato, não há dúvidas, sendo esta uma decorrência do duplo grau de jurisdição.

Ocorre que – não obstante inexistir, no sistema normativo, dispositivo expresso –, pela lógica e pela interpretação sistemática das normas processuais, é possível concluir que quem interpõe o recurso não pode ter sua situação agravada,

---

1. Artigo objeto de publicação na RePro.
2. Pós-Doutorado pela Universidade de Lisboa. Doutor em Direito pela PUC/RS e Università degli Studi di Pavia. Mestre em Direito pela UNISINOS e pela PUC Minas. Especialista em Direito pela UFRGS. Professor de cursos preparatórios para concursos públicos. É Professor do programa de graduação e pós-graduação (Doutorado, Mestrado e Especialização) da FADISP. Foi Professor assistente (visitante) do programa de graduação da USP. Foi Professor do programa de graduação e pós-graduação (lato sensu) da PUC/RS. Membro do IAPL (International Association of Procedural Law), do IIDP (Instituto Iberoamericano de Derecho Procesal), do IBDP (Instituto Brasileiro de Direito Processual), IASP (Instituto dos Advogados de São Paulo), da ABDPC (Academia Brasileira de Direito Processual Civil), do CEBEPEJ (Centro Brasileiro de Estudos e Pesquisas Judiciais). Membro do Grupo de Processo Constitucional do IASP. Membro do corpo editorial da Revista Opinião Jurídica da Unichristus de Fortaleza. Advogado, consultor jurídico e parecerista.
3. Especialista em Direito Processual Civil pela Escola Paulista de Magistratura. Bacharel em Direito pela Faculdade de Direito da Universidade Mackenzie. Advogado. Associado do escritório Arruda Alvim & Thereza Alvim Advocacia e Consultoria Jurídica S/C.

excetuando-se, entretanto, a hipótese de o juízo *ad quem* entender pela existência de matéria de *ordem pública*, a qual poderá ser apreciada e julgada, independentemente de ter sido suscitada no recurso, mesmo que gere prejuízo, efetivo ou potencial, ao próprio recorrente.[4]

Em outras palavras, o sucumbente interpõe recurso na esperança de ver sua situação melhorada, ou, na pior das hipóteses, mantida, e corre o risco de ser surpreendido por decisão desfavorável, alicerçada em matéria de ordem pública não suscitada nos autos por nenhuma das partes, o que tornará sua situação processual e material mais gravosa do que a de antes da interposição do recurso.

E é exatamente sobre esta famigerada "exceção" que se calca o presente estudo, pois não é de hoje que a prática forense e a doutrina se debatem ante a possibilidade de o recorrente ter sua situação piorada em razão da interposição de seu próprio recurso. Mesmo sendo convincente o fundamento sobre o qual se arrima a jurisprudência do tema, ao que nos parece, tal prática será exterminada com o novo Código de Processo Civil.

1.1. DO NECESSÁRIO RESPEITO AO PRINCÍPIO DO CONTRADITÓRIO

Com expressa previsão constitucional, mais precisamente na parte que trata dos direitos e garantias fundamentais, a Constituição assegura que "aos litigantes, em processo judicial ou administrativo, e aos acusados em geral são assegurados o contraditório e ampla defesa, com os meios e recursos a ela inerentes" (art. 5º, LV), tendo o contraditório[5] sido levado ao *status* de princípio, em virtude de sua relevância para o sistema e sua utilidade para assegurar direitos.

Nesse sentido, não é exagerado dizer que admitir uma demanda sem a existência do efetivo contraditório significaria remontar a um período em que o processo era conduzido pelo monarca absolutista, inquisitório por excelência, onde as partes não tinham voz e nem vez, mas simplesmente eram condenadas e tinham sua pena executada, muitas vezes sem nem mesmo saber o porquê de terem sido processadas, aos moldes do lendário Josef K[6].

---

4. "Questão polêmica nos processos judiciais diz respeito à possibilidade de configuração, ou não, de *reformatio in pejus* ante a reforma *ex officio* de matéria de ordem pública.

   Dita controvérsia, não raramente, acaba por surpreender os litigantes e seus procuradores, os quais amargam reforma prejudicial de decisão, possibilitada única e exclusivamente pela interposição de seu recurso, excetuadas, logicamente, as hipóteses de reexame necessário (remessa oficial)." (RePro 232/450)
5. TESHEINER, José Maria Rosa. THAMAY, Rennan Faria Krüger. Teoria Geral do Processo: em conformidade com o Novo CPC. Rio de Janeiro: Forense, 2015, p. 72 e ss.
6. Personagem principal da obra "O Processo" de Franz Kafka.

Segundo Eduardo Arruda "significa, este princípio, que se deve 'dar conhecimento da existência da ação e de todos os atos do processo às partes, e, de outro, a possibilidade de as partes reagirem aos atos que lhes sejam desfavoráveis'."[7]

A essência do contraditório, por conseguinte, não está ligada, necessária e diretamente, à efetiva manifestação da parte nos autos, mas sim à *oportunidade* que lhe é dada para se manifestar, em momento antecedente àquele no qual o juízo deve proferir decisão sobre matéria ainda não debatida.

Trata-se, portanto, de direito processual subjetivo (*facultas agendi*) das partes, às quais deve ser garantido o direito de manifestação e debate sobre tema ainda não abordado na demanda. No entanto, a ausência dessa manifestação, por vontade própria ou negligência da parte, não significará violação ao contraditório.[8]

Por certo que há hipóteses nas quais o magistrado pode diferir o contraditório, a fim de evitar prejuízo material, tal como ocorre na antecipação dos efeitos da tutela. Contudo, a garantia do contraditório, em momento posterior à decisão judicial, deve ser uma exceção fundamentada, sob pena de ensejar vício processual tendente à nulidade do ato judicial praticado.[9]

De acordo com o novo Código de Processo Civil, mais precisamente o texto da Lei ordinária nº 13.105, de 16 de março de 2015, o princípio do contraditório ganhou menção e garantia expressas por meio do artigo 7º, na parte que trata das "Normas fundamentais do processo civil". *In verbis*:

> "Art. 7º É assegurada às partes paridade de tratamento em relação ao exercício de direitos e faculdades processuais, aos meios de

---

7. ALVIM, Eduardo Arruda. Direito Processual Civil. 3º ed. São Paulo: Revista dos Tribunais, 2010, p. 123.
8. "A importância desse princípio está diretamente relacionada à dialética do processo e ao conceito de lide. Quanto à dialética é sabido que o processo contemporâneo é um processo de partes, em que há uma tese (afirmação do autor), uma antítese (negação do réu) e, finalmente, uma síntese (sentença do juiz). Daí a importância das partes, quer para iniciar e fixar os limites da controvérsia, quer para desenvolve-la (...)" (RePro 232/18)
9. "Tecnicamente, o contraditório pode ser classificado como *prévio, diferido* ou *eventual*. Na primeira hipótese, *prévio*, o contraditório apresenta-se na sua acepção clássica, *audiatur et altera pars*, vale dizer, o juiz houve (SIC) ambas as partes para posteriormente decidir. No caso dele ter *diferido*, o juiz primeiro decide para só depois realiza-lo, como pode ocorrer, por exemplo, na concessão de uma liminar *inaudita altera parte*, ou seja, o juiz concede a medida liminar sem ouvir o réu, postergando, assim, o contraditório para o momento seguinte. Na última hipótese, *eventual*, ele somente ocorrerá se o interessado propuser uma demanda para ampliar ou exaurir a cognição realizada no processo anterior, ou seja, o contraditório irá ocorrer noutro processo na eventualidade de o interessado assim o requerer, como irá ocorrer no instituto conhecido como estabilidade da tutela antecipada satisfativa, art. 305 do projeto do novo CPC." (RePro 232/20)

defesa, aos ônus, aos deveres e à aplicação de sanções processuais, competindo ao juiz zelar pelo efetivo contraditório."

Da análise do novo diploma processual, resta indubitável que o princípio do contraditório foi o que atraiu a maior preocupação do legislador. Diante da leitura do novo Código de Processo Civil, deparamo-nos com diversos dispositivos que estão diretamente relacionados ao princípio do contraditório, algo que evidencia a importância deste princípio constitucional e a preocupação em ampliá-lo e afirmá-lo no sistema.

1.2. POSSIBILIDADE DE O JUIZ APRECIAR DE OFÍCIO MATÉRIA DE ORDEM PÚBLICA

Sem prejuízo da abordagem suprarreferida sobre o princípio do contraditório, a doutrina[10] e a jurisprudência[11] pátrias são pacíficas ao admitir que as matérias de ordem pública podem ser conhecidas e julgadas de ofício pelo magistrado, independentemente de as partes as terem suscitado na demanda ou se manifestado sobre o tema. Dessa forma, a apreciação pelo juízo das matérias de ordem pública é livre, em qualquer tempo e grau de jurisdição, não sendo afetada pelos efeitos da preclusão.

Esse entendimento se pauta, notadamente, no teor das ditas matérias de ordem pública reconhecíveis de oficio, pois, conforme o próprio nome evidencia, estas têm por fim tutelar interesses muito maiores do que aqueles discutidos na demanda que versa sobre direitos individuais, ou seja, vão além do interesse *inter partes* e estão acima das matérias de ordem privada ou particular objeto do processo. Daí o porquê de poderem ser decididas independentemente de provocação das partes.

Por matérias de ordem pública podemos elencar os institutos da prescrição (§ 5º, art. 219, CPC/73) e da decadência, as nulidades processuais, as preclusões, os pressupostos de constituição e desenvolvimento válido do processo (art. 267, IV, CPC/73), os fenômenos da perempção, litispendência e da coisa julgada (art. 267, V, CPC/73) e as condições da ação (art. 267, VI, CPC/73),

---

10. "Conforme Sergio Cavalieri Filho, '*normas de ordem pública são cogentes, imperativas,* pelo que indispensáveis e de observância necessária. As partes não podem alterar o conteúdo do dever nelas esclarecido e o juiz deve aplica-las *ex officio,* isto é, independentemente de provocação (...)'. Claudia Lima Marques complementa: 'as normas de ordem pública estabelecem valores básicos e fundamentais de nossa ordem jurídica, são normas de direito privado, mas de fonte de interesse público, daí serem inafastáveis através de contratos'." (RePro 232/454)

11. "A jurisprudência do Superior Tribunal de Justiça admite a arguição de ilegitimidade passiva pela via da exceção de pré-executividade, pois, como condição da ação, é matéria de ordem pública capaz de ser conhecida de ofício pelo juiz." (STJ – AgRg no AREsp 615096/RS – Min. Rel. Benedito Gonçalves – Publicação: 04/03/2015)

devendo estes três últimos serem analisados nos termos do § 3º do artigo 267 do CPC/73.

Cumpre ressaltar que, além das hipóteses já previstas no artigo 267, CPC/73, o § 3º do artigo 485 do novo Código de Processo Civil também prevê a hipótese de o juiz conhecer de ofício, em qualquer tempo e grau de jurisdição, enquanto não ocorrer o trânsito em julgado, o julgamento da ação sem resolução do mérito quando *"em caso de morte da parte, a ação for considerada intransmissível por disposição legal"*.

Em que pese toda a construção feita para fundamentar a possibilidade de o juiz apreciar de ofício matéria de ordem pública, há tempos se vem questionando sobre o *modus operandi* utilizado pelo Poder Judiciário para realizar a prolação destas decisões sobre norma cogente.

Ao que nos parece, a possibilidade de o juízo apreciar de ofício matéria de ordem pública, nunca antes debatida pelas partes na demanda, não significa dizer que o magistrado pode decidir sem antes dar às partes o direito ao efetivo contraditório. Daí se extrai que a apreciação de ofício das matérias de ordem pública não viola o princípio do contraditório, desde que este seja assegurado às partes, sob pena de incorrer na famigerada decisão surpresa, a qual abordaremos adiante.

Frente a essa problemática e, mais uma vez, visando a tutelar o princípio do contraditório, o novo Código de Processo Civil assim dispõe em seu artigo 10:

> "Art. 10. O juiz não pode decidir, em grau algum de jurisdição, com base em fundamento a respeito do qual não se tenha dado às partes oportunidade de se manifestar, *ainda que se trate de matéria sobre a qual deva decidir de ofício."* (grifo nosso)

Pela interpretação literal do dispositivo, resta clara a intenção do legislador de assegurar o contraditório às partes em qualquer hipótese, mesmo se a matéria a ser decidida for de ordem pública. Todavia, deste dispositivo vislumbramos outros desdobramentos, em especial na parte recursal, conforme tratar-se-á adiante.

O que se pretende evidenciar neste momento é que, não obstante tal dispositivo ter recebido severas críticas de parte da doutrina, a qual sustenta que a obrigatoriedade do prévio contraditório, em caso de decisão sobre matéria de ordem pública, implicaria violação ao princípio da celeridade e da razoável duração do processo, parece-nos que a realidade será diametralmente oposta a esta, pois, em tese, o prévio contraditório possibilitará o melhor esclarecimento às partes e ao magistrado sobre o ponto a ser decidido, com consequente diminuição do número de recursos (ou de mandados de segurança, tendo em vista o reduzido rol de cabimento do agravo de instrumento), em especial aqueles que se fundam sobre a violação ao contraditório.

2. A QUESTÃO EM FASE RECURSAL
2.1. PRINCÍPIOS DISPOSITIVO E INQUISITÓRIO

O princípio dispositivo advém de ideal emanado do Estado liberal que visa a salvaguardar a imparcialidade do juiz[12], segundo o qual, cabe ao autor pleitear ao juízo a prestação jurisdicional que entender mais conveniente aos seus interesses, sendo vedado ao Estado-juiz romper a inércia que lhe é originariamente atribuída para adentrar, de ofício, na esfera de interesses particulares.[13]

Por certo que, mesmo se provocado, ao juízo só é permitido decidir a lide nos limites do pleito formulado pelo autor, conforme disposto nos artigos 128[14] e 460[15] do CPC/73 – os quais possuem dispositivo correlato no novo Código de Processo Civil, mais precisamente os artigos 141[16] e 492[17], respectivamente –, sob pena de o magistrado incorrer em decisão *extra* ou *ultra petita*, passível de reforma.

Na seara recursal o princípio dispositivo encontra guarida por meio do efeito devolutivo (*tantum devolutum quantum appelatum*), disposto no artigo 515, *caput*, do CPC/73, o qual encontra seu substituto no artigo 1.013, do novo Código de Processo Civil, segundo o qual "*A apelação devolverá ao tribunal o conhecimento da matéria impugnada*".[18]

Por sua vez, o princípio inquisitório é aquele por meio do qual se permite ao juízo, mais precisamente em sede recursal, conhecer e julgar de ofício matéria de ordem pública, ainda que não alegada pelas partes no curso da demanda ou

---

12. CINTRA, Antônio Carlos de Araújo; GRINOVER, Ada Pellegrini e DINAMARCO, Cândido Rangel. Teoria Geral do Processo. 27° ed. São Paulo: Malheiros, 2011, p. 70.
13. "O princípio dispositivo é considerado um princípio fundamental do processo. Através dele se entende que o início do processo fica ao arbítrio do autor, o qual define a lide, como desejar, ficando livre de quaisquer injunções da lei ou da Justiça. As partes vão ao Estado solicitar a prestação da tutela jurisdicional, em vez de o Estado ir distribuir a Justiça." (JORGE, Flávio Cheim. *Teoria geral dos recursos cíveis*. Rio de Janeiro: Forense, 2003, p. 219)
14. "Art. 128. O juiz decidirá a lide nos limites em que foi proposta, sendo-lhe defeso conhecer de questões, não suscitadas, a cujo respeito a lei exige a iniciativa da parte."
15. "Art. 460. É defeso ao juiz proferir sentença, a favor do autor, de natureza diversa da pedida, bem como condenar o réu em quantidade superior ou em objeto diverso do que lhe foi demandado."
16. "Art. 141. O juiz decidirá o mérito nos limites propostos pelas partes, sendo-lhe vedado conhecer de questões não suscitadas a cujo respeito a lei exige iniciativa da parte."
17. "Art. 492. É vedado ao juiz proferir decisão de natureza diversa da pedida, bem como condenar a parte em quantidade superior ou em objeto diverso do que lhe foi demandado."
18. Vide RePro 232/451.

nas razões do recurso que foi interposto e possibilitou a devolução da matéria ao Poder Judiciário.

Apesar de contraditórios, os princípios dispositivo e inquisitório convivem pacífica e independentemente no sistema processual, haja vista tratarem de matérias distintas. Enquanto o princípio dispositivo versa somente sobre matérias de interesse privado das partes e, por esse motivo, devem ser apreciadas pelo juízo somente se estiverem presentes nas razões recursais. Já o princípio inquisitório é um desdobramento da possibilidade atribuída ao juízo de apreciar ex *officio* matérias de ordem pública, mas, desta vez, em sede recursal, em decorrência do duplo grau de jurisdição.

Em outras palavras, se uma das partes do processo sucumbir perante decisão do juízo *a quo*, este sucumbente poderá dispor de seus interesses e não interpor eventual recurso que lhe é facultado. Contudo, se a parte sucumbente romper a inércia do Poder Judiciário e interpor recurso, a este será atribuído efeito devolutivo, a ser operado nos limites da matéria sobre a qual se fundou as razões recursais. Sem prejuízo, toda e qualquer matéria de ordem pública, ainda que não suscitada na demanda, também poderá ser apreciada pelo juízo *ad quem*, no entanto, sobre este ponto, não mais em razão do princípio dispositivo, mas sim como decorrência do princípio inquisitório, o qual se convencionou denominar de efeito translativo dos recursos.

2.2. PRINCÍPIO DA PROIBIÇÃO DA *REFORMATIO IN PEJUS*

Ao tratar do princípio da proibição da *reformatio in pejus*, Flávio Cheim Jorge destaca que *"essa proibição decorre da incidência natural do princípio dispositivo, fazendo com que exista a impossibilidade de o recurso prejudicar a situação do próprio recorrente.".*[19]

Em que pese sua importância, não há, no ordenamento jurídico brasileiro, dispositivo expresso sobre esse princípio, sendo ele uma conclusão extraída da interpretação sistemática das normas processuais, de suas regras e princípios, mais precisamente da parte que versa sobre os recursos[20], prestando-se para alertar ao juízo *ad quem* que não pode o recorrente ter sua situação prejudicada pelo recurso por ele próprio interposto. Do mesmo modo, tal recurso não pode ser aproveitado para beneficiar aquele que não recorreu, pois, em última

---

19. *Op. cit.* p. 221.
20. "Não obstante não haja previsão expressa desta regra em qualquer dispositivo legal, o seu fundamento e a sua lógica podem ser extraídos de outros elementos que estão positivados no texto do Código de Processo Civil, em especial, os princípios dispositivo e *tantum devolutum quantum appelatum*." (RePro 232/451)

análise, o recorrido se conformou com a decisão judicial e não tem a intenção de reformá-la.

Entretanto, ao retornarmos à temática anterior, mais precisamente ao princípio inquisitório, estaremos diante de um novo dilema. Seria possível ao juízo *ad quem* reformar para pior a decisão, mesmo em se tratando de matéria de ordem pública? Comprovando a preocupação da doutrina, seguem as palavras de Araken de Assis:

> "A base em que se funda a proibição da *reformatio in pejus*, na falta de regra expressa, revela-se frágil quando há necessidade de conjugar o princípio dispositivo com o inquisitório. É a violenta turbulência suscitada pelo conhecimento, *ex officio*, das questões de ordem pública, devolvidas pelo recurso total ou parcial (art. 505)."[21]

Por certo que esse tema não é pacífico na jurisprudência e na doutrina. No entanto, a posição majoritária é a de que o princípio inquisitório se presta para lastrear decisão *ex officio*, proferida sobre matéria não impugnada pelo recorrente, desde que verse sobre matéria de ordem pública, mesmo que piore sua situação processual e material, pois estas matérias de ordem pública fogem da esfera de disposição das partes, podendo, portanto, ser suscitadas e julgadas a qualquer tempo e grau de jurisdição.[22]

Nas palavras de Flávio Cheim Jorge, "*decorrência natural dessa apreciação de ofício é a possibilidade de a decisão do recurso vir a ser pior do que a anteriormente proferida, e contra a qual o recorrente se insurgiu.*"[23]

Posição interessante sobre o tema foi apresentada em artigo escrito por Augusto Franke Dahinten e Bernardo Franke Dahinten, segundo os quais "é de se admitir, pelo menos em alguns casos, que o próprio status *de determinadas matérias como sendo de ordem pública é duvidoso, haja vista não se identificar nelas efetivo* interesse público, *tampouco implicarem situações de intranquilidade ou de insegurança à sociedade.*"[24]

De fato, uma matéria ser tida como de ordem pública não implica, necessariamente, dizer que se trata de tema de interesse público. Seria questionável, por exemplo, o interesse da sociedade como um todo ver reconhecida, em grau recursal, a prescrição de determinada obrigação que nem as partes e nem o juízo

---

21. Op. cit. p. 109.
22. "(...) o entendimento atualmente dominante na Justiça brasileira é aquele segundo o qual as matérias revestidas de ordem pública podem ser suscitadas pelo juízo de ofício, inclusive em sede de recurso, seja este voluntário ou por reexame necessário, mesmo que tal agrave a situação do único recorrente, sobrepondo-se esta regra em detrimento do mencionado princípio." (RePro 232/460)
23. Op. cit. p. 223.
24. RePro 232/462.

a quo suscitaram no decorrer da demanda. Pior ainda se considerarmos que essa prescrição pode ser conhecida, apreciada e provida de ofício pelo juízo *ad quem*, sem o prévio direito de manifestação pelas partes.

Nessa toada, esses autores entendem que o princípio inquisitório não deve ser utilizado compulsoriamente, mas, na verdade, deve ser sopesada a existência do real interesse público, para, só então, verificar a viabilidade de se aplicar a *reformatio in pejus* no caso concreto.[25]

Ao que nos parece, essa posição é acertada e merece melhor atenção por parte do Poder Judiciário. Por certo que, somente diante da possibilidade real de análise do caso concreto poderemos inferir se a norma pública de caráter cogente é pertinente ou não e, se não o for, não deve o julgador ter pudores em deixar de aplicá-la, sem prejuízo, contudo, da devida fundamentação que motivou o convencimento do magistrado[26]. Como exemplo, podemos mencionar a jurisprudência que vem admitindo a ausência de nulidade de atos processuais praticados sem a participação obrigatória do Ministério Público, desde que comprovada a inexistência de prejuízo ao interesse público ou ao incapaz.

Por certo que esse impasse não ganha vida quando a apreciação da matéria de ordem pública pelo juízo *ad quem* tiver origem, única e exclusivamente, no reexame necessário (ou remessa oficial, ou recurso de ofício), cujo instituto está previsto no artigo 475 do CPC/73 (artigo 496 do novo Código de Processo Civil[27]), haja vista que este visa exatamente a resguardar o interesse público nas decisões proferidas em desfavor do Estado.

---

25. "Ou seja, a identificação de determinada matéria como sendo de *interesse público* e como instrumento de manutenção da *tranquilidade* e da *segurança* da sociedade para fins de não sujeição à regra que proíbe a *reformatio in pejus*, deveria ser filtrada e aplicada apenas àquelas que, efetivamente, enquadram-se como tal, sob pena, inclusive, de banalização da natureza de *ordem pública* da qual algumas normas/matérias se revestem." (RePro 232/463)
26. "A verdadeira segurança jurídica, consubstanciada na confiança depositada na *estabilidade* e na *continuidade da ordem jurídica*, na *proteção* fornecida pelas instituições públicas às relações jurídicas e sociais e na *previsibilidade* (mínima que seja) acerca da jurisdição e das manifestações judiciais, se adapta bem mais à certeza de que apenas um recurso (tempestivo e adequado) tem o condão de dar azo à reforma da sentença, do que ao risco de o julgador *ad quem* apreciar matérias que não foram objeto de recurso pela parte interessada." (RePro 232/467)
27. "Art. 496. Está sujeita ao duplo grau de jurisdição, não produzindo efeito senão depois de confirmada pelo tribunal, a sentença:
    I – proferida contra a União, os Estados, o Distrito Federal, os Municípios e suas respectivas autarquias e fundações de direito público;
    II – que julgar procedentes, no todo ou em parte, os embargos à execução fiscal."

2.3. O EFEITO TRANSLATIVO

Em que pese parte substancial da doutrina entender que o efeito translativo não passa de uma decorrência do princípio inquisitório sobre o efeito devolutivo dos recursos[28], entendemos não ser essa a posição mais acertada.

Por efeito translativo entende-se a possibilidade de o Tribunal apreciar matéria não anteriormente apreciada pelo juízo *a quo*, não suscitada pelas partes e, igualmente, não abordada nas razões recursais, desde que esta esteja fora da esfera de disponibilidade das partes e verse sobre questão de ordem pública.

A bem da verdade, enquanto o efeito devolutivo se origina do princípio dispositivo, o efeito translativo surge do princípio inquisitório, mais precisamente, desse princípio aplicado à esfera recursal, não havendo, portanto, motivo para que esses efeitos sejam confundidos.

Por apreciar, de ofício, matéria de ordem pública, as decisões albergadas no efeito translativo não podem ser tidas como *extra*, *citra* ou *ultra petita* e, por conseguinte, não violam o princípio da congruência existente entre as razões recursais e a decisão. Ainda, não se pode alegar a preclusão da matéria, vez que revestida de interesse público.

De acordo com Araken de Assis, o efeito translativo tem nascedouro no artigo 516 do CPC/73[29], segundo o qual *"Ficam também submetidas ao tribunal as questões anteriores à sentença, ainda não decididas"*. A esse respeito, importante

---

28. "A possibilidade de o recurso levar ao conhecimento do órgão julgador matéria estranha à impugnação advém, como já mencionado, da incidência do princípio inquisitório na esfera recursal. Nada mais que isso.

    A peculiaridade de o tribunal conhecer de questões que não foram impugnadas pelo recorrente decorre da característica que o efeito devolutivo possui quando manifestado nos recursos denominados "ordinários", notadamente no que tange à sua profundidade, a qual tem o condão de levar ao conhecimento do órgão julgador todas as questões e fundamentos, mesmo que não impugnadas pelo recorrente." (JORGE, Flávio Cheim. *Teoria geral dos recursos cíveis*. Rio de Janeiro: Forense, 2003, p. 253)

29. "Ideia cada vez mais influente, e progressivamente acatada, reúne noutro efeito, chamado translativo, todas as questões passíveis de conhecimento *ex officio* pelo órgão *ad quem*, porque imunes à preclusão. Tais questões respeitam aos pressupostos processuais (de regra, excluindo os impedimentos) e às condições da ação. Formam, assim, categoria à parte. Se o efeito translativo abrange questões dessa ordem não decididas, conforme dispõe a nova redação do art. 516, aludindo às 'questões anteriores à sentença', ou decididas, mas não impugnadas através de agravo, é tema secundário, hoje relegado à problemática do alcance subjetivo da preclusão, haja ou não agravo.

    De acordo com essa concepção, o efeito devolutivo da apelação sempre devolveria ao órgão *ad quem* a matéria impugnada, no mínimo, por força do princípio dispositivo e, igualmente, as questões que, ocorra controvérsia ou não, ao juiz seja dado conhecer de ofício, por força do princípio inquisitório." (*Op. cit.*, p. 225)

destacar que não identificamos, no novo Código de Processo Civil, dispositivo correlato.

Dada a sua peculiaridade, o efeito translativo aplica-se somente nos recursos ordinários (apelação, agravos, embargos de declaração, embargos infringentes e recurso ordinário constitucional), não se empregando nos recursos excepcionais interpostos perante os Tribunais Superiores, pois estes possuem regime jurídico detidamente constante no sistema normativo, inclusive na Constituição Federal, em especial no tocante ao cabimento. Deste modo, matéria de ordem pública só será apreciada pelos Tribunais Superiores se anteriormente prequestionada[30], regra que afasta a atribuição do efeito translativo aos recursos excepcionais, pois o prequestionamento prévio enseja, na verdade, o efeito devolutivo da matéria, seja ela de caráter público ou privado.

3. DECISÃO SURPRESA E O NOVO CÓDIGO DE PROCESSO CIVIL

Caso a controvérsia ou norma utilizada pelo juízo em sua *ratio decidendi* não tenha sido discutida na demanda, nem tenha sido oportunizado às partes o direito de manifestação quanto ao tal enquadramento fático-jurídico, não há como negar a violação ao princípio do contraditório – mesmo que a decisão se funde em questão de ordem pública –, dada a impossibilidade de as partes participarem da formação do convencimento do juízo.

É inegável, por conseguinte, que, se o juízo fundamentar sua decisão em questão não debatida na demanda, restará violado o direito ao contraditório. Assim, quando o juízo decide com base em elementos não debatidos no processo, surpreendendo o jurisdicionado, estaremos diante da temerária "decisão surpresa"[31].

---

30. "AGRAVO REGIMENTAL NO AGRAVO REGIMENTAL NO AGRAVO EM RECURSO ESPECIAL. AUSÊNCIA DE IMPUGNAÇÃO DOS FUNDAMENTOS. SÚMULAS NoS 283 E 284/STF. REEXAME DE FATOS. SÚMULA No 7/STJ. MATÉRIA DE ORDEM PÚBLICA. AUSÊNCIA DE PREQUESTIONAMENTO. IMPOSSIBILIDADE DE CONHECIMENTO EX OFFICIO. SÚMULA No 13/STJ DISSÍDIO JURISPRUDENCIAL NÃO COMPROVADO.
    (...)
    4. As questões de ordem pública, embora passíveis de conhecimento de ofício nas instâncias ordinárias, não prescindem, no estreito âmbito do recurso especial, do requisito do prequestionamento. Precedentes."
    (STJ – AgRg no AgRg no AREsp 478380/DF – Min. Rel. RICARDO VILLAS BÔAS CUEVA – Publicação: 12/03/2015)
31. "A utilização pelo juiz, apenas quando do julgamento, de elementos estranhos ao que se debateu no processo – pouco importa trate-se de elementos de fato ou de direito, matéria de ordem pública que seja – produz o que a doutrina e os tribunais, especialmente os europeus, chamam de "decisão-surpresa", "decisão solitária" ou ainda, "sentença de terceira via". Tendo em conta a compreensão atual do contraditório, é algo que se considera inadmissível." (RePro 233/52)

A proibição à decisão surpresa tem sido amplamente reconhecida pela doutrina e jurisprudência[32], havendo inclusive julgados reconhecendo a essa proibição o *status* de "princípio"[33].

Deve-se ainda considerar que, se a parte prejudicada pela decisão surpresa recorrer alegando sua nulidade, não haverá margem para discussão da correta aplicação ou não ao direito, nem quanto à pertinência do enquadramento jurídico dado ao caso concreto. Fato é que, sob a ótica da proibição da decisão surpresa, ante a ausência da devida garantia ao contraditório, não poderia o juízo se valer de norma ou enquadramento estranho às partes e à integralidade da demanda.

Nessa toada, o entendimento corrente é de que a aplicação de ofício de norma de ordem pública, sem assegurar às partes o direito de manifestação prévia à decisão, independentemente do tempo ou grau de jurisdição, configuraria uma das vertentes da decisão surpresa, passível, por conseguinte, de anulação em razão do vício processual[34].

No compasso desse entendimento e resguardadas algumas hipóteses nas quais o contraditório será diferido – para não gerar risco a direitos –, ao que nos parece, o novo Código de Processo Civil pacificou a questão, evidenciando, desse modo, a impossibilidade de o juízo proferir a famigerada decisão surpresa, conforme dispõe o artigo 9º, *in verbis*:

> "Art. 9º Não se proferirá decisão contra uma das partes sem que ela seja previamente ouvida.
>
> Parágrafo único. O disposto no *caput* não se aplica:
>
> I – à tutela provisória de urgência;

---

32. "(...) Acrescenta, ainda, que um dos consectários lógicos da aplicação do dito princípio é a proibição de decisão surpresa, em que a parte não pode ser apanhada por decisão fundada em fato e circunstâncias a respeito das quais não tenha tomado conhecimento. (...)" (TJSP - Agravo de instrumento nº 0583984-73.2010.8.26.0000 – Des. Relatora VERA ANGRISANI - Publicação: 15/04/2011)
33. "DIREITO PRIVADO NÃO ESPECIFICADO. ANULAÇÃO DA SENTENÇA. CERCEAMENTO DE DEFESA. DEVIDO PROCESSO LEGAL. PRINCÍPIO DA NÃO SURPRESA. Evidenciada violação ao devido processo legal e ao princípio da não surpresa, impõe-se seja anulado o processo, a partir do encerramento da instrução. ANULARAM PARCIALMENTE O PROCESSO. APELO PREJUDICADO." (TJRS - Apelação nº 70049625080 – Des. Relator PAULO SERGIO SCARPARO - Publicação: 14/08/2012)
34. "O respeito à garantia do contraditório impõe que o juízo, antes de aplicar de ofício alguma regra legal ou de requalificar a controvérsia, inovando a discussão até então travada no processo, ouça as partes. Se não o fizer, a parte prejudicada pode postular a anulação do julgamento, por infração ao art. 5º, LIV e LV, a CF." (RePro 233/64)

II – às hipóteses de tutela da evidência previstas no art. 311, incisos II e III[35];

III – à decisão prevista no art. 701[36]."

Excluindo-se as exceções legais, percebe-se, pela dicção desse dispositivo, que a obediência ao prévio contraditório é incondicional, independentemente de a decisão ser interlocutória ou sentença, sobre preliminar ou mérito, proferida pelo juízo *a quo* ou *ad quem*, sobre direito disponível ou indisponível, de questão processual ou material, ou sobre matéria de direito privado ou de ordem pública.

Em última análise, o texto do novo Código de Processo Civil não abriu margem para subjetivismo ou discricionariedade do magistrado, o qual está obrigado a conceder o prévio contraditório antes de decidir, sob pena de reforma da decisão.

4. ENCERRAMENTO VOLITIVO DA DEMANDA

4.1. NA FASE COGNITIVA

Do mesmo modo que o autor retira o juízo da inércia mediante provocação feita pela distribuição da petição inicial, também poderá retorná-lo para tal estado, bastando, para tanto, formular pedido de desistência da ação proposta.

Ocorre que, uma vez tendo o Poder Judiciário sido provocado, a desistência da ação somente se encerrará mediante sentença homologando o pedido[37], a qual, por certo, extinguirá o processo sem resolução do mérito[38].

---

35. "Art. 311. A tutela da evidência será concedida, independentemente da demonstração de perigo de dano ou de risco ao resultado útil do processo, quando:
    (...)
    II – as alegações de fato puderem ser comprovadas apenas documentalmente e houver tese firmada em julgamento de casos repetitivos ou em súmula vinculante;
    III – se tratar de pedido reipersecutório fundado em prova documental adequada do contrato de depósito, caso em que será decretada a ordem de entrega do objeto custodiado, sob cominação de multa; (...)"
36. "Art. 701. Sendo evidente o direito do autor, o juiz deferirá a expedição de mandado de pagamento, de entrega de coisa ou para execução de obrigação de fazer ou de não fazer, concedendo ao réu prazo de 15 (quinze) dias para o cumprimento e o pagamento de honorários advocatícios de cinco por cento do valor atribuído à causa."
37. Vide CPC/73: "Art. 158. Os atos das partes, consistentes em declarações unilaterais ou bilaterais de vontade, produzem imediatamente a constituição, a modificação ou a extinção de direitos processuais.
    Parágrafo único. A desistência da ação só produzirá efeito depois de homologada por sentença."
38. Vide CPC/73: "Art. 267. Extingue-se o processo, sem resolução de mérito:
    (...)
    VIII – quando o autor desistir da ação;"

Ademais, importante salientar que, se a citação do réu já tiver ocorrido e seu prazo para resposta, transcorrido, o autor só poderá desistir da ação com a concordância do réu, pois, neste momento processual, houve o aperfeiçoamento e a triangularização da demanda, podendo o réu ter interesse na manutenção da ação para, ao final da fase cognitiva, obter a improcedência do pedido.[39]

O novo Código de Processo Civil, no que concerne a essa questão, não alterou o posicionamento presente, conforme teor destes dispositivos:

> "Art. 200. Os atos das partes consistentes em declarações unilaterais ou bilaterais de vontade produzem imediatamente a constituição, modificação ou extinção de direitos processuais.
>
> Parágrafo único. A desistência da ação só produzirá efeitos após homologação judicial.
>
> (...)
>
> Art. 485. O juiz não resolverá o mérito quando:
>
> (...)
>
> VIII – homologar a desistência da ação;
>
> (...)
>
> § 4º Oferecida a contestação, o autor não poderá, sem o consentimento do réu, desistir da ação."

Entretanto, o novo Código de Processo Civil traz novidade sobre esse tema no § 5º do seu artigo 485, o qual prevê que *"a desistência da ação pode ser apresentada até a sentença"*.

Ao que nos parece, essa orientação é inquestionável e, pelo mesmo motivo, trata-se de um preciosismo do legislador para afastar eventuais pedidos de desistência da ação, em caso de sentença desfavorável, o que não pode ser aceito, tendo em vista que a sentença, com ou sem julgamento do mérito, exaure a função do juízo na demanda em que a decisão foi proferida, não sendo possível, dessa maneira, a formulação e, menos ainda, a homologação do pedido de desistência.

4.2. NA FASE RECURSAL

Com relação a essa fase, qualquer uma das partes litigantes poderá *renunciar* ao direito de recorrer da sentença que virá a ser ou já foi proferida. Como o

---

39. Vide CPC/73: "Art. 267. (...)
    § 4º Depois de decorrido o prazo para a resposta, o autor não poderá, sem o consentimento do réu, desistir da ação."

recurso é faculdade da parte sucumbente, a renúncia de sua interposição independe de aceitação da outra parte[40].

No entanto, mesmo que não haja a renúncia expressa ao direito de recorrer, ainda assim prevê o diploma processual que a *aquiescência*, expressa ou tácita, da sentença impossibilita a interposição de recurso[41]. Nesse sentido, podemos definir a aquiescência como a prática de ato contraditório e não concatenado com a interposição do recurso, tal como o pagamento da condenação, por exemplo.

Por fim, caso não haja a renúncia expressa e nem a prática de atos contrários à vontade de recorrer, após interposto o recurso, poderá o recorrente *desistir* do seu pleito recursal a qualquer tempo, desde que antes de o recurso ser julgado, não estando adstrito à anuência do recorrido ou de eventual terceiro interveniente na lide[42], por ser o recurso uma faculdade[43]. E é exatamente na desistência do recurso que focaremos nossa atenção para concatenar a conclusão deste estudo.

Mais uma vez nos valendo das posições de Araken de Assis, temos a diferença entre desistência da ação e desistência do recurso:

> "A desistência do recurso discrepa da desistência da ação em virtude da desnecessidade de concordância, porque o réu tem direito ao julgamento do mérito, em particular, à improcedência, e da diversidade dos efeitos. Perante a desistência da ação, o juiz emitirá sentença terminativa (art. 267, VIII); na hipótese de desistência do recurso, prevalecerá em definitivo o pronunciamento já emitido, eventualmente acerca do mérito. É por essa razão que, no primeiro caso, o art. 267, § 4º, exige a concordância do réu após a fluência do prazo de resposta, e, no segundo, dispensa qualquer anuência, pois a subsistência do provimento recorrido, em princípio, nenhum prejuízo produz para o adversário do desistente."[44]

Nesse contexto, resta evidenciado que, além de a desistência do recurso prescindir da vontade de sujeito diverso do próprio recorrente, a este ato

---

40. Vide CPC/73: "Art. 502. A renúncia ao direito de recorrer independe da aceitação da outra parte."
41. Vide CPC/73: "Art. 503. A parte, que aceitar expressa ou tacitamente a sentença ou a decisão, não poderá recorrer."
42. "A desistência é negócio jurídico unilateral e não receptício. Não se subordina ao consentimento da parte adversa ou dos litisconsortes (art. 501)." (ASSIS, Araken de. *Manual dos recursos*. São Paulo: Revista dos Tribunais, 2007, p. 168)
43. Vide CPC/73: "Art. 501. O recorrente poderá, a qualquer tempo, sem a anuência do recorrido ou dos litisconsortes, desistir do recurso."
44. *Op. cit.*, p. 168.

processual não pode ser imputado nenhuma condição ou terno, nem depender de homologação judicial, nos termos do artigo 158 do CPC/73 (e, consequentemente, do artigo 200 do novo Código de Processo Civil), entendimento este sedimentado pelo Superior Tribunal de Justiça[45].

O novo Código de Processo Civil trata da desistência do recurso em seu artigo 998, conforme segue:

> "Art. 998. O recorrente poderá, a qualquer tempo, sem a anuência do recorrido ou dos litisconsortes, desistir do recurso.
>
> Parágrafo único. A desistência do recurso não impede a análise de questão cuja repercussão geral já tenha sido reconhecida e daquela objeto de julgamento de recursos extraordinários ou especiais repetitivos."

Com relação ao *caput*, não há surpresas, se comparado com o artigo 501 do CPC/73. A grande novidade vem no parágrafo único, o qual deixa evidenciado que a desistência de recurso não prejudicará questão de "repercussão geral", vez que esta transcende ao próprio recurso interposto em uma demanda individual, ainda mais se considerarmos o sistema de precedentes que o novo Código de Processo Civil pretende formar, debate este em que nos permitiremos não adentrar.

Fato é que, pela dicção dos dispositivos correlatos do novo Código de Processo Civil, do mesmo modo como ocorre atualmente, a desistência é ato de vontade único e exclusivo do recorrente, não dependendo de aprovação de terceiros e nem de homologação judicial.

5. CONCLUSÃO

O princípio do contraditório foi notadamente valorizado pelo novo Código de Processo Civil e, pela nova sistemática, o magistrado deverá franquear a palavra às partes antes de decidir questões ainda não suscitadas na demanda, ainda

---

45. "Processual Civil. Recurso. Desistência. Desnecessidade de Homologação. Impossibilidade de Retratação Frente aos Imediatos Efeitos da Desistência. Extinção do Procedimento Recursal. Inaplicação de Norma Regimental de Homologação (art. 34, IX, RI/STJ). Arts. 3º, 158 e 501, CPC.
    1. A desistência regularmente manifestadora, não comportando condição ou termo, independente do recorrido, salvo para franquear recurso diverso (princípio da fungibilidade), opera efeitos processuais imediatos, inexistente recurso pendente, propiciando a coisa julgada, óbice à eventual retratação (arts. 158 e 501, CPC).
    (...)
    3. Conhecida a desistência, declara-se extinto o procedimento recursal, certificando-se o trânsito em julgado do acórdão recorrido." (STJ – REsp nº 7243/RJ – Min. Relator Milton Pereira – Publicação: 15/06/1993)

que versem sobre matéria de ordem pública, protegendo o jurisdicionado da famigerada decisão surpresa. Por certo que a garantia ao contraditório não se aperfeiçoa com a efetiva manifestação das partes, mas sim, pela possibilidade de estas se manifestarem.

Ocorre que, uma vez sendo garantido o contraditório e decidida a questão, é *faculdade* da parte interpor o recurso cabível, o qual, pelo princípio dispositivo, devolverá ao juízo *ad quem* toda a matéria já debatida em primeira instância e, em decorrência do princípio inquisitório, permitirá ao Tribunal analisar questões de ordem pública, por meio do efeito translativo.

Por ser uma faculdade, pode o recorrente desistir do recurso interposto e deixar a matéria transitar em julgado, sem necessitar de anuência de qualquer outra parte do processo e nem de homologação judicial.

Fato é, ainda, que em razão do artigo 10 do novo Código de Processo Civil, caso o juízo *ad quem* identifique novo fundamento para solucionar a questão *sub judice*, ainda que sobre matéria de ordem pública, deverá condicionar sua decisão à prévia garantia do contraditório do recorrente e do recorrido.

Em última análise, se o novo fundamento trazido pelo juízo *ad quem* for de ordem pública e, por este motivo, tiver a autoridade de reformar para pior a decisão recorrida, poderá o recorrente, após intimado para exercer previamente seu contraditório, desistir do recurso e, assim, impossibilitar o Tribunal de analisar a matéria.

Ao que nos parece, esta dinâmica, quando inserida no campo prático, representará a possível extinção do efeito translativo, pois, de fato, é difícil acreditar que o recorrente, em sendo intimado para se manifestar sobre matéria de ordem pública que visivelmente tenha o condão de piorar sua situação processual e/ou material, irá deixar seu recurso ser julgado.

Em síntese, a garantia da prévia abertura ao contraditório na fase recursal impossibilitará ao juízo *ad quem* apreciar matéria de ordem pública quando esta possibilitar a *reformatio in pejus*, pois o recorrente, certamente, não permitirá que seu próprio recurso se volte contra si.

6. REFERÊNCIAS BIBLIOGRÁFICAS

ALVIM, Arruda. *Manual de Direito Processual Civil*. 16º ed. São Paulo: Revista dos Tribunais, 2013.

ALVIM, Eduardo Arruda. *Direito Processual Civil*. 3º ed. São Paulo: Revista dos Tribunais, 2010.

ASSIS, Araken de. *Manual dos recursos*. São Paulo: Revista dos Tribunais, 2007.

CINTRA, Antônio Carlos de Araújo; GRINOVER, Ada Pellegrini e DINAMARCO, Cândido Rangel. *Teoria Geral do Processo*. 27º ed. São Paulo: Malheiros, 2011.

DAHINTEN, Augusto Franke; DAHINTEN, Bernardo Franke. *A vedação da reformatio in pejus versus as matérias de ordem pública: crítica ao atual entendimento jurisprudencial*. RePro nº 232/449. São Paulo: Revista dos Tribunais, junho/2014.

HELLMAN, Renê Francisco. *Sobre como será difícil julgar com o Novo Código de Processo Civil (PLC 8.046/2010). Do prêt-à-porter à alta costura decisória*. RePro nº 239/97. São Paulo: Revista dos Tribunais, janeiro/2015.

JORGE, Flávio Cheim. *Teoria geral dos recursos cíveis*. Rio de Janeiro: Forense, 2003.

MALLET, Estêvão. *Notas sobre o problema da chamada "decisão surpresa"*. RePro nº 233/43. São Paulo: Revista dos Tribunais, julho/2014.

MARANHÃO, Clayton; RUDINIKI NETO, Rogério. *Fundamentos e perfis do efeito devolutivo do recurso de apelação*. RePro nº 239/151. São Paulo: Revista dos Tribunais, janeiro/2015.

RIBEIRO, Darci Guimarães. *A dimensão constitucional do contraditório e seus reflexos no projeto do novo CPC*. RePro nº 232/13. São Paulo: Revista dos Tribunais, junho/2014.

TESHEINER, José Maria Rosa. THAMAY, Rennan Faria Krüger. *Teoria Geral do Processo*: em conformidade com o Novo CPC. Rio de Janeiro: Forense, 2015.

CAPÍTULO 7
Comentários sobre a fungibilidade recursal: do Código de 1939 ao novo Código de Processo Civil

Rennan Faria Krüger Thamay[1]
Vinícius Ferreira de Andrade[2]

SUMÁRIO: 1. INTRODUÇÃO; 2. FUNGIBILIDADE NO CPC DE 1939; 2.1. NO SISTEMA RECURSAL DO CPC DE 1973; 2.2. NO SISTEMA RECURSAL DO CPC DE 2015; 3. REQUISITO OU REQUISITOS PARA APLICAÇÃO DO PRINCÍPIO DA FUNGIBILIDADE?; 3.1. REQUISITO ÚNICO: DÚVIDA EXTRÍNSECA; 3.1.2. DÚVIDA EXTRÍNSECA FUNDADA - DUAS DIMENSÕES: MODO E TEMPO; 3.1.3. IRRELEVÂNCIA DO PRAZO; 4. CASUÍSTICA ; 5. ANOTAÇÕES CONCLUSIVAS; 6. BIBLIOGRAFIA.

1. INTRODUÇÃO

O princípio[3] da fungibilidade é, sem dúvida alguma, um tema que desperta o tirocínio dos estudiosos do direito (notadamente os processualis-

---

1. Pós-Doutor pela Universidade de Lisboa. Doutor em Direito pela PUC/RS e Università degli Studi di Pavia. Mestre em Direito pela UNISINOS e pela PUC Minas. Especialista em Direito pela UFRGS. É Professor do programa de graduação e pós-graduação (Doutorado, Mestrado e Especialização) da FADISP. Foi Professor assistente (visitante) do programa de graduação da USP, Professor do programa de graduação e pós-graduação (lato sensu) da PUC/RS. Membro do IAPL (International Association of Procedural Law), do IIDP (Instituto Iberoamericano de Derecho Procesal), do IBDP (Instituto Brasileiro de Direito Processual), IASP (Instituto dos Advogados de São Paulo), da ABDPC (Academia Brasileira de Direito Processual Civil). Advogado, consultor jurídico e parecerista.
2. Especialista em Direito Processual Civil pela PUC/SP. Professor Assistente na FADISP. Advogado.
3. Segundo leciona HUMBERTO ÁVILA, princípios "são normas imediatamente finalísticas, primariamente prospectivas e com pretensão de complementaridade e de parcialidade, para cuja aplicação se demanda uma avaliação da correlação entre o estado de coisas a ser promovida e os efeitos decorrentes da conduta havida como necessária à sua promoção." (*Teoria dos Princípios*. 8ª Edição, São Paulo: Malheiros, 2008, p. 78-79). Da mesma forma, consoante conhecida definição doutrinária, princípios "são verdades ou juízos fundamentais que servem de alicerce ou de garantia de certeza a um conjunto de juízos, ordenados em um sistema de conceitos relativos a dada proporção de realidade. Também se denominam princípios, por vezes, certas proposições que, apesar de não serem evidentes ou resultantes de evidências, são assumidas como fundantes da validade de um sistema particular de conhecimentos, como seus pressupostos necessários." (REALE, Miguel. *Filosofia do Direito*, 18ª Edição, São Paulo: Saraiva, 1998, p. 60). Ademais, conforme observa ARRUDA ALVIM, "Os princípios informativos são regras predominantemente técnicas e, pois, desligados de maior conotação ideológica, sendo, por esta razão, quase que universais. Já os denominados princípios fundamentais do processo são diretrizes nitidamente inspiradas por características políticas, trazendo em si carga ideológica significativa, e, por isto, válidas para os sistemas ideologicamente afeiçoados aos princípios fundamentais que lhes correspondam. Comportam, os princípios fundamentais, por isso mesmo, princípios antagônicos. Assim, v.g., ao do dispositivo pode-se

tas[4]), por ser considerado, por muitos, multifário. Não se deve negar, nessa linha, que esse princípio tem irresistível serventia para corrigir imperfeições engendradas, seja em decorrência de impropriedade terminológica na legislação, em razão de divergência de opiniões na doutrina, até mesmo em virtude de equívoco terminológico quanto à natureza das decisões judiciais[5], pelo fato de haver fundada instabilidade de entendimento na jurisprudência acerca do cabimento dos recursos, bem assim para que possa haver coerência justificada na própria sistemática[6] recursal, garantindo aos jurisdicionados o amplo acesso à justiça de maneira justa e équa.[7]

O tema que nos propusemos enfrentar, em terceiro lugar, possui também íntima correlação com a uniformização de entendimento sobre o cabimento de recursos em casos duvidosos. Ele, princípio da fungibilidade recursal, é previsto inclusive em outros ramos do direito[8] e, ainda, a nosso aviso, pode ser justificado

---

contrapor o oficioso (inquisitório); ao da oralidade, o do processo inteiramente escrito etc. Os princípios informativos, que, em verdade, se poderiam considerar quase que axiomas, porque prescindem de demonstração maior, são os seguintes: a) lógico; b) jurídico; c) político; e d) econômico." ALVIM, Arruda. *Manual de direito processual civil*. 16ª Ed., rev., atual. e ampl. São Paulo: Thomson Reuters - Revista dos Tribunais, 2013, p. 47.

4. Sobre a temática dos princípios, para a estrutura do direito processual, vale conferir PISANI, Andrea Proto. *Lezioni di Diritto Processuale Civile*, Napoli: Jovene, 2012, p. 187 e ss.

5. STJ, 1º Turma, REsp nº 197.857-RJ, rel. Min. Humberto Gomes de Barros, j. em 26.7.00, publicado DJe em 27.11.00, m.v. Ainda, nessa mesma linha, "se o próprio julgador categoriza equivocadamente o seu ato judicial, revela-se razoável que se exonere a parte de eventual inadequação do recurso interposto. Assim, v.g., é comum na decisão dos incidentes processuais aos juízes, ao iniciarem o ato, denominá-los de sentença, quando, em verdade, se trata, na essência, de decisões interlocutórias, como, v.g., a que resolve a impugnação ao valor da causa, o indeferimento do litisconsórcio, a rejeição da reconvenção, as impugnações quanto à penhorabilidade no curso da execução e as liminares em geral. Nesses casos, a parte, induzida em erro pela lei ou pelo tribunal, faz jus à chancela da fungibilidade." (FUX, Luiz. *A reforma do processo civil*, 2ª Edição, 2008, p. 18)

6. Consoante sustenta Canaris, em sua conceituada obra, são conhecidas duas características nos sistemas: "*ordenação e unidade*". E prossegue afirmando: "elas estão, uma para com a outra, na mais estreita relação de intercâmbio, mas são, no fundo, de separar." (CANARIS, Wilhelm-Claus. *Pensamento Sistemático e Conceito de Sistema na Ciência do Direito*, 4ª Edição, Lisboa: Fundação Calouste Gulbenkian, 2008, p. 12). Dinamarco, por exemplo, com precisão, conceitua o objeto do processo, além de fornecer outras duas acepções, como um "sistema de princípios e normas constitucionais e legais coordenados por uma ciência específica (...)". (*Instituições de Direito Processual Civil*, 3ª Edição, São Paulo: Malheiros, 2003, p. 24).

7. "Em verdade, o acesso à justiça sempre foi pretendido pelos processualistas, visando a alcançar a todos a possibilidade de levar seus reclames ao Poder Judiciário e deste poder receber uma resposta, qual seja a mais adequada ao caso concreto, visando a uma prestação da tutela jurisdicional efetiva." (TESHEINER, José Maria Rosa e THAMAY, Rennan Faria Krüger. *Teoria Geral do Processo*, Rio de Janeiro: Forense, 2015, p. 52).

8. A título de curiosidade, destaca-se que o princípio da fungibilidade é consagrado expressamente no Código de Processo Penal, que assim dispõe no art. 579: "Salvo hipótese de má-fé, a parte não será prejudicada pela interposição de um recurso por outro". Aqui, não examinaremos – pois fugiríamos da proposta eleita neste ensaio – o princípio da fungibilidade nos meios de impugnação às decisões judiciais ou, até mesmo, a fungibilidade entre as tutelas de urgência no Código de 1973. O CPC/15, por sua vez, especificamente em seu art. 300, estabeleceu entre as tutelas cautelares e antecipada um regime jurídico "quase único", mas não uma total equiparação entre elas. Assim, nessa senda destacam-se Teresa Arruda

à luz do princípio lógico inerente ao próprio processo civil.[9] O presente ensaio tem por objetivo, portanto, realizar uma análise do princípio da fungibilidade, partindo do antigo sistema recursal caminhando até a Lei nº 13.105/15, denominada Novo Código de Processo Civil (CPC/15).

2. FUNGIBILIDADE NO CPC DE 1939

É ínsito atrelar o princípio da fungibilidade[10], fundamentalmente, ao sistema recursal processual civil. Na verdade, antes do advento do Código de Processo Civil de 1939, já era conhecida entre nós a teoria do recurso indiferente, capitaneada por JAMES GOLDSCHMIDT[11], haurida especialmente da doutrina alemã.

De fato, a fungibilidade já era assunto conhecido entre os processualistas pátrios desde o advento do Código de Processo Civil de 1939 que, em seu artigo 810, assim dispunha: "salvo a hipótese de má-fé ou erro grosseiro, a parte não será prejudicada pela interposição de um recurso pelo outro, devendo os autos ser enviados à Câmara, ou Turma, a que competir o julgamento."

A justificativa para adoção expressa desse princípio tinha, em realidade, lastro na excessividade de recursos[12] que gerava, por consequência, confusão sobre

---

Alvim Wambier, Maria Lúcia Lins Conceição, Leonardo Ferres da Silva Ribeiro e Rogerio Licastro Torres de Mello, *Primeiros Comentários ao Novo Código de Processo Civil Artigo por Artigo*. São Paulo: Thomson Reuters - Revista dos Tribunais, 2015, p. 186.

9. ARRUDA ALVIM, em seu monumental trabalho, vaticina que o princípio informativo lógico do processo civil constitui "regras predominantemente técnicas e, pois, desligadas de maior conotação ideológica, sendo, por esta razão, quase que universais. Segundo o autor, a estruturação do processo há de ser lógica, pois atende uma finalidade, à qual, racionalmente, se devem dirigir todos os atos, culminando todos eles na sentença (...)". ARRUDA ALVIM, José Manuel. *Manual de Processo Civil*, 16ª Edição, São Paulo: Thomson Reuters - Revista dos Tribunais, p. 47. Ousamos ir um pouco além para justificar a aplicação do princípio da fungibilidade: a logicidade do sistema deve permear todos os procedimentos inseridos no processo, incluindo obviamente a fase recursal com a decisão final (acórdão).

10. Ver por todos, BARROS TEIXEIRA, Guilherme Freire. *Teoria do Princípio da Fungibilidade*, Coleção Temas de Direito Processual Civil, volume 13, São Paulo: Revista dos Tribunais, 2008.

11. Segundo o consagrado processualista: "Si se ofrecen dudas acerca de la procedencia de la impugnación y de la clase de recurso, a causa de que el defecto de la resolución a impugnar consiste en que se ha pronunciado una que no debió dictarse (por ej. se ha emitido una sentencia definitiva en lugar de una incidental o de un auto, o al contrario; o una sentencia ordinaria en vez de una contumacial, o viceversa), hay que resolverlas en el sentido de estimar la admisibilidad del recurso interpuesto (principio del «mayor favor»). Es decir que el recurso admisible deseado el recurrente (teoría subjetiva) como si es el adecuado a que se ha dictado (teoría objetiva). Esto constituye la teoría del «recurso indiferente» (Sowohl-als-auch-Theorie). (*Derecho Procesal Civil*, Editorial Labor S.A, 1936, p. 402).

12. Deveras, a preocupação por parte da doutrina brasileira com a quantidade excessiva de recursos não é uma questão nova. Nesse contexto, importa reforçar o *prelúdio* apontado pela própria comissão de juristas, instituída pelo Ato do Presidente do Senado nº 379, de 2009, incumbida de elaborar o projeto do novo Código de Processo Civil, com espeque no trabalho de Egas Moniz de Aragão, em relação ao excesso de recursos, "há demasiados recursos no ordenamento jurídico brasileiro? Deve-se restringir seu cabimento? São eles responsáveis pela morosidade no funcionamento do Poder Judiciário?" Respondendo a tais

o cabimento do recurso adequado, conteúdo de determinados pronunciamentos judiciais e excesso de formalismo.[13] A fungibilidade não era aplicada de forma irrestrita, entretanto.

A bem da verdade, haviam requisitos (má-fé e inexistência de erro grosseiro) não muito bem compreendidos no próprio texto normativo que, por si só, criavam verdadeira celeuma[14] na doutrina e jurisprudência. Aliás, coube a Pontes de Miranda desvendar esta árdua tarefa que girava em torno do conceito da má-fé como elemento negativo para aplicação do princípio da fungibilidade. Segundo Pontes de Miranda, as seguintes situações revelam a má-fé processual do recorrente: (a) usar recurso impróprio de maior prazo, por haver perdido o prazo do recurso cabível; (b) valer-se do recurso de maior devolutividade para escapar da coisa julgada formal; (c) protelar o processo, e.g., lança-se mão do recurso mais demorado; (d) provocar apenas divergências na jurisprudência para assegurar-se, depois, outro recurso.[15] Reconhecida a dificuldade de aferirem-se objetivamente os aspectos evidenciadores desse requisito, máxime pelo fato de não se presumir a má-fé, passou a jurisprudência a lançar mão de critérios puramente empíricos que dificultava a aplicação do princípio.

2.1. No sistema recursal do CPC de 1973

O Código de Processo Civil de 1973 não consagrou explicitamente o princípio da fungibilidade tal como o antigo diploma de 1939[16]. Esse fato não foi motivo

---

indagações, o autor conclui que há três recursos que "atendem aos interesses da brevidade e certeza, interesses que devem ser ponderados – como na fórmula da composição dos medicamentos – para dar adequado remédio às necessidades do processo judicial": a apelação, o agravo e o extraordinário, isto é, recurso especial e recurso extraordinário (Demasiados recursos? Revista de Processo. São Paulo, v. 31, n. 136, p. 9-31, jun. 2006, p. 18)

13. Nesse mesmo sentido, Alcides Mendonça Lima: "O direito anterior ao Código de 1939 estava impregnado pela tradição de respeito fetichista ao formalismo exagerado." (Introdução aos Recursos Cíveis, 2ª Edição, São Paulo: Revista dos Tribunais, 1976, p. 242. Não se concebe – e não se concebia no sistema anterior – o descomedido apego à forma em detrimento da finalidade do próprio ato. Nesse viés, é aguda a advertência realizada por Seabra Fagundes: "Pelo tecnicismo das formas se prejudicava a apuração dos direitos materiais ajuizados. A forma judicial, cuja razão de ser é o reconhecimento dos direitos substanciais lesados, contrapunha-se à sua própria finalidade." (Dos Recursos Ordinários em Matéria Civil, Rio de Janeiro: Forense, 1946, p. 158).

14. Cf., a propósito, Nelson Nery Júnior, "Voltando a falar da fungibilidade no sistema do CPC brasileiro de 1939, verificamos quão difícil foi, para a doutrina e jurisprudência, estabelecer em que consistiriam o "erro grosseiro" e a "má-fé" na interposição do recurso errôneo, como causas impeditivas da aplicação do princípio consagrado no revogado CPC/39." (in Teoria Geral dos Recursos, 6ª Edição, São Paulo: Editora Revista dos Tribunais, 2004, 142)

15. PONTES DE MIRANDA, Francisco José Cavalcante. Comentários ao Código de Processo Civil, Tomo XI, 2ª Edição, Rio de Janeiro: Forense, 1960. p. 51.

16. O autor do anteprojeto do Código de Processo Civil, Alfredo Buzaid, chegou, até mesmo, a criticar o artigo 810 do antigo Código de 1939: "Esta solução não serviu, porém, para melhorar o sistema, porque a frequência

suficiente, no entanto, para negar sua aplicabilidade no atual diploma processual. Alguns autores, vale a ênfase, chegaram afirmar que, ante o fato de não mais haver a confusão em relação ao antigo diploma, não haveria sequer espaço inclusive para aplicação do princípio da fungibilidade.[17]

Com o passar do tempo, contudo, persistindo situações de recorribilidade dúbias — ou seja, situações que despertavam dúvidas quanto ao recurso cabível contra determinado pronunciamento judicial —, percebeu-se a necessidade de o princípio ser mantido no sistema processual, malgrado não houvesse a previsão expressa.

Não por este motivo o princípio da fungibilidade foi descartado. Isso porque, nas palavras de Nelson Nery Júnior, "os princípios são, normalmente, regras de ordem legal, que muitas vezes decorrem do próprio sistema jurídico e não necessitam estar previstos expressamente em normas legais, para que se lhes empreste validade e eficácia."[18]

A permanência da fungibilidade recursal no CPC/73, a nosso ver, tem por base um motivo determinante: manutenção do estado de incerteza jurídica.[19] A toda evidência, a incerteza mencionada anteriormente gerava — como gera — um sentimento refratário sobre a expectativa criada pela sociedade no processo, mormente pela insegurança verificada entre os dois lados entrelaçados: natureza do pronunciamento judicial e cabimento do recurso existente no artigo 496 do Código de Processo Civil.[20] Não se deve negar, nessa ordem de ideias, a íntima relação da

---

com que os recursos, erroneamente interpostos, não são conhecidos pela instância superior, evidenciou que aplicação do artigo 810 tem valor limitadíssimo." (Anteprojeto de Código de Processo Civil, Rio de Janeiro:1964, p.39)

17. Seabra Fagundes, v.g, chegou a afirmar, logo após a edição do CPC/73: "remove as dificuldades com que tão freqüentemente se deparava o advogado na eleição do remédio cabível contra a sentença. A dicotomia a que se ateve – apelação para o julgamento extintivo do processo, agravo de instrumento para as decisões interlocutórias, quais quer que elas sejam – vem remover aquela que se tem apresentado sempre como uma torturante dificuldade da prática forense: a escolha do recurso." (Revista de Processo, "Dos Recursos" em o novo Código de Processo Civil, nº 1, São Paulo, Revista dos Tribunais: 1976, p.44)

18. JUNIOR, Nelson Nery. *Teoria Geral dos Recursos*, 6ª Edição, São Paulo: Editora Revista dos Tribunais, 2004, p. 139.

19. A incerteza jurídica é estado que caminha em sentido oposto ao da segurança jurídica. Pertinente, pois, a observação realizada por J. J. Gomes Canotilho: "a idéia da segurança jurídica reconduz-se a dois princípios materiais concretizadores do princípio geral da segurança: princípio da determinabilidade das leis, expresso na exigência de leis claras e densas e o *princípio da confiança*, traduzido na exigência de leis tendencialmente estáveis ou, pelo menos, não lesivas da *previsibilidade* e *calculabilidade* dos cidadãos relativamente aos seus efeitos". (*Direito constitucional*, 6ª ed., Lisboa, Almedina, 1993, parte IV, cap. 1, IV, n. 2, esp. p. 372).

20. Citamos, neste contexto, as hipóteses mais comezinhas da incidência do princípio da fungibilidade: indeferimento liminar de reconvenção; decisão que mantém ou remove o inventariante (art. 997 do CPC/73 e art. 624 e parágrafo único do CPC/15); exclusão de um dos liticonsortes do processo, dentre muitas outras situações capazes de gerar dúvida objetiva no atual e vigente CPC/73.

fungibilidade com os princípios da instrumentalidade das formas, efetividade do processo e máximo aproveitamento dos atos processuais. A mitigação do princípio da singularidade em tais hipóteses também não deve passar despercebida.[21]

Desse modo, o que interessa para a aplicação do princípio da fungibilidade é a existência de divergência oriunda do próprio sistema recursal, oscilação no entendimento jurisprudencial[22] ou, até mesmo, a norma possa conduzi-lo a interpor recurso tido como errado ao invés do correto.[23]

2.2. No sistema recursal do CPC de 2015

O novo Código de Processo Civil, embora não traga regra tão elástica em comparação ao Código de Processo Civil de 1939, não se omitindo inclusive tal como o Código de Processo Civil de 1973, inova os diplomas anteriores, apontando casuisticamente[24], embora não exaustivamente, acerca da aplicação do princípio da fungibilidade[25] na hipótese de interposição dos recursos especial e extraordinário.

---

21. JUNIOR, Nelson Nery. op. cit., p. 178.
22. Aqui, de modo particular, uma das ideias deste ensaio é que dúvida deva ser visualizada inicialmente a partir do entendimento da jurisprudência, pois, em última análise, o recurso é dirigido ao próprio Estado-juiz, sem que tal ponto de vista possa traduzir ideia automática de descrédito ao papel exercido pelos cultores do direito. Ou seja, mesmo que analisando a questão de modo casuístico, acredita-se que a dúvida extrínseca avulta e sobressai justamente quando a oscilação é verificada entre os Tribunais, embora frequentemente após a edição de novas leis processuais, os debates sobre os novos dispositivos têm início no plano doutrinário.
23. CHEIM JORGE, Flávio. Teoria Geral dos Recursos, 3ª Edição, São Paulo: Revista dos Tribunais, 2007, p. 213.
24. Destaca-se, a propósito, que, embora o CPC/15 tenha avançado em passos largos, em relação à fungibilidade nas hipóteses dos recursos especial e extraordinário, a aplicação do princípio não deve ficar circunscrita aos citados recursos excepcionais; deverá, sim, enfatiza-se, ser aplicável sempre que surjam hipóteses de dúvida objetiva ou, como preferimos, dúvida exterior ao ato volitivo de impugnar determinado pronunciamento judicial. É de se elogiar, p. ex., a inovação legislativa ao extirpar a dúvida oriunda da confusão criada pela regra do art. 17, da Lei nº 1.060/50, que prevê a apelação como recurso cabível. Atualmente, segundo a nova regra contida no artigo 101 do CPC/15, o legislador solidificou o entendimento doutrinário anterior aceitando agravo de instrumento como recurso cabível de decisões proferidas nos próprios autos do processo e recurso de apelação quando questão for resolvida em sentença. Cf., nesse sentido, notas de comentários ao art. 101 do CPC/15, feitas por NERY JÚNIOR, Nelson e ANDRADE NERY, Rosa Maria. Comentários ao Código de Processo Civil – Novo CPC – Lei 13.105/15, São Paulo: Thomson Reuters - Revista dos Tribunais, 2015, p. 480 e Teresa Arruda Alvim Wambier et al. Primeiros Comentários ao Novo Código de Processo Civil Artigo por Artigo, São Paulo: Thomson Reuters - Revista dos Tribunais, 2015, p. 186.
25. "Admitem-se como agravo regimental embargos de declaração opostos a decisão monocrática proferida pelo relator do feito no Tribunal. Princípios da economia processual e da fungibilidade". (STJ, 3ª Turma, EDcl no REsp nº 1315464/MA 2012/0058522-9, Relator Ministro João Otávio de Noronha, Data de Julgamento: 14/04/2015, Data de Publicação: DJe 20/04/2015. "A aplicação do princípio da fungibilidade recursal é cabível na hipótese em que exista dúvida objetiva, fundada em divergência doutrinária ou mesmo jurisprudencial acerca do recurso a ser manejado em face da decisão judicial a qual se pretende impugnar". (STJ - AgRg no AREsp: 336945 SC 2013/0133924-5, Relator: Ministro Raul Araújo, Data de Julgamento: 02/10/2014, T4 - QUARTA TURMA, Data de Publicação: DJe 23/10/2014. "Presentes os requisitos para a aplicação do princípio

Como se sabe, por diversos fatores, dentre eles obviamente a utilização abusiva dos recursos,[26] os Tribunais Superiores vêm ampliando a criação da chamada jurisprudência defensiva, que não raras vezes é transformada em verbetes *estandardizados*, como, p. ex., as súmulas 126[27] e 636[28], oriundas respectivamente do STJ e STF.

Mesmo assim, não sem resistência de alguns, o legislador inseriu dois dispositivos, arts. 1.032 e 1.033, considerados *irmãos gêmeos*[29], prestigiando o princípio da fungibilidade e o máximo aproveitamento dos atos processuais. Eis o teor dos novos dispositivos contidos no CPC/15:

> "Art. 1.032. Se o relator, no Superior Tribunal de Justiça, entender que o recurso especial versa sobre questão constitucional, deverá conceder prazo de 15 (quinze) dias para que o recorrente demonstre a existência de repercussão geral e se manifeste sobre a questão constitucional." Parágrafo único. Cumprida a diligência de que trata o caput, o relator remeterá o recurso ao Supremo Tribunal Federal, que, em juízo de admissibilidade, poderá devolvê-lo ao Superior Tribunal de Justiça.
>
> Art. 1.033. Se o Supremo Tribunal Federal considerar como reflexa a ofensa à Constituição afirmada no recurso extraordinário, por pressupor a revisão da interpretação de lei federal ou de tratado, remetê-lo-á ao Superior Tribunal de Justiça para julgamento como recurso especial."

---

da fungibilidade, devem ser recebidos como agravo regimental os embargos declaratórios opostos em face de decisão monocrática e que tenham nítido intuito infringencial". STJ - EDcl no AREsp: 496763 SC 2014/0071449-4, Relator: Ministro Moura Ribeiro, Data de Julgamento: 16/12/2014, T3 – TERCEIRA TURMA, Data de Publicação: DJe 04/02/2015.

26. "A produtividade dos ministros do Superior Tribunal de Justiça bateu mais um recorde em 2014. O tribunal registrou 390 mil julgados, crescimento de 10% em relação ao trabalho de 2013. Só que o número de casos distribuídos aos gabinetes cresceu mais que o dobro em relação aos julgados: saiu de 306,4 mil em 2013 para 386,4 mil em 2014 – alta de 26% de um ano para o outro. Os números impressionam a maioria dos observadores. Não deveria ser normal uma corte cujo papel é fixar teses jurídicas julgar quase 400 mil casos num ano. São mais de 100 mil casos por ministro, mesmo considerando que os 33 julgam – os ministros que estão em cargo de direção, como presidente, vice e corregedor do CNJ ficam afastados da jurisdição." (http://www.conjur.com.br/2015-jan-23/stj-bate-recorde-julga-10-processos-2014 - acesso em 28.5.15, às 16 horas e 30 minutos).

27. "É inadmissível recurso especial, quando o acordão recorrido assenta em fundamentos constitucional e infraconstitucional, qualquer deles suficiente, por si só, para mantê-lo, e a parte vencida não manifesta recurso extraordinário."

28. "Não cabe recurso extraordinário por contrariedade ao princípio constitucional da legalidade, quando a sua verificação pressuponha rever a interpretação dada a normas infraconstitucionais pela decisão recorrida."

29. RIZZO AMARAL, Guilherme. *Comentários às Alterações do Novo CPC*, 1ª Edição, São Paulo: Thomson Reuters - Revista dos Tribunais, 2015, p. 1053.

A *ratio essendi* da norma[30] confere aos jurisdicionados o mais amplo acesso aos Tribunais Superiores e, ao mesmo tempo, evita a indesejada inadmissão surpresa dos recursos especial e extraordinário pelo fato de o STJ considerar que a competência seria do STF e vice-versa. Na prática, não raras vezes, desejando ver reconhecido o erro de procedimento ou de juízo pelos Tribunais Superiores, a parte deparava-se com duas situações situadas em uma *zona cinzenta* e um tanto quanto tormentosa: (*i*) a inexistência de questões puramente constitucionais ou infraconstitucionais; e (*ii*) possibilidade de a questão central, objeto da pretensão recursal, ser analisada sob ambos os pontos de vista.[31]

Importa destacar, por outro lado, que a *positivação* do princípio da fungibilidade tem sua aplicação garantida mesmo nas hipóteses de interposição simultânea dos recursos excepcionais, de modo a evitar, justamente, que o STJ diga que o objeto da pretensão recursal é constitucional, e o STF diga que a pretensão recursal versa sobre questão infraconstitucional.

Merece sinceros aplausos a inserção dessa técnica processual ou, em termos linguísticos mais precisos, da fungibilidade entre os recursos excepcionais, pois, afinal, ele vai de encontro com a indesejada jurisprudência defensiva e está em fina sintonia com o próprio sistema positivado no CPC/15; até porque, ao que tudo indica, mesmo sendo um vaticínio de nossa parte, acredita-se que surgirão muitos questionamentos sobre o cabimento de recurso especial com base na violação do princípio da dignidade da pessoa humana (art. 8º, CPC/15).

3. REQUISITO OU REQUISITOS PARA APLICAÇÃO DO PRINCÍPIO DA FUNGIBILIDADE?

Como acima observado, o princípio da fungibilidade, desde a edição do Código de Processo Civil de 1939, tem suscitado dúvida no que concerne a seus requisitos para a escorreita aplicação. Ou seja, a despeito de um sistema recursal confuso e carente de técnica, a doutrina não dava contornos rígidos e seguros para precisar quando se aplicaria a fungibilidade. Sucintamente, eram três os requisitos exigidos para a aplicação da fungibilidade: (*i*) inexistência de erro grosseiro; (*ii*) inexistência de má-fé, e (*iii*) interposição de recurso dentro do prazo entendido como correto.

---

30. A justificativa, à época, dos autores do anteprojeto elucida bem a razão da norma: "Com os mesmos objetivos, consistentes em simplificar o processo, dando-lhe, simultaneamente, o maior rendimento possível, criou-se a regra de que não há mais extinção do processo, por decisão de inadmissão de recurso, caso o tribunal destinatário entenda que a competência seria de outro tribunal. Há, isto sim, em todas as instâncias, inclusive no plano de STJ e STF, a remessa dos autos ao tribunal competente." (http://www.senado.gov.br/senado/novocpc/pdf/Anteprojeto.pdf - acesso em 15.6.15, às 11 horas e 58 minutos).
31. Teresa Arruda Alvim Wambier. op. cit., p. 1500.

Quando a doutrina lançava mão desses requisitos (os dois primeiros eram requisitos negativos, e o terceiro, positivo), criava-se um cenário que dificultava deveras sua aplicação. Definitivamente a perscrutação do elemento subjetivo era — como de fato é — tarefa árdua para o órgão julgador. Malgrado a tentativa de Pontes de Miranda em definir hipóteses de aplicação do princípio da fungibilidade (que, a nosso ver, não passa de casuísmo indesejável), coube à doutrina e jurisprudência a missão de estipular pressupostos para aplicá-lo em hipóteses de incerteza. Em termos diretos, relegou-se à doutrina e jurisprudência o quando, o como, e em quais situações seria aplicada a "teoria do recurso indiferente".

Atualmente, sobretudo a jurisprudência do Superior Tribunal de Justiça[32], tem-se exigido, para aplicação do princípio da fungibilidade, a presença dos seguintes requisitos: (a) dúvida "objetiva" sobre o qual o recurso a ser interposto; (b) inexistência de erro grosseiro; (c) que o recurso seja interposto no prazo para a interposição do recurso próprio.[33]

Em nosso sentir, sem o intuito de alterar os requisitos supraelencados tão somente por um apego à terminologia, pensamos que, a despeito da disparidade em saber se são dois ou se são três os requisitos, para fins de aplicação da fungibilidade no âmbito dos recursos, necessária a presença de um dos requisitos explicitados: dúvida externa[34]. Como bem ponderado por Fredie Didier Júnior e Leonardo José Carneiro da Cunha: "Na verdade, inexistência de erro grosseiro e a existência de 'dúvida objetiva' são as duas faces de uma mesma moeda. Poder-se-ia dizer, em resumo, que o requisito para aplicação da fungibilidade seria um só: a inexistência de 'dúvida objetiva', pois havendo tal dúvida não há erro grosseiro; não havendo a dúvida, haverá erro grosseiro."[35]

Quer-nos parecer que o erro grosseiro nada mais é do que uma decorrência da existência, vale dizer, um consectário lógico, do requisito dúvida extrínseca; não, como visto, um requisito autônomo para aplicação do princípio da

---

32. STJ, AgRg no AgRg no AREsp 616226 / RJ, 3ª Turma, Rel. Min. Marco Aurélio Bellizze, j. 7.5.15, publicação DJe 21.5.15,V.U.
33. MEDINA, José Miguel Garcia; WAMBIER, Teresa Arruda Alvim. *Recursos e Ações Autônomas de Impugnação*, 2ª Tiragem, São Paulo: Revista dos Tribunais, 2008, p. 64.
34. Mesmo seguindo orientação, da qual não concordamos, rígida - quase inflexível - sobre os requisitos para aplicação da fungibilidade, vale conferir trecho extraído do voto condutor proferido pela Min. Nancy Andrighi, no REsp nº 1.330.172-MS, onde se lê: "(...) não se admite a interposição de um recurso por outro se a dúvida decorrer única e exclusivamente da interpretação feita pelo próprio recorrente do texto legal, ou seja, se se tratar de uma dúvida de caráter subjetivo." De modo semelhante, posiciona-se Araken de Assis: "A dúvida desprovida de controvérsia externa ou de dados objetivos extraídos da lei, e que contamina o espírito do recorrente no ato de interposição, constitui simples erro e, nessas condições, não tem força suficiente para relevar o juízo de admissibilidade a quem tem o direito de recorrer." (Manual dos Recursos, 2ª Edição, São Paulo: Revista dos Tribunais, 2009, p. 89)
35. *Curso de Direito Processual Civil*, 3º Volume, 7ª Edição, Salvador: JusPODIVM, 2009, p. 46.

fungibilidade. A simplificação do princípio deve ser o vetor que há de ser seguido para que a prestação jurisdicional atinja seu real desiderato – vale dizer, "dar" direito a quem os tem: não para "inventar" direitos e atribui-los a quem não os tenha.[36]

3.1. Requisito único: Dúvida Extrínseca

Quanto ao primeiro requisito – isto é, a dúvida objetiva (extrínseca) –, a doutrina e jurisprudência consideram-na um requisito indispensável para aplicação da fungibilidade recursal. Segundo sustenta Teresa Arruda Alvim Wambier, o princípio da fungibilidade recursal é aquele por meio do qual, havendo dúvida objetiva quanto a qual seja o recurso adequado, pode-se aceitar o recurso escolhido pela parte, sendo o recurso julgado como se fosse aquele que, segundo o tribunal perante o qual tenha sido interposto, seria o mais "correto".[37]

Na visão de Araken de Assis, o requisito da dúvida objetiva pode ser definido através de hipóteses controversas, na doutrina e jurisprudência, por força de razões mais ou menos convincentes, a respeito do recurso próprio contra algum ato decisório.[38]

Em outras palavras, para aplicação do princípio da fungibilidade, é, conforme a doutrina tradicional que se formara sobre o tema, necessária a inexistência de dúvida objetiva. Nessa senda, Seabra Fagundes[39], citando os ensinamentos de Carvalho dos Santos, ainda na vigência do Código de 1939, já pontificava que "sempre que o texto legal se preste à interpretação que lhe deu o recorrente, ainda que esta não seja a noção exata, a juízo do tribunal *ad quem*, é de tolerar o erro de interposição." A noção de dúvida objetiva colhida da doutrina e jurisprudência é, em realidade, obtida por intermédio de um critério de exclusão: a dúvida é objetiva (extrínseca) e, portanto, aplica-se a fungibilidade recursal, ou a dúvida é subjetiva (intrínseca) e não se aplica tal princípio. O alvitre da nova denominação dada ao requisito (dúvida extrínseca), formulado nesta oportunidade, tem por propósito ajustar a imprecisão do antigo conceito, até porque, afinal de contas, dúvida é sempre um elemento subjetivo.[40]

Acredita-se que, a despeito de ser tarefa árdua chancelar a existência de dúvida subjetiva, vale dizer, aquela que é ínsita ao próprio recorrente, a maneira

---

36. WAMBIER, Teresa Arruda Alvim. op. cit., p. 740.
37. *Os agravos no CPC Brasileiro*, 4ª Edição, São Paulo: Revista dos Tribunais, 2005, p. 534.
38. ASSIS, Araken. *Manual dos Recursos*, 2ª Edição, São Paulo: Revista dos Tribunais, 2009, p. 89
39. *Dos Recursos Ordinários em Matéria Cível*, Rio de Janeiro: Forense, 1964, p. 164.
40. DIDIER JÚNIOR, Fredie, et al., op. cit., p. 45.

adequada para a aferição da hipótese de cabimento do princípio da fungibilidade é considerar no plano concreto que a dúvida seja tão somente extrínseca. Isto significa dizer em termos objetivos: não se considera adequada que a dúvida seja interna ao próprio recorrente; ao contrário, a nosso juízo, a dúvida há de ser exterior, pois a incerteza para aplicação da fungibilidade deve ser verificada pela ausência de jurisprudência dominante. Observe-se, assim, para fins de aplicação da fungibilidade, a necessidade de ser verificada dúvida que transcenda as próprias incertezas internas do recorrente, bem assim seja verificada ou, melhor dizendo, constatável sob a ótica da jurisprudência com base em posicionamentos díspares e críveis para a conversão de um recurso em outro.

3.1.2. Dúvida Extrínseca Fundada - Duas Dimensões: Modo e Tempo

A doutrina, *grosso modo*, para demonstrar que a dúvida é "objetiva" – como demonstrado, consideramos que esta deva ser exterior à pretensão recursal do recorrente –, reputa necessária ampla divergência na doutrina e jurisprudência. Esta assertiva pode ser colhida na conclusão n. 55, do 6º Encontro dos antigos Tribunais de Alçada: "Admite-se a fungibilidade dos recursos desde que inocorrente o erro grosseiro; inexiste este quando há acentuada divergência doutrinário-jurisprudencial sobre o que seria o recurso próprio."[41]

Pelo que se expôs acima, logo se percebe que, normalmente, são empregados conceitos *vagos* e *fluidos* para a aplicação do princípio da fungibilidade em casos duvidosos, tais como *erro grosseiro* e *acentuada* divergência doutrinária e jurisprudencial, o que de certo modo, embora de forma reflexa, acaba por comprometer sua operatividade no âmbito do sistema recursal. Nessa contingência, pergunta-se: o que é acentuada divergência doutrinária e jurisprudencial? Duas, três, quatro entendimentos díspares? Indo um pouco além: justifica-se a aplicação da fungibilidade na hipótese de haver divergência de único Tribunal? Ainda: decisões reiteradas ao longo de um período extenso chancelam a fungibilidade?

Aqui, para a correta compreensão e extensão da fungibilidade, especialmente para contextualizar o conceito *dúvida fundada*, faz-se necessário realizar uma separação em duas dimensões distintas, porém complementares: (a) modo para aplicação da fungibilidade, e (b) delimitação temporal.

Em relação ao primeiro, em nossa visão, firma-se o entendimento que, conjugada, a dúvida extrínseca há de ser chancelada por ser *fundado* o dissenso em relação às hipóteses de cabimento do recurso no campo da jurisprudência e,

---

41. PIMENTEL SOUZA, Bernardo. *Introdução aos Recursos Cíveis e à Ação Rescisória*, 6ª Edição, São Paulo: Saraiva, 2009, pp. 158-159.

num plano secundário, na doutrina. Vale dizer, segundo pensamos, para a aplicação da fungibilidade, faz-se necessária à conjugação alguma divergência tanto na jurisprudência quanto na doutrina de forma fundada. Mas pouco tem sido debatido sobre o critério para verificar a hipótese.

O antigo Código de Processo Civil de Minas Gerais, Lei 830-MG, de 7.9.1922, por exemplo, fazia alusão expressa ao conceito *jurisprudência vacilante*. Nada obstante boa parte da doutrina empregar reiteradamente os conceitos indeterminados mencionados acima, a nosso ver, o problema ainda persiste na prática. Mesmo sendo adotados conceitos tais como acentuada divergência, jurisprudência vacilante, instabilidade, para a aplicação da fungibilidade, tem-se, para fins do presente ensaio, a adoção do termo *jurisprudência dominante*, tal como a regra contida no artigo 557 do CPC/73[42].

A intenção é simplificar a aplicação do princípio: havendo orientação dominante sobre o cabimento de determinado recurso no âmbito dos Tribunais Superiores, mormente quando o STJ aponta que a decisão está sendo tomada com base na orientação da Súmula 83[43] ou, ao menos, havendo predomínio de entendimento nos Tribunais Estaduais ou Federais, afasta-se a aplicação da fungibilidade.

Conforme percebemos, para a aplicação da fungibilidade, e portanto para que a dúvida externa seja fundada, a hipótese de cabimento do recurso deve estar plenamente desassociada dos conceitos *jurisprudência pacífica* e *dominante*, sendo a primeira tida como posicionamento incontroverso, e a segunda, como orientação predominante, ainda que exista outra orientação em sentido contrário.[44]

Normalmente, pelo que pudemos observar, até pela nova disposição contida no art. 6º do CPC/15, consagrando o chamado princípio da cooperação, deve haver também, por parte dos órgãos colegiados, efetiva colaboração[45] para que

---

42. O CPC/15 não faz menção ao termo jurisprudência dominante para negar seguimento ao agravo. O CPC/15 somente faz menção à súmula editada pelo STJ e STF ou pelo próprio Tribunal (v. art. 932, inc. IV, alínea *a*).
43. Súmula 83: "Não se conhece do recurso especial pela divergência, quando a orientação do Tribunal se firmou no mesmo sentido da decisão recorrida." Um exemplo que corrobora o que acaba de ser dito, fazendo coro à harmonia de entendimento, ocorreu na definição sobre o cabimento do agravo no julgamento da fase de liquidação de sentença, conforme excerto reproduzido do voto condutor do Min. Sidnei Benetti: É assente a jurisprudência desta Corte no sentido de que o recurso cabível contra decisão de liquidação de sentença proferida na vigência da Lei 11.232/05 é o Agravo de Instrumento, nos termos do art. 475-H, do CPC. Súmula 83/STJ." (STJ, 3ª Turma, EDCL no ARESP 196698 / RS, Rel. Min. Sidnei Beneti, j. 24.4.14, Publ no DJe em 23.5.14, v.u).
44. MARINONI, Luiz Guilherme e MITIDIERO, Daniel. *Código de Processo Civil Comentado Artigo por Artigo*, São Paulo: Editora Revista dos Tribunais, 2008, p.582.
45. Sobre a colaboração, confira-se MITIDIERO, Daniel. *Colaboração no processo civil: pressupostos sociais, lógicos e éticos*, São Paulo: Revista dos Tribunais, 2009, p. 63 e ss.

haja uniformidade de entendimento sobre o cabimento do recurso. Com isso, por certo, privilegiar-se-á a cooperação no processo para que, em tempo razoável[46], as partes obtenham uma decisão de mérito justa e efetiva. A cooperação, ainda, segundo acreditamos, poderia ser levada a cabo, caso fosse observada pela jurisprudência a formalização de entendimento sobre o cabimento dos recursos por meio da edição de súmulas, o que não se tem verificado nos Tribunais Superiores.[47]

Com relação à segunda delimitação, deve-se ter em mente que o aspecto temporal há de ser verificado na hipótese de aplicação do princípio da fungibilidade. Em nosso sentir, quer-nos parecer que o requisito extrínseco fundado deve ser atual – isto é, no momento da interposição, deve haver a dúvida que não pertence ao recorrente que deve ser igualmente contemporânea. A esse respeito tem-se decisão, constante no REsp 1.133.447 / SP, relatoria da Ministra NANCY ANDRIGHI, cujo fragmento do voto condutor é reproduzido abaixo, por oportuno o momento:

> "[...]essa dúvida deverá ser atual, ou seja, se a divergência existia, mas foi superada porque houve alteração do diploma legal ou porque a doutrina e a jurisprudência acabaram se firmando num ou noutro sentido, não há mais que se falar em dúvida objetiva e, portanto, em admissão de um recurso por outro erroneamente interposto."

A dúvida externa há de ser fundada e, bem assim, ser contextualizada igualmente pela intensidade e temporalidade para fins de aplicação da fungibilidade.

3.1.3. Irrelevância do Prazo

Partimos da premissa, como observado supra, que, para fins de aplicação da fungibilidade recursal, revela-se necessária a verificação de um único requisito, qual seja dúvida extrínseca, desde que ainda seja fundada. Todavia, parcela

---

46. Pensando na razoável duração do processo, pode-se afirmar que "il principio assume una duplice valenza: da un lato, esso attiene ai tempi della procedura in senso stretto, considerando il momento iniziale e finale del procedimento; dall'atro, esse viene sovente evocato in relazione all'introduzione nell'ordinamento di rimedi «deflattivi» del giudizio ordinario e/o di forme di risoluzione delle controversie alternative alla giurisdizione (*alternative dispute resolutions*), tali da «liberare» energie e tempi a disposizione dei giudici, e da innescare un circolo virtuoso finalizzato a favorire l'abbreviazione della durata media dei processi". ARIETA, Giovanni. SANTIS, Francesco de. MONTESANO, Luigi. *Corso base di diritto processuale civile*. 5º ed., Padova: CEDAM, 2013, p. 78.

47. A última súmula editada pelo Superior Tribunal de Justiça, extirpando dúvida, refere-se ao cabimento de agravo de instrumento nos casos de homologação de atualização de cálculo da liquidação, antes mesmo das reformas operadas por meio das Leis nº 11.232/05 e 11.382/06, no CPC de 1973. Isso no longínquo ano de 1994, infelizmente.

significativa da doutrina colocava a questão do prazo como um terceiro requisito ao lado da dúvida "objetiva" e inexistência de erro grosseiro. Este posicionamento ainda tem ressonância na jurisprudência, inclusive, do Superior Tribunal de Justiça, que, em reiteradas decisões, exige a observância do prazo do recurso próprio para aplicação do princípio da fungibilidade.

No Agravo Regimental em Embargos de Divergência, no REsp n. 588.006-SC (2004/0034242-9), decidiu-se, a propósito, que: "não há que se aplicar o princípio da fungibilidade, eis que este reclama dúvida na doutrina ou jurisprudência acerca do recurso cabível, bem como a obediência ao prazo para interposição do recurso adequado, pressupostos estes que não se configuram na espécie."[48] Os Tribunais Estaduais, de certa maneira, têm exigido a observância do prazo recursal próprio como um terceiro requisito para a aplicação do princípio da fungibilidade.[49]

Não concordamos com esse posicionamento, inclusive. Sem embargo do entendimento consolidado pela jurisprudência dominante, a doutrina, por certo e corretamente, imbuída de um espírito mais consentâneo com a instrumentalidade do processo (processo é meio de realização do direito material e, por conseguinte, não é um fim em si mesmo), rechaça o requisito do prazo para a aplicação da fungibilidade.

Teresa Arruda Alvim Wambier, com precisão cirúrgica, assinala que o requisito relativo ao prazo ou se choca com a própria definição e razão de ser do princípio ou carece de sentido, pois, no fundo, essa exigência quase que implica, sob certo aspecto e certa medida, a não aplicação plena do princípio da fungibilidade e violação ao direito constitucional do devido processo legal."[50]

O fundamento precípuo de que se vale a jurisprudência é, pois, que se utilizado o prazo da apelação, quando, em realidade, o recurso correto seria o agravo de instrumento, a ocorrência da preclusão seria inevitável.

Nelson Nery Júnior, manifestando sua discordância sobre o requisito prazo para fins de aplicação do princípio da fungibilidade, ao citar a percuciente lição de Barbosa Moreira, assim se manifesta: "Quer-nos parecer que o referido princípio, admitido implicitamente pelo sistema processual vigente, dá azo a uma exceção,

---

48. No mesmo sentido: REsp n. 53.645/SP, rel. Min. Cesar Asfor Rocha, j. 28.9.1994, v.u; STJ, 4ª T., AgRg no Ag. 295.148/SP, rel. Min. Sálvio de Figueiredo Teixeira, j. 29.8.2000, v.u.
49. TJSP, 6ª Câmara Direito Privado, Ag. 2024276-42.2015.8.26.0000, Rel. Des. Eduardo Sá Pinto Sandeville, j. 27.5.15; TJMG, 2ª Câmara Cível, Ag. 1.0271.07.110185-8/001, Brandão Teixeira, j. 3.3.09, v.u; TJRS, 13ª Câmara Cível, Ap. 70063228365, Desª Elisabete Corrêa Hoeveler, j. 16.4.15, v.u. Em sentido contrário, STJ, REsp nº 12.610-MT, 4ª Turma, Rel. Min. Athos Gusmão, j.26.11.91, DJ em 24.2.92.
50. WAMBIER, Teresa Arruda Alvim e GARCIA MEDINA, José Miguel. *Recursos e Ações Autônomas de Impugnação*, São Paulo: Revista dos Tribunais, 2ª Tiragem, 2008, p.66.

no sentido de que o escoamento in albis do prazo para o recurso cabível faz transitar em julgado a decisão; ou, antes, que a res iudicata se forma sob a condição resolutiva da subsequente interposição de recurso inadequado, mas conversível no adequado por inexistência de erro grosseiro ou má-fé."[51]

Aqui, uma de duas: aplica-se o princípio da fungibilidade em sua integralidade ou esvazia-se sua aplicação e o fim a que se destina. Não podemos anuir com uma aplicação trôpega da fungibilidade. A propósito, releva destacar a impossibilidade de ser penalizado o recorrente – com as terríveis consequências da inadmissão – por não lhe ser atribuível essa conduta. Aí, confirmando o quanto dito em linhas pretéritas, o requisito dúvida extrínseca há de ser constatável.

Se o jurisdicionado, *grosso modo*, não foi o causador dessa instabilidade para manejar um recurso, não é franqueado ao Estado-juiz transferir sua culpa ao recorrente por este fato. Não é demais recordar que o próprio PONTES DE MIRANDA, em um de seus momentos de extrema lucidez, prelecionava, com razão, que a interposição no prazo menor era uma evidência de um comportamento de má-fé do recorrente. Ora, má-fé não é, definitivamente, requisito para aplicação da fungibilidade. Por mais este motivo, a nosso juízo, o prazo não pode ser alçado como requisito para a aplicação do princípio da fungibilidade.

Por último, deve ser enaltecida a regra contida no CPC/15, especificamente no parágrafo 5º, art. 1.003, cujo prazo dos recursos foi dilatado para quinze dias, com exceção dos embargos de declaração, o que, ao que tudo indica, esvaziará o requisito consolidado nos Tribunais.

4. CASUÍSTICA

Chegou-se o momento de apontarmos as hipóteses e os casos práticos em que podem surgir as dúvidas extrínsecas fundadas, sendo que, antecipando um pouco a conclusão deste tópico, muitas situações defendidas, até por haver uma limitação temporal para o requisito dúvida, não autorizam a aplicação do princípio da fungibilidade.

A primeira delas, comumente apontada pela doutrina, refere-se ao indeferimento liminar da reconvenção. A partir disso surge a indagação: existe dúvida extrínseca fundada? A nosso ver, a resposta só pode ser negativa. De longa data, grassa em doutrina e jurisprudência o entendimento de que, mercê da rejeição liminar da reconvenção, por haver a possibilidade da cumulação objetiva de demandas, sendo extinta assim uma das relações, a decisão que a rejeita possui

---
51. *Op. cit.*, pp. 168-169

natureza jurídica de decisão interlocutória. Impende apontar, nessa quadra, que no âmbito do Superior Tribunal de Justiça não há divergência acerca do cabimento do agravo.[52] Superados quase 10 anos da edição da Lei 11.232/05, sem olvidar a alteração do conceito de sentença, catalogando-a pelo conteúdo, não existe mais dúvida externa e fundada pela maturação e evolução da jurisprudência[53].

O segundo exemplo encontradiço em doutrina diz respeito à dúvida objetiva (extrínseca), nas hipóteses de julgamento do incidente de falsidade de julgamento, nos moldes do preconizado pelo art. 395 do CPC/73. Duas situações procedimentais causam dúvidas sobre o cabimento de agravo ou apelação. No caso de ajuizamento do incidente antes de encerrada a fase de instrução à causa principal, nos termos do art. 393 do CPC/73, essa ação seria analisada na mesma base procedimental da ação chamada principal. Aqui, verifica-se que, malgrado não seja recente a polêmica que gira em torno do cabimento do agravo ou apelação, a depender se o incidente é instaurado antes ou depois da audiência de julgamento, ainda persiste a dúvida externa fundada, sobretudo em casos, como acontece amiúde no foro, de equívocos imputados à serventia do judiciário.[54] Vale pontuar que, inclusive, profilaticamente, no CPC/15, em seu art. 433, o procedimento do incidente fora unificado, estabelecendo que a questão constará na parte dispositiva da sentença e, portanto, o recurso cabível passa a ser o recurso de apelação, esvaziando, por completo, o sentido da dúvida e da própria aplicação da fungibilidade.[55]

---

52. "Ocorrendo extinção apenas parcial do processo (v.g., quando indeferida a declaratória incidental, a reconvenção ou excluído um dos litisconsortes), o recurso próprio é o agravo" (REsp nº 323405/RJ, 4ª Turma, rel. Min. Sálvio de Figueiredo Teixeira, DJ 4.2.2002). Cf., ainda: "Reconvenção. Indeferimento liminar. Recurso cabível. Cabe agravo, e não apelação, do provimento judicial que indefere liminarmente a reconvenção, ainda que por equívoco haja sido o pedido reconvencional autuado em apartado. Recurso especial não conhecido" (REsp nº 20313/MS, 4ª Turma, rel. Min. Athos Carneiro, DJ 8.6.92). Recentemente: "Reconvenção. Indeferimento. Recurso. Agravo. Cabe agravo da decisão que indefere liminarmente a reconvenção. Precedentes. Recurso não conhecido." (REsp nº 443.175 – SP, Rel. Min. Ruy Rosado de Aguiar, 4ª Turma, j. 21.11.02, v.u)

53. "Processo Civil. Extinção da reconvenção. Polêmica após a reforma do conceito de sentença. Decisão que extingue a reconvenção desafia agravo de instrumento. Decisão interlocutória. Entendimento solidificado neste Tribunal de Justiça. Precedentes. Apelação que não merece ser conhecida. Recurso desprovido." (TJSP, 1ª Câmara de Direito Reservada de Direito Empresarial, Rel. Francisco Loureiro, j.25.3.15, publ. DJe em 29.3.15, v.u)

54. A respeito, confira-se: "Processo Civil. Recurso especial. Incidente de falsidade. Interposição de agravo de instrumento em vez de apelação. Inexistência de má-fé e erro grosseiro. Princípio da fungibilidade. Aplicabilidade. 1. O reexame de fatos e provas em recurso especial é inadmissível. 2. É possível sanar o equívoco na interposição do recurso pela Aplicação do princípio da fungibilidade recursal, se inocorrente Erro grosseiro e inexistente má-fé por parte do recorrente. 3. Induzir a interposição de recurso equivocado pelo próprio órgão Recorrido, aliada ao prazo mais exíguo do agravo de instrumento, Quando em comparação com a apelação, afasta a suspeita de má-fé e o Erro grosseiro, permitindo a aplicação do princípio da fungibilidade Recursal. 4. Recurso especial a que se nega provimento." (STJ, 3ª Turma, REsp nº 1.104.451 - SC, Rel. Ministra Nancy Andrighi, j. 2.8.11, publ. DJe 15.8.11, v.u).

55. NERY JÚNIOR, Nelson e ANDRADE NERY, Rosa Maria. *Comentários ao Código de Processo Civil – Novo CPC – Lei 13.105/15*, em nota de comentário n. 3-4, sobre art. 434, São Paulo: Thomson Reuters - Revista dos Tribunais, 2015, p. 1054.

Não pode passar despercebido, por outro lado, ainda, que, tendo em mente que a dúvida extrínseca fundada deve ser contextualizada à luz da contemporaneidade para sua aplicação em dado caso concreto, máxime pela maturação[56] e estabilidade do entendimento jurisprudencial, não nos parece incidir atualmente o princípio da fungibilidade nas hipóteses de julgamento da liquidação de sentença e decisão que julga impugnação do cumprimento de sentença.

Para arrematar, outros exemplos dados pela doutrina como fungibilidade entre agravos interno e regimental, julgamos ter uma aproximação maior ligada ao princípio da instrumentalidade das formas, irrelevância do *nomen iuris* para definição do recurso, do que ser propriamente uma hipótese de dúvida extrínseca. A questão sobre a repercussão do nome dado ao agravo que visa a reformar a decisão monocrática é, por excelência, irrelevante para fixar a natureza jurídica[57], tal qual o nome da demanda[58] proposta para a delimitação de seu objeto igualmente o é[59].

5. ANOTAÇÕES CONCLUSIVAS

A caminhada, iniciada do CPC/39 até o destino final, que é o CPC/15, permite-nos apontar conclusivamente que: (*i*) o princípio da fungibilidade passou por opção legislativa por três fases distintas: previsão (CPC/39), ausência (CPC/73) e casuística (CPC/15); (*ii*) nada obstante este não constar expressamente no CPC/15, bem como ter sido apontado nas hipóteses de dúvida entre os recursos especial e extraordinário, sua aplicação deve ser plena, notadamente quando verificadas mudanças na legislação processual; (*iii*) a fungibilidade recursal está umbilicalmente ligada aos princípios da instrumentalidade das formas, efetividade do processo, cooperação e princípio lógico; (*iv*) o único requisito, a nosso ver, para sua efetivação deve ser a dúvida extrínseca fundada; (*v*) a inexistência de erro grosseiro nada mais é do que o seu consectário lógico; (*vi*) o prazo não pode ser considerado mais um requisito, pois ter-se-ia neste caso aplicação pela metade

---

56. RITA DE CÁSSIA VASCONCELOS, p.ex., utiliza o conceito de *amadurecimento* na doutrina e jurisprudência para apontar o influxo do tempo para aferição da dúvida objetiva. (CORRÊA DE VASCONCELOS, Rita de Cássia. *Princípio da Fungibilidade - Hipóteses de incidência no processo civil brasileiro contemporâneo*, São Paulo: Revista dos Tribunais, p. 166)
57. Cf. STJ, 3ª Turma, REsp nº 1417020, Rel. Min. Paulo de Tarso Vieira Sanseverino, j. 5.2.15, DJe 19.2.15.
58. Sobre a demanda e suas mais variadas conotações, como princípio processual, conferir PISANI, Andrea Proto. *Lezioni di Diritto Processuale Civile*. Napoli: Jovene, 2012, p. 188 e ss.
59. Nesse sentido: "Ação acidentária. Litispendência. Configuração. O nome dado à ação é irrelevante para a aferição de sua natureza jurídica, que se revela pelo pedido e pela causa de pedir. Ajuizada uma demanda, a segunda, com o mesmo pedido e mesma causa de pedir, configura litispendência, impondo-se a extinção da última. Sentença de extinção mantida. Recurso improvido. (TJSP, Ap. n. 10003397820138260068, 16ª Câmara de Direito Público, Relator Des. Valter Alexandre Mena, Data de Julgamento: 24.6.14, Publ. DJe em 26.6.14, v.u)

da fungibilidade; (vii) a dúvida é interna quando for estabelecido o cabimento de determinado recurso por meio de jurisprudência dominante e, acima de tudo, quando o STJ tenha se manifestado a respeito, inclusive com a aplicação da Súmula 83, e (viii) por último, fica a nossa modesta sugestão aos Tribunais que definam, por meio de súmulas, qual o recurso cabível justamente em homenagem à cooperação tão propalada pelo CPC/15.

6. BIBLIOGRAFIA

ALVIM NETTO, José Manuel de Arruda. *Manual de direito processual civil*. 16ª Ed., rev., atual. e ampl. São Paulo: Thomson Reuters - Revista dos Tribunais, 2013.

ARIETA, Giovanni. SANTIS, Francesco de. MONTESANO, Luigi. *Corso base di diritto processuale civile*. 5º ed., Padova: CEDAM, 2013.

ASSIS, Araken. *Manual da Execução*, 13ª Edição, São Paulo: Editora Revista dos Tribunais, 2010.

_____. Manual dos Recursos, 2ª Edição, São Paulo: Revista dos Tribunais, 2009.

ÁVILA, Humberto Bergmann. *Teoria dos Princípios*. 8ª Edição, São Paulo: Malheiros, 2008.

BARROS TEIXEIRA, Guilherme Freire. *Teoria do Princípio da Fungibilidade*, Coleção Temas de Direito Processual Civil, volume 13, São Paulo: Revista dos Tribunais, 2008.

BUZAID, Alfredo. Anteprojeto de Código de Processo Civil, Rio de Janeiro:1964.

CANARIS, Wilhelm-Claus. *Pensamento Sistemático e Conceito de Sistema na Ciência do Direito*, 4ª Edição, Lisboa: Fundação Calouste Gulbenkian, 2008.

CHEIM JORGE, Flávio. *Teoria Geral dos Recursos*, 3ª Edição, São Paulo: Revista dos Tribunais, 2007.

CORRÊA DE VASCONCELOS, Rita de Cássia. *Princípio da Fungibilidade – Hipóteses de incidência no processo civil brasileiro contemporâneo*, São Paulo: Revista dos Tribunais, 2007.

DIDIER Jr., Fredie et al. *Curso de Direito Processual Civil*, 5º Volume, Salvador: JusPODIVM, 2009.

_____. *Curso de Direito Processual Civil*, 3º Volume, 7ª Edição, Salvador: JusPODIVM, 2009.

DINAMARCO, Cândido Rangel. *Instituições de Direito Processual Civil*, 3ª Edição, São Paulo: Malheiros, 2003.

DINIZ, Maria Helena. *Curso de Direito Civil*, 21ª Edição, São Paulo: Saraiva, 2004.

FAGUNDES, M. Seabra. *Dos Recursos Ordinários em Matéria Cível*, Rio de Janeiro: Forense, 1946.

_____. Revista de Processo, "Dos Recursos" em o novo Código de Processo Civil, nº 1, São Paulo: Revista dos Tribunais, 1976.

FUX, Luiz. *A reforma do processo civil*, 2ª Edição, Rio de Janeiro: Impetus, 2008.

GOLDSCHMIDT, James *Derecho Procesal Civil*, Editorial Labor S.A, 1936.

GOMES CANOTILHO, José Joaquim. *Direito constitucional*, 6ª ed., Lisboa: Almedina, 1993.

HOUAISS, Antonio. *Dicionário Houaiss da língua portuguesa*, 1º reimpressão com alterações, Rio de Janeiro: Editora Objetiva, 2004.

MEDINA, José Miguel Garcia; WAMBIER, Teresa Arruda Alvim. *Recursos e Ações Autônomas de Impugnação*, 2ª Tiragem, São Paulo: Revista dos Tribunais, 2008.

MENDONÇA LIMA, Alcides. *Introdução aos Recursos Cíveis*, 2ª Edição, São Paulo: Revista dos Tribunais, 1976.

MARINONI, Luiz Guilherme e MITIDIERO, Daniel. *Código de Processo Civil Comentado Artigo por Artigo*, São Paulo: Revista dos Tribunais, 2008.

MITIDIERO, Daniel. *Colaboração no processo civil: pressupostos sociais, lógicos e éticos*, São Paulo: Revista dos Tribunais, 2009.

MONIZ DE ARAGÃO, Egas. *Demasiados recursos?* Revista de Processo, São Paulo: Revista dos Tribunais, v. 31, n. 136, jun. 2006.

NERY JÚNIOR, Nelson e ANDRADE NERY, Rosa Maria. *Comentários ao Código de Processo Civil – Novo CPC – Lei 13.105/15*, São Paulo: Thomson Reuters - Revista dos Tribunais, 2015.

NERY JÚNIOR, Nelson. *Teoria Geral dos Recursos*, 6ª Edição, São Paulo: Editora Revista dos Tribunais, 2004.

PIMENTEL SOUZA, Bernardo. *Introdução aos Recursos Cíveis e à Ação Rescisória*, 6ª Edição, São Paulo: Saraiva, 2009.

PEREIRA DA SILVA, Caio Mário. (*Instituições de Direito Civil*, vol. 1, 21ª Edição Revista e Atualizada com o Código Civil de 2002, Rio de Janeiro: Forense, 2005.

PISANI, Andrea Proto. *Lezioni di Diritto Processuale Civile*, Napoli: Jovene, 2012.

PONTES DE MIRANDA, Francisco José Cavalcante. *Comentários ao Código de Processo Civil*, Tomo XI, 2ª Edição, Rio de Janeiro: Forense, 1960.

REALE, Miguel. *Filosofia do Direito*, 18ª Edição, São Paulo: Saraiva, 1998.

RIZZO AMARAL, Guilherme. *Comentários às Alterações do Novo CPC*, 1ª Edição, São Paulo: Thomson Reuters - Revista dos Tribunais, 2015.

TESHEINER, José Maria Rosa e THAMAY, Rennan Faria Krüger. *Teoria Geral do Processo*, Rio de Janeiro: Forense, 2015, p. 52

WAMBIER, Teresa Arruda Alvim, LINS CONCEIÇÃO, SILVA RIBEIRO, Leonardo Ferres da, TORRES DE MELLO, Rogério Licastro. *Primeiros Comentários ao Novo Código de Processo Civil Artigo por Artigo*, São Paulo: Thomson Reuters - Revista dos Tribunais, 2015.

WAMBIER, Teresa Arruda Alvim. *Os agravos no CPC Brasileiro*, 4ª Edição, São Paulo: Revista dos Tribunais, 2005.

CAPÍTULO 8

O princípio da primazia de mérito na fase recursal de acordo com o Novo Código de Processo Civil

Vinicius Silva Lemos[1]

SUMÁRIO: 1. INTRODUÇÃO; 2. PRINCÍPIO DA PRIMAZIA DE MÉRITO NO NOVO CÓDIGO DE PROCESSO CIVIL; 2.1. A PRIMAZIA DO JULGAMENTO DE MÉRITO E DA ATIVIDADE SATISFATIVA; 3. O IMPACTO DA PRIMAZIA DE MÉRITO NA FASE RECURSAL; 3.1. O COMBATE À JURISPRUDÊNCIA DEFENSIVA; 4. HIPÓTESES DO PRINCÍPIO DA PRIMAZIA DE MÉRITO NA FASE RECURSAL; 4.1. A RELATIVIZAÇÃO DO CUMPRIMENTO DOS REQUISITOS DE ADMISSIBILIDADE; 4.2. FUNGIBILIDADE ENTRE OS RECURSOS: ESPECIAL E EXTRAORDINÁRIO; 4.2.1. A NECESSIDADE DA COMPLEMENTAÇÃO NA HIPÓTESE DO RECURSO ESPECIAL TRANSFORMADO EM RECURSO EXTRAORDINÁRIO; 4.3. FUNGIBILIDADE DOS EMBARGOS DE DECLARAÇÃO E O AGRAVO INTERNO; 4.4. A ESCOLHA PELO PREQUESTIONAMENTO FICTO; 4.4.1. PONTOS PROCESSUAIS FAVORÁVEIS AO PREQUESTIONAMENTO FICTO; 4.5. AMPLIAÇÃO DA TEORIA DA CAUSA MADURA; 4.5.1. A TEORIA DA CAUSA MADURA E O RECURSO ORDINÁRIO; 5. BIBLIOGRAFIA.

1. INTRODUÇÃO

Vivemos um momento de transição legislativa. Um código aprovado, com contagem regressiva para sua vigência e muito a conhecer dessa novidade processual, com as suas nuances, seus caminhos e tendências.

Com uma mudança legal desta magnitude, há de se estudar e analisar os novos conceitos e princípios com outra visão, com uma preocupação em visualizar a nova lei como um momento totalmente inovador, com a esperança de novos tempos processuais.

Uma das principais mudanças realizadas pelo novo código foi a inserção do princípio da primazia de mérito é uma das novas normas fundamentais do novo código, priorizando claramente o julgamento de mérito, relativizando as

---

1. Advogado. Mestrando na Universidade Federal Fluminense em Sociologia e Direito. Especialista em Processo Civil pela Faculdade de Rondônia – FARO. Graduado pela Faculdade de Rondônia – FARO. Professor de Processo Civil na Faculdade de Rondônia – FARO. Conselheiro Estadual da OAB/RO. Diretor Acadêmico da ESA/RO. Membro do CEAPRO – Centro de Estudos Avançados em Processo Civil. Membro da ABDPC – Academia Brasileira de Direito Processual Civil. Membro da ANNEP – Associação Norte-Nordeste de Professores de Processo.

formalidades processuais em busca de uma nova ordem procedimental em que o direito material deve e tem de ser a tônica e o principal ator processual.

Uma alteração drástica na sistemática processual brasileira. Uma nova forma de se imaginar o processo, como um meio, muito mais do que um fim. Evidente que uma mudança dessa magnitude impacta o formalismo processual, altera toda uma cultura de visualização desta nova legislação.

Uma nova lei deve não somente ser uma evolução normal para adaptação de novos tempos. De igual forma, deve criar paradigmas diferentes, novas formas de pensar o mundo processual. Não há como conseguir resultados diferentes com olhares idênticos. Com isto, a nova legislação propõe justamente estes novos olhares.

A dúvida para a doutrina paira no tamanho do impacto, no grau de mudança que este princípio, o da primazia do julgamento de mérito, ocasionará ao sistema processual e a todos os atores desta, inclusive, o impacto na resolução de conflitos e, consequentemente, na sociedade.

2. PRINCÍPIO DA PRIMAZIA DE MÉRITO NO NOVO CÓDIGO DE PROCESSO CIVIL

A necessidade de uma nova codificação processual demonstrava a busca por novos caminhos, por uma alteração não somente de regras, mas, concretamente, de paradigmas. Mudar a forma de pensar processo. Essa é a tônica da nova lei, ver o processo de forma diferente.

Com essa pegada legislativa, a tendência é colocar em prática o processo como meio, como uma forma de almejar a resposta jurisdicional sobre o direito material.

O artigo 4º[2] do novo ordenamento delimita a solução de mérito como o principal motivo de existência do processo e um direito atinente às partes. A ideia do processo é a satisfação das partes pela resposta jurisdicional sobre o mérito, a sobressalência da resolução do conflito de interesse perante a mera preocupação com a formalidade do processo.

É uma mudança excepcional de paradigma. A tendência é evitar o excesso de formalismos processuais para a almejar sempre que possível a sanabilidade dos atos para realizar-se o julgamento integral do mérito.[3] Entre o rigor processual e

---

2. Artigo. 4º As partes têm o direito de obter em prazo razoável a solução integral do mérito, incluída a atividade satisfativa.
3. "Em tempos de redação de um Novo Código de Processo civil entra em pauta a necessidade de se conceber um formalismo que se adeque às diretrizes do processo democrático, de modo a se evitar que as

a tergiversação dos procedimentos, há a necessidade de satisfazer a sociedade, utilizar o processo como meio social para a resolução de conflito, sem imaginar o processo como um protagonista de si mesmo.

De nada adianta outros princípios gerais processuais como o da duração razoável do processo, se a demanda não resultar num julgamento em que o mérito seja alcançado, enfrentado e solucionado.[4] Um processo somente existe para a concretização do direito material, a lembrança dessa realidade é importante para primar-se por julgar o mérito, com o dever de possibilitar a emenda e a correção dos atos para instrumentalizar ao máximo o processamento dos autos.[5]

A atividade estatal jurisdicional que propicia o acesso à justiça para a sociedade não pode se satisfazer somente com uma prestação formal, com uma resposta meramente terminativa, encerrando a demanda sem solucionar-se o conflito de interesses ali exposto. O processo tem um fim social, uma alternativa para o jurisdicionado confiar no estado almejando a solução de seu problema, de sua situação jurídica.

Não há como se satisfazer legalmente com uma decisão, prestada pelo ente estatal, em que a resposta passa pela análise meramente processual, com um teor tecnicamente procedimental, sem uma real resposta jurídica para a situação posta em juízo.

Por estas formas, o princípio da prioridade ao julgamento de mérito é necessário para esta nova realidade processual, com o intuito de relativizar diversas amarras existentes nos andamentos processuais, para possibilitar uma facilitação ao julgamento de mérito, com menos requisitos formais e um aumento do aproveitamento processual.

---

formas processuais sejam estruturadas e interpretadas em dissonância com os ditames conteudísticos do modelo constitucional de processo." NUNES, Dierle. CRUZ, Clenderson Rodrigues da. DRUMMOND, Lucas Dias Costa. Novo CPC, Formalismo democrático e Súmula 418 do STJ: a primazia do mérito e o máximo aproveitamento. http://justificando.com/2014/09/18/novo-cpc-formalismo-democratico-e-sumula-418-stj-primazia--merito-e-o-maximo-aproveitamento/

4. "Além do princípio da duração razoável, pode-se construir do texto normativo também o princípio da primazia do julgamento do mérito, valendo dizer que as regras processuais que regem o processo civil brasileiro devem balizar-se pela preferência, pela precedência, pela prioridade, pelo primado da análise ou do julgamento do mérito. O juiz deve, sempre que possível, superar os vícios, estimulando, viabilizando e permitindo sua correção ou sanação, a fim de que possa efetivamente examinar o mérito e resolver o conflito posto pelas partes. O princípio da primazia do exame do mérito abrange a instrumentalidade das formas, estimulando a correção ou sanação de vícios, bem como o aproveitamento dos atos processuais, com a colaboração mútua das partes e do juiz para que se viabilize a apreciação do mérito." CUNHA, Leonardo Carneiro da. Princípio da primazia do julgamento do mérito http://www.leonardocarneirodacunha.com.br/opiniao/opiniao-49-principio-da-primazia-do-julgamento-do-merito/

5. Enunciado n.º 278 do FPPC: O CPC adota como princípio a sanabilidade dos atos processuais defeituosos

Um grande recado processual legislativo ao reforçar a sentença de mérito como a resposta à ser dada ao jurisdicionado, com uma ênfase em sua busca, mesmo que, em alguns momentos, o juízo deva relativizar erros para se alcançar o julgamento meritório.

2. 1. A primazia do julgamento de mérito e da atividade satisfativa

Não há somente a visão em relação à necessidade de uma prestação jurisdicional em um tempo razoável em sua durabilidade, há, por prioridade, de se almejar dentro deste prazo razoável, a resolução do mérito. Sai a dogmática e o excesso de formalismo, com a visão processual de um aproveitamento processual, uma busca pela entrega efetiva da atividade jurisdicional, com a satisfação em relação a solução dada pelo estado para o caso em questão.

Se o Código de 73 era extremamente formalista, com um cuidado processual quanto à sua forma e andar processual, o novo CPC pensa de maneira diferente, o processo deve priorizar o julgamento de mérito, minorando e possibilitando sempre a saneabilidade das formas e requisitos para alcançar, mediante o máximo aproveitamento processual, o julgamento de mérito. Aquela prestação jurisdicional efetiva.

O artigo 4°. Ainda reforça que, além do mérito, deve proceder também a primazia a atividade satisfativa, a busca, no momento processual da execução ou cumprimento de sentença, da efetividade do direito, com a satisfação específica do requirido naquele momento.

A satisfação do direito colocado em juízo – seja em um título extrajudicial ou judicial – é direito da parte, devendo o estado almejar prioritariamente na efetividade processual, através de meios para alcançar processualmente esta atividade satisfativa e, ainda, a relatividade do formalismo de alguns procedimentos quando for necessário para alcançar a transformação em realidade do direito ali almejado.

3. O IMPACTO DA PRIMAZIA DE MÉRITO NA FASE RECURSAL

Ao imaginar uma codificação com um novo paradigma, uma nova sistemática de priorizar o julgamento de mérito, a real atividade jurisdicional que importa, o legislador inaugura uma nova visão sobre a sistemática processual, realmente como um meio de atingir a pacificação dos conflitos de interesses ali postos para julgamento. Durante toda a codificação, momentos processuais foram imaginados para a prioridade ao julgamento de mérito, com a positivação de relativizações sobre o formalismo processual para alcançar o julgamento de mérito.

Este princípio não existe somente no artigo 4°, mas espalhado e permeado por toda a codificação, como uma nova base paradigmática processual. Sempre que houver uma forquilha jurídica em algum momento do processo, há de se escolher pela busca pelo julgamento do mérito, com o máximo aproveitamento processual, com uma total relativização da formalidade, em prol de se propiciar a resolução do mérito em si.

Se o código é, por vários momentos, impactado por este princípio que prioriza o julgamento de mérito, não seria diferente na fase recursal, até pelo fato de que a maioria dos processos ultrapassam o primeiro grau, resolvendo-se na esfera dos tribunais. Evidente que uma maior preocupação em transformar o caminho final processual no efetivo julgamento de mérito passa por aplicar a mesma tendência dogmática aos recursos.

Dessa forma, o princípio da primazia do julgamento de mérito almeja, na esfera recursal, possibilitar mais julgamentos integrais dos pedidos recursais, priorizando a resolução do mérito que se busca via recurso, relativizando o formalismo para propiciar o julgamento real do que se impugna na forma recursal.

Aplacar o excesso de julgamentos recursais que não conseguem ultrapassar a admissibilidade, impossibilitando à análise do mérito. Esta é a forma, neste momento processual recursal, que o princípio da primazia do julgamento do mérito se manifesta, com a prioridade em conceder a resposta do direito material ali almejado.

3.1. O combate à jurisprudência defensiva

Um dos grandes males do excesso de formalismo praticado pelo CPC/73 recaía na chamada "jurisprudência defensiva" praticada pelos tribunais – de segundo grau ou superiores – para a negativa dos recursos já na análise de validade recursal, sem permitir adentrar-se nas questões meritórias.

Muitas vezes os recursos são analisados em sua validade, com um rigor excessivo, por diversas vezes perverso, justamente para ficar neste momento de análise de validade, quando se julga a admissibilidade recursal, sem a necessidade, ao negar o recurso, de enfrentar-se o mérito. Processualmente este excesso de rigor pode ser eficaz, com julgamentos mais fáceis e ágeis, com números mais favoráveis para os tribunais e, consequentemente, uma celeridade.

Todavia, uma rapidez processual calcada em uma resposta sem efetividade, sem análise de mérito é inócua, sem razão e sem cumprir a função de existência do processo, a pacificação daquele conflito de interesses. Um recurso sem julgamento de seu mérito, ainda que tenha um vício, é um atentado contra a justiça. Estes possíveis erros, se sanáveis, devem ser passíveis de correção, justamente para privilegiar a resposta estatal dentro do que foi almejado no processo e no recurso.

A existência do princípio da primazia ao julgamento de mérito vem combater no código de 2015 à jurisprudência defensiva, almejando mudar a realidade do excesso de barreiras impostas pela norma e pelos tribunais para não se julgar o mérito recursal, este combate almejado pelo princípio da primazia de mérito é a demonstração da mudança dogmática que o processo civil passa, uma forma de salvar o procedimento em busca da resolução de mérito.

Uma nova realidade processual, uma tentativa legislativa louvável.[6]

4. HIPÓTESES DO PRINCÍPIO DA PRIMAZIA DE MÉRITO NA FASE RECURSAL

Não há como pensar em instituir-se novas diretrizes processuais basilares sem imaginar o impacto disto na fase recursal, conhecida exatamente pelo excesso de formalidade, pela prioridade da análise do cumprimento dos requisitos processuais do que à análise meritória.

Durante toda a fase recursal, o princípio da primazia ao julgamento de mérito está presente, se manifestando em diversos momentos diferentes, com o intuito de relativizar as amarras formais processuais, para alcançar-se o julgamento do mérito do recursal, com a prestação jurisdicional plena e a devida análise integral do recurso.

Diversas são as hipóteses em que o princípio da primazia de mérito se manifesta na seara recursal, contudo alguns são com tamanha importância que causarão impacto imediato quando da vigência do novo ordenamento, são eles: a relativização do cumprimento dos requisitos de admissibilidade, fungibilidade entre os recursos: especial e extraordinário, fungibilidade dos embargos de declaração e o agravo interno, a escolha pelo prequestionamento ficto, ampliação da teoria da causa madura e a teoria da causa madura no recurso ordinário.

4.1. A relativização do cumprimento dos requisitos de admissibilidade

O código de 2015, com seu viés da instrumentalidade das formas, com base no princípio da primazia de mérito, relativiza a consequência da existência de vício

---

6. "À sua vez, o Novo CPC avança no tema, em passo decisivo rumo à superação da terra arrasada do formalismo estéril, já que vitaliza o conhecimento do mérito independentemente de prognoses sobre o julgamento." DUARTE, Zulmar. Preponderância do Mérito no Novo CPC. http://genjuridico.com.br/2015/01/23/preponderancia-do-merito-no-novo-cpc

na interposição do recurso em regra. Não há mais um caminho rigoroso, com uma inadmissibilidade de erros. O processo deve buscar o julgamento de mérito, menos formalidade, mais julgamento de direito material. Não se deve esquecer que o processo é mero caminho para a busca da resolução de um conflito de interesse.

Dessa forma, com base no parágrafo único do artigo 932,[7] permitir-se-á ao recorrente sanar a irregularidade no prazo de cinco dias, a contar da intimação para tal feito. Não acarreta mais uma inadmissibilidade sumária, oportunizando ao recorrente uma chance para correção recursal. Uma busca pelo aproveitamento recursal, uma forma de julgar ao máximo o mérito, motivo pelo qual o recurso existe. Realizar efetivamente a revisão da decisão. Não é faculdade do relator abrir esse momento para regularização do vício, mas um dever. Constatada irregularidade sanável, o relator não pode inadmitir o recursal sem a oportunidade para saneamento do vício.[8]

Óbvio que esta oportunidade é preclusiva, encerrando-se com a correção do vício ou com o transcurso do prazo quando de sua inércia. Tem valor para todos os recursos, permitindo aos tribunais utilizarem em qualquer recurso. O intuito é possibilitar em todas as esferas recursais o máximo aproveitamento, com a realização do julgamento do mérito recursal.

Evidente que não pode ser um requisito que inviabiliza o recurso em si, como a intempestividade, mas algum vício sanável que impossibilite um não conhecimento sumário, mas permita a sua saneabilidade, como a juntada de procuração/substabelecimento, complementação ou pagamento das custas, indicação do pagamento correto da guia de preparo, adequação recursal no caso da fungibilidade dos recursos excepcionais, dentre outras.

Não há uma delimitação de qual vício pode ser corrigido ou, simplesmente, relativizado, variando em cada caso. Quanto menos grave o vício a ser sanado, maior a possibilidade de utilizar esta relativização para almejar o julgamento recursal.

4.2. Fungibilidade entre os recursos: especial e extraordinário

Os recursos para os tribunais superiores, especial e extraordinário, atacam por vezes a mesma espécie de decisão, o acórdão do tribunal de segundo grau.

---

7. Artigo 932. (...) Parágrafo único. Antes de considerar inadmissível o recurso, o relator concederá o prazo de 5 (cinco) dias ao recorrente para que seja sanado vício ou complementada a documentação exigível.
8. Enunciado n.º 82 do FPPC: É dever do relator, e não faculdade, conceder o prazo ao recorrente para sanar o vício ou complementar a documentação exigível, antes de inadmitir qualquer recurso, inclusive os excepcionais.

Um quando há ofensa à lei/norma federal, outra quando há matéria constitucional pertinente para tanto. É necessário, portanto, uma análise pelo possível recorrente sobre o conteúdo do acórdão para realizar corretamente o enquadramento recursal, intentar o recurso especial quando for o caso de ofensa a dispositivo de lei federal e suas vertentes ou o recurso extraordinário quando conter matéria constitucional.

Um enquadramento equivocado, uma possível confusão entre a matéria federal ou a constitucional pelo recorrente, se intentar o recurso equivocado, pelo código de 1973, o recurso seria inadmissível, totalmente prejudicado, diante do erro processual realizado.

Na atual codificação, existe a aplicação do princípio da fungibilidade entre os recursos excepcionais, tanto quanto na interposição do recurso especial na hipótese do extraordinário, tanto quanto da situação recursal inversa. Sendo ambos recursos para tribunais superiores, em caso de enquadramento equivocado, a parte recorrente tem a oportunidade do seu recurso ser reaproveitado, remetido para o órgão correto, não sendo declarado diretamente inadmissível.

Na dicção do artigo 1032 do atual código, quando o relator do STJ entender que não houve o enquadramento correto, em vez de questão federal, o correto seria a impugnação a uma matéria constitucional, há a possibilidade de aproveitamento de tal recurso, mesmo com a delimitação e fundamentação material equivocada, transformando-o em recurso extraordinário, com a devida remessa ao STF, para processamento e julgamento. [9] Da mesma forma ocorre ao inverso, quando o relator do STF, ao receber o recurso extraordinário verificar que a matéria ali exposta uma questão federal, somente com um reflexo constitucional, pode da mesma maneira, aproveitar a existência recursal, para transformá-lo em recurso especial, com a devida remessa ao STJ, conforme disposto no artigo 1033.[10]

O intuito de existência dessa fungibilidade entre os recursos excepcionais perfaz a utilização do princípio da instrumentalidade das formas[11], para julgar-se o mérito recursal, relativizando a formalidade processual recursal, para almejar

---

9. Artigo 1.032. Se o relator, no Superior Tribunal de Justiça, entender que o recurso especial versa sobre questão constitucional, deverá conceder prazo de 15 (quinze) dias para que o recorrente demonstre a existência de repercussão geral e se manifeste sobre a questão constitucional. Parágrafo único. Cumprida a diligência de que trata o caput, o relator remeterá o recurso ao Supremo Tribunal Federal, que, em juízo de admissibilidade, poderá devolvê-lo ao Superior Tribunal de Justiça.
10. Artigo 1.033. Se o Supremo Tribunal Federal considerar como reflexa a ofensa à Constituição afirmada no recurso extraordinário, por pressupor a revisão da interpretação de lei federal ou de tratado, remetê-lo-á ao Superior Tribunal de Justiça para julgamento como recurso especial.
11. "Sem transformar as regras formais do processo num sistema orgânico de armadilhas ardilosamente preparadas pela parte mais astuciosa e estrategicamente dissimuladas do caminho do mais incauto, mas também sem renegar o valor que têm, o que se postula é, portanto, a colocação do processo em seu devido lugar de instrumento que não pretenda ir além de suas funções; instrumento cheio de

a resolução do conflito, a prestação jurisdicional ao cidadão. A confusão entre as matérias existem, não de forma sazonal ou excepcional, mas com certa frequência, ocasionando muitas vezes o não conhecimento ou o improvimento do recurso para o tribunal superior, gerando prejuízo ao jurisdicionado.[12]

A preocupação com o direito material, baseada na utilização do princípio da primazia de mérito cominado com o princípio da efetividade do processo, com o alcance da resolução meritória do recurso, relativizando eventuais percalços processuais para um fim comum, a prestação jurisdicional mais ampla, com um resultado mais prático da resposta estatal. O processo deve ser um meio em busca da resolução material, um procedimento para a finalidade da solução ao conflito de interesses, não impedindo este quando for possível julgar o recurso, mediante alguma relativização. Esse é o um avanço da legislação, com um olhar mais material ao direito do que uma rigidez processual.

4.2.1. A necessidade da complementação na hipótese do recurso especial transformado em recurso extraordinário

Com a possibilidade da fungibilidade recursal entre as espécies excepcionais, a interposição para os tribunais superiores ganha uma flexibilidade processual,

---

dignidade e autonomia científica, mas nada mais do que instrumento". DINAMARCO, Cândido Rangel. A Instrumentalidade do Processo. 12ª ed. São Paulo: Malheiros Editores Ltda, 2005, p. 329.

12. Decisão. Vistos. Trata-se de agravo contra a decisão que não admitiu recurso extraordinário amparada no seguinte fundamento: "No entanto, observo que o STF já se manifestou sobre a questão constitucional levantada pela parte autora, no julgamento do AI 801429 SP. Eis o inteiro teor da decisão: Agravo regimental no agravo de instrumento. Coisa julgada. Ofensa ao art. 5º, incisos XXXVI, LIV e LV , da CF . Matéria infraconstitucional. Ofensa reflexa à Constituição. 1. A agravante não trouxe qualquer argumento capaz de infirmar a decisão agravada. 2. A suposta violação do art. 5º, XXXVI, LIV e LV, da CF/88, configura-se, em regra, como no presente caso, mera ofensa reflexa. 3. Agravo regimental não provido. (Ministro Dias Toffoli, Data do Julgamento: 07.02.2012, 1ª Turma)". Decido. O entendimento da Corte é no sentido de que deve a parte impugnar todos os fundamentos da decisão que não admitiu o apelo extremo, o que não ocorreu na espécie, uma vez que mantida incólume a motivação acima reproduzida. A jurisprudência de ambas as Turmas deste Tribunal é no sentido de negar provimento ao agravo quando, como no caso, não são atacados os fundamentos da decisão que obsta o processamento do apelo extraordinário. Nesse sentido: AI nº 488.369/RSAgR, 4/5/04, Primeira Turma, Relator Ministro Sepúlveda Pertence, DJ de 28/5/04, e AI nº 330.535/SP-AgR, Segunda Turma, Relator o Ministro Maurício Corrêa, DJ de 21/9/01, e ARE nº 637.373/MS-AgR, Primeira Turma, Relator o Ministro Ricardo Lewandowski, DJe de 15/6/11, esse último assim ementado: "AGRAVO REGIMENTAL NO RECURSO EXTRAORDINÁRIO COM AGRAVO. RAZÕES DO RECURSO NÃO ATACAM OS FUNDAMENTOS DA AGRAVADA. INCIDÊNCIA DA SÚMULA 287 DO STF. ARTIGO 543 DO CPC. REMESSA DO FEITO AO STJ. DESNECESSIDADE. AGRAVO IMPROVIDO. I O agravo não atacou os fundamentos da decisão que negou seguimento ao recurso extraordinário, o que o torna inviável, conforme a Súmula 287 do STF. Precedentes. II É desnecessário aguardar o julgamento do recurso especial pelo STJ quando o extraordinário não possuir condições de admissibilidade. Precedentes. III Agravo regimental improvido." Ante o exposto, não conheço do agravo. Publique-se. (STF - ARE: 808688 PE , Relator: Min. DIAS TOFFOLI, Data de Julgamento: 13/06/2014, Data de Publicação: DJe-148 DIVULG 31/07/2014 PUBLIC 01/08/2014)

de forma a reaproveitar o que seria um recurso inadequado, transformando-o em outro recurso, seja do especial para o extraordinário, como vice-versa.

Entretanto, quando a fungibilidade ocorre na aceitação do recurso especial como extraordinário, para a mutação processual ser completa necessita da complementação recursal, concedendo prazo para o recorrente adequar o recurso à nova situação, fundamentando sobre o requisito de admissibilidade do extraordinário, a repercussão geral, argumentando sobre a sua existência, aproveitando também para motivar a questão constitucional, delimitando os pontos em que compreende, motivado pelo fato da fungibilidade, haver alguma matéria pertinente.

Sem essa complementação, não há possibilidade da fungibilidade, diante da necessidade de qualquer recurso extraordinário de manifestar-se sobre a repercussão geral. O recurso nasce aqui como especial, transformando-o por interpretação do ministro-relator em extraordinário, exigindo do recorrente para o aproveitamento a adequação aos ditames de admissibilidade recursal específicos da espécie recursal ao STF. A utilização do princípio da complementariedade não somente será eficaz, mas como obrigatória, pela alteração do viés recursal determinado pelo ministro-relator. O recorrente não imagina intentar um recurso extraordinário, preparando-se com as regras do recurso especial, necessitando de prazo para a complementação recursal.

Contudo, com base no parágrafo único do artigo 1032, ao recurso chegar ao STF, o relator pode discordar sobre a matéria recursal ter cunho constitucional, podendo nesta hipótese determinar a devolução dos autos ao STJ para análise do recurso especial.

Esta discricionariedade dada ao STF decidir se aceitará ou não a fungibilidade, devolvendo os autos em caso de negativa, não ocorre quando a situação for inversa, qual seja o STJ ao receber um recurso extraordinário, em que houve a mutação em especial pelo STF, não pode rever esta conclusão, necessariamente acatando-o como especial, concedendo o prosseguimento da instrução recursal da mesma maneira que os demais recursos especiais.

Importante salientar dois pontos que não foram determinados – nem no artigo 1032 tampouco no 1033 – sobre latentes necessidades para estas fungibilidades: possibilitar 15 dias também na hipótese de recurso extraordinário ser convertido em especial e, em ambos, possibilitar novas contrarrazões ao recorrido.

Na primeira necessidade exposta, mesmo não especificada, é prudente se imaginar que para o recurso extraordinário convertido em recurso especial ter chance de êxito, o relator, no STF, deve intimar para complementação em 15 dias, utilizando o artigo 1032 por analogia, adaptando o então recurso extraordinário à questão federal para tornar-se recurso especial. Sem essa complementariedade, impossível visualizar-se alguma chance de êxito neste recurso convertido.

Em ambas as hipóteses dessa fungibilidade, imaginando a hipótese da complementariedade – seja a disposta no artigo 1032 ou imaginando a analogia na hipótese do artigo 1033 – deve-se possibilitar ao recorrido impugnar, via contrarrazões, as alterações provenientes da complementação possibilitada ao recurso convertido – tanto no recurso especial ou extraordinário. O intuito é permitir o efetivo e completo contraditório, pelo fato de que essas possíveis alterações, não passaram pela análise e posterior impugnação do recorrido, fato necessário para deixar o processo justo, realizando a ampla defesa.

4.3. Fungibilidade dos embargos de declaração e o agravo interno

Pela ênfase ao princípio da instrumentalidade das formas, o código de 2015 positiva o princípio da fungibilidade em alguns pontos, quanto aos embargos, ao permitir que o relator que prolatou uma decisão monocrática, ao eventualmente, forem opostos embargos de declaração contra esta decisão singular, caso entenda necessário ou pertinente, os transforme agravo interno no tribunal, mas desde que o recorrente seja intimado previamente para regularizar sua peça.[13]

O artigo 1024 § 3º estipula essa possibilidade da aceitação de um recurso por outro, dos embargos de declaração pelo agravo interno, não julgando-o de maneira monocrática e, sim, remetendo ao colegiado.[14] Obviamente, os embargos de declaração tem fundamentação estranha ao agravo interno e vice-versa, para essa aceitação sem prejuízo da parte recorrente, deve-se intimar o recorrente para adequação recursal, moldando o recurso não somente para impugnar decisão no intuito de esclarecer ou integrar, mas para versar sobre os pontos da decisão

---

13. EMBARGOS DE DECLARAÇÃO. FUNGIBILIDADE RECURSAL. RECURSO RECEBIDOCOMO AGRAVO REGIMENTAL. DISSÍDIO JURISPRUDENCIAL. NÃOCARACTERIZAÇÃO. 1. Em nome dos princípios da economia processual e da fungibilidade, admitem-se como agravo regimental os embargos de declaração opostos a decisão monocrática proferida pelo relator do feito no Tribunal. 2. Quando suscitada a divergência entre paradigmas de turmas da mesma seção e de seção diversa daquela de que provém o aresto embargado, ocorre a cisão do julgamento com primazia da Corte Especial, com posterior remessa dos autos à seção competente em relação aos demais paradigmas. 3. Segundo o art. 546, I, do CPC, c/c o art. 266 do RISTJ, é requisito para a interposição de embargos de divergência que o dissenso ocorra entre acórdão proferido por turma e aresto exarado por outra turma, seção ou órgão especial em sede de recurso especial. 4. Embargos de declaração recebidos como agravo regimental, ao qual se nega provimento. (STJ - EDcl nos EREsp: 1223586 RS 2011/0116367-7, Relator: Ministro JOÃO OTÁVIO DE NORONHA, Data de Julgamento: 07/05/2012, CE - CORTE ESPECIAL, Data de Publicação: DJe 18/05/2012)
14. Artigo 1024. (..) § 3º O órgão julgador conhecerá dos embargos de declaração como agravo interno se entender ser este o recurso cabível, desde que determine previamente a intimação do recorrente para, no prazo de 5 (cinco) dias, complementar as razões recursais, de modo a ajustá-las às exigências do art. 1.021, § 1º.

embargada como um todo, transformando o recurso interposto como embargos de declaração em um autêntico agravo interno. A jurisprudência já era pacificada neste sentido com entendimento dos tribunais superiores sobre essa possibilidade calcada na economia processual e instrumentalidade das formas, o código de 2015 somente positivou um entendimento pacificado, dando-lhe força de lei.[15]

4.4. A escolha pelo prequestionamento ficto

No momento de se positivar o prequestionamento levou-se em consideração a necessidade de se inserir no texto legal um entendimento claro do que seria o instituto, para seguir uma das tendências conceituais do instituto, não deixando-o à mercê novamente da jurisprudência e da doutrina, mas definindo-o.

A delimitação do tema realizou-se de forma a não justificar mais discussões e, sim, de inserir o prequestionamento como um instituto consolidado, como uma definição legal, não somente sobre sua existência e pertinência, mas sobre o entendimento de qual postura adotar, diante tanta divergência jurisprudencial e doutrinária.

Da nova codificação, pode-se extrair a conceituação do prequestionamento como um ato da parte, independente da manifestação judicial sobre o tema, incluindo as alegações realizadas nos embargos como inerentes ao acórdão em si, à decisão judicial. A acepção da palavra, prequestionar, foi utilizada de maneira a parte questionar o judiciário, a simples exposição da matéria, com o requerimento do enfrentamento da matéria pelo tribunal recorrido, já cumpre a medida do prequestionamento.

Não há que se esperar que o judiciário responda aos questionamentos ventilados, impossibilitando, por vezes, a interposição de um recurso, por uma manutenção indevida de uma omissão no acórdão. O fato da parte alegar que há omissão, delimitar fundamentadamente quais os pontos omissos, possibilita pela dicção do artigo 1025, a rediscussão da matéria em grau superior, restando tal ponto como prequestionado. Um avanço processual, um olhar para o futuro e pela celeridade processual.

Dessa forma, o legislador seguiu o entendimento do STF, com a base da Súmula 356, no sentido de bastar a oposição dos embargos declaratórios questionadores da questão, para esta restar totalmente prequestionada, podendo desde já ser analisada pelo tribunal superior, em eventual recurso especial/extraordinário.

---

15. Enunciado n.º 104 do FPPC: O princípio da fungibilidade recursal é compatível com o CPC e alcança todos os recursos, sendo aplicável de ofício.

Os embargos de declaração da parte ao ventilar matéria que incorra em erro, omissão, contradição ou obscuridade, caso o tribunal superior opine pela existência destes, a matéria está prequestionada, ainda que o recurso aclaratório for inadmitido ou rejeitado, havendo alegação do recorrente sobre tais pontos, possibilita o conhecimento da matéria pelo tribunal superior, pela fundamentação contida nos embargos da parte.

Importante salientar que mesmo com a rejeição ou inadmissão dos embargos de declaração, a postulação do embargante que funciona como prequestionamento, não a decisão judicial do tribunal recorrido.

4.4.1. Pontos processuais favoráveis ao prequestionamento ficto

O novo código processual ao realizar a escolha pelo prequestionamento em sua maneira ficta, orienta-se por razões processuais, uma busca pela efetividade da prestação jurisdicional, almejando uma entrega processual meritória mais célere, afinal *"o que importa acima de tudo, como ficou dito, é colocar o processo no seu devido lugar, evitando os males do exagerado "processualismo" (tal é o aspecto negativo do reconhecimento do seu caráter instrumental)"*.[16]

O processo em sua concepção, deve incentivar uma duração razoável, um deslinde normal diante das situações fáticas colocadas ao judiciário. Criação de meios de minorar a demora na prestação jurisdicional, estimular meios de instrumentalizar o processo, retirando amarras processuais, relativizando possibilidades processuais, escolhendo caminhos legislativos para uma efetividade maior do processo. São muitos pontos favoráveis à escolha do prequestionamento, a opção pelo ficto, a definição deste instituto primou pela economia processual, um avançado na aplicabilidade da justiça.

O princípio da instrumentalidade das formas deve ser considerado como ponto positivo para a opção legislativa do prequestionamento. O processo nada mais é do que um instrumento para chegarmos ao deslinde material do direito, à resolução do mérito, tanto da ação quanto do recurso. Não deve o processo e sua tecnicidade serem mais importantes no direito do que a matéria, a solução ao conflito de interesse ali disposto. O prequestionamento enquanto requisito de admissibilidade deve auxiliar os tribunais superiores para uma melhor prestação jurisdicional, com serventia para uma resposta judicial mais completa do tribunal recorrido, bem como uma impugnação mais completa e pertinente do acórdão. Não deve servir como um simples óbice ao trâmite recursal, travando a possibilidade de análise do mérito do recurso.

---

16. DINAMARCO, Cândido Rangel. *A instrumentalidade do processo*. 9. ed. São Paulo: Malheiros, 2001, pp. 309/310.

Há muito tempo a doutrina sobre o tema já especificava a necessidade de unificação de posicionamentos entre os tribunais superiores.[17] Com a dicotomia anteriormente existente sobre a interpretação que cada tribunal superior concedia ao instituto do prequestionamento, o jurisdicionado não tinha uma noção exata do direito ali interpretado, alterando de acordo com o tribunal o aspecto processual existente. Ao dispor sobre o prequestionamento no artigo 1025, a nova codificação pacifica legalmente a matéria, optando pela forma ficta, dirimindo dúvidas na letra da lei, estabelecendo um parâmetro único ao instituto, com o intuito de pacificação de entendimentos entre tribunais superiores, utilizando-o uniformemente.

4.5. Ampliação da teoria da causa madura

A antiga codificação continha em seu artigo 515, § 3,[18] a possibilidade do tribunal afastar questões processuais em sentença terminativa e, em caso de provimento do recurso na parte terminativa, com matéria somente de direito, quando estivesse o processo pronto para julgamento, assim o fazê-lo, não remetendo-o de volta ao juízo a quo, decidindo desde já o mérito do processo em si, mesmo que não haja pronunciamento judicial de primeiro grau sobre o mérito em si.[19]

O intuito dessa existência dessa possibilidade passa pela necessidade de celeridade processual.[20] O tribunal está julgando um recurso de um processo que impugna uma decisão sem mérito, afastando o vício que o juízo a quo alegou

---

17. "Essa instabilidade no entendimento jurisprudencial é muito prejudicial à configuração dos institutos jurídicos, sobretudo quando diz respeito ao cabimento de recursos extraordinários. Que o STF defina, efetivamente, seu entendimento: admite-se ou não o prequestionamento ficto? Pelo que se vê desses precedentes da sua 1ª Turma, não se admite mais o prequestionamento ficto..." CUNHA, Leonardo José Carneiro da; DIDIER JR., Fredie - Prequestionamento ficto em recurso extraordinário. Entendimento instável do STF http://www.frediedidier.com.br/editorial/editorial-171/

18. Código de 1973: Artigo 515. A apelação devolverá ao tribunal o conhecimento da matéria impugnada. § 3º Nos casos de extinção do processo sem julgamento do mérito (art. 267), o tribunal pode julgar desde logo a lide, se a causa versar questão exclusivamente de direito e estiver em condições de imediato julgamento. (Incluído pela Lei nº 10.352, de 26.12.2001)

19. "Com a nova regra, mesmo que a sentença tenha sido terminativa, o efeito devolutivo da apelação permitirá ao tribunal julgar o mérito da causa, desde que satisfeitos dois requisitos: a) se a causa versar sobre questão exclusivamente de direito; e b) o feito estiver em condições de imediato julgamento (um recurso contra indeferimento da inicial, por exemplo, não pode ser apreciado pelo mérito da causa, porque ainda não se realizou o contraditório; assim, também quando a extinção se deu na fase de saneamento, sem que ainda se pudesse ter o contraditório completo). Não basta, portanto, que a questão de mérito a decidir seja apenas de direito; é necessário que o processo esteja maduro para a solução do mérito da causa" THEODORO JR. Humberto. Curso de direito processual civil: Teoria geral do direito processual civil e processo de conhecimento. v. 1. 47ª ed. Rio de Janeiro: Forense, 2007. p. 661-662.

20. "Essa inovação atende ao desiderato de acelerar a outorga da tutela jurisdicional, rompendo com um histórico e prestigioso mito que ao longo dos séculos os processualistas alimentam sem discutir. Não há por que levar tão longe um princípio, como tradicionalmente se levava o do duplo grau nos termos em que ele sempre foi entendido, quando esse verdadeiro culto não for indispensável para preservar as balizas

para encerrar o processo, este deve continuar para buscar-se o mérito. Entretanto, se a matéria for somente de direito e o processo estiver pronto para julgamento desnecessário se faz remeter para o juízo inferior para a prolação de uma sentença e, posteriormente, caber novamente um recurso de apelação para rediscutir a "nova sentença", agora de mérito. Ao possibilitar o órgão fracionário julgar o mérito nesta hipótese economiza-se tempo ao processo, uma remessa de retorno ao juízo inferior e, ainda, uma possível interposição de recurso para o tribunal, com tanto tempo para ir e voltar, demoraria o processo para uma resolução muito mais tempo. Assim, ao julgar a sentença terminativa, ultrapassando esta parte, convém o julgamento do mérito.

O motivo que se autoriza essa excepcionalidade recai na possibilidade do processo estar pronto para ser julgado em seu mérito, naquele momento recurso, com o provimento da mudança da sentença terminativa. Com isso, o processo está maduro para ser julgado, pronto para a decisão da questão meritória, concedendo a doutrina a especificação de teoria da causa madura para essa possibilidade.[21]

Pela possibilidade da teoria da causa madura, abre um efeito diferente ao recurso, que não é o devolutivo, pelo fato deste somente devolver a matéria sobre a sentença terminativa, a parte sobre o pedido da análise do mérito não há devolução e, sim, julgamento pela primeira vez. Dessa forma, a apelação serviria como efeito desobstrutivo, com o provimento do recurso para afastar a sentença terminativa, desobstruiu-se o processo para proferir decisão de mérito, desde logo. [22]

Entretanto, necessário que a apelação tenha o pedido no sentido do julgamento do mérito da ação, caso o pedido anterior sobre a sentença terminativa for provido. Sem a existência de pedido para julgamento do mérito da ação, o tribunal ao adentrar-se em questões não requeridas na peça recursal, proferiria acórdão incongruente com o pedido feito no recurso.

No artigo 1013, a atual codificação versa sobre quais as matérias são devolvidas para o juízo de revisão realizado pelo tribunal, o que leva o seu § 3º

---

do processo justo e équo, fiel às exigências do devido processo legal." DINAMARCO, Cândido Rangel. A reforma da reforma. São Paulo : Malheiros, 2002. p. 152

21. "Na verdade, quando o tribunal aprecia o objeto de uma causa, sem que o a quo o tivesse feito, de forma total ou parcial, não está propriamente julgando o recurso, mas sim fazendo o que o juízo inferior faria se os autos lhes fossem devolvidos." LOPES Jr.. Gervásio. Julgamento direto do mérito na instância recursal. Salvador: Editora Jus Podivm, 2007, p. 36.

22. "O julgamento do mérito diretamente pelo tribunal não é consequência do efeito devolutivo do recurso, até porque ele ocorre após o julgamento do recurso - é um outro efeito da apelação, já denominado efeito desobstrutivo do recurso." CUNHA, Leonardo José Carneiro da; DIDIER JR., Fredie; Curso de direito processual civil. Meios de impugnação às decisões judiciais e processo nos tribunais. 5ª ed. Salvador: Podivm, 2012. p. 122

delimitar a hipótese da aplicação da teoria da causa madura, primeiramente replicando a mesma do código anterior que explicamos acima, acrescentando hipóteses legais para tanto, ampliando o alcance do próprio instituto da causa madura na apelação.[23]

As outras hipóteses de aplicação da teoria em questão estão no mesmo parágrafo citado. Quando o tribunal decretar a nulidade da sentença por ser incongruente com o limite do pedido e a causa de pedir caberá ao tribunal já enfrentar o mérito da apelação. Nesta hipótese, houve uma decisão que fugiu da formalidade da sentença e a violação do princípio da congruência/adstrição do ato judicial decisório com os limites impostos no momento do pedido inicial, o que enseja o juízo a somente responder os pedidos requeridos na exordial. Ao ultrapassar ou ser estranho à inicial da ação[24], o vício recai na formalidade da sentença, necessitando ser anulada, mas o processo estará numa fase em que não se ultrapassou a produção de provas, pronto para julgamento, assim, ao decretar a nulidade da sentença, o processo cumpre o requisito de estar pronto para julgamento, faltando-lhe somente a matéria de direito.

Quando houver omissão em um dos pedidos da inicial também devolverá ao tribunal a possibilidade de apreciá-lo, mesmo quando o juízo de primeiro grau atuou com desídia deixando uma lacuna processual, bem como a parte não interpôs embargos de declaração para sanar tal vício, ainda assim, o tribunal pode, desde logo, julgar o mérito deste pedido ausente da sentença, aplicando a teoria da causa madura pelo processo já estar pronto para o julgamento, tanto que os outros pedidos foram julgados e este esquecido, gerando uma sentença citra petita.[25]

A última hipótese versa sobre a ausência de fundamentação da sentença especificada no artigo 489 ou não adequação da fundamentação ao ali disposto. O novo código primou por uma fundamentação mais real e analítica em cada

---

23. Artigo 1013. (...) § 3º Se o processo estiver em condições de imediato julgamento, o tribunal deve decidir desde logo o mérito quando: I – reformar sentença fundada no art. 485; II – decretar a nulidade da sentença por não ser ela congruente com os limites do pedido ou da causa de pedir; 195 III – constatar a omissão no exame de um dos pedidos, hipótese em que poderá julgá-lo; IV – decretar a nulidade de sentença por falta de fundamentação.
24. "Na sentença *ultra petita*, o juiz concede ao autor a tutela jurisdicional pedida, o gênero do bem da vida pretendido, mas extrapola a quantidade indicada pelo autor." "A sentença *extra petita* é tradicionalmente considerada como a sentença que concede algo diferente do que foi pedido pelo autor. " NEVES, Daniel Amorim Assumpção. Manual de direito processual civil. 5. ed. rev., atual, e ampl. - Rio de Janeiro: Forense; São Paulo: Método, 2013. p. 522/525
25. "a sentença é *citra petita*, também chamada de *infra petita*, quando fica aquém do pedido do autor ou deixa de enfrentar e decidir causa de pedir ou alegação de defesa apresentada pelo réu No aspecto subjetivo é *citra petita* a decisão que não resolve a demanda para todos os sujeitos processuais." NEVES, Daniel Amorim Assumpção. Manual de direito processual civil. 5. ed. rev., atual, e ampl. - Rio de Janeiro: Forense; São Paulo: Método, 2013. p. 525/526

decisão judicial, impondo o juízo a necessidade de responder todas as teses jurídicas levantadas pelas partes, fundamentando de maneira coerente com a jurisprudência, explicando de maneira clara os motivos da utilização da norma, sem motivos vazios ou simples indicação de normas ou jurisprudências, necessitando explicitar a relação destas com o caso, numa real fundamentação.[26] Quando a apelação impugnar a sentença pelo fato de não haver a fundamentação correta, o tribunal acatando tal tese, decreta a nulidade da decisão por ausência ou vício de fundamentação, entrando desde já no mérito da questão, já que houve somente um vício formal da sentença.

Além das hipóteses elencadas acima, outra hipótese vem logo a seguir, no artigo 1013, § 4º[27] quando uma apelação impugna uma sentença em que se reconheceu a decadência ou a prescrição e, na via recursal, conseguiu-se o provimento, afastando estas prejudiciais, podendo, se houver requerimento e possibilidade processual, proferir o acórdão enfrentando o mérito.

Em todas as hipóteses que ampliou-se a teoria da causa madura buscou-se a celeridade processual e a economicidade de não devolver o processo para o primeiro grau quando o tribunal tiver capacidade processual para já apreciar o mérito. Ainda na codificação anterior, discutia na doutrina se a possibilidade de utilização da teoria da causa madura seria ou não uma forma inconstitucional pela supressão de instância, não possibilitando o juízo de primeiro grau sentenciar o mérito, tendo a parte somente o pronunciamento meritório diretamente do tribunal, sem possibilidade de recurso com duplo grau de jurisdição,[28] ocasio-

---

26. Artigo 489. São elementos essenciais da sentença: I – o relatório, que conterá os nomes das partes, a identificação do caso, com a suma do pedido e da contestação, e o registro das principais ocorrências havidas no andamento do processo; II – os fundamentos, em que o juiz analisará as questões de fato e de direito; III – o dispositivo, em que o juiz resolverá as questões principais que as partes lhe submeterem. § 1º Não se considera fundamentada qualquer decisão judicial, seja ela interlocutória, sentença ou acórdão, que: I – se limitar à indicação, à reprodução ou à paráfrase de ato normativo, sem explicar sua relação com a causa ou a questão decidida; II – empregar conceitos jurídicos indeterminados, sem explicar o motivo concreto de sua incidência no caso; III – invocar motivos que se prestariam a justificar qualquer outra decisão; IV – não enfrentar todos os argumentos deduzidos no processo capazes de, em tese, infirmar a conclusão adotada pelo julgador; 91 V – se limitar a invocar precedente ou enunciado de súmula, sem identificar seus fundamentos determinantes nem demonstrar que o caso sob julgamento se ajusta àqueles fundamentos; VI – deixar de seguir enunciado de súmula, jurisprudência ou precedente invocado pela parte, sem demonstrar a existência de distinção no caso em julgamento ou a superação do entendimento.
27. Artigo 1013 (...) § 4º Quando reformar sentença que reconheça a decadência ou a prescrição, o tribunal, se possível, julgará o mérito, examinando as demais questões, sem determinar o retorno do processo ao juízo de primeiro grau.
28. "Segundo pensamos, o § 3º do art. 515 não viola a Constituição Federal. Como se viu, o princípio do duplo grau de jurisdição não é garantia constitucional. Essa concepção, no entanto, como se mencionou, não é pacífica, havendo defensores de orientação contrária. Para estes, muito provavelmente o § 3º do art. 515 do CPC deverá ser considerado inconstitucional. O fato de não estar diante de inconstitucionalidade, contudo, não torna, só por isso, menos criticável o preceito, porquanto nos casos em que, em atenção ao

nando em tese um prejuízo processual para a parte que viesse a ser sucumbente na apelação que utilizou desta teoria. Porém, questão totalmente superada na doutrina e jurisprudência sobre a validade da teoria da causa madura.[29]

4.5.1. A teoria da causa madura e o recurso ordinário

O artigo 1027, § 2º[30] estipula que o recurso ordinário seguirá regras de outros dispositivos legais, no caso em questão para este capítulo, o artigo 1013, § 3º[31] que dispõe sobre a teoria da causa madura, demonstrando a positivação da sua aplicabilidade no recurso ordinário.

Explicamos no capítulo 9.5, sobre a Teoria da Causa Madura e a sua ampliação no recurso de apelação, a qual resumimos para nova explicação. Essa possibilidade existe quando um recurso de apelação é julgado pelo tribunal impugnando uma sentença terminativa, possibilitando ao órgão fracionário no tribunal, caso dê provimento ao recurso para afastar o vício alegado na sentença para não julgamento do mérito, enfrenta, desde já, o mérito da causa, em hipótese da ação versar somente sobre matéria de direito, não necessitando da produção de prova, tampouco da realização de outro ato pelo juízo de primeiro gau. Ao enfrentar o mérito da ação, o tribunal resolve a questão da demanda, impondo à causa o enfrentamento do mérito, mesmo o juízo de primeiro grau não o fazendo.

Uma busca pela economia processual. Porém, essa possibilidade consiste numa positivação entre entendimento conflitante dos tribunais superiores sobre a matéria, importando esta inovação processual a uma adaptação dos tribunais e das partes.

Desnecessário imaginarmos que o tribunal, mediante seu órgão fracionário, ao afastar a questão processual que resultou na sentença terminativa, devolva o processo para o primeiro grau julgá-lo. Haveria, neste caso, uma demora, um

---

§ 3º do art. 515 do CPC, o tribunal - ou o relator sozinho (cf. art. 557 do CPC) - julga questão de mérito que não havia sido sequer examinada pelo juízo *a quo*, estará realizando julgamento que só excepcionalmente poderá vir a ser reapreciado." MEDINA, José Miguel Garcia. Aspectos Polêmicos e Atuais dos Recursos e outros meios de impugnação às decisões judiciais, Editora Revista dos Tribunais, São Paulo, 2002, p. 342/343

29. "Assim sendo, o que pretende o referido § 3º do art. 515 é estabelecer que em certos casos que se tenha proferido sentença terminativa (isto é, sentença que não contém a resolução do mérito) poderá o tribunal, ao apreciar a apelação, julgar o objeto do processo. Ter-se-á, aqui, uma supressão de instância, excepcionando-se a incidência do princípio do duplo grau de jurisdição. É de bom alvitre, contudo, recordar que o duplo grau não é uma garantia constitucional, tendo suas bases na legislação ordinária. Sendo assim, é perfeitamente possível à própria lei ordinária afastá-lo, como o fez no caso que ora se examina" CÂMARA, Alexandre Freitas. *Lições de direito processual civil*. 17.ed. 2ª Tiragem. Rio de Janeiro: Lumen Juris, 2009. v.II p. 94.

30. Artigo 1027. (...) § 2º Aplica-se ao recurso ordinário o disposto nos arts. 1.013, § 3º, e 1.029, § 5º.
31. Enunciado n.º 357 do FPPC: Aplicam-se ao recurso ordinário os arts. 1.013 e 1.014.

atraso processual, voltaria para prolação de uma sentença pelo juízo de primeiro grau, cabendo apelação para atacá-la, possibilitando a volta do processo ao tribunal. Se este hipotético caminho é árduo, pertinente possibilitar encurtar este caminho, autorizar legalmente o tribunal a julgar desde já a matéria. Esta é a teoria da causa madura de forma sucinta, quando de sua positivação pelo artigo 515, da antiga codificação. [32]

Aqui deparamos com duas questões: primeiramente, como já vimos no capítulo do recurso de apelação supracitado, houve uma ampliação pelo atual código da teoria da causa madura ampliando as suas hipóteses, na decretação da nulidade por falta de congruência da sentença com os pedidos da inicial, pela falta de manifestação sobre pedidos da inicial na sentença ou pela nulidade da sentença pelo reconhecimento de falta de fundamentação. Todos estes, juntam-se a sentença sem julgamento de mérito como as possibilidades em que o tribunal pode enfrentar o mérito da causa via apelação, mesmo sem o primeiro grau tê-lo realizado. A segunda questão, após de relembrar o que é a teoria da causa madura, é a estipulação pelo código atual da aplicabilidade desta possibilidade no recurso ordinário, com os mesmos critérios e requisitos da apelação.

Mais uma semelhança entre o recurso ordinário e a apelação. Nesta situação, a intenção recai em aplicar a mesma amplitude dada ao recurso de apelação, ao ordinário, possibilitando quaisquer dos tribunais competentes ao julgamento do recurso ordinário quando deparar-se com situações moldadas no artigo 1013, § 3º, desde logo, após afastar o vício processual, adentrar no mérito da ação, julgando-o, decidindo a causa naquele momento. Essa extensão da teoria da causa madura ao recurso ordinário demonstra que a lei almeja ampliar a celeridade processual, sem idas e vindas do processo vara ao tribunal, do tribunal à vara. Se é possível decidi-lo naquele momento, deve o tribunal assim realizar, sem exitar, prestando a jurisdição com economia processual.

5. BIBLIOGRAFIA

BRASIL. Código de Processo Civil. Lei 13.105 de 16 de março de 2015.

_____. Código de Processo Civil. Lei 5.869 de 11 de janeiro de 1973.

CÂMARA, Alexandre Freitas. Lições de direito processual civil. 17.ed. 2ª Tiragem. Rio de Janeiro: Lumen Juris, 2009. v.II

---

32. Código de 1973. Artigo 515 – A apelação devolverá ao tribunal o conhecimento da matéria impugnada. (...) § 3º Nos casos de extinção do processo sem julgamento do mérito (art. 267), o tribunal pode julgar desde logo a lide, se a causa versar questão exclusivamente de direito e estiver em condições de imediato julgamento."

CUNHA, Leonardo Carneiro da. Princípio da primazia do julgamento do mérito http://www.leonardocarneirodacunha.com.br/opiniao/opiniao-49-principio-da-primazia-do-julgamento-do-merito/ Acessado no dia 15 de novembro de 2015.

CUNHA, Leonardo José Carneiro da; DIDIER JR., Fredie; Curso de direito processual civil. Meios de impugnação às decisões judiciais e processo nos tribunais. 5ª ed. Salvador: Podivm, 2012.

_____ - Prequestionamento ficto em recurso extraordinário. Entendimento instável do STF - http://www.frediedidier.com.br/editorial/editorial-171/ Acessado no dia 15 de novembro de 2015.

DINAMARCO, Cândido Rangel. A instrumentalidade do processo. 9. ed. São Paulo: Malheiros, 2001.

_____. A reforma da reforma. São Paulo : Malheiros, 2002.

_____. A Instrumentalidade do Processo. 12ª ed. São Paulo: Malheiros Editores Ltda, 2005.

DUARTE, Zulmar. Preponderância do Mérito no Novo CPC. http://genjuridico.com.br/2015/01/23/preponderancia-do-merito-no-novo-cpc

ENCONTRO DO FÓRUM DE PERMANENTE DE PROCESSUALISTAS CIVIS. Enunciados do Fórum Permanente de Processualistas Civis: 05, 06 e 07 de dezembro de 2014: coordenadores gerais: Fredie Didier Jr, Dierle Nunes - Salvador: Ed. JusPodivm. 2015

LOPES Jr.. Gervásio. Julgamento direto do mérito na instância recursal. Salvador: Editora Jus Podivm, 2007.

MEDINA, José Miguel Garcia. Aspectos Polêmicos e Atuais dos Recursos e outros meios de impugnação às decisões judiciais, Editora Revista dos Tribunais, São Paulo, 2002.

NEVES, Daniel Amorim Assumpção. Manual de direito processual civil. 5. ed. rev., atual, e ampl. - Rio de Janeiro: Forense; São Paulo: Método, 2013.

NUNES, Dierle. SILVA , Natanael Lud Santos e. CPC Referenciado - Lei 13.105/2015. 1ª ed. - Florianópolis: Empório do Direito Editora, 2015.

NUNES, Dierle. CRUZ, Clenderson Rodrigues da. DRUMMOND, Lucas Dias Costa . Novo CPC, Formalismo democrático e Súmula 418 do STJ: a primazia do mérito e o máximo aproveitamento. http://justificando.com/2014/09/18/novo-cpc-formalismo-democratico-e--sumula-418-stj-primazia-merito-e-o-maximo-aproveitamento/ Acessado no dia 15 de novembro de 2015.

THEODORO JR. Humberto. Curso de direito processual civil: Teoria geral do direito processual civil e processo de conhecimento. v. 1. 47ª ed. Rio de Janeiro: Forense, 2007.

PARTE IV

RECURSOS EM ESPÉCIE

CAPÍTULO 1

Apelação Contra Decisão Interlocutória não Agravável: a Apelação do Vencido e a Apelação Subordinada do Vencedor: Duas Novidades do CPC/2015

Leonardo Carneiro da Cunha[1]
Fredie Didier Jr.[2]

SUMÁRIO • 1. GENERALIDADES SOBRE A RECORRIBILIDADE DAS DECISÕES INTERLOCUTÓRIAS NO CPC/2015; 2. PREMISSA GERAL PARA A COMPREENSÃO DO ART. 1.009, § 1º, DO CPC: A APELAÇÃO CONTRA DECISÃO INTERLOCUTÓRIA NÃO AGRAVÁVEL; 3. IMPUGNAÇÃO DAS DECISÕES INTERLOCUTÓRIAS NÃO AGRAVÁVEIS PELA PARTE VENCIDA; 4. IMPUGNAÇÃO DAS DECISÕES INTERLOCUTÓRIAS NÃO AGRAVÁVEIS PELA PARTE VENCEDORA: 4.1. GENERALIDADES: A APELAÇÃO DO VENCEDOR PREVISTA NO § 1º DO ART. 1.009 E A PRECLUSÃO DAS DECISÕES INTERLOCUTÓRIAS NÃO AGRAVÁVEIS A ELE DESFAVORÁVEIS; 4.2. A APELAÇÃO DO VENCEDOR COMO ESPÉCIE DE RECURSO SUBORDINADO; 4.3. A APELAÇÃO DO VENCEDOR COMO ESPÉCIE DE RECURSO CONDICIONADO; 4.4. INTERPOSIÇÃO DE APELAÇÃO AUTÔNOMA PELO VENCEDOR: APLICAÇÃO DA INSTRUMENTALIDADE DAS FORMAS.

1. GENERALIDADES SOBRE A RECORRIBILIDADE DAS DECISÕES INTERLOCUTÓRIAS NO CPC/2015

O Código de Processo Civil de 1973 previa que toda e qualquer decisão interlocutória seria recorrível. Contra as decisões interlocutórias cabia agravo, que podia ser retido ou de instrumento. À parte interessada conferia-se, então, a opção de escolha entre uma ou outra modalidade de agravo. Em razão das

---

1. Pós-doutorado pela Universidade de Lisboa. Doutor em Direito pela PUC-SP. Mestre em Direito pela UFPE. Membro do Instituto Iberoamericano de Direito Processual, do Instituto Brasileiro de Direito Processual e da Associação Norte e Nordeste de Professores de Processo. Professor Adjunto da Faculdade de Direito do Recife (UFPE), nos cursos de Graduação, Mestrado e Doutorado. Advogado.
2. Pós-doutorado pela Universidade de Lisboa. Doutor em Direito pela PUC-SP. Mestre em Direito pela UFBA. Livre-docente pela USP. Membro da Associação Internacional de Direito Processual, do Instituto Iberoamericano de Direito Processual, do Instituto Brasileiro de Direito Processual e da Associação Norte e Nordeste de Professores de Processo. Professor associado da Universidade Federal da Bahia, nos cursos de Graduação, Mestrado e Doutorado. Advogado.

modificações levadas a efeito pela Lei 11.187/2005, deixou de haver tal opção. A decisão interlocutória deveria ser atacada por agravo retido, salvo quando houvesse risco de lesão grave ou de difícil reparação, quando se tratasse de decisão que inadmitisse a apelação, da decisão relativa aos efeitos em que recebida a apelação ou em casos em que o agravo retido fosse incompatível com a situação.

O agravo retido, uma vez interposto independentemente de preparo, impedia a preclusão, ficando mantido nos autos, somente sendo processado e julgado pelo tribunal se não houvesse retratação imediata do juízo de primeiro grau e desde que a parte o reiterasse para que o tribunal, quando do julgamento da apelação, dele conhecesse.

O Código de Processo Civil de 2015 eliminou a figura do agravo retido e estabeleceu um rol de decisões sujeitas a agravo de instrumento. Somente são agraváveis as decisões nos casos expressamente previstos em lei. As decisões não agraváveis devem ser atacadas na apelação.

O sistema recursal é outro.

Muitas dúvidas surgirão.[3]

É preciso, desde logo, fazer algumas observações.

a) Tal sistemática restringe-se à fase de conhecimento, não se aplicando às fases de liquidação e de cumprimento da sentença, nem ao processo de execução de título extrajudicial. Nestes casos, toda e qualquer decisão interlocutória é passível de agravo de instrumento. Também cabe agravo de instrumento contra qualquer decisão interlocutória proferida em processo de inventário (art. 1.015, parágrafo único, do CPC, para todas estas ressalvas).

b) Na fase de conhecimento, as decisões agraváveis são sujeitas à preclusão, caso não se interponha o recurso. Aquelas não agraváveis, por sua vez, não se sujeitam à imediata preclusão. Não é, porém, correto dizer que elas não precluem. Elas são impugnadas na apelação (ou nas contrarrazões de apelação, como se verá), sob pena de preclusão.

---

3. Além das questões discutidas neste ensaio, ao menos outras duas, importantíssimas, deverão ser enfrentadas: (a) o rol das hipóteses de agravo de instrumento, embora taxativo, pode ser considerado como rol de *tipos* de decisão agravável, a admitir a interpretação extensiva? Parece-nos que sim, mas isso será tema de outro artigo; (b) como compatibilizar a recorribilidade das decisões interlocutórias não agraváveis, com a hipótese prevista no art. 278 do CPC, que impõe que a parte suscite a nulidade do ato (que pode ser a decisão interlocutória) na primeira oportunidade em que couber a ela falar nos autos, sob pena de preclusão? Estaria a lei, *ao menos nos casos de decisão interlocutória nula*, exigindo o protesto, como pressuposto para a apelação contra decisão interlocutória prevista no § 1º do art. 1.009 do CPC? Parece-nos que sim, mas isso será objeto de outro artigo.

Quando o § 1º do art. 1.009 diz que estas decisões não precluem, o que se está a afirmar é que não cabe agravo de instrumento contra elas. Sua impugnação há de ser feita na apelação (ou nas contrarrazões); se não for feita neste momento, haverá, evidentemente, preclusão.

O tema será examinado sob dupla perspectiva: a impugnação feita pelo *vencido*, na apelação, e a impugnação feita pelo *vencedor*, nas contrarrazões de apelação.

2. PREMISSA GERAL PARA A COMPREENSÃO DO ART. 1.009, § 1º, DO CPC: A APELAÇÃO CONTRA DECISÃO INTERLOCUTÓRIA NÃO AGRAVÁVEL

Eis o texto do § 1º do art. 1.009 do CPC: "As questões resolvidas na fase de conhecimento, se a decisão a seu respeito não comportar agravo de instrumento, não ficam cobertas pela preclusão e devem ser suscitadas em preliminar de apelação, eventualmente interposta contra a decisão final, ou nas contrarrazões. Sendo suscitadas em contrarrazões, o recorrente será intimado para, em quinze dias, manifestar-se a respeito delas".

Primeiramente, é preciso definir o que se entende por "suscitadas". "Suscitadas", neste caso, significa "impugnadas". A parte que pretenda *recorrer* da decisão interlocutória não agravável terá de fazê-lo na apelação contra a sentença ou nas contrarrazões.

A observação é importante.

No regime do agravo retido, a parte praticava dois atos: (a) *recorria* (agravava), logo após a decisão interlocutória (oralmente, quando a decisão havia sido proferida em audiência de instrução e julgamento, ou por escrito, nos demais casos); (b) *ratificava* o agravo retido, na apelação ou nas contrarrazões.

Como no sistema do Código de Processo Civil de 2015 não cabe o agravo retido, não há razão para a prática de dois atos; a parte simplesmente recorre. Este recurso será veiculado pela apelação ou pelas contrarrazões de apelação.

É disso que cuida o § 1º do art. 1.009 do CPC: *apelação contra decisão interlocutória não agravável*.

Não se pode examinar este dispositivo como se estivéssemos no sistema do Código de Processo Civil de 1973, em que existia o agravo retido, que tinha de ser ratificado na apelação ou nas contrarrazões de apelação. O sistema é outro. Agora, a apelação também serve para impugnar decisões interlocutórias; não todas, apenas as não agraváveis.

Sucede que esta apelação pode ser interposta pelo vencido, como sói ocorrer, *mas também pelo vencedor*, o que é um pouco estranho, mas não por isso improvável.

3. IMPUGNAÇÃO DAS DECISÕES INTERLOCUTÓRIAS NÃO AGRAVÁVEIS PELA PARTE VENCIDA

A parte *vencida* na sentença pode apelar, como se sabe.

A apelação servirá para impugnar a sentença e as decisões interlocutórias *não agraváveis*[4] desfavoráveis ao apelante. A apelação visará a duas espécies de decisão: a sentença e a interlocutória não agravável. É possível que haja várias decisões interlocutórias não agraváveis aptas a ser impugnadas pelo vencido na apelação. O mérito da apelação poderá conter tantas pretensões recursais quantas sejam as decisões impugnadas; como as decisões impugnadas podem ter, cada uma, mais de um capítulo, a apelação poderá veicular *mais pretensões recursais do que o número de decisões impugnadas*. Haverá aí uma cumulação de pedidos recursais. À cumulação de pedidos recursais aplica-se o regramento geral da cumulação de pedidos (art. 327 do CPC).

Há dois pedidos: um formulado contra a decisão interlocutória e outro contra a sentença. Esta cumulação de pedidos recursais é *imprópria: acolhido o pedido formulado contra a decisão interlocutória não agravável*, a sentença e vários atos que lhe precederam serão desfeitos, tornando inócuo o pedido recursal formulado contra ela.

É possível que o pedido contra a decisão interlocutória diga respeito a um defeito processual; como todo defeito processual, pode ser sanado em segunda instância (art. 937, § 1º); se for corrigido, o pedido recursal relativo à decisão interlocutória perderá o objeto e, por isso, não será acolhido. Neste caso, passar-se-á ao exame do pedido relativo à sentença.

Segundo o *texto* do § 1º do art. 1.009 do novo CPC, as interlocutórias não agraváveis devem ser impugnadas *em preliminar* da apelação. Há uma dubiedade. *Preliminar*, aqui, não se refere a uma questão de admissibilidade; *preliminar*, no contexto do § 1º do art. 1.009, significa apenas que a impugnação será feita *antes*, o que é natural, tendo em vista a cronologia das decisões: a decisão interlocutória é anterior à sentença. O combate a uma interlocutória não agravável integra o

---

4. As decisões interlocutórias *agraváveis* não poderão ser impugnadas na apelação: ou já o foram por agravo de instrumento ou não foram impugnadas, tendo havido preclusão.

mérito da apelação. Trata-se de um pedido recursal que se cumulará, ainda que *impropriamente*, com o pedido recursal dirigido à sentença.

A parte vencida poderá optar, entretanto, por recorrer apenas contra a sentença. Se isso acontecer, haverá *preclusão* da decisão interlocutória não agravável, *independentemente do respectivo conteúdo* – mesmo se se tratar de decisão sobre a admissibilidade do processo.

É possível, ainda, que o vencido interponha apelação *apenas para atacar alguma interlocutória não agravável, deixando de recorrer da sentença*. Não é incomum haver decisão interlocutória que tenha decidido uma questão preliminar ou prejudicial a outra questão resolvida ou decidida na sentença – a decisão sobre algum pressuposto de admissibilidade do processo, por exemplo. Impugnada a decisão interlocutória, a sentença, mesmo irrecorrida, ficará sob condição suspensiva: o desprovimento ou não conhecimento da apelação contra a decisão interlocutória; se provida a apelação contra a decisão interlocutória, a sentença *resolve-se*; para que a sentença possa transitar em julgado, será preciso aguardar a solução a ser dada ao recurso contra a decisão interlocutória não agravável, enfim.

A situação é semelhante a outra que existia mesmo ao tempo do Código de Processo Civil de 1973: a sobrevivência do agravo de instrumento diante da superveniência de sentença não apelada, quando o objeto do agravo pudesse comprometer a eficácia da sentença (agravo de instrumento sobre competência, por exemplo).[5]

A apelação do vencido apenas contra a decisão interlocutória não agravável *suspende* os efeitos da sentença, ressalvada a existência de alguma das hipóteses previstas no § 1º do art. 1.012 do CPC.

O texto do § 1º do art. 1.009 do novo CPC foi redigido para o Código de Processo Civil de 2015, mas com a cabeça ainda no Código de Processo Civil de 1973. Alterou-se toda a estrutura de impugnação das decisões interlocutórias, passando a existir as interlocutórias agraváveis e as não agraváveis. Parece que não se atentou que, pelo sistema do Código de Processo Civil de 2015, haverá decisões

---

5. Sobre o tema, NERY JR., Nelson. Liminar impugnada e sentença irrecorrida: a sorte do agravo de instrumento. In: NERY JR., Nelson; ARRUDA ALVIM WAMBIER, Teresa (coord.). *Aspectos polêmicos e atuais dos recursos cíveis e de outros meios de impugnação às decisões judiciais*. São Paulo: Ed. RT, 2003. p. 528; DIDIER JR., Fredie; CUNHA, Leonardo Carneiro. *Curso de direito processual civil*. 12. ed. Salvador: JusPodivm, 2014. vol. 3, p. 170-171. Em sentido diverso, entendendo que o agravo de instrumento perderia o objeto, caso a sentença não fosse apelada, ARRUDA ALVIM WAMBIER, Teresa. O destino do agravo após a sentença. In: NERY JR., Nelson; ARRUDA ALVIM WAMBIER, Teresa (coord.). Op. cit., p. 697.

interlocutórias não agraváveis, mas ainda assim recorríveis, só que em outro momento.

A singeleza do texto normativo, que simplesmente fala em "suscitar" na apelação ou nas "contrarrazões", valendo-se do jargão utilizado pela prática forense para referir-se à conduta que a parte tinha de tomar para *ratificar* o agravo retido que interpusera sob o regime do Código de Processo Civil de 1973, revela que a redação do dispositivo foi elaborada sem a devida reflexão.[6]

O texto deveria ter sido mais claro e mais minucioso. As regras sobre a apelação que impugna decisões interlocutórias não agraváveis devem ser construídas e aplicadas levando-se em conta esta premissa.

4. IMPUGNAÇÃO DAS DECISÕES INTERLOCUTÓRIAS NÃO AGRAVÁVEIS PELA PARTE VENCEDORA

4.1. GENERALIDADES: A APELAÇÃO DO VENCEDOR PREVISTA NO § 1º DO ART. 1.009 E A PRECLUSÃO DAS DECISÕES INTERLOCUTÓRIAS NÃO AGRAVÁVEIS A ELE DESFAVORÁVEIS

A decisão interlocutória não agravável também pode ser impugnada pela parte vencedora, caso lhe seja desfavorável.

O § 1º do art. 1.009, como já se viu, assim prescreve: " § 1º As questões resolvidas na fase de conhecimento, se a decisão a seu respeito não comportar agravo de instrumento, não ficam cobertas pela preclusão e devem ser suscitadas em preliminar de apelação, eventualmente interposta contra a decisão final, ou nas contrarrazões".

O traslado puro e simples para o Código de Processo Civil de 2015, sem maiores reflexões, do antigo do modelo do agravo retido previsto no Código de Processo Civil de 1973, torna, também aqui, bem difícil a análise do tema.

Conforme já se viu, "suscitar", aqui, significa "impugnar", "recorrer".

A parte eventualmente prejudicada por uma decisão interlocutória não agravável poderá, tendo em vista a interposição de apelação pela outra parte,

---

6. O dispositivo foi reincluído, na versão final do Código de Processo Civil, na última fase do processo legislativo, por sugestão da Comissão de Juristas que assessorava o Senado Federal. Na Câmara dos Deputados, o dispositivo havia sido eliminado e, em seu lugar, se exigia que a parte apresentasse um protesto antipreclusivo contra as decisões interlocutórias não agraváveis. Este protesto teria de ser *ratificado* na apelação ou nas contrarrazões. Com a eliminação do agravo retido e com a retirada da previsão do protesto, feita pela Câmara dos Deputados, o sistema foi *totalmente remodelado*. A interpretação deverá ser feita à luz desse novo modelo, e não do modelo anterior ou do modelo que a Câmara dos Deputados concebera.

recorrer contra esta decisão interlocutória, nas contrarrazões que apresentar à apelação da parte adversária. Em outras palavras, as contrarrazões veiculam um recurso do apelado. Elas consistem num instrumento por meio do qual o apelado poderá recorrer contra uma interlocutória não agravável.

Essa é a *primeira premissa* para a compreensão correta deste dispositivo: a "suscitação", pela parte vencedora, nas contrarrazões, das decisões interlocutórias não agraváveis, é um recurso.

Não se trata de *ratificação de recurso interposto*, como no revogado modelo do agravo retido, exatamente porque não há o que ser ratificado: a parte não havia recorrido; a parte *recorre* neste exato momento.

Assim, as contrarrazões, nesse caso, tornam-se instrumento de dois atos jurídicos processuais: (*a*) a resposta à apelação da parte adversária; (*b*) o recurso contra as decisões interlocutórias não agraváveis proferidas ao longo do procedimento.

Este *recurso* é uma *apelação* do vencedor. Não se deve estranhar: como visto em item precedente, no sistema do Código de Processo Civil de 2015, a apelação é um recurso que também serve à impugnação de decisões interlocutórias – aquelas não impugnáveis por agravo de instrumento.

É inevitável a comparação com a *contestação*, instrumento de defesa, mas que, pelo sistema do Código de Processo Civil de 2015, também pode veicular a reconvenção (art. 343 do CPC); a contestação veicula a reconvenção do réu, da mesma forma que as contrarrazões veiculam um recurso do apelado.

A circunstância de este recurso ser apresentado na peça de contrarrazões não o desnatura, assim como a reconvenção não perde a natureza de demanda por vir acompanhada da contestação, em uma mesma peça.

Exatamente porque é *recurso*, a parte final do § 1º do art. 1.009 impõe a intimação do apelante (parte vencida), para que se manifeste sobre esta "suscitação" feita pela parte vencedora nas contrarrazões.

Justamente por ser um *recurso*, se a parte vencedora dele não se valer, haverá *preclusão* em relação à decisão interlocutória não agravável. *Pouco importa o conteúdo desta decisão interlocutória não agravável, mesmo se versar sobre a admissibilidade do processo*: não será permitido ao tribunal reexaminá-la, por ocasião do julgamento da apelação do *vencido*.

A apelação do vencido não devolve ao tribunal o exame das decisões interlocutórias não agraváveis desfavoráveis ao vencedor. Somente a apelação do vencedor, interposta nos termos do § 1º do art. 1.009 do CPC, tem aptidão para devolver o exame das decisões interlocutórias não agraváveis contra ele proferidas. Caso não interponha esta apelação, haverá preclusão quanto à possibilidade de reexame dessas decisões.

Este recurso tem, porém, duas peculiaridades.

Os próximos itens são dedicados a elas.

4.2. A APELAÇÃO DO VENCEDOR COMO ESPÉCIE DE RECURSO SUBORDINADO

O recurso do vencedor, manifestado nas suas contrarrazões à apelação, contém, como visto, duas peculiaridades. Destaca-se aqui a *primeira*.

A apelação do vencedor, neste caso, é um recurso *subordinado*. Ela seguirá o destino da apelação do vencido. Caso o vencido desista da apelação interposta ou essa não seja admissível, a apelação do vencedor perde o sentido: por ter sido o vencedor, o interesse recursal somente subsiste se a apelação do vencido for para frente.

O sistema passa a ter duas espécies de recurso subordinado. Ao lado do tradicional *recurso adesivo*, regulado pelos §§ do art. 997, passa a existir a apelação subordinada interposta pelo vencedor.

Estas espécies de recurso subordinado distinguem-se, basicamente, em dois aspectos:

a) o recurso adesivo é cabível não apenas na apelação, mas também no recurso extraordinário e no recurso especial (art. 997, § 2º, II, do CPC) – o recurso subordinado previsto no § 1º do art. 1.009 é apenas na apelação;

b) o recurso adesivo *pressupõe* que tenha havido a sucumbência recíproca, o que não acontece na hipótese do § 1º do art. 1.009.

No sistema do Código de Processo Civil de 1973, recurso subordinado e recurso adesivo eram designações sinônimas; no sistema do Código de Processo Civil de 2015, recurso subordinado passa a ser *gênero*, de que é espécie o recurso *adesivo*.

Por serem espécies de um mesmo gênero, é possível buscar, no regramento do *recurso adesivo*, muito mais completo, regra que sirva para a solução de problemas dogmáticos relacionados à apelação subordinada do § 1º do art. 1.009.

Assim, aplica-se à apelação subordinada interposta pelo vencedor, como, aliás, já se viu, o disposto no inc. III do § 2º do art. 997: ela não será examinada se houver desistência da apelação interposta pelo vencido ou se ela for considerada inadmissível. Também dela se exigem os mesmos requisitos de admissibilidade exigidos de uma apelação (conforme dispõe o § 2º do art. 997).

Pode acontecer, porém, uma situação inusitada.

Imagine que tenha havido sucumbência recíproca. Apenas uma das partes recorre de forma independente. A outra opta pela interposição de recurso adesivo. Sucede que, em relação ao capítulo da sentença de que foi a vencedora, havia sido proferida uma decisão interlocutória não agravável contrária a seu interesse – um indeferimento de uma prova, por exemplo. Como o prazo para o recurso adesivo é o prazo para as contrarrazões ao recurso independente, poderá a parte, então, *cumular*, em um mesmo recurso de apelação, a apelação adesiva, dirigida ao *capítulo da sentença* em que restou vencida, e a *apelação subordinada do vencedor* contra a decisão interlocutória não agravável relacionada ao capítulo da sentença em que restou vencedora. *Duas apelações, em um mesmo instrumento, dirigidas a decisões distintas, em que o apelante se revela a um só tempo um vencido (no recurso adesivo) e um vencedor (na apelação subordinada do § 1º do art. 1.009).* Isso poderia ser feito em duas peças – a peça do adesivo e as contrarrazões; mas não há qualquer problema em unir os recursos em uma peça e as contrarrazões, em outra; é até melhor do ponto de vista da organização do futuro julgamento. Esta situação exigirá um cuidadoso exame do interesse recursal, que variará conforme a pretensão recursal. Esta situação, aliás, revela o quão diversas podem ser as posições processuais que um mesmo sujeito exerce em um mesmo processo;[7] às vezes, esta diversidade se revela na prática de um mesmo ato processual, como é o caso.

4.3. A APELAÇÃO DO VENCEDOR COMO ESPÉCIE DE RECURSO CONDICIONADO

Cumpre destacar a *segunda peculiaridade*.

Além de subordinada, a apelação do vencedor prevista no § 1º do art. 1.009 do CPC é condicionada. Isso significa que somente será examinada se a *apelação do vencido* for acolhida, afinal, repise-se, quem se vale dela é o *vencedor*, que somente perderá esta qualidade se a apelação do vencido originário for provida.

---

7. Sobre o tema, CABRAL, Antonio do Passo. Despolarização do processo e "zonas de interesse: sobre a migração entre polos da demanda. In: DIDIER JR., Fredie (org.). *Reconstruindo a teoria geral do processo.* Salvador: JusPodivm, 2012; DIDIER JR., Fredie. *Curso de direito processual civil.* 16. ed. Salvador: JusPodivm, 2014. vol. 1, p. 238-241.

Não se deve estranhar a prática de atos processuais sob condição,[8] muito menos a existência de recurso sob condição.

A denunciação da lide proposta pelo autor é, por exemplo, uma demanda sob condição de ele, autor, perder a causa para o réu originário.

A existência de recurso sob condição é defendida há muitos anos pela doutrina brasileira,[9] para o caso do *recurso especial ou extraordinário adesivo a um recurso extraordinário ou especial*. É o que se chama de recurso adesivo cruzado.

Imagine o caso. A parte fundamenta o seu pedido em questão constitucional e questão federal. O tribunal acolhe o pedido, mas rejeita o fundamento constitucional (ou federal). A parte vencida poderá interpor recurso especial (para discutir a questão federal, que foi acolhida). Nesta situação, a parte vencedora não tem interesse na interposição do recurso extraordinário para o STF (para discutir a questão constitucional, que foi rejeitada), na medida em que, vitoriosa na questão principal, não pode recorrer para discutir simples fundamento. Sucede que há um problema para a parte vencedora: sem poder recorrer extraordinariamente, ela pode sofrer um grave prejuízo se o recurso especial da outra parte for provido: é que, em tal circunstância, não poderá rediscutir a questão constitucional, que ficara preclusa. Para evitar este risco, a doutrina considera possível a interposição de *recurso extraordinário ou especial adesivo cruzado* (porque é recurso extraordinário adesivo a recurso especial, ou vice-versa), sob condição de somente ser processado se o recurso *independente* for acolhido. O tema é explicado por Barbosa Moreira:

> "Daí a conveniência, que surge para ele [recorrente adesivo], de *inverter-se* a ordem do julgamento, só se passando ao exame da matéria veiculada no recurso adesivo na hipótese de verificar-se que a outra parte *tem razão* no que tange à matéria do recurso principal; do contrário, simplesmente se negará provimento a este, *'confirmando-se'* a decisão de improcedência do pedido, sem tocar no recurso adesivo. Com base nesse raciocínio é que em mais de um país, ainda que não sem resistência, se tem admitido um recurso adesivo condicionado, isto é, interposto *ad cautelam*, para ser

---

8. Sobre o tema, DIDIER JR., Fredie; NOGUEIRA, Pedro Henrique Pedrosa. *Teoria dos fatos jurídicos processuais*. 2. ed. Salvador: JusPodivm, 2013. p. 148-152.
9. OLIVEIRA, Pedro Miranda. Recurso excepcional cruzado. In: NERY JR., Nelson; ARRUDA ALVIM WAMBIER, Teresa (coord.). Op. cit., p. 609 e ss.; NEVES, Daniel Amorim Assumpção. Interesse recursal eventual e o recurso adesivo condicionado ao julgamento do recurso principal. *Revista Dialética de Direito Processual*. nº 32, p. 41-45. São Paulo: Dialética, 2005; DIDIER JR., Fredie; CUNHA, Leonardo Carneiro da. Op. cit, p. 92-93. Não admitindo essa o recurso adesivo condicionado, ROSSI, Júlio César. O recurso adesivo, os recursos excepcionais (especial e extraordinário) e o art. 500 do CPC. *Revista Dialética de Direito Processual*. nº 32. p. 69-75. São Paulo: Dialética, 2005.

julgado *unicamente* no caso de convencer-se o órgão *ad quem* da procedência do recurso principal".[10]

O recurso adesivo sempre se submeteu à condição legal de conhecimento do recurso independente. Neste caso, além da condição *legal*, inerente a todo recurso adesivo, há a condição *voluntária* imposta pelo *recorrente*: além de conhecido, o recurso independente tem de ser *provido*.

A apelação do vencedor, prevista no § 1º do art. 1.009, segue a mesma lógica: ela somente se justifica se a apelação do vencido for *provida*. Bem pensadas as coisas, também pode ser considerada uma *apelação cruzada*: enquanto a apelação do *vencido* impugna a *sentença*, a apelação do *vencedor* impugna uma *decisão interlocutória*.

É preciso, então, definir o procedimento de votação destes dois recursos.

Inicialmente, o tribunal examinará a apelação do *vencido*. Esta apelação pode ser para *reformar* ou *invalidar* a sentença.

Se der *provimento* à apelação do *vencido* para *reformar* a *sentença*, o tribunal prosseguirá para examinar a apelação do *vencedor*. *Provida* a apelação do *vencedor*, a decisão sobre a apelação do *vencido* se resolve: (a) a decisão interlocutória impugnada pelo *vencedor* será invalidada ou reformada pelo tribunal; (b) o processo retornará ao momento em que ela havia sido proferida; (c) a sentença não será substituída pela decisão que julgou a apelação do *vencido*, afinal o processo retrocederá a momento anterior a ela.

A decisão sobre a apelação do *vencido* é, nesta hipótese, uma decisão sob condição legal resolutiva: dependerá da decisão que julgar a apelação do *vencedor*.

Se der *provimento* à apelação do *vencido* para *invalidar* a *sentença*, o tribunal prosseguirá para examinar a apelação do *vencedor*. *Provida* a apelação do *vencedor*: (a) a decisão interlocutória impugnada pelo *vencedor* será invalidada ou reformada pelo tribunal; (b) o processo retornará ao momento em que ela havia sido proferida; (c) a sentença não será substituída pela decisão que julgou a apelação do *vencido*, efeito que não decorre da decisão de invalidação. Neste caso, ambas as decisões convivem, mas prevalece, do ponto de vista prático, a decisão sobre a apelação do *vencedor*, pois se refere à decisão proferida em momento anterior, impondo a retomada do processo desde então.

Pode acontecer de ser provida a apelação do *vencido para invalidar a sentença*, mas o tribunal pode, com base no § 3º do art. 1.011 do CPC, avançar para

---

10. BARBOSA MOREIRA, José Carlos. *Comentários ao Código de Processo Civil*. 12. ed. Rio de Janeiro: Forense, 2006. vol. 5, p. 329 (o texto em itálico é do original; o texto entre colchetes é nosso). Do mesmo autor, Recurso especial. Exame de questão de inconstitucionalidade de lei pelo Superior Tribunal de Justiça. Recurso extraordinário interposto sob condição. *Direito aplicado II*. Rio de Janeiro: Forense, 2000.

julgar o mérito da causa, em vez de determinar o retorno dos autos à primeira instância; a partir daí, aplica-se o procedimento para o caso de provimento da apelação para reformar: a decisão sobre o mérito ficará sob condição legal resolutiva, à espera da decisão sobre a apelação do vencedor.

4.4. INTERPOSIÇÃO DE APELAÇÃO AUTÔNOMA PELO VENCEDOR: APLICAÇÃO DA INSTRUMENTALIDADE DAS FORMAS

Já se viu que o vencedor interpõe sua apelação pelas contrarrazões, ou seja, as contrarrazões veiculam uma apelação do vencedor. É possível imaginar que esse, numa atitude mais açodada, interponha apelação desde logo, não aguardando o momento das contrarrazões.

Rigorosamente, o vencedor não tem interesse de recorrer da sentença, mas pode, como visto, apelar de interlocutórias não agraváveis. O momento para o recurso contra as interlocutórias não agraváveis é o das contrarrazões, mas é possível, embora não recomendável, que o vencedor se antecipe e já interponha sua apelação, sem aguardar a oportunidade das contrarrazões.

Se o vencedor recorreu de apenas uma interlocutória não agravável, não poderá depois, nas contrarrazões à apelação do vencido, recorrer de outras interlocutórias não agraváveis; terá havido preclusão consumativa. A apelação já foi interposta, devendo ser, inclusive, exigido preparo. O problema aqui é só de rótulo. A apelação do vencedor deveria ser veiculada nas contrarrazões, mas ele antecipou-se ao momento, valendo-se de uma apelação autônoma. Já foi interposto o recurso, não sendo necessária sua ratificação posterior.

Ocorre, porém, que esse recurso do vencedor é, como já se viu, subordinado e dependente. É preciso que haja a apelação da parte vencida. Se o vencedor antecipar-se e já recorrer contra alguma interlocutória não agravável, e não sobrevier a apelação da parte vencida, faltará interesse recursal ao vencedor, devendo ser inadmitido o seu recurso.

Diversamente, sobrevindo o recurso do vencido, a ele se subordina o recurso do vencedor, que passa a desfrutar da admissibilidade que não tinha. Aplica-se, no particular, o disposto no art. 493 do CPC, segundo o qual cabe ao órgão julgador levar em consideração os fatos supervenientes que constituam, modifiquem ou extingam direitos.[11]

---

11. A possibilidade de o juiz conhecer dos fatos supervenientes, a serem considerados pelo órgão julgador, aplica-se a qualquer instância jurisdicional; os fatos supervenientes podem dizer respeito ao juízo de admissibilidade ou ao próprio mérito (CUNHA, Leonardo Carneiro da. *A atendibilidade dos fatos supervenientes no processo civil: análise comparativa entre o sistema português e o brasileiro*. Coimbra: Almedina, 2012, *passim*).

CAPÍTULO 2

O Efeito Suspensivo e o Recurso de Apelação – do CPC/1973 ao Novo CPC

Gilberto Gomes Bruschi[1]
Márcio Manoel Maidame[2]

SUMÁRIO: 1. INTRODUÇÃO; 2. AS HIPÓTESES EXCEPCIONAIS AO EFEITO SUSPENSIVO NO CPC/73 E CPC/2015; 2.1. SENTENÇA HOMOLOGATÓRIA DE DIVISÃO OU DE DEMARCAÇÃO; 2.2. SENTENÇA CONDENATÓRIA À PRESTAÇÃO DE ALIMENTOS; 2.3. SENTENÇA QUE EXTINGUE SEM RESOLUÇÃO DE MÉRITO OU JULGA IMPROCEDENTES OS EMBARGOS DO EXECUTADO; 2.4. SENTENÇA DE PROCEDÊNCIA DE PEDIDO DE INSTITUIÇÃO DE ARBITRAGEM; 2.5. SENTENÇA QUE CONFIRMA, CONCEDE OU REVOGA, TUTELA PROVISÓRIA; 2.6. SENTENÇA QUE DECRETA INTERDIÇÃO; 3. AS DECISÕES DE MÉRITO PARCIAIS (ART. 356 DO CPC/2015), O "AGRAVO SUBSTITUTIVO DA APELAÇÃO" E O EFEITO SUSPENSIVO; 4. A OBTENÇÃO DO EFEITO SUSPENSIVO NAS HIPÓTESES EM QUE A LEI PREVÊ O RECEBIMENTO DA APELAÇÃO APENAS NO DEVOLUTIVO.

1. INTRODUÇÃO

O processo civil é a relação jurídica apta a produzir decisões que, via de regra, estão sujeitas a recurso. A atividade recursal não é inerente ao processo de conhecimento e/ou execução, tratando-se de verdadeiro acidente no curso do processo.

Por isso, a conduta de uma das partes de impugnar as decisões judiciais produz efeitos na relação processual originária, pois o *decisum*, que nasce para ser definitivo, passa, agora, a poder sofrer alteração por deliberação da instância superior. Assim, além do efeito devolutivo, inerente a qualquer recurso, a apelação, em regra, será recebida também no efeito suspensivo, ao menos que se esteja diante de uma situação em que a lei prevê expressamente que não seja assim recebida.

---

1. Advogado em São Paulo. Doutor e mestre em Direito Processual Civil pela PUC/SP. Professor na graduação e pós-graduação da Faculdade Damásio/DeVry. Coordenador do curso pós-graduação *lato sensu* em Direito Processual Civil da Faculdade Damásio/DeVry. Membro do Instituto Brasileiro de Direito Processual (IBDP) e do Centro de Estudos Avançados de Processo (CEAPRO).
2. Advogado. Doutor pela UFMG, Mestre pela FADISP e Especialista pela PUC/SP, todos na área de Direito Processual Civil. Professor do curso de pós-graduação *lato sensu* em Direito Processual Civil com ênfase em Processo Empresarial da Faculdade de Direito Damásio de Jesus - FDDJ. Professor dos cursos de graduação e pós-graduação das Faculdades Atibaia - FAAT, onde é Coordenador do Núcleo de Prática Jurídica. Professor da ESA da OAB/SP e da pós-graduação da Faculdade de Direito de Itu – FADITU.

No caso da apelação, o efeito suspensivo não enseja a suspensão dos efeitos da sentença, mas a manutenção da suspensão, não estando ligado ao recurso, mas sim ao ato recorrido.

Nelson Nery Junior esclarece que o efeito suspensivo do recurso "tem início com a publicação da decisão impugnável por recurso para o qual a lei prevê efeito suspensivo, e termina com a publicação da decisão que julga o recurso".[3]

Barbosa Moreira[4] nos elucida que a interposição de recurso que tenha efeito suspensivo não faz cessar efeitos que já estivesse produzindo, apenas prolonga o estado de ineficácia em que se encontrava a decisão, pelo simples fato de estar sujeita à impugnação por meio do recurso.

Para ele a denominação *efeito suspensivo*, apesar de tradicional, é a rigor *inexata*, levando-se em conta que induz que os efeitos da decisão fiquem tolhidos com a interposição do recurso, "como se *até esse momento* estivessem a manifestar-se normalmente". E ainda preleciona: "Na realidade, o contrário é que se verifica: mesmo antes de interposto o recurso, a decisão, pelo simples fato de estar-lhe sujeita, é ato *ainda* ineficaz, e a interposição apenas *prolonga* semelhante ineficácia, que *cessaria* se não se interpusesse o recurso".

A questão fundamental, portanto, é saber se o ato tem aptidão para produzir efeitos imediatamente, como ocorre com as decisões interlocutórias, tendo em vista que o agravo, por instrumento ou retido, não tem efeito suspensivo *ope legis*.

Partindo do pressuposto que a decisão impugnável por recurso dotado de efeito suspensivo somente tem eficácia depois de escoado o prazo recursal, tem-se, com isso, que a sentença não tem aptidão para produzir efeitos imediatos.

Em outras palavras, a decisão gerada sob a regra preexistente da suspensividade (efeito suspensivo *ope legis*) permanece latente, sem gerar quaisquer efeitos, até a interposição do recurso ou, com o decurso de prazo, que acarretará no trânsito em julgado da decisão.[5]

---

3. **Teoria Geral dos Recursos**. 6ª ed. São Paulo: RT, 2004, p. 446.
4. **Comentários ao Código de Processo Civil**. 13ª ed. Rio de Janeiro: Forense, 2006, v. V, p. 258.
5. Cassio Scarpinella Bueno. Efeitos dos recursos. In: Nelson Nery Junior e Teresa Arruda Alvim Wambier (Coords.). **Aspectos polêmicos e atuais dos recursos cíveis**. São Paulo: RT, 2006, v. 10, p. 71: "Há situações em que o 'efeito suspensivo' significará, diferentemente, que a interposição do recurso, e, mais do que isto, a mera sujeição de uma dada decisão à interposição de um recurso, não tem aptidão de surtir seus efeitos principais. É o caso, para fazer referência ao mais comum, do efeito suspensivo da apelação. (. . .) Seja como for, o efeito suspensivo guarda relação direta (e única) com a aptidão de a decisão recorrida surtir, desde logo, seus efeitos ou, diversamente, ter a produção de seus efeitos diferida para um momento futuro: o do esgotamento *in albis* do prazo recursal, ou julgado o recurso com efeito suspensivo interposto, dado início a um segmento recursal que não tenha efeito suspensivo. Assim é errada a prática – que leva

Caso o recurso de apelação seja interposto, com exceção das hipóteses em que não há o efeito suspensivo expressamente previstas em lei, havendo a publicação do acórdão, é possível a execução, ainda que provisória da decisão,[6] tendo em vista que os recursos excepcionais não são dotados de efeito suspensivo.[7]

Assim, o pressuposto de raciocínio deste texto, é que a sentença não tem eficácia imediata, em regra (exceto, claro, as hipóteses em que há previsão em contrário), e a interposição do recurso de apelação apenas mantém este estado de coisas, ou seja, impossibilidade de execução do *decisum*, até ulterior decisão da instância superior.

Não se pretende, neste estudo, ingressar no (relevante) debate se o direito processual civil brasileiro deveria ter optado por um sistema de eficácia imediata da sentença, ou, ainda, alterar a sistemática legal para que o efeito suspensivo do recurso de apelação passasse a ser decidido pelo juiz, caso a caso, como nos embargos do executado (*ope iudicis*). *Legem habemus!* O CPC/2015, mantendo a tradição, impõe o sistema *ope legis* quanto ao efeito suspensivo.

2. AS HIPÓTESES EXCEPCIONAIS AO EFEITO SUSPENSIVO NO CPC/73 E CPC/2015

Excepcionalmente e nos casos previstos em lei a apelação será recebida apenas no efeito devolutivo.

Significa dizer – no CPC/73 e no CPC/2015 – que, somente nos casos taxativamente previstos nos incisos do art. 520 (CPC/73) e art. 1.012 do CPC/2015, ou em

---

a inevitáveis equívocos – de se tratar o efeito suspensivo como a contraface do efeito devolutivo. Daí os comuns 'despachos' de recebimento de recurso (e tais despachos são *decisões*, isto é claro) em que o ato é recebido 'só' no efeito 'devolutivo', como se isto, por si só, significasse que o recurso não tem *também* efeito suspensivo. Certo que, a propósito do tema ventilado no parágrafo anterior, a letra da própria lei processual civil (art. 520, caput, do CPC) induz a erro. Na segunda parte do dispositivo, lê-se que a apelação será recebida 'só no devolutivo', quando, na verdade, o que se quer dizer – e o que deve, inexoravelmente ser entendido – é que os casos descritos nos sete incisos que se seguem não têm efeito suspensivo, isto é, as sentenças lá descritas podem, desde logo, e independentemente do transcurso do prazo recursal, vale a pena frisar –, surtir seus regulares efeitos, sendo possível ao interessado promover a execução provisória".

6. Sobre a execução provisória da sentença em virtude de apelação interposta sem efeito suspensivo ver: Paulo Henrique dos Santos Lucon. **Eficácia das decisões e execução provisória**. São Paulo: Saraiva, 2000, p. 302 a 341; Cassio Scarpinella Bueno. **Execução provisória e antecipação da tutela**. São Paulo: Saraiva, 1999, p. 97 a 149 e 231 a 297; Leonardo Ferres da Silva Ribeiro. **Execução provisória no processo civil – de acordo com a Lei 11. 232/2005**. São Paulo: Método, 2006, p. 92 a 145.
7. Ricardo de Carvalho Aprigliano. **A apelação e seus efeitos**. São Paulo: Atlas, 2003, p. 203: "Cumpre ressaltar que, mesmo nas hipóteses em que há o efeito suspensivo, o legislador admite o início da satisfação do vencedor (execução em sentido amplo) antes do trânsito em julgado, pois os recursos especial e extraordinário não impedem a execução do julgado. Portanto, a idéia de produção de efeitos pela sentença antes do trânsito em julgado é amplamente admitida no ordenamento brasileiro."

outros dispositivos de leis extravagantes, o recurso de apelação não prolongará a situação de inexigibilidade dos comandos da sentença.[8]

Todas as hipóteses em que a lei expressamente suprimiu o efeito suspensivo visam ao tratamento especial para a tutela do bem jurídico, "seja porque possui caráter público, seja porque se procurou, num dado momento, prestigiar a efetividade do processo em detrimento da segurança jurídica."[9]

A sentença é dividida em capítulos, sendo que as hipóteses em que a apelação deve ser recebida apenas no efeito devolutivo podem ser relativas a um dos capítulos da sentença, acarretando no recebimento em ambos os efeitos em relação a uma parte da sentença e somente no efeito devolutivo no que diz respeito à outra, v.g. quando a tutela provisória versa sobre um dos pedidos formulados e for confirmada na sentença.[10]

A seguir estudaremos, pormenorizadamente, cada um dos incisos do art. 1.012 do CPC/2015,[11] em cotejo com o art. 520 do CPC/73, lembrando que o inciso III foi revogado pela Lei 11.232/2005, que modificou a regra do cabimento do recurso contra a decisão que julga a liquidação de sentença, instituindo o art. 475-H, que prevê tal decisão como agravável e não mais apelável – mantida no CPC/2015 – art. 1.015, parágrafo único.

2.1. Sentença homologatória de divisão ou de demarcação

O inciso I, do art. 1.012 do CPC/2015 (também o inc. I do art. 520 do CPC/73), contempla a hipótese da expressa retirada do efeito suspensivo da apelação contra a sentença que homologar a divisão ou a demarcação de terras particulares.

---

8. Como por exemplo: art. 14 da Lei 7.347/1985 (Ação Civil Pública); art. 14 da Lei 5.478/1968 (Alimentos); art. 198, VI da Lei 8.069/1990 (ECA); art. 15, parágrafo único, da Lei 9.507/1997 (Habeas data); art. 85 da Lei 10.741/2003 (Idoso); art. 43 da Lei 9.099/1995 (Juizados Especiais Cíveis); art. 58, V, da Lei 8.245/1991 (Inquilinato); etc.
9. Ricardo de Carvalho Aprigliano. **A apelação**, cit., p. 204, onde preleciona: "Sempre que se faz esse tipo de escolha, levam-se em consideração os valores envolvidos. Assim, é possível suprimir o efeito suspensivo, porque os prejuízos que podem advir do cumprimento da decisão são reduzidos ou porque a natureza do direito exige pronta solução."
10. Nesse sentido: Maricí Giannico e Maurício Giannico. Efeito suspensivo dos recursos e capítulos das decisões. In: Nelson Nery Jr. e Teresa Arruda Alvim Wambier (Coords.). **Aspectos polêmicos e atuais dos recursos cíveis**. São Paulo: RT, 2002, v. 5, p. 411: "Embora a decisão seja incindível para fins de identificação do recurso cabível, o recurso efetivamente interposto deve ser recebido em diferentes efeitos quanto aos capítulos que compõem a decisão recorrida: a cisão do julgamento em capítulos somente pode ser considerada para atribuir-se os efeitos suspensivos e devolutivos ao recurso interposto contra os diferentes capítulos da decisão judicial."
11. Art. 1.012: "A apelação terá efeito suspensivo. § 1º Além de outras hipóteses previstas em lei, começa a produzir efeitos imediatamente após a sua publicação a sentença que: I – homologa divisão ou demarcação de terras; II – condena a pagar alimentos; III – extingue sem resolução do mérito ou julga improcedentes os embargos do executado; IV – julga procedente o pedido de instituição de arbitragem; V – confirma, concede ou revoga tutela provisória; VI – decreta a interdição."

Tais ações, de procedimento especial de jurisdição contenciosa, são reguladas no CPC/2015, agora nos arts. 569 a 598 (arts. 946 a 981 do CPC/73), tendo por objetivo (i) obrigar confinante a estremar imóveis, fixando-se novos limites entre eles ou aviventando-se os já apagados e/ou (ii) obrigar aos condôminos a estremar os seus respectivos quinhões – ou seja, transformar um condomínio de pro indiviso em pro diviso. Nada obsta, porém, que havendo concordância entre os condôminos, a "divisão" da coisa comum seja empreendida por simples escritura pública.

Como elucida Cassio Scarpinella Bueno,[12] são procedimentos que na "etapa cognitiva" admitem "dois momentos diversos e subsequentes" que antecedem a "etapa executiva".

Na primeira fase discute-se apenas o direito de dividir ou demarcar e na fase seguinte é que se opera a homologação da divisão ou demarcação propriamente dita, sendo somente nesta última etapa do procedimento que incide a regra do inciso I do art. 1.012 do CPC/2015.

2.2. Sentença condenatória à prestação de alimentos

O inc. II do art. 1.012 do CPC/2015, em perfeita simetria com o inc. II do art. 520 do CPC/73 prevê que a sentença que "condena a pagar alimentos" não é desafiada por recurso de apelação dotado de duplo efeito. Tratando-se de exceção que deve ser sempre interpretada restritivamente, somente a sentença condenatória à prestação de alimentos se enquadra no tipo legal,[13] sendo que as demais alusivas à ação de alimentos não.

Sistematizando a questão, tem-se que a sentença de improcedência à prestação de alimentos enseja apelação com efeito suspensivo, conforme estabelece a regra geral.

Como bem adverte Araken de Assis,[14] fogem da regra excepcional os recursos interpostos contra as sentenças que diminuírem ou exonerarem o alimentante do pagamento de pensão, pois não são sentenças condenatórias e sim, constitutivas. Entretanto, não haverá suspensão da decisão sempre que de alguma forma houver piora da situação do alimentante,[15] salvo se houve anterior concessão de tutela de urgência na sentença confirmada.

---

12. **Curso sistematizado de Direito Processual Civil**. 5ª ed. São Paulo: Saraiva, 2014, v. 5, p. 142.
13. Pontes de Miranda. **Comentários ao Código de Processo Civil**, t. VII, Rio de Janeiro: Forense, 1975, p. 244: "As ações de alimentos têm a eliminação do efeito suspensivo da apelação como *favor* à vida, *ao direito à existência*".
14. **Manual dos recursos**. 3ª ed. São Paulo: RT, 2011, n. 38. 2. 1. 2, p. 424.
15. Ricardo de Carvalho Aprigliano. **A apelação**, cit., p. 204.

Outra particularidade que deve ser ressaltada ocorre quando há cumulação de pedidos, v.g. alimentos e investigação de paternidade – a apelação contra a sentença de procedência dos pedidos não pode impedir a pronta exigibilidade dos alimentos, sob pena de não se aplicar o inciso II, do art. 1.012, do CPC. Admite-se aqui, plenamente, a cisão da decisão, sendo o capítulo que fixa alimentos é desde logo exequível, enquanto os outros temas da sentença serão atacados por apelação dotada de duplo efeito.

Assim, a solução, segundo Cassio Scarpinella Bueno,[16] com a qual concordamos, será adotar para o conjunto de duas demandas, com sentença única, o regime dos efeitos recursais diversos (devolutivo para os alimentos e duplo efeito para a investigação de paternidade).

2.3. Sentença que extingue sem resolução de mérito ou julga improcedentes os embargos do executado

Havendo a prolação de sentença que extingue, sem apreciar o mérito ou que decrete a improcedência dos embargos à execução de título extrajudicial, caso o executado pretenda apelar de tal sentença, esta será recebida apenas no efeito devolutivo – art. 1.012, III, do CPC (com redação bem próxima ao do inc. V do art. 520 do CPC/73).

O dispositivo prestigia o título executivo, especialmente depois de confirmado, por sentença, seus atributos de exigibilidade. Deste modo, o inc. III do art. 1.012 do CPC/2015 determina o recebimento da apelação sem que ocorra a suspensividade da sentença proferida contra o embargante, tornando definitiva a execução após o julgamento dos embargos.

A redação do inc. III do art. 1.012, combinada com art. 921 e, ainda, § 1º do art. 919 do CPC/2015 que (estes últimos equivalentes ao § 1º do art. 739-A do CPC/73), encerra a situação imposta pelo art. 587 do CPC/73,[17] que tornava provisória a execução de título extrajudicial, quando, mesmo no julgamento de improcedência dos embargos à execução, o magistrado havia emprestado efeito suspensivo à defesa do executado, revitalizando, portanto, a Súmula 317[18] do Superior Tribunal de Justiça, o que, em nosso sentir, é digno de aplausos.

Assim, o CPC/2015 propugna a ideia de que se os embargos foram julgados improcedentes ou extintos sem julgamento de mérito, a execução deve prosseguir,

---

16. **Curso sistematizado...**, cit., v. 5, p. 120 e 121. No mesmo sentido: Gleydson Kleber Lopes de Oliveira. **Apelação no Direito Processual Civil**. São Paulo: RT, 2009, p. 224.
17. Cf. Gilberto Gomes Bruschi. A definitividade da execução lastreada em título extrajudicial. In: Sérgio Shimura e Gilberto Gomes Bruschi (Coords.). **Execução civil e cumprimento da sentença**. São Paulo: Método, 2009, v. 3, p. 369 a 386.
18. "É definitiva a execução de título extrajudicial, ainda que pendente apelação contra sentença que julgue improcedentes os embargos".

posto que não há que se falar em prejuízo ao executado, em virtude da presunção existente no título extrajudicial que foi corroborada com a sentença favorável ao exequente.[19] Mesmo se, em fase de cognição inicial, o executado tenha obtido efeito suspensivo. Trata-se de importante alteração, que prestigia a eficácia do título executivo.

Sob a égide do CPC/2015, por expressa disposição, a exceção à suspensividade aplicar-se-á também aos embargos à arrematação ou adjudicação – os chamados *embargos de segunda fase* – introduzindo no art. 1.012, III, a regra disposta na Súmula 331 do Superior Tribunal de Justiça, cuja redação é a seguinte: "A apelação interposta contra sentença que julga embargos à arrematação tem efeito meramente devolutivo".

Convém destacar que a regra geral do recebimento da apelação em ambos os efeitos alcança os embargos de terceiro, sendo a sentença no sentido de julgar procedente ou improcedente o pedido.[20]

Para se saber se haverá o trancamento da execução com relação ao bem objeto dos embargos de terceiro, necessário se faz analisar se houve ou não o recebimento da petição inicial e seu regular processamento,[21] especialmente no que tange à confirmação da liminar (CPC/2015, art. 648), quando, então, aplicar-se-á o inc. V, do art. 1.012 – ou seja – a apelação, contra sentença que acaba por confirmar (ou revogar) a liminar concedida *initio litis* nos embargos de terceiro, cairá na hipótese excepcional da não suspensividade.

2.4. Sentença de procedência de pedido de instituição de arbitragem

A hipótese do inc. IV do art. 1.012 do CPC/2015 está igualmente prevista no inciso VI do art. 520 do CPC/1973. Sua manutenção decorre do prestígio à Lei 9.307, de 23.09.2006, também conhecida por "Lei de Arbitragem", que modernizou o instituto da arbitragem no Brasil, abrindo novas perspectivas para uso dos meios alternativos de resolução de conflito.

---

19. Pontes de Miranda. **Comentários**, cit., t. VII, p. 248 e 249.
20. Cf. Rogério Licastro Torres de Mello. Apelação de sentença de improcedência e de rejeição de embargos de terceiro – duplo efeito ou apenas efeito devolutivo? In: Alberto Camiña Moreira, Anselmo Prieto Alvarez e Gilberto Gomes Bruschi (Coords.). **Panorama atual das tutelas individual e coletiva – estudos em homenagem ao professor Sérgio Shimura**. São Paulo: Saraiva, 2011, p. 721 a 723.
21. José Horácio Cintra Gonçalves Pereira. **Dos embargos de terceiro**. São Paulo: Atlas, 2002, n. 8. 15, p. 68: "Dessa forma, rejeitados liminarmente os embargos de terceiro, o que corresponde ao indeferimento da inicial e consequente extinção do processo, o efeito suspensivo do recurso de apelação limita-se à eficácia desse provimento judicial, em nada interferindo, repita-se, no andamento do processo principal, permitindo, portanto, a realização dos demais atos de execução, inclusive a venda do bem penhorado em hasta pública".

O inciso VI diz respeito ao julgamento do processo judicial de instituição da arbitragem a que se refere o art. 7º da Lei de Arbitragem[22] e que poderá ocorrer no caso de qualquer signatário da cláusula compromissória oferecer resistência à instituição da arbitragem, consoante prevê o parágrafo único do art. 6º da mesma lei.[23]

Não se deve confundir a cláusula de compromisso arbitral com o compromisso arbitral, sendo certo que a perfeita definição de cláusula compromissória é obtida no art. 4º, *caput*, da Lei de Arbitragem.[24]

Assim, na forma do § 7º do art. 7º da Lei de Arbitragem, a sentença de procedência vale como compromisso arbitral e, como preleciona BARBOSA MOREIRA,[25] se "acolhido pelo juiz o pedido da outra parte, a sentença, embora objeto de apelação, surte incontinenti os efeitos do compromisso."[26]

Apesar da omissão da Lei de Arbitragem acerca do recurso cabível contra essa sentença, não há dúvida: trata-se de sentença. Assim, cabível o recurso de apelação, sem efeito suspensivo[27] e, portanto, dando ensejo à execução provisó-

---

22. Art. 7º Existindo cláusula compromissória e havendo resistência quanto à instituição da arbitragem, poderá a parte interessada requerer a citação da outra parte para comparecer em juízo a fim de lavrar-se o compromisso, designando o juiz audiência especial para tal fim. § 1º O autor indicará, com precisão, o objeto da arbitragem, instruindo o pedido com o documento que contiver a cláusula compromissória. (...) § 3º Não concordando as partes sobre os termos do compromisso, decidirá o juiz, após ouvir o réu, sobre seu conteúdo, na própria audiência ou no prazo de dez dias, respeitadas as disposições da cláusula compromissória e atendendo ao disposto nos arts. 10 e 21, § 2º, desta Lei. (...) § 6º Não comparecendo o réu à audiência, caberá ao juiz, ouvido o autor, estatuir a respeito do conteúdo do compromisso, nomeando árbitro único. **§ 7º** *A sentença que julgar procedente o pedido valerá como compromisso arbitral.* (grifamos)
23. Art. 6º Não havendo acordo prévio sobre a forma de instituir a arbitragem, a parte interessada manifestará à outra parte sua intenção de dar início à arbitragem, por via postal ou por outro meio qualquer de comunicação, mediante comprovação de recebimento, convocando-a para, em dia, hora e local certos, firmar o compromisso arbitral.
    Parágrafo único. *Não comparecendo a parte convocada ou, comparecendo, recusar-se a firmar o compromisso arbitral, poderá a outra parte propor a demanda de que trata o art. 7º desta Lei, perante o órgão do Poder Judiciário a que, originariamente, tocaria o julgamento da causa.* (grifamos)
24. Art. 4º A cláusula compromissória é a convenção através da qual as partes em um contrato comprometem-se a submeter à arbitragem os litígios que possam vir a surgir, relativamente a tal contrato.
25. **Comentários**, cit., n. 259, p. 471.
26. No mesmo sentido: Paulo Henrique dos Santos Lucon. **Eficácia das decisões**, cit., p. 311 e 312: "(...) sendo um exemplo claro de provimento jurisdicional de natureza constitutiva, resultante, como é natural, de um processo de natureza cognitiva. Portanto, verifica-se aqui uma sentença constitutiva possível de ser provisoriamente executada".
27. Ainda para respaldar nosso posicionamento, de serem colacionados os seguintes julgados, todos do TJ-SP: Ag. 7.225.263-4, 23ª Câm. de Dir. Privado, rel. Des. Paulo Roberto de Santana, j. 10.09.2008: "Recurso – Apelação – Interposição contra sentença que julgou procedente pedido de instituição de arbitragem – Duplo efeito – Descabimento – Hipótese de exceção à regra geral do art. 520, *caput*, do CPC – Caso em que acertadamente o apelo foi recebido apenas no efeito devolutivo (art. 520, VI,

ria, em que pesem as opiniões em contrário, no sentido de que somente pode ser instaurado o juízo arbitral, com base na decisão do judiciário, após o seu trânsito em julgado, por tratar-se de uma sentença constitutiva, com as quais, *data venia*, não concordamos.[28]

As razões da discrepância são simples e bastante óbvias.

Que motivos teve o legislador para acrescentar o inciso VI ao art. 520 do CPC/73 e prestigiar o dispositivo no inc. IV do art. 1.012 do CPC/2015, se o recurso de apelação da sentença de procedência, ainda que por exercício de hermenêutica com forte apelo teratológico, pudesse ser recebido no duplo efeito? A resposta há que ser direta: assim quis o legislador por não vislumbrar nenhum óbice de natureza legal (processual ou material) a justificar a aplicação da suspensividade do apelo, aí sim, com efeitos desastrosos para o vencedor da demanda.

Demais disso, devemos ressaltar que a única consequência que poderá surgir, se for dado provimento ao apelo, será a desconstituição do juízo arbitral, tornando nula qualquer decisão nele proferida, sendo certo que eventuais prejuízos causados ao apelante serão resolvidos em perdas e danos.[29]

Não significa isso, contudo, que o vencido não possa pleitear e obter a suspensão dos efeitos da sentença até o julgamento do apelo, desde que demonstre perigo de dano irreparável e o fundado motivo.[30]

---

do CPC) – Ausentes, ademais, os requisitos do art. 558, do CPC, a autorizar o efeito suspensivo ao apelo – Recurso improvido"; Ag. 1.161.404-00/4, 25ª Câm. de Dir. Privado, rel. Des. Amorim Cantuária, j. 15.04.2008: "À apelação manejada contra sentença que julgou procedente o pedido para instituição de arbitragem, nos moldes do artigo 520, inciso VI do CPC, não se agrega o efeito suspensivo, se não comprovada em sede de cognição sumária, a verossimilhança do direito alegado, ou a ocorrência de dano irreparável ou de difícil reparação"; Ag. 198.026-4/4-00, 6ª Câm. de Dir. Privado, rel. Des. Reis Kuntz, j. 26.04.2001: "Recurso. Sentença que submeteu à arbitragem execução de dissolução de sociedade limitada. Apelação recebida somente no efeito devolutivo. Cabimento. Inteligência do art. 520, VI, do CPC. Recurso não provido."

28. No mesmo sentido: Cassio Scarpinella Bueno. **Execução provisória**, cit., p. 144; e Leonardo Ferres da Silva Ribeiro. **Execução provisória**, cit., p. 138 e 139.
29. Cf. Ricardo de Carvalho Aprigliano. **A apelação**, cit., p. 211.
30. Carlos Alberto Carmona. **Arbitragem e processo**. 2ª ed. São Paulo: Atlas, 2004, p. 393: "Não descarto – apesar de nada constar no Código de Processo Civil ou na Lei de Arbitragem – a possibilidade de obter o réu vencido, apelante, a suspensão dos efeitos imediatos da sentença, através de pedido de antecipação de tutela dirigido ao tribunal recursal. Pode o réu apelante, em situações excepcionais e que caracterizem perigo de dano irreparável, pleitear ao tribunal – havendo fundado motivo – que impeça a produção de efeitos da sentença de instituição do juízo arbitral. Configurada a situação que permite a antecipação de tutela, o tribunal suspenderá a eficácia da sentença de instituição de arbitragem até que seja proferida a decisão da apelação."

2.5. Sentença que confirma, concede ou revoga, tutela provisória

O inciso V, do art. 1.012 do CPC/2015 tem relação com o inc. VII do 520 do CPC/73, cuja redação final era dada pela Lei 10.352, de 2001 e estabelecia que a apelação interposta contra a sentença que confirmar a antecipação de tutela anteriormente concedida deverá ser recebida apenas no efeito devolutivo.

O inc. V do art. 1.012 guarda relação, pois sua redação é mais ampla e contempla situação não prevista pelo inc. VII do art. 520 do CPC/73: é dotado de efeito meramente devolutivo o recurso de apelação interposto contra sentença que cassa a tutela urgente anteriormente concedida – situação não contemplada explicitamente no CPC/73, significa dizer que a sentença, nesse caso, prevalece em relação à tutela antecipada, encerrando uma discussão existente sob a vigência no CPC/73.

Com relação às outras duas situações prevista no dispositivo, na verdade, a intenção do legislador, foi a de que a decisão interlocutória concessiva da antecipação de tutela permanecesse a produzir seus efeitos, até que a sentença que a confirmou, como um de seus capítulos,[31] fosse reapreciada, em grau de apelação, pelo tribunal *ad quem*.[32]

Caso a sentença seja mantida em grau de apelação e não haja a interposição de recurso excepcional ocorrerá a *coisa julgada*, fazendo com que a decisão interlocutória, depois confirmada por sentença, torne-se definitiva, portanto, *imutável*.

A norma descrita no inciso V do art. 1.012 do CPC/2015, deve ser estendida à hipótese de ser apreciada e deferida na própria sentença, em razão de não haver previsão legal expressa sobre o momento correto para o deferimento

---

31. Cândido Rangel Dinamarco. **A reforma da reforma**. São Paulo: Malheiros, 2001, p. 147: "Há também capítulos decidindo sobre o *meritum causae* para declarar procedente ou improcedente a demanda inicial, ao lado de outro decidindo sobre um pedido de antecipação de tutela. O que o novo inc. VII do art. 520 prevê é uma sentença contendo o julgamento do mérito e, em um outro capítulo, confirmando a precedente concessão da tutela antecipada. O primeiro desses capítulos é portador de efeitos destinados a reger de modo definitivo o conflito trazido a julgamento; o segundo, a manter os efeitos da decisão antecipatória e as situações de fato criadas mediante sua efetivação. Mas o *ato judicial* é um só em todos esses casos; destoa do sistema o pensamento que o fragmenta em duas ou mais sentenças ou em uma sentença e uma decisão interlocutória."
32. Luiz Fux. **Curso de Direito Processual Civil**. 4ª ed. Rio de Janeiro: Forense, 2008, v. I, p. 804: "(...) essas características implicam a efetividade imediata do provimento antecipatório, passível de ser deferido *initio litis* ou na sentença." (...) "Pela novel regulação, a implementação imediata do provimento revela quão contraditório seria conceder efeito suspensivo à apelação dirigida contra sentença confirmatória do provimento antecipado."

da antecipação de tutela, fazendo com que seja possível sua concessão "em qualquer fase do processo e em qualquer grau de jurisdição".[33]

Não há qualquer óbice legal para que o juiz conceda a tutela provisória e sentencie num mesmo momento, por estarem preenchidos os requisitos autorizadores, sendo interposta apelação, será ela recebida, no que tange ao objeto da antecipação, apenas no efeito devolutivo[34-35] e em ambos os efeitos em relação ao restante da sentença, caso a antecipação seja parcial.[36]

Não há, portanto, que se fazer uma interpretação para a sentença que conceder a antecipação da tutela distinta daquela que confirma a anteriormente concedida, pois, a nova lei optou por retirar, em ambos os casos, de forma expressa, o efeito suspensivo da apelação.

Ademais, de que adiantaria a concessão por ocasião da sentença se a apelação tivesse o condão de suspendê-la? Restaria esvaziada a tutela antecipada caso a apelação fosse recebida em ambos os efeitos.

Em prol da efetividade do processo deve ser recebida a apelação apenas no efeito devolutivo em relação ao pedido que teve seus efeitos antecipados,[37-38] fa-

---

33. Humberto Theodoro Jr. **Curso de Direito Processual Civil**. 54ª ed. Rio de Janeiro: Forense, 2013, v. I, n. 543-b, p. 643.
34. STJ, 3ª T., v.u., AgRg no AREsp 469. 551/SP, rel. Min. Sidnei Beneti, j. 27.03.2014, DJe 28.04.2014: "Agravo Regimental - Agravo em Recurso Especial - Apelação - Efeito Suspensivo - Art. 520, VII, do Código de Processo Civil - Reexame do conjunto fático-probatório - Impossibilidade - Súmula 7/STJ - Decisão agravada mantida - Improvimento. 1. Sobre os efeitos do recebimento da Apelação, o entendimento desta Corte é de que o art. 520, VII, do CPC deve ser interpretado de forma teleológica, razão pela qual, ainda que a antecipação da tutela seja deferida na própria sentença, a Apelação contra esta interposta deverá ser recebida apenas no efeito devolutivo em relação à parte em que foi concedida a tutela. 2. Ademais, a alteração na conclusão do julgado e o acolhimento da pretensão recursal, de forma a determinar o recebimento da Apelação no efeito suspensivo, ensejaria incursão no conjunto probatório dos autos, o que é defeso ante o óbice da Súmula STJ/07. 3. O recurso não trouxe nenhum argumento capaz de modificar a conclusão do julgado, a qual se mantém por seus próprios fundamentos. 4. Agravo Regimental improvido". No mesmo sentido: STJ, 1ª T., v.u., REsp 706.252/SP, rel. Min. Luiz Fux, j.em 13.09.2005, DJ 26.09.2005, p. 234: "A apelação, quer se trate de provimento urgente cautelar quer de tutela satisfativa antecipatória deferida em sentença ou nesta confirmada, deve ser recebida, apenas, no seu efeito devolutivo. É que não se concilia com a idéia de efetividade, autoexecutoriedade e mandamentalidade das decisões judiciais, a sustação do comando que as mesmas encerram, posto presumirem situação de urgência a reclamar satisfatividade imediata."
35. Nesse sentido: Teresa Arruda Alvim Wambier. Decisão antecipatória de tutela contida na sentença. **Revista de Processo** 138/234: "Tendo a lei optado pela solução de retirar o efeito suspensivo da apelação, quando o juiz conceder os efeitos da tutela na sentença ou confirmar os já concedidos, deve-se limitar a ausência de efeito suspensivo à parte da sentença em que os efeitos da tutela foram antecipados."
36. Cf. TRF da 5ª Região, Ag. 200305990009509/PB, 1ª T., rel. Des. Ubaldo Ataíde Cavalcante, v. u., j. 11.11.2004, DJ 01. 02. 2005, p. 351; TRF da 1ª Região, Ag. 200001000732670/MG, 2ª T., rel. Des. Jirair Aram Meguerian, v. u., j. 03. 12. 2003, DJ 04. 03. 2004, p. 36.
37. Cf. Luís Henrique Barbante Franzé. **Tutela antecipada recursal**. Curitiba: Juruá, 2006, n. 3. 3. 2. 9, p. 279 a 282.
38. STJ, 3ª T.,, v.u., AgRg no Ag 940. 317/SC, rel. Min. Nancy Andrighi, j. em 19.12.2007, DJ 08.02.2008: "Direito processual civil. Agravo no agravo de instrumento. Recurso especial. Ação de imissão de posse. Tutela antecipada concedida quando da prolação da sentença. Possibilidade. Apelação da concessão da

zendo com que seja possível sua efetivação[39] e a obtenção, ainda que provisória, do direito material almejado, sem que seja necessário se aguardar o julgamento do recurso de apelação.[40]

Por fim, outra situação em que a apelação deve ser recebida apenas no efeito devolutivo, ocorre nos casos de tutela de evidência, uma das espécies de tutelas provisórias, v.g. quando "as alegações puderem ser comprovadas apenas documentalmente e houver tese firmada em julgamento de casos repetitivos ou em súmula vinculante" e, sendo esta confirmada ou concedida por ocasião da sentença, inclusive de forma liminar, "se viabilizará a exequibilidade imediata",[41] conforme o disposto no art. 311, II do CPC/2015.

2.6. Sentença que decreta interdição

A aparente novidade do CPC/2015, no que diz respeito às ações que comportam execução provisória da decisão, trata-se daquelas em que se decreta a curatela do interdito.

Embora o art. 520 do CPC/73 não tenha previsão expressa sobre o recebimento do recurso de apelação contra sentença em processo de interdição, o art. 1.184 da mesma lei, prevê que "a sentença de interdição produz efeito desde logo, embora sujeita a apelação".

---

tutela antecipada. Efeito devolutivo. Consonância do acórdão recorrido com a jurisprudência do STJ. - A antecipação da tutela pode ser deferida quando da prolação da sentença, sendo que em tais hipóteses, a apelação contra esta interposta deverá ser recebida apenas no efeito devolutivo quanto à parte em que foi concedida a tutela. Precedentes. - Inviável o recurso especial quando o acórdão impugnado encontra-se em consonância com a jurisprudência do STJ. Agravo no agravo de instrumento não provido."

39. Cf. Gilberto Gomes Bruschi. A efetivação da tutela antecipada e a Lei 11. 232/2005. In: Ernane Fidélis dos Santos, Luiz Rodrigues Wambier, Nelson Nery Jr. e Teresa Arruda Alvim Wambier (Coords.). **Execução civil - estudos em homenagem ao Professor Humberto Theodoro Júnior**. São Paulo: RT, 2007, p. 796 a 808.

40. Cassio Scarpinella Bueno. A tutela antecipada na Lei 10.352/2001. In: Bento Herculano Duarte e Ronnie Preuss Duarte (Coords.). **Processo civil - aspectos relevantes**. São Paulo: Método, 2005, p. 59: "Se não houve antecipação da tutela *antes* da sentença, o motivo é absolutamente irrelevante, não há como se 'confirmar' aquela decisão. O que pode ocorrer, no entanto, é que a tutela antecipada seja concedida 'na' sentença ou, quando menos, por ocasião 'da' sentença, quando do seu proferimento. Não obstante seja muito difícil defender a aplicação do art. 520, VII, para reger a espécie, deve ser prestigiado o entendimento de que, neste caso, o recurso de apelação dirigido desta sentença deve, *sistematicamente*, ser recebido *sem* efeito suspensivo. Tudo para manter coerência de eficácias do sistema, coerência que, já assinalei, é o grande valor que está por trás do dispositivo em exame. Se, pelo menos em tese, o sistema admite que uma interlocutória baseada em cognição sumária e, por isto mesmo, razoavelmente instável (CPC, art. 273, § 4°) surta efeitos imediatos, com muito mais razão, dever-se-á admitir que a sentença, com base em cognição *exauriente*, produza efeitos de imediato quando presentes as circunstâncias do art. 273."

41. Humberto Theodoro Junior, Dierle Nunes, Alexandre Melo Franco Bahia e Flávio Quinaud Pedron. **Novo CPC – fundamentos e sistematização**. Rio de Janeiro: Forense, 2015, p. 320 e 321.

A interpretação jurisprudencial do tema sob a égide do CPC/73 é pacífica: a sentença que decreta a interdição,[42] bem como aquela que rejeita o pedido, tem eficácia imediata, desafiada por apelação que deve ser recebida apenas no efeito devolutivo. Mesmo quando concedida liminar de interdição, entendemos que a sentença que julga o pedido improcedente cassa imediatamente os efeitos daquela tutela urgente anteriormente proposta,[43] sendo desafiada por apelação dotada de efeito meramente devolutivo.

Assim, o CPC/2015 apenas deu melhor sistematização a matéria, não se tratando de inovação legal propriamente dita.

3. AS DECISÕES DE MÉRITO PARCIAIS (ART. 356 DO CPC/2015), O "AGRAVO SUBSTITUTIVO DA APELAÇÃO" E O EFEITO SUSPENSIVO

O CPC/2015 foi fruto de intensos debates legislativos, que acabaram culminando em redação final do texto bem diferente daquela imaginada pelos autores do anteprojeto.

E, um dos pontos da nova codificação que foi impactado por alterações durante o processo legislativo, foi o que regulava o efeito suspensivo da apelação. Exatamente, por conta de tais alterações que ocorreram entre a apresentação do anteprojeto e a promulgação da Lei 13.105/2015, algumas matérias passam a ter regulação legal incompleta ou inadequada, posto que as modificações no texto de um dispositivo impactam outros, sem que se perceba a quebra de coerência interna do texto.

Foi exatamente o que aconteceu com o efeito suspensivo daquele agravo que acaba por fazer papel de apelação, quando manejado para impugnar as "sentenças parciais", conforme previsto no § 5º do art. 356 do CPC/2015.[44]

---

42. TJRS, 7ª Câmara Cível, Ag 70052528197/RS, relª. Desª. Sandra Brisolara Medeiros, j. em 12.12.2012: "Agravo de Instrumento. Ação de Interdição. Efeitos da Apelação. Art. 1.184, do CPC. A hipótese dos autos - apelo contra sentença proferida nos autos de ação de interdição -, embora não esteja arrolada nos incisos do art. 520, CPC, que excepcionam a regra geral de recebimento dos recursos de apelação no duplo efeito, encontra normatização especial na 1ª parte do art. 1.184, do CPC que, sem deixar espaço para dúvida, determina que 'a sentença de interdição produz efeito desde logo, embora sujeita a apelação'. Agravo de instrumento provido."
43. TJMG, 1ª Câmara Cível, v.u., Ag. 1.0342.11.008033-6/003, rel. Des. Geraldo Augusto, j. em 03.12.2013: "Processual Civil - Ação de Interdição - Improcedência do Pedido - Recebimento da apelação apenas no efeito devolutivo - Previsão expressa do art. 1.184, do CPC - Recurso desprovido. É sabido que o recurso de apelação, a teor do expresso no art. 520, *caput*, primeira parte, do CPC, deve ser, como regra, recebido nos efeitos devolutivo e suspensivo, sendo que as hipóteses excepcionais, nas quais será ele recebido apenas no efeito devolutivo, são aquelas expressas nos incisos do mesmo artigo e, segundo doutrina e jurisprudência majoritária, de maneira taxativa. Conforme determinação expressa do art. 1.184, do CPC, a sentença de interdição produz efeito desde logo, embora sujeita a apelação."
44. CPC/2015, art. 356. "O juiz decidirá parcialmente o mérito quando um ou mais dos pedidos formulados ou parcela deles: I - mostrar-se incontroverso; II - estiver em condições de imediato julgamento, nos termos do

No anteprojeto, que acabou sendo recebido no parlamento pelo Senado Federal, sob n. 166/2010, o art. 908 previa que nenhum recurso seria dotado de efeito suspensivo *ope legis*. Assim, havia uma coerência interna no texto, pois tanto a apelação quanto o agravo deveriam ser recebidos somente no efeito devolutivo, em regra.

O texto aprovado no Senado Federal previa expressamente, em seu art. 949,[45] a ausência de efeito suspensivo como regra geral, assim como estabelecia em seu art. 968 que "a atribuição de efeito suspensivo à apelação obsta a eficácia da sentença".

Porém, na Câmara dos Deputados, após os debates parlamentares, o projeto do novo CPC sofreu emendas que quebraram tal harmonia, pois se restaurou o efeito suspensivo do recurso de apelação como regra, assim como ocorre no art. 520 do CPC/73 – redação que, ao final, restou consagrada na dicção da Lei 13.105/2015, em seu art. 1.012, embora haja decisões com conteúdo de sentença de mérito (art. 487) mas que ensejam o recurso de agravo de instrumento sem efeito suspensivo automático, em virtude da expressa previsão do art. 1.015, II e, também do novo conceito de sentença dado pelo art. 203, § 1º (Ressalvadas as disposições expressas dos procedimentos especiais, sentença é o pronunciamento por meio do qual o juiz, com fundamento nos arts. 485 e 487, põe fim à fase cognitiva do procedimento comum, bem como extingue a execução).

Com a quebra de harmonia entre os efeitos com os quais devem ser recebidos a apelação e o agravo, em razão do parlamento ter optado por alterar a ideia original do projeto, resgatando o efeito suspensivo do recurso de apelação, é necessário que a doutrina e a jurisprudência busquem corrigir estas distorções decorrentes do processo legislativo, para que o Código de Processo Civil tenha uma coesão e coerência interpretativa desejada.

Por tal motivo, entende-se que, o agravo de instrumento manejado com base no § 5º do art. 356 do CPC/2015, por atacar decisão de mérito apta a formar coisa julgada é, ontologicamente, um substitutivo do recurso de apelação e, por coerência, deve ter tratamento idêntico ao da própria apelação, no que diz respeito ao efeito suspensivo, aplicando-se-lhe o art. 1012, para fins de estabelecer se o recurso de agravo, neste caso, será recebido no duplo efeito (art. 1.012, *caput*) ou, no efeito meramente devolutivo, se presente alguma das hipóteses do § 1º do art. 1.012.

---

art. 355. (...) § 5º A decisão proferida com base neste artigo é impugnável por agravo de instrumento."

45. "Art. 949. Os recursos, salvo disposição legal em sentido diverso, não impedem a eficácia da decisão. § 1º A eficácia da decisão poderá ser suspensa pelo relator se demonstrada a probabilidade de provimento do recurso, ou, sendo relevante a fundamentação, houver risco de dano grave ou difícil reparação, observado o art. 968. § 2º O pedido de efeito suspensivo do recurso será dirigido ao tribunal, em petição autônoma, que terá prioridade na distribuição e tornará prevento o relator. § 3º Quando se tratar de pedido de efeito suspensivo a recurso de apelação, o protocolo da petição a que se refere o § 2º impede a eficácia da sentença até que seja apreciado pelo relator. § 4º É irrecorrível a decisão do relator que conceder o efeito suspensivo".

4. A OBTENÇÃO DO EFEITO SUSPENSIVO NAS HIPÓTESES EM QUE A LEI PREVÊ O RECEBIMENTO DA APELAÇÃO APENAS NO DEVOLUTIVO

É notório que, por força da própria lei processual (mantida a tradição da sistemática processual do CPC/73), nas hipóteses dos incisos do art. 1.012 e do que se encontra vigente em outros dispositivos de lei, por exemplo na sentença que decreta o despejo, o recurso de apelação será, em regra, recebido apenas no efeito devolutivo.

Contudo, evidente que a parte vencida, que terá contra si, muito provavelmente, a instauração do cumprimento provisório da sentença, sofrendo os efeitos imediatos daquilo que foi estabelecido na sentença, tenha interesse não só de recorrer, como também de obstar a possibilidade de sofrer atos executivos.

Assim, o CPC/2015 regula, no próprio art. 1.012, quais os mecanismos de busca do efeito suspensivo *ope iudicis*, predispostos a tutelar o interesse daquele que pretende impedir a execução provisória da sentença.

No CPC/2015, tendo em vista que os procedimentos cautelares foram abolidos, grande novidade, traz o § 3º do art. 1.012 do CPC/2015, no tocante aos meios de obtenção do efeito suspensivo por força judicial, em hipóteses que a lei impõe somente efeito devolutivo ao recurso de apelação, o recorrente tem dois caminhos processuais a seguir.

Na fase inicial de recepção do recurso de apelação, de acordo com o inc. I do § 3º do art. 1.012 do CPC, está previsto que o recorrente deverá formular pedido de efeito suspensivo diretamente ao "tribunal, no período compreendido entre a interposição da apelação e sua distribuição".

Embora silente o CPC/2015, evidentemente que tal petição deverá ser instruída com as peças necessárias à compreensão da *questão*, bem como trazer os elementos necessários à identificação do processo. Entende-se que é *conditio sine qua non* a demonstração de que o recurso de apelação foi, ao menos, protocolado em primeira instância – sob pena de não conhecimento do pedido. Isto porque estabelece o inc. I do § 3º do art. 1.012 do CPC/2015 que o relator designado para o exame do requerimento de efeito suspensivo, torna-se prevento para julgar a própria apelação, posteriormente.

No caso de a apelação já ter sido distribuída ao Tribunal *ad quem*, aplica-se o inc. II do § 3º do art. 1.012 do CPC/2015, ou seja, o pedido será formulado ao próprio relator, como já era o adequado sob a égide do CPC/73.[46]

---

46. No mesmo sentido: Leonardo José Carneiro da Cunha. Meios processuais para concessão de efeito suspensivo a recurso que não o tem. In: Nelson Nery Jr. e Teresa Arruda Alvim Wambier (Coords.) **Aspectos polêmicos e atuais dos recursos cíveis**. São Paulo: RT, 2005, v. 8, p. 300.

De acordo com a novel regulamentação, não há mais possibilidade de ser requerida tal providência na própria peça do recurso de apelação, pois o pleito não encontrará veículo para imediata apreciação (impossibilidade prática).

Ainda que se articule, em sede de recurso de apelação, argumentação favorável à concessão de efeito suspensivo, o pleito – na técnica do CPC/2015 – deve ser apresentado em petição apartada (ou na petição de endereçamento, como sustentaremos a seguir), (i) quer o recurso já esteja distribuído na corte ou, (ii) quer em trâmite na instância inferior, apesar de não mais haver juízo prévio de admissibilidade.

Note-se, ainda, que § 4º do art. 1.012 do CPC/2015 submete a possibilidade de o relator do recurso conceder o efeito suspensivo, com a finalidade de obstar, ao menos até que haja julgamento do órgão colegiado, a exequibilidade da decisão recorrida, à demonstração dos requisitos legais obrigatórios as tutelas de evidência e à tutela de natureza cautelar.

Diz o § 4º do art. 1.012 do CPC/2015: "a eficácia da sentença poderá ser suspensa pelo relator se o apelante demonstrar a *probabilidade de provimento do recurso* [evidência] ou se, sendo relevante a fundamentação [*fumus boni iuris*], houver risco de dano grave ou de difícil reparação [*periculum in mora*]."

Tais tutelas provisórias, cuja apreciação será exclusivamente do relator do recurso, que, também, acabará julgando-o por prevenção, impõem a tarefa de visualizar, mediante cognição sumária, a possibilidade de ser dado provimento ao recurso de apelação, o que, aliado ao perigo de dano ao recorrente, em virtude da demora no julgamento, tornar viável a concessão do efeito suspensivo originalmente inexistente.

De se aplaudir que o CPC/2015 tenha acatado a lição de Araken de Assis,[47] ainda sob a égide do CPC/73, materializando o direito de pleitear a medida por simples petição, quer antes, quer depois da sua distribuição (CPC/2015, § 3º, inc. I e II do art. 1.012).

Entendemos que, em hipóteses excepcionais, quando flagrante o *periculum in mora* e evidente o *fumus boni iuris*, possa o relator conceder *ex officio* o efeito suspensivo ao recurso de apelação, embora reconheçamos que se trata de providência de pouco interesse prático, tendo em vista o modo pelo qual o recurso de apelação é processado.

---

47. Araken de Assis. **Manual dos recursos,** cit., n. 38.2.4, p. 440 e 441: "A solução reputada mais simples e eficiente, do ponto de vista da parte, consiste no endereçamento de petição ao tribunal, por iniciativa do apelante, instruída com peças hábeis a demonstrar a relevância dos fundamentos do apelo e o receio de mal de difícil e incerta reparação ulterior, que será distribuída ao relator do recurso, tornando-o prevento para o respectivo julgamento. O mecanismo não tem previsão legal, nem paralelo conhecido."

O conhecimento da possibilidade de lesão, pelo relator do recurso, se dá tempos depois da possibilidade de executoriedade provisória da decisão.

No entanto, convencido do efeito danoso do *decisum*, nada impede, *ad cautelam*, que o relator conceda o efeito suspensivo por iniciativa própria, pois tal conduta encontra-se dentro de seu poder geral de cautela,[48] que permite ao juiz a determinação de qualquer medida acautelatória e de proteção de direitos, diante do perigo iminente e de sua irreversibilidade.

HUMBERTO THEODORO JUNIOR[49] ensina que uma das maiores aptidões do poder geral de cautela é a de pleitear a suspensividade da execução provisória de uma decisão ou sentença contra a qual foi interposto um recurso dotado apenas de efeito devolutivo.

Há de se reconhecer, no entanto, que as cautelares inominadas, que sob a égide do CPC/73 constituíam meio legítimo de obter efeito suspensivo em recurso de apelação, cederam e não têm mais cabimento.

Ainda na seara do poder geral de cautela, parece-nos possível (embora de duvidosa efetividade prática), que o pleito de concessão de efeito suspensivo à apelação seja formulado ao juízo sentenciante, em sede de juízo de admissibilidade do recuso de apelação, ainda em primeiro grau de jurisdição, naquelas hipóteses em que a lei determina o recebimento somente no efeito devolutivo.

Data venia, entende-se que, tanto quanto o relator, o próprio juízo *a quo* têm a prerrogativa de aplicar o "poder geral de cautela", para emprestar (em decisão fundamentada, por óbvio), efeito suspensivo a recurso de apelação, nas hipóteses em que legalmente não tem,[50] apesar de expressa disposição legal determinando o recebimento no efeito meramente devolutivo.[51]

---

48. Cf. Eduardo Fortunato Bim e Márcio Manoel Maidame. Restrições ao poder geral de cautela e derrotabilidade. **Revista de Processo** 175/83.
49. **Processo cautelar**. 22ª ed. São Paulo: LEUD, 2005, p. 106 e 107: "O cabimento da medida cautelar com tal objetivo, acabou sendo de consenso nos tribunais. Na realidade, com o advento do instituto da antecipação de tutela, a medida tornou-se melhor adaptável à nova modalidade de tutela de urgência do que à velha tutela cautelar. Assim, a atribuição de efeito suspensivo a recurso, insere-se, naturalmente nos poderes do relator, que, presentes os requisitos do art. 273, pode antecipar, em certo limite, o que se antevê como provável resultado do julgamento de mérito do recurso pelo colegiado."
50. Em sentido contrário, entendendo que somente o relator da apelação pode conceder o efeito suspensivo: "Por outro lado, a atribuição de efeito suspensivo não integra a competência do órgão *a quo*, desaparecida com a interposição do apelo." (Araken de Assis. **Manual dos recursos**, cit., n. 38. 2. 4, p. 440). Em idêntico sentido: Gledson Kleber Lopes de Oliveira. **Apelação**, cit., p. 232; Luiz Fux. **Curso**, cit., p. 759; Felippe Borring Rocha. **Teoria geral dos recursos**. São Paulo: Elsevier, 2008, p. 99; Carreira Alvim. **Código de Processo Civil reformado**. 4ª ed. Belo Horizonte: Del Rey, 1999, p. 309; Sergio Bermudes. **A reforma do Código de Processo Civil**. 2ª ed. São Paulo: Saraiva, 1996, p. 125.
51. Cassio Scarpinella Bueno. **Execução provisória**, cit., p. 313 e 314: "Já tivemos a oportunidade de analisar o tema e concluímos no sentido de que o dispositivo em questão dirige-se ao juízo de interposição do

Forte no poder geral de cautela, defendeu o posicionamento acima Eduardo Fortunato Bim (ainda sob a égide do CPC de 73)[52] e parece-nos juridicamente intocável tal posicionamento, embora de duvidosa aplicabilidade prática.

Entende-se que, no entanto, o pleito de pedido suspensivo ao juízo *a quo*, ainda que repetido nas razões de recurso, deve ser articulado na petição de endereçamento (ainda que fundamentação mais extensa seja exposta nas razões dirigidas ao tribunal), pelo fato que, em regra geral, retirou-se do juízo *a quo* a apreciação do juízo de admissibilidade recursal, no CPC/2015.

Caso seja deferido o pedido de efeito suspensivo pelo magistrado *a quo*, a apelações em desacordo com a lei (mesmo com a argumentação do poder geral de cautela), a outra parte pode, igualmente, se irresignar, por simples petição, ao relator do recurso, visando a cassação do efeito suspensivo, eventualmente, pelo juiz prolator da sentença.

E, caso a parte que postulou, ao juízo *a quo*, não conseguir obter a suspensão da eficácia da sentença via apelação, o caminho é da simples petição (CPC/2015, 1.012, § 3º, inc. I) que, a nosso ver, deve seguir a estrutura de toda petição judicial, exposição dos fatos, do direito e o pleito – numa verdadeira cadeia silogística – além de munida dos documentos necessários à interpretação da controvérsia.

Portanto, concluímos que pode ser obtido o efeito suspensivo, de três formas distintas, a saber:

> (i) requerer ao tribunal, por petição simples, a concessão da suspensão da eficácia da sentença, quando o recurso de apelação ainda não tenha sido distribuído (§ 3º, inc. I, do art. 1.012 do CPC/2015),

---

recurso de apelação, desde que, de pronto, apresentem-se os elementos *condutores* da outorga de efeito suspensivo. (...) Destas linhas é lícito lançarmos as seguintes conclusões parciais: o comando do parágrafo único do art. 558 do Código de Processo Civil é dirigido tanto para o juízo de primeiro grau (órgão de interposição do recurso) como para o juízo de segundo grau (órgão de julgamento do recurso)." E mais recentemente, em outra obra: **Curso sistematizado**, cit., v. 5, p. 132– mantém seu posicionamento.

52. Eduardo Fortunato Bim. A antecipação de tutela recursal (efeito suspensivo ativo) pelo juízo a quo na apelação ou no recurso ordinário constitucional. **Revista Dialética de Direito Processual** 57/22: "Considerando que o poder geral da tutela de urgência é atribuído a todos os magistrados, incluindo aos que receberão a apelação (ou o recurso ordinário), é necessário reconhecer que eles podem modular o efeito da apelação, inclusive para antecipar a tutela recursal, quando diante de seus pressupostos. A maior prova disso é a existência do artigo 558 do CPC. No entanto, é comezinho que a previsão específica do poder de cautela/urgência (v.g., art. 558, 527, III) não exclui o poder geral de cautela/urgência (CPC, arts. 273, 798 e 799). Esse deve ser utilizado sempre que surgirem os seus pressupostos, seja em qual instância for, uma vez que 'o poder de acautelar é imanente ao de julgar.' Se o juiz tem um poder tão amplo que pode não receber a apelação, caso a decisão recorrida esteja de acordo com súmula do STF ou STJ (CPC, art. 518, §1º), por que não poderia deferir a tutela antecipada recursal? Os poderes do magistrado em relação ao recebimento da apelação estão cada vez mais amplos, não se justificando qualquer restrição da atribuição do efeito suspensivo ativo se presentes os requisitos da tutela de urgência."

(ii) após ter sido distribuída a apelação, requerer, também por meio de simples petição, nos termos do inc. II do § 3º do art. 1.012 do CPC/2015, ao relator, que defira a suspensão da decisão recorrida e, por fim,

(iii) requerer-se ao juiz sentenciante (juízo *a quo*) que conceda o efeito suspensivo.

Em todos os casos, os requisitos da tutela provisória, deverá ser demonstrado pela parte que pleiteia não seja aplicada a regra legal.

Em outras palavras, em todas as três modalidades acima descritas, o apelante deverá comprovar os requisitos necessários para a concessão do efeito suspensivo, ou seja, o perigo de dano grave de difícil ou incerta reparação e o indício de que o recurso pode prosperar.[53]

---

53. Qualquer que seja a decisão do relator sobre o requerimento de efeito suspensivo, será interponível o agravo interno, nos termos do art. 1.021 do NCPC.

CAPÍTULO 3

Majoração dos Honorários Sucumbenciais no Recurso de Apelação

Eduardo Cambi[1]
Gustavo Pompílio[2]

SUMÁRIO • 1. INTRODUÇÃO; 2. A MAJORAÇÃO DOS HONORÁRIOS SUCUMBENCIAIS NO RECURSO DE APELAÇÃO COM BASE NA SISTEMÁTICA DO NCPC; 3. O DUPLO GRAU DE JURISDIÇÃO E O ABUSO DO DIREITO DE RECORRER; 4. A MAJORAÇÃO DOS HONORÁRIOS COMO UM INSTRUMENTO DE DESESTÍMULO AO ABUSO DO DIREITO DE RECORRER E SEUS REFLEXOS NO DIREITO PROCESSUAL BRASILEIRO; 5. CONSIDERAÇÕES FINAIS; 6.REFERÊNCIAS BIBLIOGRÁFICAS.

1. INTRODUÇÃO

O Novo Código de Processo Civil (NCPC) traz uma nova sistemática em relação à condenação da parte ao pagamento de honorários sucumbenciais.

Tal inovação irá trazer impactos não só na ordem processual-procedimental, mas também na questão econômico-financeira das partes envolvidas no litígio.

---

1. Promotor de Justiça no Estado do Paraná. Assessor da Procuradoria Geral de Justiça do Paraná. Coordenador estadual do Movimento Paraná Sem Corrupção. Coordenador Estadual da Comissão de Prevenção e Controle Social da Rede de Controle da Gestão Pública do Paraná. Coordenador do Grupo de Trabalho de Combate à Corrupção, Transparência e Controle Social da Comissão de Direitos Fundamentais do Conselho Nacional do Ministério Público (CNMP). Integrante da equipe de representantes do CNMP na Estratégia Nacional de Combate à Corrupção e à Lavagem de Dinheiro (ENCCLA). Pós-doutor em direito pela Università degli Studi di Pavia. Doutor e mestre em Direito pela UFPR. Professor da Universidade Estadual do Norte do Paraná (UENP) e da Universidade Paranaense (UNIPAR). Diretor financeiro da Fundação Escola do Ministério Público do Estado do Paraná (FEMPAR). Foi Assessor de Pesquisa e Política Institucional da Secretaria de Reforma do Judiciário do Ministério da Justiça (2012-2014).
2. Mestrando em Ciência Jurídica pelo Centro de Ciências Sociais Aplicadas da Universidade Estadual do Norte do Paraná – Campus Jacarezinho/PR. Bolsista da Fundação Araucária de Apoio ao Desenvolvimento Científico e Tecnológico. Pesquisador-coordenador do Grupo de Pesquisa – Neoconstitucionalismo e Neoprocessualismo (Prof. Pós-Doutor Eduardo Augusto Salomão Cambi). Pós-Graduado em Direito Civil e Direito Processual Civil pelo Centro Universitário Toledo – Araçatuba/SP e Professor de Direito Processual Civil na mesma instituição. Obteve o Diploma do Mérito Acadêmico, destacando-se como melhor aluno da LVI Turma de Direito do Centro Universitário Toledo – Araçatuba/SP. Advogado e Parecerista.

Mais que uma alteração legislativa, o NCPC pretende uma mudança de mentalidade não só dos operadores do direito, como também da sociedade brasileira. Trata-se de uma nova forma de ver o processo civil, a partir das garantias constitucionais.

Ao buscar estabelecer uma melhor sintonia entre o processo e a Constituição Federal, o NCPC cria condições que permitem ao Poder Judiciário proferir decisões mais alinhadas à realidade fática subjacente à causa, simplifica os procedimentos, reduz o volume de processos, amplia o uso de técnicas processuais diferenciadas para adequar o processo ao direito material e agiliza a tutela jurisdicional, além de elevar o grau de organicidade e dar mais coesão ao sistema processual[3].

Considerando tais premissas, devem ser enfrentadas as seguintes questões: a) quais são os reflexos da majoração dos honorários em caso de interposição de recurso de apelação?; b) essa majoração dos honorários advocatícios viola o princípio do duplo grau de jurisdição?; c) tal técnica processual poderá servir como fator de desestímulo ao abuso do direito de recorrer?; d) será ela capaz de auxiliar na redução dos elevados índices de judicialização de conflitos e, por conseguinte, ensejar a diminuição da morosidade da prestação jurisdicional?

2. A MAJORAÇÃO DOS HONORÁRIOS SUCUMBENCIAIS NO RECURSO DE APELAÇÃO COM BASE NA SISTEMÁTICA DO NCPC

Quando foi lançado, em 2010, o anteprojeto do Novo Código de Processo Civil trouxe consigo uma novidade em relação ao sistema recursal brasileiro. Tal inovação passou a ser chamada de *sucumbência recursal*[4].

Em sua versão original, elaborada pela comissão de juristas, a sucumbência recursal consistia na fixação de nova verba honorária, de ofício ou a requerimento da parte, quando o acórdão proferido pelo tribunal não admitir ou negar, por unanimidade, provimento a recurso interposto contra sentença ou acórdão, devendo ser observado o limite total de 25% (vinte e cinco por cento)[5].

---

3. Objetivos constantes da exposição de motivos elaborada pela comissão de juristas responsáveis pela elaboração do anteprojeto do NCPC (BRASIL, 2010, p. 14).
4. CAMARGO, Luiz Henrique Volpe. Os honorários de sucumbência recursal no novo CPC. In: *Novas tendências do processo civil: estudos sobre o projeto do novo código de processo civil*. Organização de Alexandre Freire et al. Salvador: Juspodivm, 2013. p. 363; e também: FREIRE, Alexandre; MARQUES, Leonardo A. Os honorários de sucumbência no projeto do novo CPC (relatório – geral de atividades apresentado pelo deputado federal Paulo Teixeira – PT). In: *Novas tendências do processo civil: estudos sobre o projeto do novo código de processo civil*. Vol. 3. Organização de Alexandre Freire et al. Salvador: Juspodivm, 2014. p. 20.
5. "*Art. 73. [...] § 6º Quando o acórdão proferido pelo tribunal não admitir ou negar, por unanimidade, provimento a recurso interposto contra sentença ou acórdão, a instância recursal, de ofício ou a requerimento da parte,*

Depois disso, ao ser convertido em projeto de lei (PLS nº 166/2010), ainda no Senado Federal, o texto-base do NCPC sofreu alterações. Houve uma renumeração dos artigos e também algumas mudanças em relação ao instituto em exame, que passou a constar do artigo 87, § 7º, com a seguinte redação: *"A instância recursal, de ofício ou a requerimento da parte, fixará nova verba honorária advocatícia, observando-se o disposto nos §§ 2º e 3º e o limite total de vinte e cinco por cento para a fase de conhecimento"*.

Na versão aprovada pela Câmara dos Deputados, o artigo correspondente à sucumbência recursal passou a ter a seguinte redação: *"Art. 85. § 11. O tribunal, ao julgar o recurso, majorará os honorários fixados anteriormente levando em conta o trabalho adicional realizado em grau recursal, observando, conforme o caso, o disposto nos §§ 2º a 6º, sendo vedado ao tribunal, no cômputo geral da fixação de honorários devidos ao advogado do vencedor, ultrapassar os respectivos limites estabelecidos nos §§ 2º e 3º para a fase de conhecimento"*.

Posteriormente, o projeto de lei retornou à Casa Alta, onde foi, definitivamente, aprovado, em dezembro de 2014, com a mesma numeração e redação da deliberação da Câmara dos Deputados.

O texto, ao ser consolidado, foi sancionado e está inserido no artigo 85, § 11, do Novo Código de Processo Civil.

Note-se que a redação dada pelos autores do anteprojeto é distinta da última versão aprovada pelo Congresso Nacional e sancionada pela Presidente da República.

Na versão original de 2010, o anteprojeto se referia à fixação de uma "nova verba honorária", observando "o limite total de vinte e cinco por cento". Atualmente, o artigo 85, § 11, trata da majoração dos "honorários fixados anteriormente", respeitando-se os limites "estabelecidos nos §§ 2º e 3º para a fase de conhecimento".

Considerando a regra sancionada pela Presidente da República, é possível verificar que, inaugurada a via recursal, abre-se a possibilidade de majoração dos honorários já fixados anteriormente em desfavor do vencido.

Assim, somente haverá sucumbência recursal se já houver uma prévia condenação da parte vencida ao pagamento de honorários advocatícios. Isso significa

---

fixará nova verba honorária advocatícia, observando-se o disposto no § 2º e o limite total de vinte e cinco por cento. § 7º Os honorários referidos no § 6º são cumuláveis com multas e outras sanções processuais, inclusive a do art. 66. § 8º Em caso de provimento de recurso extraordinário ou especial, o Supremo Tribunal Federal ou o Superior Tribunal de Justiça afastará a incidência dos honorários de sucumbência recursal. § 9º O disposto no § 6º não se aplica quando a questão jurídica discutida no recurso for objeto de divergência jurisprudencial".

que os recursos de agravo de instrumento, ao menos aqueles protocolados durante a fase de conhecimento, não serão passíveis de condenar o vencido ao pagamento de sucumbência recursal, uma vez que não há condenação prévia ao pagamento de honorários, o que somente ocorre quando a sentença é proferida.

Contudo, tendo em vista que o foco deste trabalho é o da majoração dos honorários no recurso de apelação, não há dúvidas de que, nesta espécie de recurso, a sucumbência recursal poderá ser aplicada.

Proferida uma sentença judicial, com fundamento nos artigos 485 e 487 (com ou sem resolução do mérito), coloca-se fim à fase cognitiva do procedimento comum ou extingue-se a execução (artigo 203, § 1º, do NCPC), será cabível o recurso de apelação (art. 1.009/NCPC), a ser interposto pela parte sucumbente.

Ocorre que, diferente do que ocorre no CPC de 1973, optando por interpor o recurso, a parte recorrente corre o risco de ver a verba sucumbencial fixada em primeira instância ser majorada pelo tribunal, caso não logre êxito em sua pretensão.

Por outro lado, caso o recorrente obtenha êxito no recurso, poderá haver a mudança – total ou parcial – no resultado do processo, com a alteração e até a inversão no ônus sucumbencial. Se de vencido, o recorrente passar a vencedor, não haverá, por evidente, majoração de honorários, mas sim a inversão da sucumbência.

Entretanto, surge a questão de mensurar os honorários de sucumbência na situação de provimento parcial da apelação. Por exemplo, em uma ação de cobrança em que é dado provimento ao recurso de apelação tão somente para determinar que o valor da condenação seja devidamente atualizado com juros de mora a contar da data da citação do réu.

Na hipótese de cada um dos litigantes ser, ao mesmo tempo, vencedor e vencido, salvo se houver sucumbência em parte mínima do pedido, caberá ao tribunal, com base no princípio da proporcionalidade, consagrado expressamente no artigo 86/NCPC, sopesar o resultado da demanda e fazer uma nova distribuição do ônus sucumbencial[6].

---

6. A solução encontrada no CPC-73, no artigo 21, consolidada na jurisprudência pátria não é diversa: i) "A jurisprudência do STJ é pacífica no sentido de que a distribuição dos ônus sucumbenciais, quando verificada a existência de sucumbência recíproca, deve ser pautada pelo exame do número de pedidos formulados e da proporcionalidade do decaimento de cada uma das partes em relação a cada um desses pleitos" (REsp 1166877/DF, Rel. Ministra NANCY ANDRIGHI, TERCEIRA TURMA, julgado em 16/10/2012, DJe 22/10/2012); ii) "Em virtude dos princípios da razoabilidade e proporcionalidade, deve ser reconhecida a sucumbência recíproca do art. 21 do Código de Processo Civil" (REsp 1420421/SC, Rel. Ministro HUMBERTO MARTINS, SEGUNDA TURMA, julgado em 18/11/2014, DJe 03/12/2014).

De qualquer modo, voltando à hipótese em que não seja dado provimento ao recurso, vale destacar que é vedado ao tribunal, no cômputo geral da fixação de honorários devidos ao advogado do vencedor, ultrapassar os respectivos limites estabelecidos nos §§ 2º e 3º do artigo 85 para a fase de conhecimento.

Isso significa dizer que, ao majorar os honorários, o tribunal não pode superar o limite máximo de 20% a ser aplicado sobre o valor da condenação ou do proveito econômico obtido, conforme o caso, nas demandas ordinárias. Ademais, não poderá, nas causas em que a Fazenda Pública seja parte, majorar os honorários sucumbenciais além dos limites previstos no § 3º, do artigo 85.

Ilustrando a questão, havendo a condenação do réu, em primeira instância, ao pagamento de honorários sucumbenciais no montante de 15% sobre o valor da condenação, quando o tribunal, ao não conhecer do recurso ou negar provimento à apelação por este interposta, somente poderá majorar os honorários sucumbenciais em mais 5%, atingindo o limite máximo de 20% imposto pelo NCPC.

A instituição de honorários recursais foi uma das mais importantes novidades do anteprojeto, sendo concebida fundamentalmente com o objetivo de evitar a utilização indiscriminada do direito de recorrer, já que previa a adição de uma condenação pecuniária que poderia chegar ao patamar de 25%[7].

O grande problema é que, com as alterações promovidas ao longo do processo legislativo, a sucumbência recursal perdeu seu escopo original, uma vez que a última versão do NCPC, conforme explicitado, reduziu para 20% o limite para a majoração dos honorários sucumbenciais.

Isso denota que, em primeira instância, o valor da condenação em honorários de sucumbência dificilmente chegará em 20%, conforme determina o § 2º, do artigo 85[8], pois o magistrado, ao proferir a sentença, já visualizando a hipótese de interposição do recurso de apelação pela parte vencida e, por conseguinte, de sucumbência recursal, deixará uma margem para que os honorários sejam majorados em segunda instância.

Por outro lado, se essa margem não existir, não haverá nenhum desestímulo à utilização indiscriminada do direito de recorrer, pois, ainda que ocorra a sucumbência recursal, não haverá um agravamento da situação do vencido (majoração dos honorários).

---

7. CAMARGO, Luiz Henrique Volpe Camargo. Op. cit. p. 365.
8. "Art. 85. § 2º Os honorários serão fixados entre o mínimo de dez e o máximo de vinte por cento sobre o valor da condenação, do proveito econômico obtido ou, não sendo possível mensurá-lo, sobre o valor atualizado da causa, atendidos: I – o grau de zelo do profissional; II – o lugar de prestação do serviço; III – a natureza e a importância da causa; IV – o trabalho realizado pelo advogado e o tempo exigido para o seu serviço".

Logo, a redação do anteprojeto era melhor do que a foi aprovada pelo Congresso nacional, ao prever uma nova condenação do vencido, fazendo com que ela chegasse ao limite total de 25%. Neste caso, poder-se-ia extrapolar o limite fixado entre 10 e 20% para a condenação em primeira instância, visando compelir a parte vencida a desistir da interposição de recurso de apelação, caso o seu propósito fosse atrasar o bom andamento do processo.

De todo modo, ainda que seja em uma intensidade menor, a novidade se revela benéfica. Destina-se a desestimular a interposição de recursos meramente protelatórios impondo ao recorrente o ônus da majoração dos honorários sucumbenciais, caso não tenha sucesso em sua pretensão recursal.

3. O DUPLO GRAU DE JURISDIÇÃO E O ABUSO DO DIREITO DE RECORRER

A questão do duplo grau de jurisdição foi sempre muito tormentosa na doutrina processual brasileira. O primeiro fator que evidencia tal atribulação está relacionado à natureza constitucional do duplo grau de jurisdição: seria ele uma garantia prevista na Constituição?

Fredie Didier Jr. e Leonardo Carneiro da Cunha apontam que essa questão divide a doutrina[9]. Autores como José Carlos Barbosa Moreira e Nelson Nery Jr. advogam a ideia de que o duplo grau de jurisdição não estaria alçado à categoria de princípio constitucional. Por outro lado, Nelson Luiz Pinto, Calmon de Passos, Luís Rodrigues Wambier e Teresa Arruda Alvim Wambier defendem o contrário.

O objetivo do presente estudo não é definir a sua natureza jurídica, razão pela qual se partirá do pressuposto de que o duplo grau de jurisdição simplesmente existe e é entendido como aquele em virtude do qual toda decisão judicial deve poder ser submetida a novo exame, de modo que a decisão judicial possa ser revista por um órgão judicial diferente do que proferiu o julgado objeto do recurso e, eventualmente, permitir que seu conteúdo seja alterado[10].

A questão a saber é se a majoração dos honorários, por ocasião do julgamento da apelação, fere o duplo grau de jurisdição, ao estabelecer um obstáculo ao direito de recorrer quando sujeita o recorrente ao risco de agravar os seus prejuízos pecuniários, se a pretensão recursal não for acolhida.

Acredita-se que não, por dois motivos. Primeiro, porque a sucumbência recursal, por si só, não impede a interposição do recurso. Apesar de existir a

---

9. DIDIER JR, Fredie; CUNHA, Leonardo Carneiro da. *Curso de direito processual civil: meios de impugnação às decisões judiciais e processo nos tribunais*. Vol. 3. 11ª ed. rev. atual. ampl. Salvador: Juspodivm, 2013. p. 20-21.
10. MOREIRA, José Carlos Barbosa. *Comentários ao Código de Processo Civil*. Vol. 5. 13ª ed. Rio de Janeiro: Forense, 2006. p. 237.

possibilidade de majoração dos honorários, isso não implica a impossibilidade de interposição do recurso pela parte sucumbente.

Além disso, ainda que o artigo 85, § 11, do NCPC possa representar uma limitação ao direito de recorrer, não se pode olvidar que aquele que não tem condições de arcar com as despesas processuais e com os honorários advocatícios sem prejuízo de seu sustento ou de sua família poderá requerer os benefícios da assistência judiciária gratuita, nos termos da Lei 1.060/50, e continuará isento do seu pagamento.

Em segundo lugar, ainda que se falasse em violação ao duplo grau de jurisdição, tem-se que levar em conta que este direito não é absoluto. A garantia do duplo grau de jurisdição deve sofrer mitigações para se compatibilizar como outras garantias fundamentais como a do acesso à ordem jurídica justa (art. 5º, inc. XXXV, CF) e da duração razoável do processo (art. 5º, inc. LXXVIII, CF)[11].

E é exatamente isso que se verifica, ainda que indiretamente, na hipótese da sucumbência recursal, no momento em que o legislador impõe uma majoração da verba honorária visando uma maior efetividade do processo. Portanto, o artigo 85, § 11, do NCPC, ponderando o duplo grau de jurisdição com a efetividade/celeridade da prestação jurisdicional, restringe a primeira garantia para desestimular o abuso do direito de recorrer, evitando que a parte sucumbente recorra autonomaticamente da decisão judicial, sem considerar as chances de provimento do recurso. Com isso, o recorrente interfere na esfera jurídica da parte contrária que, mesmo tendo uma sentença favorável, tem de aguardar o julgamento do recurso – mesmo nas hipóteses em que a pretensão recursal é meramente protelatória – para beneficiar-se da tutela jurisdicional[12].

4. A MAJORAÇÃO DOS HONORÁRIOS COMO UM INSTRUMENTO DE DESESTÍMULO AO ABUSO DO DIREITO DE RECORRER E SEUS REFLEXOS NO DIREITO PROCESSUAL BRASILEIRO

A morosidade na prestação jurisdicional é uma das maiores questões que afeta o Poder Judiciário brasileiro. Trata-se não só de um problema muito grave,

---

11. "O duplo grau está no sistema em permanente tensão com o princípio da efetividade do processo..., devendo ser ponderado em situações concretas, obedecendo ao mecanismo da proporcionalidade. Essa ponderação é feita inicialmente pelo legislador, sopesando valores através das normas principiais. Ponderando assim a complexidade da matéria, a importância social da causa, as circunstâncias procedimentais e a duração razoável do processo, pode o legislador, concedendo maior peso à efetividade sem sacrificar (eliminar) os princípios do devido processo legal e ampla defesa, optar por restringir o duplo grau de jurisdição em determinadas causas ou em certas circunstâncias" (MENDONÇA JR, Delosmar. A decisão monocrática do relator e o agravo interno na teoria geral dos recursos. 2006. Tese de doutoramento, Pontifícia Universidade Católica de São Paulo, p. 54).
12. "O duplo grau, em resumo, é uma boa desculpa para o réu que não tem razão retardar o processo" (MARINONI, Luiz Guilherme. Tutela antecipatória, julgamento antecipado e execução imediata da sentença. 2ª ed. rev. atual. São Paulo: RT, 1998. p. 213).

mas de uma violação de garantias processuais fundamentais (arts. 5º, incs. XXXV e LXXVIII, CF) que, ao contribuírem com a inefetividade da prestação jurisdicional, causam injustiças[13].

É justamente por essa razão que surge para o Estado o dever de combater a morosidade judicial, garantindo a todos que dependam da Justiça uma duração razoável do processo acompanhada de certa celeridade em sua tramitação[14].

O NCPC, ao criar técnicas processuais diferenciadas como a possibilidade de majoração dos honorários em caso de sucumbência processual, busca enfrentar a inefetividade e a morosidade da prestação jurisdicional.

O propósito do artigo 85, § 11º, do NCPC é justamente desestimular o uso indiscriminado do direito de recorrer, para que o processo tramite em um prazo razoável, sem provocar atos processuais desnecessários ou manifestamente protelatórios. Pretende, ainda, impor ao recorrente ônus econômico pelo prolongamento indevido do tempo do processo e, assim, evitar recursos automáticos, sem nenhum risco para a parte que recorre ou com uma análise prévia, mais rigorosa, da viabilidade da tese recursal.

Tampouco são suficientes as sanções em razão da litigância de má-fé (artigo 17, VII, do CPC de 1973). Isso porque tal técnica não serviu para, de forma isolada, assegurar as garantias fundamentais da efetividade e da celeridade processuais (arts. 5º, incs. XXXV e LXXVIII, CF).

Ademais, não foi elaborada, satisfatoriamente, uma teoria do abuso do direito sob o enfoque essencialmente processual[15]. E, inclusive, não houve uma

---

13. "É evidente que sem efetividade, no concernente ao resultado processual cotejado com o direito material ofendido, não se pode pensar em processo justo. E não sendo rápida a resposta do juízo para a pacificação do litígio a tutela não se revela efetiva. Ainda que afinal se reconheça e proteja o direito violado, o longo tempo em que o titular, no aguardo do provimento judicial, permaneceu privado de seu bem jurídico, sem razão plausível, somente pode ser visto como uma grande injustiça" (THEODORO JR, Humberto. Curso de direito processual: teoria geral do direito processual civil e processo de conhecimento. 55ª ed. rev. atual. Rio de Janeiro: Forense, 2014. p. 45).

14. "Para muita gente, na matéria, a rapidez constitui o valor por excelência, quiçá o único. Seria fácil invocar aqui um rol de citações de autores famosos, apostados em estigmatizar a morosidade processual. Não deixam de ter razão, sem que isso implique – nem mesmo, quero crer, no pensamento desses próprios autores – hierarquização rígida que não reconheça como imprescindível, aqui e ali, ceder o passo a outros valores. Se uma justiça lenta demais é decerto uma justiça má, daí não se segue que uma justiça muito rápida seja necessariamente uma justiça boa. O que todos devemos querer é que a prestação jurisdicional venha ser melhor do que é. Se para torná-la melhor é preciso acelerá-la, muito bem: não, contudo, a qualquer preço" (MOREIRA, José Carlos Barbosa. O futuro da justiça: alguns mitos. Revista de Processo, v. 102, abr.-jun. 2001, p. 232).

15. SIQUEIRA, Cleanto Guimarães. A defesa no processo civil: as exceções substanciais no processo de conhecimento. 3ª ed. São Paulo: Saraiva, 2008. p. 488.

reação jurisprudencial suficiente para punir os desvios procrastinatórios daqueles que se aproveitam da eternização das demandas.

Para aperfeiçoar o combate à litigância de má-fé, o artigo 81 do NCPC permite que o juiz condene tal litigante ao pagamento de multa superior a um por cento e inferior a dez por cento do valor corrigido da causa. Isso representa um avanço, em relação ao artigo 18 do CPC-73, que limitava o valor da multa a 1% do valor da causa e, com isso, em muitos casos, favorecia o litigante de má-fé que preferia pagar a multa, pois, ao prolongar o curso processual, seu benefício era maior, o que causava impunidade e estimulava a inefetividade da prestação jurisdicional em desfavor da parte contrária (que tinha razão). Assim, punia-se duplamente o litigante que tinha razão: primeiro, em razão do descumprimento de seu direito, ele foi forçado a buscar o Poder Judiciário; e, segundo, ao buscar a proteção do Estado-juiz, esbarrava com um processo moroso e inefetivo, o que protelava mais uma vez a tutela do seu direito, além de contribuir para o descrédito na prestação jurisdicional.

De qualquer forma, o artigo 5º, inc. LXXVIII, CF assegura meios que garantam a razoável duração do processo. Logo, foi acertada a decisão do NCPC ao buscar diferentes técnicas processuais de efetivação do direito material lesado.

Portanto, a possibilidade de majoração da verba honorária na via recursal vai fazer com que a parte vencida pense duas vezes antes de ajuizar quaisquer recursos, uma vez que, com a entrada em vigor do NCPC, é preciso calcular os riscos de agravamento dos prejuízos econômicos. Logo, se, antes, o jurisdicionado não tinha nada a perder, agora terá que assumir o ônus econômico do recurso.

Com isso, espera-se que a sucumbência recursal sirva como fator de desestímulo ao abuso do direito de recorrer. Tal instituto, se gerar os efeitos pretendidos, tem grandes chances de contribuir para a redução da demora na prestação jurisdicional, ao desafogar os tribunais da enorme quantidade de recursos interpostos sem qualquer fundamento razoável, com o propósito de retardar o andamento processual ou sem nenhuma viabilidade jurídica de modificar a decisão recorrida.

Com menos recursos, diminuirá o tempo de duração dos processos em segunda instância, o que permitirá que os tribunais se dediquem aos processos que realmente são relevantes para assegurar decisões justas.

5. CONSIDERAÇÕES FINAIS

A sucumbência recursal não fere o duplo grau de jurisdição, porque a majoração dos honorários não impede a interposição do recurso, mas apenas impõe uma nova condenação pecuniária à parte que não obtém sucesso em sua pretensão recursal.

Ademais, a sucumbência recursal tem grandes chances de se tornar uma importante técnica processual para inibir a trelitigância de má-fé, evitando recursos meramente procrastinatórios ou sem viabilidade jurídica para alterar a decisão recorrida.

Com isso, asseguraram-se as garantias constitucionais da efetividade e da celeridade processuais (arts. 5º, incs. XXXV e LXXVIII, CF), permitindo a duração razoável do processo e ampliando a credibilidade do Poder Judiciário na resolução dos conflitos.

Apesar do propósito do anteprojeto de NCPC ter sido mais eficiente ao possibilitar que a majoração dos honorários chegasse ao patamar de 25%, o artigo 85, § 11, pode alcançar seus objetivos nos processos em que a condenação em honorários advocatícios for inferior a 20% do valor da condenação ou do valor da causa, naquelas em que o proveito econômico não possa ser mensurado. Com isso, não se deve deixar de enaltecer a inovação trazida pelo NCPC, que, de algum modo, pode contribuir para distribuir melhor o ônus do tempo do processo entre as partes.

6. REFERÊNCIAS BIBLIOGRÁFICAS

CAMARGO, Luiz Henrique Volpe. Os honorários de sucumbência recursal no novo CPC. In: *Novas tendências do processo civil: estudos sobre o projeto do novo código de processo civil*. Organização de Alexandre Freire et al. Salvador: Juspodivm, 2013.

DIDIER JR, Fredie; CUNHA, Leonardo Carneiro da. *Curso de direito processual civil: meios de impugnação às decisões judiciais e processo nos tribunais*. Vol. 3. 11ª ed. rev. atual. ampl. Salvador: Juspodivm, 2013.

FREIRE, Alexandre; MARQUES, Leonardo A. Os honorários de sucumbência no projeto do novo CPC (relatório – geral de atividades apresentado pelo deputado federal Paulo Teixeira – PT). In: *Novas tendências do processo civil: estudos sobre o projeto do novo código de processo civil*. Vol. 3. Organização de Alexandre Freire et al. Salvador: Juspodivm, 2014.

MARINONI, Luiz Guilherme. *Tutela antecipatória, julgamento antecipado e execução imediata da sentença*. 2ª ed. São Paulo: RT, 1998.

MENDONÇA JR, Delosmar. *A decisão monocrática do relator e o agravo interno na teoria geral dos recursos*. Tese de doutoramento, Pontifícia Universidade Católica de São Paulo, 2006.

MOREIRA, José Carlos Barbosa. O futuro da justiça: alguns mitos. São Paulo, *Revista de Processo*, v. 102, p. 228-237, abr.-jun. 2001.

_____. *Comentários ao Código de Processo Civil*. Vol. 5. 13ª ed. Rio de Janeiro: Forense, 2006.

SIQUEIRA, Cleanto Guimarães. *A defesa no processo civil: as exceções substanciais no processo de conhecimento*. 3ª ed. São Paulo: Saraiva, 2008.

THEODORO JR, Humberto. *Curso de direito processual: teoria geral do direito processual civil e processo de conhecimento*. Vol. 1. 55ª ed. rev. atual. Rio de Janeiro: Forense, 2014.

CAPÍTULO 4
Apelação

Rita Quartieri[1]
Jorge Antonio dias Romero[2]

SUMÁRIO • 1. CONCEITO DE SENTENÇA; 2. JUÍZO DE ADMISSIBILIDADE; 3. AMPLIAÇÃO DO EFEITO DEVOLUTIVO; 4. CORREÇÃO DE VÍCIOS ANTES DO JULGAMENTO; 5. JULGAMENTO DE MÉRITO DE "CAUSA MADURA"; 6. SUBSISTÊNCIA DO EFEITO SUSPENSIVO; 7.REFERÊNCIAS.

1. CONCEITO DE SENTENÇA

O Código de Processo Civil de 2015 corrigiu impropriedade do ordenamento anterior para definir sentença como "o pronunciamento por meio do qual o juiz, com fundamento nos artigos 485 e 487 põe fim à fase cognitiva do procedimento comum, bem como extingue a execução".

Com isso, foi considerado pelo legislador não só o conteúdo do ato – aqueles tipificados como "sentenças" pelos artigos 485 e 487 – mas, também, a finalidade, uma vez que sentença não mais põe fim ao processo; apenas estanca a fase cognitiva, prosseguindo o feito com a execução.

Ainda, de modo técnico, o legislador considerou que o conceito formulado pode não se acomodar à fisiologia especifica dos procedimentos especiais, fazendo expressa ressalva a respeito dessa realidade (CPC, art. 203, § 1º).

No sistema do Código de 1973, já se admitia a possibilidade de prolação de sentença parcial de mérito por ocasião de julgamento de pedido incontroverso. Ocorre que o tema estava inserido no campo da antecipação de tutela, e a decisão em questão era proferida com base em cognição não exauriente, o que não autorizava a definitividade suficiente à inserção no conceito de sentença.

Ademais, no sistema anterior, a natureza da decisão era interlocutória, e a imutabilidade máxima era a preclusão, e não a coisa julgada, em razão da inviabilidade de cisão de julgamento, em especial se o outro pedido não estivesse

---

1. Mestre em Direito Processual Civil pela PUC/SP. Coordenadora e professora do Curso de Pós Graduação em Direito Processual Civil da PGE/SP. Procuradora do Estado de São Paulo. Membro do IBDP e do CEAPRO.
2. Procurador do Estado de São Paulo.

maduro para julgamento. Isso, ainda, sem considerar a quebra do sistema recursal, como considera Daniel Amorim Neves[3]:

> Afirmar-se pura e simplesmente que uma decisão parcial de mérito não é uma sentença, mas sim uma decisão interlocutória, tão somente para que dessa decisão caiba o recurso de agravo de instrumento, é uma solução simplista do problema, que despreza os pontos práticos levantados. Tratar diferente o que é substancialmente igual, com a preocupação imediatista de afastar o cabimento da apelação dessa decisão judicial, trará ao processo mais problemas do que soluções.[4]

Esse quadro foi substancialmente alterado pelo Código de Processo Civil de 2015 que admite o julgamento parcial de mérito em caso de incontrovérsia de um dos pedidos ou possibilidade de seu imediato julgamento,[5] fundada em cognição exauriente. Contudo, para eliminar os inconvenientes da apelação no curso do procedimento, foi adotado para contraste o recurso de agravo de instrumento[6], viabilizando o prosseguimento do processo sem interrupções factuais.

Nesse sentido, Henrique Mouta[7] afirma que o Projeto do Código de Processo Civil deixa clara a possibilidade de, no curso da relação processual, ocorrer decisão com caráter definitivo parcial (como no caso da tutela do incontroverso, da exclusão de um litisconsorte ou a resolução de um dos pedidos cumulados), sendo enquadrada como interlocutória de mérito e não sentença parcial. E, quanto aos reflexos dessa previsão legal, conclui "que será admitida, sem maiores questionamentos, a formação progressiva da coisa julgada e a possibilidade de execução definitiva de partes do mérito resolvidas em momentos diferenciados". E o recurso contra estas decisões parciais de mérito será, expressamente, o agravo de instrumento e não apelação. [8]

---

3. O novo conceito de sentença de mérito e os problemas recursais. Disponível em: www.professordanielneves.com.br. Acesso: 22-04-2015.
4. Não há como considerar, contudo, o trancamento da fase cognitiva, razão pela qual parcela da doutrina propõe o cabimento da "apelação de instrumento" como forma de permitir o fluxo do procedimento.
5. Art. 356. O juiz decidirá parcialmente o mérito quando um ou mais dos pedidos formulados ou parcela deles:
   I – mostrar-se incontroverso;
   II – estiver em condições de imediato julgamento, nos termos do art. 355.
   Art. 356 (...)
6. § 5° A decisão proferida com base neste artigo é impugnável por agravo de instrumento.
7. ARAUJO, Henrique Mouta. O conceito de sentença e o projeto do novo CPC. *Revista Síntese* – Direito Civil e Processual Civil nº 70, mar-abr/2011, p. 110-115.
8. ARAUJO, Henrique Mouta. O conceito de sentença e o projeto do novo CPC. *Revista Síntese* – Direito Civil e Processual Civil nº 70, março/abr/2011, p. 110-115.

O Código de Processo Civil abandonou, portanto, como tutela de evidência, a situação de incontrovérsia parcial ou total, que passou a ser objeto não mais de tutela antecipada, mas de julgamento antecipado parcial de mérito (CPC. art. 356),

Houve ainda muita controvérsia sobre o recurso cabível a propósito da antecipação de tutela concedida na sentença ou a manutenção dos efeitos da tutela anteriormente deferida. Trata-se, na verdade, de apenas uma questão a ser enfrentada pelo pronunciamento judicial, ou seja, não tem caráter de decisão interlocutória autônoma e, por essa razão, é apelável e não agravável. O STJ já havia pacificado entendimento nesse sentido:

> PROCESSUAL CIVIL. RECURSO ESPECIAL. TUTELA ANTECIPADA CONTRA A FAZENDA PÚBLICA. MEDIDA LIMINAR. SUPERVENIÊNCIA DE SENTENÇA DE MÉRITO RATIFICANDO A TUTELA ANTECIPADA ANTERIORMENTE DEFERIDA. PERDA DE OBJETO DO RECURSO RELATIVO À MEDIDA ANTECIPATÓRIA.
>
> 1. Esta Corte vem firmando o entendimento de que fica prejudicado o recurso especial interposto contra acórdão que examinou agravo de instrumento interposto contra decisão que defere/indefere liminar ou antecipação de tutela, quando há a superveniência de sentença de mérito, tanto de procedência, porquanto absorve os efeitos da medida antecipatória, por se tratar de decisão proferida em cognição exauriente; como de improcedência, pois há a revogação, expressa ou implícita, da decisão antecipatória.
>
> 2. Prolatada sentença de mérito ratificando a tutela antecipada anteriormente deferida, eventual recurso de apelação será recebido no efeito meramente devolutivo, nos termos do art. 520, VII, do CPC.
>
> 3. Recurso especial prejudicado.[9]

A concessão de tutela de urgência na sentença tem por objeto apenas permitir a execução imediata da sentença e afastar o efeito suspensivo do recurso. Por isso, Código de Processo Civil coloca fim ao debate, ao prever que "O capítulo da sentença que confirma, concede ou revoga a tutela provisória é impugnável na apelação" (CPC, art. 1013, § 5º).

2. JUÍZO DE ADMISSIBILIDADE.

O juízo de admissibilidade é realizado no novo ordenamento processual pelo órgão de segundo grau de jurisdição.[10]

---

9. REsp 232489/RS, Rel. Ministra ELIANA CALMON, SEGUNDA TURMA, julgado em 28/05/2013, DJe 13/06/2013.
10. Art. 1.010. A apelação, interposta por petição dirigida ao juízo de primeiro grau, conterá:
    I – os nomes e a qualificação das partes;

Essa regra demonstra coerência com o norte que orienta o Código de Processo Civil de 2015 – celeridade processual – uma vez que no ordenamento de 1973 o juízo de admissibilidade se realizava em três ocasiões: em primeiro grau – antes e após o oferecimento das contrarrazões, em sede de retratação – e em segundo grau.[11][12] Agora a admissibilidade é concentrada nas mãos do relator, o que minimiza a proliferação de recursos.

Mais razoável, porém, manter na origem o exame da regularidade formal, pois, se intempestivo ou desprovido de adequado preparo, seria evitada a remessa e distribuição desnecessária em segunda instância.

Sob exame do relator, o artigo 557 do Código de Processo Civil de 1973 estabelece que este "negará seguimento a recurso manifestamente inadmissível, improcedente, prejudicado ou em confronto com súmula ou com jurisprudência dominante do respectivo tribunal, do Supremo Tribunal Federal, ou de Tribunal Superior". O artigo 932[13] do novo Código acrescentou que o relator poderá ainda

---

II– a exposição do fato e do direito;

III – as razões do pedido de reforma ou de decretação de nulidade;

IV – o pedido de nova decisão.

§ 1° O apelado será intimado para apresentar contrarrazões no prazo de 15 (quinze) dias. § 2° Se o apelado interpuser apelação adesiva, o juiz intimará o apelante para apresentar contrarrazões.

§ 3° Após as formalidades previstas nos §§ 1° e 2°, os autos serão remetidos ao tribunal pelo juiz, independentemente de juízo de admissibilidade.

11. Art. 518 [...] § 2º Apresentada a resposta, é facultado ao juiz, em cinco dias, o reexame dos pressupostos de admissibilidade do recurso.

12. Hipótese diversa é a que permite ao juiz, indeferida a petição inicial (CPC/73, art. 295) ou julgada *prima facie* improcedente a demanda com base no CPC/73, art. 285-A exercer juízo de retratação quanto à sentença, e não quanto ao juízo de admissibilidade. Nestas hipóteses, permite-se ao juiz alterar a sentença para dar prosseguimento a ação, em primeiro grau de jurisdição.

13. Art. 932. Incumbe ao relator:

– dirigir e ordenar o processo no tribunal, inclusive em relação à produção de prova, bem como, quando for o caso, homologar autocomposição das partes;

– apreciar o pedido de tutela provisória nos recursos e nos processos de competência originária do tribunal;

– não conhecer de recurso inadmissível, prejudicado ou que não tenha impugnado especificamente os fundamentos da decisão recorrida;

– negar provimento a recurso que for contrário a:

– súmula do Supremo Tribunal Federal, do Superior Tribunal de Justiça ou do próprio tribunal;

– acórdão proferido pelo Supremo Tribunal Federal ou pelo Superior Tribunal de Justiça em julgamento de recursos repetitivos;

– entendimento firmado em incidente de resolução de demandas repetitivas ou de assunção de competência;

– depois de facultada a apresentação de contrarrazões, dar provimento ao recurso se a decisão recorrida for contrária a:

– súmula do Supremo Tribunal Federal, do Superior Tribunal de Justiça ou do próprio tribunal;

negar seguimento a recurso que não tenha impugnado especificamente os fundamentos da decisão recorrida.

A ausência de impugnação específica traduz o princípio da dialeticidade, o qual impõe o dever de declinar os motivos da reforma da decisão. NELSON NERY[14] afirma que à semelhança da petição inicial, o recurso deve conter os fundamentos de fato e de direito que embasam o inconformismo do recorrente, para demarcar a extensão do recurso e do contraditório, em especial confrontando a motivação em face dos fundamentos da sentença.

Esse princípio vem sendo aplicado com bastante vigor a título de jurisprudência defensiva, para obstar a análise de recursos em que o recorrente se limita a reproduzir a tese já exposta, não evidenciando os motivos de fato e de direito suficientes à reforma do julgado. A propósito o STF decidiu que:

> [..] O princípio da dialeticidade recursal impõe ao recorrente o ônus de evidenciar os motivos de fato e de direito suficientes à reforma da decisão objurgada, trazendo à baila novas argumentações capazes de infirmar todos os fundamentos do *decisum* que se pretende modificar, sob pena de vê-lo mantido por seus próprios fundamentos. [15]

Quanto à Fazenda Pública, todavia, na conta de que esse requisito que diz respeito exclusivamente com a apelação e que o reexame necessário tem o

---

- acórdão proferido pelo Supremo Tribunal Federal ou pelo Superior Tribunal de Justiça em julgamento de recursos repetitivos;
- entendimento firmado em incidente de resolução de demandas repetitivas ou de
- assunção de competência;
- decidir o incidente de desconsideração da personalidade jurídica, quando este for instaurado originariamente perante o tribunal;
- determinar a intimação do Ministério Público, quando for o caso;
- exercer outras atribuições estabelecidas no regimento interno do tribunal. Parágrafo único. Antes de considerar inadmissível o recurso, o relator concederá o prazo de 5 (cinco) dias ao recorrente para que seja sanado vício ou complementada a documentação exigível.

14. NERY JUNIOR, Nelson. *Teoria geral dos recursos*. 6. ed. São Paulo: RT, 2004, p. 176.
15. AI 631672 AgR-segundo / GO - GOIÁS SEGUNDO AG.REG. NO AGRAVO DE INSTRUMENTO Relator(a): Min. LUIZ FUX Julgamento: 30/10/2012. Órgão Julgador: Primeira Turma.
AGRAVO REGIMENTAL. AGRAVO EM RECURSO ESPECIAL. DECISÃO DE INADMISSIBILIDADE. IMPUGNAÇÃO ESPECÍFICA. NECESSIDADE. PRINCÍPIO DA DIALETICIDADE. APLICAÇÃO DO ART. 544, § 4º, INCISO I, DO CPC, COM REDAÇÃO DETERMINADA PELA LEI 12.322/2010. 1. O vigente art. 544, § 4º, I, do Código de Processo Civil - com redação determinada pela Lei 12.322/2010, que alterou o procedimento recursal do agravo contra a decisão de inadmissão do especial - prevê, como atribuição do relator, "não conhecer do agravo (...) que não tenha atacado especificamente os fundamentos da decisão agravada". 2. Decisão agravada mantida pelos seus próprios fundamentos. 3. Aplicação da multa do art. 557, § 2º, do Código de Processo Civil. 4. AGRAVO REGIMENTAL DESPROVIDO, COM APLICAÇÃO DE MULTA. (AgRg no AREsp 245.978/RS, Rel. Ministro PAULO DE TARSO SANSEVERINO, TERCEIRA TURMA, julgado em 18/12/2012, DJe 04/02/2013).

condão de devolução integral[16], descabida a exigência nas demandas sujeitas à remessa necessária. Sintomático do que se afirma, decidiu o Superior Tribunal de Justiça que "o reexame necessário devolve ao Tribunal a matéria decidida na sentença e não qualquer alegação que a Fazenda Pública poderia ter deduzido no processo e não o fez." [17].

Nesse sentido, decidiu o Superior Tribunal de Justiça, ao mencionar que "(...), além disso, se a legislação prevê que o reexame necessário (art. 475 do CPC) devolve ao Tribunal o conhecimento de toda a matéria sem necessidade de uma linha sequer de argumentos da Fazenda Pública, seria um contrassenso não admitir uma apelação que apenas insiste nos argumentos da contestação."[18]

Legítima, de outro lado, a previsão de correção de alguns vícios que ensejam a inadmissibilidade e a oportunidade conferida ao recorrente para complementar documentos, uma vez que agora incumbe ao Relator determinar à parte, antes de considerar inadmissível o recurso, complementar a documentação exigível (CPC, art. 932, VIII.), o que, em consonância com a orientação jurisprudencial, terá em conta irregularidades formais do recurso, como o endereçamento equivocado ou a ausência de assinatura. Nesse sentido:

> PROCESSUAL CIVIL. AGRAVO REGIMENTAL NO RECURSO ESPECIAL. AGRAVO DE INSTRUMENTO DO ART. 522 DO CPC INTERPOSTO CONTRA DECISÃO INTERLOCUTÓRIA DO JUÍZO DE PRIMEIRO GRAU. PETIÇÃO RECURSAL APÓCRIFA. REABERTURA DE PRAZO PARA REGULARIZAÇÃO NAS INSTÂNCIAS ORDINÁRIAS. INSTRUMENTALIDADE DO PROCESSO. POSSIBILIDADE. ART. 13 DO CPC. PRECEDENTES. DECISÃO MANTIDA.[19]
>
> AGRAVO DE INSTRUMENTO. ENDEREÇAMENTO DE PETIÇÃO À VARA ERRADA. BOA-FÉ – Afigura-se plausível a tese levantada no recurso de apelação. Ademais, não se cogitando da má-fé no endereçamento errôneo da petição de apelação, o que conta é o dia de entrada de protocolo, que, in casu, se deu, inclusive, no mesmo foro – agravo

---

16. Esse o posicionamento consolidado pela edição da Súmula 325 do STJ, segundo a qual "a remessa oficial devolve ao Tribunal o reexame de todas as parcelas da condenação suportadas pela Fazenda Pública, inclusive dos honorários de advogado"
17. OMISSÃO. ALEGAÇÃO. QUESTÃO SUSCITADA APENAS NOS ACLARATÓRIOS E QUESTÃO LEVANTADA OPORTUNAMENTE NA APELAÇÃO. REEXAME NECESSÁRIO. MULTA DO PARÁGRAFO ÚNICO DO ARTIGO 538 DO CPC.
    1. O reexame necessário devolve ao Tribunal a matéria decidida na sentença e não qualquer alegação que a Fazenda Pública poderia ter deduzido no processo e não o fez.
    (..)
    (REsp 775.663/SP, Rel. Ministro CASTRO MEIRA, SEGUNDA TURMA, julgado em 04/10/2005, DJ 24/10/2005, p. 301).
18. STJ, REsp nº 707.776-MS, 2T., Rel. Min. MAURO CAMPBELL MARQUES, j. 06/11/2008
19. AgRg no REsp 1260676/RN, Rel. Ministro ANTONIO CARLOS FERREIRA, QUARTA TURMA, julgado em 13/11/2012, DJe 20/11/2012.

provido para imprimir efeito suspensivo à apelação voltada contra rejeição dos embargos à execução.[20]

A súmula impeditiva de recursos, prevista no ordenamento de 1973 (CPC/1973, art. 518, par. 1º) não mais subsiste em razão da concentração do juízo de admissibilidade em segundo grau. O Relator detém agora toda a álea de admissibilidade e mérito recursal.

Cabível a respeito destacar que o relator "presenta" o colegiado, uma vez que a vontade manifestada não é a sua, mas a do órgão que integra e que dele recebeu delegação. Como menciona MIRNA CIANCI,[21] "no sítio dos pressupostos autorizadores da atuação do relator no julgamento de mérito do recurso temos que será dominante a jurisprudência que, mercê de casos de absoluta e total similaridade revelem-se iterativamente opostos à pretensão recursal, a ponto de resultar evidente aos olhos do juízo plena convicção de que outro não seria o desfecho do recurso que não aquele pelo qual optou em sua análise singular." [22] E ainda,

> [...] será a previsibilidade do desenlace do tema que demonstrará o acerto da conduta do relator e tal presságio há que ser identificável, desde logo, por sua consonância com reiterados pronunciamentos nos mais diversos julgamentos postos na Corte e que revelem, senão unanimidade, importante prevalência capaz de traduzir o entendimento da questão sob debate. [23]

O Código de Processo Civil traduz no artigo 932 norma análoga ao artigo 557 do ordenamento de 1973, acrescentando às hipóteses de negativa de seguimento a contrariedade a acórdão proferido pelo Supremo Tribunal Federal ou pelo Superior Tribunal de Justiça em julgamento de recursos repetitivos, formulação que se coaduna com a proposta de efetividade e celeridade processual.

3. AMPLIAÇÃO DO EFEITO DEVOLUTIVO

A doutrina não tem critério único para caracterizar o efeito devolutivo. Para RODRIGO BARIONI[24] compreende todas as matérias impugnadas pelo recorrente,

---

20. TRF2 Agravo de Instrumento: AG 30431 98.02.34513-0.
21. A lei 9.756/1.998 (CPC, artigo 557, pars. 1º a 3º) e a ampliação dos poderes do relator, dez anos depois São Paulo:RT, *Revista de Processo*, v. 157, p. 165-181, 2008.
22. BARBOSA MOREIRA afirma que "deve o relator examinar com cuidado especial as razões do recurso: é sempre possível que haja aí argumentos novos, até então não considerados. Preferível suportar algum peso a mais na carga de trabalho dos tribunais a contribuir para a fossilização da jurisprudência. A lei do menor esforço não é, necessariamente, sob quaisquer condições, boa conselheira" (*Comentários ao Código de Processo Civil*. 16 ed. Rio de Janeiro: Forense 2006, p. 677).
23. A lei 9.756/1.998 (CPC, artigo 557, pars. 1º a 3º) e a ampliação dos poderes do relator, dez anos depois São Paulo:RT, *Revista de Processo*, v. 157, p. 165-181, 2008
24. BARIONI, Rodrigo. *Efeito devolutivo da apelação cível*. São Paulo: RT, 2008, p. 42.

que as devolve ao tribunal como decorrência do principio dispositivo, como as conhecidas de oficio, o que para parte da doutrina se caracteriza como efeito translativo. Para o autor, mesmo as matérias cognoscíveis de oficio somente são levadas ao conhecimento do tribunal por força do recurso que foi interposto ou ainda do reexame necessário; por isso se encartam também no efeito devolutivo.[25]

BARBOSA MOREIRA[26] caracteriza o efeito devolutivo em duas perspectivas: quanto à extensão ou numa perspectiva vertical compreende o que se submete, por força do recurso, ao julgamento do tribunal. Segundo o autor, "o órgão jurisdicional, para decidir, precisou enfrentar questões. Cumpre averiguar se todas essas questões ou nem todas devem ser examinadas pelo Tribunal para proceder ao julgamento."

O efeito devolutivo, para o autor[27], também deve ser analisado quanto à profundidade ou numa perspectiva horizontal, ou seja, com que material irá trabalhar o órgão *ad quem* para julgar: é necessário verificar se a decisão do Tribunal será abrangente ou não de área igual à área coberta pelo juízo *a quo*.

O Código de Processo Civil amplia o efeito devolutivo em sua extensão ao minimizar o sistema da preclusão das decisões interlocutórias. À exceção das hipóteses que especifica, a regra será a irrecorribilidade dessas decisões, com a postergação do tema para exame em apelação ou contrrarazões recursais. Nesse sentido dispõe a nova regra que "As questões resolvidas na fase de conhecimento, se a decisão a seu respeito não comportar agravo de instrumento, não são cobertas pela preclusão e devem ser suscitadas em preliminar de apelação, eventualmente interposta contra a decisão final, ou nas contrarrazões" (CPC. 1009, § 1º). Ainda,

> Art. 1.013. A apelação devolverá ao tribunal o conhecimento da matéria impugnada. § 1º Serão, porém, objeto de apreciação e julgamento pelo tribunal todas as questões suscitadas e discutidas no processo, ainda que não tenham sido solucionadas, desde que relativas ao capítulo impugnado.
>
> § 2º Quando o pedido ou a defesa tiver mais de um fundamento e o juiz acolher apenas um deles, a apelação devolverá ao tribunal o conhecimento dos demais.

---

25. BARIONI, Rodrigo. *Efeito devolutivo da apelação cível*. São Paulo: RT, 2008, p. 42.
26. MOREIRA, José Carlos Barbosa. *Comentários ao Código de Processo Civil*, v. V. 14 ed. Rio de Janeiro: Forense, 2008, p. 430-455.
27. MOREIRA, José Carlos Barbosa. *Comentários ao Código de Processo Civil*, v. V. 14 ed. Rio de Janeiro: Forense, 2008, p. 430-455.

Com isso, se por um lado a nova disciplina importará na diminuição de recursos de agravo, por outro, a questão devolvida em apelação poderá envolver matéria que resulte em nulidade do processo, sem possibilidade de correção do vício em segundo grau. Seria o caso, por exemplo, de reforma de decisão que indefere exceção de incompetência relativa ou prova pericial. Não representa essa solução retrocesso à preconizada celeridade? [28]

A lição de HUMBERTO THEODORO JUNIOR adapta-se com perfeição ao tema:[29]

> [...] a lei pode ser pródiga ou liberal com a admissibilidade do agravo retido, que nenhum embaraço causa à marcha e economia do processo, mas não pode sê-lo em termos de agravo de instrumento, pelos evidentes transtornos que o excesso de recursos da espécie acarreta aos tribunais de segunda instância. Na verdade, a minimização do uso do agravo retido, e a exagerada liberação do uso do agravo de instrumento, causam prejuízo não apenas à celeridade do processo em que o recurso é interposto, mas a todo o desempenho do tribunal de segunda instância. Não é, à evidência, apenas aquele feito, mas são todos os demais em tramitação perante o tribunal que ficam afetados pelo congestionamento gerado pelo incomum e desnecessário volume de agravos, tanto os de instrumento como os internos, que deles derivam.

Ainda quanto ao efeito devolutivo, em sua profundidade, o Código de Processo Civil mantém a proibição de *reformatio in pejus*. Esta ocorre quando o órgão *ad quem* onera o recorrente acrescentando decisão a respeito de tema que não foi objeto do recurso original, ou lhe retira tudo ou algo do que lhe concedera o órgão *a quo*. Tanto uma situação quanto a outra não são permitidas porque o objeto do juízo, como manifestação do principio dispositivo, atua em primeiro e segundo graus.

Não ocorre piora de situação com o acolhimento de matérias de ordem pública ou ainda se o Tribunal acolhe outros fundamentos além do estabelecido pela decisão recorrida. Mas pode ocorrer se em razão dos fundamentos houver consequências diferentes, como, por exemplo, se a ação popular for julgada

---

28. ARAUJO, Henrique Mouta. Recursos – unificação dos prazos, modificação dos efeitos e alteração do regime de preclusão. In: ROSSI, Fernando; RAMOS, Glauco Gumerato; GUEDES, Jefferson Carus; MOURÃO, Luiz Eduardo Ribeiro (coord). *O futuro do processo civil no Brasil*. Belo Horizonte: Forum, 2011, p. 723-727. O autor afirma: "Será que a nova sistemática irá gerar um número elevado de processos anulados em decorrência do provimento de apelações envolvendo vícios ocorridos no decorrer da fase cognitiva, como nos casos de cerceamento de defesa? Será que, mais uma vez, não se estará dando margem para utilização do mandado de segurança contra ato judicial, a partir do momento em que se veda o cabimento do agravo imediatamente após a decisão interlocutória.?"
29. THEODORO JR, Humberto. *O problema da recorribilidade das interlocutórias no processo civil brasileiro*. In: http://www.abdpc.org.br/abdpc/Artigos.asp?ordem1=artigo.

improcedente em primeiro grau por deficiência de provas e o Tribunal reformar a decisão para julgar improcedente por outro fundamento.[30]

4. CORREÇÃO DE VÍCIOS ANTES DO JULGAMENTO

O Código aperfeiçoou a regra que permite a correção pelo relator de vício sanável antes do julgamento do mérito do recurso.

> Art. 938:
>
> (...)
>
> § 1º Constatada a ocorrência de vício sanável, inclusive aquele que possa ser conhecido de ofício, o relator determinará a realização ou a renovação do ato processual, no próprio tribunal ou em primeiro grau de jurisdição, intimadas as partes.
>
> § 2º Cumprida a diligência de que trata o § 1º, o relator, sempre que possível, prosseguirá no julgamento do recurso.
>
> § 3º Reconhecida a necessidade de produção de prova, o relator converterá o julgamento em diligência, que se realizará no tribunal ou em primeiro grau de jurisdição, decidindo-se o recurso após a conclusão da instrução.

Flávio Cheim Jorge[31] afirma que a expressão *"nulidade sanável"*, utilizada pelo sistema de 1973, não foi usada em linguagem escorreita, pois uma apressada leitura levaria à conclusão de que a nulidade pode ser sanada, no tribunal, com a realização do ato processual defeituoso.[32] Considera o Autor que o equívoco reside em confundir irregularidade do ato processual com decretação de nulidade, pois o que pode ser sanado (corrigido) não é a nulidade, enquanto sanção imposta ao ato defeituoso, mas o próprio ato.[33]

---

30. MOREIRA, José Carlos Barbosa. *Comentários ao Código de Processo Civil*, v. V. 14 ed. Rio de Janeiro: Forense, 2008, p. 430-455.
31. JORGE, Flavio Cheim; RODRIGUES, Marcelo Abelha; DIDIER JR., Fredie *A Terceira Etapa da Reforma Processual Civil*. São Paulo: Saraiva 2006, p. 208.
32. Teresa Wambier afirma que há hipótese em tal não será possível: acolhida apelação em que se alega a nulidade da sentença, dar-se-á função rescindente do recurso de apelação, não podendo ser, pelo órgão de segundo grau, *substituído* o julgamento, que ficará a cargo do juiz *a quo*. Menciona ainda caso em que houve julgamento antecipado da lide, tendo havido cerceamento de defesa, quando anulam-se também todos os atos processuais seguintes ao ato viciado e o processo será desde então anulado e prosseguirá a tramitação da causa com a produção das provas requeridas pela parte prejudicada (*Breves Comentários à Nova Sistemática Processual Civil*, São Paulo: RT 2006, p. 223).
33. JORGE, Flavio Cheim; RODRIGUES, Marcelo Abelha; DIDIER JR., Fredie. *A Terceira Etapa da Reforma Processual Civil*. São Paulo: Saraiva 2006, p. 208.

Por isso, mais apropriada a expressão "vicio sanável", uma vez que o que pode ser sanado (corrigido) não é a nulidade enquanto sanção imposta ao ato defeituoso, mas o próprio ato.

O novo ordenamento ainda especificou que o ato pode ser sanado em primeiro ou segundo grau, e as providencias destinadas à correção do vício podem ser adotadas pelo órgão monocrático ou pelo colegiado.

Há por fim a previsão de conversão do julgamento em diligência em caso de necessidade de produção de prova.

5. JULGAMENTO DE MÉRITO DE "CAUSA MADURA"

O artigo 515, parágrafo 3º, do Código de Processo Civil de 1973 permite o julgamento de mérito pelo tribunal nos casos de extinção do processo sem julgamento de mérito "se a causa versar questão exclusivamente de direito e estiver em condições de imediato julgamento.".

O fundamento reside na celeridade da prestação jurisdicional, evitando que o julgamento do tribunal se limite a ter caráter meramente rescindente, determinando que os autos voltem ao juízo para proferir a sentença.

As condições para esse julgamento muito se assemelham àquelas que autorizam o julgamento antecipado da lide, razão pela qual o STJ tem entendido que mesmo que haja questões de fato, cuja prova se mostre dispensável, incide o dispositivo.[34]

Aplica-se a norma, segundo orientação jurisprudencial, a sentenças definitivas incompletas, como as *citra petita* e as que acolhem preliminar de mérito (prescrição) sem solucionar as demais questões de fundo. Tamanha a amplitude do efeito translativo decorrente da norma que se o Tribunal pode conhecer do mérito no caso de sentença terminativa, poderá conhecer também dos fundamentos das partes em primeiro grau, mesmo que a sentença não os tenha

---

34. CÉDULA DE CRÉDITO COMERCIAL E PROCESSUAL. RECURSO ESPECIAL. OMISSÃO, CONTRADIÇÃO OU OBSCURIDADE. INEXISTÊNCIA. ARTIGO 515, § 3º, DO CÓDIGO DE PROCESSO CIVIL. JULGAMENTO DO MÉRITO DA CAUSA PELO TRIBUNAL, CASO TENHA SIDO PROPICIADO O CONTRADITÓRIO E A AMPLA DEFESA. POSSIBILIDADE. EMISSÃO DE CÉDULA DE CRÉDITO COMERCIAL PARA QUITAR DÍVIDA ESTAMPADA EM TÍTULO DA MESMA ESPÉCIE. POSSIBILIDADE.

1. Não há falar em violação ao artigo 535 do Código de Processo Civil, pois o tribunal de origem dirimiu as questões pertinentes ao litígio, afigurando-se dispensável que viesse a examinar uma a uma as alegações e fundamentos expendidos pelas partes 2. A interpretação do artigo 515, § 3º, do Código de Processo Civil deve ser realizada, pelo Tribunal local, de forma sistemática, tomando em consideração o artigo 330, I, do mesmo Diploma. Com efeito, o Órgão a quo, caso propiciado o contraditório e a ampla defesa, deve julgar o mérito da causa, mesmo que para tanto seja necessária apreciação do acervo probatório.

apreciado.³⁵ No caso de apelação parcial, contudo, entende José Miguel Garcia Medina³⁶ que o Tribunal não poderá inovar conhecendo do outro pedido.

Há controvérsia sobre a possibilidade de julgamento de mérito de ofício pelo Tribunal no caso de não ser alegada a matéria em apelação. Argumenta-se que somente a profundidade da apreciação do pedido poderia ir além das matérias abordadas nas razões recursais, nunca o próprio objeto do recurso. E ampliar o julgamento para questões não debatidas resultaria em violação ao contraditório e, portanto, em nulidade.³⁷ A jurisprudência do STJ, no entanto demonstra incontrovérsia quanto a essa possibilidade. ³⁸

O movo Código de Processo Civil, no artigo 1023, traduz a orientação jurisprudencial ao permitir ao Tribunal o julgamento de mérito quando: I – reformar sentença fundada no art. 485; II – decretar a nulidade da sentença por não ser ela congruente com os limites do pedido ou da causa de pedir; III – constatar a omissão no exame de um dos pedidos, hipótese em que poderá julgá-lo; III – decretar a nulidade de sentença por falta de fundamentação. Ainda, quando reformar sentença que reconheça a decadência ou a prescrição, o tribunal, se possível, julgará o mérito, examinando as demais questões, sem determinar o retorno do processo ao juízo de primeiro grau (CPC. Ar. 1023, § 4º).

6. SUBSISTÊNCIA DO EFEITO SUSPENSIVO

Mesmo com a resistência de expressiva doutrina, acabou prevalecendo no Código de Processo Civil a regra do efeito suspensivo da apelação (CPC, art. 1012). Com isso, a sentença não chega a produzir efeitos e a apelação perpetua seu estado de ineficácia até o exame do recurso, ao menos em regra.

Assim, a evidência do direito do autor que decorre da presunção de legitimidade da sentença exarada com profundidade de cognição, convive em paralelo com o direito do réu, de não ser molestado pelo Estado enquanto seu recurso não for apreciado, sem a garantia de recomposição ao "estado anterior".

As hipóteses que autorizam a produção de efeitos imediatos pela sentença foram ampliadas pelo artigo 1012, parágrafo 1º, que contempla a sentença que:

---

35. § 2º Quando o pedido ou a defesa tiver mais de um fundamento e o juiz acolher apenas um deles, a apelação devolverá ao tribunal o conhecimento dos demais.
36. MEDINA, José Miguel Garcia; WAMBIER, Teresa Arruda Alvim. *Recursos e ações autônomas de impugnação*. São Paulo, RT, 2008, p. 147.
37. TEODORO JR, Humberto. *Curso de direito processual civil*. V. I. 51 ed. Rio de Janeiro: Forense, p. 599.
38. Ademais, consoante entendimento pacífico do STJ, extinto o processo sem julgamento de mérito, o Tribunal pode de imediato julgar o feito, ainda que inexista pedido expresso nesse sentido, caso a controvérsia trate de questão de direito, tese conhecida como teoria da causa madura.

I – homologa divisão ou demarcação de terras; II – condena a pagar alimentos; III – extingue sem resolução do mérito ou julga improcedentes os embargos do executado; III – julga procedente o pedido de instituição de arbitragem; III – confirma, concede ou revoga tutela provisória; III – decreta a interdição.

O cumprimento provisório poderá ser promovido independente de carta de sentença, logo depois de publicada a sentença (CPC, art. 1012, § 1º).

Nestes casos, ao admitir a execução imediata da sentença, o legislador não objetivou, propriamente, evitar o perigo de retardamento da prestação jurisdicional em razão de possíveis riscos de dano. A execução imediata, ausente a suspensividade da apelação, se instaura *ope legis*, a requerimento do credor, independentemente de demonstração de *periculum in mora*.

O legislador, com propriedade, estabeleceu que o efeito suspensivo poderá ser concedido havendo probabilidade de acolhimento da apelação e existindo risco de dano grave e de difícil reparação, ou seja, em casos de urgência. [39]

Neste caso, o pedido de efeito será formulado por requerimento dirigido ao: tribunal, no período compreendido entre a interposição da apelação e sua distribuição, ficando o relator designado para seu exame prevento para julgá-la; ou ao relator, se já distribuída a apelação (CPC, art. 1012, § 3º).

7. REFERÊNCIAS

ARAUJO, Henrique Mouta. O conceito de sentença e o projeto do novo CPC. *Revista Síntese – Direito Civil e Processual Civil* nº 70, mar-abr/2011, pp. 110-115.

_____ Unificação dos prazos, modificação dos efeitos e alteração do regime de preclusão. In: ROSSI, Fernando; RAMOS, Glauco Gumerato; GUEDES, Jefferson Carus; MOURÃO, Luiz Eduardo Ribeiro (coord). *O futuro do processo civil no Brasil*. Belo Horizonte: Fórum, 2011, p. 723-72.

BARIONI, Rodrigo. *Efeito devolutivo da apelação civil*. São Paulo: RT, 2007.

BUENO, Cassio Scarpinella. *Curso sistematizado de direito processual civil*. 4 ed. São Paulo: Saraiva, 2013, v. 5.

CIANCI, Mirna. A lei 9.756/1.998 (CPC, artigo 557, pars. 1º a 3º) e a ampliação dos poderes do relator, dez anos depois *Revista de Processo*, v. 157, pp. 165-181, São Paulo: RT, 2008.

---

39. Art. 102 (...)
    (...)
    § 4º Nas hipóteses do § 1º, a eficácia da sentença poderá ser suspensa pelo relator se o apelante demonstrar a probabilidade de provimento do recurso ou se, sendo relevante a fundamentação, houver risco de dano grave ou de difícil reparação.

CUNHA, Leonardo José Carneiro da; DIDIER, Jr., Fredie. *Curso de direito processual civil*. 2. ed. Bahia: Podivm, 2006, v. 3.

DIDIER Jr, Fredie; CUNHA, Leonardo José Carneiro da. *Curso de direito processual civil*. 2. ed. Bahia: Podivm, 2006, v. 3.

_____; JORGE, Flavio Cheim; RODRIGUES, Marcelo Abelha. *A Terceira Etapa da Reforma Processual Civil*. São Paulo: Saraiva 2006.

JORGE, Flavio Cheim. *Apelação cível: teoria geral e admissibilidade*. São Paulo: RT, 2002.

_____; DIDIER Jr., Fredie; RODRIGUES, Marcelo Abelha. *A Terceira Etapa da Reforma Processual Civil*. São Paulo:Saraiva 2006.

LOPES, Bruno Vasconcelos Carrilho Lopes. A *reformatio in peius* no direito processual civil. In: NERY JUNIOR, Nelson; WAMBIER, Teresa Arruda Alvim (coord.). *Aspectos polêmicos e atuais dos recursos cíveis*, v. 8. São Paulo: RT, 2005, pp. 35-60.

MALLET, Estevão. Reforma de sentença terminativa e julgamento imediato do mérito. In: NERY JUNIOR, Nelson. WAMBIER, Teresa Arruda Alvim (coord). *Aspectos polêmicos e atuais dos recursos cíveis*, v. 7. São Paulo, RT, 2003, PP. 179-204.

MEDINA, José Miguel Garcia; WAMBIER, Teresa Arruda Alvim. *Recursos e ações autônomas de impugnação*. São Paulo, RT, 2008.

MOREIRA, José Carlos Barbosa. *Comentários ao Código de Processo Civil*. Rio de Janeiro: Forense, 2008, v. V.

NERY JUNIOR, Nelson. *Teoria geral dos recursos*. 6. ed. São Paulo: RT, 2004.

NEVES, Daniel Amorim. *O novo conceito de sentença de mérito e os problemas recursais*. Disponível em: www.professordanielneves.com.br. Acesso: 22-03-2015.

RODRIGUES, Marcelo Abelha; DIDIER JR., Fredie. JORGE, Flavio Cheim; *A Terceira Etapa da Reforma Processual Civil*. São Paulo: Saraiva 2006.

THEODORO JUNIOR, Humberto. *Curso de direito processual civil*. 51. Ed. Rio de Janeiro: Forense: 2010, v. I.

WAMBIER, Luiz Rodrigues; WAMBIER, Teresa Arruda Alvim; MEDINA, José Miguel Garcia. *Breves Comentários à Nova Sistemática Processual Civil*, São Paulo: RT, 2006.

_____; MEDINA, José Miguel. *Recursos e ações autônomas de impugnação*. São Paulo, RT, 2008.

CAPÍTULO 5

O Efeito Devolutivo do Recurso de Apelação no CPC/2015

Rogério Rudiniki Neto[1]

SUMÁRIO: 1. NOVO CÓDIGO DE PROCESSO CIVIL: NOTAS INTRODUTÓRIAS; 2. EFEITO DEVOLUTIVO DO RECURSO DE APELAÇÃO: BREVES CONSIDERAÇÕES; 3. A IMPORTÂNCIA DA TEORIA DOS CAPÍTULOS DA SENTENÇA NA COMPREENSÃO DOS LIMITES DO EFEITO DEVOLUTIVO; 4. DEVOLUÇÃO DO CAPÍTULO DA SENTENÇA QUE CONCEDE A TUTELA PROVISÓRIA; 5. DEVOLUÇÃO DAS QUESTÕES RESOLVIDAS POR DECISÕES INTERLOCUTÓRIAS NÃO AGRAVÁVEIS ; 6. DEVOLUÇÃO DAS QUESTÕES DE ORDEM PÚBLICA (EFEITO TRANSLATIVO) E O PROBLEMA DO CONTRADITÓRIO; 7. JULGAMENTO IMEDIATO DO MÉRITO PELO TRIBUNAL; 8. REFERÊNCIAS BIBLIOGRÁFICAS.

1. NOVO CÓDIGO DE PROCESSO CIVIL: NOTAS INTRODUTÓRIAS

O cenário jurídico brasileiro vive momento ímpar. Pela primeira vez em nossa história teremos um Código de Processo Civil promulgado sob a égide de um regime de democrático.

Conforme se extrai da carta encaminhada ao Presidente do Senado Federal pela comissão de juristas responsável pelo anteprojeto do CPC/2015[2], os objetivos são ambiciosos. Além de adequar o processo civil brasileiro aos ditames da Constituição de 1988, buscou-se conferir maior celeridade à prestação jurisdicional.

Institutos de sucesso foram mantidos e outros, por serem antiquados, abolidos. Dentre tantos pontos de destaque, menciona-se a criação do "incidente de resolução de demandas repetitivas" (ou, simplesmente, "IRDR"). Tal figura, vocacionada ao trato dos interesses de massa, almeja evitar a multiplicação exponencial de demandas repetitivas. Citamos também a força obrigatória conferida aos precedentes judiciais; a maior preocupação com a fundamentação das decisões; a permissão de negócios jurídicos processuais; a valorização da conciliação; a expansão das hipóteses de intervenção do *amicus curiae*, novas regras relativas à distribuição do ônus probatório; a previsão da tutela de evidência, entre tantos outros.

---

1. Mestrando em Direito Processual Civil na UFPR.
2. COMISSÃO DE JURISTAS NOVO CPC. *Relatório sobre os resultados da primeira fase dos trabalhos*. Brasília: Senado Federal, 2009. Disponível em: ‹ http://www.oab.org.br/pdf/Cartilha1aFase.pdf›. Acesso em: 20 dez. 2014.

Destarte, não se descuida que a ideologia metodológica que perpassou a elaboração do novo código não se atentou às advertências feitas por Ovídio A. Baptista da Silva[3] e, mais recentemente, por Vicente de Paula Ataíde Júnior[4], os quais criticam o apego dos trabalhos científicos de direito processual civil aos esquemas lógicos peculiares ao racionalismo de matriz iluminista - *não se confere a atenção necessária a dados estatísticos e a instrumentais de pesquisa próprios às ciências sociais*. Sem dúvidas, a adoção desses ferramentais seria capaz de propiciar maior eficiência às leis. Nada obstante, ainda que as premissas metodológicas que embasam o CPC/2015 não sejam revolucionárias, os institutos trazidos pela nova codificação processual não devem ser vistos com pessimismo; muito pelo contrário. Cabe à doutrina e aos operadores do direito o esforço diuturno com vistas à materialização de intepretações capazes de conferir a maior eficácia possível às disposições do Código, tudo isso em prol dos interesses dos jurisdicionados.

Feitas essas considerações, cumpre ressaltar que no presente trabalho ficaremos restritos ao estudo dos impactos gerados pelo CPC/2015 na abordagem de um aspecto pontual (mas de grande importância) da constelação de institutos próprios à ciência do processo, qual seja, o "efeito devolutivo do recurso de apelação".

De início, teceremos algumas considerações sobre o efeito devolutivo (e temas afins); para, paulatinamente, temperar a análise com discussões relacionadas ao Novo Código de Processo Civil.

Com as adaptações necessárias, os raciocínios a seguir expostos são aplicáveis ao agravo de instrumento interposto das decisões parciais (art. 354, p.u., e art. 356, §5.º, do CPC/2015).

2. EFEITO DEVOLUTIVO DO RECURSO DE APELAÇÃO: BREVES CONSIDERAÇÕES

É impossível não iniciar a presente discussão com uma ressalva relacionada à terminologia. Ora, via de regra, os recursos não "devolvem" ao órgão *ad quem* a matéria impugnada – *a instância superior, quando do julgamento do recurso, tomará contato pela primeira vez com as questões debatidas no processo*. Contudo, ainda que não espelhe adequadamente o fenômeno verificado na prática, a

---

3. Sobre as críticas feias por esse autor, ver: SILVA, Ovídio Araújo Baptista da. Processo e ideologia. *Revista de Processo*. n.º 110. São Paulo: Revista dos Tribunais, 2003, p. 21 e ss.
4. ATAÍDE JUNIOR, Vicente. *Processo civil pragmático*. Curitiba, 2013, Tese (Doutorado em Direito) - Programa de Pós-Graduação em Direito, Universidade Federal do Paraná, p. 220-221.

expressão "efeito devolutivo" tem sede legal, nesse sentido, prevê o art. 1.013 do CPC/2015: "a apelação devolverá ao tribunal o conhecimento da matéria impugnada"; de forma similar, reza o art. 1.034, parágrafo único, "admitido o recurso extraordinário ou o recurso especial por um fundamento, devolve-se ao tribunal o conhecimento dos demais fundamentos para a solução do capítulo impugnado".

Como pontifica Eduardo J. Couture, "esse primeiro problema de interpretação, provocado pelo léxico inapropriado do legislador, suas palavras confusas ou o desajuste entre dois ou mais conceitos, é muito frequente nas codificações americanas que, em grande parte, foram copiadas de diferentes Códigos estrangeiros". Logo, nesses casos, a utilização da interpretação gramatical é insuficiente, razão pela qual é preciso confrontar as palavras trazidas pela lei com o contexto histórico no qual tais expressões foram forjadas.[5]

Ato contínuo, para descobrir as origens desse equívoco semântico, faz-se necessário retornar à experiência jurídica romana. Tal sociedade desconhecia a separação entre os poderes. A atividade jurisdicional era monopolizada pelo imperador, ao qual era conferida a faculdade de delegá-la a instâncias inferiores. Todavia, após sucessivos recursos, a apreciação da causa retornava ao crivo do soberano – ou, simplesmente, era a ele "devolvida".[6]

Obviamente, nosso contexto desconhece tal delegação de competência – a função jurisdicional é originária e privativa (em regra) do Poder Judiciário. Nada obstante, ainda que imprecisa, a expressão "efeito devolutivo" está consolidada na prática judicial, motivo pelo qual não é necessário substituí-la por outra mais condizente com o fenômeno verificado na prática – contudo, já foi cogitado, pasmem, até mesmo o emprego do termo "efeito entregativo".

Doravante, passamos a investigar as relações mantidas pelo efeito devolutivo com alguns princípios do direito processual, especialmente o "princípio dispositivo", a "vedação da *reformatio in pejus*" e o "duplo grau de jurisdição".

Sobre o princípio dispositivo, ele guarda origens na matriz privatista do processo civil e na natureza normalmente disponível dos direitos tuteláveis por essa via. Como ensina Proto Pisani, a essência de tal disponibilidade reside na faculdade conferida ao titular do direito subjetivo de exercitá-lo, ou não.[7] Transportados tais valores para o âmbito recursal, tem-se que a parte derrotada pode restar conformada com a decisão que lhe é desfavorável, deixando de recorrer, ou mesmo desistir do recurso eventualmente interposto.

---

5. COUTURE, Eduardo J. *Interpretação das leis processuais*. 4.ª ed. Rio de Janeiro: Forense, 1994, p. 40-41.
6. Para uma explicação mais acurada de tal problemática, consultar: BARONI, Rodrigo Otávio. *Efeito devolutivo da apelação civil*. São Paulo: Revista dos Tribunais: 2007, p. 34.
7. PROTO PISANI, Andrea. *Lezioni di diritto processuale civile*. 6.ª ed. Napoli: Jovene, 2014, p. 289.

Já em função da vedação à *reformatio in pejus* ("reforma para pior"), o recorrente só poderá impugnar os capítulos decisórios que lhe são desfavoráveis. Igualmente, o órgão *ad quem*, quando do julgamento do recurso, não poderá piorar a situação daquele que exerceu a faculdade recursal – salvo se houver recurso da parte contrária ou questões de ordem pública (apreciáveis em qualquer grau de jurisdição). Contudo, estas questões não estão no âmbito de disposição dos litigantes, e são levadas à instância superior por força do efeito translativo – de matriz inquisitiva.

Por fim, o "duplo grau de jurisdição" permite que o órgão superior decida novamente as questões apreciadas pelo magistrado singular. Nada obstante, como assevera Luiz Guilherme Marinoni, o duplo grau não é uma garantia constitucional ou um signo da justiça civil – não é razoável estendê-lo irrestritamente a todas as causas cíveis, isso em homenagem à duração razoável do processo. A existência do duplo grau de jurisdição justifica-se em função: *(i) do natural inconformismo da parte vencida; (ii) da possibilidade de o juiz de primeiro grau errar; (iii) da maior experiência dos magistrados de segundo grau; (iv) da influência positiva que a possibilidade de reforma de sua decisão gera no ânimo do juiz singular; (v) da necessidade de controle da atividade jurisdicional.*[8]

Tais dogmas são veementemente desmitificados por Marinoni, cujas críticas podem ser assim sintetizadas: *(a) o litigante derrotado sempre estará inconformado, independentemente do grau de jurisdição no qual a decisão a ele contrária foi proferida; (b) a falibilidade ínsita à natureza humana faz com que mesmo julgadores experientes possam errar; (c) maior experiência não necessariamente significa maior preparo e empenho; (d) um juiz ciente da qualidade do seu trabalho não teme a eventual reforma de suas decisões; por outro lado, magistrados relapsos não veem maiores problemas na baixa qualidade de suas sentenças, pois o interesse do jurisdicionado será resguardado quando elas forem reformadas pelo tribunal; (e) há métodos mais eficazes de controle da idoneidade da atividade judicante, como os correcionais.*[9]

Feitas essas ponderações, passamos a expor a importante "teoria dos capítulos da sentença", relacionando-a com o efeito devolutivo do recurso de apelação.

---

8. MARINONI, Luiz Guilherme. *El doble grado de jurisdicción*. Disponível em: ‹http://www.marinoni.adv.br/artigos.php›. Acesso em: 12 abr. 2015, p. 1-15.
9. MARINONI, Luiz Guilherme. *El doble grado de jurisdicción*. Disponível em: ‹http://www.marinoni.adv.br/artigos.php›. Acesso em: 12 abr. 2015, p. 1-15.

3. A IMPORTÂNCIA DA TEORIA DOS CAPÍTULOS DA SENTENÇA NA COMPREENSÃO DOS LIMITES DO EFEITO DEVOLUTIVO

Conforme pontifica José Carlos Barbosa Moreira, a "extensão" do efeito devolutivo relaciona-se à máxima do *tantum devolutum quantum appellatum*[10], prevista no art. 1.013, *caput*, do CPC/2015, pelo qual "a apelação devolverá ao tribunal o conhecimento da matéria impugnada". Logo, cumpre ao recorrente delimitar a extensão da matéria impugnada. A sentença pode ser impugnada no todo ou em parte (art. 1.002). Ou seja, o recorrente tem a faculdade de impugnar todos os capítulos nos quais tenha sucumbido (impugnação total) ou apenas um ou alguns deles (impugnação parcial).

No recurso de apelação podem ser questionados vícios de natureza processual (*errores in procedendo*, que incluem: a ausência de competência; a não formação do litisconsórcio necessário; a ausência de requisitos formais da própria sentença etc.) ou de julgamento (*errores in iudicando*, os quais englobam a interpretação errônea da lei ou dos fatos levados ao juiz).[11]

Na sólida lição de Cândido Rangel Dinamarco, os capítulos correspondem a "unidades autônomas do decisório da sentença".[12] Essa teoria foi expressamente adotada no novo Código (para chegar a tal conclusão, basta conferir da redação dos arts. 1.009, §3.º; 1.013, §§1.º e 5.º e 1.034, p.u.).

É possível falar em capítulos processuais (decidem questões preliminares) e capítulos de mérito – estes são divididos em: *(i) capítulos de mérito propriamente ditos e (ii) capítulos relativos a questões prejudiciais à apreciação do(s) pedido(s), os quais abarcam, especialmente, a prescrição e a decadência.*

Destarte, ainda que as questões preliminares e prejudiciais sejam decididas em capítulos autônomos, sempre guardam relações com determinado capítulo de mérito propriamente dito. Logo, o acolhimento de alguma dessas questões impede a apreciação dos pedidos formulados. Em caso de rejeição de todas as preliminares ou prejudiciais suscitadas pelo réu, com a consequente procedência da pretensão autoral, é possível que o réu direcione seu recurso de apelação tão somente em face dos capítulos da sentença que resolveram questões preliminares ou prejudiciais, e, caso alguma delas seja acolhida em grau recursal, não mais subsistirá o julgamento de procedência do pedido operado na instância inferior.

---

10. BARBOSA MOREIRA, José Carlos. *O novo processo civil brasileiro: exposição sistemática do procedimento*. 28.ª ed. Rio de Janeiro: Forense, 2010, p. 2014.
11. PROTO PISANI, Andrea. *Lezioni di diritto processuale civile*. 6.º ed. Napoli: Jovene, 2014, p. 457.
12. DINAMARCO. Cândido Rangel. *Vocabulário do processo civil*. 6.ª ed. São Paulo: Malheiros: 2009, p. 411-412.

No tocante ao estudo dos capítulos de mérito propriamente ditos, faz-se necessário investigar as várias espécies de cumulação de pedidos – a cada pedido decidido corresponderá um capítulo da sentença.[13]

Na cumulação simples, observados os requisitos do art. 327[14], o autor pode mover em face do réu duas ou mais demandas que poderiam ser veiculadas em processos autônomos. Como exemplos de cumulação simples de pedidos, menciona-se: *a cobrança, no mesmo processo, de dívidas decorrentes de contratato de mútuo e de locação; de contratos de mútuo diversos ou mesmo a cumulação de ações reparatórias decorrentes de eventos distintos.*[15]

Nesta espécie de cumulação, diante da absoluta autonomia entre os capítulos, a impugnação de um não surte efeitos em relação aos outros.

Situação diversa ocorre na cumulação sucessiva, na qual a apreciação do pedido dependente está subordinada à procedência do pedido prejudicial. São exemplos dessa espécie de cumulação: *a ação de investigação de paternidade cumulada com pedido de alimentos; a ação de resolução de contrato cumulada com perdas e danos; a ação de reintegração de posse cumulada com ação demolitória.*[16]

Na cumulação sucessiva de pedidos, caso o magistrado decida pela improcedência do capítulo prejudicial, automaticamente estará prejudicada a apreciação do capítulo dependente. Ato contínuo, caso seja provida a apelação dirigida ao capítulo da sentença que rechaçou o pedido prejudicial, por via reflexa, será devolvida ao tribunal a apreciação do capítulo dependente. Todavia, se o órgão *a quo* julgou procedente tanto o capítulo prejudicial quanto o dependente, eventual provimento do recurso do réu dirigido exclusivamente em face do capítulo prejudicial, ocasionará a reforma do capítulo dependente. Outrossim, ainda na hipótese de procedência de ambos os capítulos, é perfeitamente possível a reforma da sentença tão somente em relação ao dependente, mantendo-se o prejudicial incólume.

---

13. DINAMARCO, Cândido Rangel. *Capítulos de sentença*. 4.º ed. São Paulo: Malheiros, 2008, p. 42.
14. Art. 327: "é lícita a cumulação, em um único processo, contra o mesmo réu, de vários pedidos, ainda que entre eles não haja conexão. §1.º são requisitos de admissibilidade da cumulação que: I – os pedidos sejam compatíveis entre si; II – seja competente para conhecer deles o mesmo juízo; III – seja adequado para todos os pedidos o tipo de procedimento. §2.º Quando, para cada pedido, corresponder um tipo diverso de procedimento, será admitida a cumulação se o autor empregar o procedimento comum, sem prejuízo do emprego das técnicas processuais diferenciadas previstas nos procedimentos especiais a que se sujeitam um ou mais pedidos cumulados, que não forem incompatíveis com as disposições sobre o procedimento comum. §3.º O inciso I do §1.º não se aplica às cumulações de que trata o art. 326."
15. ASSIS, Araken. *Cumulação de ações*. 3.ª ed. São Paulo: Revista dos Tribunais, 1998, p. 250.
16. ASSIS, Araken. *Cumulação de ações*. 3.ª ed. São Paulo: Revista dos Tribunais, 1998, p. 251.

A possibilidade cumulação eventual de pedidos tem fundamento no art. 326, *caput*.[17] Por esta técnica, o autor formula uma pretensão principal e, caso ela seja rejeitada, o juiz passará a apreciar as demais. Como exemplo de cumulação eventual, podemos citar: *as ações de invalidade de contrato, a primeira fundada na simulação, a segunda na fraude contra credores; a hipótese na qual o autor requer, primeiramente, a imposição de obrigação específica ao réu e, não sendo isso possível, pugna pelo pagamento do equivalente em pecúnia; o pedido de complementação da área na venda ad mensuram ou, subsidiariamente, a redução do preço (quanti minoris)*.[18]

Na cumulação eventual, caso a pretensão principal seja acolhida, as subsidiárias serão prejudicadas. Destarte, se em grau de recurso o capítulo que julgou procedente o pedido principal for reformado, deverá o tribunal apreciar os pedidos secundários, na ordem de prejudicialidade.

Fala-se também na cumulação alternativa.[19] Nesta situação, o autor formula dois ou mais pedidos sem que exista uma ordem de preferência entre eles. A escolha da obrigação a ser cumprida poderá ficar a cargo do réu, conforme a natureza da prestação a ser cumprida. Como exemplo de pedido alternativo, cita-se *a demanda movida em função de evicção parcial, em que o autor pugna pela restituição da parte do preço correspondente ao desfalque sofrido ou pela rescisão do contrato, inexistindo preferência por esta ou aquela solução*.

Aprofundando a discussão, com base no magistério de Dinamarco, é possível falar na "decomposição jurídica do pedido". Ela ocorre nas hipóteses de procedência total ou parcial de demanda na qual é buscado um bem vida passível de ser dimensionado em peso, extensão ou quantidade. Nesses casos, são formados capítulos diversos, um que reconhece a existência da dívida (*an debeatur*) e outro que fixa seu valor (*quantum debeatur*). Caso o *quantum* tenha sido fixado em patamar inferior ao buscado pelo autor, ele terá interesse em recorrer almejando a majoração da condenação. Já o réu pode impugnar tanto o capítulo que reconheceu a existência da dívida, quanto aquele que fixou o valor devido, buscando sua redução.[20]

Por fim, independentemente da espécie ou da ocorrência de cumulação de pedidos, caso o recurso limite-se a discutir questões relativas à sucumbência

---

17. Art. 326, *caput*: "é lícito formular mais de um pedido em ordem subsidiária, e afim de que o juiz conheça do posterior, quando não acolher o anterior."
18. ASSIS, Araken. *Cumulação de ações*. 3.ª ed. São Paulo: Revista dos Tribunais, 1998, p. 253-254.
19. Art. 362, p.u. "é lícito formular mais de um pedido, alternativamente, para que o juiz acolhe um deles."
20. DINAMARCO, Cândido Rangel. *Capítulos de sentença*. 4.º ed. São Paulo: Malheiros, 2008, p. 71.

(que integram um capítulo próprio, mas de natureza acessória), o âmbito de cognição do tribunal estará a elas restrito.[21]

Vencido o tema da extensão do efeito devolutivo, cumpre investigar, brevemente, a "profundidade" deste efeito. Ele está previsto no art. 1.013, §§1.º e 2.º do novo Código. Tomamos a liberdade de transcrever essas disposições: "art. 1.013. A apelação devolverá ao tribunal o conhecimento da matéria impugnada. §1.º Serão, porém, objeto de apreciação e julgamento pelo tribunal todas as questões suscitadas e discutidas no processo, ainda que não tenham sido solucionadas, desde que relativas ao capítulo impugnado. §2.º Quando o pedido ou a defesa tiver mais de um fundamento e o juiz acolher apenas um deles, a apelação devolverá ao tribunal o conhecimento dos demais."

Ou seja, a profundidade do efeito devolutivo do recurso de apelação abarca todas as questões relacionadas com os fundamentos do pedido e da defesa, dentre as quais estão aquelas enfrentadas pelo magistrado na sentença, bem como aquelas sobre as quais o juiz deixou de se manifestar, ainda que tenham sido suscitadas pelas partes ao longo da postulação e da instrução.[22]

Para clarificar a explanação do problema, Luiz Guilherme Marinoni, Sérgio Cruz Arenhart e Daniel Mitidiero trazem o seguinte exemplo: *em determinada ação de cobrança*, o réu, ao contestar, alega a prescrição da pretensão autoral, a ausência da prova da dívida, bem como a compensação de créditos. Caso o juiz julgue o pedido improcedente ao reconhecer a ocorrência da prescrição, e o autor apele dessa decisão, por força da profundidade do efeito devolutivo, o tribunal não ficará adstrito à análise da ocorrência, ou não, da prescrição, devendo analisar as outras defesas trazidas pelo demandado.[23]

Somente não serão devolvidas ao tribunal as questões de fato que não foram propostas em primeiro grau de jurisdição, salvo se a parte provar que deixou de suscitá-las por motivo de força maior (art. 1.014).

Sobre as questões de direito, o magistrado tem a obrigação de conhecê-las, devendo aplicar o direito conforme o seu entendimento - não está adstrito à definição jurídica dada aos fatos pelas partes (*jura novit curia*). Contudo, nos termos do art. 10 do novo Código, "o juiz não pode decidir, em grau algum de jurisdição,

---

21. MARINONI, Luiz Guilherme; ARENHART, Sérgio Cruz; MITIDIERO, Daniel. *Novo curso de Processo Civil*. v.2.: tutela de direitos mediante procedimento comum. São Paulo: Revista dos Tribunais: 2015, p. 532.
22. BARBOSA MOREIRA, José Carlos. *O novo processo civil brasileiro: exposição sistemática do procedimento*. 28.ª ed. Rio de Janeiro: Forense, 2010, p. 135.
23. MARINONI, Luiz Guilherme; ARENHART, Sérgio Cruz; MITIDIERO, Daniel. *Novo curso de Processo Civil*. v.2.: tutela de direitos mediante procedimento comum. São Paulo: Revista dos Tribunais: 2015, p. 532.

com base em fundamento a respeito do qual não se tenha dado às partes oportunidade de se manifestar, ainda que se trate de matéria sobre a qual o juiz deva decidir de ofício."

Logo, caso órgão jurisdicional faça uso de algum fundamento jurídico sobre o qual ainda não foi oportunizada a manifestação das partes, elas deverão ser ouvidas. Tal expediente, obviamente, aplica-se ao órgão *ad quem*, quando, ao julgar o recurso, fizer uso de questões de direito inéditas naquele processo.

Especificamente sobre a necessária abertura de contraditório em segundo grau de jurisdição quando do translado de questões de ordem pública ainda não enfrentadas no processo, reza o art. 933, *caput*, do novo diploma processual civil: "se o relator constatar a ocorrência de fato superveniente à decisão recorrida ou a existência de questão apreciável de ofício ainda não examinada que devam ser considerados no julgamento do recurso, intimará as partes para que se manifestem no prazo de 5 (cinco) dias".

4. DEVOLUÇÃO DO CAPÍTULO DA SENTENÇA QUE CONCEDE A TUTELA PROVISÓRIA

Conforme prevê o art. 1.013, §5.º: "o capítulo da sentença que confirma, concede ou revoga a tutela provisória é impugnável na apelação".

Do dispositivo transcrito, merece destaque a análise de devolutividade do capítulo da sentença que concede a tutela provisória.

É preciso contextualizar o tema.

A primeira versão do projeto do CPC/2015, atendendo às reclamações da doutrina, havia acabado com o efeito suspensivo *ope legis* do recurso de apelação. Ou seja, o efeito suspensivo deixaria de ser regra para se tornar exceção, permitindo-se, desde logo, a execução provisória da sentença. O efeito suspensivo seria concedido apenas em casos extremos, quando o tribunal aferisse a notória probabilidade de provimento do recurso.

Como ensinam Marinoni e Mitidiero, essa proposta buscava tornar a tutela jurisdicional tempestiva, pois "o autor que já teve seu direito declarado não pode ser prejudicado pelo tempo do recurso que serve unicamente ao réu".[24]

Contudo, ao longo do trâmite do projeto pelo Congresso Nacional, deu-se um passo para trás e o efeito suspensivo do recurso de apelação voltou a ser a regra

---

24. MARINONI, Luiz Guilherme; MITIDIERO, Daniel. *O projeto do CPC: críticas e propostas*. São Paulo: Revista dos Tribunais, 2011, p. 178-179.

(art. 1.012[25]). Nada obstante, caso as circunstâncias da situação litigiosa apontem nessa direção, admite-se a concessão da tutela provisória em sentença (em sede de cognição exauriente), para que o efeito suspensivo do eventual recurso de apelação interposto pelo demandado seja afastado.

Como se vê, o novo Código ao menos acabou com a dúvida objetiva existente na codificação anterior em relação ao recurso cabível da decisão concessiva de "tutela antecipada" (terminologia utilizada no CPC/1973) em sentença. Para parte da doutrina, era caso de apelação; para outra parte, de agravo de instrumento. Segundo os partidários da segunda tese, como a mesma folha de papel conteria duas decisões distintas, os recursos cabíveis também seriam distintos, não havendo de se falar em violação ao princípio da unirrecorribilidade. A decisão que resolveu o direito material debatido seria apelável; já a que concedeu a antecipação da tutela, agravável.

5. DEVOLUÇÃO DAS QUESTÕES RESOLVIDAS POR DECISÕES INTERLOCUTÓRIAS NÃO AGRAVÁVEIS

Talvez neste tópico resida a maior inovação trazida pelo novo Código em relação ao tema objeto deste trabalho. Agora as decisões interlocutórias não impugnáveis por meio de agravo de instrumento estão compreendidas dentro do efeito devolutivo do recurso de apelação.

Explica-se: o CPC/2015 extinguiu o agravo retido, e, em contrapartida, previu o seguinte (art. 1.009, §1.º): "as questões resolvidas na fase de conhecimento, se a decisão não comportar agravo de instrumento, não são cobertas pela preclusão e devem ser suscitadas em preliminar de apelação, eventualmente interposta contra a decisão final, ou nas contrarrazões".

Nessa linha, nosso ordenamento aproxima-se do "norte-americano", onde vigora a "final judgment rule", segundo a qual somente a decisão final do processo é passível de impugnação pela "appeal".[26] Tal sistema tem como origem o dogma próprio à "common law" de que os casos devem ser vistos como uma "unidade judiciária". Contudo, hodiernamente essa regra justifica-se primordialmente em razão da economia dos recursos postos à disposição do Judiciário e da eficiência supostamente gerada. Esse modelo foi inserido pelo "Judiciary Act" de 1789 e

---

25. Art. 1.102: "a apelação terá efeito suspensivo".
26. WAMBIER, Teresa Arruda Alvim. *Os agravos no CPC brasileiro*. 4.ª ed. São Paulo: Revista dos Tribunais: 2006, p. 81.

vigora até hoje, sendo excluído apenas em procedimentos específicos, como o falimentar.[27]

Contudo, a maior eficiência e a valorização da oralidade propiciadas pela regra do "final judgment" podem ocasionar alguns problemas, razão pela qual, no caso "Cohen vs. Beneficial Industrial Loan Corporation", foi consagrado o entendimento que admite a "interlocutory appeal" quando presente o risco de dano irreparável.[28]

Atento a tais circunstâncias, o novo Código de Processual Civil não extinguiu por completo a recorribilidade das decisões interlocutórias, pois aquelas capazes, em tese, de causar danos irreparáveis ou de difícil reparação continuam sendo atacáveis por agravo de instrumento (art. 1015[29-30]).

Não obstante, as disposições do novo Código acerca da irrecorribilidade imediata, em regra, das decisões interlocutórias geram duas ordens de preocupações na doutrina. Para alguns, a nova sistemática poderá ocasionar a elevação do número de processos anulados quando do julgamento das apelações.[31] Para outros, há decisões não inclusas no taxativo rol do art. 1015 cuja revisão não pode aguardar o julgamento do recurso de apelação, como a que suspende o prosseguimento do feito em 1.ª grau em função da ocorrência de prejudicialidade externa ou mesmo a que acolhe ou rejeita a alegação de incompetência. Nessas situações, caso não seja admitida uma interpretação analógica/extensiva das

---

27. FRANK, Theodore D. Requiem for the final judgment rule. *Texas Law Review.* n.º 292. Austin: University of Texas School of Law, 1966, p. 292.
28. WAMBIER, Teresa Arruda Alvim. *Os agravos no CPC brasileiro.* 4.ª ed. São Paulo: Revista dos Tribunais: 2006, p. 81.
29. Art. 1.015: "cabe agravo de instrumento contra as decisões interlocutórias que versarem sobre: I - tutelas provisórias; II - mérito do processo; III - rejeição da alegação de conversão de arbitragem; IV - incidente de desconsideração da personalidade jurídica; V - rejeição do pedido de gratuidade da justiça ou acolhimento do pedido de sua revogação; VI - exibição ou posse de documento ou coisa; VII - exclusão de litisconsorte; VIII - rejeição do pedido de limitação do litisconsórcio; IX - admissão de intervenção de terceiros; X - concessão, modificação ou revogação do efeito suspensivo aos embargos à execução; XI - redistribuição do ônus da prova nos termos do art. 373, §1.º; XII - (VETADO); XIII - outros casos expressamente referidos em lei. Parágrafo único. Também caberá agravo de instrumento contra decisões interlocutórias proferidas na fase de liquidação de sentença ou de cumprimento de sentença, no processo de execução e no processo de inventário."
30. Complementando as previsões transcritas na nota de rodapé anterior, o art. 354, p.u., prevê o cabimento de agravo de instrumento da decisão que julga conforme o estado do processo "parte" da lide; já o art. 356, §5.º, traz o cabimento do agravo de instrumento contra o julgamento antecipado parcial do mérito.
31. Nesse sentido: ARAÚJO, José Henrique Mouta. Uma visão crítica sobre alguns aspectos recursais do projeto do NCPC. In: DIDIER JR., Fredie; BASTOS, Antonio Adonias Aguiar. (coords.) *O projeto do novo Código de Processo Civil, 2.ª série: estudos em homenagem ao professor José Joaquim Calmon de Passos.* Salvador: Jus Podivm, 2012, p. 433.

hipóteses previstas no art. 1.015, será corriqueira a impetração de mandado de segurança contra ato jurisdicional.[32]

Encerradas essas reflexões, passamos a descrever o procedimento pelo qual as questões interlocutórias não atacáveis por agravo de instrumento são devolvidas ao tribunal.

De acordo com o já transcrito art. 1.009, §1.º, elas devem ser suscitas em preliminar de apelação. Em uma das redações anteriores do projeto, era necessário que a parte realizasse o "protesto" das decisões interlocutórias para evitar a respectiva preclusão.[33] Mas a necessidade do protesto foi suprimida, logo, não se faz necessária a prática de nenhum ato anterior à atividade recursal com vistas à obstrução da preclusão dessas questões.

É interessante destacar que a parte derrotada pode formular em seu recurso de apelação uma espécie de "cumulação eventual de pedidos": *(i) em primeiro lugar, busca a reforma da decisão interlocutória não agravável, com a anulação de todos os atos posteriores, inclusive a sentença; (ii) na eventualidade, a reforma da sentença.* Permite-se também que o vencido ataque por meio do recurso de apelação apenas a decisão interlocutória não agravável. Nesta hipótese, como ensinam Fredie Didier Jr. e Leonardo Carneiro da Cunha, "a sentença irrecorrida, ficará sob condição suspensiva" até a apreciação da apelação.[34]

Ademais, o litigante vencedor em primeiro grau, antevendo a reforma da sentença em seu desfavor em razão da apelação manejada pela parte adversa, também poderá atacar em segunda instância questões interlocutórias não agraváveis. Isso deve ser feito nas contrarrazões ao recurso de apelação (art. 1.009, §1.º, parte final), quando então o apelante – vencido em primeiro grau – será intimado para sobre elas se manifestar no prazo de quinze dias (art. 1.009, §2.º).

Ainda conforme Didier Jr. e Cunha, a sistemática é a seguinte: "as contrarrazões, nesse caso, tornam-se instrumento de dois atos jurídicos processuais: (*a*) a resposta à apelação da parte adversária; (*b*) o recurso contra as decisões interlocutórias não agraváveis proferidas ao longo do procedimento."[35]

---

32. Fazendo tal alerta: WAMBIER, Teresa Arruda Alvim; CONCEIÇÃO, Maria Lúcia Lins Conceição; RIBEIRO, Leonardo Ferres da Silva; MELLO, Rogerio Licastro Torres de. *Primeiros comentários ao novo Código de Processo Civil: artigo por artigo*. São Paulo: Revista dos Tribunais, 2015, p. 1453.
33. WAMBIER, Teresa Arruda Alvim; CONCEIÇÃO, Maria Lúcia Lins Conceição; RIBEIRO, Leonardo Ferres da Silva; MELLO, Rogerio Licastro Torres de. *Primeiros comentários ao novo Código de Processo Civil: artigo por artigo*. São Paulo: Revista dos Tribunais, 2015, p. 1439.
34. CUNHA, Leonardo Carneiro da; DIDIER JR, Fredie. Apelação da decisão interlocutória não agravável: a apelação do vencido e a apelação subordinada do vencedor: duas novidades no CPC/2015. In: MACÊDO, Lucas Buril de; PEIXOTO, Ravi; FREIRE, Alexandre (coords.). *Doutrina Selecionada. v.6: processos nos tribunais e meios de impugnação às decisões judiciais*. Salvador: Jus Podivm, 2015, p. 514-515.
35. CUNHA, Leonardo Carneiro da; DIDIER JR, Fredie. Apelação da decisão interlocutória não agravável: a apelação do vencido e a apelação subordinada do vencedor: duas novidades no CPC/2015. In: MACÊDO, Lucas

Trata-se de uma espécie de "recurso de apelação subordinado do vencedor", cujo processamento está condicionado à interposição e conhecimento da apelação do vencido. O tribunal, em caso de provimento da apelação do vencido, passará a examinar a "apelação" do vencedor.[36]

6. DEVOLUÇÃO DAS QUESTÕES DE ORDEM PÚBLICA (EFEITO TRANSLATIVO) E O PROBLEMA DO CONTRADITÓRIO

As objeções (prescrição, decadência legal, nulidade absoluta do negócio jurídico, pressupostos processuais de existência etc.) podem ser apreciadas de ofício, em qualquer grau de jurisdição.

Essas questões estão excluídas do âmbito de disposição das partes e são levadas à apreciação do tribunal não por força do efeito devolutivo, mas sim pelo "efeito translativo".

Mas quais são os limites do efeito translativo? Ora, o efeito translativo dialoga com a "extensão do efeito devolutivo". Somente são transladadas ao órgão *ad quem* as questões preliminares e prejudiciais que estejam relacionadas aos capítulos de mérito propriamente ditos objeto de impugnação.

Para exemplificar, figure o seguinte exemplo: *em função de determinado evento, "X" ocasiona a "Y" prejuízos de ordem material e moral. Ato contínuo, "Y", em cumulação simples, ajuíza demanda indenizatória em face de "X", almejando o ressarcimento dos danos sofridos. Supondo que ambos os pedidos (indenização por dano material e moral) sejam julgados procedentes, e o réu apele somente do capítulo da sentença que o condenou ao pagamento dos danos morais, alegando somente a ausência dos pressupostos do dever de indenizar, o tribunal, assegurado o devido contraditório, poderá reconhecer de ofício a ocorrência da prescrição trienal prevista no art. 206, §3.º, do Código Civil, relativamente aos danos morais. Mas em hipótese alguma poderá declarar a prescrição da pretensão relativa aos danos materiais, ainda que sujeita ao mesmo prazo prescricional e ao mesmo termo a quo da pretensão atinente aos danos morais*. Ora, conforme ensina Cândido Rangel Dinamarco, se algum capítulo de mérito houver sido omitido no recurso, ele restará intacto, e o tribunal não poderá pronunciar objeções a ele correlacionadas.[37]

Buril de; PEIXOTO, Ravi; FREIRE, Alexandre (coords.). *Doutrina Selecionada*. v.6: *processos nos tribunais e meios de impugnação às decisões judiciais*. Salvador: Jus Podivm, 2015,p. 517.

36. CUNHA, Leonardo Carneiro da; DIDIER JR, Fredie. Apelação da decisão interlocutória não agravável: a apelação do vencido e a apelação subordinada do vencedor: duas novidades no CPC/2015. In: MACÊDO, Lucas Buril de; PEIXOTO, Ravi; FREIRE, Alexandre (coords.). *Doutrina Selecionada*. v.6: *processos nos tribunais e meios de impugnação às decisões judiciais*. Salvador: Jus Podivm, 2015, 518-521.

37. DINAMARCO, Cândido Rangel. *Capítulos de sentença*. 4.º ed. São Paulo: Malheiros, 2008, p. 110.

Ato contínuo, tal discussão é enriquecida pelo estudo do posicionamento adotado pelo Supremo Tribunal Federal no RE 666.589/DF.[38] Tal decisão trouxe para o âmbito do processo civil o entendimento adotado na APn 470 ("Mensalão") e rechaçou a posição do STJ consubstanciada na Súmula n.º 401.[39] Para o STF, em se tratando de processo que "envolva pedidos cumulados (mas materialmente divisíveis)", é possível o trânsito em julgado em momentos distintos, isso quando a parte derrotada em mais de um capítulo interpõe recurso parcial, quando então o capítulo não impugnado transitará em julgado.

Em síntese, por este raciocínio, as questões de ordem pública relativas ao capítulo de mérito autônomo não recorrido não estão abarcadas pelo efeito translativo, mormente quando se leva em conta que a ausência de impugnação ocasiona o trânsito em julgado daquela parte do decisório, com o início do prazo decadencial para o ajuizamento da ação rescisória em face desta parte da sentença.

Todavia, o CPC/2015 ainda abre espaço para a existência de algumas dúvidas a respeito do assunto, pois o art. 975, *caput*, tem a seguinte redação: "o direito à rescisão se extingue em 2 (dois) anos contados do trânsito em julgado da última decisão proferida no processo". Conforme preconiza Ravi Peixoto, é razoável imaginar que o novo Código, ao falar em "última decisão proferida no processo", adotou o posicionamento pelo qual o termo inicial do prazo para a propositura da ação rescisória é "uno", ou seja, só se inicia quando do trânsito em julgado de todos os capítulos da sentença – ainda que verificados em momentos distintos.[40]

Contudo, o entendimento supracitado destoada da própria filosofia do CPC/2015, especialmente em razão da admissão do "julgamento antecipado parcial do mérito" (art. 356) e, por conseguinte, do "trânsito em julgado parcial" (art. 356, §3.º).

Logo, consideramos que a interpretação mais adequada é aquela é que entende que a "última decisão proferida no processo" mencionada pelo art. 975 é a "última decisão proferida em cada capítulo que não possua qualquer relação de dependência com outro".[41]

---

38. STF, 1.ª T., RE 666.589/DF, Rel. Min. Marco Aurélio, j. 25.03.2014.
39. Súmula n.º 401: "o prazo decadencial da ação rescisória só se inicia quando não for cabível qualquer recurso do último pronunciamento judicial".
40. PEIXOTO, Ravi. Ação rescisória e capítulos da sentença: a análise de uma relação conturbada a partir do CPC/2015. In: MACÊDO, Lucas Buril de; PEIXOTO, Ravi; FREIRE, Alexandre (coords.). *Doutrina Selecionada*. v.6: processos nos tribunais e meios de impugnação às decisões judiciais. Salvador: Jus Podivm, 2015, p. 166.
41. PEIXOTO, Ravi. Ação rescisória e capítulos da sentença: a análise de uma relação conturbada a partir do CPC/2015. In: MACÊDO, Lucas Buril de; PEIXOTO, Ravi; FREIRE, Alexandre (coords.). *Doutrina Selecionada*. v.6: processos nos tribunais e meios de impugnação às decisões judiciais. Salvador: Jus Podivm, 2015, p. 166.

Neste tópico também é necessário correlacionar a amplitude do efeito translativo com a temática do reexame necessário.

De acordo com o art. 496,[42] estão sujeitas ao reexame necessário as demandas em que houver condenação da Fazenda Pública – ressalvadas algumas exceções relacionadas ao baixo valor envolvido ou a decisões fundadas em precedentes das cortes superiores e orientações firmadas no âmbito administrativo.

No reexame necessário toda a extensão da sentença é devolvida ao tribunal para nova apreciação, logo, este pode pronunciar questões de ordem pública relativas a qualquer aspecto da lide. Caso o reconhecimento de uma objeção em reexame necessário prejudique os interesses fazendários (especialmente quando não há recurso da parte adversa), não há de se falar em reforma para pior, pois as questões levadas ao órgão *ad quem* pelo efeito translativo são de ordem pública, tal como os interesses defendidos pelo Poder Público, razão pela qual inexiste sobreposição entre eles.

Prosseguindo na discussão: na égide do CPC/1973 discutia-se se o tribunal, ao pronunciar alguma questão de ordem pública cognoscível de ofício ainda não suscitada no processo, deveria ouvir as partes antes de tomar tal atitude.

O tema, outrora circundando por intensa controvérsia, é pacificado pelo CPC/2015. Lembre-se que, pelo art. 10.º, em qualquer grau de jurisdição, o juiz não pode decidir com base em matéria sobre a qual não foi oportunizado o debate entre as partes (ver também, especificamente, o art. 993).

Essa exigência de abertura para o contraditório é uma tendência nos países de "civil law". De acordo com Marco Gradi, trata-se de princípio de civilidade jurídica que concretiza valores de índole constitucional. Na Alemanha, ele é previsto

---

42. Art. 496: "Está sujeita ao duplo grau de jurisdição, não produzindo efeito senão depois de confirmada pelo tribunal, a sentença: I – proferida contra a União, os Estados, o Distrito Federal, os Municípios e suas respectivas autarquias e fundações de direito público; II – que julgar procedentes, no todo ou em parte, os embargos à execução fiscal. §1.º Nos casos previstos neste artigo, não interposta a apelação no prazo legal, o juiz ordenará a remessa dos autos ao tribunal, e, se não o fizer, o presidente do respectivo tribunal avocá-los-á. §2.º Em qualquer dos casos referidos no §1.º, o tribunal julgará a remessa necessária. §3.º Não se aplica o disposto neste artigo quando a condenação ou o proveito econômico obtido na causa for de valor certo e líquido inferior a: I – 1.000 (mil) salários-mínimos para a União e as respectivas autarquias e fundações de direito público; II – 500 (quinhentos) salários-mínimos para os Estados, o Distrito Federal, as respectivas autarquias e fundações de direito público e os Municípios que constituam capitais dos Estados; III – 100 (cem) salários-mínimos para todos os demais Municípios e respectivas autarquias e fundações de direito público. §4.º Também não se aplica o disposto neste artigo quando a sentença estiver fundada em: I – súmula de tribunal superior; II – acórdão proferido pelo Supremo Tribunal Federal ou pelo Superior Tribunal de Justiça em julgamento de recursos repetitivos; III – entendimento firmado em incidente de resolução de demandas repetitivas ou de assunção de competência; IV – entendimento coincidente com orientação firmada no âmbito administrativo do próprio ente público, consolidada em manifestação, parecer ou súmula administrativa".

no §139 do ZPO. Na França, está no art. 16 do "Noveau Code de Procédure Civil", que proíbe que o juiz "fonder sa décision sur lês moyens de droit qu´il a relevés d´office sans avoir au préalable invité les parties à présenter leurs observations". Já na Itália, reza art. 101, (2), do Codice di Procedura Civile: "se ritiene di porre a fondamento della decisione una questione rilevata d´ufficio, il giudice riserva la decisione, assegnando alle parti, a pena di nullità, un termine, non inferiore a venti giorni e non superiore a quaranta giorni dalla comunicazione, per il deposito in cancellaria di memorie contenenti osservazioni sulla medisima questione"."[43]

Logo, andou bem o legislador brasileiro ao prever a obrigatoriedade da oitiva das partes antes da resolução de questões de ordem pública, pois, como já advertia Roberto Del Claro em relação à prescrição, suas causas impeditivas, suspensivas e interruptivas normalmente não podem ser provadas apenas com os documentos já constantes nos autos.[44]

Ato contínuo, podemos problematizar ainda mais o tema trazendo um debate já enfrentado pela doutrina italiana. Para que seja declarada a nulidade da decisão surpresa, basta sua simples ocorrência? Ou a parte interessada deve provar, em concreto, ter sofrido algum prejuízo – por exemplo, que foi impossibilitada de alegar determinada causa interruptiva da prescrição? Ora, certamente razão assiste à segunda corrente. O processo não é o fim em si mesmo, vige o princípio do "ne pas nullité sans grief". Se a parte não lograr êxito em provar que, de fato, foi prejudicada pela decisão surpresa, não poderá se beneficiar de eventual anulação.

A parte que alega o vício de nulidade por violação do contraditório deve especificar qual atividade defensiva (alegação, exceção, prova etc) deixou de ser exercida em razão da "decisão surpresa". Ou seja, segundo a doutrina e a jurisprudência italianas (cujo raciocínio é aplicável no Brasil após o CPC/2015), não basta a mera alegação genérica de violação da ampla defesa – o prejuízo não é *in re ipsa*.[45]

---

43. GRADI, Marco. Il principio del contradditorio e la nullità della sentenza della "terza via". *Rivista di Diritto Processuale*. n.º 4. Milão: CEDAM, 2010, p. 827.
44. DEL CLARO, Roberto. *Direção material do processo*. São Paulo, 2009. Tese (Doutoramento em Direito) - Programa de Pós Graduação em Direito da Universidade de São Paulo, p. 219.
45. GRADI, Marco. Il principio del contradditorio e la nullità della sentenza della "terza via". *Rivista di Diritto Processuale*. n.º 4. Milão: CEDAM, 2010, p. 827.

7. JULGAMENTO IMEDIATO DO MÉRITO PELO TRIBUNAL

Neste tópico nossas considerações serão primordialmente de índole descritiva, pois o novo Código, em geral, restringiu-se a positivar a jurisprudência consolidada.

O julgamento imediato do mérito está previsto no art. 1.013, §§ 3.º e 4.º. Antes de investigá-lo é preciso expor nosso entendimento segundo o qual, estando presentes os requisitos para tanto, o tribunal "deve" proceder ao julgamento imediato do mérito. Como o instituto foi criado com vistas a fomentar a economia e a celeridade processual, se a causa estiver "madura" para julgamento, o recorrente não tem a faculdade de optar pela simples anulação da sentença, com o consequente retorno dos autos à origem para a prolação de nova sentença,[46] suscetível de nova impugnação.

Sobre as disposições de julgamento imediato do novo Código, o art. 1.013, §3.º, I, prevê o julgamento imediato do mérito, caso ele seja viável, quando for reformada a sentença fundada no art. 485, que trata das hipóteses de extinção do feito resolução do mérito.

O inc. II do dispositivo admite o julgamento imediato do mérito quando for declarada a nulidade da sentença por não ser ela congruente com os limites do pedido ou da causa de pedir. Já o inc. III diz que, quando constatada a omissão no exame de um dos pedidos, o órgão *ad quem* poderá desde logo julgá-lo. Aqui não há nenhuma novidade considerável, ainda que no CPC/1973 o julgamento imediato do mérito quando do reconhecimento dos vícios "extra", "ultra" e "citra" petita não estivesse expressamente previsto, era, de modo geral, admitido sem problemas pela jurisprudência.

Ato contínuo, o inc. IV permite o julgamento imediato quando a sentença for anulada por falta de fundamentação. Essa norma deve ser lida conjuntamente com art. 489, §1.º, que traz uma verdadeira "teoria da decisão judicial". Pela extrema importância dessas disposições, decidimos transcrevê-las: art. 489, §1.º: não se considera fundamenta qualquer decisão judicial, seja ela interlocutória, sentença ou acórdão, que: "I - se limitar à indicação, à reprodução ou à paráfrase de ato normativo, sem explicar sua relação com a causa ou a questão decidida; II - empregar conceitos jurídicos indeterminados, sem explicar o motivo concreto de sua incidência no caso; III - invocar motivos que se prestariam a justificar qualquer outra decisão; IV - não enfrentar todos os argumentos deduzidos no processo capazes de, em tese, infirmar a conclusão adotada pelo julgador;

---

46. Em posicionamento diametralmente oposto ao aqui defendido: APRIGLIANO, Ricardo de Carvalho. *A apelação e seus efeitos*. 2.ª ed. São Paulo: Atlas, 2007, p. 163-167.

V - se limitar a invocar precedente ou enunciado de súmula, sem identificar seus fundamentos determinantes nem demonstrar que o caso sob julgamento se ajusta àqueles fundamentos; VI - deixar de seguir enunciado de súmula, jurisprudência ou precedente invocado pela parte, sem demonstrar a existência de distinção no caso em julgamento ou a superação do entendimento."

Essas diretrizes ainda são complementadas pelo §2.º do art. 489: "no caso de colisão entre normas, o juiz deve justificar o objeto e os critérios gerais da ponderação efetuada, enunciando as razões que autorizam a interferência na norma afastada e as premissas fáticas que fundamentam a conclusão".

Desde quando foram propostas, essas regras têm sido circundadas por relações de amor e ódio. Para alguns, elas são altamente elogiáveis, por combaterem as decisões desconectadas das discussões travadas no processo e por moralizarem a aplicação da teoria dos precedentes. Chegou-se a afirmar que, por promoverem a efetivação de direitos fundamentais, elas devem ser desde logo aplicadas, mesmo antes do encerramento do período de *vacatio legis* da Lei n.º 13.105/15.

Para outros, caso tais regras sejam interpretadas de forma rígida (especialmente o inc. IV), possivelmente será obstada por completo a execução da tarefa do julgador, já atordoado em função do contingente incomensurável e crescente de processos que aguardam sua apreciação.

Afirma-se que o art. 489, §1.º, IV, ao romper com a tradicional ideia de que o juiz está desobrigado a enfrentar todas as questões suscitadas, caso já tenha encontrado fundamento suficiente à resolução da lide, está totalmente na contramão da duração razoável do processo, pois abrirá margem para a atuação de causídicos mal intencionados, que trarão aos autos toda sorte de teses imagináveis, estando o magistrado obrigado a se manifestar acerca de todas elas, pois, do contrário, serão opostos infindáveis embargos declaratórios, além de existir a possibilidade de anulação da decisão pelo órgão *ad quem*.

Abstraídas tais críticas, é certo que, caso o tribunal anule a sentença por desrespeito dos pressupostos do art. 489, se estiverem presentes os requisitos necessários ("causa madura"), procederá ao julgamento do mérito da lide. Isso de certo modo retira o "caráter pedagógico da norma" do art. 489, na medida em que o magistrado que redigiu uma sentença sem respeitar os requisitos estipulados, não é forçado a proferir nova decisão com a correção dos vícios.

Finalmente, o art. 1.103, §4.º, dispõe o seguinte: "quando reformar a sentença que reconheça a decadência ou a prescrição, o tribunal, se possível, julgará o mérito, examinando as demais questões, sem determinar o retorno do processo ao juízo de primeiro grau". Essa prática, muito comum na égide do CPC/1973, já era defendida por José Carlos Barbosa Moreira há quase 30 anos.[47] Ou seja, aquilo que era unânime na doutrina e jurisprudência passou a constar expressamente no texto da lei.

8. REFERÊNCIAS BIBLIOGRÁFICAS

APRIGLIANO, Ricardo de Carvalho. *A apelação e seus efeitos*. 2.ª ed. São Paulo: Atlas, 2007.

ARAÚJO, José Henrique Mouta. Uma visão crítica sobre alguns aspectos recursais do projeto do NCPC. In: DIDIER JR., Fredie; BASTOS, Antonio Adonias Aguiar. (coords.) *O projeto do novo Código de Processo Civil, 2.ª série: estudos em homenagem ao professor José Joaquim Calmon de Passos*. Salvador: Jus Podivm, 2012.

ASSIS, Araken. *Cumulação de ações*. 3.ª ed. São Paulo: Revista dos Tribunais, 1998.

ATAÍDE JUNIOR, Vicente. *Processo civil pragmático*. Curitiba, 2013, Tese (Doutorado em Direito) - Programa de Pós-Graduação em Direito, Universidade Federal do Paraná.

BARBOSA MOREIRA, José Carlos. *O novo processo civil brasileiro: exposição sistemática do procedimento*. 28.ª ed. Rio de Janeiro: Forense, 2010, p. 2014.

BARONI, Rodrigo Otávio. *Efeito devolutivo da apelação civil*. São Paulo: Revista dos Tribunais: 2007.

COMISSÃO DE JURISTAS NOVO CPC. *Relatório sobre os resultados da primeira fase dos trabalhos*. Brasília: Senado Federal, 2009. Disponível em: ‹ http://www.oab.org.br/pdf/Cartilha1aFase.pdf›. Acesso em: 20 dez. 2014.

COUTURE, Eduardo J. *Interpretação das leis processuais*. 4.ª ed. Rio de Janeiro: Forense, 1994.

CUNHA, Leonardo Carneiro da; DIDIER JR, Fredie. Apelação da decisão interlocutória não agravável: a apelação do vencido e a apelação subordinada do vencedor: duas novidades no CPC/2015. In: MACÊDO, Lucas Buril de; PEIXOTO, Ravi; FREIRE, Alexandre (coords.). *Doutrina Selecionada. v.6: processos nos tribunais e meios de impugnação às decisões judiciais*. Salvador: Jus Podivm, 2015.

DEL CLARO, Roberto. *Direção material do processo*. São Paulo, 2009. Tese (Doutoramento em Direito) – Programa de Pós Graduação em Direito da Universidade de São Paulo.

DINAMARCO, Cândido Rangel. *Capítulos de sentença*. 4.º ed. São Paulo: Malheiros, 2008.

DINAMARCO. Cândido Rangel. *Vocabulário do processo civil*. 6.ª ed. São Paulo: Malheiros: 2009.

---

47. BARBOSA MOREIRA, José Carlos. *Comentários ao Código de Processo Civil, arts. 476 a 565*. 5.ª ed. Rio de Janeiro: Forense, 1985, vol. 5, p. 428.

FRANK, Theodore D. Requiem for the final judgment rule. *Texas Law Review*. n.º 292. Austin: University of Texas School of Law, 1966.

GRADI, Marco. Il principio del contradditorio e la nullità della sentenza della "terza via". *Rivista di Diritto Processuale*. n.º 4. Milão: CEDAM, 2010.

MARINONI, Luiz Guilherme. *El doble grado de jurisdicción*. Disponível em: ‹http://www.marinoni.adv.br/artigos.php›. Acesso em: 12 abr. 2015.

MARINONI, Luiz Guilherme; ARENHART, Sérgio Cruz; MITIDIERO, Daniel. *Novo curso de Processo Civil*. v.2.: *tutela de direitos mediante procedimento comum*. São Paulo: Revista dos Tribunais: 2015.

MARINONI, Luiz Guilherme; MITIDIERO, Daniel. *O projeto do CPC: críticas e propostas*. São Paulo: Revista dos Tribunais, 2011.

PEIXOTO, Ravi. Ação rescisória e capítulos da sentença: a análise de uma relação conturbada a partir do CPC/2015. In: MACÊDO, Lucas Buril de; PEIXOTO, Ravi; FREIRE, Alexandre (coords.). *Doutrina Selecionada. v.6: processos nos tribunais e meios de impugnação às decisões judiciais*. Salvador: Jus Podivm, 2015.

PROTO PISANI, Andrea. *Lezioni di diritto processuale civile*. 6.ª ed. Napoli: Jovene, 2014.

SILVA, Ovídio Araújo Baptista da. Processo e ideologia. *Revista de Processo*. n.º 110. São Paulo: Revista dos Tribunais, 2003.

WAMBIER, Teresa Arruda Alvim; CONCEIÇÃO, Maria Lúcia Lins Conceição; RIBEIRO, Leonardo Ferres da Silva; MELLO, Rogerio Licastro Torres de. *Primeiros comentários ao novo Código de Processo Civil: artigo por artigo*. São Paulo: Revista dos Tribunais, 2015.

WAMBIER, Teresa Arruda Alvim. *Os agravos no CPC brasileiro*. 4.ª ed. São Paulo: Revista dos Tribunais: 2006.

CAPÍTULO 6

Duplo Grau de Jurisdição e "Teoria da Causa Madura" no Novo Código de Processo Civil[1]

Thiago Ferreira Siqueira[2]

SUMÁRIO • 1. INTRODUÇÃO; 2. DUPLO GRAU DE JURISDIÇÃO: CONFIGURAÇÃO, CONTROVÉRSIAS E INFLUÊNCIAS SOBRE ALGUNS ASPECTOS TÉCNICOS DO RECURSO DE APELAÇÃO: 2.1. DUPLO GRAU DE JURISDIÇÃO: ESPECIFICAMENTE, QUANTO AO PAPEL QUE OCUPA NA ORDEM CONSTITUCIONAL; 3. O § 3º DO ART. 515 DO CÓDIGO DE PROCESSO CIVIL DE 1973; 4. A "TEORIA DA CAUSA MADURA" NO NOVO CÓDIGO DE PROCESSO CIVIL: 4.1. REQUISITOS PARA A INCIDÊNCIA DO DISPOSITIVO: CAUSA EM CONDIÇÕES DE IMEDIATO JULGAMENTO; 4.1.1. AINDA OS REQUISITOS PARA A INCIDÊNCIA DO DISPOSITIVO: NECESSIDADE DE PEDIDO?; 4.2. HIPÓTESES DE APLICAÇÃO DO DISPOSITIVO; 4.2.1. INCISO I – "REFORMAR SENTENÇA FUNDADA NO ART. 485"; 4.2.2. INCISOS II E III – "DECRETAR A NULIDADE DA SENTENÇA POR NÃO SER ELA CONGRUENTE COM OS LIMITES DO PEDIDO OU DA CAUSA DE PEDIR" E "CONSTATAR A OMISSÃO NO EXAME DE UM DOS PEDIDOS, HIPÓTESE EM QUE PODERÁ JULGÁ-LO"; 4.2.3. INCISO IV – "DECRETAR A NULIDADE DE SENTENÇA POR FALTA DE FUNDAMENTAÇÃO"; 4.2.4. – REFORMA DE SENTENÇA FUNDADA EM PRESCRIÇÃO OU EM DECADÊNCIA: APLICAÇÃO DA "TEORIA DA CAUSA MADURA"?; 5. CONCLUSÃO; 6. BIBLIOGRAFIA

1. INTRODUÇÃO

Inserido pela Lei nº 10.352/2001, o § 3º do art. 515 do Código de Processo Civil hoje vigente (CPC/73) permite que, ao reformar sentença terminativa, o tribunal, ao invés de remeter os autos ao juízo *a quo*, passe, desde logo, a julgar o mérito da causa. Trata-se da técnica de julgamento que ficou consagrada, sobretudo na jurisprudência, pela alcunha de "teoria da causa madura".

Analisando o dispositivo a ele equivalente no Novo Código de Processo Civil (NCPC) – art. 1.013, § 3º – o que se verifica é que foram consideravelmente

---

1. Publicado inicialmente pela coletânea *Recursos e duração razoável do processo* (Coord.: Bruno Silveira de Oliveira, Flávio Cheim Jorge, Marcelo Abelha Rodrigues, Rita Dias Nolasco e Rodrigo Mazzei. São Paulo: Gazeta Jurídica, 2013), com o título de "A aplicação da 'teoria da causa madura' no sistema recursal do novo Código de Processo Civil". Na presente versão, o artigo foi adaptado ao texto final do Novo CPC, e, para se adequar aos limites da presente obra, foi suprimido o tópico final, concernente à aplicação da técnica de julgamento aqui discutida a outras espécies recursais além da apelação.
2. Doutorando em direito processual civil na Universidade de São Paulo. Mestre em direito processual civil pela Universidade Federal do Espírito Santo. Professor de cursos de pós-graduação. thiago_siqueira@hotmail.com

ampliadas as hipóteses em que a técnica pode ser aplicada se comparado ao CPC/73, ao menos em sua literalidade. Percebe-se, por outro lado, que o legislador não solucionou algumas das questões que, atualmente, causam polêmica na doutrina e na jurisprudência.

Diante disso, visa, o presente estudo, analisar a aplicação daquela técnica no julgamento dos recursos de apelação no Novo CPC, no intuito de verificar não somente a real medida da inovação se comparado ao que temos na vigência do CPC/73, mas, também, a maneira como, no novo sistema processual, devem ser resolvidas aquelas controvérsias. Para tanto, será de fundamental importância inserir a possibilidade de julgamento imediato do mérito no juízo *ad quem* no contexto do princípio do duplo grau de jurisdição, e de sua feição no direito brasileiro.

2. DUPLO GRAU DE JURISDIÇÃO: CONFIGURAÇÃO, CONTROVÉRSIAS E INFLUÊNCIAS SOBRE ALGUNS ASPECTOS TÉCNICOS DO RECURSO DE APELAÇÃO

Conforme ensina a doutrina, os ordenamentos jurídicos de um modo geral têm se preocupado em assegurar, nas leis destinadas à distribuição da justiça, não apenas o direito ao julgamento das pretensões apresentadas ao Poder Judiciário, mas a possibilidade de submeter os pleitos a alguma espécie de reexame. Consagram-se, assim, os chamados meios de impugnação às decisões judiciais, dentre os quais se destacam os recursos[3].

Fala-se, ainda, como decorrência do fato de que este reexame é geralmente confiado a órgão superior àquele que prolatou a decisão, na existência do princípio do duplo grau de jurisdição, como denominador comum dos ordenamentos jurídicos do mundo civilizado[4].

As razões para tanto – apontam os autores – são várias, indo desde o natural inconformismo da personalidade humana frente às decisões que lhe são

---

3. "Desde os tempos remotos têm-se preocupado as legislações em criar expedientes para a correção dos possíveis erros contidos nas decisões judiciais. À conveniência da rápida composição dos litígios, para o pronto restabelecimento da ordem social, contrapõe-se o anseio de garantir, na medida do possível, a conformidade da solução ao direito." (MOREIRA, José Carlos Barbosa. *Comentários ao Código de Processo Civil*, vol. V. 13ª ed. Rio de Janeiro: Forense, 2006. nº 134, p. 229).

4. Como explica Sérgio Bermudes, "*parece que apenas a Turquia rejeitou o princípio, afastando de sua legislação os recursos ordinários*" (*Comentários ao Código de Processo Civil*, vol. VII. 2ª ed. São Paulo: RT, 1977. nº 2. p. 6. nota nº 8). Na verdade, segundo esclarece Moniz de Aragão, o legislador turco, ao suprimir o duplo grau de jurisdição no ano de 1927, inspirou-se na legislação processual civil do cantão suíço de Neuchâtel, de 1925. Ainda assim, todavia, a irrecorribilidade comportava exceções naqueles ordenamentos ("Demasiados Recursos?" In: *Meios de impugnação ao julgado cível: estudos em homenagem a José Carlos Barbosa Moreira*. Coord.: Adroaldo Furtado Fabrício Rio de Janeiro: Forense, 2008. p. 178-181).

desfavoráveis, passando pela possibilidade de correção de eventuais erros nos julgamentos[5] e pela necessidade de submeter a atuação do Magistrado a alguma espécie de controle de poder[6].

Se a existência do princípio parece não suscitar maiores controvérsias, divergem os autores em relação a vários de seus aspectos, a começar pelo significado a ser dado à noção de *graus de jurisdição*. Trata-se de saber: para que se possa falar em duplo grau, há necessidade de que o novo exame seja feito por órgão de hierarquia superior? Ou basta que se assegure um segundo julgamento, sem importar quem o faça?

Há, então, aqueles que advogam que verdadeiro duplo grau só há quando o novo julgamento seja feito por órgão situado em hierarquia superior na estrutura da organização judiciária.[7] Em posição diametralmente oposta, encontram-se aqueles que defendem bastar que haja um novo julgamento, não importando por quem seja este realizado[8].

Aqui, na tentativa de garantir a utilidade da noção, tendo em vista especialmente os valores que se busca proteger, a razão parece estar com aqueles que propõem solução intermediária: para que se possa falar em duplo grau de jurisdição, é necessário que o *meritum causae* possa ser analisado sucessivamente

---

5. Em geral, os autores costumam apontar estes dois primeiros motivos expostos como razão de existência dos meios de impugnação às decisões judiciais. É o que se vê em: BERMUDES, Sérgio. *Comentários...*, vol. VII, nº 4. p. 8-12; FAGUNDES, Miguel Seabra. *Recursos ordinários em matéria civil*. Rio de Janeiro: Forense, 1946. nº 12-13. p. 12-16. JORGE, Flávio Cheim. *Teoria geral dos recursos cíveis*. 5ª ed. São Paulo: RT, 2011. p. 27-29.

6. Sobre os recursos como meio de controle democrático da atuação do Poder Judiciário, ver, por todos: PASSOS, José Joaquim Calmon de. "As razões da crise de nosso sistema recursal". In: *Meios de impugnação ao julgado cível: estudos em homenagem a José Carlos Barbosa Moreira*. Coord.: Adroaldo Furtado Fabrício. Rio de Janeiro: Forense, 2008. p. 365-381. A seguinte passagem bem sintetiza as idéias do saudoso autor: *"Garantia inerente a um Estado de Direito Democrático, portanto, é o controle interno das decisões judiciais mediante a técnica dos recursos. [...] Permitir-se que um juiz julgue sem possibilidade de haver o controle da validade do que decidiu é desnaturar-se o sistema democrático. Justamente ao agente político não eleito pelo povo e privilegiado com a vitaliciedade seria deferido o real poder de ao mesmo tempo legislar e aplicar o direito legislado, tornando-se a função legislativa um mero expletivo, e a democracia, uma ficção".* (p. 371)

7. É o caso de: BUENO, Cássio Scarpinella. *Curso sistematizado de direito processual civil*, vol. 1. São Paulo: Saraiva, 2007. p. 119. CINTRA, Antônio Carlos de Araújo, et alii. *Teoria geral do processo*. 23ª ed. São Paulo: Malheiros, 2007. p. 80-81. JORGE, Flávio Cheim. *Teoria geral...*p. 227; SANTOS, Moacyr Amaral. *Primeiras linhas de direito processual civil*, vol. 3. 22ª ed. São Paulo: Saraiva, 2008. p. 86. Era, ainda, a opinião que manifestava Chiovenda (*Princípios de derecho procesal civil*, t. II. Madrid: Reus, 1925. § 84, nº I, p. 488-489; *Instituições de direito processual civil*, vol. III. 2ª ed. Campinas: Bookseller, 2000. nº 396, p. 287-288).

8. Expressamente neste sentido: GUIMARÃES, Luiz Machado. "Efeito devolutivo da apelação". In: *Estudos de Direito Processual Civil*. Rio de Janeiro-São Paulo: Jurídica e Universitária, 1969. p. 216; NERY JR., Nelson. *Teoria geral dos recursos*. 6ª ed. São Paulo: RT. 2004. p. 44. Quanto ao ponto, Carnelutti afirmava que o julgamento do recurso por órgão superior *"no es um carácter essencial, ya que la apelación puede ser hecha también ante um juez de grado igual a aquel que pronunció la sentencia impugnada"* (*Instituciones del proceso civil*, v. II. Buenos Aires: EJEA, 1959. nº 551, p. 227).

por órgãos judiciários *distintos*, mas não necessariamente situados em diferentes graus hierárquicos[9].

É que a devolução da matéria a órgão situado no mesmo grau de hierarquia, desde que diferente, é perfeitamente capaz de atingir as finalidades a serem desempenhadas pelos recursos, acima expostas. Ao que nos parece, por exemplo, o fato de o *recurso inominado* previsto no art. 41 da Lei nº 9.099/95 ser dirigido ao *"próprio Juizado"* não lhe retira a aptidão de atingir aqueles fins. Por outro lado, não pensamos, ao contrário de alguns autores,[10] ser suficiente garantir apenas o recurso, se o julgamento deste for confiado ao mesmo órgão que prolatou a decisão.

Discute-se, ainda, a amplitude cognitiva que precisa ter o julgamento realizado no órgão *ad quem* quando comparado ao ocorrido em primeiro grau: *o que poderá ser julgado em grau de recurso? Com base em quais fundamentos?*

Trata-se, como ensina Barbosa Moreira[11], de questão que não comporta solução apriorística, devendo ser solucionada à luz das opções políticas estampadas no direito vigente em cada ordenamento jurídico.

Confrontam-se, em verdade, dois sistemas bem distintos entre si: o sistema de revisão (*revisio prioris istantiae*), no qual o julgador do recurso encontra-se limitado cognitivamente ao que foi (ou poderia ter sido) apreciado pelo juiz de piso, e o sistema de novo julgamento, em que o órgão *ad quem* tem liberdade para ir além das questões de fato – ou mesmo das pretensões – apreciadas no juízo *a quo* (*iudicium novum*).[12]

Em relação ao direito brasileiro, conquanto já tenha sido adotada a solução oposta[13], a opção que se extrai tanto do CPC/73, quanto do Novo CPC, é por con-

---

9. É a opinião manifestada por: BERMUDES, Sérgio. *Comentários...*, vol. VII, nº 2. p. 5-6. nota nº 7. LASPRO, Orestes Nestor de Souza, *Duplo grau de jurisdição no direito processual civil*. São Paulo: RT, 1995. p. 19-21. OLIVEIRA, Bruno Silveira de. "Duplo grau de jurisdição: princípio constitucional?" In: *RePro* nº 162. São Paulo: RT, 2008. p. 363.
10. É o caso de Flávio Cheim Jorge (*Teoria geral...*, p. 41).
11. *Comentários...*, vol. V, p. 239.
12. Vale transcrever, por didáticas que são, as palavras de José Rogério Cruz e Tucci: "Tradicionalmente, dois são os modelos que regem o procedimento recursal em segundo grau de jurisdição. Diz-se que a apelação provoca um novum iudicium quando o órgão ad quem, nos limites da impugnação, tem a mais completa liberdade de valoração da causa, e, inclusive, dos novos pedidos e da prova apresentadas nas razões de recurso. Seguiram tal orientação os modelos francês e italiano. Concebe-se, por outro lado, a apelação como revisio prioris instantiae, quando enseja, apenas, o reexame das alegações feitas e das provas produzidas pelo Juízo de primeiro grau (revisio in facto et in iure). Nessa espécie, adotada, e.g., na Alemanha, na Áustria e no Brasil, proíbe-se a formulação de novas questões (ius novorum) no âmbito do recurso." ("Diretrizes do novo processo civil italiano". In: *Devido processo legal e tutela jurisdicional*. São Paulo: RT, 1993. p. 225).
13. Como ensina Machado Guimarães, a apelação nas *Ordenações do reino* e no *Regulamento 737* tinha amplo efeito devolutivo, tendo sido adotado o sistema do *iudicium novum*, com irrestrita possibilidade de

sagrar o julgamento do recurso como uma revisão daquele realizado em primeiro grau, não podendo ultrapassar as fronteiras da cognição que poderia ser ali exercida.

Na verdade, trata-se de colocar o órgão *ad quem* nas exatas mesmas condições de julgamento em que se encontrava o juízo *a quo* ao prolatar o julgamento. A revisão, portanto, como esclarece Barbosa Moreira, faz-se *por meio* do rejulgamento da causa[14].

Insistamos um pouco: o importante não é garantir que, no julgamento do recurso, sejam enfrentadas todas as questões efetivamente apreciadas pelo julgador de piso. Tampouco fica o órgão *ad quem* adstrito aos pontos de fato e de direito expressamente decididos no julgado impugnado[15], mas sim às pretensões por ele analisadas.

Como dito, contenta-se o sistema processual civil brasileiro atual com a outorga, ao julgador do recurso, das mesmas possibilidades cognitivas de que dispunha o juiz primevo, possibilitando assim que, reapreciada a causa, se faça uma revisão daquele julgamento.

Sendo tal papel desempenhado em nosso ordenamento de forma preponderante pelo recurso de *apelação*[16], parece intuitivo que a opção do sistema reflita em alguns de seus aspectos técnicos, especialmente sobre seu efeito devolutivo. Trata-se, como é cediço, do efeito típico dos recursos, por meio do qual a matéria impugnada é levada à reapreciação do Poder Judiciário.

---

alegação de questões de fato (*Efeito devolutivo da apelação*, p. 221-223).

14. "Vimos que, em princípio, o órgão julgador da apelação fica adstrito, no exame das questões de fato, ao material carreado para os autos no curso do procedimento de primeiro grau, e portanto já colocado à disposição do juízo inferior. [...] Quer isso dizer, ao ângulo da política legislativa, que o direito brasileiro atribui à apelação, precipuamente, a finalidade de controle. [...] Quer isso dizer que a finalidade de controle é atingida por meio do rejulgamento. Para saber se a apelação é ou não fundada – ou, o que é o mesmo, se a sentença decidiu mal ou bem –, examina o órgão superior a própria causa, ou antes os aspectos dela que o recurso lhe devolve. Do resultado desse exame é o que depende a conclusão sobre o acerto ou desacerto do pronunciamento de primeiro grau." (Comentários..., vol. V, p. 458-459). Interessante notar que Liebman inverte os termos da equação, entendendo que *"o controle da sentença constitui, em realidade, tão somente um meio para decidir segunda vez a controvérsia pendente"*, e não o oposto ("Notas" à edição brasileira das *Instituições de direito processual civil*, vol. III. 2ª ed. de Giuseppe Chiovenda. Campinas: Bookseller, 2000. p. 290).

15. Mais uma vez, oportuna a menção de lição de Machado Guimarães: "Ainda que o juiz do primeiro grau não tenha decidido todas as questões de mérito suscitadas pelas partes, ficará o tribunal da apelação investido do conhecimento integral das aludidas questões, em virtude do efeito devolutivo do recurso." ("Efeito devolutivo da apelação", p. 218).

16. Liebman é expresso quanto ao ponto: "A apelação é igualmente no direito brasileiro o recurso típico, o recurso por excelência, destinado a realizar o princípio do duplo grau de jurisdição". ("Notas"..., p. 287).

Comporta, o efeito – conforme lição divulgada por Barbosa Moreira[17] –, uma dupla análise: trata-se de determinar o *quê* na decisão impugnada poderá ser objeto de anulação ou reforma, e com *quais fundamentos* poderá fazê-lo o órgão *ad quem*. Tem-se, respectivamente, os aspectos *horizontal* e *vertical* do efeito devolutivo; ou, ainda, sua *extensão* e *profundidade*.

No que diz respeito à *extensão* do efeito devolutivo da apelação, a regra definida pelo *caput* do art. 1.013 do NCPC, repetindo a que constava do art. 515 do CPC/73, é no sentido de que apenas a parcela efetivamente impugnada da decisão submete-se à análise do órgão de segundo grau. Trata-se, como ensina Flávio Cheim Jorge, de repercussão do princípio dispositivo no campo dos recursos[18], expressa na máxima *tantum devolutum quantum apelatum*.

Ao que aqui nos interessa, importa perceber que tal regra limita o julgador do recurso àquelas pretensões sobre as quais se manifestou o órgão *a quo*, impedindo que aquele aprecie pedidos não julgados por este. Afinal, se apenas a matéria *impugnada* será devolvida ao conhecimento do tribunal, e se o que não foi julgado não pode ser impugnado, apenas o que foi apreciado – e atacado – será objeto de rejulgamento.

Quanto à *profundidade* do efeito devolutivo, a regra expressa nos §§ 1º e 2º do mesmo art. 1.013 – assim como nos §§ 1º e 2º do art. 515 do CPC/73 – é no sentido de que o órgão *ad quem* tem à sua disposição, para julgar o recurso, todo o material cognitivo de que dispunha o prolator da sentença, o que inclui não apenas as questões por ele efetivamente apreciadas, mas as que poderia apreciar.

É, então, do confronto dessas duas regras que se extrai a configuração do princípio do duplo grau de jurisdição no direito processual civil brasileiro: de um lado, *limita* o julgador do recurso de apelação às pretensões efetivamente apreciadas pelo prolator da sentença; de outro, *outorga* as mesmas possibilidades cognitivas de que dispunha este ao julgar a causa.

Por fim, nosso sistema de *revisio prioris istantiae* é completado – e, diríamos, mitigado – pela regra constante do art. 1.014 do NCPC, idêntica à que existia no art. 517 do CPC/73: apenas por motivo de força maior poderá a parte suscitar questões de fato não levadas a conhecimento do juízo de primeiro grau[19].

---

17. *Comentários...*, vol. V, p. 431.
18. *Teoria geral...* p. 302.
19. Atente-se que estes *fatos novos* não podem levar à ampliação do objeto do processo, vez que, em nosso sistema, a estabilização da demanda, iniciada com a citação do réu, completa-se com o saneamento do processo (NCPC, art. 329, I e II; CPC/73, arts. 264 e 294). Nesse sentido: CINTRA, Antônio Carlos de Araújo. "Apontamentos sobre os fatos da causa e a apelação". In: *Meios de impugnação ao julgado cível: estudos*

2.1. DUPLO GRAU DE JURISDIÇÃO: ESPECIFICAMENTE, QUANTO AO PAPEL QUE OCUPA NA ORDEM CONSTITUCIONAL

Questão ainda mais interessante é estabelecer *se* e *em que medida* está o duplo grau de jurisdição protegido em nossa ordem constitucional.

Longe de constituir mero debate estéril, tal questionamento mostra-se imprescindível para que se possa responder a três indagações: *a) seria inconstitucional uma lei que suprimisse o duplo grau de jurisdição de toda e qualquer causa?; b)* igualmente, *uma lei que suprimisse o duplo grau de jurisdição de algumas causas específicas?;* e *c)* igualmente, *uma lei que suprimisse o duplo grau de jurisdição em certas situações específicas que podem surgir no curso do processo?*

Aqui, a maior parte da doutrina[20] [21] posiciona-se no sentido de não estar, o mencionado princípio, garantido ilimitadamente pela Constituição Federal, pelo simples fato de que é a própria quem exclui o duplo grau em certas hipóteses[22]. Ademais, ele não encontra previsão expressa em um dispositivo sequer do texto maior[23].

Ainda assim, porém, reconhece-se de forma praticamente uníssona que o duplo grau de jurisdição é um *princípio* constitucional, que, mesmo não garantido de forma ilimitada, aponta *diretriz* a ser seguida pelo legislador e mesmo pelo juiz[24]. Como observa Bruno Silveira, tal entendimento decorre geralmente de três

---

em homenagem a José Carlos Barbosa Moreira. Coord.: Adroaldo Furtado Fabrício Rio de Janeiro: Forense, 2008. p. 103-104.

20. Nesse sentido: DINAMARCO, Cândido Rangel. *Instituições de direito processual civil*, vol. I. São Paulo: Malheiros, 2001. nº 92, p. 239-240; JORGE, Flávio Cheim. *Teoria geral...*, p. 226-228. NERY JR., Nelson. *Teoria geral...*, p. 40-42. Ver, ainda, as referências constantes da nota nº 31, tratando especificamente do § 3º do art. 515 do CPC.

21. Todavia, registre-se, embora escrevendo sob a égide da Constituição anterior, as posições de Ada Pellegrini Grinover (*Os princípios constitucionais e o código de processo civil*. São Paulo: Bushatsky, 1975. p. 141-144) e Calmon de Passos ("O devido processo e o duplo grau de jurisdição". In: *Revista forense comemorativa – 100 anos*, t. 5. Coord.: José Carlos Babosa Moreira. Rio de Janeiro: Forense, 2006. nº 7-9, p. 442-447).

22. É o que ocorre nas hipóteses de competência originária dos Tribunais, para as quais nem sempre há previsão de recurso de devolutividade plena. Assim, por exemplo, nos mandados de segurança de competência dos TJ's, TRF's e Tribunais Superiores, apenas o particular pode fazer uso do *recurso ordinário* (CF, art. 105, II, *b* e art. 102, II, *a*). Ao ente público não resta outra saída, uma vez vencido, além de buscar as vias extraordinárias que, como é cediço, possuem âmbito de cognição bem mais reduzido. Aliás, em se tratando de competência originária do STF, nenhuma das partes têm à disposição qualquer recurso de ampla devolutividade.

23. Ao que consta, apenas a Constituição Federal de 1824 (art. 158) previa expressamente o duplo grau de jurisdição.

24. Segundo Cândido Dinamarco, o duplo grau é um conselho dado: "(a) ao legislador, no sentido de que evite confinar causas a um nível só, sem a possibilidade de um recurso amplo e (b) ao juiz, para que, em casos duvidosos, opte pela solução mais liberal, inclinando-se a afirmar a admissibilidade do recurso. Essa é a função

ordens de idéia: *"a) do contraditório e da ampla defesa; b) das hipóteses de cabimento de alguns recursos, previstas diretamente na Constituição; e, por fim, c) da estrutura do Poder Judiciário"* [25].

Com base, então, nas lições prevalecentes na doutrina, que nos parecem corretas, podemos responder às três indagações logo acima colocadas.

Quanto à primeira delas, não nos parece possível suprimir o duplo grau de jurisdição de *toda e qualquer causa*, justamente por se tratar de diretriz que pode ser extraída da Constituição Federal. Afinal – lembra Moniz de Aragão – *"que papel desempenhariam os diversos tribunais [...] se eliminado o direito de a eles recorrer?"*[26].

Diga-se, inclusive, que mesmo Bruno Silveira, autor que entende que o duplo grau de jurisdição sequer pode ser considerado princípio constitucional, afirma que *"a supressão imaginada afetaria diretamente o equilíbrio entre os princípios constitucionais da celeridade processual (art. 5º, LXVIII, da CF/88) e do amplo acesso à justiça (art. 5º, XXXV, da CF/88)"*, no que, ferindo o devido processo legal, contrariaria a Carta da República[27].

Passando ao segundo dos questionamentos, também hão de ser consideradas inconstitucionais eventuais leis que suprimam por completo o duplo grau de jurisdição de causas específicas, impedindo que seja interposto recurso para órgão jurisdicional distinto contra as decisões finais nelas proferidas.

No particular, a criação de *bolsões de irrecorribilidade*[28] seria inconstitucional por violar sobretudo o princípio da *isonomia*, na medida em que retiraria de certos jurisdicionados direito que aos demais é assegurado[29]. E isso, sem ter como

---

dos princípios – nortear legislador e juiz, em busca de coerência no sistema e justiça nas decisões, sem se impor de modo absoluto" ("O efeito devolutivo da apelação e de outros recursos". In: *Nova era do processo civil*. 3ª ed. São Paulo: Malheiros, 2009. nº 87, p. 169).

25. "Duplo grau de jurisdição...", p. 370. De forma perspicaz, busca o autor, no mesmo estudo, desconstruir tais argumentos, para concluir que o duplo grau não seria propriamente um princípio constitucional.
26. "Demasiados Recursos?"..., p. 188.
27. "Duplo grau de jurisdição...", p. 374-378.
28. É a feliz expressão empregada por Cândido Dinamarco (*Instituições...*, nº 92, p. 240). Entende o autor que casos assim transgrediriam o regime democrático e o devido processo legal.
29. Nesse sentido é a lição de Ada Pellegrini Grinover, que vale ser transcrita: *"Mais ainda que não se visse, a esse propósito, um princípio constitucional manifesto e autônomo, no sentido da garantia do duplo grau de jurisdição, sem dúvida alguma seu desrespeito configuraria ofensa ao princípio da isonomia. [...] Todos aqueles que ingressam em juízo devem ter, em igualdade de condições, a possibilidade de pleitear a revisão da sentença, por um tribunal hierarquicamente superior àquele que proferiu a decisão. Se tal possibilidade for reservada apenas a alguns, como privilégio, enquanto a outros estará vedado esse direito, não podendo recorrer ou recorrendo apenas ao próprio órgão estatal de que emanou a sentença, estará de qualquer maneira desrespeitando o princípio constitucional da isonomia."* (*Os princípios constitucionais...*, p. 143). No mesmo sentido, ainda, é o pensamento de Calmon de Passos ("O devido processo legal...", nº 8, p. 444).

objetivo privilegiar qualquer outro valor que se mostre digno de proteção em virtude de alguma situação concreta ocorrida no trâmite processual, na medida em que a supressão seria feita de antemão.

Por isso mesmo é que reputamos ser inconstitucional[30] o art. 34 da Lei nº 6.830/80, que exclui do âmbito do recurso de apelação as sentenças proferidas em execuções fiscais de valor igual ou inferior a 50 ORTN's. Contra essas, apenas seriam cabíveis os embargos infringentes ali previstos, que, de acordo com o § 2º do mesmo artigo, são destinados ao próprio juízo prolator da decisão.

Outra, por fim, é a resposta a ser dada à última das questões propostas: por não estar ilimitadamente garantido na Constituição, o duplo grau pode ser eliminado de forma pontual, como forma de dar rendimento a outros princípios que se mostrem mais relevantes em situações específicas ocorridas ao longo da marcha processual.

À diferença do que se dá com a situação tratada anteriormente, não há aqui qualquer ofensa à isonomia, vez que a supressão não seria feita *a priori* – em relação a esta ou aquela espécie de demanda –, mas apenas quando verificada certa situação concreta que justifique a inimpugnabilidade. Situação esta a que pode estar sujeito qualquer litigante.

Estamos, aqui, no contexto das *exigências conflitantes* que se manifestam no direito processual: de um lado, a necessidade de pacificação social, a demandar a solução mais expedita possível para a causa; de outro, o imperativo de que essa solução seja feita de forma ponderada e conforme os ditames do direito objetivo[31].

Exatamente por isso é que se pode pensar em situações nas quais a supressão do duplo grau de jurisdição representaria um ganho grande na busca pela pronta pacificação do litígio, sem sacrificar além do razoável a necessária ponderação no trato da causa.

Distinta – repitamos – é a supressão pura e simples do duplo grau de jurisdição de demandas de certos tipos (das execuções fiscais de valor igual ou inferior

---

30. É o escólio de Calmon de Passos ("O devido processo legal...", p. 449-451). Em sentido contrário, porém coerente com a premissa então adotada de que basta que haja a previsão de recurso para que sejam atendidas as garantias constitucionais, é o pensamento de Flávio Cheim Jorge (*Teoria geral...*, p. 41 e 229/230). Também o STF já decidiu que não há qualquer inconstitucionalidade no dispositivo (STF, 1ª Turma, RE 460162 AgR/RS, rel. Min. Marco Aurélio, DJ 12.3.2009).
31. Sobre o assunto, ver, por todos: DINAMARCO, Cândido Rangel. *A instrumentalidade do processo*. 13ª ed. São Paulo: Malheiros, 2008. nº 32, p. 271-279. É, ainda, corrente na doutrina tal afirmação em relação à tensão existente entre os recursos e a coisa julgada, no que, despiciendas outras referências, remetemos o leitor à lição de Barbosa Moreira transcrita na nota nº 1.

a 50 ORTN's, por exemplo), que se traduz em intolerável abdicação da busca pela melhor solução possível ao caso. Sacrifício este não motivado por qualquer situação concreta e ao qual não estão sujeitos outros jurisdicionados.

3. O § 3º DO ART. 515 DO CÓDIGO DE PROCESSO CIVIL DE 1973

Não surpreende, nesta toada, que praticamente não se tenham levantado vozes a questionar a constitucionalidade[32] [33] do § 3º acrescentado pela Lei nº 10.352/2001 ao art. 515 do CPC/73, que determina que *"nos casos de extinção do processo sem julgamento do mérito (art. 267), o tribunal pode julgar desde logo a lide, se a causa versar questão exclusivamente de direito e estiver em condições de imediato julgamento"*.

Expliquemos: no sistema até então vigente – do *revisio prioris instantiae* – era defeso, por expressa dicção do *caput* do art. 515, ao órgão *ad quem* enfrentar pretensões até então não apreciadas pelo juízo primevo.

Por isso mesmo, prolatada sentença terminativa (art. 267), era vedado, conforme expunha a doutrina[34], que o julgador do recurso, afastando o óbice, incur-

---

32. Dentre os autores consultados, registre-se unicamente a opinião de José Rogério Cruz e Tucci, que, sem afirmar peremptoriamente a inconstitucionalidade do dispositivo, entende que o mesmo impõe sacrifício à garantia do contraditório: *"Mais grave ainda é a crise imposta pela novel reforma à garantia do contraditório. A esse respeito, tudo leva a crer que o legislador desprezou a moderna concepção ditada pela literatura contemporânea acerca da participação conjunta e recíproca, durante as sucessivas fases do procedimento, de todos os protagonistas do processo. E isso, porque as partes jamais podem ser surpreendidas por uma decisão alicerçada em um fundamento ainda não debatido durante a tramitação do processo. [...] Ora, habilitando o tribunal a proferir decisão de mérito sobre tema que não foi objeto de debate no procedimento recursal, o novo § 3º do art. 515 afronta direito das partes, sobretudo do litigante que vier a experimentar derrota."* (Lineamentos da nova reforma do CPC. 2ª ed. São Paulo: RT, 2002. p. 101-102).
33. Defendendo expressamente a constitucionalidade do dispositivo, ver, dentre outros: ASSIS, Araken de. *Manual dos recursos*. 3ª ed. São Paulo: RT, 2011, p. 411-412; BEDAQUE, José Roberto dos Santos. "Apelação: questões sobre admissibilidade e efeitos". In: *Aspectos polêmicos e atuais dos recursos e de outros meios de impugnação às decisões judiciais*, vol. 7. Coord: Nelson Nery Jr. e Teresa Arruda Alvim Wambier. São Paulo: RT, 2003. p. 449-450; DINAMARCO, Cândido Rangel. *A reforma da reforma*. 2ª ed. São Paulo: Malheiros, 2002. nº 101, p. 150-152; "O efeito devolutivo da apelação...", nº 87-88, p. 166-172; JORGE, Flávio Cheim. *A nova reforma processual*. 3ª ed. São Paulo: Saraiva, 2003. p. 148-152; THEODORO JR., Humberto. "Inovações da Lei 10.352/2001, em matéria de recursos cíveis e duplo grau de jurisdição". In: *Aspectos polêmicos e atuais dos recursos e de outros meios de impugnação às decisões judiciais*, vol. 6. Coord: Nelson Nery Jr. e Teresa Arruda Alvim Wambier. São Paulo: RT, 2002. p. 269.
34. Nesse sentido: BERMUDES, Sérgio. *Comentários...*, vol. VII, nº 106, p. 134; GRINOVER, Ada Pellegrini. *Os princípios constitucionais...*, p. 150-152. Era a mesma, ainda, a orientação dominante na vigência do CPC/39, lembrando que, à época, por força do art. 846, o recurso cabível contra as sentenças terminativas era o *agravo de petição*: GUIMARÃES, Luiz Machado. "Efeito devolutivo...", p. 218; LIEBMAN, Enrico Tullio. "Recurso da decisão que declara prescrita a ação". In: *Estudos sobre o processo civil brasileiro*. São Paulo: Bestbook, 2004. p. 124-125; MOREIRA, José Carlos Barbosa. "Reformatio in pejus (processo civil)". In: *Direito processual civil (ensaios e pareceres)*. Rio de Janeiro: Borsoi, 1971. p. 168.

sionasse no *meritum causae*. Deveria, nestes casos, limitar-se a determinar a baixa dos autos para que só então fosse proferida, em primeiro grau, a decisão de mérito. Argumentava-se, ainda, com base na redação então vigente do art. 463[35].

Cuidando da questão de forma propositalmente analítica, explica Cândido Dinamarco que toda e qualquer demanda veicula uma dupla pretensão, de natureza bifronte: busca-se não apenas o provimento jurisdicional capaz de dar acesso ao bem da vida em disputa, mas, antes disso, a realização do próprio julgamento do mérito. Ensina o mestre, então, que a sentença terminativa apenas analisa a pretensão *ao* julgamento do mérito, que, justamente por não ser acolhida, impede qualquer pronunciamento *sobre* o mesmo[36].

Por isso mesmo é que se pode dizer que a Lei nº 10.352/2001, ao acrescer o § 3º ao art. 515 do CPC/73, alterou verdadeiramente a estrutura do sistema recursal brasileiro[37], que, se até então enquadrava-se na idéia de *revisio priori istantiae*, passou a admitir, na hipótese nele descrita, a existência de um *ius novorum*.

E isso, porque, por meio do dispositivo, permite-se ao tribunal, afastando o motivo pelo qual proferida sentença terminativa, ingressar diretamente na apreciação do mérito da causa, desde que, é claro, comporte este julgamento imediato pela desnecessidade de ulterior instrução. Por tal razão, consagrou-se na doutrina e jurisprudência a expressão "teoria da causa madura" para tratar da inovação.

Como dito, a alteração, pelas razões expostas no item precedente, não provocou maiores discussões no que tange à sua constitucionalidade, vez que, em nome de princípios outros[38], apenas abrandou-se o rigor com que a lei processual tratava o duplo grau de jurisdição.

---

35. É que, conforme dispunha a redação original do dispositivo, modificada pela Lei nº 11.232/2005, apenas "ao publicar a *sentença de mérito*, o juiz cumpre e acaba o ofício jurisdicional". Nesse sentido, ver: MOREIRA, José Carlos Barbosa. Comentários..., nº 238, p. 432.
36. *A reforma da reforma...*, p. 152-154; "O efeito devolutivo da apelação...", p. 163-165.
37. Cândido Dinamarco chega a afirmar que o dispositivo "opera uma verdadeira revolução" (*A reforma da reforma...*, p.150). Em outra obra, todavia, adverte que "não é o caso [...] de receber com tanto frisson o parágrafo do art. 515 do Código de Processo Civil". Isso, porque "já nas Ordenações do Reino havia uma disposição muito semelhante a essa". Ademais, "no direito italiano vigente, a regra geral é a corte d'apello julgar o mérito quando acolhe apelação interposta contra sentença puramente processual (assolutória), só não o fazendo nos casos taxativamente excluídos pela lei." ("O efeito devolutivo da apelação...", p. 170-171). De toda sorte, já na primeira obra sistemática de Chiovenda encontra-se orientação idêntica à que se extrai do § 3º do art. 515 do CPC: "*Cuando la autoridad judicial de apelación reforme una sentencia interlocutoria o incidental y encuentre el pleito en estado de decisión definitiva, debe pronunciar, ella misma con la misma sentencia*" (Princípios..., t. II, p. 493).
38. Extrai-se da exposição de motivos do Anteprojeto de Lei que culminou na alteração que "cuida-se de sugestão que valoriza os princípios da instrumentalidade e da efetividade do processo" (CARNEIRO, Athos Gusmão; TEIXEIRA, Sálvio de Figueiredo. "Anteprojeto de Lei (nº 15) – versão final". In: *Revista jurídica da Presidência*,

Afirmemos, contudo, às claras, que o § 3º efetivamente prevê hipótese de *supressão de instância e do duplo grau*[39]: na medida em que, incidindo o dispositivo, as questões relativas ao *meritum causae* apenas serão analisadas no órgão *ad quem*, restará ao vencido lançar mão apenas dos recursos excepcionais, de admissibilidade e devolutividade restritas. Também, segundo abalizada doutrina, não haveria que se falar na interposição de embargos infringentes, vez que, no caso, não teria existido *sentença de mérito* a ser reformada, requisito colocado pelo art. 530 do CPC/73[40].

A importância de tal colocação está em que, representando o § 3º do art. 515 verdadeira atenuação ao princípio do duplo grau de jurisdição, sua aplicação deve ser feita sempre de forma cuidadosa, no intuito de não reduzir a recorribilidade para além dos limites do tolerável.

Outra consideração que merece ser feita é a de que a aplicação do dispositivo pode ensejar verdadeira *reformatio in pejus*: interposta apelação pelo autor contra sentença terminativa, o julgamento do mérito pelo tribunal, afastada a carência, pode resultar na *improcedência* da pretensão inicial. E esta, ao contrário daquela, enseja a formação da coisa julgada, impedindo a repropositura da mesma demanda[41] [42].

---

v. 1, nº 2, jun/1999. Disponível em: http://www.planalto.gov.br/ccivil_03/revista/Rev_02/anteproj_lei_cpc15.htm. Consultado em: 13.9.2012. Hoje, após o advento da EC nº 45/2004, parece óbvia a referência também ao princípio da *razoável duração do processo* (CF/88, art. 5º, LXXVIII).

39. Corretos, assim: ALVIM, José Manuel de Arruda. "Notas sobre algumas das mutações verificadas com a Lei 10.352/2001". In: *Aspectos polêmicos e atuais dos recursos e de outros meios de impugnação às decisões judiciais*, vol. 6. Coord: Nelson Nery Jr. e Teresa Arruda Alvim Wambier. São Paulo: RT, 2002. p. 79-80. BEDAQUE, José Roberto dos Santos. *Apelação: questões...*, p. 449; CÂMARA, Alexandre Freitas. *Lições de direito processual civil*, vol. II. 17ª ed. Rio de Janeiro: Lúmen Júris, 2009. p. 83; DINAMARCO, Cândido Rangel. *A reforma da reforma...*, p. 150-152.

40. Nesse sentido: ALVIM, José Manoel de Arruda. "Notas sobre algumas das mutações...", p. 83; MOREIRA, José Carlos Barbosa. *Comentários...*, vol. V, nº 284, p. 528-529. Há, todavia, expressiva doutrina que vem admitindo o manejo dos embargos infringentes, argumentando, sobretudo, que na hipótese não há *dupla conformidade*, além de que teria sido intenção do legislador limitar o cabimento em casos nos quais o acórdão não seja de mérito: BUENO, Cássio Scarpinella. *Curso sistematizado...*, vol. 5, p. 244. CUNHA, Leonardo José Carneiro da; DIDIER JR., Fredie. *Curso de direito processual civil*, vol. 3. 8ª ed. Salvador: Juspodivm, 2010. p. 223-224. DINAMARCO, Cândido Rangel. *A reforma da reforma...*, nº 139, p. 201-205. THEODORO JR., Humberto. *Curso de direito processual civil*, vol. I. 53ª ed. Rio de Janeiro: Forense, 2012. nº 557-b, p. 656. É exatamente esta última posição que vem sendo encampada pela jurisprudência do Superior Tribunal de Justiça: STJ, 4ª Turma, AgRg no REsp 1121873/RJ, rel. Min. Maria Isabel Gallotti, DJ 09.02.2015; STJ, 3ª Turma, REsp 1111012/RS, rel. Min. Sidnei Beneti, DJ 2.3.2011.

41. É o que expõem: ALVIM, José Manuel de Arruda. "Notas sobre algumas das mutações...", p.77-78; BEDAQUE, José Roberto dos Santos. "Apelação: questões...", p. 454; CÂMARA, Alexandre Freitas. *Lições...*, vol. II, p. 85.

42. Equivocados, portanto, os seguintes julgados do Superior Tribunal de Justiça, que afirmam não haver *reformatio in pejus*: STJ, 4ª Turma, AgRg no REsp 704218/SP, rel. Min. Luis Felipe Salomão, DJ 18.3.2011; STJ, 2ª Turma, REsp 859595/RJ, rel. Min. Eliana Calmon, DJ 14.10.2008; STJ, 5ª Turma, REsp 645213/SP, rel. Min. Laurita Vaz, DJ 14.11.2005.

Mais uma vez, porém, não há que se falar em qualquer mácula ao sistema processual, na medida em que o princípio da proibição da *reformatio in pejus* não encontra, como ensina Barbosa Moreira[43], previsão expressa na legislação. É certo que, ainda nas lições do autor, trata-se de postulado inferível do *caput* do art. 515 do CPC/73. Ocorre que, na medida em que a disposição do § 3º representa exceção ao que está ali previsto – e às regras tradicionais quanto ao efeito devolutivo –, excepcionada está a proibição da reforma para pior.

Argumenta Dinamarco que, não havendo análise do mérito em primeiro grau, não haveria parâmetro de comparação para o julgamento realizado no tribunal, razão pela qual não poderia se falar em *reformatio in pejus*[44]. Não impressiona, porém, a colocação: a verdade é que a improcedência, vista do ponto de vista prático – e, afinal, é isso o que importa para a aferição da *reformatio in pejus*[45] – é situação mais desvantajosa ao autor que a extinção terminativa do feito.

4. A "TEORIA DA CAUSA MADURA" NO NOVO CÓDIGO DE PROCESSO CIVIL

Se por um lado, como visto, a constitucionalidade ou mesmo a conveniência na alteração não ensejou maiores polêmicas, certo é que a interpretação do dispositivo tem gerado diversas controvérsias, seja na doutrina ou na jurisprudência. Passaremos, agora, a analisar as disposições relativas à matéria no Novo Código de Processo Civil, no intuito de verificar se foram resolvidas as questões em relação às quais havia vacilação.

Vejamos, antes de tudo, a redação dada ao art. 1.013, § 3º, do Novo CPC:

> Art. 1.013. A apelação devolverá ao tribunal o conhecimento da matéria impugnada. [...]
>
> § 3º Se o processo estiver em condições de imediato julgamento, o tribunal deve decidir desde logo o mérito quando:
>
> I – reformar sentença fundada no art. 485;
>
> II – decretar a nulidade da sentença por não ser ela congruente com os limites do pedido ou da causa de pedir;
>
> III – constatar a omissão no exame de um dos pedidos, hipótese em que poderá julgá-lo;

---

43. *Comentários...*, vol. V, nº 240, p. 435-439.
44. "O efeito devolutivo...", p. 181.
45. É, mais uma vez, a lição de Barbosa Moreira ("Reformatio in pejus...", p. 149). Aliás, no mesmo estudo, o autor utiliza a situação de que tratamos como exemplo do que chama de *"modificação qualitativa"* (p. 163).

IV – decretar a nulidade de sentença por falta de fundamentação.

4.1. REQUISITOS PARA A INCIDÊNCIA DO DISPOSITIVO: CAUSA EM CONDIÇÕES DE IMEDIATO JULGAMENTO

A primeira alteração que salta aos olhos é a supressão da exigência de *"a causa versar questão exclusivamente de direito"* constante do Código hoje ainda vigente. Assim é que, se a literalidade do § 3º do art. 515 do CPC/73 sugeria a necessidade de preenchimento de *dois requisitos cumulativos* para a incidência do dispositivo, a redação inteligentemente proposta optou claramente por tornar necessário apenas um deles, bastando que a causa esteja *"em condições de imediato julgamento"*.

Longe de constituir grande novidade, o fato é que parcela expressiva da doutrina já se posicionava, desde a promulgação da Lei nº 10.352/2001, no sentido de que os requisitos devessem ser interpretados de modo abrangente, bastando a presença de uma daquelas situações para ensejar a aplicação do dispositivo. Era corrente, inclusive, a alusão ao art. 330 do CPC/73, o que viabilizaria o exame do *meritum causae* desde que não houvesse mais a necessidade de instrução probatória, ainda que, em algum momento, tenha sido esta necessária pela presença de *questões de fato*[46].

Autorizadas vozes, contudo, defendiam a posição oposta: tendo havido controvérsia fática, mesmo que superada pela instrução probatória já realizada, não haveria espaço para incidência da nova regra[47]. Prestigiar-se-ia, assim, o duplo grau nos casos em que houvesse prova para ser *analisada*, ainda que esgotada a instrução.

A jurisprudência amplamente majoritária, todavia, já encampava a orientação de que bastaria não ser mais necessária a prática de ulteriores atos de instrução, podendo ser aplicado o dispositivo em casos nos quais o tribunal

---

46. Nesse sentido: ALVIM, José Manoel de Arruda. "Notas sobre algumas das mutações...", p. 81-83; ASSIS, Araken de. *Manual dos recursos*, p. 412; BEDAQUE, José Roberto dos Santos. "Apelação: questões...", p. 448; CÂMARA, Alexandre Freitas. Lições..., vol. II, p. 84-85; DINAMARCO, Cândido Rangel. "O efeito devolutivo...", p. 173-175; JORGE, Flávio Cheim. *A nova reforma...*, p. 143-144; MOREIRA, José Carlos Barbosa. Comentários..., nº 238, p. 433; WAMBIER, Luiz Rodrigues; WAMBIER, Teresa Arruda Alvim. *Breves comentários à 2ª fase da reforma do código de processo civil*. 2ª ed. São Paulo: RT, 2002. p. 142.
47. É a opinião de: APRIGLIANO, Ricardo de Carvalho. *A apelação e seus efeitos*. 2ª ed. São Paulo: Atlas, 2007. p. 170-175; THEODORO JR., Humberto. Curso..., vol. I, nº 543-a-1, p. 624-625. Na verdade, o primeiro dos dois autores mencionados, em posição digna de destaque, permite a aplicação do dispositivo em casos nos quais as questões de fato acaso existentes possam ser solucionadas pela análise da *prova documental* constante dos autos. É que, "nesse caso, é mesmo irrelevante o contato do juiz com as partes – que pode nem mesmo ter ocorrido – e não há possíveis prejuízos se o mérito puder ser analisado diretamente pelo tribunal" (p. 171).

precisasse analisar o acervo probatório já existente nos autos⁴⁸. Ao que parece, o entendimento, no âmbito do STJ, foi pacificado em julgamento de embargos de divergência pela Corte Especial no ano de 2013⁴⁹.

Indisfarçável, destarte, a intenção do Novo CPC em, tomando partido na discussão, pôr fim a qualquer dúvida antes existente, o que por si só já deve ser visto com bons olhos. Parece, ademais, que a solução proposta é a que melhor se coaduna com os escopos da norma, ligada que está, de forma insofismável, à idéia de aceleração dos julgamentos, mesmo que com o abandono do duplo grau de jurisdição.

A restrição, acrescente-se, reduziria a quase nada o campo de incidência da norma, visto ser dificílima a ocorrência de processo no qual não surja qualquer questão de fato para ser dirimida. Isto é, demanda na qual todos os fato apontados pelo autor acabem por ficar incontroversos, da mesma forma que eventuais exceções substanciais deduzidas pelo réu⁵⁰. Nesses casos, é claro, deve-se proceder imediatamente ao julgamento do mérito, vez que, não havendo fatos controvertidos, cabe o órgão julgador tão somente extrair as consequências jurídicas dos acontecimentos narrados no processo.

Porém, não havia a nosso ver razão plausível para limitar a tais hipóteses a inovação, o que acabaria por impedir a aplicação do dispositivo nos casos em que teria maior utilidade⁵¹.

---

48. No Superior Tribunal de Justiça, é o que se extrai, dentre outros, dos seguintes julgados: STJ, 2ª Turma, AgRg no REsp 1494273/MG, rel. Ministro Mauro Campbell Marques, DJe 12/02/2015; STJ, 1ª Turma, AgRg no AREsp 303.090/SC, Rel. Min. Sérgio Kukina, DJe 19.12.2014; STJ, 2ª Turma, AgRg no AREsp 533.430/RJ, Rel. Min. Herman Benjamin, DJe 27.11.2014; STJ, 4ª Turma, AgRg no AREsp 371.320/SC, Rel. Min. Luis Felipe Salomão, DJe 22.05.2014. Em sentido contrário: STJ, 2ª Turma, REsp 829836 / RS, rel. Min. Mauro Campbell Marques, DJ 21.5.2010.

49. "[...] 1. Divergência devidamente demonstrada. Segundo a Quarta Turma, conforme entendimento exposto no acórdão embargado, é possível a aplicação do art. 515, § 3º, do CPC, ainda que seja necessário o exame do conjunto probatório pelo Tribunal. No entanto, em sentido diametralmente contrário, para a Segunda Turma, a regra ali preconizada não se mostra cabível quando demandar essa providência. 2. A regra do art. 515, § 3º, do CPC deve ser interpretada em consonância com a preconizada pelo art. 330, I, do CPC, razão pela qual, ainda que a questão seja de direito e de fato, não havendo necessidade de produzir prova (causa madura), poderá o Tribunal julgar desde logo a lide, no exame da apelação interposta contra a sentença que julgara extinto o processo sem resolução de mérito. 3. Embargos de divergência rejeitados. (EREsp 874.507/SC, Rel. Ministro ARNALDO ESTEVES LIMA, CORTE ESPECIAL, julgado em 19/06/2013, DJe 01/07/2013)"

50. Discorda Ricardo Aprigliano, fornecendo interessantes exemplos de demandas nas quais acabam por surgir tão somente questões de direito: "De toda forma, é necessário esclarecer que o âmbito de possível aplicação desta novidade legislativa é, ainda assim, muito grande. Pense-se em todas as questões de natureza tributária, envolvendo servidores públicos, ações previdenciárias, ou que envolvam aplicações de índices inflacionários e taxas de juros, constitucionalidade de leis, as ações relativas ao FGTS, e tantas outras, que se repetem aos milhões perante o Poder Judiciário". (A apelação e seus efeitos..., p. 174).

51. Arrola, Dinamarco, diversas situações que a orientação restritiva deixaria fora do âmbito de incidência da norma, sendo, todas elas, de ocorrência muito mais plausível que a existência de processo no qual não surja qualquer *quaestio facti*: "É o que se dá (a) quando todo o procedimento legal já houver sido percorrido perante o juízo de primeiro grau, proferindo o juiz uma sentença terminativa em audiência ou depois dela; b) quando, proferida essa sentença na oportunidade do art. 329 do Código de Processo Civil, estiverem presentes

Se é essa a conclusão que melhor se coaduna com o Código hoje vigente, o Novo CPC não deixará espaço para dissenções: estando a causa *"em condições de imediato julgamento"*, deve o tribunal julgá-la desde logo nas hipóteses ali descritas.

Significa o requisito, antes de tudo, que não haja mais necessidade de produção de qualquer elemento de prova além daqueles porventura existentes nos autos. Seja porque nunca houve controvérsia fática, seja porque as questões de fato acaso existentes já foram elucidadas, o critério fundamental é a desnecessidade de ulterior atividade instrutória.

Além disso, é de se ponderar que apenas comporta julgamento imediato a demanda que preencha todos os requisitos exigidos pelo sistema processual. Referimo-nos aos pressupostos processuais e às condições da ação, sem os quais é inviável qualquer decisão de mérito.

Por fim, importante deixar claro que, via de regra[52], apenas quando integralizado o contraditório, tendo sido dada oportunidade às partes para debater as questões de mérito e para ao menos requerer as provas que entendem necessárias, pode-se considerar a o feito em condições de imediato julgamento[53].

4.1.1. Ainda os requisitos para a incidência do dispositivo: necessidade de pedido?

Questão que ainda hoje suscita certa controvérsia, e em relação à qual se manteve silente o Novo CPC, diz respeito à necessidade de que haja *pedido* da parte recorrente para que seja aplicada a "teoria da causa madura". Conquanto se verifique certa tendência doutrinária de prestigiar a resposta negativa[54] [55], o

---

os pressupostos para o julgamento antecipado do mérito, segundo um dos incisos do art. 330 deste. Se o réu for revel e ocorrer o efeito da revelia, provavelmente o juiz teria julgado o meritum causae no momento em que proferiu a sentença terminativa, não fosse o impedimento a esse julgamento, que ele entendeu existir. A situação é a mesma quando, sem ter ocorrido o efeito da revelia, já não houver prova alguma a ser produzida, o que acontece: a) quando nenhuma prova houver sido requerida pelas partes e não for o caso de determinar-se de ofício a sua realização; b) quando as provas requeridas forem inadmissíveis e assim o juiz entender, não havendo outras a produzir; c) quando todas as questões de fato já estiverem suficientemente esclarecidas pela prova dos autos, notadamente pela documental." ("O efeito devolutivo...", p. 174).

52. Como será visto, entendemos que a regra pode ser excepcionada nos casos em que o próprio sistema processual permite a prolação de decisão meritória contrária ao autor antes da citação do réu.
53. Nesse sentido: APRIGLIANO, Ricardo de Carvalho. *A apelação e seus efeitos...*, p. 175-176; DINAMARCO, Cândido Rangel, "O efeito devolutivo...", nº 89, p. 172-173; THEODORO JR., Humberto. "Inovações...", p. 269.
54. É o pensamento manifestado por: ALVIM, José Manoel de Arruda. "Notas sobre algumas das mutações...", p. 78; BEDAQUE, José Roberto dos Santos. "Apelação: questões...", p. 452; DINAMARCO, Cândido Rangel. "O efeito devolutivo...", p. 177-179; MOREIRA, José Carlos Barbosa. *Comentários...*, vol. V, nº 238, p. 432, nota 48; WAMBIER, Luiz Rodrigues; WAMBIER, Teresa Arruda Alvim. *Breves comentários...*, p. 143-144.
55. É essa, ainda, a tese que vem prevalecendo na jurisprudência do Superior Tribunal de Justiça: STJ, 2ª Turma, REsp 1166052/AM, Rel. Min. Og Fernandes, DJe 18.03.2014; STJ, 3ª Turma, AgRg no AREsp 292.166/SP, Rel.

fato é que há autores que defendem opinião contrária, exigindo que o apelante requeira expressamente a aplicação do § 3º do art. 515 do CPC/73[56].

Mais uma vez, não há qualquer razão para adoção de concepção restritiva que, além de não se extrair da literalidade do texto legal, vai contra a intenção que motivou a criação da norma.

Há que se considerar que o dispositivo prevê verdadeira *regra de julgamento*, outorgando possibilidade de análise do mérito até então inexistente no sistema processual. Dessa forma, não cabe às partes determinar ou não sua aplicação, simplesmente porque não lhes cabe determinar *quando* há de ser julgado o *meritum causae*. Como parece intuitivo, tal atribuição pertence única e exclusivamente ao juiz, destinatário que é da prova e dos elementos de cognição.

É claro que as partes devem ter a mais ampla possibilidade de *exercer influência* na convicção do magistrado, demonstrando as razões pelas quais o julgamento do mérito deve ser postergado ou adiantado. A rigor, é exatamente o que fazem perante o juiz de primeiro grau ao pleitear a produção de uma prova ou, contrariamente, requerer o julgamento antecipado da lide.

Tal análise, todavia, cabe única e exclusivamente ao juiz, que ponderará os argumentos das partes para então decidir.

Na defesa da tese da necessidade de requerimento, respeitável parcela da doutrina[57] afirma que o atual § 3º, inserido que está no art. 515 do CPC, deve ser interpretado conforme o seu *caput*, que, ao fixar a extensão do efeito devolutivo da apelação, reflete os ditames do princípio dispositivo (*tantum devolutum quantum apelatum*). A mesma ideia valeria, portanto, para o § 3º do art. 1.013 do NCPC.

O fato, contudo, é que a "teoria da causa madura" por si só já representa verdadeira exceção ao *caput* dos arts. 515 do CPC/73 e 1.013 do NCPC, na medida em que, como esclarecemos, leva ao conhecimento do órgão *ad quem* matéria estranha ao julgamento de primeiro grau e, portanto, estranha aos limites da impugnação do recorrente.

    Ministro Sidnei Beneti, DJe 03.05.2013; STJ, 6ª Turma, AgRg nos EDcl no REsp 1142225/PA, rel. Min. Sebastião Reis, DJ 29.6.2012; STJ, 1ª Turma, AgRg no REsp 1192287/SP, rel. Min. Benedito Gonçalves, DJ 10.5.2011.

56. Nesse sentido: APRIGLIANO, Ricardo de Carvalho. *A apelação e seus efeitos...*, p. 163-170; ASSIS, Araken de. *Manual dos recursos*, p. 413; CUNHA, Leonardo José Carneiro da; DIDIER JR., Fredie. *Curso...*, vol. 3, p. 109; JORGE, Flávio Cheim. *A nova reforma...*, p. 146-148 (com expressa referência a posição exposta por Cleanto Guimarães Siqueira em palestra); THEODORO JR., Humberto. "Inovações...", p. 271.

57. Nesse sentido: APRIGLIANO, Ricardo de Carvalho. *A apelação e seus efeitos...*, p. 162 e 165-166; JORGE, Flávio Cheim. *A nova reforma...*, p. 147; THEODORO JR., Humberto. "Inovações...", p. 270-271.

Argumenta-se, ainda, com base no princípio da proibição da *reformatio in pejus*, que seria violado pelo tribunal caso este, aplicando o dispositivo sem requerimento do autor apelante, reformasse sentença terminativa para julgar improcedente suas pretensões[58].

Não subsiste porém o argumento, vez que, como fizemos questão de explicitar, a reforma para pior é possibilidade inerente à aplicação da "teoria da causa madura", seja ela feita a partir ou não de pedido da parte recorrente. Isto é: interposta apelação pelo autor contra sentença que extinguiu o feito sem resolução do mérito, a incidência do dispositivo, ainda que com expresso requerimento de sua parte, pode levar à acórdão que julgue improcedente a demanda, em clara *reformatio in pejus*.

Aduz, por fim, Ricardo de Carvalho Aprigliano, que o apelante teria a legítima possibilidade de optar que o *meritum causae* passe por um duplo exame, cabendo-lhe, por isso mesmo, escolher pela incidência ou não do dispositivo segundo melhor lhe convir[59].

É de se considerar, todavia, que não apenas à parte recorrente pode interessar a observância do duplo grau de jurisdição, sendo perfeitamente possível que o apelado manifeste-se em suas contrarrazões pela não aplicação do § 3º em ocasião na qual o apelante assim o requerer. Nesses casos, então, como deve proceder o tribunal? Se, em obediência ao princípio da isonomia, não pode prevalecer pura e simplesmente a vontade de uma das partes sobre a outra, qual dos interesses deve ser privilegiado?

Descartada a necessidade de anuência do outro litigante para a incidência do dispositivo – já que não se trata de exigência ali contida –, restaria ao juiz, diante do imbróglio, *decidir*. E, para tanto, qual critério utilizará? Ora, parece-nos que o único parâmetro que pode ser levado em conta, sem violação à paridade de armas, é aferir se a causa comporta ou não julgamento imediato! Desconsidera-se, assim, a vontade das partes.

Por tudo isso é que pensamos ser desnecessária a existência de pedido da parte recorrente para que o tribunal proceda ao julgamento imediato do mérito em situações nas quais a causa esteja pronta para tanto.

Se é verdade que a prestação da tutela jurisdicional só se faz possível àqueles que a requerem, não menos certo é que cabe apenas e tão somente ao órgão julgador, destinatário que é das provas, determinar o momento em que deve fazê-lo. Lembre-se, ademais, que a solução do litígio, uma vez submetido

---

58. Nesse sentido: ASSIS, Araken de. *Manual dos recursos*, p. 413; JORGE, Flávio Cheim. *A nova reforma...*, p. 148.
59. *A apelação e seus efeitos...*, p. 166-167.

à apreciação jurisdicional, não é de interesse exclusivo das partes, mas, antes disso, atende ao interesse público de ver restabelecida a paz social e a inteireza do ordenamento jurídico.

Tal conclusão, a nosso ver a melhor para o CPC/73, reforça-se no Novo CPC, na medida em que o § 3º do art. 1.013 substitui a expressão *"pode julgar desde logo a lide"* por *"deve decidir desde logo o mérito"*, dando a idéia de que, presentes os requisitos nele estabelecidos – dentre os quais não se encontra o requerimento do apelante –, não restaria ao tribunal outra alternativa além de proferir decisão quanto ao *meritum causae*.

4.2. HIPÓTESES DE APLICAÇÃO DO DISPOSITIVO

Na sequência, quando passamos a observar as situações que, em concreto, permitirão a incidência da chamada "teoria da causa madura", o aspecto que mais chama atenção na disciplina do novo Código é a sua acentuada ampliação. Assim é que, se no diploma hoje vigente a literalidade do § 3º do art. 515 dá a entender que sua incidência apenas seria possível *"nos casos de extinção do processo sem julgamento do mérito (art. 267)"*, o projeto elenca diversas possibilidades, em nada menos que quatro incisos.

Passemos, então, a analisar mais detidamente cada uma daquelas hipóteses, na tentativa de verificar se, de fato, constituem verdadeira novidade em relação ao que hoje está previsto no Código de Processo Civil e ao que vem decidindo nossos tribunais.

4.2.1. Inciso I – "reformar sentença fundada no art. 485"

Temos, aqui, a repetição da regra prevista no código hoje vigente, dado que o art. 485 do Novo CPC elenca as hipóteses de sentenças terminativas, previstas no art. 267 do CPC/73.

De modo geral, é cabível a aplicação do preceito qualquer que seja o motivo que levou à extinção sem resolução do mérito, desde que, evidentemente, o tribunal, no julgamento da apelação, afaste o óbice então identificado pelo juízo *a quo*.

Merece maior atenção, todavia, a hipótese descrita no inciso I do art. 485: na medida em que o indeferimento da inicial se dá, por óbvio, antes da citação e, portanto, ainda sem a integralização do contraditório, não se pode conceber, em regra, que o processo esteja em *"condições de imediato julgamento"*[60].

---

60. Fazem tal advertência os autores mencionados na nota nº 51. Nesse sentido, encontra-se diversos arestos extraídos da jurisprudência do Superior Tribunal de Justiça, como por exemplo: STJ, 2ª Turma, RMS 33.395/

Ainda assim, todavia, é de se lembrar da existência de situações em que o próprio sistema processual permite a prolação de decisão de mérito anteriormente à citação do réu. No código hoje em vigor, tratam-se das hipóteses nas quais *"o juiz verificar, desde logo, a decadência ou a prescrição"* (CPC/73, art. 295, IV c/c art. 269 IV), e da chamada improcedência liminar do pedido (CPC/73, art. 285-A).

No Novo CPC, as hipóteses se veem sensivelmente ampliadas no art. 332, de cuja leitura se percebe, inclusive, que se trata não apenas de aumento dos casos de improcedência *prima facie*, mas de verdadeira mudança de perspectiva: enquanto o art. 285-A do CPC/73 valoriza o entendimento reiteradamente aplicado no próprio juízo de primeiro grau (*"no juízo já houver sido proferida sentença de total improcedência em outros casos idênticos"*), o art. 332 do NCPC, em consonância com a ideologia consagrada no Código, privilegia os precedentes oriundos dos tribunais.

Falávamos, então, da possibilidade da aplicação da "teoria da causa madura" quando, indeferida a petição inicial, o tribunal tenha por bem dar provimento à apelação, afastando a causa de extinção prematura. Perguntamos: caso verifique estar presente alguma das hipóteses previstas no art. 332, poderia passar direto ao julgamento do mérito para decretar a improcedência liminar das pretensões autorais?

Basta que pensemos, por exemplo, numa demanda proposta pelo particular em face da Fazenda Pública com o objetivo de declarar, com base na alegada inconstitucionalidade de um dado imposto, a inexistência da obrigação tributária. Indeferida a inicial, porque considerada inepta, o autor apela e o tribunal, conquanto entenda – ao contrário do que considerou o juiz de piso – pela aptidão da inicial, verifica que o Supremo Tribunal Federal já declarou a validade da exação. Poderia, então, aplicando o § 3º do art. 1013, julgar desde logo improcedente a demanda?

Não vemos razão para uma resposta negativa. Afinal, é o próprio sistema processual quem permite tanto a improcedência liminar naquelas taxativas hipóteses quanto o julgamento imediato em segundo grau quando afastada a sentença terminativa.

Se a conclusão parece adequada para o CPC/73, com mais acerto há de se aplicar em relação ao Novo CPC, no qual, como dito, mudou-se o foco na improcedência liminar do entendimento repetido no juízo de primeiro grau para a jurisprudência pacificada nos Tribunais.

SP, Rel. Min. Eliana Calmon, DJe 22.04.2013; STJ, 3ª Turma, REsp 1136276/MG, rel. Min. Nancy Andrighi, DJ 17.4.2012; STJ, 2ª Turma, RMS 33266 / RO, rel. Min. Herman Benjamin, DJ 11.5.2011.

Importa deixar claro, contudo, que uma decisão de tal molde precisa necessariamente fundamentar-se em alguma das hipóteses do art. 332 do Novo CPC, únicas em que o sistema processual admite a prolação de decisão de mérito *"independentemente da citação do réu"*.

O que não se pode admitir de forma alguma é que, ao reformar sentença que indeferiu a inicial, o tribunal aplique a "teoria da causa madura" para julgar *procedente* a demanda, em grave violação ao princípio do contraditório.

Ainda que haja a previsão de citação do réu para apresentação de *contrarrazões* ao recurso interposto contra a sentença de improcedência liminar (NCPC, art. 332, § 4º), a verdade é não terá sido ainda oportunizado o manejo de *contestação*, sem a qual não se pode dizer haver, ou não, controvérsia fática a ser dirimida por meio de instrução probatória.

4.2.2. Incisos II e III – "decretar a nulidade da sentença por não ser ela congruente com os limites do pedido ou da causa de pedir" e "constatar a omissão no exame de um dos pedidos, hipótese em que poderá julgá-lo"

Inicialmente, importa dizer que causa perplexidade a subdivisão em dois distintos incisos de situação que, a rigor, é uma só: a inobservância da regra da adstrição da sentença aos limites do pedido. Seja a sentença *infra (citra)*, *extra* ou *ultra petita*, viola-se o princípio da *correlação*[61], não havendo razão para o tratamento em separado[62].

---

61. É exatamente esta a sempre oportuna lição de Barbosa Moreira: *"A exigência da correlação entre a sentença e o pedido tem outro aspecto muito importante para o autor: a segurança de que, desde que satisfeitos os requisitos de validade do processo e as chamadas condições da ação, o seu pedido será totalmente julgado. O princípio de que a sentença deve ser congruente com o pedido funciona em dois sentidos: mão e contramão. Às vezes esquecemos um desses aspectos e damos maior ênfase ao outro. Ao juiz é proibido exceder o pedido ou julgar fora do pedido, mas não nos esqueçamos de que há o dever, para o juiz, de pronunciar-se sobre todo o pedido; nada além do pedido, mas todo o pedido. O vício de uma sentença que não julga o pedido por inteiro é tão grave quanto o vício de uma sentença que extravasa os limites do pedido. O chamado vício do julgamento citra petita é tão grave quanto o do julgamento ultra ou extra petita".* ("Correlação entre o pedido e a sentença". In: RePro nº 83. São Paulo: RT, 1996. p. 210).

62. Interessante notar que tanto no anteprojeto entregue pela Comissão de Juristas, quanto no projeto resultante das alterações feitas no Senado, não constava a subdivisão (os arts. 925 e 965, respectivamente, falavam apenas em nulidade por não observância dos limites do pedido), que veio a ser acrescentada por ocasião do relatório parcial do Dep. Hugo Legal. A justificativa do Deputado, que como veremos não convence, é a seguinte: *"No que diz respeito ao § 3º, há um erro técnico na redação original do inciso II, na medida em que se a decisão é ultra ou extra petita, houve decisão de mérito e a sua invalidação limita-se a extirpar da decisão aquilo que extrapolou o limite da demanda. A decisão citra petita pode ocorrer quando a) não ocorre o exame de um fundamento relevante, ou quando b) não se examinar um pedido. Na primeira hipótese, há vício de fundamentação, cujo dispositivo em comento prevê solução no inciso III. Na segunda hipótese é que deve incidir esse inciso II, mas não se trata de anulação da decisão, pois, rigorosamente, não há vício na decisão porque, simplesmente, não existe decisão. Assim, optou-se por alterar a redação do inciso II e criar o inciso III, abrangendo, dessa forma, as duas hipóteses mencionadas acima".* Disponível em: http://www.migalhas.com.br/arquivo_artigo/art20120514-04.pdf Acesso em: 21.9.2012.

Há, ainda, mais uma falha a ser apontada na redação: considerando que as sentenças *citra petita* sofrerão a incidência do inciso III, restará, para o inciso II, apenas e tão somente aquelas que forem *extra petita*. E isso, porque quanto às sentenças *ultra petita* não há qualquer necessidade de se proceder a um *novo julgamento* – e, afinal, é disso que trata a "teoria da causa madura" –, bastando que se extirpe da decisão a parcela que exceda aos limites do pedido.

Já no que tange às sentenças *extra petita*, aí sim há necessidade de que efetivamente se anule a decisão por completo – já que o bem jurídico nela concedido ao autor é *totalmente distinto* do que requereu (e não a ele *excedente*, como é o caso das *ultra petita*) – e, a partir daí, se proceda a um novo julgamento.

Equivocado, por isso mesmo, o relatório subscrito pelo Deputado Hugo Leal, o primeiro a propor a redação da maneira como foi aprovada, ao afirmar que *"se a decisão é ultra ou extra petita, houve decisão de mérito e a sua invalidação limita-se a extirpar da decisão aquilo que extrapolou o limite da demanda"*. Se a regra é verdadeira para aquelas, não há sentido em aplicá-la a estas: extirpado da sentença *extra petita* o que nela excede os limites do pedido, nada sobrará para o autor.

Prova dessa diversidade é que a doutrina pátria sempre tratou de forma distinta as sentenças *extra* e *ultra petita*. Para estas, antes mesmo de que se cogitasse de uma regra como a do § 3º do art. 515 do CPC/73, sempre se admitiu que o tribunal, no julgamento da apelação, simplesmente anulasse a parte da sentença que extrapola o pedido do autor, mantendo todo o demais. Quanto às *extra petita*, a seu turno, a orientação sempre era, ao menos até o advento da Lei nº 10.352/2001, no sentido de decretar sua invalidação, com posterior remessa dos autos à primeira instância para a prolação de nova decisão[63].

Ademais, não vemos justificativa para que do inciso III conste apenas a referência à *"omissão no exame de um dos pedidos"*, quando se sabe que a sentença que deixa de apreciar uma das *causas de pedir* trazidas pelo autor como sustentáculo

---

63. Recorremos, ainda e sempre, às lições de Barbosa Moreira: *"Qual a consequência da violação do princípio que impõe a congruência, a correlação entre a sentença e o pedido? Como se deve considerar uma sentença que viole esse princípio? A consequência normal é a nulidade da sentença – mas, como sempre acontece com matéria de sentenças, convém fazer uma ressalva. No tocante ao julgamento ultra petita, há uma observação que atenua o rigor do princípio. O Código, em matéria de nulidades, adotou uma sistemática inspirada no princípio de que, tanto quanto possível, se deve aproveitar o que foi feito: princípio da aproveitabilidade [...]. Se se trata de sentença com objeto divisível, como sempre acontece nas condenações pecuniárias – as importâncias são sempre divisíveis –, em tais casos, e essa tem sido a orientação da jurisprudência, não se deve inutilizar a sentença só pelo fato de ela haver ultrapassado o limite numérico do pedido. Corta-se o excesso. [...] Isso só é possível nos casos de julgamento ultra petita, não nos de julgamento extra petita. Se o autor pediu um boi e o juiz concedeu um cavalo, o órgão de segundo grau não pode transformar o cavalo em boi; tem de anular a sentença."* ("Correlação...", p. 214). No mesmo sentido: SANTOS, Moacyr Amaral. *Primeiras linhas...*, vol. 3. nº 723, p. 23.

de sua pretensão padece do mesmo vício de *inexistência* quanto ao que deixou de ser analisado[64].

Portanto, conquanto se possa concordar com o mencionado relatório quanto ao fato de a sentença omissa em relação a uma causa de pedir ser *nula* por fundamentação defeituosa (no que se enquadraria na hipótese do inciso IV), padece de vício ainda mais grave, que é a *ausência de decisão (inexistência)*. Estando, destarte, sujeita a regime jurídico diverso – não fazendo coisa julgada e não impedindo a repropositura da ação, ao contrário daquelas decisões que apenas violam o dever de motivação adequada –, convém tratá-las separadamente.

Após tais considerações relativas exclusivamente à redação do Código, convém dizer que às hipóteses de sentença *citra* ou *extra petita* já era aceita por doutrina[65] e jurisprudência[66] a aplicação analógica do § 3º do art. 515 do CPC/73. De toda sorte, avança o Novo CPC ao deixar explícita a possibilidade, que em muito se assemelha à das sentenças terminativas.

Para ter uma noção da utilidade da previsão para estes casos, pensemos, por exemplo, na costumeira demanda que visa à revisão de cláusulas contratuais por entendê-las abusivas. Realizada perícia sobre o contrato, o juiz, ao proferir sentença, omite-se quanto a um dos pedidos. Reconhecendo o vício, não há razão para o tribunal deixar de apreciar a pretensão faltante, remetendo os autos à primeira instância. Aqui, à semelhança do que ocorre com as sentenças terminativas, é julgado em segundo grau algo que não havia sido apreciado em primeiro.

Para as sentenças *ultra petita*, como visto, nunca houve necessidade de aplicação de dispositivo como o § 3º do art. 1.013 do Novo CPC, vez que não é *julgada* no tribunal parcela do objeto do processo ainda não apreciada, mas sim é extirpado do *decisum* algo que a ele extrapolava.

---

64. Barbosa Moreira fala em vício de *inexistência parcial* em relação a *pedido* não julgado ("Item do pedido sobre o qual não houve decisão. Possibilidade de reiteração noutro processo". In: *Temas de direito processual civil: segunda série*. São Paulo: Saraiva, 1980. nº 10, p. 247). A idéia, todavia, parece-nos perfeitamente aplicável à omissão no julgamento de uma das causas de pedir. É de se lembrar que cada causa de pedir representa ação distinta (art. 301, §§ 1º a 3º do CPC/73), razão pela qual a pluralidade delas num mesmo processo leva à pluralidade de ações a serem julgadas. E, nessa linha, não é possível a incidência da coisa julgada sobre ação que não foi efetivamente julgada, lembrando que a eficácia preclusiva da *res judicata* não atinge outras causas de pedir (por todos: MOREIRA, José Carlos Barbosa. "A eficácia preclusiva da coisa julgada material no sistema do código de processo civil brasileiro". In: *Temas de Direito Processual Civil: Primeira Série*. 2ª ed. São Paulo: Saraiva, 1988. p. 104, nota 11). No sentido defendido no texto: LOPES, Bruno Vasconcelos Carrilho. *Limites objetivos e eficácia preclusiva da coisa julgada*. São Paulo: Saraiva, 2012. p. 50-51, nota nº 106.
65. É o que defendiam: ASSIS, Araken de. *Manual dos recursos*, p. 414; BEDAQUE, José Roberto dos Santos. "Apelação: questões...", p. 450-451; DINAMARCO, Cândido Rangel. "O efeito devolutivo...", nº 95, p. 183-184; JORGE, Flávio Cheim. *A nova reforma*..., 145-146. Contra: MOREIRA, José Carlos Barbosa. *Comentários*..., vol.V, nº 243, p. 446.
66. Para as sentenças *infra petita*, ver, no STJ, 4ª Turma, REsp 918084 / AL, rel. Min. Luis Felipe Salomão, DJ 24.8.2009. Para as sentenças *extra petita*, conferir: STJ, 3ª Turma, AgRg no REsp 1194018/SP, Rel. Min. Ricardo Villas Bôas Cueva, DJe 14.05.2013.

4.2.3. Inciso IV – "decretar a nulidade de sentença por falta de fundamentação"

Eis aqui mais uma hipótese a que já era por vezes aplicada pela jurisprudência[67] a técnica de que aqui tratamos, posição que, entretanto, não era em geral aceita pela doutrina[68]. Novamente, contudo, merece elogio o Novo CPC por explicitar tal possibilidade, impensável anteriormente à Lei nº 10.352/2001.

Questionamento que poderia ser feito diz respeito à constitucionalidade, ou não, da disposição, considerando que a CF/88, em seu art. 93, IX, efetivamente *impõe a anulação* da sentença em caso de ausência de fundamentação.

Não há, todavia, a nosso ver, qualquer ofensa àquela relevante garantia constitucional pelo fato de que a aplicação da técnica prevista no art. 1.013, § 3º, IV do Novo CPC pressupõe que o tribunal tenha, efetivamente, decretado a nulidade da sentença por ausência de adequada fundamentação. É necessário, assim, que o órgão ad quem verifique a presença de alguma das hipóteses que indique violação do dever de motivação das decisões judiciais, para, dando provimento ao recurso (ou atuando de ofício), anular a sentença.

A questão, contudo, é saber qual a providência a ser adotada como consequência da decretação da nulidade. No sistema do CPC/73, ao menos de acordo com a literalidade da lei, a única solução viável seria a remessa dos autos ao juízo *a quo* para a prolação de nova decisão. Já no Novo CPC, o art. 1013, § 3º, IV impõe ao órgão julgador do recurso o dever de verificar a viabilidade do julgamento imediato do mérito ante a desnecessidade da prática de qualquer outro ato instrutório.

Não se trata, destarte, de relevar a nulidade da sentença, mas, na verdade, de verificar a possibilidade de que, após a sua pronúncia, o órgão *ad quem* julgue desde logo o mérito. Com isso, suprime-se um grau de jurisdição para, em nome de outros valores relevantes, atribuir, ao tribunal, competência para analisar desde logo o *meritum causae*.

Não há, a nosso ver, que se falar em qualquer inconstitucionalidade do art. 1013, § 3º, IV do Novo CPC. Inconstitucionalidade, se houvesse, decorreria da infringência ao duplo grau de jurisdição, que, entretanto, como visto, não é garantido de forma ilimitada pela Constituição. Aliás, um vício de tal espécie estaria presente em qualquer hipótese de aplicação da "teoria da causa madura", inclusive no ainda vigente § 3º do art. 515, dispositivo contra o qual praticamente não foi levantada qualquer voz na doutrina.

---

67. É o caso, por exemplo: STJ, 1ª Turma, REsp 1096908 / AL, rel. Min. Luiz Fux, DJ 19.10.2009. Em sentido contrário, negando a aplicação do § 3º do art. 515 para sentença nula por fundamentação deficiente: STJ, 4ª Turma, REsp 1236732 / PR, rel. Min. João Otávio de Noronha, DJ 24.6.2011.
68. É a opinião dos seguintes autores, que, na esteira de Barbosa Moreira (*Comentários...*, vol. V, nº 238, p. 432), entendem que a validade da sentença é requisito para aplicação do dispositivo: CUNHA, Leonardo José Carneiro da; DIDIER JR., Fredie. *Curso...*, vol. 3, p. 110-111; JORGE, Flávio Cheim. *Teoria geral...*, p. 310.

4.2.4. – Reforma de sentença fundada em prescrição ou em decadência: aplicação da "teoria da causa madura"?

Da análise do art. 1.013, § 4º, do Novo CPC, verifica-se que está ali expressamente consignada a possibilidade de que, ao reformar sentença fundada em prescrição ou decadência, o tribunal, ao afastar a questão prejudicial, julgue, se possível, o mérito, prosseguindo no enfrentamento das demais questões a ele pertinentes.

Não se trata, propriamente, da aplicação da chamada "teoria da causa madura", já que como vê do art. 487, II, do Novo CPC, a prescrição e a decadência são inequivocamente questões de mérito[69]. Ao reformar a sentença nelas fundada, e prosseguir na análise do *meritum causae*, o tribunal estará apenas rejulgando pretensão que já foi analisada pelo órgão *a quo*. Merece elogio, por isso, o Novo Código, ao tratar da hipótese no § 4º do art. 1.013, e não em seu § 3º.

Por tal razão, muito antes da inserção do § 3º no art. 515 do CPC/73, por meio da Lei nº 10.352/2001, a doutrina já aceitava que, nestes casos, o tribunal, ao reformar a sentença prolatada com base no art. 269, IV, prosseguisse no julgamento do mérito, desde que, é claro, o feito já estivesse suficientemente instruído[70]. Tratava-se, apenas, de aplicar os §§ 1º e 2º do art. 515, que não restringem a profundidade do efeito devolutivo da apelação ao que foi efetivamente tratado na sentença, mas a todo o material cognitivo que estava à disposição do juízo *a quo*[71].

Diferente, todavia, é o caso da decretação da decadência do direito de impetrar mandado de segurança (art. 23 da Lei 12.016/2009). Neste caso, o que se tem é decisão que não toca o mérito da causa, mas sim declara a inadequação da via mandamental para a defesa daquele direito, ainda sendo possível ao autor recorrer às vias ordinárias[72]. Trata-se, assim, de sentença terminativa, demandando a aplicação da hipótese prevista expressamente no § 3º do art. 515 do CPC/73[73], a que corresponde o inciso I do § 3º do art. 1.013, já analisado.

---

69. No que tange à prescrição, era essa, aliás, a lição de Enrico Tullio Liebman, em conhecido ensaio escrito para o Código de 1939, que não continha dispositivo semelhante ao art. 487, II, do NCPC e art. 269, IV, do CPC/73: "Recurso da decisão que declara prescrita...", *passim*, esp. p. 124-125.
70. Neste sentido: GRINOVER, Ada Pellegrini, *Os princípios constitucionais*, p. 152-153; MOREIRA, José Carlos, *Comentários...*, nº 243, p. 443-444.
71. Na jurisprudência do STJ, porém, encontram-se diversos julgados que, equivocadamente, tratam da hipótese no contexto do § 3º do art. 515 do CPC/73: STJ, 2ª Turma, AgRg no REsp 1348732/MG, Rel. Ministra Assusete Magalhães, DJe 18.03.2015; STJ, 2ª Turma, AgRg nos EDcl no AREsp 46.650/PR, Rel. Min. Humberto Martins, DJe 13.08.2014; STJ, 2ª Turma, REsp 968.409/PE, Rel. Min. Castro Meira, DJe 12.09.2013.
72. É o que esclarece Cássio Scarpinella Bueno, que deixa claro se tratar de sentença terminativa (*Mandado de segurança: comentários às Leis nº 1.533/51, 4.384/64 e 5.021/66*. 5ª ed. São Paulo: Saraiva, 2009. p. 198-199).
73. Correto, portanto: STJ, 6ª Turma, RMS 15720 / SC, rel. Min. Paulo Medina, DJ 19.3.2007.

5. CONCLUSÃO

Das considerações que buscamos empreender neste estudo, o que se conclui é que o Novo CPC de certa forma avançou no tratamento da matéria ao deixar explícitas algumas das hipóteses em que já se cogitava a incidência do § 3º do art. 515 do CPC/73. Além disso, merece aplauso o fato de ter sido eliminada a exigência de a *"causa versar questão exclusivamente de direito"*.

São incompreensíveis, por outro lado, as razões pelas quais se deixou de tomar posição em relação a questões mais polêmicas, que ocasionavam, estas sim, maiores vacilações doutrinárias e, pior que isso, indesejáveis turbulências jurisprudenciais. É o caso, por exemplo, da determinação da necessidade ou não de pedido expresso para aplicação do dispositivo.

6. BIBLIOGRAFIA

ALVIM, José Manuel de Arruda. "Notas sobre algumas das mutações verificadas com a Lei 10.352/2001". In: *Aspectos polêmicos e atuais dos recursos e de outros meios de impugnação às decisões judiciais*, vol. 6. Coord: Nelson Nery Jr. e Teresa Arruda Alvim Wambier. São Paulo: RT, 2002.

APRIGLIANO, Ricardo de Carvalho. *A apelação e seus efeitos*. 2ª ed. São Paulo: Atlas, 2007.

ARAGÃO. Egas Dirceu Moniz de. "Demasiados Recursos?". In: *Meios de impugnação ao julgado cível: estudos em homenagem a José Carlos Barbosa Moreira*. Coord.: Adroaldo Furtado Fabrício Rio de Janeiro: Forense, 2008.

ASSIS, Araken de. *Manual dos recursos*. 3ª ed. São Paulo: RT, 2011.

BEDAQUE, José Roberto dos Santos. "Apelação: questões sobre admissibilidade e efeitos". In: *Aspectos polêmicos e atuais dos recursos e de outros meios de impugnação às decisões judiciais*, vol. 7. Coord.: Nelson Nery Jr. e Teresa Arruda Alvim Wambier. São Paulo: RT, 2003.

BERMUDES, Sérgio. *Comentários ao Código de Processo Civil*, vol. VII. 2ª ed. São Paulo: RT, 1977.

BUENO, Cássio Scarpinella. *Curso sistematizado de direito processual civil*, vol. 1. São Paulo: Saraiva, 2007.

_____. *Mandado de segurança: comentários às Leis nº 1.533/51, 4.384/64 e 5.021/66*. 5ª ed. São Paulo: Saraiva, 2009

CÂMARA, Alexandre Freitas. *Lições de direito processual civil*, vol. II. 17ª ed. Rio de Janeiro: Lúmen Júris, 2009.

CARNEIRO, Athos Gusmão; TEIXEIRA, Sálvio de Figueiredo. "Anteprojeto de Lei (nº 15) – versão final". In: *Revista jurídica da Presidência*, v. 1, nº 2, jun/1999. Disponível em: http://

www.planalto.gov.br/ccivil_03/revista/Rev_02/anteproj_lei_cpc15.htm. Consultado em: 13.9.2012.

CARNELUTTI, Francesco. *Instituciones del proceso civil*, v. II. Buenos Aires: EJEA, 1959.

CHIOVENDA, Giuseppe. *Instituições de direito processual civil*, vol. III. 2ª ed. Campinas: Bookseller, 2000.

_____. *Princípios de derecho procesal civil*, t. II. Madrid: Reus, 1925.

CINTRA, Antônio Carlos de Araújo. "Apontamentos sobre os fatos da causa e a apelação". In: *Meios de impugnação ao julgado cível: estudos em homenagem a José Carlos Barbosa Moreira*. Coord.: Adroaldo Furtado Fabrício. Rio de Janeiro: Forense, 2008.

_____; DINAMARCO, Cândido Rangel; GRINOVER, Ada Pellegrini. *Teoria geral do processo*. 23ª ed. São Paulo: Malheiros, 2007.

CUNHA, Leonardo José Carneiro da; DIDIER JR., Fredie. *Curso de direito processual civil*, vol. 3. 8ª ed. Salvador: Juspodivm, 2010.

DINAMARCO, Cândido Rangel. *A instrumentalidade do processo*. 13ª ed. São Paulo: Malheiros, 2008.

_____. *A reforma da reforma*. 2ª ed. São Paulo: Malheiros, 2002.

_____. *Instituições de direito processual civil*, vol. I. São Paulo: Malheiros, 2001.

_____. O efeito devolutivo da apelação e de outros recursos. In: *Nova era do processo civil*. 3ª ed. São Paulo: Malheiros, 2009.

FAGUNDES, Miguel Seabra. *Recursos ordinários em matéria civil*. Rio de Janeiro: Forense, 1946.

GRINOVER, Ada Pellegrini, *Os princípios constitucionais e o código de processo civil*. São Paulo: Bushatsky, 1975.

GUIMARÃES, Luiz Machado. "Efeito devolutivo da apelação". In: *Estudos de Direito Processual Civil*. Rio de Janeiro-São Paulo: Jurídica e Universitária, 1969.

JORGE, Flávio Cheim. *Teoria geral dos recursos cíveis*. 5ª ed. São Paulo: RT, 2011.

_____; JR., Fredie Didier; RODRIGUES, Marcelo Abelha. *A nova reforma processual*. 3ª ed. São Paulo: Saraiva, 2003.

LASPRO, Orestes Nestor de Souza, *Duplo grau de jurisdição no direito processual civil*. São Paulo: RT, 1995.

LIEBMAN, Enrico Tullio. "Notas" à edição brasileira das *Instituições de direito processual civil*, vol. III. 2ª ed. de Giuseppe Chiovenda. Campinas: Bookseller, 2000.

_____. "Recurso da decisão que declara prescrita a ação". In: *Estudos sobre o processo civil brasileiro*. São Paulo: Bestbook, 2004.

LOPES, Bruno Vasconcelos Carrilho. *Limites objetivos e eficácia preclusiva da coisa julgada.* São Paulo: Saraiva, 2012.

MOREIRA, José Carlos Barbosa. "A eficácia preclusiva da coisa julgada material no sistema do código de processo civil brasileiro". In: *Temas de Direito Processual Civil: Primeira Série.* 2ª ed. São Paulo: Saraiva, 1988.

_____. *Comentários ao Código de Processo Civil*, vol. V. 13ª ed. Rio de Janeiro: Forense, 2006.

_____. "Correlação entre o pedido e a sentença". In: *RePro* nº 83. São Paulo: RT, 1996.

_____. "Item do pedido sobre o qual não houve decisão. Possibilidade de reiteração noutro processo". In: *Temas de direito processual civil: segunda série.* São Paulo: Saraiva, 1980.

_____. "Reformatio in pejus (processo civil)". In: *Direito processual civil (ensaios e pareceres).* Rio de Janeiro: Borsoi, 1971.

NERY JR., Nelson. *Teoria geral dos recursos.* 6ª ed. São Paulo: RT. 2004.

OLIVEIRA, Bruno Silveira de. "Duplo grau de jurisdição: princípio constitucional?" In: *RePro* nº 162. São Paulo: RT, 2008.

PASSOS, José Joaquim Calmon de. "As razões da crise de nosso sistema recursal". In: *Meios de impugnação ao julgado cível: estudos em homenagem a José Carlos Barbosa Moreira.* Coord.: Adroaldo Furtado Fabrício. Rio de Janeiro: Forense, 2008.

_____. "O devido processo e o duplo grau de jurisdição". In: *Revista forense comemorativa – 100 anos,* t. 5. Coord.: José Carlos Babosa Moreira. Rio de Janeiro: Forense, 2006.

SANTOS, Moacyr Amaral. *Primeiras linhas de direito processual civil,* vol. 3. 22ª ed. São Paulo: Saraiva, 2008.

THEODORO JR., Humberto. *Curso de direito processual civil,* vol. I. 53ª ed. Rio de Janeiro: Forense, 2012.

_____. "Inovações da Lei 10.352/2001, em matéria de recursos cíveis e duplo grau de jurisdição". In: *Aspectos polêmicos e atuais dos recursos e de outros meios de impugnação às decisões judiciais,* vol. 6. Coord.: Nelson Nery Jr. e Teresa Arruda Alvim Wambier. São Paulo: RT, 2002.

TUCCI, José Rogério Cruz e. "Diretrizes do novo processo civil italiano". In: *Devido processo legal e tutela jurisdicional.* São Paulo: RT, 1993.

_____. *Lineamentos da nova reforma do CPC.* 2ª ed. São Paulo: RT, 2002.

WAMBIER, Teresa Arruda Alvim; WAMBIER, Luiz Rodrigues. *Breves comentários à 2ª fase da reforma do código de processo civil.* 2ª ed. São Paulo: RT, 2002.

CAPÍTULO 7
Cabimento do Agravo de Instrumento em Matéria Probatória: Crítica ao Texto Final do Novo CPC (Lei N° 13.105/2015, Art. 1015)

Fernando Rubin[1]

SUMÁRIO • 1. APRESENTAÇÃO; 2. BREVE BALANÇO DO PERÍODO 2010-2015 DE DEBATES EM TORNO DO PROJETO PARA UM NOVO CPC; 3. O RELATÓRIO BARRADAS E O RELATÓRIO PAULO TEIXEIRA EM MATÉRIA PROBATÓRIA; 4. O DIREITO PRIORITÁRIO À PROVA E A PREVISÃO LEGAL DE UTILIZAÇÃO DO RECURSO DE AGRAVO DE INSTRUMENTO; 5. A DISPOSIÇÃO DO ART. 1028, XIX DO PROJETO PARA UM NOVO CPC APROVADO NA CÂMARA FEDERAL E A REDUÇÃO DAS HIPÓTESES NO DERRADEIRO ART. 1015 DA LEI N° 13.105/2015; 6. CONSIDERAÇÕES FINAIS; 7.PESQUISA DOUTRINÁRIA

1. APRESENTAÇÃO

O Novo CPC, sob a denominação final de Projeto 8046/2010, foi aprovado na Câmara Federal no primeiro semestre de 2014, voltando depois ao Senado Federal, com sanção presidencial ocorrida em 16/03/2015 – passando assim ao *status* de Lei n° 13.105/2015.

Já tivemos, em anterior oportunidade, a possibilidade de discutirmos as novidades em relação à temática da preclusão, quando estudamos o teor do "Relatório Barradas" no final de 2012; como também, em meados de 2013 e de acordo com o "Relatório Paulo Teixeira", a importância do direito à produção da prova e a necessidade de compreensão dos prazos, na instrução, como dilatórios[2].

---

1. Mestre em processo civil pela UFRGS. Professor da Graduação e Pós-graduação do Centro Universitário Ritter dos Reis - UNIRITTER, Laureate International Universities, Professor Pesquisador do Centro de Estudos Trabalhistas do Rio Grande do Sul - CETRA-Imed, Professor Colaborador da Escola Superior de Advocacia - ESA/RS. Professor convidado de cursos de Pós-graduação latu sensu. Articulista de revistas especializadas em processo civil, previdenciário e trabalhista. Parecerista. Advogado-sócio do Escritório de Direito Social.
2. RUBIN, Fernando. **As importantes alterações firmadas em relação à atuação da preclusão no projeto do novo CPC** in Novas Tendências do Processo Civil - Estudos sobre o Projeto do Novo CPC. Organizadores: Alexandre Freire, Bruno Dantas, Dierle Nunes, Fredie Didier Jr., José Miguel Garcia Medina, Luiz Fux, Luiz Henrique Volpe Camargo e Pedro Miranda de Oliveira. Salvador: Jus Podivm, 2013; RUBIN, Fernando. **O**

É, em desenvolvimento dos anteriores estudos, objetivo do presente trabalho investigar o momento atual em que se projetam as alterações adjetivas em matéria de provas, especialmente com relação à utilização do recurso de agravo de instrumento na hipótese de indeferimento de meio probatório requerido por uma das partes litigantes – hipótese que acabou sendo excluída, a partir da redação dada ao art. 1015 do Projeto no Senado Federal, convertida em Lei n° 13.105/2015, após sanção presidencial sem alteração da malfadada versão derradeira encaminhada pelo Congresso Nacional.

Serão abordados avanços e também retrocessos que se sucederam nesse debate (2010-2015) para a tentativa de oferecimento de meio recursal imediato a fim de que o jurisdicionado tenha resguardado o seu direito prioritário à prova[3][4].

2. BREVE BALANÇO DO PERÍODO 2010-2015 DE DEBATES EM TORNO DO PROJETO PARA UM NOVO CPC

Embora devamos reconhecer avanços no estudo e lapidação do Projeto para um novo CPC – quando da comparação do último Projeto da Câmara Federal (n° 8046) com o primeiro Projeto destacado no Senado Federal (n° 166) – percebe-se que se sucedeu falta de consensos em temas importantes, o que fez com que

---

direito à produção de provas e as correlatas questões recursais no projeto do novo CPC in Novas Tendências do Processo Civil – Estudos sobre o Projeto do Novo CPC. Organizadores: Alexandre Freire, Bruno Dantas, Dierle Nunes, Fredie Didier Jr., José Miguel Garcia Medina, Luiz Fux, Luiz Henrique Volpe Camargo e Pedro Miranda de Oliveira. Salvador: Jus Podivm, 2014, Vol II.

3. Para tanto, utilizaremos como suporte alguns recentes trabalhos que realizamos a respeito do tema e em relação à real possibilidade de contarmos em breve com um novo diploma processual: RUBIN, Fernando. **A preclusão na dinâmica do processo civil**. 2ª ed. São Paulo: Atlas, 2014; RUBIN, Fernando. **Fragmentos de processo civil moderno, de acordo com o novo CPC**. 1ª ed. Porto Alegre: Livraria do Advogado, 2013.

4. Por outro lado, devemos deixar registrado que foram inúmeros os artigos pesquisados a respeito dessa fase de construção de um novo CPC, muitos dos quais certamente auxiliaram, direta ou indiretamente, no aprimoramento do Projeto consolidado no Relatório Paulo Teixeira, a saber: CARNEIRO, Athos Gusmão. **Primeiras observações ao projeto de novo código de processo civil – PL 166/2010 – Senado** in Revista Magister de direito civil e processo civil n° 37 (2010): 56/85; CRUZ E TUCCI, José Rogério. **Garantia constitucional do contraditório no projeto do CPC: análise e proposta** in Revista Magister de direito civil e processo civil n° 38 (2010): 05/33. CRUZ E TUCCI, José Rogério. **Garantias constitucionais da duração razoável e da economia processual no Projeto do CPC** in Revista Jurídica Lex 51 (2011): 11/24; FURTADO COELHO, Marcus Vinícius. **O anteprojeto de código de processo civil: a busca por celeridade e segurança** in Revista de Processo n° 185 (2010): 146/50; QUADROS, Renata Mesquita Ribeiro. **Da rejeição liminar da demanda baseada na decadência ou na prescrição – art. 317, III do Projeto de Lei do Senado n° 166, de 2010** in Coleção Jornada de Estudos ESMAF, Distrito Federal, volume n° 8 (2011): 207/209; DELLORE, Luiz. **Da ampliação dos limites objetivos da coisa julgada no novo Código de Processo Civil** in Revista de Informação Legislativa 190 (2011): 35/43; NUNES, Dierle; JAYME, Fernando Gonzaga. **Novo CPC potencializará os déficit operacionais** extraído do site Conjur, Acesso em 23/04/2012; OLIVEIRA JUNIOR, Zulmar Duarte de. **Preclusão elástica no Novo CPC**. Senado Federal. Revistas de Informação legislativa. Ano 48. n° 190. Abr/jun 2011. Brasília: Senado Federal, 2001. Tomo 2. p. 307-318; PAULA ATAÍDE JR., Vicente de. **O novo CPC: Escrito com tinta escura e indelével** in Revista Magister de direito civil e processo civil n° 37 (2010): 102/106.

repetidamente a Câmara Federal tenha adiado novas etapas de discussão[5][6]; com redação do Projeto que mudou constantemente, a cada troca de relatoria e votação – situação que invariavelmente aumentou a incerteza em relação à redação final que aprovada[7].

Notadamente no rito de cognição, causou – e ainda causa – espécie a falta de um norte seguro nas discussões em relação a temas relevantíssimos.

Nesse diapasão, se é bem verdade que o agravo retido sempre fora tratado como recurso extinto pelo Projeto, a discussão a respeito da sorte dos embargos infringentes persistiu.

Na contramão da última versão do Projeto na Câmara Federal, que mantém no ponto a solução adotada pelo Senado, ratificamos a nossa preocupação com a supressão de importante recurso que inegavelmente se mostra oportuno para o reexame das questões fáticas. Em inúmeras matérias dessa ordem, muitas delas com efeito prospectivo considerável, importante se dar à instância "ad quem" a possibilidade de reexame fático minudente, com formação mais sólida da posição do Tribunal em relação aos temas, por meio de seu Grupo Cível[8].

Adotou-se, ao menos, solução intermediária para que os efeitos práticos do aludido recurso fossem preservados, conforme redação final do art. 942. Isto porque percebeu-se – mesmo dentro da magistratura – quão polêmica figura-se a mera supressão dos embargos infringentes do regime processual[9].

---

5. Informação retirada do **site Migalhas, 15/02/2013** – http://www.migalhas.com.br/Quentes/17,MI172581,-51045-Relator+vai+excluir+do+novo+CPC+permissao+de+penhora+de+salario+de. Acesso em 18 de fevereiro de 2013.
6. Outro exemplo, mais atual, da assertiva pode ser encontrado em: **Requerimento de 16/04/2013 na Câmara dos Deputados** – http://pt.scribd.com/doc/136468865/Novo-CPC-Adiamento-na-Camara-dos-Deputados-Tramitacao-pl-8046-2010.
7. Compactuamos, nesse sentido, com a avaliação lançada recentemente por Teresa Wambier: "Nos últimos tempos, mais especificamente nos últimos dois anos, o projeto foi uma 'esponja' para acolher sugestões oriundas de todos os cantos do Brasil, dadas por um número incomensurável de processualistas. Houve momentos, em que, numa mesma semana, o projeto teve três versões diferentes. Preparar palestras ou dar entrevistas sobre o projeto passou a ser um tormento: porque se precisava (e se precisa) saber qual a 'versão do dia'" (WAMBIER, Teresa Arruda Alvim. **O que é abrangido pela coisa julgada no direito processual civil brasileiro: a norma vigente e as perspectivas de mudança** in in Revista de Processo n° 230, ano 39, abril/2014, p. 75 e ss).
8. Maia recentemente ratificamos a nossa preocupação com a efetiva prestação de tutela jurisdicional a ser devolvida pelos Tribunais de segunda instância: RUBIN, Fernando. **O Cabimento dos embargos de declaração para o cabimento de uma prestação jurisdicional efetiva** in Revista de Processo n° 230, ano 39, abril/2014, p. 175 e ss.
9. Informação retirada do **site Conjur, 10/12/2011** http://www.conjur.com.br/2011-dez-10/juizes-pedem-volta--embargos-infringentes-projeto-cpc. Acesso em 21 de fevereiro de 2013.

Mesmo assim, ainda criticamos a não manutenção do recurso no regime processual, já que a busca irrefletida por efetividade não pode chegar à medida de dificultar a formação de decisão final qualificada, razão pela qual no ponto a efetividade deveria ceder à segurança jurídica – de forma semelhante ao que se sucede, como entendemos, em matéria de produção probatória na fase de instrução.

Já a respeito da redação dos dispositivos que tratavam de sensível melhora quanto a marco mais avançado de alteração da causa de pedir/pedido e definição mais clara a respeito dos limites da eficácia preclusiva da coisa julgada, apresentou-se retrocesso espetacular, retomando, a última versão do Projeto, as exatas (conservadoras) disposições que temos hoje no CPC de 1973, o que realmente é motivo para se lamentar.

Da mesma forma persistimos lamentando a possibilidade de instituição de honorários recursais ex officio, conforme regramento previsto no art. 85 da Lei n° 13.105/2015. A ideia é a de que a cada recurso improvido o sucumbente reste condenado a pagar honorários adicionais que, no todo, não poderão ultrapassar os 20% do valor da condenação, do proveito, do benefício ou da vantagem econômica obtidos. A crítica, que fazemos nesse espaço, cinge-se a possibilidade dessa majoração oficiosa de honorários especialmente pela segunda instância ordinária, já que acreditamos estar-se, dessa forma, infringindo o princípio constitucional do duplo grau de jurisdição; além disso, outro grande princípio processual acaba sendo maculado com essa inovação, qual seja, o princípio da *reformatio in peius*.

3. O RELATÓRIO BARRADAS E O RELATÓRIO PAULO TEIXEIRA EM MATÉRIA PROBATÓRIA

Após votação do Relatório Barradas no segundo semestre de 2012 na Câmara Federal, foram retomadas as discussões do Projeto para um novo CPC, tendo sido lido o Relatório Paulo Teixeira em 8 de maio de 2013, o qual apresentou algumas tópicas novidades interessantes, embora grosso modo a estrutura básica do Projeto Barradas não tenha sido alterada substancialmente[10]. Tanto é que o Deputado Federal Paulo Teixeira (PT-SP) detalhou que procedeu a um total de 38 modificações ao relatório apresentado anteriormente na comissão especial pelo ex-Deputado Sergio Barradas Carneiro (PT-BA), que incialmente ocupou a relatoria da proposta do novo CPC[11].

---

10. A respeito, o **site Atualidades do Direito, acesso em 16/06/2013**, apresenta interessante histórico do teor dos Projetos para um novo CPC: http://atualidadesdodireito.com.br/dellore/2013/05/13/ncpc-camara.
11. Informação retirada do site da **liderança do partido em 17/06/2013:** http://www.ptnacamara.org.br/index.php/noticias/itemlist/tag/C%C3%B3digo%20de%20Processo%20Civil,%20CPC,%20Paulo%20Teixeira,%20

Para quem não acompanhou de perto o Projeto para um novo CPC, pode-se dizer, em brevíssimas linhas, que o Relatório Barradas apresentou um número grande de novidades se comparado com o texto do Projeto vindo do Senado sob o número 8046/2010; situação que não se equipara quando da comparação do Relatório Barradas com o Relatório Paulo Teixeira mais recentemente divulgado.

Alguns pontos acabaram sendo repensados, sendo feita aqui a opção por indicarmos cenários recursais que preocupam especialmente à advocacia[12]. Um dos itens retirados foi a Apelação por instrumento, que criava a necessidade de cópia de todas as peças relevantes para que o recurso fosse apreciado pelo Tribunal diretamente, sem a necessidade dos autos físicos; não haverá então alteração significativa no processamento deste recurso, sendo ainda mantida a regra atual de que a Apelação tem, por regra, efeito suspensivo – já que pelos estudos anteriores, a proposta era retirar o efeito suspensivo do recurso, permitindo assim a execução provisória imediata da decisão de mérito proferida pela instância originária.

Outro ponto que merece destaque, e que será objeto de maior discussão neste ensaio, diz respeito ao Agravo de Instrumento contra decisão que indefere provas. O Relatório Barradas previa, no então art. 1037, o recurso imediato contra decisão interlocutória só na hipótese de a decisão "determinar a exibição ou a posse de documento ou coisa" e da que "redistribuir o ônus da prova"[13]. O Relatório Paulo Teixeira manteve, no art. 1028, essas possibilidade de utilização do Agravo de Instrumento, criando ainda uma terceira – e mais importante – hipótese de manejo do recurso na temática probatória, ao consignar, no inciso XIII, que cabe recurso da decisão interlocutória gravosa que "indeferir o pedido de produção da prova"[14].

Realmente tratava-se de novidade relevante e ampla, que se coloca claramente a favor da prova, cenário que vem de boa data sendo por nós vivamente defendido – ainda mais naquelas demandas individuais com carga fática substanciosa, em que o indeferimento da prova deve ser entendido como situação absolutamente excepcional[15].

Sergio%20Barradas%20Carneiro,%20%20%20justi%C3%A7a,%20,%20%20%20concilia%C3%A7%C3%A3o,%20%20media%C3%A7%C3%A3o.

12. Informação retirada do site **Conjur, de 20/05/2013**: http://www.conjur.com.br/2013-mai-20/pontos-preocupavam-advocacia-retirado-projeto-cpc.
13. BRASIL. **Relatório Câmara Federal Projeto Novo CPC**. Relator-Geral Deputado Sérgio Barradas Carneiro. Brasília, 2012. p. 1101. Acesso em 03 de janeiro de 2013 – http://sergiobc.com.br/wp-content/uploads/2012/11/parecer.pdf.
14. BRASIL. **Relatório Câmara Federal Projeto Novo CPC**. Relator-Geral Deputado Paulo Teixeira. Brasília, 2013. p. 1301. Acesso em 28 de junho de 2013.
15. A respeito, consultar nossos estudos em Processo e Previdência: RUBIN, Fernando. **Benefícios por incapacidade no Regime Geral de Previdência Social: Questões centrais de direito material e de direito**

4. O DIREITO PRIORITÁRIO À PROVA E A PREVISÃO LEGAL DE UTILIZAÇÃO DO RECURSO DE AGRAVO DE INSTRUMENTO

No sistema do Código Buzaid (que se manterá vigente, em virtude da *vacatio*, até 17 de março de 2016)[16], pelo teor dos arts. 522/523, cabe o recurso de Agravo de Instrumento das decisões interlocutórias suscetíveis de causar à parte lesão grave ou de difícil reparação; sendo que em todos os demais casos, a parte interessada deve apresentar Agravo Retido. No sistema projetado temos detalhamento das hipóteses de cabimento do primeiro recurso, sendo ainda simplesmente suprimido o segundo.

Resta então amenizada a ideia da preclusão para as partes com a extinção do agravo retido, sendo que desde o Anteprojeto 166-2010, já havia previsão de que as decisões interlocutórias, produzidas incidentemente antes da sentença, poderão ser impugnadas pela parte sucumbente, em preliminar, em sede de razões ou de contrarrazões de apelação.

É bem verdade que a versão final do substitutivo encaminhado ao Plenário da Câmara Federal criou a figura (típica do processo trabalhista) do protesto anti preclusivo, ao regulamentar o art. 1022 do Projeto para um novo CPC: " § 1º As questões resolvidas na fase de conhecimento, se a decisão a seu respeito não comportar agravo de instrumento, têm de ser impugnadas em apelação, eventualmente interposta contra a decisão final, ou nas contrarrazões. Sendo suscitadas em contrarrazões, o recorrente será intimado para, em quinze dias, manifestar-se a respeito delas. § 2º A impugnação prevista no § 1º pressupõe a prévia apresentação de protesto no primeiro momento que couber à parte falar nos autos, sob pena de preclusão".

Mas na versão final do Projeto, retornando ao Senado Federal, foi retirada a figura laboral do protesto anti-preclusivo.

Trata-se de sistema mais simples de enfrentamento das decisões interlocutórias de menor gravidade, já que segundo boa doutrina o agravo retido, no sistema vigente, quando interposto, deve vir já acompanhando das suas fundamentadas razões recursais, cabendo ainda ao magistrado antes de dar andamento ao feito na origem (retratando-se ou não), dar vista ao agravado para oferecimento de suas contrarrazões[17]. Pelo Projeto antigo, bastaria que fosse feita na origem o

---

processual. Porto Alegre: Livraria do Advogado, 1ª ed., 2014; RUBIN, Fernando; ROSSAL, Francisco. **Acidentes de Trabalho.** São Paulo: LTr, 1ª ed., 2013.
16. BARBOSA MOREIRA, J. C. **O novo processo civil brasileiro.** Rio de Janeiro: Forense, 2006, 24ª ed., p. 143/149; BUZAID, Alfredo. **Linhas fundamentais do sistema do código de processo civil brasileiro** in Estudos e pareceres de direito processual civil. Notas de Ada Pellegrini Grinover e Flávio Luiz Yarshell. São Paulo: RT, 2002. p. 31/48.
17. "(...) A meu juízo, a oitiva do agravado é fundamental, em razão do princípio do contraditório, sendo certo que, ainda que o juiz não pretenda reformar sua decisão, o agravo retido será, posteriormente,

apontamento do protesto, cabendo as fundamentadas razões recursais serem apresentadas diretamente ao Tribunal, em preliminar recursal, caso efetivamente a parte manifeste interesse em assim proceder nesse momento ulterior; nesse caso, a parte contrária oferecerá oportunamente as suas contrarrazões de apelação, inclusive quanto à matéria preliminar, relativa à decisão interlocutória desafiada.

Tal estrutura – com ou sem protesto – não atinge as decisões interlocutórias sujeitas a Agravo de Instrumento, as quais, ratifique-se, seguem a regra tradicional de preclusão – cabendo esse último recurso contra um número largo de disposições contidas no art. 1028 do Relatório Paulo Teixeira. Trata-se de número amplo, em que entendemos dever estar situada a temática probatória, mas de *números clausus*, sistemática então totalmente diversa do Código Buzaid.

Portanto, o modelo projetado exclui a incidência de recurso imediato das decisões interlocutórias de menor envergadura e estabelece *números clausus* para as situações incidentais que desafiarão o Agravo de Instrumento – na versão final aprovada, conforme dispõe o art. 1015.

Uma primeira análise da questão, diante da nossa preocupação com o cenário probatório (e preclusivo), aponta que a novidade que havia sido trazida no Relatório Paulo Teixeira era positiva; determinando que a questão seja imediatamente examinada pelo Tribunal, o que ao nosso entender aumenta as chances de se ter resposta célere e determinadora de reforma do julgado, sendo também interessante ao passo que impede que o Tribunal deixe eventualmente de apreciar a questão, convertendo o Agravo de Instrumento em Retido, como em alguma medida hoje acontece[18].

No sistema Buzaid pode haver sempre uma boa dúvida a respeito do cabimento do Agravo de Instrumento no caso concreto[19], já que a disposição do Código Processual é genérica, o que autoriza certo grau de subjetivismo, justamente o

---

apreciado pelo tribunal, e não haverá momento posterior adequado para o oferecimento das contrarrazões. Por tais motivos, parece-me indispensável que a oportunidade para seu oferecimento se dê logo após a interposição do recurso" (CÂMARA, Alexandre Freitas. **Lições de direito processual civil** - Vol. 2. São Paulo: Atlas, 2013. 22ª ed., p. 103).

18. AGRAVO DE INSTRUMENTO. NEGÓCIOS JURÍDICOS BANCÁRIOS. PRODUÇÃO DE PROVA PERICIAL E ORAL. INDEFERIMENTO. CONVERSÃO DO AGRAVO DE INSTRUMENTO EM AGRAVO RETIDO. ART. 527, INC. II DO CÓDIGO DE PROCESSO CIVIL (LEI nº 11.187 DE 19 DE OUTUBRO DE 2005). Caso em que não há demonstração de que a decisão guerreada possa causar ao recorrente lesão grave e de difícil reparação, cumprindo, pois a conversão do recurso em agravo retido, (art. 522 do CPC) em conformidade com o disposto no art. 527, inciso II, do CPC, com a redação dada pela Lei nº 11.187/05. RECURSO CONVERTIDO EM AGRAVO RETIDO. (Agravo de Instrumento Nº 70054379151, Décima Sétima Câmara Cível, Tribunal de Justiça do RS, Relator: Luiz Renato Alves da Silva, Julgado em 24/05/2013).

19. MARINONI, Luiz Guilherme; MITIDIERO, Daniel. **Código de Processo Civil comentado**. São Paulo: RT, 2011, 3ª ed., p 553.

que pretende acabar o Projeto para um novo CPC. Por isso que é tão importante saber se uma matéria está inserida nesse contexto ou não; pelo Relatório Paulo Teixeira, a matéria probatória estava devidamente contemplada.

Aliás, se examinarmos o histórico do Projeto, desde o Senado Federal, vamos ver que a matéria probatória foi aos poucos sendo inserida nesse dispositivo que regula as hipóteses específicas em que cabe o recurso de Agravo de Instrumento: na primeira versão do Senado Federal, 166/2010, não existia nada a respeito[20]; na versão final, 8046/2010, aparecia a previsão envolvendo "exibição de documento ou coisa"; no Relatório Barradas da Câmara Federal, além dessa primeira previsão, veio a segunda: "inverter o ônus de prova"; e, finalmente no Relatório Paulo Teixeira da Câmara Federal, são confirmadas as duas hipóteses mencionadas, sendo cogitada de uma terceira: "indeferimento de prova".

Então, a partir deste último Relatório, passaram a restar configuradas três hipóteses envolvendo matéria probatória, em que prevista a utilização do recurso de Agravo de Instrumento. Retomemos, pois, que há amplo interesse no resguardo da prova, se examinarmos esse dispositivo, ainda mais se o articularmos com a previsão de dilação de prazos na fase instrutória (art. 139, VI do Projeto) – o qual também se coloca a favor do direito de provar. Cremos que essa (proposital ou não) macro proteção que acabou se formando no Projeto haveria de ser enaltecida, não sendo nada elogiável, por isso, o retrocesso na matéria que se verificou.

A disposição contida no art. 1028, XIII do Relatório Paulo Teixeira representou um avanço, incentivando o julgador de primeiro grau a justamente indeferir meios de prova em situações absolutamente excepcionais, inclusive acatando a tese ainda hoje incipiente de que os prazos instrutórios são de natureza dilatória, sob pena de reforma das decisões e tumulto procedimental daí decorrente.

Infelizmente, o Relatório Paulo Teixeira foi finalmente votado na Comissão Especial da Câmara Federal em 17 de julho de 2013, sendo inadvertidamente retirada essa disposição do cabimento de agravo de instrumento diante de indeferimento de prova[21]. Aliás, como chegamos a criticar juntamente com um grupo de especialistas na matéria, houve certa precipitação nesse último encaminhamento, sendo verificadas algumas alterações finais no Projeto sem maior debate com o meio jurídico nacional[22].

---

20. GUEDES, Jefferson Carús; DALL´ALBA, Felipe Camillo; NASSIF AZEM, Guilherme Beux; BATISTA, Liliane Maria Busato (organizadores). **Novo código de processo civil. Comparativo entre o projeto do novo CPC e o CPC de 1973.** Belo Horizonte: Fórum, 2010, p. 251.
21. BRASIL. **Relatório Câmara Federal Projeto Novo CPC. Relator-Geral Deputado Paulo Teixeira.** Substitutivo adotado na versão final levada a Plenário. Brasília, 2013. p. 300. Acesso em 17 de julho de 2013.
22. Retirado do **site Conjur** http://www.conjur.com.br/2013-jul-09/estudiosos-criticam-pressa-analise-codigo--processo-civil. Acesso em 10.07.2013.

Firmemente entendemos que a matéria probatória não deve restar delegada ao mero critério (muitas vezes subjetivo) do juízo originário, sendo só objeto de ponderação pelo juízo de segundo grau em preliminar recursal (em caso de persistir inexistindo a figura do agravo de instrumento articulada com a supressão do agravo retido do diploma processual); momento procedimental esse, em que o sentenciante já teve a oportunidade de em muitos casos examinar o mérito da contenda, o que dificulta, sem sombra de dúvidas, a tomada de postura mais enérgica pelo Tribunal no sentido de determinar a cassação do *decisum* e reabertura da instrução na origem.

Nesse diapasão, em sendo mantida a redação de supressão do agravo de instrumento em matéria de indeferimento de provas, por certo a parte lesada em razão de uma medida judicial equivocada em relação ao tema, quando verificado o indeferimento de importante meio probante para o processo, poderá tomar medida mais enérgica e célere na defesa dos seus interesses.

Será o caso de se utilizar do Mandado de Segurança, medida excepcional que pode sim se converter em importante instrumento do procurador da parte para que se evite prejuízo a direito processual líquido e certo do seu constituinte[23]. E não seria essa a primeira oportunidade no processo brasileiro, em que se visualizaria a utilização do mandado de segurança, quando o sistema adjetivo não oferece os mais adequados meios recursais para ser impugnada decisão interlocutória gravosa, sendo muito apropriada a ponderação, já bem explicitada pela jurisprudência pátria, no sentido de que "a baixa efetividade do agravo de instrumento implicará, novamente, o aumento da utilização do mandado de segurança contra ato judicial"[24].

Seguramente, caso não se restabeleça a ordem das coisas, corre-se o sério risco de ser resgatada a utilização em massa de mandados de segurança contra ordens arbitrárias do juízo de primeiro grau, o que seguramente trará mais demora na tramitação da causa, em prejuízo da efetividade – valor tão caro especialmente aos estudiosos que projetaram o Novo CPC.

Por fim, não havendo recurso típico e imediato em relação a indeferimento de prova, entendemos possível que se admita pedido de reconsideração dirigido ao juízo *a quo*, a fim de que reavalie a situação, autorizando a admissibilidade de determinado relevante meio probante. A favor da tese, o direito constitucional de petição articulado ao direito prioritário e constitucional à prova, não sendo

---

23. DUARTE, Francisco Carlos; ROQUE, André Vasconcelos. **Mandado de Segurança – Comentários à Lei nº 12.016/09**. Curitiba: Juruá, 2011, p. 40, especialmente.
24. Passagem retirada de importante paradigma: RMS 259 34/PR, Rel. Ministra Nancy Andrighi, Corte Especial do Superior Tribunal de Justiça, j. em 27/11/2008, DJe 09/02/2009.

razoável que nesse contexto o magistrado não analise o pedido de reconsideração alegando não existir previsão legal para tal medida desprovida de efeito devolutivo[25].

5. A DISPOSIÇÃO DO ART. 1028, XIX DO PROJETO PARA UM NOVO CPC APROVADO NA CÂMARA FEDERAL E A REDUÇÃO DAS HIPÓTESES NO DERRADEIRO ART. 1015 DA LEI N° 13.105/2015

A redação final do Projeto do Novo CPC na Câmara Federal acabou por incluir no art. 1028, o inciso XIX, a estabelecer que cabe agravo de instrumento contra decisão judicial que indeferir prova pericial[26].

Há inegavelmente um resgate, mesmo que parcial, daquela redação constante no antigo art. 1028, XIII do Relatório Paulo Teixeira.

Embora aquela redação fosse ainda mais adequada, já que englobava todos os meios de prova, entendemos que ao menos um dos graves, senão mais grave, indeferimento em matéria probatória, quando a parte litigante deseja ver realizada prova técnica, passou, nesse momento, a ser inserida no texto do Código.

Mesmo assim forçoso ser registrado que não parece adequado ser incluído determinado meio de prova (pericial) e excluído da órbita do agravo de instrumento outros (como a prova documental e testemunhal), já que não há formal hierarquia entre os meios probantes[27], sendo realmente oportuno que a parte tivesse condições de discutir imediatamente junto ao Tribunal qualquer indeferimento de meio de prova.

Reabre-se aqui, ao menos em parte, a discussão da utilização pela parte litigante do mandado de segurança nessas hipóteses em que alijada de interpor agravo de instrumento. Há aqui amplo espaço para debate, ainda mais que mantidas, pela redação final do Projeto na Câmara, as outras hipóteses de cabimento de agravo em matéria de prova: envolvendo "exibição de documento ou coisa" e "inversão do ônus de prova".

No que toca à prova pericial, temos que a novidade daquele momento foi muito positiva, já que no atual cenário, repisamos, poderia o juízo a quo entender pela desnecessidade da perícia técnica para o processo, vindo a

---

25. RUBIN, Fernando. **A preclusão na dinâmica do processo civil.** 2ª ed. São Paulo: Atlas, 2014, p. 151/156.
26. BRASIL. **Relatório Final Câmara Federal Projeto Novo CPC.** Brasília, 2014. p. 305. Acesso em 31 de maio de 2014.
27. ROSITO, Francisco. **Direito probatório: as máximas de experiência em juízo.** Porto Alegre: Livraria do Advogado, 2007, p. 22 e ss.; TEIXEIRA FILHO, Manoel Antônio. **A prova no processo do trabalho.** São Paulo: LTr, 2014, 10ª ed., p. 75 e ss.

julgá-lo imediatamente; interpondo a parte litigante interessada o Agravo de Instrumento, o Tribunal poderia alegar que o dano não era supostamente grave e irremediável, convertendo o Instrumento em Retido, nada tratando antes da decisão final de mérito. Melhor mesmo é, antes de qualquer decisão de mérito, que se examine muito bem a viabilidade da prova, nesse caso pericial, o que se daria pela intervenção do Tribunal; sendo que esperamos (sempre) uma posição mais firme e profunda dos Tribunais na análise dos indeferimentos de prova, corrigindo qualquer decisão originária que tenha indeferido inadequadamente meio de provar, sendo relevante relembrarmos que pela sua importância, em processos de cunho fático significativo, que qualquer meio de prova seja realizado, inclusive nas hipóteses em que o julgador fique em dúvida sobre a necessidade daquela prova para a instrução do feito. O indeferimento de plano da prova só cabe, estamos convictos, quando o fato jurídico integrante da *causa petendi* não for mais controvertido ou a prova recair sobre questão manifestamente irrelevante para o deslinde da causa[28].

De fato, entendemos que o segundo grau em matéria probatória possui muita responsabilidade no Brasil, já que cabe a ele fazer o controle das decisões, inclusive interlocutórias, dos juízos de primeiro grau, coibindo eventuais medidas abusivas (e em alguns casos reiteradas) de magistrados de primeira instância no sentido de indeferir meios de provas, preferindo sempre pelo julgamento antecipado (e prematuro) da demanda. Com a novidade insculpida no art. 1028, XIX do Projeto esse controle poderia ser melhor feito, já que realmente o Tribunal estaria obrigado a enfrentar o "mérito", decidindo se houve ou não excesso no indeferimento de prova – e, repetimos, temos que esse controle deve ser feito com muito cuidado, o que resulta em balizador (e até aprendizado) ao julgador de primeiro grau, aumentando a qualidade da sentença, a ser feita a partir da prova produzida por sua decisão ou por imposição do juízo ad quem.

Nesse sentido, para exemplificarmos, já há alguns paradigmas na jurisprudência que precisam ganhar mais espaço, a saber: "em que pese a autoridade do juiz de determinar as provas necessárias à instrução do processo, indeferindo as diligências inúteis ou meramente protelatórias, não se pode perder de vista que

---

28. A respeito do tema probatório, importante a consulta as referências principais pátrias, de onde retiramos a base do nosso pensar: ALVARO DE OLIVEIRA, Carlos Alberto. **Problemas atuais da livre apreciação da prova** disponível em: http://www6.ufrgs.br/ppgd/doutrina/oliveir3.htm; Acesso em: 13 jun. 2013; CAMBI, Eduardo. **A prova civil: admissibilidade e relevância**. São Paulo: RT, 2006; KNIJNIK, Danilo. **A prova nos juízos cível, penal e tributário**. Rio de Janeiro: Forense, 2007; MARINONI, Luiz Guilherme; ARENHART, Sérgio Cruz. **Prova**. São Paulo: RT, 2011. 2ª ed;. REICHELT, Luis Alberto. **A prova no direito processual civil**. Porto Alegre: Livraria do Advogado, 2009.

igualmente cumpre assegurar aos litigantes o exercício da ampla defesa a partir da utilidade da prova"[29] [30].

Infelizmente a versão encaminhada pelo Senado Federal, quando recebeu novamente o Projeto n° 8.046/2010, vindo da Câmara Federal, tratou de reduzir as hipóteses do agravo de instrumento, condensando-as no art. 1015, nada tratando diretamente do indeferimento de provas, sequer da prova pericial. Trata-se de lamentável retrocesso, como se pode constatar pelo histórico do Projeto do Novo CPC, no período de 2010-2015, restando, ao menos, mantidas as hipóteses de cabimento de agravo contra as decisões interlocutórias que versarem sobre "exibição ou posse de documento ou coisa" (inciso VI) e "redistribuição do ônus da prova" (inciso XI).

Cabe nesse estágio, de *vacatio legis* do *novel codex*, sugerir prioritariamente exegese extensiva das hipóteses contidas no art. 1015, a fim de que todo indeferimento de prova possa ser objeto de imediato recurso típico, sendo aproveitadas as ocasiões contidas nos incisos VI e XI exatamente para justificar essa espécie de interpretação elástica, que evite prejuízos desnecessários e indevidos à parte litigante que se viu impedida de se utilizar de todos os meios de prova lícitos e constitucionalmente resguardados.

6. CONSIDERAÇÕES FINAIS

Depois de idas e vindas o Projeto para um Novo CPC foi finalmente aprovado na Câmara Federal, com o reencaminhamento ao Senado Federal, no primeiro semestre de 2014, com redação bastante modificada, sendo que em matéria de cabimento de Agravo de Instrumento, nos termos do art. 1028, caberia restritivamente o recurso imediato nas hipóteses de exibição de documento, inversão do

---

29. PROCESSUAL CIVIL. CERCEAMENTO DE DEFESA. OCORRÊNCIA. Quesito complementar formulado tempestivamente e de conteúdo adequado à matéria debatida na demanda. Encerramento da instrução e julgamento do feito. Ausência de deliberação acerca do pedido de integração da prova técnica. Cerceamento de defesa evidenciado. Nulidade da sentença. AGRAVO RETIDO PROVIDO. APELAÇÃO PREJUDICADA. DECISÃO MONOCRÁTICA. (Apelação Cível N° 70053459574, Décima Câmara Cível, Tribunal de Justiça do RS, Relator: Jorge Alberto Schreiner Pestana, Julgado em 26/03/2013); APELAÇÃO CÍVEL. AÇÃO ACIDENTÁRIA. INSS. PROCESSUAL CIVIL. QUESITOS COMPLEMENTARES. AUSÊNCIA DE MANIFESTAÇÃO JUDICIAL. CERCEAMENTO DE DEFESA CARACTERIZADO. NULIDADE DA SENTENÇA. A perícia é feita para esclarecer os pontos controvertidos postos à apreciação judicial, sendo necessária para trazer informações técnicas às partes e ao Juiz. Se uma das partes ainda não teve todas as suas indagações esclarecidas pelo perito, tem o direito, nos termos do CPC 435, de pedir esclarecimentos ao expert, formulando quesitos complementares. (...). ACOLHERAM A PRELIMINAR A EFEITO DE DESCONSTITUIR A SENTENÇA. UNÂNIME. (Apelação Cível N° 70041277799, Nona Câmara Cível, Tribunal de Justiça do RS, Relator: Tasso Caubi Soares Delabary, Julgado em 20/07/2011).
30. Especialmente discutimos a questão no evento que tivemos o prazer de organizar em Porto Alegre no dia **17/05/2014 – IV Encontro de Estudos Jurídicos em direito civil e processo civil**, em parceria com a Integral Eventos e a Faculdade IDC (maiores informações no link http://www.integraleventos.com.br/evento/563/).

ônus de prova e especificamente no indeferimento de prova pericial – conforme disposição do inciso XIX.

No Senado, a questão voltou a ser modificada, sendo editado art. 1015 mais enxuto, em que excluída a hipótese de agravo de instrumento quando do indeferimento de prova pericial – texto esse sancionado em 16/03/2015, convertido na Lei n° 13.105/2015.

Parece-nos que sendo a prova algo prioritário no processo, todo o pedido escrito de prova, mesmo os subsidiários, como o de resposta a quesitos complementares e suplementares ao laudo pericial oficial, em caso de indeferimento, desafiariam Agravo de Instrumento. A mesma lógica aplicaríamos para indeferimento de outros relevantes meios de prova, com a de juntada de documentos novos e apresentação de rol de testemunhas em meio à fase instrutória.

Assim, concluímos que a melhor redação em matéria de provas e recursos que tivemos dentro da Câmara Federal foi a proposta pelo Relatório Paulo Teixeira, que previa no inciso XIII do art. 1028, a possibilidade de Agravo de Instrumento contra decisão interlocutória que genericamente indeferia meio de prova !

Diante do cenário processo-constitucional em que se visualiza o direito fundamental da parte de provar, entendemos equivocada a versão final conferida ao agravo de instrumento no art. 1015 da Lei n° 13.105/2015, desestimulando inclusive para que se desenvolva uma cultura no meio jurídico pátrio e na magistratura brasileira de que a prova é importante para todos os participantes na relação jurídica processual (a prova não é destinada exclusivamente ao juiz!), sendo que o seu indeferimento deve ser medida absolutamente excepcional e sujeita à célere revisão – até para que não se crie problemas procedimentais sérios na hipótese de indeferimento de meio de prova que venha a ser reformado pelo Tribunal em momento muito remoto.

Não podemos negar que a redação final do Projeto na Câmara Federal, resgatando ao menos em parte a lógica do Relatório Paulo Teixeira no ponto, estabelecendo o inciso XIX no art. 1028, tratou-se de medida a ser comemorada. No entanto, a versão final aprovada do Novo CPC deve ser passível de crítica, diante do notório retrocesso verificado. O ideal seria ter sido retomada aquela antiga versão. Assim, não ocorrendo, deve a partir da aprovação do texto final, ser construída exegese extensiva pelos Tribunais do estudado dispositivo infraconstitucional, a ponto de ser autorizado o recurso imediato em outras hipóteses probatórias que não as de indeferimento de exibição ou posse de documento ou coisa, ou ainda no caso de redistribuição do ônus probatório. Se assim não for, como última medida, deverá ser ao menos aceito pelos Tribunais a interposição de Mandado de Segurança pela parte litigante interessada em ver *incontinenti* ser deferida e realizada determinada medida probatória; sendo, ainda, admitido pelo juízo *a quo* a apresentação do atípico pedido de reconsideração para ser viabilizada a admissibilidade de relevante meio de prova.

Sigamos, pois, acompanhando e estudando os movimentos de reforma processual – na forma como o presente estudo se propõe –, sempre com a convicção de que o debate nesse estágio inicial de conformação do Novo CPC pode ser muito útil para oportuna sistematização dos conteúdos, dando-lhes uma adequada operatividade que corresponda aos anseios da comunidade jurídica e processual brasileira.

7. PESQUISA DOUTRINÁRIA

ALVARO DE OLIVEIRA, Carlos Alberto. *Problemas atuais da livre apreciação da prova* disponível em: http://www6.ufrgs.br/ppgd/doutrina/oliveir3.htm; Acesso em: 13 jun. 2013.

BARBOSA MOREIRA, J. C. *O novo processo civil brasileiro*. Rio de Janeiro: Forense, 2006, 24ª ed.

BUZAID, Alfredo. "Linhas fundamentais do sistema do código de processo civil brasileiro" in *Estudos e pareceres de direito processual civil*. Notas de Ada Pellegrini Grinover e Flávio Luiz Yarshell. São Paulo: RT, 2002. p. 31/48.

CÂMARA, Alexandre Freitas. *Lições de direito processual civil – Vol. 2*. São Paulo: Atlas, 2013. 22ª ed.

CAMBI, Eduardo. *A prova civil*: admissibilidade e relevância. São Paulo: RT, 2006.

CARNEIRO, Athos Gusmão. "Primeiras observações ao projeto de novo código de processo civil – PL 166/2010 – Senado" in *Revista Magister de direito civil e processo civil* n° 37 (2010): 56/85.

CRUZ E TUCCI, José Rogério. "Garantia constitucional do contraditório no projeto do CPC: análise e proposta" in *Revista Magister de direito civil e processo civil* n° 38 (2010): 05/33.

_____. "Garantias constitucionais da duração razoável e da economia processual no Projeto do CPC" in *Revista Jurídica Lex* 51 (2011): 11/24.

DELLORE, Luiz. "Da ampliação dos limites objetivos da coisa julgada no novo Código de Processo Civil" in *Revista de Informação Legislativa* 190 (2011): 35/43.

DUARTE, Francisco Carlos; ROQUE, André Vasconcelos. *Mandado de Segurança – Comentários à Lei n° 12.016/09*. Curitiba: Juruá, 2011.

FURTADO COELHO, Marcus Vinícius. "O anteprojeto de código de processo civil: a busca por celeridade e segurança" in *Revista de Processo* n° 185 (2010): 146/50.

GUEDES, Jefferson Carús; DALL´ALBA, Felipe Camillo; NASSIF AZEM, Guilherme Beux; BATISTA, Liliane Maria Busato (organizadores). *Novo código de processo civil. Comparativo entre o projeto do novo CPC e o CPC de 1973*. Belo Horizonte: Fórum, 2010.

KNIJNIK, Danilo. *A prova nos juízos cível, penal e tributário*. Rio de Janeiro: Forense, 2007.

MARINONI, Luiz Guilherme; ARENHART, Sérgio Cruz. *Prova*. São Paulo: RT, 2011. 2ª ed.

NUNES, Dierle; JAYME, Fernando Gonzaga. "Novo CPC potencializará os déficit operacionais" extraído do site *Conjur*, Acesso em 23/04/2012.

OLIVEIRA JUNIOR, Zulmar Duarte de. "Preclusão elástica no Novo CPC". Senado Federal. *Revistas de Informação legislativa*. Ano 48. nº 190. Abr/jun 2011. Brasília: Senado Federal, 2001. Tomo 2. p. 307-318.

PAULA ATAÍDE JR., Vicente de. "O novo CPC: Escrito com tinta escura e indelével" in *Revista Magister de direito civil e processo civil* n° 37 (2010): 102/106.

QUADROS, Renata Mesquita Ribeiro. "Da rejeição liminar da demanda baseada na decadência ou na prescrição – art. 317, III do Projeto de Lei do Senado nº 166, de 2010" in *Coleção Jornada de Estudos ESMAF*, Distrito Federal, volume n° 8 (2011): 207/209.

REICHELT, Luis Alberto. *A prova no direito processual civil*. Porto Alegre: Livraria do Advogado, 2009.

ROSITO, Francisco. *Direito probatório: as máximas de experiência em juízo*. Porto Alegre: Livraria do Advogado, 2007.

RUBIN, Fernando. *A preclusão na dinâmica do processo civil*. 2ª ed. São Paulo: Atlas, 2014.

_____. "As importantes alterações firmadas em relação à atuação da preclusão no projeto do novo CPC" in *Novas Tendências do Processo Civil – Estudos sobre o Projeto do Novo CPC*. Organizadores: Alexandre Freire, Bruno Dantas, Dierle Nunes, Fredie Didier Jr., José Miguel Garcia Medina, Luiz Fux, Luiz Henrique Volpe Camargo e Pedro Miranda de Oliveira. Salvador: Jus Podivm, 2013.

_____. *Benefícios por incapacidade no Regime Geral da Previdência Social: Questões centrais de direito material e de direito processual*. Porto Alegre: Livraria do Advogado, 2014.

_____. *Fragmentos de processo civil moderno, de acordo com o Novo CPC*. Porto Alegre: Livraria do Advogado, 2013.

_____. "O Cabimento dos embargos de declaração para o cabimento de uma prestação jurisdicional efetiva" in *Revista de Processo* n° 230, ano 39, abril/2014, p. 175 e ss.

_____. "O direito à produção de provas e as correlatas questões recursais no Projeto do novo CPC" in *Novas Tendências do Processo Civil – Estudos sobre o Projeto do Novo CPC*. Organizadores: Alexandre Freire, Bruno Dantas, Dierle Nunes, Fredie Didier Jr., José Miguel Garcia Medina, Luiz Fux, Luiz Henrique Volpe Camargo e Pedro Miranda de Oliveira. Salvador: Jus Podivm, 2014, Vol II.

_____. ; ROSSAL, Fracisco. *Acidentes de Trabalho*. São Paulo: LTr, 2013.

TEIXEIRA FILHO, Manoel Antônio. *A prova no processo do trabalho*. São Paulo: LTr, 2014, 10ª ed.

WAMBIER, Teresa Arruda Alvim. "O que é abrangido pela coisa julgada no direito processual civil brasileiro: a norma vigente e as perspectivas de mudança" in *Revista de Processo* n° 230, ano 39, abril/2014, p. 75 e ss.

CAPÍTULO 8

A Disciplina dos Agravos no Novo Código de Processo Civil

Marco Félix Jobim[1]
Fabrício de Farias Carvalho[2]

SUMÁRIO • 1. INTRODUÇÃO; 2. A EXTINÇÃO DO AGRAVO RETIDO:2.1 SISTEMA DE PRECLUSÕES; 3 O NOVO AGRAVO DE INSTRUMENTO; 3.1. HIPÓTESES DE CABIMENTO; 3.2. FORMAÇÃO DO INSTRUMENTO; 3.3. PROCESSAMENTO; 4. O AGRAVO INTERNO; 5. O AGRAVO EM RECURSO ESPECIAL E EM RECURSO EXTRAORDINÁRIO; 5.1. HIPÓTESES DE CABIMENTO; 5.2. PROCESSAMENTO; 6. CONSIDERAÇÕES FINAIS; 7. REFERÊNCIAS BIBLIOGRÁFICAS.

1. INTRODUÇÃO

É sabido que o mundo vive hoje sob os influxos do que a doutrina convencionou chamar de *pós-modernidade*[3], na qual conceitos são desconstruídos e incertezas criadas. Época de reconstrução de paradigmas. As alterações são sentidas em todas as áreas, social, política, econômica e cultural[4].

No campo jurídico, esta mudança de paradigmas é sentida com uma nova onda de "direitos" judicializados, de novas demandas levadas ao Poder Judiciário, a quem só resta apresentar soluções, tendo em vista a proibição do *nom liquet*. Ao lado dos novos direitos, não se busca apenas a solução (sentença), mas que essa solução seja apresentada de forma tempestiva[5] e efetiva. Vive-se numa *sociedade da pressa*.

---

1. Professor adjunto dos cursos de graduação e pós-graduação lato e stricto sensu (mestrado) da Pontifícia Universidade Católica do Rio Grande do Sul. Doutor em Direito pela PUC/RS e Mestre em Direito pela ULBRA. Advogado.
2. Mestrando do Programa de Pós-Graduação em Direito da Pontifícia Universidade Católica do Rio Grande do Sul. MINTER PUCRS/FSA. Professor de graduação e pós-graduação lato sensu (FSA/PI). Advogado.
3. Para compreensão melhor do que se quer expor, recomenda-se: CHEVALIER, Jacques. **O Estado pós-moderno**. Tradução de Marçal Justen Filho. Belo Horizonte: Fórum, 2009 e BITTAR, Eduardo C. B. **O direito na pós-modernidade**. 3. ed. São Paulo: Atlas, 2014.
4. Para ver como a pós-modernidade ingressas nas respectivas áreas, leia-se: JOBIM, Marco Félix. **Cultura, escolas e fases metodológicas do processo**. 2 ed. Porto Alegre: Livraria do Advogado, 2014.
5. Ler sobre o tema: JOBIM, Marco Félix. **Direito à duração razoável do processo**: responsabilidade civil do Estado em decorrência da intempestividade processual. 2. ed. Porto Alegre: Livraria do Advogado, 2012.

Para fazer frente às novas exigências, o direito passa a sofrer os influxos do fenômeno da constitucionalização de todos os seus ramos. A constituição, como um sistema aberto de regras e princípios, irradia seus efeitos em todo o ordenamento jurídico, e passa a se exigir uma releitura das demais áreas.

Dessa forma, além de condicionar a aplicação e interpretação de todo o direito infraconstitucional à concretização e realização dos direitos fundamentais, cabendo ao Estado-juiz a utilização da melhor técnica processual para atingir tal fim, o Estado-legislador passa a ter a obrigação de propiciar ao indivíduo um sistema procedimental capaz de tornar efetiva a proteção a estes direitos, com a edição de normas de direito material protetivas e procedimentais (prestações normativas), vinculando, ainda, o Estado-administrador a uma atuação positiva para concretizar os direitos fundamentais, como, por exemplo, otimizando a administração da Justiça no momento de alocar recursos ao Poder Judiciário (prestações fáticas).

E é neste quadro que foi sancionado, em 16/março/2015, o novo Código de Processo Civil, originariamente apresentado pelo Senador José Sarney (PLS 166/2010) em junho/2010, discutido na Câmara dos Deputados como Projeto de Lei nº 8.046/2010 e devolvido ao Senado para análise como Substitutivo da Câmara dos Deputados (SCD nº 166/2010), encaminhado à sanção presidencial em 24/fevereiro/2015. Assim, o texto utilizado para embasar o presente estudo é o sancionado pela Presidente da República, que será aqui nominado de Novo Código de Processo Civil – NCPC, para fazer a devida distinção do CPC vigente[6], aqui também abreviado como CPC/1973, e do Código de Processo Civil de 1939 – CPC/1939.

A comissão[7] formada para apresentar um projeto de novo CPC, presidida pelo Ministro do STJ Luiz Fux, tendo como relatora a Profa. Dra. Teresa Arruda Alvim Wambier, contando com integrantes como Adroaldo Furtado Fabrício, Elpídio Donizetti Nunes, Humberto Theodoro Júnior, José Miguel Garcia Medina e José Roberto dos Santos Bedaque, no afã de corresponder aos anseios sociais já citados, identificou como um dos principais gargalos do processo civil pátrio o intricado sistema recursal, ressaltando que a tão almejada efetividade e celeridade processuais devem passar necessariamente pela reforma dos meios de impugnação das decisões judiciais, tanto nas hipóteses de cabimento quanto no processamento, simplificando-o.

Nesta esteira, o presente estudo se propõe a analisar, sem pretensão de exaurimento, a disciplina do novo CPC para a sistemática de impugnação das

---

6. O novo CPC prevê, no art. 1.045, uma *vacatio legis* de 01 (um) ano após sua publicação oficial.
7. Sobre a comissão formada, já tivemos a oportunidade de nos manifestar: JOBIM, Marco Félix. "A tempestividade do processo no projeto de lei do novo Código de Processo Civil brasileiro e a comissão de juristas nomeada para sua elaboração: quem ficou de fora?". **Revista Eletrônica de Direito Processual**, a. 4, v. 6, jul./dez. 2010. Disponível em: <http://www.redp.com.br>. Acesso em: 12 maio 2011.

decisões interlocutórias – seja em 1º grau de jurisdição, seja no âmbito dos tribunais – lançando luz sobre o novo regime dos agravos, traçando um paralelo com o Código Buzaid e verificando sua aptidão para oferecer aos jurisdicionados o que se alvitra: um processo compatível com o Estado Social e Democrático de Direito[8], que possibilite ao indivíduo o reconhecimento e a realização material dos direitos ameaçados ou violados, segundo as garantias constitucionais processuais.

2. A EXTINÇÃO DO AGRAVO RETIDO

O novo Código de Processo Civil, em busca de um processo simplificado e tempestivo, como aponta a exposição de motivos[9], prevê a extinção do agravo na forma retida, numa clara tentativa de aproximação com a irrecorribilidade das decisões interlocutórias, que permeia o processo trabalhista e o procedimento sumário dos Juizados Especiais brasileiro.

Com a reforma processual implementada na última década, dentre outras, pela Lei nº 11.287/2005, o agravo interno passou a ser a regra[10], como prevê o artigo 522 do CPC/1973. Na prática, entretanto, a tentativa do legislador de diminuir o número de agravos que afogava os tribunais não surtiu o efeito desejado, uma vez que o agravo de instrumento – tido como exceção – contava com uma "cláusula de abertura" para a interposição, permitindo seu manejo no caso de decisões "suscetíveis de causar à parte lesão grave e de difícil reparação" – para a parte, decisões contrárias sempre serão lesivas aos seus interesses.

Sobre o tema, Teresa Arruda Alvim Wambier, à época da "reforma do agravo", em 2005, traçando um comparativo entre o CPC/1973 reformado e o sistema anterior (CPC/1939), já vaticinava:

> "Os agravos de instrumento, no sistema revogado, só cabiam nos casos expressamente previstos em lei, diferentemente do sistema atual, que faz com que caiba este recurso, com se verá adiante, de toda e qualquer decisão, desde que não seja sentença".[11]

A sistemática implementada em 2005 confere ao tribunal, na figura do relator do recurso, quando não for caso de impugnação por instrumento, sua conversão

---

8. Expressão essa que será usada doravante, como forma de definir com mais precisão o que se compreende como o Estado produzido pela Constituição da República de 1988.
9. Exposição de motivos do anteprojeto do novo CPC. Disponível em ‹http://www.senado.gov.br/senado/novocpc/pdf/anteprojeto.pdf›. Acesso em 03.09.2014.
10. Sobre a temática, importante ler: MACEDO, Elaine Harzheim; VIAFORE, Daniele. **A decisão monocrática e a numerosidade no Processo Civil brasileiro.** Porto Alegre: Livraria do Advogado, 2015.
11. WAMBIER, Teresa Arruda Alvim. **Os agravos no CPC brasileiro.** 4 ed. São Paulo: Revista dos Tribunais, 2006, p. 70.

em agravo retido. Entretanto, não obstante a previsão de irrecorribilidade desta decisão de conversão, sempre caberá pedido de reconsideração dirigido ao relator ou mesmo mandado de segurança, considerando que o ato judicial em tela é irrecorrível[12], o que acabou por trazer outros incidentes processuais para análise do tribunal.

Nesta senda, José Rogério Cruz e Tucci, mesmo antes de 2005, mas já com a regra de retenção do agravo em vigor[13], fez pertinente observação:

> "Tudo leva a crer que, em tal hipótese, isto é, de conversão *ope iudicis* do agravo de instrumento em agravo retido, *sempre* haverá recurso dirigido à câmara ou turma, circunstância essa que, longe de acelerar, redundará em verdadeiro entrave ao procedimento recursal"[14].

Dessa forma, para a processualista paranaense, uma solução apontada para a redução do número de agravos nos tribunais seria instituir uma limitação *ope legis* para o cabimento do agravo por meio de instrumento, prevendo o legislador decisões interlocutórias irrecorríveis, as quais poderiam ser discutidas, sim, conjuntamente, mas em sede de apelação. Em estudo que tratou sobre a reforma do agravo de 2005, e tecendo fundamentada crítica à "ampla recorribilidade das decisões interlocutórias" que vigora até o presente momento, Teresa Wambier já vaticinava:

> "Poderia ter optado, o legislador da Reforma, por ter *restringido* o campo de cabimento do recurso de agravo a *algumas* interlocutórias, já que se comentava não ser conveniente que toda e qualquer interlocutória fosse recorrível como era no regime anterior e continua sendo no sistema atual".[15]

De outro norte, segundo Eduardo Peña, Giuseppe Chiovenda defendia que um processo justo passava necessariamente pela oralidade, o que permitiria ao juiz um contato direto entre as partes e lhe possibilitava uma "apreensão

---

12. Na doutrina, Teresa Arruda Alvim Wambier é enfática ao preconizar que "como esta decisão é irrecorrível, somente sendo 'passível de reforma no momento do julgamento do agravo, salvo se o próprio relator a reconsiderar (art. 527, parágrafo único), entendemos que, pelas razões expostas no item 6.1 acima, é *admissível mandado de segurança contra a decisão que, incorretamente, determina a conversão de agravo de instrumento em agravo retido*". WAMBIER, Teresa Arruda Alvim. **Os agravos no CPC brasileiro**. 4 ed. São Paulo: Revista dos Tribunais, 2006, p. 436.
13. O agravo retido passou a ser admitido implicitamente como regra com o advento da Lei nº 10.352/2001, prevendo que somente em casos de urgência o agravo deveria ser imediatamente processado. Somente com a Lei nº 11.187/2005, todavia, o agravo retido expressamente se transformou em regra, e o instrumental como exceção.
14. TUCCI, José Rogério Cruz e. **Lineamentos da nova reforma do CPC**. 2 ed. São Paulo: RT, 2002, p. 117.
15. WAMBIER, Teresa Arruda Alvim. **Os agravos no CPC brasileiro**. 4 ed. São Paulo: Revista dos Tribunais, 2006, p. 102.

imediata do litígio, em sua versão original e autêntica" [16]. Nesta senda, na lição do professor Ovídio Araújo Baptista da Silva[17], para assegurar efetividade ao princípio da oralidade, intimamente ligado ao da concentração dos atos processuais, faz-se premente a não interrupção da marcha processual por recursos aviados pelas partes contra decisões de questões incidentes, não importando a fundamentação (ou falta dela), adotando-se a o *princípio da irrecorribilidade em separado* das decisões interlocutórias.

Com efeito, o sistema vigente no CPC/1939 adotou um meio termo entre a irrecorribilidade das decisões interlocutórias do processo oral, defendida por Chiovenda, e a ampla recorribilidade vigente na atual sistemática (CPC/73)[18], adotando, assim, um sistema de recorribilidade restrita, em outras palavras, "permitindo a impugnabilidade das decisões incidentes nos casos taxativamente indicados no texto legal"[19]. Essa era a conclusão a que se chegava da leitura do artigo 842 do CPC/39, ou seja, somente era admitido agravo por instrumento nos casos taxativamente indicados pelo Código ou por alguma lei extravagante.

O CPC/39 ainda previa o *agravo no auto do processo*, que muito se assemelhava ao que se tem hoje quanto ao agravo retido, cuja função precípua era evitar a preclusão de matérias decididas incidentalmente, cuja análise, por não se encontrarem no rol daquelas impugnáveis via agravo de instrumento, era diferida para o momento do julgamento de um eventual recurso de apelação. E ao que tudo indica, foi no CPC de 1939 que o legislador buscou inspiração para regulamentar a disciplina da impugnação das decisões interlocutórias no novo Código de Processo Civil.

Com a inaptidão do agravo retido para reduzir a quantidade de agravos nos tribunais, como dito em linhas anteriores, o NCPC traz de volta o regime de recorribilidade restrita dos atos judiciais que resolvem questões incidentes, estabelecendo, *numerus clausus*, as hipóteses em que se admite o recurso e prevendo a forma instrumental para a insurreição, como veremos no capítulo destinado ao agravo de instrumento.

Dessa forma, abraçando a ideia já ventilada por Teresa Wambier em 2005, e o princípio da irrecorribilidade em separado das decisões interlocutórias, o NCPC

---

16. PEÑA, Eduardo Chemale Selistre. **O recurso de agravo como meio de impugnação das decisões interlocutórias de primeiro grau.** Porto Alegre: Livraria do Advogado, 2008.
17. SILVA, Ovídio Araújo Baptista da. **Curso de processo civil:** processo de conhecimento, vol. 1. 7 ed. São Paulo: Forense, 2005, p. 68.
18. Alfredo Buzaid, que capitaneou a edição do CPC/73, expressamente admitiu no anteprojeto que o processo oral e a irrecorribilidade das decisões interlocutórias foi mitigado. Exposição de motivos do anteprojeto do CPC/1973, p. 19. Disponível em ‹http://www2.senado.leg.br/bdsf/bitstream/handle/id/177828/CodProcCivil% 201974.pdf?sequence=4›. Acesso em 02.09.2014.
19. PEÑA, Eduardo Chemale Selistre. **O recurso de agravo como meio de impugnação das decisões interlocutórias de primeiro grau.** Porto Alegre: Livraria do Advogado, 2008, p. 46.

prevê que não comportam recurso as decisões que não se encontrem elencadas no rol do artigo 1.015 ou em alguma lei que expressamente preveja a possibilidade recursal.

No caso de decisão irrecorrível, como dito acima, o NCPC prevê que as mesmas poderão ser discutidas em sede de eventual apelação, como se infere do artigo 1.009, § 1º e 2º, *in verbis*:

> "Art. 1.009. Da sentença, cabe apelação.
>
> § 1º. As questões resolvidas na fase de conhecimento, se a decisão a seu respeito não comportar agravo de instrumento, não são cobertas pela preclusão e devem ser suscitadas em preliminar de apelação, eventualmente interposta contra decisão final, ou nas contrarrazões.
>
> § 2º. Se as questões referidas no § 1º forem suscitadas em contrarrazões, o recorrente será intimado para, em 15 (quinze) dias, manifestar-se a respeito delas.

Logo, caso haja a necessidade de se impugnar decisão proferida na pendência do processo e contra a qual não esteja previsto agravo de instrumento (no CPC ou lei extravagante), deverá se fazer em preliminares do recurso de apelação ou respectivas contrarrazões, transferindo a análise para o órgão *ad quem*, uma vez que o juízo de admissibilidade do órgão *a quo* não mais existirá, conforme disposto no art. 1.010, § 3º, do NCPC.

2.1 SISTEMA DE PRECLUSÕES

Com a extinção do agravo retido, outra questão surge à tona: o sistema de preclusões[20] no NCPC. Como visto, ante a possibilidade de revolvimento de parte da matéria debatida na fase de conhecimento em sede de apelação, autorizada pelo já citado § 1º. do art. 1.009, a preclusão, *a priori*, restaria gravemente ameaçada na etapa cognitiva do processo, o que, em última análise, acabaria representando, de uma só vez, um grave atentado à ordenação do processo, ao devido processo legal, à celeridade, duração razoável e efetividade do processo[21], andando na contramão dos escopos da comissão responsável pela elaboração do projeto do NCPC.

A preclusão desempenha fundamental papel na ordenação e no devido processo legal, "garantindo seu avanço contínuo e evitando agires desordenados,

---

20. Para uma maior compreensão do sistema de preclusões, salutar a leitura integral da obra: RUBIN, Fernando. **A preclusão na dinâmica do processo civil**. 2 ed. São Paulo: Atlas, 2014.
21. Sobre os fundamentos e princípios informadores do instituto da preclusão, consultar: ROCHA, Raquel Heck Mariano da. **Preclusão no processo civil**. Porto Alegre: Livraria do Advogado, 2012.

que comprometeriam seus resultados"[22]. Na lição de Fredie Didier Júnior[23], a ideia que subjaz à preclusão é a de que o procedimento não deve ser interrompido ou embaraçado, mas caminhar sempre avante, de forma ordenada e proba, sendo vedadas atuações extemporâneas, contraditórias (maliciosas) ou repetitivas.

De outro norte, não pairam dúvidas quanto à importância do instituto da preclusão para a celeridade, razoável duração[24] e efetividade do processo[25], que somada à justiça na prestação jurisdicional, tem-se o tripé de sustentação para um processo qualificado[26].

E é seguindo este mesmo raciocínio que

> "A preclusão – como instituto hábil a organizar o procedimento e impor limites à atuação das partes, coibindo abusos – é talvez um dos mais antigos e difundidos instrumentos de combate à demora excessiva da prestação jurisdicional, diante da evidência de que a inexistência de limites à atuação das partes e do juiz e de um esquema predeterminado e ordenado contribuiria apenas para acrescentar ao processo desnecessárias e fastidiosas delongas"[27].

Não obstante os importantes papeis já apresentados, a preclusão ainda se revela competente para, coibindo contradições e tumultos no iter processual, militar contra a deslealdade e surpresa processual. Como leciona Fredie Didier Júnior[28], "a preclusão não serve somente à ordem, à segurança e à celeridade do processo", nem pode ser tratada apenas como sua mola propulsora, tem também "fundamentos éticos-políticos, na medida em que busca preservar a boa-fé e a lealdade no itinerário processual", apresentando-se como técnica a serviço do direito fundamental à segurança jurídica, do direito à efetividade e da proteção à boa-fé.

Dessa forma, qualquer mitigação ao instituto em comento deve ser pensada com cautela. Neste sentido, o substitutivo ao projeto do Senado, aprovado na

---

22. ROCHA, Raquel Heck Mariano da. **Preclusão no processo civil**. Porto Alegre: Livraria do Advogado, 2012, p. 59.
23. DIDIER JÚNIOR, Fredie. **Curso de direito processual civil** – Vol. I. 16 ed. Salvador: JusPodivm, 2014, p. 317.
24. Sobre a relação entre tempo e processo, bem como celeridade (e sua diferença para a tempestividade) e duração razoável do processo, ler, por todos: JOBIM, Marco Félix. **O direito à duração razoável do processo**. 2 ed. Porto Alegre: Livraria do Advogado, 2012.
25. Sobre a efetividade do processo, ler BEDAQUE, José Roberto dos Santos. **Efetividade do processo e técnica processual**. 2. ed. São Paulo: Malheiros, 2007; BARBOSA MOREIRA, José Carlos. Efetividade do processo e técnica processual. Temas de direito processual. Sexta série. São Paulo: Saraiva, 1997.
26. BOTELHO, Guilherme. **Direito ao processo qualificado**. Porto Alegre: Livraria do Advogado, 2010.
27. ROCHA, Raquel Heck Mariano da. **Preclusão no processo civil**. Porto Alegre: Livraria do Advogado, 2012, p. 71.
28. DIDIER JÚNIOR, Fredie. **Curso de direito processual civil** – Vol. I. 16 ed. Salvador: JusPodivm, 2014, p. 317.

Câmara dos Deputados, buscando resguardar tão importante instituto para o direito processual, acrescentava o parágrafo segundo ao artigo 1.022 (hoje 1.009), com a seguinte redação:

> "Art. 1.022. [...]
>
> § 1º. [...]
>
> § 2º. A impugnação prevista no § 1º. pressupõe a prévia apresentação de protesto específico contra a decisão no primeiro momento que couber à parte falar nos autos, sob pena de preclusão; as razões do protesto têm de ser apresentadas na apelação ou nas contrarrazões de apelação, nos termo do § 1º."

Portanto, apesar da extinção do agravo na forma retida, que se prestava especialmente para obstar a preclusão, identifica-se a preocupação do legislador quanto às preclusões. Pela dicção do Substitutivo da Câmara, continuava sendo necessária a manifestação, na primeira oportunidade possível, da parte insatisfeita com a decisão interlocutória, caso desejasse, em eventual apelação, apresentar impugnação. Por esta razão, Cássio Scarpinella Bueno[29] advertia, ainda antes do texto final ser aprovado pelo Senado e enviado à sanção presidencial, que apareceriam vozes, não sem razão, defendendo que a extinção do agravo retido teria sido "mais nominal do que substancial", no caso de manutenção da proposta da Câmara.

Ademais, o *protesto antipreclusivo* previsto no art. 1.022, § 2º, do Substitutivo da Câmara dos Deputados – que muito se assemelhava ao adotado no processo trabalhista – se distanciava do agravo retido quanto ao seu processamento. Ao que parece, o projeto almejava – e conseguiria – simplificar o ato processual pelo qual se obsta a preclusão das matérias decididas incidentalmente em primeiro grau de jurisdição. Se atualmente é necessário, sob pena de não-conhecimento, no ato de interposição do agravo retido – não importando se oralmente ou por petição – a individuação da decisão hostilizada, bem como a exposição das razões que fundamentam a insurgência, no Substitutivo da Câmara o detalhamento da decisão, o alegado prejuízo e as razões que se funda a pretensão recursal deveriam ser ventiladas apenas em preliminares de apelação, ou respectivas contrarrazões.

Ocorre, entretanto, que no Senado a proposta do citado protesto antipreclusivo, contido no texto substitutivo, não vingou e o texto definitivo do NCPC sancionado não incorporou a novidade, mantendo a extinção do agravo retido, mas

---

29. BUENO, Cassio Scarpinella. **Projetos de novo Código de Processo Civil**: comparados e anotados. São Paulo: Saraiva, 2014, p.482.

dispensando a necessidade de protesto, assentando que as decisões que não comportam agravo de instrumento "não são cobertas pela preclusão e devem ser suscitadas em preliminar de apelação", como se infere do já citado art. 1.009, § 1º, do NCPC. Logo, afastando a preocupação do Prof. Cassio Scarpinella, pode-se afirmar que a extinção do agravo retido foi substancial, não havendo mais incidentes que envolvam questões "não relevantes"[30] a tumultuar o processo.

De outro norte, quanto ao sistema de preclusões, também não se pode afirmar que houve significativa alteração a gerar preocupação na doutrina. O legislador, ao eleger as matérias não relevantes do ponto de vista do direito material envolvido, prevendo uma não impugnação imediata, não criou uma nova classe de matérias de ordem pública, impugnáveis a qualquer momento e qualquer grau de jurisdição. Com efeito, a nova sistemática apenas transferiu a impugnabilidade das decisões que não se revestem de potencial lesivo instantâneo aos litigantes para um momento posterior – eventual recurso de apelação. Caso não impugnadas em preliminar de apelação ou contrarrazões, preclusas estarão. Conclui-se, dessa forma, que quanto às matérias que não comportam agravo de instrumento, o momento da preclusão temporal foi diferido para o final do processo.

Nota-se, portanto, que de fato houve uma simplificação no procedimento, evitando atos desnecessários que tumultuam o processo (agravos retidos e protestos no seu curso), mantendo-se, dessa forma a coerência com a proposta de um novo código que descomplicará procedimentos, "reduzindo a complexidade de subsistemas, como, por exemplo, o recursal"[31] em nome da celeridade processual. Outrossim, considerando que a ideia de simplificação e efetividade sempre encontra limites no valor da segurança jurídica, como já defendido, pode-se afirmar que as alterações trazidas e aqui abordadas mantêm intacto o sistema de preclusões, apenas diferindo o momento da impugnação de determinadas matérias incidentais para uma eventual apelação, não trazendo efeitos negativos quanto à segurança que deve permear o processo.

3. O NOVO AGRAVO DE INSTRUMENTO

Como já antecipado no capítulo anterior, o NCPC ressuscitou a sistemática da recorribilidade restrita das decisões interlocutórias que vigia no CPC/1939, limitando as hipóteses de cabimento do agravo na modalidade instrumental às decisões taxativamente enumeradas, pondo fim à ampla recorribilidade tolerada

---

30. As questões incidentais de fato relevantes, elencadas no artigo 1.015 do NCPC, são impugnáveis mediante agravo de instrumento, continuando sujeitas à preclusão temporal, portanto.
31. Exposição de motivos do anteprojeto do novo CPC. Disponível em ‹http://www.senado.gov.br/senado/novocpc/pdf/anteprojeto.pdf›. Acesso em 03.09.2014.

pelo CPC/1973, onde qualquer decisão interlocutória pode ser atacável por agravo bastando tão somente a demonstração do potencial lesivo que a decisão comporta, o que facilmente se contornaria com uma boa fundamentação do causídico.

Com a medida, já idealizada por Teresa Wambier[32] em 2005, o legislador aparentemente buscou reduzir a grande quantidade de agravos que assolam os tribunais pátrios, retirando do relator a atribuição para decidir se era caso de retenção do agravo ou se admitia o mesmo por instrumento ao instituir previsão *ope legis* para o seu cabimento, direcionando o ataque das outras decisões incidentes, que não as listadas, para o momento de eventual apelação.

Entretanto, ao listar as decisões impugnáveis mediante agravo de instrumento, percebeu-se grande desencontro de ideias da doutrina, do anteprojeto original apresentado pelo Senado, do Substitutivo da Câmara dos Deputados e da versão final submetida à sanção.

No Projeto de Lei do Senado nº 166/2010, em sua versão original apresentada pelo Senador José Sarney em junho/2010, o artigo 929 elencava quatro decisões passíveis de agravo de instrumento, a saber: as que versarem sobre tutelas de urgência e evidência; versarem sobre o mérito da causa; proferidas na fase de cumprimento de sentença ou no processo de execução; e em outros casos expressamente referidos no CPC ou na lei. As demais eram irrecorríveis em separado, podendo ser debatidas em sede de recurso de apelação.

Entretanto, após inúmeras manifestações e sugestões da sociedade civil organizada durante o processo legislativo, assim como emendas apresentadas pelos próprios parlamentares, contrárias à limitação feita no projeto original e receosas quanto à reduzida quantidade de decisões imediatamente impugnáveis[33], o texto final do Senado, aprovado em dezembro/2010 e remetido à Câmara dos Deputados para revisão, já contava com dez decisões interlocutórias agraváveis pela forma instrumental.

Com mais três anos de revisão legislativa, e muitas sugestões e emendas aprovadas depois, o texto substitutivo aprovado pela Câmara em março/2014, enviado ao Senado para discussão, contava com uma lista de vinte decisões passíveis de agravo por instrumento. Na sua versão final, sancionada em março/2015

---

32. Cf. capítulo 1.
33. Para exemplificar, um relatório elaborado por especialistas em Processo Civil convidados pelo professor Ives Gandra da Silva Martins, presidente do Conselho Superior de Direito da Federação do Comércio, Bens e Serviços de São Paulo (Fecomércio-SP), enviado ao relator da reforma na Câmara dos Deputados, apontou a limitação das hipóteses de cabimento do agravo de instrumento como "uma das mais graves" do projeto, por "ofender o direito constitucional do acesso à Justiça".

pela Presidente da República, a relação foi reduzida, consolidando-se doze situações que desafiam agravo de instrumento, as quais serão analisadas a seguir, prevendo ainda a possibilidade de lei especial estabelecer outros casos onde o agravo na modalidade instrumental é interponível.

3.1. HIPÓTESES DE CABIMENTO

A redação do NCPC sancionado apresenta, no artigo 1.015, o rol de decisões interlocutórias que podem ser atacadas por agravo de instrumento. Assim, cabe o recurso contra decisões interlocutórias que versarem sobre:

I – tutelas provisórias;

II – mérito do processo;

III – rejeição da alegação de convenção de arbitragem;

IV – incidente de desconsideração da personalidade jurídica;

V – rejeição do pedido de gratuidade da justiça ou acolhimento do pedido de sua revogação;

VI – exibição ou posse de documento ou coisa;

VII – exclusão de litisconsorte;

VIII – rejeição do pedido de limitação do litisconsórcio;

IX – admissão ou inadmissão de intervenção de terceiros;

X – concessão, modificação ou revogação do efeito suspensivo aos embargos à execução;

XI – redistribuição do ônus da prova nos termos do art. 373, § 1º;

XII – (vetado);

Além das elencadas acima, o inciso XIII do artigo também deixa a salvo o manejo do agravo de instrumento em outros casos expressamente referidos em lei, ou seja, no próprio Código ou em leis esparsas, com é o caso do agravo interponível contra a decisão que resolve o pedido de prosseguimento do processo afetado no caso de se encontrar obstado em 1º. grau de jurisdição pela interposição de recursos especial ou extraordinário repetitivos, nos termos do artigo 1.037, § 13, I, do NCPC, bem como o cabimento de agravo de instrumento contra decisão do juiz de primeiro grau que concede ou denega a liminar em mandado de segurança, previsto no art. 7º, § 1º, da Lei 12.016/2009.

Outras possibilidades de cabimento do agravo de instrumento ainda estão previstas no parágrafo único do art. 1.015, que autoriza sua interposição contra decisões interlocutórias proferidas na fase de liquidação ou cumprimento de sentença, no processo de inventário e no processo de execução.

Considerando a opção do legislador pela remoção da chamada "cláusula de abertura" do artigo 522 contida no CPC/73, que permite a recorribilidade de qualquer decisão interlocutória, desde que demonstrada a sua potencialidade para causar à parte lesão grave e de difícil reparação, como já defendido acima, acredita-se que o rol trazido pelo NCPC é taxativo, *numerus clausus*, resgatando, dessa forma, a sistemática adotada pelo CPC/1939 e claramente objetivando a limitação do número destes recursos em tramitação nos tribunais.

Nesta senda, importante alteração se deu com a supressão do juízo de admissibilidade em sede de apelação, recurso ordinário, recurso especial e recurso extraordinário, como se depreende dos artigos 1.010, § 3º[34], 1.028, § 3º[35] e 1.030, parágrafo único[36], todos do NCPC, situações que geralmente ensejavam agravos de instrumento visando "destrancar" o recurso inadmitido na origem. Quanto aos efeitos em que esses recursos são recebidos, o NCPC também transfere ao órgão *ad quem* a atribuição de analisar pedido de concessão de efeito suspensivo a recurso ordinariamente desprovido deste, a exemplo do artigo 1.012, § 3º[37], que trata do recurso de apelação.

Com a pretensão de exaustividade do rol contido no art. 1.015, do NCPC, não se olvide, de outro norte, que a criação de uma categoria de decisões irrecorríveis de imediato, ou seja, desprovidas de recursos que suspendam imediatamente seus efeitos, máxime quando potencialmente lesivas às partes, pode ter como efeito colateral o abuso na utilização do mandado de segurança contra tais atos judiciais, atraindo, a princípio, a incidência do art. 5º, II, da Lei do Mandado de Segurança (Lei nº 12.016/2009). Neste particular, vai competir à doutrina, e sobretudo ao Judiciário, o controle da utilização do *writ* como sucedâneo recursal, na linha do que já vem entendendo o STJ[38], para quem só é admissível nas hipóteses de flagrante ilegalidade ou de manifesta teratologia.

---

34. "Após as formalidades previstas nos §§ 2º e 3º, os autos serão remetidos ao tribunal pelo juiz, independentemente de juízo de admissibilidade".
35. "Findo o prazo referido no § 2º, os autos serão remetidos ao respectivo tribunal superior, independentemente de juízo de admissibilidade".
36. "A remessa de que trata o *caput* dar-se-á independentemente do juízo de admissibilidade".
37. "O pedido de concessão de efeito suspensivo nas hipóteses do § 1º poderá ser formulado por requerimento dirigido ao: I – tribunal, no período compreendido entre a interposição da apelação e sua distribuição, ficando o relator designado para seu exame prevento para julgá-la; II – relator, se já distribuída a apelação".
38. STJ, AgRg no RMS 39.511/SP, Rel. Ministra REGINA HELENA COSTA, PRIMEIRA TURMA, julgado em 16/12/2014, DJe 19/12/2014; AgRg no MS 21.337/DF, Rel. Ministro HUMBERTO MARTINS, CORTE ESPECIAL, julgado em 03/12/2014, DJe 16/12/2014.

3.2. FORMAÇÃO DO INSTRUMENTO

A necessidade de formação de instrumento autônomo para tramitação perante o órgão julgador permanece inalterada no novo CPC, assim como a instrução da petição dirigida diretamente ao tribunal com documentos obrigatórios e outros que a parte reputar úteis ao conhecimento da matéria.

A novidade fica por conta da inclusão, dentre os documentos indispensáveis ao conhecimento do recurso, da petição inicial do processo originário, da contestação e da petição que tenha originado a decisão atacada, somando-se às já exigíveis cópias da decisão agravada, certidão de intimação e procurações outorgadas aos advogados do agravante e agravado, claramente visando uma melhor compreensão da matéria pelo tribunal, que não tem acesso aos autos originários. Ressalve-se que quando se tratar de autos eletrônicos, a juntada destas peças fica dispensada (art. 1.017, § 5º., NCPC).

Na linha da simplificação dos procedimentos assumida pela comissão responsável pela elaboração do anteprojeto, a certidão de intimação pode ser suprimida por outro documento oficial que comprove a tempestividade do recurso (a exemplo da publicação no diário da justiça) e a inexistência de qualquer documento obrigatório poderá ser atestada por simples declaração do advogado do agravante, sob sua responsabilidade pessoal (art. 1.017, II, NCPC), impedindo o não conhecimento do recurso por este motivo.

Fiel à proposta de facilitação dos instrumentos e rechaçando qualquer formalismo exagerado, harmonizando-se com o que a doutrina contemporânea denomina formalismo-valorativo[39], o NCPC relativiza a rigidez que cercava o recurso em pauta e passa a admitir a correção do instrumento quando presente algum vício na forma ou ausente documento indispensável.

Como prevê o art. 1.017, § 3º, do NCPC, antes de inadmitir o recurso, como é a atual sistemática nos casos de se constatar alguma falha na forma, o relator deverá conceder o prazo de cinco dias para que o recorrente sane o vício ou complemente a documentação exigível (art. 932, parágrafo único, NCPC). Rechaça-se, desse modo, ainda que de forma mitigada, a nefasta prática da *jurisprudência defensiva* pelos tribunais, que, segundo Humberto Gomes de Barros, cada vez mais se busca "impedir a chegada e o conhecimento dos recursos que lhe são dirigidos"[40].

---

39. Sobre o tema, consultar com largo proveito: OLIVEIRA, Carlos Alberto Alvaro de. Do formalismo no processo civil: proposta de um formalismo-valorativo. 4 ed. São Paulo: Saraiva, 2010.
40. MEDINA, José Miguel Garcia. Pelo fim da jurisprudência defensiva: uma utopia? Disponível em http://www.conjur.com.br/2013-jul-29/processo-fim-jurisprudencia-defensiva-utopia. Acesso em 13.09.2014.

Entretanto, nos casos de processos não eletrônicos, fica mantida a necessidade de se informar no juízo *a quo* a interposição do agravo no prazo de três dias, sob pena de inadmissão do agravo, franqueando ao julgador de 1º. grau o juízo de retratação. No caso de autos eletrônicos, entende-se desnecessária tal diligência.

Outra inovação do NCPC fica por conta da ampliação das formas de interposição do agravo de instrumento. O CPC/1973 prevê apenas o protocolo da petição diretamente no tribunal competente ou postagem no correio sob registro com aviso de recebimento, ou, ainda, interposta por outra forma prevista na lei local. No novo código são acrescentadas as possibilidades de interposição, no prazo do recurso – que foi ampliado para 15 dias – por protocolo na própria comarca, seção ou subseção judiciárias, e ainda por transmissão de dados tipo *fac-símile*, nos termos da lei, nesse caso havendo a necessidade de posterior protocolo físico da petição inicial e documentos que a instruem.

3.3. PROCESSAMENTO

Quanto ao processamento do agravo de instrumento no competente tribunal, o NCPC não trouxe significativas modificações, repetindo no artigo 1.019 boa parte da sistemática vigente, mas inovando quanto à força vinculativa da jurisprudência, sobretudo dos tribunais superiores, Supremo Tribunal Federal (STF) e Superior Tribunal de Justiça (STJ), para o julgamento monocrático de improcedência *prima facie* do agravo nas hipóteses elencadas no art. 932, III e IV, do NCPC.

Uma vez recebido o recurso no tribunal e imediatamente distribuído, o relator poderá adotar uma das seguintes providências: a) não conhecer do recurso inadmissível, prejudicado ou que não tenha impugnado especificamente os fundamentos da decisão recorrida; b) negar provimento ao recurso que contrarie: b.1) súmula do STF, do STJ ou do próprio tribunal; b.2) acórdão proferido pelo STF ou STJ em julgamento de recursos repetitivos; b.3) entendimento firmado em incidente de resolução de demandas repetitivas ou de assunção de competência.

Não sendo caso de aplicação dos itens anteriores, o relator, no prazo de cinco dias: a) poderá atribuir efeito suspensivo ao recurso ou deferir, em antecipação de tutela, total ou parcialmente, a pretensão recursal, comunicando ao juiz sua decisão; b) ordenará a intimação do agravado pessoalmente e por carta com aviso de recebimento, quando não tiver procurador constituído, ou, pelo Diário da Justiça ou por carta dirigida ao seu advogado, com aviso de recebimento, para que responda no prazo de quinze dias, facultando-lhe juntar a documentação que entender necessária ao julgamento do recurso; c) determinará a intimação do Ministério Público, preferencialmente por meio eletrônico, quando for caso de sua intervenção, para que se manifeste no prazo de quinze dias.

Por fim, segundo previsão do art. 1.020, adotadas as providências acima, o relator solicitará dia para julgamento do recurso em prazo não superior a um mês da intimação do agravado.

4. O AGRAVO INTERNO

Até o momento preocupou-se em abordar as espécies de agravo cabíveis em primeiro grau de jurisdição – retido e por instrumento. No entanto, Humberto Theodoro Júnior adverte que não é somente a decisão interlocutória do juiz de primeira instância que desafia esse tipo de recurso, "também nos tribunais superiores há situações em que se verificam decisões interlocutórias com previsão, no Código, do cabimento de agravo"[41].

Advirta-se, contudo, que apesar da previsão legal de decisões monocráticas sobre questões incidentais nos tribunais, a regra é a *colegialidade das decisões*, o que lhes confere maior legitimidade. Na lição de Fredie Didier Júnior

> Os tribunais são, normalmente, estruturados para emitir decisões colegiadas, com vistas a obter, com maior grau de probabilidade, o acerto e a justiça do julgamento final. Ademais, a 'colegialidade é também um importante fator de busca da legitimidade do Judiciário, ou seja, de persuasão do jurisdicionado de que a sua causa foi julgada por uma junta de juízes, que discutiram a matéria procurando em conjunto encontrar a solução mais justa[42].

Dessa forma, o CPC/1973, ao passo que concede poderes ao relator para, monocraticamente, proferir decisões em alguns casos, também encerra meios de impugnação a estas decisões, que na verdade apenas se prestam para levar à análise do colegiado a matéria decidida de forma singular, sem prejuízo da possibilidade de retratação pelo próprio relator.

O CPC/1973 não nomina o agravo cabível contra as decisões singulares no âmbito dos tribunais, cabendo à doutrina e jurisprudência fazê-lo, que, para diferenciá-lo das demais espécies estudadas, é chamado majoritariamente de agravo interno[43]. No CPC/1973, o "agravo em cinco dias para o órgão com-

---

41. THEODORO JÚNIOR, Humberto. **Curso de direito processual civil**: teoria geral do direito processual civil e processo de conhecimento. 51 ed. Rio de Janeiro: Forense, 2010, p. 610.
42. DIDIER JÚNIOR, Fredie. **Curso de direito processual civil**: meios de impugnação às decisões judiciais e processo nos tribunais – Vol. III. 12 ed. Salvador: JusPodivm, 2014, p. 163-64.
43. Ressalte-se, por oportuno, que o agravo interno não é o mesmo agravo regimental. Na lição de Rafael de Oliveira Guimarães, "o agravo interno é o recurso cabível somente contra decisões monocráticas extintivas

petente" tem previsão nos casos de inadmissão dos embargos infringentes (art. 532), contra decisão do relator que não conhecer do agravo em recurso extraordinário ou especial[44] (art. 545) e nos casos de decisão que nega seguimento a recurso manifestamente inadmissível, improcedente, prejudicado ou em confronto com súmula ou com jurisprudência dominante do respectivo tribunal, do Supremo Tribunal Federal, ou de Tribunal Superior (art. 557, § 1º.).

O NCPC, entretanto, de uma só vez, acaba com uma série de críticas endereçadas ao modelo que está sendo substituído.

Inicialmente, percebe-se a intenção do legislador de sistematizar o ordenamento ao unificar os agravos interpostos no âmbito interno dos tribunais, pondo fim à discussão sobre diferenças – se é que existem – entre os agravos interno e regimental, assim como suas hipóteses de cabimento – se somente em grau recursal ou em processos de competência originária. Dessa forma, pela dicção do novel art. 1.021 e sob o mesmo título de *agravo interno*, em sintonia com a doutrina majoritária[45], têm-se abrangidos os três agravos atualmente previstos, ou seja, os contidos nos arts. 532, 545 e 557, § 1º., como se vê:

> Art. 1.021. Contra decisão proferida pelo relator caberá agravo interno para o respectivo órgão colegiado, observadas, quanto ao processamento, as regras do regimento interno do tribunal.

O prazo para interposição também muda, passando dos cinco dias no atual código para quinze dias no NCPC, conforme a regra geral do art. 1.003, § 5º. Assim, contra qualquer decisão proferida monocraticamente pelo relator em processos de competência dos tribunais, seja originária, seja recursal, caberá o agravo interno ao órgão colegiado no prazo de quinze dias.

---

de recurso", previsto no CPC, já o "agravo regimental é recurso, com base no art. 39 da Lei 8.038/90, que visa impugnar todas as outras decisões monocráticas nos Tribunais onde a lei não preveja expressamente outro recurso", concluindo que este é o "genuinamente previsto nos regimentos internos e tem manejo permitido onde a lei não tenha previsão de um recurso". Apesar das diferenças apontadas, o citado autor admite a fungibilidade entre os dois agravos (GUIMARÃES, Rafael de Oliveira. **Os agravos interno e regimental.** Brasília: Gazeta Jurídica, 2013, p. 165-66). Eduardo Talamini defende a irrelevância da discussão sobre a nomenclatura, sendo certo que a função do agravo interposto no âmbito interno do Tribunal é de levar ao colegiado uma decisão individualmente tomada, seja com o nome de interno, seja com o de regimental (TALAMINI, Eduardo. Decisões individualmente proferidas por integrantes dos Tribunais: legitimidade e controle (Agravo Interno). In WAMBIER, Teresa Arruda Alvim; NERY JR., Nelson (coord.). **Aspectos polêmicos e atuais dos recursos.** São Paulo: Revista dos Tribunais, 2002, v. 5, p. 184).

44. Os agravos utilizados para "destrancar" recurso especial e recurso extraordinário não admitidos na origem e suas modificações no NCPC serão abordados no capítulo 4.

45. Rafael de Oliveira Guimarães cita como defensores do *nomen juris* de agravo interno Carreira Alvim, Athos Gusmão Carneiro e João Batista Lopes (GUIMARÃES, Rafael de Oliveira. **Os agravos interno e regimental.** Brasília: Gazeta Jurídica, 2013, p. 193).

Outras falhas apontadas na sistemática do agravo interno no CPC/1973 são a ausência de previsão legal de contraditório e da publicidade. Atualmente, o procedimento do recurso em tela é lacunoso: depois de interposto o recurso, é facultado ao relator o juízo de retratação e, caso entenda manter a decisão hostilizada, deverá apresentar o recurso em mesa para julgamento, proferindo o seu voto.

De uma interpretação literal, depreende-se facilmente a inexistência de contraditório e publicidade na espécie tratada. Teresa Wambier adverte que da descrição sucinta do procedimento "infere-se que não haveria *contraditório*, já que não se alude à possibilidade do agravado responder, tampouco há *publicidade*, já que a lei menciona dever o relator pôr *em mesa* o recurso, e não em pauta"[46].

Entretanto, como já dito, o novo CPC pretendeu sanar os problemas apontados pela doutrina. Quanto à falta de contraditório e publicidade, importante e acertada mudança trouxe o § 2º do art. 1.021, que surge com a seguinte redação:

> Art. 1.021. [...]
>
> § 2º. O agravo será dirigido ao relator, que intimará o agravado para manifestar-se sobre recurso no prazo de 15 (quinze) dias, ao final do qual, não havendo retratação, o relator levá-lo-á a julgamento pelo órgão colegiado, com inclusão em pauta.

Dessa forma, segundo o texto do NCPC, depois de interposto o agravo interno, o agravado deverá ser intimado para se manifestar no mesmo prazo de interposição (quinze dias) e, não havendo retratação do relator, enviará o recurso para julgamento pelo órgão colegiado, com a prévia inclusão em pauta, o que lhe garantirá a publicidade necessária aos atos estatais.

Continuando com as inovações na regulamentação do agravo interno, agora único recurso cabível contra decisões interlocutórias no âmbitos dos tribunais, o § 3º. do art. 1.021 veda que o relator, ao apreciá-lo, se limite à reprodução dos fundamentos da decisão agravada para julgá-lo improcedente, impondo também aqui a necessidade de fundamentação das decisões judiciais.

E finalizando o capítulo que trata do agravo interno, os §§ 4º. e 5º. mantêm com mínimas alterações o atual regime de sanção ao agravante (art. 557, § 2º, CPC/1973), importante instrumento de desestímulo à utilização de recursos meramente protelatórios. Nos casos de recurso manifestamente inadmissível ou improcedente em votação unânime, o agravante será condenado, "a pagar ao agravado multa fixada entre um e cinco por cento do valor atualizado da causa",

---

46. WAMBIER, Teresa Arruda Alvim. **Os agravos no CPC brasileiro**. 4 ed. São Paulo: Revista dos Tribunais, 2006, p. 552.

ficando condicionada a interposição de qualquer outro recurso ao "depósito prévio do valor da multa, à exceção do beneficiário de gratuidade da justiça e da Fazenda Pública, que farão o pagamento ao final".

5. O AGRAVO EM RECURSO ESPECIAL E EM RECURSO EXTRAORDINÁRIO

No Projeto de Lei do Senado nº 166/2010, em sua versão aprovada em dezembro/2012 e remetida à Câmara dos Deputados para revisão, havia a previsão de um novo recurso, o agravo de admissão, que, em verdade, era equivalente ao agravo no autos do art. 544 do CPC/1973. No substitutivo da Câmara, aprovado em março/2014, o recurso foi substituído pelo *agravo extraordinário* e outras funções lhe foram agregadas. No texto definitivo e sancionado, as novas funções permanecem, mas o *nomen juris* agora é Agravo em Recurso Especial e em Recurso Extraordinário.

Ressalte-se que não se trata do citado agravo do art. 544, interposto contra qualquer decisão de inadmissão dos recursos especial e extraordinário, prevista no art. 542, § 1º, uma vez que o NCPC retirou do tribunal *a quo* o juízo de admissibilidade dos recursos aos tribunais superiores, os quais, segundo o novel ordenamento, depois de interpostos e transcorrido o prazo de quinze dias para contrarrazões, serão remetidos ao respectivo tribunal superior, "independentemente de juízo de admissibilidade" (art. 1.030, parágrafo único).

Dessa forma, com a extinção do juízo de admissibilidade feito pelo tribunal de origem, o agravo extraordinário passa a ser admitido em outras hipóteses, mas com um processamento semelhante ao atual agravo nos próprios autos do art. 544, como se verá a seguir.

5.1. HIPÓTESES DE CABIMENTO

Se atualmente o agravo nos autos do art. 544 é manejado contra a decisão do tribunal *a quo* que nega seguimento a recurso especial ou recurso extraordinário, no NCPC o *agravo em recurso especial e em recurso extraordinário* possui outras funções e passa a ser utilizado para também atacar decisões monocráticas em sede de recursos aos tribunais superiores, mas apenas aquelas taxativamente elencadas.

Segundo o artigo 1.042 do novo código, caberá agravo contra decisão do presidente ou vice-presidente do tribunal que: I – indeferir pedido, formulado com base no art. 1.035, § 6º, ou no art. 1.036, § 2º, de inadmissão de recurso especial ou extraordinário intempestivo; II – inadmitir, com base no art. 1.040, inciso I, recurso especial ou extraordinário sob o fundamento de que o acórdão recorrido coincide com a orientação do tribunal superior; III – inadmitir recurso extraordinário, com base no art. 1.035, § 8º, ou no art. 1.039, parágrafo único, sob o fundamento de que o Supremo Tribunal Federal reconheceu a inexistência de repercussão geral da questão constitucional discutida.

Na primeira hipótese, sempre que o STF reconhecer a repercussão geral em recurso extraordinário, determinará a suspensão de todos os outros processos em tramitação no território nacional que tratem da mesma matéria até a manifestação final daquele Tribunal (art. 1.035, § 5º., NCPC). Da mesma forma, quando se tratar de recursos repetitivos, o tribunal de origem selecionará alguns deles que representarão a controvérsia, com remessa aos tribunais superiores, suspendendo-se o processamento de todos os processos pendentes sobre o tema, individuais ou coletivos, que tramitem no estado ou na região, conforme o caso (art. 1.036, § 1º.), até manifestação final superior. Poderá o interessado, entretanto, nos dois casos, requerer ao tribunal de origem que exclua da decisão de sobrestamento e inadmita recurso extraordinário ou recurso especial que tenham sido interpostos intempestivamente (art. 1.035, § 6º e art. 1.036, § 2º), ouvindo-se o recorrente no prazo de cinco dias. Assim, indeferido este pedido, caberá agravo em recurso especial ou em recurso extraordinário, dependendo do caso. Ressalte-se que o agravante deverá demonstrar expressamente, sob pena de não conhecimento do agravo em recurso especial e em recurso extraordinário, a alegada intempestividade (art. 1.042, § 1º., I).

No segundo caso, ainda na disciplina dos recursos repetitivos, depois da manifestação definitiva dos tribunais superiores sobre a matéria, o presidente ou vice-presidente do tribunal de origem negará seguimento aos recursos especiais ou extraordinários sobrestados na origem, se o acórdão recorrido coincidir com a orientação do tribunal superior (art. 1.040, I). Neste caso também caberá o agravo aqui tratado, tendo o agravante o ônus de demonstrar, também sob pena de não conhecimento, a existência de distinção entre o caso em análise e o precedente invocado ou a superação da tese (art. 1.042, § 1º, II, a).

E na terceira hipótese, negada a repercussão geral pelo STF, o presidente ou vice-presidente do tribunal de origem negará seguimento aos recursos extraordinários sobrestados na origem que versem sobre matéria idêntica ou sobrestados por afetação, no caso de recursos repetitivos (respectivamente, art. 1.035, § 8º, e art. 1.039, parágrafo único, NCPC). Esta decisão do tribunal de origem também será impugnável por agravo em recurso extraordinário, devendo o agravante demonstrar a existência de distinção entre o caso em análise e o precedente invocado ou a superação da tese que embasou a decisão denegatória de seguimento conforme preceitua o art. 1.042, § 1º, II, b, do CPC aprovado.

5.2. PROCESSAMENTO

Complementando a disciplina do agravo em recurso especial e em recurso extraordinário, o NCPC prevê nos parágrafos seguintes do art. 1.042 que sua interposição deve se dar mediante petição dirigida diretamente ao presidente ou vice-presidente do tribunal de origem. Após a interposição, o agravado será intimado para apresentar manifestação no prazo de quinze dias. Transcorrido o prazo de resposta, e não ocorrida a retratação, o agravo será remetido ao tribunal superior competente, independentemente do pagamento de custas e despesas postais.

Fica mantida a necessidade de interposição de um agravo para cada decisão denegatória no caso de interposição simultânea de recurso extraordinário e especial, havendo possibilidade de julgamento do agravo "conjuntamente com o recurso especial ou extraordinário, assegurada, neste caso, sustentação oral, observando-se, ainda, o disposto no regimento interno do tribunal respectivo" (1.042, § 5º).

No caso de apenas um agravo interposto, este será remetido ao tribunal competente. Todavia, quando a interposição for dupla, primeiramente se remeterá os autos para apreciação pelo STJ. Somente depois de "concluído o julgamento do agravo pelo Superior Tribunal de Justiça e, se for o caso, do recurso especial, independentemente de pedido, os autos serão remetidos ao Supremo Tribunal Federal, para apreciação do agravo a ele dirigido, salvo se estiver prejudicado" (1.042, § 8º).

Considerando que quanto ao processamento e julgamento não se tem modificações substanciais, que ficaram a cargo da exclusão do juízo de admissibilidade dos recursos extraordinário e especial pelo tribunal de origem, a inovação fica por conta da nomeação como agravo em recurso especial e em recurso extraordinário, dependendo da situação, e alteração das hipóteses de cabimento, exaustivamente enumeradas.

6. CONSIDERAÇÕES FINAIS

É inegável que um novo Código de Processo Civil se faz premente, sobretudo porque o atual, de 1973, já demostrava sinais de insuficiência para as demandas pós-modernas do século XXI desde sua reforma iniciada na década de 1990, afigurando-se atualmente como uma verdadeira "colcha de retalhos"[47], na perspicaz observação de Cândido Rangel Dinamarco.

Na parte analisada pelo presente estudo, os elogios se dirigem à simplificação das formas, extinguindo anomalias como o agravo retido, apenas diferindo o momento da impugnação para eventual apelação, unificando procedimentos de impugnação de decisões interlocutórias no âmbito dos tribunais sob o *numen juris* de agravo interno, admitindo-se a correção de vícios formais no agravo de instrumento

---

47. DINAMARCO, Cândido Rangel. A Reforma da Reforma. São Paulo: Malheiros, 2002.

após sua interposição e criando o agravo em recurso especial e em recurso extraordinário para alguns casos de inadmissão dos recursos extraordinário e especial.

No que pertine à pretensão de redução do número de recursos em tramitação, ou seja, o desafogo dos tribunais, verificou-se que as alterações propostas ainda não se revelam suficientes para o enfrentamento do problema. Na disciplina do agravo de instrumento, por exemplo, apesar de taxativamente listadas as hipóteses de sua interposição, as onze decisões que ainda comportam o recurso, somadas às demais previstas em lei, certamente continuam sendo responsáveis pela esmagadora maioria de impugnações manejadas, concluindo-se pela ineficácia na medida neste sentido, subsistindo um problema que permeia o sistema jurídico brasileiro: a reduzida autonomia dos juízes de primeiro grau, que, em virtude da limitação temática do presente estudo não foi analisada.

Entretanto, não pode ser completamente mal vista a iniciativa de um novo CPC, sobretudo quanto ao subsistema recursal, que, se não veio para reduzir o abarrotamento dos tribunais – e de fato não é essa sua função – ao menos simplificou procedimentos, como de fato também propôs desde o início a comissão de juristas formada para apresentar o projeto.

7. REFERÊNCIAS BIBLIOGRÁFICAS

BARBOSA MOREIRA, José Carlos. Efetividade do processo e técnica processual. Temas de direito processual. Sexta série. São Paulo: Saraiva, 1997.

BEDAQUE, José Roberto dos Santos. Efetividade do processo e técnica processual. 2. ed. São Paulo: Malheiros, 2007.

BITTAR, Eduardo C. B. O direito na pós-modernidade. 3. ed. São Paulo: Atlas, 2014.

BOTELHO, Guilherme. Direito ao processo qualificado. Porto Alegre: Livraria do Advogado, 2010.

BUENO, Cassio Scarpinella. Projetos de novo Código de Processo Civil: comparados e anotados. São Paulo: Saraiva, 2014.

CARPENA, Márcio Louzada. Da execução das decisões de pagar quantia pela técnica diferenciada. Disponível em ‹ http://www.carpena.com.br/v2/7.pdf›. Acesso em 04/09/2014.

CHEVALIER, Jacques. O Estado pós-moderno. Tradução de Marçal Justen Filho. Belo Horizonte: Fórum, 2009.

DIDIER JÚNIOR, Fredie. Curso de direito processual civil: introdução ao direito processual civil e processo de conhecimento – Vol. I. 16 ed. Salvador: JusPodivm, 2014.

_____. Curso de direito processual civil: meios de impugnação às decisões judiciais e processo nos tribunais – Vol. III. 12 ed. Salvador: JusPodivm, 2014.

DINAMARCO, Cândido Rangel. A Reforma da Reforma. São Paulo: Malheiros, 2002.

GUIMARÃES, Rafael de Oliveira. Os agravos interno e regimental. Brasília: Gazeta Jurídica, 2013.

JOBIM, Marco Félix. "A tempestividade do processo no projeto de lei do novo Código de Processo Civil brasileiro e a comissão de juristas nomeada para sua elaboração: quem ficou de fora?". Revista Eletrônica de Direito Processual, a. 4, v. 6, jul./dez. 2010. Disponível em: <http://www.redp.com.br>. Acesso em: 05/09/2014.

JOBIM, Marco Félix. Cultura, escolas e fases metodológicas do processo. 2 ed. Porto Alegre: Livraria do Advogado, 2014.

JOBIM, Marco Félix. Direito à duração razoável do processo: responsabilidade civil do Estado em decorrência da intempestividade processual. 2. ed. Porto Alegre: Livraria do Advogado, 2012.

MACEDO, Elaine Harzheim; VIAFORE, Daniele. A decisão monocrática e a numerosidade no Processo Civil brasileiro. Porto Alegre: Livraria do Advogado, 2015.

OLIVEIRA, Carlos Alberto Alvaro de. Do formalismo no processo civil: proposta de um formalismo-valorativo. 4 ed. São Paulo: Saraiva, 2010.

PEÑA, Eduardo Chemale Selistre. O recurso de agravo como meio de impugnação das decisões interlocutórias de primeiro grau. Porto Alegre: Livraria do Advogado, 2008.

ROCHA, Raquel Heck Mariano da. Preclusão no processo civil. Porto Alegre: Livraria do Advogado, 2012.

RUBIN, Fernando. A preclusão na dinâmica do processo civil. 2 ed. São Paulo: Atlas, 2014.

SILVA, Ovídio Araújo Baptista da. Curso de processo civil: processo de conhecimento, vol. 1. 7 ed. São Paulo: Forense, 2005.

TALAMINI, Eduardo. Decisões individualmente proferidas por integrantes dos Tribunais: legitimidade e controle (Agravo Interno). In WAMBIER, Teresa Arruda Alvim; NERY JR., Nelson (coord.). Aspectos polêmicos e atuais dos recursos. São Paulo: Revista dos Tribunais, 2002, v. 5.

THEODORO JÚNIOR, Humberto. Curso de direito processual civil: teoria geral do direito processual civil e processo de conhecimento. 51 ed. Rio de Janeiro: Forense, 2010.

TUCCI, José Rogério Cruz e. Lineamentos da nova reforma do CPC. 2 ed. São Paulo: RT, 2002.

WAMBIER, Teresa Arruda Alvim. Os agravos no CPC brasileiro. 4 ed. São Paulo: Revista dos Tribunais, 2006.

CAPÍTULO 9

Os Embargos de Declaração no Novo Código de Processo Civil

Humberto Dalla Bernardina de Pinho[1]
Roberto de Aragão Ribeiro Rodrigues[2]

SUMÁRIO • 1. INTRODUÇÃO; 2. QUADRO COMPARATIVO ENTRE AS DISPOSIÇÕES DO NOVO CÓDIGO DE PROCESSO CIVIL E O CÓDIGO DE 1973; 3. ANÁLISE DA DISCIPLINA DOS EMBARGOS DE DECLARAÇÃO NO NOVO CÓDIGO DE PROCESSO CIVIL; 4. CONSIDERAÇÕES FINAIS; 5. REFERÊNCIAS

1. INTRODUÇÃO

O novo Código de Processo Civil, recentemente sancionado pela Exma. Presidente da República,[3] e que entrará em vigor no dia 16 de março de 2016,[4] promoverá profunda mudança no sistema recursal brasileiro.

A disciplina dos embargos de declaração não fugiu à regra, tendo sido sensivelmente alterada pela nova Lei Adjetiva, que encampou entendimentos jurisprudenciais e doutrinários majoritários com o objetivo de aprimorar o instituto.

Antes de analisar a nova sistemática delineada para o recurso pelo novo Código de Processo Civil, cumpre relembrar, ainda que de modo breve e sucinto, a sua definição, escopo e natureza jurídica.

Os embargos de declaração, atualmente regulamentados pelos artigos 535 a 538 do Código de Processo Civil, consistem em recurso dirigido ao mesmo órgão prolator da decisão impugnada e têm por objetivo aperfeiçoar tal decisão, mediante a complementação de ponto omisso, esclarecimento de questão

---

1. Professor Associado na UERJ e Professor Titular na UNESA. Promotor de Justiça no RJ
2. Doutorando e Mestre em Direito Processual pela UERJ. Advogado da União
3. O novo Código de Processo Civil, Lei nº 13.105, de 16 de março de 2015, já se encontra disponível para consulta em ‹http://www.planalto.gov.br/ccivil 03/ Ato2015-2018/2015/Lei/L13105.htm›. Acesso em 17 mar 2015.
4. Vide art. 1.045, que estabelece *vacatio legis* de 1 (um) ano: "Art. 1.045. Este Código entra em vigor após decorrido 1 (um) ano da data de sua publicação oficial."

contraditória ou obscura[5] ou, ainda, em razão de construção jurisprudencial e doutrinária, saneamento de erros materiais.[6]

As peculiaridades dos embargos de declaração no que concerne à sua oposição perante o mesmo órgão que proferiu a decisão impugnada, à ausência de pedido de reforma dessa decisão, bem como à prescindibilidade de sucumbência, não infirmam a sua natureza jurídica de recurso,[7] cuja fundamentação deve ser necessariamente vinculada às hipóteses previstas em lei.[8]

Fixadas estas características básicas a respeito do instituto, cabe consignar que o novo Código de Processo Civil manteve a estrutura da regulamentação dos embargos de declaração prevista no Código ainda em vigor, já que dedicou um de seus capítulos (Capítulo V) exclusivamente ao instituto, dentro do Título II – Dos Recursos.

A despeito das importantes mudanças que serão implementadas, revela-se perfeitamente possível traçar uma correlação entre os dispositivos novos e antigos, com a ressalva de que o novo diploma contempla um artigo a mais que o Código atual.

Por tal razão, e a fim de facilitar a consulta aos dispositivos que serão comentados, o próximo tópico traz um quadro comparativo entre os artigos correlatos acerca do tema no novo Código de Processo Civil e no Código de 1973, ainda em vigor.

No tópico subsequente, passa-se à análise crítica das alterações implementadas, com menção aos entendimentos jurisprudenciais e doutrinários que lhes deram causa, bem como projetando suas potencialidades por ocasião da entrada em vigor do novo Código.

---

5. GRECO, Leonardo. Embargos de Declaração. In: *Revista Eletrônica de Direito Processual*: Periódico Semestral de Pós-Graduação *Stricto Sensu* em Direito Processual Civil da UERJ. Rio de Janeiro, ano 5, v. VII, jan. a jun., 2011, pp. 418-436, p. 418. Disponível em ‹http://www.redp.com.br/arquivos/redp_7a_edicao.pdf› Acesso em 17 dez 2014.
6. Por erros materiais devem-se compreender apenas aqueles facilmente perceptíveis, visivelmente decorrentes de atos falhos e não intencionais cometidos pelo órgão julgador. WAMBIER, Teresa Arruda Alvim. *Embargos de declaração e omissão do juiz*. 2 ed. rev., atual. e ampl. São Paulo: Revista dos Tribunais, 2014, pp.66-67.
7. Confira-se, dentre outros, GRECO, Leonardo. Op. Cit., MEDINA, José Miguel Garcia. WAMBIER, Teresa Arruda Alvim. *Recursos e ações autônomas de impugnação*. 2. ed. rev. e atual. de acordo com a Lei 12.322/2010. São Paulo: Editora Revista dos Tribunais, 2011 (Processo civil moderno; v. 2), RUBIN, Fernando. O cabimento dos embargos de declaração para a concretização de prestação jurisdicional efetiva. In: *Revista de Processo*. São Paulo: Revista dos Tribunais, v. 230, abr/2014, TALAMINI, Eduardo. *Embargos de declaração: efeitos*. Disponível em: ‹http://www.academia.edu/231410/Embargos_de_declaracao_efeitos›. Acesso em 12 dez 2014.
8. "Como é curial, o art. 535 do CPC define os limites dos embargos de declaração, elencando a obscuridade, a contradição e a omissão como as hipóteses fechadas de seu cabimento." MAZZEI, Rodrigo Reis. *Embargos de declaração e omissão indireta*: matérias que devem ser resolvidas de ofício, independentemente de arguição prévia pelo interessado. p. 1. Disponível em ‹http://www.mmp.adv.br/artigos/Embargos_Declaracao_Omissao_Indireta.pdf›. Acesso em 16 dez 2014.

2. QUADRO COMPARATIVO ENTRE AS DISPOSIÇÕES DO NOVO CÓDIGO DE PROCESSO CIVIL E O CÓDIGO DE 1973

NOVO CPC	CPC /1973
CAPÍTULO V – DOS EMBARGOS DE DECLARAÇÃO Art. 1.022. Cabem embargos de declaração contra qualquer decisão judicial para: I – esclarecer obscuridade ou eliminar contradição; II – suprir omissão de ponto ou questão sobre o qual devia se pronunciar o juiz de ofício ou a requerimento; III – corrigir erro material. Parágrafo único. Considera-se omissa a decisão que: I – deixe de se manifestar sobre tese firmada em julgamento de casos repetitivos ou em incidente de assunção de competência aplicável ao caso sob julgamento; II – incorra em qualquer das condutas descritas no art. 489, § 1º.	CAPÍTULO V – DOS EMBARGOS DE DECLARAÇÃO Art. 535. Cabem embargos de declaração quando: I – houver, na sentença ou no acórdão, obscuridade ou contradição; II – for omitido ponto sobre o qual devia pronunciar-se o juiz ou tribunal.
Art. 1.023. Os embargos serão opostos, no prazo de 5 (cinco) dias, em petição dirigida ao juiz, com indicação do erro, obscuridade, contradição ou omissão, e não se sujeitam a preparo. § 1º Aplica-se aos embargos de declaração o art. 229. § 2º O juiz intimará o embargado para, querendo, manifestar-se, no prazo de 5 (cinco) dias, sobre os embargos opostos, caso seu eventual acolhimento implique a modificação da decisão embargada.	Art. 536. Os embargos serão opostos, no prazo de 5 (cinco) dias, em petição dirigida ao juiz ou relator, com indicação do ponto obscuro, contraditório ou omisso, não estando sujeitos a preparo.
Art. 1.024. O juiz julgará os embargos em 5 (cinco) dias. § 1º Nos tribunais, o relator apresentará os embargos em mesa na sessão subsequente, proferindo voto, e, não havendo julgamento nessa sessão, será o recurso incluído em pauta automaticamente. § 2º Quando os embargos de declaração forem opostos contra decisão de relator ou outra decisão unipessoal proferida em tribunal, o órgão prolator da decisão embargada decidi-los-á monocraticamente.	Art. 537. O juiz julgará os embargos em 5 (cinco) dias; nos tribunais, o relator apresentará os embargos em mesa na sessão subseqüente, proferindo voto.

NOVO CPC	CPC /1973
§ 3º O órgão julgador conhecerá dos embargos de declaração como agravo interno se entender ser este o recurso cabível, desde que determine previamente a intimação do recorrente para, no prazo de 5 (cinco) dias, complementar as razões recursais, de modo a ajustá-las às exigências do art. 1.021, § 1º. § 4º Caso o acolhimento dos embargos de declaração implique modificação da decisão embargada, o embargado que já tiver interposto outro recurso contra a decisão originária tem o direito de complementar ou alterar suas razões, nos exatos limites da modificação, no prazo de 15 (quinze) dias, contado da intimação da decisão dos embargos de declaração. § 5º Se os embargos de declaração forem rejeitados ou não alterarem a conclusão do julgamento anterior, o recurso interposto pela outra parte antes da publicação do julgamento dos embargos de declaração será processado e julgado independentemente de ratificação.	–
Art. 1.025. Consideram-se incluídos no acórdão os elementos que o embargante suscitou, para fins de pré-questionamento, ainda que os embargos de declaração sejam inadmitidos ou rejeitados, caso o tribunal superior considere existentes erro, omissão, contradição ou obscuridade.	Sem correspondente
Art. 1.026. Os embargos de declaração não possuem efeito suspensivo e interrompem o prazo para a interposição de recurso. § 1º A eficácia da decisão monocrática ou colegiada poderá ser suspensa pelo respectivo juiz ou relator se demonstrada a probabilidade de provimento do recurso ou, sendo relevante a fundamentação, se houver risco de dano grave ou de difícil reparação. § 2º Quando manifestamente protelatórios os embargos de declaração, o juiz ou o tribunal, em decisão fundamentada, condenará o embargante a pagar ao embargado multa não excedente a dois por cento sobre o valor atualizado da causa.	Art. 538. Os embargos de declaração interrompem o prazo para a interposição de outros recursos, por qualquer das partes. Parágrafo único. Quando manifestamente protelatórios os embargos, o juiz ou o tribunal, declarando que o são, condenará o embargante a pagar ao embargado multa não excedente a 1% (um por cento) sobre o valor da causa. Na reiteração de embargos protelatórios, a multa é elevada a até 10% (dez por cento), ficando condicionada a interposição de qualquer outro recurso ao depósito do valor respectivo.

NOVO CPC	CPC /1973
§ 3º Na reiteração de embargos de declaração manifestamente protelatórios, a multa será elevada a até dez por cento sobre o valor atualizado da causa, e a interposição de qualquer recurso ficará condicionada ao depósito prévio do valor da multa, à exceção da Fazenda Pública e do beneficiário de gratuidade da justiça, que a recolherão ao final.	–
§ 4º Não serão admitidos novos embargos de declaração se os 2 (dois) anteriores houverem sido considerados protelatórios.	

3. ANÁLISE DA DISCIPLINA DOS EMBARGOS DE DECLARAÇÃO NO NOVO CÓDIGO DE PROCESSO CIVIL

A primeira modificação no regime dos embargos de declaração, contida no artigo 1.022 do novo Código,[9] diz respeito à previsão expressa de seu cabimento contra qualquer decisão judicial e não apenas em face de sentenças e acórdãos, conforme erroneamente dispõe o inciso I do artigo 535 do Código ainda em vigor.

Com a nova redação, superam-se eventuais dúvidas que ainda possam existir quanto à possibilidade de oposição de embargos de declaração contra decisões interlocutórias ou monocráticas.

Além das tradicionais causas ensejadoras dos embargos declaratórios, a saber, a existência de obscuridade, contradição ou omissão, o inciso III do artigo 1.022 passa a admitir também a ocorrência de erro material, encampando, assim, a jurisprudência consolidada do Superior Tribunal de Justiça acerca do tema.[10]

---

9. Para fins de consulta e facilitação da leitura, remete-se o leitor desde já ao quadro comparativo do tópico 2, *supra*.
10. Confira-se, a título de exemplo, a ementa dos seguintes julgados do Superior Tribunal de Justiça:
    EDcl no AgRg no REsp 1227749 / RS
    EMBARGOS DE DECLARAÇÃO NO AGRAVO REGIMENTAL NO RECURSO ESPECIA 2011/0000160-2 Relator(a) Ministra ASSUSETE MAGALHÃES (1151) Órgão Julgador T2 - SEGUNDA TURMA Data do Julgamento 02/12/2014 Data da Publicação/Fonte DJe 11/12/2014.
    PROCESSUAL CIVIL. EMBARGOS DECLARATÓRIOS NO AGRAVO REGIMENTAL NO RECURSO ESPECIAL. OMISSÃO. OCORRÊNCIA. PRECATÓRIO. CESSÃO DE CRÉDITO. SUBSTITUIÇÃO PROCESSUAL. ART. 567, II, DO CPC. FUNDAMENTO AUTÔNOMO, EXISTENTE NO ACÓRDÃO RECORRIDO - COISA JULGADA - NÃO INFIRMADO, NAS RAZÕES DO RECURSO ESPECIAL. SUPRIMENTO DA OMISSÃO. INCIDÊNCIA DAS SÚMULAS 182/STJ E 283/STF. EMBARGOS DECLARATÓRIOS ACOLHIDOS, PARA SANAR A OMISSÃO DO ACÓRDÃO EMBARGADO, COM EFEITOS INFRINGENTES, PARA NÃO SE CONHECER DO RECURSO ESPECIAL.
    I. "Os embargos de declaração constituem a via adequada para sanar omissões, contradições, obscuridades ou erros materiais do decisório embargado, admitida a atribuição de efeitos infringentes apenas quando esses vícios sejam de tal monta que a sua correção necessariamente infirme as premissas do

Já as hipóteses de cabimento por omissão passam a ser explicitadas e ampliadas pelo parágrafo único do artigo 1.022, para passar a abarcar as decisões que não tenham se pronunciado acerca de tese firmada em julgamento de casos repetitivos ou em incidente de assunção de competência aplicável ao caso sob julgamento.[11]

Este dispositivo prevê também a possibilidade de oposição dos embargos aos casos em que se constate uma das hipóteses de deficiência de fundamentação arroladas no parágrafo primeiro do artigo 489.[12]

Tal inovação tem enorme repercussão, pois trará mecanismo efetivo para o controle da qualidade da fundamentação das decisões judiciais. Como já

---

julgado" (STJ, EDcl no AgRg nos EREsp 747.702/PR, Rel. Ministro MASSAMI UYEDA, CORTE ESPECIAL, DJe de 20/09/2012).
(...)
EDcl no RHC 35243 / MG
EMBARGOS DE DECLARAÇÃO NO RECURSO EM HABEAS CORPUS 2013/0007618-1 Relator(a) Ministro FELIX FISCHER (1109) **Órgão Julgador** T5 – QUINTA TURMA Data do Julgamento 02/12/2014 Data da Publicação/Fonte DJe 10/12/2014
CONSTITUCIONAL E PROCESSUAL PENAL. EMBARGOS DE DECLARAÇÃO NO RECURSO ORDINÁRIO EM HABEAS CORPUS. OMISSÃO. INEXISTÊNCIA. REDISCUSSÃO DA MATÉRIA. IMPOSSIBILIDADE.
I – São cabíveis embargos declaratórios quando houver na decisão embargada qualquer contradição, omissão ou obscuridade a ser sanada. Podem também ser admitidos para a correção de eventual erro material, consoante entendimento preconizado pela doutrina e jurisprudência, sendo possível, excepcionalmente, a alteração ou modificação do decisum embargado.
II – Inviável, entretanto, a concessão do excepcional efeito modificativo quando, sob o pretexto de ocorrência de omissão na decisão embargada, é nítida a pretensão de rediscutir matéria já incisivamente apreciada.
III – A pretensão de que seja declarada a inconstitucionalidade de dispositivo legal utilizado como fundamento do decisum não se inclui, a toda evidência, dentre as finalidades dos aclaratórios.
Embargos rejeitados.
Disponível em ‹http://www.stj.jus.br/SCON/jurisprudencia/toc.jsp›. Acesso em 16 dez 2014.

11. Mecanismos de uniformização da jurisprudência previstos no art. 947 e nos arts. 976 a 987, e que consubstanciam um dos principais objetivos do novo Código: promover uma superior concretização dos princípios constitucionais da isonomia e da segurança jurídica, viabilizando, ainda, uma prestação jurisdicional mais racional e célere.

12. Art. 489. São elementos essenciais da sentença: (...)
§ 1º Não se considera fundamentada qualquer decisão judicial, seja ela interlocutória, sentença ou acórdão, que:
I – se limitar à indicação, à reprodução ou à paráfrase de ato normativo, sem explicar sua relação com a causa ou a questão decidida;
II – empregar conceitos jurídicos indeterminados, sem explicar o motivo concreto de sua incidência no caso;
III – invocar motivos que se prestariam a justificar qualquer outra decisão;
IV – não enfrentar todos os argumentos deduzidos no processo capazes de, em tese, infirmar a conclusão adotada pelo julgador;
V – se limitar a invocar precedente ou enunciado de súmula, sem identificar seus fundamentos determinantes nem demonstrar que o caso sob julgamento se ajusta àqueles fundamentos;
VI – deixar de seguir enunciado de súmula, jurisprudência ou precedente invocado pela parte, sem demonstrar a existência de distinção no caso em julgamento ou a superação do entendimento.

reconhecido em sede doutrinária[13], o NCPC vai exigir a fundamentação qualificada, ou seja, o magistrado será instado a revelar não apenas o fundamento de sua decisão, mas também o fundamento do fundamento.

Em outras palavras, terá que deixar claro ao jurisdicionado quais os fatores que o levaram a crer que tal fundamento é o mais adequado para aquele caso.

Como isso, passa a ficar vedado o uso de fórmulas genéricas, transcrição de enunciados ou súmulas sem o devido contexto, reprodução parcial ou total de manifestações do M.P. adotadas como razão de decidir.

A exigência da fundamentação analítica, em substituição ao padrão sintético hoje tolerado pela jurisprudência está em consonância com a ideia de um contraditório participativo, dinâmico, no qual os argumentos apresentados pelas partes têm que ser examinados minuciosamente, pois elas têm o direito de influenciar, ou pelo menos, tentar influenciar, a decisão que será proferida.

Não há mais espaço em nosso ordenamento para a decisão pré-moldada, que já está pronta antes mesmo da conclusão da fase instrutória.

O *caput* do artigo 1.023 traz aperfeiçoamento redacional em relação ao correlato artigo 536 do Código de 1973, bem como adéqua seus termos para fazer constar a nova hipótese de cabimento do recurso, que, como visto acima, passará a ter previsão expressa de cabimento em face de decisões que incorram em erros materiais.

O novo parágrafo 1º apenas faz constar que se aplicam aos embargos de declaração as regras de contagem diferenciada de prazos para litisconsortes representados por procuradores distintos.

Já o parágrafo 2º do artigo 1.023 encampa entendimento de nossa doutrina majoritária,[14] bem como do Superior Tribunal de Justiça,[15] no sentido de que o jul-

---

13. PINHO. Humberto Dalla Bernardina de. *Os Princípios e as Garantias Fundamentais no Projeto de Código de Processo Civil: breves considerações acerca dos artigos 1º a 11 do PLS 166/10*, artigo publicado na Revista Eletrônica de Direito Processual, vol. VI, julho-dezembro de 2010, disponível no sítio http://www.redp.com.br. Acesso em 03 mar 2015.
14. Confira-se, por todos, o posicionamento de José Miguel Garcia Medina e Teresa Arruda Alvim Wambier: "Ao receber os embargos de declaração, notando o órgão jurisdicional que o possível acolhimento deste recurso pode ensejar a modificação do resultado a que se chegou, no julgado embargado, deverá determinar a intimação da parte embargada, em observância do princípio do contraditório." MEDINA, José Miguel Garcia. WAMBIER, Teresa Arruda Alvim. *Recursos e ações autônomas de impugnação*. 2. ed. rev. e atual. de acordo com a Lei 12.322/2010. São Paulo: Editora Revista dos Tribunais, 2011 (Processo civil moderno; v. 2), p. 213.
15. A ementa do recente julgado abaixo reproduzida sintetiza tal entendimento consolidado no âmbito do STJ:
Resp 1363829/SP RECURSO ESPECIAL 2013/0012127-0
Relator Ministro SIDNEI BENETI T3 – TERCEIRA TURMA Data do julgamento 20/03/2014, Data da publicação DJe 15/04/2014.

gamento do recurso de embargos de declaração que possa vir a produzir efeitos infringentes, isto é, cujo teor possa implicar a modificação da decisão embargada,[16] deve ser precedido da intimação da parte contrária para fins de apresentação de contrarrazões, em estrita observância aos princípios constitucionais do contraditório e da ampla defesa.

O novo Código, portanto, positiva a regra segundo a qual o órgão julgador não pode proferir decisão em embargos de declaração que possam gerar tais efeitos modificativos sem antes oportunizar à parte contrária o oferecimento de contrarrazões.

Trata-se de aplicação concreta dos princípios do contraditório e da ampla defesa, previstos na Carta de 1988, e reproduzidos na Parte Geral do NCPC, nos arts. 9° e 10.

O *caput* do artigo 1.024 do novo Código corresponde ao artigo 537 do Código de 1973, com mero aperfeiçoamento redacional.

O parágrafo 1º contempla regra meramente procedimental.

O parágrafo 2º estabelece a competência para o julgamento de embargos de declaração opostos contra decisão unipessoal, atribuindo-a ao próprio órgão prolator da decisão impugnada, que deverá decidir monocraticamente.

O parágrafo 3º encampa o entendimento jurisprudencial do Supremo Tribunal Federal, no sentido da possibilidade de conversão dos embargos de declaração em agravo interno, desde que o tribunal entenda ser este o recurso cabível.

Tal conversão deverá observar a prévia intimação do recorrente para fins de adequação e complementação das razões recursais imprescindíveis a este último recurso, no prazo de cinco dias.

Entendemos que aqui cabe uma crítica ao novo Código.

Ao condicionar a possibilidade de conversão dos embargos de declaração em agravo interno apenas ao entendimento dos diversos tribunais do país, o

---

DIREITO PROCESSUAL CIVIL. EMBARGOS DE DECLARAÇÃO ACOLHIDOS COM EFEITO MODIFICATIVO. AUSÊNCIA DE INTIMAÇÃO PRÉVIA DA PARTE CONTRÁRIA PARA OFERECER IMPUGNAÇÃO. NULIDADE. 1. – Conquanto não haja previsão legal expressa de que o embargado seja intimado para impugnar os embargos de declaração, a jurisprudência dos Tribunais Superiores pacificou-se no sentido de que o seu acolhimento com a atribuição de efeitos modificativos reclama a intimação prévia do embargado, sem a qual tem-se por caracterizada ofensa aos postulados constitucionais do contraditório e da ampla defesa. Precedentes. 2. – Recurso Especial provido anulando-se o Acórdão dos Embargos de Declaração, para que outro seja proferido.

16. Ressalva-se aqui o entendimento de Daniel Amorim Assumpção Neves, para quem há diferença entre efeitos infringentes e efeitos modificativos. NEVES, Daniel Amorim Assumpção. *Manual de direito processual civil*. 6. ed. rev., atual. e ampl. Rio de Janeiro: Forense; São Paulo: Método, 2014, pp. 833-834.

dispositivo lhes atribui excessiva discricionariedade, a qual certamente produzirá insegurança jurídica incompatível com os desideratos de uma codificação nacional.

Talvez fosse melhor adotar expressamente a fungibilidade, independentemente de controle judicial, em homenagem aos princípios do acesso à justiça e da economicidade.

O parágrafo 4º disciplina a hipótese de efeitos modificativos no julgamento dos embargos de declaração, ressaltando que, caso o embargado já tenha interposto outro recurso contra aquela decisão originária, terá o direito de aditar suas razões, a fim de adequá-las aos contornos da nova decisão.

Já o parágrafo 5º dispõe que, sendo os embargos de declaração rejeitados, ou não tendo alterado a conclusão do julgamento anterior, o recurso interposto pela parte contrária, antes da publicação do julgamento dos embargos de declaração, será processado e julgado independentemente de ratificação.

Tal regra supera, portanto, o entendimento do STJ consubstanciado na Súmula 418: "É inadmissível o recurso especial interposto antes da publicação do acórdão dos embargos de declaração, sem posterior ratificação."

O artigo 1.025 do novo Código não possui correspondente na legislação atual e vem a lume para resolver o problema que surgia sempre que o embargante sustentava a existência de erro, omissão, contradição ou obscuridade em acórdãos, com o objetivo de ver prequestionados dispositivos legais ou constitucionais para fins de posterior interposição dos recursos excepcionais, mas os tribunais de segunda instância mantinham suas decisões anteriores, inadmitindo ou julgando improcedentes os embargos.

O artigo 1.025 cria, então, uma ficção jurídica, ao possibilitar que um tribunal superior venha a reconhecer a existência do erro, omissão, contradição ou obscuridade alegada, mas que não fora reconhecida pelo tribunal *a quo*, para fins de atendimento do requisito do prequestionamento.

Trata-se, portanto, do acolhimento, pelo novo Código, do entendimento do STF quanto ao tema, já que a Suprema Corte há muito confere interpretação a *contrario sensu* ao enunciado 356 de sua Súmula, que possui o seguinte teor: "*O ponto omisso da decisão, sobre o qual não foram opostos embargos declaratórios, não pode ser objeto de recurso extraordinário, por faltar o requisito do prequestionamento.*"

Nos termos do tradicional entendimento do Supremo, portanto, na hipótese em que a parte tenha oposto embargos de declaração, restará preenchido o requisito do prequestionamento.

Acreditamos que com a entrada em vigor do novo Código restará superado o entendimento diametralmente oposto agasalhado pelo Superior Tribunal de Justiça no enunciado 211 de sua Súmula, o qual dispõe ser *"Inadmissível o recurso especial quanto à questão que, a despeito da oposição de embargos declaratórios, não foi apreciada pelo Tribunal a quo."*

Em suma, o novo Código passará a admitir o prequestionamento ficto, ao encampar o entendimento do STF para reconhecer como atendido o requisito do prequestionamento nas hipóteses em que houver a oposição de embargos de declaração contra decisão omissa, obscura, contraditória ou que contenha erro material, ainda que tais embargos de declaração sejam inadmitidos ou rejeitados, caso o tribunal superior considere existentes tais vícios.

O *caput* do artigo 1.026 corresponde ao *caput* do artigo 538, apenas deixando explícito que os embargos de declaração não possuem efeito suspensivo.

O parágrafo 1º admite, entretanto, que a eficácia da decisão monocrática ou colegiada seja suspensa pelo respectivo juiz ou relator, desde que demonstrada a probabilidade de provimento do recurso, ou, sendo relevante a fundamentação, houver risco de dano grave ou de difícil reparação.

O novo parágrafo 2º corresponde ao parágrafo único do artigo 538 do Código de 1973, e dispõe sobre a hipótese de embargos protelatórios, majorando o limite da multa respectiva para dois por cento do valor da causa atualizado.

O parágrafo 3º trata do caso de reiteração de embargos protelatórios, antes prevista na parte final do parágrafo único do artigo 538. O novo regramento também supre lacuna da atual Lei Adjetiva ao prever expressamente que os beneficiários da gratuidade de justiça e da Fazenda Pública poderão recolher a multa ao final do processo, não ficando a interposição de outros recursos por essas partes condicionadas ao seu depósito prévio.

Por fim, o parágrafo 4º traz importante regra que tem por escopo a consagração do princípio constitucional da duração razoável dos processos. Pela nova regra, passa-se a impedir a oposição indefinida de embargos de declaração a partir do momento em que dois destes recursos houverem sido considerados protelatórios.

O dispositivo não deixa claro se o fundamento deve ser o mesmo. Como não há essa limitação no texto, nos parece que não. Por outro lado, parece intuitivo que essa não admissão só vale para os embargos que questionam a mesma decisão. Na hipótese de se alcançar um grau superior de jurisdição, reabre-se a possibilidade de ingressar com novos embargos, pois a decisão atacada será outra e, portanto, sujeita a exame de um novo órgão julgador.

4. CONSIDERAÇÕES FINAIS

Acreditamos que, ao encampar os entendimentos jurisprudenciais e doutrinários majoritários acerca dos embargos de declaração, o novo Código de Processo Civil brasileiro aperfeiçoa, indubitavelmente, a disciplina do instituto.

À exceção da crítica feita ao parágrafo 3º do artigo 1.024, que, ao procurar "acomodar" a reiterada prática de alguns tribunais brasileiros em proceder à conversão de embargos de declaração opostos em face de decisões monocráticas em agravo interno, acaba, a nosso ver, gerando indesejável déficit de segurança jurídica, a análise da nova disciplina dos embargos de declaração é altamente positiva.

Com efeito, a previsão de oposição de embargos de declaração em face de decisões que ignorem as teses firmadas em julgamento de incidente de resolução de demandas repetitivas ou em incidente de assunção de competência (parágrafo único do artigo 1.022) revela-se afinada com o escopo central do Código de promover uma superior uniformização da jurisprudência.

Outra profícua alteração consiste na positivação, no parágrafo 2º, do artigo 1.023, do entendimento já amplamente utilizado segundo o qual o julgamento de embargos de declaração que possam vir a dar ensejo à modificação da decisão embargada deva ser precedido da intimação da parte contrária para fins de apresentação de contrarrazões.

Trata-se de evolução no sentido de uma necessária maior aproximação do processo civil à Constituição neste particular, já que consagra a obediência aos princípios do contraditório e da ampla defesa.

Salutar modificação foi trazida pelo artigo 1.025, que passa a admitir o prequestionamento ficto, já que não se afigura razoável o entendimento de que a parte, a despeito da oposição de embargos de declaração com tal finalidade, tenha negado o acesso às Cortes Superiores em razão da recalcitrância dos tribunais de segunda instância em se abster de analisar os fundamentos por ela anteriormente suscitados.

Por fim, imperiosa alteração restou consubstanciada no parágrafo 4º, do artigo 1.026, que, ao impedir a admissão de embargos após a oposição de dois anteriores considerados protelatórios, extirpará do nosso sistema processual a teratológica possibilidade de inúmeros embargos de declaração num mesmo processo.

5. REFERÊNCIAS

BRASIL. ‹http://www.planalto.gov.br/ccivil 03/ Ato2015-2018/2015/Lei/L13105.htm›. Acesso em 17 mar 2015.

BRASIL. Superior Tribunal de Justiça. ‹http://www.stj.jus.br/SCON/jurisprudencia/toc.jsp›. Acesso em 16 dez 2014.

GRECO, Leonardo. Embargos de Declaração. In: *Revista Eletrônica de Direito Processual*: Periódico Semestral de Pós-Graduação *Stricto* Sensu em Direito Processual Civil da UERJ. Rio de Janeiro, ano 5, v. VII, jan. a jun., 2011, pp. 418-436. Disponível em ‹http://www.redp.com.br/arquivos/redp_7a_edicao.pdf› Acesso em 17 dez 2014.

MAZZEI, Rodrigo Reis. *Embargos de declaração e omissão indireta*: matérias que devem ser resolvidas de ofício, independentemente de arguição prévia pelo interessado. Disponível em ‹http://www.mmp.adv.br/artigos/Embargos_Declaracao_Omissao_Indireta.pdf›. Acesso em 16 dez 2014.

MEDINA, José Miguel Garcia. WAMBIER, Teresa Arruda Alvim. *Recursos e ações autônomas de impugnação*. 2. ed. rev. e atual. de acordo com a Lei 12.322/2010. São Paulo: Editora Revista dos Tribunais, 2011 (Processo civil moderno; v. 2).

NEVES, Daniel Amorim Assumpção. *Manual de direito processual civil*. 6. ed. rev., atual. e ampl. Rio de Janeiro: Forense; São Paulo: Método, 2014.

PINHO. Humberto Dalla Bernardina de. *Os Princípios e as Garantias Fundamentais no Projeto de Código de Processo Civil*: breves considerações acerca dos artigos 1º a 11 do PLS 166/10, artigo publicado na Revista Eletrônica de Direito Processual, vol. VI, julho-dezembro de 2010, disponível no sítio http://www.redp.com.br. Acesso em 03 mar 2015.

RUBIN, Fernando. O cabimento dos embargos de declaração para a concretização de prestação jurisdicional efetiva. In: *Revista de Processo*. São Paulo: Revista dos Tribunais, v. 230, abr/2014.

TALAMINI, Eduardo. *Embargos de declaração*: efeitos. Disponível em: ‹http://www.academia.edu/231410/Embargos_de_declaracao_efeitos›. Acesso em 12 dez 2014.

WAMBIER, Teresa Arruda Alvim. *Embargos de declaração e omissão do juiz*. 2 ed. rev., atual. e ampl. São Paulo: Revista dos Tribunais, 2014.

CAPÍTULO 10

Os Embargos de Declaração no Novo Código de Processo Civil

Ticiano Alves e Silva[1]

SUMÁRIO • 1. INTRODUÇÃO; 2. ATOS JUDICIAIS EMBARGÁVEIS; 3. HIPÓTESES DE CABIMENTO; 4. ASPECTOS PROCEDIMENTAIS E OUTROS DE ADMISSIBILIDADE; 5. EFEITOS: 5.1. EFEITO INTERRUPTIVO; 5.2. EFEITO SUSPENSIVO; 6. (DES) NECESSIDADE DE RATIFICAÇÃO E COMPLEMENTAÇÃO DE OUTRO RECURSO; 7. EMBARGOS DE DECLARAÇÃO MANIFESTAMENTE PROTELATÓRIOS; 8. EMBARGOS DE DECLARAÇÃO E PREQUESTIONAMENTO; 9. CONCLUSÃO; 10. BIBLIOGRAFIA

1. INTRODUÇÃO

Conforme o inciso IX do art. 93 da Constituição da República Federativa do Brasil (CRFB), todas as decisões judiciais devem ser fundamentadas. A violação de referido direito fundamental processual atrai a aplicação da sanção de nulidade, por força, igualmente, de determinação constitucional.

Porque não se pode ter como fundamentada uma decisão obscura, contraditória, omissa e materialmente errada, o sistema processual brasileiro – desde há muito, por influência do direito português[2] – estatui os embargos de declaração, instituto com natureza recursal[3] (art. 496, IV, CPC/73; art. 994, IV, NCPC) e de fundamentação vinculada, cuja finalidade é atacar decisões com tais vícios, a ser julgado pelo mesmo órgão jurisdicional do qual emanou o ato.

Fácil perceber, assim, que o recurso de embargos de declaração possui conexão direta com o direito fundamental à motivação, uma vez que é a primeira

---

1. Mestrando em Direito Processual (UERJ). Professor de Direito Processual Civil. Procurador do Estado do Amazonas. Advogado. Membro do Instituto Brasileiro de Direito Processual (IBDP) e do Centro de Estudos Avançados de Processo (CEAPRO). E-mail: alves.ticiano@gmail.com Twitter: @ticiano_alves
2. Sobre a origem lusitana e evolução histórica dos embargos de declaração, conferir: FERNANDES, Luís Eduardo Simardi. *Embargos de declaração – efeitos infringentes, prequestionamento e outros aspectos polêmicos*. 3. ed. São Paulo: RT, 2012, p. 19-24. No mesmo sentido: GRECO, Leonardo. Embargos de declaração. *Revista Eletrônica de Direito Processual – REDP*. vol. 7, ano 5, jan. a jun. 2011. Disponível em ‹www.redp.com.br›. Acesso em 14 de março de 2010, p. 418.
3. A natureza jurídica dos embargos de declaração é controvertida. Segundo o princípio da taxatividade recursal, é recurso aquilo que a lei federal tipifica como recurso. É o direito positivo que atribui a natureza recursal a determinado meio de impugnação. Nesse sentido: BARBOSA MOREIRA, José Carlos. *Comentários ao Código de Processo Civil. Vol. 5*. 16. ed. rev. atual. e ampl. Rio de Janeiro: Forense, 2011, nº 297.

via de que dispõe a parte prejudicada para obter, mediante integração, reforma ou invalidação do ato judicial, uma decisão que exponha de forma plena suas razões, justificando-se frente a um Estado Democrático.

Além disso, os embargos de declaração combatem a denegação de justiça, quando, por exemplo, é caso de omissão, fazendo cumprir a promessa constitucional de inafastabilidade do controle jurisdicional (art. 5º, XXXV, CRFB).

O Novo Código de Processo Civil (NCPC), forte nessas premissas, introduziu sensíveis alterações no regime jurídico dos embargos de declaração, vocacionando-o ainda mais como instrumento capaz de constranger o órgão jurisdicional a proferir uma decisão íntegra e motivada.

2. ATOS JUDICIAIS EMBARGÁVEIS

A redação do art. 535 do Código de Processo Civil de 1973 (CPC/73) não guarda conformidade com a CRFB. É que, ao apontar os atos judiciais sujeitos à embargabilidade, o CPC/73 limita-se à sentença e ao acórdão, silenciando quanto às decisões interlocutórias.

O NCPC, por sua vez, dispõe expressamente que os embargos de declaração podem ser opostos contra "qualquer decisão judicial" (art. 1.022, *caput*).

Dessa forma, pode-se afirmar que o NCPC afina-se sobremodo com a CRFB, porquanto amplia, textualmente, o rol de pronunciamentos judiciais sujeitos à embargabilidade, para dizer "qualquer decisão", seja interlocutória ou final, colegiada ou unipessoal, inclusive do relator no tribunal.

Afinal, se *toda* a decisão judicial deve ser fundamentada e completa (não omissa), obviamente *qualquer* decisão é recorrível por embargos de declaração, e não apenas sentenças e acórdãos.

É verdade que a doutrina[4] e a jurisprudência[5] já interpretavam o CPC/73 conforme a CRFB, compreendendo como embargável qualquer decisão judicial; porém, o NCPC revela-se didático e preciso ao incorporar, no plano legislativo, referido entendimento, evitando discussões desnecessárias e insegurança jurídica.

Indo mais além, o NCPC traz regramento específico no que tange às decisões unipessoais dos tribunais. A rigor, tais previsões seriam dispensáveis. Afinal,

---

4. Por todos, consultar: DIDIER, Fredie; CUNHA, Leonardo José Carneiro da. *Curso de Direito Processual Civil*. Vol. 3. 12. ed. Salvador: Jus Podivm, 2014, p. 177 e 178.
5. Nesse sentido: STJ, Corte Especial, ED no REsp 159.317, Ministro Sálvio de Figueiredo Teixeira, j. 07.10.1998, DJ 26.04.1999. Mais recentemente: STJ, 2ª Turma, REsp 1.017.135, Ministro Carlos Mathias, j. 17.04.2008, DJU 13.05.08.

segundo o preceito mais genérico, qualquer decisão é embargável. A dispensa de tratamento tão minudente tem razão de ser.

É que o Superior Tribunal de Justiça (STJ) e o Supremo Tribunal Federal (STF) não admitem embargos de declaração contra decisões unipessoais. Por outro lado, os citados tribunais admitem, pacificamente, em razão da dúvida fundada, a aplicação do princípio da fungibilidade ao caso, conhecendo dos embargos declaratórios como agravo interno.

Essa orientação, embora seja muito melhor do que a inadmissão pura e simples, não está livre de críticas. O recurso de embargos de declaração é de fundamentação vinculada. O agravo interno, não. Assim, frequentemente, o conhecimento dos declaratórios como agravo interno gera prejuízo à parte, que, certamente, ofereceria impugnação mais ampla, se fosse dado a ela agravar desde o início, e não embargar.

A fim de combater essa jurisprudência defensiva, o NCPC, por primeiro, estabelece que os embargos de declaração são cabíveis contra qualquer decisão judicial, o que inclui obviamente as decisões monocráticas (art. 1.022, *caput*, NCPC).

Além disso, beirando a redundância, o NCPC impõe que os embargos de declaração contra decisão unipessoal devem ser julgados, monocraticamente, pelo mesmo órgão que proferiu a decisão embargada (art. 1.024, § 2º, NCPC).

Com o maior cuidado, o NCPC preceitua que os embargos de declaração devem ser processados como agravo interno, se o órgão julgador entender ser este o recurso cabível, e não aquele (art. 1.024, § 3º, primeira parte, NCPC).

Evolui, contudo, em relação à jurisprudência do STF e do STJ, para dispor que, no caso de aproveitamento do recurso, o recorrente deve ser intimado para, no prazo de cinco dias, complementar as razões recursais, considerando as diferenças existentes entre os embargos de declaração e o agravo interno (art. 1.024, § 3º, segunda parte, NCPC).

A leitura do art. 1.024, § 3º, do NCPC sugere que o dispositivo constitui uma *válvula de escape* para os tribunais perpetuarem sua jurisprudência, não admitindo os embargos de declaração contra decisões unipessoais, desde que os aceitem como agravo interno e permitam a complementação recursal.

A meu sentir, o dispositivo também permite outra leitura, que sirva, sobretudo, à parte recorrente. Caso a parte oponha embargos de declaração sem vinculá-los a uma das hipóteses de cabimento do art. 1.022, interpondo verdadeiro agravo interno com o nome de embargos de declaração, o órgão julgador deverá conhecer dos embargos como agravo interno, sem, contudo, permitir a complementação, incabível no caso.

É preciso dizer, ainda, que mesmo os despachos, considerados por lei como pronunciamentos judiciais irrecorríveis (art. 504, CPC/73; art. 1.001, NCPC), estão sujeitos à impugnação por embargos de declaração, desde que esteja presente pelo menos uma de suas hipóteses de cabimento[6].

Afinal, tenham ou não conteúdo decisório, os pronunciamentos judiciais não podem ser obscuros, contraditórios, omissos ou portadores de erros materiais. As manifestações estatais devem ser claras, coerentes e completas. Numa visão pragmática, a inteligibilidade dos despachos interessa também ao Judiciário. O ato judicial ordinatório confuso impede muitas vezes a atividade dos próprios auxiliares do juízo.

3. HIPÓTESES DE CABIMENTO

Consoante o art. 1.022 do NCPC, os embargos de declaração *permanecem* sendo cabíveis contra decisões judiciais obscuras (inciso I), contraditórias (inciso I) e omissas (inciso II). Mas não só. Ao contrário do CPC/73, o NCPC tipifica o erro material como hipótese *autônoma* de cabimentos dos embargos de declaração, o que já é admitido na prática, conforme a doutrina e a jurisprudência.

A decisão *obscura* é aquela que não se pode compreender, ou seja, confusa, ininteligível, geralmente porque mal escrita. Com a paulatina adoção do processo eletrônico, cada vez menos o caso da letra ilegível se revela digno de exemplo.

A decisão *contraditória* é aquela que possui proposições inconciliáveis, declarações desarmoniosas, afirmações que se chocam, que apontam para sentidos opostos, como, por exemplo, afirmar, na fundamentação, que o autor não tem o direito e, no dispositivo, julgar procedente a demanda.

Assim, a contradição pode existir entre elementos da decisão (entre relatório e fundamentação; entre relatório e dispositivo; entre fundamentação e dispositivo; e, cuidando-se de julgamentos colegiados, entre ementa e voto), bem como entre afirmações contidas num mesmo elemento (por exemplo, na fundamentação, na ementa etc.).

---

6. Já se teve oportunidade de defender a relativização da cláusula de irrecorribilidade dos despachos prevista no art. 504 do CPC/73 no caso de oposição de embargos de declaração, com ampla pesquisa doutrinária e jurisprudencial: SILVA, Ticiano Alves e. **A relativização da cláusula de irrecorribilidade dos despachos na oposição de embargos de declaração.** Jus Navigandi, Teresina, ano 11, nº 1253, 6 dez. 2006. Disponível em: <http://jus.uol.com.br/revista/texto/9251>. Acesso em 16.03.2015.

A doutrina[7] e a jurisprudência[8] entendem, de forma pacífica, que a contradição que desafia a oposição de embargos de declaração é a *contradição interna*.

A meu ver, também a contradição externa é hipótese de cabimento dos embargos de declaração. Como expus em outra sede[9], dá-se a contradição externa quando (i) um mesmo órgão julgador (identidade subjetiva) profere (ii) decisões diferentes (iii) sobre uma mesma questão de direito, (iv) sem justificar a mudança de entendimento. Não pode, por exemplo, em um dia, o tribunal formar um precedente sobre a inconstitucionalidade de um tributo e, no outro, em demanda diversa, compreender que aquele mesmo tributo é, sim, constitucional, sem ao menos justificar a alteração.

Assim, por primeiro, deve-se dizer que lei não faz qualquer restrição, vale dizer, não qualifica a contradição a ser combatida, se interna ou externa.

Sem embargo, o direito fundamental à igualdade *perante as decisões judiciais*[10] impede que o *mesmo órgão jurisdicional atribua, sem justificativa, diferen-*

---

7. BONDIOLI, Luis Guilherme Aidar. *Embargos de declaração*. São Paulo: Saraiva, 2005, p. 108: "A contradição que dá ensejo aos embargos declaratórios é aquela que se manifesta internamente, no próprio pronunciamento judicial. As asserções contraditórios devem fazer-se presentes no mesmo ato. Não interessa, para fins de embargos de declaração, contradição entre decisão e outros elementos constantes do processo (p. ex. provas carreadas aos autos), entre a decisão e outro ato decisório constante do mesmo processo, entre a decisão e julgamentos realizados noutros processos, entre a decisão e a lei". No mesmo sentido, tem-se: FERNANDES, Luís Eduardo Simardi. *Embargos de declaração: efeitos infringentes, prequestionamento e outros aspectos polêmicos*. 3. ed. rev. atual. e ampl. São Paulo: Editora Revista dos Tribunais, 2012, p. 99; ALVIM, Arruda; ALVIM, Eduardo Arruda; ASSIS, Araken de. *Comentários ao Código de Processo Civil*. 2. ed. São Paulo: Editora Revista dos Tribunais, 2012, p. 1208; BARBOSA MOREIRA, José Carlos. *Comentários ao Código de Processo Civil. Volume 5*. 16. ed. rev. atual. e ampl. Rio de Janeiro: Forense, 2011, p. 554-555; BUENO, Cassio Scarpinella. *Curso sistematizado de direito processual civil, vol. 5: recursos, processos e incidentes nos tribunais, sucedâneos recursais: técnicas de controle das decisões jurisdicionais*. 4. ed. rev. e atual. São Paulo: Saraiva, 2013, p. 201; MEDINA, José Miguel Garcia; WAMBIER, Teresa Arruda Alvim. *Recursos e ações autônomas de impugnação*. 3. ed. rev. atual. e ampl. São Paulo: Editora Revista dos Tribunais, 2013, p. 207; SOUZA, Bernardo Pimentel. *Introdução aos recursos cíveis e à ação rescisória*. 6. ed. São Paulo: Saraiva, 2009, p. 633-634.
8. STJ, 3ª Turma, EDcl no AgRg no AREsp 462.757, Ministro Sidnei Beneti, j. 24.04.2014, DJE 13.05.2014; STJ, 5ª Turma, EDcl no AgRg no AREsp 335.533, Ministra Regina Helena Costa, j. 27.03.2014, DJE 02.04.2014.
9. SILVA, Ticiano Alves e. Embargos de declaração e contradição externa. *Revista de Processo*, v. 238, dez. 2014. São Paulo: Revista dos Tribunais, 2014, p. 199. No mesmo sentido: MILLER, Cristiano Simão Miller. A "contradição externa" como vício capaz de ensejar a oposição de embargos de declaração. *Jus Navigandi*, Teresina, ano 17, n. 3109, 5 jan. 2012. Disponível em: <http://jus.com.br/artigos/20793>. Acesso em: 8/06/2014.
10. Segundo as lições de Luiz Guilherme Marinoni e Daniel Mitidiero: "O direito à igualdade – em sua dupla dimensão – dá lugar à *igualdade no processo*. Mas é preciso ir além. É, aliás, curioso que a doutrina se preocupe com a estruturação do processo a partir da igualdade, mas não mostre idêntica preocupação no que tange à *igualdade pelo processo*. O processo justo visa à decisão justa. E não há justiça se não há igualdade – unidade – na aplicação do direito pelo processo". E concluem que: "Daí a igualdade pelo processo – que é a *igualdade diante dos resultados produzidos pelo processo* – determinar a adoção de um sistema de precedentes obrigatórios, com a previsão de seus institutos básicos pelo legislador infraconstitucional processual (*ratio decidendi, obter dictum, distinguishing, overruling*), sem o que, paradoxalmente, focamos na igualdade no meio, mas não na igualdade *no fim*, atitude cuja correção lógica pode ser sem

tes interpretações a uma *mesma* questão jurídica, ainda que presente em processos diversos, ou seja, o magistrado se contradiz externamente quando decide de forma *diversa* a vida de pessoas em situações *juridicamente iguais*.

Não fosse suficiente, a boa-fé objetiva, que também obriga o magistrado[11] (art. 14, II, CPC/73; art. 5º, NCPC), bloqueia condutas desleais como estas, que causam surpresa às partes, ao adotar um comportamento contraditório, ainda que em demandas distintas.

Em reforço ao que se acaba de dizer, o NCPC, ao dispor sobre interpretação da decisão, preceitua que "a decisão judicial deve ser interpretada a partir da conjugação de todos os seus elementos e em conformidade com o princípio da boa-fé" (art. 489, § 3º).

Assim, o princípio da boa-fé *abre* a interpretação da decisão para além de seus elementos essenciais (relatório, fundamentação e dispositivo), permitindo que a compreensão do ato decisório se dê igualmente com base em elementos externos, a fim de verificar a lealdade do ato praticado.

O discurso judicial, presente no ato decisório, é um discurso voltado tanto para *dentro* (interno) como para *fora* (externo) do processo em que vocalizado. As decisões – e as interpretações sobre o direito – devem ser vistas em *cadeia*, e não de maneira estanque. Impossível falar em precedentes sem ter esta ideia bem assentada.

Por sua vez, a decisão omissa é aquela que não se manifesta (1) sobre o pedido; (2) sobre a questão pronunciável de ofício, *pouco importando tenha havido ou não pedido anterior nesse sentido*; e (3) sobre *todos* os argumentos aportados no processo suficientes, em tese, para negar a conclusão adotada pelo órgão jurisdicional.

A respeito da omissão presente na falta de manifestação sobre os argumentos das partes, cite-se a lição de José Miguel Garcia Medina e Teresa Arruda Alvim Wambier:

---

dúvida seriamente questionada". SARLET, Ingo; MARINONI, Luiz Guilherme; MITIDIERO, Daniel. *Curso de Direito Constitucional*. São Paulo: Revista dos Tribunais, 2012, p. 643. A *igualdade perante as decisões judiciais* é aprofundada por um dos autores em: MARINONI, Luiz Guilherme. *Precedentes obrigatórios*. 2. ed. São Paulo: Revista dos Tribunais, 2011, p. 145 e ss.

11. Fredie Didier explica que: "Note, ainda, que os destinatários da norma são *todos aqueles que de qualquer forma participam do processo*, o que inclui, obviamente, não apenas as partes, mas também o órgão jurisdicional. A observação é importante, pois grande parte dos trabalhos doutrinários sobre a boa-fé processual restringe a abrangência do princípio às partes. A vinculação do Estado-juiz ao dever de boa-fé nada mais é senão o reflexo do princípio de que o Estado, *tout court*, deve agir de acordo com a boa-fé e, pois, de maneira leal e com proteção à confiança". DIDIER JR., Fredie. *Curso de Direito Processual Civil*. Vol. 1. 16. ed. Salvador: Jus Podivm, 2014, p. 76.

O dever do Poder Judiciário de examinar causa de pedir e fundamento de defesa é o mesmo. Por isso, não pode o juiz julgar procedente pedido formulado pelo autor, sem examinar todas as razões expostas pela defesa que, se acolhidas, poderiam ensejar a rejeição do pedido. Correlatamente, deve o juiz examinar se os fundamentos que justificam o acolhimento do pedido encontram-se presentes, não podendo julgar improcedente o pedido sem antes examinar e rejeitar todas as razões que poderiam levar ao seu acolhimento[12].

Só com o exame *integral* da causa de pedir, na hipótese de improcedência, e dos fundamentos da defesa, no caso de procedência, é possível verificar se o contraditório, enquanto direito de influência, foi obedecido. Como saber se o argumento foi considerado sem manifestação judicial sobre ele? A fundamentação *reflete*, pois, o contraditório que existiu no processo, servindo como genuíno *teste final* da existência de debate judicial[13].

Sem pretender criar um rol exauriente, o NCPC equipara à omissão as situações em que a decisão (i) "deixe de se manifestar sobre tese firmada em julgamento de casos repetitivos ou em incidente de assunção de competência aplicável ao caso sob julgamento" e (ii) "incorra em qualquer das condutas descritas no art. 489, § 1º", que cuida da fundamentação qualificada das decisões.

Com efeito, precedente[14] é direito[15]. Questão de direito, como notório, constitui matéria sujeita à cognição judicial independentemente de provocação (*iura*

---

12. MEDINA, José Miguel Garcia; WAMBIER, Teresa Arruda Alvim. *Recursos e ações autônomas de impugnação.* 3. ed. São Paulo: RT, 2013, p. 208.
13. Luiz Guilherme Marinoni e Daniel Mitidiero falam que o direito à motivação constitui verdadeiro "banco de prova do direito ao contraditório das partes". SARLET, Ingo; MARINONI, Luiz Guilherme; MITIDIERO, Daniel. *Curso de Direito Constitucional.* São Paulo: Revista dos Tribunais, 2012, p. 665.
14. Quando se fala na força dos precedentes, na verdade, quer-se dizer força da *ratio decidendi*. O precedente é formado por vários elementos. Somente um destes elementos – a *ratio decidendi* – é que possui a força vinculativa ou persuasiva. *Ratio decidendi*, por sua vez, são as razões jurídicas da decisão, ou seja, a posição jurídica, dentre as razoavelmente sustentáveis, adotada pelo órgão julgador.
15. A *ratio decidendi* (ou, grosso modo, o precedente) é direito porque não se tem como negar, na quadra atual, a atividade criativa/reconstrutiva do magistrado na solução das controvérsias que lhe são postas a julgamento. Não se pode confundir texto legal e norma. Norma é o texto legal interpretado/aplicado. Impossível fazer-se a leitura de qualquer dispositivo legal (texto) sem vislumbrar-se, ainda que inconscientemente, sua aplicação a um determinado caso, mesmo que hipotético. Interpretado/aplicado o texto legal, surge a norma jurídica. O juiz, quando julga, produz (cria) duas normas jurídicas. Uma, a norma individual, encontrada no dispositivo da decisão, que servirá para pôr fim à controvérsia, e que vincula somente as partes da demanda. Outra – de onde a norma individual foi extraída –, a norma jurídica fruto da interpretação/aplicação do texto legal (norma em potencial, conforme Eros Grau), que pretende regular um tipo de relação jurídica que foi submetida à apreciação jurisdicional, situada na fundamentação, donde pode ser extraída uma tese jurídica aplicável a um sem número de casos análogos (*ratio decidendi*). Sobre o tema, conferir: GRAU, Eros Roberto. *Ensaio e discurso sobre interpretação/aplicação do direito.* 5. ed. São Paulo: Malheiros, 2009. p. 38; DIDIER, Fredie; BRAGA, Paula Sarno; OLIVEIRA, Rafael. *Curso de direito*

novit curia). Se porventura o juiz não aplica o precedente (o NCPC fala em "tese"), omite-se acerca de questão de direito (a *ratio decidendi*) conhecível de ofício, podendo as partes se valer do instrumento processual imediatamente cabível, qual seja, os embargos de declaração.

A meu ver, é possível, respeitado o contraditório, a oposição de embargos de declaração para ajustar a decisão a precedente *novo*, isto é, surgido após o proferimento da decisão, mesmo porque a orientação jurisprudencial, mais dia, menos dia, terminaria sendo aplicada ao caso, em razão da interposição de sucessivos recursos e da atuação de controle das Cortes uniformizadoras (STJ e STF)[16].

Por fim, erro material é aquele percebido facilmente, num primeiro lançar de olhos, e que não tenha, à evidência, sido fruto da intenção do magistrado, a exemplo da expressão numérica equivocada da quantia escrita por extenso, quando deve prevalecer esta última.

O NCPC dispõe expressamente que decisões com erros materiais são embargáveis. Na prática, isso impede que a alegação de erro material deduzida por simples petição, uma vez não acolhida, resulte em preclusão, prejudicando a parte, já que os embargos de declaração possuem efeito interruptivo do prazo recursal dos outros recursos[17].

O fato de o erro material ter se tornado hipótese autônoma de embargabilidade não significa que o referido vício só possa, a partir disso, ser ventilado por esta específica via recursal. Como sabido, o erro material é corrigível de ofício pelo juízo ou a pedido da parte, a qualquer tempo (art. 463, CPC/73; art. 494, NCPC)[18]. Logo, continua sendo possível, com o NCPC, a impugnação do erro mate-

---

processual civil. 6. ed. Salvador: JusPodivm, 2011. vol. 2, p. 385; MARINONI, Luiz Guilherme. *Teoria geral do processo*. São Paulo: Ed. RT, 2006. p. 97.

16. Sobre isso, consultar: SILVA, Ticiano Alves e. Embargos de declaração e novo entendimento jurisprudencial. *Revista de Processo*, v. 201, nov. 2011. São Paulo: Revista dos Tribunais, 2011, p. 393.

17. Percebeu o ponto FERNANDES, Luís Eduardo Simardi. Os embargos de declaração no Projeto do CPC. *Novas Tendências do Processo Civil. Estudos sobre o Projeto do Novo Código de Processo Civil. Vol. 3*. Alexandre Freire, Bruno Dantas, Dierle Nunes, Fredie Didier Jr., José Miguel Garcia Medina, Luiz Fux, Luiz Henrique Volpe Camargo e Pedro Miranda de Oliveira (org.). Salvador: Jus Podivm, 2014, p. 269.

18. Com base nisso, afirmam José Miguel Garcia Medina e Teresa Arruda Alvim Wambier que: "nada impede que o erro material seja suscitado por simples petição, ou através de embargos de declaração". E acrescentam, interpretando o CPC/73: "Nada impede, até mesmo, que a alegação de erro material, veiculada através de embargos de declaração interpostos intempestivamente, seja conhecida e o vício seja sanado (mesmo porque os embargos de declaração, na hipótese, seriam dispensáveis)". MEDINA, José Miguel Garcia; WAMBIER, Teresa Arruda Alvim. *Recursos e ações autônomas de impugnação*. 3. ed. São Paulo: RT, 2013, p. 212. No STJ, tem-se: STJ, 6ª Turma, EDcl no REsp 530.089, Ministro Hamilton Carvalhido, j. 05.02.2004, DJ 15.03.2004, p. 311.

rial por petição simples, mesmo após o trânsito em julgado[19]. É bom deixar isso claro, para coibir-se, preventivamente, construções jurisprudenciais defensivas com entendimento de que o erro material só poderia ser suscitado por embargos declaratórios.

4. ASPECTOS PROCEDIMENTAIS E OUTROS DE ADMISSIBILIDADE

Os embargos de declaração devem ser endereçados ao mesmo órgão jurisdicional que proferiu a decisão embargada (arts. 1.023 e 1.024, §§ 1º e 2º, NCPC); nisso consiste o efeito devolutivo do referido recurso, embora o ponto seja controvertido na doutrina[20].

Deve-se dizer, ainda, que o NCPC unificou os prazos para interpor recurso e oferecer contrarrazões em 15 (quinze) dias, com exceção dos embargos de declaração. O prazo de interposição, então, continua sendo de 05 (cinco) dias (art. 536, CPC/73; art. 1.023, NCPC), computados somente os dias úteis, conforme o novel art. 219 do NCPC.

Além disso, os litisconsortes com advogados diferentes, *de escritórios de advocacia também diferentes*, têm prazo em dobro para opor embargos de declaração, conforme o art. 229 c/c o art. 1.023, § 1º, do NCPC[21]. A dobra não se aplica aos *processos em autos eletrônicos*.

Assim como prevê a parte final do art. 536 CPC/73, o NCPC é explícito ao dispor que os embargos de declaração não se sujeitam a preparo (art. 1.023, *caput*, parte final).

---

19. Confira-se o Enunciado 360 do IV Fórum de Permanente de Processualistas Civis, realizado em Belo Horizonte, de 05 a 07 de dezembro de 2014: "A não oposição de embargos de declaração em caso de erro material na decisão não impede sua correção a qualquer tempo". Nesse sentido: NEVES, Daniel Amorim Assumpção. *Manual de Direito Processual Civil*. 6. ed. rev. atual. e ampl. São Paulo: Método; Rio de Janeiro: Forense, 2014, item 27.2.2 (livro digital, suporte Kindle).
20. No mesmo sentido do texto, por entender que "o efeito devolutivo decorre da interposição de qualquer recurso, equivalendo a um efeito de transferência da matéria ou de renovação de julgamento para *outro* ou para o *mesmo* órgão julgador": DIDIER, Fredie, CUNHA, Leonardo José Carneiro da. *Curso de Direito Processual Civil*. Vol. 3. 12. ed. Salvador: Jus Podivm, 2014, p. 204; FERNANDES, Luís Eduardo Simardi. *Embargos de declaração: efeitos infringentes, prequestionamento e outros aspectos polêmicos*. 3. ed. rev. atual. e ampl. São Paulo: Editora Revista dos Tribunais, 2012. *Contra*, entendendo que a devolução não ocorre para o mesmo juízo que proferiu a decisão recorrida: BARBOSA MOREIRA, José Carlos. *Comentários ao Código de Processo Civil*. Vol. 5. 16. ed. rev. atual. e ampl. Rio de Janeiro: Forense, 2011, nº 143.
21. O § 1º do art. 1.023 do NCPC dispõe que o citado art. 229 aplica-se aos embargos de declaração. A previsão é, em tese, desnecessária, parecendo "sobrar". O legislador pretendeu, entretanto, combater eventual jurisprudência defensiva no sentido da inaplicabilidade do prazo em dobro a litisconsortes com advogados diferentes na oposição de embargos de declaração. Apenas esta interpretação justifica o excesso de cuidado.

Nos embargos de declaração, o recorrente deve *alegar* e *demonstrar* a existência dos vícios do art. 1.022 do NCPC (art. 535, CPC/73).

Não se deve confundir juízo de admissibilidade e juízo de mérito no julgamento dos embargos de declaração. Para a superação do juízo de admissibilidade, é suficiente a mera *afirmação da existência* dos vícios previstos em lei como hipóteses de cabimento Assim, se o embargante não *alega, suscita* ou *afirma* a existência, *em tese*, de obscuridade, contradição, omissão ou erro material, o recurso será inadmitido, porque ausente o requisito do cabimento. Poderão, contudo, à luz do disposto no § 3º do art. 1.024 do NCPC, os embargos serem conhecidos como agravo interno quando opostos em face de decisão do relator, aproveitando-se o ato[22].

Por outro lado, saber se os vícios *realmente existem* consubstancia o juízo de mérito do recurso, ensejando o provimento ou o desprovimento dos embargos de declaração. O juízo de mérito é um passo adiante. *Afirmada* a existência do vício e não *demonstrada* a afirmação, os embargos de declaração, embora admitidos, serão desprovidos.

O CPC/73 não contempla a participação do embargado no julgamento dos embargos de declaração. É que, *em princípio*, os embargos de declaração objetivam somente a integração ou aperfeiçoamento da decisão, e não um novo julgamento da causa, com a inversão da sucumbência.

Pode acontecer, porém, de o provimento dos embargos de declaração ensejar, *reflexamente*, a alteração do resultado do julgamento[23], provocando a invalidação ou a reforma da decisão, a exemplo do que sucede com o suprimento da omissão no que tange à prescrição, que, uma vez reconhecida, resulta num juízo de improcedência da demanda.

Quando é assim, o julgamento dos embargos de declaração *surpreende* a parte embargada, a quem não foi dada a oportunidade de se manifestar e, portanto, de influenciar o convencimento do magistrado. É irrelevante, a meu sentir,

---

22. A interpretação aqui conferida ao § 3º do art. 1.024 do NCPC não é uma interpretação que serve ao entendimento comum dos tribunais no sentido de serem incabíveis embargos de declaração contra decisões monocráticas de seus relatores, mesmo porque o NCPC, por primeiro, dispõe que os embargos cabem contra qualquer decisão e, depois, expressamente, prescreve que o embargo declaratório contra decisão monocrática deve ser julgado pelo mesmo órgão unipessoal que a proferiu. Ao contrário, é uma interpretação que serve à parte que, pretendendo impugnar a decisão, o fez genericamente, sem vincular as suas razões recursais a uma das hipóteses de embargabilidade do art. 1.022.
23. Perceba-se que a alteração do julgamento é *desdobramento* ou *consequência* do próprio provimento dos embargos, Não se pede, essencialmente, a modificação do resultado do julgamento, mas, sim, que seja sanado o vício apontado. Ao expungir-se o vício, como decorrência necessária, o resultado do julgamento se modifica.

ter havido contraditório antes da oposição dos declaratórios sobre a matéria[24]. Como enfatiza Cassio Scarpinella Bueno, "até porque, fosse suficiente o contraditório exercido antes do proferimento da decisão, seria desnecessária a apresentação de contrarrazões a quaisquer recursos"[25].

Diante disso, a omissão legislativa não impediu que a doutrina e a jurisprudência majoritárias defendessem a necessidade de intimação do recorrido sempre que os embargos de declaração pudessem produzir efeitos infringentes ou modificativos. Essa imposição decorreria da incidência, conforme se observou, do direito fundamental ao contraditório, que garante a participação das partes na formação dos provimentos jurisdicionais.

Por força dessas razões, o NCPC positiva essa orientação. O § 2º do art. 1.023 impõe a intimação do embargado para oferecimento de resposta aos embargos opostos sempre que o possível acolhimento do recurso resulte na modificação da decisão embargada.

Quanto à fase de julgamento, determina o art. 1.024 do NCPC que os embargos de declaração devem ser julgados em 05 (cinco) dias. Quando opostos contra decisões colegiadas, o relator deve apresentar os embargos em mesa na sessão subsequente, proferindo voto. De forma inovadora, o § 1º do art. 1.024 prevê que, se não julgado nesta sessão, o recurso será *automaticamente* incluído em pauta.

O NCPC dispõe que os juízes e os tribunais devem obedecer à ordem cronológica de conclusão para proferir sentença ou acórdão (art. 12, NCPC), mas exclui da regra o julgamento de embargos de declaração (art. 12, § 2º, V, NCPC).

5. EFEITOS

5.1. EFEITO INTERRUPTIVO

Consoante a parte final do *caput* do art. 1.026 do NCPC, correspondente ao art. 538 do CPC/73, os embargos de declaração interrompem o prazo para a interposição de recurso[26].

---

24. Contra, representando entendimento minoritário, Daniel Assumpção: "Penso assim porque nesse caso não haverá a alegação de uma nova matéria, mas tão somente o pedido de saneamento de omissão de matéria já alegada e, presumidamente, já impugnada pela parte contrária". NEVES, Daniel Amorim Assumpção. *Manual de Direito Processual Civil*. 6. ed. rev. atual. e ampl. São Paulo: Método; Rio de Janeiro: Forense, 2014, item 27.7 (livro digital, suporte Kindle).
25. BUENO, Cassio Scarpinella. *Curso sistematizado de direito processual civil, vol. 5: recursos, processos e incidentes nos tribunais, sucedâneos recursais: técnicas de controle das decisões jurisdicionais*. 5. ed. rev. e atual. São Paulo: Saraiva, 2014, nº 3 do Capítulo 8 (livro digital, suporte Kindle).
26. Os embargos de declaração contra sentença proferida no Juizado Especial suspendem o prazo para recurso (art. 50, Lei nº 9.099/1995). Os arts. 1.065 e 1.066 do NCPC dão, respectivamente, nova redação aos arts.

Assim, opostos os embargos de declaração, o prazo para a interposição de outros recursos se interrompe. Após a intimação da decisão do julgamento dos declaratórios, o prazo, por inteiro, se inicia novamente para todos os legitimados para recorrer[27].

Desde que não sejam intempestivos, os embargos de declaração interrompem o prazo para a interposição de recurso, mesmo que sejam *incabíveis, desprovidos* ou *protelatórios*.

A intempestividade, contudo, não produz o mesmo efeito para o embargado, que, além de não ter dado causa à perda do prazo, também não deve atuar como vigia dos atos praticados pela parte adversa[28].

A redação do CPC/73 prescreve a interrupção do prazo "de outros recursos". O NCPC, por sua vez, trata da interrupção do prazo "de recurso", suprimindo a expressão "outros".

A alteração tem razão de ser. Ela serve para deixar claro que o outro recurso, citado pelo CPC/73, pode ser, inclusive, os segundos embargos de declaração opostos pela mesma parte contra a decisão que julgou os primeiros embargos. "*Outros recursos*" *não quer dizer outra espécie recursal (apelação, agravo, recurso especial etc.), mas sim recurso diverso daquele já interposto*.

Além disso, os embargos de declaração de uma parte não tem o condão de interromper o prazo dos embargos da outra, se uma e outra se insurgem contra a mesma decisão[29]. Noutras palavras, não fica interrompido o prazo para o embargado opor embargos de declaração contra a decisão *já* embargada pela outra parte. Por força do princípio da igualdade, o prazo de cinco dias para a interposição do recurso é comum a ambas as partes. Escoado o quinquídio, dá-se a preclusão.

Hipótese diferente é aquela em que os embargos atacam vícios surgidos por ocasião do julgamento dos embargos da parte contrária. Aí, não há que se falar

---

50 e 83, § 2º, da Lei nº 9.099/1995, unificando os regimes e determinando a interrupção do prazo também no procedimento sumaríssimo.

27. "A reabertura do prazo deve beneficiar todos que tenham legitimidade para recorrer, e não apenas o embargante". THEODORO JÚNIOR, Humberto. *Curso de Direito Processual Civil - Teoria geral do direito processual civil e processo de conhecimento*. Vol. 1. Rio de Janeiro: Forense, 2014, nº 561 do § 85 (livro digital, suporte Kindle). Na jurisprudência do STJ, sobre a interrupção do prazo de recurso de terceiro, ver: STJ, 3ª Turma, REsp 712.319, Ministra Nancy Andrighi, j. 25.09.2006, DJ 16.10.2006.

28. STJ, 3ª Turma, REsp 869.366, Ministro Sidnei Beneti, j. 17.06.2010, DJ 30.06.2010.

29. STJ, Corte Especial, EDcl no REsp 722.524, Ministro Teori Zavascki, j. 09.11.2006, DJ 18.12.2006. Na doutrina, conferir, amplamente, sobre essa específica hipótese: DIDIER, Fredie, CUNHA, Leonardo José Carneiro da. *Curso de Direito Processual Civil*. Vol. 3. 12. ed. Salvador: Jus Podivm, 2014, p. 210-215.

nem mesmo em efeito interruptivo, porque o interesse recursal surgiu depois, a partir do julgamento dos embargos de declaração opostos pelo adversário.

5.2. EFEITO SUSPENSIVO

O CPC/73, a respeito do efeito suspensivo dos recursos, dispõe que:

> Art. 497. O recurso extraordinário e o recurso especial não impedem a execução da sentença; a interposição do agravo de instrumento não obsta o andamento do processo, ressalvado o disposto no art. 558 desta Lei.

Diante da literalidade deste dispositivo legal, doutrina majoritária[30], capitaneada pelo Professor José Carlos Barbosa Moreira, entende que os embargos de declaração, não tendo sido excepcionados, possuem, sim, efeito suspensivo, isto é, a sua interposição impede a produção de efeitos da decisão embargada.

Além disso, a suspensividade decorrente da oposição dos embargos de declaração seria conatural à própria finalidade do recurso, consistente no esclarecimento ou aperfeiçoamento do ato decisório; do contrário, os vícios que inquinam a decisão comprometeriam sua própria execução.

Embora aceito amplamente, o referido entendimento não é pacífico. Na doutrina, Flávio Cheim Jorge[31] defende, à luz do CPC/73, que os embargos de declaração só possuem efeito suspensivo se o recurso imediatamente cabível contra a decisão embargada também o tiver.

Assim, se contra a decisão embargada é cabível apelação com efeito suspensivo (art. 520, CPC/73), os embargos de declaração terão efeito suspensivo. Se, por outro lado, os embargos forem opostos contra decisão que desafia imediatamente agravo de instrumento, não dotado, por lei, de efeito suspensivo, os embargos de declaração não impedem a produção de efeitos da decisão.

Por sua vez, Teresa Arruda Alvim Wambier sustenta que o efeito suspensivo dos embargos de declaração não decorre de sua simples interposição. Ensina a autora que:

> Segundo o nosso entendimento, o efeito suspensivo dos embargos de declaração deve decorrer de pedido formulado pela parte,

---

30. Por todos, conferir: BARBOSA MOREIRA, José Carlos. *Comentários ao Código de Processo Civil.* Vol. 5. 16. ed. rev. atual. e ampl. Rio de Janeiro: Forense, 2011, nº 306. No mesmo sentido: THEODORO JÚNIOR, Humberto. *Curso de Direito Processual Civil – Teoria geral do direito processual civil e processo de conhecimento.* Vol. 1. Rio de Janeiro: Forense, 2014, nº 561-A do § 85 (livro digital, suporte Kindle).

31. CHEIM JORGE, Flávio. *Teoria Geral dos Recursos Cíveis.* 3. ed. São Paulo: Revista dos Tribunais, 2007, p. 295 e ss.

fundado na impossibilidade real de que a decisão seja cumprida ou na possibilidade de integral alteração da decisão em virtude do acolhimento dos embargos[32].

A preocupação de referida doutrina é com as situações em que a oposição dos embargos de declaração, segundo o entendimento majoritário, é capaz de suspender, só pelo fato de sua interposição, uma tutela antecipada baseada na urgência, quando nem mesmo o agravo interponível contra a referida decisão teria essa aptidão.

No NCPC, ao contrário do CPC/73, os recursos, como regra, não possuem efeito suspensivo. Segundo o art. 995, os recursos não impedem a eficácia da decisão, salvo disposição legal ou decisão judicial em sentido diverso. A lógica se inverteu.

Portanto, os recursos podem ter efeito suspensivo por força de lei (*ope legis*), a exemplo da apelação (art. 1.012, NCPC), ou podem ter efeito suspensivo atribuível por decisão judicial (*ope judicis*), como ocorre com o agravo de instrumento (art. 1.019, I, NCPC).

Quanto aos embargos de declaração, o NCPC inova, em relação à doutrina majoritária que se formou em torno do CPC/73. Segundo o § 1º do art. 1.026, a atribuição de efeito suspensivo aos embargos depende de pedido do embargante e de decisão judicial, e *não mais* decorre de sua simples interposição. Além disso, a suspensão da eficácia da decisão embargada condiciona-se ao preenchimento dos seguintes pressupostos: (1) a probabilidade de provimento do recurso ou (2) fundamentação relevante e risco de dano grave ou de difícil reparação.

O NCPC, portanto, acolhe a doutrina de Teresa Arruda Alvim Wambier, segundo a qual a suspensão da eficácia da decisão deve decorrer de pedido da parte e de concessão pelo órgão jurisdicional, e não por força de lei, sempre e em todo o caso.

6. (DES) NECESSIDADE DE RATIFICAÇÃO E COMPLEMENTAÇÃO DE OUTRO RECURSO

Conforme visto, os embargos de declaração cabem contra qualquer decisão. Sendo assim, pode ocorrer - e frequentemente ocorre - de uma parte embargar de declaração e a outra parte interpor diversa modalidade de recurso.

---

32. MEDINA, José Miguel Garcia; WAMBIER, Teresa Arruda Alvim. *Recursos e ações autônomas de impugnação*. 3. ed. São Paulo: RT, 2013, p. 214. O tema mereceu tratamento aprofundado pela autora em: WAMBIER, Teresa Arruda Alvim. *Embargos de declaração e omissão judicial*. 2. ed. São Paulo: Revista dos Tribunais, 2014, p. 69 e ss.

O Superior Tribunal de Justiça (STJ) exige, nestes casos, que o recorrente ratifique o recurso após o julgamento dos embargos de declaração, *mesmo que não haja modificação da decisão.*

Este entendimento, bastante criticado pela doutrina, foi incorporado à Súmula do Tribunal, com a edição do Enunciado nº 418, cujo teor é o seguinte: "É inadmissível o recurso especial interposto antes da publicação do acórdão dos embargos de declaração, sem posterior ratificação".

Embora se refira ao recurso especial, por identidade de razões, tal orientação tem sido aplicada também para outros recursos, a exemplo da apelação, dos embargos infringentes, do recurso ordinário, do recurso extraordinário, do agravo interno etc.

Além da exigência de ratificação, o STJ permite, em caso de modificação da decisão embargada, o aditamento do recurso, nos exatos limites da modificação. A preclusão consumativa impede a complementação daquilo que não guarda conexão com o que foi alterado. O princípio da complementaridade autoriza, então, essa adaptação limitada do recurso interposto antes do julgamento dos embargos de declaração.

A exigência de ratificação do recurso, sem que tenha havido alteração da decisão embargada, é perversa, porquanto o efeito interruptivo dos embargos de declaração existe em benefício das partes, e não contra elas. O entendimento do STJ deturpa a lógica do sistema, ao criar um ônus não previsto em lei.

O NCPC, que é também um Código contra a jurisprudência defensiva, altera sensivelmente essa sistemática.

Por primeiro, o § 4º do art. 1.024 do NCPC faz da complementação um *direito*. Isto gera duas consequências.

A primeira é que a complementação não pode ser negada. Se o julgamento dos embargos de declaração implicar a alteração da decisão, a parte que recorreu anteriormente ao seu julgamento tem direito à complementação do recurso então interposto, nos exatos limites da modificação.

A segunda é que a ausência de complementação não poderá dar ensejo à inadmissibilidade do recurso. O NCPC qualifica a complementação como *direito*; logo, o recorrente não poderá ser punido por não exercê-lo. A avaliação sobre a necessidade de complementação é da parte, e não do órgão jurisdicional. É preciso, então, que, na prática, as partes tenham cuidado no momento do aditamento, minorando os riscos de desprovimento do recurso.

A complementação deve ocorrer no prazo de quinze dias, contado da intimação da decisão dos embargos de declaração.

Além disso, o NCPC *dispensa a ratificação* do recurso se os embargos de declaração forem rejeitados ou não alterarem a conclusão do julgamento anterior. Fica superada a Súmula, nº 418, do STJ[33]. Ou seja, o recurso interposto pela outra parte antes da publicação do julgamento dos embargos de declaração será processado e julgado independentemente de ratificação.

O dispositivo é bastante elogiável, porque afasta odiosa jurisprudência defensiva.

7. EMBARGOS DE DECLARAÇÃO MANIFESTAMENTE PROTELATÓRIOS

O uso desmedido dos embargos de declaração, principalmente como instrumento para retardar o fim do litígio e a formação da coisa julgada, inclusive no processo penal, que condiciona o cumprimento definitivo da pena, por força do princípio constitucional da não culpabilidade, à formação irrecorrível do juízo sobre a culpa, motivou o legislador a criar mecanismos sancionadores específicos contra a má-fé processual manifestada por embargos declaratórios.

De acordo com o parágrafo único do art. 538 do CPC/73, quando os embargos de declaração forem *manifestamente* protelatórios, o órgão jurisdicional, após declarar tal fato, deve condenar o embargante a pagar ao embargado multa de até 1% (um por cento) sobre o valor da causa.

Em caso de reiteração de embargos protelatórios, a multa é elevada a até 10% (dez por cento) e a interposição de qualquer outro recurso fica condicionada ao depósito do valor respectivo. O depósito prévio do valor da multa condiciona a interposição do outro recurso somente na hipótese de *reiteração* de embargos de declaração protelatórios, sendo ilegal a referida exigência se o embargante teve *um único* recurso de embargos considerados protelatórios[34].

O § 2º do art. 1.026 do NCPC, por seu turno, aumenta o valor da multa a ser aplicada aos *primeiros* embargos manifestamente protelatórios. De até 1% (um por cento) passa para até 2% (dois por cento).

Além disso, a base de cálculo não será mais "o valor da causa", conforme previsto no CPC/73, mas, sim, "o valor *atualizado* da causa", o que é importante,

---

33. Nesse sentido, o Enunciado nº 23 do II Fórum Permanente de Processualistas Civis, realizado em Salvador, em 2013.
34. Na mesma linha: STJ, Corte Especial, ED no REsp 389.408, Ministro Francisco Falcão, j. 15.10.2008, DJ 13.11.2008.

considerando-se o efeito corrosivo do tempo sobre a moeda e a duração média dos processos.

O NCPC não altera o valor da multa a ser aplicada na hipótese de *segundos* embargos de declaração, que permanece sendo de até 10% (dez por cento) sobre o valor *atualizado* da causa. Assim como faz o CPC/73, o NCPC condiciona, na hipótese de reiteração, a interposição de qualquer recurso ao depósito prévio do valor da multa (art. 1.026, § 3º, NCPC).

O NCPC inova, contudo, em relação ao CPC/73, ao dispensar do depósito prévio a Fazenda Pública e o beneficiário da gratuidade da justiça, que deverão recolher ao final (art. 1.026, § 3º, NCPC).

Dispensa-se, note-se bem, o depósito prévio, mas não o pagamento da multa. A insuficiência de recursos não é um escudo protetor de condutas desleais[35] nem tampouco os entes de direito público podem atuar à margem da boa fé objetiva.

O CPC/73 é omisso no que toca à oposição de *terceiros* embargos de declaração. Diante disso, o recorrente com boas condições financeiras, a fim de evitar o trânsito em julgado e a execução da decisão, não raro paga a multa e continua embargando de declaração de forma protelatória, prolongando a marcha processual para além do razoável e causando prejuízos à parte contrária.

Diante disso, Fredie Didier e Leonardo Carneiro da Cunha consideram que "é possível interpretar o CPC [CPC/73] no sentido de que não é possível ao interessado opor, por três vezes sucessivas, embargos de declaração. A segunda oposição abusiva gera a perda do direito de embargar pela terceira vez (é uma preclusão por ato ilícito)"[36].

Acolhendo a doutrina dos referidos autores, o § 4º do art. 1.026 do NCPC determina que não serão admitidos novos embargos de declaração se os dois anteriores tiverem sido considerados protelatórios. Quer isso dizer que os terceiros embargos de declaração, independentemente de serem protelatórios ou não, serão inevitavelmente inadmitidos, porquanto incabíveis, dando lugar à formação da coisa julgada[37].

---

35. Na jurisprudência, ver, por todos: STJ, Corte Especial, AgRg nos ED no REsp 765.878, Ministro João Otávio de Noronha, j. 07.05.2012, DJ 22.05.2012.
36. DIDIER, Fredie, CUNHA, Leonardo José Carneiro da. *Curso de Direito Processual Civil*. Vol. 3. 12. ed. Salvador: Jus Podivm, 2014, p. 229.
37. Nesse sentido, o Enunciado 361 do IV Fórum de Permanente de Processualistas Civis, realizado em Belo Horizonte, de 05 a 07 de dezembro de 2014: "Na hipótese do art. 1.026, § 4º, não cabem embargos de declaração e, casos opostos, não produzirão qualquer efeito".

Tem-se, ainda, que a multa prevista para os embargos de declaração protelatórios não pode ser cumulada com aquela outra prevista no art. 81 do NCPC (multa por litigância de má-fé) e aplicada em razão da interposição de recurso com intuito manifestamente protelatório (art. 80, VII, NCPC). Prevalece aqui a especialidade e a proibição de dupla punição pelo mesmo fato (*bis in idem*)[38].

Nada impede, porém, a cumulação da multa por embargos de declaração protelatórios com a indenização pelos prejuízos que a parte contrária sofreu em decorrência do ato de litigância de má-fé (art. 81, *caput*, NCPC)[39]. Aquela tem natureza punitiva; esta, por outro lado, finalidade reparatória. Não há *bis in idem*, dada a finalidade diversa de uma e de outra.

Em todo caso, a decisão que condena o embargante a pagar multa deve ser fundamentada (art. 1.026, § 2º, NCPC). "Manifestamente protelatório" é conceito jurídico *relativamente* indeterminado.

O conceito jurídico indeterminado é, em verdade, *determinável*, porque, em face da situação concreta, ganha determinação. É indeterminado somente quando considerado *abstratamente*, e mesmo assim não completamente. Existe, desse modo, um grau de determinação ou certeza positiva e negativa; é possível dizer o que é manifestamente protelatório (embargar de declaração apenas para impedir o trânsito em julgado) e o que não é (embargar de declaração objetivando o prequestionamento – Súmula, nº 98, STJ). Mas existe uma zona conceitual cinzenta, embaçada, anuviada, representada pela dúvida do que pode ser. Aí, então, faz-se importante a apreciação do caso concreto.

Diante disso, exige-se, no emprego do conceito jurídico indeterminado, a confrontação com o caso concreto (art. 489, § 1º, II, NCPC). É preciso que o órgão jurisdicional revele, com base na situação fática delineada nos autos, onde se faz presente o intuito protelatório, sendo nula a decisão que se limita à reprodução genérica da expressão. Embora a jurisprudência assim já entenda[40], é louvável a exigência, que se harmoniza com a sistemática democrática do Novo Código.

8. EMBARGOS DE DECLARAÇÃO E PREQUESTIONAMENTO

Segundo a CRFB, o recurso extraordinário para o Supremo Tribunal Federal (art. 102, III) e o recurso especial para o Superior Tribunal de Justiça (art. 105, III) são cabíveis contra "causas decididas".

---

38. No mesmo sentido: STJ, Corte Especial, ED no REsp 511.378, Ministro José Arnaldo, j. 17.11.2004, DJ 21.02.2005.
39. No sentido o texto: STJ, 4ª Turma, EDcl nos EDcl no AgRg no Ag 1.399.242, Ministro Luís Felipe Salomão, j. 04.08.2011, DJE 15.08.2011.
40. STJ, 5ª Turma, REsp 197.346, Ministro Edson Vidigal, j. 18.03.1999, DJ 26.04.1999.

Por "causas decididas", entende-se a manifestação expressa do juízo recorrido sobre a controvérsia de direito constitucional ou de direito federal discutida no processo. Noutras palavras, para que o STF e o STJ possam verificar o acerto da decisão recorrida, é necessário que o órgão jurisdicional *a quo* tenha, *antes*, efetivamente decidido a respeito da tese jurídica ventilada nos recursos extraordinário e especial. É preciso, como se costuma dizer, esgotar a instância, *questionando previamente* o juízo do qual se recorre sobre a aplicação e interpretação do direito constitucional ou federal. Daí falar-se em *prequestionamento*, que nada mais seria do que "causa decidida" ou decisão a respeito da questão de direito[41].

Omitindo-se o tribunal sobre a tese jurídica suscitada, franqueia-se à parte interessada a via dos embargos de declaração, a fim de que o órgão jurisdicional decida sobre a questão constitucional ou infraconstitucional federal levantada. A oposição dos embargos de declaração, quando silente o tribunal no acórdão sobre a controvérsia jurídica apresentada, é de rigor, sob pena de não se fazer presente, segundo a interpretação historicamente conferida pelo STF e pelo STJ, o requisito constitucional da causa decidida.

Para o STJ, a simples oposição dos embargos de declaração não é suficiente para configurar o requisito do prequestionamento. Se, mesmo após o julgamento dos embargos de declaração, a omissão remanescer, a parte deve, em seu recurso especial, suscitar a violação do próprio art. 535 do CPC/73. Este deve ser, aliás, o primeiro dos fundamentos do recurso especial[42].

Reconhecida a omissão do juízo *a quo* e, pois, a violação ao art. 535 do CPC/73, o STJ provê o recurso especial e determina a devolução dos autos para que o tribunal supra a omissão. Sanada a omissão, fica caracterizado o prequestionamento. Entretanto, persistindo a omissão, deve *mais uma vez* a parte opor os declaratórios e, caso rejeitados, suscitar *mais uma vez* no recurso especial a agressão ao art. 535 do CPC/73. Consoante entendimento do próprio STJ, o tribunal superior não poderá, persistindo a omissão, julgar o recurso especial. *Mais uma vez*, será impositivo o retorno dos autos para tentar se extrair manifestação do tribunal recorrido[43]. Este entendimento do STJ está consagrado no Enunciado

---

41. Conferir, amplamente: BUENO, Cassio Scarpinella. *Curso sistematizado de direito processual civil, vol. 5: recursos, processos e incidentes nos tribunais, sucedâneos recursais: técnicas de controle das decisões jurisdicionais*. 5. ed. rev. e atual. São Paulo: Saraiva, 2014, nº 2.1. do Capítulo 11 (livro digital; suporte Kindle).
42. Conforme alertam José Miguel Garcia Medina e Teresa Arruda Alvim Wambier: MEDINA, José Miguel Garcia; WAMBIER, Teresa Arruda Alvim. *Recursos e ações autônomas de impugnação*. 3. ed. São Paulo: Revista dos Tribunais, 2013, p. 240.
43. O exemplo é real: "RECURSO ESPECIAL. EMBARGOS DE DECLARAÇÃO. OMISSÃO ANTERIORMENTE RECONHECIDA PELO SUPERIOR TRIBUNAL DE JUSTIÇA. REJEIÇÃO INDEVIDA DOS EMBARGOS DECLARATÓRIOS. 1. Não é lícito ao Tribunal local rejeitar novamente os embargos de declaração, quando a omissão neles apontada já foi declarada pelo Superior Tribunal de Justiça. 2. Resta à instância precedente, nessa situação, acolher os embargos

nº 211 de sua Súmula, que possui o seguinte teor: "inadmissível recurso quanto à questão que, a despeito da oposição de embargos declaratórios, não foi apreciada pelo tribunal *a quo*".

Por outro lado, o STF tem entendimento menos rígido. O Supremo Tribunal admite o *prequestionamento ficto*, ou seja, basta a mera oposição dos embargos declaratórios, independentemente do suprimento da omissão, para que a Corte possa julgar o recurso extraordinário. Compreende-se, *fictamente*, que, com a oposição dos embargos de declaração, a questão foi decidida (Súmula, nº 356, do STF).

Diante desse quadro, é fácil observar que o entendimento do STJ atrasa o processo, porque, se realmente presente a omissão, terá sido necessária a interposição de um recurso apenas para ter isso reconhecido, sem falar da esdrúxula hipótese de recalcitrância do tribunal de grau inferior, quando, então, mais e mais recursos serão interpostos com a única finalidade de se sanar a omissão.

Pensando nisso, o NCPC prevê inovação que pretende por de volta nos trilhos o procedimento recursal. Eis o teor no novo dispositivo:

> Art. 1.025. Consideram-se incluídos no acórdão os elementos que o embargante suscitou, para fins de pré-questionamento, ainda que os embargos de declaração sejam inadmitidos ou rejeitados, caso o tribunal superior considere existentes erro, omissão, contradição ou obscuridade.

Com base no art. 1.025, é possível afirmar, primeiramente, que o Enunciado nº 211 da Súmula do STJ fica superado[44]. Verificada a omissão sobre a questão jurídica, o STJ *não mais* dará provimento ao recurso especial por violação ao art. 1.022, II, do NCPC (correspondente ao art. 535, II, CPC/73), com o retorno do processo para o tribunal *a quo* para nova decisão. Opostos embargos declaratórios, considera-se, *fictamente*, incluída no acórdão embargado a tese jurídica sobre a qual não se manifestou o órgão jurisdicional, ainda que os embargos de declaração sejam inadmitidos ou rejeitados[45]. Trata-se de prequestionamento ficto, igual àquele consagrado na Súmula, nº 356, do STF.

---

e sanar a omissão". STJ, 3ª Turma, REsp 604.785/SP, Ministro Humberto Gomes de Barros, Rel. p/ acórdão Ministro Ari Pargendler, j. 20.03.2007, DJ 14.05.2007, p. 279.

44. Nesse sentido: TESHEINER, José Maria Rosa; RIBEIRO. Cristiana Zugno Pinto. Recursos em espécie no Projeto de um Novo Código de Processo Civil. *Novas Tendências do Processo Civil. Estudos sobre o Projeto do Novo Código de Processo Civil. Vol. 3.* Alexandre Freire, Bruno Dantas, Dierle Nunes, Fredie Didier Jr., José Miguel Garcia Medina, Luiz Fux, Luiz Henrique Volpe Camargo e Pedro Miranda de Oliveira (org.). Salvador: Jus Podivm, 2014, p. 80.

45. Rafael de Oliveira Guimarães sustenta que o art. 1.025 possui constitucionalidade duvidosa, porquanto viola o preceito da CRFB que exige "causa decidida", ao considerar fictamente incluído no acórdão o que

Não é de somenos importância a parte final do art. 1.025, que exige, para a integração da questão suscitada no acórdão embargado, a confirmação pelo tribunal superior de que realmente houve erro, omissão, contradição ou obscuridade.

É que pode acontecer, por exemplo, de o embargante inovar nos embargos de declaração, lançando mão de tese jurídica nova, que não recebeu atenção do tribunal *a quo* porque obviamente ela não estava presente no processo no momento do julgamento. Daí a necessidade de o tribunal superior analisar se realmente houve, no exemplo dado, efetivamente omissão do órgão jurisdicional *a quo*[46].

9. CONCLUSÃO

Não raro, vozes, ainda que isoladas, questionam a importância, desmerecem o papel e diminuem as finalidades dos embargos de declaração, entendendo que a supressão deste antigo instrumento não faria falta ao processo civil. É preciso compreender, porém, que os embargos de declaração possuem um nexo de instrumentalidade muito íntimo com importantes garantias fundamentais do processo, a exemplo dos direitos fundamentais à motivação, à inafastabilidade do controle jurisdicional e à razoável duração do processo. O regramento conferido aos embargos de declaração pelo NCPC potencializa o referido recurso, incorpora os bons entendimentos doutrinários e jurisprudenciais e combate, com mais rigor, o mau uso que se possa fazer deles, conforme se tentou demonstrar.

---

demanda pelo Texto Constitucional manifestação expressa. Ver: GUIMARÃES, Rafael de Oliveira. Atualidades sobre o prequestionamento e as possíveis mudanças provocadas pelo Projeto do Novo Código de Processo Civil. *Novas Tendências do Processo Civil. Estudos sobre o Projeto do Novo Código de Processo Civil*. Vol. 3. Alexandre Freire, Bruno Dantas, Dierle Nunes, Fredie Didier Jr., José Miguel Garcia Medina, Luiz Fux, Luiz Henrique Volpe Camargo e Pedro Miranda de Oliveira (org.). Salvador: Jus Podivm, 2014, p. 515 e ss. Penso, contudo, que "causa decidida" é conceito que pode ser *conformado* pelo legislador infraconstitucional, como fez o NCPC. Além disso, o prequestionamento ficto, agora previsto com *um único* sentido tanto para o STF como para o STJ, traz segurança jurídica, eliminando antiga divergência que existe entre estas Cortes. Não fosse suficiente, o NCPC estabelece uma presunção legal, como o faz, aliás, o CPC/73 e o NCPC (art.1.035, § 3º), ao presumir em determinadas hipóteses a repercussão geral. Nada obstante, o entendimento incorporado à legislação nova é aquele consagrado pelo STF, tribunal responsável por conferir a última palavra sobre a CRFB. Por fim, relevante é o esgotamento de instância para se inaugurar a jurisdição uniformizadora do STF e do STJ, que, após um juízo de cassação, aplica o direito ao caso concreto, mesmo sem ter havido anterior debate na instância de origem sobre a interpretação ou a aplicação a ser dada.

46. Contra: "Ora, se o Tribunal Superior entender que o acórdão já tinha analisado a matéria excogitada nos declaratórios, pelo que ausentes tais vícios, o prequestionamento estará presente e não mais virtualizado". DUARTE, Zulmar. Embargos declaratórios: efeito integrativo (prequestionamento virtual). *Novas Tendências do Processo Civil. Estudos sobre o Projeto do Novo Código de Processo Civil*. Vol. 3. Alexandre Freire, Bruno Dantas, Dierle Nunes, Fredie Didier Jr., José Miguel Garcia Medina, Luiz Fux, Luiz Henrique Volpe Camargo e Pedro Miranda de Oliveira (org.). Salvador: Jus Podivm, 2014, p. 817.

10. BIBLIOGRAFIA

ALVIM, Arruda; ALVIM, Eduardo Arruda; ASSIS, Araken de. *Comentários ao Código de Processo Civil*. 2. ed. São Paulo: Editora Revista dos Tribunais, 2012.

BARBOSA MOREIRA, José Carlos. *Comentários ao Código de Processo Civil*. Vol. 5. 16. ed. rev. atual. e ampl. Rio de Janeiro: Forense, 2011.

BONDIOLI, Luis Guilherme Aidar Bondioli. *Embargos de declaração*. São Paulo: Saraiva, 2005.

BUENO, Cassio Scarpinella. *Curso sistematizado de direito processual civil, vol. 5: recursos, processos e incidentes nos tribunais, sucedâneos recursais: técnicas de controle das decisões jurisdicionais*. 4. ed. rev. e atual. São Paulo: Saraiva, 2013.

_____. *Curso sistematizado de direito processual civil, vol. 5: recursos, processos e incidentes nos tribunais, sucedâneos recursais: técnicas de controle das decisões jurisdicionais*. 5. ed. rev. e atual. São Paulo: Saraiva, 2014.

CHEIM JORGE, Flávio. *Teoria Geral dos Recursos Cíveis*. 3. ed. São Paulo: Revista dos Tribunais, 2007.

DIDIER JR., Fredie. *Curso de Direito Processual Civil*. Vol. 1. 16. ed. Salvador: Jus Podivm, 2014.

_____; BRAGA, Paula Sarno; OLIVEIRA, Rafael. *Curso de direito processual civil*. Vol. 2. 6. ed. Salvador: JusPodivm, 2011.

_____; CUNHA, Leonardo José Carneiro da. *Curso de Direito Processual Civil*. Vol. 3. 12. ed. Salvador: Jus Podivm, 2014.

DUARTE, Zulmar. Embargos declaratórios: efeito integrativo (prequestionamento virtual). *Novas Tendências do Processo Civil. Estudos sobre o Projeto do Novo Código de Processo Civil*. Vol. 3. Alexandre Freire, Bruno Dantas, Dierle Nunes, Fredie Didier Jr., José Miguel Garcia Medina, Luiz Fux, Luiz Henrique Volpe Camargo e Pedro Miranda de Oliveira (org.). Salvador: Jus Podivm, 2014, p. 817.

FERNANDES, Luís Eduardo Simardi. *Embargos de declaração – efeitos infringentes, prequestionamento e outros aspectos polêmicos*. 3. ed. São Paulo: RT, 2012.

_____. Os embargos de declaração no Projeto do CPC. *Novas Tendências do Processo Civil. Estudos sobre o Projeto do Novo Código de Processo Civil*. Vol. 3. Alexandre Freire, Bruno Dantas, Dierle Nunes, Fredie Didier Jr., José Miguel Garcia Medina, Luiz Fux, Luiz Henrique Volpe Camargo e Pedro Miranda de Oliveira (org.). Salvador: Jus Podivm, 2014.

GRAU, Eros Roberto. *Ensaio e discurso sobre interpretação/aplicação do direito*. 5. ed. São Paulo: Malheiros, 2009.

GRECO, Leonardo. Embargos de declaração. *Revista Eletrônica de Direito Processual – REDP*. vol. 7, ano 5, jan. a jun. 2011. Disponível em ‹www.redp.com.br›. Acesso em 14 de março de 2010.

GUIMARÃES, Rafael de Oliveira. Atualidades sobre o prequestionamento e as possíveis mudanças provocadas pelo Projeto do Novo Código de Processo Civil. *Novas Tendências* do Processo Civil. Estudos sobre o Projeto do Novo Código de Processo Civil. Vol. 3. Alexandre Freire, Bruno Dantas, Dierle Nunes, Fredie Didier Jr., José Miguel Garcia Medina, Luiz Fux, Luiz Henrique Volpe Camargo e Pedro Miranda de Oliveira (org.). Salvador: Jus Podivm, 2014.

MARINONI, Luiz Guilherme. *Precedentes obrigatórios*. 2. ed. São Paulo: Revista dos Tribunais, 2011.

_____. *Teoria geral do processo*. São Paulo: Revista dos Tribunais, 2006.

_____; MITIDIERO, Daniel; SARLET, Ingo. *Curso de Direito Constitucional*. São Paulo: Revista dos Tribunais, 2012.

MEDINA, José Miguel Garcia; WAMBIER, Teresa Arruda Alvim. *Recursos e ações autônomas de impugnação*. 3. ed. São Paulo: Revista dos Tribunais, 2013.

MILLER, Cristiano Simão Miller. A "contradição externa" como vício capaz de ensejar a oposição de embargos de declaração. *Jus Navigandi*, Teresina, ano 17, n. 3109, 5 jan. 2012. Disponível em: ‹http://jus.com.br/artigos/20793›. Acesso em: 8/06/2014.

NEVES, Daniel Amorim Assumpção. *Manual de Direito Processual Civil*. 6. ed. rev. atual. e ampl. São Paulo: Método; Rio de Janeiro: Forense, 2014.

SILVA, Ticiano Alves e. Embargos de declaração e contradição externa. *Revista de Processo*, v. 238, dez. 2014. São Paulo: Revista dos Tribunais, 2014.

_____. Embargos de declaração e novo entendimento jurisprudencial. *Revista de Processo*, v. 201, nov. 2011. São Paulo: Revista dos Tribunais, 2011.

_____. **A relativização da cláusula de irrecorribilidade dos despachos na oposição de embargos de declaração.** Jus Navigandi, Teresina, ano 11, nº 1253, 6 dez. 2006. Disponível em: ‹http://jus.uol.com.br/revista/texto/9251›.

SOUZA, Bernardo Pimentel. *Introdução aos recursos cíveis e à ação rescisória*. 6. ed. São Paulo: Saraiva, 2009.

TESHEINER, José Maria Rosa; RIBEIRO. Cristiana Zugno Pinto. Recursos em espécie no Projeto de um Novo Código de Processo Civil. *Novas Tendências do Processo Civil. Estudos sobre o Projeto do Novo Código de Processo Civil. Vol. 3*. Alexandre Freire, Bruno Dantas, Dierle Nunes, Fredie Didier Jr., José Miguel Garcia Medina, Luiz Fux, Luiz Henrique Volpe Camargo e Pedro Miranda de Oliveira (org.). Salvador: Jus Podivm, 2014.

THEODORO JÚNIOR, Humberto. *Curso de Direito Processual Civil – Teoria geral do direito processual civil e processo de conhecimento*. Vol. 1. Rio de Janeiro: Forense, 2014.

WAMBIER, Teresa Arruda Alvim. *Embargos de declaração e omissão judicial*. 2. ed. São Paulo: Revista dos Tribunais, 2014.

CAPÍTULO 11

O Recurso Ordinário em Mandado de Segurança e o Novo Código de Processo Civil

Cristiano Simão Miller[1]

SUMÁRIO • 1. ESCLARECIMENTO INICIAL; 2. BREVES CONSIDERAÇÕES SOBRE A EVOLUÇÃO DO RECURSO ORDINÁRIO NO DIREITO BRASILEIRO; 3. O CENÁRIO ATUAL DO RECURSO ORDINÁRIO EM MANDADO DE SEGURANÇA: 3.1. O CABIMENTO DE RECURSO ORDINÁRIO EM MANDADO DE SEGURANÇA; 3.2. CONSIDERAÇÕES SOBRE A EXPRESSÃO "DECISÃO DENEGATÓRIA"; 3.3. A DESNECESSIDADE DE PRÉ-QUESTIONAMENTO; 3.4. O ESGOTAMENTO DA INSTÂNCIA; 3.5. A IMPOSSIBILIDADE DE SE ADMITIR, COMO RECURSO ORDINÁRIO, O RECURSO EXTRAORDINÁRIO (OU ESPECIAL) EQUIVOCADAMENTE INTERPOSTO; 3.6. COMPETÊNCIA PARA JULGAMENTO; 3.7. O RECURSO ORDINÁRIO E O EFEITO SUSPENSIVO; 3.8. A AMPLITUDE COGNITIVA DO RECURSO ORDINÁRIO; 3.8.1. A PERMISSÃO PARA O ENFRENTAMENTO DE QUESTÕES CONSTITUCIONAIS E DO DIREITO LOCAL EM SEDE DE RECURSO ORDINÁRIO DE COMPETÊNCIA DO SUPERIOR TRIBUNAL DE JUSTIÇA; 3.8.2. A APRECIAÇÃO DE LEGISLAÇÃO INFRACONSTITUCIONAL, EM RECURSO ORDINÁRIO, PELO SUPREMO TRIBUNAL FEDERAL; 3.8.3. A COGNIÇÃO NOS CASOS DE ATENDIMENTO DO PEDIDO ANTES DO JULGAMENTO DO RECURSO; 3.8.4. A POSSIBILIDADE DE APRECIAÇÃO DIRETA DO MÉRITO QUANDO O JULGAMENTO DO RECURSO ORDINÁRIO; 4. REFERÊNCIAS BIBLIOGRÁFICAS

1. ESCLARECIMENTO INICIAL

O estudo ora desenvolvido tem por escopo analisar alguns aspectos do recurso ordinário constitucional, mormente diante das normas contidas no novo Código de Processo Civil (Lei nº 13.105/2015), que trouxe novidades acerca da espécie recursal em apreço.

Contudo, deve ser esclarecido desde logo que o enfrentamento da matéria ficará restrito ao recurso ordinário utilizado em julgamentos de mandados de segurança.

Sendo assim, não obstante seja cabível a utilização dessa espécie recursal em outras situações (na esfera cível, em julgamentos de *habeas data* e mandados de injunção ocorridos em única instância perante os tribunais superiores, e julgamentos de ações envolvendo, de um lado, Estado estrangeiro ou organismo

---

1. Doutor em Direito Processual Civil pela PUC/SP. Mestre em Direito. Professor de Direito Processual Civil no Uniflu – Direito de Campos, nos cursos de graduação e pós-graduação (*lato sensu*). Advogado.

internacional e, de outro, Município ou pessoa residente ou domiciliada no País), a abordagem do tema ficará restrita à hipótese de recurso ordinário manejado para atacar julgamentos ocorridos em sede de mandado de segurança.

2. BREVES CONSIDERAÇÕES SOBRE A EVOLUÇÃO DO RECURSO ORDINÁRIO NO DIREITO BRASILEIRO

O recurso ordinário foi inserido no ordenamento jurídico brasileiro por meio da Constituição Federal de 1891, embora, naquele momento, ainda não houvesse propriamente o mandado de segurança.

Na verdade, sequer havia a nomenclatura "recurso ordinário", sendo certo que o texto constitucional apenas se referia, dentro da competência do Supremo Tribunal Federal, ao julgamento do "recurso" relativo a determinadas questões (art. 59, da Constituição Federal de 1891).

Como é cediço, o mandado de segurança é fruto de construção jurisprudencial em torno do *habeas corpus*,[2] de modo que, naquele tempo, o recurso ordinário era espécie recursal destinada a levar certas questões ao conhecimento do Supremo Tribunal Federal, incluindo, conforme dispunha o art. 61, da Constituição Federal de 1891, as decisões da justiça estadual sobre *habeas corpus*, que, frise-se, poderia também envolver matéria civil.

No entanto, como a utilização ampla do *habeas corpus* não agradava às autoridades da época, por meio da emenda constitucional de 1926 promoveu-se uma considerável redução nas hipóteses de cabimento do referido remédio constitucional, que passou a abranger apenas os casos de liberdade de locomoção. Assim é que, com a aludida emenda constitucional, ficaram os particulares sem uma ação judicial que lhes protegesse das ilegalidades e abusividades praticadas pelo poder público.

Todavia, na Constituição Federal de 1934 o mandado de segurança foi, pela primeira vez, expressamente previsto em nosso ordenamento jurídico. E, com isso, passou o legislador também a estabelecer as regras sobre o recurso ordinário – qualificando, igualmente "pela primeira vez, de "ordinário" o recurso ordinário constitucional"[3] – o que o fez, especificamente quanto ao mandado de segurança, nos termos do art. 76, 2, II, *a*, da Constituição Federal de 1934,[4] tanto para atacar as decisões denegatórias como concessivas da ordem.

---

2. A título de registro, vale mencionar que a nossa primeira constituição (1891), previa em seu art. 72, § 22, um habeas corpus extremamente amplo, por meio do qual se poderia atacar qualquer ilegalidade ou abusividade praticada pelo poder público.
3. AMERICANO, Luiz Alberto. *Do recurso ordinário em matéria civil*. Revista dos Tribunais, nº 362, dez/1965, p. 72.
4. "Art. 76 – À Corte Suprema compete: (...) 2) julgar: (...) II – em recurso ordinário: a) as causas, inclusive mandados de segurança, decididas por Juízes e Tribunais federais, sem prejuízo do disposto nos arts. 78 e 79".

A Constituição de 1937, por sua vez, não previu o mandado de segurança, que, entretanto, passou a ser disciplinado dentro do Código de Processo Civil de 1939, como uma simples ação de procedimento especial. O recurso ordinário em sede de mandado de segurança, diante disso, deixou de receber previsão constitucional e legal.[5]

A Constituição de 1946, a seu turno, voltou a prever o mandado de segurança, passando também, em consequência, a dispor de forma expressa sobre o recurso ordinário, a ser interposto contra os julgados ocorridos no writ. Desse modo, estabelecia o art. 101, II, *a*, que "ao Supremo Tribunal Federal compete: (...) II – julgar em recurso ordinário: a) os mandados de segurança e os *habeas corpus* decididos em última instância pelos Tribunais locais ou federais, quando denegatória a decisão", sendo certo, ademais, que a Lei nº 1.533/51, que passou posteriormente a regulamentar o mandado de segurança (e assim o fez até a entrada em vigor da Lei nº 12.016/2009), nada dispunha a respeito do recurso ordinário.

Analisando o recurso ordinário sob a égide da Constituição Federal de 1946, que o previa no art. 101, II, Frederico Marques já observava que essa modalidade recursal – assim como atualmente acontece – somente poderia ser interposta na hipótese de ser denegada a ordem pretendida, sendo, portanto, um recurso *secundum eventum litis*.[6]

Contudo, uma diferença bastante significativa, se comparado com o recurso ordinário nos dias de hoje (tanto com base no texto constitucional, como na legislção federal, inclusive considerando o texto do novo Código de Processo Civil), é o fato de essa espécie recursal, com base na Constituição Federal de 1946, ser prevista para atacar as decisões ocorridas em "última instância" pelos tribunais locais ou federais (atualmente, o recurso ordinário, em sede de mandado de segurança, é utilizado contra os julgamentos ocorridos em "única instância" pelos tribunais locais ou tribunais superiores). Dessa forma, mesmo após o julgamento do recurso interposto contra a sentença prolatada no mandado de segurança impetrado perante o juízo singular, ainda era cabível a interposição do recurso ordinário, a ser julgado pelo Supremo Tribunal Federal, que, na hipótese, funcionava como verdadeira "terceira instância".

---

5. Cumpre observar, porém, como o fez Castro Nunes, que "o Regimento Interno do Supremo Tribunal, posterior ao Código (de 10 de abril de 1940), considerando obviamente que estaria comprometida a eficácia do remédio, de seu natural, pronto e expedito, assim dispôs: "Os recursos das decisões dos juízes dos Feitos da Fazenda Pública em mandado de segurança serão distribuídos pelo presidente a um relator, que os processará e julgará da mesma forma por que se procede os agravos"" (CASTRO NUNES, José de. *Do mandado de segurança*. 9ª ed. – atualizada por José de Aguiar Dias. Rio de Janeiro: Forense, 1987, p. 293).
6. MARQUES, José Frederico. *Instituições de direito processual civil*. Vol IV. 2ª ed. Rio de Janeiro: Forense, 1963, p. 359.

Naquela oportunidade, a doutrina debatia se, para a interposição do recurso ordinário, seria necessário que a discussão do mandado de segurança envolvesse tema ligado a direito federal, ou se poderia também abranger questões fundadas em direito estadual ou municipal.

Não obstante a existência de alguns posicionamentos mais restritivos,[7] certo é que o Supremo Tribunal Federal adotava postura mais ampla, pois, como observava Frederico Marques, "a garantia que esse *writ* fornece, de rápida restauração ao *direito líquido e certo* violado, não é federal, estadual ou municipal, e sim, constitucional".[8]

A Constituição Federal de 1967, quanto ao tema, manteve a mesma linha do anterior texto constitucional, de modo que a redação original do seu art. 114, II, *a*, incluía, dentre as competências do Supremo Tribunal Federal, julgar, em recurso ordinário, os mandados de segurança "decididos em única, ou, última instância pelos Tribunais locais ou federais, quando denegatória a decisão".

Entretanto, em virtude do Ato Institucional nº 6, de 1969, passou a não mais ser possível a utilização do recurso ordinário para atacar julgamentos ocorridos em sede de mandado de segurança, tendo essa espécie recursal se limitado a apreciar os *habeas corpus*, as causas envolvendo Estado estrangeiro e algumas questões criminais julgadas originariamente pelo Superior Tribunal Militar, relativas a crimes praticados por Governadores de Estado e seus Secretários.

Desse modo, durante o período da ditadura, o recurso ordinário deixou de existir em sede de mandado de segurança, fazendo com que, em consequência, o *mandamus* julgado originariamente pelos tribunais apenas colocasse à disposição das partes a utilização do recurso extraordinário, que, desde então, somente se destinava à analise de matérias exclusivamente de direito (ao contrário do que seria com o recurso ordinário, espécie recursal de cognição muito mais ampla).

Até que a Constituição Federal de 1988, nos seus arts. 102, II, *a*, e 105, II, *b*, passou, novamente, a dispor sobre o recurso ordinário em mandado de segurança, desta vez para, acertadamente, retirar do Supremo Tribunal Federal (e também do Superior Tribunal de Justiça) o papel de "3ª instância", tendo em vista que o cabimento de tal espécie de recurso no *writ* ficou restrita aos julgamentos ocorridos em "única" instância nos Tribunais Superiores (quando, então, a competência para o julgamento do recurso ordinário será do Supremo Tribunal Federal) e nos Tribunais Regionais Federais ou nos tribunais dos Estados (hipótese em

---

7. Nesse sentido: PONTES DE MIRANDA, Francisco Cavalcanti. *Comentários à Constituição de 1946*. 2ª ed. Vol. III. Rio de Janeiro: Borsoi, 1953, p. 46.
8. MARQUES, José Frederico. *Instituições de direito processual civil*. Vol IV, cit., p. 360.

que a competência para o exame do recurso ordinário será do Superior Tribunal de Justiça).

3. O CENÁRIO ATUAL DO RECURSO ORDINÁRIO EM MANDADO DE SEGURANÇA

O recurso ordinário em sede de mandado de segurança no direito atual, desde o seu ressurgimento com a Constituição Federal de 1988, bem como com as posteriores previsões nas legislações infraconstitucionais (pelos arts. 33 a 35, da Lei nº 8.038/1990, arts. 539 e 540, do Código de Processo Civil de 1973, incluídos pela Lei nº 8.950/1994, o art. 18, da Lei nº 12.016/2009 e, agora, por último, os arts. 1.027 e 1.028, do novo Código de Processo Civl), tem trazido relevantes questionamentos.

Assim é que, adiante, faremos a análise de diversos aspectos do recurso ordinário, com o enfretamento de pontos que vão desde a admissibilidade recursal e seguem até a cognição exercida nessa espécie recursal, sempre com foco nas mudanças trazidas pela nova legislação processual.

3.1. O CABIMENTO DE RECURSO ORDINÁRIO EM MANDADO DE SEGURANÇA

Inicialmente, cumpre destacar que o recurso ordinário, nos limites propostos pelo presente estudo, é o instrumento disponibilizado para atacar os julgamentos de mandados de segurança de competência originária dos tribunais – dependendo do ato coator, tribunais de justiça dos Estados e do Distrito Federal e Territórios, tribunais regionais federais ou dos tribunais superiores.

Contudo, o recurso ordinário em sede de mandado de segurança não tem cabimento em qualquer hipótese de julgamento pelo tribunal que apreciou originariamente o *mandamus*, ficando sempre na dependência do resultado do *writ*.

Nesses termos, conforme estabelece a Constituição Federal, nos seus arts. 102, II, *a*, e 105, II, *b*, assim como o art. 1.027, do novo Código de Processo Civil, somente caberá recurso ordinário quando a decisão for denegatória.

Com isso, e sem maiores esforços, percebe-se que o recurso ordinário em mandado de segurança é uma exclusividade do impetrante, na medida em que jamais poderá dele se utilizar a pessoa jurídica de direito público (ré no mandado de segurança) ou a autoridade coatora.

No entanto, a suposta clareza legislativa esconde, em verdade, uma série de questionamentos que podem surgir relativamente ao cabimento do recurso ordinário em mandado de segurança. Dessas questões nos ocuparemos adiante, de forma separada, para que sejam enfrentadas com cautela.

Merece abordagem, desde logo, a questão relativa ao cabimento do recurso ordinário apenas pelo impetrante.

Como visto acima, o recurso ordinário é instrumento processual posto apenas à disposição do impetrante, de modo que não pode ser utilizado pelo réu no *mandamus* e pela autoridade coatora.

A despeito da nitidez com que a ponto é tratado tanto na legislação federal como na norma constitucional, considerando-se a exigência de que a decisão a ser impugnada seja "denegatória", cumpre-nos investigar se tal limitação na utilização do recurso ordinário não acarreta violação ao princípio da isonomia, na medida em que apenas confere ao impetrante a possibilidade de recorrer contra o julgamento que lhe seja desfavorável, retirando essa possibilidade tanto da ré como da autoridade coatora.

Em outras palavras, seria o recurso ordinário em mandado de segurança, dado poder ser manejado apenas pelo impetrante, um instrumento processual que viola o princípio da isonomia?

Celso Agrícola Barbi, que inicialmente mostrava-se favorável à previsão do recurso ordinário em mandado de segurança – tendo se insurgido, por conta disso, contra a exclusão do aludido recurso da Constituição Federal em virtude do Ato Institucional nº 6, de 1969[9] – passou, após a Constituição Federal de 1988, a ser crítico de sua manutenção no ordenamento jurídico brasileiro, por entender que a referida espécie recursal "vulnera o princípio da isonomia, que assegura a igualdade das partes na utilização dos meios de defesa".[10]

Outro argumento daqueles que se insurgem contra o recurso ordinário é verificado no trabalho de Edgar Moury Fernandes Neto, para quem o referido meio recursal fere o princípio geral da prevalência do interesse público sobre o interesse particular, na medida em que assegura a sua utilização apenas quando a decisão for desfavorável ao "interesse particular".[11]

---

9. BARBI, Celso Agrícola. *Do mandado de segurança*. 4ª ed. Rio de Janeiro: Forense, 1984, p. 270-271 (nota 335).
10. BARBI, Celso Agrícola. *Do mandado de segurança*. 7ª ed. Rio de Janeiro: Forense, 1993, p. 239.
11. Para o mencionado autor, "o que se verifica é a total negação de tal princípio geral, pois enquanto de um lado garante-se ordinariamente a possibilidade de revisão da decisão que denega o interesse particular (art. 105, II, "b", da CF), de outro restringe-se a chance de reapreciação do julgado que contraria (ao menos em tese) o interesse público (decisão concessiva da segurança) às hipóteses previstas para o cabimento de recurso extraordinário e especial, cujo conhecimento pelos Tribunais Superiores depende da verificação de requisitos de admissibilidades bem específicos (arts. 102, III e art. 105, III, da CF)" (FERNANDES NETO, Edgar Moury. *O estado e o direito de recorrer ordinariamente*. Boletim IOB: Repertório de Jurisprudência: civil, processual, penal, comercial, nº 22, 1996, p. 390).

Porém, segundo pensamos, não se encontram com a razão aqueles que criticam o recurso ordinário, inexistindo, em verdade, nessa espécie recursal, qualquer afronta ao princípio da isonomia ou ao princípio geral da prevalência do interesse público.

Como defendemos em outra oportunidade[12], o mandado de segurança é uma ação que tem por objetivo *equilibrar as forças* existentes entre a Fazenda Pública e o particular, sendo um contra-ponto ao eventual abuso de autoridade praticado pelo Administração Pública. Com efeito, pelo mandado de segurança busca-se conferir ao impetrante "poderes" semelhantes ao do órgão estatal, para que possa confrontar com a Fazenda Pública em igualdade de condições.

E essa mesma paridade também é almejada, evidentemente, através do recurso ordinário, instrumento colocado à disposição apenas do impetrante, para que lhe seja garantido o duplo grau de jurisdição contra o julgamento que tenha apreciado o suposto ato coator praticado pela autoridade.

Não podemos jamais virar as costas para o fato de que o princípio da isonomia não significa apenas o tratamento igual dos iguais, mas também o tratamento desigual àqueles que sejam desiguais. Nas palavras de Nelson Nery Jr., "dar tratamento isonômico às partes significa tratar igualmente os iguais e desigualmente os desiguais, na exata medida de suas desigualdades".[13]

E o tratamento desigual aos desiguais é exatamente o que justifica o cabimento do recurso ordinário apenas pelo impetrante, excluindo-se, por conseguinte, a sua utilização tanto pela autoridade coatora como pela pessoa jurídica a ela vinculada. Noutros termos, o impetrante, ao ajuizar o mandado de segurança, busca se proteger dos atos supostamente coatores praticados pela administração pública, atos que são auto-executórios[14] e que se presumem legítimos, e que, portanto, podem interferir na vida do particular com enorme agressividade. Desse modo, não resta dúvida de que o mandado de segurança e, em consequência, o recurso ordinário a ele vinculado apresentem-se como instrumentos voltados a

---

12. MILLER, Cristiano Simão. *Recurso ordinário e apelação em mandado de segurança: cognição, efeito suspensivo e suspensão de segurança*. Brasília: Gazeta Jurídica, 2013.
13. NERY JR, Nelson. *Princípios do processo civil na Constituição Federal*. 7ª ed. São Paulo: Revista dos Tribunais, 2002, p. 44.
14. Como destaca Cassio Scarpinella Bueno, "se no campo civil a imposição compulsória das prestações assumidas livremente pelas partes sempre depende da necessária intervenção do Poder Judiciário, no campo do direito público há casos, de resto bastante frequentes, em que é dispensada a intervenção judiciária (auto-executoriedade do ato administrativo). Até porque o ato administrativo presume-se legítimo e, da possibilidade de sua imposição ao particular, segue-se, como regra, a necessidade de seu acatamento independentemente de prévia concordância de seu destinatário" (BUENO, Cassio Scarpinella. O processo civil de interesse público: uma proposta de sistematização. In: SALLES, Carlos Alberto de (coord.). *Processo civil e interesse público: o processo como instrumento de defesa social*. Revista dos Tribunais, 2003, p. 28).

contrastar, com semelhante agilidade, uma eventual ilegalidade, abusividade ou arbitrariedade da administração pública. São instrumentos que objetivam exatamente proporcionar o equilíbrio inicialmente inexistente entre o particular e a Estado, reforçando, por conseguinte, a noção de respeito ao princípio da isonomia.[15-16]

Como observa Cassio Scarpinella Bueno, pelo fato de o mandado de segurança ser medida judicial instituída contra os desmandos do Poder Público ou entidade a ele equiparada (exercício de função pública), nenhum óbice há na previsão de recurso ordinário somente para o impetrante, que é a parte mais fraca da relação processual.[17]

E, quanto ao princípio geral da prevalência do interesse público, também não há que se falar em qualquer afronta provocada pelo recurso ordinário. Com as vênias de estilo, é absolutamente equivocado pensar o mandado de segurança como uma ação voltada à proteção do interesse particular, como se fosse uma ação vocacionada a se insurgir contra o interesse público. É igualmente equivocado encarar o interesse público como sendo aquele que visa à proteção da Fazenda Pública.

A proteção ao interesse público deve ser direcionada para o interesse da coletividade, que, por sua vez, nem sempre coincide com os interesses exclusivos da Fazenda Pública. E o mandado de segurança, em sendo um direito fundamental, caracteriza-se pela disposição de proteger a sociedade contra os abusos e arbitrariedades praticados pela administração pública, o que deixa nítido o *interesse público* nele versado, afastando-se qualquer alegação de afronta ao

---

15. No mesmo sentido segue Álvaro Manoel Rosindo Bourguignon, para quem "a vulneração do princípio da isonomia também não parece consistir razão defensável para supressão do recurso (letra "c"). Partindo-se do conhecido adágio segundo o qual não pode haver tratamento igualitário formal entre os desiguais (uma das facetas do princípio da isonomia, art. 5º, da CF), transparece de forma óbvia que o impetrante ao se utilizar o mandado de segurança e do correspondente recurso ordinário constitucional (se denegatória a decisão), coloca-se em posição de escancarada desigualdade perante a pessoa jurídica de direito público. O que faz o autor da ação mandamental é tentar se proteger contra os efeitos alegadamente nocivos de um ato praticado pela autoridade pública, dotado de auto-executoriedade e imperatividade. O remédio constitucional – o mandado de segurança – e seu correspondente recurso ordinário prestam-se, sem qualquer dúvida a tentar compensar e equilibrar a relação substancialmente desigual entre o poder público e o administrado" (BOURGUIGNON, Álvaro Manoel Rosindo. *Recurso ordinário constitucional em mandado de segurança*. Tese (Doutorado). São Paulo: PUC/SP, 2007, p. 181).

16. Posição semelhante é também adotada por Berenice Soubhie Nogueira Magri, para quem o recurso ordinário "é remédio destinado a assegurar os princípios do duplo grau de jurisdição e da isonomia, insculpidos na Constituição Federal de 1988", de modo que, conclui a autora, "extirpar o recurso ordinário constitucional das decisões denegatórias de mandado de segurança ensejaria nítido retrocesso aos direitos individuais dos cidadãos garantidos na Magna Carta em vigor" (MAGRI, Berenice Soubhie Nogueira. *Recurso ordinário constitucional*. Tese (Doutorado). São Paulo: PUC/SP, 2004, p. 71-73).

17. BUENO, Cassio Scarpinella. *Mandado de segurança: comentários às leis nº 1.533/51, 4.348/64 e 5.021/66*. 5ª ed. São Paulo: Saraiva, 2009, p.149.

princípio geral de direito público supostamente provocada pelo fato de ser o recurso ordinário um instrumento exclusivo do impetrante.

Algum problema, porém, pode surgir relativamente ao litisconsórcio passivo necessário no mandado de segurança, pessoa física ou jurídica de direito privado, que obrigatoriamente é incluída no pólo passivo da ação em virtude do fato de estar diretamente envolvida na relação jurídica de direito material discutida no *mandamus*. E a dúvida que pode surgir diz respeito exatamente em se saber se a limitação de interpor recurso ordinário, imposta à autoridade coatora e à pessoa jurídica a ela vinculada, também se estende ao litisconsórcio passivo necessário.

A questão é de enfrentamento deveras esparso, sendo certo que não encontramos na doutrina quem expressamente se posicione sobre o tema. Na jurisprudência, todavia, em que pese o igualmente reduzido número de julgados tratando da matéria, o assunto foi discutido no Recurso Ordinário em Mandado de Segurança nº 17.450,[18] no Superior Tribunal de Justiça.

No aludido julgado, foram simultaneamente interpostos recursos ordinários pelo impetrante e pelo litisconsorte passivo. O primeiro, pelo fato de lhe ter sido denegada a ordem pretendida no mandado de segurança. O segundo, em virtude de a sua preliminar de ilegitimidade passiva não ter sido acolhida quando do julgamento do *writ*. E, na oportunidade, foi reconhecido o cabimento do recurso ordinário pelo litisconsorte passivo. Na realidade, o acórdão apreciou a matéria de forma extremamente superficial, resumindo-se o relator a afirmar que "tendo sido denegatória a decisão, é cabível o recurso em exame, nos termos do art. 105, II, *b*, da Constituição da República".

Contudo, ao que nos parece, a matéria não foi apreciada de forma correta no referido julgamento. A uma, porque, na hipótese, mostra-se irrecusável a ausência de interesse recursal do legitimado passivo, pois, repita-se, no julgamento do aludido mandado de segurança, foi denegada a ordem pretendida pelo impetrante, com a expressa manifestação do tribunal acerca do mérito, com a afirmação sobre a ausência do direito líquido e certo pretendido pelo impetrante. A duas, porque, segundo pensamos, o nítido intuito do legislador ao referir-se à expressão "decisão denegatória" como condição de cabimento do recurso ordinário foi limitar a sua utilização apenas e exclusivamente pelo impetrante, como forma de equilibrar as forças em relação à administração pública, responsável pelo ato supostamente coator praticado. E, isso, por óbvio, afasta a possibilidade de o recurso vir a ser utilizado por qualquer outro que não seja o impetrante.

Poderia ser questionado que o litisconsorte passivo, no caso, não integra a administração pública, e que, por isso, não poderia ser atingido com tal restrição.

---

18. RMS 17450 / PE – 5ª Turma do STJ, relator Min. Jorge Scartezzini, julgamento em 06/04/2004, DJ de 28/06/2004.

Todavia, segundo pensamos, o papel do litisconsorte passivo no mandado de segurança é sustentar a validade e legalidade do ato praticado pelo Poder Público, de modo que, para os fins de cabimento do recurso ordinário, ele (litisconsorte passivo) deve sofrer as mesmas restrições impostas à administração pública, sob pena de o almejado equilíbrio ir por terra simplesmente pelo fato de ter havido a pluralidade de partes no pólo passivo do *mandamus*.

Em resumo, o cabimento do recurso ordinário em mandado de segurança é exclusivo do impetrante[19], de modo que não se mostra possível a sua utilização pela autoridade coatora, pela pessoa jurídica interessada e ainda pelo eventual litisconsorte necessário.

3.2. CONSIDERAÇÕES SOBRE A EXPRESSÃO "DECISÃO DENEGATÓRIA"

Como visto acima, somente é cabível a interposição de recurso ordinário quando se estiver diante de julgamentos "denegatórios".

No entanto, uma primeira dúvida já é possível se colocar de plano: o que se deve compreender por "decisão denegatória"? Essa expressão compreende somente os julgamentos em que tenha havido o efetivo enfrentamento do mérito do mandado de segurança ou igualmente envolve aqueles casos em que a extinção do *writ* tenha ocorrido sem a apreciação do *meritum causae*.

Atualmente, tem predominado o entendimento de que a expressão "decisão denegatória" tanto pode envolver aquela hipótese em que o mérito do *mandamus* for julgado, como aquela situação em que não houve apreciação do direito líquido e certo envolvido na demanda.

Quando, por exemplo, o tribunal entender pelo não cabimento de mandado de segurança, alegando a necessidade de produção de outras provas, além daquelas documentais apresentadas com a petição inicial, terá, para fins de interposição do recurso ordinário, proferido uma "decisão denegatória", passível de ser atacada via recurso ordinário.[20]

Da mesma forma, quando o julgamento for no sentido do descabimento do mandado de segurança, em virtude do decurso do prazo legal de 120 (cento e

---

19. Nas palavras de Cassio Scarpinella Bueno, "como o recurso ordinário só cabe quando *denegatória* a decisão do mandado de segurança, não há como deixar de reconhecer que ele é recurso instituído em *benefício do impetrante*" (BUENO, Cassio Scarpinella. *Mandado de segurança, cit.*, p. 148).
20. De forma equivocada, há um acórdão em que restou definido o descabimento do recurso ordinário quando o julgamento do mandado de segurança extinguisse o feito sem a resolução do mérito, por haver a necessidade da produção de prova pericial (RMS 12915 / RJ – 1ª Turma do STJ, relator Min. Milton Luiz Pereira, julgado em 05/11/2002, DJ de 25/11/2002).

vinte) dias, não terá havido a análise do mérito, mas, ainda assim, considera-se tal julgamento como "denegatório", comportando a interposição de recurso ordinário.

Mas, considerando a possibilidade de recurso ordinário contra julgamento que não tenha apreciado o mérito, uma dúvida surge em relação ao tema. Trata-se de saber se o mesmo entendimento será adotado naquelas hipóteses em que, no julgamento do mandado de segurança de competência originária dos tribunais, for reconhecida a incompetência do órgão julgador.

O problema aqui parece envolver, na verdade, o conteúdo do ato judicial em que se tenha o reconhecimento da incompetência em sede de mandado de segurança.

Desse modo, sendo declarada a incompetência e, em razão disso, remetidos os autos para o juízo competente, não nos parece possível a interposição do recurso ordinário, na medida em que, na hipótese, não terá havido propriamente uma decisão denegatória.[21]

Todavia, caso o acórdão que reconheça a incompetência entender por extinguir o processo sem a resolução do mérito, deverá ser admitido o recurso ordinário, pois, na hipótese terá havido o julgamento do mandado de segurança, com a "denegação" da ordem pretendida.[22]

Por fim, cumpre observar que, para que se tenha o cabimento do recurso ordinário, não há necessidade de o termo "denegatório" constar do julgamento atacado. Com efeito, caso, eventualmente, a ordem for concedida em menor extensão do que pretendeu o impetrante, é sinal de que, em verdade, houve a denegação, ao menos em parte, do pedido.

E nessa hipótese, o recurso a ser interposto pelo impetrante, com o fito de ampliar a extensão do julgado, é o recurso ordinário.[23]

3.3. A DESNECESSIDADE DE PRÉ-QUESTIONAMENTO

O recurso ordinário é espécie recursal de fundamentação livre, de modo que ficam os tribunais superiores autorizados a apreciar, no julgamento do aludido recurso, não apenas matéria de direito, mas também matéria fática.

---

21. RMS 16294 / GO – 1ª Turma do STJ, relator Min. Humberto Gomes de Barros, julgamento em 04/11/2003, DJ de 01/12/2003.
22. Nesse sentido, como exemplo, podem ser mencionados os seguintes julgamentos: RMS 25603 / DF – 2ª Turma do STF, relator Min. Gilmar Mendes, julgamento em 22/05/2007, DJe 15/06/2007 e RMS 2302 / PR – 2ª Turma do STJ, relator Min. José de Jesus Filho, julgamento em 04/08/1993, DJ de 13/09/1993.
23. Como se observa no seguinte julgamento: RE 423817 AgR / DF – 1ª Turma do STF, relator Min.Sepúlveda Pertence, julgamento em 16/08/2005, DJ de 02/09/2005.

Quando do julgamento do recurso ordinário, mormente em virtude da amplitude cognitiva dessa espécie recursal, o Supremo Tribunal Federal e o Superior Tribunal de Justiça atuam como verdadeiras cortes de segundo grau.

Portanto, o papel do Supremo Tribunal Federal e do Superior Tribunal de Justiça quando do julgamento do recurso ordinário é absolutamente distinto daqueles que lhes reserva a Constituição Federal em relação aos recursos extraordinário e especial, quando apenas é possível o julgamento de questões de direito.

Nesse contexto, os recursos excepcionais exigem a prévia alegação e julgamento da matéria pelos tribunais inferiores, para que, somente diante do pré-questionamento, possa ser a matéria posteriormente julgada pelos tribunais superiores.

A mesma exigência, porém, não se constata em relação ao recurso ordinário, que, por sua vez, não tem como requisito a necessidade de pré-questionamento da matéria que se pretende levar ao conhecimento dos tribunais superiores.

Noutras palavras, é possível levar ao conhecimento dos tribunais superiores, por meio do recurso ordinário, o conhecimento de matérias que sequer tenham sido objeto de julgamento pela instância inferior.

Como destaca Cassio Scarpinella Bueno, o recurso ordinário, de forma semelhante à apelação, permite a revisão ampla da decisão atacada, "podendo o recorrente impugná-la valendo-se de qualquer fundamento, independentemente da ocorrência de questão constitucional ou legal especificamente decidida (prequestionamento)".[24]

Também sobre o ponto manifesta-se Bernardo Pimentel Souza, para quem "a admissibilidade do recurso ordinário não depende do prequestioinamento do assunto jurídico nele versado".[25]

E a jurisprudência, tanto do Superior Tribunal de Justiça[26] como do Supremo Tribunal[27] Federal, também não discrepa do entendimento acima exposto, sendo firme ao não incluir o pré-questionamento como requisito de admissibilidade do recurso ordinário em sede de mandado de segurança.

Destarte, tanto a doutrina como a jurisprudência têm trilhado corretamente o caminho de não incluir o pré-questionamento como um dos requisitos de

---

24. BUENO, Cassio Scarpinella. *Curso sistematizado de direito processual civil*. Vol 5. São Paulo: Saraiva, 2008, p. 224.
25. SOUZA, Bernardo Pimentel. *Introdução aos recursos cíveis e à ação rescisória*. 4ª ed. São Paulo: Saraiva, 2007, p. 401.
26. RMS 31829 / GO – 2ª Turma do STJ, relator Min. Castro Meira, julgamento em 28/09/2010, DJe de 19/10/2010.
27. AI 145396 AgR / SP – 1ª Turma do STF, relator Min. Celso de Mello, julgamento em 29/03/1994, DJ de 25/11/1994.

admissibilidade do recurso ordinário, pois, na hipótese, devemos enfatizar, os tribunais superiores agem como segunda instância de julgamento.

3.4. O ESGOTAMENTO DA INSTÂNCIA

Não obstante houvesse certa tendência, no mandado de segurança, de se pretender alcançar o julgamento pelo colegiado (prova disso é o reexame necessário contra as sentenças de primeiro grau, não se tendo a mesma exigência diante de acórdãos que julgam os mandados de segurança diretamente pelo tribunal, contra os quais apenas cabe recurso ordinário se a decisão for denegatória), mostra-se atualmente indiscutível o esvaziamento de dessa vocação, na medida em que a cada dia mais poderes têm sido atribuídos isoladamente ao relator.[28]

Nesse cenário, segundo nos parece, é possível seja o mandado de segurança de competência originária dos tribunais julgado monocraticamente.[29] E, em nosso sentir, essa possibilidade ficou ainda mais evidente diante na redação contida no art. 10, § 1º, da Lei nº 12.016/2009.

É que o aludido dispositivo legal dispõe acerca do cabimento de agravo para atacar a decisão monocrática do relator, que indeferir liminarmente o mandado de segurança de competência originária do tribunal.

Dessa forma, se o dispositivo legal estabelece o recurso contra a decisão monocrática do relator é porque, evidentemente, está prevendo (e, por conseguinte, autorizando) que o mandado de segurança seja eventualmente julgado de forma monocrática.

No entanto, uma vez superado esse aspecto e ficando definida a possibilidade de o mandado de segurança ser julgado monocraticamente (art. 10, § 1º, da Lei do Mandado de Segurança, combinado com o art. 932, incisos III a V, do novo Código de Processo Civil), resta saber se é possível a interposição de recurso ordinário tendo como ato impugnado a decisão isoladamente proferida pelo relator.

Em outras palavras, para a interposição do recurso ordinário é necessário o esgotamento da instância, tendo que ser atacada necessariamente uma decisão tomada pelo colegiado ou deve ser admitido o ataque contra a decisão monocrática?

---

28. CAVALCANTE, Mantovanni Colares. *Mandado de segurança*. São Paulo: Dialética, 2002, p. 244.
29. Sobre essa possibilidade, cf. FAGUNDES CUNHA, J. S. O mandado de segurança e a aplicação do art. 557 do CPC. In: In: NERY JR., Nelson (coord.); WAMBIER, Teresa Arruda Alvim (coord.). *Aspectos polêmicos e atuais dos recursos cíveis e assuntos afins*. Vol. 11. São Paulo: Revista dos Tribunais, 2007, p. 145-151.

A resposta, uma vez mais, está no art. 10, § 1º, que expressamente exige que, contra as decisões monocráticas, seja interposto o agravo. Trata-se na hipótese do agravo interno (art. 1.021, do novo Código de Processo Civil) – cuja interposição, pelo nova legislação processual, deve ocorrer em 15 dias, nos moldes dos art.1.003, § 5º –, que será julgado pelo colegiado do órgão competente para o julgamento do mandado de segurança. Assim, somente após o julgamento do agravo interno é que caberá o recurso ordinário[30].

A jurisprudência[31] também tem se posicionado de forma tranquila sobre o ponto, exigindo, para a interposição do recurso ordinário, o esgotamento dos recursos disponíveis perante o tribunal de origem[32].

No entanto, deve ser observado que, contra o julgamento do agravo interno, interposto para atacar a decisão monocrática que *indeferiu o pedido de liminar* no mandado de segurança, não se admite a utilização do recurso ordinário[33].

Somente é cabível recurso ordinário da decisão de última instância, o que pressupõe a existência de julgamento final por um colegiado em sede originária, não sendo admitido, portanto, a utilização do aludido recurso para atacar decisão monocrática de relator e nem decisão colegiada acerca de pedido de liminar.

Mas deve ser observado que o esgotamento da instância não pressupõe a simples interposição do recurso. É preciso, por evidente, que se tenha o julgamento do recurso interposto, para que, somente em seguida, seja possível a interposição do recurso ordinário.

Assim, por exemplo, tendo havido o julgamento monocrático do mandado de segurança, contra esse julgamento deve ser, primeiro, interposto o agravo interno. E, após o julgamento do agravo interno, sendo mantida a denegação da ordem, estará a parte habilitada para a interposição do recurso ordinário.

É o que se depreende da leitura do acórdão oriundo do julgamento dos Embargos de Declaração no Recurso Ordinário em Mandado de Segurança nº

---

30. Sobre o tema, assim se posiciona André Ramos Tavares: "o recurso ordinário previsto nos arts. 102, inc. I, e 105, inc. II, da CB, respectivamente, quanto ao STF e STJ, só serão admissíveis quando se tratar de decisão definitiva, não assim, portanto, da decisão do relator do tribunal (cuja competência é originária), que monocraticamente denegue a segurança ou que julgue extinta a ação" (TAVARES, André Ramos. *Manual do novo mandado de segurança*. Rio de Janeiro: Forense, 2009, p. 107).
31. Vide, a titulo de exemplo, AI 796867 ED/RS – 2ª Turma do STF, relatora Min. Ellen Gracie, julgamento em 14/12/2010, DJe de 07/02/2011.
32. Cumpre registrar, porém, a existência de um julgamento (equivocado, *data venia*), em que não se admitiu o cabimento de recurso ordinário mesmo após o julgamento do agravo interposto contra a decisão que indeferiu a petição inicial do mandado de segurança (RMS 13.596 – 6ª Turma do STJ, relator Min. Fontes de Alencar, julgamento em 19/11/2002, DJ de 17/03/2003).
33. RMS 11310 / CE – 5ª Turma do STJ, relator Min. Felix Fischer, julgamento em 08/02/2000, DJ de 28/02/2000.

26373/DF,³⁴ em que a Ministra Ellen Gracie deixou expresso que a interposição, no mesmo dia, do agravo interno e do recurso ordinário, não é capaz de ensejar o esgotamento da instância, configurando-se, na verdade, em evidente ofensa ao princípio da singularidade.

Cumpre, ademais, indagar acerca do cabimento do recurso ordinário na hipótese em que, após o julgamento do mandado de segurança pelo colegiado, forem os embargos de declaração opostos julgados mocraticamente. A dúvida é saber se, no caso, também deve ser exigida a interposição do agravo interno contra o julgamento monocrático dos embargos de declaração, para fins de esgotamento de instância.

O Superior Tribunal de Justiça, quando teve a oportunidade de se manifestar sobre o ponto, mostrou-se favorável a essa exigência.³⁵ Assim, entendeu o aludido tribunal superior que, mesmo quando o mandado de segurança já tenha sido julgado pelo colegiado, o posterior julgamento monocrático dos embargos de declaração deve desafiar, obrigatoriamente, a interposição de agravo interno, sob pena de não se ter o esgotamento da instância.

Contudo, ao que nos parece, tendo havido previamente o julgamento colegiado do mandado de segurança, não há razão para que se exija, por meio da interposição do agravo interno, o julgamento, também pelo colegiado, da matéria resolvida nos embargos de declaração.³⁶

3.5. A IMPOSSIBILIDADE DE SE ADMITIR, COMO RECURSO ORDINÁRIO, O RECURSO EXTRAORDINÁRIO (OU ESPECIAL) EQUIVOCADAMENTE INTERPOSTO

O recurso ordinário em mandado de segurança possui fundamentação ampla, equiparando-se à apelação, em que pese possua regramento específico.

Por essa razão, o papel a ser exercido pelos tribunais superiores, quando do julgamento do recurso ordinário no *mandamus*, é de verdadeira instância revisora, de segundo grau de jurisdição, motivo pelo qual permite-se, por um lado, que o Supremo Tribunal Federal aprecie questões de cunho eminentemente infraconstitucional, e, por outro lado, que o Superior Tribunal de Justiça enfrente

---

34. RMS 26373 ED / DF – 2ª Turma do STF, relatora Min. Ellen Gracie, julgamento em 16/12/2008, DJe de 06/03/2009.
35. RMS 11659 / RO – 6ª Turma do STJ, relatora Min. Maria Thereza de Assis Moura, julgamento em 30/08/2007, DJ de 17/09/2007.
36. No mesmo sentido posiciona-se Theotônio Negrão, para quem "a prévia interposição do agravo interno somente deve ser colocada como exigência para o conhecimento de ulterior recurso quando o próprio mandado de segurança houver sido julgado monocraticamente e não quando os subseqüentes embargos o tenham sido" (NEGRÃO, Theotônio. *Código de Processo Civil e legislação processual em vigor*. 42ª edição. São Paulo: Saraiva, 2010. Nota 5a do art. 539, p. 680).

mandado de segurança cuja matéria de direito seja exclusivamente constitucional.

São recursos, portanto, com características e finalidades absolutamente distintas entre si. E, exatamente por esse motivo é que, nos termos da Súmula 272 do Supremo Tribunal Federal[37], não se pode admitir como ordinário o recurso extraordinário de decisão denegatória de mandado de segurança.

Trata-se, aqui, de entendimento que abarca a regra atinente ao juízo de admissibilidade do recurso, com a correta identificação do recurso a ser utilizado para atacar uma determinada decisão judicial.

Um dos princípios que norteia o sistema recursal brasileiro é o da singularidade (ou unirrecorribilidade, ou ainda unicidade), por meio do qual se define o cabimento de apenas um recurso contra uma dada decisão judicial, salvo as exceções expressamente previstas em lei.[38]

Por conta do princípio antes mencionado, não se deixa ao critério da parte a interposição de um ou outro recurso, até porque cada recurso tem a sua função própria, que, via de regra, não se confunde com aquela oriunda de outra espécie recursal.

Assim é que o recurso ordinário – que possui ampla fundamentação, permitindo tanto o enfrentamento das questões de direito como das questões de fato – em nada se confunde com o recurso extraordinário e com o recurso especial, que não são vias adequadas para a análise de questões fáticas, conforme estabelecem as Súmulas 279 do Supremo Tribunal Federal e 7 do Superior Tribunal de Justiça.

Nessa linha de ideias, o recurso ordinário, ao guardar profunda semelhança com as linhas traçadas para a apelação, é o campo fértil para que se tenha o pleno exercício da atividade cognitiva pelo tribunal superior, com a possibilidade de devolução e a translação para o tribunal de todos os pontos que foram (ou que poderiam ter sido) julgados na instância inferior.

Os recursos excepcionais, por sua vez, têm função absolutamente distinta, na medida em que visam primordialmente à proteção da Constituição Federal

---

37. Súmula 272 do Supremo Tribunal Federal: "Não se admite como ordinário o recurso extraordinário de decisão denegatória de mandado de segurança."
38. Pelo atual sistema processual, é admitida a "quebra" do princípio da singularidade quanto aos embargos de declaração (pois a sua função, nos termos do art. 1.022, do novo Código de Processo Civil, é sanar obscuridade, contradição, omissão ou erro material, antes que se tenha a efetiva interposição do recurso "principal") e aos recursos especial e extraordinário, que possuem funções e competências para julgamento distintas, podendo, por conta disso, ser interpostos concomitantemente.

(recurso extraordinário) ou da legislação federal infraconstitucional (recurso especial).

Por evidente, poderia se falar na incidência, na hipótese, do princípio da fungibilidade – que, mesmo sem qualquer dispositivo legal a respeito do tema, já era aceito na vigência do Código de Processo Civil de 1973[39], e que, pelo novo Código de Processo Civil, passou a ser previsto de forma expressa para algumas hipóteses, como se nota pelas normas contidas nos arts. 1.024, § 3º, 1.032 e a 1.033.

Todavia, para que se permita a aplicação do princípio da fungibilidade, imprescindível se mostra a existência de *dúvida*[40], tanto oriunda da doutrina como da jurisprudência[41], quanto ao correto recurso a ser utilizado no caso concreto.

No entanto, tamanha é a diferença de objetivos a serem alcançados pelo recurso ordinário e pelos recursos especial e extraordinário que o *aproveitamento* de um recurso por outro se mostra de todo inviável.

Na hipótese, a utilização de um recurso no lugar do outro será o suficiente para que se tenha a configuração do *erro grosseiro*[42], afastando, por conseguinte, a existência de qualquer dúvida, razão pela qual a Súmula nº 272 do Supremo Tribunal Federal, em nosso entendimento, representa o correto entendimento acerca do tema.

No entanto, há quem entenda que, caso o mandado de segurança *não seja conhecido*, deve ser admitido como recurso ordinário o recurso extraordinário ou especial equivocadamente interpostos, com a aplicação do princípio da fungibilidade, vez, que, no caso, inexiste previsão legal expressa para o tipo de recurso cabível.[43]

---

39. Por todos, cf. José Carlos Barbosa Moreira, que destaca que, mesmo diante da ausência de expressa previsão legal, deve o princípio da fungibilidade ser ainda hoje adotado, vez que "a solução não repugna ao sistema do atual Código, que não leva (nem poderia levar) a preocupação do formalismo ao ponto de prejudicar irremediavelmente o interesse substancial das partes por amor ao tecnicismo, e até se harmoniza, à perfeição, com o preceito do art. 250, consoante o qual o erro de forma do processo não impede o julgamento da lide, acarretando "unicamente a anulação dos atos que não possam ser aproveitados"" (BARBOSA MOREIRA, José Carlos. *Comentários ao código de processo civil*. Vol. V. 14ª ed. Rio de Janeiro: Forense, 2008, p. 250-251).
40. Parte da doutrina prefere valer-se da expressão "dúvida objetiva", utilizada, porém, no mesmo sentido do presente trabalho. Cf., por todos, Nelson Nery Jr., que refere ser a dúvida objetiva aquela que "deve estar, normalmente, contida em discussões doutrinárias e/ou jurisprudenciais" (NERY JR., Nelson. *Teoria geral dos recursos*. 6ª ed. São Paulo: Revista dos Tribunais, 2004, p. 160)
41. Nas palavras de Barbosa Moreira, "Absurdo recusar o benefício ao recorrente em hipótese a cujo respeito divergem os doutrinadores e vacila a jurisprudência" (BARBOSA MOREIRA, José Carlos. *Comentários*, cit., p. 251)
42. AI 410552 / CE – 2ª Turma do STF, relatora Min. Ellen Gracie, julgamento em 14/12/2004, DJ de 18/02/2005.
43. É o que defende Theotônio Negrão, para quem "o recurso extraordinário ou o recurso especial, interposto contra a decisão de Tribunais Superiores ou de Tribunais Regionais Federais e Tribunais Estaduais e do

Não nos parece, porém, haver distinção entre as hipóteses. Com efeito, o mandado de segurança *não conhecido* acarretará a sua extinção sem a resolução do mérito, o que, como visto, encontra-se abrangido pelo termo "denegatória". E, devemos repetir, para que se tenha o cabimento do recurso ordinário, não há necessidade de ser utilizado o termo "denegatório" no acórdão atacado, bastando, para tanto, que não tenha sido concedida a ordem pleiteada.

3.6. COMPETÊNCIA PARA JULGAMENTO

A competência para o julgamento do recurso ordinário nada guarda relação com a matéria que seja o objeto da discussão na referida espécie recursal.

Em que pese normalmente caiba ao Supremo Tribunal Federal o exame das questões constitucionais, cabendo ao Superior Tribunal de Justiça o julgamento de recursos envolvendo matérias da legislação federal infraconstitucional, tais fatores mostram-se absolutamente irrelevantes para a definição da competência para o julgamento do recurso ordinário.

Assim é que, para a definição dessa competência leva-se em consideração simplesmente qual foi o órgão julgador na instância de origem, de modo que, sendo o julgamento do *writ* proveniente dos tribunais inferiores (tribunais de justiça dos Estados e do Distrito Federal e Territórios ou tribunais regionais federais), a competência para o exame do recurso ordinário será do Superior Tribunal de Justiça (art. 105, II, *b*, da Constituição Federal e art. 1.027, II, do novo Código de Processo Civil), ao passo que, sendo o julgamento do mandado de segurança oriundo dos tribunais superiores, recairá sobre o Supremo Tribunal Federal a competência para o julgamento do recurso ordinário que vier a ser interposto (art. 102, II, *a*, da Constituição Federal e art. 1.027, I, do novo Código de Processo Civil).

Sobre o tema, vale ressaltar, uma vez mais, a Súmula 272 do Supremo Tribunal Federal, que afasta, no caso, a possibilidade de aplicação do princípio da fungibilidade, ao estabelecer que "não se admite como recurso ordinário o recurso extraordinário de decisão denegatória de mandado de segurança".

Ponto que também se apresenta polêmico diz respeito a saber quem tem competência para o julgamento do recurso ordinário interposto contra o julgamento do mandado de segurança por uma Turma Recursal dos Juizados Especiais.

Distrito Federal e Territórios que, em única instância, **não conhece** de mandado de segurança, deve ser convertido em recurso ordinário. Nessa hipótese, diversamente do que ocorre com o recurso extraordinário ou especial interposto contra decisão que denega a segurança (CF 102-II-*a* e 105-II-b; CPC 539-I e II-a), aplica-se o princípio da fungibilidade porque não há disposição expressa quanto ao recurso cabível" (NEGRÃO, Theotônio. *Código de Processo Civil e legislação processual em vigor*, cit., Nota 7a do art. 539, p. 681).

Diante da irrecorribilidade em separado das decisões interlocutórias proferidas nas ações em curso perante os Juizados Especiais, tem sido admitida, nessa esfera, a utilização do mandado de segurança para atacar os atos judiciais que tenham o condão de causar à parte lesão grave ou de difícil reparação.

A competência para o julgamento desse *mandamus* tem sido definida como das respectivas Turmas Recursais, sem que haja, portanto, qualquer envolvimento do Tribunal de Justiça Estadual (ou ainda do Tribunal Regional Federal, quando for o caso de ação em curso perante os Juizados Especiais Federais).

Porém, uma vez julgado o mandado de segurança pela Turma Recursal, e sendo denegada a ordem, quem terá competência para o julgamento do recurso ordinário eventualmente interposto?

O Supremo Tribunal Federal não tem reconhecido a sua competência para o julgamento do referido recurso. É o que pode ser observado no julgamento do Agravo Regimental no Recurso Ordinário em Mandado de Segurança nº 26259[44], que teve o Min. Celso de Mello como seu relator.

Extrai-se da própria ementa que, considerando a regra constante do art. 102, II, *a*, da Constituição Federal, e diante do fato de as Turmas Recursais dos Juizados Especiais não poderem ser tidas como "Tribunais Superiores", o Supremo Tribunal Federal não dispõe de competência para processar e julgar recursos ordinários contra decisões denegatórias de mandado de segurança proferidas por Turmas Recursais vinculadas ao sistema dos Juizados Especiais.

Pelos mesmos motivos expostos no julgamento acima referido, a competência para o julgamento do recurso ordinário em tal hipótese também não pode ser atribuída ao Superior Tribunal de Justiça, pois a regra do art. 105, II, *b*, da Constituição Federal, define a competência do STJ para julgar, em recurso ordinário, "os mandados de segurança decididos em única instância pelos Tribunais Regionais Federais ou pelos tribunais dos Estados, do Distrito Federal e Territórios, quando denegatória a decisão".

E, também sobre o tema, há posicionamento jurisprudencial definindo a questão, como pode ser observado pelo julgamento ocorrido no Agravo Regimental no Recurso Ordinário em Mandado de Segurança nº 24426[45], cuja relatoria coube ao Min. Luiz Felipe Salomão.

Ademais, conforme também se extrai da pacífica jurisprudência do Superior Tribunal de Justiça, não se admite o controle, pela justiça comum, dos julgamentos

---

44. RMS 26259 AgR/PR – 2ª Turma do STF, relator Min. Celso de Mello, julgamento dia 16/10/2007, DJe de 14/03/2008.
45. AgRg no RMS 24426/RJ – 4ª Turma do STJ, relator Min. Luiz Felipe Salomão, julgamento em 13/10/2009, DJe de 09/11/2009.

ocorridos perante os Juizados Especiais, apenas sendo permitido o controle de constitucionalidade de tais julgamentos, o que se dá por meio da interposição de recurso extraordinário[46].

Com isso, somos levados a concluir pela inadmissibilidade da utilização de recurso ordinário para atacar a decisão denegatória oriunda de mandado de segurança julgado perante as Turmas Recursais dos Juizados Especiais, que, na hipótese, será excepcionalmente analisado em uma única instância.[47]

Mas outra dúvida se impõe: cabe recurso ordinário contra o julgamento do mandado de segurança cuja competência seja originária do Supremo Tribunal Federal?

E a resposta, uma vez mais, é negativa. Os mandados de segurança impetrados diretamente perante o Supremo Tribunal Federal não admitem instância revisora, até porque os seus julgamentos ocorrerão perante o Tribunal Pleno da Corte Constitucional.

Na verdade, a única hipótese em que se admitirá a revisão do julgado é aquela em que o *mandamus* receba, inicialmente, um julgamento monocrático, quando, então, será cabível a interposição do agravo interno.

Cumpre ainda destacar a questão ligada à competência para exercer o juízo de admissibilidade do recurso ordinário, ponto que, pelas normas contidas no Código de Processo Civil de 1973, era foco de grande discussão, em especial quanto à recorribilidade da eventual decisão de inadmissibilidade.

É que, pelo Código de Processo Civil de 1973, o juízo de admissibilidade do recurso ordinário compete ao tribunal de origem. A mesma legislação, contudo, nada estabelece acerca do possível instrumento voltado a impugnar a eventual decisão de inadmissibilidade do recurso. Com isso, uma enorme discussão se instalou acerca do tema. Noutros termos, a problemática ficou em torno da recorribilidade da decisão, proferida pelo tribunal *a quo* ao exercer o juízo de admissibilidade negativo no recurso ordinário. Afinal, qual o recurso cabível contra a decisão que inadmitisse, na origem, o recurso ordinário em mandado de segurança?

Um corrente posicionava-se pelo cabimento do agravo nos próprios autos, previsto no art. 544, do Código de Processo Civil de 1973[48]. Em sentido diverso,

---

46. Vide RMS 17524/BA – Corte Especial do STJ, relator Min. Nancy Andrighi, julgado em 02/08/2006, DJ 11/09/2006.
47. Posição contrária, em que pese o próprio autor reconheça ser isolada, é bem defendida por GONÇALVES, Tiago Figueiredo. Do cabimento de recursos ordinário e especial contra acórdão proferido por turma recursal nos juizados especiais. In In: NERY JR., Nelson (coord.); WAMBIER, Teresa Arruda Alvim (coord.). *Aspectos polêmicos e atuais dos recursos cíveis e assuntos afins.* Vol. 10. São Paulo: Revista dos Tribunais, 2006, p. 591-606.
48. DIDIER JR., Fredie. *Curso de direito processual civil.* Vol 3. 11ª ed. Salvador: Editora Podivm, 2013, p. 268.

segunda corrente de entendimento defendia que, no caso, a decisão de inadmissibilidade do recurso ordinário deveria ser atacada por meio de agravo interno perante o tribunal de origem[49]. Por fim, um terceiro posicionamento seguia pela utilização do agravo de instrumento, contido no art. 522, do Código de Processo Civil de 1973[50].

O novo Código de Processo Civil, contudo, trouxe norma capaz de eliminar qualquer discussão a respeito da recorribilidade da decisão de inadmissibilidade do recurso ordinário. Mais do que isso, a nova legislação modificou a competência para o exercício do juízo de admissibilidade nessa espécie recursal.

Assim é que, nos moldes do 1.028, § 3º, do novo Código de Processo Civil, encerrado o prazo para a apresentação de contrarrazões, o juízo *a quo* deve remeter os autos ao tribunal que possua competência constitucional para julgar o recurso ordinário, "independentemente de juízo de admissibilidade".

Desse modo, pela nova legislação processual, o tribunal *a quo* não mais é competente para fazer o juízo de admissibilidade no recurso ordinário. A ele caberá apenas praticar os atos relativos ao processamento inicial do recurso, com a posterior intimação do recorrido para a apresentação de contrarrazões. Em seguida, escoado o prazo para essa resposta, e antes de ser exercido o juízo de admissibilidade, os autos serão encaminhados ao respectivo tribunal superior.

Caso, por equívoco, o tribunal *a quo* pratique ato voltado à inadmissibilidade do recurso ordinário, ter-se-á nítida hipótese de usurpação de competência, o que desafiará o manejo da reclamação, com fundamento no art. 988, I, do novo Código de Proceso Civil[51].

Com esse novo modelo – que, aliás, foi também implementado na apelação, no recurso especial e no recurso extraordinário –, o legislador concentrou a competência para o juízo de admissibilidade e para o juízo de mérito em um mesmo tribunal, de modo que, no recurso ordinário, caberá ao respectivo triubunal

---

49. Trata-se de entendimento meramente jurisprudencial, sem referência doutrinária a esse respeito.
50. No mesmo sentido: BUENO, Cassio Scarpinella. *Curso*, Vol. 5, cit., p. 233; SOUZA, Bernardo Pimentel. *Introdução aos recursos cíveis e à ação rescisória*, cit., p. 404-405; MEDINA, José Miguel Garcia, ARAÚJO, Fábio Caldas de. *Mandado de segurança individual e coletivo*, Mandado de segurança individual e coletivo. São Paulo: Revista dos Tribunais, 2009, p. 194.
51. Sobre o tema, o III Encontro do Fórum Permanente de Processualistas Civis, realizado no Rio de Janeiro, entre os dias 25 a 27 de abril de 2014, aprovou dois enunciados, que expressamente tratam do cabimento de reclamação para a hipótese. Enunciado 209: "Cabe reclamação, por usurpação da competência do Superior Tribunal de Justiça, contra a decisão de presidente ou vice-presidente do tribunal de 2º grau que inadmitir recurso ordinário interposto com fundamento no art. 1.027, II, *a*". Enunciado 210: "Cabe reclamação, por usurpação da competência do Supremo Tribunal Federal, contra a decisão de presidente ou vice-presidente de tribunal superior que inadmitir recurso ordinário interposto com fundamento no art. 1.027, I."

superior (a depender do caso, Superior Tribunal de Justiça ou Supremo Tribunal Federal), inicialmente, exercer o juízo de admissibilidade e, sendo este positivo, passar para a análise do mérito recursal.

Por essa nova sistemática, o novo Código de Processo Civil, a um só tempo, promoveu maior celeridade no processamento recursal e, no caso específico do recurso ordinário, eliminou a enorme controvérsia que girava em torno do recurso cabível contra a decisão de inadmissibilidade do tribunal de origem.

3.7. O RECURSO ORDINÁRIO E O EFEITO SUSPENSIVO

Tema que tem suscitado fortes debates é aquele que diz respeito ao efeito suspensivo no recurso ordinário, bem como as consequências eventualmente existentes, relativamente à liminar, nos casos em que posteriormente o julgamento for no sentido de denegar a segurança pretendida.

Na verdade, o problema aqui está em saber quais os efeitos do recurso interposto contra o julgamento denegatório, com especial atenção para esses efeitos em relação à decisão liminar eventualmente deferida no início do mandado de segurança.

Dúvidas não restam de que, diante do julgamento que concede a ordem pretendida pelo impetrante, o recurso de apelação a ser interposto apenas será recebido no efeito devolutivo, na medida em que o § 3º, art. 14, da Lei nº 12.016/2009, expressamente assegura a execução provisória do julgado.

Mas, por outro lado, diante da inexistência de qualquer previsão legal sobre os efeitos dos recursos interpostos contra os julgamentos denegatórios da ordem (seja a apelação, nos mandados de segurança julgados pelo juízo singular de 1º grau, seja o recurso ordinário, foco do presente estudo), surge a dúvida: o recurso que venha a ser interposto contra a decisão denegatória, será recebido apenas no efeito devolutivo ou, do contrário, a ele também será atribuído o efeito suspensivo? E mais: o efeito que venha a incidir sobre o recurso exercerá alguma influência na liminar, caso esta tenha sido deferida no início do writ?

Quanto à primeira indagação, o novo Código de Processo Civil, nesse ponto, trouxe dispositivo que, se, por um lado, não trata especificamente do recurso ordinário, por outro lado, retira o efeito suspensivo legal dos recursos de uma forma geral, a não ser daqueles em que o legislador expressamente diga o contrário.

É o que estabelece o art. 995, da nova legislação processual, que, em verdade, inverteu a sistemática do Código de Processo Civil de 1973 quanto ao efeito suspensivo legal. Assim é que, agora, o legislador passou a prever de forma expressa que "os recursos não impedem a eficácia da decisão, salvo disposição legal ou decisão judicial em sentido diverso."

Em outras palavras, de uma forma geral os recursos não são dotados de efeito suspensivo legal. E, essa regra também se aplica ao recurso ordinário, que, então, não possui efeito suspensivo *ope legis*.

Todavia, ao recurso ordinário poderá ser conferido o efeito suspensivo judicial (*ope judicis*), como se depreende da leitura do art. 1.027, § 3º, juntamente com o art. 1.029, § 5º, do novo Código de Processo Civil.

Entretanto, a ausência de efeito suspensivo legal, e a possibilidade de ser esse efeito alcançado por decisão judicial, não é suficiente para que se tenha a resposta à segunda indagação acima exposta. É preciso saber, na segunda situação (liminar sucedida de julgamento denegatório), se o efeito suspensivo concedido ao recurso ordinário terá o condão de revigorar a liminar que restou cassada no acórdão que julgou o mandado de segurança.

Nos termos da Súmula 405 do Supremo Tribunal Federal, ficará sem efeito a liminar concedida caso a sentença posteriormente prolatada seja no sentido de denegar a segurança pretendida pelo impetrante.

Porém, a referida súmula não pode, em nosso sentir, ser aplicada de modo irrestrito, devendo, ao contrário, sofrer os devidos temperamentos, a depender de cada caso concreto. É preciso ser analisado se a hipótese que ensejou o mandado de segurança exige a manutenção da ordem liminar, por se tratar de caso com propensão de causar ao impetrante dano irreparável ou de difícil reparação.

Em outros termos, além da possibilidade de concessão de efeito suspensivo ao recurso ordinário, insta saber se essa suspensividade, por si só, já será suficiente para que se tenha revigorada a liminar inicialmente concedida.

A dúvida surge em decorrência do fato de o julgamento denegatório possuir natureza declaratória negativa. Segundo argumenta a doutrina, não há que se falar em suspensão de efeitos negativos. Em outras palavras, para boa parte da doutrina, ao se suspender a eficácia do acórdão denegtório, estará sendo tido como legal e não arbitrário (portanto, absolutamente válido e executável) o ato inicialmente apontado como coator.[52]

Para Eduardo Arruda Alvim, como o efeito suspensivo "não tem o condão de impedir os efeitos declaratórios negativos da sentença, com muito mais razão não será suficiente para levar à subsistência da decisão interlocutória anterior".[53]

---

52. Conforme afirma Nelson Nery Jr., o recurso ordinário "não necessita de efeito suspensivo, já que cabível apenas do acórdão que denega mandado de segurança, decisão essa de caráter declaratório negativo, insuscetível de terem esses efeitos negativos suspensos" (NERY JR., Nelson. *Teoria geral dos recursos*, cit., p. 449).
53. ALVIM, Eduardo Arruda. *Mandado de segurança*. 2ª ed. Rio de Janeiro: GZ Editora, 2010, p. 243.

Não obstante o posicionamento acima exposto, inclinamo-nos no sentido de aceitar a amplitude do efeito suspensivo judicial. Noutros termos, entendemos que a simples concessão de efeito suspensivo já será suficiente para o revigoramento de todos os atos praticados anteriormente ao acórdão.

Por evidente, o nosso pensamento está vinculado àqueles casos em que tenha havido a concessão da liminar, com a posterior prolatação do julgamento denegatório, com a cassação da liminar.

Assim, ao se suspender a eficácia do acórdão não se estará, sempre, suspendendo o "nada". Entendemos, desse modo, que o efeito suspensivo atribuído ao recurso ordinário terá sim o condão de suspender a eficácia do acórdão e, por conseguinte, de revigorar a tutela liminar antes apreciada.

Cassio Scarpinella Bueno, ao se manifestar sobre o tema – com esteio, nesse particular, na doutrina de Alcides de Mendonça Lima – destacou que "o recurso dirigido contra a sentença denegatória do mandado de segurança deve ser recebido em seu efeito suspensivo, sendo certo que este efeito suspensivo representa a suspensão, inclusive, da decisão revogatória da liminar"[54].

Destarte, mormente naqueles casos em que, inobstante o julgamento denegatório, ainda seja possível enxergar a presença dos requisitos que inicialmente ensejaram a concessão da liminar, torna-se imprescindível seja atribuído efeito suspensivo ao recurso ordinário, com o que haverá o revigoramento da liminar antes concedida.

3.8. A AMPLITUDE COGNITIVA DO RECURSO ORDINÁRIO

Como já restou suficientemente demonstrado no decorrer do presente estudo, não é o recurso ordinário uma espécie recursal limitada à análise da matéria de direito, sendo assim, ao contrário, um recurso de fundamentação livre, que permite o exercício da atividade cognitiva pelo tribunal de forma extremamente ampla, tanto com a análise dos fatos como das matérias de direito tratadas no mandado de segurança.

Em que pese seja o recurso ordinário julgado pelos tribunais superiores, a eles não são impostas as restrições existentes relativamente aos recursos excepcionais, voltados exclusivamente para o julgamento das questões de direito – onde não se permite, por conseguinte, a rediscussão de questões fáticas.[55]

---

54. BUENO, Cassio Scarpinella. *Liminar em mandado de segurança: um tema com variações.* 2ª ed. São Paulo: Revista dos Tribunais, 1999, p. 281.
55. Na realidade, não há, nos recursos excepcionais, propriamente, uma vedação quanto à apreciação das matérias fáticas. O que ocorre é que tal proibição incide sobre o *juízo de cassação*, de modo que, relativamente

Dessa forma, o órgão colegiado, ao denegar a segurança pretendida (o que, como visto, tanto pode decorrer da análise do mérito ou da extinção do feito sem a resolução do *meritum causae*), dará ensejo à interposição do recurso ordinário, que, por sua vez, poderá submeter ao conhecimento do tribunal superior (Supremo Tribunal Federal ou Superior Tribunal de Justiça, dependendo do caso) toda a matéria objeto do mandado de segurança na instância inferior.

O problema relacionado à fundamentação de uma determinada espécie recursal faz com que se tenha na doutrina a divisão dos recursos entre aqueles que sejam de fundamentação ampla (livre) e outros que possuam fundamentação restrita (vinculada).

Em todo e qualquer recurso, a ser utilizado pelo legitimado para atacar uma determinada decisão judicial, deve haver a apresentação da fundamentação, o que importa na necessidade de o recorrente apontar os motivos pelos quais está se insurgindo contra o ato judicial impugnado. Faz o recorrente, portanto, a indicação dos *erros* existentes na decisão judicial, pretendendo, com isso, demonstrar a necessidade de sua reforma, adequação, anulação etc.

Assim, quando o legislador estabelecer limites para os ataques feitos a uma determinada decisão judicial, a hipótese envolverá recurso de fundamentação restrita (vinculada). Como destaca José Carlos Barbosa Moreira, há casos em que cuidou o legislador de "discriminar o tipo (ou os tipos) de erro denunciável por meio do recurso, de tal sorte que a crítica do recorrente só assumirá relevância na medida em que afirme a existência de erro suscetível de enquadramento na discriminação legal".[56] Nessas hipóteses, portanto, o recurso terá a sua fundamentação vinculada, de modo que será imprescindível ao recorrente, tanto para fins de admissibilidade como para que alcance o provimento do recurso, a adequada identificação e demonstração da afronta cometida pelo julgado atacado. No sistema brasileiro, são exemplos de fundamentação vinculada os recursos

---

ao *juízo de revisão*, inexiste limitação de o tribunal superior reexaminar os fatos tanto no julgamento do recurso extraordinário como do recurso especial Como destaca Nelson Nery Jr., "não é de todo correto, portanto, afirmar-se que é vedado o exame de prova no RE e no REsp. É verdade que somente as *quaestiones iuris* é que podem ser objeto dos RE e REsp, ou seja, podem constituir-se no mérito desses recursos. Daí o acerto do STF 279 e do STJ 7, que proíbem a interposição do RE e do REsp para simples reexame de prova. Essa matéria – exame de prova – não pode ser objeto do juízo de cassação dos recursos excepcionais. O juízo de cassação é o juízo de censura que sofre a decisão ou acórdão impugnado quando, por exemplo, negar vigência a dispositivo constitucional ou de lei federal. O provimento do RE ou do REsp, no que tange a esse juízo de cassação, implica a rescisão da decisão inconstitucional ou ilegal. No entanto, esses recursos têm, também, o juízo de revisão, que se constitui no segundo momento do julgamento do RE e do REsp, ou seja, na consequência do provimento dos recursos excepcionais. Provido o recurso com a cassação da decisão ou acórdão, é necessário que o STF ou STJ passem a julgar a lide em toda a sua inteireza (revisão). (...) O reexame de provas, portanto, não é viável no juízo de cassação dos RE e REsp, mas é absolutamente normal e corriqueiro no juízo de revisão" (NERY JR., Nelson. *Teoria geral dos recursos*, cit., p. 441-442).

56. BARBOSA MOREIRA, José Carlos. *Comentários*, cit., p. 253.

especial e extraordinário, nos termos das exigências feitas para cada uma das ditas espécies recursais, as quais não permitem (no juízo de cassação) a análise pelos tribunais superiores dos fatos e das provas existentes no processo.[57]

Por outro lado, quando não houver, na legislação, a existência de limites aos pontos sobre os quais poderá o recorrente atacar em seu recurso, permitindo-se sejam apontados quaisquer erros existentes na decisão impugnada, ter-se-á, na hipótese, o recurso de fundamentação ampla (livre).

No direito brasileiro, a apelação é o exemplo clássico de recurso de fundamentação livre. E o recurso ordinário, em virtude de sua aproximação com o recurso de apelação, encarta-se também na modalidade de recurso de fundamentação ampla e livre. Destarte, é possível (e mesmo necessário) que os tribunais superiores, quando do julgamento do recurso ordinário, façam irrestrita análise acerca dos fatos que ensejaram a impetração do mandado de segurança. Para a adequada apreciação da demanda posta em julgamento, é imprescindível seja realizado pelo órgão julgador o detido exame dos fatos e das provas produzidas no decorrer do processo.

No recurso ordinário, portanto, ao contrário do papel normalmente desenvolvido pelos tribunais superiores nas outras espécies recursais às quais são competentes para o julgamento, não haverá limites a que o órgão *ad quem* aprecie livremente todas as questões alegadas desde a impetração.[58] Noutras palavras, a interposição do recurso ordinário em mandado de segurança implica devolução (e translação), ao tribunal superior, de todas as questões já suscitadas nos autos, ainda que não apreciadas pela Corte de origem ou expressamente mencionadas no bojo do recurso.[59]

Todavia, não obstante seja um recurso de fundamentação ampla, algumas questões importantes surgem quanto à amplitude da cognição a ser exercida pelo tribunal quando do seu julgamento contra a decisão denegatória no *mandamus*.

3.8.1. A permissão para o enfrentamento de questões constitucionais e do direito local em sede de recurso ordinário de competência do Superior Tribunal de Justiça

Questão que pode ser posta em se tratando especificamente de recurso ordinário diz respeito à possibilidade do julgamento de questões constitucionais

---

57. Ao propósito, vide Súmula 279 do Supremo Tribunal Federal: "*Para simples reexame de prova não cabe recurso extraordinário*" e Súmula 7 do Superior Tribunal de Justiça: "*A pretensão de simples reexame de prova não enseja recurso especial*".
58. AgRg no RMS 12415 / RJ – 5ª Turma do STJ, relator Min. Gilson Dipp, julgamento em 27/08/2002, DJ de 23/09/2002.
59. RMS 29700 / GO – 1ª Turma do STJ, relator Min. Benedito Gonçalves, julgamento em 03/09/2009, DJe de 16/09/2009.

quando da sua apreciação pelo Superior Tribunal de Justiça, a quem, a princípio, afora de forma *incidenter tantum*, não é conferida competência para o enfrentamento de matérias de cunho constitucional.

Como se sabe, a principal função do Superior Tribunal de Justiça é promover a uniformização da interpretação judicial acerca de determinada norma federal infraconstitucional,[60] cabendo ao Supremo Tribunal Federal, por sua vez, zelar pela adequada interpretação e aplicação das normas constitucionais.

E essa função é desempenhada, normalmente, por intermédio do julgamento dos recursos especiais, bem como dos recursos que lhe são correlatos, como o agravo em recurso especial (art. 1.042, do novo Código de Processo Civil) e embargos de divergência (art. 1.043, do novo Código de Processo Civil), sem se esquecer dos embargos de declaração (cabíveis em qualquer hipótese) e agravo interno (diante de eventual decisão monocrática que venha a ser proferida pelo Ministro relator do caso).

Assim é que, via de regra, diante de um julgamento ocorrido no tribunal local em que tenha havido afronta a uma determinada lei federal infraconstitucional, deverá a parte valer-se do recurso especial, a ser julgado pelo Superior Tribunal de Justiça e, ademais, tendo o acórdão do tribunal *a quo* fundamento constitucional, deverá a parte, caso entenda ter havido afronta à Constituição Federal, interpor o recurso extraordinário, a ser julgado pelo Supremo Tribunal Federal.

Porém, não obstante por meio da função acima o Superior Tribunal de Justiça desenvolva o seu principal papel, não se pode olvidar que a Constituição Federal lhe reserva outras funções importantíssimas, dentre as quais está exatamente o julgamento do recurso ordinário contra as decisões denegatórias proferidas em mandados de segurança de competência originária dos Tribunais Regionais Federais ou pelos tribunais dos Estados, do Distrito Federal e Territórios, nos termos do art. 105, II, *b*, da Constituição Federal.

Sucede que, nessa função, não sofre o Superior Tribunal de Justiça qualquer limitação quanto às matérias que poderão ser objeto de sua análise, sendo, portanto, ampla a cognição a ser exercida quando do julgamento do recurso ordinário, com a possibilidade de se ter a análise de todos os fatos e provas existentes

---

60. Como destacam Gilmar Ferreira Mendes, Inocêncio Mártires Coelho e Paulo Gustavo Gonet Branco "a discussão travada em torno da chamada crise do recurso extraordinário e da admissão da arguição re relevância para apreciação dos recursos interpostos sob a alegação de afronta ao direito federal ordinário favoreceu a criação de uma Corte que, ao lado do Tribunal Superior Eleitoral e do Tribunal Superior do Trabalho, se dedicasse a preservar a interpretação adequada e a unidade do direito federal ordinário em relação às causas julgadas pelos tribunais federais comuns e pelos tribunais estaduais" (MENDES, Gilmar Ferreira; COELHO, Inocêncio Mártires; BRANCO, Paulo Gustavo Gonet. *Curso de direito constitucional*. 2ª ed. São Paulo: Saraiva, 2008, p. 970-971).

nos autos, bem como a permissão para que o fundamento do julgamento esteja atrelado à Constituição Federal.

Bernardo Pimentel Souza, ao enfrentar o problema, afirma que, diante da amplitude do "efeito devolutivo" do recurso ordinário, "tem-se cabível tal modalidade de recurso contra aresto proferido por tribunal regional ou local, com a denegação da segurança à luz de fundamento de índole constitucional".[61]

Na realidade, como dito alhures, quando o julgamento do mandado de segurança pelo tribunal local afrontar a Constituição Federal sequer há que se cogitar da interposição direta do recurso extraordinário, vez que, para tal via excepcional, é imprescindível o esgotamento da instância, o que exige, portanto, a interposição do recurso ordinário, nos termos da Súmula 281 do Supremo Tribunal Federal.[62]

E a mesma amplitude de cognição faz com que o Superior Tribunal de Justiça possa julgar, em recurso ordinário interposto contra o julgamento de mandado de segurança, matérias ligadas ao direito local (municipal ou estadual)[63], o que lhe é afastado quando da apreciação dos recursos especiais.

Desse modo, não há qualquer restrição quanto às matérias que podem ser objeto do recurso ordinário pelo Superior Tribunal de Justiça, que tanto poderá apreciar questões ligadas à legislação federal, como também aquelas relativas à Constituição Federal e à legislação local, municipal ou estadual, o que, aliás, não encontra qualquer óbice na jurisprudência.[64]

3.8.2. A apreciação de legislação infraconstitucional, em recurso ordinário, pelo Supremo Tribunal Federal

Pelas mesmas justificativas acima expostas, deve ser destacado que, em sede de recurso ordinário, não fica o Supremo Tribunal Federal atrelado à apreciação de questões de cunho constitucional.

Dessa forma, em que pese seja o Supremo Tribunal Federal o verdadeiro guardião da Constituição Federal, para que seja o recurso ordinário apreciado

---

61. SOUZA, Bernardo Pimentel. *Introdução, cit.*, p. 412-413.
62. Súmula 281 do Supremo Tribunal Federal: "É inadmissível o recurso extraordinário, quando couber na Justiça de origem, recurso ordinário da decisão impugnada".
63. Nesse sentido, dentre outros, ASSIS, Araken de. *Manual dos recursos*. São Paulo: Revista dos Tribunais, 2007, 663.
64. EDcl no RMS 31946 / PA – 2ª Turma do STJ, relator Min. Humberto Martins, julgamento em 04/11/2010, DJe de 11/11/2010.

pela referida Corte Suprema inexiste a exigência de se alegar qualquer ofensa às normas constitucionais.

Frise-se que o Supremo Tribunal Federal, na hipótese do julgamento do recurso ordinário em mandado de segurança, não estará atuando como instância excepcional, em sim como tribunal de segundo grau de jurisdição, daí porque está autorizado a conhecer de matérias envolvendo legislação infraconstitucional, ainda que não guardem direta relação com as normas constitucionais.[65]

3.8.3. A cognição nos casos de atendimento do pedido antes do julgamento do recurso

Tema que também suscita discussão diz respeito às hipóteses em que o pedido formulado no mandado de segurança for satisfeito, por espontâneo atendimento pela autoridade coatora (ou pela pessoa jurídica de direito público a ela vinculada), antes de ser prolatada a sentença.

E o problema prossegue, em nosso entendimento, quando o atendimento vier a ocorrer quando o *mandamus* estiver em sede de recurso.

Por evidente, aqui não estamos falando do cumprimento da ordem judicial contida na sentença (ou acórdão), vez que nessa hipótese, considerando o acolhimento do pedido formulado pelo impetrante, esse acatamento da ordem deverá mesmo ocorrer (ainda que forçadamente) em razão da eficácia imediata do julgamento concessivo da segurança.

Estamos a nos referir, assim, àquelas situações em que o ato coator for invalidado ou desfeito em decorrência da simples vontade da autoridade coatora ou da pessoa jurídica ré no mandado de segurança.

Sobre o tema, a jurisprudência tem entendido que o atendimento do pedido formulado pelo impetrante gera, invariavelmente, a perda do objeto do *mandamus*, razão pela qual não poderá haver o julgamento do mérito da ação[66].

Ao que nos parece, porém, equivoca-se a jurisprudência quanto ao posicionamento por ela defendido. Na realidade, segundo pensamos, as situações

---

65. Em que pese não seja recente, o julgameno referido a seguir reflete com precisão a possibilidade de as matérias a serem apreciadas pelo Supremo Tribunal Federal, em recurso ordinário no mandado de segurança, poderem ser de cunho constitucional ou não (RMS 20976 / DF – Tribunal Pleno do Supremo Tribunal Federal, relator Min. Sepúlveda Pertence, julgamento em 07/12/2989, DJ de 16/02/1990).

66. AgRg no RMS 23808 / PA – 5ª Turma do STJ, relator Min. Jorge Mussi, julgamento em 04/03/2008, DJe de 31/03/2008.

não podem ser tratadas de forma idêntica, devendo, ao contrário, receber uma atenção e solução de acordo com cada hipótese em concreto.

As consequências para o simples atendimento ao pedido formulado pelo impetrante devem ser diferentes daquelas em que venha a deixar de existir o que dera causa à impetração do mandado de segurança.

Imaginemos, por exemplo, a hipótese em que o mandado de segurança é impetrado contra o ato da administração pública que deixa de convocar um determinado candidato, aprovado dentro do número de vagas previsto no concurso público realizado. Nesse *writ*, pretende o impetrante ser nomeado e empossado no cargo para o qual fora aprovado, sendo certo, porém, que o julgamento de primeiro grau não concedeu a segurança pleiteada. Enquanto o processo encontrava-se em grau de recurso, o Poder Público, espontaneamente (sem que, para tanto, houvesse qualquer ordem judicial), resolve atender à pretensão do impetrante, nomeando-o e empossando-o ao cargo pretendido.

E, mais: mandado de segurança impetrado para que se tenha assegurado o direito ao recebimento de determinado benefício. No curso do processo, a administração resolve, espontaneamente, conceder o benefício objeto do *mandamus*.

E, por fim, ainda a título de exemplo, suponhamos a impetração de mandado de segurança contra um determinado procedimento licitatório, por meio do qual o impetrante estivesse questionando o resultado final a que chegou a administração pública acerca da licitação realizada. Diante de uma sentença denegatória, e estando o processo em sede recursal, o Poder Público resolve cancelar a licitação objeto do *mandamus*.

Diante das situações acima, pergunta-se: os mandados de segurança e, consequentemente, os recursos interpostos contra os julgamentos denegatórios da ordem deverão ser extintos sem a resolução do mérito, em razão da perda do objeto?

Pensamos que, para as duas primeiras hipóteses, a resposta à indagação acima é negativa, enquanto deverá ser positiva para o terceiro caso. É que as situações são absolutamente distintas uma da outra, não podendo, assim, ser resolvidas de forma idêntica.

Nas duas primeiras, terá havido efetivamente o atendimento ao pedido formulado, com o expresso reconhecimento da ilegalidade e arbitrariedade do ato que ensejou a impetração do mandado de segurança. A conduta do Poder Público, na hipótese, ao nomear o candidato até então preterido, confirmou a plausibilidade do pleito do impetrante, não podendo, por conta disso, ser simplesmente considerada a perda do objeto, devendo o mérito do *writ* ser efetivamente julgado, com o pleno exercício da atividade cognitiva por parte do órgão julgador, assegurando-se ao impetrante uma decisão judicial que reconheça o direito pleiteado em juízo. O mesmo ocorreu na situação em que o poder público concedeu, espontaneamente e no curso da ação, exatamente o benefício pretendido pelo impetrante por meio do mandado de segurança.[67]

Diferente, todavia, é a solução a ser dada na terceira hipótese, vez que, no caso, não terá havido exatamente o atendimento ao pedido. Pelo último exemplo acima, a administração pública não terá reconhecido o direito do impetrante, mas, de modo diverso, terá eliminado todo o procedimento que dera ensejo ao mandado de segurança. Como se observa, não houve propriamente o reconhecimento da ilegalidade ou arbitrariedade do ato coator, na medida em que o Poder Público cancelou todo o procedimento licitatório, fazendo com que deixasse de existir qualquer eventual ilegalidade no ato administrativo praticado relativamente ao resultado final da licitação. No caso, então, realmente não poderá haver qualquer cognição quanto ao mérito do recurso, devendo ser reconhecida a perda do objeto do mandado de segurança, vez que não poderá o Judiciário definir a eventual classificação final de um procedimento licitatório que não mais existe.

Com bem salienta Hely Lopes Meirelles, "a invalidação do ato impugnado não descaracteriza sua ilegalidade originária; antes, a confirma", de modo que o julgamento do mérito mostra-se "necessário para definição do direito postulado e de eventuais responsabilidades da Administração para com o impetrante e regresso contra o impetrado".[68]

Sobre o tema também se manifesta Cassio Scarpinella Bueno, que, de forma acertada, destaca a importância do conteúdo declaratório das sentenças prolatadas em sede de mandado de segurança. Para o autor, em tais casos, não deve haver simplesmente a afirmação de que o mandado de segurança perdeu o objeto, devendo a ação ser regularmente julgada, declarando-se acerca da validade ou não do ato apontado como coator, tendo em vista que tal "declaração (este efeito) pode ter valia jurídica, nem que seja para documentar futura ação de perdas e danos a ser movida contra a pessoa jurídica a cujos quadros pertence a autoridade indicada como coatora".[69]

Assim é que, quando houver efetivamente o atendimento ao pedido formulado pelo impetrante, entendemos que o mandado de segurança ou o recurso

---

67. Apelação Cível nº 0028722-24.2009.8.19.0002 – 18ª Câmara do TJ/RJ, relator Des. Jorge Luiz Habib, julgamento em 21/06/2011, DJ de 27/06/2011.
68. MEIRELLES, Hely Lopes. *Mandado de segurança: ação popular, ação civil pública, mandado de injunção, "habeas data"*. 16ª ed. São Paulo: Malheiros, 1995, p. 83-84.
69. BUENO, Cassio Scarpinella. *Mandado de segurança*, cit., p. 179.

deverá ser julgado regularmente quanto ao seu mérito, não podendo se falar em simples extinção do feito sem a resolução do mérito, por perda do objeto.

3.8.4. A possibilidade de apreciação direta do mérito quando o julgamento do recurso ordinário

Tema que suscitou grandes debates diz respeito à possibilidade, ou não, de se ter a aplicação da *teoria da causa madura*, aos recursos em sede de mandado de segurança. Na realidade, o questionamento diz respeito mais precisamente à aplicação do art. 515, § 3º, do Código de Processo Civil de 1973, ao recurso ordinário constitucional, pois, relativamente à apelação em mandado de segurança, inexistiram maiores questionamentos.

Havendo a extinção do *writ* sem a resolução do mérito na instância de origem, o tribunal, ao julgar a apelação, poderá de imediato adentrar no mérito da causa, desde que, para tanto, a causa esteja em condições de pronto julgamento.

As dúvidas, porém, passaram a surgir quanto à possibilidade de aplicação do referido dispositivo legal no julgamento, pelos tribunais superiores, do recurso ordinário interposto contra acórdão que, julgando mandado de segurança de competência originária do tribunal de origem, não tenha apreciado o mérito da ação.

O questionamento, em verdade, prendia-se ao fato de o recurso ordinário ter sede constitucional, que, desse modo, prevê o seu cabimento *secundum eventum litis*, limitando, pois, a sua utilização apenas contra as decisões denegatórias. Diante disso, a pergunta que se fazia era: esse cabimento restritivo impede a aplicação do art. 515, § 3º, do Código de Processo Civil de 1973, ao recurso ordinário interposto no mandado de segurança?

A doutrina, ao se manifestar sobre o assunto, mostrava-se uníssona no entendimento de não haver qualquer fator que inviabilizasse a aplicação da teoria da causa madura no julgamento do recurso ordinário em mandado de segurança[70].

Todavia, a mesma tranquilidade de posicionamento não era verificada na jurisprudência[71].

---

70. Nesse sentido seguiam, dentre outros, Sergio Ferraz (FERRAZ, Sergio. *Mandado de segurança*. São Paulo: Malheiros, 2006, p. 345), Cassio Scarpinella Bueno (BUENO, Cassio Scarpinella. *Mandado de segurança*, cit., p. 147), Rodrigo Barioni (BARIONI, Rodrigo. *O efeito devolutivo na apelação civil*, cit. p.169)e José Miguel Garcia Medina e Fábio Caldas Araújo (MEDINA, José Miguel Garcia; ARAÚJO, Fábio Caldas. *Mandado de segurança individual e coletivo*, cit., p.194

71. Para maiores detalhes acerca do posicionamento jurisprudencial acerca do tema, vide o nosso "Recurso ordinário e apelação em mandado de segurança" (*Op. cit.*, p. 325-344).

O Supremo Tribunal Federal, em verdade, desde a entrada em vigor da Lei nº 10.352/2001 – que incluiu o § 3º ao art. 515, do Código de Processo Civil – manteve o seu posicionamento no sentido de não aceitar a aplicação da *teoria da causa madura* no julgamento do recurso ordinário em mandado de segurança.

O Superior Tribunal de Justiça, por seu turno, manifestou-se sobre o tema em diversas oportunidades. Todavia, ao contrário do Supremo Tribunal Federal, a jurisprudência daquele tribunal infraconstitucional acerca do assunto mostrou-se bastante vacilante no decorrer dos anos, ora aceitando a possibilidade da aplicação do art. 515, § 3º, do Código de Processo Civil, no julgamento do recurso ordinário, ora negando essa alternativa.

Contudo, diante das normas contidas no novo Código de Processo Civil, toda a controvérsia em torno da matéria tende a deixar de existir.

O art. 515, § 3º, do Código de Processo Civil de 1973, tem a sua correspondência no art. 1.013, § 3º, do novo Código de Processo Civil. Em verdade, trata-se de dispositivo legal ainda mais amplo do que aquele previsto na legislação processual anterior, eis que expressamente assegura a possibilidade de se ter o julgamento direto do mérito pelo tribunal não apenas nas hipóteses de extinção do processo sem a resolução do mérito no juízo inferior (inciso I), mas também quando o tribunal decretar a nulidade da sentença por não ser ela congruente com os limites do pedido ou da causa de pedir (inciso II), quando constatar a omissão no exame de um dos pedidos (inciso III) e quando decretar a nulidade de sentença por falta de fundamentação (inciso IV).

E, diferentemente da legislação processual de 1973, o novo Código de Processo Civil, como forma de eliminar a controvérsia existente acerca do tema, passou a prever de forma expressa que o art. 1.013, § 3º, aplica-se ao recurso ordinário (art. 1.027, § 2º).

Destarte, diante da nova legislação, não mais existem dúvidas sobre a possibilidade de o tribunal superior, quando do julgamento do recurso ordinário, apreciar desde logo o mérito do *mandamus*, desde que, claro, o processo esteja em condições de imediato julgamento[72].

4. REFERÊNCIAS BIBLIOGRÁFICAS

ALVIM, Eduardo Arruda. *Mandado de segurança*. 2ª ed. Rio de Janeiro: GZ Editora, 2010.

---

72. O Enunciado 357, aprovado no IV Encontro do Fórum Permanente de Processualistas Civis, realizado em Belo Horizonte, entre os dias 05 e 07 de dezembro de 2014, chegou a uma conclusão acertada, estabelecendo a aplicação, ao recurso ordinário, não apenas do § 3º, do art. 1.013, mas sim de todas as normas do art. 1.013, do novo Código de Processo Civil: "Aplicam-se ao recurso ordinário os arts. 1.013 e 1.014."

AMERICANO, Luiz Alberto. *Do recurso ordinário em matéria civil.* Revista dos Tribunais, nº 362, dez/1965.

ASSIS, Araken de. *Manual dos recursos.* São Paulo: Revista dos Tribunais, 2007.

BARBI, Celso Agrícola. *Do mandado de segurança.* 4ª ed. Rio de Janeiro: Forense, 1984.

_____ *Do mandado de segurança.* 7ª ed. Rio de Janeiro: Forense, 1993.

BARBOSA MOREIRA, José Carlos. *Comentários ao código de processo civil.* Vol. V. 14ª ed. Rio de Janeiro: Forense, 2008.

BARIONI, Rodrigo. *Efeito devolutivo da apelação civil.* São Paulo: Revista dos Tribunais, 2007.

BOURGUIGNON, Álvaro Manoel Rosindo. *Recurso ordinário constitucional em mandado de segurança.* Tese (Doutorado). São Paulo: PUC/SP, 2007.

BUENO, Cassio Scarpinella. *Liminar em mandado de segurança: um tema com variações.* 2ª ed. São Paulo: Revista dos Tribunais, 1999.

_____. *O processo civil de interesse público: uma proposta de sistematização.* In: SALLES, Carlos Alberto de (coord.). *Processo civil e interesse público: o processo como instrumento de defesa social.* Revista dos Tribunais, 2003.

_____. *Curso sistematizado de direito processual civil.* Vol 5. São Paulo: Saraiva, 2008.

_____. *Mandado de segurança: comentários às leis* nº 1.533/51, 4.348/64 e 5.021/66. 5ª ed. São Paulo: Saraiva, 2009.

CASTRO NUNES, José de. *Do mandado de segurança.* 9ª ed. (atualizada por José de Aguiar Dias). Rio de Janeiro: Forense, 1987.

CAVALCANTE, Mantovanni Colares. *Mandado de segurança.* São Paulo: Dialética, 2002.

DIDIER JR., Fredie. *Curso de direito processual civil.* Vol 3. 11ª ed. Salvador: Editora Podivm, 2013.

FAGUNDES CUNHA, J. S. O mandado de segurança e a aplicação do art. 557 do CPC. In: In: NERY JR., Nelson (coord.); WAMBIER, Teresa Arruda Alvim (coord.). *Aspectos polêmicos e atuais dos recursos cíveis e assuntos afins.* Vol. 11. São Paulo: Revista dos Tribunais, 2007.

FERNANDES NETO, Edgar Moury. *O estado e o direito de recorrer ordinariamente.* Boletim IOB: Repertório de Jurisprudência: civil, processual, penal, comercial, nº 22, 1996.

FERRAZ, Sergio. *Mandado de segurança.* São Paulo: Malheiros, 2006.

GONÇALVES, Tiago Figueiredo. Do cabimento de recursos ordinário e especial contra acórdão proferido por turma recursal nos juizados especiais. In In: NERY JR., Nelson (coord.); WAMBIER, Teresa Arruda Alvim (coord.). *Aspectos polêmicos e atuais dos recursos cíveis e assuntos afins.* Vol. 10. São Paulo: Revista dos Tribunais, 2006.

MAGRI, Berenice Soubhie Nogueira. *Recurso ordinário constitucional.* Tese (Doutorado). São Paulo: PUC/SP, 2004.

MARQUES, José Frederico. *Instituições de direito processual civil*. Vol. IV. 2ª ed. Rio de Janeiro: Forense, 1963.

MEDINA, José Miguel Garcia, ARAÚJO, Fábio Caldas de. *Mandado de segurança individual e coletivo*. São Paulo: Revista dos Tribunais, 2009.

MEIRELLES, Hely Lopes. *Mandado de segurança: ação popular, ação civil pública, mandado de injunção, "habeas data"*. 16ª ed. São Paulo: Malheiros, 1995.

MENDES, Gilmar Ferreira; COELHO, Inocêncio Mártires; BRANCO, Paulo Gustavo Gonet. *Curso de direito constitucional*. 2ª ed. São Paulo: Saraiva, 2008.

MILLER, Cristiano Simão. *Recurso ordinário e apelação em mandado de segurança: cognição, efeito suspensivo e suspensão de segurança*. Brasília: Gazeta Jurídica, 2013.

NEGRÃO, Theotônio. *Código de Processo Civil e legislação processual em vigor*. 42ª edição. São Paulo: Saraiva, 2010.

NERY JR., Nelson. *Teoria geral dos recursos*. 6ª ed. São Paulo: Revista dos Tribunais, 2004.

_____. *Princípios do processo civil na Constituição Federal*. 7ª ed. São Paulo: Revista dos Tribunais, 2002.

PONTES DE MIRANDA, Francisco Cavalcanti. *Comentários à Constituição de 1946*. 2ª ed. Vol. III. Rio de Janeiro: Borsoi, 1953.

SOUZA, Bernardo Pimentel. *Introdução aos recursos cíveis e à ação rescisória*. 4ª ed. São Paulo: Saraiva, 2007.

TAVARES, André Ramos. *Manual do novo mandado de segurança*. Rio de Janeiro: Forense, 2009.

CAPÍTULO 12

Agravo em Recurso Extraordinário e Agravo em Recurso Especial: entre imposição de precedentes, distinção e superação[1]

Diogo Bacha e Silva[2]
Alexandre Melo Franco Bahia[3]

SUMÁRIO: 1. INTRODUÇÃO ; 2. FORMAÇÃO DE PRECEDENTE NO CÓDIGO DE PROCESSO CIVIL DE 1973 E DE 2015; 3. *COMMON LAW* E A DIFERENÇA DE PENSAMENTO SOBRE PRECEDENTES; 4. AGRAVO EM RECURSO EXTRAORDINÁRIO E AGRAVO EM RECURSO ESPECIAL COMO RESISTÊNCIA AO FECHAMENTO ARGUMENTATIVO – RÉQUIEM PARA UM FIM PREMATURO; 5. CONCLUSÃO; 6. REFERÊNCIAS.

1. INTRODUÇÃO

Nosso sistema jurídico-processual conheceu, ao longo da última década, mecanismos destinados a solucionar a questão quantitativa do processo. Como forma de solução da crise, acreditou-se que um mesmo entendimento poderia ser aplicado a várias demandas diferentes. A um só tempo, nossa visão (neo)liberal do processo teve fé que seria possível alcançarmos a tão almejada celeridade e também a isonomia[4].

---

1. Esta é uma versão revista do texto original em razão das alterações sofridas pelo Novo CPC feitas pela Lei 13.256/2016.
2. Mestre em Direito pela FDSM-Faculdade de Direito do Sul de Minas. Professor e Coordenador do Curso de Direito da Faculdade de São Lourenço. Advogado.
3. Mestre e Doutor em Direito pela UFMG. Professor Adjunto da Universidade Federal de Ouro Preto e IBMEC-BH. Membro da ABDPC – Associação Brasileira de Direito Processual Constitucional. Advogado.
4. "Ao contrário do que se passa no *common law*, a utilização, no Brasil, dos precedentes e, em maior medida, do direito jurisprudencial na aplicação do direito é fruto de um discurso de matiz neoliberal, que privilegiava a sumarização da cognição, a padronização decisória superficial e uma justiça de números (eficiência tão somente quantitativa), configurando um quadro de aplicação equivocada (fora do paradigma constitucional) desse mesmo direito jurisprudencial que dá origem ao que se pode chamar de *hiperintegração do direito*" (THEODORO JÚNIOR, Humberto; NUNES, Dierle; BAHIA, Alexandre Melo Franco; PEDRON, Flávio Quinaud. *Novo CPC: fundamentos e sistematização*. 2ª ed. RJ: Forense, 2015).

Assim, buscamos a valorização dos precedentes como forma de resolver os problemas práticos e, inclusive, chega-se a dizer que esses representaram modificação tão profunda no nosso sistema jurídico que houve uma aproximação com o *common law*[5]. Tal afirmação não pode ser confirmada sem uma análise mais aprofundada dos sistemas. Se levarmos em conta os aspectos históricos, culturais, sociológicos e metodológicos do direito nos diferentes sistemas, perceberemos que essa é uma afirmação que simplifica a profundidade do problema. Que houve e há uma valorização dos precedentes em nosso sistema parece ser inegável. No entanto, que daí se possa afirmar que nosso sistema se assemelha ou se aproxima do *common law* não é logicamente razoável[6]. Temos um sistema cada vez mais híbrido, o que o torna mais complexo (e não mais simples) do que as versões originárias "puras".

Conhecemos três tipos de litigiosidade. Os litígios de varejo ou individual, os litígios coletivos e os litígios de massa[7]. Parece-nos que a valorização dos precedentes, sob um aspecto prático, buscou resolver a incapacidade estrutural do Poder Judiciário em lidar com a litigiosidade de massa que são aquelas "embasadas prioritariamente em direitos individuais homogêneos que dão margem à propositura de ações individuais repetitivas ou seriais, que possuem como base pretensões isomórficas, com especificidades, mas que apresentam questões (jurídicas e/ou fáticas) comuns para a resolução da causa"[8]. O nosso sistema processual foi projetado especialmente para lidar com a litigiosidade individual. A emergência, principalmente a partir dos anos 90, da litigiosidade de massa, própria de sociedades pós-industriais, causou certa perplexidade nos especialistas que apostaram nos precedentes como fator determinante para lidar com esse tipo de litígio.

Em outra direção do fenômeno, a aposta no sistema de precedentalização do sistema jurídico processual corresponde mais a uma expectativa de que textos

---

5. MARINONI, Luiz Guilherme. Aproximação crítica entre as jurisdições de civil law e de common law e a necessidade de respeito aos precedentes no Brasil. *Revista da Faculdade de Direito* - UFPR, Curitiba, n.47, p.29-64, 2008. NUNES, Dierle, BAHIA, Alexandre; THEODORO JUNIOR, Humberto. Processo. Breves considerações sobre a politização do Judiciário e sobre o panorama de aplicação no direito brasileiro - Análise da convergência entre o *civil law* e o *common law* e dos problemas da padronização decisória. *Revista de Processo 2010*, Repro 189, p. 09-52, jul./dez., 2011. MORATO, Alexandre Figueiredo. et. al. Súmula vinculante e Incidente de Resolução de Demandas Repetitivas- respostas hermenêuticas à luz da teoria do preconceito de Gadamer. *Revista do Instittuto de Hermenêutica Jurídica - RIHJ*. ano 9, n. 12, p. 13-41, jul./dez. 2012. p. 24.
6. BACHA E SILVA, Diogo. A valorização dos precedentes e o distanciamento entre os sistemas *civil law* e *common law*. In. WAMBIER, Teresa Arruda Alvim; MARINONI, Luiz Guilherme; MENDES, Aluisio Gonçalves de Castro (orgs.). *Direito jurisprudencial*, vol II. São Paulo: Editora Revista dos Tribunais, 2014.
7. NUNES, Dierle, BAHIA, Alexandre e THEODORO JUNIOR, Humberto. Litigiosidade em massa e repercussão geral no recurso extraordinário. *Revista de Processo*, Belo Horizonte, n. 177, ano 34, p. 9-46, 2011.
8. NUNES, Dierle, BAHIA, Alexandre e THEODORO JUNIOR, Humberto. Litigiosidade em massa e repercussão geral no recurso extraordinário. *Revista de Processo*, Belo Horizonte, n. 177, ano 34, p. 9-46, 2011. p. 19.

podem resolver definitivamente os problemas de interpretação. Isto é, uma vez exposto o precedente, acredita-se que o mesmo pode resolver definitivamente os casos futuros apresentados. O precedente ou súmula acabará por apreender todas as hipóteses de sua aplicação e, portanto, bastaria sua aplicação sintomática a casos futuros[9].

A crença na aplicação mecânica, que antes era depositada na própria lei, agora passou para os precedentes. No entanto, devemos aprender, justamente com o *common law*, que a obrigatoriedade dos precedentes não decorre apenas de uma imposição, mas de um tratamento geral que é dado à teoria dos precedentes. Para que casos iguais sejam tratados igualmente pelo Poder Judiciário[10], é preciso conceitos que permitem a operacionalização dos precedentes, definindo uma verdadeira teoria dos precedentes judiciais[11].

Apesar de muito se discutir na atualidade sobre teoria dos precedentes, inclusive conceitos que formam a mesma, poucos exploram nosso próprio sistema jurídico processual para dar viabilidade à correta formação dos precedentes.

Nosso intento é demonstrar que se importamos teoria sem, entrementes, conseguirmos lidar com a formação dos precedentes no próprio sistema processual, estaremos fadados a não alcançarmos os objetivos de um sistema jurídico-processual democrático.

2. FORMAÇÃO DE PRECEDENTE NO CÓDIGO DE PROCESSO CIVIL DE 1973 E DE 2015

De certa forma, nossa tradição jurídica está atrelada ao *civil law* que, originário do direito romano, durante o século XIX viu a legislação ganhar centralidade

---

9. Neste sentido, ponderamos noutro lugar que ainda não conseguimos nos desvencilhar dos encantos da escola da exegese, que mesmo as súmulas não conseguem prever todas as hipóteses de sua aplicação (BAHIA, Alexandre. As súmulas vinculantes e a nova Escola da Exegese. *Revista de Processo*, Belo Horizonte, n. 206, ano 37, p. 359-379, 2012). Mesmo os positivistas mais famosos como Kelsen e Hart sabem que um texto abre indefinidas interpretações. Veja-se, por exemplo, os dizeres de Hart: "[...] a norma de reconhecimento, bem como as normas específicas do direito identificadas mediante referência a ela, podem apresentar uma penumbra de incerteza. Há ainda meu raciocínio geral de que, mesmo que as leis pudessem ser estruturadas para solucionar de antemão todas as indagações possíveis sobre seu significado, a adoção de leis desse tipo frequentemente conflitaria com outros objetivos que o direito deve abraçar como seus. No caso de muitas normas jurídicas, deve-se tolerar uma certa margem de incerteza, e mesmo vê-la como elemento bem-vindo, de modo que possibilite uma decisão judicial bem informada quando se conheça a composição de um caso inédito[...]" (HART, H. L. A. *O conceito de direito*. São Paulo: WMF Martins Fontes, 2009. p. 325).
10. CROSS, Rupert; HARRIS, J.W. *El precedente en el derecho ingles*. Madri: Marcial Pons, 2012. p. 23.
11. MITIDIERO, Daniel. A tutela dos direitos como fim do processo civil no Estado Constitucional. In WAMBIER, Teresa Arruda Alvim; MARINONI, Luiz Guilherme; MENDES, Aluisio Gonçalves de Castro (orgs.). *Direito jurisprudencial*, vol II. São Paulo: Editora Revista dos Tribunais, 2014.

como fonte do direito. A legislação como ato do Poder Legislativo devia ser visto como supremo poder[12]. Daí a Escola da Exegese e seu ideário que a lei deveria conter todas as respostas para os problemas apresentados.

Como produto da vontade geral, a lei devia ser obra perfeita e acabada, propiciadora de segurança e igualdade. Com caráter sagrado, a lei enquanto vontade política emanada da vontade geral tinha sua justiça argumentada na legitimidade política que carregava. A decisão judicial devia se ater à *lettre de la loi*, o juiz devia apenas ser a boca que pronuncia as palavras da lei, na célebre expressão de Montesquieu[13]. A lei era o único critério jurídico-normativo e que, de algum modo, deveria ser a solução para todos os casos jurídicos[14].

Neste cenário, não havia espaço para argumentação jurídica que não fosse a identificação da vontade legislativa através da lei. O fechamento argumentativo se dá em nível tautológico. A justificativa para a decisão já está no nível legislativo. Assim, admitia-se apenas a argumentação quanto à eventual posição que o legislador tomou no momento da promulgação da lei[15].

A influência que tal pensamento exerce sobre nosso ideário jurídico é sentido em larga medida pela esperança que temos que as soluções para os nossos problemas serão resolvidos pela edição de leis. Basta a ocorrência de algum fato que saia da normalidade para pressionarmos o Poder Legislativo para que seja aprovada uma lei regulamentando tal fato.

No âmbito do processo civil, a chamada crise do Judiciário[16] vem sendo combatida por meio da promulgação de leis modificadoras do Código de Processo Civil, desde os idos dos anos 90. A primeira onda de reforma buscou acelerar os procedimentos, adotando mecanismos de solução de controvérsias que pudessem atingir o âmago da morosidade judicial. Assim, editou-se a Lei 8.954/92 que cuidou da tutela antecipada. A Lei 8.950/94, que deu uma nova sistemática aos recursos tal como embargos infringentes, apelação, agravo e os recursos para os Tribunais Superiores. A Lei 8898/04 que buscou inovar na liquidação de sentença

---

12. MERRYMAN, John Henry; PÉREZ-PERDOMO, Rogelio. *The civil law tradition*. 3ª ed. Stanford: Stanford University Press, 2007. p. 24.
13. SIMIONI, Rafael Lazzarotto. *Curso de hermenêutica jurídica contemporânea: do positivismo clássico ao pós-positivismo jurídico*. Curitiba: Juruá, 2014. p. 31 e ss.
14. Basta ver, por exemplo, o conhecido art. 4º do *Code Civil* que não permitia a existência de obscuridade, contradição ou omissão no texto do código. Se houvesse, estas seriam recusas dos próprios juízes(NEVES, Castanheira. *Digesta: escritos acerca do Direito, do pensamento jurídico, da sua metodologia e outros*. Volume 2º. Coimbra: Coimbra Editora,1995. p. 185-186).
15. SIMIONI, Rafael Lazzarotto. *Curso de hermenêutica jurídica contemporânea: do positivismo clássico ao pós-positivismo jurídico*. Curitiba: Juruá, 2014. NEVES, Castanheira. *Digesta: escritos acerca do Direito, do pensamento jurídico, da sua metodologia e outros*. Volume 2º. Coimbra: Coimbra Editora,1995.
16. Para uma visão holística da chamada crise judiciária, veja-se SADEK, Maria Tereza e ARANTES, Rogério Bastos. A crise do Poder Judiciário e a visão dos juízes. *Revista USP*. 1994, p. 34-45.

com a extinção do cálculo pelo contador. E também a Lei 9.079/95 que disciplinou a ação monitória.

Após, a edição da Lei 9.099/95 institui os Juizados Especiais Cíveis e Criminais no âmbito da Justiça Estadual com a competência para julgar as causas de menor complexidade, visando buscar a desburocratização das causas de litigância de massa.

A segunda onda reformista deu-se com a edição da Lei 10.352/2001, Lei 10.358/2001 e a Lei 10.444/2002 que cuidaram, respectivamente e principalmente, do reexame necessário, das provas e da execução/efetivação da decisão jurisdicional.

A terceira onda que alterou substancialmente o modo como se via o processo de conhecimento, adotando o sincretismo processual, deu-se com a edição das Leis 11.232/2005 e 11.382/2006.

Entretanto, observa-se que apesar das reformas os problemas atinentes a morosidade judicial não tem sido resolvidos[17]. Elegemos como inimigo a morosidade judicial e buscamos, a todo custo, resolver os problemas quantitativos do processo, sem buscar a melhora qualitativa.

Para a solução do mal da morosidade judicial, apostamos na padronização decisória. Há um ideal de que, mediante decisões iguais, eliminaríamos uma séria de demandas. A partir da fixação de uma "tese" por um Tribunal Superior, bastaria aos juízes de primeira instância aplicar automaticamente o entendimento dos tribunais[18]. É uma utilização dos precedentes como forma de fechamento discursivo e argumentativo. Conforme nos explica Dierle Nunes, a padronização decisória tem como fundamento "[...] da possibilidade de se estabelecerem *"standards interpretativos"* a partir do julgamento de alguns casos: um Tribunal de maior hierarquia, diante da multiplicidade de casos, os julgaria abstraindo-se de suas especificidades e tomando-lhes apenas o "tema" a "tese" subjacente. Definida a tese, todos os demais casos serão julgados com base no que foi predeterminado; para isso, as especificidades destes novos casos também serão desconsideradas

---

17. BAHIA, Alexandre Melo Franco. Avançamos ou retrocedemos com as reformas? Um estudo sobre a crença no poder transformador da legislação e sua (in)adequação face o Estado Democrático de Direito. In: CATTONI DE OLIVEIRA, Marcelo Andrade; MACHADO, Felipe (orgs.) *Constituição e processo: uma análise hermenêutica da (re)construção dos códigos*. Belo Horizonte: Editora Fórum, 2012.

18. Ora, esquecemos que os juízes julgam causas e não definem teses, conforme nos mostra NUNES, Dierle, BAHIA, Alexandre e JUNIOR THEODORO, Humberto. Processo. Breves considerações sobre a politização do Judiciário e sobre o panorama de aplicação no direito brasileiro- Análise da convergência entre o *civil law* e o *common law* e dos problemas da padronização decisória. *Revista de Processo 2010*, Repro 189, p. 09-52, jul./dez., 2011. p. 24.

para que se concentre apenas na "tese" que lhes torna idênticos aos anteriores"[19].

A padronização decisória, tal como implementada na legislação processual brasileira, trouxe o fechamento argumentativo, através da ideia de que o precedente ou súmula pudesse automaticamente ser aplicado ao caso e, portanto, encerrasse ali a discussão. Evidentemente, já na primeira onde de reformas os precedentes e as súmulas dos tribunais superiores passaram a ser vistos como hipóteses de fechamento argumentativo.

A Lei 9.139/95 modificou a redação originária do art. 557 do CPC para permitir que o relator negasse seguimento, monocraticamente, ao recurso contrário a súmula do respectivo tribunal ou de tribunal superior. O fechamento argumentativo para as partes ainda não estava completo, eis que os poderes dos relatores nos recursos permitia somente a negativa do seguimento por contrariedade a enunciado sumular. Assim, para que fosse permitida a aplicação dessa hipótese mister que houvesse enunciado de súmula posta pelo tribunal para o caso discutido nos autos.

A Lei 9.756/98 alargou os poderes dos relatores. Fez constar, pois, no art. 557, *caput* do CPC que o relator poderia negar seguimento a súmula ou jurisprudência dominante do respectivo tribunal, do Supremo Tribunal Federal ou de tribunal superior. No §1º-A do art. 557 do CPC, o relator pode até mesmo dar provimento, monocraticamente, ao recurso quando a própria decisão recorrida estiver em confronto com súmula ou jurisprudência dominante. Assim, além de negar seguimento com base em súmula, o relator passou a poder negar seguimento com base em jurisprudência dominante do próprio tribunal e de tribunal superior, além de dar provimento ao recurso.

A terceira onda de reforma processual, já nos idos dos anos 2000, através da Lei 11.276/2006 estreitou ainda mais o espaço de argumentação das partes no processo. Dando nova redação ao §1º do art. 518 do CPC, o próprio juiz de primeira instância poderá não receber o recurso de apelação quando a sua sentença estiver em conformidade com súmula do Superior Tribunal de Justiça ou do Supremo Tribunal Federal.

Por último, as modificações que a Lei 12.322/2010 promoveu no agravo da decisão de tribunal que não recebe recurso especial ou extraordinário mantiveram, no §4º do art. 544 do CPC, a possibilidade do relator negar seguimento a

---

19. NUNES, Dierle.. Processualismo constitucional democrático e o dimensionamento de técnicas para a litigiosidade repetitiva: a litigância de interesse público e as tendências "não compreendidas" de padronização decisória. *Revista de Processo*. n. 199, p. 41-82, 2011. p. 61.

recurso que confronte súmula ou jurisprudência dominante do próprio tribunal, bem como dar provimento ao recurso se a decisão estiver em confronto com súmula ou jurisprudência dominante do tribunal.

O novo CPC, Lei 13.105 de 16 de Março de 2015, ainda mantém a firme ideia de que os precedentes servem como fechamento argumentativo para os debates processuais.

Nessa medida, o art. 932 do código assevera, nos incisos IV e V, que os relatores deverão negar seguimento a recurso manifestamente contrário a súmula do STF, do STJ ou do próprio tribunal, ou a acórdão proferido em julgamentos de casos repetitivos do STF e do STJ, bem como em entendimentos firmados em incidentes de resolução de demandas repetitivas. Ainda, após as contrarrazões, dar provimento ao recurso cuja decisão estiver em confronto com súmula do STF, do STJ ou do próprio tribunal, bem assim a acórdão proferido em julgamento de casos repetitivos pelo STJ e pelo STF.

Pode ver-se que, não obstante a tentativa de sistematização, o próprio código nos fala em teses jurídicas firmadas em súmulas ou julgamento de casos repetitivos, conforme a passagem no §2º do art. 927. Ademais, o código traça alguns parâmetros para que se possa entender os precedentes[20].

A questão dos precedentes é ainda mais profunda. É a existência entre nós da jurisprudência defensiva e do norte de horizonte de que os precedentes devem resolver casos futuros[21]. Isto é, "a jurisprudência (ou o que chamamos disso) esforça-se para, logo, formatar um enunciado de Súmula (ou similar) a fim de se encerrar o debate sobre o tema, hiperintegrando a discussão, já que, no futuro, o caso terá pinçado um tema que seja similar ao enunciado sumular e, então, a questão estará resolvida quase que automaticamente[...]"[22]. Não conseguimos compreender que os precedentes não servem para término do debate, mas sim como princípio da discussão.

Ora, não se estabelece um julgado como precedente a prioristicamente, senão que devem ser levados em conta vários fatores, tais como a autoridade que

---

20. NUNES, Dierle; BAHIA, Alexandre. A jurisprudência instável e seus efeitos: a aposta nos precedentes vs. Uma compreensão constitucionalmente adequada do seu uso no Brasil. In. WAMBIER, Teresa Arruda Alvim; MARINONI, Luiz Guilherme; MENDES, Aluisio Gonçalves de Castro (orgs.)*Direito jurisprudencial*, vol II. São Paulo: Editora Revista dos Tribunais, 2014.
21. STRECK, Lenio Luiz e ABBOUD, Georges. *O que é isto- o precedente judicial e as súmulas vinculantes?* Porto Alegre: Livraria do Advogado Editora, 2013.
22. NUNES, Dierle; BAHIA, Alexandre. A jurisprudência instável e seus efeitos: a aposta nos precedentes vs. Uma compreensão constitucionalmente adequada do seu uso no Brasil. In. WAMBIER, Teresa Arruda Alvim; MARINONI, Luiz Guilherme; MENDES, Aluisio Gonçalves de Castro (orgs.)*Direito jurisprudencial*, vol II. São Paulo: Editora Revista dos Tribunais, 2014. p. 438.

emanou o precedente, a existência ou não de votos minoritários, a existência ou não de legislação aplicável ao caso. Assim, um precedente pode sofrer uma extensão ou restrição caso assim o tribunal julgador pense que fará justiça ao caso[23]. Em verdade, estamos diante daquilo que Dworkin fala de força gravitacional dos precedentes[24].

A questão que urge considerarmos é: como na atual conjuntura de aplicação prática do direito poderíamos realizar um movimento de resistência contra a aplicação automática dos precedentes?

3. *COMMON LAW* E A DIFERENÇA DE PENSAMENTO SOBRE PRECEDENTES

A partir da constatação de que os precedentes no *common law* não são assim definidos a prioristicamente, fica a questão de saber como definir um precedente. Forte na doutrina oriunda do *common law*, o precedente é definido após um raciocínio que pergunta pela sua motivação[25]. É importante saber que a motivação de um precedente é quem o definirá como tal.

Para tanto, a definição de *ratio decidendi* e *obter dictum* jogam um papel extremamente relevante. A *ratio decidendi* é a parte vinculante e diz respeito apenas a parte de definição jurídica do caso[26]. Nem todas as decisões judiciais no *common law* são precedentes. A *ratio decidendi* é vinculante e obriga os demais juízes submetidos à jurisdição do tribunal que emanou a decisão a sua adoção, exceto quando houver razões para tanto, ou então persuade os juízes não vinculados a adotarem o posicionamento manifestado.

Detalhe é que os próprios juízes que veicularam a decisão não pode controlar o efeito de a mesma tornar-se ou não precedente. É que a *ratio decidendi* deverá ser desvelada pelo juiz posterior que interpretará o caso[27]. Interpretar o caso anterior significa um exercício de argumentação na qual o interprete tem quase tanto decidir o caso como o juiz anterior decidiu[28]. A raiz mesma da doutrina dos precedentes, que terá maior importância para a descoberta da *ratio*

---

23. RE, Edward. Stare Decisis. Trad. Ellen Gracie Northfleet. *Revista de Informação Legislativa*, Brasília, ano 31, n. 122, mai./jul., 1994, p. 281-287. p. 285.
24. DWORKIN, Ronald. *Levando os direitos a sério*. 2ª ed. Trad. Nelson Boeira. São Paulo: Martins Fontes, 2007. p. 176.
25. RAMIRES, Maurício. *Crítica à aplicação de precedentes no direito brasileiro*. Porto Alegre: Livraria do advogado, 2010. p. 10.
26. Optamos por expressar como parte de definição jurídica ao invés do Direito, posto que nossa teoria jurídica ainda insiste na separação de questão de Direito e questão de fato.
27. CROSS, Rupert; HARRIS, J.W. *El precedente en el derecho ingles*. Madri: Marcial Pons, 2012. p. 64-65.
28. CROSS, Rupert; HARRIS, J.W. *El precedente en el derecho ingles*. Madri: Marcial Pons, 2012. p. 65.

decidendi, é que os fatos apresentados ao juiz devem ser lidos à luz do caso em que foi pronunciado o precedente[29].

Thomas Bustamante, escudado em Damaska, diz que há uma tendência em ver que a forma com que se trabalham com os precedentes no *common law* e no *civil law* diferenciam-se. Enquanto no *common law* o juiz compararia os fatos materiais do caso tomado como precedente, no direito continental o juiz procura já o pronunciamento em forma de regra universal. No entanto, defende o autor que o princípio da universalizabilidade não escapa à regra dos precedentes judiciais, ou seja, de que "em qualquer sistema jurídico um precedente judicial somente poderá constituir um padrão para resolver casos futuros caso seja possível dele extrair uma regra universal à qual os casos futuros possam e devem se subsumir sempre que se repetirem as condições presentes na hipótese de incidência (*fattispecie*) de tal regra jurídica"[30]. Concordamos quanto ao resultado a que chega o autor.

Temos que observar que a universalizabilidade não advém de uma regra *a priori* definida pelo próprio tribunal que emana o precedente e sim de uma prática discursiva praticada pelos próprios atores no processo de aplicação das regras jurisprudenciais.

Daí que os precedentes servem como princípios de um debate a ocorrer nas esferas jurisdicionais. Um debate que ocorrerá exatamente pela necessidade inescapável que temos de interpretar textos. Súmulas, precedentes e leis padecem do mesmo problema que é estarem invariavelmente submetidas às condições hermenêuticas[31]. Mesmo no caso das súmulas vinculantes, a aplicação só poderá ser principiológica, jamais subsuntiva ao modo de uma escola da Exegese. Nessa medida, "A elaboração de um princípio que justifique a aplicação do precedente, no curso do raciocínio desenvolvido pelo juiz, pode ser confrontada por argumentos, também baseados em princípios, que destaquem as diferenças entre o caso fonte e o caso objeto, o que obriga a buscar outros princípios comparativamente mais abstratos para chegar à solução, uma vez que não é válido

---

29. CROSS, Rupert; HARRIS, J.W. *El precedente en el derecho ingles*. Madri: Marcial Pons, 2012. p. 65.
30. BUSTAMANTE, Thomas da Rosa de. *Teoria do precedente judicial: a justificação e a aplicação de regras jurisprudenciais*. São Paulo: Noeses, 2012. p. 113.
31. Por óbvio, estamos falando da hermenêutica filosófica: GADAMER, Hans-Georg. *Verdade e Método: traços fundamentais de uma hermenêutica filosófica*. Tradução Flávio Paulo Meurer. 2.ed. Petrópolis: Editora Vozes, 1998. No exato sentido do que afirmado BAHIA, Alexandre . As súmulas vinculantes e a nova Escola da Exegese. Revista de Processo, Belo Horizonte, n. 206, ano 37, p. 359-379, 2012. Também RAMIRES, Maurício. *Crítica à aplicação de precedentes no direito brasileiro*. Porto Alegre: Livraria do advogado, 2010.

interromper a fundamentação de uma decisão antes que boas razões tenham sido encontradas"[32].

Relevante papel na aplicação dos precedentes no *common law* representam a distinção (*distinguishing*) e a superação (*overruling*). Deve-se ter bem claro que há distinção tanto entre um caso e outro, quanto no interior do próprio caso. No interior do próprio caso, o processo de distinção deve levar em consideração a *ratio decidendi* e a *obter dicta*, separando-se os fatos relevantes para a decisão e aqueles que não são relevantes. A distinção entre um caso e outro é a diferenciação da construção factual entre o precedente paradigma e o caso que se tem às mãos[33]. Neste último ponto, a distinção não prejudica a própria autoridade argumentativa do precedente. Discute-se mesmo se essa forma pode ser chamada de distinção de precedente, uma vez que a corte considera que o precedente é irrelevante para a decisão do caso atual[34]. A forma mais sútil de distinção é aquela que é realizada pelo tribunal ou julgador estendendo ou restringindo o âmbito de aplicação dos fatos materiais do precedente, de acordo com sua aplicação no caso analisado[35].

Ora, nas palavras de Neil Duxbury, é esse processo de distinção que permite o desenvolvimento do direito, tendo em vista que os precedentes, muitas vezes, não produzem a resposta mais justa ou constitucionalmente adequada para o caso em análise[36]. O processo de aplicação do direito deve ser uma reconstrução argumentativa de todos os fatos relevantes e determinantes para o acertamento da relação jurídica[37]. Levando isso na devida conta, tem-se que as circunstâncias relevantes de um caso podem exigir uma resposta diferente do caso anterior apontado como precedente[38]. Daí se vê que o *distinguishing* tem um papel primordial na aplicação dos precedentes nos sistemas do *common law*.

Com efeito, o precedente não é uma forma estática de aplicação do direito. Se há, pois, boas razões para seguir um precedente, também o há para

---

32. MAUÉS, Antonio Moreira. Jogando com precedentes: regras, analogias, princípios. *Revista Direito GV*, São Paulo, 8(2), p. 587-624, Jul./Dez. 2012. p. 616.
33. DUXBURY, Neil. *The nature and authority of precedent*. Cambridge: Cambridge University Press, 2008. p. 113.
34. DUXBURY, Neil. *The nature and authority of precedent*. Cambridge: Cambridge University Press, 2008. p. 114-115.
35. DUXBURY, Neil. *The nature and authority of precedent*. Cambridge: Cambridge University Press, 2008. p. 115.
36. DUXBURY, Neil. *The nature and authority of precedent*. Cambridge: Cambridge University Press, 2008. p. 115.
37. Cf. GÜNTHER, Klaus. *Teoria da argumentação no direito e na moral*. Trad. Claudio Molz. São Paulo: Landy Editora, 2004 e HABERMAS, Jürgen. *Facticidad y Validez: sobre el derecho y el Estado democrático de derecho em términos de teoría del discurso*. Trad. Manuel Jimenez Redondo. 6ª ed. Madri: Trotta, 2010.
38. PULIDO, Carlos Bernal. El precedente em Colombia. *Revista Derecho del Estado* n.º 21, diciembre de 2008, p. 92.

aperfeiçoá-lo, modifica-lo e viabilizar a evolução do direito como um todo[39]. A superação ou *overruling* de um precedente é a operação de um tribunal superior ou de igual hierarquia de derrogar ou invalidar a *ratio decidendi* de um caso anterior[40]. Por óbvio, a superação dos precedentes poderá ser explícita ou implícita. O *sub silentio overruling*, usando a expressão norte-americana, tem consequências práticas distintas do *distinguishing*. A utilização de distinção entre os precedentes ainda deixa o precedente com autoridade suficiente para ser aplicado em situações posteriores que apresentam a mesma identidade material de fatos, enquanto que a superação implícita ou silenciosa supera o precedente no sentido de que aquela *ratio decidendi* exposta primeiramente já não significa mais o direito vigente[41].

Não sem razão, a *House of Lords* expressou publicamente, em 1966, a *Practice Statement*. Por essa declaração, a corte inglesa disse que seria livre, em algumas circunstâncias, para rever seus próprios precedentes[42]. Mas não só a própria corte que declarou seu precedente poderá superá-lo, mas também corte inferiores poderão realizar julgamentos que buscam a superação do precedente de corte superior.

Outra prática, ainda pouco estudada, é a erosão do precedente como fator determinante para se chegar a uma decisão ou o chamado *undermining*. Geralmente, é prática argumentativa utilizada pelas cortes inferiores para chegar a solução diametralmente oposta a que deveria conduzir o precedente, tendo em conta a avaliação de que houve uma má interpretação do próprio precedente[43].

Tais fatos apenas corroboram o que parece claro para o *common law* e para a própria ideia de precedente, qual seja, a de que eles servem como princípio para o debate que visa a melhorar ou aperfeiçoar o direito como um todo. Todavia, se tal é extremamente claro no sistema anglo-saxônico, no direito continental – com especial referência ao nosso sistema processual – ainda não aprendemos as funcionalidade dos precedentes como processo aberto de argumentação jurídica.

---

39. DUXBURY, Neil. *The nature and authority of precedent*. Cambridge: Cambridge University Press, 2008.p. 116. Também BUSTAMANTE, Thomas da Rosa de. *Teoria do precedente judicial: a justificação e a aplicação de regras jurisprudenciais*. São Paulo: Noeses, 2012.p. 395.
40. CROSS, Rupert; HARRIS, J.W. *El precedente en el derecho ingles*. Madri: Marcial Pons, 2012. p. 156.
41. GERHARDT, Michael J. *The power of precedent*. Oxford: Oxford University Press, 2008. p. 35.
42. DUXBURY, Neil. *The nature and authority of precedent*. Cambridge: Cambridge University Press, 2008. p. 123.
43. CROSS, Rupert; HARRIS, J.W. *El precedente en el derecho ingles*. Madri: Marcial Pons, 2012. p. 158.

4. AGRAVO EM RECURSO EXTRAORDINÁRIO E AGRAVO EM RECURSO ESPECIAL COMO RESISTÊNCIA AO FECHAMENTO ARGUMENTATIVO – RÉQUIEM PARA UM FIM PREMATURO

O Agravo em Recurso Especial e o Agravo em Recurso Extraordinário têm o intuito de permitir o *destrancamento* dos recursos excepcionais (Recurso Extraordinário – RE. e Recurso Especial – REsp.) que não tenham sido conhecidos pelo Presidente (ou Vice-Presidente) do tribunal *a quo* (art. 1.042) em algumas hipóteses prescritas pelo art. 1.030.

Quando o Presidente (ou Vice) do Tribunal de Justiça dos Estados ou do Tribunal Regional Federal negar seguimento a um Recurso Extraordinário ou a um Recurso Especial – salvo o caso de inadmissão que tenha por fundamento aplicação de precedente de repercussão geral para o Recurso Extraordinário ou de precedente de Recurso Especial repetitivo – (conforme discutiremos abaixo), a decisão poderá ser atacada pela via do Agravo em Recurso Extraordinário ou Agravo em Recurso Especial, na forma do art. 1.042 do novo CPC.

Para isso, o recorrente deverá elaborar uma petição que será dirigida ao próprio Presidente (ou Vice-Presidente) do TJ ou do TRF. Tal petição não precisará demonstrar o recolhimento de custas recursais (ver §2º do art. 1.042). O prazo é de 15 dias. O recorrido é intimado para ofertar contrarrazões em igual prazo (§3º). Após, há possibilidade do Presidente/Vice-presidente se retratar da decisão (§4º).

Sendo enviado ao STF/STJ e este julgando-o procedente, o Agravo será julgado junto com o respectivo RE./REsp. **(§5º)**.

No caso de indeferimento tanto do RE quanto do REsp pelo mesmo recorrente, deverão ser interpostos dois Agravos pelo sucumbente (§6º); uma peça para cada um.

Havendo dois Agravos, um para o STJ, outro para o STF, após sua saída do Tribunal a quo, os autos serão remetidos primeiro para julgamento no STJ, para somente após seu pronunciamento, seguir para o STF, se o recurso não ficar prejudicado pela decisão do STJ (§§7º e 8º).

Sob a dinâmica do *common law* e da necessidade que as decisões jurisdicionais sejam resultado da efetivação argumentação das partes, compreendemos que o processo não pode mais ser visto como mera técnica para a obtenção de um resultado de fins sociais ou econômicos, como propugnado pelas escolas socializantes do século XIX, ou até mesmo do neoliberalismo processual[44], em que a lógica fornecida é de que se busca a produtividade a qualquer custo com a massificação dos provimentos jurisdicionais[45].

O resultado do neoliberalismo processual é, com efeito, uma necessidade de fechamento argumentativo do processo. Para se alcançar a massificação e a produtividade, necessário que se diminua o espaço de argumentação das partes. Por isso, as alterações legislativas ocorridas no sistema processual como o julgamento liminar de improcedência (art. 285-A do CPC/73 e art. 332 do CPC/2015), a instalação de filtros processuais como a repercussão geral no recurso extraordinário (art. 543-A do CPC/73 e art. 1.035 do CPC/2015), a técnica de julgamento de recursos repetitivos (art. 543-B e art.543-C do CPC/73 e art. 1.036 do CPC/2015), ao lado das súmulas, da uniformização da jurisprudência dos tribunais, do aumento do poder dos relatores, nada mais representam que a busca a todo custo por uma concepção eficientista do processo jurisdicional.

De qualquer forma, várias temáticas abordadas pela dogmática processual nos inferem o predomínio do neoliberalismo processual como pensamento de força dominante até mesmo em áreas que deveriam servir de espaço de reflexão e crítica do sistema processual. Basta ver, por exemplo, a compreensão do contraditório como garantia de bilateralidade de audiência. Conforme elucida Ronaldo Brêtas de Carvalho Dias, a partir da vigência do CPC de 1973, o Brasil conheceu textos empobrecidos que limitavam a ciência processual e que objetivavam apenas a prática forense ou a aprovação de concursos públicos. Esses textos produziram uma redução no alcance do contraditório, aludindo-o como ciência bilateral dos atos processuais, apenas um dizer do autor e um contradizer do réu[46].

Dentro da tônica da revitalização da ciência processual sob os influxos do processo constitucional e do Estado Democrático de Direito, o contraditório não pode ser visto apenas como técnica bilateral de contraposição dos atos processuais. Um novo discurso, uma nova ordem da ciência processual, coloca o contraditório dentro do centro de referência da própria noção de processo justo[47]. O contraditório passa a ser visto como possibilidade de influência, como a possibilidade que as partes têm de efetivamente participar de todo o litígio. Possibilidade

---

44. Como bem explica Dierle Nunes, o neoliberalismo processual reflete a noção de um modelo estatal que busca uma forma de eficiência que não se preocupa com a noção pública e garantista do processo. O Judiciário passa a exercer o papel de prestador de serviços públicos gerido pela lógica quantitativa da eficiência. (NUNES, Dierle. *Processo jurisdicional democrático*. Curitiba: Editora Juruá, 2009. p. 157 e ss.)
45. NUNES, Dierle. *Processo jurisdicional democrático*. Curitiba: Editora Juruá, 2009. p. 166.
46. DIAS, Ronaldo Brêtas de Carvalho. *Processo constitucional e Estado Democrático de Direito*. Belo Horizonte: Del Rey, 2010. p. 96.
47. PICARDI, Nicola. *Jurisdição e processo*. Rio de Janeiro: Forense, 2008. p. 143.

que não significa apenas contradizer ou ter ciência dos atos processuais, mas sim de influírem, em plena igualdade, participando e oferecendo todos os elementos necessários, tais como fatos, provas, alegações normativas que tenham ligação com o objeto da demanda[48]. Assim é que tal princípio implica que as partes tem o direito de influenciar e participar da construção do provimento jurisdicional final.

Na temática recursal, o contraditório como possibilidade de influência e participação encontra guarida no chamado princípio da dialogicidade que significa, para Dierle Nunes, "a necessidade de o recurso ser discursivo, de maneira que a parte que sofrer algum gravame deverá, no ato de interposição, esclarecer os fundamentos fáticos e jurídicos de sua irresignação e apresentar o pedido de nova decisão"[49]. O que se pode dizer é que, diante dessa lógica, o recurso existe como espaço procedimental de discursividade própria, apta a garantir o exercício do contraditório como participação das partes na construção do provimento final.

Como, então, conciliar, de um lado, um sistema processual que parece induzir ao fechamento da discursividade e, de outro lado, a ideia de um contraditório onde as partes podem levantar todas as questões relevantes para a solução da controvérsia? Nosso sistema processual estará preparado para a recepção dos precedentes como fechamento discursivo sem que exista qualquer medida defensiva para tanto?

Para reforçar a prática da discursividade processual, tem-se que todas as sentenças são exercícios de discurso e, como tal, estão obrigadas a expressar a motivação ou fundamentação[50]. Por discurso, Michele Taruffo entende como o conjunto de proposições vinculadas entre si e inseridas em um contexto de

---

48. FREITAS, José Lebre. *Introdução ao processo civil: conceito e princípios gerais.* 2ª ed. Coimbra: Editora Coimbra, 2009. p. 108-109. NUNES, Dierle. Processo jurisdicional democrático. Curitiba: Editora Juruá, 2009. p. 227.
49. NUNES, Dierle. *Direito constitucional ao recurso: da teoria geral dos recursos, das reformas processuais e da comparticipação nas decisões.* Rio de Janeiro: Lumen Juris, 2006. p. 102.
50. Relevante a introdução de hipóteses em que as sentenças não são consideradas fundamentadas no art. 489, §1º do novo CPC. Em todas as hipóteses citadas está a ideia de que a sentença não deve ser o fechamento argumentativo, conforme se observa "[...] §1º § 1º Não se considera fundamentada qualquer decisão judicial, seja ela interlocutória, sentença ou acórdão, que:: I - se limitar à indicação, à reprodução ou à paráfrase de ato normativo, sem explicar sua relação com a causa ou a questão decidida;
II - empregar conceitos jurídicos indeterminados, sem explicar o motivo concreto de sua incidência no caso;
III - invocar motivos que se prestariam a justificar qualquer outra decisão;
IV - não enfrentar todos os argumentos deduzidos no processo capazes de, em tese, infirmar a conclusão adotada pelo julgador;
V - se limitar a invocar precedente ou enunciado de súmula, sem identificar seus fundamentos determinantes nem demonstrar que o caso sob julgamento se ajusta àqueles fundamentos;
VI - deixar de seguir enunciado de súmula, jurisprudência ou precedente invocado pela parte, sem demonstrar a existência de distinção no caso em julgamento ou a superação do entendimento"

maneira autônoma[51]. E enquanto discurso, explica-nos Michele Taruffo, se ganha as marcas da finitude no sentido de que as proposições que compõe a decisão identificam plenamente os limites materiais de sua extensão[52]. Também há que se considerar a natureza fechada do discurso que implica, de um lado, uma limitação estrutural, donde se ressalta que há necessariamente um número de questões que deve veicular e, mesmo, que uma vez proferido assume a natureza de objetividade, impessoalidade e em virtude disso não poderá modifica-la ou integrá-la[53].

Neste ponto que entendemos que o recurso pode ser qualificado como um meio apto a não só revisar o acerto ou desacerto da decisão judicial quanto aos pressupostos da conveniência da justiça, mas também como meio idôneo para permitir o amplo debate das partes. Ora, o recurso não pode ser visto apenas como um meio de prolongamento da demanda ou de impedimento á formação da coisa julgada. Mais do que isso, o recurso, enquanto conceito jurídico-processual, deve servir para a ampliação do horizonte de debates da causa de tal forma a permitir que todas as questões do litígio sejam abarcadas pelo provimento jurisdicional.

Por mais que a dogmática processual se esforce para conceituar, definir e, ao mesmo tempo, objetivar o instituto dos recursos, tem-se que qualquer classificação ou conceituação corre o risco do reducionismo. Dessa forma, por exemplo, a clássica definição empreendida por Nelson Nery à luz de nosso sistema processual de que recurso "é o meio processual que a lei coloca à disposição das partes, do Ministério Público e de um terceiro, a viabilizar, dentro da mesma relação jurídica processual, a anulação, a reforma, a integração ou o aclaramento da decisão judicial impugnada"[54], leva em conta apenas uma visão que o recurso decorre do duplo grau de jurisdição, sem o seu necessário desenvolvimento como garantia do contraditório e ampla defesa.

Na esteira de Dierle Nunes, o recurso deve ser uma espaço procedimental de compartificação das partes, momento o qual há diálogo do juízo com as partes para que se perceba que as contribuições das partes deverão ser levadas na devida conta. Neste sentir, "o instituto do recurso não pode ser analisado de modo unitário com o princípio do duplo grau de jurisdição, que garante um duplo exame de todas as questões debatidas em juízo, mas sim deve ser visto como uma decorrência do princípio do contraditório e o da ampla defesa, possibilitando

---
51. TARUFFO, Michele. *La motivación de la sentencia civil.* Madri: Trotta, 2011. p. 49.
52. TARUFFO, Michele. *La motivación de la sentencia civil.* Madri: Trotta, 2011. p. 49
53. TARUFFO, Michele. *La motivación de la sentencia civil.* Madri: Trotta, 2011. p. 50.
54. NERY JR., Nelson. *Teoria geral dos recursos.* 7ª ed. São Paulo: Revista dos Tribunais, 2014. p. 208.

uma intervenção das partes e um diálogo destas com o juízo todas as vezes que a decisão recorrida não tenha levado em consideração o seu contributo crítico"[55].

Nessa medida, o CPC não define o conceito e as finalidades do recurso. Pelo rol do art. 496 do CPC/73 e art. 994 do CPC/2015, onde estão previstos os remédios processuais, verifica-se que cada recurso além de ter cabimento em específico tem, também, uma gama de possibilidade argumentativa diferente.

Por exemplo, evidentemente, os recursos extraordinários, tal como o extraordinário perante o STF e o especial perante o STJ, têm hipóteses restritas de cabimento, na medida em que indicam a necessidade de serem interpostos apenas para discussão da constitucionalidade ou legalidade federal da matéria.

A questão, então, ganha maiores coloridos se formos analisar que o julgamento de um recurso em um caso concreto pode transcender aquele caso para reger outros casos análogos. Estamos tratando do julgamento de Recursos Extraordinários e Especiais repetitivos e mesmo o Incidente de Resolução de Demanda Repetitiva.

Pelo primeiro, o presidente do Tribunal de Justiça ou do Tribunal Regional Federal selecionará 2 (dois) ou mais recursos representativos da controvérsia para afetação junto ao Supremo Tribunal Federal ou Superior Tribunal de Justiça, nos termos do art. 1.036, §1º do novo CPC[56], ainda que a decisão dos recursos representativos não vincule necessariamente os Tribunais Superiores que poderão selecionar outros.

Entrementes, segundo a sistemática apresentada no novo CPC a decisão de afetação será feita pelo relator que indicará a questão a ser julgada e determinará a suspensão de todos os processos que versem sobre idêntica questão (art. 1.037 do novo CPC). Com o julgamento dos Recursos Extraordinários e Especial repetitivos, caberá aos tribunais inadmitir os recursos interpostos em face da orientação divergente proclamada pelo STF ou STJ e aplicar a tese firmada nos recursos afetados (art. 1.039 CPC/2015).

Com a súbita valorização dos precedentes em nosso sistema processual, desacostumado a trabalhar com argumentação, resta a pergunta: como fazer com que o precedente não seja um fechamento argumentativo atentatório às garantias processuais democráticas?

---

55. NUNES, Dierle. *Direito constitucional ao recurso: da teoria geral dos recursos, das reformas processuais e da comparticipação nas decisões*. Rio de Janeiro: Lumen Juris, 2006. p. 163.
56. Deve-se mencionar que o mesmo poder é conferido às Turmas Recursais em Recursos Extraordinários interpostos em processos de sua competência.

Com efeito, não acreditamos que o aumento dos poderes do relatores, mormente mediante a aplicação de súmulas ou jurisprudência para a resolução monocrática do recurso, seja, de princípio, inconstitucional por violar a colegialidade do julgamento dos recursos. Concordamos, neste ponto, com a decisão do STF no julgamento do Mandado de Injunção 375 que decidiu que, assegurada a possibilidade de agravo regimental, a atribuição ao relator de julgar monocraticamente não se configura inconstitucional[57]. A questão, no entanto, é como encarar a aplicação dos precedentes.

Ora, a sistemática imposta nos impele a aduzir que o precedente ainda representa um fechamento argumentativo. Nessa medida é (*rectius*, era) de bom alvitre aduzir que a possibilidade de Agravo em Recurso Extraordinário e de Agravo em Recurso Especial em face de decisão do Presidente ou Vice-Presidente do Tribunal de Justiça ou Tribunal Regional Federal quando inadmitir o recurso com fundamento que o acórdão recorrido coincide com orientação emanada no julgamento de Recurso Extraordinário e Especial repetitivo (art. 1.042, inc. II do CPC/2015). Sob a vigência do Código de Processo Civil de 1973 muito se discutiu sobre o momento processual adequado destinado a realizar superação ou distinção em relação a entendimento exposto em precedente do Supremo Tribunal Federal ou do Superior Tribunal de Justiça. É preciso lembrar que havia a defesa ora do cabimento de agravo interno, ora do cabimento de Agravos em Recurso Especial ou Extraordinário.

Contudo, essas mudanças (de cabimento de Agravo em RE./REsp. naqueles casos, aprovadas na versão original do Novo CPC, foi modificada pela Lei nº Lei 13.256/2016, aprovada pelo Congresso Nacional ainda no ano de 2015 e sancionada em 05/02/2016, que fez voltar a sistemática anterior de cabimento apenas de "Agravo Interno"[58] – como ficara determinado na jurisprudência do STF na vigência

---

57. "I. E legítima, sob o ponto de vista constitucional, a atribuição conferida ao Relator para arquivar ou negar seguimento a pedido ou recurso intempestivo, incabível ou improcedente e, ainda, quando contrariar a jurisprudência predominante do Tribunal ou for evidente a sua incompetência (RI/STF, art. 21, par 1.; Lei n. 8.038/90, art. 38), desde que, mediante recurso – agravo regimental – possam as decisões ser submetidas ao controle do colegiado" (STF – MI 375/PR, rel. Min. CARLOS VELLOSO, Data de Julgamento: 19/12/1991).

58. A Lei nº Lei 13.256/2016 alterou de forma muito significativa o CPC/2015 (versão original), ao mudar o tipo de recurso que será cabível contra decisão que indefere a retirada de RE. daqueles que ficarão sobrestados no julgamento da "repercussão geral das questões constitucionais" (inclusive, agora, por força da mesma lei, sobrestados por prazo indeterminado, o que complica mais a questão, uma vez que acabou com o prazo máximo de 1 ano). Ao invés de ser cabível o Agravo (art. 1.042) ao STF para que este avalie e veja se era ou não o caso de "distinção", volta a sistemática consagrada na vigência do CPC/73 (STF, Recl. n. 7569) do cabimento de "agravo interno" contra o tal indeferimento. Na justificativa da alteração entendeu-se que o próprio Tribunal Recorrido poderá cuidar da matéria. O mesmo se deu – de cabimento de agravo interno e do fim do prázo máximo de sobrestamento – no caso do julgamento de RE./REsp. repetitivos (e com justificativas similares).

do CPC/73 reformado[59]. A volta à sistemática anterior se deu em razão de pressão havida de membros de Tribunais Superiores que não concordavam com a nova regra do CPC[60]. No entanto, por tudo o que já foi dito até aqui, é preciso ter claro que a previsão de um recurso para o Tribunal Superior em tais casos é (era) uma decorrência lógica da assunção de um sistema de precedentes por aqui, uma vez que possibilitaria a discussão de *distinção* e, principalmente, de *superação* do precedente. Conquanto a primeira ainda possa ser discutida no Agravo Regimental, a segunda fica vedada, impedindo que o sistema funcione como deveria em qualquer país que o leve a sério.

O que a Lei n. 13.256/2016 fez, ao mexer nas hipóteses de cabimento do Agravo em RE./REsp (art. 1.042) – foi quebrar a sistematicidade do cabimento do Agravo: a depender do teor da decisão de inadmissibilidade do RE./REsp. pode caber o Agravo do art. 1.042 ou o Agravo Regimental do art. 1.021.

Aquele ganho decorrente de um sistema de precedentes que busca ser coerente com as matrizes metodológicas que lhe informam resulta prejudicado, ao se permitir, de forma assistemática ao *common law*, o engessamento de precedentes dos Tribunais Superiores – se é mesmo de lá, do sistema inglês-americano, que se inspira nosso legislador e a doutrina que vem sustentando a hibridização do nosso sistema, ou se se trata mesmo de uma "common law à brasileira"[61].

---

59. THEODORO JÚNIOR, Humberto; NUNES, Dierle; BAHIA, Alexandre Melo Franco. Litigiosidade em massa e Repercussão Geral no Recurso Extraordinário. *Repro*, v. 177, p. 9-46, 2009.
60. Cf. NUNES, Dierle. Proposta de reforma do novo Código de Processo Civil apresenta riscos. *Consultor Jurídico*, 26.11.2015. Disponível em: ‹http://www.conjur.com.br/2015-nov-26/dierle-nunes-proposta-reforma-cpc-apresenta-riscos›. Como mostram Lenio Streck e Dierle Nunes: "Ora, **o sistema do CPC-2015 foi debatido à exaustão durante anos no Congresso Nacional** e cada dispositivo buscava promover um modelo de aprimoramento do direito e de exercício constitucional da função jurisdicional. **Com sua sanção em março deste ano era natural que surgissem vozes tentando manter as coisas como se encontram, mas foi com grande espanto que se percebeu, em um projeto de lei com tramitação relâmpago e sem qualquer debate (à socapa e à sorrelfa, portanto), em vias de ser aprovado no Senado Federal, promover-se-á uma mudança no CPC** mediante a qual o *Congresso Nacional renunciará parcela de seus poderes, além de chancelar um modelo no qual os Tribunais Superiores 'dirão o direito' como se legisladores fossem. E qual é o ponto fulcral?* **O ponto é que as decisões dos tribunais – nesse modelo que está sendo 'reformado' pelo Senado – alcançará um nível de fechamento e vinculatividade nunca dantes visto na República, transferindo a legitimidade da feitura da legislação para o Judiciário. Nem no** *common law* **nunca foi assim**. Daí o apelo ao Senado: por favor, parem com isso. Reflitam! Se não for amor ao Direito e à Justiça, façam para preservar suas (do Senado) próprias prerrogativas" (STRECK, Lenio; NUNES, Dierle. O Senado vai permitir a mutilação do novo CPC antes de entrar em vigor. *Consultor Jurídico*, 01.12.2015. Disponível em: ‹http://www.conjur.com.br/2015-dez-01/senado-permitira-mutilacao-cpc-antes-entrar-vigor#_ftn1›; grifos nossos).
61. THEODORO JUNIOR, Humberto; NUNES, Dierle; BAHIA, Alexandre Melo Franco. Breves considerações sobre a politização do Judiciário e sobre o panorama de aplicação no direito brasileiro – análise da convergência entre o civil law e o common law e dos problemas da padronização decisória. *Repro*, vol. 189, nov. 2010, p. 09-52; STRECK, Lenio. Novo CPC decreta a morte da lei. Viva o common law! *Consultor Jurídico*, 12.09.2013. Disponível em: ‹http://www.conjur.com.br/2013-set-12/senso-incomum-cpc-decreta-morte-lei-viva-common-law›; STRECK, Lenio. O novo Código de Processo Civil (CPC) e as inovações hermenêuticas O fim do livre convencimento e a adoção do integracionismo dworkiniano. *Revista de Informação Legislativa*,

5. CONCLUSÃO

A correta aplicação do direito deve levar em conta todas as características envolvidas no caso concreto, bem como todas as normas, *prima facie*, que pretendem aplicação. Só dessa forma teremos uma decisão judicial legítima e atenta com a aplicação do caso concreto, conforme nos ensinou Klaus Günther[62].

Se, portanto, os precedentes servem como meio de fechamento argumentativo e extinção da discussão processual, as mudanças havidas com a Lei n. 13.256/2016, significam não apenas um retrocesso – um andar para trás, para a sistemática do CPC/73 –, mas também um perigoso golpe ao sistema dinâmico dos precedentes, uma vez que os entendimentos dos Tribunais Superiores deixam de ser passíveis de "superação" justamente quando tal oportunidade se lhes aparece através de RE./REsp. – ou, mais exatamente, através dos respectivos Agravos. Ora, que poder "supra-legislativo" é esse dado a tais Tribunais? Sim, porque mesmo uma lei é passível de ser modificada/suprimida, mas decisões do STF/STJ (art. 927, III) deixam de sê-lo?

Muito se tem discutido atualmente sobre precedente e sua valorização no nosso sistema processual. Cabe, agora, aplicarmos os precedentes corretamente de acordo com o manejo dos institutos processuais em vigor. Podemos e devemos aprender com a aplicação dos precedentes no *common law*. A principal característica é que o mesmo se compõe de um ponto de partida para a aplicação do direito e nunca como um fechamento da discussão.

No entanto, com as mudanças feitas pela Lei n. 13.256/2016, ter-se-á um empecilho para o correto funcionamento do sistema. Tal problema deverá ser ponderado pela doutrina e, quiçá, proposta uma ADI, pois que, a partir do momento em que determinadas decisões de um Tribunal são imutáveis/inquestionáveis, colocam-se não apenas acima das leis – como já aventamos supra – mas também acima da própria Constituição, configurando uma grave violação à separação de poderes, cláusula protegida pelo art. 60, §4°, III – CR/88. Não é demais lembrar que, há mais de duzentos anos, o próprio controle de constitucionalidade (*judicial review*) surgiu em razão, justamente, de uma lei que ampliava as competências da Suprema Corte dos EUA, sendo, em razão disso, considerada inconstitucional, já que somente a Constituição pode prever os poderes dos Tribunais[63].

---

a. 52, n. 206, p. 33-51, abr./jun. 2015. Disponível em: ‹http://www2.senado.leg.br/bdsf/bitstream/handle/id/512448/001041585.pdf?sequence=1›.

62. GÜNTHER, Klaus. Legal Adjudication and Democracy: some remarks on Dworkin and Habermas. *European Journal of Philosophy*. Essex: Blackwell Publishers. v. 3, n. 1, April/1995, p. 36-54. Cf. GÜNTHER, Klaus. Uma concepção normativa de coerência para uma teoria discursiva da argumentação jurídica. *Cadernos de Filosofia Alemã*, n. 6, 2000.

63. MELO FRANCO, Afonso Arinos. *Curso de Direito Constitucional Brasileiro*. Vol. I. RJ: Forense, 1958, p. 73.

6. REFERÊNCIAS

BACHA E SILVA, Diogo. A valorização dos precedentes e o distanciamento entre os sistemas civil law e common law. In. WAMBIER, Teresa Arruda Alvim; MARINONI, Luiz Guilherme; MENDES, Aluisio Gonçalves de Castro (orgs.)*Direito jurisprudencial*, vol II. São Paulo: Editora Revista dos Tribunais, 2014.

BAHIA, Alexandre . As súmulas vinculantes e a nova Escola da Exegese. *Revista de Processo*, Belo Horizonte, n. 206, ano 37, p. 359-379, 2012.

BAHIA, Alexandre Melo Franco. Avançamos ou retrocedemos com as reformas? Um estudo sobre a crença no poder transformador da legislação e sua (in)adequação face o Estado Democrático de Direito. In: CATTONI DE OLIVEIRA, Marcelo Andrade; MACHADO, Felipe (orgs.) *Constituição e processo: uma análise hermenêutica da (re)construção dos códigos*. Belo Horizonte: Editora Fórum, 2012.

BUSTAMANTE, Thomas da Rosa de. *Teoria do precedente judicial: a justificação e a aplicação de regras jurisprudenciais*. São Paulo: Noeses, 2012.

CROSS,Rupert; HARRIS, J.W. *El precedente en el derecho ingles*. Madri: Marcial Pons, 2012. p. 23.

CROSS, Rupert; HARRIS, J.W. *El precedente en el derecho ingles*. Madri: Marcial Pons, 2012.

DIAS, Ronaldo Brêtas de Carvalho. *Processo constitucional e Estado Democrático de Direito*. Belo Horizonte: Del Rey, 2010.

DUXBURY, Neil. *The nature and authority of precedent*. Cambridge: Cambridge University Press, 2008.

DWORKIN, Ronald. *Levando os direitos a sério*. 2ª ed. Trad. Nelson Boeira. São Paulo: Martins Fontes, 2007.

FREITAS, José Lebre. *Introdução ao processo civil: conceito e princípios gerais*. 2ª ed. Coimbra: Editora Coimbra, 2009.

GADAMER, Hans-Georg. *Verdade e Método: traços fundamentais de uma hermenêutica filosófica*. Tradução Flávio Paulo Meurer. 2.ed. Petrópolis: Editora Vozes, 1998.

GERHARDT, Michael J. *The power of precedent*. Oxford: Oxford University Press, 2008.

GÜNTHER, Klaus. Legal Adjudication and Democracy: some remarks on Dworkin and Habermas. *European Journal of Philosophy*. Essex: Blackwell Publishers. v. 3, n. 1, April/1995, p. 36-54.

GÜNTHER, Klaus. *Teoria da argumentação no direito e na moral*. Trad. Claudio Molz. São Paulo: Landy Editora, 2004

GÜNTHER, Klaus. Uma concepção normativa de coerência para uma teoria discursiva da argumentação jurídica. *Cadernos de Filosofia Alemã*, n. 6, 2000.

HABERMAS, Jürgen. *Facticidad y Validez: sobre el derecho y el Estado democrático de derecho em términos de teoría del discurso*. Trad. Manuel Jimenez Redondo. 6ª ed. Madri: Trotta, 2010.

HART, H. L. A. *O conceito de direito*. São Paulo: WMF Martins Fontes, 2009.

MARINONI, Luiz Guilherme. Aproximação crítica entre as jurisdições de civil law e de common law e a necessidade de respeito aos precedentes no Brasil. *Revista da Faculdade de Direito* - UFPR, Curitiba, n.47, p.29-64, 2008.

MAUÉS, Antonio Moreira. Jogando com precedentes: regras, analogias, princípios. *Revista Direito GV*, São Paulo, 8(2), p. 587-624, Jul./Dez. 2012.

MELO FRANCO, Afonso Arinos. *Curso de Direito Constitucional Brasileiro*. Vol. I. RJ: Forense, 1958.

MENDONÇA JÚNIOR, Delosmar Domingos. *Agravo interno*. São Paulo: Revista dos tribunais, 2009.

MERRYMAN, John Henry; PÉREZ-PERDOMO, Rogelio. *The civil law tradition*. 3ª ed. Stanford: Stanford University Press, 2007.

MITIDIERO, Daniel. A tutela dos direitos como fim do processo civil no Estado Constitucional. in WAMBIER, Teresa Arruda Alvim; MARINONI, Luiz Guilherme; MENDES, Aluisio Gonçalves de Castro (orgs.)*Direito jurisprudencial*, vol II. São Paulo: Editora Revista dos Tribunais, 2014.

MORATO, Alexandre Figueiredo. et. al. Súmula vinculante e Incidente de Resolução de Demandas Repetitivas- respostas hermenêuticas à luz da teoria do preconceito de Gadamer. *Revista do Instituto de Hermenêutica Jurídica* - RIHJ. ano 9, n. 12, p. 13-41, jul./dez. 2012.

NERY JR., Nelson. *Teoria geral dos recursos*. 7ª ed. São Paulo: Revista dos Tribunais, 2014.

NEVES, Castanheira. *Digesta: escritos acerca do Direito, do pensamento jurídico, da sua metodologia e outros*. Volume 2º. Coimbra: Coimbra Editora, 1995.

NUNES, Dierle, BAHIA, Alexandre e JUNIOR THEODORO, Humberto. Processo. Breves considerações sobre a politização do Judiciário e sobre o panorama de aplicação no direito brasileiro- Análise da convergência entre o *civil law* e o *common law* e dos problemas da padronização decisória. *Revista de Processo 2010*, Repro 189, p. 09-52, jul./dez.

NUNES, Dierle, BAHIA, Alexandre e JUNIOR THEODORO, Humberto. Processo. Breves considerações sobre a politização do Judiciário e sobre o panorama de aplicação no direito brasileiro- Análise da convergência entre o *civil law* e o *common law* e dos problemas da padronização decisória. *Revista de Processo 2010*, Repro 189, p. 09-52, jul./dez., 2011.

NUNES, Dierle, BAHIA, Alexandre e THEODORO JUNIOR, Humberto. Litigiosidade em massa e repercussão geral no recurso extraordinário. *Revista de Processo*, Belo Horizonte, n. 177, ano 34, p. 9-46, 2011.

NUNES, Dierle, BAHIA, Alexandre; THEODORO JUNIOR, Humberto. Processo. Breves considerações sobre a politização do Judiciário e sobre o panorama de aplicação no direito brasileiro – Análise da convergência entre o *civil law* e o *common law* e dos problemas da padronização decisória. Revista de Processo 2010, Repro 189, p. 09-52, jul./dez., 2011.

NUNES, Dierle. *Direito constitucional ao recurso: da teoria geral dos recursos, das reformas processuais e da comparticipação nas decisões*. Rio de Janeiro: Lumen Juris, 2006.

NUNES, Dierle. *Processo jurisdicional democrático*. Curitiba: Editora Juruá, 2009.

NUNES, Dierle. Processualismo constitucional democrático e o dimensionamento de técnicas para a litigiosidade repetitiva: a litigância de interesse público e as tendências "não compreendidas" de padronização decisória. *Revista de Processo*. n. 199, p. 41-82, 2011.

NUNES, Dierle. Proposta de reforma do novo Código de Processo Civil apresenta riscos. *Consultor Jurídico*, 26.11.2015. Disponível em: ‹http://www.conjur.com.br/2015-nov-26/dierle-nunes-proposta-reforma-cpc-apresenta-riscos›.

NUNES, Dierle; BAHIA, Alexandre. A jurisprudência instável e seus efeitos: a aposta nos precedentes vs. Uma compreensão constitucionalmente adequada do seu uso no Brasil. In. WAMBIER, Teresa Arruda Alvim; MARINONI, Luiz Guilherme; MENDES, Aluisio Gonçalves de Castro (orgs.)*Direito jurisprudencial*, vol II. São Paulo: Editora Revista dos Tribunais, 2014.

PICARDI, Nicola. *Jurisdição e processo*. Rio de Janeiro: Forense, 2008.

PULIDO, Carlos Bernal. El precedente em Colombia. *Revista Derecho del Estado* n.º 21, diciembre de 2008.

RAMIRES, Maurício. *Crítica à aplicação de precedentes no direito brasileiro*. Porto Alegre: Livraria do advogado, 2010.

RE, Edward. Stare Decisis. Trad. Ellen Gracie Northfleet. *Revista de Informação Legislativa*, Brasília, ano 31, n. 122, mai./jul., 1994, p. 281-287.

SADEK, Maria Tereza e ARANTES, Rogério Bastos. A crise do Poder Judiciário e a visão dos juízes. *Revista USP*. 1994.

SIMIONI, Rafael Lazzarotto. *Curso de hermenêutica jurídica contemporânea: do positivismo clássico ao pós-positivismo jurídico*. Curitiba: Juruá, 2014.

STRECK, Lenio. Novo CPC decreta a morte da lei. Viva o common law! *Consultor Jurídico*, 12.09.2013. Disponível em: ‹http://www.conjur.com.br/2013-set-12/senso-incomum-cpc-decreta-morte-lei-viva-common-law›.

STRECK, Lenio. O novo Código de Processo Civil (CPC) e as inovações hermenêuticas O fim do livre convencimento e a adoção do integracionismo dworkiniano. *Revista de Informação Legislativa*, a. 52, n. 206, p. 33-51, abr./jun. 2015. Disponível em: ‹http://www2.senado.leg.br/bdsf/bitstream/handle/id/512448/001041585.pdf?sequence=1›.

STRECK, Lenio Luiz e ABBOUD, Georges. *O que é isto- o precedente judicial e as súmulas vinculantes?* Porto Alegre: Livraria do Advogado Editora, 2013.

STRECK, Lenio; NUNES, Dierle. O Senado vai permitir a mutilação do novo CPC antes de entrar em vigor. *Consultor Jurídico*, 01.12.2015. Disponível em: ‹http://www.conjur.com.br/2015-dez-01/senado-permitira-mutilacao-cpc-antes-entrar-vigor#_ftn1›.

TALAMINI, Eduardo. Decisões individualmente proferidas por integrantes de tribunais: legitimidade e controle (agravo interno). In: NERY JUNIOR, Nelson; WAMBIER, Teresa Arruda Alvim (coord).*Aspectos polêmicos e atuais dos recursos cíveis de acordo com a Lei 10.352/2001*. São Paulo: Revista dos Tribunais, 2002.

TARUFFO, Michele. *La motivación de la sentencia civil*. Madri: Trotta, 2011.

THEODORO JÚNIOR, Humberto; NUNES, Dierle; BAHIA, Alexandre Melo Franco. Litigiosidade em massa e Repercussão Geral no Recurso Extraordinário. *Repro*, v. 177, p. 9-46, 2009.

THEODORO JUNIOR, Humberto; NUNES, Dierle; BAHIA, Alexandre Melo Franco. Breves considerações sobre a politização do Judiciário e sobre o panorama de aplicação no direito brasileiro – análise da convergência entre o civil law e o common law e dos problemas da padronização decisória. *Repro*, vol. 189, nov. 2010, p. 09-52.

THEODORO JÚNIOR, Humberto; NUNES, Dierle; BAHIA, Alexandre Melo Franco; PEDRON, Flávio Quinaud. *Novo CPC: fundamentos e sistematização*. 2ª ed. RJ: Forense, 2015.

CAPÍTULO 13

A Profundidade do Efeito Devolutivo nos Recursos Extraordinário e Especial: o que Significa a Expressão "Julgará o Processo, Aplicando o Direito" (CPC/2015, Art. 1.034)?

João Francisco Naves da Fonseca[1]

SUMÁRIO • 1. INTRODUÇÃO; 2. O STF E O STJ COMO CORTES DE REVISÃO; 3. O JULGAMENTO DA CAUSA NOS RECURSOS EXTRAORDINÁRIO E ESPECIAL; 4. CONCLUSÃO; 5. BIBLIOGRAFIA.

1. INTRODUÇÃO

Sempre houve muita polêmica em torno dos limites do julgamento da causa nos recursos extraordinário e especial, principalmente diante da vedação ao reexame dos fatos na instância de superposição (Súmulas 279 do STF e 7 do STJ).[2] Parte da doutrina defende que, uma vez admitida e provida a impugnação, o tribunal de superposição poderia rever – ilimitadamente – fatos e provas para julgar a causa subjacente ao recurso.[3] No outro extremo, há entendimento no sentido de que o óbice ao exame da prova abrangeria todas as etapas do julgamento do recurso de direito estrito, de modo que o tribunal de superposição somente poderia levar em consideração os fatos constantes do acórdão recorrido.[4]

---

1. Doutor e mestre em Direito Processual pela USP – Largo São Francisco. Membro do Instituto Brasileiro de Direito Processual. Advogado
2. "Para simples reexame de prova não cabe recurso extraordinário" (Súmula 279 do STF); "a pretensão de simples reexame de prova não enseja recurso especial" (Súmula 7 do STJ).
3. Cf., p. ex., NELSON NERY JR., "Questões de ordem pública e o julgamento do mérito dos recursos extraordinário e especial: anotações sobre a aplicação do direito à espécie (STF 456 e RISTJ 257)", p. 967, 968 e 973; *Teoria Geral dos Recursos*, nº 3.5.1.5, p. 442.
4. Cf., entre outros, JOSÉ MIGUEL GARCIA MEDINA, *Prequestionamento e repercussão geral: e outras questões relativas aos recursos especial e extraordinário*, nº 2.4.2-2.4.4, p. 99-105; CLARA MOREIRA AZZONI, *Recurso especial*

Visando a trazer alguma luz a essa discussão, o legislador inseriu no novo Código de Processo civil o seguinte dispositivo:

"admitido o recurso extraordinário ou o recurso especial, o Supremo Tribunal Federal ou o Superior Tribunal de Justiça julgará o processo, aplicando o direito" (art. 1.034, *caput*).

Trata-se de regra decorrente do próprio texto constitucional, o qual estabelece a competência dos tribunais de superposição para *julgar as causas* em recurso extraordinário e especial (arts. 102, III, e 105, III). Essa disposição, ademais, já estava prevista no art. 257 do Regimento Interno do Superior Tribunal de Justiça [5] e contemplada na Súmula 456 do Supremo Tribunal Federal. [6]

Note-se que os projetos aprovados na Câmara dos Deputados, na condição de Casa revisora, [7] e no Senado Federal, já na derradeira fase do processo legislativo, [8] empregavam a expressão "julgará a causa", mais adequada, justamente porque é a terminologia constante da Constituição Federal. Foi apenas por ocasião dos chamados "ajustes de redação", realizados no início de 2015, que a palavra "causa" acabou sendo substituída por "processo". Apesar disso, como os tais ajustes não devem alterar o sentido ou a substância do texto aprovado – o qual (repita-se) utilizava corretamente a terminologia da Constituição Federal –, deve-se entender que o vocábulo "processo" foi empregado como sinônimo de "causa" no aludido art. 1.034.

Mas, afinal, o que significa a expressão "julgará o processo, aplicando o direito", prevista no citado dispositivo legal? Antes de responder a essa indagação convém relembrar algumas características dos recursos extraordinário e especial diretamente ligadas às funções institucionais do Supremo Tribunal Federal e do Superior Tribunal de Justiça.

---

e extraordinário: aspectos gerais e efeitos, p. 171-176; GUILHERME RECENA COSTA, *Superior Tribunal de Justiça e recurso especial: análise da função e reconstrução dogmática*, n. 8.1.3, p. 223.

5. Regimento Interno do STJ, art. 257: "No julgamento do recurso especial, verificar-se-á, preliminarmente, se o recurso é cabível. Decidida a preliminar pela negativa, a Turma não conhecerá do recurso; se pela afirmativa, julgará a causa, aplicando o direito à espécie".

6. Súmula 456 do STF: "O Supremo Tribunal Federal, conhecendo do recurso extraordinário, julgará a causa, aplicando o direito à espécie". No mesmo sentido, a antiga redação do art. 324 do Regimento Interno do Supremo Tribunal Federal dispunha que, "no julgamento do recurso extraordinário, verificar-se-á, preliminarmente, se o recurso é cabível. Decidida a preliminar pela negativa, a Turma ou o Plenário não conhecerá do mesmo; se pela afirmativa, julgará a causa, aplicando o direito à espécie". Com a modificação implementada pela Em. Reg. 21, de 30.4.07, tal regra deixou de constar expressamente do RISTF. Não obstante isso, nada se alterou na prática da corte, pois é a Constituição Federal que lhe autoriza julgar a causa.

7. O Substitutivo da Câmara dos Deputados ao Projeto de Lei do Senado nº 166, de 2010 (n. 8.046, de 2010, naquela Casa) foi aprovado em março de 2014.

8. A votação do novo Código de Processo Civil foi concluída no Senado Federal em dezembro de 2014.

2. O STF E O STJ COMO CORTES DE REVISÃO

Há basicamente dois modelos, diferenciados pela função, de cortes de superposição no mundo: as que *cassam e substituem* (chamadas de cortes de revisão) e as que *cassam sem substituir* (daí, meras cortes de cassação). As primeiras enunciam a tese jurídica correta e, no julgamento da causa, aplicam-na elas próprias ao caso concreto. As cortes de cassação, por sua vez, após fixarem a solução jurídica a prevalecer no caso, devolvem os autos à instância de origem, ou os remetem a outro órgão judiciário de mesma hierarquia que a sua, para que a tese fixada seja aplicada concretamente. [9]

No Brasil, como já dito, a Constituição Federal determina a natureza de *corte de revisão* do Supremo Tribunal Federal e do Superior Tribunal de Justiça, na medida em que prevê o julgamento da causa, em recurso extraordinário (art. 102, inc. III) e especial (art. 105, inc. III). [10] Por isso, a princípio, se o tribunal de superposição conhece e dá provimento a um recurso, ele deve (*a*) anular a decisão impugnada e remeter o caso para a instância de origem, se verificar vício decorrente de inobservância de exigência processual (*error in procedendo*; vício de atividade); ou (*b*) julgar a causa, substituindo o acórdão recorrido, se corrigir erro relativo a norma de direito material (*error in iudicando*; vício de juízo).

Todavia, a despeito de não serem meras cortes de cassação, os tribunais de superposição brasileiros, no julgamento dos recursos extraordinário e especial, mesmo nas hipóteses de *error in iudicando*, não raramente remetem os autos ao tribunal local para que este aprecie a matéria fática, com base na tese jurídica fixada. Daí por que a previsão no Código de Processo Civil da regra contida no art. 1.034 é salutar e tem certo caráter didático. Não obstante, a interpretação meramente literal desse dispositivo pode causar a falsa impressão de que, admitido o recurso, os tribunais de superposição estarão totalmente livres para reexaminar os fatos do processo. Na verdade, alguns limites ainda deverão ser observados, conforme se verá no tópico subsequente.

3. O JULGAMENTO DA CAUSA NOS RECURSOS EXTRAORDINÁRIO E ESPECIAL

A rigor, o julgamento dos recursos de direito estrito pode ser lógica e potencialmente dividido em três operações: (I) verificação da admissibilidade do

---

9. Cf. Cândido Dinamarco, "A função das Cortes supremas na América Latina", p. 784.
10. Com efeito, todas as Constituições do Brasil, desde 1934, conferiram ao Supremo Tribunal Federal competência para julgar a causa subjacente ao recurso extraordinário. Aliás, já a Lei nº 221, de 20 de novembro de 1894, tinha dispositivo de semelhante teor (art. 24).

recurso; (II) exame *in concreto* da existência do erro de direito apontado pelo recorrente (*iudicium rescindens*); e (III) rejulgamento da causa (*iudicium rescissorium*).[11] À operação seguinte só se passa após o êxito do recurso na etapa anterior. Ou seja, o tribunal de superposição deve primeiro investigar se o recurso é ou não admissível. Depois, em caso afirmativo e já no plano do mérito, decidir se a impugnação é ou não procedente (i.e., se efetivamente ocorreu a apontada violação à Constituição Federal ou à lei federal). Por fim, mas só se for o caso, julgar a causa com base em todos os elementos de prova constantes dos autos, ainda que não mencionados no acórdão recorrido, desde que respeite *dois limites*.

O primeiro limite consiste na garantia do *direito à prova*, assegurado constitucionalmente pela cláusula do devido processo legal, de modo que se o julgamento integral da causa, após a fixação da tese jurídica correta, depender de prova ainda não produzida, o tribunal de superposição deve devolver os autos para que o juízo de primeiro grau complete a instrução probatória e profira nova decisão. O segundo limite reside nos pontos de fato já decididos pelo tribunal local, porque este é soberano quanto à matéria fática *decidida* no acórdão – é vedado o reexame, não o exame.[12] Aliás, tais fatos já foram aceitos como verdadeiros pelo tribunal de superposição no momento de verificar a existência de uma questão de direito que superasse a barreira de admissibilidade, especialmente se o recurso invocou erro na subsunção do fato à norma (qualificação jurídica do fato).

No entanto, cabe uma ressalva quanto à correção de vício de atividade: se, em vez de anular a decisão impugnada e devolver os autos para a instância de

---

11. Nesse sentido, nas palavras de Barbosa Moreira, em se tratando "de recurso de fundamentação vinculada, parece correto, do ponto de vista lógico, discernir uma dualidade de operações no julgamento do mérito, embora ao ângulo prático, menos nitidamente perceptível, desde que não ocorra cisão de competência. Vencido, com efeito, o juízo de admissibilidade, deve o órgão *ad quem* verificar previamente se a decisão impugnada contém na realidade o vício *típico* cuja alegação tornou cabível o recurso. Caso se responda afirmativamente a essa indagação, já fica certo, só por isso, que a decisão não pode subsistir: impende cassá-la. Em posterior etapa se cuidará, então, de substituí-la por outra. Seria, no direito brasileiro, a hipótese do recurso extraordinário interposto com fundamento na letra *a* do art. 102, nº III, da Constituição da República. Supondo-se, v.g., que o acórdão recorrido contenha ofensa a norma constitucional, incumbe à Corte Suprema rescindi-lo e, em seguida, proferir outro que o substitua, acomodado aos ditames da Lei Maior. Praticamente, vale repetir, tudo isso se faz *uno actu*, sem descontinuidade apreciável na dinâmica do julgamento; legitima-se a diferenciação, contudo, em nível dogmático, permitindo que se fale de um *iudicium rescindens* e de um *iudicium rescissorium* – ambos (e não apenas o segundo) integrantes do julgamento do mérito do recurso extraordinário" (*Comentários ao Código de Processo Civil*, V, nº 226, p. 402-403). Em sentido semelhante, cf. Teori Albino Zavascki, "Jurisdição constitucional do Superior Tribunal de Justiça", p. 19.
12. "Ultrapassado o juízo de admissibilidade, e tendo o Superior Tribunal de Justiça que julgar a causa, ele pode examinar – o que é diferente de reexaminar – questão de fato ainda não solucionada, e cuja apreciação é indispensável à solução da espécie. Tanto quanto sutil, a diferença é relevante" (Bernardo Pimentel Souza, *Introdução aos recursos cíveis e à ação rescisória*, nº 16.12, p. 440). No mesmo sentido, para o recurso extraordinário, cf. *Introdução aos recursos cíveis e à ação rescisória*, n. 17.11, p. 473. Ainda no mesmo sentido, cf. Fredie Didier Júnior e Leonardo José Carneiro da Cunha, *Curso de direito processual civil*, v. 3, p. 275-276.

origem, o tribunal de superposição decidir por julgar a causa desde logo, os pontos de fato diretamente ligados ao *error in procedendo* podem receber outra conclusão na instância de superposição. Esse é o caso, por exemplo, de acórdão de tribunal local que considerou provado determinado fato, por meio de prova que o Supremo Tribunal Federal decidiu ser ilícita; entendendo a Corte Suprema que o julgamento da causa pode se dar desde logo sem prejuízo do devido processo legal, é óbvio que tal fato, antes considerado provado, pode ser revisto e até considerado inexistente. Consigne-se, porém, que o julgamento da causa *in totum* pelo tribunal de superposição, após a correção de *error in procedendo*, não deve ser a regra, por conta da necessidade de se preservarem as garantias do direito à prova, do contraditório e da ampla defesa, ínsitas ao devido processo legal.

É claro também que a dimensão horizontal da devolução na etapa de julgamento da causa depende da medida do êxito do recurso no juízo rescindente. Em outras palavras, autoriza-se o julgamento do feito pelo tribunal de superposição apenas no que tange aos capítulos da decisão afetados pela correção do erro de direito. Por isso, o Supremo Tribunal Federal ou o Superior Tribunal de Justiça "julgará o processo, aplicando o direito", mas dentro dos limites do provimento da impugnação. [13]

Para melhor entendimento das ideias aqui apresentadas, traz-se à colação um caso concreto. Após ter afastado o único fundamento de defesa utilizado pelo tribunal local para repelir uma demanda de reconhecimento de união estável, o Superior Tribunal de Justiça devolveu os autos ao tribunal de origem, para que este, abstraído o fato de a recorrente nunca ter coabitado com o *de cujus*, verificasse a existência ou inexistência da união estável, a partir dos demais elementos de prova constantes dos autos. [14] Nesse caso, como se fosse mera corte de cassação, o tribunal superior decidiu, após a correção do *error in iudicando*, devolver os autos ao tribunal local para que este julgasse novamente a causa, tal como nos sistemas que preveem o "reenvio". Coloca-se, então, a dúvida quanto ao acerto desse procedimento.

---

13. Assim, por exemplo, "a regra do art. 257 do RISTJ só obriga o julgamento da causa na sua integralidade, em se tratando da letra *a*, se a norma legal a ser aplicada ou afastada influenciar a decisão do mérito da lide. Não teria sentido, por exemplo, que um recurso especial conhecido apenas por violação do art. 21 do CPC devolvesse ao STJ o exame das demais questões. Hipótese em que a aplicação do art. 538, § ún., do CPC, teve como cenário o julgamento dos embargos de declaração, sem qualquer repercussão nos temas decididos no julgamento da apelação" (STJ, Corte Especial, ED no REsp 276.231, rel. Min. Ari Pargendler, j. 1º.9.04, rejeitaram os embs., v.u., DJ 1º.2.06).

14. "O art. 1º da Lei 9.278/96 não enumera a coabitação como elemento indispensável à caracterização da união estável. Ainda que seja dado relevante para se determinar a intenção de construir uma família, não se trata de requisito essencial, devendo a análise centrar-se na conjunção de fatores presente em cada hipótese, como a *affectio societatis* familiar, a participação de esforços, a posse do estado de casado, a fidelidade, a continuidade da união, entre outros, nos quais se inclui a habitação comum" (STJ, 3ª Turma, REsp 275.839, rel. p/ ac. Min. Nancy Andrighi, j. 2.10.08, deram provimento, v.u., DJ 23.10.08).

Os tribunais brasileiros, ao darem provimento a recurso voltado contra acórdão contendo *vício de juízo*, devem reformá-lo, substituindo-o, nos limites em que conhecida a impugnação, pois não há – no direito positivo pátrio – regra que autorize expressamente o "reenvio" da causa para o tribunal de origem. Há, entretanto, princípios constitucionais, tais como o do direito à prova, o do contraditório e o da ampla defesa, que devem sempre ser observados. Por isso, se o julgamento integral da causa depender de provas ainda não produzidas, o tribunal deve devolver os autos para que o juízo de primeiro grau complete a instrução e profira nova decisão, em atenção à cláusula do devido processo legal, mesmo em hipótese de *error in iudicando*. Portanto, somente nesses casos, o "reenvio" é permitido e independe de pedido recursal, por se tratar de reforma (e substituição) parcial do acórdão, porque limitada à matéria de direito, de modo que, se o tribunal pode o mais – que é julgar definitivamente a causa *in totum* –, deve também poder o menos: decidir parcialmente o mérito e remeter os autos para providências de instrução e julgamento pelas instâncias ordinárias. Todavia, esse procedimento deve ser adotado apenas excepcionalmente pelos tribunais brasileiros. Se a instrução estiver completa e a causa madura, o tribunal de superposição deve julgá-la integralmente, em atenção aos princípios constitucionais da efetividade e da celeridade do processo, mas respeitando a soberania do tribunal local quanto à *matéria fática decidida* [15] e as garantias do *devido processo legal*.[16]

Problemas semelhantes podem ocorrer nos casos em que o tribunal de superposição afasta a única *causa petendi* eleita pelo tribunal local para sustentar a procedência da demanda. Excluído o único fundamento do acórdão recorrido, abrem-se três diferentes soluções sobre os limites do julgamento da causa na instância excepcional, quais sejam: o tribunal de superposição deve (a) dar provimento ao recurso e julgar improcedente a demanda, porque estaria impedido de apreciar as causas de pedir não resolvidas pelo tribunal de origem; [17] (b) necessariamente devolver os autos ao tribunal local, para que este se manifeste sobre as outras causas de pedir e julgue novamente o feito; [18] (c) rejulgar o feito, apre-

---

15. Nesse sentido, a título ilustrativo, se o tribunal local *reformasse* sentença de procedência de reconhecimento e dissolução de união estável, acolhendo o fundamento da inexistência de coabitação, seria mais viável – em comparação com o caso narrado – o julgamento integral da demanda pelo Superior Tribunal de Justiça. Isso porque, nessa hipótese, presume-se que o juiz de primeira instância só julga procedente a demanda depois de ter realizado toda a instrução probatória. Portanto, o referido tribunal superior afastaria o fundamento utilizado para reformar a sentença e, em seguida, ele próprio teria condições de verificar a existência ou inexistência da união estável, com base nos elementos de prova já constantes dos autos, mas obviamente levando em consideração o fato já decidido pelo tribunal local, qual seja a ausência de coabitação.
16. Cf. tb. João Francisco Naves da Fonseca, *Exame dos fatos nos recursos extraordinário e especial*, passim.
17. Cf. Rodrigo Barioni, *Ação rescisória e recursos para os tribunais superiores*, nº 7, p. 264-266.
18. Cf. Teresa Arruda Alvim Wambier, "A influência do contraditório na convicção do juiz: fundamentação de sentença e de acórdão", p. 64.

ciando as outras causas de pedir lançadas na inicial, ainda que sobre elas não tenha se pronunciado o tribunal local, podendo inclusive manter a procedência da demanda.

A primeira solução, segundo a qual o tribunal de superposição estaria impedido não só de apreciar fundamentos ignorados pelo tribunal de origem, mas também de remeter os autos para que este os aprecie, sugere que o vencedor-recorrido tenha o ônus de manejar *recurso adesivo condicional*, para que não corra o risco de sucumbir no processo, exclusivamente por conta da motivação deficiente do acórdão impugnado. [19] Todavia, não parece ser essa a melhor solução, primeiro porque é discutível o interesse recursal do vencedor, uma vez que o dispositivo decisório lhe foi totalmente favorável. [20] Além disso, ela vai de encontro à visão instrumental do processo, na medida em que nega o bem da vida à parte que tem razão, simplesmente porque, vencedora na instância ordinária, ela entendeu ser desnecessário recorrer. Com efeito, o processo civil instrumental não pode ter um procedimento com entraves e surpresas, que impeçam a efetiva realização do direito material em juízo e o acesso à *ordem jurídica justa*.

A segunda posição apresentada (*reenvio*) serviria apenas como alternativa subsidiária, mas reconhecidamente não é a mais satisfatória, porque desprestigia os princípios da economia, da efetividade e da duração razoável do processo. Nesse cenário, a terceira solução é a que mais se alinha com a evolução das funções institucionais dos tribunais de superposição, bem como com os princípios constitucionais que informam o processo civil. Não há dúvida de que apenas questão jurídica prequestionada pode ser objeto de recurso de direito estrito. Mas superada essa barreira, o tribunal não pode ter o seu exercício jurisdicional ilegitimamente cerceado, [21] razão pela qual ele pode e deve examinar as causas de pedir e os

---

19. Cf. RODRIGO BARIONI, *Recursos extraordinário e especial em ação rescisória*, nº 7, p. 265-266. BARBOSA MOREIRA também defende os recursos extraordinário e especial adesivo *ad cautelam* (*Comentários ao Código de Processo Civil*, V, nº 175, p. 320-321, nº 179, p. 327-330 e nº 324, p. 605-606). Na Itália, com a alteração no art. 384 do c.p.c., que deu à corte de cassação competência para julgar o mérito quando desnecessário qualquer acertamento de fato, BEATRICE GAMBINERI entende que o vencedor-recorrido passou a ter o ônus de impugnar a decisão do tribunal *a quo*, via recurso condicional adesivo, a fim de impedir a preclusão de questões que poderiam evitar eventual êxito do recorrente principal em um possível julgamento do mérito pela corte de cassação (*Giudizio di rinvio e preclusione di questioni*, cap. III, esp. p. 204-205).

20. Segundo EDUARDO RIBEIRO, neste caso, o recurso adesivo sequer seria conhecido, tendo em vista que o processo visa a um objetivo prático ("Recurso especial", p. 56-57). Na jurisprudência: "conhecido o recurso especial, a ele pode-se negar provimento com base em fundamento, exposto na causa, mas não considerado no acórdão recorrido, que teve outro como bastante. Ao litigante que obteve tudo que poderia obter não será dado recorrer, por falta de interesse. Entretanto, não se reformará decisão, cuja conclusão é correta, apenas porque acolhido fundamento errado" (STJ, 3ª Turma, REsp 17.646-EDcl, rel. Min. EDUARDO RIBEIRO, j. 9.6.92, rejeitaram os embargos, v.u., DJ 29.6.92).

21. Na Alemanha, tal como – de uma forma geral – no direito brasileiro, "a instância de revisão, no acesso à suprema instância, não é dominada por uma finalidade uniforme; o interesse geral é o mais preponderante (principalmente pela limitação da admissibilidade); porém, uma vez admitida a revisão, o

fundamentos de defesa necessários para julgar os capítulos relacionados com o provimento do recurso.[22] É, portanto, também de bom alvitre a regra constante do *parágrafo único* do art. 1.034 do novo Código, segundo a qual "admitido o recurso extraordinário ou o recurso especial por um fundamento, devolve-se ao tribunal superior o conhecimento dos demais fundamentos para a solução do capítulo impugnado". De todo modo, trata-se de mera explicitação de algo que já decorreria – naturalmente e por si só – da regra contida no *caput* do mesmo dispositivo legal.

4. CONCLUSÃO

Em síntese, se o julgamento da causa em recurso extraordinário ou especial depender de prova ainda não produzida, o tribunal de superposição – após fixar a tese jurídica correta – deve remeter os autos à primeira instância para providências de instrução e novo julgamento. Entretanto, se a causa estiver madura, o tribunal deve julgá-la integralmente – obviamente nos limites horizontais do provimento da impugnação –, respeitando os pontos fáticos já decididos pelo tribunal de origem, bem como as garantias do contraditório e da ampla defesa. Eis o significado e a real extensão do art. 1.034 do novo Código de Processo Civil.

5. BIBLIOGRAFIA

AZZONI, Clara Moreira. *Recurso especial e extraordinário: aspectos gerais e efeitos.* São Paulo: Atlas, 2009.

BARBOSA MOREIRA, José Carlos. *Comentários ao Código de Processo Civil*, v. V, 14ª ed. Rio de Janeiro: Forense, 2008.

BARIONI, Rodrigo Otávio. *Ação rescisória e recursos para os tribunais superiores.* São Paulo: RT, 2010.

---

procedimento se desenrola de acordo com os interesses das partes" (HANS PRÜTTING, "A admissibilidade do recurso aos tribunais alemães superiores", p. 155).

22. Nesse sentido: "Se o tribunal local acolheu apenas uma das causas de pedir declinadas na inicial, declarando procedente o pedido formulado pelo autor, não é lícito ao STJ, no julgamento de recurso especial do réu, simplesmente declarar ofensa à lei e afastar o fundamento em que se baseou o acórdão recorrido para julgar improcedente o pedido. Nessa situação, deve o STJ aplicar o direito à espécie, apreciando as outras causas de pedir lançadas na inicial, inda que sobre elas não tenha se manifestado a instância precedente, podendo negar provimento ao recurso especial e manter a procedência do pedido inicial" (STJ, Corte Especial, ED no REsp 58.265, rel. p/ ac. Min. BARROS MONTEIRO, j. 5.12.07, deram provimento, maioria, DJ 7.8.08). Ainda no mesmo sentido, NEGRÃO-GOUVÊA-BONDIOLI-FONSECA trazem à baila vários precedentes no sentido de que é possível o julgamento da causa, desde logo, pelo Superior Tribunal de Justiça, a despeito de o acórdão do tribunal local não ter se manifestado sobre fundamento do pedido ou da defesa (*Código de Processo Civil e legislação processual em vigor*, 46ª ed., nota 3 ao art. 255 do RISTJ – "Súmula 456 do STF", p. 2.015).

COSTA, Guilherme Recena. *Superior Tribunal de Justiça e recurso especial: análise da função e reconstrução dogmática*. Dissertação de mestrado defendida na Faculdade de Direito do Largo São Francisco – USP, em 2011.

CUNHA, Leonardo José Carneiro; DIDIER JÚNIOR, Fredie. *Curso de direito processual civil*, v. 3, 5ª ed. Salvador: JusPodivm, 2008.

DIDIER JÚNIOR, Fredie; CUNHA, Leonardo José Carneiro. *Curso de direito processual civil*, v. 3, 5ª ed. Salvador: JusPodivm, 2008.

DINAMARCO, Cândido Rangel. "A função das Cortes supremas na América Latina", in *Fundamentos do processo civil moderno*, t. II, 3ª ed. São Paulo: Malheiros, 2000.

FONSECA, João Francisco Naves da. *Exame dos fatos nos recursos extraordinário e especial*. São Paulo: Saraiva, 2012.

FONSECA, João Francisco Nº da.; GOUVÊA, José Roberto F.; NEGRÃO, Theotonio; BONDIOLI, Luis Guilherme A. *Código de Processo Civil e legislação processual em vigor*, 46ª ed. São Paulo: Saraiva, 2014.

GAMBINERI, Beatrice. *Giudizio di rinvio e preclusione di questioni*. Milano: Giuffrè, 2008.

GOUVÊA, José Roberto F.; NEGRÃO, Theotonio; BONDIOLI, Luis Guilherme A.; FONSECA, João Francisco Nº da. *Código de Processo Civil e legislação processual em vigor*, 46ª ed. São Paulo: Saraiva, 2014.

MEDINA, José Miguel Garcia. *Prequestionamento e repercussão geral: e outras questões relativas aos recursos especial e extraordinário*, 5ª ed. (da obra *O prequestionamento nos recursos extraordinário e especial*). São Paulo: RT, 2009.

NEGRÃO, Theotonio; GOUVÊA, José Roberto F.; BONDIOLI, Luis Guilherme A.; FONSECA, João Francisco Nº da. *Código de Processo Civil e legislação processual em vigor*, 46ª ed. São Paulo: Saraiva, 2014.

NERY JR., Nelson. "Questões de ordem pública e o julgamento do mérito dos recursos extraordinário e especial: anotações sobre a aplicação do direito à espécie (STF 456 e RISTJ 257)", in *Os poderes do juiz e o controle das decisões judiciais – Estudos em homenagem à Professora Teresa Arruda Alvim Wambier* (coord. JOSÉ M. GARCIA MEDINA *et al.*). São Paulo: RT, 2008.

_____. *Teoria Geral dos Recursos*, 6ª ed. São Paulo: RT, 2004.

PIMENTEL SOUZA, Bernardo. *Introdução aos recursos cíveis e à ação rescisória*, 4ª ed. São Paulo: Saraiva, 2007.

PRÜTTING, Hans. "A admissibilidade do recurso aos tribunais alemães superiores", in *Revista de Processo*, nº 9, ano 3, jan.-março/1978, p. 153.

RIBEIRO DE OLIVEIRA, Eduardo. "Recurso especial", in *Temas de direito: homenagem ao Ministro Humberto Gomes de Barros* (coord. RENATA BARBOSA FONTES). Rio de Janeiro: Forense, 2000.

WAMBIER, Teresa Arruda Alvim. "A influência do contraditório na convicção do juiz: fundamentação de sentença e de acórdão", in *Revista de Processo*, n. 168, ano 34, fev./09, p. 53.

ZAVASCKI, Teori Albino. "Jurisdição constitucional do Superior Tribunal de Justiça", in *Revista de Processo*, nº 212, ano 37, outubro/2012, p. 13.

CAPÍTULO 14
O "novo" juízo de admissibilidade do recurso especial e extraordinário

Sandro Marcelo Kozikoski[1]

SUMÁRIO: 1. AS MUDANÇAS INTRODUZIDAS NO SISTEMA RECURSAL DURANTE O PERÍODO DE *VACATIO LEGIS* DO CPC 2015; 2. COMPETÊNCIA RECURSAL EXTRAORDINÁRIA DO SUPREMO TRIBUNAL FEDERAL E COMPETÊNCIA RECURSAL ESPECIAL DO SUPERIOR TRIBUNAL DE JUSTIÇA.; 3. O EXAME DOS REQUISITOS DE ADMISSIBILIDADE APLICÁVEIS À RECORRIBILIDADE EXCEPCIONAL; 4. INTERPOSIÇÃO CONJUNTA DE RECURSO ESPECIAL E EXTRAORDINÁRIO; 5. JULGAMENTO DO RECURSO ESPECIAL E EXTRAORDINÁRIO; 6. RECURSOS REPETITIVOS: PROCESSAMENTO; 7. O EXAME DA REPERCUSSÃO GERAL; 8. EFEITOS DO RECURSO ESPECIAL E EXTRAORDINÁRIO; 9. RECLAMAÇÃO; 10. CONCLUSÕES; 11. BIBLIOGRAFIA.

1. AS MUDANÇAS INTRODUZIDAS NO SISTEMA RECURSAL DURANTE O PERÍODO DE *VACATIO LEGIS* DO CPC 2015

Como é de se notar, o CPC 2015 (Lei n. 13.105, sancionada em 17 de março de 2015) aboliu o juízo de admissibilidade recursal *compartilhado* praticado no Código de 1973, ao menos no tocante à apelação e recursos excepcionais. De acordo com a sistemática do diploma revogado, em tais situações o exame *prévio* de admissão desses meios impugnativos era incumbência do juízo *a quo*. Porém, apesar do Código Buzaid privilegiar os aspectos atinentes à *logística* do procedimento de interposição recursal, prestando-se ainda a *triagem* dos recursos manifestamente *inviáveis*, concluiu-se que a etapa procedimental de admissão *preliminar* criava certos "gargalos" no itinerário do processo, além de resultar, via de regra, na impugnação das decisões de inadmissibilidade.

Portanto, em sua versão originariamente sancionada, ao restringir os recursos voltados à impugnação das decisões de *inadmissão* (em particular o agravo previsto em seu art. 1.042), pode-se afirmar que o CPC 2015 norteou-se por uma tendência de *simplificação* do procedimento recursal, priorizando ainda a celeridade processual. Logo, a admissibilidade da apelação foi atribuída diretamente

---

1. Doutor em Direito das Relações Sociais – UFPR. Prof. Adjunto de Direito Processual Civil da UFPR. Ex-Professor da Faculdade Nacional de Direito (FND) - UFRJ. Membro do Instituto dos Advogados do Paraná (IAP) e do Instituto Brasileiro de Direito Processual - IBDP. Advogado.

ao Tribunal de 2º grau competente para julgá-la (CPC, art. 1.010, § 3º); o mesmo se diga em relação ao agravo de instrumento (CPC, art. 1.016) e recurso ordinário (CPC, art. 1.028). O art. 1.030 do CPC 2015 ainda contemplava o processamento imediato do recurso especial e extraordinário, fato esse que poderia agravar ainda mais as altas taxas de congestionamento dos Tribunais Superiores.

Ocorre que, ainda no prazo de *vacatio legis* do CPC 2015, a Lei n. 13.256/2016 (resultante do Projeto de Lei n. 168/2015) conferiu nova redação ao art. 1.030 do CPC 2015, dispondo que a *autoridade presidencial* local ficará incumbida ("novamente") do exame *prévio* de admissibilidade dos recursos *excepcionais* num efeito quase *"repristinatório"* da experiência vigente sob a égide do Código de 1973. A advertência de setores das Cortes Superiores com vistas à tarefa hercúlea que se avizinhava foi suficiente para retomar o arranjo institucional vigente sob a perspectiva do Código Buzaid, dada a expectativa de *afunilamento* do trabalho envolvendo a recepção do número de processos *recursais* que seguiriam obrigatoriamente às Cortes de sobreposição (STJ e STF). Forçoso reconhecer, então, que o "novo" juízo de admissibilidade dos recursos extraordinário e especial retomou certos parâmetros presentes no CPC de 1973, conferindo prestígio à função desempenhada pelos famigerados agravos de inadmissão (CPC, art. 1.042), os quais, aparentemente, ganharam novo fôlego. Além disso, a Lei n. 13.256/2016 ainda contemplou mudanças no art. 1.029 do CPC 2015, no tocante às técnicas processuais voltadas à atribuição de efeito suspensivo aos recursos excepcionais, criando regras de competência para tal mister. Por fim, foram adotadas mudanças importantes no processamento dos recursos repetitivos, potencializando ainda o efeito *regressivo* extraído de certos meios impugnativos, com vistas ao alinhamento das decisões recorridas aos precedentes das Cortes Superiores. É o que será visto a seguir.

2. COMPETÊNCIA RECURSAL EXTRAORDINÁRIA DO SUPREMO TRIBUNAL FEDERAL E COMPETÊNCIA RECURSAL ESPECIAL DO SUPERIOR TRIBUNAL DE JUSTIÇA

Oportuno recordar que o recurso especial é admissível nas hipóteses do art. 105, III, da Constituição da República. Com vistas à salvaguarda do *princípio federativo*, o Superior Tribunal de Justiça assume o papel de guardião da legislação federal infraconstitucional, definindo-lhe o seu *sentido* por meio de *razões apropriadas*[2]. Assim, deve estar assentado em *fundamentação vinculada*, pois o seu

---

2. Para Luiz Guilherme Marinoni, a função do Superior Tribunal de Justiça "é a de *identificar*, entre as várias normas jurídicas extraíveis do texto legal, aquela que está de acordo com os valores da sociedade e do Estado, sempre mediante as 'melhores razões'. Em outras palavras, a função do Superior Tribunal de Justiça é *definir* o *sentido* do direito federal infraconstitucional, mediante 'razões apropriadas'" (MARINONI,

espectro de cabimento fica jungido à discussão de *matéria de direito*. O interesse do recorrente é tutelado de forma *indireta* e *oblíqua*[3]. Não se presta à *rediscussão* da prova, cuja valoração está adstrita às *instâncias ordinárias*. Contudo, é válida a advertência de Luiz Guilherme Marinoni, ao destacar que a vedação de "reexame de prova" (Súmula 07 do STJ) atrela-se unicamente à impossibilidade de *nova convicção* sobre os fatos[4].

Para o manejo do recurso especial, é indispensável que a decisão hostilizada emane de certos *tribunais*; tratando-se das Justiças Especializadas, as decisões provenientes destes órgãos judiciais são impugnáveis por mecanismos semelhantes dirigidos às Cortes dotadas de competência análoga (TST, TSE e STM). Outro ponto característico está atrelado ao *exaurimento* das instâncias ordinárias. Por fim, o permissivo constitucional do inciso III do art. 105 da Constituição faz menção a *causas decididas*, abarcando todas as *questões federais* decididas em jurisdição contenciosa ou voluntária, competindo ao STJ atribuir *sentido* à legislação nacional de índole infraconstitucional[5].

O recurso extraordinário, por sua vez, está adstrito às hipóteses de ofensa constitucional, exigindo fundamentação vinculada. Está jungido à discussão de matéria jurídica, prestando-se ao controle *difuso* de constitucionalidade. Não serve para propiciar *nova* convicção acerca da prova (enunciado 279 da Súmula do STF). Enquanto o controle concentrado alcança atos normativos confrontados com

---

Luiz Guilherme. **O STJ enquanto corte de precedentes: recompreensão do sistema processual da corte suprema**, 2ª ed., São Paulo: Revista dos Tribunais, 2014. p. 77).

3. "Da mesma forma que o recurso extraordinário, o recurso especial não se destina a proteger o direito subjetivo da parte, não representando, pois, um terceiro grau de jurisdição. A função do Superior Tribunal de Justiça é, como já se disse, a de garantir a supremacia da lei federal infraconstitucional, deixando o direito subjetivo do litigante em segundo plano". (FERNANDES, Luis Eduardo Simardi. **Embargos de declaração: efeitos infringentes, prequestionamento e outros aspectos polêmicos**. São Paulo: Revista dos Tribunais, 2003. p. 176).

4. "O conceito de reexame de prova deve ser atrelado ao de convicção, pois o que não se deseja permitir, quando se fala em impossibilidade de reexame de prova, é a formação de nova convicção sobre os fatos. (...) Acontece que esse juízo não se confunde com aquele que diz respeito à valoração dos critérios jurídicos respeitantes à utilização da prova e à formação da convicção". (MARINONI, Luiz Guilherme. Reexame da prova diante dos recursos especial e extraordinário. In **Revista de Processo**, n. 130, a. 30, dez. 2005. p. 20).

5. "Diante de tudo isso, resta claro que a Corte Suprema deixou de ter a função de tutelar a lei ou de dela extrair o 'exato sentido' e passou a ter a função de identificar a interpretação que expressa o sentido extraível da lei que é compatível com as normas constitucionais e com as proposições sociais que permeiam um momento histórico. Essa função, ao identificar a interpretação adequada, aclara o sentido do direito e lhe confere unidade, de modo que as razões determinantes do precedente naturalmente se projetam sobre a sociedade e incidem sobre os tribunais inferiores. (...) Daí porque a 'uniformidade', no novo contexto de Corte Suprema, não visa tutelar a lei, mas objetiva garantir a igualdade perante o direito revelado nos precedentes. Aliás, não é por outro motivo que aí é preferível falar em *unidade do direito* (fim da Corte de Interpretação) do que em *uniformidade da jurisprudência* (meio que a antiga Corte empregava para o controle)" (MARINONI, Luiz Guilherme. **O STJ enquanto corte de precedentes: recompreensão do sistema processual da corte suprema**, p. 117).

a Constituição, a fiscalização *difusa* se coaduna com a análise dos fatos jurígenos à luz da legislação aplicável, a qual poderá revestir-se de caráter *individual* e *concreto*, comportando exame pelo viés da Constituição da República.

Portanto, o recurso extraordinário se volta à impugnação das decisões jurisdicionais[6] de única ou última instância. Não causa estranheza o seu emprego em face de certas decisões *finais* proferidas pela 1ª instância (enunciado 640 da Súmula do STF). Pressupõe o esgotamento de outras possibilidades impugnativas (vide enunciados 281 e 735 das Súmulas do STF). Apesar de suas hipóteses de cabimento estarem atreladas às normas constitucionais de ordem pública, Pedro Miranda de Oliveira defende que, com a regra autorizativa dos negócios jurídicos processuais (CPC 2015, art. 190), possibilitar-se-ia convencionar recursos extraordinários *per saltum*[7]. No entanto, não há como aceitar semelhante ilação, porque as hipóteses de cabimento dos recursos excepcionais estão atreladas à tutela do direito objetivo e, somente, por via *reflexa* protegem o interesse subjetivo das partes.

3. O EXAME DOS REQUISITOS DE ADMISSIBILIDADE APLICÁVEIS À RECORRIBILIDADE EXCEPCIONAL

Apesar de consagrar inúmeras situações inéditas, a Lei 13.105/15 sedimentou a experiência acumulada pelo CPC de 1973, mantendo certos traços da sistemática de processamento da recorribilidade excepcional. Portanto, observadas as hipóteses de cabimento previstas na Constituição, os recursos especial e extraordinário serão interpostos no prazo de 15 (quinze) dias (CPC 2015, art. 1.003, § 5º), em petições distintas, dirigidas à Presidência ou Vice-Presidência do Tribunal *a quo*, competindo ao recorrente indicar, precisamente, o permissivo constitucional

---

6. As decisões *formalmente* jurisdicionais, mas *materialmente administrativas*, não comportam impugnação por meio de recurso extraordinário, tal como decorre do enunciado 733 da Súmula do STF: "Não cabe recurso extraordinário contra decisão proferida no processamento de precatórios".

7. "O fato de as partes terem transigido a respeito do procedimento recursal de forma alguma afasta a exigência de que todos os requisitos específicos do RE estejam preenchidos para que o recurso *per saltum* possa ser admitido. Assim, as restritas hipóteses de cabimento, o esgotamento das vias ordinárias, o prequestionamento (= causa decidida), o dever de impugnar todos os fundamentos da decisão recorrida e, sobretudo, a repercussão geral da questão constitucional devem estar presentes para que o recurso seja conhecido e tenha seu mérito julgado" (OLIVEIRA, Pedro Miranda de. A flexibilização do procedimento e a viabilidade do recurso extraordinário *per saltum* no CPC projetado, In **Novas tendências do processo civil: estudos sobre o projeto do novo código de processo civil**, Organizadores Alexandre Freire, Bruno Dantas, Dierle Nunes, Fredie Didier Jr., José Miguel Garcia Medina, Luiz Fux, Luiz Henrique Volpe Camargo e Pedro Miranda de Oliveira, Vol. III, Salvador: JusPodium, 2014. p. 510). O autor catarinense nega, contudo, a possibilidade de recurso especial *per saltum*, pois tal hipótese esbarraria na exigência constitucional de esgotamento das instâncias ordinárias (decisão de "única" ou "última" instância proferida por tribunal, na forma do inciso III do art. 105 da Constituição de 1988).

invocado, a exposição sumária do fato e da questão jurídica controversa, a demonstração do cabimento e as razões que justificam o pleito de *reforma* ou *invalidação* da decisão recorrida (CPC 2015, art. 1.029).

Ainda no tocante à *regularidade formal,* quando o recurso (especial) fundar-se em dissídio jurisprudencial, compete ao recorrente comprovar a divergência, com a exibição de certidão, cópia ou citação do repositório de jurisprudência (oficial ou credenciado), inclusive em mídia eletrônica, em que houver sido publicado o acórdão divergente, ou ainda com a reprodução de julgado disponível na rede mundial de computadores, com indicação da respectiva fonte, devendo mencionar, em qualquer caso, as circunstâncias que identifiquem ou assemelhem os casos confrontados (CPC 2015, art. 1.029, § 1º). Incumbe-lhe, portanto, o cotejo analítico a partir dos fundamentos decisórios do acórdão recorrido e da *ratio decidendi* da decisão empregada como paradigma, precisando a *identidade* de situações fáticas e *divergência* de soluções jurídicas. Trata-se, assim, de *contrastar* as situações, numa técnica de *espelhamento* das similitudes fáticas, que receberam diferentes soluções jurídicas, com as premissas de comparação detalhadas trecho a trecho[8]. Oportuno recordar que a *divergência interna* entre órgãos fracionários de um mesmo tribunal não substancia questão federativa suficiente e, por esse viés, não é hábil ao desencadeamento da recorribilidade excepcional (vide Súmula 13 do STJ). Ademais, para fins de caracterização do dissídio jurisprudencial importa que o posicionamento adotado pelo acórdão paradigma seja *contemporâneo*, prevalecendo hígida a orientação externada na Súmula 83 do STJ[9].

Apesar do caráter cogente das prescrições que envolvem a *forma* de apresentação do recurso especial e extraordinário, o § 3º do art. 1.029 do CPC 2015 dispõe que as Cortes Superiores (STF e STJ) poderão "desconsiderar vício formal de recurso tempestivo ou determinar sua correção, desde que não o repute grave"[10]. O preceito em questão está alinhado com o § único do art. 932 do CPC

---

8. Em lição que permanece hígida, pode-se corroborar a assertiva de que "é necessário transcrever, copiar e comparar trechos das situações fáticas e jurídicas do acórdão recorrido e do indicado como paradigma. É imprescindível que se faça o confronto entre os julgados para identificar suas semelhanças (fáticas e jurídicas) e suas diferenças (quanto ao resultado). É o que comumente se denomina 'demonstração *analítica* da divergência', que remonta à antiga Súmula 291 do STF". (BUENO, Cassio Scarpinella. **Curso sistematizado de direito processual civil: Recursos: Processos e incidentes nos Tribunais. Sucedâneos recursais: técnicas de controle das decisões jurisdicionais**, Vol. 5, 2ª ed., São Paulo: Saraiva, 2.010, p. 321). Com efeito, o § 2º do art. 255 do RISTJ prevê: "Em qualquer caso, o recorrente deverá transcrever os trechos dos acórdãos que configurem o dissídio, mencionando as circunstâncias que identifiquem ou assemelhem os casos confrontados".
9. Súmula 83 do STJ: "Não se conhece do recurso especial pela divergência, quando a orientação do tribunal se firmou no mesmo sentido da decisão recorrida".
10. Exatamente por isso, o Enunciado n. **219** do Fórum Permanente dos Processualistas Civis realça que "o relator ou o órgão colegiado poderá desconsiderar o vício formal de recurso tempestivo ou determinar sua correção, desde que não o repute grave". Além disso, o Enunciado n. **83** do Fórum Permanente de Processualistas Civis – FPPC – sugere que: "Fica superado o enunciado 115 da súmula do STJ após a entrada

2015, aplicável aos recursos excepcionais[11], ao estabelecer que "antes de considerar inadmissível o recurso, o relator concederá o prazo de 5 (cinco) dias ao recorrente para que seja sanado vício ou complementada a documentação exigível". São providências compassadas com o *princípio da primazia do julgamento de mérito*, até porque, no caso da recorribilidade extraordinária, observa-se, hodiernamente, uma nítida preocupação com a otimização da tutela jurisdicional, enfatizando a função nomofilática[12] desempenhada pelas Cortes Superiores, notadamente nos casos que envolvem a litigiosidade da repetição. Nas palavras de Luiz Guilherme Marinoni e Daniel Mitidiero, o preceito contido no § 3º do art. 1.029 do CPC 2015 "leva a sério" o caráter *paradigmático* das decisões do Supremo Tribunal Federal e do Superior Tribunal de Justiça, além de outorgar "o devido valor ao fato de nesses tribunais *julgar-se a partir dos casos* para promoção da unidade do Direito"[13].

Ainda nessa perspectiva, à guisa de evitar "decisões-surpresas" que possam resultar em eventual *inadmissibilidade* do recurso excepcional, cabe ressalvar que o art. 933 do CPC 2015 aponta que "se o relator constatar a ocorrência de fato superveniente à decisão recorrida ou a existência de questão apreciável de ofício ainda não examinada que devam ser considerados no julgamento do recurso, intimará as partes para que se manifestem no prazo de 5 (cinco) dias".

Por decorrência das regras constantes da Lei 11.636, de 28.12.2007 e da atual disciplina regimental do art. 112 do RISTJ[14], o recurso especial está sujeito ao pagamento de custas processuais. A tramitação eletrônica dos recursos *excepcionais*

---

em vigor do CPC ('Na instância especial, é inexistente recurso interposto por advogado sem procuração nos autos').

11. O Enunciado n. **220** do FPPC aponta ainda que "o Supremo Tribunal Federal ou o Superior Tribunal de Justiça inadmitirá o recurso extraordinário ou o recurso especial quando o recorrente não sanar o vício formal de cuja falta foi intimado para corrigir".

12. "Desta forma, no sistema brasileiro, primeiramente há uma função nomofilática no juízo de cassação, quando da verificação da correta interpretação da legislação, examinando-se da melhor forma o direito objetivo, mas, caso ultrapassada essa primeira fase do juízo de mérito, há uma apreciação de direito subjetivo das partes, pois nessa segunda fase, age a Corte Superior como se Tribunal de instância ordinária fosse, com a apreciação completa dos autos se necessário para aplicar o direito à causa no que tange ao objeto da impugnação do recorrente" (GUIMARÃES, Rafael de Oliveira. Atualidades sobre o prequestionamento e as possíveis mudanças provocadas pelo projeto do novo código de processo civil, In **Novas tendências do processo civil: estudos sobre o projeto do novo código de processo civil**, Organizadores Alexandre Freire, Bruno Dantas, Dierle Nunes, Fredie Didier Jr., José Miguel Garcia Medina, Luiz Fux, Luiz Henrique Volpe Camargo e Pedro Miranda de Oliveira, Vol. III, Salvador: JusPodium, 2014. p. 530-531).

13. MARINONI, Luiz Guilherme. **O projeto do CPC: críticas e propostas** / Luiz Guilherme Marinoni, Daniel Mitidiero, São Paulo: Ed. Revista dos Tribunais, 2010. p. 187.

14. "Art. 112. No Tribunal, serão devidas custas nos processos de sua competência originária e recursal, nos termos da lei" (Redação dada pela Emenda Regimental n. 09, de 2008). Por sua vez, o art. 4º da Lei 11.636/2007 dispõe que: "O pagamento das custas deverá ser feito em bancos oficiais, mediante preenchimento de guia de recolhimento de receita da União, de conformidade com as normas estabelecidas pela Secretaria

poderá superar essa exigência, pois o legislador 2015 dispensou o recolhimento do porte de remessa e retorno nas hipóteses de autos de processo eletrônico (CPC 2015, art. 1.007, § 3º)[15]. De mais a mais, "o equívoco no preenchimento da guia de custas não implicará a aplicação da pena de deserção, cabendo ao relator, na hipótese de dúvida quanto ao recolhimento, intimar o recorrente para sanar o vício no prazo de 5 (cinco) dias" (CPC 2015, art. 1.007, § 7º)[16].

Cabe assinalar ainda que o § 4º do art. 218 do CPC 2015 afasta eventual arguição de *extemporaneidade* dos recursos *precipitados*, ao reputar "tempestivo o ato praticado antes do termo inicial do prazo"[17]. Aliás, de acordo com o art. 1003 do CPC 2015[18], a *ciência inequívoca* dos *procuradores* constituídos acerca do conteúdo da decisão impugnada é suficiente para afastar a objeção de extemporaneidade do recurso "prematuro", um dos principais exemplos de jurisprudência defensiva praticada no *agir material* das Cortes Superiores. Atente-se, porém, que o § 6º do art. 1.003 do CPC consigna que "o recorrente comprovará a ocorrência de feriado local no ato de interposição do recurso". Tal exigência parece aceitável, diante das dificuldades intrínsecas da Corte Superior em fazê-lo.

Portanto, com o recebimento da petição recursal por parte da secretaria do tribunal[19], o recorrido será intimado para oferecer suas contrarrazões (CPC 2015,

---

da Receita Federal do Ministério da Fazenda e por resolução do presidente do Superior Tribunal de Justiça".

15. Cabe registrar que o STJ chegou a *dispensar* o recolhimento de custas nos processos de sua competência **originária** ou **recursal**. Contudo, mesmo naquele contexto no qual as custas eram dispensadas pelo Regimento Interno da Corte, tornava-se exigível o *porte de remessa e retorno* na esfera do Tribunal de origem, sob pena de deserção. Não por outra razão, foi editada a Súmula 187 do STJ: "É deserto o recurso interposto para o Superior Tribunal de Justiça, quando o recorrente não recolhe, na origem, a importância das despesas de remessa e retorno dos autos". Porém, sob os auspícios do NCPC, tem-se o entendimento adotado pelo Enunciado n. **215** do FPPC: "Fica superado o enunciado 187 da súmula do STJ ('É deserto o recurso interposto para o Superior Tribunal de Justiça, quando o recorrente não recolhe, na origem, a importância das despesas de remessa e retorno dos autos').

16. Oportuno transcrever ainda o Enunciado n. **332** do FPPC: "Considera-se vício sanável, tipificado no art. 938, § 1º, a apresentação da procuração e da guia de custas ou depósito recursal em cópia, cumprindo ao relator assinalar prazo para a parte renovar o ato processual com a juntada dos originais". Por sua vez, o Enunciado n. **333** do FPPC prescreve que: "Em se tratando de guia de custas e depósito recursal inseridos no sistema eletrônico, estando o arquivo corrompido, impedido de ser executado ou de ser lido, deverá o relator assegurar a possibilidade de sanar o vício, nos termos do art. 938, § 1º".

17. Não por outra razão, o Enunciado n. **22** do FPPC prescreve que: "O Tribunal não poderá julgar extemporâneo ou intempestivo recurso, na instância ordinária ou na extraordinária, interposto antes da abertura do prazo". O Enunciado n. **23** do FPPC, ao seu turno, aponta que: "Fica superado o enunciado 418 da súmula do STJ após a entrada em vigor do CPC".

18. "Art. 1.003. O prazo para interposição de recurso conta-se da data em que os advogados, a sociedade de advogados, a Advocacia Pública, a Defensoria Pública ou o Ministério Público são intimados da decisão".

19. Ao se cogitar do recebimento do recurso na "secretaria do tribunal", cabe recordar que o STJ chegou a editar o enunciado n. **256** da súmula daquela Corte, que afastava o uso dos sistemas de **protocolo integrado** para a recorribilidade especial ("O sistema de 'protocolo integrado' não se aplica aos recursos dirigidos ao Superior Tribunal de Justiça"). Contudo, por força das inúmeras críticas endereçadas e diante

art. 1.030). A resposta também deverá ser dirigida ao presidente ou vice-presidente do tribunal local. Decorrido o prazo de *resposta* ao recurso interposto (com ou sem apresentação da mesma), o juízo *a quo* ficará incumbido de realizar o juízo *preliminar* de admissibilidade recursal. Em caso de *admissão*, competir-lhe-á "remeter o feito ao Supremo Tribunal Federal ou ao Superior Tribunal de Justiça, desde que: a) o recurso ainda não tenha sido submetido ao regime de repercussão geral ou de julgamento de recursos repetitivos; b) o recurso tenha sido selecionado como representativo da controvérsia; ou c) o tribunal recorrido tenha refutado o juízo de retratação".

Com efeito, foi *retomada* a sistemática de admissibilidade *compartilhada*, realizada de forma *bipartida*, em que o exame *provisório* envolvendo a *admissão* ou *inadmissão* do recurso excepcional compete ao Tribunal local (CPC 1973, art. 542, § 1º). Importante advertir que as estatísticas dos últimos anos envolvendo a movimentação processual das Cortes Superiores já denotavam o expressivo número de agravos de inadmissão (CPC de 1973, art. 544), os quais, em sua grande maioria, estavam relacionados tão-somente com a impugnação dos rígidos critérios atinentes à admissão dos recursos excepcionais.

Portanto, ao se cotejar as diversas categorias recursais do art. 994 do CPC 2015, tem-se que os recursos extraordinário e especial estão sujeitos à observância do art. 1.030 do CPC 2015, competindo presidente ou vice-presidente do tribunal recorrido realizar *preliminarmente* o juízo de admissibilidade recursal, prestigiando ainda o efeito regressivo ao buscar o alinhamento da decisão hostilizada com as teses adotadas nos Tribunais Superiores. Em relação aos demais recursos previstos no art. 994 do CPC, far-se-á o juízo de admissibilidade diretamente no órgão responsável pelo seu julgamento. Assim, as decisões *presidenciais* denegatórias do processamento do recurso especial ou extraordinário estão sujeitas ao cabimento do agravo (CPC 2015, art. 1.042), salvo quando a negativa de seguimento estiver "fundada na aplicação de entendimento firmado em regime de repercussão geral ou em julgamento de recursos repetitivos"[20]. Atente-se

---

da introdução do modelo de peticionamento eletrônico (Lei 11.419/06), a súmula em questão foi revista e cancelada pelo STJ (DJ 09.06.2008). Para afastar qualquer dúvida nesse sentido, o § único do art. 929 do CPC 2015 dispõe que "a critério do tribunal, os serviços de protocolo poderão ser descentralizados, mediante delegação a ofícios de justiça de primeiro grau". Além disso, o § 3º do art. 1.003 do CPC 2015 aponta ainda que "no prazo para interposição de recurso, a petição será protocolada em cartório ou conforme as normas de organização judiciária, ressalvado o disposto em regra especial". E, por fim, dada a sua conexão com o tema, é de se assinalar que o Enunciado n. **96** do FPPC sugere que "Fica superado o enunciado 216 da súmula do STJ após a entrada em vigor do CPC ('A tempestividade do recurso interposto no Superior Tribunal de Justiça é aferida pelo registro no protocolo da Secretaria e não pela data da entrega na agência do correio')".

20. "Art. 1.042. Cabe agravo contra decisão do presidente ou do vice-presidente do tribunal que inadmitir recurso extraordinário ou recurso especial, salvo quando fundada na aplicação de entendimento firmado em regime de repercussão geral ou em julgamento de recursos repetitivos: I – (Revogado);

ainda que o agravo de inadmissão seguirá interposto nos próprios autos onde foi apresentado o recurso denegado[21].

4. INTERPOSIÇÃO CONJUNTA DE RECURSO ESPECIAL E EXTRAORDINÁRIO

Quando houver interposição *concomitante* de recurso especial e extraordinário, "os autos serão remetidos ao Superior Tribunal de Justiça". Similarmente ao comando do § 1º do art. 543 do CPC de 1973, o § 1º do art. 1.031 do CPC 2015 dispõe que "concluído o julgamento do recurso especial, os autos serão remetidos ao Supremo Tribunal Federal para apreciação do recurso extraordinário, se este não estiver prejudicado". Se o STJ *conhecer* do especial e lhe der *provimento*, poderá resultar *prejudicado* o extraordinário[22].

A *primazia* conferida ao recurso especial poderá ser *afastada*, ao se reconhecer eventual *prejudicialidade* advinda do objeto do recurso extraordinário[23].

II - (Revogado); III - (Revogado); § 1º (Revogado): I - (Revogado); II - (Revogado); a) (Revogada); b) (Revogada); § 2º A petição de agravo será dirigida ao presidente ou ao vice-presidente do tribunal de origem e independe do pagamento de custas e despesas postais, aplicando-se a ela o regime de repercussão geral e de recursos repetitivos, inclusive quanto à possibilidade de sobrestamento e do juízo de retratação. § 3º O agravado será intimado, de imediato, para oferecer resposta no prazo de 15 (quinze) dias. § 4º Após o prazo de resposta, não havendo retratação, o agravo será remetido ao tribunal superior competente. § 5º O agravo poderá ser julgado, conforme o caso, conjuntamente com o recurso especial ou extraordinário, assegurada, neste caso, sustentação oral, observando-se, ainda, o disposto no regimento interno do tribunal respectivo. § 6º Na hipótese de interposição conjunta de recursos extraordinário e especial, o agravante deverá interpor um agravo para cada recurso não admitido. § 7º Havendo apenas um agravo, o recurso será remetido ao tribunal competente, e, havendo interposição conjunta, os autos serão remetidos ao Superior Tribunal de Justiça. § 8º Concluído o julgamento do agravo pelo Superior Tribunal de Justiça e, se for o caso, do recurso especial, independentemente de pedido, os autos serão remetidos ao Supremo Tribunal Federal para apreciação do agravo a ele dirigido, salvo se estiver prejudicado".

21. Neste particular, tem-se o Enunciado n. **225** do FPPC ao dispor: "O agravo em recurso especial ou extraordinário, será interposto nos próprios autos".
22. Assim ainda são percucientes as anotações de Estefânia Viveiros: "Observe-se que o não conhecimento do especial também gera a prejudicialidade do extraordinário, quando se tratar apenas – repise-se – de decisão impugnada embasada em dois fundamentos que por si só são suficientes para a manutenção da decisão. (...) Resta apreciar, em segundo passo, os recursos especial e extraordinário interpostos simultaneamente, mas por opção do recorrente. (...) Se o STJ não conhece do especial, subsiste a decisão recorrida, e, desse modo, compete ao STF julgar o extraordinário para verificar se a decisão recorrida violou dispositivos constitucionais. Se o especial for conhecido e desprovido, também compete ao Supremo analisar o extraordinário, sob o mesmo argumento anterior". (VIVEIROS, Estefânia. Prejudicialidade do recurso extraordinário em face do julgamento do recurso especial. *In* **Revista de Processo**, n. 118, a. 29, nov./dez. 2004, p. 212).
23. Imagine-se, por hipótese, que o acórdão recorrido tenha reconhecido a *constitucionalidade* de determinado dispositivo de lei federal, aplicando-o à espécie. Preenchidos os requisitos de admissibilidade, o interessado poderá interpor recurso extraordinário – alegando contrariedade à Constituição Federal – e especial, alegando ofensa à legislação infraconstitucional. Em tal situação, deverá o STF pronunciar-se em primeiro plano, sendo que a declaração de inconstitucionalidade tornará *prejudicado* o prosseguimento do recurso especial. Daí porque permanece acertada a conclusão de Gleydson Kleber Lopes de Oliveira: "O fenômeno da prejudicialidade deve ser analisado pelo intérprete do direito, a partir, tão-somente, da

O pronunciamento decisório em questão é *irrecorrível* e, ao fazê-lo, o relator "sobrestará o julgamento e remeterá os autos ao Supremo Tribunal Federal" (CPC 2015, art. 1.031, § 2º). Por sua vez, o § 3º do art. 1.031 do CPC 2015 ressalva que, "se o relator do recurso extraordinário, em decisão irrecorrível, rejeitar a prejudicialidade, devolverá os autos ao Superior Tribunal de Justiça para o julgamento do recurso especial". Portanto, em caso de interposição simultânea de recurso especial e extraordinário, a "ordem" de julgamento é a seguinte: (i) primeiro, o recurso especial; (ii) em seguida, o extraordinário. Este último ficará prejudicado se o STJ acolher o recurso especial, dando-lhe provimento. Em caso de provimento *parcial*, pode subsistir o interesse recursal em relação à apreciação do recurso excepcional pendente de julgamento, até porque, o § único do art. 1.034 do CPC passou a dispor que "admitido o recurso extraordinário ou o recurso especial por um fundamento, devolve-se ao tribunal superior o conhecimento dos demais fundamentos para a solução do capítulo impugnado".

Em atenção ao *princípio da primazia do julgamento de mérito* e, privilegiando ainda uma certa *fungibilidade* entre os recursos extremos[24], o art. 1.032 do CPC 2015 dispõe que "se o relator, no Superior Tribunal de Justiça, entender que o recurso especial versa sobre questão constitucional, deverá conceder prazo de 15 (quinze) dias para que o recorrente demonstre a existência de repercussão geral e se manifeste sobre a questão constitucional". O § único do art. 1.032 do CPC complementa a disposição do *caput*, ao estabelecer que "cumprida a diligência de que trata o *caput*, o relator remeterá o recurso ao Supremo Tribunal Federal, que, em juízo de admissibilidade, poderá devolvê-lo ao Superior Tribunal de Justiça". A regra em questão é particularmente importante nos casos de parametricidade entre as disposições constitucionais e a legislação federal[25]. Nesses casos, dar-se-á a oportunização do prazo de 15 (quinze) dias, para que o responsável pela interposição do recurso especial faça o aditamento de sua peça, com

---

existência ou não de subordinação lógica e necessária da questão prejudicial em relação à prejudicada. Caso não seja possível juridicamente decidir a respeito da questão dita prejudicada, sem que se resolva antes a questão prejudicial, há a prejudicialidade". (OLIVEIRA, Gleydson Kleber Lopes de. **Recurso especial**, São Paulo: Revista dos Tribunais, 2002. p. 309).

24. Vide, nesse aspecto, o enunciado n. **104** do FPPC, ao dispor que: "O princípio da fungibilidade recursal é compatível com o CPC e alcança todos os recursos, sendo aplicável de ofício".

25. "Há julgados em que se defende serem questões constitucionais os temas relacionados ao direito adquirido e à irretroatividade das leis, ainda que se alegue ofensa ao art. 6º da LICC. Existem, também, decisões em sentido contrário, em que se entende não se tratar o direito adquirido de matéria constitucional. Afirmam os ministros que adotam esse posicionamento, que não se está analisando eventual infringência à Constituição Federal, mas, sim, 'se foi aplicado o direito segundo a lei federal vigente'. É evidente que toda essa divergência jurisprudencial poderá gerar dúvida objetiva quanto ao recurso adequado, no âmbito dos tribunais superiores, em face da ofensa ao direito adquirido. E os problemas surgidos quando da interposição do recurso que se considera inadequado são, muitas vezes, gravíssimos". (VASCONCELOS, Rita de Cássia Corrêa. **Princípio da fungibilidade: hipóteses de incidência no processo civil brasileiro contemporâneo**, São Paulo: Revista dos Tribunais, 2007 (Recursos no processo civil; v. 17. p. 169).

a exposição da *transcendência* da matéria, para fins de conversão e submissão daquele expediente, nos moldes do § 2º do art. 103 da Constituição e art. 1.035 do CPC 2015. Tem-se, então, verdadeiro mecanismo de "envio", forte na premissa de que a função do STJ é tão-somente atribuir sentido ao direito federal. Se as Cortes Superiores possuem atribuições distintas, a técnica dedutível do art. 1.032 no CPC permite solucionar a questão constitucional que florescer no âmbito do STJ, situação plausível e de não rara ocorrência.

Reputando-se pela eventual ofensa *reflexa* às disposições constitucionais, o art. 1.033 do CPC 2015 assinala que o STF poderá considerar que a questão está jungida à interpretação da lei federal, operando-se a "devolução" do recurso para julgamento por parte do Superior Tribunal de Justiça[26]. Essa técnica também está assentada no princípio do máximo aproveitamento da tutela jurisdicional, em prol do enfrentamento do *mérito* recursal (CPC 2015, art. 4º).

E, por fim, quanto ao pré-questionamento, não é mais indispensável que a questão objeto do recurso extraordinário ou especial tenha sido efetivamente discutida no provimento jurisdicional recorrido, pois a sua satisfação advirá da interposição dos embargos de declaração, ainda que *inadmitidos* ou *rejeitados*, consoante disposição do art. 1.025 do CPC 2015[27]. Assim, convém registrar que a integração automática do voto vencido[28] e das questões alinhadas em embargos declaratórios importa numa ampliação virtual (ficta) do pré-questionamento.

5. JULGAMENTO DO RECURSO ESPECIAL E EXTRAORDINÁRIO

No juízo *ad quem*, o julgamento dos recursos excepcionais pautar-se-á pelas disposições do Capítulo II do Título I do Livro III do CPC 2.015 (artigos 929 e seguintes), responsáveis pelas "regras gerais" que regem a ordem dos processos nos Tribunais, complementadas pelas prescrições regimentais que tratem da matéria. Importante assinalar que os incisos III e IV do art. 937 do CPC 2015 substanciam a possibilidade de *sustentação oral* por parte do recorrente, recorrido e Ministério Público (quando for o caso), durante a sessão de julgamento do recurso especial e extraordinário.

---

26. Com efeito, o art. 1.033 do CPC assinala que: "Se o Supremo Tribunal Federal considerar como reflexa a ofensa à Constituição afirmada no recurso extraordinário, por pressupor a revisão da interpretação de lei federal ou de tratado, remetê-lo-á ao Superior Tribunal de Justiça para julgamento como recurso especial".
27. "Art. 1.025. Consideram-se incluídos no acórdão os elementos que o embargante suscitou, para fins de pré-questionamento, ainda que os embargos de declaração sejam inadmitidos ou rejeitados, caso o tribunal superior considere existentes erro, omissão, contradição ou obscuridade".
28. O Enunciado n. **200** do FPPC sugere o seguinte: "Fica superado o enunciado 320 da súmula do STJ ('A questão federal somente ventilada no voto vencido não atende ao requisito do prequestionamento')".

O art. 1.034 do CPC 2015, por sua vez, estabelece que "admitido o recurso extraordinário ou o recurso especial, o Supremo Tribunal Federal ou o Superior Tribunal de Justiça julgará o processo, aplicando o direito"[29]. Oportuno ressalvar que, nos recursos especial e extraordinário, o juízo de mérito também é bipartido, pois envolve "o juízo de cassação (reconhecimento da ilegalidade ou da inconstitucionalidade) e o rejulgamento"[30]. Logo, por força do art. 1.034 do CPC, reconhecida e afastada a hipótese de ofensa à lei federal e(ou) transgressão ao comando constitucional, não se pode cogitar da "devolução" da matéria recorrida à instância local[31]. Isto é, *admitido* o recurso extraordinário ou especial, o STF e o STJ julgarão o caso, "aplicando o direito"[32]. Importante destacar que a declaração de sentido do direito federal infraconstitucional dar-se-á nos limites da pretensão recursal. A *singeleza* da parte final do art. 1.034 do CPC exigirá, contudo, uma compatibilização da idéia de *aplicação do direito* a partir da postura consagrada nos Tribunais Superiores que preconizam a inviabilidade do reexame da prova (vide súmulas 07 do STJ e 279 do STF). Ora, aceitando-se a premissa de que a Corte local é *soberana* na contextualização da prova, para fins de aplicação do direito e atribuição de sentido à norma jurídica, forçoso concluir que o art. 1.034

---

29. "No Brasil, a *Constituição Federal* determina a natureza de corte de revisão do Supremo Tribunal Federal e do Superior Tribunal de Justiça, na medida em que prevê o julgamento da causa, em recurso extraordinário (art. 102, inc. III) e especial (art. 105, inc. III). Por isso, a princípio, se o tribunal de superposição conhece e dá provimento a um recurso, ele deve (a) anular a decisão impugnada e remeter o caso para a instância de origem, se verificar *error in procedendo*; ou (b) julgar a causa, substituindo o acórdão recorrido, se corrigir *error in iudicando*" (FONSECA, João Francisco Naves da. O julgamento dos recursos extraordinário e especial no projeto do novo CPC (PL 8.046/2010): críticas ao "reenvio obrigatório". *In* **Recursos e a duração razoável do processo**, Coordenadores Bruno Silveira de Oliveira, Flávio Cheim Jorge, Marcelo Abelha Rodrigues, Rita Dias Nolasco e Rodrigo Mazzei, Brasília, Gazeta Jurídica, 2013. p. 275).

30. WAMBIER, Teresa Arruda Alvim. **Recurso especial, recurso extraordinário e ação rescisória**, 2ª ed., São Paulo: Editora Revista dos Tribunais, 2009. p. 383.

31. "Há países – como, por exemplo, Itália e França – nos quais existem o recurso de cassação e o correspondente tribunal de cassação, constituindo sistema separado do recurso de revisão. Nesse caso, ao se dar provimento ao recurso, o tribunal de cassação apenas cassa, anula a decisão recorrida, devolvendo os autos à instância inferior, para que esta possa rejulgar a causa aplicando necessariamente a interpretação e a conclusão dada pelo tribunal de cassação. Este tribunal de cassação não tem o poder de rejulgar a causa (juízo de revisão)" (NERY JR., Nelson. Questões de ordem pública e o julgamento do mérito dos recursos extraordinário e especial: anotações sobre a aplicação do direito à espécie (STF, 456 e RISTJ 257). *In* **Os poderes do juiz e o controle das decisões judiciais: estudos em homenagem à professora Teresa Arruda Alvim Wambier**, Coordenadores José Miguel Garcia Medina, Luana Pedrosa de Figueiredo Cruz, Luis Otávio Serqueira de Cerqueira e Luiz Manoel Gomes Jr., São Paulo: Revista dos Tribunais, 2008. p. 967).

32. "De acordo com a tradição jurídica e ante a omissão da legislação brasileira, depois de realizada a cassação do acórdão recorrido, não há esse 'reenvio' ao Tribunal *a quo* para que julgue as questões fáticas. Ou seja, no Brasil, o julgamento do recurso excepcional tem semelhança a um julgamento de uma ação rescisória no julgamento de mérito: (a) há uma manifestação desconstituindo uma decisão (juízo rescindente); (b) um julgamento no sentido de qual a solução correta que deveria ter sido aplicada ao caso (juízo rescisório)" (GUIMARÃES, Rafael de Oliveira. Ob. Cit., p. 530).

do CPC permite o *exame* dos fatos por parte da instância *ad quem*, restando-lhe vedado tão-somente o *"reexame"* ou requalificação dos mesmos[33].

Contudo, torna-se necessário insistir que, perante a Corte Superior dar-se-á o juízo de *admissibilidade* do recurso interposto e, se for o caso, a apreciação do mérito, com o exame da matéria federal posta em julgamento ou ainda da questão constitucional, com a prolação de acórdão para fins de *anular* a decisão recorrida (*error in procedendo*), seja para fins de *substituí-la* por outra de conteúdo diverso (*error in iudicando*) ou *igual*.

Não se pode ignorar que, sob a égide do CPC de 1973, eram correntes as situações em que os Tribunais Superiores emitiam pronunciamentos afirmando *não conhecerem* do recurso interposto (especial ou extraordinário) diante da inexistência da alegada infração; quando, em muitos desses casos, dava-se efetivamente o enfrentamento da questão federal ou constitucional suscitada pelo recorrente. Em tais hipóteses, pode-se concluir que ocorreu análise de *mérito* e, portanto, a terminologia empregada mostrava-se equivocada, podendo conduzir a resultados temerários[34]. Em casos tais, o ideal é que se afirme que se *conheceu* do recurso e, no exame de seu mérito, negou-se provimento ao mesmo. Do ponto de vista prático, esse malfeito pode implicar determinados impasses como, por exemplo, prejudicar o conhecimento do recurso especial ou extraordinário manejados na forma *adesiva* (CPC 2015, art. 997, inciso II), os quais podem estar assentados em pressupostos legítimos.

Por fim, o parágrafo único do art. 1.034 do CPC consigna que "admitido o recurso extraordinário ou o recurso especial por um fundamento, devolve-se ao tribunal superior o conhecimento dos demais fundamentos para a solução do capítulo impugnado"[35].

---

33. Até porque, "ultrapassado o juízo de admissibilidade, e tendo o Superior Tribunal de Justiça que julgar a causa, ele pode examinar – o que é diferente de reexaminar – questão de fato ainda não solucionada, e cuja apreciação é indispensável à solução da espécie. Tanto quanto sutil, a diferença é relevante" (SOUZA, Bernardo Pimentel. **Introdução aos recursos cíveis e à ação rescisória**, 4ª ed., São Paulo: Saraiva, 2007. p. 440).
34. Escrevendo sob a égide do diploma revogado, Cândido R. Dinamarco anotava que, não raro "o Tribunal penetra no âmago do acórdão recorrido, examina-lhe os fundamentos jurídicos, confronta-os com o direito posto e nega que haja incompatibilidade entre aqueles e este – mas, contraditoriamente, acaba por concluir proclamando que 'não conhece' do recurso interposto". (DINAMARCO, Cândido Rangel. **Nova era do processo civil**, 1ª ed., 2ª tir., São Paulo: Malheiros, 2004. p. 274).
35. O Enunciado n. **223** do FPPC sugere que: "Fica superado o enunciado 528 da súmula do STF após a entrada em vigor do NCPC ('Se a decisão contiver partes autônomas, a admissão parcial, pelo presidente do tribunal 'a quo', de recurso extraordinário que, sobre qualquer delas se manifestar, não limitará a apreciação de todas pelo Supremo Tribunal Federal, independentemente de interposição de agravo de instrumento')".

6. RECURSOS REPETITIVOS: PROCESSAMENTO

É indisputável que o CPC 2015 realçou o paradigma da *objetivação* dos recursos excepcionais, à guisa de otimizar a prestação jurisdicional, notadamente nos casos envolvendo a litigiosidade da repetição. Dito de outra forma, o legislador 2015 conferiu ênfase aos mecanismos hábeis à formação das teses jurídicas (com a identificação da "*ratio decidendi*") por parte dos Tribunais Superiores[36]. Essa tendência ficou evidenciada com a regulamentação da exigência de repercussão geral, para fins de processamento do recurso extraordinário, com os parâmetros da Lei n. 11.418, de 19.12.2006, que disciplinou ainda as situações envolvendo *multiplicidade* de recursos extraordinários[37]. Ainda sob a égide do CPC de 1973, a Lei n. 11.672, de 08.05.2008, regulamentou o regime jurídico dos recursos especiais *repetitivos*, de forma alinhada com as técnicas de enfrentamento da litigiosidade de massa[38] e julgamento da "macro-lide". Como é de se aceitar, tratando de processos *multitudinários*, com feições *sanzonais*, torna-se altamente recomendável o emprego desse expediente com vistas à formação de uma jurisprudência estável[39].

---

36. "Nesse contexto é que se pode afirmar que a tendência para o futuro é a de consolidação do fenômeno da objetivação – mudança do paradigma subjetivo (caso a caso) para o objetivo (precedentes e decisões estranhas a determinado processo o influenciando diretamente)" (CORTES, Oscar Mendes Paixão. O futuro da recorribilidade extraordinária e o novo código de processo civil, In **Novas tendências do processo civil: estudos sobre o projeto do novo código de processo civil**, Organizadores Alexandre Freire, Bruno Dantas, Dierle Nunes, Fredie Didier Jr., José Miguel Garcia Medina, Luiz Fux, Luiz Henrique Volpe Camargo e Pedro Miranda de Oliveira, Vol. III, Salvador: JusPodium, 2014. p. 487).

37. "O caminho que tem sido trilhado, pela jurisprudência e pela legislação, é o da opção pela redução de processos e purificação da função dos Tribunais em detrimento da prevalência do direito subjetivo de recorrer e da prestação caso a caso da jurisdição extraordinária. Exemplo são os institutos da repercussão geral e do rito repetitivo" (CORTES, Oscar Mendes Paixão. Ob. Cit., p. 485).

38. "Nos últimos 25 anos, o Brasil passou por um verdadeiro turbilhão de transformações sociais, culturais, políticas e econômicas. O país deixou para trás um longo período de ditadura militar para adquirir as feições de uma democracia, cada vez mais arraigada. A economia foi aberta às importações e ao investimento estrangeiro e inúmeras empresas estatais passaram por um profundo processo de privatização. Verificou-se um significativo crescimento demográfico, com um considerável avanço da complexidade das relações estabelecidas entre os indivíduos. A sociedade passou por um intenso processo de 'massificação', exigindo a defesa dos direitos das minorias e dos interesses difusos e coletivos. Como não poderia deixar de ser, essas transformações impactaram extraordinariamente nas estruturas e na realidade vivenciada pelo Poder Judiciário. Era necessário fazer frente a esse novo cenário democrático, de exigência de maior participação da sociedade nas instituições, de maior abertura econômica e de aumento da complexidade das relações sociais. Em uma sociedade massificada e muito mais complexa, a grande gama de relações existentes propicia e estimula um número cada vez maior de conflitos, de natureza vária, que implicam um aumento quantitativo e qualitativo das demandas, já que todos os conflitos, mais cedo ou mais tarde, acabam desembocando no Poder Judiciário". (COELHO, Gláucia Mara. **Repercussão geral: da questão constitucional no processo civil brasileiro**. São Paulo: Atlas, 2009. p. 59-60).

39. "A '*macro-lide*' vem a Juízo em vários processos idênticos, o que deve ser detectado por antecipação pelos tribunais, à observação do que ocorre nos graus inferiores de jurisdição, de modo aos tribunais estarem preparados para elas. São processos multitudinários previsíveis, decorrentes de negócios de bancos, prestadoras de serviços públicos, financiadoras, fornecedoras de serviços de saúde, grandes empresas e, principalmente, o Poder Público. A '*macro-lide*' é forçosamente uma '*lide sanzonal*', porque derivada de

Vê-se, portanto, que o CPC 2015 encampou os incidentes de coletivização (CPC 2015, arts. 976 e ss.) e as demais técnicas de resolução de demandas repetitivas (CPC, art. 947). E, no que tange ao processamento dos recursos especiais e extraordinários repetitivos, o art. 1.036 do CPC 2015 dispõe que "sempre que houver multiplicidade de recursos extraordinários ou especiais com fundamento em idêntica questão de direito, haverá afetação para julgamento de acordo com as disposições desta Subseção, observado o disposto no Regimento Interno do Supremo Tribunal Federal e no do Superior Tribunal de Justiça". Atente-se, inclusive, que a precedência conferida aos recursos repetitivos retirou-lhes da ordem cronológica de julgamento prevista de forma *sugestiva* no art. 12 do CPC 2015[40].

Assim, de forma mais pormenorizada do que a disciplina contida no § 1º do art. 543-C do CPC revogado, o § 1º do art. 1.036 do CPC passou a dispor que "o presidente ou o vice-presidente de tribunal de justiça ou de tribunal regional federal selecionará 2 (dois) ou mais recursos representativos da controvérsia, que serão encaminhados ao Supremo Tribunal Federal ou ao Superior Tribunal de Justiça para fins de afetação, determinando a suspensão do trâmite de todos os processos pendentes, individuais ou coletivos, que tramitem no Estado ou na região, conforme o caso". Oportuno registrar que o § 4º do art. 1.036 do CPC 2015 ressalva que "a escolha feita pelo presidente ou vice-presidente do tribunal de justiça ou do tribunal regional federal não vinculará o relator no tribunal superior, que poderá selecionar outros recursos representativos da controvérsia". Por força desses dispositivos, dar-se-á a *seleção* dos recursos excepcionais que melhor retratem a questão jurídica discutida, à guisa de permitir enfrentamento da controvérsia envolvendo a "tese" comum aos casos repetitivos[41].

---

alguma etapa de ajustamento econômico, político, social ou legislativo do país – como ocorreu nos casos de correção monetária da inflação, bloqueio de ativos patrimoniais em contas bancárias e cadernetas de poupança, financiamentos habitacionais, contratos derivados de telefonia – no criminal, questões atinentes a regime de execução de pena, de admissão de prisão processual, de interpretação de direitos fundamentais, como a aplicação de tratados internacionais em '*habeas corpus*' e outros casos conhecidos. Detectada a formação de uma 'macro-lide', como 'lide sanzonal', o sistema deve abrir passagem para o percurso célere das instâncias, mediante o '*fast-track*' recursal: algo como abertura de linhas para o trem rápido que precisa passar depressa" (BENETI, Sidnei. Reformas de descongestionamento de tribunais. In **Estudos de direito constitucional em homenagem a Cesar Asfor Rocha (teoria da constituição, direitos fundamentais e jurisdição)**, Paulo Bonavides, Germana Moraes e Roberto Rosas (orgs.), Rio de Janeiro-São Paulo-Recife: Editora Renovar, 2009. p. 513).

40. "Art. 12. Os juízes e os tribunais atenderão, preferencialmente, à ordem cronológica de conclusão para proferir sentença ou acórdão. (...) § 2º. Estão excluídos da regra do *caput*: (...) II – o julgamento de processos em bloco para aplicação de tese jurídica firmada em julgamento de casos repetitivos; III – o julgamento de recursos repetitivos ou de incidente de resolução de demandas repetitivas; (...)".

41. A seleção dos melhores casos envolvendo o cotejo de argumentos *favoráveis* e *contrários* em prol da tese discutida facilitará a tarefa de *fundamentação* exigida do Tribunal, na linha sugerida pelo Enunciado n. **305** do FPPC: "No julgamento de casos repetitivos, o tribunal deverá enfrentar todos os argumentos contrários e favoráveis à tese jurídica discutida".

Com relativo grau de minúcias, o art. 1.037 do CPC 2015 regulamenta os trâmites do processamento do recurso especial e(ou) extraordinário repetitivos:

> Art. 1.037. Selecionados os recursos, o relator, no tribunal superior, constatando a presença do pressuposto do *caput* do art. 1.036, proferirá decisão de afetação, na qual:
>
> I – identificará com precisão a questão a ser submetida a julgamento;
>
> II – determinará a suspensão do processamento de todos os processos pendentes, individuais ou coletivos, que versem sobre a questão e tramitem no território nacional;
>
> III – poderá requisitar aos presidentes ou aos vice-presidentes dos tribunais de justiça ou dos tribunais regionais federais a remessa de um recurso representativo da controvérsia.
>
> § 1º Se, após receber os recursos selecionados pelo presidente ou pelo vice-presidente de tribunal de justiça ou de tribunal regional federal, não se proceder à afetação, o relator, no tribunal superior, comunicará o fato ao presidente ou ao vice-presidente que os houver enviado, para que seja revogada a decisão de suspensão referida no art. 1.036, § 1º.
>
> § 2º (Revogado);
>
> § 3º Havendo mais de uma afetação, será prevento o relator que primeiro tiver proferido a decisão a que se refere o inciso I do *caput*.
>
> § 4º Os recursos afetados deverão ser julgados no prazo de 1 (um) ano e terão preferência sobre os demais feitos, ressalvados os que envolvam réu preso e os pedidos de *habeas corpus*.
>
> § 5º (Revogado);
>
> § 6º Ocorrendo a hipótese do § 5º, é permitido a outro relator do respectivo tribunal superior afetar 2 (dois) ou mais recursos representativos da controvérsia na forma do art. 1.036.
>
> § 7º Quando os recursos requisitados na forma do inciso III do *caput* contiverem outras questões além daquela que é objeto da afetação, caberá ao tribunal decidir esta em primeiro lugar e depois as demais, em acórdão específico para cada processo.
>
> § 8º As partes deverão ser intimadas da decisão de suspensão de seu processo, a ser proferida pelo respectivo juiz ou relator quando informado da decisão a que se refere o inciso II do *caput*.

Oportuno consignar que os §§ 9º e 10º do art. 1.037 do CPC contemplaram critérios mais precisos para *desafetação* de determinado processo alcançado pela ordem de suspensão, para fins de permitir o seu prosseguimento. Assim, o § 9º do art. 1.037 do CPC ressalva que "demonstrando distinção entre a questão a ser decidida no processo e aquela a ser julgada no recurso especial ou extraordinário afetado, a parte poderá requerer o prosseguimento do seu processo". O § 10º do referido dispositivo substancia regra de competência *funcional*, para fins de precisar a autoridade responsável pela apreciação do pedido de "desafetação". Reconhecida a distinção (leia-se: "desafetação" ou "revogação" da suspensão), pode-se dizer que, via de regra, o próprio juiz ou relator do caso dará prosseguimento ao processo (CPC, art. 1.037, § 12º).

Por força das projeções dessas técnicas de coletivização, o art. 1.038 do CPC 2015 prevê que o relator do caso poderá (i) "solicitar ou admitir manifestação de pessoas, órgãos ou entidades com interesse na controvérsia, considerando a relevância da matéria e consoante dispuser o regimento interno (inciso I); (ii) "fixar data para, em audiência pública, ouvir depoimentos de pessoas com experiência e conhecimento na matéria, com a finalidade de instruir o procedimento" (inciso II); ou ainda (iii) "requisitar informações aos tribunais inferiores a respeito da controvérsia" (inciso III), com a posterior oitiva do Ministério Público. Assim, estão asseguradas as participações interventivas de *amicus curiae* nesses casos de julgamento por amostragem, até porque, a regra geral do art. 138 do CPC 2015[42] assegura o caráter *contributivo* dessas manifestações de órgãos ou entidades com interesse subjacente na matéria, ainda que não subsista "consenso" e(ou) "unanimidade" no âmbito da categoria representada[43]. Atente-se ainda que, por força do § 3º do art. 138 do CPC, "o *amicus curiae* pode recorrer da decisão que julgar o incidente de resolução de demandas repetitivas".

Dessa forma, em conexão com o julgamento dos casos selecionados, o art. 1.039 do CPC 2015 passou a dispor que "decididos os recursos afetados, os órgãos colegiados declararão prejudicados os demais recursos versando sobre idêntica controvérsia ou os decidirão aplicando a tese firmada". Note-se ainda que o § 13º do art. 1.037 do CPC sinaliza com uma nova "hipótese" recursal, ao permitir expressamente a interposição de agravo interno contra as decisões envolvendo

---

42. Art. 138. O juiz ou o relator, considerando a relevância da matéria, a especificidade do tema objeto da demanda ou a repercussão social da controvérsia, poderá, por decisão irrecorrível, de ofício ou a requerimento das partes ou de quem pretenda manifestar-se, solicitar ou admitir a participação de pessoa natural ou jurídica, órgão ou entidade especializada, com representatividade adequada, no prazo de 15 (quinze) dias de sua intimação.
43. Trata-se, aliás, de entendimento sedimentado no Enunciado n. **127** do FPPC: "A representatividade adequada exigida no *amicus curiae* não pressupõe a concordância unânime daqueles a quem representa".

"desafetação" de processo sobrestado. Com isso, são incrementados os trabalhos dos Tribunais.

E, consoante disposição do art. 1.040 do CPC 2015, publicado o acórdão *paradigma*, (i) o presidente ou o vice-presidente do tribunal de origem negará seguimento aos recursos especiais ou extraordinários sobrestados na origem, se o acórdão recorrido coincidir com a orientação do tribunal superior (inciso I); (ii) o órgão que proferiu o acórdão recorrido, na origem, reexaminará o processo de competência originária, a remessa necessária ou o recurso anteriormente julgado, se o acórdão recorrido contrariar a orientação do tribunal superior (inciso II); (iii) "os processos suspensos em primeiro e segundo graus de jurisdição retomarão o curso para julgamento e aplicação da tese firmada pelo tribunal superior" (inciso III); e (iv) se os recursos versarem sobre questão relativa a prestação de serviço público objeto de concessão, permissão ou autorização, o resultado do julgamento será comunicado ao órgão, ao ente ou à agência reguladora competente para fiscalização da efetiva aplicação da tese adotada, por parte dos entes sujeitos a regulação (inciso IV).

O art. 1.041 do CPC consigna que "mantido o acórdão divergente pelo tribunal de origem, o recurso especial ou extraordinário será remetido ao respectivo tribunal superior, na forma do art. 1.036, § 1º". Na perspectiva oposta, o § 1º do art. 1.041 salienta que "realizado o juízo de retratação, com alteração do acórdão divergente, o tribunal de origem, se for o caso, decidirá as demais questões ainda não decididas cujo enfrentamento se tornou necessário em decorrência da alteração". A técnica consentânea com a manutenção do julgado e(ou) retratação impõe a observância dos fundamentos determinantes do julgamento anterior. Não parece aceitável que a Corte local possa "insistir" com a reiteração da decisão anterior, contrária ao entendimento assinalado pelo STF e(ou) STJ. Quando muito, caso isso não tenha sido feito na fase de "desafetação" (§§ 9º e 10º do art. 1.037 do CPC), poder-se-á aceitar que - em juízo de subsunção - o órgão fracionário da Corte local venha a formalizar forte distinção do caso, para afastar a tese objeto do precedente julgado ou a *ratio decidendi* adotada pela Corte Superior, apontando que a situação concreta, objeto do reexame, está jungida a outros aspectos fáticos, peculiaridades etc. Ao se advogar que não há vinculatividade nesta hipótese, estar-se-á, em verdade, esvaziando o conteúdo da técnica de julgamento por amostragem e, ao mesmo tempo, vilipendiando a cognição descortinada a partir da seleção dos casos paradigmáticos selecionados para análise.

Ademais, especificamente no caso do recurso extraordinário, se não é concebível que os órgãos e tribunais inferiores possam julgar em desconformidade com a tese adotada pelo Supremo no julgamento proferido no controle concentrado, não há razão plausível para se concluir de forma diversa no tocante aos incidentes de resolução de demandas repetitivas. Recorde-se ainda que os Tribunais locais, ao insistirem na tese superada pelo STF, poderão estar distanciados do universo cognitivo da Corte Suprema, onde, presumivelmente, o debate foi guiado a partir da manifestação dos grupos de interesses diversos, com a escolha dos melhores argumentos revelados. Diga-se de passagem, a forma *responsável* de divergir é identificar contornos fáticos que afastem a incidência da *ratio decidendi*. Do contrário, dar-se-á verdadeiro *decisionismo*, incompatível com os postulados do Estado Democrático de Direito e da força normativa da Constituição.

Há que se aceitar, portanto, que essa verdadeira jurisdição da *litigiosidade repetitiva* aponta para a construção de uma nova *racionalidade processual*, com maior ênfase para a jurisprudência e para os precedentes (em particular, dos Tribunais Superiores). Dito de outra forma, a opção em prol da uniformidade da jurisprudência é pautada, dentre outros fatores, pela construção de *convergências* no universo das repetições[44]. Contudo, apesar da preocupação válida com a eliminação das **"repetições"**, as hipóteses aqui descritas recomendam a investigação da *identidade* destes recorrentes que "inflam" a Corte recursal. E, neste particular, algumas estatísticas coletadas apontam para o Poder Público, em especial para o Executivo Federal ou instituições governamentais a ele vinculadas.[45] Por tal razão, mostra-se muito apropriada a prescrição do inciso IV do art. 1.040 do CPC.

7. O EXAME DA REPERCUSSÃO GERAL

Como é salutar, o art. 102, § 3º, da CF prevê que o STF poderá recusar a admissão do recurso extraordinário, com apego na ausência de *repercussão geral*,

---

44. Afinal, "a pressão da repetitividade se intensificou sempre mais, empurrando o sistema para o desenvolvimento de novas alternativas, a ponto de ser possível afirmar, hoje, uma autêntica tendência do processo civil brasileiro no sentido de que a jurisdição da litigiosidade repetitiva seja adaptada aos contornos de seu objeto, tanto aproveitando oportunidades que os conjuntos oferecem, como ajustando o ponto de equilíbrio da relação entre a independência do juiz e o dever de consideração que deve ter pelas posições consolidadas dos tribunais, naqueles termos colocados acima" (RODRIGUES, Ruy Zoch. **Ações repetitivas: casos de antecipação de tutela sem o requisito da urgência**, São Paulo: Revista dos Tribunais, 2010, p. 148).

45. "O grande usuário da *persona* recursal do STF é o governo. Quanto a isso, não há a menor dúvida. Analisamos todas as partes do Supremo Recursal que, somados os últimos 21 anos, alcançaram mais de 1.000 processos cada. Encontramos 85 partes que concentrem mais de 75% dos processos no STF. (...) o grande cliente do STF Recursal é de natureza pública, do Executivo Federal (...). Caixa Econômica Federal, Banco Central do Brasil e Telemar se destacam pela alta taxa de litigância ativa, beirando os 100%. Ou seja, na quase totalidade dos casos levados até o STF por essas três partes, elas estão demonstrando descontentamento para com os julgamentos anteriores, buscando reforma das decisões. (...) A discussão, portanto, a respeito da grande quantidade de recursos que assolam o STF precisa ser realizada não apenas em termos quantitativos, mas também qualitativos. Não são simplesmente os recursos que afogam o Supremo – são os recursos de algumas poucas partes, quase todas do Poder Executivo". (I **Relatório Supremo em números: o múltiplo Supremo**/Org. Pablo de Camargo Cerdeira; Joaquim Falcão, Pablo de Camargo Cerdeira, Diego Werneck Arguelhes. Rio de Janeiro: Escola de Direito do Rio de Janeiro da Fundação Getúlio Vargas, 2011. p. 66-69).

"pela manifestação de dois terços de seus membros". Cabe ressalvar, contudo, que a técnica de inversão de quórum, prescrita pelo § 4º do art. 543-A do CPC 1973[46] (Lei n. 11.418/2006) não foi repetida pelo legislador de 2015. Assim, o art. 1.035 do CPC prescreve que "o Supremo Tribunal Federal, em decisão irrecorrível, não conhecerá do recurso extraordinário quando a questão constitucional nele versada não tiver repercussão geral, nos termos deste artigo".

Porém, mantendo certa similitude com as cláusulas do § 2º do art. 543-A do CPC de 1973, o § 1º do art. 1.035 do CPC realça que "para efeito de repercussão geral, será considerada a existência ou não de questões relevantes do ponto de vista econômico, político, social ou jurídico que ultrapassem os interesses subjetivos do processo".

A apreciação da matéria é da competência *exclusiva* do Supremo Tribunal Federal. Faltando a indicação precisa da transcendência da questão constitucional, o caso circunscreve-se à *inépcia* da peça recursal extraordinária (apesar da possibilidade de saneamento via arts. 932 e 1.029, § 3º, do CPC). Porém, não há necessidade rígida de que a repercussão geral seja evidenciada em tópico *preliminar* ou *específico*[47], sendo suficiente a sua abordagem ainda que *dispersa* na peça recursal ou cotejada de forma *fundamentada* com a própria demonstração de cabimento do recurso excepcional.

O § 5º do art. 1.035 do CPC prescreve que "reconhecida a repercussão geral, o relator no Supremo Tribunal Federal determinará a suspensão do processamento de todos os processos pendentes, individuais ou coletivos, que versem sobre a questão e tramitem no território nacional". Por sua vez, o § 6º do referido artigo permite ao interessado "requerer, ao presidente ou ao vice-presidente do tribunal de origem, que exclua da decisão de sobrestamento e inadmita o recurso extraordinário que tenha sido interposto intempestivamente, tendo o recorrente o prazo de 5 (cinco) dias para manifestar-se sobre esse requerimento". Além disso, o § 7º do art. 1.035 do CPC consigna que "da decisão que indeferir o requerimento referido no § 6º ou que aplicar entendimento firmado em regime de repercussão geral ou em julgamento de recursos repetitivos caberá agravo interno" (Lei n. 13.256/2016).

Por fim, parece acertado concluir que o reconhecimento da repercussão geral estará inevitavelmente sujeito a um certo grau de controle social[48] e, dessa

---

46. Com efeito, o § 4º do art. 543-A do CPC de 1973 prescrevia que "se a Turma decidir pela existência da repercussão geral por, no mínimo, quatro votos, ficará dispensada a remessa do recurso ao Plenário".
47. Este é o entendimento adotado pelo Enunciado n. **224** do FPPC: "A existência de repercussão geral terá de ser demonstrada de forma fundamentada, sendo dispensável sua alegação em preliminar ou em tópico específico".
48. "Além disso, deve-se dizer que ainda que não haja controle recursal nos julgamentos do STF, existe o primeiro e fundamental controle de toda a decisão jurisdicional: o *social*. Ao contrário do que normalmente se diz, decisão judicial se cumpre, mas se discute também. É direito da sociedade questionar as decisões de todos os graus do Judiciário que ela paga para decidir, inclusive do Supremo, e inclusive também eventuais motivos escusos para essa ou aquela decisão" (BRAGHITTONI, R. Ives. **Recurso extraordinário:**

forma, não ficará imune às críticas oriundas da doutrina especializada, dos atores sociais, da mídia e imprensa especializada etc.

8. EFEITOS DO RECURSO ESPECIAL E EXTRAORDINÁRIO

Os recursos excepcionais são desprovidos de efeito suspensivo (CPC, arts. 955 e 1.029, § 5º). Mantém-se a sistemática consagrada no CPC de 1973, que autorizava a exequibilidade provisória da decisão recorrida[49]. Portanto, com o advento da Lei n. 13.256/2016, num certo efeito *repristinatório* das Súmulas 634 e 635 do STF[50] – que demandariam revisão ou cancelamento a partir da redação originária do § 5º do art. 1.029 do CPC, ao menos no que tange à identificação da competência funcional para sua apreciação, o pedido de concessão de efeito suspensivo a recurso extraordinário ou a recurso especial poderá ser formulado perante (i) o tribunal superior respectivo, caso já publicada a decisão presidencial de admissão, restando pendente a distribuição; (ii) o relator, se distribuído o recurso excepcional; ou ainda (iii) perante a autoridade presidencial, no período compreendido entre a interposição do recurso e seu prognóstico de admissão, bem como ainda nos casos de sobrestamento na forma do art. 1.037 do CPC[51]. Em suma, as tutelas de urgência destinadas à atribuição de efeito suspensivo aos recursos excepcionais serão apresentadas de acordo com o juízo de admissibilidade compartilhado reiterado pela Lei n. 13.256/2016.

9. RECLAMAÇÃO

O cabimento da reclamação, na forma originalmente disciplinada e ampliada pelo CPC 2015, acabou sendo festejado pela doutrina[52].

---

uma análise do acesso do supremo tribunal federal. Coleção Atlas de Processo Civil / Coordenação Carlos Alberto Carmona, São Paulo: Atlas, 2007. p. 71).

49. São válidas e atuais as lições de Gleydson K. Lopes de Oliveira: "Sendo precipuamente vocacionados à tutela do direito objetivo – constitucional e de lei federal – é razoável que o legislador não lhes tenha conferido o referido efeito". (OLIVEIRA, Gleydson Kleber Lopes de. As tutelas de urgência nos recursos extraordinários. *In:* NERY JÚNIOR, Nelson; WAMBIER, Teresa Arruda Alvim (Coords.). **Aspectos polêmicos e atuais dos recursos cíveis e de outros meios de impugnação às decisões judiciais**. São Paulo: Revista dos Tribunais, 2003. Série: Aspectos polêmicos e atuais dos recursos, v. 7, p. 333).

50. Com o advento da mudança imposta ao § 5º do art. 1.029 do CPC, operada no período de *vacatio legis* da Lei 13.105/2015, agora são os Enunciados n. **221** e **222** do FPPC que comportam *revisão* ou *cancelamento*.

51. "Art. 1.029. (...) § 5º O pedido de concessão de efeito suspensivo a recurso extraordinário ou a recurso especial poderá ser formulado por requerimento dirigido: I – ao tribunal superior respectivo, no período compreendido entre a publicação da decisão de admissão do recurso e sua distribuição, ficando o relator designado para seu exame prevento para julgá-lo; II – ao relator, se já distribuído o recurso; III – ao presidente ou ao vice-presidente do tribunal recorrido, no período compreendido entre a interposição do recurso e a publicação da decisão de admissão do recurso, assim como nos casos de o recurso ter sido sobrestado, nos termos do art. 1.037".

52. KOZIKOSKI, Sandro Marcelo. A ampliação das hipóteses de cabimento da reclamação e a garantia de autoridade das decisões dos tribunais, *In* **Impactos do novo CPC na advocacia** / coordenação Pedro

Porém, a Lei n. 13.256/2016 conferiu nova redação ao § 5º do art. 988 do CPC 2015, obstando o seu uso *per saltum*. Portanto, não incorrendo os óbices previstos nos incisos I e II do § 5º do art. 988 do CPC[53], o cabimento da reclamação dar-se-á para fins de (i) preservar a competência do tribunal; (ii) garantir a autoridade das decisões do tribunal; (iii) garantir a observância de enunciado de súmula vinculante e de decisão do Supremo Tribunal Federal em controle concentrado de constitucionalidade; (iv) garantir a observância do acórdão proferido em julgamento de incidente de resolução de demandas repetitivas ou de incidente de assunção de competência.

Competindo a apreciação da reclamação diretamente ao órgão jurisdicional cuja autoridade se pretende garantir (CPC 2015, art. 988, § 1º), o dilema consiste em assegurar as teses e orientações dessas Cortes e, ao mesmo tempo evitar o risco de sua multiplicação. De qualquer sorte, julgando procedente a reclamação, o tribunal cassará a decisão exorbitante de seu julgado ou determinará medida adequada à solução da controvérsia (CPC, art. 992).

10. CONCLUSÕES

O CPC 2015 manteve certos traços da sistemática de processamento dos recursos excepcionais, conectando indissociavelmente tais mecanismos aos incidentes de coletivização, ampliando as técnicas *seletivas* com vistas ao arrefecimento das taxas de congestionamento dos Tribunais Superiores. Além disso, os reclamos de membros das Cortes Superiores com vistas à tarefa hercúlea que se avizinhava, advinda do juízo de admissibilidade único, dada a expectativa de *afunilamento* do trabalho envolvendo a recepção do número de processos *recursais* que seguiriam obrigatoriamente às Cortes de sobreposição (STJ e STF), foram suficientes para retomar o arranjo institucional vigente sob a perspectiva do Código Buzaid. Forçoso reconhecer, então, que o "novo" juízo de admissibilidade dos recursos extraordinário e especial retomou certos parâmetros presentes no CPC de 1973, conferindo prestígio à função desempenhada pelos famigerados agravos de inadmissão (CPC, art. 1.042), os quais, aparentemente, ganharam *sobrevida*. Além disso, as reformas empreendidas recentemente ainda contemplaram mudanças no art. 1.029 do CPC 2015, no tocante aos meios voltados à atribuição de efeito suspensivo aos recursos excepcionais, criando regras de competência para tal mister. Por fim, foram adotadas mudanças significativas no processamento dos

---

Miranda de Oliveira, Florianópolis: Conceito Editorial, 2015. p. 361-372 (ISSN 978-85-7874-412-0).

53. "Art. 988. (...) § 5º É inadmissível a reclamação: I - proposta após o trânsito em julgado da decisão reclamada; II - proposta para garantir a observância de acórdão de recurso extraordinário com repercussão geral reconhecida ou de acórdão proferido em julgamento de recursos extraordinário ou especial repetitivos, quando não esgotadas as instâncias ordinárias".

recursos repetitivos, potencializando ainda o efeito *regressivo* extraído de certos meios impugnativos, com vistas ao alinhamento das decisões recorridas aos precedentes das Cortes Superiores.

É de se aceitar, por fim, que o CPC 2015 realçou o paradigma da *objetivação* dos recursos excepcionais, em prol da otimização da prestação jurisdicional, notadamente nos casos envolvendo a litigiosidade repetitiva. Assim, o Código de Processo Civil 2015 enquadrou os incidentes de resolução de demandas repetitivas e os recursos excepcionais repetitivos num verdadeiro modelo de enfrentamento das macro-lides[54], fomentando uma nova racionalidade processual. Por isso, impõe-se seja conferida especial atenção aos mecanismos de *afetação* e *desafetação* dos recursos especial e extraordinário à luz dos casos paradigmáticos, diante da necessidade de construção de uma jurisprudência estável e coerente.

11. BIBLIOGRAFIA

BENETI, Sidnei. Reformas de descongestionamento de tribunais. In **Estudos de direito constitucional em homenagem a Cesar Asfor Rocha (teoria da constituição, direitos fundamentais e jurisdição)**, Paulo Bonavides, Germana Moraes e Roberto Rosas (orgs.), Rio de Janeiro-São Paulo-Recife: Editora Renovar, 2009.

BRAGHITTONI, R. Ives. **Recurso extraordinário: uma análise do acesso do supremo tribunal federal**. Coleção Atlas de Processo Civil / Coordenação Carlos Alberto Carmona, São Paulo: Atlas, 2007.

BUENO, Cassio Scarpinella. **Curso sistematizado de direito processual civil: Recursos: Processos e incidentes nos Tribunais. Sucedâneos recursais: técnicas de controle das decisões jurisdicionais**, Vol. 5, 2ª ed., São Paulo: Saraiva, 2.010.

COELHO, Gláucia Mara. **Repercussão geral: da questão constitucional no processo civil brasileiro**. São Paulo: Atlas, 2009.

CORTES, Oscar Mendes Paixão. O futuro da recorribilidade extraordinária e o novo código de processo civil, In **Novas tendências do processo civil: estudos sobre o projeto do novo código de processo civil**, Organizadores Alexandre Freire, Bruno Dantas, Dierle Nunes, Fredie Didier Jr., José Miguel Garcia Medina, Luiz Fux, Luiz Henrique Volpe Camargo e Pedro Miranda de Oliveira, Vol. III, Salvador: JusPodium, 2014.

DINAMARCO, Cândido Rangel. **Nova era do processo civil**, 1ª ed., 2ª tir., São Paulo: Malheiros, 2004.

---

54. O Enunciado n. **345** do FPPC conclui que "O incidente de resolução de demandas repetitivas e o julgamento dos recursos extraordinários e especiais repetitivos formam um microssistema de solução de casos repetitivos, cujas normas de regência se complementam reciprocamente e devem ser interpretadas conjuntamente".

FERNANDES, Luis Eduardo Simardi. **Embargos de declaração: efeitos infringentes, prequestionamento e outros aspectos polêmicos.** São Paulo: Revista dos Tribunais, 2003.

FONSECA, João Francisco Naves da. O julgamento dos recursos extraordinário e especial no projeto do novo CPC (PL 8.046/2010): críticas ao "reenvio obrigatório". In **Recursos e a duração razoável do processo,** Coordenadores Bruno Silveira de Oliveira, Flávio Cheim Jorge, Marcelo Abelha Rodrigues, Rita Dias Nolasco e Rodrigo Mazzei, Brasília, Gazeta Jurídica, 2013.

GUIMARÃES, Rafael de Oliveira. Atualidades sobre o prequestionamento e as possíveis mudanças provocadas pelo projeto do novo código de processo civil, In **Novas tendências do processo civil: estudos sobre o projeto do novo código de processo civil,** Organizadores Alexandre Freire, Bruno Dantas, Dierle Nunes, Fredie Didier Jr., José Miguel Garcia Medina, Luiz Fux, Luiz Henrique Volpe Camargo e Pedro Miranda de Oliveira, Vol. III, Salvador: JusPodium, 2014.

KOZIKOSKI, Sandro Marcelo. A ampliação das hipóteses de cabimento da reclamação e a garantia de autoridade das decisões dos tribunais, In **Impactos do novo CPC na advocacia** / coordenação Pedro Miranda de Oliveira, Florianopolis: Conceito Editorial, 2015. p. 361-372 (ISSN 978-85-7874-412-0).

MARINONI, Luiz Guilherme. Reexame da prova diante dos recursos especial e extraordinário. In **Revista de Processo,** n. 130, a. 30, dez. 2005.

_____. **O projeto do CPC: críticas e propostas** / Luiz Guilherme Marinoni, Daniel Mitidiero, São Paulo: Ed. Revista dos Tribunais, 2010.

_____. **O STJ enquanto corte de precedentes: recompreensão do sistema processual da corte suprema,** 2ª ed., São Paulo: Revista dos Tribunais, 2014.

NERY JR., Nelson. Questões de ordem pública e o julgamento do mérito dos recursos extraordinário e especial: anotações sobre a aplicação do direito à espécie (STF, 456 e RISTJ 257). In **Os poderes do juiz e o controle das decisões judiciais: estudos em homenagem à professora Teresa Arruda Alvim Wambier,** Coordenadores José Miguel Garcia Medina, Luana Pedrosa de Figueiredo Cruz, Luis Otávio Serqueira de Cerqueira e Luiz Manoel Gomes Jr., São Paulo: Revista dos Tribunais, 2008.

OLIVEIRA, Gleydson Kleber Lopes de. **Recurso especial,** São Paulo: Revista dos Tribunais, 2002.

_____. As tutelas de urgência nos recursos extraordinários. In: NERY JÚNIOR, Nelson; WAMBIER, Teresa Arruda Alvim (Coords.). **Aspectos polêmicos e atuais dos recursos cíveis e de outros meios de impugnação às decisões judiciais.** São Paulo: Revista dos Tribunais, 2003. Série: Aspectos polêmicos e atuais dos recursos, v. 7.

OLIVEIRA, Pedro Miranda de. A flexibilização do procedimento e a viabilidade do recurso extraordinário *per saltum* no CPC projetado, In **Novas tendências do processo civil: estudos sobre o projeto do novo código de processo civil,** Organizadores Alexandre Freire, Bruno Dantas, Dierle Nunes, Fredie Didier Jr., José Miguel Garcia Medina, Luiz Fux,

Luiz Henrique Volpe Camargo e Pedro Miranda de Oliveira, Vol. III, Salvador: JusPodium, 2014.

I Relatório Supremo em números: o múltiplo Supremo/Org. Pablo de Camargo Cerdeira; Joaquim Falcão, Pablo de Camargo Cerdeira, Diego Werneck Arguelhes. Rio de Janeiro: Escola de Direito do Rio de Janeiro da Fundação Getúlio Vargas, 2011.

RODRIGUES, Ruy Zoch. **Ações repetitivas: casos de antecipação de tutela sem o requisito da urgência**, São Paulo: Revista dos Tribunais, 2010.

SOUZA, Bernardo Pimentel. **Introdução aos recursos cíveis e à ação rescisória**, 4ª ed., São Paulo: Saraiva, 2007.

VASCONCELOS, Rita de Cássia Corrêa. **Princípio da fungibilidade: hipóteses de incidência no processo civil brasileiro contemporâneo**, São Paulo : Revista dos Tribunais, 2007 (Recursos no processo civil; v. 17.

VIVEIROS, Estefânia. Prejudicialidade do recurso extraordinário em face do julgamento do recurso especial. *In* **Revista de Processo**, n. 118, a. 29, nov./dez. 2004.

WAMBIER, Teresa Arruda Alvim. **Recurso especial, recurso extraordinário e ação rescisória**, 2ª ed., São Paulo: Editora Revista dos Tribunais, 2009.

CAPÍTULO 15
O Prequestionamento no Novo Código de Processo Civil

Vinicius Silva Lemos[1]

SUMÁRIO: 1. INTRODUÇÃO; 2. PREQUESTIONAMENTO; 2.1. FORMAS DE PREQUESTIONAMENTO; 2.2. PREQUESTIONAMENTO EXPLÍCITO E IMPLÍCITO; 2.2.1. PREQUESTIONAMENTO EXPLÍCITO; 2.2.2. PREQUESTIONAMENTO IMPLÍCITO; 3. DICOTOMIA ENTRE OS ENTENDIMENTOS DO STJ E O STF E A POSSÍVEL ADERÊNCIA DE ENTENDIMENTOS; 3.1. SÚMULA 211 DO SUPERIOR TRIBUNAL DE JUSTIÇA E O SEU ENTENDIMENTO SOBRE PREQUESTIONAMENTO; 3.2. DA SÚMULA 356 DO SUPREMO TRIBUNAL FEDERAL – RECONHECIMENTO DO CHAMADO PREQUESTIONAMENTO FICTO; 3.3. A INSTABILIDADE DA APLICAÇÃO DA SÚMULA 356 NO SUPREMO TRIBUNAL FEDERAL E A ADERÊNCIA AO ENTENDIMENTO DO SUPERIOR TRIBUNAL DE JUSTIÇA; 3.4. A RELATIVIZAÇÃO DO PREQUESTIONAMENTO COMO REQUISITO DE ADMISSIBILIDADE QUANDO PRESENTE A REPERCUSSÃO GERAL; 4. O PREQUESTIONAMENTO NO NOVO CÓDIGO DE PROCESSO CIVIL; 4.1. A ESCOLHA PELO PREQUESTIONAMENTO FICTO; 4.2. PONTOS PROCESSUAIS FAVORÁVEIS AO PREQUESTIONAMENTO FICTO; 4.3. O IMPACTO DA ESCOLHA DO NOVO CÓDIGO DE PROCESSO NA JURISPRUDÊNCIA DOS TRIBUNAIS SUPERIORES; 4.3.1. O IMPACTO NO SUPERIOR TRIBUNAL DE JUSTIÇA; 4.3.2. O IMPACTO NO SUPREMO TRIBUNAL FEDERAL; 4.4. O APROVEITAMENTO PROCESSUAL DO ARTIGO 1029, § 3º E O PREQUESTIONAMENTO; 4.5. O PREQUESTIONAMENTO MESMO QUANDO VENTILADO SOMENTE NO VOTO VENCIDO; 4.6. O PREQUESTIONAMENTO NO NOVO CÓDIGO E A QUESTÃO DE ORDEM PÚBLICA; 4.7. A OPÇÃO PELO JURISDICIONADO; 5. CONCLUSÃO; 6. REFERÊNCIAS BIBLIOGRÁFICAS.

1. INTRODUÇÃO

Os tribunais superiores brasileiros por muitas vezes são encarados pela sociedade, principalmente a leiga, como terceira ou quarta instâncias processuais, como um direito de qualquer cidadão em qualquer ação, independente de temática. Uma aparência de que todo e qualquer processo deva passar por todo o trâmite recursal superior.

Entretanto, a sistemática recursal no processo brasileiro somente concede direito pleno ao jurisdicionado quando do duplo grau de jurisdição, sendo ampla a devolutividade e seus requisitos. No tocante as formalidades para os tribunais superiores, os recursos não se fixam mais somente nas causas em questão, nos

---

1. Advogado. Mestrando na Universidade Federal Fluminense em Sociologia e Direito. Especialista em Processo Civil pela Faculdade de Rondônia – FARO. Graduado pela Faculdade de Rondônia – FARO. Professor de Processo Civil na Faculdade de Rondônia – FARO. Conselheiro Estadual da OAB/RO. Diretor Acadêmico da ESA/RO. Membro do CEAPRO – Centro de Estudos Avançados em Processo Civil. Membro da ABDPC – Academia Brasileira de Direito Processual Civil. Membro da ANNEP – Associação Norte Nordeste de Professores de Processo.

processos e seus objetos, há a necessidade de uma infração de lei infraconstitucional (Superior Tribunal de Justiça) ou de norma constitucional (Supremo Tribunal Federal). Apesar da possibilidade recursal superior, os seus requisitos são mais complexos, causando um nítido esquema de filtro processual para que somente os processos importantes para a sociedade ou que realmente tenham amplitude maior do que a causa, dentro da ofensa mencionada sejam julgados.

Um dos principais, senão o principal, dos filtros processuais recursais de admissibilidade recai na necessidade de prequestionamento da matéria no juízo recorrido, de forma a somente admitir-se recursos superiores para causas/matérias realmente decididas, questionadas e enfrentadas, de acordo com o texto constitucional disposto nos artigos 102, III e no 105, III.

Com a nova codificação de ritos, o legislador diante de vários entendimentos sobre o instituto, teve de optar por adotar critérios de prequestionamento, positivando norma sobre o assunto e esclarecendo as divergências jurisprudenciais existentes na matéria. Uma nova lei, uma escolha pertinente e, teoricamente, definitiva sobre o prequestionamento, o que impacta no atual trâmite recursal, bem como necessita uma revisão jurisprudencial dos tribunais para a adaptação do novo texto legal.

2. PREQUESTIONAMENTO

A constituição federal na matéria específica aos recursos excepcionais (art. 102, III/art. 105, III), impõe que somente serão possíveis sobre causas decididas, o que leva a interpretação de que as partes somente poderão recorrer de matérias que foram discutidas pelos tribunais anteriores, constando na decisão judicial recorrida. Tendo decisão sobre a matéria, caberá recurso excepcional sobre esta parte decisória, sem a decisão em si no tocante aquele ponto, não pode recorrer para os tribunais superiores.

Entretanto, em diversas situações, mesmo havendo um ato decisório na demanda, este pode não enfrentar matéria constante no contraditório/fundamentos/pedidos, incorrendo em uma evidente omissão, remetendo às possibilidades de interposição dos embargos de declaração para saneamento de omissão.

A súmula 282 do STF debruça-se sobre a matéria de forma conclusiva a entender como pertinente, existente e essencial o prequestionamento, como vemos neste ponto que "é inadmissível o recurso extraordinário, quando não ventilada, na decisão recorrida, a questão federal suscitada." Dessa forma, o prequestionamento "é ato do órgão julgador, isto é, ele órgão julgador, tem que emitir juízo de valor, ou seja, apreciar e decidir sobre as questões constitucionais ou legais aplicadas ao caso concreto".[2]

Pode-se constatar que com a falta de decisão na matéria em questão, haveria falta de cabimento no recurso a ser manejado, por não preencher uma condição inicial para a própria existência recursal, a decisão em si. Tendo os tribunais superiores a função revisional (federal ou constitucional), somente há revisão quando uma manifestação sobre a matéria aconteceu. Necessário ter a decisão nos autos, de modo que, com "razão o STF quando exige o prequestionamento da questão constitucional, para que possa conhecer do RE (STF 282 e 356)" [3]

A matéria por construção meramente doutrinária e falta de regulamentação específica tem diferentes conceitos, diferentes formas de aceitação, questionamentos sobre a sua nomenclatura, bem como sua função na fase recursal, quais possibilidades em quais recursos, dentre outras hipóteses. Num sentido amplo, "para o sistema constitucional brasileiro, prequestionar significa provocar o tribunal inferior a pronunciar-se efetivamente sobre a questão legal, previamente à interposição do REsp".[4]

2.1. Formas de prequestionamento

José Miguel Garcia Medina ao analisar a questão do prequestionamento, não alcança uma conceituação única e básica, contendo uma multiplicidade de posicionamentos jurisprudenciais, para entender a existência de grupos diferentes de prequestionamento, o que até contribui no intuito de entender as suas diferentes variáveis, que infelizmente existem e "prejudica-se, com isto, a realização de tão relevante função desempenhada no sistema jurídico pelos recursos extraordinário e especial e, consequentemente, a razão de ser das Cortes Superiores."[5]

Não há dúvidas sobre a sua função e necessidade, mas diante de tantos posicionamentos, o próprio instituto tem visão precária no sentido de não ter a sua positivação. Quando se imagina a primeira hipótese sobre a necessidade de

---

2. GUIMARÃES, Luiz Carlos Forguiri. O prequestionamento nos Recursos Extraordinário e Especial: A dificuldade do acesso á justiça nos tribunais brasileiros (STF/STJ). São Paulo: Letras Jurídicas, 2010.
3. NERY JUNIOR, Nelson. NERY, Rosa Maria de Andrade, Código de Processo Civil Comentado. 10ª ed. São Paulo: Revista dos Tribunais, 2007, p. 541).
4. NERY JUNIOR, Nelson. NERY, Rosa Maria de Andrade, Código de Processo Civil Comentado. 10ª ed. São Paulo: Revista dos Tribunais, 2007, p. 925/924).
5. MEDINA, José Miguel Garcia. Variações jurisprudenciais recentes sobre a dispensa do prequestionamento, in NERY JUNIOR, Nelson e WAMBIER, Teresa Arruda Alvim (Coord.). Aspectos Polêmicos e Atuais dos Recursos Cíveis e de Outros Meios de Impugnação às Decisões Judiciais. São Paulo: RT. 2005. v. 8 p. 287)

manifestação expressa, se busca um ritual processual minimalista, uma questão complexa que nunca poderia ser tergiversada.

Eduardo Ribeiro explica bem sobre os diferentes posicionamentos quanto as possibilidades de prequestionamento:

> "Dificuldade que se coloca, quando se trata do prequestionamento como condição para viabilizar os recursos extraordinário e especial, além da própria grafia, está no sentido em que empregada a expressão. É utilizada na doutrina e mesmo na jurisprudência traduzindo a necessidade de que matéria tenha sido suscitada antes do julgamento recorrido. Para outros, entretanto, considera-se presente quando a questão, não apenas é objeto de argüição pela parte, mas decidida pelo acórdão a ser impugnado. Por fim, uma terceira corrente estima que a exigência prende-se tão-só a essa última hipótese, ou seja, haver decisão, ainda que não se tenha verificado anterior debate[6]

No primeiro posicionamento, o prequestionamento seria ato da parte, o ônus de ventilar a matéria, expor a matéria ao juízo, em sua via recursal, seja no recurso principal, ou posteriormente, indagando aos julgadores de eventual omissão sobre ponto não enfrentado. Neste posicionamento inicial elencado na citação acima, a semântica da palavra prequestionar é levada em consideração simplesmente como uma indagação ou uma proposição, tendo como uma vez proposto, prequestionado está, não guardando relação com o resultado judicial da proposição, se enfrentado ou não.

Em uma segunda interpretação, o prequestionamento seria dividido em duas partes, o suscitar e o decidir. As partes ventilam a matéria (federal ou constitucional) e o tribunal decide sobre a questão em si. A junção dos dois atos que perfaz o prequestionamento em si, a alegação do prequestionamento anteriormente em qualquer recurso é tão essencial quanto a resposta judicial, consignando que "essa decisão expressa sobre a matéria prequestionada, é o que se chama de ventilar a questão federal".[7]

No posicionamento posterior, o que importa de forma essencial para a admissibilidade é a resposta judicial sobre a matéria, independente da manifestação pelas partes, o acórdão enfrentando a matéria, prequestionada a matéria estaria. Teresa Arruda Alvim Wambier discorre sobre a mutabilidade que sofreu o instituto, com a necessidade não da alegação em si, ônus da parte, tornando por

---

6. RIBEIRO, Eduardo. "Prequestionamento", em Aspectos polêmicos e atuais dos recursos cíveis de acordo com a Lei 9.756/98. São Paulo : RT, 1999 p. 245).
7. LEÃO, Antônio Carlos Amaral. O prequestionamento para a admissibilidade do Recurso Especial. Revista dos Tribunais, n. 650/236, Dez. 1989. p. 237.

vezes até irrelevante, mas com o simples enfrentamento judicial: "a expressão prequestionamento que originariamente dizia respeito à atividade das partes, pois são as partes que 'questionam', passou a significar a exigência de que da decisão conste esta discussão que houve entre as partes sobre a questão federal."[8]

2.2. Prequestionamento explícito e implícito

Qualquer classificação doutrinária sobre o prequestionamento esbarra na aplicação que a jurisprudência realiza quanto à sua definição, surgindo diversas possibilidades, os quais separamos alguns como numérico, explícito e implícito.

Sobre esta classificação, ou possibilidade de classificação, Nelson Nery Júnior tem opinião sobre a insignificância dessa divisão, ao afirmar:

> "A visão dicotômica do prequestionamento, em implícito e explícito, é irrelevante para a caracterização do cabimento do recurso excepcional. O problema não existe: haja ou não o prequestionamento implícito ou explícito, pouco importa, o recurso extraordinário ou especial só será admissível se a matéria tiver sido efetivamente decidida, vale dizer, se estiver contida dentro do acórdão que se pretende impugnar." [9]

Entretanto, os tribunais superiores utilizam interpretações dessas divisões, inclusive para motivar o não conhecimento dos recursos especiais ou extraordinários, guardadas as competências para o julgamento de cada qual. Entender a diferença entre as possibilidades de prequestionamento se faz necessário. O que se discute é a inserção ou não da questão federal ou constitucional no acórdão recorrido, ainda que explícita ou implicitamente.

2.2.1. Prequestionamento explícito

Esta espécie de classificação refere-se aos acórdãos que mencionam expressamente o dispositivo legal que sofreu o enfrentamento da matéria pelo tribunal recorrido. Há uma clareza nesta situação, a resposta judicial enfrenta de forma expressa sobre a lei e o artigo em que houve interpretação teoricamente divergente ou com vigência negada.

Nesta hipótese de prequestionamento as dúvidas são menores, o acórdão é mais coerente em seu enfrentamento, possibilitando ao recorrente maior

---

8. WAMBIER, Teresa Arruda Alvim. Omissão judicial e embargos de declaração. São Paulo: RT. 2005. p. 285
9. NERY JUNOR, Nelson. Aspectos Polêmicos e Atuais dos Recursos Cíveis e de Outras Formas de Impugnação às Decisões Judiciais. SP: RT, 2001, p. 856.

amplitude de visualização do aspecto legal a ser impugnado. Sem dúvidas, há maior expressão do prequestionamento quando há essa forma numérica, explicitada, ao dispor claramente no acórdão a disposição legal.

Ao julgar, o tribunal recorrido deve no acórdão enfrentar a questão federal ou constitucional do recurso excepcional, não somente discutindo a matéria em si, debatendo sobre os argumentos das partes sobre questões federais ou constitucionais, deve para configurar o prequestionamento, explicitar o texto da lei, o artigo a que se refere, o qual decidem no acórdão.

Somente com a menção ao texto legal ou constitucional julgado que haverá o prequestionamento. Nesta espécie, para a possibilidade recursal para o tribunal superior, o acórdão recorrido deve mencionar cada um dos dispositivos enfrentados, sob pena de mesmo com a decisão enfrentando tal matéria, ainda assim, não configurar o prequestionamento da matéria.

O STF somente admite o prequestionamento na forma explícita, de acordo com julgados recentes.[10] No caso da simples omissão no acórdão sobre o dispositivo legal, ainda que enfrentada a matéria, continua a necessidade de integração da decisão via embargos de declaração, não para ventilar-se a matéria omissa, mas a menção dos dispositivos omissos, para fins de utilização desta em recurso excepcional.

2.2.2. Prequestionamento implícito

Em contraponto ao prequestionamento explícito, desenvolveu-se a admissão da discussão da matéria no acórdão, mesmo sem a citação dos dispositivos legais, mas enfrentando a matéria de lei federal ou constitucional, entendendo esta situação como um prequestionamento em forma implícita, quando não há necessidade do prequestionamento ser numérico, tanto que o STJ não guarda

---

10. A parte ora agravante sustenta que o acórdão por ela impugnado em sede recursal extraordinária teria transgredido preceitos inscritos na Constituição Federal. Cabe referir, desde logo, que – com a exceção do tema concernente à alegada transgressão ao preceito inscrito no art. 7º, XVIII, da Constituição – os demais temas não se acham devidamente prequestionados. E, como se sabe, ausente o indispensável prequestionamento da matéria constitucional, que não se admite implícito (RTJ 125/1368 – RTJ 131/1391 – RTJ 144/300 – RTJ 153/989), incidem as Súmulas 282 e 356 desta Corte (RTJ 159/977). A configuração jurídica do prequestionamento decorre de sua oportuna formulação em momento procedimentalmente adequado. Não basta, no entanto, só arguir, previamente, o tema de direito federal para legitimar o uso da via do recurso extraordinário. Mais do que a satisfação dessa exigência, impõe-se que a matéria constitucional questionada tenha sido efetivamente apreciada na decisão recorrida (RTJ 98/754 – RTJ 116/451). (..) Sendo assim, e tendo em consideração as razões expostas, conheço do presente agravo, para negar seguimento ao recurso extraordinário, por manifestamente inadmissível. Publique-se. Brasília, 20 de novembro de 2014.Ministro CELSO DE MELLO. Relator (STF - ARE: 850770 BA , Relator: Min. CELSO DE MELLO, Data de Julgamento: 20/11/2014, Data de Publicação: DJe-233 DIVULG 26/11/2014 PUBLIC 27/11/2014)

como condição o enfrentamento direto dos dispositivos legais, somente o enfrentamento da matéria, porém, caso o acórdão diga claramente quais os dispositivos constantes na decisão, mais visualizável se torna o prequestionamento e a parte da decisão sobre a questão federal ou constitucional.[11]

Para tanto, o tribunal recorrido deve no acórdão enfrentar a questão federal ou constitucional do recurso excepcional, ainda que não cite os artigos da lei ou da constituição que interpreta ou que viole, se manifestando acerca de tese levantada pelas partes.

Com os argumentos das partes decididas efetivamente pela corte, quaisquer dos resultados possíveis no acórdão, as partes, cada qual com sua sucumbência, pode interpor o recurso excepcional alegando matéria já decidida expressamente. Para Rodrigo da Cunha Lima Freire, há o "prequestionamento implícito quando o tribunal de origem, apesar de se pronunciar explicitamente sobre a questão federal controvertida, não menciona explicitamente o texto ou o número do dispositivo legal tido como afrontado"[12]

No caso de omissão sobre a matéria não enfrentada no acórdão, há a necessidade de integração da decisão via embargos de declaração, ventilando-se a matéria omissa para fins de utilização desta em recurso excepcional. Se no acórdão dos embargos opostos, o tribunal se manifestar sobre a questão omissa, mesmo que não cite os dispositivos legais, o prequestionamento está realizado, implicitamente.

Entretanto, sobre essa classificação entre implícito e explícito, os tribunais superiores têm diferentes entendimentos sobre essa aceitação, o STJ admite o prequestionamento implícito, quando o STF somente o explícito, causando confusão e complexidade, não somente para o operador do direito, mas para o jurisdicionado.

---

11. PROCESSUAL CIVIL. PREQUESTIONAMENTO NUMÉRICO. DESNECESSIDADE. ENUNCIADO SUMULAR N. 7/STJ. INAPLICABILIDADE. 1. No que tange ao "prequestionamento numérico", é posicionamento assente nesta Corte de que não é necessário ao julgador enfrentar os dispositivos legais citados pela parte ou obrigatória a menção dos dispositivos legais em que fundamenta a decisão, desde que enfrente as questões jurídicas postas na ação e fundamente, devidamente, seu convencimento. 2. Nada impede ao julgador, a partir da análise da moldura fática delineada pela corte de origem, aplique o direito. Tal situação não se confunde com aquela que atrai a incidência do Enunciado Sumular n. 7 desta Corte, a qual demanda efetivamente a redefinição da matéria fático-probatória. 3. Agravo regimental não provido.(STJ - AgRg no REsp: 1305728 RS 2012/0022276-3, Relator: Ministro MAURO CAMPBELL MARQUES, Data de Julgamento: 21/05/2013, T2 - SEGUNDA TURMA, Data de Publicação: DJe 28/05/2013)
12. FREIRE, Rodrigo da Cunha Lima. *Prequestionamento implícito no recurso especial: posição divergente no STJ.* In: Aspectos polêmicos e atuais dos recursos cíveis e outras formas de impugnação às decisões judiciais. Coordenadores: Nelson Nery Jr. e Teresa Arruda Alvim Wambier. São Paulo: RT2001, p. 980/981.

De acordo com a nova norma processual sobre o instituto, considerando-se prequestionada pela alegação da parte, a discussão sobre o enfrentamento da matéria ser explícita ou implícita perde força e objeto, com plena razão Nelson Nery Junior sobre a desnecessidade da discussão sobre a matéria classificatória.[13] Nos moldes do artigo 1025, o prequestionamento existe quando a matéria for ventilada nos embargos de declaração, independentemente do resultado do acórdão.

3. DICOTOMIA ENTRE OS ENTENDIMENTOS DO STJ E O STF E A POSSÍVEL ADERÊNCIA DE ENTENDIMENTOS

No histórico da utilização do prequestionamento como requisito de admissibilidade dos tribunais superiores em seus recursos correspondentes, cada um destes órgãos viabilizou posicionamentos diferentes e antagônicos, conceituando e admitindo formas distintas de prequestionamento, causando na jurisprudência, doutrina e ao jurisdicionado, situações processuais complexas.

3.1. Súmula 211 do Superior Tribunal de Justiça e o seu entendimento sobre prequestionamento

No tocante ao prequestionamento, o Superior Tribunal de Justiça tem a importante Súmula 211, que declara "inadmissível recurso especial quanto à questão que, a despeito da oposição dos embargos declaratórios, não foi apreciada pelo Tribunal 'a quo'."

Em súmula delimita que mesmo se a parte manejar os chamados embargos de declaração com fins de prequestionamento, e, em detrimento destes, o juízo a quo, insistir em não apreciar a matéria, persistindo a omissão da questão prequestionada, não caberá recurso especial para se tratar da matéria não enfrentada, mediante a falta de pressupostos de admissibilidade para seu conhecimento. Neste prisma, para o STJ, acórdão que não ventila a matéria federal específica, sobre esta não se tem como impugnar, pelo fato de que "não há prequestionamento quando a questão federal não é solucionada na decisão recorrida, apesar de previamente veiculada em peças processuais."[14]

Dessa forma, quando encontrar-se numa situação processual recursal neste enquadramento deverá o recursal basear-se na Súmula 211, para primeiramente

---

13. NERY JUNOR, Nelson. Aspectos Polêmicos e Atuais dos Recursos Cíveis e de Outras Formas de Impugnação às Decisões Judiciais. SP: RT, 2001, p. 856.
14. SOUZA, Bernardo Pimentel. Introdução aos Recursos Cíveis, 6ª Edição, Editora Saraiva, 2009, pág. 816.

cassar o acórdão em que o juízo impugnado não enfrenta a omissão, interpondo, neste momento, recurso especial alegando o não cumprimento ao inciso II do art. 535 do CPC, já que restou inexistente resposta sobre possível omissão, por total erro in procedendo. Com eventual êxito deste recurso no Superior Tribunal de Justiça a parte pode seguir outro caminho e este novo momento é delineado muito bem nas palavras de Cassio Scarpinella Bueno, na seguinte forma:

> " (..) deverá o sucumbente interpor recurso especial, com fundamento no art. 105, III, 'a', da Constituição Federal, por violação ao art. 535, incisos I ou II, do Código de Processo Civil. Somente com o eventual acolhimento deste recurso e cassado o acórdão a quo é que terá cabimento novo recurso especial para levar ao Superior Tribunal de Justiça a questão legal/federal em que se funda a causa."[15]

No primeiro momento não se pode atacar o mérito recursal da recurso anterior aos embargos, deixando este como matéria de fundo, tendo que manejar um recurso especial para almejar a cassação do acórdão que não enfrentou a matéria dos embargos de declaração opostos, criando assim um recurso especial somente para a resolução da questão sobre o prequestionamento, para depois, providos estes, o processo retornar ao tribunal, que será obrigado a responder as questões prequestionadores dos embargos e, posteriormente, caberá o REsp sobre a matéria de fundo, do acórdão da Apelação/Agravo.

Se a parte não intentar seu recurso levando em consideração tal formalidade, tendo matéria tão somente do recurso da matéria de fundo, o recurso especial terá como resultado, infelizmente, o não conhecimento, por falta de admissibilidade no tocante a prequestionamento. Sobre esta matéria, os seguintes julgados antigos da década de 1990,[16] bem como outros da atual jurisprudência,

---

15. BUENO, Cassio Scarpinella. Prequestionamento -Reflexões sobre a Súmula 211 do STJ. *In* NERY JUNIOR. Nelson e WAMBIER. Teresa Arruda Alvim *Aspectos Polêmicos e Atuais dos Recursos*. São Paulo. Revista dos Tribunais. 2000. - Disponível no link com numeração somente do artigo: http://www.scarpinellabueno.com.br/Textos/Prequestionamento%20-%20S%C3%BAmula%20211.pdf p. 4

16. "Processo Civil. Recurso Especial. Ausência de prequestionamento. Embargos declaratórios rejeitados pelo Tribunal 'a quo'. *Impossível o acesso de recurso especial se o tema nele inserto não foi objeto de debate na Corte de origem. Tal ausência não é suprida pela mera oposição de embargos declaratórios. Faz-se imprescindível que os embargos sejam acolhidos pela Corte de origem para que seja sanada a possível omissão constante do v. acórdão embargado. Se o órgão julgador persistir na omissão, rejeitando os embargos, deve a parte veicular no recurso especial a ofensa às regras processuais pertinentes e não insistir na violação aos preceitos legais relativos ao mérito da causa, sem que sobre eles haja p Tribunal 'a quo' emitido juízo explícito.* Recurso Especial não conhecido (REsp. 43.622-SP), 1ª Turma, Rel. Min. César Rocha, DJU 2/6/94, RSTJ 108/394) (535, CPC. Recurso Conhecido e provido.)
I – Havendo a Câmara Julgadora, ao decidir agravo de instrumento, deixado de pronunciar-se sobre questão de inegável relevância que havia sido suscitada pelo agravante, impõe-se, *uma vez não sanada a omissão em sede de declaratórios, reconhecer afrontado o artigo 535, CPC. II – Tal reconhecimento, tendo em vista a especial disciplina a que sujeito o recurso especial, prejudica a análise da matéria de fundo*

como julgados recentes,[17] demonstram uma linha de coerência do STJ sobre o entendimento da matéria e da utilização efetiva da súmula 211.

A posição do Superior Tribunal de Justiça torna claro em seu rigor processual, defendendo o rito processual de um prequestionamento exclusivamente técnico, levando as últimas consequências processuais a necessidade de somente se julgar causas decididas. Se o eventual recurso especial versar sobre matéria em que houve a omissão, de fato, não há uma decisão, não possibilitando o tribunal superior debruçar-se sobre questão não enfrentada pelo tribunal recorrido.

Se partirmos do princípio essencial das "causas decididas" impostos na seara constitucional, de fato, o STJ tem razão neste posicionamento, numa visão eminentemente processual, numa análise micro, de forma a pensar na excelência processual almejada, não importando a sua consequência de atraso processual, necessidade de ida e vinda do processo ao STJ, volta ao tribunal e, posteriormente, nova ida ao STJ para uma solução final ao recurso e a demanda como um todo.

---

em relação a qual se verificou a omissão, isto porque, diante da certeza de que o Colegiado de segundo grau se omitiu em apreciá-la, não se há como conhecê-la prequestionada. III – Recurso Especial provido para que retornando aos autos ao Tribunal de origem seja emitido pronunciamento específico acerca do aspecto omitido (REsp. 30.167-SP, 4ª Turma, Rel. Min. Sálvio de Figueiredo Teixeira, DJU 14/3/94, p. 4365-RSTJ 108/388).

17. AGRAVO EM RECURSO ESPECIAL Nº 100.003 - RS (2011/0219888-9) RELATOR : MINISTRO RAUL ARAÚJO - Em suas razões recursais, a recorrente alega ofensa aos arts. 267, 269, 467, 621, e 744, 745, IV, do Código de Processo Civil, sustentando que houve cerceamento de defesa quando, à interposição dos embargos de declaração foram rejeitados os argumentos alegados pelo ora agravante. É o relatório. Observa-se que eg. Tribunal de origem, a despeito da oposição dos embargos de declaração, não analisou a questão sob o enfoque dos referidos artigos. Ressalte-se que esta eg. Corte de Justiça consagra orientação no sentido da necessidade de prequestionamento dos temas ventilados no recurso especial, não sendo suficiente a simples invocação da matéria na petição de embargos de declaração. Caberia à recorrente, na hipótese, alegar violação ao art. 535 do Código de Processo Civil, providência, todavia, da qual não se desincumbiu. Incide, pois, na espécie, a Súmula 211 do Superior Tribunal de Justiça. Nesse sentido: "PROCESSUAL CIVIL. AGRAVO REGIMENTAL NO AGRAVO DE INSTRUMENTO. AUSÊNCIA DE PREQUESTIONAMENTO. INCIDÊNCIA DAS SÚMULAS N. 282 E 356, DO STF E N. 211 DO STJ. FUNDAMENTO INATACADO. SÚMULA N. 283 DO STF. I. As questões federais não enfrentadas pelo Tribunal estadual, a despeito da oposição do embargos de declaração, recebem o óbice das Súmulas n. 282 e 356 do STF e n. 211 do STJ, não podendo, por falta de prequestionamento, ser debatidas no âmbito do recurso especial. II. 'É inadmissível recurso extraordinário, quando a decisão recorrida assenta em mais de um fundamento suficiente e o recurso não abrange todos eles' (Súmula 283/STF). III. Agravo regimental desprovido." (AgRg no Ag 1.113.439/DF, Rel. Min. ALDIR PASSARINHO JUNIOR, QUARTA TURMA, julgado em 4/5/2010, DJe 24/5/2010) "PROCESSUAL CIVIL. EMBARGOS DE DECLARAÇÃO RECEBIDOS COMO AGRAVO REGIMENTAL. FALTA DE PREQUESTIONAMENTO - SÚMULA 211/STJ - AUSÊNCIA DE ALEGAÇÃO DE CONTRARIEDADE AO ART. 535 DO CPC - DESPROVIMENTO. I - Não enseja interposição de Recurso Especial matéria que não tenha sido ventilada no v. aresto atacado e sobre a qual, embora tenham sido opostos os embargos declaratórios competentes, o órgão julgador não se pronunciou e a parte interessada não alegou ofensa ao art. 535 do CPC, incidindo, na hipótese, o verbete sumular n. 211 do STJ. II - Agravo Regimental desprovido." (AgRg no REsp 881.416/RS, Relator o Ministro ALDIR PASSARINHO JUNIOR, QUARTA TURMA, DJ de 5/3/2007) Diante do exposto, conheço o Agravo e nego seguimento ao Recurso Especial. Publique-se. Brasília, 03 de novembro de 2014. MINISTRO RAUL ARAÚJO Relator (STJ - AREsp: 100003 RS 2011/0219888-9, Relator: Ministro RAUL ARAÚJO, Data de Publicação: DJ 07/11/2014)

3.2. Da súmula 356 do Supremo Tribunal Federal – reconhecimento do chamado prequestionamento ficto

Em total contraponto ao entendimento do Superior Tribunal de Justiça e, até mesmo, anterior a este, existe a Súmula 356 do Supremo Tribunal Federal, declarando que em relação ao "ponto omisso da decisão, sobre o qual não foram opostos embargos declaratórios, não pode ser objeto de recurso extraordinário, por faltar o requisito do prequestionamento."

Para o STF, por muito tempo, com esta súmula, o necessário no tocante da interposição do recurso extraordinário sobre o requisito de admissibilidade do prequestionamento, não seria a resposta do tribunal sobre os eventuais embargos de declaração prequestionadores interpostos para sanar omissão e, sim, a simples interposição destes, independentemente do resultado, ainda que sejam julgados desprovidos.[18]

Isto porque o STF adotou o chamado "prequestionamento ficto", o que Bueno coloca de forma explicativa como a "suficiência da oposição dos declaratórios para configuração do prequestionamento e, pois, cabimento do extraordinário, sendo indiferente, ao menos como regra, a resposta dada a estes declaratórios pelo Tribunal a quo."[19]

O nome corretamente dado de "ficto" recai exatamente em seu significado morfológico, uma ficção entre a interposição de embargos de declaração com intuito de prequestionamento e a sua consequente possibilidade de ausência de resposta jurisdicional sobre a referida omissão. De certa forma, a própria conceituação do prequestionamento ficto envereda-se por admitir sua ficção, ou seja, a existência de um "não prequestionamento" para, a partir daí, considerar esta situação como um prequestionamento válido por ser um erro dos julgadores a manutenção da omissão, não prejudicando o jurisdicionado.[20]

---

18. Sobre o nascimento do prequestionamento ficto, MEDINA dispõe sobre a sua inconveniência e impertinência, como um erro processual.: "Esse entendimento, a nosso ver equivocado, surgiu em decorrência de errônea interpretação da Súmula 356 do Supremo tribunal Federal, do seguinte teor: "O ponto omisso da decisão, sobre o qual não foram opostos embargos declaratórios, não pode ser objeto de recurso extraordinário, por faltar o requisito do prequestionamento". Aludindo ao referido enunciado, Alfredo Buzaid, em decisão exarada em 1983, expôs que "através dos embargos declaratórios se prequestiona no Tribunal de origem a questão federal, a qual fica, portanto, ventilada, independentemente da solução dada(...).""" MEDINA, José Miguel Garcia. Prequestionamento e Repercussão Geral e Outras Questões Relativas aos Recursos Especial e Extraordinário. 5ª ed. São Paulo: Editora Revista dos Tribunais, 2009. p.246
19. BUENO, Cassio Scarpinella. Prequestionamento -Reflexões sobre a Súmula 211 do STJ. In NERY JUNIOR. Nelson e WAMBIER. Teresa Arruda Alvim Aspectos Polêmicos e Atuais dos Recursos. São Paulo. Revista dos Tribunais. 2000. - Disponível no link com numeração somente do artigo: http://www.scarpinellabueno.com.br/Textos/Prequestionamento%20-%20S%C3%BAmula%20211.pdf p. 17
20. Frederico Augusto Leopoldino Koehler ao explicar sobre o nascimento do prequestionamento ficto, dispõe que "o STF em entendimento diametralmente oposto, originariamente no julgado do RE 210.638/SP, Min.

De todo modo, o STF entende o prequestionamento como a simples interposição dos embargos de declaração com tais fins, com a parte ter cumprido o ônus que lhe incumbia para tal desiderato, não podendo ser prejudicada pela insistência tergiversante do judiciário. Alegada matéria omissa dentro do recurso reparatório de omissão, prequestionada esta mesma está, concedendo à parte o direito de ingressar com o seu recurso extraordinário, valendo-se de um prequestionamento válido.

Há uma evidente divergência de entendimentos sobre o conceito do instituto e sua aplicabilidade prática pelo STJ e STF, tanto em que diversos julgados, no próprio teor do fundamento, há o enfrentamento da matéria, elencando as diferenças de posicionamentos entre os dois tribunais superiores. O STJ, por diversas vezes, cita a divergência de entendimentos, arrazoando que não há ofensa a garantias constitucionais, tampouco não causa espanto para este tribunal, reconhecendo as diferenças, citando-as até para defender em seus julgamentos o constante a linha de pensamento do tribunal.[21] Há um aparente conformismo sobre a discrepância jurídica adotada, argumentando-se que cada tribunal tem autonomia para defender seus posicionamentos, mantendo, ao menos o STJ, seu posicionamento, seja em julgados antigos ou recentes.

Rel. Sepúlveda Pertence, por sua primeira Turma (vide Informativo nº 107 do STF), e depois, por seu Pleno (vencido o Min. Marco Aurélio), no RE 219.934-2/SP, Rel. Min. Octávio Gallott, julgado em 14.6.2000 (vide Informativo nº 193), decidiu reinterpretar a sua Súmula 356 ('O ponto omisso da decisão, sobre o qual não foram opostos embargos declaratórios, não pode ser objeto de recurso extraordinário, por faltar o requisito do prequestionamento'), de modo a entender que, oposto embargos de declaração, já se encontra prequestionada a matéria, incumbindo ao Tribunal Superior, de logo, examinar a questão de fundo." ("Do prequestionamento ficto como meio de efetivação dos princípios da instrumentalidade, economicidade e celeridade do processo". *Revista ESMAPE* nº26. v.12. Recife: ESMAPE. 2007.p.68).

21. Processo Civil. Recurso Especial. Recurso Extraordinário. Prequestionamento. *O Supremo Tribunal Federal e o Superior Tribunal de Justiça estabeleceram critérios diferentes para identificação do prequestionamento no recurso extraordinário (STF - Súmula 356) e no recurso especial (STJ - Súmula 211). A orientação consolidada na Súmula 211 do Superior Tribunal de Justiça não ofende as garantias constitucionais da ampla defesa, do acesso ao Judiciário e do devido processo legal, nos termos do que foi decidido no Agravo Regimental em Agravo de Instrumento nº 198.63-1, Relator Min. Sepúlveda Pertence (DJU, 19/12/97, p. 48).* Embargos de Declaração rejeitados. (STJ, 2ª Turma, Embargos de Declaração em Resposta Especial nº 158.140/DF, Rel. Min. Ari Pargendler, DJU 23/11/98, P.166).

AGRAVO REGIMENTAL NO RECURSO ESPECIAL. REINTEGRAÇÃO DE POSSE. LIMINAR. SÚMULA Nº 211/STJ. 1. A matéria versada no artigo apontado como violado no recurso especial não foi objeto de debate pelas instâncias ordinárias, sequer de modo implícito, e embora opostos embargos de declaração com a finalidade de sanar omissão porventura existente, não foi indicada a contrariedade ao art. 535 do Código de Processo Civil, motivo pelo qual, ausente o requisito do prequestionamento, incide o disposto na Súmula nº 211/STJ. 2. O Supremo Tribunal Federal, diferentemente desta Corte Superior, adota o chamado prequestionamento ficto, ou seja, considera prequestionada a matéria pela simples oposição de embargos declaratórios, ainda que sejam rejeitados, sem nenhum exame da tese constitucional, bastando que esta tenha sido devolvida por ocasião do julgamento. 3. A mera alegação do dispositivo extraído do relatório desenvolvido pelo relator configura narração, não sendo considerada efetiva manifestação valorativa sobre o tema tratado, não preenchendo, assim, o requisito do prequestionamento. 4. Agravo regimental não provido. (STJ - AgRg no REsp: 1462068 MG 2013/0311951-6, Relator: Ministro RICARDO VILLAS BÔAS CUEVA, Data de Julgamento: 17/03/2015, T3 - TERCEIRA TURMA, Data de Publicação: DJe 23/03/2015)

Dessa forma, duas visões diferentes e antagônicas de tribunais superiores que, apesar de finalidade diferentes, muitas vezes um mesmo processo passará por ambos os tribunais, tendo que lidar com ambas as orientações, numa dúvida total de qual caminho seguir, ou "aceitando" o que seria prequestionamento para o momento processual que lhe couber. Esta situação demonstra que a parte fica à mercê de entendimentos contrários pelo judiciário, adaptando-se em cada recurso à regra diferente, numa total ausência de coerência jurisprudencial. Desde a edição da súmula 211, não há preocupação sobre essa diferença pelos tribunais.

E, muito mais espantoso, é a referência feita nos acórdãos estudados que demonstram que a diferença existe, com total ciência, de longa data até a atualidade, com cada tribunal seguindo a sua própria lógica, deixando a aplicabilidade do direito e sua vertente processual com posições desarmoniosas. O complexo da situação sempre foi a falta de positivação do prequestionamento, deixando somente a palavra "causas decididas" como forma de interpretar a necessidade do prequestionamento, possibilitando contradições como estas na jurisprudência pátria.

Espanto causava a irredutibilidade do STJ, mesmo que processualmente, num prisma eminentemente técnico, esteja correto, confronta-se com entendimento longevo do STF, com fixação e manutenção de entendimento por este tribunal.

3.3. A instabilidade da aplicação da súmula 356 no Supremo Tribunal Federal e a aderência ao entendimento do Superior Tribunal de Justiça

O complexo da verificação conceitual do prequestionamento recai não somente na diferença de entendimentos na jurisprudência e na doutrina, mas na mudança de posicionamento anteriormente pacificados. O STF tem relativizado há algum tempo relativizado a utilização da súmula 356, adotando por diversas vezes posicionamento idêntico ao da súmula 211 do STJ.

Quando o anteprojeto da nova codificação foi criado entre 2009 e 2010, o STF tinha pacificação sobre a utilização na íntegra de sua própria súmula, levando a comissão de elaboração por optar pelo prequestionamento ficto. Como o trâmite legislativo de uma codificação tem um tempo próprio, durante este período, a suprema corte em diversos julgamentos utilizou de posicionamentos contrários à sua própria súmula.

Medina ao versar sobre o assunto em questão, ainda durante a tramitação legislativa, já defendia que "tal redação foi formulada no início do ano de 2010, época em que ainda não se esperava que a jurisprudência do STF viesse a cambiar, a respeito. Hoje, contudo, à luz da viragem jurisprudencial referida, considero que a Câmara dos Deputados deveria rever a redação do dispositivo que trata do tema, no projeto do novo CPC"[22]. Ainda assim, não foi mudada a opção pela positivação do prequestionamento, mantendo o posicionamento do anteprojeto, mesmo diante da sensível alteração jurisprudencial do STF, optando pela forma mais benéfica ao processo, não a visão mais completa processual. Diversos julgados demonstram a mudança de posicionamento das turmas do STF sobre a sua própria súmula, tergiversando sobre a utilização desta, desde julgamentos de cerca data, quanto julgamentos recentes.[23] O rigor da técnica processual, da necessidade do enfrentamento jurisdicional sobre a questão, legal ou constitucional, cativou não somente a ponto da preferência processual pela súmula 211, mas a tendência clara de mudança de entendimento no STF.

No meio de uma jurisprudência instável, na trilha pela pacificação entre os tribunais, utilizando como base o disposto na súmula 211, o novo código de processo civil optou pelo prequestionamento ficto, entendimento totalmente diverso deste praticado pelos tribunais superiores, mas com o intuito de possibilitar aos cidadãos uma prestação jurisdicional mais célere, com maior ênfase na resolução das demandas em caráter meritório. Numa intenção de adoção do STF à jurisprudência pacificada do STJ, altera-se tudo com a nova codificação.

3.4. A relativização do prequestionamento como requisito de admissibilidade quando presente a repercussão geral.

O prequestionamento é requisito de admissibilidade dos recursos excepcionais, especial e extraordinário, pela necessidade da impugnação recursal atacar questão suscitada, enfrentada e decidida pelos tribunais menores. Não há como inovar na fase recursal, quanto mais em recurso para tribunal superior,

---

22. MEDINA, José Miguel Garcia. Coluna Processo Novo -Câmara deve rever 'prequestionamento ficto' no CPC http://www.conjur.com.br/2013-nov-04/processo-camara-rever-prequestionamento-ficto-cpc acessado dia 07 de abril de 2015.
23. "(...)O requisito do prequestionamento obsta o conhecimento de questões constitucionais inéditas. Esta Corte não tem procedido à exegese a contrario sensu da Súmula STF 356 e, por consequência, somente considera prequestionada a questão constitucional quando tenha sido enfrentada, de modo expresso, pelo Tribunal a quo. A mera oposição de embargos declaratórios não basta para tanto. Logo, as modalidades ditas implícita e ficta de prequestionamento não ensejam o conhecimento do apelo extremo. Aplicação da Súmula STF 282: "É inadmissível o recurso extraordinário, quando não ventilada, na decisão recorrida, a questão federal suscitada". O reconhecimento da acenada violação do princípio da legalidade pressuporia a revisão da exegese de normas infraconstitucionais acolhida pelo Tribunal regional, o que não é viável em sede de recurso extraordinário, nos termos da Súmula STF 636. (..) 3. Por fim, como o Superior Tribunal de Justiça deu parcial provimento ao recurso especial interposto apenas para afastar a multa aplicada (art. 538, parágrafo único, do CPC), mantendo os fundamentos legais por si sós suficientes para manter o aresto atacado na parte referente à incidência tributária, o extraordinário mostra-se completamente inábil para, isoladamente, reverter o julgado, de modo que se aplica o óbice da Súmula 283/STF. 4. Diante do exposto, nego seguimento ao recurso. Publique-se. Intime-se. Brasília, 9 de fevereiro de 2015. Ministro Teori Zavascki Relator (STF - RE: 862496 SP - SÃO PAULO 0170784-06.2006.8.26.0000, Relator: Min. TEORI ZAVASCKI, Data de Julgamento: 09/02/2015)

não podendo impor nesta esfera a manifestação sobre matéria omissa, por isso a existência do prequestionamento para suprir essa falha na prestação jurisdicional, restando inafastável a necessidade de que "também se exige, para a interposição de ambos os recursos, a existência de prequestionamento".[24]

Sem o prequestionamento realizado[25], não há como o conhecimento da matéria pelo tribunal superior, inviabilizando a análise do mérito recursal, por ausência de decisão ou enfrentamento da matéria pelo tribunal anterior. O artigo 323 do Regimento Interno do STF[26], por exemplo, dispõe que somente passa-se à análise da repercussão geral os recursos extraordinários que tenham presentes os todos os outros requisitos de admissibilidade, para a partir deste momento, possibilitar a auferimento sobre a transcendência da matéria recursal para uma repercussão geral. Não há diante desse posicionamento visualização de relativizar o prequestionamento, sendo este sedimentado como requisito específico de admissibilidade para os recursos excepcionais. O Ministro Luiz Fux segue este posicionamento da impossibilidade de relativização do prequestionamento, independente de análise sobre a repercussão, gerando até a impossibilidade da análise desta, sendo inviável a verificação sobre sua existência.[27]

---

24. MARINONI, Luiz Guilherme. ARENHART, Sérgio Cruz. Manual do processo de conhecimento. 5.d. rev., atual. E ampl. São Paulo: Revista dos Tribunais, 2006. p. 572.
25. Comentário do autor: Com a necessária visualização do que cada tribunal leva em consideração como prequestionamento, há a necessidade deste como requisito de admissibilidade, ainda que ministros e tribunais divirjam sobre sua concepção.
26. "Art. 323. Quando não for caso de inadmissibilidade do recurso por outra razão, o(a) Relator(a) submeterá, por meio eletrônico, aos demais ministros, cópia de sua manifestação sobre a existência, ou não, de repercussão geral. §1º Tal procedimento não terá lugar, quando o recurso versar questão cuja repercussão já houver sido reconhecida pelo Tribunal, ou quando impugnar decisão contrária a súmula ou a jurisprudência dominante, casos em que se presume a existência de repercussão geral. §2º Mediante decisão irrecorrível, poderá o(a) Relator(a) admitir de ofício ou a requerimento, em prazo que fixar, a manifestação de terceiros, subscrita por procurador habilitado, sobre a questão da repercussão geral
27. "(..) O prequestionamento da questão constitucional é requisito indispensável à admissão do recurso extraordinário.3. As Súmulas 282 e 356 do STF dispõem, respectivamente, verbis: "É inadmissível o recurso extraordinário, quando não ventilada, na decisão recorrida, a questão federal suscitada" e "o ponto omisso da decisão, sobre o qual não foram opostos embargos declaratórios, não podem ser objeto de recurso extraordinário, por faltar o requisito do prequestionamento".4. **A repercussão geral pressupõe recurso admissível sob o crivo dos demais requisitos constitucionais e processuais de admissibilidade (art. 323 do RISTF). Consectariamente, se o recurso é inadmissível por outro motivo, não há como se pretender seja reconhecida "a repercussão geral das questões constitucionais discutidas no caso" (art. 102, III, § 3º, da CF).**(..) Além disso, não foram opostos embargos de declaração para sanar eventual omissão, faltando, ao caso, o necessário prequestionamento da questão constitucional, o que inviabiliza a pretensão de exame do recurso extraordinário. Incide, portanto, o óbice das Súmulas 282 e 356 do STF: "É inadmissível o recurso extraordinário, quando não ventilada, na decisão recorrida, a questão federal suscitada." e "O ponto omisso da decisão, sobre o qual não foram opostos embargos declaratórios, não pode ser objeto de recurso extraordinário, por faltar o requisito do prequestionamento". A respeito da aplicação das aludidas súmulas, assim discorre Roberto Rosas: "A Constituição de 1891, no art. 59, III, a, dizia: 'quando se questionar sobre a validade de leis ou aplicação de tratados e leis federais, e a decisão for contra ela'. De forma idêntica dispôs a Constituição de 1934, no art. 76, III, a: 'quando a

Houve um posicionamento divergente sobre o tema, quando a então Ministra Ellen Gracie no julgamento do AI 375011, Informativo 365,[28] minorando a necessidade do prequestionamento quando a matéria comportar a presença da repercussão geral, referindo-se a possibilidade da relativização deste requisito dependendo da importância da manifestação superior sobre a matéria de fundo.

Entretanto, este posicionamento foi isolado no STF, em situação somente excepcional, como a situação do julgado analisado, não acarretando adeptos entre os demais membros do tribunal, nem da própria ministra, que defendeu por diversas vezes posteriormente,[29] demonstrando a impossibilidade dessa relativização como regra, mas sim como possibilidade remota.

---

decisão for contra literal disposição de tratado ou lei federal, sobre cuja aplicação se haja questionado'. Essas Constituições eram mais explícitas a respeito do âmbito do recurso extraordinário. Limita-se este às questões apreciadas na decisão recorrida. Se foi omissa em relação a determinado ponto, a parte deve opor embargos declaratórios. Caso não o faça, não poderá invocar essa questão não apreciada na decisão recorrida. (RTJ 56/70; v. Súmula 356 do STF e Súmula 211 do STJ; Nelson Luiz Pinto, Manual dos Recursos Cíveis, Malheiros Editores, 1999, p. 234; Carlos Mário Velloso, Temas de Direito Público, p. 236). Os embargos declaratórios visam a pedir ao juiz ou juízes prolatores da decisão que espanquem dúvidas, supram omissões ou eliminem contradições. Se esse possível ponto omisso não foi aventado, nada há que se alegar posteriormente no recurso extraordinário. Falta o prequestionamento da matéria. A parte não considerou a existência de omissão, por isso não opôs os embargos declaratórios no devido tempo, por não existir matéria a discutir no recurso extraordinário sobre essa questão (RE 77.128, RTJ 79/162; v. Súmula 282). O STF interpretou o teor da Súmula no sentido da desnecessidade de nova provocação, se a parte opôs os embargos, e o tribunal se recusou a suprir a omissão (RE 176.626, RTJ 168/305; v. Súmula 211 do STJ)." (ROSAS, Roberto, in Direito Sumular,Malheiros). (..) ." Ex positis, DESPROVEJO o agravo, com fundamento no artigo 21, § 1º, do RISTF. Publique-se. Brasília, 29 de abril de 2014.Ministro LUIZ FUX Relator (STF - ARE: 727284 MG, Relator: Min. LUIZ FUX, Data de Julgamento: 29/04/2014)

28. AGRAVO REGIMENTAL EM AGRAVO DE INSTRUMENTO. SERVIDORES DO MUNICÍPIO DE PORTO ALEGRE. REAJUSTE DE VENCIMENTOS CONCEDIDO PELA LEI MUNICIPAL 7.428/94, ART. 7º, CUJA INCONSTITUCIONALIDADE FOI DECLARADA PELO PLENO DO STF NO RE 251.238. APLICAÇÃO DESTE PRECEDENTE AOS CASOS ANÁLAGOS SUBMETIDOS À TURMA OU AO PLENÁRIO (ART. 101 DO RISTF). **1. Decisão agravada que apontou a ausência de prequestionamento da matéria constitucional suscitada no recurso extraordinário**, porquanto a Corte a quo tão- somente aplicou a orientação firmada pelo seu Órgão Especial na ação direta de inconstitucionalidade em que se impugnava o art. 7º da Lei 7.428/94 do Município de Porto Alegre - cujo acórdão não consta do traslado do presente agravo de instrumento -, sem fazer referência aos fundamentos utilizados para chegar à declaração de constitucionalidade da referida norma municipal.2. **Tal circunstância não constitui óbice ao conhecimento e provimento do recurso extraordinário, pois, para tanto, basta a simples declaração de constitucionalidade pelo Tribunal a quo da norma municipal em discussão**, mesmo que desacompanhada do aresto que julgou o leading case. 3. O RE 251.238 foi provido para se julgar procedente ação direta de inconstitucionalidade da competência originária do Tribunal de Justiça estadual, processo que, como se sabe, tem caráter objetivo, abstrato e efeitos erga omnes. Esta decisão, por força do art. 101 do RISTF, deve ser imediatamente aplicada aos casos análogos submetidos à Turma ou ao Plenário. Nesse sentido, o RE 323.526, 1ª Turma, rel. Min. Sepúlveda Pertence.4. Agravo regimental provido. (AI 375011 AgR, Relator(a): Min. ELLEN GRACIE, Segunda Turma, julgado em 05/10/2004, DJ 28-10-2004 PP-00043 EMENT VOL-02170-02 PP-00362)

29. PROCESSUAL CIVIL. AUSÊNCIA DE PREQUESTIONAMENTO. SÚMULAS STF 282 E 356. PREQUESTIONAMENTO IMPLÍCITO IMPOSSIBILIDADE, NO CASO. 1. Não tendo sido apreciada pelo Tribunal a quo a questão constitucional em que se apóia o extraordinário não se encontra configurado o prequestionamento. Súmulas STF 282 e 356. 2. O Supremo Tribunal Federal, em princípio, não admite o "prequestionamento implícito" da questão constitucional. Precedentes. 3. Agravo regimental improvido. (STF, Segunda Turma, AI no AgR 748068/SC, Rel. Min. Ellen Gracie, public. no DJe em 20/05/2010).

O prequestionamento continua, apesar dessa decisão, a ser um filtro delimitador de admissibilidade intenso para os recursos excepcionais nos tribunais superiores, o que eleva a importância da decisão do legislador pela opção pela positivação do prequestionamento, ainda mais na forma ficta.

4. O PREQUESTIONAMENTO NO NOVO CÓDIGO DE PROCESSO CIVIL

O novo código de processo civil, recém-sancionado, desde a sua visualização como anteprojeto, teve o intuito de buscar a minoração da jurisprudência defensiva pelos tribunais, principalmente os de esfera superior, bem como ao máximo, tentar positivar dúvidas jurisprudenciais processuais. A questão do prequestionamento mereceu atenção neste caso.

Conforme já levantado, o instituto em questão não tem uma especificação legal, de forma ser correto afirmar que o "prequestionamento não é objeto de qualquer norma jurídica no ordenamento brasileiro"[30], sendo então, qualquer conceito uma construção totalmente jurisprudencial, com interlocução doutrinária, até por sua importância, "permanece necessário o prequestionamento, malgrado a Constituição não mais conter o termo acima apontado, ausente também das leis processuais" [31]

Diante das inovações processuais oriundas do momento legislativa de uma nova codificação, positivar institutos doutrinários sempre se torna salutar, o que de igual modo se vê na situação deste. Dessa maneira, o texto final sancionado incluiu claramente o prequestionamento como um dispositivo legal, de forma clara seguindo como entendimento a Súmula 356 do STF.

O artigo 1025 do texto consolidado do código de 2015, conforme a seguir: "Consideram-se incluídos no acórdão os elementos que o embargante pleiteou, para fins de prequestionamento, ainda que os embargos de declaração sejam inadmitidos ou rejeitados, caso o tribunal superior considere existentes erro, omissão, contradição ou obscuridade."

Salutar esse posicionamento, primeiro de se positivar o instituto, tirando-o da seara das construções e digressões jurisprudenciais/doutrinárias colocando-o na letra da lei, claro, conciso e determinando o seu entendimento.

---

30. BUENO, Cassio Scarpinella. Prequestionamento -Reflexões sobre a Súmula 211 do STJ. In NERY JUNIOR. Nelson e WAMBIER. Teresa Arruda Alvim *Aspectos Polêmicos e Atuais dos Recursos*. São Paulo. Revista dos Tribunais. 2000. - Disponível no link com numeração somente do artigo: http://www.scarpinellabueno.com.br/Textos/Prequestionamento%20-%20S%C3%BAmula%20211.pdf p. 16
31. RIBEIRO, Eduardo. "Prequestionamento", em Aspectos polêmicos e atuais dos recursos cíveis de acordo com a Lei 9.756/98. São Paulo : RT, 1999, p. 246.

4.1. A escolha pelo prequestionamento ficto

No momento de se positivar o prequestionamento levou-se em consideração a necessidade de se inserir no texto legal um entendimento claro do que seria o instituto, para seguir uma das tendências conceituais do instituto, não deixando-o à mercê novamente da jurisprudência e da doutrina, mas definindo-o.

A delimitação do tema realizou-se de forma a não justificar mais discussões e, sim, de inserir o prequestionamento como um instituto consolidado, como uma definição legal, não somente sobre sua existência e pertinência, mas sobre o entendimento de qual postura adotar, diante tanta divergência jurisprudencial e doutrinária.

Da nova codificação, pode-se extrair a conceituação do prequestionamento como um ato da parte, independente da manifestação judicial sobre o tema, incluindo as alegações realizadas nos embargos como inerentes ao acórdão em si, à decisão judicial. A acepção da palavra, prequestionar, foi utilizada de maneira a parte questionar o judiciário, a simples exposição da matéria, com o requerimento do enfrentamento da matéria pelo tribunal recorrido, já cumpre a medida do prequestionamento.

Não há que se esperar que o judiciário responda aos questionamentos ventilados, impossibilitando, por vezes, a interposição de um recurso, por uma manutenção indevida de uma omissão no acórdão. O fato da parte alegar que há omissão, delimitar fundamentadamente quais os pontos omissos, possibilita pela dicção do artigo 1025, a rediscussão da matéria em grau superior, restando tal ponto como prequestionado. Um avanço processual, um olhar para o futuro e pela celeridade processual.

Dessa forma, o legislador seguiu o entendimento do STF, com a base da Súmula 356, no sentido de bastar a oposição dos embargos declaratórios questionadores da questão, para esta restar totalmente prequestionada, podendo desde já ser analisada pelo tribunal superior, em eventual recurso especial/extraordinário.

Os embargos de declaração da parte ao ventilar matéria que incorra em erro, omissão, contradição ou obscuridade, caso o tribunal superior opine pela existência destes, a matéria está prequestionada, ainda que o recurso aclaratório for inadmitido ou rejeitado, havendo alegação do recorrente sobre tais pontos, possibilita o conhecimento da matéria pelo tribunal superior, pela fundamentação contida nos embargos da parte.

Importante salientar que mesmo com a rejeição ou inadmissão dos embargos de declaração, a postulação do embargante que funciona como prequestionamento, não a decisão judicial do tribunal recorrido.

4.2. Pontos processuais favoráveis ao prequestionamento ficto

O novo código processual ao realizar a escolha pelo prequestionamento em sua maneira ficta, orienta-se por razões processuais, uma busca pela efetividade da prestação jurisdicional, almejando uma entrega processual meritória mais célere, afinal "o que importa acima de tudo, como ficou dito, é colocar o processo no seu devido lugar, evitando os males do exagerado "processualismo" (tal é o aspecto negativo do reconhecimento do seu caráter instrumental)".[32]

O processo em sua concepção, deve incentivar uma duração razoável, um deslinde normal diante das situações fáticas colocadas ao judiciário. Criação de meios de minorar a demora na prestação jurisdicional, estimular meios de instrumentalizar o processo, retirando amarras processuais, relativizando possibilidades processuais, escolhendo caminhos legislativos para uma efetividade maior do processo. São muitos pontos favoráveis à escolha do prequestionamento, a opção pelo ficto, a definição deste instituto primou pela economia processual, um avançado na aplicabilidade da justiça.

O princípio da instrumentalidade das formas deve ser considerado como ponto positivo para a opção legislativa do prequestionamento. O processo nada mais é do que um instrumento para chegarmos ao deslinde material do direito, à resolução do mérito, tanto da ação quanto do recurso. Não deve o processo e sua tecnicidade serem mais importantes no direito do que a matéria, a solução ao conflito de interesse ali disposto. O prequestionamento enquanto requisito de admissibilidade deve auxiliar os tribunais superiores para uma melhor prestação jurisdicional, com serventia para uma resposta judicial mais completa do tribunal recorrido, bem como uma impugnação mais completa e pertinente do acórdão. Não deve servir como um simples óbice ao trâmite recursal, travando a possibilidade de análise do mérito do recurso.

Há muito tempo a doutrina sobre o tema já especificava a necessidade de unificação de posicionamentos entre os tribunais superiores.[33] Com a dicotomia anteriormente existente sobre a interpretação que cada tribunal superior concedia ao instituto do prequestionamento, o jurisdicionado não tinha uma noção exata do direito ali interpretado, alterando de acordo com o tribunal o aspecto processual existente. Ao dispor sobre o prequestionamento no artigo 1025, a nova codificação pacifica legalmente a matéria, optando pela forma ficta, dirimindo

---

32. DINAMARCO, Cândido Rangel. *A instrumentalidade do processo*. 9. ed. São Paulo: Malheiros, 2001, pp. 309/310.
33. CUNHA, Leonardo José Carneiro da; DIDIER JR., Fredie - http://www.frediedidier.com.br/editorial/editorial-171/ Em 19.07.2013. "Essa instabilidade no entendimento jurisprudencial é muito prejudicial à configuração dos institutos jurídicos, sobretudo quando diz respeito ao cabimento de recursos extraordinários. Que o STF defina, efetivamente, seu entendimento: admite-se ou não o prequestionamento ficto? Pelo que se vê desses precedentes da sua 1ª Turma, não se admite mais o prequestionamento ficto..."

dúvidas na letra da lei, estabelecendo um parâmetro único ao instituto, com o intuito de pacificação de entendimentos entre tribunais superiores, utilizando-o uniformemente.

4.3. O impacto da escolha do novo código de processo na jurisprudência dos tribunais superiores.

Ao dispor sobre o prequestionamento ficto, o artigo 1025 revoluciona a admissibilidade dos recursos excepcionais, promovendo uma mudança enorme no cotidiano jurídico dos tribunais superiores, com consequências processuais evidentes e impactantes, com fundamento claro na escolha de maior importância aos princípios da celeridade e economia processual.

Os tribunais, cada qual a sua maneira e tempo, serão impactados pelo novo entendimento legal do como se conceitua prequestionamento, de modo diverso do que utilizando, ensejando uma necessária revisão no dia a dia dos julgamentos destes tribunais para adaptação ao texto legal.

4.3.1. O impacto no Superior Tribunal de Justiça

A direção tomada pela nova concepção legal do instituto do prequestionamento, dado pelo artigo 1025, conflita com a jurisprudência praticada no STJ, o que importa na necessidade de revisão deste posicionamento para o enquadramento à nova lei.

O novo código inutiliza a súmula 211 do STJ e sua aplicabilidade, tendo caráter contraposto ao definido como posicionamento deste tribunal superior, inclusive com jurisprudência recente sobre o tema.[34] Com a alteração na letra legal, o natural será os tribunais superiores trilharem novo entendimento em volta da técnica processual recursal definida na codificação, mesmo que isso represente impacto

---

34. AGRAVO REGIMENTAL NO RECURSO ESPECIAL. REINTEGRAÇÃO DE POSSE. LIMINAR. SÚMULA Nº 211/STJ. 1. A matéria versada no artigo apontado como violado no recurso especial não foi objeto de debate pelas instâncias ordinárias, sequer de modo implícito, e embora opostos embargos de declaração com a finalidade de sanar omissão porventura existente, não foi indicada a contrariedade ao art. 535 do Código de Processo Civil, motivo pelo qual, ausente o requisito do prequestionamento, incide o disposto na Súmula nº 211/STJ. 2. O Supremo Tribunal Federal, diferentemente desta Corte Superior, adota o chamado prequestionamento ficto, ou seja, considera prequestionada a matéria pela simples oposição de embargos declaratórios, ainda que sejam rejeitados, sem nenhum exame da tese constitucional, bastando que esta tenha sido devolvida por ocasião do julgamento. 3. A mera alegação do dispositivo extraído do relatório desenvolvido pelo relator configura narração, não sendo considerada efetiva manifestação valorativa sobre o tema tratado, não preenchendo, assim, o requisito do prequestionamento. 4. Agravo regimental não provido.(STJ - AgRg no REsp: 1462068 MG 2013/0311951-6, Relator: Ministro RICARDO VILLAS BÔAS CUEVA, Data de Julgamento: 17/03/2015, T3 - TERCEIRA TURMA, Data de Publicação: DJe 23/03/2015)

na concepção dos membros da corte, bem como de posicionamento como um todo. Não há mais necessidade da interposição do Recurso Especial, com mérito somente sobre a omissão contida no acórdão, com o intuito de saná-la, diante de uma violação ao artigo 535, II, do CPC/73, e, na nova codificação ao artigo 1022, II, alegando ausência de resposta jurisdicional sobre ponto ou pedido suscitado pelas partes, ensejando nulidade do acórdão, por omissão, almejando a declaração desta situação e o retorno dos autos, ao tribunal a quo, para uma decisão que enfrente a matéria.

Agora, opostos os embargos de declaração suscitando os pontos omissos da decisão colegiada, mesmo que esta não enfrentados ou rejeitados, a matéria está prequestionada, possibilitando a parte, desde logo, interpor o recurso excepcional pertinente àquela situação.

Uma alteração no modus operandi do STJ, uma alteração drástica de um posicionamento pacificado e sumulado. Há uma necessidade de adaptação desta corte ao novo prequestionamento, um recondicionamento no julgamento dos recursos especiais, possibilitando o julgamento de mérito ampliado, proporcionando mais conhecimento aos recursos.

No entanto, o impacto deve demorar mais sobre os recursos especiais pelo fundamento dos processos atuais impugnados na forma da súmula 211, tornando a adaptação à nova lei mais demorada, somente para os novos recursos posteriores a nova codificação.

4.3.2. O impacto no Supremo Tribunal Federal

No caso do Supremo Tribunal Federal, há uma divergência jurisprudencial depois de muito tempo com entendimento pacificado. A adoção recente pelo entendimento exposto pelo STJ e a súmula 211 explicita uma mudança para uma técnica processual mais apurada, com observância maior do procedimento do que à resposta ao jurisdicionado.

O STF tinha posicionamento pelo prequestionamento ficto, adotado agora positivadamente pela nova codificação, porém ao instabilizar/relativizar sua jurisprudência com julgados recentes admitindo o predisposto na súmula 211 do STJ, o Supremo caminha a contramão do novo código de processo e suas diretrizes. Antigamente, aceitavam que uma vez opostos os embargos de declaração prequestionadores, e, ainda assim, o acórdão prolatado persistir em sua omissão, a questão é considerada prequestionada, não importando o teor da prestação jurisdicional, somente com relevância ao suscitado nos referidos embargos.

Na decisão de como trilhar o instituto processual, a legislação primou pela maior celeridade alcançada pelo prequestionamento ficto, adotando essa técnica, mesmo quando o tribunal superior já superava este entendimento. Para o STF, uma volta ao passado, uma readaptação a esta técnica de prequestionamento, priorizando as partes, considerando o equívoco de eventual erro pelo tribunal a quo, não recaindo no recorrente o ônus de algo que realizou a sua contenda, a sua obrigação, a sua interposição do prequestionamento via embargos.

4.4. O aproveitamento processual do artigo 1029, § 3º e o prequestionamento

A nova codificação almeja o julgamento da demanda, consequentemente, também o julgamento do recurso, em seu direito material, a resposta concreta ao jurisdicionado sobre a questão posta em juízo. Para tanto, diversos pontos na lei relativizam os erros processuais de admissibilidade recursal, possibilitando a correção do vício ou o próprio julgamento do recurso, podendo exemplificar o artigo 932, parágrafo único,[35] com especificação na teoria geral dos recursos ou, ainda, de forma mais específica no artigo 1029, § 3º ao dispor somente sobre os tribunais superiores.[36]

Há uma notória preocupação em possibilitar o julgamento do recurso, pormenorizando sua admissibilidade, transformando-o em importância menor do que a atribuída pelo código de 1973. Não será mais o caso de inadmissibilidade direta do recurso[37], possibilitando à parte o prazo para correção do vício, imaginando que desta forma, alguns dias a mais, não atrasam o processo, mas salvam o recurso. O intuito é julgar a demanda.

Mas, analisando detalhadamente o artigo 1029, § 3º, no tocante exclusivo aos tribunais superiores, há a ressalva do "desde que não o repute grave" ao dispor sobre o vício formal do recurso. O que seria, no entanto, vício grave? O prequestionamento pode ser enquadrado como um requisito a ser corrigido?

Ao longo do texto discorremos que prequestionamento, na junção macro de suas concepções conceituais, é a manifestação ou a busca pela manifestação do tribunal recorrido sobre determinada matéria ventilada no recurso principal ou

---

35. Artigo 932. (...) Parágrafo único. Antes de considerar inadmissível o recurso, o relator concederá o prazo de 5 (cinco) dias ao recorrente para que seja sanado vício ou complementada a documentação exigível
36. Artigo 1029 (...) § 3º O Supremo Tribunal Federal ou o Superior Tribunal de Justiça poderá desconsiderar vício formal de recurso tempestivo ou determinar sua correção, desde que não o repute grave.
37. Comentário do autor: Houve uma ampliação do princípio da instrumentalidade das formas. Uma busca pelo melhor aproveitamento processual rumo ao julgamento de mérito. No tocante aos recursos, os requisitos de admissibilidade foram tergiversados, em sua grande maioria, não admitindo de forma clara a falta de tempestividade, vício este não sanável.

em recurso aclaratório, quando este for omisso. Quando um acórdão enfrenta todas as questões recursais, fundamentos, teses e pedidos, a resposta jurisdicional é completa, possibilitando a parte a impugnação de qualquer destes pontos para os tribunais superiores. O complexo do prequestionamento recai na omissão, quando este acórdão deixa de enfrentar um ponto arguido no recurso e a consequente necessidade de interposição dos embargos de declaração para sanar esta omissão.

Neste ínterim, há meios para quando o recurso ao tribunal superior estiver sob análise do ministro relator, este verificar a falta de prequestionamento, sanar o vício? A correção do vício da ausência de prequestionamento seria questionar o tribunal recorrido, remetendo-lhe os autos para manifestação, hipótese impossível e descabida. Não há como se corrigir um recurso sem prequestionamento, não há como sanar este vício, estando o recurso já no tribunal superior.

O entendimento mais correto é a impossibilidade da utilização do disposto no artigo 1029, § 3º para os recursos aos tribunais superiores, quando o vício for sobre a ausência de prequestionamento, diante da impossibilidade de saneamento deste vício.

Entretanto, o referido parágrafo, além da correção, possibilita aos tribunais, mesmo sem a correção do vício, julgar o recurso, com a ressalva de não ser grave o vício. Partindo do posicionamento de ser impossível o saneamento do prequestionamento, o tribunal superior poderia afastá-lo de sua necessidade para julgar diretamente o recurso?

O prequestionamento, ao ser positivado pelo artigo 1025, ganhou respaldo maior do que já detinha, deixando a sua inclinação somente doutrinária para ser um instituto incluso na codificação processual. Maior a importância dada ao instituto, maior a sua necessidade para o julgamento do recurso. Não vislumbro a relativização do prequestionamento e o conhecimento do recurso que detenha o vício de sua ausência, reputando-o como grave, o que emperra ultrapassá-lo para adentrar-se no mérito recursal.

Apesar do precedente já explicado dado pelo próprio STF, sobre a relativização do prequestionamento quando a matéria for passível de reconhecimento de repercussão geral, não é um caminho processual pertinente, inclusive a legislação evoluiu para dar mais força para o prequestionamento, para, a meu ver, inclusive ultrapassar este precedente. Como o resultado no novo código foi pela inclusão na letra da lei deste requisito de admissibilidade recursal, não há possibilidade de relativização de sua ausência.

4.5. O prequestionamento mesmo quando ventilado somente no voto vencido

O prequestionamento, na sua essência jurisprudencial até o novo código, não admitia que a questão suscitada pela parte, ao ser ventilada somente pelo voto vencido, sem menção nos votos vencedores, constasse como matéria prequestionada. O voto vencido, por mais que faça parte literalmente do acórdão, não dispunha de influência sobre a decisão, não servindo para suprir a omissão do tribunal. Leonardo Cunha definia a questão que "o prequestionamento somente se configura, quando a matéria foi efetivamente abordada no acórdão ou na decisão que julgou a causa em última ou única instância, e considerando que o voto vencido não integra o acórdão, é evidente que a matéria que for apenas abordada no voto vencido não está prequestionada."[38]

Este entendimento não somente correspondia a doutrina bem como a jurisprudência sumulada, dispondo que a questão ventilada somente no voto vencido não tinha serventia para o prequestionamento.[39] Acórdão correspondia somente à parte em que os votos se convergiam, no sentido de concordar com determinada tese ou caminho jurídico, o voto divergente vencido estava ali exposto, mas não integrava o acórdão como matéria, por não ser impactante no resultado do julgamento.

O artigo 941, § 3º altera a concepção adotada e explicada acima, para dispor que o voto vencido integra o acórdão como um todo, para qualquer fim legal, expandido também para os fins de prequestionamento. Ou seja, o enfrentamento da matéria recursal pelo voto vencido cumpre o prequestionamento.[40] Esta inovação fortalece ainda mais o instituto do prequestionamento, ampliando o leque de sua incidência, aproveitando o voto vencido e sua argumentação jurídica, seja no julgamento do recurso principal[41] ou nos próprios embargos. Esta alteração almeja uma maior celeridade processual, aumentando a possibilidade dos recursos aos tribunais superiores, bem como diminuindo os requisitos defensivos.

---

38. CUNHA, Leonardo José Carneiro da. "Prequestionamento e voto vencido". *Revista Dialética de Direito Processual*. Agosto-2004. p. 39-48.
39. Súmula nº 320 do STJ: "A questão federal somente ventilada no voto vencido não atende ao requisito do prequestionamento".
40. Artigo 941 (...) § 3º O voto vencido será necessariamente declarado e considerado parte integrante do acórdão para todos os fins legais, inclusive de pré-questionamento.
41. Comentário do autor: Nesta hipótese, no acórdão do recurso principal ter matéria enfrentada somente pelo voto vencido, não há mais motivos para a interposição dos embargos de declaração para suprir a omissão.

4.6. O prequestionamento no novo código e a questão de ordem pública

As matérias de ordem pública por mais que vinculem o juízo de primeiro e segundo grau[42] a manifestarem sobre estas de forma oficiosa, não se tem essa mesma possibilidade para os recursos para tribunais superiores, recurso especial e extraordinário, não sendo contemplados estes com o efeito translativo, não podendo os ministros, seja do STJ ou STF, de ofício no julgamento dos recursos de suas respectivas competências, enfrentar matéria de ordem pública, ainda que verificada pelo relator ou qualquer outro membro do colegiado, restando impossibilitado de tal feito, somente sendo cabível somente quando houver a impugnação pela parte recorrente, necessitando para esta, do prequestionamento, devolvendo a matéria via efeito devolutivo, não translativo. Sobre a matéria, Alexandre Câmara dispõe claramente:

> "A impossibilidade de conhecer de questões que não tenham sido objeto de decisão expressa pelo órgão a quo impede, até mesmo, que o STJ e o STF, quando do julgamento dos recursos aqui considerados, apreciem questões de ordem pública que poderiam ser examinadas de ofício (como as condições da ação e os pressupostos processuais), mas que não tenham sido alvo de prequestionamento."[43]

As matérias de ordem pública, por maior nulidade que causem no processo de conhecimento, são oriundas do direito processual, hierarquicamente menor do que as normas de cabimento dos recursos excepcionais, por nestes os pressupostos serem constitucionais, prevalecendo o entendimento de admissibilidade da necessidade do prequestionamento. José Miguel Garcia Medina ao discorrer sobre o tema, "conclui-se que o comando previsto nos artigos 267, parágrafo 3º, e 301, parágrafo 4º do Código de Processo Civil não prevalece sobre o disposto nos artigos 102, III, e 105, III, da Constituição Federal de 1988".[44]

As questões de ordem pública podem ser apreciadas pelos tribunais superiores, somente não em caráter ex officio, necessitando da matéria ser ventilada no acórdão impugnado, ou estar prequestionada via embargos de declaração, nos moldes do atual artigo 1025, e com impugnação específica, com

---

42. Comentário do autor: O efeito translativo nasce em decorrência ao efeito devolutivo, de matérias devolvidas para o novo julgamento pelo tribunal de segundo grau, mas além das matérias impugnadas pelo recurso em si, serão transferidas também outras questões, especificadamente as ex officio, as chamadas matérias de ordem pública, ainda que estas não foram trazidas pelas partes em suas razões recursais ou contrarrazões.
43. CÂMARA, Alexandre Freitas. *Lições de direito processual civil.* 17.ed. 2ª Tiragem. Rio de Janeiro: Lumen Juris, v. II. 2004. p. 132 e 133
44. MEDINA, José Miguel Garcia. Prequestionamento e Repercussão Geral. 5. ed. São Paulo: Revista dos Tribunais, 2009. p. 140.

pedidos expressos de devolução da matéria nos seus recursos, seja ele especial ou extraordinário.

4.7. A opção pelo jurisdicionado

Sobre o tema, antes mesmo do novo código, Leonardo Cunha e Fredie Didier Jr já se manifestavam como correta a postura do STF e sua súmula 356 pela aceitação do prequestionamento ficto, considerando já inserido o instituto pela simples interposição dos embargos. A opinião é fundada pelo fato de que "não submete o cidadão ao talante do tribunal recorrido, com a sua recalcitrância no suprimento da omissão, simplesmente retiraria do recorrente o direito de se valer das vias extraordinárias".[45]

Não se pode admitir que o cidadão, o jurisdicionado que busca o estado para a resolução de seu conflito de interesses, possa, por uma inabilidade/insistência equivocada do tribunal a quo ter a interposição do seu recurso excepcional tergiversada, impossibilitada por uma continuidade de omissão no ato judicial.

Com o judiciário brasileiro cada vez mais afogado por processos múltiplos e a necessidade de priorizar a duração razoável do processo, pertinente se impor que eventuais equívocos dos tribunais em não enfrentar pedidos ou matérias, não pode ser motivo para não julgar, quando a parte cumpre seu mister de prequestionar. O *modus operandi* da súmula 211, apesar da tecnicidade processual apurada, entrava em conflito com a busca da celeridade na prestação jurisdicional. A devolução da matéria ao tribunal superior, quando a parte questiona o tribunal a quo, possibilita a rediscussão, não causando, de todo modo, prejuízo ao processo ou supressão de instância, alcançando, nesta sistemática a qualidade possível almejada para enfrentar-se o mérito recursal.

O prequestionamento ficto tem como ator principal a parte, aquela que cumpriu seu mister de alegar, de pleitear a complementação da prestação jurisdicional, levando em consideração o possível erro in procedendo. Afinal, decisão omissa é uma decisão com erro.

Não se pode punir o cidadão que busca no judiciário a resolução prática de seus anseios, não se pode querer que "as partes assumam falhas do Poder Judiciário".[46] Entre a maior tecnicidade do prequestionamento adotado pelo STJ e a celeridade do ficto, importante a opção legislativa pela última, "a parte não

---

45. CUNHA, Leonardo José Carneiro da; DIDIER JR., Fredie; Curso de direito processual civil. Meios de impugnação às decisões judiciais e processo nos tribunais. 5ª ed. Salvador: Podivm, 2012 p. 277/278.
46. GRAZIANO, Analucia. Quais as repercussões da divergência jurisprudencial quanto à classificação dos graus de prequestionamento – ficto, implícito ou explícito – nos embargos de declaração para fins de interposição de recursos excepcionais? Revista de Processo, n. 154/115, Dez. 2007 p. 133

pode ser penalizada por faltas que não são suas. A conduta que mais simboliza a diligência da parte é a oposição de embargos declaratórios antes da interposição dos recursos especial e extraordinário, com finalidade de incitar e exaurir discussão sobre temas legais e constitucionais."[47]

O novo ordenamento preza pelo aproveitamento processual ao extremo da legalidade, almejando a resolução meritória do processo, passando pelo julgamento material do recurso, relativizando formalismos desnecessários para se conseguir julgar o recurso em sua plenitude, e, consequentemente, entregar ao jurisdicionado uma resposta judicial muito mais completa, conseguindo adentrar no cerne das questões. Frustrante sempre é um acórdão que não conhece do recurso especial baseado na Súmula 211, apesar de sua técnica processual apurada, dilapida anseios da parte recorrente, por um erro, que por mais que possa recair também sobre a próprio parte, começa na prestação jurisdicional viciada/omissa do tribunal a quo.

Inobstante de teorias profundas e pertinentes sobre a criação e manutenção da Súmula 211, acertada a decisão legislativa por optar pelo cidadão, por considerar prequestionado a matéria com a simples oposição de embargos declaratórios de tal fim. Uma vitória processual. Um predomínio importante da Súmula 356 do STF, mesmo quando o próprio já a abandonava, e da prestação jurisdicional como um todo.

5. CONCLUSÃO

A chegada a um texto final do novo código de processo civil acarreta novos estudos, alterações no cotidiano processual brasileiro, adaptações necessárias à nova realidade que está por vir. Verificar o que foi importante continuar, como os institutos se mantiveram inertes, como alguns evoluíram e como os legisladores inseriram novos institutos ou positivaram alguns que estavam na realidade processual diária, mas carecia de atenção legal.

O prequestionamento se enquadra nesta última vertente, um tema abrangente, importante, controverso desde sua concepção conceitual, percorrendo por sua utilização, bem como sua possibilidade de relativização. Necessária realmente era a sua regulamentação e, ainda, a escolha de qual entendimento o instituto processual em questão adotará na nova legislação.

Por mais tentadora processual que a argumentação da Súmula 211 seja na seara processual, diante tanto da necessidade de se respeitar que se julguem em esfera superior somente causas decididas, pensar que realmente para um

---

47. BONDIOLI, Luis Guilherme Aidar Bondioli. *Embargos de Declaração*. São Paulo: Saraiva, 2007.p.268/269.

processo civil perfeito, necessária seria a manifestação completa do tribunal a quo, não importando sobre quais os caminhos se levem para isso, ou ainda no prisma das palavras de Ribeiro, que acredita que a posição do STJ serviria como forma dos tribunais passarem a enfrentar as matérias de maneira mais correta, com resultado a longo prazo de uma prestação jurisdicional mais célere, num caráter didático da súmula de forma a revolucionar os próprios tribunais a aceitarem a necessidade de enfrentamento total da matéria, o novo texto legal acertou. [48]

Conforme palavras de Cunha e Didier a posição do STF já merecia elogios, não devendo ser ultrapassada como parecia acontecer, quanto mais ser reparada e, assim, optar pelo prequestionamento ficto, proporciona um entendimento a preponderar a tese "do STF, que se posiciona a favor do julgamento do mérito do recurso extraordinário, a fim de que o recurso cumpra seu objetivo." [49]

Assim, diante de inúmeras inovações do novo código de processo civil, a regulamentação do prequestionamento com a escolha da sua forma ficta, seguindo a inteligência da interpretação da Súmula 365 do STF é um ponto positivo, inclusa esta medida dentro do conjunto de regulamentações realizadas para combater a jurisprudência defensiva e, de uma forma contundente, forçar os tribunais a entregarem ao jurisdicionado o que este merece, o julgamento de mérito do seu recurso, com o máximo aproveitamento processual, para se focar nas questões materiais.

Entre o tecnicismo processual apurado e a celeridade processual para o cidadão, o novo código de processo civil preferiu esta segunda possibilidade no ponto sobre o prequestionamento.

6. REFERENCIAS BIBLIOGRÁFICAS

BRASIL. Código de Processo Civil. Lei N.º 5.869, de 11 de janeiro de 1973. Brasília, DF.

_____. Projeto de Lei PL 8046/10. Brasília. DF.

_____. Constituição Federal, 1988, Outubro. Brasília, DF.

_____. Código de Processo Civil. Lei N.º 13105, de 16 de março de 2015. Brasília, DF.

_____. Regimento Interno do Supremo Tribunal Federal. Brasília, DF.

BONDIOLI, Luis Guilherme Aidar Bondioli. *Embargos de Declaração*. São Paulo: Saraiva, 2007.

---

48. RIBEIRO, Eduardo. "Prequestionamento", em Aspectos polêmicos e atuais dos recursos cíveis de acordo com a Lei 9.756/98. São Paulo : RT, 1999, p. 255.
49. CUNHA, Leonardo José Carneiro da; DIDIER JR., Fredie; Curso de direito processual civil. Meios de impugnação às decisões judiciais e processo nos tribunais. 5ª ed. Salvador: Podivm, 2012. p. 278.

BUENO, Cassio Scarpinella. Prequestionamento -Reflexões sobre a Súmula 211 do STJ. In NERY JUNIOR. Nelson e WAMBIER. Teresa Arruda Alvim Aspectos Polêmicos e Atuais dos Recursos. São Paulo. Revista dos Tribunais. 2000. - Disponível no link com numeração somente do artigo: http://www.scarpinellabueno.com.br/Textos/Prequestionamento%20-%20S%C3%BAmula%20211.pdf - Acessado dia 09 de abril de 2015.

CÂMARA, Alexandre Freitas. Lições de direito processual civil. 17.ed. 2ª Tiragem. Rio de Janeiro: Lumen Juris, v. II. 2004.

CARNEIRO, Athos Gusmão. "Requisitos específicos de admissibilidade do recurso especial", in Aspectos polêmicos e atuais dos recursos cíveis de acordo com a lei 9.756/98, São Paulo, Revista dos Tribunais, 1999.

CUNHA, Leonardo José Carneiro da; DIDIER JR., Fredie; Curso de direito processual civil. Meios de impugnação às decisões judiciais e processo nos tribunais. 5ª ed. Salvador: Podivm, 2012.

_____ - http://www.frediedidier.com.br/editorial/editorial-171/ - - Acessado dia 09 de abril de 2015.

CUNHA, Leonardo José Carneiro da. "Prequestionamento e voto vencido". *Revista Dialética de Direito Processual*. Agosto-2004. FLEURY, José Theophilo. Do preguestionamento nos Recursos Especial e Extraordinário - súmula 356/STF e súmula 211/STJ In NERY JUNIOR, Nelson e WAMBIER, Teresa Arruda Alvim. Aspectos Polêmicos e Atuais dos Recursos, São Paulo, Revista dos Tribunais, 2000.

DINAMARCO, Cândido Rangel. *A instrumentalidade do processo*. 9. ed. São Paulo: Malheiros, 2001.

GRAZIANO, Analucia. Quais as repercussões da divergência jurisprudencial quanto à classificação dos graus de prequestionamento – ficto, implícito ou explícito – nos embargos de declaração para fins de interposição de recursos excepcionais? Revista de Processo, n. 154/115, Dez. 2007

LEÃO, Antônio Carlos Amaral. O prequestionamento para a admissibilidade do Recurso Especial. Revista dos Tribunais, n. 650/236, Dez. 1989.

KOEHLER, Frederico Augusto Leopoldino. Do prequestionamento ficto como meio de efetivação dos princípios da instrumentalidade, economicidade e celeridade do processo. *Revista ESMAPE* nº26. v.12. Recife: ESMAPE. 2007.

MANCUSO, Rodolfo de Camargo. Recurso Extraordinário e Recurso Especial. 6. ed., rev., atual. e ampl., São Paulo, Revista dos Tribunais, 2000.

MEDINA, José Miguel Garcia. O prequestionamento nos recurso extraordinário e especial. 2. ed., São Paulo, Revista dos Tribunais, 1999.

_____. Prequestionamento e Repercussão Geral e Outras Questões Relativas aos Recursos Especial e Extraordinário. 5ª ed. São Paulo: Editora Revista dos Tribunais, 2009.

_____. Variações jurisprudenciais recentes sobre a dispensa do prequestionamento, in NERY JUNIOR, Nelson e WAMBIER, Teresa Arruda Alvim (Coord.). Aspectos Polêmicos e Atuais dos Recursos Cíveis e de Outros Meios de Impugnação às Decisões Judiciais. São Paulo: RT. 2005. v. 8

MARINONI, Luiz Guilherme. ARENHART, Sérgio Cruz. Manual do processo de conhecimento. 5.d. rev., atual. E ampl. São Paulo: Revista dos Tribunais, 2006.

MOREIRA, José Carlos Barbosa. Comentários ao Código de Processo Civil. v. 5., 7. ed., Rio de Janeiro, Forense, 1998.

MOTA, Luís Maximiliano Leal Telesca. Prequestionamento nos Recursos aos Tribunais Superiores. In Revista da Procuradoria-Geral do Município de Porto Alegre., v. 3, n. 14, Porto Alegre; novembro de 2000.

NERY JUNIOR, Nelson. NERY, Rosa Maria de Andrade, Código de Processo Civil Comentado. 10ª ed. São Paulo: Revista dos Tribunais, 2007.

NERY JUNIOR, Nelson. Princípios Fundamentais -Teoria Geral dos Recusrsos. 5. ed., rev. e ampl., São Paulo, Revista dos Tribunais, 2000.

_____ e NERY, Rosa Maria Andrade. Código de Processo Civil Comentado e legislacão Processual civil em vigor. 4. ed. rev. e atual. São Paulo, Revista dos Tribunais, 1999.

NEVES, Daniel Amorim Assumpção. Manual de Direito Processual Civil - Volume Único. 5ª. Edição. Editora Método, São Paulo. 2013.

RIBEIRO, Eduardo. "Prequestionamento", em Aspectos polêmicos e atuais dos recursos cíveis de acordo com a Lei 9.756/98. São Paulo : RT, 1999

SOUZA, Bernardo Pimentel. Introdução aos Recursos Cíveis, 6ª Edição, Editora Saraiva, 2009.

WAMBIER, Teresa Arruda Alvim. Omissão judicial e embargos de declaração. São Paulo: RT. 2005.

_____. Nulidades do Processo e da Sentença. São Paulo: RT. 2004.

www.stj.jus.br/portal/site/STJ – acessado dia 26 de fevereiro de 2015.

www.stf.jus.br – acessado dia 26 de fevereiro de 2015.

CAPÍTULO 16

Embargos Declaratórios: efeito integrativo (prequestionamento virtual)

Zulmar Duarte de Oliveira Jr.[1]

SUMÁRIO: 1. CONSIDERAÇÕES INICIAIS; 2. ESTADO DA ARTE DOS EMBARGOS DECLARATÓRIOS; 3. PREQUESTIONAMENTO; 4. EMBARGOS DECLARATÓRIOS, EFEITO INTEGRATIVO E O PREQUESTIONAMENTO VIRTUAL.

1. CONSIDERAÇÕES INICIAIS

De fato, temos uma visão pessimista quanto ao projeto de Novo Código de Processo Civil (Novo CPC), principalmente por divisarmos a possibilidade de avanços mais verticais.

Verdade seja, não podemos deixar de reconhecer inúmeras virtudes na proposta legislativa, grande parte delas ao encontro da deformalização do processo[2] e da superação da malsinada jurisprudência restritiva no tocante aos recursos augustos e angustos (v.g. especial, revista e extraordinário).

Presentes o ponto e o contraponto, melhor dizendo, prequestionada a matéria, elogiável o Novo CPC ao erigir uma interessante transposição para o óbice conformado pela jurisprudência no tocante à admissibilidade dos recursos de uniformização.

Consabido é, os recursos destinados aos Tribunais de Superposição[3] exigem, como pressuposto de admissibilidade, o prequestionamento da matéria objeto do recurso, a par do que divergências grassam[4].

---

1. Advogado. Professor da Universidade do Sul de Santa Catarina (UNISUL). Pós-Graduado em Direito Civil e Processo Civil pelo Centro de Ensino Superior Sul Brasileiro (CESULBRA).
2. Sobre o tema escrevemos no livro: OLIVEIRA JUNIOR, Zulmar Duarte de. **Eficácia consuntiva do Novo CPC e dos recursos augustos e angustos.** In. FREIRE, Alexandre. Novas tendências do processo civil: estudos sobre o projeto do Novo Código de Processo Civil. Salvador: Juspodivm, 2013.
3. Considerando sua ascendência sobre os Tribunais de Justiça, Regionais Federais, Eleitorais, Trabalhistas, etc.
4. Basta lembrar as dissonâncias sobre ser ou não suficiente o prequestionamento implícito, considerado o dito explícito, a necessidade ou não de expressa menção no provimento jurisdicional recorrido do dispositivo (infra)constitucional dito contrariado e etc..

Assumem relevo nessa discussão as potencialidades dos embargos declaratórios para a finalidade do prequestionamento, sendo que, pode ser dito sem receio de errar (embora passível da crítica por eventual exagero), os recursos especiais, revista e extraordinários quase sempre são precedidos de embargos declaratórios prequestionadores[5].

Ainda aí, porém, a jurisprudência é vacilante, oscilando quer endogenamente (entre órgãos do mesmo Tribunal), quer exogenamente (Tribunais diversos[6]), na aceitação do prequestionamento por intermédio dos embargos declaratórios.

Em agravo, os Tribunais, ainda que não tarjem os declaratórios para prequestionamento de protelatórios, tangenciam tal caráter, rejeitando-os, via de regra, pela inexistência de omissão.

Precisamente, nesse contexto operará uma das boas inovações propugnadas pelo Novo CPC, no que atribui aos declaratórios um novel desdobramento do seu efeito integrativo congênito, qual seja, o prequestionamento virtual.

2. ESTADO DA ARTE DOS EMBARGOS[7] DECLARATÓRIOS

Com efeito, o provimento jurisdicional é um ato de vontade, mas não de imposição de vontade autoritária — pois se assenta num juízo lógico-jurídico —, só se legitimando, como ato estatal, acaso expungido de vícios, hígido portanto.

Por consequente, o provimento jurisdicional deve apreciar, de forma escorreita, a integralidade das questões trazidas pelas partes, sob pena de padecer do vício da omissão, contradição ou obscuridade, os quais, acaso presentes, em última análise, acarretam a própria denegação da justiça.

A correta prestação da tutela jurisdicional impõe que o julgador não se omita, contradiga ou obscureça na apreciação das questões submetidas, pois, como dito, isto seria simples e tão somente denegação da justa tutela jurisdicional, atingindo frontalmente o acesso à justiça e o devido processo legal (artigo 5º, incisos XXXV e LIV, da Constituição da República Federativa do Brasil de 1988).

---

5. O acerto da conclusão é respaldado pela própria existência do enunciado de súmula nº 98 do Superior Tribunal de Justiça, expressivo da tendência de interposição dos declaratórios com o fito de prequestionamento.
6. Lembre-se que o juízo de admissibilidade não é realizado exclusivamente pelos Tribunais de Superposição, mas também por cada um dos Tribunais inferiores (CPC, artigo 542, § 1º).
7. "Vocábulo algum tem, no Direito pátrio, significado tão proteiforme como o de embargos – palavra que designa, a um só tempo, procedimentos recursais e espécies de defesa ou de ação de conhecimento.
    No campo recursal, os embargos se apresentam, antes de mais nada, como possível juízo de retratação o recurso - como explicava João Monteiro – 'tende a obter, do juiz que deu a sentença, que ele mesmo a declare, modifique ou revogue'. Em suas origens, no Direito Português (tal como o recurso de agravo, também o de embargos é de indiscutível procedência lusitana), os embargos surgiram para pedir aos juízes 'a reconsideração de sua própria sentença, senão para revogá-las, ao menos para modificá-las ou declará-las'" (MARQUES, José Frederico. **Manual de direito processual civil**. Campinas: Bookseller, 1997).

Porém, via de regra, depois da publicação do provimento jurisdicional, é vedada sua alteração, porquanto exaurida a competência funcional do magistrado prolator. Alguns reconduzem o tema à condição de princípio – princípio da invariabilidade da sentença pelo juiz que a proferiu.

Nada obstante, o Código de Processo Civil abre exceções ao encerramento.

Preceitua atualmente o artigo 463 do Código de Processo Civil[8]:

> Art. 463. Publicada a sentença, o juiz só poderá alterá-la:
>
> I - para lhe corrigir, de ofício ou a requerimento da parte, inexatidões materiais, ou lhe retificar erros de cálculo;
>
> II - por meio de embargos de declaração.

Tenha-se presente, a publicação do provimento jurisdicional, nas palavras de NAGIB SLAIBI FILHO[9], dá-se quando o juiz: **"exterioriza o ato jurídico-processual, o qual, assim, sai da esfera pessoal do magistrado para se tornar ato público (daí o nome)"**.

Portanto, os embargos declaratórios são uma das exceções ao encerramento do ofício jurisdicional com a edição do provimento, permitindo ao magistrado oficiar, por si próprio, no processo mais uma vez, visando não à reforma da decisão, mas sim ao aperfeiçoamento do decisório, para que se revele, na íntegra, a vontade e a autoridade do órgão julgador.

Portanto, no leito próprio[10], os aclaratórios auxiliam na completude da prestação da tutela jurisdicional, afastando incongruência involuntária do julgador, quer esclarecendo-a, quer integrando-a, quer tornando-a hígida.

> O objetivo recursal específico não é o rejulgamento da matéria decidida nem tampouco a invalidação do ato impugnado, mas, sim e tão somente, o seu aperfeiçoamento, o que se alcança eliminando a falta de clareza ou a contradição nele verificada, ou suprindo-lhe alguma omissão no tratamento de questões suscitadas no processo.[11]

---

8. A disciplina é repetida no Novo CPC (artigo 494).
9. SLAIBI FILHO, Nagib. **Sentença cível:** fundamentos e técnica. 4. ed. Rio de Janeiro: Forense, 1997. p. 431.
10. Sobre a natureza jurídica dos embargos declaratórios, concordamos com BARBOSA MOREIRA: "Ao nosso ver, a questão é pura e simplesmente de direito positivo: cabe ao legislador optar, e ao intérprete respeitar-lhe a opção, ainda que, de lege ferenda, outra lhe pareça mais aconselhável" (MOREIRA, José Carlosa Barbosa. **Comentários ao código de processo civil:** lei nº 5.869, de 11 de janeiro de 1973. 11. ed. rev. e atual. Rio de Janeiro: Forense, 2003. vol. V, p. 542). Logo, recurso pelo artigo 496, inciso IV, do Código de Processo Civil, tendência mantida no Novo CPC (artigo 1.007, inciso IV) . No mesmo sentido, acrescentando argumentos diversos: FERNANDES, Luís Eduardo. Simardi. **Embargos de declaração:** efeitos infringentes, prequestionamento e outros aspectos polêmicos. 3. ed. rev., atual. e ampl. São Paulo: RT, 2012. p. 28/37.
11. THEODORO JÚNIOR, Humberto. **O processo civil brasileiro:** no limiar do novo século. Rio de Janeiro: Forense, 1999. p. 161.

Posta assim a questão, os embargos de declaração não são predestinados à discussão sobre o acerto ou desacerto do provimento jurisdicional, porquanto reservados à sua melhora, afastando obscuridade, contradição ou omissão que devem ser decotados do pronunciamento.

> "Dá-se o nome de embargos de declaração ao recurso destinado a pedir ao juiz ou tribunal prolator da decisão que afaste obscuridade, supra omissão ou elimine contradição existente no julgado"[12].

Outrossim:

> Recurso exclusivamente de retratação, os embargos de declaração permitem o reexame da decisão, sentença ou acórdão embargado pelos juízes de que emanou.
>
> Trata-se de gravame especial e que sob três espécies se configura: obscuridade, contradição e omissão.
>
> O acórdão conterá obscuridade quando ambíguo e de entendimento impossível, ante os termos e enunciados equívocos que contém.
>
> Os argumentos exarados, ou o entrosamento dos períodos levam a hesitar-se para a compreensão do que deveria ter ficado resolvido ou solucionado. A contradição se configura quando inconciliáveis entre si, no todo ou em parte, proposições ou segmentos do acórdão. Por fim, ocorre a omissão, quando o acórdão deixa de pronunciar-se sobre questões concernentes ao litígio, que deveria ser decidido.
>
> Há nos embargos de declaração 'um pronunciamento integrativo-retificador': não se elimina o acórdão embargado, que é apenas completado para que em seu conteúdo fique suficientemente claro e completo'.[13]

À vista disso, denota-se, os embargos de declaração têm raízes constitucionais, assentando-se no princípio da inafastabilidade do controle jurisdicional (CRFB/88, artigo 5º, inciso XXXV).

Demais disso, convém averbar terem os embargos de declaração origem remota no direito lusitano:

> É ponto pacífico na história do direito lusitano que os embargos, como meio de obstar ou impedir os efeitos de um ato ou decisão judicial, são criação genuína daquele direito, sem qualquer

---

12. THEODORO JÚNIOR, Humberto. **Curso de direito processual civil.** Rio de Janeiro: Forense, 2001. Vol. 1, p. 599.
13. MARQUES, op. cit., p. 191 e ss.

antecedente conhecido, asseverando os autores que de semelhante remédio processual não se encontra o menor traço no direito romano, no germânico ou no canônico, nem nos ordenamentos jurídicos dos diversos povos de civilização ocidental, que se formaram em decorrência da interpretação daqueles três grandes sistemas, de que no fundo todos são tributários.[14]

Confirmando as raízes do instituto:

> Os embargos de declaração, declaratórios ou declarativos têm a mesma origem dos homônimos – modificativos, ofensivos, de nulidade. São produto do direito lusitano, advêm do século XIII e ocupam lugar nas Ordenações Afonsinas, de 1447. Constituem um imperativo da precariedade da comunicação por escrito, sabidamente um meio pouco eficiente na transmissão do pensamento. Destinam-se, portanto, os embargos de declaração ao esclarecimento da sentença ou do acórdão em suas possíveis obscuridades, contradições e omissões.
>
> As Ordenações Afonsinas arrolam no Livro III, 60, § 4°, que – 'depois que o Julgador der huma vez Sentença definitiva em algum Feito, nam há mais poder de há revoguar dando outra contraria. (...) Pero nam tolhemos, que se Julgador der alguua Sentença duvidosa, por ter em si algumas palavras escuras, e intrincadas, por que em tal caso as poderá bem declarar'. Acrescenta o dispositivo que é por direito o julgador interpretar qualquer sentença por ele dada, e não somente ele mas seu sucessor a quem incumbir oficiar na causa. A matéria sem modificações na substância, e já mencionado 'embargos', encontra-se nas Ordenações Filipinas, 3.66,6.[15]

O novíssimo Código de Processo português é fiel às Ordenações Afonsinas:

> Artigo 614.º
>
> Retificação de erros materiais
>
> 1 — Se a sentença omitir o nome das partes, for omissa quanto a custas ou a algum dos elementos previstos no n.º 6 do artigo 607.º, ou contiver erros de escrita ou de cálculo ou quaisquer inexatidões devidas a outra omissão ou lapso manifesto, pode ser corrigida por simples despacho, a requerimento de qualquer das partes ou por iniciativa do juiz.

---

14. COSTA, Moacyr Lobo da. **Estudos de história do processo:** recursos. Osasco: FIFEO, 1996. p. 162.
15. SIDOU, J.M. Othon. **Processo civil comparado:** (histórico e contemporâneo) à luz do código de processo civil brasileiro, modificado até 1996. Rio de Janeiro: Forense Universitária, 1997.

2 – Em caso de recurso, a retificação só pode ter lugar antes de ele subir, podendo as partes alegar perante o tri- bunal superior o que entendam de seu direito no tocante à retificação.

3 – Se nenhuma das partes recorrer, a retificação pode ter lugar a todo o tempo.

Semelhante, guardadas as devidas proporções, é a disciplina do Código de Processo Civil italiano (artigos 287 e 288[16]), da *Lei de Enjuiciamiento* espanhol (artigo 214 e 215[17]), bem como na Ordenança Processual Civil Alemã (ZPO, §§ 319 e 320[18]).

Na formatação do instituto, o Código de Processo Civil brasileiro em vigor não destoou:

---

16. " Art. 287 (Casi di correzione) Le sentenze contro le quali non sia stato proposto appello e le ordinanze non revocabili possono essere corrette, su ricorso di parte, dallo stesso giudice che le ha pronunciate, qualora egli sia incorso in omissioni o in errori materiali o di calcolo. Art. 288 (Procedimento di correzione) Se tutte le parti concordano nel chiedere la stessa correzione, il giudice provvede con decreto. Se è chiesta da una delle parti, il giudice, con decreto da notificarsi insieme col ricorso a norma dell'articolo 170 primo e terzo comma, fissa l'udienza nella quale le parti debbono comparire davanti a lui. Sull'istanza il giudice provvede con ordinanza, che deve essere annotata sull'originale del provvedimento. Se è chiesta la correzione di una sentenza dopo un anno dalla pubblicazione, il ricorso e il decreto debbono essere notificati alle altre parti personalmente. Le sentenze possono essere impugnate relativamente alle parti corrette nel termine ordinario decorrente dal giorno in cui è stata notificata l'ordinanza di correzione".

17. "Artículo 214. Invariabilidad de las resoluciones. Aclaración y corrección. 1. Los tribunales no podrán variar las resoluciones que pronuncien después de firmadas, pero sí aclarar algún concepto oscuro y rectificar cualquier error material de que adolezcan. 2. Las aclaraciones a que se refiere el apartado anterior podrán hacerse de oficio dentro de los dos días hábiles siguientes al de la publicación de la resolución, o a petición de parte o del Ministerio Fiscal formulada dentro del mismo plazo, siendo en este caso resuelta por el tribunal dentro de los tres días siguientes al de la presentación del escrito en que se solicite la aclaración. 3. Los errores materiales manifiestos y los aritméticos en que incurran las resoluciones judiciales podrán ser rectificados en cualquier momento. Artículo 215. Subsanación y complemento de sentencias y autos defectuosos o incompletos. 1. Las omisiones o defectos de que pudieren adolecer sentencias y autos y que fuere necesario remediar para llevar plenamente a efecto dichas resoluciones podrán ser subsanadas, mediante auto, en los mismos plazos y por el mismo procedimiento establecidos en el artículo anterior. 2. Si se tratase de sentencias o autos que hubieren omitido manifiestamente pronunciamientos relativos a pretensiones oportunamente deducidas y sustanciadas en el proceso, el tribunal, a solicitud escrita de parte en el plazo de cinco días a contar desde la notificación de la resolución, previo traslado de dicha solicitud a las demás partes, para alegaciones escritas por otros cinco días, dictará auto por el que resolverá completar la resolución con el pronunciamiento omitido o no haber lugar a completarla. 3. Si el tribunal advirtiese en sentencias o autos que dictara las omisiones a que se refiere el apartado anterior, podrá, en el plazo de cinco días a contar desde la fecha en que se dicta, proceder de oficio, mediante auto, a completar su resolución, pero sin modificar ni rectificar lo que hubiere acordado. 4. No cabrá recurso alguno contra los autos en que se completen o se deniegue completar las resoluciones a que se refieren los anteriores apartados de este artículo, sin perjuicio de los recursos que procedan, en su caso, contra la sentencia o auto a que se refiriera la solicitud o la actuación de oficio del tribunal. Los plazos para estos recursos, si fueren procedentes, comenzarán a computarse desde el día siguiente a la notificación del auto que reconociera o negara la omisión de pronunciamiento y acordara o denegara remediarla".

18. "§ 319. Las faltas de redacción y de cuentas y cualesquiera otros errores notorios que contenga la sentencia podrán ser corregidos en todo tiempo por el Tribunal, incluso de oficio. (...) § 320. Cuando la exposición de hechos de la sentencia contuviere errores que no queden comprendidos en los preceptos del parágrafo anterior, lagunas, ambigüedades o contradicciones en los preceptos, se podrá pedir la rectificación de la misma por escrito que debe presentarse en el plazo de una semana (...)."

Art. 535. Cabem embargos de declaração quando:

I - houver, na sentença ou no acórdão, obscuridade ou contradição;
II - for omitido ponto sobre o qual devia pronunciar-se o juiz ou tribunal.

O **Novo Código de Processo Civil** reeditou a disciplina, acrescendo ainda o instituto de considerável melhora ao apresentar regramento discriminando algumas hipóteses de omissão, *ex vi legis*, no provimento jurisdicional.

Art. 1.022. Cabem embargos de declaração contra qualquer decisão judicial para:

I – esclarecer obscuridade ou eliminar contradição;

II – suprir omissão de ponto ou questão sobre o qual devia se pronunciar o órgão jurisdicional de ofício ou a requerimento;

III – corrigir erro material.

Parágrafo único. Considera-se omissa a decisão que:

I – deixe de se manifestar sobre tese firmada em julgamento de casos repetitivos ou em incidente de assunção de competência aplicável ao caso sob julgamento;

II – incorra em qualquer das condutas descritas no art. 489, § 1º.

Os registros são indispensáveis, também para fim de organização sistêmica do pensamento aqui desenvolvido, pois desvelam, aclaram, que os embargos de declaração, a despeito de singularidades do direito positivo respectivo, tem como vetor comum melhorar o provimento jurisdicional, suprimindo incorreções na expressão retratada do raciocínio do prolator.

Assim, os embargos declaratórios são:

o instrumento de que a parte se vale para pedir ao magistrado prolator de uma dada sentença que a esclareça, em seus pontos obscuros, ou a complete quando omissa, ou finalmente que lhe repare ou elimine eventuais contradições que ela porventura contenha.[19]

Os embargos declaratórios expressam a constatação, no plano do processo, do adágio popular de que errar é humano. E aí, no processo, magnânimo é

---

19. SILVA, Ovídio Baptista. **O processo de conhecimento.** 4. ed. rev. e atual. São Paulo: RT, 1998, v.1.

reconhecer o erro, recebendo com espírito aberto[20] os embargos declaratórios — os embargos são iteração[21].

À obviedade, não se descura, possível os embargos declaratórios operarem com tônus mais vigoroso, alterando propriamente o provimento jurisdicional, nas hipóteses em que isto seja uma consequência inelutável, por exemplo, do suprimento da omissão[22].

Até aqui nada dissemos de novo. Reproduzimos, ainda que timidamente, o *estado da arte* dos embargos declaratórios, que, pensamos, não sofrerá influxos significativos com a aprovação do Novo CPC.

No entanto, diversa será a influência dos embargos no prequestionamento.

3. PREQUESTIONAMENTO

O prequestionamento[23] é um pressuposto de admissibilidade dos recursos augustos e angustos[24] (extraordinários, especiais e de revista), ligado à circunstância da necessidade de que a pretensão recursal de vilipêndio ao ordenamento (infra)constitucional tenha sido debatida na origem.

Justamente, ao abrigo da imperiosa e prévia submissão da questão aos tribunais inferiores, os Tribunais de Superposição entendem incognoscíveis, no ar

---

20. "Embargos declaratórios - Julgamento - Posição do juiz. Ao defrontar-se com embargos declaratorios, o julgador há de atuar com espírito de compreensão, tendo presentes a angústia da parte e o predicado da completitude inerente à prestação jurisdicional (...)" (STF, HC nº 70207-ED, Relator para acórdão Ministro Marco Aurélio, Segunda Turma, julgado em 31/05/1994).
21. MIRANDA, Pontes. Comentários ao código de processo civil: arts. 496 a 538. 3. ed. rev. e aument. Atualização legislativa por Sérgio Bermudes. Rio de Janeiro: Forense, 2002. Tomo VII, p. 316.
22. Veja-se os exemplos mencionados por ASSIS, Araken de. Manual dos recursos. 2. ed. rev., atual, e ampl. São Paulo: RT, 2008. p. 638 e seg.
23. Não se põe em questão a constitucionalidade do prequestionamento, uma vez que reconhecida numa miríade de casos pelo Supremo Tribunal Federal, que aplica reiteradamente os enunciados de súmula nos 282 e 356 de sua jurisprudência. Anote-se, o Ministro Alfredo Buzaid anotou ter o prequestionamento derivado da lei judiciária norte-americana de 24.9.1789 — *writ of error* (ERE 96.8002, relator Ministro Alfredo Buzaid, RTJ 109/299).
24. "(a) Em todo o Estado civilizado, representa problema de política constitucional e de técnica legislativa constitucional, da mais alta importância, ligado a outros tantos problemas de política e de legislação administrativa, o de eficaz e escorreita administração de justiça. Para se assegurar a exata realização do direito objetivo, não basta conjunto de boas regras de direito processual; é de mister a criação de certas vias de recursos, que permitam a apreciação da aplicação da lei pelos Tribunais. A simples apelação, qualquer que seja o nome que se lhe dê, com o exame do negócio *in facto* e *in iure*, não poderia satisfazer às exigências de política judiciária da unidade das decisões no tocante à inteligência das leis". (MIRANDA, Pontes. Comentários ao código de processo civil: arts. 539 a 565. 2. ed. rev. e aument. Atualização legislativa por Sérgio Bermudes. Rio de Janeiro: Forense, 2002. Tomo VIII, p. 19/20).

rarefeito de Brasília, na via não oxigenada do extraordinário, especial e/ou revista, temas não questionados previamente — prequestionados.

O signo linguístico direciona corretamente o raciocínio, prequestionamento é a indispensabilidade da questão objeto do recurso ter sido discutida no provimento jurisdicional recorrido.

No ponto, para o correto entendimento, absorvemos a lição de CARNELUTTI sobre o dístico *questão*:

> Quando uma afirmação compreendida na razão (da pretensão ou da discussão) possa engendrar dúvidas e, portanto, tenha de ser verificada, converte-se numa questão. A questão, pode-se definir, pois, como um ponto duvidoso, de fato ou de direito, e sua noção é correlativa da afirmação.[25]

Observe-se, para CARNELUTTI também seriam questões as matérias em que inexiste dissenssão entre as partes, mas resolvidas na decisão (razões de decidir), como bem constatou MEDINA:

> (...) de acordo com as lições de Menestrina e Carnelutti, já citados neste trabalho, o termo questão não se aplica somente quando há constatação de ponto alegado por alguma das partes, mas também quando o próprio juiz tenha suscitado a dúvida sobre determinado ponto. Desse modo, haverá questão federal ou questão constitucional sempre que o juiz aplicar a lei federal ou a Constituição à hipótese, seja em decorrência de as partes terem controvertido acerca de determinado ponto, tornando-o questão a ser resolvida pelo órgão julgador, seja quando o próprio órgão julgador identificar o ponto, colocá-lo em dúvida e sobre ele resolver. Importa, sob esse prisma, que a questão tenha sido resolvida pelo juiz, seja ou não em virtude de provocação da parte.[26]

Pois bem, o prequestionamento, na nossa perspectiva, é a existência de resolução no acórdão recorrido de uma questão submetida pelas partes ou suscitada pelo julgador. Prequestionar é uma expressão que está atrelada à visão de quem interpõe o recurso para o Tribunal de Superposição, ou seja, a necessidade de demonstrar ter sido o tema resolvido no acórdão recorrido (pré-questionado).

---

25. CARNELUTTI, Francesco. **Sistema de direito processual civil:** composição do processo. Traduzido por Hiltomar Martins Oliveira. São Paulo: Classic Book, 2000. vol II., vol II, p. 39.
26. MEDINA, José Miguel Garcia. **O prequestionamento dos recursos extraordinário e especial.** 2. Ed. São Paulo: RT, 1999. p. 236. Nesse mesmo sentido, aponta Leonardo Greco: **"O conceito de questão, a meu ver, deve ser bastante abrangente, ou seja, o de qualquer ponto de fato ou de direito sobre o qual deva o juiz pronunciar-se em caráter decisório"** (GRECO, Leonardo. **O saneamento do processo e o projeto de novo Código de Processo Civil.** Revista Eletrônica de Direito Processual, v. VIII, jul./dez. 2011, p. 579. Disponível em http://www.redp.com.br/arquivos/redp_8a_edicao.pdf. Acesso em 3-set-2013.

Dito às claras e às secas, o recorrente terá que demonstrar que o acórdão "questionou-se" sobre a violação ao preceptivo (infra)constitucional.

De mais a mais, consigna agudamente ARAKEN DE ASSIS:

> Turvou a clareza do tema a deletéria influência da própria palavra "prequestionamento". Formada a partir de derivação prefixial do termo "questionamento", o contexto jurídico não lhe podou a natural relação de sentido, sugerindo a todos os espíritos que prequestionar é questionar antes. Essa semântica vulgar há que ceder passo às proposições normativas.[27]

Assim, para que os recursos destinados aos Tribunais de Sobreposição sejam conhecidos é indispensável ter sido a matéria objeto da pretensão recursal resolvida pelas razões de decidir do acórdão recorrido.

Todavia, muitíssimas vezes, a questão (infra)constitucional não aflora[28] automaticamente no acórdão recorrido, surgindo os embargos declaratórios como instrumento para preparar o terreno àquela germinação.

Os embargos declaratórios são apresentados com o fim de prequestionar determinada questão (infra)constitucional, objetivando seu debate explícito pelo Tribunal de origem.

Ainda assim, os Tribunais, na grande maioria dos casos, rejeitam tal funcionalidade aos embargos declaratórios, ao argumento de que não estão obrigados a responder todas as questões que as partes lhes submetem, bastando exteriorizar as razões pelas quais acolhe ou rejeita a pretensão. Suficiente seria apontar o caminho percorrido e o destino alcançado, não sendo necessário apresentar as rotas alternativas ou locais não visitados.[29]. Outros tribunais, prevenindo a inter-

---

27. ASSIS, op. cit., p. 702/703.
28. Ibidem, p. 703.
29. O Supremo Tribunal Federal tem firmado posição contra essa tendência jurisprudencial, como pode ser aferido do voto vencedor do Ministro Gilmar Ferreira Mendes: **"Não é outra a avaliação do tema no direito constitucional comparado.** Apreciando o chamado *Anspruch auf rechtliches Gehör* (pretensão à tutela jurídica) no direito alemão, assinala o *Bundesverfassungsgericht* que essa pretensão envolve não só o direito de manifestação e o direito de informação sobre o objeto do processo, mas também o direito do indivíduo de ver os seus argumentos contemplados pelo órgão incumbido de julgar (Cf. Decisão da Corte Constitucional alemã — BVerfGE 70, 288-293; sobre o assunto, ver, também, **PIEROTH**, Bodo; **SCHLINK**, Bernhard. Grundrechte - Staatsrecht II. Heidelberg, 1988, p. 281; **BATTIS**, Ulrich; **GUSY**, Christoph. Einführung in das Staatsrecht. 3. ed. Heidelberg, 1991, p. 363-364). Daí afirmar-se, correntemente, que a pretensão à tutela jurídica, que corresponde exatamente à garantia consagrada no art. 5º, LV, da Constituição, contém os seguintes direitos: 1) direito de informação (*Recht auf Information*), que obriga o órgão julgador a informar à parte contrária dos atos praticados no processo e sobre os elementos dele constantes; 2) direito de manifestação (*Recht auf Äusserung*), que assegura ao defendente a possibilidade de manifestar-se oralmente ou por escrito sobre os elementos fáticos e jurídicos constantes do processo; 3) direito de ver seus argumentos considerados (*Recht auf Berücksichtigung*), que exige do julgador capacidade, apreensão e isenção de ânimo (*Aufnahmefähigkeit*

posição dos declaratórios, consignam a observação anódina de que toda matéria está prequestionada, indepentemente da interposição de declaratórios.

Aliás, presente este contexto, a jurisprudência dos Tribunais dividiu-se quanto a possibilidade de emprestar ou não consequências aos embargos declaratórios prequestionadores rejeitados. Uma das tendências, capitaneada pelo Supremo Tribunal Federal e pelo Superior Tribunal de Justiça, nega tal virtualidade[30], enquanto outra tende a aceitar tal prequestionamento (implícito).

Como sói de ser, essa divergência intestinal no Poder Judiciário bem demonstra os inúmeros problemas que a incerteza nos efeitos produzidos conaturalmente pelos embargos declaratórios podem ocasionar.

Ainda que o direito seja um caleidoscópio, tal desuniformidade nessa perspectiva em particular asfixia o sistema recursal, estabelecendo um verdadeiro impasse. Apesar de a parte apontar oportunamente a violação a determinado dispositivo (infra)constitucional, repristinando o argumento em sede de declaratórios, o Tribunal de origem nega o seu debate, sob o argumento de não estar jungido a responder todos os questionamentos formulados.

A apontada violação ao ordenamento jurídico não será apreciada pelo órgão de cúpula vocacionado ao seu debate e uniformização pela renitência do Tribunal anterior em dar-lhe, pelo menos, atenção.

Para obviar tais dificuldades tem-se interposto, quando os embargos prequestionadores são rejeitados, recurso especial sob a violação do artigo 535 do Código de Processo Civil.

SIMARDI FERNANDES explicita:

---

und *Aufnahmebereitschaft*) para contemplar as razões apresentadas (Cf. PIEROTH; SCHLINK. Grundrechte -Staatsrecht II. Heidelberg, 1988, p. 281; BATTIS; GUSY. Einführung in das Staatsrecht. Heidelberg, 1991, p. 363-364; Ver, também, DÜRIG/ASSMANN. In: MAUNZ-DÜRIG. Grundgesetz-Kommentar. Art. 103, vol. IV, no 85-99). Sobre o direito de ver os seus argumentos contemplados pelo órgão julgador (*Recht auf Berücksichtigung*), que corresponde, obviamente, ao dever do juiz ou da Administração de a eles conferir atenção (*Beachtenspflicht*), pode-se afirmar que ele envolve não só o dever de tomar conhecimento (*Kenntnisnahmepflicht*), como também o de considerar, séria e detidamente, as razões apresentadas (*Erwägungspflicht*) (Cf. DÜRIG/ASSMANN. In: MAUNZ-DÜRIGi. Grundgesetz-Kommentar. Art. 103, vol. IV, no 97). É da obrigação de considerar as razões apresentadas que deriva o dever de fundamentar as decisões (Decisão da Corte Constitucional – BVerfGE 11, 218 (218); Cf. DÜRIG/ASSMANN. In: MAUNZ-DÜRIG. Grundgesetz-Kommentar. Art. 103, vol. IV, no 97)." (STF, MS 24268, relator para o Acórdão Ministro Gilmar Mendes, Tribunal Pleno, julgado em 05/02/2004). Efetivamente, o contraditório hodiernamente pode ser visto numa tríplice perspectiva, informação, reação e consideração. Sobre o tema, escrevi em: OLIVEIRA JUNIOR, Zulmar Duarte de. **Devido processo legal:** Contraditório (trinômio informação, reação e consideração) e o Novo CPC. Revista Eletrônica de Direito Processual. Disponível em: http://www.redp.com.br/arquivos/redp_7a_edicao.pdf . Acesso em 31-ago-2013.

30. **"Inadmissível recurso especial quanto à questão que, a despeito da oposição de embargos declaratórios, não foi apreciada pelo Tribunal *a quo*"** (Enunciado de Súmula nº 211 do Superior Tribunal de Justiça).

Ou seja, por meio desse recurso especial poderá o recorrente pleitear ao Superior Tribunal de Justiça que reconheça o desacerto da decisão do órgão *a quo*, por ter violado o art. 535, II, do estatuto processual, para que, provido o recurso especial, sejam os autos devolvidos ao órgão *a quo*, com a determinação de que se manifeste sobre as questões a respeito das quais se omitiu.[31]

Essa solução tem sido, com sobradas razões, preferida na prática, conquanto evidentemente não seja a melhor resposta para a situação, mormente porque implica na devolução do processo para a origem a fim de que seja enfrentada a questão (infra)constitucional suscitada nos embargos prequestionadores.

4. EMBARGOS DECLARATÓRIOS, EFEITO INTEGRATIVO E O PREQUESTIONAMENTO VIRTUAL.

Circunscrito o plano dessa maneira, podemos dizer, o Novo CPC apreendeu corretamente a situação, oferecendo alternativa que remedia o descompasso retratado, atribuindo aos embargos uma feição integrativa automática com o prequestionamento virtual da questão suscitada.

O Novo CPC estabelece explicitamente um novo efeito, além dos tradicionais (v.g. obstativo, devolutivo, suspensivo, translativo, expansivo, substitutivo, regressivo, diferido[32]), aos aclaratórios, efeito que convencionamos designar como integrativo – efeito integrativo.

No concernente ao recurso expletivo, o artigo 1.025 do Novo CPC explicitou:

> Art. 1.025. Consideram-se incluídos no acórdão os elementos que o embargante suscitou, para fins de pré-questionamento, ainda que os embargos de declaração sejam inadmitidos ou rejeitados, caso o tribunal superior considere existentes erro, omissão, contradição ou obscuridade..

Eis o ponto.

O preceptivo estipula que a interposição dos declaratórios prequestionadores, ainda quando não acolhidos, implica na inclusão virtual dos argumentos suscitados no acórdão recorrido, tudo a viabilizar o manejo dos recurso augustos e angustos.

Assim, apresentados os respectivos recursos, a ausência de debate explícito das violações aos dispositivos (infra)constitucionais no acórdão recorrido estaria,

---

31. FERNANDES, op. cit., p. 271.
32. JORGE, Flávio Cheim. **Teoria geral dos recursos cíveis.** 4. ed. rev., atual. e ampl. São Paulo: RT, 2009.

por elipse, superada pela interposição de declaratórios, isto é, pelo novel efeito integrativo imanente a tal espécie recursal.

Efeito integrativo porque atrelado ao simples fato processual de ter sido interposto o recurso de embargos para prequestionamento, no que implica na inserção virtual da questão aventada no acórdão recorrido.

Não é objeção suficiente a autonomia do conceito, a necessidade do Tribunal Superior verificar a omissão do juízo *a quo*. É de somenos importância a questão da confirmação pelo Tribunal Superior da existência da omissão, contradição ou obscuridade. Ora, se o Tribunal Superior entender que o acórdão já tinha analisado a matéria excogitada nos declaratórios, pelo que ausentes tais vícios, o prequestionamento estará presente e não mais virtualizado.

Noutra linha, poder-se-ia cogitar de um efeito devolutivo qualificado, como se ao Tribunal Superior restasse devolvido, além da pretensão recursal especial ou extraordinária, o objeto do recurso de embargos anteriormente aviados — duplo e escalonado juízo revisório. Não pensamos assim, já que o Tribunal de Superposição não julgará os embargos para nenhum fim, somente realiza cognição sobre o vício (erro, omissão, contradição ou obscuridade), para o fim de julgar o próprio recurso extraordinário, especial ou de revista.

Demais disso, descabe pressionar a situação para enquadrá-la nas balizas do dito efeito translativo dos recursos augustos e angustos. Evidentemente, a integração virtual do acórdão recorrido, para fins de prequestionamento, tem como causa eficiente a agitação dos declaratórios. Entendimento diverso dispensaria o próprio dispositivo.

Dito às claras e às secas, o Novo CPC atribui efeito integrativo aos embargos declaratórios, imediatamente decorrente da sua interposição com o fim de prequestionamento, virtualizando no acórdão recorrido a questão submetida por aqueles.

Seria escusado dizer, independentemente da natureza jurídica do instituto albergado no projeto, o potencial e virtual prequestionamento da matéria excogitada nos declaratórios solve a idiossincrasia apontada no sistema atual.

Portanto, a engenhosa solução do projeto merece encômios, eis que permite a solução de um problema prático de indiscutível relevo, possibilitando ao Tribunal de Sobreposição o conhecimento do recurso respectivo, ainda que o Tribunal de origem tenha se abstido no enfrentamento.

Deste modo, bem andou o projeto ao dar adequada profilaxia a tal esquizofrenia do sistema, atrelando ao recurso de embargos de declaração efeito integrativo, para considerar virtualmente prequestionada a matéria ventilada.

5. Considerações finais.

Como vimos, não podemos deixar-nos ofuscar tanto com as potencialidades desperdiçadas no projeto de Novo CPC, pois indispensável ampliarmos o horizonte de visão para apreendermos devidamente seus avanços.

No ponto, o projeto anda bem quando propugna um efeito integrativo aos embargos declaratórios, objetivando dar cabo a renhida jurisprudência formada quanto ao caráter prequestionador daquele.

Os embargos declaratórios no Novo CPC, quando utilizados para fim de prequestionamento, terão o efeito de virtualizar no acórdão recorrido a questão (infra)constitucional versada, abrindo-se passagem aos recursos augustos e angustos.

CAPÍTULO 17

A Fungibilidade de Mão Dupla entre Recursos Excepcionais no CPC/2015[1]

Luiz Henrique Volpe Camargo[2]

SUMÁRIO • 1. INTRODUÇÃO; 2. DO CONTEXTO HISTÓRICO E ATUAL; 3. A SOLUÇÃO CONTIDA NO CPC/2015 PARA A QUESTÃO; 4. REFLEXÕES SOBRE AS CONDIÇÕES DE APLICAÇÃO DA FUNGIBILIDADE DE MÃO DUPLA; 5. BIBLIOGRAFIA.

1. INTRODUÇÃO

A recente sanção da Lei Federal nº 13.105, de 2015, pela Presidenta da República Dilma Rousseff, encerrou uma longa fase de reconstrução do processo civil brasileiro.

Transcorreram-se 5 anos, 5 meses e 17 dias entre a designação de Comissão de Juristas para a redação do anteprojeto e a tramitação sequencial do projeto de lei no Senado Federal, na Câmara dos Deputados, novamente no Senado Federal, ao depois, junto à Presidência da República, e, ao final, a publicação da nova lei no Diário Oficial de 17 de março de 2015.

A paulatina evolução e o aperfeiçoamento do texto são percebidos pela comparação entre a versão inicial com 970 artigos, apresentada pela Comissão de Juristas em 08 de junho de 2010, onde esteve sob a relatoria-geral da professora Teresa Arruda Alvim Wambier; a versão de 1.007 artigos aprovada na primeira fase do Senado Federal em 15 de dezembro de 2010, sob a relatoria-geral do então Senador Valter Pereira; a versão apresentada (mas não votada) pelo então

---

1. Este ensaio é a atualização e ampliação de outro texto já publicado, frutos de novas reflexões sobre o assunto (VOLPE CAMARGO, Luiz Henrique. *A Fungibilidade entre o Recurso especial e o Recurso Extraordinário no Projeto do Novo CPC e a Ofensa Reflexa e Frontal à Constituição Federal*. In: ROSSI, Fernando; RAMOS, Glauco Gumerato; GUEDES, Jefferson Carús; DELFINO, Lúcio; MOURÃO, Luiz Eduardo Ribeiro;. (Org.). *O Futuro do Processo Civil No Brasil – Uma Análise Crítica Ao Projeto do Novo CPC*. 1ed. Belo Horizonte: Editora Fórum, 2011)
2. Doutorando (PUC/SP), mestre (PUC/SP) e especialista (UCDB/INPG) em Direito processual Civil. Advogado e professor universitário. Integrou as duas Comissões de Juristas formadas no Senado Federal e na Câmara dos Deputados para revisão do novo Código de Processo Civil.

Deputado Sérgio Barradas Carneiro, sucedida pela versão de 1.086 artigos aprovada pela Câmara dos Deputados em 26 de março de 2014, sob a relatoria-geral do Deputado Paulo Teixeira; e a versão final com 1.072 artigos aprovada em 17 de dezembro de 2014 na segunda fase da tramitação no Senado Federal, onde esteve sob a relatoria-geral do então Senador Vital do Rego.

Além do envolvimento e comprometimento de diversos Senadores e Deputados Federais, cada um desses sucessivos relatores-gerais contou com equipes de notáveis e comprometidos juristas que, fase após fase, influenciaram o trabalho parlamentar.

Em meio a tantas novidades implementadas pela Lei Federal nº 13.105, de 2015, uma em especial merece destaque: a fungibilidade entre o recurso especial e o recurso extraordinário prevista nos artigos 1.032 e 1.033.

De forma muito objetiva, o presente artigo visa expor o problema atual e a sua solução contida no CPC/2015.

2. DO CONTEXTO HISTÓRICO E ATUAL.

Há muitos anos prevalece no Supremo Tribunal Federal o entendimento de que para conhecimento e provimento do recurso extraordinário fundado na alínea "a" do art. 102, III, da Constituição Federal é indispensável que a contrariedade ao texto constitucional seja *direta e frontal*.

E qual a origem deste entendimento?

A resposta a tal pergunta demanda, em primeiro lugar, a análise histórica das constituições. A primeira constituição que tinha dispositivo similar ao art. 102, III, "a" da atual Carta da República foi a Constituição de 1946 (art. 101, III), pois se utilizou da expressão "for contrária a dispositivo desta Constituição ou à letra de tratado ou lei federal". A Constituição de 1967 (art. 114, III), ao seu turno, se valeu da expressão "contrariar dispositivo desta Constituição ou negar vigência de tratado ou lei federal", o que foi repetido no ato institucional nº 6 (art. 114, III), de 1º de fevereiro de 1969 e na emenda Constitucional nº 1 (art. 114, III), de 17 de outubro de 1969. Isto demonstra que a exigência de ofensa *direta e frontal* não consta nos textos constitucionais pretéritos, como, aliás, também não consta do art. 102, III, "a" da Constituição Federal atual que diz: "Compete ao Supremo Tribunal Federal, precipuamente, a guarda da Constituição, cabendo-lhe: [...] III – julgar, mediante recurso extraordinário, as causas decididas em única ou última instância, quando a decisão recorrida: a) contrariar dispositivo desta Constituição".

A segunda análise demanda o estudo dos julgados do STF. Conforme pesquisa no endereço eletrônico da Corte, salvo melhor juízo, o acórdão mais antigo que exigiu ofensa *frontal* é o proferido no RE 27011[3] da relatoria do Min. Henrique D'Avila (em 18/11/1954). O precedente revela uma curiosidade porque indica que, na origem, a exigência de contrariedade *frontal* existia para justificar a ausência de violação a lei federal e não, apenas, à Constituição Federal como ocorre atualmente, *verbis*: "não há, portanto, como vislumbrar nesse passe ofensa frontal a norma consubstanciada no art. 209, do Código de Processo Civil."

Trata-se de curiosidade porque se até 1988 o Supremo Tribunal Federal tinha a missão constitucional de decidir tanto alegações de violação à lei federal quanto contrariedade à Constituição Federal, logo, parece claro que era irrelevante a existência ou não de ofensa *direta e frontal* porque, repita-se, não havia qualquer divisão de atribuições na guarda da Carta da República e das leis federais, já que tudo cabia apenas ao STF, pela exclusiva via do Recurso Extraordinário.

Também em consulta ao endereço eletrônico do STF, constatou-se que o julgado mais antigo que exigiu a ofensa *direta e frontal* é o AI 93155[4] da relatoria do Min. Soares Muñoz (02-08-1983) onde restou esclarecido que: "A vulneração não vence o óbice regimental porque se radica em violação de legislação ordinária. A ofensa à Constituição, para ensejar recurso extraordinário, deve ser direta e frontal."

Esta base (RI/STF) seria legítima porque, na época, por força do art. 119, parágrafo único[5], da CF de 1967 (e depois do art. 119, § 1º[6] da CF de 1967, com redação dada pela emenda constitucional nº 7, de 1977), o regimento interno do Supremo Tribunal Federal tinha força de *lei federal*, logo, poderia, sim, regulamentar a Constituição Federal para adicionar dois adjetivos (*direta e frontal*) ao verbo *contrariar* constante no texto constitucional.

---

3. "O deslinde relativo ao alcance e amplitude de determinada cláusula contratual envolve matéria de fato insusceptível de reexame por via de recurso extraordinário. O repudio, com base na prova, de certa pretensão do autor, não contestada formalmente pelo réu, por outro lado não constitue ofensa frontal ao disposto no art. 209, do código do processo civil." (RE 27011, Rel. Min. Henrique D'Avila, 2ª T., j. em 18/11/1954)
4. AI 93155 AgR, Rel. Min. Soares Muñoz, 1ª T., j. em 02/08/1983.
5. "Parágrafo único. As causas a que se refere o item III, alíneas a e d, dêste artigo, serão indicadas pelo Supremo Tribunal Federal no regimento interno, que atenderá à sua natureza, espécie ou valor pecuniário."
6. " § 1º As causas a que se refere o item III, alíneas a e d, deste artigo, serão indicadas pelo Supremo Tribunal Federal no regimento interno, que atenderá à sua natureza, espécie, valor pecuniário e relevância da questão federal."

Contudo, a leitura dos artigos 304[7], 305[8], 306[9], 307[10] e 308[11] do regimento interno de 1970, em vigor na época em que foi proferido o voto do Min. Soares Muñoz, comprova que não havia absolutamente nenhum dispositivo que amparasse o requisito da existência de violação *direta e frontal* ao texto constitucional.

A mesma fonte revela a existência de outro precedente (RE 100464[12]), julgado em 13/09/1983, onde o mesmo Min. Soares Muñoz invocou a ausência de "ofensa, direta e frontal, aos arts. 153, par-2, e 85, I, da CF" como motivo para *não conhecer* do recurso extraordinário. Desta vez, a justificativa apresentada foi o teor do art. 143 da Constituição em vigor na época que dizia que: "Das decisões do Tribunal Superior do Trabalho somente caberá recurso para o Supremo Tribunal Federal quando contrariarem esta Constituição." Esta afirmação do Min. Soares Muñoz claramente indica que tal exigência (contrariedade *direta e frontal*) era fruto de sua interpretação pessoal do verbo "contrariar" que constava no art. 143 da Constituição em vigor à época, o que, na ocasião, foi confirmado pela Turma.

---

7. "Art. 304 – O recurso extraordinário para o Tribunal será interposto com precisa indicação do dispositivo ou alínea, que o autorize, dentre os casos previstos nos arts. 119, III, a, b, c, d, 139 e 173 da Constituição (art. 60, XX). Parágrafo único – O recurso extraordinário não tem efeito suspensivo (art. 283)."

8. "Art. 305 – A divergência iniciada no recurso extraordinário deverá ser comprovada por certidão, ou cópia autenticada, ou mediante a citação do repositório de jurisprudência, oficial ou autorizado (art. 95), com a transcrição dos trechos que configurem o dissídio, mencionadas as circunstancias que identifiquem ou assemelhem os casos confrontados. Parágrafo único – Se o repositório de jurisprudência, embora autorizado, for de circulação restrita ou de difícil acesso, o relator poderá mandar que a parte interessada junte cópia, cuja autenticidade se presumirá, se não for impugnada (art. 121)."

9. "Art. 306 – Distribuído o recurso, o relator, após vista ao Procurador-Geral, por cinco dias, se necessária, pedirá dia para julgamento, sem prejuízo das atribuições que lhe conferem o art. 22, VI e IX e seu § 1º."

10. "Art. 307 – No julgamento do recurso extraordinário, verificar-se-á, se o recurso é cabível. Decidida a preliminar, pela negativa, a Turma ou o Plenário não conhecerá do mesmo; se pela afirmativa, julgará a causa, aplicando o direito à espécie."

11. "Art. 308 – Salvo nos casos de ofensa à Constituição ou discrepância manifesta da jurisprudência predominante no Supremo Tribunal Federal, não caberá o recurso extraordinário, a que alude o seu art. 119, parágrafo único, das decisões proferidas: I – nos processos por crime ou contravenção a que sejam cominadas penas de multa, prisão simples ou de detenção, isoladas, alternadas ou acumuladas, bem como as medidas de segurança com eles relacionadas; II – nos litígios decorrentes: a) de acidente de trabalho; b) das relações de trabalho mencionadas no art. 110 da Constituição; III – nos mandados de segurança, quando julgado o mérito; IV – nas causas cujo benefício patrimonial, determinado segundo a lei, estimado pelo autor do pedido, ou fixado, ou fixado pelo juiz em caso de impugnação, não exceda, em valor, de sessenta (60) vezes o maior salário mínimo vigente no país, na data de seu ajuizamento, quando uniforme os pronunciamentos das instâncias ordinárias; e de trinta (30), quando entre elas tenha havido divergência, ou se trate de ação sujeita a instância única."

12. "Rede Ferroviaria Federal S.A. Correção de enquadramento com base no tempo de serviço do empregado. Ausência no acórdão recorrido de ofensa, direta e frontal, aos arts. 153, par-2., e 85, I, da CF. Correção de enquadramento deferido com base na interpretação das normas disciplinadoras do P.C.C. da empresa, cuja validade não negou, mandando computar o tempo em que o servidor trabalhou como "adventicio". Se houve, em razão dessa inclusão, alguma infringência, não foi a Constituição, mas as normas da empresa sobre enquadramento, através de erro na sua interpretação, que não dá ensejo a instauração da instância extraordinária, "ex vi" do art-143 da CF. Recurso extraordinário não conhecido." (RE 100464, Rel. Min. Soares Muñoz, 1ª T., j. em 13/09/1983)

Em 1985, em outro processo trabalhista (AI 105934[13]), o Min. Djaci Falcão negou provimento a agravo de instrumento em recurso extraordinário ao argumento de que: "pacífica é a jurisprudência desta Corte, no sentido de que a violação à Constituição tem de ser frontal e direta, não se admitido de forma reflexa, para a viabilização do recurso extraordinário trabalhista."

Neste caso, implicitamente reconheceu-se que se tratava de um óbice fruto da jurisprudência, ou seja, de um obstáculo criado não pelo regimento interno, pela lei ou pela Constituição Federal, mas pela jurisprudência do próprio Supremo Tribunal Federal.

Neste sentido, assim também sugere Alexandre de Moraes[14] quando diz que "a *jurisprudência do STF* exige para o cabimento do recurso extraordinário que a ofensa à Constituição tenha sido direta e frontal (RTJ 107/661), não o admitindo nas hipóteses de ofensa reflexa, ou seja, quando para comprovar a contrariedade à Constituição, houver necessidade de, antes, demonstrar a ofensa à lei ordinária (RTJ 105/704; RTJ 135/837)".

E também Mirian Cristina Generoso Ribeiro Crispin[15] quando afirma que "é exigência jurisprudencial que a ofensa à Constituição autorizadora do recurso extraordinário tenha sido direta e frontal, não se admitindo nas hipóteses de ofensa reflexa, sendo esta entendida quando para comprovar a contrariedade, houver primeiramente, necessidade de demonstrar ofensa à norma infraconstitucional."

Assim, em 1985, todos os demais Ministros já exigiam a violação *direta e frontal*, sem, contudo, demonstrar a sua efetiva origem, a não ser, repita-se, a *construção jurisprudencial*.

Contudo, no tempo em que se consolidou este pensamento, *data maxima venia*, não havia qualquer base para fazê-lo, porque, como visto, ao Supremo Tribunal Federal cabia julgar tanto alegações de violação à lei federal quanto de contrariedade à Constituição Federal, logo, se esta (a contrariedade à Constituição) passasse, também, por aquela (violação à lei federal), o STF tinha o dever

---

13. "Agravo regimental trabalhista. O acórdão recorrido ao limitar-se ao exame dos pressupostos legais do recurso, não atendidos pelo recorrente, não cuidou de tema constitucional. Ademais, o apelo extremo não é via adequada para a discussão de matéria fática. Inexistindo ofensa frontal e direta a constituição incabível e o recurso extraordinário trabalhista. Agravo regimental improvido." (AI 105934 AgR, Rel. Min. Djaci Falcao, 2ª T., j. em 29/10/1985)
14. MORAES, Alexandre. *Constituição do Brasil interpretada e legislação constitucional*. São Paulo: Atlas, 2005, p. 1471.
15. CRISPIN, Cristina Generoso Ribeiro. *Recurso Especial e Recurso Extraordinário*. São Paulo: Pilares, 2006, p. 75.

de decidir aplicando o direito à espécie (RI/STF de 1970, art. 307[16]) e não se negar a julgar a causa.

Atualmente é diferente. A rigor, a partir do fracionamento de atribuições ocorrido em 1988 a exigência de ofensa *direta e frontal* tem argumento em seu favor, mas, em hipótese alguma, antes disso.

Tanto é assim que a justificativa apresentada por Rodolfo de Camargo Mancuso[17] assenta-se exatamente nesta divisão de atribuições entre STF e STJ, *verbis*: "Antes, convém deixar claro um relevante aspecto: 'a contrariedade', quando se dê em face da CF, desfiando recurso extraordinário, fica restrita aos casos em que essa ofensa seja 'direta e frontal' (RTJ 107/704), ou seja, quando o próprio texto constitucional que resultou ferido, sem 'lei federal' de permeio (ainda que acaso também tenha sido violada). Justifica-se a restrição a mais de um título: O STF, através de recurso extraordinário, só pode fazer o controle da CF, e não da legislação ordinária; esse tipo de recurso é de tipo procedimental rígido, não comportando exegese ampliativa em suas hipóteses de cabimento; por fim, se a ofensa foi bifronte, abarcando Constituição e lei federal, o correto é a interpretação simultânea do extraordinário e do especial."

Osmar Mendes Paixão Côrtes[18] comunga do mesmo pensamento quando diz que "afronta indireta à Constituição constitui violação da mesma forma que a direta, e é lamentável que o STF não possa examinar todas as hipóteses de contrariedade à Carta. Justifica-se, entretanto, o entendimento adotado, pois o cabimento amplo do recurso, para alcançar hipóteses de afronta indireta, além de esvaziar a competência do STJ, poderia inviabilizar o funcionamento da Corte Suprema."

Wagner Amorin Madoz[19] também chega ao mesmo resultado, ao sustentar que: "Naturalmente, a ofensa à Constituição Federal deverá ser direta e frontal, ou direta e não por via reflexa, de maneira que o próprio texto constitucional que é violado e não por um ato normativo infraconstitucional, 'de permeio (ainda que acaso também tenha sido violada)'."

---

16. "Art. 307 – No julgamento do recurso extraordinário, verificar-se-á, preliminarmente, se o recurso é cabível. Decidida a preliminar, pela negativa, a Turma ou o Plenário não conhecerá do mesmo; se pela afirmativa, julgará a causa, aplicando o direito à espécie."
17. MANCUSO, Rodolfo de Camargo. *Recurso Extraordinário e Recurso Especial*. 9. ed. São Paulo: RT. 2006, p. 229.
18. CÔRTES, Osmar Mendes Paixão. *O cabimento do recurso extraordinário pela alínea 'a' do art. 102, III, da Constituição Federal e a causa de pedir aberta*. In NERY JÚNIOR. Nelson; WAMBIER, Teresa Arruda Alvim (Coord) Aspectos Polêmicos e atuais dos Recursos Cíveis e assuntos afins. v.11, São Paulo: RT, 2007, p. 246-255.
19. MADOZ, Wagner Amorin. *Recurso extraordinário pela alínea a*. in NERY JR, Nelson; Wambier, Teresa Arrruda Alvim (coord). Aspectos Polêmicos e atuais dos Recursos Cíveis e assuntos afins 9. São Paulo: RT, 2006, p. 573-646.

Bruno Dantas[20] discorre na mesma direção ao afirmar que "a partir do fracionamento da competência do STF promovido pela Constituição de 1988, concedendo-a parcialmente ao STJ, aquela Corte se viu diante do desafio de enrijecer a solução para o frequente problema da justaposição de matérias nas ordens constitucional ou infraconstitucional."

Acrescente-se que, sob a vigência do CPC/2015, a restrição de cognição estará legitimada, pois o seu art. 1.033 assegura ao Supremo Tribunal Federal a prerrogativa de não julgar recurso que verse sobre ofensa "*reflexa* à Constituição Federal".

A despeito da positivação da restrição em 2015, é certo que desde 1954 o Supremo Tribunal Federal já tinha posicionamento rígido, sempre no sentido de se negar a decidir o mérito do recurso, ao argumento de que a ofensa deveria ser *frontal e direta*. Vale dizer, não é o CPC/2015 que introduziu a ressalva, tampouco foi a partir da atual Constituição Federal, com a divisão de tarefas e a criação do STJ, que a limitação de cognição foi criada.

Em verdade, depois de 1988 a postura foi mantida e ai sim se apresentou um argumento que justificaria a exigência de violação *direita e frontal*, qual seja, repita-se, a de que haveria outro Tribunal que ocupa a função de manter a higidez das leis federais (STJ), logo, o STF não poderia realizar esta tarefa.

Entretanto, mesmo neste novo ambiente inaugurado em 1988, tal exigência é injustificável.

Com efeito, a correta interpretação do art. 102, III, 'a' da Constituição Federal indica que inexiste a obrigação da contrariedade ser *direta e frontal* ao texto constitucional.

É nítido que tal exigência trata-se de filtro criado pelo próprio Supremo Tribunal Federal em 1954 em entendimento que, depois de tantas vezes repetido, passou a ser tido como óbice corriqueiro ao julgamento do mérito de recursos extraordinários.

Em verdade, a Assembleia Nacional Constituinte, ao inserir o disposto no art. 102, III, 'a' na Constituição Federal, foi clara no seu objetivo de dar ao STF a atribuição de guardar a integridade da Constituição Federal, *sem qualquer ressalva*.

O verbo *contrariar*, disposto no art. 102, III, 'a' da Constituição Federal, não está acompanhado dos adjetivos *direta e frontal*. O CPC/1973, nos artigos 541 a 543-B, também não contém qualquer previsão neste sentido. O atual regimento

---

20. DANTAS, Bruno. *Repercussão geral – perspectiva histórica, dogmática e de direito comparado – questões processuais*. São Paulo: RT. 2008, p. 170.

interno do STF, nos artigos 321 a 329, também não contém tal exigência e, aliás, nem poderia fazê-lo porque, na atual quadra do direito brasileiro, qualquer *limitação* ao cabimento do recurso extraordinário por esta via (RI/STF) seria inconstitucional.

Apesar disso, tratando-se de temas que estão previstos na Constituição Federal e, também, em lei ordinária, o Supremo Tribunal Federal, invariavelmente, não conhece dos recursos extraordinários interpostos, ao argumento de que a ofensa é *indireta* e *reflexa*.

No STF, em 1994, a violação *reflexa* foi assim definida pelo Min. Sepúlveda Pertence: "Tem-se violação reflexa a Constituição, quando o seu reconhecimento depende de rever a interpretação dada a norma ordinária pela decisão recorrida, caso em que é a hierarquia infraconstitucional dessa última que define, para fins recursais, a natureza de questão federal."[21]

Isto significa que, em casos onde a matéria é tratada de forma genérica na Constituição Federal e, depois, de forma mais específica na legislação infraconstitucional, os recursos extraordinários que tratam do tema não ultrapassam o juízo de admissibilidade.

Neste rol de ofensa *indireta* ou *reflexa*, o Supremo Tribunal Federal cotidianamente inclui alegações de contrariedade à coisa julgada; à legalidade; ao devido processo legal; à ampla defesa e ao contraditório; ao acesso ao Poder Judiciário, tudo porque embora tais garantias estejam na Constituição Federal, também foram repetidas na legislação ordinária. Veja-se, pois, o exemplo a seguir: "I – O acórdão recorrido decidiu a questão com base em normas processuais, sendo pacífico na jurisprudência desta Corte o não cabimento de recurso extraordinário sob alegação de má interpretação, aplicação ou inobservância dessas normas. A afronta à Constituição, se ocorrente, seria indireta. II – A Corte tem se orientado no sentido de que a discussão em torno dos limites objetivos da coisa julgada, matéria de legislação ordinária, não dá ensejo à abertura da via extraordinária. Precedentes. III – É de natureza infraconstitucional o debate acerca dos pressupostos de admissibilidade de ação rescisória. Inadmissibilidade do RE, porquanto a ofensa à Constituição, se ocorrente, seria indireta. IV – A exigência do art. 93, IX, da Constituição, não impõe seja a decisão exaustivamente fundamentada. O que se busca é que o julgador informe de forma clara e concisa as razões de seu convencimento, tal como ocorreu. V – Agravo regimental improvido."[22]

---

21. AI 134736 AgR, Rel. Min. Sepúlveda Pertence, 1ª T., j. em 21/06/1994.
22. AI 702182 AgR, Rel. Min. Ricardo Lewandowski, 1ª T., j. em 03/03/2009.

Em outras palavras, exemplos deste posicionamento são encontrados em recursos que versam sobre ofensa: a coisa julgada, que está prevista no art. 5º, XXXVI da CF e no art. 472 do CPC/1973 (limites subjetivos) e arts. 468, 469, 470 e 474 do CPC/1973 (limites objetivos); a proteção ao ato jurídico perfeito, que tem previsão no art. 5º, XXXVI da CF e no art. 6º da LINDB; a reparação ao dano moral prevista no art. 5º, V, da CF e, também, no art. 186 do CC; a motivação dos pronunciamentos judiciais positivada no art. 93, IX da CF e novamente nos artigos 165 e 458, II do CPC/1973; a legitimidade ativa do Ministério Público para ajuizar ação civil coletiva para tutelar direitos individuais homogêneos contemplada nos artigos 127 e 129, III da CF e no art. 82, I, do CDC; o acesso ao Poder Judiciário (previsto no art. 5º, XXXV da CF e no art. 2º, 128, 460 e 535, II, do CPC/1973); e o contraditório e a ampla defesa (prevista no art. 5º, LV da CF e no CPC e CPP em diversos momentos, como nos que tratam da produção de provas, do cabimento de defesas, manifestações e recursos).

O traço comum de todos os casos é que quando qualquer tribunal local se ampara em fundamento infraconstitucional e constitucional, a parte sucumbente deve interpor recurso especial e, ao mesmo tempo, recurso extraordinário, sob pena de, na inércia, incidir as súmulas 283[23] do STF e 126[24] do STJ.

O curioso é que, no sistema ainda em vigor até a entrada em vigor do CPC/2015, quando a parte é inerte e não interpõe ambos os recursos simultaneamente, tais súmulas (STF, 283 e STJ, 126) são aplicáveis com rigor implacável. Mas quando se interpõe ambos, usualmente o recurso extraordinário não é conhecido sob o argumento de que a ofensa não é *direta ou frontal*.

Em outras palavras, quando é para não conhecer do recurso especial pela ausência de interposição do recurso extraordinário, o fundamento constitucional é bastante para a manutenção do acórdão, mas quando a parte também interpõe o recurso extraordinário, paradoxalmente, o fundamento constitucional *não é bastante* para abrir a via ao Supremo Tribunal Federal pela inexistência de ofensa *frontal e direta*.

Com o máximo respeito, nitidamente se constata que há dois pesos e duas medidas para o tema, sendo que a interpretação prevalente é sempre para impedir a tramitação dos recursos excepcionais.

---

23. Súmula 283 do STF: É inadmissível o recurso extraordinário, quando a decisão recorrida assenta em mais de um fundamento suficiente e o recurso não abrange todos eles.
24. Súmula 126 do STJ: É inadmissível recurso especial, quando o acórdão recorrido assenta em fundamentos constitucional e infraconstitucional, qualquer deles suficiente, por si só, para mantê-lo, e a parte vencida não manifesta recurso extraordinário.

E o pior é que STJ e STF têm pensamentos diferentes acerca de suas atribuições, sendo certo que os dois acórdãos abaixo transcritos são emblemáticos na demonstração deste lamentável conflito.

Veja-se o que decidiu o STF[25]: "Se a discussão em torno da integridade da coisa julgada reclamar análise prévia e necessária dos requisitos legais, que, em nosso sistema jurídico, conformam o fenômeno processual da *res judicata*, revelar-se-á incabível o recurso extraordinário, eis que, em tal hipótese, a indagação em torno do que dispõe o art. 5º, XXXVI, da Constituição – por supor o exame, *in concreto*, dos limites subjetivos (CPC, art. 472) e/ou objetivos (CPC, arts. 468, 469, 470 e 474) da coisa julgada – traduzirá matéria revestida de caráter infraconstitucional, podendo configurar, quando muito, situação de conflito indireto com o texto da Carta Política, circunstância essa que torna inviável o acesso à via recursal extraordinária. Precedentes."

O STJ, por sua vez, decidiu da seguinte forma[26] e [27]: "I – Se a matéria tratada na legislação federal e também de natureza constitucional, o recurso próprio para alegar contrariedade a regra inserta em ambos os dispositivos (infraconstitucional

---

25. RE 220517 AgR, Rel. Min. Celso de Mello, 2ª T., j. em 10/04/2001. Na mesma direção: "E M E N T A: AGRAVO DE INSTRUMENTO – ALEGADA VIOLAÇÃO AOS PRECEITOS INSCRITOS NO ART. 5º, II, XXXV, XXXVI E LV, NO ART. 93, IX, E NO ART. 105, III, TODOS DA CONSTITUIÇÃO DA REPÚBLICA – AUSÊNCIA DE OFENSA DIRETA À CONSTITUIÇÃO – CONTENCIOSO DE MERA LEGALIDADE – RECURSO IMPROVIDO. – As alegações de desrespeito aos postulados da legalidade, da inafastabilidade do controle jurisdicional, da coisa julgada, da motivação dos atos decisórios e da plenitude de defesa, por dependerem de exame prévio e necessário da legislação comum, podem configurar, quando muito, situações caracterizadoras de ofensa meramente reflexa ao texto da Constituição, o que não basta, só por si, para viabilizar o acesso à via recursal extraordinária. Precedentes. – A discussão em torno da integridade da coisa julgada, por reclamar análise prévia e necessária dos requisitos legais, que, em nosso sistema jurídico, conformam o fenômeno processual da "res judicata", torna incabível o recurso extraordinário. É que, em tal hipótese, a indagação em torno do que dispõe o art. 5º, XXXVI, da Constituição – por supor o exame, "in concreto", dos limites subjetivos (CPC, art. 472) e/ou objetivos (CPC, arts. 468, 469, 470 e 474) da coisa julgada – traduz matéria revestida de índole infraconstitucional, podendo caracterizar situação de eventual conflito indireto com o texto da Carta Política (RTJ 182/746), circunstância que pré-exclui a possibilidade de adequada utilização do recurso extraordinário. Precedentes. – A jurisprudência do Supremo Tribunal Federal firmou entendimento no sentido de que o exame dos requisitos de admissibilidade do recurso especial, dirigido ao Superior Tribunal de Justiça, não viabiliza o acesso à via recursal extraordinária, por tratar-se de tema de caráter eminentemente infraconstitucional, exceto se o julgamento emanado dessa Alta Corte judiciária apoiar-se em premissas que conflitem, diretamente, com o que dispõe o art. 105, III, da Carta Política. Precedentes. Situação inocorrente no caso." (AI 452174 AgR, Rel. Min. Celso de Mello, 2ª T., j. em 09/09/2003).
26. REsp 7526/SP, Rel. Min. Adhemar Maciel, 2ª T., j. em 19/02/1998. Na mesma linha: AgRg no Ag 306.038/SP; REsps. 244.002-SP; 247.212-SP e 247227-SP.
27. Na mesma direção: "Processo civil. Recurso especial. Princípio constitucional reproduzido em norma legal. a norma constitucional absorve o artigo de lei que a reproduz, atraindo a questão resultante da aplicação deste para o âmbito do recurso extraordinário perante o Supremo Tribunal Federal. Hipótese em que, independentemente disso, o acórdão recorrido decidiu a causa a base do princípio constitucional sem qualquer alusão ao clone legal. Recurso especial não conhecido." (REsp 94.528/RJ, Rel. Min. Ari Pargendler, 2ª T., j. em 16/04/1998)

e constitucional) e o extraordinário, e não o especial. II - A alegação de desrespeito a direito adquirido e a ato jurídico perfeito deve ser formulada em recurso extraordinário, pois o inciso XXXVI do art. 5º da CF/88 reproduziu o disposto no art. 6º da LICC, o que revela a natureza constitucional da questão. Do contrario, ou seja, se o STJ emitisse juízo sobre as supostas violações do art. 6º da LICC, esta corte se tornaria apenas mais um degrau rumo ao STF, deixando de ser uma instância excepcional, pois os acórdãos proferidos pelo STJ seriam constantemente impugnados através de recurso extraordinário."

Como se viu, em caso onde o tema objeto do recurso extraordinário era tratado na Constituição e em norma infraconstitucional, o STF assentou que era o STJ quem deveria decidir a questão. E, de outro lado, em um recurso especial, quando a matéria dizia respeito à norma infraconstitucional e também à Constituição Federal, o STJ assentou que a matéria deveria ser decidida pelo STF. Conclusão: em nenhum dos casos a matéria de fundo foi decidida.

Quando os Tribunais se omitem e *um relega para o outro* o julgamento da questão, quem perde é o jurisdicionado que deixa de receber, do Estado-Juiz, a correta prestação jurisdicional pelo respectivo órgão que tem o dever de fazê-lo pela última vez, vale dizer, tanto do STJ que deixa de decidir qual a correta aplicação da lei federal quanto do STF que também deixa de dizer qual a adequada interpretação da Constituição Federal.

Tais razões demonstram, portanto, que há um problema no sistema, atualmente justificado pela divisão de atribuições do STF e STJ.

3. A SOLUÇÃO CONTIDA NO CPC/2015 PARA A QUESTÃO.

Os primeiros artigos do CPC/2015, como diz Cassio Scarpinella Bueno[28], "preveem expressamente a incidência do 'modelo constitucional', notadamente dos princípios constitucionais".

Neste sentido, há no CPC/2015 a reprodução de diversas previsões que já se encontram na Constituição Federal, tanto que, por exemplo, o art. 3º do CPC/2015 repete o art. 5º, XXXI, da CF; o art. 4º do CPC/2015 repete o art. 5º LXXVIII da CF; e o art. 11 repete a previsão do art. 93, IX da CF.

Essa sobreposição de disposições análogas, na prática, certamente acentuará ainda mais a dúvida quanto a qual recurso excepcional interpor para discutir tais questões junto a tribunais superiores: se o *recurso extraordinário* para

---

28. BUENO, Cassio Scarpinella. *Projetos de novo Código de Processo Civil comparados e anotados*. São Paulo: Saraiva, 2014, p. 41

demonstrar a contrariedade a dispositivo da Constituição Federal *ou se recurso especial* para demonstrar a contrariedade ou negativa de vigência a disposições da Lei Federal 13.105/2015.

Apesar de contribuir para a acentuação do problema com a criação de novos *clones legais* de dispositivos da Constituição Federal, o CPC/2015 contemplou solução para a parábola, assegurando ao jurisdicional a efetiva resposta judiciária de mérito por um dos Tribunais superiores.

É que o CPC/2015, nos arts. 1.032[29] e 1.033[30], instituiu a *fungibilidade de mão dupla* entre o recurso extraordinário e o recurso especial.

Quando o relator no STJ, ao receber recurso especial, constatar que a questão objeto do recurso excepcional é afeta ao STF, deverá, ao invés de inadmiti-lo, dar a oportunidade para que a parte realize as adaptações necessárias, remetendo-o, a seguir, à outra Corte. A principal adaptação que a parte terá de realizar diz respeito à demonstração da existência de *repercussão geral* da questão constitucional (art. 102, § 3º, da CF), que é requisito imposto pela Constituição Federal para que a parte tenha aberta a via ao Supremo Tribunal Federal.

Quando o relator no STF, por outro lado, constatar que a questão objeto do recurso extraordinário a ele distribuído é afeta ao STJ, deverá, ao invés de inadmiti-lo, determinar a remessa dos autos à outra Corte para que julgue o recurso extraordinário, como se recurso especial fosse.

Com isso, havendo violação à lei federal e, ao mesmo tempo, contrariedade à Constituição, um dos dois Tribunais superiores efetivamente terá de decidir o mérito da questão, colocando fim ao problema do sistema atual, onde, pura e simplesmente, se nega o trânsito aos recursos excepcionais na hipótese de reprodução do texto tido por violado na Constituição Federal e em Lei Federal.

Como dizem Teresa Arruda Alvim Wambier, Maria Lúcia Lins Conceição, Leonardo Ferres da Silva Ribeiro e Rogério Licastro Torres de Mello[31] "trata-se de inovação com diversos objetivos, mas o principal é o de evitar um dos casos de

---

29. Art. 1.032. Se o relator, no Superior Tribunal de Justiça, entender que o recurso especial versa sobre questão constitucional, deverá conceder prazo de 15 (quinze) dias para que o recorrente demonstre a existência de repercussão geral e se manifeste sobre a questão constitucional. Parágrafo único. Cumprida a diligência de que trata o caput, o relator remeterá o recurso ao Supremo Tribunal Federal, que, em juízo de admissibilidade, poderá devolvê-lo ao Superior Tribunal de Justiça.
30. Art. 1.033. Se o Supremo Tribunal Federal considerar como reflexa a ofensa à Constituição afirmada no recurso extraordinário, por pressupor a revisão da interpretação de lei federal ou de tratado, remetê-lo-á ao Superior Tribunal de Justiça para julgamento como recurso especial.
31. WAMBIER, Teresa Arruda Alvim; CONCEIÇÃO, Maria Lúcia Lins; RIBEIRO, Leonardo Ferres da Silva; MELLO, Rogério Licastro Torres. *Primeiros Comentários ao novo Código de Processo Civil artigo por artigo*. São Paulo: RT, 2015, p. 1.499.

jurisprudência 'defensiva', consubstanciado em acórdão em que um Tribunal diz que a competência é do outro. E nenhum dos dois julga."

Com efeito, se determinado tema é previsto na Constituição e, novamente, em lei ordinária, significa que o legislador, sensível aos anseios populares, deu ao assunto um grande valor, daí porque, se judicializada a questão, esta deve, havendo repercussão geral, ser decidida, em último nível, pelo órgão que tem o dever de dar a palavra final em matéria constitucional[32].

Se, de outro lado, o STF entender que a matéria é afeta ao STJ, deve remeter o recurso à outra Corte e não, como ocorre hoje, negar seguimento ao recurso extraordinário, porque, com a devida vênia, o Poder Judiciário não pode aplicar uma interpretação que deixe o jurisdicionado sem resposta, positiva ou negativa, às suas pretensões.

E os citados artigos 1.032 a 1.033 do CPC/2015 têm, exatamente, a virtude de permitir, vez por todas, uma solução concreta para o conflito negativo de atribuições, gerando, com isso, padrões decisórios a serem seguidos pela própria Corte (vinculação horizontal) e pelos demais tribunais de 2º grau e juízes (vinculação vertical), tudo por observância aos arts. 926 a 928 do CPC/2015.

Sobre o tema, em acórdão emblemático, assim decidiu o STJ[33]: "Uma causa que, potencialmente, exigiria o exame de questões constitucionais ou de questões federais infraconstitucionais pode, e isso não é raro, ser decidida sem qualquer referência a esses temas. Hipótese em que, decidindo a respeito do direito adquirido, embora sem citação do artigo 5º, inciso XXXII, da Constituição Federal e do artigo 6º, § 2º, da Lei de Introdução ao Código Civil, o acórdão tem fundamento constitucional. Mesmo que tivesse sido referido o artigo 6º, § 2º, da Lei de Introdução ao Código Civil, isso não transformaria esse fundamento do julgado em tema de direito infraconstitucional. As normas constitucionais não perdem o caráter quando reproduzidas em leis ordinárias; pelo contrário atraem a questão resultante da aplicação do *clone legal para o âmbito do recurso extraordinário*."

A Constituição Brasileira é excessivamente detalhista e, ao mesmo tempo, é rica em dispositivos com *conceitos vagos* ou *normas abertas*. Estas normas abertas, quando regulamentadas em leis ordinárias, não perdem o caráter constitucional, daí porque cabe, sim, ao STF decidir a matéria.

---

32. Em sentido contrário: "Imagine-se realmente a quantidade de causas que poderiam ser atacadas mediante o recurso extraordinário, sob o pretexto da violação dos princípios da isonomia, do devido processo legal, da legalidade, da razoabilidade, da proporcionalidade etc. Na verdade, quando o princípio está explicitado na legislação infraconstitucional, é preciso demonstrar a ofensa à mencionada lei, ensejando pos isso o manejo do recurso especial para que se verifique se o acórdão recorrido contrariou determinada lei, que é uma decorrência de qualquer desses princípios constitucionais." CAVALCANTE, Mantovani Colares. Recurso especial e recurso extraordinário. São Paulo: Dialética, 2003. p. 80.
33. EDcl no REsp 156608/PR, Rel. Ministro Ari Pargendler, 2ª T., j. em 04/03/1999.

A lei ordinária, como assentou o Ministro Ari Pargendler no julgado acima transcrito, é um *clone legal* da norma constitucional e, como tal, não afasta a natureza da *matriz* Constituição Federal. Mas se não for esse o entendimento prevalente, os autos deverão ser remetidos ao Superior Tribunal de Justiça para julgamento, pondo fim, portanto, à questão da divergência de atribuições entre as Cortes Superiores.

Afinal, como registrado pelo eminente Ministro Celso de Mello, em discurso[34] na solenidade de posse do Ministro Gilmar Mendes na presidência da Suprema Corte do Brasil ocorrida em 23 de abril de 2008: "Nada mais nocivo, perigoso e ilegítimo do que elaborar uma Constituição, sem a vontade de fazê-la cumprir integralmente, ou, então, de apenas executá-la com o propósito subalterno de torná-la aplicável somente nos pontos que se mostrarem convenientes aos desígnios dos governantes, em detrimento dos interesses maiores dos cidadãos."[35]

4. REFLEXÕES SOBRE AS CONDIÇÕES DE APLICAÇÃO DA FUNGIBILIDADE DE MÃO DUPLA.

Claramente, os arts. 1.032 e 1.033 têm o propósito de eliminar o "vácuo de competência"[36]. Não se prestam, pois, para ressuscitar o prazo recursal para a

---

34. http://www.stf.jus.br/arquivo/cms/noticiaNoticiaStf/anexo/discursoCM.pdf Acesso em 04-04-2011.
35. Sobre o tema, ao interpretar o sistema do CPC/1973, Teresa Arruda Alvim Wambier discorre que: "[...] há casos em que o excesso de regras em torno da admissibilidade desses recursos (excepcionais) leva a contra-sensos. Exemplo disso é a regra no sentido de que ao STF só cabe conhecer de 'ofensa direta' à Constituição Federal. Isto significa dizer que, se para demonstrar que houve a ofensa à Constituição Federal, a argumentação da recorrente tem necessariamente de passar pela lei ordinária (que, v.g., repete o princípio constante na Constituição Federal) e porque se estaria diante de ofensa "indireta" à Constituição Federal, que, por isso, não deveria ser examinada pela via do recurso extraordinário. Esta regra, em nosso entender, leva a um paradoxo: a Constituição Federal consagra certo princípio e se, pela relevância, a lei ordinária repete, por isso, o tribunal, cuja função é a de zelar pelo respeito à Constituição Federal, abdica de examinar a questão. Como se viu, nos primeiros itens deste estudo, a doutrina está hoje de acordo no sentido que existe marcante tendência a que os valores encampados pelas sociedades contemporâneas deve passar cada vez mais a integrar os textos das Constituições, sob forma de princípios. Ironicamente, todavia, se a lei ordinária passa a encampar o mesmo princípio, 'colorindo-o' conforme as circunstâncias (pense-se no exemplo do princípio da ampla defesa – Constituição Federal – e do princípio do contraditório, na sua dimensão processual civil), deixa de ser da alçada do Supremo Tribunal Federal corrigir a decisão que o desrespeite!" (WAMBIER, Teresa Arruda Alvim. *Controle das decisões judiciais por meio dos recursos de estrito direito ação rescisória: o que é uma decisão contrária à lei?* São Paulo: RT, 2001, p. 169). Na mesma linha, assim comenta Cassio Scarpinella Bueno: "A jurisprudência do Supremo Tribunal Federal, contudo, sempre foi e continua a ser bastante restritiva a este respeito, exigindo que a inconstitucionalidade que desafia o recurso extraordinário com fundamento na "letra a" seja direta, e não indireta, reflexa ou oblíqua. O entendimento poderia até querer justificar a necessidade de redução do número de recursos extraordinários em trâmite perante aquela Corte. No sistema atual, em que há um legítimo filtro de contenção daqueles recursos ..., não há razão para distinguir aquelas situações. O que importa é que a decisão tenha abstrato, tenha fundamento, tenha se baseado em uma tese de direito constitucional federal." (BUENO, Cassio Scarpinella. *Curso sistematizado de Direito Processual Civil.* São Paulo: Saraiva. 2009, p. 254, v. 5).
36. BUENO, Cassio Scarpinella. *Projetos de novo Código de Processo Civil comparados e anotados.* São Paulo: Saraiva, 2014, p. 41

impugnação de capítulo de acórdão não recorrido por *erro grosseiro*[37] do vencido na escolha de seu recurso.

Se o acórdão se funda em duplo fundamento – um legal e outro constitucional – cada um suficiente para a sua manutenção, o vencido deve interpor os *dois recursos*, ou seja, o recurso extraordinário e o recurso especial, cada qual para impugnar o respectivo capítulo que trate do tema constitucional e legal.

Destaque-se: os arts. 1.032 e 1.033 do CPC/2015 não têm a função de reabrir a oportunidade de impugnação de capítulo independe do acórdão não atacado por ocasião da interposição do recurso.

Salvo melhor juízo, a fungibilidade de que tratam os arts. 1.032 e 1.033 do CPC/2015 tem incidência para a hipótese de recurso que impugne capítulo do acórdão que, a um só tempo, se ampare em dispositivo constitucional e legal, que sejam *clones, cópias, imitações*, um do outro. O próprio CPC/2015, como visto, apresenta exemplos dessa situação, já que o art. 3º do CPC/2015 repete o art. 5º, XXXI, da CF; o art. 4º do CPC/2015 repete o art. 5º LXXVIII da CF; e o art. 11 repete a previsão do art. 93, IX da CF.

Para usufruir do benefício da fungibilidade de que tratam os arts. 1.032 e 1.033 do CPC/2015, o recorrente deve demonstrar o estado de *dúvida*, que deve se fundar na comprovada existência de entendimento doutrinário ou jurisprudencial discrepante acerca do cabimento de recurso especial ou recurso extraordinário sobre a questão objeto do caso concreto.

É o estado de *dúvida objetivamente verificável*[38] sobre ser *direta* ou *indireta* à ofensa ao texto constitucional que justifica a aplicação da fungibilidade de que tratam os arts. 1.032 e 1.033 do CPC/2015.

Por exemplo, se a discussão girar em torno da integridade da coisa julgada – que tem fundamento no art. 5º, XXXVI, da CF e nos arts. 502 a 508 do CPC/2015 –, assunto sobre o qual STF[39] e STJ[40] têm posições contraditórias acerca de qual seria

---

37. O erro grosseiro só se configura quando não existir "dúvida razoavelmente aceita, a partir de elementos objetivos, como a equivocidade do texto da lei" quanto ao recurso cabível para uma situação concreta. DIDIER JR, Fredie; CUNHA, Leonardo Carneiro da. *Curso de Direito Processual Civil*, v. 3. 11. ed. Salvador: Podivm, 2013, p. 47-48.
38. Interessante expressão utilizada por Eduardo Avelar Lamy (LAMY, Eduardo de Avelar, Intervenção de terceiro e princípio da fungibilidade: hipóteses de aplicação. In DIDIER JR., Fredie et ali (coord). In *O terceiro no processo civil brasileiro e assuntos correlatos*. São Paulo; RT, 2010, p. 191/198)
39. AI 452174 AgR, Rel. Min. CELSO DE MELLO, 2ª T., j. em 09/09/2003
40. REsp 7526/SP, Rel. Min. Adhemar Maciel, 2ª T., j. em 19/02/1998. Na mesma linha: AgRg no Ag 306.038/SP; REsps. 244.002-SP; 247.212-SP e 247227-SP e REsp 94.528/RJ

tribunal competente para julgá-la – e, consequentemente, qual seria o recurso cabível –, se o vencido interpuser:

a) recurso extraordinário e o relator no "Supremo Tribunal Federal considerar como reflexa a ofensa à Constituição afirmada" "por pressupor a revisão da interpretação de lei federal ou de tratado", deverá remetê-lo ao "Superior Tribunal de Justiça para julgamento como recurso especial" (art. 1.033);

b) recurso especial e o relator "no Superior Tribunal de Justiça, entender que o recurso especial versa sobre questão constitucional, deverá conceder prazo de 15 (quinze) dias para que o recorrente demonstre a existência de repercussão geral e se manifeste sobre a questão constitucional", sendo que, depois disso, deverá remetê-lo ao "Supremo Tribunal Federal" para julgamento. No STF, o relator tem duas opções: *(i)* julgar o recurso extraordinário ou *(ii)* devolver os autos ao Superior Tribunal de Justiça, caso em que o recurso especial originalmente interposto, sem as adaptações feitas por determinação do relator para remessa ao STF, deverá ser julgado.

Com efeito, o real sentido do *princípio da fungibilidade* positivado nos arts. 1.032 e 1.033 do CPC/2015 é o de não punir o jurisdicionado que age de boa fé[41], com a inadmissão de seu recurso por problemas do ordenamento jurídico, dentre eles, o já comentado "vácuo de competência" a que se refere Cassio Scarpinella Bueno.

O rigor exacerbado na aplicação dos arts. 1.032 e 1.033 do CPC/2015 importa em prejuízo irremediável ao interesse substancial das partes por apego injustificado à forma, o que contraria o expresso teor do parágrafo único do art. 283 do CPC/2015, bem como o princípio constitucional de acesso à Justiça.

Louvável, portanto, a regra contida nos arts. 1.032 e 1.033 do CPC/2015, cujo bom rendimento naturalmente dependerá da mudança de postura – que hoje é restritiva – dos Tribunais de sobreposição.

5. BIBLIOGRAFIA.

BUENO, Cassio Scarpinella. *Curso sistematizado de Direito Processual Civil.* São Paulo: Saraiva. 2009, v. 5

---

41. "A jurisprudência, principalmente do Supremo Tribunal, tem admitido a fungibilidade, desde que não ocorram a má fé e o erro grosseiro, mas já há a tendência para admitir a conversão da apelação em agravo, apenas quando aquela for interposta no prazo deste último, o que não é correto. Se o princípio da fungibilidade se justifica, com a presença da boa fé e do erro escusável, apelação deveria ser tomada por agravo e, como tal, mandada processar, mesmo se interposta depois dos dez dias, exatamente porque o erro é escusável." (SANTOS, Ernane Fidélis Dos. *Manual de Direito Processual Civil,* 11 ed. São Paulo: Saraiva, v. 1, p. 692)

BUENO, Cassio Scarpinella. *Projetos de novo Código de Processo Civil comparados e anotados*. São Paulo: Saraiva, 2014

CAVALCANTE, Mantovani Colares. *Recurso especial e recurso extraordinário*. São Paulo: Dialética, 2003

CÔRTES, Osmar Mendes Paixão. *O cabimento do recurso extraordinário pela alínea 'a' do art. 102, III, da Constituição Federal e a causa de pedir aberta*. In NERY JÚNIOR. Nelson; WAMBIER, Teresa Arruda Alvim (Coord). *Aspectos Polêmicos e atuais dos Recursos Cíveis e assuntos afins*. v.11, São Paulo: RT, 2007.

_____. *Recurso extraordinário – origem e desenvolvimento no direito brasileiro*. Rio de Janeiro: Forense. 2005.

CRISPIN, Cristina Generoso Ribeiro. *Recurso Especial e Recurso Extraordinário*. São Paulo: Pilares, 2006.

DANTAS, Bruno. *Repercussão geral – perspectiva histórica, dogmática e de direito comparado – questões processuais*. São Paulo: RT. 2008.

DIDIER JR. Fredie; CUNHA, Leonardo Carneiro da. *Curso de Direito Processual Civil*. v. 3, 11ª ed. Podivm: Salvador.

FILARDI, Hugo. *Conceito de ofensa direta à Constituição para fins de cabimento de recurso extraordinário: normas constitucionais abertas de direito processual, inafastabilidade da tutela jurisdicional e motivação das decisões judiciais*. RePro 155, jan-2008.

LAMY, Eduardo de Avelar, Intervenção de terceiro e princípio da fungibilidade: hipóteses de aplicação. In DIDIER JR., Fredie et ali (coord). In *O terceiro no processo civil brasileiro e assuntos correlatos*. São Paulo; RT, 2010, p. 191/198.

MADOZ, Wagner Amorin. *Recurso extraordinário pela alínea a*. in NERY JR, Nelson; Wambier, Teresa Arrruda Alvim (coord). *Aspectos Polêmicos e atuais dos recursos Cíveis e assuntos afins 9*. São Paulo: RT, 2006.

MANCUSO, Rodolfo de Camargo. *Recurso Extraordinário e Recurso Especial*. 9. ed. São Paulo: RT. 2006.

MORAES, Alexandre. *Constituição do Brasil interpretada e legislação constitucional*. São Paulo: Atlas, 2005.

PEREIRA, Valter; CAMARGO, Luiz Henrique Volpe (org). *Projeto de Reforma do Novo Código de Processo Civil aprovado no Senado Federal*, Brasília: Senado Federal, 2011.

SANTOS, Ernane Fidélis Dos. *Manual de Direito Processual Civil*, 11 ed. São Paulo: Saraiva, v. 1.

WAMBIER, Teresa Arruda Alvim; CONCEIÇÃO, Maria Lúcia Lins; RIBEIRO, Leonardo Ferres da Silva; MELLO, Rogério Licastro Torres. *Primeiros Comentários ao novo Código de Processo Civil artigo por artigo*. São Paulo: RT, 2015

WAMBIER, Teresa Arruda Alvim. *Controle das decisões judiciais por meio dos recursos de estrito direito ação rescisória: o que é uma decisão contrária à lei?* São Paulo: RT, 2001.

http://www.stf.jus.br/arquivo/cms/noticiaNoticiaStf/anexo/discursoCM.pdf acesso em 04-04-2011.

CAPÍTULO 18

Recurso Especial Repetitivo: escolha do recurso e (in) efetividade dos julgamentos

Luiz Dellore[1]
Ricardo Maffeis Martins[2]

SUMÁRIO: 1. RECURSO ESPECIAL E RECURSO ESPECIAL REPETITIVO; 2. A ESCOLHA DO RECURSO ESPECIAL A SER JULGADO COMO REPETITIVO; 2.1. QUESTÕES POLÊMICAS; 2.1.1. A DESISTÊNCIA DO RESP AFETADO PARA JULGAMENTO COMO REPETITIVO; 2.1.2. O IMPEDIMENTO OU A SUSPEIÇÃO DE MINISTROS NO RECURSO SELECIONADO COMO REPRESENTATIVO DA CONTROVÉRSIA; 3. ANÁLISE DE SITUAÇÕES CONCRETAS (RECURSOS REPETITIVOS JULGADOS PELO STJ); 3.1. CASOS DE ÊXITO; 3.1.1. O RECURSO REPETITIVO ENVOLVENDO DIREITO BANCÁRIO (RESP Nº 1.061.530/RS); 3.1.2. AS "CÓPIAS ESSENCIAIS" DO AGRAVO DE INSTRUMENTO (RESP Nº 1.102.467/RJ, PROFERIDO À LUZ DO CPC/1973); 3.2. CASOS EM QUE NÃO HOUVE ÊXITO; 3.2.1. O "CASO ANASTÁCIO" (RESP Nº 990.507/DF); 3.2.2. O REPETITIVO DA INTIMAÇÃO COM FALHA NO NOME DO ADVOGADO (RESP Nº 1.131.805/SC); 4. CONCLUSÕES; 5. BIBLIOGRAFIA.

1. RECURSO ESPECIAL E RECURSO ESPECIAL REPETITIVO

No sistema recursal brasileiro, o Superior Tribunal de Justiça (STJ) tem por finalidade a unificação da legislação infraconstitucional. O Tribunal, e também o recurso especial (REsp), surgiram na Constituição de 1988[3], tendo como uma de suas finalidades desafogar o Supremo Tribunal Federal (STF).

Alguns anos depois, tanto o Supremo Tribunal Federal (STF) quanto o STJ encontravam-se com uma grande carga de trabalho. Nesse contexto, veio a lume a Emenda Constitucional nº 45/2004 (a chamada "Reforma do Judiciário").

---

1. Mestre e Doutor em Direito Processual Civil pela USP. Mestre em Direito Constitucional pela PUC/SP. Professor do Mackenzie, Escola Paulista de Direito – EPD, IEDI e outras instituições. Membro da Comissão de Processo Civil da OAB/SP, do IBDP (Instituto Brasileiro de Direito Processual), do IPDP (Instituto Panamericano de Derecho Procesal) e diretor do CEAPRO (Centro de Estudos Avançados de Processo). Advogado concursado da Caixa Econômica Federal. Ex-assessor de Ministro do STJ.
2. Mestrando em Direito Processual Civil pela USP. Professor da Escola Paulista de Direito – EPD. Membro da Comissão de Estudos de Tecnologia e Informação do IASP (Instituto dos Advogados de São Paulo) e do CEAPRO (Centro de Estudos Avançados de Processo). Advogado. Ex-assessor de Ministros do STJ e ex-coordenador da Segunda Seção do STJ.
3. Constituição Federal (CF), arts. 104 e 105, III.

Contudo, o Superior Tribunal de Justiça não foi beneficiado com a diminuição efetiva do número de recursos nos últimos anos, como se verificou no STF após a Reforma do Judiciário.

Vários mecanismos contribuíram para que o Supremo fosse contemplado com significativa queda do número de recursos ano após ano. Além das formas de controle concentrado de constitucionalidade[4], a EC nº 45/2004 trouxe dois importantes institutos: a súmula vinculante e a repercussão geral nos recursos extraordinários[5].

Ao contrário do que ocorreu no STF, dados oficiais do STJ mostram que houve considerável aumento no número de processos julgados por aquela Corte, especialmente de 2001 em diante[6], afastando-a de seu papel constitucional uniformizador da jurisprudência infraconstitucional pátria.

Nesse contexto, uma tentativa de trazer maior racionalidade à atuação do STJ foi a criação dos Recursos Especiais Repetitivos, pela Lei nº 11.672/2008 – que acrescentou o art. 543-C ao Código de Processo Civil de 1973 (CPC/1973). Embora um dos objetivos tenha sido exatamente o de reduzir a quantidade de feitos em trâmite no STJ, tal desiderato ainda não foi atingido, como demonstram os números atuais[7]. No Código de Processo Civil de 2015 (NCPC) – Lei nº 13.105/2015 –, estão conjuntamente disciplinados o recurso especial repetitivo e o recurso extraordinário repetitivo, nos arts. 1.036 a 1.041.

Espera-se do STJ a função de uniformizar o entendimento jurisprudencial no País. Mas, isso é possível com a imensa quantidade de recursos com que os Ministros têm de lidar?

A questão, contudo, não é nova. Desde muito se fala na "crise do Supremo Tribunal Federal"[8], quase sempre atacada por meio de alterações legislativas,

---

4. Como a Ação Direta de Inconstitucionalidade, a Ação Declaratória de Constitucionalidade e a Arguição de Descumprimento de Preceito Fundamental.
5. A súmula vinculante está prevista no art. 103-A da Constituição Federal, na Lei nº 11.417/2006 e em alguns dispositivos da Lei nº 13.105/2015 (NCPC). A repercussão geral, por seu turno, está prevista no art. 102, § 3º, da CF e no art. 1.035 do NCPC, sendo certo que sua regulamentação surgiu, ainda sob a égide do CPC/1973, a partir da edição da Lei nº 11.418/2006.
6. Segundo o Relatório Estatístico de 2014 do STJ, o número de processos julgados subiu de forma praticamente constante desde 1989. Em 2001, por exemplo, foram 198.613 processos decididos, ao passo que 2014 encerrou-se com 390.052 casos julgados (em http://www.stj.jus.br/webstj/Processo/Boletim/verpagina.asp?vPag=0&vSeq=250, acesso em 11/10/15).
7. Nelson Nery Júnior destaca que o legislador continua buscando desafogar os Tribunais Superiores. Para esse autor, o atual projeto do Novo CPC foi elaborado exatamente com tal missão, o que seria "uma visão, em princípio, distorcida, porque ataca o efeito mas não a causa" (NERY JÚNIOR, Nelson. O código de processo civil e a justiça brasileira – perspectivas de avanços e retrocessos. Revista da CAASP. Abril de 2014).
8. Conforme, dentre outros, constatam Daniel Penteado de Castro (Questões polêmicas sobre o julgamento por amostragem do Recurso Especial Repetitivo, Repro 206, p. 79/80, Abr. 2012) e Gleydson Kleber Lopes de

culminando, no século passado, na criação do Superior Tribunal de Justiça, com a Constituição Federal de 1988, como já mencionado.

Rodolfo de Camargo Mancuso observou tal problemática, qualificando o excesso de recursos no STF – Tribunal que até 1988 apreciava tanto questões constitucionais quanto infraconstitucionais – de "moléstia que, por causa da demora no tratamento, tornou-se crônica"[9].

Retorna-se então à pergunta formulada acima: se os Ministros do STJ precisam julgar um número tão grande de recursos, como poderão se concentrar em firmar a jurisprudência dos grandes temas nacionais não constitucionais?[10] [11]

Três foram os institutos[12] pensados para tentar tornar o STJ uma Corte de precedentes e não mera "terceira instância". Deles, até o momento apenas o Recurso Especial Repetitivo passou a fazer parte de nosso ordenamento jurídico e vem sendo aplicado pelo Superior Tribunal de Justiça[13]. Com relativo sucesso, ressalte-se, mas passível de aprimoramentos, como procurará se demonstrar.

Como bem define José Miguel Garcia Medina, a técnica dos recursos repetitivos possibilita que o STJ profira decisões "mais abrangentes", cujos efeitos são propagados para uma quantidade muito grande de recursos semelhantes, que ficam sobrestados até que seja firmado o entendimento nos recursos selecionados

---

Oliveira (*Recurso especial*. Coleção Recursos no processo civil vol. 9. São Paulo: Revista dos Tribunais, 2002, p. 385/389).

9. MANCUSO, Rodolfo de Camargo. *Recurso extraordinário e recurso especial*. Coleção Recursos no processo civil vol. 3. 8. ed. São Paulo: Revista dos Tribunais, 2003, p. 60.

10. Oportuna a lição do Ministro Sidnei Beneti, do STJ, sobre o tema: "A jurisprudência consiste na formação de diretriz final formada por vários precedentes na medida em que se estabilizam, eliminando-se as diferenças individuais" (BENETI, Sidnei. Unidade de jurisdição e filtros de temas nacionais nos tribunais superiores. *In*: ZUFELATO, Camilo e YARSHELL, Flávio Luiz (org.). *40 anos da teoria geral do processo*. São Paulo: Malheiros, 2014, p. 706).

11. A situação provavelmente se agravaria, com o fim do juízo de admissibilidade nos Tribunais de origem, de acordo com a regra do art. 1.030, *caput* e parágrafo único, do NCPC. Contudo, foi aprovado no Senado Federal o PLC 168/2015, que, dentre outras modificações, retoma a dupla análise de admissibilidade do recurso especial.

12. Discutiu-se também (i) a criação da súmula impeditiva de recursos para o STJ (PEC nº 358/2005), até o momento tramitando no Congresso, mas sem perspectiva de votação, e (ii) a "relevância das questões de direito federal infraconstitucional", nos moldes da repercussão geral do recurso extraordinário, atualmente em trâmite no Congresso Nacional como PEC nº 209/2012.

13. Interessante a reflexão da Ministra Nancy Andrighi a respeito do volume de recursos e a criação dos repetitivos: "A situação criada pelo excesso de ações em torno do mesmo tema era, e ainda é, perniciosa, pois consegue inverter a ordem natural do trabalho dos juízes. A repetição de julgamentos idênticos amplia a produtividade individual de cada juiz, transmitindo a falsa ideia de que são decididas variadas questões de direito. No entanto, os recursos com elevado grau de complexidade acabam sendo relegados a segundo plano (...). Era, de fato, inexplicável o gasto de tempo, papel e trabalho, para manter funcionários que, como máquinas de uma fábrica, realizavam atos repetitivos. Nesse sentido, a nova sistemática dos recursos repetitivos, introduzida no seio recursal do STJ, equivale em importância à repercussão geral, cuja dinâmica surgiu com o advento da EC 45/2004" (Recursos Repetitivos. Repro, 185, p. 266, Jul. 2010).

como representativos da controvérsia, possuindo "maior influência" na jurisprudência do próprio STJ que as decisões tomadas em recursos não repetitivos[14].

Os efeitos espalham-se ainda mais, pois além dos recursos sobrestados no período que vai da afetação à decisão final, o art. 927, III, do NCPC disciplina que os juízes e os Tribunais de Justiça e Regionais Federais observarão a orientação firmada pelo STJ em recursos repetitivos também para os casos futuros, uma vez pacificado o entendimento do órgão constitucionalmente competente para proferir a última palavra em matéria infraconstitucional[15].

Um dos modos mais eficazes para se atingir a tão desejada efetividade é a boa escolha dos recursos afetados para julgamento na modalidade de REsp repetitivo. É o que tratamos na sequência.

2. A ESCOLHA DO RECURSO ESPECIAL A SER JULGADO COMO REPETITIVO

É certo que o êxito para o julgamento de um repetitivo inicia-se exatamente na seleção de quais serão os recursos afetados para julgamento na sistemática dos arts. 1.036 e 1.037 do NCPC, que manteve e aprimorou as regras do CPC/1973.

A escolha de um recurso inadequado prejudicará sensivelmente a qualidade do debate e, consequentemente, da decisão. E o recurso inadequado poderia ser aquele em que, entre outros aspectos, (i) há vícios processuais que impedem seu conhecimento (no todo ou em parte), (ii) há especificidades (fáticas ou jurídicas) que impossibilitam a análise da questão de uma maneira ampla, (iii) o tema central não foi objeto de debate com a necessária profundidade, não enfrentando, quantitativa e qualitativamente, todos os possíveis argumentos.

Por tais razões, o legislador, ao criar a nova ferramenta, buscou que a escolha do repetitivo não recaísse em apenas um único REsp, mas em diversos, para que os problemas acima indicados não estivessem presentes – ou, se presentes em alguns, não fossem encontrados em todos os recursos.

Nesse sentido, a legislação.

---

14. MEDINA, José Miguel Garcia. *Prequestionamento e repercussão geral e outras questões relativas aos recursos especial e extraordinário*. Coleção Recursos no Processo Civil vol. 6. 6. ed. São Paulo: Revista dos Tribunais, 2012, p. 59.

15. É clara a intenção do NCPC de que as decisões dos Tribunais Superiores sejam respeitadas e seguidas pelas instâncias inferiores. Nesse sentido, a improcedência liminar do pedido (art. 332, II); a concessão da tutela de evidência (art. 311, II); o cabimento de Reclamação (art. 988, IV); a desnecessidade de remessa necessária (art. 496, § 4º, II); e o julgamento monocrático, pelo relator, de recursos e do conflito de competência (art. 932, IV, "b", V, "b" e 955, parágrafo único, II). Quanto ao REsp repetitivo ser efetivamente vinculante, a questão é objeto de polêmica na doutrina e entre os autores deste artigo (a respeito, vide artigo de coautoria de um dos autores: http://jota.info/o-recall-do-novo-cpcas-mudancas-decorrentes-do--pl-238415-da-camara-e-do-pl-16815-do-senado, acesso em 20/12/15).

Inicialmente, o § 1º do art. 1.036 do NCPC destaca caber ao Tribunal intermediário (ou seja, na origem e não no STJ) a escolha de dois ou mais recursos (itálicos nossos):

> § 1º o presidente ou o vice-presidente de tribunal de justiça ou de tribunal regional federal selecionará *2 (dois) ou mais recursos representativos da controvérsia*, que serão encaminhados ao Supremo Tribunal Federal ou ao Superior Tribunal de Justiça para fins de afetação, determinando a suspensão do trâmite de todos os processos pendentes, individuais ou coletivos, que tramitem no Estado ou na região, conforme o caso.

De seu turno, se a Presidência do Tribunal de origem não proceder à escolha e suspensão dos recursos, isso poderá ser feito diretamente pelo relator, no STJ, conforme regra expressa do art. 1.036, § 5º, do NCPC.

Ainda sob a égide do CPC/1973 (art. 543-C, § 9º), o STJ publicou a Resolução nº 8/2008, que disciplina o assunto no âmbito daquela Corte[16].

Quanto à eleição do recurso, a referida resolução traz previsões que vão além do regulado no Código de Processo Civil (seja no CPC/1973, seja no NCPC).

A Resolução nº 8/2008 do STJ é expressa em apontar a seleção de diversos recursos – mais precisamente, ao menos um de cada relator – trazendo ainda a preocupação aqui já externada, de seleção dos recursos mais aptos para julgamento e definição da tese jurídica (itálicos nossos) – conforme art. 1º, § 1º:

> § 1º Serão selecionados *pelo menos um processo de cada Relator* e, dentre esses, *os que contiverem maior diversidade de fundamentos no acórdão e de argumentos no recurso especial.*

Tal dispositivo, bem como a experiência acumulada em sete anos de julgamentos de recursos repetitivos pelo STJ, influenciou positivamente o NCPC, que trouxe importante regra em seu art. 1.036, § 6º (itálicos nossos):

> § 6º Somente podem ser selecionados recursos admissíveis que contenham *abrangente argumentação e discussão a respeito da questão a ser decidida.*

Do cotejo do NCPC e da Resolução nº 8/2008, tem-se em síntese o seguinte: (i) tratando-se de reconhecimento de repetitivo pelo Tribunal de origem, devem ser

---

16. Cabe destacar que há quem aponte a inconstitucionalidade da referida Resolução, por (i) exorbitar o art. 543-C e (ii) efetivamente legislar a respeito de matéria processual (TORRES DE MELLO, Rogerio Licastro. Recursos Especiais Repetitivos: problemas de constitucionalidade da Resolução 8/2008, do STJ Repro, 163, p. 190, Set / 2008). Contudo, no âmbito do STJ, a Resolução é amplamente aplicada.

escolhidos diversos recursos, de vários relatores; (ii) se o repetitivo for afetado pelo próprio relator, no STJ, devem ser afetados, no mínimo, dois recursos.

No cotidiano do STJ, ainda que existam recursos reconhecidos como repetitivos a partir da origem, o mais frequente é o julgamento de repetitivos que sejam afetados *pelo próprio relator* – e, em regra, apenas a partir de recurso(s) que sejam do acervo do próprio Ministro.

Ou seja: na maior parte das vezes a escolha do repetitivo se dá exclusivamente pelo Ministro relator, sem verificar os processos que tramitam perante os seus pares (até pela dificuldade decorrente disso), considerando apenas os de sua relatoria para afetação como repetitivos. Muitas vezes, a escolha recai apenas em relação a um recurso[17] – o que, pelo NCPC, não será mais possível.

Indubitavelmente trata-se da forma mais fácil e cômoda para o próprio relator. Mas, com isso, a riqueza de argumentos e a profundidade do debate buscadas pelo legislador acabam ficando reduzidas e os problemas apontados no início deste tópico quanto à escolha do repetitivo se verificam com alguma frequência.

A doutrina processual usualmente manifesta-se quanto à conveniência da escolha de mais um recurso[18]. Nesse sentido, artigo coletivo capitaneado pelo Professor Botelho de Mesquita[19], que enfrenta a seleção do recurso representativo da controvérsia:

> Mais importante do que isto, é o cuidado que se deverá ter no agrupamento de recursos repetitivos. Em primeiro lugar, deve se ter presente que a questão de direito deve ser "a questão central

---

17. Nesse sentido, a título de ilustração, a afetação do tema "possibilidade de prorrogação do prazo decadencial para ajuizamento da ação rescisória quando o termo final recair em fim de semana ou feriado" como repetitivo. Ela ocorreu em relação a apenas um recurso (REsp nº 1.112.864/MG), nos seguintes termos: "Trata-se de recurso especial admitido pelo Tribunal Regional Federal da 1.ª Região como representativo da controvérsia, de acordo com a disciplina do art. 543-C do Código de Processo Civil, em razão da multiplicidade de recursos com fundamento em questão idêntica de direito, consubstanciada na tese de que o prazo decadencial para a propositura da ação rescisória previsto no art. 495 do Diploma Processual deve ser prorrogado para o primeiro dia útil seguinte, quando cair em fim de semana ou feriado, nos exatos termos do art. 184, § 1.º, inciso I, do Código de Processo Civil. É breve o relato do necessário. Decido. Nos termos do art. 2.º, *caput* e § 2.º, da Resolução n.º 08/2008 desta Corte e do 543-C, § 2.º, do Código de Processo Civil, SUBMETO o julgamento deste recurso especial à Corte Especial, por se tratar de matéria processual cuja competência para apreciação está afeta a todas as Seções deste Superior Tribunal; determinando a suspensão dos recursos que versem sobre a mesma controvérsia".
18. A respeito especificamente da existência de decisões em sentidos opostos, Teresa Arruda Alvim Wambier e José Miguel Garcia de Medina assim apontam: "É importante, no entanto, que, havendo recursos em sentido favorável e contrário a uma dada orientação, sejam selecionados recursos que exponham, por inteiro, ambos os pontos de vista" (Sobre o novo art. 543-C do CPC: sobrestamento de recursos especiais com fundamento em idêntica questão de direito. *Repro* 159, p. 217, Mai. 2008).
19. E que também contou com a participação de um dos coautores deste artigo: BOTELHO DE MESQUITA, José Ignacio; AMADEO, Rodolfo da Costa Manso; DELLORE, Luiz; MORETO, Mariana Capela Lombardi; TEIXEIRA, Guilherme Silveira e ZVEIBEL, Daniel Guimarães. A repercussão geral e os recursos repetitivos. Economia, Direito e Política. *Repro* 220, p. 27, jun. 2013.

discutida" (art. 1.º, § 2.º, da Res. STJ 8/2008). Além disto, deve ser escrupulosamente observado o critério preconizado pelo § 1.º do art. 1.º da Res. STJ 8/2008, ou seja, o da "maior diversidade de fundamentos no acórdão e de argumentos no recurso especial".

Convém deixar bem claro, no entanto, que este critério serve, mas ainda não é suficiente. Para ser eleito como o mais representativo, o recurso especial deveria ser aquele que incluísse todo e qualquer fundamento que, se acolhido, pudesse importar a reforma do acórdão recorrido. O que mais interessa, na verdade, não é a diversidade dos fundamentos, mas a sua qualidade, entendida como aptidão para justificar a reforma do acórdão recorrido.

Do ponto de vista prático, parece difícil encontrar um recurso especial que se valha de todos os fundamentos úteis ao provimento do recurso, pelo que melhor fará o presidente do tribunal recorrido se reservar sua iniciativa para o momento em que disponha da possibilidade de agrupar um número de recursos realmente representativos da controvérsia, tanto do ponto de vista quantitativo como qualitativo.

Mas, a escolha inadequada dos recursos pode acarretar, além dos problemas já apontados no início deste tópico, outros, como se verá na sequência.

2.1. Questões polêmicas

Exatamente por força da escolha centralizada em apenas um ou poucos recursos, alguns problemas processuais surgiram no tocante à tramitação dos repetitivos. E, por óbvio, não foram previstos pelo legislador, tampouco na Resolução nº 8/2008.

Dentre tais pontos polêmicos, passamos à análise de duas situações que, assim nos parecem, são as mais graves e que mais problemas têm suscitado no âmbito do STJ.

2.1.1. A desistência do REsp afetado para julgamento como repetitivo

É possível afirmar que a maior polêmica envolvendo os repetitivos, nos primeiros anos de sua vigência, foi relacionada a uma questão processual: seria possível desistir de um recurso afetado como repetitivo?

A regra geral quanto à desistência recursal é absolutamente singela: cabe a desistência, pelo recorrente, a qualquer tempo[20]. É o que se depreende do *caput* do art. 998 do NCPC – que, vale destacar, repete o Código anterior:

---

20. De forma peremptória, assim se manifesta Barbosa Moreira quanto à desistência do recurso: "Ato que não depende de anuência dos litisconsortes nem da outra parte (art. 501), mas que o procurador há de ter

Art. 998. O recorrente poderá, a qualquer tempo, sem a anuência do recorrido ou dos litisconsortes, desistir do recurso[21].

No âmbito do NCPC, diferentemente do que se tinha no CPC/1973, existe regra específica disciplinando a desistência de recursos especiais repetitivos. Incide, em tais casos, o previsto no parágrafo único do referido art. 998, o qual prevê que "a desistência do recurso não impede a análise da questão objeto de julgamento de recursos repetitivos".

Ou seja, mesmo em se tratando do julgamento de recurso especial repetitivo, permite-se a desistência do recorrente até o momento anterior ao início do julgamento. O diferencial do Novo Código em relação ao CPC/1973, que somente disciplinava a regra geral, é consignar expressamente que a desistência – em tais casos – não obsta a busca da uniformização da jurisprudência nacional, com a fixação da tese repetitiva.

Assim, inexistindo vedação, é possível a desistência do recurso representativo da controvérsia. Inclusive, em nosso entender, isso seria possível mesmo na legislação anterior, que não trazia qualquer regra sobre como proceder no caso de desistência em sede de repetitivo.

Ou seja: há a desistência do recurso, mas não deixa de ser feita a análise da tese repetitiva – que valerá para todos os demais casos, mas não para aquele em que houve a desistência do recurso (para esse caso, prevalecerá a decisão anterior, isto é, a decisão que foi impugnada pelo recurso que foi posteriormente objeto de desistência – seja ela coincidente com a tese fixada no repetitivo ou não).

E acaso tivéssemos, como regra, a afetação de diversos recursos e não apenas de um ou dois, é certo que esse não seria um problema. Afinal, diante do agrupamento de recursos para julgamento como repetitivo, a desistência de um ou alguns não afetaria a discussão relacionada à tese, que estaria presente também nos demais recursos afetados.

Houve um caso concreto em que esse problema ocorreu. Trata-se de *leading case*, em regra mencionado quando se discute o assunto.

Na situação específica, foram afetados apenas dois recursos, ambos tendo como recorrente uma única instituição financeira, que requereu a desistência em ambos os recursos repetitivos. Diante desse panorama, a Corte Especial[22] do STJ

---

poder especial para praticar (arg. ex art. 38), pode a desistência ocorrer desde a interposição do recurso até o instante imediatamente anterior ao julgamento ("a qualquer tempo", segundo a fórmula legal). (...) É desnecessária, em qualquer caso, a lavratura de termo. Nem sequer exige o Código que a desistência do recurso seja homologada, conforme resulta do art. 158, *caput* (...). O órgão judicial, tomando conhecimento da desistência do recurso e verificando-lhe a validade, simplesmente declarará extinto o procedimento recursal" (*O novo processo civil*. 28 ed. Rio de Janeiro: Forense, 2010, p. 126).

21. O *caput* do art. 998 do NCPC repete a redação do art. 501 do CPC/1973.
22. Levada a questão de ordem da desistência à Segunda Seção, aquele colegiado optou por afetá-la à Corte Especial, por se tratar de situação que poderia ocorrer no julgamento de qualquer recurso repetitivo.

analisou a questão e decidiu – de forma oposta ao que prevê o art. 998 do NCPC (à época, art. 501 do CPC/1973) – pela impossibilidade de desistência de recurso afetado como repetitivo.

A questão de ordem, suscitada em apenas um dos recursos, restou assim ementada:

> Processo civil. Questão de ordem. Incidente de Recurso Especial Repetitivo. Formulação de pedido de desistência no Recurso Especial representativo de controvérsia (art. 543-C, § 1º, do CPC). Indeferimento do pedido de desistência recursal.
>
> - É inviável o acolhimento de pedido de desistência recursal formulado quando já iniciado o procedimento de julgamento do Recurso Especial representativo da controvérsia, na forma do art. 543-C do CPC c/c Resolução n.º 08/08 do STJ.
>
> Questão de ordem acolhida para indeferir o pedido de desistência formulado em Recurso Especial processado na forma do art. 543-C do CPC c/c Resolução n.º 08/08 do STJ.
>
> (QO no REsp nº 1.063.343/RS, Rel. Ministra NANCY ANDRIGHI, CORTE ESPECIAL, julgado em 17/12/2008, DJe 04/06/2009)

Vale destacar que a decisão não foi unânime. Na verdade, surgiram três correntes[23].

Uma posição, com apenas um voto, destacava, pura e simplesmente, a possibilidade de desistência a qualquer tempo, nos termos da regra geral que, lembre-se, era a única hipótese prevista no CPC/1973[24].

Uma corrente intermediária[25], também vencida, permitia a desistência, mas apenas após o julgamento da tese no âmbito do repetitivo. Ou seja: a tese repetitiva seria firmada, mas o caso concreto não seria decidido, diante da desistência

---

23. Nesse sentido, vale conferir o extrato de ata a seguir reproduzido: "Vistos, relatados e discutidos estes autos, acordam os Ministros da CORTE ESPECIAL do Superior Tribunal de Justiça, na conformidade dos votos e das notas taquigráficas constantes dos autos, prosseguindo no julgamento, após o voto-vista do Sr. Ministro Nilson Naves indeferindo o pedido de desistência, no que foi acompanhado pelos Srs. Ministros Ari Pargendler e Hamilton Carvalhido, e as retificações de voto da Sra. Ministra Relatora e do Sr. Ministro Luiz Fux para aderir ao voto do Sr. Ministro Nilson Naves, e os votos dos Srs. Ministros Aldir Passarinho Junior, Eliana Calmon e Francisco Falcão acompanhando a posição originária da Sra. Ministra Relatora, por maioria, indeferir o pedido de desistência. Vencido o Sr. Ministro João Otávio de Noronha e vencidos, em parte, os Srs. Ministros Aldir Passarinho Junior, Eliana Calmon, Francisco Falcão e Laurita Vaz. Os Srs. Ministros Luiz Fux, Nilson Naves, Ari Pargendler e Hamilton Carvalhido votaram com a Sra. Ministra Relatora".
24. Nesse sentido votou o Ministro João Otávio de Noronha.
25. Que teve quatro votos: Ministros Aldir Passarinho Junior, Eliana Calmon, Francisco Falcão e Laurita Vaz. Cabe destacar que essa era a tese original da relatora, Ministra Nancy Andrighi.

do recurso pelo recorrente. Trata-se da solução mais próxima da previsão específica contida no art. 998, parágrafo único, do NCPC.

Para ilustrar mais esse entendimento, vale reproduzir trecho do voto do Ministro Aldir Passarinho Junior nessa questão de ordem:

> A questão é muito interessante porque, efetivamente, houve uma inovação por conta da Lei n. 11.672, de 2008. O interesse do particular é ver julgado o seu recurso. O interesse que, hoje, existe com a Lei n. 11.672, de 2008, é o interesse público, ou seja, o de permitir que uma Corte Superior como a nossa consiga eliminar os processos em massa por meio desse mecanismo que se me afigura muito importante e tem sido largamente aqui empregado, que é de se reunir em um único processo diversas questões, ou em mais processos, mas congregando a mesma matéria, e, daí se dando uma decisão a fim de orientar os Tribunais *a quo* sobre o tema.
>
> O interesse, portanto, da parte, só é legítimo até o ponto em que interessa o seu processo, ou seja, interessa a ele a desistência. Qualquer coisa além disso ultrapassa o interesse da parte. Ele está invadindo uma seara pública, um interesse público, que diz respeito exatamente ao procedimento da Lei n. 11.672, de 2008, regulamentada pela Resolução n. 8 do STJ.

Analisando tal fundamentação, é possível dizer que, nesse caso, haveria uma verdadeira "abstrativização do recurso": teríamos o debate, no âmbito do repetitivo, tão somente da tese, de maneira abstrata, sem efetivamente a decisão do caso concreto[26].

Mas, como se depreende da ementa, prevaleceu a impossibilidade de desistência[27].

O fio condutor da corrente vencedora – por apenas um voto – foi no sentido de a desistência importar em "manipulação" da atividade jurisdicional do STJ. Nesse sentido, trecho do voto da relatora:

> Entender que a desistência recursal impede o julgamento da idêntica questão de direito é entregar ao recorrente o poder de

---

26. Esse fenômeno, previsto agora no NCPC, ainda não é muito discutido em relação ao REsp, mas já há grande debate relacionado ao Recurso Extraordinário (RE) – especialmente considerando os efeitos da decisão proferida no âmbito de um RE julgado pelo STF (se seriam, como se defende do ponto de vista clássico, *inter partes*, ou se poderiam ser *erga omnes*). Rico debate a respeito do tema foi travado no STF no âmbito da Rcl nº 4.335, em que a decisão foi por maioria (a respeito, cf. http://dellore.jusbrasil.com.br/artigos/121934635/destaques-processuais-do-informativo-739-stf-decisao-da-rcl-4335, acesso em 11/10/15).
27. Com cinco votos: Ministros Nancy Andrighi (relatora), Luiz Fux, Nilson Naves, Ari Pargendler e Hamilton Carvalhido.

determinar ou manipular, arbitrariamente, a atividade jurisdicional que cumpre o dever constitucional do Superior Tribunal de Justiça, podendo ser caracterizado como verdadeiro atentado à dignidade da Justiça.

A todo recorrente é dado o direito de dispor de seu interesse recursal, jamais do interesse coletivo.

Digna de nota, também, a afirmação da relatora apontando a dificuldade em se admitir a homologação da desistência:

> Não se pode olvidar outra grave consequência do deferimento de pedido de desistência puro e simples com base no art. 501 do CPC, que é a inevitável necessidade de selecionar novo processo que apresente a idêntica questão de direito, de ouvir os *amici curiae*, as partes interessadas e o Ministério Público, oficiar a todos os Tribunais do país, e determinar nova suspensão, sendo certo que a repetição deste complexo procedimento pode vir a ser infinitamente frustrado em face de sucessivos e incontáveis pedidos de desistência.

Essa assertiva acaba por corroborar o exposto no tópico anterior, no sentido de que a afetação de apenas um ou poucos recursos como repetitivos, apesar de ser a regra, traz uma série de problemas práticos.

A doutrina, em geral, criticava a posição adotada pelo STJ no sentido de não admitir a desistência. Analisando a regra do CPC/1973, há quem defenda ser um direito do recorrente[28] e há aqueles que sustentam que a desistência do caso concreto não obsta a fixação do precedente[29] – ou seja, algo análogo à abstrativização.

---

28. Por todos, cf. Rodrigo Valente Giublin Teixeira: "Contudo, entende-se que a posição adotada pelo STJ não foi a mais acertada, pois o art. 501 do CPC, não comporta interpretação restritiva quando afirma que o recorrente poderá, a qualquer tempo, sem a anuência do recorrido ou dos litisconsortes, desistir do recurso.
O artigo de lei em questão é categórico em pontuar que a desistência pode ser a qualquer tempo, desde que, é claro, antes do julgamento do recurso.
Assim, se o recorrente teve seu recurso especial escolhido para ser processado conforme o artigo 543-C do CPC, tendo em vista tratar-se de uma idêntica questão de direito, pode, com base no art. 501 do CPC, desde que seja antes do julgamento, requerer expressamente sua desistência, sem que haja sequer a necessidade de fundamentar seu pedido.
A argumentação de que ao ser escolhido o recurso especial, tornando-o de interesse público, não podendo, portanto, ser obstado seu julgamento pelo interesse privado não se convalida, pois poderia, tranquilamente, ante aos inúmeros recursos especiais que também têm a mesma questão idêntica de direito e que até então se encontram sobrestados, ser escolhido, processado e julgado um outro que não houvesse o pedido de desistência." (Recursos Especiais Repetitivos: Recursos fundados em idêntica questão de direito no âmbito do Superior Tribunal de Justiça, Repro 191, p. 169/170, Jan. 2011).
29. Também por todos, cf. Ticiano Alves e Silva "O interesse público no pronto julgamento pode ser conciliado com o interesse privado na desistência do recurso, que pode, por exemplo, ser condição imposta pela outra parte para se fazer um acordo ou para se conseguir um parcelamento tributário. A desistência do

De qualquer forma, cabe avaliar as razões pelas quais haveria o pedido de desistência de um recurso afetado como repetitivo.

Uma razão seria o desinteresse em que houvesse a fixação de uma tese repetitiva que pudesse ser contrária aos interesses do recorrente, hipótese que não possui mais guarida com o já mencionado art. 998, parágrafo único, do NCPC.

Contudo, além de, no caso, presumir-se a má-fé da parte desistente, o problema da insegurança jurídica prosseguiria se a questão repetitiva não fosse apreciada – com consequências para o próprio recorrente. Ademais, apenas haveria a postergação da decisão para uma próxima oportunidade, quando, provavelmente, o recurso não seria do mesmo recorrente[30], o que diminuiria sua capacidade de influenciar no julgamento, inclusive por sustentação oral.

Assim, parece-nos que essa "estratégia" de desistência para não fixar a tese não se mostra a melhor ou a mais pertinente.

Na verdade, entendemos que a principal razão para a desistência de um repetitivo é que *aquele* recurso específico não se mostra o mais adequado para ser o afetado e, assim, responsável pela fixação da tese. Ou seja: como o recorrente não participa do processo de escolha do repetitivo que será afetado, a forma pela qual ele poderia tentar conseguir esse objetivo de influenciar na escolha do recurso é, exatamente, pela desistência.

Portanto, um procedimento em que (i) houvesse efetivamente um agrupamento de recursos afetados como repetitivos e (ii) recorrente e recorrido (e os *amici curiae*) pudessem contribuir para a escolha dos recursos representativos da controvérsia, possivelmente afastaria a hipótese de desistência de um recurso repetitivo.

Na linha desse raciocínio, Botelho de Mesquita *et. alli*, ao tratarem da desistência do recurso especial repetitivo[31]:

> (...) deve considerar-se admissível a impugnação da escolha do recurso tido como representativo, por faltar-lhe a representatividade

---

recurso afetado ao julgamento por amostragem (recurso repetitivo) deve ser possível, bem como deve ser possível a continuação do julgamento do recurso especial do qual se desistiu. (...) Pela aplicação do postulado da proporcionalidade, é possível a parte recorrente desistir do recurso especial afetado ao julgamento por amostragem, sem que isto importe em prejuízo para o interesse público na definição do precedente ou para o interesse privado na livre disposição de direitos, sendo esta posição conciliadora e obediente ao art. 501 do CPC, ainda em vigor" ((Im)possibilidade de desistência do Recurso Especial afetado ao julgamento por amostragem: uma proposta conciliadora Repro 219, p. 250, Mai. 2013).

30. Como no caso analisado, em que o recurso que se tentou desistir era de um banco específico. Outros recursos, muito provavelmente, seriam de outras instituições financeiras.
31. Op. cit., p. 27-28.

necessária, cabendo a legitimidade para essa impugnação a quem figurar como recorrente no recurso eleito ou em qualquer dos demais que tenham sido agrupados.

Sob esta perspectiva, que serve ao interesse público na melhor decisão e não ao interesse privado em evitá-la, mostra-se admissível a desistência do recurso por parte do recorrente depois de ter sido eleito para representar os demais. Não a desistência imotivada, está claro, mas a desistência justificada pela insuficiente representatividade do recurso em comparação com outros de maior relevância, já incluídos no agrupamento a que se refere o art. 1.º, §§ 1.º e 2.º, da Res. 8/2008, e pelo quais o recurso não representativo deverá ser substituído.

Em síntese: o problema da desistência – que, espera-se, esteja superado com o NCPC –surgiu em virtude da seleção do repetitivo não ser a mais adequada[32].

2.1.2. O impedimento ou a suspeição de Ministros no recurso selecionado como representativo da controvérsia

Por sua importância, o recurso selecionado como representativo da controvérsia deve ser debatido e julgado pelo maior quórum possível. Não é por outra razão que ele é afetado de uma das Turmas julgadoras para a Seção responsável pela matéria (Direito Público, Privado ou Penal) ou até mesmo para a Corte Especial, nos casos em que o tema interessar a mais de uma Seção.

Assim, apreciado por dez (Seção) ou quinze (Corte Especial) ministros, garante-se – ao menos em tese – um debate mais plural e heterogêneo, a partir da formação e histórico de cada julgador, firmadas de acordo com suas trajetórias de vida e experiências profissionais[33].

Nesse sentido, ganha especial relevo a escolha do recurso representativo da controvérsia que será afetado como repetitivo. Isso porque os impedimentos e suspeições de cada recurso que ingressa no STJ são anotadas desde logo – ressalvadas, por óbvio, as situações que venham a se verificar posteriormente – de

---

32. Em sentido análogo, defendendo a desistência do recurso e sugerindo a afetação de outro, Daniel Penteado de Castro: "Ou seja, sacrifica-se o interesse da parte de dispor de sua pretensão recursal por força de eventual celeridade em ver o caso paradigma decidido. Quiçá, esta única justificativa prática poderia restar sanada diante da escolha de novo caso paradigma pelo próprio STJ. Vale dizer, nada impede que o relator de novo recurso especial venha determinar o sobrestamento de idêntica matéria que deixou de ser examinada por força da desistência do recurso especial afetado" (op. cit., p. 88).
33. Lembre-se que, constitucionalmente, o Superior Tribunal de Justiça é formado por um terço de desembargadores dos Tribunais de Justiça, um terço de membros dos Tribunais Regionais Federais e um terço divido entre representantes da Advocacia e membros do Ministério Público.

modo que cada ministro pode verificar de antemão se há algum colega impedido ou suspeito para aquele caso específico.

O tema tornou-se polêmico por ocasião do julgamento do REsp nº 1.370.899/SP, afetado à Segunda Seção pelo relator, Ministro Sidnei Beneti, para a definição do termo inicial dos juros de mora na liquidação de sentenças proferidas em ações civis públicas.

O recurso foi interposto pelo Banco do Brasil contra acórdão do Tribunal de Justiça de São Paulo. A consequência imediata foi o reconhecimento do impedimento dos Ministros João Otávio de Noronha e Ricardo Villas Bôas Cueva[34]. Assim, o órgão julgador passou, incontinente, de dez para oito membros[35].

Ao ser levado a julgamento pela primeira vez, em 12 de março de 2014, o caso teve de ser adiado. Com a ausência justificada de outra ministra, o quórum estaria muito baixo. Na oportunidade, o Ministro Noronha questionou o relator sobre a conveniência da afetação daquele recurso específico, entre tantos outros onde verificada a mesma controvérsia[36].

As soluções foram, de início, a afetação de outro recurso representativo, o REsp nº 1.361.800/SP, de relatoria do Ministro Raul Araújo. Posteriormente, decidiu-se (corretamente, a nosso ver, pois o assunto não é apenas de Direito Privado, mas também pode se verificar em casos de Direito Público), afetar a questão à Corte Especial.

Afastando-se do caso concreto para abordar o assunto de forma mais genérica, parece-nos não haver dúvida de que a análise da presença de motivos para impedimento ou suspeição de algum ministro deve ser levada em consideração quando da afetação do recurso.

Existindo a possibilidade de o caso ser apreciado pela composição completa do respectivo órgão julgador, devem ser descartados os casos em que se verifique limitação à presença de um ou mais ministros, permanecendo sobrestados até o julgamento da tese em um recurso que possa contar com a maior participação possível. Em tais condições, haveria a esperada integral participação dos ministros da Seção ou Corte Especial na análise da questão debatida em sede de recurso repetitivo.

---

34. Ministros que, fato notório para quem atua no STJ, são impedidos em relação à referida instituição financeira.
35. Com ainda um agravante: no STJ, o presidente das Seções só vota em caso de empate. Logo, regra geral, são nove votantes, que diminuíram para sete com os dois impedimentos verificados.
36. O diálogo foi reproduzido pelo informativo *Migalhas*. Confira em http://www.migalhas.com.br/ Quentes/17,-MI197006,41046 -STJ+adia+decisao+sobre+juros+de+mora+em+ACP (acesso em 11/10/2015).

E, uma vez mais: o problema não existiria se a seleção do repetitivo envolvesse um agrupamento de recursos (ou mesmo se se considerasse a abstrativização do julgamento do recurso[37]).

Nesta última hipótese – abstrativização – todos os julgadores poderiam participar, uma vez que o STJ estaria firmando a tese a ser aplicada a todos os recursos idênticos ou semelhantes a partir daquele momento, não importando quem seriam as partes do caso concreto afetado como repetitivo.

Porém, vale esclarecer que o NCPC não enfrenta essa questão.

3. ANÁLISE DE SITUAÇÕES CONCRETAS (RECURSOS REPETITIVOS JULGADOS PELO STJ)

Prosseguindo na análise dos repetitivos, passamos ao estudo de situações concretas decididas pela Corte Superior.

Cabe destacar que, até o final de 2015[38], foram definidas 686 teses a partir de recursos especiais repetitivos[39], existindo outros 83 temas afetados para julgamento como repetitivos[40] (e, portanto, ainda aguardando decisão).

Muitos dos casos já julgados indubitavelmente se prestaram à pacificação da jurisprudência. É o que apontamos como "casos de sucesso".

Contudo, há casos em que – pelas mais diversas razões (falta de conhecimento do caso julgado pela comunidade jurídica, especificidades da causa que impedem sua replicação ou escolha inadequada do recurso representativo da controvérsia) – não se atinge esse desiderato pacificador.

Na sequência, haverá a análise de quatro repetitivos julgados pelo STJ, sendo que, em nosso entender, dois se inserem na primeira situação (êxito[41]) e dois na segunda (ausência de êxito).

---

37. O tema foi brevemente exposto na nota de rodapé 24.
38. A pesquisa foi realizada em 21/12/2015, ou seja, após o término do ano judiciário.
39. É possível analisar todos os casos já julgados como repetitivos a partir da seguinte página: http://www.stj.jus.br/webstj/Processo /Repetitivo/relatorio2.asp. Vale destacar que a pesquisa pode ser feita por palavra-chave, tipo de processo, tribunal de origem, órgão julgador e relator.
40. Incluídos, em tal número, os recursos apenas afetados e os cujo julgamento já teve início, mas não conclusão. A pesquisa foi feita no endereço mencionado na nota anterior.
41. É certo que há outros. Como exemplo, Arnoldo Wald e Marina Gaensly apontam o REsp nº 1.094.846/MS, também envolvendo direito bancário (Um caso exemplar de aplicação da lei dos recursos repetitivos, *Revista de Direito Bancário e do Mercado de Capitais*, 46, p. 317, Out. 2009).

3.1. Casos de êxito

3.1.1. O Recurso Repetitivo envolvendo Direito Bancário (REsp n° 1.061.530/RS)

O Recurso Especial Repetitivo nº 1.061.530/RS é, provavelmente, o caso de maior sucesso no âmbito do Direito Privado dentre os muitos já julgados pelo STJ desde a promulgação da Lei nº 11.672/2008.

Afetado inicialmente pelo Ministro Ari Pargendler, em agosto de 2008, o recurso foi distribuído à Ministra Nancy Andrighi quando o relator original assumiu a Vice-Presidência do Tribunal. Pretendia discutir e uniformizar o entendimento da Corte, inicialmente sobre seis temas relativos a contratos bancários, a saber: "a) juros remuneratórios; b) capitalização de juros; c) mora; d) comissão de permanência; e) inscrição do nome do devedor em cadastros de proteção ao crédito; f) disposições de ofício no âmbito do julgamento da apelação acerca de questões não devolvidas ao tribunal"[42].

À época, as demandas que versavam sobre contratos bancários eram, seguramente, as de maior número em andamento perante as duas Turmas de Direito Privado do Tribunal (3ª e 4ª Turmas). Assim, os temas selecionados repetiam-se aos milhares e novos recursos sobre eles não paravam de ingressar nos escaninhos do STJ, decididos de forma monocrática para, em seguida, ser objeto de agravo regimental e/ou embargos declaratórios, de modo que, rotineiramente, cada um daqueles recursos era apreciado duas ou três vezes pelos ministros.

Outra preocupação salutar do Ministro Ari Pargendler foi com a representatividade da decisão a ser proferida. Assim, solicitou a participação, a título de *amici curiae*, do Banco Central do Brasil, da Ordem dos Advogados do Brasil, da Federação Brasileira de Bancos – Febraban e do Idec – Instituto Brasileiro de Defesa do Consumidor[43]. Destas, apenas a OAB optou por não se manifestar sobre o mérito das questões *sub judice*, por falta de pertinência temática.

Encerrado o julgamento, foram firmadas cinco orientações[44] sobre contratos bancários que passaram, desde então, a ser seguidas pelos diversos Tribunais intermediários - inclusive pelo Tribunal de Justiça do Rio Grande do Sul, que era o mais reticente na aplicação da jurisprudência do STJ relativa a direito bancário antes do julgamento deste recurso repetitivo.

---

42. Confira a íntegra da decisão de afetação em https://ww2.stj.jus.br/ processo/revista/documento/mediado/? componente=MON&sequencial=4165854 &num_registro=200801199924&data=20080819&tipo =0&formato=PDF (Acesso em 11/10/15).

43. Além das quatro entidades indicadas como *amici curiae* pelo próprio Relator, manifestaram-se espontaneamente nos autos outros cinco órgãos ligados aos consumidores ou a instituições financeiras, uma empresa mantenedora de cadastro de inadimplentes e dois professores universitários.

44. Posteriormente, os temas apreciados neste recurso especial serviram de fundamento para a edição das súmulas nºs 379 a 382 do STJ.

Como único destaque negativo, cabe apontar que dois pontos importantes não puderam ser apreciados naquele julgamento: a capitalização mensal de juros e a cobrança do encargo denominado comissão de permanência[45]. E isso porque, em relação a tais temas, os recursos padeciam de vícios quanto à admissibilidade, situação que o NCPC tentou corrigir, ao determinar que somente podem ser selecionados "recursos admissíveis" (art. 1.036, § 6º).

A Segunda Seção do STJ entendeu que a fundamentação deficiente do recurso (Súmula nº 284/STF) e a ausência de comprovação do dissídio jurisprudencial levaram ao não conhecimento do recurso especial em relação a tais temas[46] e, consequentemente, à impossibilidade de fixação das respectivas teses.

Assim, ainda que o "repetitivo de bancário" tenha sido um sucesso, o êxito poderia ser ainda maior, englobando mais teses, acaso tivesse havido a escolha de um agrupamento de recursos nos moldes do antes exposto neste artigo.

3.1.2. As "cópias essenciais" do agravo de instrumento (REsp nº 1.102.467/RJ, proferido à luz do CPC/1973)

Para a formação do agravo de instrumento, a legislação processual prevê as cópias obrigatórias e facultativas (CPC/1973, art. 525, I e II; NCPC, art. 1.017, I e III).

Na perspectiva do CPC/1973, não existia dúvida quanto ao não conhecimento do agravo se a parte recorrente não juntasse alguma das peças necessárias. Contudo, e se não houvesse a juntada de alguma peça facultativa importante para a compreensão do objeto do recurso?[47]

Tal cópia – que não está no rol das peças necessárias, mas que deve estar presente no instrumento para a perfeita compreensão da controvérsia – pode ser denominada de "essencial" ou "relevante".

Como exemplo à luz do CPC/1973, pode-se apontar a petição inicial em agravo que impugna a denegação de antecipação de tutela: não se trata de peça necessária pela redação do Código anterior mas, seguramente, é uma cópia relevante para que se possa apreciar o recurso que impugna a interlocutória[48].

---

45. O REsp nº 973.827/RS, relator o Ministro Luis Felipe Salomão, decidiu sobre a capitalização de juros, enquanto os REsp's nºs 1.058.115/RS e 1.063.343/RS, ambos da relatoria da Ministra Nancy Andrighi, fixaram o entendimento do STJ a respeito da comissão de permanência.
46. Restaram vencidos, quanto ao não conhecimento parcial do recurso, a Ministra Nancy Andrighi e o Ministro Carlos Fernando Mathias (Desembargador Federal do TRF da 1ª Região convocado).
47. No NCPC, esse problema está superado, pois o relator deve determinar a emenda do recurso (NCPC, art. 932, parágrafo único).
48. Tanto é assim que expressamente mencionada no NCPC: art. 1.017, I.

Pois bem: diante da ausência de juntada dessa peça no instrumento, qual a consequência processual? Duas correntes se formaram: (i) não conhecimento do recurso de plano[49] e (ii) como não se trata de cópia necessária segundo a legislação processual, se o relator entende ser esse um documento relevante para a compreensão do recurso, determinação de emenda do instrumento[50].

Proliferaram as decisões nos dois sentidos e, por isso, a questão foi afetada como tema repetitivo, no âmbito do STJ.

E o tema foi decidido pela Corte Especial do Superior Tribunal, conforme a seguinte ementa, reproduzida na parte útil:

> (...) AGRAVO DE INSTRUMENTO DO ARTIGO 522 DO CPC - PEÇAS NECESSÁRIAS PARA COMPREENSÃO DA CONTROVÉRSIA - OPORTUNIDADE PARA REGULARIZAÇÃO DO INSTRUMENTO - NECESSIDADE - RECURSO PROVIDO.
>
> (...)
>
> 3. Para fins do artigo 543-C do CPC, consolida-se a tese de que: no agravo do artigo 522 do CPC, entendendo o Julgador ausente peças necessárias para a compreensão da controvérsia, deverá ser indicado quais são elas, para que o recorrente complemente o instrumento.
>
> 4. Recurso provido.
>
> (REsp nº 1.102.467/RJ, Relator Ministro MASSAMI UYEDA, CORTE ESPECIAL, julgado em 02/05/2012, DJe 29/08/2012).

A tese firmada, felizmente, foi no sentido de não trazer indevidas surpresas à parte recorrente, criando requisitos de admissibilidade não previstos em lei[51].

Ademais, como se percebe, o tema é passível de reprodução em inúmeras oportunidades – não só para o passado, mas também para o futuro.

Ou seja: situação em que a tese, de ampla aplicação e fácil compreensão, apresenta uma excelente hipótese de utilização de repetitivo. Ainda que, em qualquer Tribunal intermediário, algum relator não aplique o precedente, no âmbito do agravo interno e respectivo julgamento colegiado, uma vez mencionado o julgamento repetitivo, a tendência é de decisão favorável ao recorrente.

---

49. Posição que chegou a prevalecer no STJ: "Agravo de instrumento. Traslado de peça essencial ou relevante para a compreensão da controvérsia. 1. A ausência de peça essencial ou relevante para a compreensão da controvérsia afeta a compreensão do agravo, impondo o seu não-conhecimento. 2. Embargos conhecidos e rejeitados". (EREsp nº 449.486/PR, Rel. Ministro CARLOS ALBERTO MENEZES DIREITO, CORTE ESPECIAL, julgado em 02/06/2004, DJ 06/09/2004).
50. Posição que prevaleceu no STJ, como se verá, e que foi adotada pelo legislador do NCPC.
51. O que, infelizmente, por vezes se verifica, como decorrência do que usualmente se denomina de "jurisprudência defensiva".

Portanto, mais um exemplo de adequada utilização do mecanismo dos repetitivos que, pode-se afirmar, serviu inclusive de inspiração ao legislador infraconstitucional, ao regulamentar a obrigatoriedade de o relator conceder prazo para que o recorrente complemente a documentação do recurso, prevista no art. 932, parágrafo único, do NCPC.

3.2. Casos em que não houve êxito

Contudo, não é apenas de sucesso que se verifica a ainda recente experiência dos repetitivos no âmbito do STJ.

Ao lado de duas situações exitosas, em que bem utilizadas as potencialidades do repetitivo, ora apresentamos duas situações nas quais, em nosso entender, não se mostrou o mais adequado o uso do repetitivo – e, por óbvio, não o fazemos como crítica aos julgadores, mas a título de análise técnica-processual e com desiderato de contribuir ainda mais com o sucesso dos repetitivos.

Isso porque, outro ponto para o sucesso do repetitivo é que as decisões sejam *conhecidas* no meio jurídico. E, se o número de processos repetitivos for muito grande, torna-se difícil, na comunidade jurídica, ter ciência de *todos* os recursos repetitivos – julgados ou afetados.

3.2.1. O "caso Anastácio" (REsp nº 990.507/DF)

Em novembro de 2010, a Segunda Seção do STJ julgou o Recurso Especial nº 990.507/DF, de Relatoria da Ministra Nancy Andrighi, que se achava afetado àquele órgão julgador desde agosto de 2008. Tratava-se de uma das muitas disputas fundiárias envolvendo a posse e a propriedade de terras e a criação de condomínios irregulares no Distrito Federal.

No caso específico, estavam *sub judice* as terras envolvidas nos espólios de Anastácio, Agostinho e João Pereira Braga, que formavam o Condomínio Porto Rico, em Santa Maria/DF. Existiriam, segundo informações da Defensoria Pública do Distrito Federal, 1.800 ações em trâmite no primeiro e segundo graus de jurisdição do DF, com estimativa de até dez mil moradores de baixa renda residindo no local[52].

Foi exatamente a expectativa de chegada ao STJ de um grande número de recursos que motivou a afetação do recurso ora comentado.

---

52. Tais informações, atribuídas à Defensoria Pública do DF, constam do voto da Ministra relatora.

Para casos como esses, envolvendo uma questão muito específica e limitada a um único Estado da Federação (na verdade, a uma única gleba), a solução mais adequada seria o ajuizamento de uma demanda coletiva[53] [54].

Assim, o Superior Tribunal de Justiça acabou afetando, na sistemática dos recursos repetitivos, uma questão para a qual inexistia a necessária multiplicidade de recursos sobre idêntica questão factual. Pelo menos, não no âmbito do STJ, onde poucos casos sobre o tema haviam sido, à época, recebidos[55]. Era, ao contrário, uma questão localizada, sobre um problema exclusivo do Distrito Federal.

Confira-se como ficou redigida a certidão de julgamento:

> Para os efeitos do artigo 543-C, do CPC, decidiu-se que os espólios de Anastácio, Agostinho e João Pereira Braga detêm legitimidade para figurar no polo ativo das ações reivindicatórias ajuizadas contra os ocupantes do loteamento denominado Condomínio Porto Rico, em Santa Maria/DF.

Tempos depois, a página de recursos repetitivos do *site* do STJ procurou dar um caráter mais genérico ao julgado (identificado pelo tema 39), descrevendo-o da seguinte forma: "a mera existência de ação tendo por objeto a declaração de nulidade de registro imobiliário não é suficiente para se concluir pela ilegitimidade ativa daquele que, com base nesse mesmo registro, ajuíza ação reivindicatória".

Basta conferir a certidão de julgamento acima reproduzida para se constatar que o julgamento foi específico para aquela situação concreta, não possuindo caráter genérico[56].

---

53. Cabe relembrar que a Defensoria é legitimada a ingressar com processo coletivo, nos termos do art. 5º, II da Lei nº 7.347/1985.
54. Ou poderia ser utilizado o incidente de resolução de demandas repetitivas para os Tribunais de Justiça e Regionais Federais, disciplinado pelos arts. 976 e seguintes do NCPC.
55. Em pesquisa realizada em 22/04/2014 no site do STJ com todas as variações possíveis para "Espólio de Anastácio Pereira Braga", seja como recorrente, recorrido ou apenas interessado, somente 219 ocorrências foram encontradas, número incomparavelmente menor que os casos envolvendo outros temas decididos por recursos repetitivos.
56. Para comprovar a assertiva, vale conferir como a questão foi tratada no informativo de jurisprudência 455 do STJ: "REPETITIVO. ESPÓLIO. LEGITIMIDADE. REIVINDICATÓRIA. A Seção deu provimento ao recurso repetitivo para cassar o acórdão recorrido e a sentença, determinando o prosseguimento da ação, por reconhecer que os espólios recorrentes detêm legitimidade para propor as ações reivindicatórias contra os ocupantes de condomínio irregular, visto que, em ação civil pública (ACP), foi mantida hígida a matrícula de propriedade integrante do quinhão correspondente à área em litígio. O recurso foi submetido ao regramento do art. 543-C do CPC e Res. n. 8/2008-STJ (recurso repetitivo) devido à multiplicidade de processos (mais de dois mil), alguns já chegaram neste Superior Tribunal. Todos possuem fundamento idêntico sobre reivindicação e posse de terras de que os espólios alegam ser legítimos proprietários dos lotes que fazem parte do condomínio irregular. Nesta ação reivindicatória ajuizada na origem, os espólios afirmam que o recorrido ocupa lote no condomínio encravado no quinhão de fazenda da propriedade deles. Noticiam

Situação semelhante ocorreu com o Recurso Especial nº 1.114.398/PR, da relatoria do Ministro Sidnei Beneti, relativo ao dano ambiental causado pelo vazamento de óleo de um navio específico no Porto de Paranaguá/PR em outubro de 2001 e com o REsp nº 1.145.353/PR, relator o Ministro Ricardo Villas Bôas Cueva, referente ao vazamento de um oleoduto, também no Estado do Paraná, desta vez na Baía de Antonina. Nesses dois exemplos, também julgados pela Segunda Seção, contudo, pelo menos havia um número maior de recursos já em tramitação no STJ.

Conclui-se que a poderosa ferramenta dos recursos especiais repetitivos pode e deve ser utilizada em situações mais abrangentes, em que a tese firmada para os efeitos dos arts. 1.036 e seguintes do NCPC tenha aplicação a um grande número de demandas, e não para um caso ou situação específica e que não venha mais a ocorrer.

Isso porque, mais do que para as demandas já ajuizadas, em relação a fatos antes ocorridos (como nos três casos ora mencionados), o grande ganho com o repetitivo se dá em relação ao futuro, no sentido de orientar toda a jurisprudência e mesmo evitar novos litígios a respeito do tema (exatamente como se verifica em relação ao caso de direito bancário e de cópias essenciais do agravo de instrumento).

3.2.2. O repetitivo da intimação com falha no nome do advogado (REsp nº 1.131.805/SC)

Um tema recorrente nos Tribunais é a nulidade de intimação em virtude de alguma falha quanto ao nome do advogado, quando da publicação na imprensa oficial. E, consequentemente, tal questão chega ao STJ com frequência.

---

também que, por força de sucessivas partilhas originadas de sentença proferida em 20/9/1855, eles são os legítimos proprietários da gleba de terra na qual, sem consentimento, foi constituído o condomínio. Anotou-se que o local hoje abriga aproximadamente dez mil moradores de baixa renda. O TJ negou provimento ao apelo dos recorrentes na ação reivindicatória, mantendo a sentença que reconheceu a ilegitimidade ativa dos espólios, indeferindo a petição inicial e extinguindo o processo sem resolução de mérito. Destacou a Min. Relatora que a sentença observou ser elevado o grau de incerteza jurídica acerca da posse e da propriedade das terras em litígio, visto haver múltiplas ações sobre o mesmo imóvel, mencionando a existência de ações de desapropriação indireta e de ACP ajuizada pelo MP. Observou ainda que a ACP, que já transitou em julgado, teve por objetivo cancelar as matrículas no registro de imóveis e todos os atos relativos a registros e averbações subsequentes, mas acabou por conferir aos espólios a propriedade da área em litígio, ao reconhecer a validade de uma das matrículas. Asseverou, assim, que, no caso dos autos, a ACP eliminou qualquer dúvida quanto ao fato de os recorrentes participarem do polo ativo da ação reivindicatória; pois, enquanto o registro público não for anulado, subsiste a presunção da validade do título aquisitivo de propriedade, embora sua transcrição seja revestida de presunção relativa (*juris tantum*). REsp 990.507-DF, Rel. Min. Nancy Andrighi, julgado em 10/11/2010."

E há um recurso repetitivo sobre o tema, julgado em 2010, cuja ementa é reproduzida na parte pertinente:

> (...) 3. Nada obstante, é certo que a existência de homonímia torna relevante o equívoco quanto ao número da inscrição na OAB, uma vez que a parte é induzida em erro, sofrendo prejuízo imputável aos serviços judiciários.
>
> 4. Contudo, a alegação do recorrente, no sentido da existência de advogado homônimo, não restou corroborada pelo Tribunal do origem (...).
>
> (REsp nº 1.131.805/SC, Rel. Ministro LUIZ FUX, CORTE ESPECIAL, julgado em 03/03/2010, DJe 08/04/2010).

Como se percebe desse trecho da ementa, trata-se de situação concreta muita específica, que, exatamente por isso, sua repetição nesses exatos termos acaba sendo rara.

Para que o repetitivo seja pertinente, é necessário (i) a existência de advogados homônimos, (ii) que tenha havido publicação do número de OAB errado e (iii) que o Tribunal de origem não tenha reconhecido a alegação de existência de homonímia para, assim, afastar a tese de nulidade.

Ainda que, reitere-se, o tema "nulidade por vício na publicação" se repita muitas vezes, com essas exatas características, não se encontrou nenhum outro precedente no STJ.

De seu turno, existem inúmeras outras decisões a respeito do tema, (i) com solução não necessariamente idêntica ou (ii) que sequer mencionam o repetitivo.

Nesse sentido, em caráter exemplificativo, destacamos os seguintes julgados:

(i) RMS nº 31.408/SP, Relator o Ministro Massami Uyeda, julgado em 13/11/2012, cujo ponto central de decisão foi o seguinte:

> Assim, não se deve reconhecer a nulidade da intimação e a respectiva devolução do prazo recursal da qual conste, com grafia incorreta, o nome do advogado se o erro é insignificante, como a troca de apenas uma letra e ausência de um acento, e é possível identificar o feito pelo exato nome das partes e número do processo.

(ii) REsp nº 1.335.625/ES, Relator o Ministro Sidnei Beneti, Terceira Turma, julgado em 27/11/2012, DJe 19/12/2012, cujo debate de nulidade envolve o seguinte aspecto: "nome do advogado do recorrente, publicado como Mário Cesar Feitosa Soares, em vez de Mário Cezar Pedrosa Soares".

Esses dois recursos não foram julgados como repetitivos. Tal qual, assim nos parece, não deveria ter sido o caso aqui indicado.

4. CONCLUSÕES

À luz do exposto, pode-se concluir o seguinte:

1) O recurso especial é relevante mecanismo para buscar a uniformização da jurisprudência no âmbito infraconstitucional. Contudo, diante da proliferação de decisões divergentes a respeito de causas análogas, buscou-se uma alternativa para que houvesse maior efetividade nas decisões desse recurso: surge, assim, o Recurso Especial Repetitivo.

2) A tramitação do especial nessa modalidade está regulada nos arts. 1.036 a 1.041 do NCPC e na Resolução nº 8/2008 do STJ.

3) Um dos pontos de maior relevo em relação ao repetitivo diz respeito à escolha do recurso representativo da controvérsia.

4) Ainda que as normas que regulam o tema estimulem a seleção de diversos recursos (agrupamento de recursos repetitivos de diversos relatores), o cotidiano demonstra que o julgamento dos repetitivos ocorre, principalmente, em relação a um ou dois recursos escolhidos pelo Ministro relator, dentre aqueles existentes em seu próprio acervo.

5) Esse procedimento acaba por limitar a quantidade e qualidade de argumentos relacionados a alguma tese – e, com isso, prejudica o amplo e necessário debate quando do julgamento da tese afetada para julgamento repetitivo.

6) Referida escolha limitada de recursos provocou, outrossim, problemas que não encontram solução simples na legislação (ou na Resolução nº 8/2008), como (i) requerimento de desistência de recursos afetados e (ii) afetação de recursos em que não será possível o julgamento por todos os Ministros (em virtude de impedimento ou suspeição).

7) Diante disso, já decidiu o STJ, anteriormente à entrada em vigor do NCPC, que (i) não é possível a desistência de recurso especial afetado como repetitivo e (ii) Ministro impedido ou suspeito não vota em recurso afetado como repetitivo.

8) Também a partir da (in)adequada escolha dos recursos submetidos ao procedimento de afetação, é possível destacar (i) situações de pleno êxito, em que a tese firmada encontrou guarida na jurisprudência pátria ou, (ii) ao contrário, que são muito específicas (situações fáticas particulares) e não se prestam a regular posteriores demandas submetidas ao Judiciário.

9) O recurso especial repetitivo é uma poderosa ferramenta processual, capaz de firmar uma tese jurídica no âmbito do STJ, com reflexos em todo o Brasil e com a possibilidade de reduzir o número de recursos e mesmo de novas

demandas. Para atingir tal finalidade, o caso afetado como repetitivo não deve ser muito específico ou calcado em situação fática muito particular – isso porque o grande ganho com o repetitivo se dá em relação ao futuro, no sentido de orientar a jurisprudência.

E, a partir dessas conclusões, no sentido de maior efetividade aos recursos repetitivos, pode-se sugerir o seguinte:

i) A escolha dos recursos repetitivos deve ocorrer quanto a um agrupamento de recursos, e deve contar com o apoio dos órgãos internos do STJ responsáveis pelo julgamento e pelos interessados no julgamento da causa (ou seja, jurisdicionados, advogados, *amici curiae*, Ministério Público e Defensoria Pública); também seria conveniente se cogitar da abstrativização do recurso representativo da controvérsia, apenas considerando a tese e não o caso concreto;

ii) Nesse sentido, após a afetação pelo Ministro relator: (a) deve a Seção responsável pelo julgamento do repetitivo apontar casos análogos que tramitem pelos demais gabinetes, para posterior apreciação do relator e (b) podem, partes ou *amici curiae* envolvidas com a tese repetitiva, indicar recursos que poderiam se enquadrar como representativos da controvérsia em relação àquele tema;

iii) Com isso, os seguintes problemas seriam superados: (a) desistência em relação a um dos recursos repetitivos, (b) impedimento ou suspeição de alguns Ministros e (c) o acórdão traria – quantitativa e qualitativamente – os argumentos mais relevantes para a fixação da tese, em relação a ambas as partes, deixando de lado especificidades ou problemas quanto ao conhecimento de repetitivos;

iv) Em síntese, o contraditório e a cooperação são fundamentais para que haja a correta escolha dos recursos repetitivos e, consequentemente, haja a maior possibilidade de conhecimento e respeito ao precedente fixado no repetitivo ("casos de êxito", como denominado neste artigo).

5. BIBLIOGRAFIA

ANDRIGHI, Nancy. Recursos Repetitivos. Revista de Processo, 185, p. 265. Jul. 2010.

BENETI, Sidnei. Unidade de jurisdição e filtros de temas nacionais nos tribunais superiores. In: ZUFELATO, Camilo e YARSHELL, Flávio Luiz (org.). 40 anos da teoria geral do processo. São Paulo: Malheiros, 2014.

BARBOSA MOREIRA, José Carlos. O novo processo civil brasileiro. 28 ed. Rio de Janeiro: Forense, 2010.

BOTELHO DE MESQUITA, José Ignacio; AMADEO, Rodolfo da Costa Manso; DELLORE, Luiz; MORETO, Mariana Capela Lombardi; TEIXEIRA, Guilherme Silveira e ZVEIBEL, Daniel Guimarães. A repercussão geral e os recursos repetitivos. Economia, Direito e Política.

Revista de Processo 220, p. 27, jun. 2013.

CASTRO, Daniel Penteado de. Questões polêmicas sobre o julgamento por amostragem do Recurso Especial Repetitivo. Revista de Processo, 206, p. 79, Abr. 2012.

DELLORE, Luiz; DUARTE, Zulmar; GAJARDONI, Fernando e ROQUE, Andre. O recall do Novo CPC. http://jota.info/o-recall-do-novo-cpcas-mudancas-decorrentes-do-pl-238415-da-camara-e-do-pl-16815-do-senado. (Acesso em 20/12/15).

MANCUSO, Rodolfo de Camargo. Recurso extraordinário e recurso especial. Coleção Recursos no processo civil vol. 3. 8. ed. São Paulo: Revista dos Tribunais, 2003.

MEDINA, José Miguel Garcia. Prequestionamento e repercussão geral e outras questões relativas aos recursos especial e extraordinário. Coleção Recursos no Processo Civil vol. 6. 6. ed. São Paulo: Revista dos Tribunais, 2012, p. 59.

NERY JÚNIOR, Nelson. O código de processo civil e a justiça brasileira – perspectivas de avanços e retrocessos. In: Revista da CAASP. Abril de 2014. http://www.caasp.org.br/RevistaDigital/ed10/revista_caasp_10.html#/60/. (Acesso em 11/10/15).

OLIVEIRA, Gleydson Kleber Lopes de. Recurso especial. Coleção Recursos no processo civil vol. 9. São Paulo: Revista dos Tribunais, 2002.

SILVA, Ticiano Alves e. (Im)possibilidade de desistência do Recurso Especial afetado ao julgamento por amostragem: uma proposta conciliadora. Revista de Processo, 219, p. 241, Mai. 2013.

TEIXEIRA, Rodrigo Valente Giublin. Recursos Especiais Repetitivos: Recursos fundados em idêntica questão de direito no âmbito do Superior Tribunal de Justiça. Revista de Processo 191, p. 161, Jan. 2011.

TORRES DE MELLO, Rogerio Licastro. Recursos Especiais Repetitivos: problemas de constitucionalidade da Resolução 8/2008, do STJ. Revista de Processo, 163, p. 190, Set. 2008.

WALD, Arnoldo e GAENSLY, Marina. Um caso exemplar de aplicação da lei dos recursos repetitivos, Revista de Direito Bancário e do Mercado de Capitais, 46, p. 317, Out. 2009.

WAMBIER, Teresa Arruda Alvim e MEDINA, José Miguel Garcia. Sobre o novo art. 543-C do CPC: sobrestamento de recursos especiais "com fundamento em idêntica questão de direito" Revista de Processo, 159, p. 216, Mai. 2008.

EDITORA
jusPODIVM
www.editorajuspodivm.com.br

Impressão e Acabamento:
Geográfica